Speed
Voca33000

윤재성의 Speed Vcaa33000

연상과 배경지식에 의해
단시간에 33000 단어 완전 습득

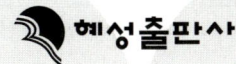

혜성출판사

이 책의 순서

PART 1 BMS연상법

중급과 고급 영단어의 가장 효율적인 공부 방법 : [비법 12가지]

PART 2 ESSENTIAL WORDS

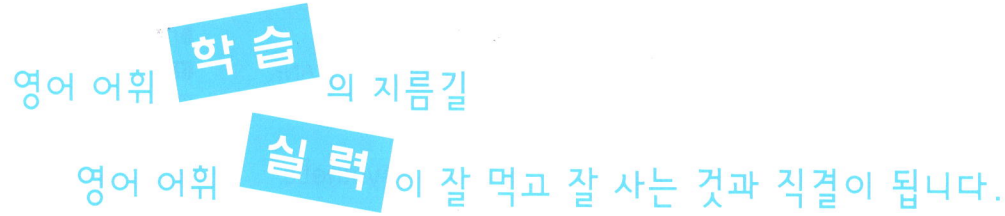

영어 어휘 학습의 지름길
영어 어휘 실력이 잘 먹고 잘 사는 것과 직결이 됩니다.

33,000개의 VOCA

이미 우리가 알고 있는 단어에 근거하여 만들어진 단어들입니다. 새로운 단어들이 낯설고 외우기도 짜증이 나는 분들. 이 책에서는 이미 알고 있는 단어를 연상하여 VOCA 33,000개를 공략하도록 구성되어 있습니다. 달달달 암기만 하려고 하지 않고 먼저 연상을 하세요. 다음에 암기하세요.

영어 단어와 한글 뜻만 달달 외우면 영어 점수가 향상 될 것으로 기대하는 수험생이 있다면 환상입니다. 환상에서 벗어나세요. 영어 문장을 통해 영어 단어를 공부해야만 시험에서 고득점을 할 수 있습니다.

PART1 BMS연상법

어휘 시험에 자주 출제되는 단어들만 달달 외운다고 영어 시험을 잘 볼수 있는 것은 아닙니다. 그래서 이 책은 독해 시험에도 자주 쓰이는 단어도 함께 설명을 하게 됩니다.

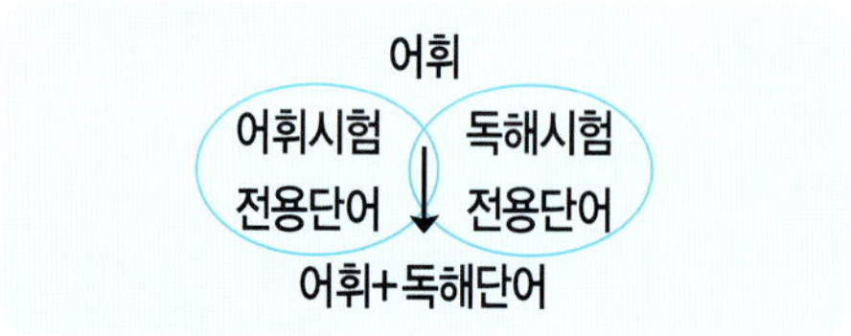

시험에 출제되는 어휘는 난이도별로 기본과 중급과 고급이 있습니다. 이 책에서는 중급과 고급 단어 중 100% 기출 어휘 그리고 100% 앞으로 출제 가능성이 가장 높은 예상 출제 어휘를 담고 있습니다(기본 단계의 어휘는 필자의 이 책보다 먼저 출간이 된 '최 우선 순위 VOCA 900'을 가지고 공부하세요).

한국에서 살아가는 수험생들은 시험을 한 가지만 보지 않고 여러 가지를 응시하고 있습니다. 그럼 수험생들의 궁금증 중에 하나는 각종 시험의 어휘들은 완전히 다른 것인지? 아니면 서로 공통적인지 입니다. 편입, 공무원, 유학(SAT/GRE), TOEFL, TEPS, TOSEL 시험에 공통적으로 출제되는 어휘가 있습니다. 그래서 이 책은 이들 시험에 공통적으로 출제되는 단어만을 수록하여 편입, 공무원, 유학(SAT/GRE), TOEFL, TEPS, TOSEL 시험을 준비할 때 만점을 받도록 집필을 하였습니다.

그럼 다음으로 가장 최적의 공부 방법은 무엇일까요? 먼저 영어 단어와 그 한글 뜻만을 무조건 달달 외운다고 각종 영어 시험에서 좋은 점수를 받을까요? 저는 단호하게 이런 공부 방식은 가장 최악의 방법이라고 말씀을 드립니다. 그래서 필자가 오랜 기간동안 연구 개발한 BMS영어 어휘 연상법을 한국의 수험생들 에게 이 책을 통해 소개를 하겠습니다.

B : BACKGROUND KNOWLEDGE(단어의 배경지식)
M : MNEMONICS(단어 연상 법)
S : SENTENCE(문장을 통한 단어 학습)

영어 단어 공부는 단어에 대한 [배경지식 + 연상법 + 문장을 통한 단어 학습]이 서로 어우러 져야만 초 스피드하게 그리고 한번 공부한 어휘를 평생동안 기억을 할 수 있습니다.

이전의 수험생들과는 다르게 요즘 수험생들은 단어 외우는 것을 아주 싫어합니다. 이들에게 단순히 단어를 암기 하라고만 하면 학습에 효율성을 기대할 수 없습니다. 하지만 한국에서 수험생들의 단어 공부는 이전의 방법인 단어 달달달 암기를 벗어나지 못하고 있습니다. 단어를 암기에만 의존하는 것은 단어를 암기 후 하루 후면 70%이상을 망각하기 때문에 많은 문제점이 있습니다. 이런 문제점을 없애기 위해서 단어를 암기 하더라도 그 낱말에 대한 이해가 있은 후 이루어 져야 효과적 입니다. 단어를 암기만 하는 것도 아니고 이해만 해서도 안 됩니다. 가장 효율적인 공부 방법은 단어 그 자체 혹은 독해를 하면서 모르는 단어를 문맥상에서 이해 하면서 그리고 몇 가지 단어 이해 방법을 통해 충분히 이해를 한 후 마지막으로 암기를 하는 방법입니다.

1단계 : 첫째, 단어 이해(배경지시 + 연상법)
둘째, 지문에서 도움이 되는 어구 찾아 이해(문장을 통한 단어 학습)
2단계 : 암기

그럼 각 단어들을 공부하기 전에 제가 영어 단어를 효율적으로 공부 할 수 있는 전략을 소개해 드리도록 하겠습니다. 여기에 필자가 소개하는 전략들과 VOCA 33,000개의 설명은 그동안 필자의 오랜 세월동안 어휘에 관한 연구들을 체계적으로 우리 일상생활과 연관하여 쉽게 접근하도록 [연상 및 배경]을 통해 설명하게 됩니다.

중급과 고급 영단어의 가장 효율적인 공부 방법[비법 12가지]

윤재성의 BMS연상법의 핵심 비법 12가지를 설명 하겠습니다.

STRATEGY 1 구관이 명관이다

모르는 단어를 이미 알고 있는 단어와 연관 지어라

모른다고 수험생들이 생각하는 단어들은 모두 이미 알고 있는 단어들에서 철자가 보통 하나 정도 추가 혹은 삭제 된 것에 불과합니다. 새로이 철자가 많은 단어들을 모두 철자들을 암기하려고 하지 말고 이미 알고 있는 단어와 연관하여 공부하세요.

refute --- refuse

refute의 뜻은 무엇인가요? 철자 6개를 단어를 새로이 외우시겠다고요? 그렇게 공부하시면 안 됩니다. 이미 알고 있는 단어 refuse와 refute는 s - t의 변이 철자만 있을 뿐 의미가 동일하기 때문에 refuse - refute를 묶어 여러 번 읽어 보면 쉽게 이 단어를 공부할 수 있어요.

rough --- tough

r과 t와의 차이.

skid = slide --- ski

skid에서 d만 생략하면 ski. 용평 스키장에 가서 스키 타면서 slide하는 모습 연상.

soothe = calm --- smooth

부드러움과 차분함은 서로 연관성이 있어요.

stack = pile stick --- stick

stick - stack. 장작더미를 쌓아 올린 장면 연상.

swarm =crowd --- swim

여름 철 수영장에 많은 인파가 있는 모습.

swell =increase --- well

swell의 s 하나만 빼주세요. 그럼 well과 동일한 철자. well은 품사가 달라지면서 여러 뜻을 가지는데요. 부사는 '잘', 형용사는 '건강한', 그리고 명사는 '우물'. 비가 많이 와서 우물의 물이 많이 불어나는 모습을 swell과 연관 해보세요.

teem =full --- team

team. 혼자서 경기를 하는 수영과는 다르게 축구는 팀을 이루어 경기를 하기 때문에 선수들 숫자가 많아요.

waive = give up --- wave

엄청한 파도 앞에 무기력해지는 우리 인간의 나약한 모습 연상.

winnow = choose --- window

window는 바람 wind와 관련된 단어입니다. 창문은 태양 빛을 모두 흡수하는 것은 아닙니다. 일부 빛은 선별하여 반사도 합니다. 또한 창문은 바람을 막습니다.

languid = listless --- long

lang = long. 수업이나 연설 등이 길어지면 사람들은 짜증을 내고 싫증을 냅니다.

longevity = long life --- long

long. DNA의 46번째 길이가 더 긴 사람이 그렇지 않은 사람보다 더 오래 산다는 흥미로운 연구 결과가 있어요.

keen = sharp --- kin 사이다

kin킨 사이다를 먹으면 톡 쏘면서 입안이 얼얼합니다.

hilarious = happy --- hillary 여사님 = hill

미국 국무부 장관으로 2인자. 또한 남편은 전 미국 대통령. 힐러리 여사님은 행복한 여자.

또한 산 hill에 오르면 시원한 공기를 마시면서 행복한 하루.

robust = strong --- robot

로봇은 체코어의 work의 의미. 이전의 마징가 제트와 같은 로봇은 튼튼함.

guile = deceit --- guide

guide 〈 guile. 잘 가이드를 해야 하는데 잘못 한 경우 속이는 행동과 연관. 철자 하나 d이냐 l이냐의 차이점.

flourish = prosper --- flower

flour - flower를 발음해 보세요. 발음이 동일합니다. 꽃이 만발한 것은 비유적으로 번영과 연관.

fraud = cheat --- Freud

프로이드 박사는 이 세상의 여자들은 모두 남자가 되기를 소망한다고 주장했어요. 그 이유는 남성 성기가 없기 때문이라고 하면서. 하지만 미국의 흑인 병사가 네덜란드에서 최초로 성전환 수술을 해서 남자에서 여자로 변화한 이후 지금까지 여자가 성 전환한 것보다 남자가 여자로 성 전환 한 것이 훨씬 많아 결국 프로이드의 주장은 사기.

dogmatic = arbitrary --- dog

dog이 순종적인 의미이외에 '불독'을 한번 생각해보세요. '불독'은 한번 문 것은 좀처럼 놓지 않습니다. 그래서 끈질기게 독단적인 사람을 생각하면 되어요.

연상하면 말도 안 되는 헛소리라고 하는 분들이 있습니다. 이런 분들은 본인들이 책과는 담을 쌓고 살고 연상을 시킬 능력이 전혀 없기 때문에 험담하기를 좋아하는 몰지각한 영어를 가르치는 사람들의 행태입니다. 연상은 공부를 체계적으로 많이 하게 되면 단어를 공부하는 사람에게 수월하게 접근 하게 하는 좋은 방법입니다.

STRATEGY 2 일식집 주방장이 되어라.

단어 내부를 끓어라.

수험생 분들에게 일식집에서 생선들을 날렵하게 칼질하는 주방장처럼 영어 단어 내부도 자르는 연습을 평소에 하여야 합니다. 그럼 아래의 몇 개 단어를 먼저 시범적으로 필자와 함께 잘라보도록 하겠습니다.

symptom = sign

증후군

sym = with + tomb = tom. 함께 떨어지다 = 함께 병에 걸려 무덤에 가는 모습을 연상

synergy = more successful when they work together

상승 작용

syn + ergy = energy. 함께 힘을 더하는 것 연상. 그래서 혼자 할 때 보다 더 좋은 효

과를 얻는 것을 함축.

preposterous = absurd

이상

pre = 앞 + post = 후. 앞과 뒤에 동시에 있는 것은 이상.

impair = undermine

손상되다

pair. 동물이나 사람이나 남자와 여자 혹은 암컷과 수컷이 결혼하여 살아야 하는데 im = not 그렇지 않고 혼자 살아가는 것은 정신상으로도 그렇고 건강상으로도 좋지 않다고 합니다.

relentless = ruthless

잔인한

lent. 빌려주는 사람은 착한 사람이고 다시 re = again 빌려주면 아주 착한사람인데 아예 빌려주지 않으면 싸가지 없는 less = not 사람.

resent = angry

화

re = back + sent. 선물을 보냈는데 다시 되돌아 왔다. 그럼 화 나죠.

resigned = submissive

사임 < 단념한

re = back + sign. 처음 입사 할 때 입사 계약서에 sign하고 신입으로 들어왔는데 다시 뒤로 가서 쉬라고 계약서를 쓰고 나서 쫓겨나는 것. 굴욕적인 느낌을 들겠죠. 특히 뉴스 시간에 돈을 먹어 쪽 팔리게 그만 두거나 감옥에 가는 사람들이 그만 두는 경우가 resign입니다. 그래서 피곤해서 그만 두는 경우가 아니라 이런 경우는 나중에 문제가 될 수도 있기 때문에 계약서 쓰고 sign. 너 그만 두어라고 말합니다. sign은 중요합니다. 사회생활 해보면 잘 알겠지만요. 그래서 significant = '중요한'에서 sign이 있어요.

retirement = resign

은퇴

re = back + tired. 정년이 할 때쯤 되면 체력이 모자라 쉬어야겠네요. 직장을 그만둠

impregnable = unconquerable

난공불락의

pregnant = preg- = take = conquer. im-를 떼어내면 독자들은 임신하다는 pregnable이 눈에 들어 올 것입니다. 여성의 몸은 점령을 하는 것인가? '임신한(pregnant)'이라는 영어 단어는, '정복할 수 있는(pregnable),' '정복할 수 없는(impregnable)'과 같은 어원을 갖아요. 한국어에도 '남자는 씨, 여자는 밭' 처럼 여성의 몸을 공간화 하는 개념은, 아이를 임신하는 과정 중 에서 남성 중심의 사고를 반영하고 있어요. 여성의 몸을 점령해야 할 땅으로 보고 임신하다도 여성을 점령한 것으로 개념화됩니다.

oblivion = forgetfulness

망각

live + ob- = against. 인생을 막 살아 사람들의 기억에서 사라져 감. 하지만 인생이 잘 나가는 사람들은 oblivion의 반대말인 '번창'인 prolific입니다.

kidnap = abduct

유괴

nap = sleep + kid = 아이. 아이를 유괴하려고 아이의 코에 마취제 수건을 대고 그 아이를 잠들게 한 후 유괴를 합니다.

deface = mar

손상

de + face. 목성과 화성 사이에는 수많은 우주의 쓰레기인 돌이나 철들이 있어요. 이런 물질이 화성의 표면에 충돌하여 화성은 마치 사람에 비유하면 곰보와 같은 모습입니다. 많은 표면이 손상되었어요. 한국어에서 스타일 구기거나 체면이 손상이 되면 얼굴을 깎아 내린다는 것과 연관 시킵니다. 그 이유는 신체 중 얼굴이 가장 중요한 부분이기 때문입니다.

demise = death

죽음

mis = send = go. 사람이 죽으면 땅 아래에 묻힙니다.

erudite = scholar

rude 〈 nude. 만일 서울 시내 한복판에 옷을 입지 않고 다닌다면 무례한 행동입니다.
무례 rude한 행동에서 e = out한 것은 유식입니다.

단어들도 생선처럼 머리 + 몸통 + 꼬리로 구성되어 있어요. 그래서 단어의 길이가 길어지면 공부하기 어렵다고만 하지 말고 일식집 주방장들처럼 단어 내부를 잘라 보세요.

STRATEGY 3 영어와 한국어와 같다

영어와 한국어는 완전히 다르다고 주장하는 사람들이 있다면 그것은 영어를 모르고 하는 분들의 말입니다. 영어와 한국어는 발음, 의미, 구조, 그리고 인지적인 면에서 완전히 같지도 않고 그렇다고 완전히 다르지도 않은 같은 점도 있고 다른 점들도 있습니다.

quack = impostor

돌팔이 의사

꽥. 오리의 울음소리. 오리는 걸음걸이가 불안정. 그래서 안정이면 정상이지만 불안정이면 사기꾼과 연관. 그래서 돌팔이 의사. 한국어에서도 '꽥'은 죽음과 연관시킵니다.

mawkishness = sentimental

감정적

목이 쉬어. 감정이 북 바치면 목이 쉽니다.

martyr = great sufferer

순교자

martyr를 발음해보세요. 어떤 단어가 떠오르나요? mother. 마더. 엄마의 자녀에 대한 사랑은 숭고합니다. 순교자들의 종교에 대한 사랑은 절대적입니다. 한국어에서 영어 마더는 엄마입니다. '마'입니다. 필자도 그렇고 이 책을 읽는 분들도 모두 처음 했던 말은 무엇 입니까? 두 입술에서 가장 편하게 낼 수 있는 '마' = ma입니다.

gourmet = connoisseur of food and drink

미식가

한국어 '고기 구워 먹어'. 고기를 늘 구워 먹는 사람들은 고기 맛을 알아요.

lunatic = crazy

moon의 형용사. 한국어에서 '달밤에 체조하다'는 말은 평소에 안하던 엉뚱한 짓을 하는 경우에 사용되는 표현입니다. 마찬가지로 영어권에서도 태양은 긍정(이집트의 왕인 파라오는 태양을 의미)이지만 달은 부정. 그래서 lunatic은 crazy.

영어와 한국어는 다르다고 말하는 분들이 있는데, 그분들은 이 두 언어의 공통점과 차이점을 모르는 분들이기 때문입니다. 영어는 한국어와 인지 체계, 발음이 비슷한 단어들이 많습니다. 11세기 이전까지 영어는 현재의 한국어처럼 주어 + 목적어 + 동사구문으로 더 많이 표현해서 이때는 I love you가 아니라 I you love 이었습니다. 지금도 영어가 이런 구조를 선호했다면 한국의 학생들이 영어 공부하는데 어려움이 없었을 텐데요(11세기 이후 영국이 프랑스 계열의 귀족의 지배를 받으면서 프랑스 어순인 주어 + 동사 + 목적어로 변했어요)

STRATEGY 4 영어는 돌려 표현하는 응큼 형.

비유적으로 생각하라.

이 세상은 화끈한 스타일의 사람만 있는 것도 아니고 응큼 형만 있는 것이 아닌 이런 저런 성격들이 모두 있습니다. 마찬가지로 영어도 슬슬 우회적으로 돌려 표현하는 어휘들이 있어 이들 비유적인 표현을 공부해야 합니다.

mushroom = grow rapidly

빠르게

mush = 버섯. 버섯은 비가 온 후 아주 급속도록 많이 생겨납니다. 명작 '어린 왕자'에서 주인공은 인간 세계의 어른들을 mushroom에 비유했어요. 왜 그랬을까요? 인간은 어린 시절의 순수함을 잃고 나이가 들어가면서 돈만 아는 '독버섯'과 같은 존재로 보았기 때문입니다.

seasoned = experienced

노련함

season. 인생의 풍파를 겪으면 노련한 사람들이 됩니다. 또한 우리 인간의 손가락 중에서 가장 쓰임새가 없는 것은? 엄지손가락이죠. 그래서 thumb는 unskilled입니다. 하지만 미국인들은 시간이 날 때마다 정원의 잔디나 꽃을 가꾸고 이 과정에 손가락에 풀물이 들어 녹색이 된 green thumb은 정원 일을 잘 하는 것을 암시하여 skilled의 의미가 됩니다.

largess = generous gift

관대한

large. 한국어의 'A는 손이 크다'에서 A는 실제로 손이 클 수도 있지만 다른 사람에게 인심을 많이 베푼다는 의미로 사용되는 것처럼 영어도 관대한 사람을 지칭합니다.

blue = sad

슬픈

빨강색은 신성한 색이요. 그래서 red carpet은 welcome의 뜻 이예요. 파란색은 부정적인 색입니다. 그래서 blue는 우울을 상징합니다. 각종 시험에서 거의 모두 blue는 부정입니다. blue가 긍정적인 경우의 대표적인 사례로 경제에서 자주 사용되는 blue ocean과 blue chip이 있어요. 전자는 치열한 경쟁으로 가득 찬 냉혹한 시장인 red ocean과는 다르게 블루오션은 발상의 전환을 통해 경쟁자가 없는 새로운 시장에서 높은 수익과 무한의 성장이 존재하는 시장을 의미합니다. 후자는 이전 미국에서 황소 품평회를 할 때 가장 좋은 황소에 파란 천을 둘러주는 관습에서 유래하여 미국 증권가인 월스트리트에서 강세장을 나타내는 어구입니다.

lionize = treat as a celebrity

영웅

lion. 밀림의 왕자는 사자.

elevate = escalate

(지위)오르다

에스컬레이터를 타던 엘리+베이터를 타던 위로 올라가는 것에 비유.

비유적으로 생각하는 것은 아주 중요합니다. 그 이유는 각종 시험의 50%는 그 단어가 지닌 뜻 중 비유적인 의미를 물어보기 때문입니다.

STRATEGY 5 Voca는 말 많은 사람을 싫어한다

알고 있는 단어에서 길이가 길어진 단어는 부정적인 뜻이다.

단어의 길이가 길어져 공부를 하는데 어려움이 있다고요? 전혀 그렇지 않습니다.

길이가 길어진 단어들은 이미 수험생들이 아는 낱말이고, 사람도 말을 너무 많이 하는 경우보도 필요한 것만 요점적으로 하는 것이 더 긍정적인 평가를 받듯이 단어도 우리가 알고 있는 낱말보다 단어의 길이가 길어지는 경우 거의 부정적인 뜻을 담고 있게 됩니다.

callous

unfeeling

무감각

call. 처음 만난 A군과 B양. 전화 하면서 가슴 설레이는 것도 잠시. 많은 전화가 오고가면 (callous에서 보듯이 call보다 단어의 길이가 길어졌어요)이제 서로에 대해 시큰 둥 해지면서 무감각해져요.

moody
= depressed
우울한
mood는 기분. 우리가 알고 있는 단어에서 단어의 길이가 길어지면 부정적인 뜻. 기분이 꿀꿀.

skinny
= thin
비쩍 마른
skin. 한국어의 '피골이 상접'. skin에서 단어의 길이가 길어졌어요. 가죽만 남았으니 아주 마름.

fatal
= mortal
치명적
fat. 지방. fatal은 지방이 너무 많아 목숨을 잃을 정도로 비만인 사람 연상. 어느 외신에 따르면 너무 뚱뚱하여 사람을 죽였음에도 불구하고 교도소에 가지 못하는 여자를 소개하는 글이 있었습니다.

fatigue
= tired
fat. 지방이 많아 살이 찌면 거동하기가 불편하고 몸이 피곤함.

fatuous
= stupid
fat. 몸이 마르고 눈이 초롱초롱한 사람은 똑똑하게 보입니다. 하지만 몸이 뚱뚱한 사람은 보통 stupid = fool하게 보여요.
사람만 비만이 있는 것이 아니라 동물도 비만이 있어요.

obese
= fat
bee. 꿀벌의 몸집이 O한 모양. 사람만 비만이 있는 것이 아니라 꿀벌도 비만.

germ
= virus
세균
gen = gem = birth. gem vs germ. jam은 아이들이 좋아하는 '잼'이예요. 발음이 거의 비슷한 gem은 여자들이 좋아하는 '보석'입니다. 그리고 비유적으로는 사랑하는 사람입니다. 보석이나 사랑하는 사람이나 소중하고 귀중하다는 점에서 공통점이 있어요. gem보다 단어의 길이가 길어지는 germ은 부정적인 뜻입니다. 그래서 virus.

officious
= meddlesome
간섭하는
office. 사무실 근무를 하면 직장 상사 눈치를 보아가며 이런 저런 간섭을 받음.

enervate
= weaken
약한
energy. 우리가 알고 있는 단어의 길이가 길어지면 부정적인 뜻. 힘이 빠져나가다. 한국어에서도 '힘이 쭉 빠지다'란 표현이 있어요.

STRATEGY 6 남자는 여자 얼굴만 보고 여자는 남자의 경제적인 능력만 본다.

일부 철자만 보면 단어의 의미를 알 수 있다.

남자는 여자 얼굴만 보고 여자는 남자의 경제적인 능력만 본다는 것은 전 인류의 공통적인 속성이라고 합니다. 물론 요즘 사람들은 욕심이 많아 얼굴이나 경제적인 면 이외에 이것저것 보는 것이 많아졌지만요... 이처럼 단어의 길이가 아무리 길어져도 일부 철자만 보면 그 단어의 의미를 알 수 있어요.

adamant
= hard/inflexible
고집불통
dam만 뽑아내어 보세요. 여름철에 홍수가 쏟아져도 견고하고 튼튼한 소양감 댐이 있어
서울은 안전하답니다.

damp

= diminish the intensity

젖은

dam. 소양감 댐을 연상해보세요. 댐에는 물이 담아져 있어 wet.

attest

= testify

입증하다

attest에는 test란 단어가 있어 시험은 자신의 실력을 '입증' 하는 것이죠. 마찬가지로 아래의 단어들도 시험과 연관이 있어요. testy detest testimony 그래서 시험 본다고 하면 좋아 할 사람 아무도 없으니 testy = 짜증나, detest = 싫어하다, testimony = 증언.

그럼 아래 단어들에의 공통적인 철자는 무엇인가요?

adultery adulation adulterate

모두다 adult가 있어요. 어른이 하는 일중에 좋은 일도 있겠지만 대체적으로 부정적인 일이 많아요. 아부, 간통, 속여 파는일 등.

adulation

= flattery

아부

adult. 나이를 먹어가면서 험난한 인생에서 밀리지 않으려면 상사에게 철저한
아부만이 살아남는 길이죠.

adulterate

= make impure

불순물로 만들다

adultery

간통

미국은 엄격한 청교도 국가였습니다. 그래서 성 윤리도 강했어요. 하지만 월남전이 터지면서 전쟁에 가서 죽기 싫었던 미국 대학생들은 학교에 가지 않고 반전 데모를 하면서

여학생과 남학생들이 집단으로 어울리면서 미국의 성 윤리와 도덕은 무너졌습니다. 이전 미국

사회의 성 윤리의 엄격함을 지적한 소설로는 우리가 잘 아는 '주홍 글씨'가 있습니다. 목사가 유부녀와 간통을 하여 지은 죄 때문에 목사는 죽고 '헤스터'라는 여자 주인공은 가슴에 A를 새기고 오두막집에 은둔의 생활을 했어요. A가 무엇의 약자인가요? adultery입니다. 아이가 아니라 어른이 하는 짓들은? 간통, 강남의 룸살롱에서 고급 양주라고 하고 물을 타서 비싸고 받아먹고...

또 다른 단어들을 연습해보겠습니다.

adage agility agenda agitation

위의 모든 단어들은 age에서 파생이 되었어요.

agitation
= swing
동요
나이가 age 들어 갈수록 세상에 대한 불안정 때문에 마음이 이러 저리 동요가 됩니다.
나이 들수록 깨 닫게 되는 격언은 adage, 나이 먹을수록 민첩하게 살아야 하니 agility,
몇 살이 되면 어떤 일을 해야 하는지 계획을 세우는 agenda등...

bemused
= confused
혼동
muse. 그리스 신화의 음악을 관장하던 신 이름입니다. 그래서 음악은 music이고요.
귀가 떨어질 것같이 시끄러운 나이트클럽이나 클럽에 가면 처음에 어리벙벙해집니다.
하지만 같은 어원인 amuse는 enjoy. 그 이유는 음악을 들으면 즐겁기 때문입니다.

cache
= hiding place
은닉장소
cash. 지금은 돈을 은행에 저축합니다. 하지만 이전에 한국이든 동양이든 서양이든 모두 은밀한 곳, 예들 들어 땅속에 파묻기도 했어요.

copious
= abundant

풍부한

cop = many = opirus(가격이 있는 자동차 이름).

copy, copious, cornucopia, opulent, opulence

복사 copy를 하면 한 장에서 많은 종이들이 복사가 됩니다. cone은 원뿔. 이전의 원시인들은 원뿔 모양의 '뿔' horn에 음식들을 담아 저장했어요. 넘쳐나는 곡물들을 연상해보세요.

horn은 음식을 담기도 하고 나팔을 불기도 했어요. 그래서 horn다음에 금속으로 만들어진 trumpet와 더불어 이들 단어들은 한국어에서도 볼 수 있듯이 '동네방네 나팔을 불다' 처럼 자랑을 하다는 의미가 있게 됩니다.

cancel

= call off

취소

cancer. 암에 걸리면 하던 일을 그만 취소할 수밖에 없어요. 세계적인 과학자 퀴리 부인은 자신이 방사성에 많이 노출되어 암에 걸린 줄도 모르고 열심히 자신의 연구에 몰두하였어요.

enigma

= mystery

신비

sigma. Sigma는 18번째 그리스문자로 그리스 숫자로는 200을 뜻합니다. 그리스는 신비의 나라입니다.

rustic

= pertaining to country people

시골

lust 〈 rust. lust = light. 대도시는 전등이 많아요. 그리고 욕심과 밝음입니다. 하지만 일반적으로 점점 시골은 경제의 침체로 공장의 기계들도 녹슬어 가고 있어요. rust는 아무래도 도시보다는 시골과 연관이 있죠. 번쩍 번쩍 빛이 난 다음 녹이 슬기 때문에 철자도 l 다음에 r. 그래서 lust 〈 rust

prey

victim

먹이 감

pray 〈 prey. 원시인들이 사냥을 가기 전에 그린 라스코 벽화 등을 통해 우리는 그들이 사냥의 먹이감과 그리고 사냥에서 그들이 무사 할 것을 기도했습니다.

nurture
= promote
증진하다
nurse. 간호사들이 환자들을 돌보는 영상과 연관.

nutrient
= nourishing substance
영양분
nut. 견과류(호두, 밤등)를 먹으면 몸속에 영양분이 많이 생겨나요.

masquerade
= party / ball
무도회
mask. 파티나 무도회에서 가면을 쓰고 남녀가 등장하는 모습.

STRATEGY 7 유유상종.

범주어(같은 유형끼리) 묶어 생각하라.
유치원이나 초등학교 저학년 때는 같은 물건이나 같은 개념을 나타내는 것들을 한데로 묶는 교육을 시킵니다. 일찍이 고대 그리스의 위대한 철학자 아리스토텔레스는 인지적 학습, 즉 유형별로 분류하는 것을 강조했어요. 우리 인간도 같은 계급 = 같은 계층끼리 이야기 하고 결혼하고 합니다. 단어도 유형 = 범주 = category로 묶이고 의미를 확대해 나갑니다.

air

가장 기본적인 단어의 의미는 '공기' 입니다. 하지만 범주적 으로 뜻이 확대되어 나갑니다.
공기가 많이 있는 곳은 '하늘'. 이 하늘에는 '비행기' 가 날아다닙니다. 그리고 공기를 통해
서울에서 쏜 전파가 울릉도까지 가서 그곳 주민들은 '방송' 을 봅니다. 또한 다른 사람보다 조금 가졌다고 사람들은 '바람이 들고', 이 바람은 옆집에 바람난 유부남과 유부녀를 가리키기도 합니다. 또한 '허풍' 은 마치 풍선에 바람이 든 것처럼 허영만 가득한 사람을 지칭합니다. 이처럼

air는 기본적인 뜻에서 범주적으로 의미가 확대되어 나갑니다.

pester
= annoy
해충
pest. pat = love 〈 pet 사랑스런 동물 〈 pest. 우리가 알던 단어에서 길이가 길어지면 부정적인 뜻. 중세의 흑사병도 pest. 쥐벼룩에서 시작이 되었다는 페스트 질병.

STRATEGY 8 단어도 지킬과 하이드 박사.

두 얼굴(야누스)을 가진 단어.
한 단어에는 상반되는 내용을 담고 있어요. shut the mouth가 떠들지 말고 '입을 닫아라'는 부정적인 내용도 있지만 최근에 만들어진 새로운 뜻에는 '멋있다'는 cool이란 대조적인 의미가 있습니다.

nerve
brave
nerve는 두 얼굴을 가진 단어. 한편으로는 신경이지만 다른 한편으로는 긍정적인 용기 brave.

stem
start
stop
나무줄기. 봄이 되면 줄기에서 가지가 나오기 때문에 '생겨나다' 입니다. 하지만 늦가을에는 겨울동안 수분 부족을 막기 위하여 가지에 있는 잎들이 땅 바닥으로 떨어집니다. 그래서 stem에는 start와 stop의 의미가 모두 있어요.

STRATEGY 9 단어의 성 전환

이 세상의 삼라만상은 전환을 합니다. 사람은 남자에서 여자로, 여자에서 남자로 성 전환 하듯이 단어도 예를 들어 in이란 전치사는 부사, 동사, 그리고 명사 등으로 성 전환 합니다.

doctor
속이다
어느 미국인 석학의 글을 필자가 읽어보니 지식인들이 그렇지 않은 사람들보다 결혼 생활이 원만하지 않고, 또한 속이는 경향이 많다고 합니다. 명사에서 동사로 전환.

riveting
= interesting
홍미로운
rivet = 나사. 나사로 고정하는 것. 어떤 일에 흥미를 가지게 되면 꼼짝 달싹 하지 않고 일에 몰두. 명사에서 동사로 전환

shield
= stop
막다
한자 성어 '방패'. 중국의 어느 장사꾼이 방패로 어떤 창을 막을 수 있고 창으로 어떤 방패도 뚫을 수 있다는 고사 성어 연상.

screen
= choose
선택하다
영화관의 화면은 일부 빛만 반사시켜 우리 눈에 보이게 하여 영화 화면이 screen에 비칩니다.

STRATEGY 10 주변을 돌아보아라.

일상생활과 연관 하여라.
단어의 의미는 우리 일상생활과 동떨어져 존재하는 것이 아닙니다. 모든 단어들은 우리 일상생활과 깊은 연관을 가지고 있어요.

rail
= scold
비난하다
살아가는 것이 힘이 들더라도 악착같이 살아야겠죠. 그래서 보통 사람들은 지하철 레일로 뛰어 들어 자살하는 사람들을 비난합니다.

ecstasy
= joy

환희

강남이나 홍대의 클럽에서 마약의 한 종류인 엑스타시를 하면서 enjoy를 즐기는 청춘 남녀.

auspicious

= success

성공

aus- = bird. 대통령 취임식은 inauguration입니다. 이 행사장에서는 나라의 번영을 위하여 비둘기를 날려 보냅니다. 노아의 홍수 때 3번째 날려 보낸 새가 비둘기이고 이 새가 올리브 잎을 물고 와 노아는 방주(배)에서 하선을 합니다. 그래서 aus-는 행운과 성공을 상징합니다.

left

좌파

right

우파 - 적절한 = 정의

왼손잡이보다 오른 손잡이들이 많아요. 그래서 오른쪽은 긍정적이고 왼쪽은 부정적입니다. left와 right라는 순수 영어만 그런 것이 아니라 라틴어(고대 시저 황제 시대의 말)와 프랑스어에서 파생이 된 영어 단어에도 이런 인지적인 모습은 담겨 있습니다.

adroit

= skillful

노련

dexterity

= skilled

노련

right hand. 오른손이 왼손 보다는 노련하게 작업을 할 수 있어요.

ambidextrous

노련

sinister

음흉한

adroit와 dextrous는 오른쪽이고 긍정적인 의미 함축. 그래서 skilled. 하지만 sinister

에서 우리가 이미 아는 철자는? sin = 죄. sin은 옆집 아저씨나 아주머니를 좋아하는 엉큼한 사람들은 도덕적인 죄를 나타내기 때문에 '음흉하다'는 의미. 왼쪽에서 파생이 된 단어.

run - of - the - mill
= common
보통
mill = factory. 한국에도 이전에 물레방아를 이용하여 쌀을 가루로 만들었습니다. 로마 등에서는 전쟁을 하고 잡혀 온 노예들은 잠자는 시간만을 제외하고 물레방아를 밟으며 = 돌리며 = run하며 짐승처럼 인생을 살았습니다. 그래서 이 어구는 귀족이 아니라 '평범한'이란 뜻을 가지고 있어요.

quarantine
= isolation
격리
quarter = 4 〈 quarantine = 40. 검역을 뜻하는 Quarantine은 라틴어 quaranti giomi에서 온 말로 '40일간'이란 뜻이 포함되어 있습니다. 바로 이탈리아 한 도시에서 시작된 관행이었던 검역은 14세기 중반을 휩쓸었던 역병으로 부터 도시민을 구하기 위한 방법이었는데, 도시 내로 들어오는 모든 사람들과 배는 40일 동안 그 안전유무를 묻기 위해 격리되어 있어야 한다는 것이었죠. 그럼 왜 하필 40일인가요? 그 이유는 예수님이 광야에서 40일간 방황을 하셨기 때문입니다.

mercurial
= capricious
변덕
mercury = 수성. 수성은 태양에 가장 가까이 있는 행성. 그래서 공전이 가장 태양계 8개 행성 중에서 빠르기 때문에 사신 = messenger의 의미. 이 뜻에서 온도계에 사용되는 수은도 mercury. 온도의 변화에 따라 움직임이 심하기 때문. 그리고 수성은 축이 기울어진 지구와는 다르게 똑바르고 가장 태양에 가까이 있어 낮과 밤의 온도 변화가 가장 극심해요. 그래서 '변덕스럽다'는 의미 파생.

saturnine
= gloomy
우울
sat는 긍정적으로 happy입니다. 그러나 한 단어에는 야누스적인 반대의 의미도 있어요.
토성은 해왕성과 명왕성을 제외하고는 태양에서 가장 멀리 떨어져 있습니다. 정신 병원이 가장 먼저 생긴 곳도 영국. 남반부에 비해서 북반구가 춥기 때문에 정신병자가 많다고 합니다. 계절적으로 미국 과학자들의 연구에 의하면 겨울이 봄에서 가을까지 사이에 태어난 사람보다 정신적인 질병을 겪을 가능성이 많다고 합니다. 그럼 hot love cold 가 각각 써 있는 카드 중 2장만 뽑는다면 어느 카드를 뽑고 싶나요? 많은 미국 대학생들을 대상으로 한 심리학과의 실험에서 hot과 love카드를 뽑은 사람이 cold와 love를 고른 사람보다 정신 질환에 걸릴 가능성이 적었다고 합니다. 토성은 태양에서 멀리 있고 그래서 추운 곳에 있어 비유적으로 우울하다는 의미 파생. 토성을 둘러쌓고 있는 아름다운 띠는 망원경으로 보면 아름답지만 실제로는 우주의 쓰레기들이라고 하죠.

material

= significant

중요한

현대인은 정신이나 영혼은 완전히 무시하고 오직 물질만 중요하게 생각하고 있어요.

cower

= shrink in fear

겁쟁이

cow. 암소의 눈은 커요. 일반적으로 눈이 큰 동물은 겁이 많죠.

bizarre

= fantastic

이상한

visa와 발음 거의 유사. visa를 받고 해외에 가면 낯설고 이상한 풍물에 접해요.

tantalize

= tease

애간장 녹이다

그리스에 탄탈루스라는 왕이 있었고 이 사람이 신들을 초대하여 아들을 죽인 후 아들의 시체를 삶은 국을 먹인 나쁜 짓 때문에 제우스에 찍혀 강물에 영원히 빠지게 됩니다. 배가 고파 탄탈루스가 먹을 것이 있는 물가로 가면 다시 미끄러지는 연속, 결국 눈앞에 맛있는 음식만 볼 뿐 먹을 수 없으니 애간장만 녹아요.

STRATEGY 11 문맥추론을 해라.

VOACA IN CONTEXT

문맥추론이란 단어의 의미를 그 단어가 들어가 있는 문장에 있는 다른 낱말을 통하여 알아내는 전략을 말합니다. 아래의 기출 문제 몇 개를 통해 문맥 전략으로 어떻게 답을 찾을 수 있는지 설명 하겠습니다.

1. John tried to look nonchalant and uninterested when his friend told him the shocking story.

(A) indifferent (B) excited (C) radical (D) unchallenging

그의 친구가 그 사람에게 쇼킹한 이야기를 말 할 때 그는 nonchalant했다고 하는데요. 이 단어의 의미는 무엇인가요? 만일 시험장에 가서 잘 모르거든 이 단어가 들어가 있는 구조를 보세요. nonchalant and uninterested. A and B 구조입니다. A와 B는 and에 의해 서로 비슷한 의미라는 것을 알 수 있어요. 즉, nonchalant의 의미는 uninterested와 같고 보기의 단어에서 관심 없다에 해당되는 것은 A의 indifferent입니다. 다른 사람이 나와 차이가 있어야 관심을 가지지 같은 것만 있다면 그 사람에게 흥미가 없겠죠.

2. The normally loquacious Mr. Richardson has said very little lately.

(A) long (B) introverted (C) talkative (D) rambling

일반적으로 loquacious한 사람이 최근에는 말이 없다면 이전에는 말이 있다는 것을 추론해 낼 수 있어요. 그리고 loq-와 log-는 말이기 때문에 말과 관련된 C의 talkative를 답으로 고르면 됩니다.

3. The drug is extremely potent, but causes unpleasant side effects.

(A) extreme (B) effective (C) helpful (D) barren

but은 역접의 접속사입니다. 먼저 but이하를 보면 '부작용이 있다' 인데 부작용은 부정적인 내용. 하지만 but에 의해 potent는 긍정적인 내용이라는 것을 추론해 볼 수 있어요. 그래서 밖으로 만들어졌다는 effective = 효과 있음을 고르면 됩니다.

STRATEGY 12 스펀지

필자가 말하는 스펀지란? 시험에서 요구하는 단어의 의미를 모르는 경우 그 단어를 남겨두고 다른 부분을 먼저 해석 한 후 요구하는 단어의 의미를 빈칸으로 보고 그곳에 들어갈 적당한 한국말을 생각하는 것을 말합니다. 아래의 두 개 기출 문제를 통해 스펀지로 어떻게 답을 찾을 수 있는지 설명 하겠습니다.

1. The sudden surge of crime can be attributed to worsening economic conditions.

(A) frequency (B) lessening (C) increase (D) hardening

이 지문에서 범죄의 ________와 경제 악화가 관련 있다는 것을 알 수 있는데요. 상식적으로 경제가 좋아지면 사람들이 먹고 살 것 걱정 없으니 범죄가 줄어들거나 없어 질 것이고, 경제가 안 좋아지면 범죄가 증가 할 것이라는 것을 추론 해 볼 수 있어요. 그래서 surge의 동의어로 보기의 C인 increase를 답으로 찾으면 됩니다.

2. Soldiers went on rampage, pillaging stores and shooting at civilians.

(A) bombarding (B) plundering (C) reinforcing (D) piling

이 지문에 있는 rampage와 pillaging의 단어가 생소하다면 shooting at civilian을 통해 의미를 유추해 볼 수 있어요. 군인들이 민간인을 향해 총을 쏘고 있다면 상황이 좋지 않다는 것을 알 수 있어요. 그리고 스펀지를 이용하여보세요. 군인들이 '가게를 ________한다'에서 밑줄에 들어갈 것은 '약탈하다'가 가장 적절한 말이 됩니다.

영어 단어는 총 몇 개나 될까요? 영어를 공부하는 분들은 이런 생각을 한번쯤 해보았을 것입니다. 100만개. 하늘에 떠 있는 별들의 숫자가 아닙니다. 영어 단어 개수입니다. 가장 최근에 만들어진 단어는 아래와 같습니다.

defriend defollow

de = down = not이기 때문에 친구가 되지 않고 따라가지 않으니 '교류를 끊다' 혹은 '인연을 정리하다'라고 풀이가 되는 단어입니다. 미국인이나 영국인의 평균 어휘력이 만 칠천 정도라고 하고 어휘력 영재들이 7만 단어를 안다고 하는데 한국의 각종 시험에서는 3만개 전후의 어휘력을 측정하고 있습니다.

지금까지 저는 윤재성의 BMS연상법의 핵심 비법 12가지를 설명했습니다. 이런 공부 방법이 왜 가장 효율적인 학습 방법인가요? 수험생들을 가장 힘들게 하는 어휘 공부. 외우고 또 외우지만 자꾸만 잊어버리는 영단어. 사람은 망각의 동물이지만 어휘 학습을 포기 할 수는 없죠. 독일의 심리학자인 에빙하우스(Ebbinghaus, Hermann)는 공부를 한 후 10분후터 망각이 시작되어 하루자고 나면 70%를, 한달 후에는 80%를 망각하게 된다고 주장했습니다. 이런 이유 때문에 암기만 달달 하면 영어 시험에서 좋은 점수를 받을 수 없습니다. 하지만 저의 BMS연상법의 핵심 비법 12가지를 통해 어휘를 공부하면 초 스피드로 짧은 시간 안에 평생동안 기억을 하게 하기 때문입니다.

이제 낯설기만 하고 암기하는데 짜증만 날 수 있는 Voca 33,000개의 단어를 여기에서 필자가 소개하는 방법을 통해 암기만 하지 않고 쉽게 공부하여 각종 영어 시험에 고득점을 맞도록 이끌것 입니다.

시간이 흘러가는 물과 같다는 유명한 말이 있습니다. 필자는 늘 책상에 앉아 밖에 장미비가 오면 여름이고 눈이 오면 겨울이라고 알 정도로 다방면의 책을 보면서 시간 가는 줄 몰랐는데 세월이 많이 흘러갔습니다. 그래서 저는 하루하루 책들을 보면서 제 머리 속의 논리력을 키우면서 학문에 대한 순수함 때문에 인생을 살아가는 것에 대해 유일한 인생의 큰 기쁨으로 생각합니다.
사람마다 한 가지 자신이 좋아하는 일을 하면서 살아가는 것이 행복이듯이 밤늦게까지 책을 보다 머리 근처에 책을 놓고 다시 새벽에 일어나 눈이 비비면서 책을 보는 인생도 행복한 인생이라고 생각합니다.

2009년 12월 저자 윤재성

[ACTUAL TEST]

밑줄 친 낱말과 동의어를 고르세요.

1. At school, another girl and I were mortified to think that one of us might be the darkest member of our class.

(A) furious (B) proud (C) distinguished (D) humiliated

2. Everybody thinks of him as the quintessential politician with his dark blue suits and red neckties.

(A) typical (B) fashionable (C) clean-cut (D) worldly

3. Click here to get your daily fix of showbiz and celebrity news.

(A) supply (B) gossip (C) critique (D) forum

4. Tom muttered a few words against the boss under his breath.

(A) angrily (B) breathlessly (C) timidly (D) quietly

5. Linguists can study moribund languages and seek to preserve the components of the language: the sounds, the vocabulary, the grammar, and the traditions.

(A) dying (B) dominant (C) extant (D) eloquent

6. Once you get the hang of sewing, you can become creative and make your own clothes.

(A) get bored with (B) are excited about
(C) get used to (D) are tired of

7. In the wake of SARS, China's leaders have become increasingly adept at operating in the harsh spotlight of the international community.

(A) nervous about (B) appreciative of
(C) evasive about (D) skilled in

8. A new "four-door convertible" fridge lets you select, on the fly, whether each of the two bottom drawers is for chilling or freezing.

(A) spontaneously (B) at your leisure
(C) decisively (D) in person

9. Is Tom's sister finished with school for good?

(A) excellently (B) permanently
(C) for the time being (D) for her well-being

10. Today, desktop counterfeiters have little reason to worry about prison, at any rate, because the systems they use are ubiquitous and there is no means of tracing forged documents to the machine that produced them.

(A) appearing or existing everywhere
(B) most modern and recently developed
(C) travelling faster than the speed of sound
(D) believing that one is the center of everything

11. It's unlikely that the hospital will be closed in the foreseeable future.

(A) soon (B) for ever (C) eventually (D) for the time being

12. Opponents of nuclear energy have deep misgivings about its safety.

(A) distrust (B) mischief (C) misconception (D) disenchantment

13. The doctor told her to drink less coffee.

(A) cut back on (B) cut down to (C) cut away with
(D) cut loose with (E) cut off with

14. The investigation into the atrocities of September 11 has involved police forces across the U.S. and around the world.

(A) barbarities (B) disorders (C) vulnerabilities
(D) misbehaviors (E) events

15. We had difficulty in reading the archaic language.

(A) confusing (B) old (C) foreign
(D) learned (E) complex

16. I was surprised that there was so much grim news on TV this evening.

(A) shocking (B) disgusting (C) unpleasant (D) troublesome

17. The lady initiated many humanitarian projects.

(A) continued (B) eliminated (C) improved (D) began

18. Tom is having some friends over for dinner tomorrow.

(A) inviting (B) booking (C)treating (D) notifying

19. The tropical rain forest occupies areas where the annual rainfall exceeds on inches.

(A) surpasses (B) reaches (C)averages (D)equals

20. The densely populated area is hard to live in.

(A) sloppily (B) sparsely (C) improperly (D) heavily

21. A procedure known as multiple displacement amplification will dramatically enhance the efficiency of pre-implantation genetic diagnosis, which is already used to look for inherited defects before embryos are implanted into the womb.

(A) infertile (B) inferior (C) hereditary
(D) hostile (E) impersonal

22. Amy was often accused of being indolent. She spent most of her time lying in bed either listening to the radio or dozing.

(A) very lazy (B) diligent but hostile
(C) too arrogant to work with (D) enthusiastic
(E) sleepy at all times

23. Think of the blush that inadvertently reveals the mind's secrets.

(A) accidentally (B) gradually (C) willingly
(D) painfully (E) lucratively

24. In my opinion you'll exasperate your students if you use that textbook.

(A) encourage (B) disadvantage (C) amuse (D) frustrate

25. Profit margins will be small this year because of the drop off in consumer spending.

(A) increase (B) continuation (C) fall (D) stop

26. Unlike his gregarious brother, Robert is a shy person who does not like to friends.

(A) infamous (B) sociable (C) taciturn (D) reticent

[FILL THE PROPER WORD IN THE BLANK]

다음 빈칸에 알맞은 것은?

27. Language purists wish to________ change in language or dialect differentiation because of their false belief that some languages are better than others, or that change leads to corruption.

(A) stem (B) promote (C) condone (D) follow

28. Jackie Brown, head of human resources, informed all new employees that are _______ for vacation after our month employment.

(A) capable (B) variable (C) flexible (D) eligible

[EXPLANATION]

1. [VOCA]

mortified 굴욕감 humiliate 창피하다

[TRANSLATION]

학교에서 다른 소녀와 나는 학급에서 가장 피부가 검정 사람 중에 하나라고 생각이 되어 창피했다.

[ROPES]

여학생이 피부가 검다 darkest member라는 말이 힌트 어구.

[ANSWER] D

2. [VOCA]

quintessential 전형적인 worldly 세속적인

[TRANSLATION]

모든 사람들은 감청색 양복과 빨간 타이를 한 남자를 전형적인 정치가로 생각한다.

[ROPES]

quintessential이 단어의 길이는 길지만 essence = 필수라는 어구가 중심

[ANSWER] A

3. [VOCA]

fix 일정량의 소식 showbiz 연예계 celebrity 유명인사 forum 모임

[TRANSLATION]

연예계 소식과 유명 인사의 뉴스를 받고 싶으면 이곳에 접속하세요.

[ROPES]

fix는 소식을 '전하다' 이기 때문에 supply가 정답

[ANSWER] A

4. [VOCA]

mutte 중얼거리다 under one's breath 작은 소리로 breathlessly 헐떡이면서 timidly 소심하게

[TRANSLATION]

톰은 사장에게 반대하는 몇 마디 말을 작은 소리로 중얼거렸다.

[ROPES]

숨을 죽이면서 이야기 한 것이기 때문에 큰 소리가 아니라 작은 소리로 이야기 했다는 것을 함축.

[ANSWER] D

5. [VOCA]

Linguist 언어학자 moribund 죽어가는(=dying) dominant 우세한 extant 현존하는 eloquent 웅변의 , 감동적인 preserve 보존하다 component 구성요소

[TRANSLATION]

언어학자들은 사라져 가는 언어를 연구 하면서 그 언어의 구성 요소인 소리, 어휘, 문법, 그리고 전통을 보존 하기 위하여 노력한다.

[ROPES]

seek to preserve가 힌트 어구. 보존하려는 것을 통하여 밑줄 친 말이 사라져 가는 = 죽어 가는 이란 것을 알 수 있어요. mor = dead. 그래서 인간은 mortal이고 신은 죽지 않기 때문에 im = not + mortal = dead

[ANSWER] A

6. [VOCA]

get the hang of ~의 요령을 터득하다 get used to ~에 익숙해지다 get bored with ~에 싫증나다 sewing 재봉, 바느질

[TRANSLATION]

일단 바느질 요령을 터득하면 창조적으로 직접 옷을 만들 수 있다.

[ROPES]

종속절에 있는 어구의 뜻을 모르면 주절에 도우미 표현이 있어요. creative and make = 창조적이고 만들 수 있다는 표현을 통해 보기의 낱말 중 '익숙하다'를 답으로 선택하면 됩니다.

[ANSWER] C

7. [VOCA]

adept at ~에 능숙한 skilled in ~에 숙달된 nervous about ~을 걱정하는 appreciative of 감사하고 있는 evasive about 회피하는 in the wake of ~직후에

[TRANSLATION]

SARS이후 중국의 지도자 들은 국제 사회의 눈총을 받으며 일을 처리하는데 점점 익숙해져 가고 있다.

[ROPES]

apt = ability = 능력 〈 adept

[ANSWER] D

8. [VOCA]

on the fly 진행 중인, 자동적으로(=spontaneously) leisure 편리한 decisively 단호히 in person 직접 convertible 개조 가능한 fridge 냉장고(=refrigerator) drawer 서랍 chill 냉각하다 freeze 얼다

[TRANSLATION]

문이 네개인 새로 나온 냉장고는 아래쪽 두 서랍 각각을 냉장용으로 쓸 것인지 냉동용으로 쓸 것인 지를 자동으로 선택하게 해준다.

[ROPES]

on은 위가 아니라 계속 = continue의 뜻. 그래서 진행 중이란 단어를 보기에서 고르면 됨

[ANSWER] A

9. [VOCA]

for good 영구적으로(=permanently) excellently 훌륭하게 for the time being 당분간 wellbeing 행복

[TRANSLATION]

여동생이 영원히 학교를 그만 두었느냐?

[ROPES]

좋은 것은 영원히 찾아 다녀야겠죠. 그래서 for good은 영원히.

[ANSWER] B

10. [VOCA]

ubiquitous 도처에 있는 desktop 소형의 counterfeiter 위조 범 trace 조사하다 forge (문서, 돈을) 위조하다 document 문서

[TRANSLATION]

오늘날 PC 컴퓨터를 이용한 위조 범들이 감옥에 대해 걱정할 이유가 없는 것은 그들이 사용하는 시스템들이 모든 곳에 있고, 위조 문서 들을 추적해 그것들을 만든 기계를 알아낼 수 있는 방법이 없기 때문이다.

[ROPES]

uni = ubi = one. 컴퓨터가 이곳저곳 모든 곳에 있다는 배경에서 이 단어 = ubiquitous가 출현

[ANSWER] A

11. [VOCA]

in the foreseeable future 가까운 장래에 = soon for ever 영원히 eventually 마침내 for the time being 당분간

[TRANSLATION]

그 병원이 곧 문을 닫을 것 같지는 않다.

[ROPES]

fore = 앞 + seeable = 보인다. 앞이 보이는 것은 먼 미래가 아닌 가까운 장래

[ANSWER] A

12. [VOCA]

opponent 반대자 nuclear energy 핵에너지 misgiving 걱정, 불안 distrust 불신 mischief 악영향 misconception 오해 disenchantment 환멸

[TRANSLATION]

핵 에너지를 반대하는 사람들은 그것의 안전성에 관해 많은 불안감을 가지고 있다.

[ROPES]

mis = not + giving. A에게 갈 물건이 B에게 잘못 전달이 되었다면 걱정이 생기게 되죠.

[ANSWER] A

13. [VOCA]

tell 요청하다 cut back 줄이다

[TRANSLATION]

그 여자에게 의사는 커피를 덜 마실 것을 요청했다.

[ROPES]

less는 줄이는 개념이기 때문에 cut back이 옳은 표현.

[ANSWER] A

14. [VOCA]

investigation 조사 atrocities 잔인 misbehavior 나쁜 행동

[TRANSLATION]

9월 11일의 잔혹성에 대한 조사는 미국과 전 세계의 경찰들이 관련된다.

[ROPES]

atrocity는 barbarian과 연관. 그리스 사람들은 개 짓는 소리가 그들에게는 barbar로 들렸고, 문명이 발달하지 않은 다른 민족이 말하는 것을 개 짓는 소리로 말함. 그래서 야만적.

[ANSWER] A

15. [VOCA]

archaic 오래된 confuse …을 혼동하다 have difficulty in -ing -을 하는데 어려움을 겪다

[TRANSLATION]

우리는 고대 언어를 읽는데 어려움을 가졌다.

[ROPES]

archaic에서 우리가 이미 알고 있는 철자는? arch. 고대에 arch건물이 많았습니다.

[ANSWER] B

16. [VOCA]

grim 잔인한 disgusting 역겨운

[TRANSLATION]

나는 오늘 저녁 TV에서 역겨운 뉴스가 많아 깜작 놀랐다.

[ROPES]

surprised - grim, 놀란 이유는 역겨움 때문입니다. 우리가 어린 시절 읽었던 그림 Grim 동화가 있어요. 원래는 성인용으로 끔직한 내용을 담고 있었지만 후대에 어린이용으로 개작되면서 내용이 순화 되었습니다.

[ANSWER] C

17. [VOCA]

initiate 시작하다 humanitarian 인도주의의 continue 계속하다 eliminate 제거하다 improve 개선하다

[TRANSLATION]

그 부인은 많은 인도적 사업을 시작했다.

[ROPES]

initiate은 '시작하다' 로 begin과 동의어

[ANSWER] D

18. [VOCA]

book 예약하다 treat 대접하다 notify 통지하다

[TRANSLATION]

Tom은 내일 저녁 만찬에 몇몇 친구들은 초대할 것이다.

[ROPES]

have over는 '초대하다'로 invite와 동의어 ?

[ANSWER] A

19. [VOCA]

average 평균 surpass 초과하다

[TRANSLATION]

열대 우림 지역은 평균 일 년 강우량이 몇 인치를 넘는 지역에 있다.

[ROPES]

exceed = ex = out + ceed = go. 넘어서 가는 것은 초과의 개념

[ANSWER] A

20. [VOCA]

densely 조밀하게 sloppily 칠칠치 못하게 improperly 부적절하게

[TRANSLATION]

인구가 밀집 지역은 사람들이 살기가 힘들다.

[ROPES]

dense는 공간에 비해 개체가 많이 있을 때 사용되는 낱말

[ANSWER] D

21. [VOCA]

displacement 이동 amplification 증폭 enhance 향상시키다 implantation 심기, 주입 inherited 물려받은 womb 자궁 infertile 불임의, 불모의 inferior 열등한 hereditary 유전된 impersonal 비인간적인

[TRANSLATION]

multiple displacement amplification : MDA라고 알려진 방식은 착상 이 전 유전자 진단의 효율성을 극대화할 것인데, 이런 방식은 수정란이 자궁에 착상되기 전에 유전적 문제점을 찾아내기 위해 이미 사용되고 있다.

[ROPES]

in = 안으로 + her = go

[ANSWER] C

22. [VOCA]

indolent 게으른 doze 낮잠 자다 diligent 근면한 hostile 적대적 arrogant 거만한 enthusiastic 열렬한 accuse 비난하다

[TRANSLATION]

Amy는 자주 게으른 것 때문에 꾸지람을 듣는다. 그녀는 자신의 대부분의 시간을 침대에 누워 라디오를 듣거나 낮잠을 자면서 보낸다.

[ROPES]

indolent는 '게으른'으로 lazy나 idle과 동의어

[ANSWER] A

23. [VOCA]

blush 얼굴 붉히기, 홍조 inadvertently 우연히 lucratively 이익 willingly 의도적으로

[TRANSLATION]

마음의 비밀을 우연히 드러내는 얼굴 붉히는 홍조에 관해 생각 해보라.

[ROPES]

inadvertent는 by chance나 accidental의 동의어

[ANSWER] A

24. [VOCA]

exasperate 화나게 하다 amuse 즐겁게 하다 frustrate 좌절하다

[TRANSLATION]

내 생각에 당신이 만일 그 교재를 사용한다면 당신 학생들이 좌절 할 것이다.

[ROPES]

exasperate는 frustrate와 동의어

[ANSWER] D

25. [VOCA]

profit margin 이윤폭 drop off 감소, 쇠퇴 continuation 존속, 지속 consumer 소비자

[TRANSLATION]

이윤 폭은 올해 소비자 지출의 감소 때문에 적을 것이다.

[ROPES]

drop은 떨어지는 것을 의미하기 때문에 fall을 보기에서 고르면 됨.

[ANSWER] C

26. [VOCA]

gregarious 사교적 infamous 악명 높은 sociable 사교적인

[TRANSLATION]

사교성 많은 동생과는 다르게 Robert는 친구를 좋아하지 않는 내성적인 사람이다.

[ROPES]

Unlike —— gregarious —— shy가 중심이 되는 어구.

[ANSWER] B

27. [VOCA]

stem 막다, 생기다 promote 증진하다, 촉진시키다 dialect 방언 condone 용서하다

[TRANSLATION]

언어 순수 주의자는 어떤 언어들이 다른 언어들보다 더 낫거나 혹은 언어의 변화는 언어를 타락하게 한다는 잘못된 생각 때문에 언어의 변화나 방언의 분화를 저지하고 싶어 한다.

[ROPES]

some languages are better than others, or that change leads to corruption라는 부분을 통해 언어의 변화를 좋아하지 않기 때문에 stop하려고 한다는 것을 알 수 있습니다.

[ANSWER] A

28. [VOCA]

eligible ~할 자격이 있는, 적임의(for) robber 강도 thief 도둑 flexible 유연한

[TRANSLATION]

Brown은 모든 종업원에게 한 달 근무하고 나서 휴가를 신청 할 수 있다는 것을 말했다.

[ROPES]

leg = lig = law

[ANSWER] D

PART 2

ESSENTIAL WORDS

A

A로 시작하는 철자들 이것만은 꼭 알자

1. a-. ab-로 시작하는 철자는 집 안과 같은 공간에서 집 밖으로 나가는 go out의미. 비유적으로는 줄어들거나 없어지는 것과 연관되어 보통은 부정적인 의미입니다.

밖으로

OUT A- AB-

↓

일반적으로 부정적 의미

예) abroad / abortion / abridge

abroad는 길 = road 밖에 = ab = out 있어요. 그래서 해외. 다음으로 abate를 보면 햄버거와 같은 음식을 먹어 = ate 없어지는 것 ab-. 그래서 abate는 수량들이 줄어들거나 감소한다는 decrease(lessen)과 동의어입니다.

2. ac-등으로 시작하는 철자는 '가다' = go와 연관됩니다.

가다.

GO	AC	AD	AF	AG	AL	AP	AR	AS	AT

예) accompany / adhere / affable / aggressive / align / approach / arraign / assail / attack

대표적으로 accomplice, aggressive, assail등을 통해 요점을 설명 하겠습니다.
accomplice에서 plice < police. 모음 o만 삽입하면 쉽게 기억할 수 있는 단어. com이 with이니 경찰서에 함께 가는 사람들은 못된 짓 하고 같이 감옥에 가는 '공범'. aggressive에서 gress-는 가다 = go. ag-도 가다. 앞으로 계속 가고 있으니 '공격적' 이란 의미. assail은 as + sail = 돛. 조선시대 일본 사람들이 돛이 있는 배를 타고 조선으로 가서 as = go 조선을 공격하고 약탈했습니다. 유럽에서는 이전에 바이킹 족들이 치마입고 영국 해안에 쳐 들어갔어요. ac-계열의 '가다' 이외에 VEN-, CUR-과 관련된 철자도 있습니다.

가다

AC	CUR	VEN

CUR: current recur occur   VEN: convention prevent

current는 파도, 기류처럼 움직이는 개체입니다. 이런 움직임은 추상적으로 확대되어 시간의 흐름 중 현재, 그리고 돈도 '유통이 되다' 라고 보아 '돈'. 모두 가다는 의미.
prevent: pre = 미리 + ven = 가다. 경찰은 데모가 있다는 첩보가 입수되면 미리 데모가 있을 곳에 갑니다. 그래서 '막다 = stop'

3. 한국어에서 불만이 있어 욕을 하고 싶을 때 '에이 씨'라는 표현이 있어요. '에이씨' = ac.

날카로움

SHARP	AC

sharp는 샤프의 끝 부분 혹은 칼날처럼 예리한 면을 나타내기도 하고 비유적으로는 영리한 사람은 눈매가 날카롭기도 합니다. 그래서 영리함을 의미해요. 아래의 단어들은 ac-철자들에서 파생이 된 단어들 입니다.

예) acid / acrobat / oxygen / acme / acute / eager / edge

acid에는 ac라는 철자가 있어 비난들이 신랄 할 때 사용되고 acrobat는 외줄을 타고 줄을 건너는 곡예사입니다.

2. am-철자로 시작하는 단어들은 사랑 = love입니다.

사랑

LOVE AM-

예) amiable / amicable

우호적이거나 친절한 것은 사랑스러운 것과 관련이 됩니다. 사랑은 철자들이 보통 am-로 시작하지만 아래의 ero-와 phil-로 시작하는 단어들을 am-와 함께 공부를 해 두어야 합니다.

사랑

AM ERO PHIL

예) ERO : erotic PHIL : philosophy philharmonic philanthropy

'에로' 영화라는 표현이 있습니다. '에로'가 erotic입니다. 일반적으로 철학과에 다니는 분들은 논리적으로 말을 잘 합니다. phi = love +los = loq = word +ophy. 말을 사랑한다가 철학입니다.

2. 음악을 듣는 전축은 audio라고 합니다. aud-는 듣는 것과 관련이 되어 있어요.

듣다(청각)

HEAR AUD SON PHON

예) AUD: audio audience aural auditory audible audition
SON: sonic sonority sonnet resonance
PHON: microphone cacophony telephone symphony

abase [əbèis]
…의 지위를 떨어뜨리다, 비하하다

lower/humiliate

▌base는 아래입니다. 높은 지위에 있는 사람이 지위가 낮은 등급으로, 아래로 내려오는 모습

I would never do something that would abase myself.
나는 나의 품격을 떨어뜨리는 것을 결코 하지 않을 것이다.

The lazy soldier was abased by an officer.
그 태만한 군인은 장교에 의해 강등되었다.

abate [əbèit]
–을 줄이다, 약해지다

decrease/lessen/subside

▌bait는 낚시를 할 때 미끼입니다. 미끼를 문 물고기가 조금씩 미끼를 갉아먹어 미끼가 줄어들어요. a(ab)는 ex = out. 그래서 이 철자가 들어가면 밖으로 나가서 길이가 줄어들거나 내용이 없어지는 것을 암시

The pain abated.
통증이 가라앉았다.

Public interest in this issue seems to have abated.
이 쟁점에 대한 대중들의 관심이 사그라진 것 같다.

abbreviate [əbríːvièit]
(어구)를 생략하다, 생략한

shorten

▌단어의 일부 철자를 먼저 보면 brevi < brief. brief는 짧기 때문에 brief - abbreviate 짝으로 공부

The abbreviated form of 'United States of America' is 'USA'.
'United States of America'의 축약형은 'USA'이다.

In writing, the title 'doctor' is abbreviated to 'Dr'.
글에서는 'doctor'라는 호칭이 'Dr'로 축약된다.

abdicate [ǽbdikèit]
포기하다, 퇴위하다

renounce/give up

▌ab + dic + ate로 dic = 말. 더 이상 말을 하지 않는 것은 포기하거나 책임을 회피하는 일.

King Edward VIII abdicated in 1936.
에드워드 8세는 1936년에 양위했다.

This government will not abdicate its responsibility to beat inflation.
본 정부는 인플레이션을 타개하는 책임을 회피하지 않을 것입니다.

abduction [æbdʌ́kʃən]
유괴

kidnapping

▌ab + duc + tion. duc가 오면 pull이기 때문에 아이들을 밖으로 꾀어내는 이미지

Maoist rebels in Nepal have abducted 11 unarmed soldiers.
모택동의 반군은 11명의 비무장 군인들을 납치했습니다.

aberrant [əbèrənt]
비정상적인

abnormal

▌ab + error 에러가 나서 밖으로 나감. 정상을 벗어났고 탈선. 달리는 기차가 철로를 벗어나는 이미지

They have begun to notice the aberrant behavior and mental health problems of computer addicts.
그들은 컴퓨터 중독자들의 비정상적인 행동과 정신 건강 문제를 알아차리기 시작했다.

abet [əbèt]
부추기다, 선동하다

aid/encourage

▌a + bet로 bet는 '-의 판돈을 걸다'로 경마나 화토에서 거는 판돈으로 상대방을 부추기는 모습 연상.

Aiding and abetting suicide is a serious crime.
자살을 방조하는 것은 심각한 범죄다.

He was abetted by his wife.
그는 아내의 교사를 받았다.

---

abeyance [əbèiəns]
중지

suspension

▌obey. 불량소년이 일시적으로 부모님의 말에 복종하고 순종하는 obey와 연관.

Legal proceedings are being left in abeyance.
법률적 처리는 유보되어 있다.

The scheme is/has been put in abeyance until sufficient funds can be found.
충분한 자금이 확보될 때까지 그 계획은 유보된 상태다.

---

abhor [æbhɔ́:r]
몹시 싫어하다

hate/detest

▌전 세계는 terror와의 전쟁을 하고 있습니다. ab + hor. hor를 보면 horror를 줄인 것이고 horror는 terror로 초성을 제외하면 운율이 동일. 테러와 호러는 무서운 것이죠. 전설의 고향에 나오는 구미호를 연상.

He abhors being idle.
그는 게으름 피우는 것을 몹시 싫어한다.

She abhors his smoking.
그녀는 그가 담배 피우는 것을 몹시 싫어한다.

---

abiding [əbáidiŋ]
오래 지속되는, 영구적인

enduring

▌bi는 by. 멀리 있으면 사람의 관계가 끝나지만 가까이 있는 사람들의 관계는 지속적.

How could you abide such awful conditions?
넌 그런 끔찍한 상황을 어떻게 참니?

I can't abide that man.
나는 저 남자를 참을 수가 없다.

---

abjure [æbdʒùər]
포기하다

refrain

▌jury. 죄를 지은 사람을 배심원이 영원히 사회 밖 = ab-로 내보내는 것을 연상.

It was hard for him to abjure the realm and emigrate.
영원히 고국을 떠날 것을 선서하기가 그에게 어려웠다.

---

abnegate [ǽbnigèit]
버리다, 끊다

renounce

▌neg = no = nig. '부정'인 negation과 연관이 된 단어.

He belongs to corporal's guard which abnegates pleasure.
그는 쾌락을 거부하는 작은 집회의 일원이다.

A

abolish [əbáliʃ]
폐지하다

cancel

▌ab-는 안에서 밖으로 이동. 그리고 집에 있는 쓰레기를 밖으로 내다버리는 이미지. 그래서 법률 등을 폐지한다는 의미.

Lincoln wished to abolish Negro slavery.
링컨은 흑인 노예제도를 철폐하고 싶어했다

Should the death penalty be abolished?
사형제도는 폐지되어야 할까?

abomination [əbámənéiʃən]
혐오

abhor

▌amen. omin = omen. omen은 '불길한 징조' 입니다. 불길함을 좋아하는 사람은 없어요. 모두 이를 피하려고 합니다. 아멘(amen)의 본뜻은 히브리어로 '확실히, 진실로' 라는 뜻을 가지고 있는 말입니다.

Smoking is an abomination to him.
그는 담배라면 질색한다.

That new concrete building is an abomination.
저 새 콘크리트 건물은 혐오 시설이다.

aboriginal [æbəridʒənl]
토착의, 토착민의

native/primitive

어구

Aboriginal art/culture
원주민의 예술/문화
Aboriginal tribes/inhabitants
원주민

▌이 단어에서 우리가 이미 알고 있는 철자는 무엇인가요? original. 미국 땅에는 백인이 최초로 정착하지 않았습니다. 인디언들이 살았어요. 이들이 aboriginal.

A failed aboriginal businessman, George Speight, led the coup.
사업가출신의 피지 토착민 조지 스핏씨는 쿠데타를 이끌었습니다.

The island is so remote that it still has its aboriginal forest.
그 섬은 외진 곳에 있어서 아직도 원시의 숲이 있다.

abortion [əbɔ́:rʃən]
낙태

miscarriage

▌ab + born. 아이를 가졌는데 10개월 이전에 엄마 몸 밖으로 나갔기 때문에 유산.

Abortion is forbidden by law.
낙태는 법률로 금지되어 있다.

Many people are anti-abortion.
많은 사람들이 낙태를 반대한다.

abound [əbáund]
풍부

much

▌a + bound < bind. 책을 묶는 것이 bind입니다. 제본하면 책의 부피는 점점 커져가요.

Fish abound in the ocean.
바다에는 물고기가 많이 있다.

Around the globe, failures, frustrations, and dangers abound.
지상에는 실패와 좌절 그리고 위험이 도처에 도사리고 있다.

about-face [abaut-feis]
태도 변화

change

about은 '이곳저곳'에 물건이 있는 상황을 기술하기 때문에 한곳에 머물지 않고 이곳 저곳을 바라보는 모습. 일관된 모습이 아니라 변화되는 상황을 기술

Once he was elected, he did an about-face and became a conservative.
그는 당선되더니 표변해서 보수파가 되었다.

---

abridge [əbridʒ]
요약하다

shorten/condense

a + bridge. 한강에 많은 다리를 놓아 출 퇴근 및 통학 시간 거리가 줄어 들었습니다.

He's currently abridging his book so that it can be made into a film.
그는 현재 자신의 책이 영화로 제작될 수 있도록 줄거리를 요약하는 중이다.

The book came out in abridged form.
그 책은 요약 판으로 출간됐다.

---

abrogate [ǽbrəgèit]
폐기하다

abolish

왕은 royal. roy = rog-로 y와 g는 변이 철자입니다. 현대 이전에는 왕은 당당하고 권위가 있는 존재였습니다. 대표적으로 프랑스의 루이 14세는 짐이 국가라고 했어요. 원래 rog-는 ask와 같은 뜻으로 왕이 요청해서 ab- = 밖으로 없애버리는 이미지.

The commercial treaty was abrogated one-sidedly.
그 통상 조약은 일방적으로 파기되었다.

The treaty was abrogated by bilateral agreement.
그 조약은 두 나라의 합의로 폐기되었다.

---

abruptly [əbrʌ́ptli]
갑자기

suddenly

rupt = rape(강간) = rap. 랩 음악을 들으며 몸을 급격하게 움직이는 것을 연상. 앞의 세 철자들은 모두 힘 force가 느껴집니다. 화산의 마그마가 갑작스럽게 밖으로 뿜어져 나오는 영상.

The interview ended abruptly.
그 인터뷰는 갑작스럽게 끝났다.

The train stopped abruptly, nearly tipping me out of my seat.
기차가 갑자기 서는 바람에 내가 의자에서 튕겨 나갈 뻔 했다.

---

abscond [æbskɑ́nd]
도망하다

depart secretly and hide

ab는 밖으로 나가는 행동입니다.

They absconded from the country with the funds.
그들은 자금을 가지고 해외로 도주했다.

He absconded on the way to court.
그는 법정으로 가는 길에 탈주했다.

---

absolute [ǽbsəlú:t]
절대적인

certain

혼자 사는 사람들이 sole입니다. 한자 성어에 독불 장군이 있어요. 절대적으로 혼자 잘났다고 사는 사람. sol은 alone, lonely입니다. 일반적으로 결혼해서 사는 사람들보다 혼자 사는 독신들이 고집이 강해 생각이 절대적입니다.

Her last film was an absolute dog.
그녀의 마지막 영화는 철저한 실패작이었다.

Getting to the airport was an absolute nightmare.
공항에 도착하는 것은 완전히 악몽 같았다.

absolve [æbzɑ́lv]
면제하다

pardon

해결 = solve하여 마음에 품었던 악의를 밖 = ab-로 내보내는 이미지.

He was absolved from his promise.
그는 서약에서 벗어났다.

The inquiry absolved the driver of all responsibility for the accident.
그 조사로 운전사의 사고에 대한 모든 책임이 사면되었다.

abstain [əbstéin]
삼가다, 절제하다

refrain

st-철자를 보면 먼저 떠오르는 단어는 무엇이나요? strong, stress... 이들 낱말의 의미를 되새겨보면 st-철자가 들어가면 유연한 것이 아니라 왠지 빡센 느낌을 줍니다. 그래서 abstain은 외부의 압력 등에 의해 그동안 해 온 습관이나 행동 등을 ab = 하지 않아야 해요.

He has been advised to abstain from alcohol.
그는 금주하라는 권고를 받았다.

At the last election he abstained from voting.
최종 투표에서 그는 기권했다.

abstinent [ǽbstənənt]
절제하는, 금욕적인

the practice of abstaining from something such as alcoholic drink or sex

st- = strong/stress. st-철자가 들어가면 어떤 것을 강하게 압박하는 느낌과 연상.

Priests are required by the Catholic Church to remain abstinent.
카톨릭 교회는 사제들에게 금욕을 요구 한다.

The principal set an example of abstinence for the whole school.
교장부터 솔선하여 금주했다

abstract [æbstrǽkt]
추상적인

not concrete

이집트의 벽화에서 눈동자들이 앞을 보지 않고 한 눈은 앞을 보지만 다른 눈은 옆을 보는 그림 그리는 방법을 피카소는 응용하여 그림을 그렸습니다. 이런 그림은 보는 사람으로 하여금 화가의 의도를 이해하는 데 어려움을 줍니다. st-철자가 들어가 있어요.

Her works are abstract art.
그녀의 작품들은 추상 예술이다.

Her head's full of abstract ideas about justice and revolution.
그녀의 머리는 온통 정의와 혁명에 관한 추상적인 생각들로 꽉 차있다.

abstruse [æbstrúːs]
난해한, 심오한

profound

st-철자가 들어가 있어요. 삽화가 있으면서 보기에 좋은 아주 쉬운 책을 보면 그렇지 않지만 난해한 책을 보면 스트레스 받는 분들이 많아요.

He explored an abstruse theory.
깊은 학리를 파다.

He read abstruse works in philosophy.
그는 깊이 있는 철학 서적들을 읽었다

absurd [æbsə́:rd]

불합리한, 어리석은

silly

surd < sure. 똑똑한 사람들은 매사에 일을 확실하게 처리합니다. 하지만 확실하지가 ab = 않아요. 어리석은 사람들은 일을 대충대충 처리하여 나중에 낭패를 겪습니다.

It was absurd to leave such a large tip.

그렇게 많은 팁을 놓고 오다니 어이가 없었다.

It's absurd that we (should) have to get up so early.

그렇게 일찍 일어나야 한다니 어처구니가 없다.

---

abundant [əbʌ́ndənt]

풍부한

many

어구

An abundant(an ample, a rich) harvest
풍작

und = and. and는 점점 추가. 그래서 곳간에 쌀가마가 많아지는 모습 연상.

Fish are abundant in the lake.

이 호수에는 물고기가 많다.

We have abundant proof of his guilt.

그의 유죄에 대해 충분한 증거를 갖고 있다.

---

abysmal [əbízməl]

한없이 깊은, 심연의

bottomless

어구

an abysmal failure
대실패

ab + byss= bottom. 해저는 bed. 해저의 깊은 곳에 떨어지는 모습.

Live in abysmal conditions.

지극히 나쁜 상태에서 생활하다

His manners are abysmal.

그의 태도는 지극히 나쁘다.

---

accede [æksí:d]

동의하다

agree

process에서 보듯이 cess- = cede는 go. ac는 go. 서로 마음이 통하는 사람들은 마음이 오고 감.

They will not lightly accede to his request.

그들이 그의 요청에 쉽게 동의하지는 않을 것이다.

I repeat that I can't accede to your demand.

다시 한 번 말하지만 나는 너의 요구에 응할 수 없다.

---

accentuate [æksént∫uèit]

강조하다

stress/emphasize

accent + uate. accent와 같은 단어로 '강조하다'

Beth is really tan, and she dresses to accentuate that tan.

Beth는 완전히 썬 탠을 했고 의상도 썬탠한 몸을 더 돋보이게 하는 걸로 입어요.

I have a curvaceous body and I like to accentuate that.

저는 곡선미가 좋기 때문에 주로 몸매를 강조한 옷을 입어요.

A

accessible [æksésəbl]
접근하기 쉬운

obtainable

▌cess는 go. 접근 가능하다는 의미.

The stacks are accessible to the public.
그 서고는 일반에게 개방되어 있다.

Her poetry is always very accessible.
그녀의 시는 항상 이해하기 쉽다.

---

acclaim [əkléim]
갈채하다

applaud

▌가서 ac + 외치는 claim = shout. 물건에 하자가 있으면 가서 주인에게 외쳐 = claim을 하고 좋은 행동을 한 학생에게 선생님이 이곳저곳에 외쳐 칭찬하는 의미.

She won critical acclaim for her performance.
그녀의 공연은 비평가들의 호평을 받았다.

Her performance won her much critical acclaim.
그 연기로 그녀는 평론가들의 갈채를 얻었다.

---

accolade [ǽkəlèid]
기사 작위 수여

honor

▌collar. '칼라' 하면 교복의 칼라가 연상이 되어요. 그래서 col이 들어가면 목이나 어깨와 연관이 되어요. 영국의 왕이 기사로 임명된 무릎을 꿇고 앉아 있는 사람에게 검을 어깨에 대고 기사를 임명하는 장면 연상. ac < ad(=to, near) + col(=neck)

For his outstanding achievement, he received the accolade.
그의 놀라운 업적으로, 기사 작위를 수여 받았다.

He has been showered with multiple singing accolades.
그는 무수히 많은 가수상을 수상했습니다.

---

accommodate [əkámədèit]
숙박시키다, 수용하다

adapt

▌ac + com + mod +ate에서 mod는 중학교의 middle입니다. 중간은 긍정과 부정의 의미가 모두 있어요. 공자님이 사람은 중용(middle of the road)의 길을 걸어가라고 했으니 극단이 아니라 중도를 향해 같이 가는 모습. 적응의 과정 입니다. '중간' 이 부정적인 뜻으로는 mean에서 엿볼 수 있습니다. mean의 원래 의미는 '중간'. 공부 중간 밖에 못한다고 꾸짖는 부모님의 말은 일부 수험생에게는 비열하게 들릴 수 도 있습니다.

The hotel can accommodate up to 500 guests.
그 호텔은 500명까지의 손님을 숙박할 수 있다.

This theory fails to accommodate all the facts.
이 이론은 모든 사실들을 받아들이지는 못한다.

---

accomplice [əkámplis]
공범자

partner in crime

▌accomplice에서 plice < police. 모음 o만 삽입하면 쉽게 기억할 수 있는 단어. com이 with이니 경찰서에 함께 가는 사람들은 못된 짓 하고 같이 감옥에 가는 '공범'

He informed on his accomplices.
그는 공범자를 밀고했다.

The police arrested him and his two accomplices.
경찰은 그와 두 명의 공범을 체포했다.

---

accord [əkɔ́:rd]
일치하다

agreement

▌마음이 통하면 코드(cord)가 통한다고 합니다. 심장이 heart라면 같은 의미의 라틴어는 cord예요. 데카르트 이전에는 '뇌' 가 아니라 심장이 생각을 하는 것으로 생각했어요. 그래서 일치에 cord가 쓰입니다. 만일 지금처럼 '뇌' 가 생각을 한다고 생각했다면 ac + brain이란 단어가 있었겠죠.

This information does not accord with the evidence of earlier witnesses.
이 정보는 초기 증인의 증거와 일치하지 않는다.

The accord between the Labor government and the unions was a simple affair.
노동당 정부와 노조가 맺은 협정은 간단한 일이었다.

---

accost [əkɔ́:st]
다가와서 말을 걸다

speak to someone

▌cost. 가서 = ac 돈 = cost 을 요청하는 낯선 사람을 연상.

She was accosted in the street by a complete stranger.
그녀는 길거리에서 전혀 낯선 사람의 접근을 받았다.

He's accosted on the street.
길에서 누군가가 그에게 다가가 말을 걸고 있다.

---

account [əkaunt]

▌take into account : 고려하다, 참작하다

We will take your personal aptitudes and abilities into account.
우리는 당신의 개인적 적성과 능력을 참작할 것이다.

Only then can you take things like ethics into account.
그런 다음에야 비로소 윤리관 같은 것들을 고려대상에 넣을 수 있는 것입니다.

---

accumulate [əkjú:mjlèit]
모으다

amass

▌총합은 total = sum. cum=sum(합계, 총합). 점점 올라가는 모습을 연상해보세요.

Dust and dirt soon accumulate if a house is not cleaned regularly.
집을 정기적으로 청소하지 않으면 곧 먼지와 오물이 쌓인다.

Debts soon began to accumulate.
빚은 곧 쌓이기 시작했다.

---

ace [eis]
비장의 무기(카드)

last ways

▌포커에서 마지막 승부수로 내 놓을 수 있는 ace를 기억

That way is our ace in the hole.
그 방법이 최후의 수단이다.

Achilles'heel [əkíli:zhil]
약점

weakness

▌터키와 그리스가 10년 동안 전쟁을 벌였던 트로이 전쟁의 영웅중의 한 사람인 아킬레스는 태어났을 때 그의 어머니가 하늘의 불멸의 강인 styx강에 발 근처의 복사 뼈(복상씨 뼈)를 제외하고 물에 담가 절대 죽지 않을 것으로 생각 했지만 전쟁 중 물에 닿지 않은 부분에 화살을 맞아 전사.

Everybody has his Achilles' heel.
아무에게나 약점은 있다

He was very brave, but fear of spiders was his Achilles' heel.
그는 대단히 용감했는데 거미를 무서워하는 것이 그의 약점이었다.

---

acme [ǽkmi]
절정, 정점

top

세상의 언어는 서로 연관성이 있어요. 한자성어에서는 '최고'는 '백미'입니다. 옛날 중국에 뛰어난 형제들이 있었는데 그중에서 눈썹이 흰 동생이 가장 뛰어났다고 합니다. '백미'· 눈썹이 희다는 것이 기본의미지만 비유적으로 '최고'라는 뜻.

Reach the acme of success.
성공의 최정상에 도달하다.

Reach the acme of happiness.
행복의 절정에 이르다.

---

acquaint [əkwéint]
알리다

inform

모르는 것이 있으면 가서 = ac 물어보면 quaint 알게 됩니다.

Are you acquainted with him?
그와는 안면이 있습니까?

He became acquainted with the situation.
그는 그 상황을 알게 되었다.

---

acquiesce [ӕkwiés]
동의하다

agree

ac + quiesce = quiet. 서로 마음이 맞지 않으면 싸움을 합니다. 하지만 서로 동의를 하면 더 이상 시끄러울 필요가 없죠. 조용합니다.

His parents will never acquiesce in such an unsuitable marriage.
그의 부모들은 그런 부적합한 결혼을 결코 받아들이지 않을 것이다.

They acquiesced in the decision.
그들은 그 결정을 묵인했다.

---

acquisitive [əkwízətiv]
획득하려는

greedy

quistive = question. 이것저것을 가지고 싶어 물어 보는 사람 연상.

She has an acquisitive nature and collects everything of value.
그녀에게는 획득하려는 본성이 있어 가치 있는 것은 무엇이나 모은다.

Some politicians are acquisitive of power.
일부 정치인들은 권력욕이 있다.

---

acquit [əkwít]
무죄로 하다

free

감옥에 있지 않고 = quit 이제 세상으로 나가요. ac = go. 즉 감옥에 있다 석방되어 나가는 사람의 모습을 연상. 이전의 유명한 영화 쇼생크 탈출이나 추억의 명화인 빠삐용의 주인공을 생각 해보세요.

They acquitted him of the crime.
그는 무죄 석방되었다.

The accused were acquitted of the charge.
피고인에 대한 고소가 취하되었다.

---

acrid [ǽkrid]
가혹한, 신랄한

sharp

어구

an acrid remark.
신랄한 비판

an acrid dispute.
가혹한 논박

철자 r 하나만 빼주세요. 그럼 acid. 금속을 녹이는 강한 '산' 이런 산은 우리 몸속에 위의 산과 관련이 있어요. 산은 강하고 독합니다. 그래서 가혹하고 신랄함과 연관이 있어요. 우리가 매일 먹는 고급 요구르트를 선전하는 회사들은 유산균이 살아서 장에 간다고 말을 하는데 필자가 알기로는 그렇지 않다고 해요. 위에 있는 강한 위산을 통과하는 것이 쉽지 않아요. 그리고 그런 고급 요구르트는 'dung' 으로 만듭니다.

Acrid smoke from the fire burned my throat and eyes.
그 화재에서 발생한 매운 연기로 목과 눈이 화끈거렸다.

acrimonious [æ̀krəmóuniəs]
통렬한, 신랄한

critical

앞서 보았던 acrid와 같이 묶어 생각해 볼 단어입니다. '산' · 강렬함이 있어요.

Korea and Japan share a long, acrimonious past.
한국과 일본은 오랜 기간 좋지 않은 관계를 유지했다.

The issue of raising taxes causes acrimonious arguments.
세금 인상에 대한 이슈는 신랄한 논쟁을 불러일으켰다.

acronym [ǽkrənìm]
두문자어

a word composed of the first letters of the words

onym = name = word. acro = up = point. 단어들의 첫 글자만 따온 단어.
ROK is the acronym for Republic of Korea.
ROK는 'Republic of Korea' 의 약자입니다.

across [əkrɔ́:s]

숙어

across the board
전면적

achss는 A장소에서 B장소로 가로질러가는 모습과 관련.

The company increased the salaries by 10% across the board.
회사는 임금을 일괄적으로10% 인상했습니다.

Women, on average, earn 25 to 30% less than men across the board, across industries.
전국의 모든 기업에서 여성은 남성에 비해 평균 25~30% 낮은 임금을 받습니다

activist [ǽktəvist]
운동권, 데모꾼

demonstrator

데모를 하는 사람은 행동(act)을 합니다.

Gandhi was a nonviolent activist.
간디는 비폭력 혁명가였다.

Activists were given set times to call.
시위자들이 전화를 거는 시간은 정해져 있었다.

acute [əkjú:t]
격렬한, 예리한

keen

한국어의 '악(억)' 은 날카로운 것으로 찔렀을 때 아파서 소리를 내거나 아름다운 사람을 보았을 때 내는 소리입니다. '귀여운' 을 뜻하는 영단어 cute와의 관련성은 아래와 같아요. 날카로운 < 예민한 <날렵한/영민한 <영리한/귀여운

Dogs have an acute sense of smell.
개는 예리한 후각을 갖고 있다.

There's an acute shortage of water.
물 부족이 심각한 상태다.

A

adage [ǽdidʒ]

격언

proverb

▌속담은 진리를 담고 있습니다. 점점 나이가 age가 들어 갈수록 = ad 우리는 속담에 담겨진 말을 깨달게 됩니다.

According to the old adage, a bad workman always blames his tools.
옛날 격언에 의하면 서툰 일꾼이 항상 연장을 나무란다.

adamant [ǽdəmənt]

매우 견고한

hard/inflexible

▌dam이란 철자만 보세요. 여름철에 홍수가 쏟아져도 견고하고 튼튼한 소양감 댐이 있어 서울은 안전하답니다.

He was adamant that he was fit to go.
그는 갈 각오가 되어 있다고 강력하게 주장했다.

She was quite adamant that she would not come.
그녀는 오지 않겠다는 데 대해 완강했다.

addiction [ədíkʃən]

중독

habitual need

▌한번 '마약'에 중독이 되면 마약을 거래하는 사람들에게 가서 = ad 마약을 달라고 말을 = dict합니다.

He has an addiction to drugs.
그는 마약 중독자다.

His addiction to drugs propelled him towards a life of crime.
마약 중독이 그를 범죄의 세계로 몰아갔다.

adduce [ədjú:s]

예증하다, 인증하다

present

▌가서 여러 물증 자료를 제출하는 것 duce이 adduce입니다. duc-는 pull.

The defendants no longer wish to adduce such evidence.
더 이상 그런 증거를 제출하고 싶어 하지 않는다.

adept [ədépt]

숙달한

skilled

▌능력은 aptitude입니다. 단어를 줄여 apt이고 apt와 ept는 같은 뜻입니다. 능력 있는 사람. 그 사람들은 '전문가' 입니다.

He is adept at lying.
그는 거짓말의 명수다.

He is adept in flattery.
그는 아첨을 잘 한다

adhere [ædhíər]

들러붙다

stick fast

▌벽에 접착제를 이용하여 그림이나 사진을 붙이는 이미지. here는 go

The gold leaf will adhere to any clean metal surface.
금박은 어떠한 금속 표면에도 붙는다.

We adhere to the precept that all criminals can be rehabilitated.
우리는 모든 범죄자가 갱생할 수 있다는 가르침을 따른다.

ad-hoc [æd-hάk]
특별한, 특별한 목적을 위한

transient

친척이 와서 = ad 잠시 우리 집에 머무르는 경우, 마치 사람 몸에 작은 '혹'이 있는 것에 빗대어 '혹'이라고 합니다. 한국어 '혹'과 영어 hoc은 공통점이 있어요. 이 친척은 곧 가기 때문에 일시적으로 머무는 사람입니다. 위고의 유명한 '노틀담의 곱추'란 소설의 주인공이 떠오릅니다. 순수한 사람이었어요. 그러나 보통 서양에서 혹이 있는 '곱추'는 불길함을 상징합니다.

Problems were solved on an ad hoc basis.
그 문제는 임시적인 원칙에 근거해서 해결되었다.

Contributions for the sick were collected ad hoc.
환자들을 위한 기부금이 즉흥적으로 모금되었다.

---

adequate [ǽdikwət]
충분한, 알맞은

enough

다른 사람보다 뒤지면 배가 아프지만 equal의 상태가 되면 특별히 배 아플 필요가 없는 것이 사람의 심리.

It would be adequate to list just the basic objections.
기본적인 반대 이유를 열거하는 것만으로도 충분할 것이다.

She was adequate to the task.
그녀는 그 임무에 적임이었다.

---

adjacent [ədʒéisnt]
이웃의

neighboring

서로 가까이 사는 이웃은 멀리 있는 친척보다 더 자주 가게 = ad 됩니다.

We work in adjacent rooms.
우리는 옆방에서 일한다.

They began building on the land immediately adjacent to the river.
그들은 강에 바로 인접한 땅에 건축을 시작했다.

---

adjourn [ədʒə́:rn]
연기하다

suspend

journey. 여행 가는 것이 중단된 것과 연관하기. ad(to)+journ(day) = 가까운 날로 하는 것이기 때문에 정해진 날짜가 아니라 뒤로 미루는 것을 암시. journal을 떠 올리면 jour이 day와 관련이 있다는 것을 쉽게 기억 할 수 있어요.

Let's adjourn until tomorrow.
내일까지 정회합시다.

Why don't we adjourn to the local hostelry?
지역의 술집으로 자리를 옮기는 게 어떨까요?

---

adjunct [ǽdʒʌŋkt]
부가 물

add

junct = join. A에 B를 추가하는 개념입니다.

An adverb is often an adjunct to a verb.
부사는 보통 동사를 수식하는 부가사이다.

The scheme was designed as an adjunct to existing health care facilities.
그 설계는 기존 건강관리 시설의 부속물로 고안되었다.

---

adjust [ədʒʌ́st]
조절하다, 조정하다

adapt

▌우리 인간은 늘 긍정적이면서 올바름 = just을 위하여 빠르게 적응해 갑니다 = ad.

We adjusted our watches to local time.
시계를 현지 시간으로 맞추었다.

The body quickly adjusts itself to changes in temperature.
신체는 온도 변화에 빨리 적응한다.

ad - lib [ædlíb]
즉석에서 하다

improvise

▌lip. 인간의 발설 기관 중 입이 가장 중요한 역할을 합니다. 입술은 말과 관련 있어요. 말을 순간적으로 하는 것.

If you get stuck, just ad-lib.
말이 막히면, 적당히 이어 나가세요.

The president barely misses a beat, going on to ad-lib a heartwarming speech.
매켄지 앨런 대통령은 한순간 멈칫하긴 했지만 즉흥적으로 감동적인 연설을 해냅니다.

admonish [ædmániʃ]
훈계하다

warn

▌monitor로 학원에서는 떠드는 학생이 있는지 감독하고, 다른 학생의 공부에 방해가 되는 것을 확인하며 스피커로 경고를 주게 됩니다.

I admonished him not to go there.
나는 그에게 그곳에 가지 말라고 충고했다.

The teacher admonished the child for coming late to school.
선생님이 그 아이에게 지각한 것을 나무랐다.

adorn [ədɔ́:rn]
꾸미다

decorate

▌ad = add입니다. 더 꾸미는 것이 adron이예요.

The table was adorned with flowers.
탁자가 꽃으로 장식되어 있었다.

Her hair was adorned with flowers.
그녀의 머리는 꽃으로 장식되었다.

adroit [ədrɔ́it]
교묘한, 기민한

skillful

▌우리 인체 구조에서 오른쪽은 긍정적 이면서 신성합니다. 하지만 왼쪽은 부정적이면서 불경스러워요. 오른손을 가르키는 adroit는 그래서 능숙하고 노련합니다. 우리 인간들은 보통 오른 손잡이기 때문입니다. 하지만 왼손인 gauche와 sinister는 노련하지 못하고 음흉한 것입니다. sin + nister로 '유부녀가 옆집 유부남을 마음속으로 좋아하는' 도덕적인 죄가 sin입니다. 이런 죄를 짓는 사람은 음흉한 사람 이예요. 그러나 양손을 사용하는 ambidextrous는 skilled입니다.

It requires very adroit management.
그것은 아주 능란한 솜씨를 필요로 한다.

She succeeded by a combination of adroit diplomacy and sheer good luck.
그녀는 능란한 외교술과 순전한 행운이 결합해서 성공했다.

adulation [æ̀dʒuléiʃən]

아첨, 알랑거림

flattery

▌adult. 나이를 먹어가면서 험난한 인생에서 밀리지 않으려면 상사에게 철저한 아부만이 살아남는 길이죠.

She is treated with wild adulation wherever she goes.

그녀는 가는 곳마다 터무니없는 과찬을 받는다.

The actor enjoyed the adulation of his audience.

그 배우는 관객으로부터의 찬사를 즐겼다.

adulterate [ədʌ́ltərèit]

혼합하다, 질을 떨어뜨리다

make impure

▌미국은 엄격한 청교도 국가였습니다. 그래서 성 윤리도 강했어요. 하지만 월남전이 터지면서 전쟁에 가서 죽기 싫었던 미국 대학생들은 학교에 가지 않고 반전 데모를 하면서 여학생과 남학생들이 집단으로 어울리면서 미국의 성 윤리와 도덕은 무너졌습니다. 이전 미국사회의 성 윤리의 엄격함을 지적한 소설로는 우리가 잘 아는 '주홍 글씨' 가 있습니다. 목사가 유부녀와 간통을 하여 지은 죄 때문에 목사는 죽고 헤스터라는 여자 주인공은 가슴에 A를 새기고 오두막집에 은둔의 생활을 했어요. A가 무엇의 약자인가요? adultery입니다. 아이가 아니라 어른이 하는 짓들은? 간통.

This drink is adulterated with water.

이 술은 물을 섞었다

advent [ǽdvent]

출현, 도래

arrival

▌ad-와 -ven이란 철자가 오면 go입니다. 앞은 전진이기 때문에 긍정적입니다. 하지만 뒤통수치는 것은 '배반' 이예요. 그래서 부정적인 의미를 담게 됩니다.

The advent of man-made satellites.

인공위성의 출현.

Semaphore was widely used at sea, before the advent of electricity.

신호기는 전기가 등장하기 전 바다에서 널리 이용되었다.

adversity [ædvə́:rsəti]

역경

misfortune

▌ver-는 turn입니다. 우리도 사람이 싫으면 등을 돌립니다. 마찬가지로 행운의 여신이 등을 돌리면 어려움과 역경이 찾아와요.

She overcame many adversities.

그녀는 많은 역경들을 이겨냈다.

Adversities will make a jewel of you.

사람은 많은 고난을 겪어야 비로소 훌륭한 사람이 된다.

advocacy [ǽdvəkəsi]

옹호, 지지

support

▌자기가 지지 하는 편에 가서 = ad 그 사람을 위해 목청 높여 이야기 합니다. voc-는 vocal이고 '말하다' 입니다.

She is well known for her advocacy of women's rights.

그녀는 여권 주창자로 잘 알려져 있다.

You missed an important opportunity in advocacy for our children.

당신은 우리 애들을 옹호할 중요한 기회를 놓쳤습니다.

advocate [ǽdvékit]
지지자

backer

▌voc = call. 지지자들은 가서 = ad 자신이 지지하는 사람을 위해 말 = voc-를 합니다.

As a Methodist, he was a fervent advocate of temperance.
감리교신자로서 그는 절제의 열렬한 옹호자였다.

She advocated our withdrawing from the contest.
그녀는 우리가 경쟁에서 손을 떼야 한다고 주장했다.

---

aesthetic [esθétik]
미의

artistic

▌aesthetic의 어원은 그리스 신화 중 의료의 신 Aesculpius의 이름이며, '에스테틱' 이란 영어의 aesthetic(아름다움, 미술의, 심미적인)을 뜻하는 단어로 한국에서는 두발을 제외한 전신을 손질해 주는 것을 말하는 것으로 피부 마사지를 의미합니다.

His aesthetic has remained unchanged since his early films.
그의 미학은 그의 초기 영화이후 여전히 변함이 없다.

Their furniture was more aesthetic than practical.
그들의 가구는 실용적이기보다는 예술적이었다.

---

affable [ǽfəbl]
상냥한

friendly

▌할머니와 어머니들은 손자나 자녀들이 자긴 전 아이의 침대로 가서 = af- 재미있는 동화 fable을 들려주는 다정한 모습이 affable.

She is affable to everybody.
그녀는 누구에게나 싹싹하다

He found her parents very affable.
그는 그녀의 부모님들이 매우 친근감이 있다는 것을 알았다.

---

affectation [æ̀fektéiʃən]
가식

artifical act

▌fect = make. 진짜 모습이 아닌 만들어진 = fec- 말과 행동을 하는 모습 연상.

I detest all affectation.
나는 모든 가식을 혐오한다.

His little affectations irritated her.
그의 사소한 겉치레가 그녀를 짜증나게 했다.

---

affidavit [æ̀fidéivit]
선서 진술서

sworn

▌fid = belief. 판사님이 믿을 수 = fid 있도록 법정에 가서 진술하기

Do you need an attorney's affidavit for this procedure?
이 일에 변호사의 증빙 서류가 필요한가요?

The judge took an affidavit about his habit.
그 판사는 그의 잘못에 대한 진술서를 받았다.

---

affiliate [əfílièit]
제휴하다, 소속하다

an organization officially connected with another, larger organization

▌가서 = af 채워 fill = fil 하나의 그룹이나 팀이 되는 것과 연관.

They are affiliated with the national committee.
그들은 국가위원회에 소속되어 있다.

The college is affiliated to the university.
그 대학은 종합대학에 부속되어 있다.

---

affinity [əfínəti]
애호

sympathy

▌af = go + fin = end. 거리에 앉아 있는 거지. 이를 본 A씨는 거지가 있는 곳까지 가까이 가서 그에게 동정을 베푸는 이미지.

He always felt a close affinity with the underdog.
그는 항상 약자에게 강한 친근감을 느꼈다.

Early man shows certain affinities with the ape.
초기 인류는 원숭이와 특정한 유사성을 보인다.

affirmation [æfərméiʃən]
확언

confirmation

▌firm은 '회사' 입니다. 회사가 흔들흔들 도산 위기 직전이면 안 되겠죠. 튼튼해야 합니다.

I believed her affirmation that she would not go back on her word.
나는 결코 식언하지 않을 것이라는 그녀의 말을 믿었다.

The poem is a joyous affirmation of the power of love.
그 시는 사랑의 힘에 대한 환희에 찬 확신이었다.

affirmative action
[əfə́:rmətivǽkʃən]
차별 철폐 조처, 소수 계층 우대 정책

the policy of giving jobs and other opportunities to members of groups such as racial minorities or women

▌미국 대통령이 흑인이 되는 세상이 되었지만 이전에 흑인이나 소수 민족, 여성들의 인권이 열악할 때 이들의 인권을 향상하는 것은 긍정적(affirmative)으로 사고가 전향되는 것이었다.

She's reportedly filed an "affirmative action complaint" against the school.
그 여자는 학교를 상대로 소수 계층 유대 정책 소송을 제기했다.

affliction [əflíkʃən]
고통

hurt

▌conflict는 fight입니다. 싸우면 마음에 고통을 받게 되어요.

Help people in affliction.
고통 받고 있는 사람들을 돕다.

Blindness can be a terrible affliction.
실명은 끔찍한 시련이 될 수 있다.

affluence [ǽfluəns]
풍부함

wealth

▌flu하면 떠오르는 말이 '감기' 입니다. 감기는 이곳저곳을 돌아다닙니다. flow. 물이 흘러갑니다. 돈도 흘러가는 것에 빗대어요. 돈이 많은 사람들은 곳간에 돈이 넘쳐 납니다.

It' s a statement about the affluence of America.
미국의 풍요함을 말해주는 대목이죠.

Their affluence is more apparent than real.
그들의 부유함은 사실보다는 겉보기이다.

affront [əfrʌ́nt]
모욕

insult

▌front. 가서 A라는 사람의 앞 = front 얼굴을 보면서 모욕을 주는 장면 연상.

His speech affronted me.
그는 연설에서 나를 모욕했다.

He felt deeply affronted at/by her rudeness.
그는 그녀의 무례함에 몹시 모욕감을 느꼈다.

A

African - American
[æfricən əmeriən]
흑인

black/color

▌아프리카에서 온 미국 흑인을 지칭.

She wasn't white. She was African-American.
백인이 아니라 흑인이다.

That book gave them the idea that all African American are stupid.
그 책 때문에 아이들은 흑인은 모두 멍청하다고 생각하게 된 겁니다.

aftermath [æftərmæθ]
영향

outcome

▌보통 두 단어 이상이 결합이 될 때 오른쪽 단어가 새로운 낱말의 중심입니다. 하지만 예외적으로 after + math에서 왼쪽의 단어의 의미가 중요하네요. 2차 세계대전을 종식하는데 약간의 기여를 한 원폭 투하를 생각해보세요. 원폭 이후의 후유증은...

In the aftermath of that incident, he had to leave town.
그 사건의 결과로 그는 마을을 떠나야만 했다.

This liquor leaves nasty aftereffects.
이 술은 뒤끝이 좋지 않다

agenda [ədʒéndə]
의사일정

items of business at a forum

▌age + nda. 사람들은 나이가 age 들면서 어느 시기에는 어떤 일을 달성하고 어느 나이에는 어떤 일을 완수 할지 계획을 세우게 됩니다.

What is the next item on the agenda?
다음 의제는 무엇입니까?

She did five copies of the agenda.
그녀는 그 안건을 5부 복사했다.

aggrandize [əgrǽndaiz]
과장하다

exaggerate

▌grand = big. 작은 것을 크게 = grand 부풀리는 것과 연관.

His fascist regime hoped to aggrandize Italian prestige abroad by colonial conquests.
파시스트 정권은 군사력을 이용하여 이탈리아의 명성을 확대하기를 희망하였다.

aggravated [ǽgrəvèitid]
가중의, 더욱 무거운

worsen

▌ag + grave. 무덤이 grave입니다. 사람의 관리를 받지 않는 야산의 무덤들입니다. 이런 무덤에 가면 우리는 진지해집니다. 우울한 분위기. aggravated는 이런 느낌을 담고 있는 낱말 이예요. 같은 무덤이라도 tomb은 동작동 국립묘지처럼 사람들이 관리하는 무덤입니다.

He aggravated his condition by leaving hospital too soon.
그는 너무 일찍 퇴원함으로써 자신의 상태를 악화시켰다.

Grief aggravated her illness.
슬픔으로 그녀의 병은 더욱 악화되었다.

aggregate [ǽgrigèit]
모으다

total

▌ag = greg = go. 티끌 모아 태산. 작은 것도 모이면 큰 것이 됩니다.

Our team scored the most goals on aggregate.
전체적으로 우리 팀이 가장 많은 점수를 올렸다.

Businesses are, in the aggregate, deeper in debt than ever before.
사업체들은 전반적으로 이전보다 빚이 더 늘었다.

aggrieved [əgríːvd]
고통 받는, 화가 난

mistreated

▌다른 사람으로부터 잘못 대접을 받으면 슬픈 감정 grief이 앞서게 됩니다.

I felt rather aggrieved not to be invited.
나는 초대받지 않은 데 대해 약간 분한 마음이 들었다.

---

aghast [əgǽst]
깜짝 놀라

horrified

▌a + ghost. 캄캄한 밤에 유령(ghost)이 나타났다면 깜작 놀라게 되어요.

He stood aghast at the terrible sight.
그는 그 끔찍한 광경을 보고 혼이 나간 듯 서 있었다.

Erica looked at him aghast.
Erica는 혼비백산하여 그를 쳐다보았다.

---

agility [ədʒíləti]
빠름

fast

▌나이 age가 들수록 세상살이 눈치에 민첩하게 됩니다.

No one can match him in speed and agility.
속도와 민첩성에 있어 그에 필적하는 사람은 없다.

He demonstrates that rotundity is no obstacle to agility.
그는 비만한 사람도 민첩할 수 있다는 것을 실지로 보여준다.

---

agitation [æ̀dʒitéiʃən]
동요

swing

▌나이가 age 들어 갈수록 세상에 대한 불안정 때문에 마음이 이러 저리 동요가 됩니다.

He tried to hide his agitation.
그는 마음의 동요를 숨기려고 애를 썼다.

She was in a state of great agitation.
그녀는 대단히 흥분한 상태에 있었다.

---

agnostic [ægnɑ́stik]
신의 존재를 불신

those that is skeptical of the existence of a god

▌gn-은 know인데 a는 not이기 때문에 agnostic은 신을 믿지 않은 사람들입니다.

He is an agnostic who disdains anyone who might doubt the evolutionary theory of the origin of species.
그는 종의 기원의 진화론을 의심하는 사람을 모두 경멸하는 불가지론자이다.

---

agrarian [əgrɛ́əriən]
농업의

farm

▌agriculture. agr -이 들어가면 농사와 관련.

People are leaving an agrarian society to go to the city.
사람들은 농경사회를 떠나 도시로 향하고 있다

---

airborne [ɛ́ərbɔ̀ːrn]
공기로 병균이 퍼지는

in the air or carried in the air

▌air + borne: 비행기나 공기를 통해 퍼지는 경우

The virus was airborne
바이러스가 공기 중으로 퍼졌다.

A

ajar [ədʒɑ́:r]
조금 열려져

open

jar는 '항아리' 입니다. a는 밖으로 이기 때문에 항아리 뚜껑이 열려 있는 이미지예요.

She left the door ajar.
그녀는 문을 조금 열어 놓았다.

The door was ajar.
문이 약간 열려 있었다.

alacrity [əlǽkrəti]
빠름

cheerful eagerness

ala - = eager. 회교도들은 알라신을 열렬히 숭배합니다.

He accepted her offer with alacrity.
그는 선뜻 그녀의 제의를 받아들였다.

The old man still moves with alacrity.
그 노인은 아직도 동작이 민활하다.

alchemy [ǽlkəmi]
연금술

medieval chemistry

연금술사 들은 그릇 밑바닥에 금박을 놓고 그 위에 양초를 발라 그릇에 열을 가하여 금을 만드는 것처럼 사람들 에게 속임수를 벌였습니다. 사기를 친 것은 괘심죄에 해당되지만 이런 연금술은 후에 화학 chemistry로 가게 = al = go한 초석이 되었어요. 즉, 중세의 연금술이 없었다면 현대의 화학도 태동하지 못했겠죠.

The alchemy of love.
사랑의 마술

Pity changed her feeling as if by alchemy.
연금술에 의한 것이기 라도 하듯 연민의 정이 그녀의 기분을 바꿔 놓았다.

alienate [éiljənèit]
멀리하다, 소원하게 하다

hostile

ET(외계인)는 우리 인간보다 머리가 커요. 현대의 인간들의 뇌의 크기(1500cc)는 이전 크레마뇽인(500cc)보다 두뇌가 큽니다. 문명이 점점 발달 할수록 뇌의 크기가 커져요. 외계인들은 우리보다 문명이 더 발전했을 것으로 보아 SF영화 등에서는 머리가 큽니다. 그리고 얼굴이 녹색 이예요. 녹색은 서양 문명에서 부정적으로 장난기를 상징합니다. 이런 외계인을 우리가 지금 본다면 친숙함보다는 낯설기 때문에 적대감을 가지게 됩니다.

Many artists feel alienated from society.
많은 예술가들이 사회에서 이질감을 느낀다.

She was alienated from her sister by her follies.
그녀는 어리석은 짓을 해서 언니와 사이가 나빠졌다.

all embracing
[ɔ:lembréisŋ]
모든 것을 포괄하는, 포괄적인

includes or affects everyone or everything

embrace는 사람이 서로 껴안는 행동을 나타내는 동사. 친구를 포함해 적도 포용하는 하는 것을 연관

The changes were all embracing and permanent.
그 변화는 포괄적이면서 영원하다.

allay [əléi]
진정시키다

calm/pacify

▌서로 싸우다 화해를 하여 가서 = al 같이 눕게 되어요 =lie.

It was hard to allay his anger.
그의 화를 누그러뜨리기가 힘들었다.

The degree of her anger was more than I could allay.
그녀의 화는 내가 달랠 수 있는 한도 이상이었다.

---

allege [əléd3]
강력히 주장하다

state without proof

▌leg하면 '다리'가 생각이 나겠지만 '말' 혹은 '법' 입니다. 그래서 이 세상 최초의 말씀은 하나님의 logos입니다. 증거 없이 가서 = al- 말로만 = leg하는 것을 가리킵니다. 부사형인 allegedly는 '주장 하는 바에 따르면' 으로 말을 하는 사람이 100% 확신을 가지지 못하고 말을 하는 경우에 사용됨.

It has been alleged that you stole the money.
네가 돈을 훔쳤다는 혐의가 제기되었다.

She was alleged to have stolen the money.
그녀가 그 돈을 훔친 것으로 추정되었다.

---

allegiance [əlí:dʒəns]
충성

loyalty

▌법에 가는 것은 법에 충실한 것입니다.

They swore allegiance to the government.
그들은 정부에 충성을 맹세했다.

They have sworn an oath of allegiance to the crown.
그들은 왕께 충성을 맹세했다.

---

allegory [ǽləgɔ́:ri]
우화

fable

▌말로 = leg 하는 이야기입니다.

A political allegory.
정치적 우화

His writings are full of allegory.
그의 글은 우화로 가득 차 있다.

---

alleviate [əlí:vièit]
덜다, 완화하다

assuage

▌alleviate란 단어를 발음해보세요. 엘리베이터입니다. 백화점이나 아파트를 올라가면서 엘리베이터를 타면 힘들게 걸어가는 것을 없애줍니다.

They tried to alleviate the boredom of waiting by singing songs.
그들은 노래를 부르면서 기다리는 지루함을 달랬다.

The doctor gave her an injection to alleviate the pain.
의사가 그녀에게 통증을 완화시키는 주사를 놓아주었다.

---

allocate [ǽləkèit]
할당하다, 배분하다

assign

▌loc는 '땅' 입니다. 부모가 세상을 뜨기 전에 자식들에게 땅 = loc를 나누어 주는 연상

The dean allocated the funds to several students.
학장은 몇몇 의 학생에게 그 기금을 나누어 주었다.

This bill provides that money should be allocated for flood control.
이 법안은 홍수 대책을 위해 예산을 할당해야 한다고 규정하고 있다.

A

all-out [ɔ́:láut]
전면적인

overall

▌작전 회의를 한 다음 밖out으로 나가 승리를 위해 모든 all것을 동원하는 군인들의 모습.

The Democratic Party are going all out for victory to win the election.
민주당은 선거에 이기기 위해 총력을 기울이고 있다.

The team is going all out to win the championship.
그 팀은 우승하기 위해 전력을 다하고 있다.

allowance [əláuəns]
용돈

money

▌평소에 부모님에게 반항적이다가 돈을 받기 위해 굽신대며 = low 부모님에게 가는 al=go 자녀의 모습.

I didn't receive any allowance from my father.
나는 아버지로부터 전혀 용돈을 받지 않았다.

He wheedled his father into giving him a bigger allowance.
그는 아버지를 잘 구슬려서 용돈을 더 많이 타내게 되었다.

alloy [ǽlɔi]
합금, 혼합물

mixture

▌alloy와 비슷한 철자를 가진 낱말로는 allay가 있어요. 철자가 o와 a차이점 밖에 없는데 합금과 동맹과의 공통점은 무엇일까요? '묶인' 이라는 의미에서 같아요. tie.

Brass is an alloy of copper and zinc.
놋쇠는 구리와 아연의 합금이다.

Steel is an alloy of iron, carbon and other elements such as phosphorus and nickel.
강철은 쇠와 탄소와 다른 원소 즉, 인과 니켈의 합금이다.

allude [əlú:d]
암시하다

refer indirectly

▌al-은 go이고 lud-는 smile입니다. 자신이 좋아하는 이성에게 다가가 수줍어 말은 못하고 단지 웃기만 하는 철수. 그래서 allude는 간접적이란 의미가 되어요. beat around the bush와 동일한 의미입니다. 반의어로는 call a spade a spade입니다.

He often alludes to his poverty.
그는 곧잘 자기가 가난하다는 걸 내비친다.

The story alluded to a mystery in his past.
그 이야기는 그가 과거에 체험한 신비한 일을 넌지시 드러낸 것이었다.

allure [əlúər]
꾀다

attract

▌우리말에 '어르다' 를 빨리 발음하면 '얼러' 입니다. 영어의 allure도 같은 의미이네요. 천재인 다빈치가 자신의 모습을 그렸다는 설도 있고 귀부인을 그렸다고도 하는 명화 "모나리자의 미소"는 우리를 매료시킵니다.

She is a woman with great allure.
그녀는 굉장한 매력을 지닌 여인이다.

She allured him into gambling.
그녀는 그를 꾀어서 노름하게 했다.

aloof [əlúːf]
떨어져서

apart

▌al + loof. loof를 발음하면 roof와 비슷해요. 나무 위나 지붕 위로 올라가 혼자 노는 청소년들의 모습을 연상해보세요.

He remained aloof from the others.
그는 다른 사람들과 거리를 두었다.

The first generation of immigrants held themselves aloof from British politics.
이민 첫 세대는 영국정치에 초연했다.

---

all-time [ɔːltáim]
신기록, 미증유의

record

▌모든 시간에 걸쳐는 어떤 일이 이전에는 일어나지 않았다는 것 암시

The prices are on all-time high.
물가 앙등이 신기록을 세우고 있다.

---

altruistic [æ̀ltruːístik]
이타적인

unselfish

▌리처드 도킨스는 자신의 저술 '이기적 유전자'에서 "인간은 유전자의 꼭두각시"라고 선언 했습니다. 인간이 "유전자에 미리 프로그램 된 대로 먹고 살고 사랑하면서 자신의 유전자를 후대에 전달하는 임무를 수행하는 존재"라는 것입니다. al + true. 진실은 향해 가는 것은 이기적인 인간일까요? 이타적인 인간일까요? 다른 사람을 위해 자신의 몸을 희생하는 분들이라고 생각합니다. 인간만이 이타적인 모습을 보이는 것은 아닙니다. 고래들은 부상 당한 다른 고래가 있으면 등에 이들을 위에 태우고 다닌다고 합니다.

He is so altruistic that he gives everything he has to the poor.
그는 자기가 가진 모든 것을 가난한 사람들에게 줄 정도로 이타적이다.

Alzheimer's disease
[áːltshaimərz-]
알츠하이머병, 치매

a condition in which a person's brain gradually stops working properly.

▌여자는 18세 전후로, 남자는 27세 전후로 뇌세포가 최종 완성이 됩니다. 보통 남자나 여자나 19세 이후부터 하루 동안만 몇 만개의 뉴런(neuron)이 사라져 간다고 하네요. 보통 할아버지와 할머니가 되면 뇌세포가 죽어가 기억 등을 하지 못하는 병이 치매. 현재까지 이 치매에 대한 치료책은 없다고 합니다. 그래서 미국은 음악을 들려주는 것과 같은 대체 의학 = alternative medicine로 간접적인 치료가 이루어지고 있고, 미국의 전 대통령인 레이건은 자신이 미국 대통령을 한 것조차 모르는 심한 치매에 걸려 사망을 했습니다.

Medical experts will gather in Seoul on Monday for a symposium on brain diseases such as Parkinson`s and Alzheimer`s.
의학 분야 전문가들이 파킨슨병, 알츠하이머병 등과 같은 뇌질환 관련 심포지엄에 참가하기 위해 월요일 방한한다.

---

amalgamate [əmǽlgəméit]
통합하다

combine

▌amalga + mate. 사랑하는 남녀는 couple이라고 합니다. 하지만 동물 등의 짝들은 pair라고 합니다. 정이 동반하는 경우는 pair라고 하기 보다는 couple라고 해요. 그러나 일시적인 경우 예를 들어, 방을 같이 사용하는 사람들은 roommate이고, 선거에 입후보한 사람들(대통령과 부통령처럼)을 running mate라고 합니다. mate는 함께 = with의 의미가 있어요.

Our firm will be amalgamated with a Japanese company.
우리 회사는 일본 회사와 합병할 것이다.

Several colleges were amalgamated into the new university.
몇 몇 단과대학이 통합하여 새 종합대학을 만들었다.

A

amass [əmǽs]
모으다

collect

mass는 물질입니다. 우리 인간은 물질인 돈을 모으는데 급급 합니다. 그래서 '어린 왕자' 란 소설에서 주인공은 지구에 와서 우리 인간의 어른들은 돈을 세는데만 열중하는 탐욕스런 사람들로 그리고 있습니다.

They amassed enough evidence to convict him.
그들은 그를 기소할 충분한 증거를 긁어모았다.

A large crowd amassed for the rally.
궐기 대회에 많은 군중이 모였다.

ambidextrous [æ̀mbidékstrəs]
양손잡이의

using either hand with equal ease

ambi = bi = two +dextrous= right hand. 왼손과 오른손을 모두 쓰는 사람들은 영리하고 재주가 많은 사람입니다. skilled. PET촬영기로 우리 인간의 뇌를 촬영하면 정상적인 남자와 여자의 뇌 구조는 다르다고 합니다. 정상적인 남자는 왼쪽 귀 윗부분에 언어 세포들이 있고 우반구 뇌의 감정 세포를 연결하는 '뇌량 부분이 적지만 여자와 남자 게이들은 '뇌량' 부분이 많다고 해요. 즉, 게이는 남자가 아니라 여자의 뇌 구조와 같다고 합니다. 그럼 게이는 후천적인 것보다는 선천적인 요인이 더 많다고 볼 수 있는데요... 후천적인 것을 주장하는 분들도 있어 더 연구가 진행되어야 할 것 같습니다. 남자와 여자 모두 양손을 쓰는 사람들은 뇌의 좌반구와 우반구가 고루 발달하여 지능이 좋다고 합니다.

He's ambidextrous and can write with either hand.
그는 양손잡이여서 어느 쪽 손으로도 글씨를 쓸 수 있다.

It may be that Homer is ambidextrous, and prefers his right hand.
Homer가 양손잡이 일수도 있지만 그는 오른손을 더 선호한다.

ambiguous [æmbígjuəs]
중의성, 두 가지 이상의 뜻으로 해석할 수 있는

unclear in meaning

미팅 장에 간 순자씨. 자신에 프로포즈 하는 남자 중 하나만 선택을 하여야 하는데 bi = 두 남자 모두 좋다고 하면 이 여자의 심리는 애매 모호한 상태이겠죠.

Their position as consultants is ambiguous.
자문으로서의 그들의 지위가 모호하다.

His closing words were deliberately ambiguous.
그의 마무리 말들은 의도적으로 중의적으로 표현되었다.

ambush [ǽmbuʃ]
매복

attack

미국 대통령이었던 Bush는 이전에 숲에 살았던 야만인들의 후예라고 합니다. 적을 기습하기 위하여 매목을 어디에서 할까요? 숲 bush이겠죠.

The soldiers lay in ambush, waiting for the signal to open fire.
그 군인들은 매복하여 엎드리고 발사 신호를 기다렸다.

They set up an ambush to trap the aid convoy.
그들은 원조 호송대를 꼼짝 못하게 만들기 위해 매복공격을 준비했다. .

ameliorate [əmí:ljərèit]
개선하다

make better

amen. 교회를 다니지 않는 사람들도 자신의 더 나은 삶을 위하거나 시험을 보거나 할 때 '아멘' 이라고 혼자 말하기도 합니다.

Steps have been taken to ameliorate the situation.
상황을 개선하기 위한 조치들이 취해져 왔다.

amenable [əmíːnəbl]
순종하는

obedient

▌amen. 하느님 말씀에 복종하는 신도 모습 연상. mend = fault. 잘못이 있으면 순종하면서 시정 mend = change 을 해야 합니다.

I find him very amenable to reason.
나는 그가 도리를 따르는 것으로 알고 있다.

amend [əménd]
고치다, 수정하다

correct

▌mend = amend = amendment. 모두 mend가 있어요. change의 의미가 있고 변화는 수정이나 고치는 것을 나타냅니다.

How can I ever make amends for the things I said to you last night?
내가 지난 밤 당신께 한 말에 대해 어떻게 보상할 수 있을까요?

A two-thirds majority is needed to amend the club's constitution.
클럽의 회칙을 수정하려면 2/3의 다수가 필요하다.

amenities [əménəti]
기분 좋음

convenience facility

▌어메니티(amenity)는 라틴어의 'amoenitas' 에서 어원을 갖는 것으로 사랑, 좋아함과 같은 감정을 표현하는 'amore' 의 근원이다. 사전적 어의로는 amenity와 amenities를 구분하고 있는데 amenity는 유쾌 성, 매력 성, 매력적이거나 바람직한 국면에서 어떤 사물이나 환경이 가지는 긍정적 성상(쾌적성)으로, 그리고 amenities는 쾌적한 환경 그 자체로 정의하고 있다.
love = amore = phil(철학: philosophy). 이전에 세계적인 천재들은 철학자들이었습니다. 말 log = los을 사랑하는 사람들. 현대사상의 대부분의 근거는 그리스입니다. 지동설, 빅뱅, 진화론 등... 모든 그리스 철학자들의 생각을 후대의 우리가 연구하여 발전을 시켰습니다.

People who retire to the country often miss the amenities of a town.
시골로 은둔해 들어간 사람들은 흔히 도시의 문화적 설비들을 그리워한다.

Pan Am was considered a premier U.S. airline in terms of service and amenities.
팬암은 서비스와 편의 면에서 미국 제1의 항공사라고 여겨졌었다.

amiable [éimiəbl]
붙임성 있는

lovable

▌amore = love입니다.

Her parents seemed very amiable.
그녀의 부모님은 매우 온후해 보이셨다.

Do the amiable to children.
애들에게 정답게 대하다.

amicable [ǽmikəbl]
우호적인

friendly

▌amore = love입니다.

Restore amicable relations between the two sides.
양측 간에 우호적인 관계를 회복하다.

The two nations reached an amicable agreement.
두 나라는 우호적인 합의를 보았다.

amity [ǽməti]
우호

friendship

▌amore = love입니다.

The politician had lunch in amity with the reporters.
그 정치인은 기자들과 사이좋게 점심을 먹었다.

Professors showed concern in the impact of this incident on amity of Korean and Arab Muslims.
교수들은 이번 사건이 한국과 아랍권 국가간 우호관계에 미칠 파장에 대한 우려감을 표명했다.

amnesty [ǽmnəsti]
특사, 사면

pardon

▌amore = love입니다. 그래서 감옥에 있는 사람들을 집으로 사면 하는 행동에 사용됩니다.

The rebels returned home under a general amnesty.
그 반란자들은 일반 사면을 받아 집으로 돌아갔다.

Despite international pressure, the premier refuses to grant an amnesty for political prisoners.
국제적인 압력에도 불구하고 수상은 정치범들에 대한 사면을 거부하고 있다.

amoral [eimɔ́:rəl]
비도덕적인

without moral feelings

▌a + moral. moral은 도덕성이 있는데 a는 not이기 때문에 도덕성이 없다.

Infants are amoral.
유아는 도덕관념이 없다.

The young man' s integrity is endangered by his would-be protectors' vicious and amoral code of conduct.
한 젊은이의 정직함은 그의 보호자가 되어야 할 사람들의 사악하고 비도덕적인 행동 규범 때문에 위험에 처하게 되는 것이다.

amorous [ǽmərəs]
사랑의

love

▌amore = love

It is suspected that there was an amorous relationship between the two.
둘 사이에 치정 관계가 있는 것 같다.

amorphous [əmɔ́:rfəs]
형태가 없는

formless

▌morp-는 form입니다. 형태가 없어요. 투명 안경이 있다고 인터넷에서 광고가 있었어요. 사기 행동으로 밝혀졌습니다. 투명 인간은 과연 존재 할 수 있을까요? 그럴 수는 없겠죠. 아직은, 우리가 보려면 망막이 있어야 하는데 투명 인간은 이런 것도 없이 물체를 볼 수는 없기 때문이죠.

Amorphous metal is usually an alloy rather than a pure metal.
순수 금속과는 다르게 합금이 보통은 형태가 없다.

amphibian [æmfíbiən]
양서류의

able to live both on land and in water

▌ambi = amphi = two. 물에서도 살고 육지에서도 사는 동물들. 우리 인간은 태어나기 전 엄마 뱃속에 있을 때 양수 안에 있어요. 왜 그럴까요? 인간은 원숭이 후손인가요? 아니죠. 우리 인간은 외계인들의 후손들입니다. 원시 지구 행성은 외계에서 날아 온 운석과 충돌하여 그 운석은 지구 내부로 들어가 엄청나게 큰 쇠덩이로 자리 잡고 있게 됩니다. 이때의 충돌로 엄청난 지각 변동과 더불어 대기권을 검은 구름이 덮었고 검은 구름이 태양 빛을 차단하면서 지구는 고온이 되었습니다. 그리고 구름들이 형성되면서 엄청난 비가 쏟아져 바다가 되었습니다. 외계에서 날아 온 박테리아 성분이 이 바다에서 점차 발달하여 어류가 되고 달과의 조수 간만에 의해 물이 빠졌을 때 육지로 올라와 양서류가 되었습니다.

Frogs and newts are amphibians.
개구리와 영원은 양서류이다.

Mammals, birds, reptiles, amphibians and fishes are vertebrates.
포유류, 조류, 파충류, 양서류, 어류는 척추동물이다.

ample [ǽmpl]
충분한, 넓은

abundant

▌특히 시골에 가면 동네 이장님들이 앰프 amp를 이용해요. 동네 곳곳에 큰 소리로 전달 사항을 전합니다.

There is ample room for another car.
차가 한 대 더 들어갈 공간은 충분히 있다.

There is ample evidence to support this view.
이 견해를 뒷받침하는 충분한 증거가 있다.

anachronistic
[ənæ̀krənistik(əl)]
시대착오의, 시대에 뒤진

having an error involving time

▌clone은 우리 인간의 염색체입니다. 시간에 따라 우리 인간의 모습은 점차 변해갑니다. chron은 time입니다.

The military advisers working with Beilin convinced him such thinking was anachronistic.
Beilin과 함께 일하는 군대 고문들은 그의 그러한 생각이 시대 착오적 이라는 것을 납득시켰다.

analogy [ənǽlədʒi]
유추

similarity

▌말이나 단어인 log가 자기와 비슷한 관계를 찾아 갑니다 = an.

There is a close analogy between these two phenomena.
이 두 가지 현상사이에는 밀접한 유사성이 있다.

There is an analogy between human heart and pump.
인간의 심장과 펌프 사이에는 비슷한 점이 있다.

anathema [ənǽθəmə]
저주, 파문

detested

▌the = god. 19세기 이전에만 해도 하느님 = the의 존재를 부인하던 교회 밖 = ana에 있었던 사람들은 교회 감독관이 극단적으로 증오의 대상이 된 인물들.

His theories were anathema to his colleagues.
그의 이론은 동료들로부터 배척당했다.

Racial prejudice is (an) anathema to me.
인종편견은 내가 증오하는 것이다.

ancestry [ǽnsestri]
조상

family descent

▌word process. cess = cest = go. 자신이 태어나기 이전의 사람들이 누구인지를 알기 위하여 족보에서 우리는 선조를 확인합니다.

She was proud of her Scottish ancestry.
그녀는 조상이 스코틀랜드 인이라는 것을 자랑스럽게 여겼다.

He is born of good ancestry.
그는 명문가 출신이다.

ancillary [ǽnsəlèri]
보조적인

subordinate

▌auxiliary. 비슷한 낱말들은 운율이 비슷해요.

Ancillary staff/duties/services/equipment.
보조직원/임무/서비스/장비

The poor economic situation was an ancillary cause of the war.
열악한 경제 상황은 이 전쟁의 부차적인 원인이었다.

anecdote [ǽnikdòut]
일화

short account

▌할아버지나 할머니들이 손자들을 무턱대고 예뻐하는 것이 dote입니다. 그런 할아버지와 할머니들은 이전에 자신들의 무릎에 손녀와 손자들을 안고 재미있는 옛날 이야기를 해주었습니다. '일화' 는 episode나 anecdote. 후자 단어의 어원 anekdotos는 그리스어로 "책으로 엮어지지 않은"이라는 뜻이 있어 설화나 전설에 가까운 내용이지만 전자인 episode는 고대 그리스 비극에서 두 개의 코러스를 연결하는 삽입 부분 으로서 어떤 작품의 큰 흐름에 끼어 들어가 삽화 노릇을 하는 토막 이야기.

She prefaced her remarks with a personal anecdote.
그녀는 개인적인 일화로 이야기의 서두를 꺼냈다.

He's always telling us anecdotes about his childhood in India.
그는 항상 우리들에게 인도에서 보낸 어린 시절의 일화들을 들려준다.

angst [ɑ́:ŋst]
걱정, 공포

fear

▌anger. 각운을 제외하고 anger - angst는 운율이 같습니다.

"New Economy Angst" also contributes to economic pessimism.
'새로운 경제 불안' 역시 경제적 비관론에 기여한다.

Since then they adjusted the hands many times to reflect their level of apoplectic angst.
그 이후 그들은 자기네 과민한 불안 수준을 반영하기 위해 바늘을 여러 차례 다시 맞추었다.

anguish [ǽŋgwiʃ]
고통

acute pain

▌통증 때문에 고통과 번민에 쌓인 모습 연상. anger. 인간의 비극적 측면과 인간 사이의 관계에 관심을 가졌던 뭉크. 그래서 그는 자신의 마음을 '외침' 이란 명작을 통해 표현하고 있어요. 절망에 빠진 인간의 모습을 매우 강렬하게 표현하고 있습니다.

His brows gathered in anguish.
그는 고통으로 얼굴을 찌푸렸다.

Nothing can take away the anguish of losing a child.
그 무엇도 아이를 잃은 비통함을 덜어 줄 수는 없다.

animosity [æ̀nəmɑ́səti]
증오

active enmity

▌동물은 animal입니다. anim은 영혼 soul이예요. 사물에도 영혼이 있다는 사상이 animism입니다. 그래서 이전 한국의 어머님들은 동네 입구의 성황당등의 나무에 건강한 아들을 낳아달라는 기도를 했어요. 그러나 한국인들은 기르던 개를 잡아 먹는다고 서구인들은 한국인에 대해 적대감을 가지고 있습니다.

She felt a burning animosity towards them.
그녀는 그들에게 지독한 적의를 느꼈다.

He felt/harbored no animosity towards his critics.
그는 자기를 비판하는 사람들에 대해 아무런 원한도 느끼지/품지 않았다

---

annals [ǽnlz]
연대기

history

▌기념일은 anniversary입니다. ann-는 year이예요. 사건이 일어 난 것을 시대 별로 기록한 이야기가 annal이예요.

The Annals of the Society.
학회 연보

The annals of the British Parliament are recorded in a publication called Hansard.
영국 의회 연보는 '핸서드' 라고 불리 우는 인쇄물에 기록된다.

---

annex [ənéks]
부가하다

add

▌next < nex. 가까이 가서 합병을 해요.

They annexed the conquered territory to their country.
그들은 정복한 영토를 자국 영토에 합병했다.

Unhappiness is not necessarily annexed to poverty.
가난에 반드시 불행이 따르는 것은 아니다.

---

annihilate [ənáiəlèit]
전멸시키다

destroy

▌허무 = O = 無 = nihil O은 모든 것이 파괴된 공허한 상태입니다.

She annihilated her opponent, who failed to win a single game.
그녀는 상대선수를 완패시켰는데, 그 선수는 단 한 게임도 이기지 못했다.

The army annihilated the enemy.
그 군대는 적을 전멸시켰다.

---

anonymous [ənɑ́nəməs]
익명의, 작자 불명의

having no name

▌말 = word = onym 동의어는 synonym이고 반의어는 antonym입니다. 중고등 학교의 고시조를 공부할 때 나타나는 '무명씨' 가 anonymous입니다.

The author wishes to remain anonymous.
저자는 익명으로 남아 있기를 원한다.

The rumour began with an anonymous telephone call to a newspaper.
그 소문은 신문사에 익명의 전화가 걸려 오면서 시작되었다.

A

annuity [ənjúːəti]
연금

investment or insurance policy that pays someone a fixed sum of money each year

anniversary. anni = year. 연금의 연 = year.

The law enables us to receive an annuity.
그 법으로 우리들은 연금을 받을 수가 있다.

antagonism [æntǽgənìzm]
반대

hostility

anta + go +nism. 반대 = anti 를 하기 위하여 가다 go.

Antagonism between capital and labor.
노사 간의 반목.

The antagonism he felt towards his old enemy was still very strong.
그가 자신의 옛날 적에 대해 느끼는 반감이 아직 매우 강했다.

antecede [æ̀ntəsíːd]
…에 선행하다, 앞서다

precede

ante는 pre. 미리 가다 cede입니다.

He always felt a close affinity with the underdog.
그는 항상 약자에게 강한 친근감을 느꼈다.

antedate [ǽntidèit]
…보다 선행하다, 앞의 날짜로 하다

to be older than

date + ante = anti = before

This event antedates the discovery of America by several centuries.
이 사건은 미 대륙 발견보다 몇 세기 앞선다.

The cold weather antedated my departure from the country.
추운 날씨 때문에 그 나라에서의 출발을 앞당겼다.

anterior [æntíriər]
앞의, 전의

situated in front

ante = before

Ages anterior to the Flood.
노아의 홍수 이전의 시대.

It is an event anterior to the murder.
그것이 살인 사건보다 먼저 일어난 사건입니다.

anthropologist
[æ̀nθrəpɑ́lədʒi]
인류학

a man of the science of mankind

anthro = man. 이전 시대의 인류를 연구하는 사람들입니다.

Anthropologists believe that early men shaved only a few times a year.
인류학자들은 초기 남성들이1년에 몇 차례만 면도를 했을 것으로 믿는다.

The origin of the kiss derives from the time when mothers would chew food first before giving it to their children.
키스가 어머니가 음식물을 씹어서 아기에게 먹여주는 것에서 유래했다.

antipathy [æntípəθi]
반감, 혐오

dislike

pathy는 feel입니다. anti를 가지고 있으면 싫어하는 것이죠.

He felt (a) strong antipathy towards foreigners.
그는 외국인에 대해 강한 반감을 느꼈다.

He showed a marked antipathy to foreigners.
그는 외국인에 대해 눈에 띄게 반감을 드러냈다.

antiquated [ǽntikwèitid]
고풍스런, 시대에 뒤진

obsolete

anti = hate = before. 전에 쓰던 가구들이나 가전제품은 이제 고물이 되어 폐기 처분되어집니다.

They tried to repeal the antiquated law.
그들은 그 낡은 법을 폐지하려 했다.

anti-Semitic [æ̀ntisimítik]
반 유대주의

hostile to or prejudiced against Jewish people

Noah의 홍수는 다 알고 있는 내용이죠. 이 노아의 아들 중 셈(sam)이 있고 이 사이 현재 이스라엘 사람이나 중동 사람의 원조. 우리에게 단군 할아버지가 있다면 이스라엘 사람에는 셈 할아버지. anti-는 반대를 나타내는 접두사. 예수님을 유태인인 유다가 로마 군인에게 팔아 넘겼다는 것 때문에 이전에 유태인은 어떤 공직에도 오르지 못하고 집 밖에 나설 때는 노란별을 달고 다녀야 했습니다. 오직 장사를 해서 먹고 살아야 했기 때문에 지금 세계 경제를 주름 잡고 있는 사람들이 유태인 출신들이예요.

Sam, who is Jewish, has accused Sue of being anti-Semitic.
유태인인 샘은 수가 반유대주의자라고 비난했습니다.

antithesis [æntíθəsis]
대조, 정반대

direct oppose

thesis = 이론 + anti = against

Slavery is the antithesis of freedom.
노예의 신분은 자유의 정반대이다.

'Give me liberty, or give me death' is an example of antithesis.
"내게 자유를 달라, 아니면 죽음을 달라"는 대조법의 예이다.

apartheid [əpɑ́:rtheit]
인종 차별 주의

discrimination

apartheid에서 중심 철자는 무엇인가요? part. part는 전체가 아니라 부분이기 때문에 남아프리카에서 백인이 흑인을 차별하여 백인과 흑인이 서로 분리된 것 연상.

During apartheid, they were discriminated against.
인종 격리 정책 하에서 그들은 차별을 받았다.

He was arrested for protesting apartheid.
그는 인종격리정책에 항의한 혐의로 체포되었다.

apathy [ǽpəθi]
무감정

indifferent

감정 feel = pathy가 떠나간 것 a-이 apahty입니다. 아무런 관심이 없어요. 미국의 어느 석학의 연구 결과에 따르면 유치원이나 초딩부터 서로 알고 지낸 남녀 간의 관계보다 성인이 되어 전혀 서로에 대해 모르는 남녀가 결혼을 할 확률이 높다고 합니다.

The citizens' apathy to local affairs resulted in poor government.
지역 일에 대한 시민들의 무관심으로 형편없는 정부가 생겨났다.

There is a certain apathy about local elections among the public.
대중들 사이에 지방 선거에 대해서는 일종의 무관심이 존재한다.

aperture [ǽpərtʃər]
틈, 구멍

opening

aper의 한국식 발음은 '아퍼' 입니다. 치과에 가서 이빨을 아이들이 뽑아야 할 때도 아이들은 아파 입을 벌리는 모습 연상

What aperture are you using?
당신은 어떤 구멍을 쓰세요?

apex [éipeks]
꼭대기, 정점, 절정

highest point

ape. 나무의 가장 꼭대기에서 놀고 있는 원숭이 연상.

At 41 he'd reached the of his career.
41세 때 그는 경력의 정점에 이르렀었다.

A

aphorism [ǽfərìzm]
잠언, 속담

proverb

horizon = bound = 수평선. 수평선은 하늘과 바다가 만나는 곳입니다. 우리 인간은 선현이 하신 진리를 담고 있는 속담에 묶여 살고 있습니다.

In aphorisms, human beings have focused on one tiny, lovely facet of the body.
수많은 경구에서 엿볼 수 있듯이 인간은 작고 사랑스러운 몸의 한 부분에 깊은 관심을 가져 왔습니다.

---

apocalypse [əpάkəlìps]
계시, 요한 계시록

prophetic revelation

apo(from) + calypse(cover) = 덮어진 것으로부터 숨겨진 것을 드러내서 '보여주다' 는 의미입니다.

The apocalypse of nuclear war.
핵전쟁의 참화.

A stock-market apocalypse.
주식 시장 붕괴

The Apocalypse is the subject of the Book of Revelation.
묵시가 계시록의 주제이다.

---

apocryphal [əpάkrəfəl]
저작자가 의심스러운

dubious authentic

요한 계시록. Book of Revelation, Apocalypse of John. 사람들은 요한 계시록을 예수님의 제자인 요한이 저술 하였는지에 대해 의심을 하고 있어요. 많은 학자들은 '요한의 묵시록' 은 그리스도교도들 에게 신앙을 견고히 지키면서 하느님이 마침내 그의 적들을 이길 것이라는 희망을 굳게 가지라고 일관성 있게 격려합니다. 이러한 관점은 종말론 적인 상황에 처해 있던 당시의 문제들을 제시하기 때문에, '요한의 묵시록' 의 메시지는 그리스도가 미리 경고한 박해를 당하게 될 미래 세대의 그리스도교도들과도 관계가 있습니다. 사탄에 대한 하느님의 승리를 로마 제국의 탄압에서 그리스도교도들을 구원하는 것은 앞으로 다가올 시대의 악에 대한 승리와 하느님이 종말에 최종적으로 거둘 승리를 상징하고 있다고 봅니다.

Most of the stories about his life are probably apocryphal.
그의 삶에 대한 대부분의 이야기들이 아마도 지어낸 것일 것이다.

---

apogee [ǽpədʒìː]
최고점

highest or greatest point

ap = up + gee = geo = gia. 땅에서 가장 높은 곳.

The artificial satellite is in an elliptical orbit which is 320 kilometers above the earth at apogee.
그 인공위성은 지구로부터의 거리가 원지점에서 약 320km의 큰 원형 궤도를 그리고 있다.

---

appall [əpɔ́ːl]
오싹하게 하다

shock

pall은 pale에서 왔어요. 어두운 밤에 뒤에서 사람이 다가오면 = ap- 골목을 걷는 사람은 놀랍고 두렵게 되죠.

I've never seen such appalling behaviour.
나는 그렇게 경악스러운 행동을 본 적이 없다.

I find much modern architecture quite appalling.
난 많은 현대 건축술이 경악스럽다고 생각한다.

---

apparition [æpəríʃən]
유령

ghost

▌appear. ap < ad(=to, near) + par(=appear). 기존의 단어인 appear는 사람 등이 나타나요. 그러나 이 단어보다 길이가 길면 부정적. 이번에는 귀신이 나타납니다.

You look as though you've seen an apparition.
넌 마치 유령이라도 본 것 같구나.

Apparitions of a lady in white robes have been reported.
흰옷을 입은 부인의 유령이 있다고 보고되어 왔다.

---

appease [əpí:z]
달래다

soothe

▌ap + pease < peace. 전쟁은 tough와 rough이지만 평화는 부드러움에 빗대어 집니다.
smooth에서 철자 m을 삭제해보세요. soothe는 부드럽게 하는 것입니다.

The factories now sit empty, the government shut them down to appease the villagers.
이들 공장들은 부락민들을 유화시키기 위한 정부의 폐쇄 조치로 현재 텅 비워져 있습니다.

A string of new trade deals is an apparent effort to appease the U.S.
잇따른 거래 계약 체결을 통해 '미국 달래기' 에 눈에 띄는 노력을 보이고 있습니다.

---

apportion [əpɔ́:rʃən]
배분하다, 할당하다

decide how much of it different people deserve

▌port = part. 부분으로 쪼개어 나누어 주기.

He apportioned the various tasks among the members of the team.
그는 팀 멤버들에게 여러 가지 업무를 할당했다.

The funds were apportioned among the various departments.
자금이 여러 부서에 배분되었다.

---

appositive [əpázitiv]
동격의

pertinent

▌가서 = ap 같이 놓여지게 = pose되어 동등한 equal의 상태가 됩니다.

In linguistics, an epithet is often metaphoric, essentially a reduced or condensed appositive.
언어학에서 경구들은 축약이 된 동격 형태의 은유적이다.

---

appraise [əpréiz]
평가하다

value

▌고호의 귀가 잘린 초상화들은 가치 value를 인정받아 높게 칭찬 praise을 받고 있습니다. 고갱과 고호는 같은 화실을 사용했고, 일방적으로 고호가 고갱을 사랑(동성애)한 나머지 같이 살자고 하니 고갱은 그런 제안을 거절하고 멀리 남쪽에 있는 타이티 섬으로 떠나갑니다. 이런 것에 화가 난 고호 자신의 귀를 자르고 나서 그림을 그린 것이 고호의 초상화인데 이 그림을 산 일본의 갑부가 죽으면서 고호의 귀가 잘린 명화도 사라져 현재 이 그림의 소재를 아는 사람은 아무도 없다고 하네요. praise. 평가가 이루러 진 다음 좋은 점을 칭송 praise합니다.

He had an expert appraise the house beforehand.
미리 전문가에게 그 집을 평가하게 했다.

They carefully appraised the situation before deciding.
그들은 결정하기 전에 상황을 면밀히 평가했다.

---

appreciate [əpréiz]
평가하다

be thankful for

▌가서 = ap 감사의 말은 하는 것은 상대방에 대한 귀중한 precious생각을 전달하는 좋은 방법입니다.

Her readiness to help was appreciated.
그녀의 도우려는 준비 자세가 고맙게 받아들여졌다.

It is cheering to know that one's efforts are appreciated.
자기 노력이 존중받는 것을 아는 일은 고무적이다.

appreciation [əprì:ʃiéiʃən]
평가 절상

the value of something is an increase in its value

▌경제용어로 본위 화폐에 포함된 순금의 양을 늘리거나 하여 통화의 대외 가치를 높이는 일. 통화의 대외 구매력이 커지고 수출품의 외화 표시 가격이 오른다.

He predicted the won would remain strong the rest of the year but the speed of the appreciation will likely slow down.
그는 원화 강세가 올해 말까지 지속되겠지만 절상 속도는 둔화될 거라고 전망했다.

apprehend [æprihénd]
체포하다, 파악하다

catch

▌가서 = ap 미리 = pre 손으로 잡다 hend = hand.

He was apprehended under very suspicious circumstances.
그는 아주 의심스러운 상황에서 체포되었다.

The thief was apprehended in the act of stealing a car.
그 도둑은 차량절도 현장에서 붙잡혔다.

apprise [əpráiz]
통지하다, 알리다

inform

▌대회를 하기전 1등에게는 얼마의 상금과 상 prise이 주어지는 미리 알려지게 됩니다 inform.

He was apprised of the decision by his lawyer.
그는 변호사로부터 판결을 통보받았다.

She will be kept apprised of the latest developments.
그녀는 최근의 사태 진전에 관해 계속 통보를 받을 것이다.

approbation [æprəbéiʃən]
허가

praise

▌prove. 먼저 입증을 하고 난 후에 동의를 얻게 됩니다.

We met with our teacher's approbation.
우리는 선생님의 동의를 얻었다.

He said to the merchant that he would purchase the product on approbation.
점검하고 나서 상품을 사겠다고 그는 상인에게 말했다.

appropriate [əpróuprièit]
사용하다, 충당하다

acquire

▌재산 property는 적당히 = proper 가져야 합니다. 다른 사람 보다 앞서 = pro 가서 = ap 재산을 가지려고 하는 사람들은 돈을 몰래 빼돌리게 됩니다.

He was accused of appropriating club funds.
그는 클럽 기금을 유용했다는 비난을 받았다.

$50,000 has been appropriated for a new training programme.
새 훈련 프로그램을 위해 5만 달러가 책정되었다.

approximate [əprάksəmèit]
대략의

about

▌점점 앞 = pro 가게 = ap 되면 두 개체는 가까워지게 됩니다. 그래서 근접하게 되어요.

What is the approximate size of this room?
이 방의 대략적인 크기가 얼마입니까?

This is an approximate account of the affair.
이것이 그 사건의 개요입니다.

---

apt [ǽpt]
적절한, 하기 쉬운

proper

▌세상에 적응하고 순응하면서 사는 모습이 adapt예요. 적절하게 = apt 살아가는 = ad. 인생은 물 흐르듯이 순리에 맞게 살아가는 것이라고 생각합니다.

My pen is apt to leak.
내 펜은 잘 샌다.

She showed herself an apt pupil.
그녀는 총기 있는 학생의 자질을 보여 주었다.

---

aptitude [ǽptətjúːd]
경향, 소질

talent

▌aptitude는 적성입니다. apt가 들어가는 어휘들은 능력을 암시해요. 능력 있는 사람이 재능이 있습니다. talent는 이스라엘의 돈으로 예수님 살아계실 때 달란트란 화폐가 있었어요. 그래서 재능이란 의미가 있습니다. 이전이나 지금이나 돈은 힘과 능력을 상징합니다. 그러나 한국에서 처럼 연예인 이란 뜻은 없어요. 연예인은 entertain(=enjoy)er입니다.

Does she show any aptitude for languages?
그녀가 언어에 어떤 적성을 보입니까?

He has great aptitude for getting the best out of the people who work for him.
그는 자기를 위해 일하는 사람들로부터 최선을 끌어내는 데 천부적인 재능이 있다.

---

aquatic [əkwǽtik]
물의

water

▌우리 인간의 몸은 주로 물로 이루어졌습니다. 그래서 물 = hum = aqua = hydar = lav. human. 사람이 독하지 못하고 순하면 물컹물컹 하다고 합니다. 수소는 hydrogen이고 화장실은 lavatory예요. 그럼 lavish의 의미는? 한국어도 돈을 물 쓰듯이 한다고 합니다. lav에 '물' 이 있네요. lavish는 돈을 낭비한다는 뜻이 있어요.

Many forms of aquatic life inhabit ponds.
많은 형태의 수생 생물이 연못에 산다.

The resort offers a range of aquatic sports, including swimming and water-skiing.
그 유원지는 수영과 수상 스키를 포함한 갖가지 수상 스포츠를 제공한다.

---

arabesque [æ̀rəbésk]
아라비아풍의

complex design

▌아라비안나이트. 1000일의 야화로 유명한 아라비안나이트. 복잡한 플롯 plot을 가진 동서양의 최고의 문학 작품 중의 하나입니다.

There are two modes to arabesque art.
아라비아 예술은 두 가지 양식이 있다.

A

arable [ǽrəbl]
경작할 수 있는

fertile

❙ 땅은 area. 그 땅에 농사를 짓는 것이 가능한 able하니 척박한 땅은 아닙니다.

Arable fields.
경작 가능한 땅

The group of three farmers own several thousand acres of arable land.
3명의 농부들은 수천 에이커의 경작지를 소유하고 있다.

arbiter [ɑ́:rbətər]
중재인

a judge

❙ arbiter. 한국에서는 일하는 사람이란 뜻으로 사용되지만 미국에서는 어떤 것을 결정하는 사람을 의미한다.

In this instance, the Prime Minister is the final arbiter.
이 경우에, 수상은 마지막 결정자이다.

arbitrary [ɑ́:rbitrèri]
임의의, 멋대로인

randomly

❙ 한 길을 따라 일관되게 가는 = ar 것이 아니라 이 길로도 가고 저 길로도 가는 두 길 = bi로 가는 = ar 사람의 모습을 연상.

She made an arbitrary choice of the black shoes instead of the brown ones.
그녀는 멋대로 갈색 구두 대신 검정색 구두를 선택했다

The choice of players for the team seems completely arbitrary.
그 팀 선수들의 선택은 완전히 멋대로인 것처럼 보인다.

arcade [ɑ́:rkéid]
지붕이 있는 상가

a covered passage where there are shops or market stalls

❙ arch. '활'과 건축 양식의 아치는 어떤 공통점이 있나요? 휘어 있는 모양이 공통 속성이 있습니다. 같은 어원을 쓰는 단어 중에는 원호를 나타내는 arc, 둥근 지붕을 나타내는 arcade등이 있다. 가게들이 몰려 있는 곳은 둥근 지붕으로 손님들이 다니는 곳에 만들어 놓았습니다.

I wish he'd develop other interests. I don't think the video arcade is a healthy environment.
난 그 애가 다른 데 관심을 가졌으면 좋겠어요. 오락실이 건전하다고는 생각하지 않거든요.

arcane [ɑ́:rkéin]
비밀의, 불가해한

mysterious

❙ arch. 아치는 현대보다는 이전 건축 양식입니다. 지금보다는 흘러간 시간인 고대나 중세는 신비스러움을 던져줍니다.

Arcane Magic users will have privileges, and the citizens will live in fear.
신비스런 마술을 사용하는 사람들은 특권이 있어 시민들은 두려움에 살 것이다.

archaeology [ɑ́:rkiɑ́lədʒi]
고고학

study of artifacts of early mankind

❙ 로마의 유적지를 발굴하는 곳에서는 아치 arch 모양의 건축물들이 많이 나온다고 합니다. 고고학은 우리 인간의 이전 발자취를 알 수 있어요. 중세에 '아더 왕'과 원탁 기사들은 예수님의 최후의 만찬 때 드셨다는 성배(holy grail)를 찾아 돌아다니듯이 고고학자들도 이들처럼 인간의 진보 과정의 발자취를 거슬러 연구를 하고 있습니다.

I have an idea in archaeology
나는 고고학에 대한 지식이 있다.

It includes the fields of linguistics, archaeology, and ethnography.
인류학은 언어학, 건축학, 민족학의 분야를 모두 포함한다.

archaic [ά:rkéiik]
고풍의

old

▌로마인들은 반원 아치를 교량이나 수로교 그리고 대규모 건축물들에 사용했으며, 대부분의 경우 모르타르는 사용하지 않았으며 대신 정밀한 석공 술에 의존 했습니다. 중세의 건설가들은 뾰족한 아치를 발전시켰는데 이는 고딕 양식 건축의 기본요소였다. 그래서 acrh가 들어간 철자들은 과거 old와 연관이 됩니다.

An archaic word.
고어.

Thou art is an archaic form of 'you are'.
Thou art는 you are의 고어형이다.

archetype [ά:rkitάip]
원형

original

▌arch = first. arch 건물이 처음 있고나서 나중에 지금처럼 최첨단 고층 건물이 들어서게 되었어요.

"The Iliad" is regarded as the archetype of epic poetry.
"일리아드"는 서사시의 전형으로 여겨지고 있다.

archipelago [ά:rkəpéləgou]
다도해

a large group of islands

▌영어에 archipelago (바다를 가진, 여러 섬들로 나누어진, 군도) 라는 단어와 pelagic (원양의, 대양에 사는, 바다와 관련된)이란 단어가 있습니다.

Archipelago - A group of large islands. You might not be the only inhabitant on yours.
거대한 섬 지역. 당신의 섬에 다른 거주민이 있을 수도 있습니다.

Bali, a tropical island in the Indonesian archipelago, is the perfect holiday place for people of all ages.
인도네시아 군도에 속해 있는 열대의 섬, 발리는 모든 세대의 사람들에게 완벽한 휴양지다.

archives [ά:rkaiv]
기록 보관소

a collection of documents and records that contain historical information

▌arch+ives(place). 이전에 문서등을 보관하는 곳은 고풍스런 arch건물 구조였습니다.

The film archives are a cultural treasure-house.
이 영화 사료보관소는 문화적 보고이다.

I found this map in the family archives.
나는 이 지도를 우리 가족사 보관소에서 발견했다.

ardent [ά:rdənt]
열렬한

intense

▌h철자를 가장 앞에 넣어 보세요. hard입니다.

An ardent advocate of free speech.
자유 언론의 열렬한 옹호자

The book breathes an ardent love of the country.
그 책에는 강한 조국애가 가득 차 있다.

arduous [ά:rdʒuəs]
고된

difficult

▌hard. 어렵다는 의미가 담아 있어요.

An arduous enterprise.
어려운 사업.

The work is extremely arduous.
그 일은 지극히 힘이 들었다.

A

arid [ǽrid]
건조한

dry/barren

▍r대신에 c를 넣으면 acid입니다. 화학 원소인 '산'을 연상해보세요.

Nothing grows in these arid conditions.
이렇게 건조한 환경에서는 아무것도 자라지 않는다.

They have long, arid discussions.
오랫동안 지루한 토론을 하다.

aristocracy [æ̀rəstάkrəsi]
귀족 정치

privileged class

▍소크라테스의 제자는 플라톤이었고 플라톤의 제자는 아리스토텔레스 입니다. aristo = 아리스토텔레스 + cracy = politic. 플라톤이나 아리스토텔레스나 모두 부자였습니다. 보통 우리는 그리스 하면 민주주의를 더 올립니다. 하지만 실상은 다릅니다. 현재 한국이 진보와 보수 간의 대결이 심하듯이 그리스는 원래 독재국가였습니다. 그런데 소크라테스의 중년 때 그리스에 민주주의가 도입이 되면서 갈등을 겪게 됩니다. 민주주의가 들어오면서 사람들 사이에 재판이 많아지고 이 재판에서 이기려면 말을 잘 해야 하기 때문에 궤변론자들 sophist들이 나타납니다. 그 후 천주교가 이단이 아닌 로마의 국교가 되면서 다신교를 섬기는 그리스의 철학자들의 사상들은 철저하게 탄압을 받아 이들의 연구서들은 지하로 숨게 되지만 유일하게 아리스토텔레스의 모든 만물은 위계질서가 있다는 chain of being사상은 천주교에 받아들여져 하느님 < 대천사 < 천사 < 교황 < 왕 <백성 등의 교리를 이루게 됩니다.

The aristocracy has sent its children to this school.
귀족들은 아이들을 이 학교에 보냈다.

Dukes and earls were members of the aristocracy.
공작과 백작은 귀족사회의 일원이었다.

arms [ɑ:rmz]
무기

weapon

▍무기와 관련된 아래의 표현을 알아두세요.

to lay down one's arms
항복하다

▍군인들이 무기를 어디에 가지고 있나요? 주로 팔에 들고 있죠. 그래서 arms는 무기이고 무기를 아래에 내려놓았으니 더 이상 싸울 생각이 없는 것 암시

They knew that they have to give up their arms and beg for their lives.
그들은 무기를 버려 그들에게 목숨을 구걸해야 한다는 것을 알았다.

▍rise (up) in arms= take (up) arms 무기를 들다, 반란을 일으키다. 무기를 위로 치켜 올리는 모습. 총을 하늘에 쏘며 미국에 항전하는 이라크 민병대들의 모습을 떠 올리면 기억하기 쉬움

The soldiers rise in arms.
군인들은 무기를 들고 있다.

armaments [άːrməmənt]
군비, 장비

weapons and military equipment

▍arms. 군인들은 손에 무기를 들고 있어요.

The build-up of armaments in this region is creating an explosive warehouse.
이 지역의 군비 증강은 화약고를 만드는 것이다.

armchair [á:rmtʃɛ̀ər]
안락의자

inexperience

▌한국어에 '탁상공론' 이란 말이 있습니다. 책상에 앉아 콩이네 팥이네 하는 사람들. 경험이 없는 숙맥들입니다.

Armchair critics.
관념적 비평가들

Armchair theory.
탁상공론.

He is an armchair traveller.
입으로만 하는 여행가(실제 여행은 하지 않고 여행에 대해 읽거나 듣기만 하는 사람)

---

armistice [á:rməstis]
휴전

cease fire

▌arm(s)는 무기. 무기와 연관하여 연상

The Armistice was signed in late 1918 and the Great War came to an end.
휴전 조약이 1918년 말에 체결되고 대전이 끝났다.

---

arraign [əréin]
법정에 소환하다

accuse

▌가서 = ar 이성적 reason = raign으로 밝히려면 고소를 해야 합니다.

He was arraigned on a charge of embezzlement.
그는 횡령혐의로 기소되었다

---

arrant [ǽrənt]
악명 높은, 소문난

utterly/very

▌errant. error = err. 아주 실수를 많이 하다는 의미에서 파생.

He's talking arrant nonsense.
그는 터무니없는 난센스를 이야기하고 있다.

---

array [əréi]
정렬

adorn

▌나이트클럽에 가면 천장에 조명(사이키= phyche)이 돌아가면서 빛 ray이 휘황찬란하게 돌아 갑니다 = ar. 이런 화려한 불 빛 아래에서 아무리 못생긴 남녀들도 조명을 받아 아름답게 보이게 됩니다.

The general arrayed his troops for the battle.
장군은 자기 군대를 전투에 배치했다.

Even Solomon in all his glory was not arrayed like one of these flowers.
온갖 영화를 누린 솔로몬도 이 꽃 한 송이만큼 화려하게 차려 입지 못하였느니라.

---

arrears [əríər]
연체금

unpaid debts

▌rear = back. 돈을 내지 않으면 계속해서 뒤로 돈이 밀리게 됩니다.

He is in arrears with his rent.
그는 집세가 밀려 있다.

They have fallen into arrears with the rent.
그들은 집세가 밀렸다.

---

arrest [ərést]
체포

stop

▌범인을 감옥에 가서 = ar 쉬게 rest만들려면 경찰들이 열심히 뛰어야겠습니다.

His arrest touched off a riot.
그의 체포가 폭동을 유발했다.

Her arrest was a shock to everybody.
그녀가 체포된 것은 모두에게 충격이었다.

---

arrogance [ǽrəgəns]
거만

pride

▌왕은 royal입니다. roy = rog. 루이 14세는 자신이 국가라고 하는 아주 건방진 말을 했습니다.

Arrogance is one of his less attractive characteristics.
오만함은 그의 그리 매력적이지 못한 특징들 중 하나이다.

His arrogance made him many enemies .
그는 오만 때문에 많은 적을 만들었다.

---

arsenal [ɑ́:rsnəl]
무기고

a large collection of weapons and military equipment

▌arms 무기 < ars

India could end up with larger nuclear arsenal than Britain.
결국에는 인도가 영국보다 더 많은 핵무기를 보유하게 될 수도 있다.

There' s just no reason why a country should be building up a nuclear arsenal.
특정 국가가 핵 무기고를 증설해야 할 이유는 전혀 없습니다.

---

artful [ɑ́:rtfəl]
기교를 부리는

sly

▌art = skill. 기교 = 기술 = art 적인 사람. 그 사람은 교활한 인물입니다.

He's an artful devil!
그는 교활한 악마야!

He was tripped up by artful questions.
그는 교묘한 질문에 걸려 대답을 잘못했다.

---

articulate [a:rtíkjulət]
똑똑히 말하다

distinct

▌'말 = articulate 한마디로 천 냥 빚 갚는다' 는 속담이 있습니다. 말을 하는 것은 예술과 기술 = art입니다

She's unusually articulate for a ten-year-old.
그녀는 10 살짜리치고는 항상 말에 조리가 분명하다.

She's a little deaf, so articulate your words carefully.
그녀는 귀가 약간 먹었으니 조심스럽게 또렷이 발음하십시오.

---

artificial [ὰ:rtəfíʃəl]
인공적인

synthetic

▌art는 원래 예술이 아니라 기술 이었습니다. 인공적인 것은 자연이 아니라 기술과 연관이 됩니다.

The artificial lake is a brainchild of the city planner.
그 인공 호수는 그 도시계획 입안자가 생각해낸 것이다.

This artificial fabric has the texture of silk.
이 인조직물은 비단의 질감이 있다.

---

ascendancy [əséndənsi]
우세

supremacy

▌ascend = climb.

He has gained the ascendancy over all his main rivals.
그는 자기의 모든 주된 경쟁자들에 대한 우위를 획득했다.

A

ascertain [æsərtéin]
확인하다

find out definitely

certain = 확실한

She ascertained that fraud had been committed.
그녀는 사기 행위가 저질러졌음을 확인했다.

The police are trying to ascertain what really happened.
경찰은 실제로 무슨 일이 일어났는지 확인하려 하고 있다.

ascetic [əsétik]
금욕주의자

austere

우리 인간은 미학(aesthetic)과 쾌락만을 추구 하면서 살아가야 할까요? 아니면 금욕적인(ascetic) 삶을 살아가야 하나요? 미와 금욕과의 단어 철자가 거의 유사합니다.

The ascetic existence of monks and hermits.
수도승과 은둔자의 금욕적 생활

According to monks, the practice of an ascetic life is one way to archieve wisdom.
수도사들에 따르면, 금욕적 생활을 실천하는 것은 지혜를 획득하는 한 방법이다.

ascribe [əskráib]
-에 돌리다

to credit

scribe. 다른 사람을 향하여 = as 어떤 일이 일어 난 것을 적는 = scribe 것을 연상.

She ascribed her success to hard work.
그녀는 자신의 성공을 열심히 노력한 덕택이라고 생각했다.

The painting was ascribed to an unknown artist.
그 그림은 어떤 무명 화가의 작품이라고 여겨졌다.

ask for [ǽsk]
요청하다

request

묻기 = ask 위하여 가는 것 = for. 궁금한 것이나 원하는 것을 요청하기 위하여.

We ask for the honor of your company.
부디 참석해 주시기 바랍니다.

askance [əskǽns]
옆으로, 곁눈으로

suspicion

ask. 이것인지 저것인지 의심이 들어 물어보기.

She looked at me somewhat askance when I suggested she paid for both of us.
우리 두 사람 분을 지불해달라고 그녀에게 부탁했을 때, 그녀는 나를 약간 흘겨보았다.

aspersion [əspə́:rʃən]
비난

damning remark

spray = spread. 사람들에게 가서 = as A가 나쁘다고 = spersion 온 동네 떠들어 대는 것을 연상.

It is unfair to cast aspersions on his performance at university.
그의 대학 성적을 비방하는 것은 적절하지 못하다.

asperity [æspérəti]
혹독함, 매서움

rigor

aspire < spirit. 정신이 엄격.

She answered my question with asperity.
그녀는 퉁명스럽게 내 질문에 답했다.

aspire [əspáiər]
열망하다

long for

▌정신 = 숨 = spirit. 전쟁터에 끌려 나간 남편을 기다리며 부인은 목을 길게 앞으로 빼고 한숨을 지었습니다.

She aspired to become an actress.
그녀는 여배우가 되기를 갈망했다.

Aspiring musicians must practise many hours a day.
음악가가 되기를 열망한다면 하루에 많은 시간을 연습해야 한다.

assail [əséil]
맹렬히 공격하다

assault

▌왜군은 배를 타고 = sail 한국의 해안을 공략하다가 이전 세계 최강국이던 네덜란드로 부터 조총을 도입한 후 한반도를 침략했습니다. 바이킹족들은 sail를 하면서 영국과 프랑스를 침략하였고 한때 영국은 바이킹 족들이 왕이 되어 영국을 통치했습니다.

Staying down, the enemy assailed our fort.
저자세로 유지하며 적군은 우리 요새를 습격했다.

assent [əsént]
동의하다

agree

▌선물을 보내는 것 sent는 마음이 가는 것 = as로 서로 마음이 통할 때입니다.

Jane nodded her assent to my proposal.
제인은 고개를 끄덕여 내 제안에 동의의 뜻을 내보였다.

She gave her assent to our plan.
그녀는 우리 계획에 동의했다.

assert [əsə́:rt]
단언하다

affirm

▌sert = cert = certain. certain은 '확실한 것'

She asserted that she was innocent.
그녀는 자신이 죄가 없다고 확언했다.

She asserted her innocence/that she was innocent.
그녀는 자신의 결백을 주장했다.

assess [əsés]
평가하다

evaluate

▌A도 가고 = as B도 가서 cess = sess 대상을 평가하는 것.

I'd assess your chances as extremely low.
나는 당신의 가능성을 매우 낮게 평가합니다.

It's difficult to assess the impact of the President's speech.
대통령의 연설 효과를 평가하는 것은 어렵다.

asset [ǽset]
자산, 재산

property

▌골프 세트나 금반지 세트 set는 그 사람의 재산입니다.

She was an invaluable asset to our firm.
그녀는 우리 회사의 귀중한 자산이었다.

She's an enormous asset to the team.
그녀는 그 팀의 큰 자산이다.

assiduous [əsídʒuəs]
근면한
diligent

▌sid = sit. 학교에 가서 책상에 계속 앉아 있는 고 3 수험생 연상.

The book was the result of ten years assiduous research.
그 책은 10년간의 주도면밀한 연구의 결과이다.

assimilate [əsíməlèit]
동화하다
become homogeneous

▌같다는 same입니다. same = sim. 서로 다른 대상이 같아지기 위하여 가는 것 = as.

America has assimilated millions of immigrants into its way of life.
미국은 수백만의 이민자들을 미국식 생활 법에 동화시켜 왔다.

Such works were not assimilated into mainstream western art history.
그러한 작품들은 서구 문화사의 주류에 흡수되지 않았다.

assuage [əswéidʒ]
완화하다, 진정시키다
soothe

▌massage. 마사지를 받으면 몸이 풀립니다.

The revised bill is designed to assuage the fears of rice growers.
이번 개정안의 목적은 국내 농가의 걱정을 완화해 주기 위한 것이다.

assumption [əsʌ́mpʃən]
사실이라고 생각함
take for granted

▌presume이나 assume은 think로 sum이 들어가면 생각과 연관이 있어요. 부모님에게 가서 = as 돈을 달라고 하는 모습 연상

We all made the assumption that the new company would fail.
우리 모두 새 회사가 실패하게 될 것으로 추정했다.

We proceeded on the assumption that he would help.
우리는 그가 도와주리라는 가정 하에 일을 추진했다.

assurance [əʃúərəns]
보증, 확신
certainty

▌이 단어에 우리가 친숙한 단어가 있어요. sure.

My assurances don't satisfy him: he's still sceptical.
나의 확답이 그를 납득시키지 못해서, 그는 여전히 미심쩍어 한다.

The contractor gave assurances that the work would be completed on time.
청부업자는 작업을 시간에 맞춰 완료하겠다고 다짐을 했다.

asteroid [ǽstərɔ̀id]
소행성
small planet

▌재난은 disaster입니다. aster는 star이고 dis-는 부정입니다. 신라시대에는 첨성대가 있었어요. 일부 학자들은 첨성대를 별을 보는 장소로 보는 사람도 있지만 일부 학자들은 제사를 지내는 제단으로 보는 사람들도 있어요. 이전에는 제사장과 정치가 분리가 되지 않았거나 되었더라도 좋지 않은 일은 하늘의 뜻으로 보았기 때문에 천문대 역할과 더불어 제단의 기능을 동시에 했는지도 모릅니다. 영국의 거석문화 중에 stonehenge도 어떤 사람들은 첨성대 역할을 했다고 보는 분들도 있지만 일부의 사람들은 제단으로 생각하는 분들도 있어요. aster는 별로 asteroid는 목성과 토성에 있는 돌, 철, 그리고 우주의 잡동사니들이 있는 지역입니다. 즉, 목성과 토성이 되지 못한 쓰레기 물질로 현재로는 인간이 만든 우주선이 이곳을 통과하기가 어렵다고 해요. 많은 돌들이 있어서요. 태양계에는 이 지역 이외에도 해왕성 너머에 얼음 덩어리 지역으로 행성으로 착각하게 하는 많은 우주의 쓰레기들이 있는 Keiper belt지역도 있습니다.

Strange to relate, asteroids will hit the Earth.
이상한 이야기지만, 소행성이 지구와 충돌할 것이다.

Asteroids striking the ocean created monstrous tidal waves, which crumbled land into the sea.
바다 위로 떨어진 소행성들이 거대한 파도를 만들어 육지를 깎아내렸습니다.

A

astonish [əstániʃ]
놀라게 하다

surprise

ast - 별자리를 보고 이전에는 운명을 점쳤습니다. 그래서 별자리가 좋지 않으면 고대인들은 놀라게 되어요. 예를 들어 현대인들은 혜성이 태양계 외부에서 태양을 향해 공전하는 얼음덩어리라는 것을 누구나 알고 있습니다. 하지만 이전의 고대인들은 혜성을 하늘의 재앙으로 착각하곤 했어요.

It astonished us that they were able to survive.
우리는 그들이 살아남을 수 있었던 것에 깜짝 놀랐다.

It astonished me to learn that he was here.
나는 그가 여기 있음을 알고 깜짝 놀랐다.

astringent [əstríndʒənt]
엄격한

harsh

string. 끈은 물건을 쥘 때 사용되기 때문에 빡세고 엄격한 것과 연관.

These persimmons are astringent.
이 감 맛은 떠름하다.

astute [əstjúːt]
기민한, 눈치 빠른

wise

ast = star. 별을 분석하는 점성술사들은 이전에 똑똑하고 영리한 분들 이었습니다. 또한 현대처럼 이들은 정치와 밀접하게 연관이 있었기 때문에 정치 흐름에 기민하게 움직였어요.

He was astute and analytical.
그는 날카롭고 분석적이었다.

It was an astute move to sell the shares just then.
바로 그때 주식을 판 것은 기민한 움직임이었다.

asylum [əsáiləm]
보호 시설

allow them to stay, usually because they are unable to return home safely for political reasons

sanctuary와 동의어.

He asked the government to grant asylum to the refugees.
그는 정부에다 피난민들에게 보호를 허락해주도록 요청했다.

This will not affect your status as an asylum-seeker.
이것이 망명 요청자로서의 당신의 신분에 영향을 미치지는 않을 것이다.

at [ət]

at a time
동시에, 한번에

An instance of setup is already running. Only one instance of setup can run at a time.
설치 프로그램이 이미 실행되고 있습니다. 한 번에 하나의 설치 프로그램만 실행될 수 있습니다.

At a time when dollar depreciation elevates the euro and the yen, it also elevates the won.
달러 가치 하락이 유로화와 엔화 가치를 밀어 올리고 있는 상황에서 원화 가치마저 상승하고 있다.

atheistic [èiθiístik]
무신론의

denying the existence of God

▌the하면 우리는 정관사 the가 연상이 됩니다. 정관사란 무엇인가요? 이 품사는 한국어 에는 없습니다. 예를 들어 한국어에서 '그 남자' 하면 the man이 아니라 that man입니다. 한국어에서 '그' 라는 말은 사람을 지칭하는 기능을 합니다. 하지만 영어는 말을 하는 화자와 이야기를 듣는 청자가 서로 알고 있는 내용을 말할 때 the를 사용합니다. 그래서 한국인에게 정관사 the용법은 어려워요. the는 one = unique합니다. 이 세상에 한 분밖에 계시지 않은 하나님을 지칭하는 단어입니다. 신학은 theology이예요. a는 out로 신을 믿지 않는 사람들을 가리키는 단어입니다. 이런 분들로는 대표적으로 니체나 프랑스의 천재라고 하는 사르트르의 실존주의자 들을 생각해 볼 수 있어요. God는 하나님 이지만 소문자 god는 이집트의 태양신과 같은 다신교의 신입니다.

His atheistic remarks shocked the religious worshippers.
무신론적인 그의 발언은 신앙이 깊은 사람에게는 몹시 충격이었다.

---

atone [ətóun]
보상하다

make amends

▌말 = 말소리 = tone을 밖 = a으로 꺼내 죄를 용서하는 연상. 천주교에서 신도가 신부님에게 고해성사 하는 모습 관련.

Both have charged that Japanese militarism is reviving and both say Tokyo has never suitablely atoned for its past.
한국과 중국은 일본의 군국주의가 되살아나고 있으며 일본은 그들 과거에 대해 적절히 속죄한 적이 한번도 없었다고 주장하고 있습니다.

---

atrocity [ətrɑ́səti]
포악

brutal deed

▌검은색은 세계 보편적으로 부정적입니다. black = atro. 검정색은 음흉하고 잔인함을 상징합니다. 세상은 모두 야누스(천당과 지옥을 동시에 지키는 두 얼굴을 가진 문지기)처럼 단어도 야누스입니다. black은 대체적으로 부정적이지만 '흑자' 처럼 돈이 많이 벌리는 경우에는 긍정적입니다. 그 이유는 시집 안 간 영국의 엘리자베스 여왕이 장부를 정리할 때 돈이 많이 벌리면 검은 잉크로 썼기 때문이라고 합니다.

Many atrocities have been committed against innocent people in wartime.
전시에 많은 잔학 행위가 무고한 백성들에게 가하여졌다.

---

atrophy [ǽtrəfi]
위축, 쇠약

waste away

▌미스터 코리아. 근육질 남자입니다. 대회 1등을 하고 멋진 trophy를 탑니다. 하지만 1등 했다고 그 이후로 몸 관리를 하지 않아 다음 대회에서는 근육이 쭈글쭈글해져 트로피를 타지 못하는 것 연상. a = not.

Atrophied limbs/muscles.
위축된 사지/근육

The cultural life of the country will sink into atrophy unless more writers and artists emerge.
더 많은 작가와 예술가가 나타나지 않으면 그 나라의 문화적 생활은 위축될 것이다.

---

attain [ətéin]
달성하다, 도달하다

gain

▌tain = have. retain, contain등의 단어를 통해 소유와 연관이 있어요.

He has attained the highest grade in his music exams.
그는 음악 시험에서 가장 높은 성적을 올렸다.

The early American patriots attained freedom.
미국 초기의 애국자들은 자유를 쟁취했다.

---

attenuate [əténjuèit]
감소하다, 약하게 하다

weaken

tenu = thin입니다. 권투 경기에서 코너에 몰려 사정없이 얻어맞은 선수는 심판이 가서 = at 열을 ten을 셀 때 까지 일어나지 못하면 몸이 많이 약해 weak진 상태이죠. 선수가 도저히 싸울 수 없을 정도까지 맞았을 때 코치는 수건을 던져 경기 포기 의사를 밝힙니다. 그래서 throw towel은 '포기하다' 인 give up.

His fortunate circumstances attenuate the merit of his achievement.
행복한 환경이 오히려 그의 성공의 가치를 떨어뜨리고 있다

attest [ətést]
증언하다

testify

입학시험test를 치루는 이유는 그동안의 실력을 입증하기 위함입니다.

Several witnesses can attest to her good character.
몇몇 증인이 그녀의 좋은 성품을 증언할 수 있다.

I can attest to his tremendous energy and initiative.
나는 그의 엄청난 정력과 독창력을 증명할 수 있다.

attribute [ətríbju:t]
–탓이다, 속성

explain

세상사는 돌고 돕니다. 그리스와 터키는 10년 동안 트로이 전쟁을 벌입니다. 결국 트로이(터키)는 멸망하고 불타는 트로이 목마를 뒤로 하고 트로이 사람의 일부가 로마로 오고 이들은 부족을 이룹니다. 이들 부족 간에도 힘이 강한 부족이 약한 부족을 정복하고 약한 부족은 정복 부족에게 선물을 주게 됩니다. 주다 = give = tribe. 공물을 바치는 이유는 힘이 약하기 때문이죠. 부족을 통합한 로마는 강대국이 되고 결국 자신의 선조인 트로이를 멸망시킨 그리스를 패망하게 합니다. 고고학자들에 따라 트로이 전쟁은 실제로 있다고 보는 사람들도 있고 허구라고 보는 사람도 있습니다. 또한 이 전쟁은 아름다운 유부녀 때문에 생겨났다고 보는 학자들도 있고 터키 항구를 지나가야만 했던 그리스 배들에게 많은 통과세를 부과한 것에 대한 반발, 즉 무역 전쟁이 원인으로 보는 석학들도 있어요.

I attribute my success to hard work.
나는 나의 성공이 열심히 노력한 덕분이라고 생각한다.

We attribute Edison's success to intelligence and hard work.
우리는 에디슨이 성공한 것은 지성적이고 근면했기 때문이라고 생각한다.

attrition [ətríʃən]
마찰, 축소

weakening

ad(=to, intensive) + trit(=rub). 문지르면 대상은 점점 줄어들게 됩니다.

The staff will be reduced by attrition.
직원은 자연 감소에 의해 줄어들 것이다.

The company has adopted a policy of reducing its workforce gradually, through attrition.
회사는 자연 감소를 통해 단계적으로 직원 수를 줄이는 방안을 채택했다.

audacious [ɔ:déiʃəs]
대담한

bold

자기와 피가 섞인 혈연관계에 있는 사람들을 욕하는 말을 들을 때 = aud- 사람들은 흥분하고 평소에 하지 않던 대담한 행동을 하게 됩니다.

An audacious robbery.
뻔뻔스러운 강도짓.

It was audacious of her to try that.
그런 일을 하려 하다니 그녀는 대담무쌍했다.

augment [ɔːgmént]
증가시키다

increase

bird = aug = fly 새가 위로 날아가는 모습과 연관 되었습니다.

Vicious crimes augment in an alarming way.
악질 범죄가 놀랄 만큼 증가한다.

We augmented the advertising budget in order to increase sales.
우리는 매출을 늘리기 위해 광고 예산을 늘렸다.

---

augur [ɔ́ːgər]
예측하다

predict

aug = bird. 옛날에 중국 에서는 거북이의 등껍질이 갈라지는 것을 보고 점을 쳤다고 합니다. 서양에서는 노아의 홍수 때 노아가 3번째 날려 보낸 비둘기가 올리브 입을 물고 왔기 때문에 노아는 이 지구의 물이 다시 빠졌다는 것을 예측 할 수 있었어요.

He augured my failure.
그는 나의 실패를 예언했다.

The quality of your work augurs well for the forthcoming examinations.
이번 일에 대한 너의 성적은 다가오는 시험에서 상서로운 징조가 될 거야.

---

august [ɔːgʌ́st]
위엄 있는

impressive/majestic

세계의 최고의 멋쟁이는 '시저' 라고 역사가 들은 말합니다. 그는 최초의 제왕절개 수술을 하고 세상에 태어나 쿠데타를 일으킨 후 로마를 이끌어 갑니다. 이전이나 현재나 권력자는 민중보다는 부자들과 결속이 강합니다. 하지만 시저는 민중을 위한 정치를 하다가 원로원들의 미움을 사 결국 양아들 에게 살해 당합니다. 그는 죽기 전 유서에 자신이 죽으면 권력을 계승 할 사람으로 조카 August를 지명합니다. 시저의 오른팔로 아우구스트보다 더 많은 권력을 가지고 있었던 옥타비우스는 시저의 첩 클레오파트라와 놀아나다 결국 아우구스트 에게 패하면서 자살을 합니다. 로마 최초의 황제. 그 이름은 August. 지금도 우리는 이 이름을 달력에서 늘 찾아 볼 수 있어요.

She is in August company.
그 여자는 명망 있는 회사에 다니고 있다.

---

auspicious [ɔːspíʃəs]
길조의

success

대통령 취임식은 inauguration입니다. 이 행사장 에서는 나라의 번영을 위하여 비둘기를 날려 보냅니다. 노아의 홍수 때 3번째 날려 보낸 새가 비둘기이고 이 새가 올리브 잎을 물고 와 노아는 방주(배)에서 하선을 합니다. 그래서 aus-는 행운과 성공을 상징합니다. auspice = support로 aus = bird. 대통령 취임식 때는 새를 하늘로 날려 보내 그 정권이 앞으로 정치를 잘해 줄것을 기원합니다..

This new Chinese Year of the Monkey is turning out to be far from auspicious.
원숭이 해인 새해가 전혀 길하지 못한 해가 되고 있습니다.

As Saturday fell on a very auspicious day in the Chinese calendar, every hotel in Nanjing was booked for weddings.
음력으로 토요일이 吉日이어서 난징에 있는 모든 호텔 결혼식 예약이 꽉 찼다.

---

austere [ɔːstíər]
엄한

strict/simple

August는 최초의 로마 황제로 당당했지만 한편으로는 엄격하고 소박한 생활을 했어요.

My father was always a rather distant, austere figure.
나의 아버지는 항상 다소 엄격하고 쌀쌀한 분이셨다.

The room was furnished in austere style.
그 방은 소박한 스타일로 가구가 갖추어져 있었다.

A

authoritative [əθɔ́:ritèitiv]
권위 있는

dictatorial

▌책을 쓴 저자들은 그 분야에 박학한 지식으로 권위를 지니게 됩니다.

The authoritative sources.
정부 측 소식통.

She has an authoritative manner that at times is almost arrogant.
그녀는 때로 거의 교만하다고 할 만큼 권위적인 태도를 지니고 있다.

autistic [ɔ:tístik]
자폐성의

a mental disorder

▌자신에게 집착하는 아동을 기술하는 낱말. 보통은 2살에서 5세 전후로 나타남.

Serena is mildly autistic but has made amazing progress.
세레나는 자폐증 증세가 약간 있지만 놀라운 속도로 나아지고 있어요.

autocratic [ɔ̀:təkrǽtik]
독재의, 독재적인

dictatorial

▌auto는 self입니다. 혼자서 정치하는 사회. 독재 국가입니다.

People do not want a dictatorial and autocratic government any more.
국민들은 더 이상 독재적이거나 전제적인 정부를 원치 않고 있습니다.

Despite her autocratic ways, she would emerge time and again as a vocal champion of political reform.
각종 독재적인 방식에도 불구하고 부토는 정치 개혁의 공개적인 옹호자로 거듭 부상했다.

autonomous [ɔ:tɑ́nəməs]
자율적인

acting independently

▌auto = self. 다른 사람이 아니라 스스로 통치하는 경우.

To the north, Kurdistan's parliament formally unified the autonomous region's two local governments in Iraq.
다른 사태 발전으로, 이라크 북부의 쿠르드족 의회는 그들 자치 지역의 두 정부를 하나로 정식 통합했습니다.

auxiliary [ɔ:gzíljəri]
보조의

secondary

▌aug = auv = bird. 새가 하늘로 날아가는 이미지. can과 같은 조동사는 auxiliary verb라고 합니다.

We are talking about English as an international auxiliary language.
우리는 영어를 국제 보조 언어로서 이야기하고 있다.

This paper presents the design of an auxiliary power distribution network for an electric vehicle.
본 논문은 전기자동차의 보조 동력 분배 네트워크 설계를 제시한다.

avail [əvéil]
쓸모가 있다

help

▌value = val = power = worth. 인간은 이기적인 존재입니다. 자신에게 힘이 되고 가치가 되는 것만 남을 돕는 척 하게 됩니다.

Our protests were of no avail.
우리의 항의는 쓸모가 없었다.

Nothing could avail against the enemy attack.
적의 공격에 대항해 쓸 수 있는 것이라고는 아무 것도 없었다.

avalanche [ǽvəlæ̀ntʃ]
눈사태

great mass of falling snow and ice

▌ambulance. 산사태가 일어나 사람들이 조난을 당하게 되면 앰블란스가 오게 됩니다.

The skiers were overwhelmed by an avalanche.
스키를 타던 사람들은 눈사태에 파묻혔다.

We received an avalanche of letters in reply to our advertisement.
우리의 광고에 답하는 수많은 편지가 쇄도했다.

---

avant-garde [ávɑːntgɑ́ːrd]
전위적인

vanguard

▌아방가르드 (avant-garde) 어원은 프랑스의 군대용어로서 '정예부대'라는 말이었으나 현재는 넓은 의미에서 '전위'로 통합니다. 1차 세계대전 무렵부터 유럽에 나타나기 시작한 일종의 예술 운동으로 기성의 전통적인 개념을 부정하였습니다.

These works are all included in the genre of avant-garde art.
이 작품들은 모두 전위 예술 장르에 포괄된다.

---

avaricious [æ̀vəríʃəs]
탐욕스러운

greedy

▌various. 이것 저것 많은 추구하는 사람과 많은 것을 가지고 싶어 하는 사람은 탐욕스런 인간입니다.

An avaricious look.
탐욕스런 표정

He is avaricious of power.
그는 권력에 굶주려 있다.

---

avenge [əvéndʒ]
복수를 하다

revenge

▌보복을 하기 위하여 집 밖 = a-으로 갔다 = ven.

They pledged themselves to avenge his death.
그들은 그의 죽음을 복수하겠다고 맹세했다.

She avenged her father's murder.
그녀는 아버지의 살해에 대해 복수했다.

---

aversion [əvə́ːrʒən]
싫음

dislike

▌vert. 싫어서 등을 돌리는 a + vert = turn.

I have an aversion to getting up early.
난 아침에 일찍 일어나는 게 정말 싫다.

Smoking is one of my pet aversions.
흡연은 내가 특히 싫어하는 것 중의 하나이다.

---

avert [əvə́ːrt]
돌리다, 피하다

turn away

▌좋아하면 눈이 마주칩니다. 하지만 싫어지면 눈을 마주치지 않고 등을 돌려 vert = turn 피하게 됩니다.

He managed to avert suspicion.
그는 겨우 의심을 피했다.

Both sides must mend fences to avert a crisis.
위기를 피하려면 양측이 관계개선에 나서야 한다.

A

avid [ǽvid]
욕심 많은

greedy

▌이것저것 많이 보면 vid = vis = see 견물생심. 욕심만 많이 집니다.

An avid moviegoer.
열렬한 영화팬.

The dictator had an avid desire for power.
그 독재자는 권력에 대한 불타는 욕망을 가지고 있었다.

avocation [æ̀vəkéiʃən]
부업

secondary occupation

▌voc = call. 이전에 교황님은 추기경을 불러 추기경으로 임명했어요. 그래서 부르다와 직업과는 관련이 있어요. 인간의 모든 것은 주님이 주관 하십니다. 직업도 본인의 노력도 필요하지만 주님의 부름이 더 중요해요. a = out. 자신의 직업 밖에 있는 것은 '알바'. 알바는 혀가 짧은 일본사람의 영향으로 arbeit. 이 어구는 독일어에서 파생되었고 work을 의미. 그래서 미국 본토인들은 모르는 단어입니다. 한국에서도 엉뚱한 짓을 하면 '달밤' 에 체조를 합니다. 달빛은 영어로 moonlight = moonlit. 바로 이것이 한국에서 말하는 알바입니다.

Her avocation is reading about history.
그녀의 취미는 역사 관련 서적을 읽는 것이다.

avow [əváu]
인정하다

claim

▌vow = admit = bow. bow는 인사하다 입니다. 잘못을 저지른 정치인 들이 국민들 앞에 정중히 머리를 숙이는 장면 연상 해보세요.

He avows a crime.
죄를 고백하다.

They avowed that they had been wrong.
그들은 자신들이 틀렸음을 천명했다.

avuncular [əvʌ́ŋkjulər]
숙부의, 자상한

like an uncle

▌uncul = uncle. 자상한 삼촌을 연상해보세요.

He adopts an avuncular tone of voice when giving advice to junior colleagues.
그는 후배들에게 충고할 때에는 아저씨 같은 목소리로 한다.

awash [əwɑ́ʃ]
가득한

filled

▌여름철 홍수로 물건이 떠 밀려가는 wash는 것을 연상.

The sink had overflowed and the kitchen floor was awash.
싱크대에 물이 넘쳐 부엌에 물난리가 났다.

The streets were awash with political leaflets.
거리에는 정치홍보용 전단이 넘쳤다.

awkwardly [ɔ́:kwərdli]
어색하게

clumsy

▌awkwardly를 발음하면 '워커들리'. 워크는 walk인데 이 어구의 철자는 awk. 철자가 어설프네요. ward = way. 어설프게 걸어가는 모습을 연상해보세요.

She fell awkwardly and broke her hip.
그녀는 어설프게 넘어져서 엉덩이를 다쳤다.

He began to shuffle awkwardly from one foot to the other.
그는 어색하게 한발 한발 발을 끌며 걷기 시작했다.

awe [ɔ́:]
두려움, 경외심

solemn wonder

▌웅장한 광경을 보면 우리는 '어'라는 감탄사를 연발합니다.

Her first view of the pyramids filled her with awe.
피라미드를 처음 봤을 때 그녀는 경외심으로 가득 찼다.

His knees smote together in awe.
그는 두려워서 무릎이 덜덜 떨렸다.

---

awry [ərái]
잘못되어

wrong

▌wrong. wry가 들어가면 비틀려 잘못 되어가는 모습 연상.

Our plans have gone awry.
우리의 계획은 이미 뒤틀어졌다.

His analysis is wildly awry.
그의 분석이 턱없이 잘못됐다.

[ACTUAL TEST]

밑줄 친 단어와 뜻이 비슷한 낱말을 고르세요. 정답은 지문에 있습니다. 무작정 답을 찾기 보다는 지문에 있는 도우미 어구를 찾아 본 후 보기의 정답을 찾는 훈련을 해야 합니다.

1. The artillery could <u>attenuate</u> the force of the attack.

(A) steer (B) destroy (C) avert
(D) ameliorate (E) weaken

2. They showed themselves <u>adept</u> at many tricks for obtaining what they wanted.

(A) immature (B) impatient (C) earnest
(D) sincere (E) skillful

3. As a nurse, she was able to <u>alleviate</u> anxiety as well as pain.

(A) relieve (B) enhance (C) aggravate (D) intensify

4. Malloy says he had <u>ample</u> reason to volunteer for the study. He describes himself as a "courageous person" who has shot two gunmen and taken four bullets himself.

(A) expensive (B) complicated (C) extensive (D) simple

5. Poverty and sickness are often the <u>aftermaths</u> of war.

(A) symptoms (B) reasons (C) consequences (D) influences

6. The author's voice is an <u>amalgam</u> of the many factors that distinguish a writer from all other writers.

(A) an absence (B) an abstraction (C) a combination (D) a division

7. I think my brother is very <u>adroit as</u> a negotiator.

(A) skillfu (B) bashful (C) inexperienced (D) adamant

8. The superintendent decided that interactive multimedia should be introduced in all school computer labs, so he appointed an <u>ad hoc</u> committee to study hard and software alternatives and applications.

(A) not planned in advance (B) well organized and well trained
(C) armed with professional knowledge (D) full of interest and curiosity
(E) varied in composition

9. We enjoyed meeting her brother yesterday. On first impression, he seemed to be affable, outgoing and warm.

(A) very determined in character
(B) very eloquent in speech
(C) obnoxious and arrogant
(D) easy and pleasant to talk to
(E) rich and willing to give out

10. These diseases happen when the body's attack mechanism goes awry.

(A) away
(B) well
(C) forever
(D) wrong
(E) on

11. Most feminists abhor the thought of a woman being judged on her physical appearance.

(A) prefer
(B) reconcile
(C) hate
(D) imagine
(E) presume

12. I saw Peter glancing at his watch in some agitation.

(A) swelling
(B) infection
(C) nervousness
(D) clumsiness

13. The work was arduous and poorly paid.

(A) rewarding
(B) difficult
(C) precipitous
(D) obnoxious

14. Outside the Capitol, as flags flew at half-staff, thousands of people awaited the chance to pay their respects.

(A) waited for
(B) took
(C) held
(D) brought

15. Two years after charging the leader of the militia with treason, the government had no choice but to acquit him. But he still faces a possible death sentence if convicted of a separate charge of having organized a protest against the government.

(A) to put somebody in jail
(B) to take somebody to a police station
(C) to formally declare not to have committed the crime
(D) to kill someone as a punishment for a serious crime

16. Tragedies acquaint the young citizen with the bad things that may happen in a human life, long before life itself does so. In the process they make the significance of suffering, and the losses that inspire it, unmistakably plain to the spectator; this is one way in which the poetic and visual resources of the drama have moral weight.

(A) turn over
(B) familiarize
(C) pay close attention to
(D) bring from a lower to a higher level

A

17. When the storm began, we decided to wait for a more auspicious moment; no one in the group wanted to go on a picnic under such conditions.

(A) inclement (B) predictable (C) confirmative (D) favorable

18. A highly sensitive person's ability to pick up subtle cues and ambivalence in the unconscious processes of the other person can affect communication in relationships.

(A) ambiance (B) uncertainty (C) opulence (D) dexterity

[FILL THE PROPER WORD IN THE BLANK]

빈칸에 들어갈 적당한 단어를 고르세요.

19. Jim's ________ behavior at the dance raised some eyebrows; he was certainly the only one who spent the night walking on his hands.

(A) adroit (B) aberrant (C) aesthetic (D) apposite

20. If you make a(n) ________ against someone, you criticize them or express the belief that they have done something wrong.

(A) accusation (B) humiliation (C) counterfeit
(D) trial (E) propaganda

21. While behaviorists refuse to look inward and ________ all behaviors to reinforcement from the environment, psychologists who take the humanistic approach emphasize internal positive factors in motivation and personality.

(A) regard (B) attribute (C) concentrate
(D) proportionate (E) contribute

22. People who had committed crimes for or against apartheid could receive ________ or protection from punishment if they did one thing: tell the truth about their crimes.

(A) salvation (B) amnesty (C) deliverance
(D) penalty (E) revenge

23. The police received a(n) ________ call giving them valuable information that led to an arrest. The caller refused to give his name out of fear of reprisals.

(A) private (B) candid (C) obsolete (D) anonymous

[EXPLANATION]

1. [VOCA]

artillery 포, 대포 attenuate 감소하다(=weaken) steer 조정하다 avert 피하다 ameliorate 개량하다, 좋아지다

[TRANSLATION]

포병대는 강도 있는 공격을 완화 할 수 있었다.

[ROPES(힌트, 도우미 어구 찾기)]

스펀지 작전. 포병대는 강도 있는 '공격을 _____ 할 수 있었다' 에서 밑줄에 들어갈 말은 줄어들게 하다 정도의 의미가 들어간다는 것을 추론할 수 있습니다. 전쟁 에서는 포병이 먼저 보병이 진격을 하기 전에 혹은 적이 몰려오는 경우 포를 쏘아 저지를 하죠.

[ANSWER] E

2. [VOCA]

adept 숙련된(=skillful) immature 미숙한 impatient 참을성 없는 earnest 진지한 sincere 성실한

[TRANSLATION]

그들은 원하는 것을 얻기 위한 여러 기술들에 있어 그들 스스로 능숙함을 보여주었다.

[ROPES(힌트, 도우미 어구 찾기)]

원하는 것을 위해서는 무엇이 있을까요? 보기의 단어들 중 가장 적절한 낱말은 노련함이겠죠.

[ANSWER] E

3. [VOCA]

alleviate 경감시키다, 덜어주다 anxiety 걱정, 근심 as well as ~뿐만 아니라 relieve 덜어주다, 구제하다 enhance 증진시키다 aggravate 악화시키다, 심화시키다 intensify 격렬하게 하다, 강도를 높이다

[TRANSLATION]

간호사인 그녀는 환자의 고통뿐 아니라 걱정까지도 덜어줄 수 있었다.

[ROPES(힌트, 도우미 어구 찾기)]

간호사의 임무는 무엇인가요? 주사 등을 놓아 환자의 '고통을 _____ 한다' 에서 고통을 덜어 주는 것이겠죠.

[ANSWER] A

4. [VOCA]

volunteer -을 자진해서 하다 ample 풍부한, 충분한 extensive 해박한, 광범위한, 막대한 complicated 복잡한

[TRANSLATION]

Malloy는 그 연구를 자발적으로 참여해야 할 충분한 이유가 있다고 말한다. 그는 두 명의 총잡이를 쏘아 맞추고 자신도 4발의 총알을 맞았던, 용기 있는 사람이라고 자발적으로 묘사하고 있다.

[ROPES(힌트, 도우미 어구 찾기)]

ample 〈 amp. 앰프는 소리를 확대하는 것을 연상.

[ANSWER] C

A

5. [VOCA]

aftermath (전쟁 · 재해 등의) 결과, 영향 symptom 증상 consequence 결과, 영향, 중요성 influence 영향력

[TRANSLATION]

가난과 병은 대개 전쟁의 결과이다.

[ROPES(힌트, 도우미 어구 찾기)]

전쟁은 원인이고 결과는 빈곤이나 질병입니다.

[ANSWER] C

6. [VOCA]

amalgam 아말감(수은에 다른 물질을 섞은 것), 합성물 combination 결합 화합물 abstraction 추상 division 분할 distinguish 구별하다

[TRANSLATION]

그 저자의 음성은 그 작가를 다른 모든 작가들과 구별 짓게 하는 많은 요인들이 합하여진 것이다.

[ROPES(힌트, 도우미 어구 찾기)]

A of B에서 A의 의미를 모르면 B에서 정답을 찾으면 됩니다. many factors는 한 가지가 아니라 여러 가지가 섞여 있는 것을 함축. amalgam of the many factors

[ANSWER] C

7. [VOCA]

adroit 노련한, 솜씨 좋은 negotiator 중재자 bashful 수줍어하는 inexperienced 경험이 없는, 미숙한 adamant 견고한, 완고한

[TRANSLATION]

내 생각에 형은 중재자 로서 매우 노련한 사람이다.

[ROPES(힌트, 도우미 어구 찾기)]

adroit는 순수 영어에서는 오른 손 잡이. 대부분의 사람들은 오른 손으로 글을 쓰기 때문에 노련이란 의미.

[ANSWER] A

8. [VOCA]

ad hoc 임시의 superintendent 감독관 interactive 상호 작용하는 lab 연구실, 실험실 appoint 임명하다 committee 위원회 alternative 대안 application 적용, 응용

[TRANSLATION]

교장은 학교의 컴퓨터 실습실에 쌍방향 멀티미디어를 들여와야 한다고 결정하고는 열심히 연구할 임시 위원을 임명하고 소프트웨어와 응용 프로그램을 선정 했다.

[ROPES(힌트, 도우미 어구 찾기)]

'혹'을 '붙이다'는 한국어 표현처럼 '일시적'인 것과 연관.

[ANSWER] A

9. [VOCA]
impression 인상 affable 상냥한, 친절한 outgoing 외향적인 determined 단호한 eloquent 웅변의 obnoxious 불쾌한, 싫은 arrogant 거만한

[TRANSLATION]
우리는 어제 그녀의 오빠를 만났는데 즐거웠다. 첫 인상에 그는 붙임성 있고 외성적이고 다정한 것 같았다.

[ROPES(힌트, 도우미 어구 찾기)]
and는 서로 비슷한 어구들이 연결됨. 그래서 outgoing이나 warm과 연관된 낱말을 고르면 됩니다.

[ANSWER] D

10. [VOCA]
attack 공격 awry 잘못된

[TRANSLATION]
이 질병들은 신체의 공격 메커니즘이 이상이 있을 때 일어난다.

[ROPES(힌트, 도우미 어구 찾기)]
병이 생기는 것은 방어체계가 ________할 때 '일어난다'에 빈칸에 들어갈 말은 wrong에 들어감.

[ANSWER] D

11. [VOCA]
feminist 여권 신장론자 abhor 싫어하다 reconcile 화해시키다, 조화시키다 presume 추정하다, 생각하다

[TRANSLATION]
대부분의 여권 신장론자들은 여성이 외모로 판단된다는 생각을 아주 싫어한다.

[ROPES(힌트, 도우미 어구 찾기)]
여성이 (남성보다) 잘 났다고 생각하는 사람들은 자신들이 남성들에 의해 얼굴로 평가되는 것을 ________ 한다에 빈칸에 들어 갈 말은 '싫어하다'이겠죠.

[ANSWER] C

12. [VOCA]
agitation 선동 swelling 부푼 infection 감염 clumsiness 서투름

[TRANSLATION]
나는 피터가 불안한 모습으로 자신의 시계를 쳐다보는 것을 보았다.

[ROPES(힌트, 도우미 어구 찾기)]
age와 연관하여 낱말 뜻 생각. 나이 들어 갈수록 초초해지고 불안한 생활을 함.

[ANSWER] C

13. [VOCA]
arduous 힘 드는 rewarding 보상의 precipitous 절벽의 obnoxious 불쾌한, 싫은

[TRANSLATION]
그 일은 매우 힘이 들고 돈도 적게 받는다.

[ROPES(힌트, 도우미 어구 찾기)]
poorly paid를 보고 정답을 고르면 됨. 부정적인 내용이기 때문에 어렵다가 옳음.

[ANSWER] B

A

14. [VOCA]

Capitol 미국 국회 의사당 half-staff 조의(=죽음을 나타내는 깃발의 게양 위치) await 기다리다 pay one's respects ~을 방문하다

[TRANSLATION]

미국 국회 의사당 밖에서 깃발들이 반기의 위치에서 휘 날릴 때, 수천 명의 사람들은 경의를 표하기 위하여 기다렸다.

[ROPES(힌트, 도우미 어구 찾기)]

wait 〈 await

[ANSWER] A

15. [VOCA]

acquit 무죄로 하다 charge (차에) 짐을 싣다, (책임 등을) 지우다, 고소하다 militia 의용군 treason 반역(죄) have no choice but to do ~할 수 밖에 없다 face 직면하다 death sentence 사형선고 convict 유죄를 선고하다 protest 항의

[TRANSLATION]

그 국민군 지도자를 반역 혐의로 고발하고 나서 2년이 지난 뒤에 그 정부는 그를 석방할 수밖에 없었다. 그러나 정부에 저항하는 단체를 조직했다는 혐의에 관해 유죄가 선고되는 경우, 그는 여전히 사형 선고를 받을 가능성이 크다.

[ROPES(힌트, 도우미 어구 찾기)]

acquit 〈 quit. quit는 stop과 유사어.

[ANSWER] C

16. [VOCA]

acquaint A with B A를 B에 익숙하게 하다 significance 중요성 inspire 불러일으키다 unmistakably 명백하게 spectator 관객 moral weight 도덕적인 무게감 turnover 전환하다 familiarize 친숙하게 하다 pay close attention to ~에 주의를 기울이다

[TRANSLATION]

비극은 젊은이들이 인생에서 발생날 수 있는 좋지 않은 일들이 실제로 발생하기 전에 그것에 익숙해지도록 해준다. 그러는 동안 비극을 보는 관객에게 너무나 확실한 고통과 그 고통으로 인해 생기는 좌절을 의미 있는 것으로 만든다. 이것이 드라마의 시적이고 시각적인 요소들이 도덕적 무게를 지니게 되는 하나의 방식이다.

[ROPES(힌트, 도우미 어구 찾기)]

ac = go. 가서 직접 체험을 하는 것이기 때문에 친숙하다와 연관.

[ANSWER] B

17. [VOCA]

auspicious 행운의 inclement 날씨가 좋지 않은 predictable 예측의 confirmative 확실한

[TRANSLATION]

폭풍이 시작되었을 때 우리는 더 좋은 때를 기다리기로 했다. 조원중에 어떤 사람도 그런 상태에서 소풍가는 것을 원하지 않았다.

[ROPES(힌트, 도우미 어구 찾기)]

폭풍이 잠잠 해질 때까지 기다려다는 것은 좋은 상황.

[ANSWER] D

18. [VOCA]

ambivalence 모호함 sensitive 민감한 subtle 미묘한 cue 단서 ambiance 주위, 환경 opulence 부유 dexterity 솜씨

[TRANSLATION]

다른 사람의 무의식의 미묘한 단서와 모호함을 알 수 있는 예민한 사람의 능력은 서로의 관계에서 영향을 줄 수 있다.

[ROPES(힌트, 도우미 어구 찾기)]

subtle이 힌트 어구. 이 단어의 의미는 unclear이기 때문에 보기 중에서 동의어를 고르면 됨.

[ANSWER] B

19. [VOCA]

raise eyebrows 눈살을 찌푸리다 walk on one's hands 물구나무서서 걷다 adroit 노련한 aberrant 탈선의 aesthetic 미의 apposite 적절한

[TRANSLATION]

Jim이 밤에 물구나무서서 걷는 이상한 행동을 해서 사람들은 눈살을 찌푸렸다.

[ROPES(힌트, 도우미 어구 찾기)]

다른 사람과 다른 별난 행동(spent the night walking on his hands)을 했으므로 aberrant가 옳은 단어.

[ANSWER] B

20. [VOCA]

criticize 비난하다 accusation 비판 humiliation 굴욕 counterfeit 가짜 trial 재판 propaganda 선전 make an accusation against 는 '~를 비판하다'

[TRANSLATION]

만일 당신이 누군가를 비난한다면, 당신은 그들을 비판하거나 그들이 어떤 것을 잘못했다는 생각을 표현하는 것이다.

[ROPES(힌트, 도우미 어구 찾기)]

criticize — wrong. 조건 절에 빈칸의 답은 주절에 도우미 단어가 있어요.

[ANSWER] A

21. [VOCA]

behaviorist 행동주의 심리학자 reinforcement 강화 psychologist 심리학자 factor 요소 motivation 동기부여 attribute A to B A를 B의 탓으로 돌리다 regard 간주하다 concentrate 집중하다 proportionate 비례하는 contribute 기여하다

[TRANSLATION]

행동주의의 심리학자 들은 내면을 들여다 보는 것을 거부하고 모든 행동의 원인을 환경 으로 부터 생기는 것으로 돌리는 반면, 인본주의적 접근을 취하는 심리학자 들은 행동의 동기부여와 인성에 있어서 내부 자극 요소를 강조한다.

[ROPES(힌트, 도우미 어구 찾기)]

While <u>behaviorists</u> refuse to look inward and attribute all behaviors to reinforcement from the environment, <u>psychologists who take the humanistic approach</u> emphasize internal positive factors in motivation and personality.

밑줄은 서로 상반된 주장을 하는 사람들. 행동주의 자들은 내부의 동기보다는 행동을 주요시 하는 반면에 인본주의적 학자들은 행동이 아니라 내부 자극을 중요시.

[ANSWER] B

A

22. [VOCA]

commit 저지르다 apartheid 인종 차별 salvation 구제, 구원 amnesty 사면 deliverance 구출, 해방 penalty 처벌 revenge 복수

[TRANSLATION]

인종 차별에 동조 하거나 반대하는 범죄를 저질렀던 사람들은, 만일 그들이 그들의 범죄에 대해 사실을 얘기한다면 사면 혹은 처벌 로부터 보호를 받을 수 있을 것이다.

[ROPES(힌트, 도우미 어구 찾기)]

or는 두 가지 중에 하나를 선택하는 내용도 담고 있지만 이 지문에서는 앞의 내용을 추가 설명하고 있어요. 그래서 '처벌로부터 보호(protection from punishment)'가 있기 때문에 이것과 연관된 것을 답으로 찾으면 됩니다.

[ANSWER] B

23. [VOCA]

private 개인적인 candid 솔직한 obsolete 노후 된 anonymous 익명의 reprisal 보복

[TRANSLATION]

경찰은 익명의 전화를 통해 귀중한 정보를 제공 받아 범인을 체포 하였다. 제보자는 보복이 두려웠기 때문에 자신의 이름을 밝히기를 거부했다.

[ROPES(힌트, 도우미 어구 찾기)]

refused to give his name을 통해 경찰에 신원을 밝히지 않았다는 것을 알 수 있음.

[ANSWER] D

B

B로 시작하는 철자들 이것만은 꼭 알자

1. 한국어의 '봉' 잡았다에 해당되는 영어 표현은 불어에서 유입된 철자. '봉' 은 좋은 사람을 잡았다는 말이니 긍정적인 의미. 영어 단어도 아래의 철자로 시작되면 긍정적인 의미.

좋은

GOOD BEN(BEA/BOUN)
↓
긍정적인 의미

예) beautiful / bounty / benediction

아름다운 얼짱 beautiful, 회사에서 주는 보너스 bonus, 그리고 좋은 말인 benediction이란 단어 모두 긍정적인 의미를 가진 철자 bon- 계열의 단어들입니다.

2. bar = stick. bar의 철자들이 들어가면 막대기로 자녀를 혼내어 좋지 않은 행동을 못하게 것을 연상. bar와 거의 유사한 철자인 ban은 그래서 금지 = stop.

금지

STOP BAR/BAN

↓

부정적인 의미

예) barrier / barren / embargo / banal / banter

만일 미국에 살면서 영어를 하지 못하면 보이지 않는 언어 장벽 barrier이 생기고 정자 하나가 난자를 뚫고 지나가야 하는데 만일 그렇지 못하면 불임 barren이 됩니다. 외국 물건이 국내로 들어오지 못하게 하는 것이 embargo입니다. bar과 더불어 ban도 금지를 나타내는데 비유적으로 banal은 진부하고 banter는 상대를 '괴롭히다'는 의미.

3. bl - 철자로 시작되면 black과 연관됩니다. 시험을 보러 갔는데 아는 것이 없어 눈앞이 캄캄한 상황을 연상 해보세요.

어둠

BLACK BL

예) blind / bleach / blight / blink / blunder

블라인더를 치면 실내가 어두워 blind집니다. 검은 때가 묻은 것을 표백 하는 것이 bleach, 식물이 까맣게 말라 죽는 병은 blight, blink는 눈을 깜박거려 앞이 약간 어두워지는 경우입니다. 그럼 blunder의 의미는 무엇일까요? 시험 보기 전까지만 해도 다 알았는데 너무 긴장 한 탓에 눈앞이 캄캄해지면서 정답을 모두 제대로 표시하지 않은 '큰 실수'를 말합니다.

Bacchus/bacchanal
[bɑ́:kənɑ́:l]
Bacchus의, 술을 마시며 떠들어 대는

drunken reveler

▌박카스. 한국인들이 자주 먹는 것중에 박카스가 있습니다. 원래 이 말은 그리스 로마 신화에서 유래하였고 술을 관장하던 분의 이름 이었어요. ambrosia = 암브로시아는 신들이 먹는 음식.

The genus is named after Bacchus, the Latin god of wine.
그 천재는 포도주의 신인 바커스의 이름을 본 땄다.

backfire [bækfaiər]
기대에 어긋난 결과가 되다, 역효과가 나다

the opposite result to the one that was intended.

▌자동차와 같은 내연 기관에서, 실린더 에서 기화기 따위로 불꽃이 거꾸로 흐르는 현상으로 점화 시기가 일정하지 않거나 흡입 밸브의 여닫는 시기를 잘못 맞추어 일어남. '맞불' 로 생각하면 됨.

Such a system could backfire if it is enforced without the appropriate facilities .
그런 제도가 적절한 시설을 확보하지 못 한 채 강행할 경우 실패할 수 있다.

backlash [bæklæʃ]
반발

reaction

▌lash는 rush와 운이 비슷해요. 앞으로 달려가는 rush. 말을 채찍 = lash으로 때리면 말이 달리다가 급작스럽게 정지하거나 놀라 더 빠르게 달리는 반응을 보입니다.

The fall of the fascist dictatorship was followed by a left-wing backlash.
파시스트 독재가 몰락하자 좌파의 반발이 따랐다.

backwater [bækwɔ:tər]
침체

slump

▌물은 위에서 아래로 흐릅니다. 그리고 뒤에서 앞으로 흐릅니다. 만일 물이 뒤로 흐른다면... 잘 사는 동네는 하수도 시설이 잘되어 홍수가 나도 물이 잘 흐릅니다. 하지만 달동네는 홍수가 나면 물이 역류해 물이 넘쳐 집으로 흘러 들어가요.

The cultural backwater.
문화적 침체

She lives in a quiet backwater.
조용한 벽지에서 살다.

baleful [béilfəl]
해로운

threatening

▌veil. '베일' . 베일(복면)을 한 사람이 은행 직원을 위협.

The wolf gazed at the old man with his baleful yellow eyes.
늑대는 위협적인 눈으로 노인을 응시했다.

balk [bɔ́:k]
방해하다

stop

▌back = balk. 앞으로 가다가 갑자기 가는 것을 멈추고 balk 뒤로 가는 모습 연상

He balked at the price.
그는 그 가격 때문에 망설였다.

He balked in his speech.
그는 연설 도중에 말이 막혔다.

B

balm [bɑ́:m]
향유, 위안

soothe

▌날씨가 더울 때 나뭇잎이 넓은 야자수 = palm 그늘에 쉬면 피곤이 풀립니다. p가 아닌 b로 시작하는 balm은 '몰약' 의 일종으로 쉽게 말하면 lotion으로 생각하세요. 거칠어진 피부. 로션 바르면 부드러워져요.

More men are now using skin balm after shaving.
요즈음 더욱 더 많은 남성들이 면도 후 스킨로션을 바르고 있다.

The gentle music was a balm to his ears.
부드러운 음악은 그의 귀에 위안이 되었다.

---

banal [bənǽl]
진부한, 평범한

commonplace

▌독창적인 사고를 요구합니다. 평범하고 진부한 것은 금지 = ban 합니다. 날아가는 새를 보고 레오나르도 다빈치는 비행기의 전신인 헬리콥터를 생각했습니다.

Banal or brilliant, it made no difference in the world I was living in.
진부하든 멋이 있든 내가 사는 세상은 차이가 없다.

(go)banana [bənǽnə]
미치다

crazy

▌동물원에 있는 동물 중 바나나를 가장 좋아하는 동물은? 원숭이이죠. 배가 고픈 원숭이에게 바나나를 주기 위해 사람이 다가가면 좋아 미쳐 날뛰는 원숭이 연상

He goes bananas.
그 사람은 미쳤다.

▌banana와 관련된 아래의 복합어를 숙지해두세요.

banana republic
가난한 나라(바나나 공화국, 과일 수출로 유지되는 중남미의 소국들. 경멸적으로 그 나라를 지칭하는 복합어)

It warned that the country could become a banana republic if the military takes over.
만일 군부가 정권을 잡는다면 그 나라를 가난한 나라가 될 것이라고 경고했다.

---

bandy [bǽndi]
주고받다

exchange

▌brandy. 술집에서 브랜디를 서로 주거니 받거니 하면서 먹는 모습 연상

The stories being bandied about are completely false.
항간에 떠도는 이야기들은 완전히 거짓이다.

Her name is being bandied around as a potential head of department.
부장 자리에 그녀의 이름이 오르내리고 있다.

---

bane [béin]
파멸, 재난

disaster

▌ban = stop. ban이란 철자가 들어가면 부정적인 문맥에 사용.

The poor train service has been the bane of commuters for years.
열악한 열차 서비스가 수년간 통근자들에게는 재난이었다.

The neighbours' children are the bane of my life.
이웃집 아이들이 내 생활의 큰 골칫거리다.

---

bank on [bǽŋk]
~을 의지하다

depend on

▌돈이 떨어지면 당연히 은행에 가서 돈을 찾아야 하죠. 은행에 가는 것은 의지하다로 연관

She banked on her property.
그녀는 그녀의 재산을 믿었다.

bankroll [bǽŋkròul]
돈을 대다

the financial resources used to back a person, project, or institution.

▌아래의 말은 어떤 공통점이 있나요? 두루마리 화장지, 돈, 목록, 출석부. 종이(paper)란 공통점이 있네요. 이들 한국어에 해당되는 표현을 영어 한 단어로 나타내면 roll입니다. 은행에서 roll(돈)을 대준다로 단어를 해체하여 생각

He is the candidate with the biggest campaign bankroll.
그는 많은 선거 자금을 지원받는 후보자이다.

banner [bǽnər]
현수막

flag

▌군대에는 각 사단을 상징하는 사단기가 있어요. 이 깃발을 적군에게 빼앗기면 다시는 사단기를 만들 수 없다고 합니다. 금지 ban 당해요. 컴퓨터 용어로는 '광고'의 의미로 이제 자주 우리 일상생활에서 볼 수 있는 단어예요.

The demonstrators brandished banners and shouted slogans.
시위대들은 깃발을 흔들며 슬로건을 외쳤다.

She fought the election under the banner of equal rights.
그녀는 평등한 권리라는 깃발아래 선거에서 싸웠다.

banter [bǽntər]
농담

teasing or joking talk

▌한국어의 말을 '뱉터 = 배터 = 말하다'.

Ed ignored the banter and stayed focused on his saucepan.
에드는 자기를 놀리는 말을 무시하고 소스 팬에만 신경을 집중했습니다.

baroque [bəróuk]
바로크 양식의

an elaborate style of architecture and art

▌바로크 = Baroque라는 말의 어원이 몇 가지 있지만 16세기의 반학문주의 학자들이 중세의 논리학자들의 삼단논법이 가소롭다고 빈정거린 데서 찾을 수 있는데 그 이유는 제멋대로 생긴 진주를 그렇게 부른 데서 찾을 수 있어요. 바로크란 말은 여러 가지 의미로 사용되었지만 18세기부터 많은 사람들이 낯설거나 기괴한 것을 가리켜 이 말을 사용하게 됩니다. 반면에 로코코(Rococo)는 여성적이고 섬세하며 감각적 이라고 할 수 있습니다. 어원은 로카유가 조개 껍데기를 세공한 것이나 조개 껍데기 모양을 가리키고 있는 것에서 쉽게 알 수 있습니다.

In Germany the baroque style of art flourished in the 17th and 18th centuries.
독일에서는 17세기와 18세기에 바로크 미술 양식이 번성했다.

Such decoration was a typical feature of the baroque period.
그러한 장식은 바로크 시대의 전형적인 특징이다.

barrage [bərɑ́:ʒ]
연발 사격, 집중 포화

continuous firing

▌bar + rage. rage는 '분노'. 화를 엄청나게 상대방에게 퍼붓는 장면을 총알이 빗발치듯이 나가는 것과 연관.

I was hit by a barrage of questions and didn't know how to deal with the situation.
질문 공세를 받고 어떻게 대처해야 할지 몰라 난처했다.

A mortar barrage slammed into a commercial area of northern Baghdad
오늘 바그다드 북부의 상업지역에 일제 포격이 가해졌다.

barren [bǽrən]
불모의

obstacle

▌bar는 막대기, 술집, 형무소등의 의미가 있어요. 전과자들은 사회에서 차단이 되는 것. 감옥은 이들이 밖으로 나갈 수 없는 장애물입니다. 비옥한 땅이 아니라 척박한 땅. 불모지가 barren입니다.

It's amazing that such a barren landscape can support any form of life.
그렇게 척박한 풍경이 어떤 생명체도 먹여 살리다니 놀랍다.

barter [bɑ́:rtər]
물물 교환하다

trader

▌술집 bar에서 돈을 받고 칵테일을 만들어 주는 바텐더를 생각해보세요. 돈과 술의 교환입니다.

The prisoners tried to barter with the guards for their freedom.
죄수들은 간수들과 그들의 자유를 위해 물물교환 하려고 했다.

The islanders use a system of barter instead of money.
그 섬의 주민들은 화폐 대신 물물교환 제도를 이용한다.

bastion [bǽstʃən]
보루

fort

▌base = 군사 기지. 성 castle은 외벽 wall이 있고, 이 벽들의 강도를 튼튼히 하기 위한 베스천(bastion)이라는 작은 탑이 있습니다. 그래서 한국어의 '보루'에 해당되는 어구입니다.

He believes that the last bastions of privilege are finally crumbling.
그는 특권의 마지막 보루가 무너져 내리고 있다고 믿고 있다.

bauble [bɔ́:bl]
값싼 물건

ornament

▌보물. 보물이 아니라 보블. 겉만 화려한 장식물을 가리키는 어구입니다.

Christmas trees decorated with coloured baubles.
크리스마스트리가 겉만 화려한 장식품으로 장식되어있다.

be [bi]

▌is up to : -의 책임이다(to = up to. 책임이 어떤 사람에게 간 것으로 보기 때문에 복합 전치사 up to 사용)

The decision is up to you.
결정은 네게 달려 있다.

beat [bíːt]

숙어

beat around the bush
돌려 이야기 하다
indirect

▌이전 영국과 유럽의 귀족들은 사냥을 자주 갔고 사냥에 함께 따라간 종(servant)은 숲에 있는 새들이 하늘로 날아오르도록 숲 주변을 막대기로 치는 역할을 했습니다. 핵심을 이야기 하고 이들 머슴처럼 주변으로 돌아다니는 모습은 살살 말 돌리는 경우와 연관

Get to the point, instead of beating around the bush.
회피하지 말고 요점을 말해라.

I tried to beat the devil around the bush.
나는 회피하려 했다.

beat up [biːtʌ́p]

오래 써서 낡은

rundown/lemon

▌up은 아래로 움직임에도 사용됩니다. 대표적인 예가 bottom up. 술을 단숨에 들이키는 원 샷입니다. 자동차 폐차장에서는 자동차를 쭈그려 뜨려요. 그럼 up이죠. 레몬은 노란색과 주황색. 퇴폐와 부정적인 이미지입니다. 그래서 오래된 자동차를 레몬이라고 해요.

A beat-up suit.
오래 입어 낡은 옷.

He gave a beat-up old car to his friend.
낡아빠진 차를 친구에게 주었다.

beautify [bjúːtəfài]

아름답게 하다

happy

▌미남과 미녀들은 아름다운 자신들의 얼굴 때문에 행복해요.

Flowers beautify a garden.
꽃은 정원을 아름답게 한다.

bedizen [bidáizn]

야하게 치장하다

adorn

▌bed + citizen. 이상한 성적 취향이 있는 사람 = citizen이 침대 = bed를 야하게 꾸며 놓은 장면 연상.

Meet Vera Wang whose couture creations bedizen some of the most well known brides in Hollywood.
베라 왕을 만나 보시죠. 그녀가 독창적으로 디자인한 드레스는 할리우드에서도 제일 유명한 신부들에게 입혀져 그들의 아름다움을 한층 더 돋보이게 만듭니다.

bedlam [bédləm]

대소동, 소란한 곳

chaos

▌과거의 유명한 정신 병원 중에는 '베들레헴정신병원'이 있었습니다. 이 병원 이름에서 Bedlam(개판 오 분 전)의 어원이 됩니다. 예수님의 육신적 어머니인 마리아님은 베들레헴 이라는 아주 작은 마을에서 예수님을 낳습니다. 예수님이 탄생하신 베들레헴이란 단어의 어원은 '빵집'이라는 뜻 이예요. 메시아 출현을 누가 제일 먼저 알았을까요? 유대인이 아니라 이방인인 동방박사들입니다. 이들은 별의 움직임이 무엇을 의미하는지 몰라 혼란을 겪은 후 한 별의 움직임을 보고 멀리 동방으로부터 많은 길을 걸어와 메시아의 탄생을 목격하고, 더욱이 동방박사들이 아기 예수에게 황금과 몰약, 유향을 예물로 드리고 예배드렸다는 기록은 예수 탄생의 신비로움을 더해줍니다. 로마군인들은 아기예수를 찾기위해 소동을 벌였습니다.

It is a terrible bedlam.
정말 굉장한 소동이군.

When I got back the place was absolute bedlam.
내가 돌아와 보니 완전히 난장판 되어 있었다.

B

beef up [biːf]
강화하다, 증강하다

reinforce

▌배가 고플 때 쇠고기를 먹어 힘을 내요.

They decided to beef up the war on crime.
그들은 범죄에 대한 전쟁을 강화하기로 결정했다.

beget [bigét]
아이를 가지다

give birth to

▌get = have. 어머니가 자식을 갖게 되는 것은 bear이지만 아버지가 자식을 보는 경우는 beget이다.

Abraham begat Isaac.
아브라함은 이삭을 낳았다.

War begets misery and ruin.
전쟁은 고통과 파멸을 낳는다.

begrudge [bigrʌ́dʒ]
시기하다

feel jealous that they have got it

▌grumble. 지하철이 탈 곳으로 달려오는 소리가 rumble입니다. 우르르 쿵쿵. 차분한 소리가 아니네요. 시끄러운 소리는 불만과 연결이 되어 grumble. grumble = grudge

He begrudges us our success.
그는 우리의 성공에 배가 아파한다.

He begrudges his wife pin money.
그는 아내에게 용돈 주는 것을 아까워한다.

beguile [bigáil]
속이다

resent

▌guide는 잘 인도하는 것입니다. 하지만 d가 아니라 l이 들어간 beguile은 속이는 행동을 나타냅니다.

He beguiled them into accepting it.
그는 그들을 속여 그것을 받아들이게 했다.

They were beguiled into giving him large sums of money.
그들은 속아서 그에게 거액을 주었다.

behalf [bihǽf]
이익

gains/profit

숙어

on the behalf of
~를 대신하여

▌A가 B의 이익을 위하여 대신 어떤 일 처리를 해주는 경우에 사용

The daughter spoke on behalf of her mother.
어머니를 위해 딸이 대변했다.

I am speaking on behalf of the president.
회장 대신에 내가 연설 중이다.

behest [bihést]
명령

order

▌hest = height. 높은 단상에서 부하들에게 작전을 설명하는 지휘관 모습 연상.

At the behest of the captain, the soldiers began to march.
대위의 명령에 따라, 병사들이 행진하기 시작했다.

belabor [biléibər]
때리다, 애쓰다

hit them hard and repeatedly

▌labor. 고대 이집트에서 피라미드를 쌓았던 노예들. 일을 하면서 이집트 관리들은 당시 노예로 일했던 이스라엘 민족을 채찍 등으로 많이 때렸습니다. 한국 속담에 때리는 시어머니 보다 말리는 시누이가 더 밉다는 말이 있습니다. 또한 시집살이 한 며느리가 후에 자신이 며느리를 얻으면 더 혹독하게 한다고 하는데요.... china town이란 말이 있어요. 왜 이 단어가 생겨났나요? 상하이 등지에서 중국 사람을 노예로 잡아 온 후 농장에서 흑인을 아주 혹독하게 때렸습니다. 중국인들은 이에 대항하기 위하여 마을을 형성한 것이 유래였다고 합니다. 흑인들이 이전에 목화밭에서 백인들에게 당했던 것은 잊어 버렸나보죠.

The man belabored his poor donkey.
사내는 불쌍한 나귀를 심하게 때렸다.

I don't wish to belabour the point.
나는 그 점을 너무 지나치게 강조하고 싶지는 않습니다.

belated [biléitid]
늦은

delayed

▌단어 전체를 보지 말고 일부 철자만 보세요. late가 들어가 있습니다. 늦은 것은 지연되는 것이죠.

The belated letter arrived at last.
늦어진 편지가 마침내 도착했다.

The government's belated response to the official report on childcare.
육아관련 관한 공식 보고서에 대한 정부의 늦장 대응

belie [bilái]
…의 그릇됨을 드러내다

contradict

▌lie. 거짓말은 진실과 대비됩니다.

Practical experience belies this theory.
실제적인 경험과 이 이론은 일치하지 않는다.

The reporter belied the facts.
신문 기자는 사실을 잘못 보도했다.

belittle [bilítl]
과소평가하다

disparage

▌little. 넓은 평수에 사는 사람들은 작은 평수에 사는 사람들을 무시하고 고급 승용차를 타고 다니는 사람은 소형 승용차를 가지고 있는 사람을 무시하고..

Don't belittle yourself
너 자신을 과소평가 하지 말아라.

She felt belittled by her husband's arrogant behaviour.
그녀는 남편의 거만한 행동 때문에 부끄러웠다.

belligerent/bellicose
[bəlídʒərənt]
호전적인

quarrelsome

▌bell. 종이 울리면 이종 격투기 선수들은 링 중앙으로 나가 격렬한 싸움을 합니다. bell = fight.

Japan itself has a belligerent relationship with North Korea over past kidnappings of Japanese.
과거 일본인 납치사건으로 인해 북한과 호전적인 관계를 가지고 있다.

bemoan [bimóun]
슬퍼하다

mourn

▌moon. 태양의 긍정적인 문맥에 달은 부정적인 맥락에 쓰입니다.

He bemoaned the shortage of funds available for research.
그는 연구에 필요한 자금 부족을 한탄했다.

That's a comforting sign to those who bemoan the homogenization of the American vocal landscape.
이 사실은 영어가 지역을 막론하고 동질화되어 가고 있는 현실을 안타까워하는 사람들에게 위안이 된다.

---

bemused [bimjú:zd]
혼동되는

confused

▌muse. 그리스 신화에서 음악을 관장하던 신 이름입니다. 그래서 음악은 music이고요. 귀가 떨어질 것 같이 시끄러운 나이트클럽이나 클럽에 가면 처음에 어리벙벙해집니다.

A bemused expression/smile.
어리벙벙한 표정/미소

He was totally bemused by all the activity around him.
그는 주변의 엄청난 활기에 완전히 어리벙벙했다.

---

bench [béntʃ]
재판

trial

▌재판정에 있는 의자를 연상해보세요.

Who will be on the bench during her trial?
누가 그녀의 재판을 담당하게 되지요?

---

benchmark [béntʃmɑ̀:rk]
표준, 기준

standard

▌mark는 표시. 기준이 되는 곳에 표시하는 것과 연관.

The benchmark index hit its highest point in the last five and a half years.
종합주가지수는 5년 6개월 이래 최고를 기록했다.

---

bend [bend]
구부리다

숙어

bend the law
(위법이 되지 않을 정도만) 속이다

▌법에 고개를 숙이는 것은 언뜻 보기에 법을 준수하는 것 같지만 위법이 되지 않을 정도로만 속이는 행동을 나타날 때 쓰이는 표현.

Two top scams rely on a victim's greed and their willingness to bend the law.
제일 많은 이 두 가지 신용사기는 피해자들의 욕심과 탈법을 마다하지 않는 심리를 이용합니다.

---

benediction [bènədíkʃən]
축복

blessing

▌bon이나 ben은 good. 한국어도 자기보다 조건이 훨씬 좋은 이성을 만나면 '봉' 잡았다는 말이 있어요. dict는 영어 사전 dictionary에서 보듯이 word입니다.

Who will be on the bench during her trial?
누가 그녀의 재판을 담당하게 되지요?

---

benighted [bináitid]
무지한, 미개한

ignorant

▌night. 낮 day는 긍정적 이미지이지만 밤은 부정적 이미지. 낮은 총명함이요 밤은 미개하고 무지한 것과 연관이 됩니다.

Some of the early explorers thought of the local people as benighted savages
초창기 탐험가 중 몇 사람은 현지인을 미개한 야만인이라고 생각했다.

---

bent [bént]
재능, 좋아함

inclination

▌몸을 구부리는 행동이 bend입니다. 하고 싶은 것에 우리는 그쪽으로 몸이 향하게 됩니다. 그래서 성향이나 재능을 bent라고해요.

She has a strong musical bent.
그녀는 풍부한 음악적 재능을 가지고 있다.

He has a strong bent for music.
그는 음악을 매우 좋아한다.

---

bequest [bikwést]
유산

something left to someone in a will

▌quest. 거의 모든 사람들은 죽을 때 남은 후손에게 이런 것을 해라 혹은 이런 것을 남겨 주겠다는 요청 = quest를 합니다.

He left a bequest of £2000 each to his grandchildren.
손자들에게 각각 2천 파운드의 유산을 남기다.

---

bereft [biréft]
잃은

deprived

▌leave < left < reft. 사랑하는 사람의 떠남. 그동안 가졌던 사랑이란 감정이 모두 떠나가게 됩니다.

He was utterly bereft when his wife died.
그는 아내가 죽었을 때 완전히 절망했다.

She felt alone and bereft in the big city.
그녀는 대도시에서 외롭고 절망스런 상태에 있었다.

---

beset [bisét]
괴롭히다, 포위하다

trouble

▌하나로 고정 = set이 되면 어려움이 많이 새겨 납니다. 하나가 아니라 여러 가지에 흥미를 가지는 팔방미인이 현대를 건강하게 살아가는 비결.

Korea today is beset with perplexing difficulties.
현재 한국은 복잡한 어려움에 직면하고 있다.

Her necklace was beset with gems.
그녀의 목걸이에는 보석이 박혀 있었다.

---

besiege [bisíːdʒ]
포위하다

block

▌see < seize < siege
공부만 하는줄 알았던 중학교 다니는 아들이 공부도 안하고 못된 짓을 하는 것을 본 = see 부모. 가서 잡아 seize 그런 못된 질을 다시 못하도록 막아요 = seize.

Troy was besieged by the Greeks.
트로이는 그리스 군에게 포위되었다.

The union spokesman was besieged by reporters.
그 노동조합의 대변인은 기자들에게 에워싸여 있었다.

---

besmirch [bismə́ːrtʃ]
더럽히다, 손상시키다

defile

▌명예 따위를 더럽히는 것으로는 disgrace, dishonor, sully, tarnish등이 있다.

The scandal besmirched his reputation.
그 스캔들이 그의 명성을 더럽혔다

---

bestow [bistóu]
주다

grant

stove = stow = 집어넣다.

The President bestowed a medal on a professor.
대통령이 한 교수에게 메달을 수여했다.

betray [bitréi]
배반하다

unfaithful

treachery, treason, betrayal. 단어들의 공통점은 모두 tray 혹은 trea...불어의 영향 받아 tray=hand over로 배반이란 공통점이 있어요. tray는 접시나 그릇 종류. 부부 사이에 바람(two times)피면 바람 피운 배우자에게 그릇을 던지는 모습 연상.

We were enjoined not to betray the trust placed in us.
우리는 우리에게 부여된 신뢰를 배반하지 않을 것을 요구받았다.

He is not the man to betray a friend.
그는 친구를 배신할 사람이 아니다.

better off [bétərɔ́:f]
(이전 보다)부유한

rich

better는 good의 비교급. 좋아 진 것은 먹고 사는 돈 벌이가 잘 되는 것. off는 완전히 = 아주의 의미

We are better off than we used to be.
우리는 예전보다 잘살고 있다.

The poor are better off today than they were a generation ago.
빈곤층은 한 세대 전보다 생활이 더 나아졌다.

biased [báiəs]
편견을 지닌

prejudiced

bi = two. 상대방에 대해 하나의 마음만 있으면 되는데 두 개의 마음이 있다. 편견이 있네요.

Their upbringing biased them against all foreigners.
그들의 가정교육이 그들로 하여금 모든 외국인들에 대해 좋지 않은 편견을 갖게 했다.

Subtle racial biases may play a role in hospitals' rejection of the poor.
미묘한 인종 편견은 병원들이 가난한 사람들의 진료를 거부하는 데 한 몫을 할 수 있다.

bicker [bíkər]
말다툼하다

quarrel

과학자들이 실험을 할 때 사용하는 삼각형 모양의 그릇들을 비커 = beaker하고 해요. beaker = bicker. 서로 자신의 주장이 옳다고 목소리 높여 싸우는 과학자의 모습.

It was sickening to watch them bicker constantly.
그들이 끊임없이 말다툼하는 것을 보는 것은 정말 짜증나는 일이었다.

The children are always bickering with each other over their toys.
그 아이들은 장난감을 놓고 늘 서로 다툰다.

Big Apple [big æpl]
뉴욕

강남의 잠원동이 이전에는 번화가가 아니라 누에(뽕 나무)를 키우던 촌락. 마찬가지로 이전의 뉴욕은 세계 최대 중심지가 아니라 사과를 재배하던 과수원.

Tourists visit the Big Apple from all over the world.
전 세계에서 관광객들이 뉴욕을 방문하러 온다.

Big Bang [big bǽŋ]
우주 폭발

▌빅뱅의 핵심적인 내용은 우주가 100억 년 전에 일어난 대폭발이라고 하는 극히 높은 온도와 밀도를 가진 상태에서 시작되었다는 것으로 1920년대 프리드만등이 제안. 우주는 끝이 없기 때문에 대폭발의 시초는 공간의 한 특정한 곳에서 발생한 것이 아니라 공간 전체에서 동시에 일어났다는 것을 전제. 이 대폭발이론에 따르면 우주는 고밀도의 아주 압축된 원시상태에서 갑자기 팽창한 결과로 이루어졌다는 관점.

Other astronomers do not accept the "big bang" theory.
다른 천문학자는 '빅뱅' 이론을 수용하지 않습니다.

Big Board [big bɔːrd]
뉴욕 증권 거래소

▌한국의 증권가는 여의도. 미국의 증권가는 Wall Street(이전에 인디언 등의 공격들을 대비하기 위하여 담을 친 것에 유래). 이 증권가에 가면 주식의 오르고 내림을 알 수 있는 전광판이 있어요.

Some 2.4 billion shares changed hands on the Big Board, 58 percent more than the three-month daily average.

Big Brother [big brʌ́ðər]
독재 국가(의 지도자)

▌정보의 독점으로 사회를 통제하는 권력, 또는 그런 사회체계. 영국의 소설가 조지 오웰(George Orwell, 1903~1950)의 소설 '1984년'에서 비롯된 단어로 긍정적 의미로는 선의 목적으로 사회를 돌보는 보호적 감시, 부정적 의미로는 음모론에 바탕을 둔 권력자들의 사회통제의 수단을 말함. 소설 '1984년'에서 빅브라더는 텔레스크린을 통해 소설 속의 사회를 끊임없이 감시. 이는 사회 곳곳에, 심지어는 화장실에까지 설치되어 있어 실로 가공할 만한 사생활 침해를 보여줌. 음모론의 관점으로 보면, 독점 권력의 관리자들이 민중을 유혹하고 정보를 왜곡하여 얻는 강력한 권력의 주체가 바로 빅 브라더의 정보수집으로 완성된다고 할 수도 있습니다.

The Big Brother may be monitoring your Internet access.
독재자가 당신이 무슨 사이트를 보는지 지켜보고 있을지도 모릅니다.

---

big deal [big diːl]
중요한 일

▌큰 거래이기 때문에 중요한 일

Don't make a bigdeal out of nothing.
아무것도 아닌 걸로 너무 과장하지 마라.

---

big gun / big name
[big gʌn]
중요 인물

▌중요한 사람은 체격이 크고 작고를 떠나 영어에서는 비유적으로 big에 비유.

He is a big-wig lawyer.
그는 거물 변호사이다.

---

big time [big taim]
일류의

▌작은 것은 낮은 직급에 있는 사람이지만 지위가 높은 사람은 큰 인물에 비교.

Many military women say they want jobs that will lead in the big time.
많은 여군들이 군의 요직에 오르기를 희망한다고 말하고 있습니다.

---

biennial [baiéniəl]
2년에 한 번의

every two years

▌bi = two + ann = enn.

There is a biennial art exhibition in Gwangju.
광주에서는 비엔날레가 열리고 있다.

B

bigotry [bígətri]
고집불통

stubborn intolerance

▌두 개 = bi 가지겠다고 = got 하는 사람들을 하나 가지고 마음 편안하게 살아가는 사람보다 욕심쟁이에 고집불통.

It is the source of xenophobia, racism, sexism, bigotry of every variety and hue.
그것은 외국인 혐오증, 인종차별, 성차별, 모든 다양성과 특성에 대한 편협함의 근원입니다.

He also vows not to raise taxes, improve the city's public schools, and fight bigotry.
그는 또한 세금을 올리지 않고, 뉴욕시 공립학교의 여건을 개선할 것이며, 편협한 사고를 타파할 것이라고 다짐했습니다.

---

bilious [bíljəs]
화를 잘 내는, 싫은

ill - tempered

▌bile. bile은 쓸개즙이고, 쓸개즙은 아주 씁니다. 그래서 '쓸개즙이 나오듯이 쓰다'가 바로 bilious로 성격 고약한 사람을 지칭하기도 합니다. 반의어는 바로 benign입니다.

bilious attack/headache.
기분 나쁜 공격/두통

I feel a little bilious after last night's dinner.
어제 저녁을 먹은 뒤부터 몸이 좀 안 좋다.

---

bind [baind]

in a bind
어려움에 처한, 곤란한

▌어떤 사람이나 동물을 줄로 꽁꽁 묶었다는 것은. 인 경우 그 사람이나 동물은 어려운 상황에 있음.

The lion was in a bind.
사자는 곤경에 처했다.

---

bite [bait]

bite one's tongue off = bite off one's tongue
실언을[말하고 나서] 후회하다

▌말을 잘못하고 나서 혀를 깨무는 모습 연상

I shoudn't have said that, I'm biting my tongue off.
나는 그걸 얘기하지 말았어야 했어, 후회하고 있는 중이야.

▌bite와 관련하여 더 알아야 할 표현

bite the bullet
견디다

bite the dust
실패하다, 죽다, 사라지다

The poor family bit the bullet.
가난한 가족은 이를 악물고 맞섰다.

The bodyguard bit the dust.
보디가드는 쓰러졌다.

Everything has bit the dust.
모든게 실패로 돌아갔습니다.

---

bivouac [bívuæk]
야영

temporary camp made by soldiers or mountain climbers

▌비박이란 말은 비부악bivouac(프랑스)말로 어원은 bi(주변) + wache(감시)가 합하여진 단어입니다. 아주 예전에 유럽의 산지에서 목적지까지 가려는 중간에 해가 저버렸습니다. 어두워서 가기는 어렵고 하는 수 없이 나무를 주워 모으고 불을 피우고 하루 밤을 지세우는 것을 비부악 이라고 하죠.

We bivouacked on the open plain.
우리는 탁 트인 평지에서 야영을 했다.

bizarre [bizáːr]
기괴한, 이상야릇한

fantastic

▌외국 나갈 때 받아야 할 것이 visa. 비자를 받고 해외에 가면 한국과는 다른 색다르고 환상적인 외국 풍물에 볼 수 있어요.

It was bizarre that we ran into each other in such a remote corner of the world.
그렇게 외딴 세계의 한 구석에서 우리가 우연히 만난 것은 기이한 일이었다.

Many of the homeless exhibit bizarre behavior.
노숙자들 가운데는 기괴한 행동을 보이는 사람이 많다.

blackmail [blǽkmèil]
공갈, 협박

threat

▌black. 한국어에도 조폭들을 암흑가 라고 합니다. 검정은 죽음과 공포를 상징.

Meanwhile, the police will be taking on blackmail crimes.
한편 경찰은 조폭들의 유흥업소 상납금 갈취 등과 관련된 피해에 대해 단속을 벌이게 된다.

He was arrested on a charge of blackmailing.
그는 남을 등쳐 먹다가 잡혀갔다

blanch [blǽntʃ]
희게 하다

turn pale

▌blanc = white. 얼굴이 창백해지다.

He blanched with fear at the sight of the snake.
뱀을 보자 그는 얼굴이 겁에 질렸다.

She blanched visibly when I told her the news.
내가 그녀에게 그 소식을 전하자 그녀는 눈에 띄게 얼굴이 핼쑥해졌다.

bland [blǽnd]
부드러운

mild

▌blend = bland. 부드러움을 나타냅니다.

This cheese is too bland for my taste.
이 치즈는 내 입맛에는 너무 밍밍하다.

The principal made a few bland comments about the value of education.
교장은 교육의 가치에 관해 몇 마디 부드러운 논평을 했다.

blandishment [blǽndiʃmənt]
아부

flattery

▌bland = mild. 아부를 하는 사람들은 상대방 앞에서 강한 성격을 드러내지 않고 부드러운 성품을 가진 것처럼 위장을 합니다. 강함보다는 부드러움이 더 선호가 되어요. 그래서 세계 여성들의 심리를 조사한 연구에 따르면 강한 근육질의 남자보다 '타이타닉' 이란 영화에 나오는 남자 주인공 같은 여성적인 모습의 남성들을 더 선호한다고 합니다.

He refused to be moved by either threats or blandishments.
그는 협박에도 감언이설에도 마음을 움직이려 하지 않았다.

B

blankly [blǽŋkli]
멍하니

absent mindly

▌bl-하면 가장 먼저 떠오르는 단어는 무엇이 있나요? 대부분의 사람에게는 black입니다. 한국어도 시험지를 받고 정답을 잘 모르는 것이 많으면 '눈앞이 캄캄하다'라고 합니다. 이 때 쓸 수 있는 표현이 blankly입니다.

blind = bli blind bleach blight blink blunder

blanket는 black에서 파생이 된 단어로 뜻은 총괄적인, 전체에 통하는.

a blanket bill(clause) 총괄적 의안(조항)
blanket authority 총괄적 권능
blanket clearance 포괄적 입 · 출항 허가제

He stared blankly into space, not knowing what to say next.
그는 다음에 무슨 말을 할지 몰라서 멍하니 허공을 바라보았다.

'I don't understand it,' she said blankly.
'무슨 말인지 모르겠어요.' 라고 그녀는 멍하니 말했다.

blasphemy [blǽsfəmi]
신성 모독

cursing

▌black. 빛 light는 긍정이요 어둠은 부정과 비난입니다.

His remarks touch on blasphemy.
그의 말은 신에 대한 모독에 가깝다.

Long ago, people were killed for blasphemy.
오래 전에 사람들은 신성 모독으로 죽임을 당했다.

blatant [bléitənt]
떠들썩한, 시끄러운

noisy

▌black. 검은 것과 연관하여 보세요.

A blatant lie.
빤한 거짓말

Our teacher is guilty of showing blatant favouritism.
우리 선생님은 노골적인 편애를 한다.

bleak [blíːk]
황량한, 암울한

cheerless

▌black에서 파생이 된 낱말입니다.

The future looks bleak.
미래는 암울해 보인다.

The house looked out over a bleak and desolate landscape.
그 집은 황량하고 쓸쓸한 풍경에 면해 있었다.

bliss [blis]
행복

joy

▌bless. God bless to you.

Science has continued to put forward as much ignorance as bliss.
과학은 인류에게 행복을 주는 많은 무지한 방법을 제시해 왔다.

It's a bliss to be able to lie back and just forget all about your worries.
드러누워 근심 걱정을 완전히 잊어버릴 수 있다는 것은 더 없는 행복이다.

blithe [bláið]
명랑한

joyous

▌b + lithe < light. b를 떼어내면 light와 발음이 비슷해요. 기분이 좋으면 발걸음도 가벼워요.

Sankoh blithely denied knowing of the hostages
Sankoh 인질에 대해서는 아는 바가 없다고 아무렇지도 않은 듯 부인하였다.

bloodshed [blʌ́dʃed]

유혈

violence in which people are killed or wounded.

▌shed는 흐르다. 피가 흘러나오는 것.

They made a truce to avoid further bloodshed.
그들은 더 이상 피 흘리기를 피하려고 휴전을 했다

The affair was settled amicably without bloodshed.
사건은 피를 안 보고 원만히 해결되었다.

blow [blou]

blow up
화내다(화가 속에서 부글부글 위로 = up끓어 오릅니다)

Begin helped blow up the Hotel King David in Israel.
베긴은 이스라엘에 있던 킹 데이비드 호텔을 폭발시키는 걸 도왔습니다.

If you blow up, you'll blow it.
화를 내면 망친다.

blue [blúː]

우울한

sad

▌빨강색은 신성한 색이요. 파랑 색은 부정적인 색입니다. 그래서 blue는 우울을 상징합니다. 각종 시험에서 blue는 부정입니다. 드물게 blue가 긍정적인 경우의 대표적인 사례로 경제에서 자주 사용되는 blue ocean과 blue chip이 있어요. 전자는 치열한 경쟁으로 가득 찬 냉혹한 시장인 red ocean과는 다르게 블루오션은 발상의 전환을 통해 경쟁자가 없는 새로운 시장에서 높은 수익과 무한의 성장이 존재하는 시장을 의미합니다. 후자는 이전 미국에서 황소 품평회를 할 때 가장 좋은 황소에 파란 천을 둘러주는 관습에서 유래하여 미국 증권가인 월스트리트에서 강세장을 나타내는 어구입니다.

He looks a bit blue tonight.
오늘밤 그는 좀 우울해 보인다.

This rainy spell is giving me the blues.
이렇게 연일 비가 오면 기분이 울적해진다.

bluff [blʌ́f]

허세, 엄포

air

▌puff 바람 < bluff. 바람 든 사람은 허풍이 들죠.

He could bluff nobody into believing that he was rich.
허세를 부려도 아무도 그가 부자라고는 생각지 않았다.

▌bluff와 관련된 숙어로 call one's bluff는 '대들다' 입니다.

It is foolish of you to call my bluff.
나에게 도전을 한다는 것은 어리석은 짓이다.

blunder [blʌ́ndər]

큰 실수

error

▌사무실에서 일을 하다 정전 = black 이 되어 어둠 컴컴해지면 컴퓨터도 에러가 나요.

The police blundered badly in arresting the wrong man.
경찰은 엉뚱한 사람을 체포한 큰 실수를 저질렀다.

The best workman sometimes blunders.
원숭이도 나무에서 떨어질 때가 있다.

B

blurred [blə́:rd]
흐릿한

unclear

▌한국어의 발음 '불어'. 중국이나 몽고의 사막에서 바람이 불어 황사가 일면 앞이 흐려집니다.

Tears blurred her vision[or sight].
눈물이 그녀의 시야를 흐렸다.

The old ethnic boundaries have blurred now.
예전과 같은 민족 간의 경계는 이제 모호해졌다.

blurt [blə́:rt]
불쑥 말하다

utter impulsively

▌blur. 한국어 식으로 발음하면 바람이 '부러(불어)'와 고자질하다의 개념으로 '(내용을 모두)불다'가 있어요. 이전 한국의 대통령 중에 어떤 분은 공산당 활동을 하다가 보안부대에 자신과 연관이 되는 모든 고정 간첩의 내용을 불고 자신은 목숨을 구한 현대사의 한 장면이 있습니다. blurt = say.

She blurted out that she was engaged.
그녀는 자기가 약혼을 했다고 불쑥 말했다.

He blurted out the bad news before I could stop him.
그는 내가 제지하기 전에 그 나쁜 소식을 불쑥 내뱉어 버렸다.

bluster [blʌ́stər]
거세게 몰아치다

roar

▌buster = blow. 한국어의 바람이 불어 = 부러.

The wind blustered outside.
밖에는 폭풍이 휘몰아쳤다.

I wasn't frightened by what he said - it was just bluster.
난 그의 말에 겁먹지 않았어 – 그건 허풍이었을 뿐이야.

board [bɔ:rd]
타다

get on

▌이전에 배에 승선을 할 때 부두에서 배의 갑판까지 올라가는 나무판자 board가 있었어요. 사람들은 이 판자로 배를 탔습니다. 그러나 지금은 배보다는 항공기에 탑승하는 것에 많이 사용되어요.

She is on board of the ship.
그녀는 그 배에 타고 있다.

You're now on board Flight 702 bound for New York.
여러분께서는 현재 뉴욕 행 702편 비행기에 탑승하고 계십니다.

bog [bɑ́g]

bog down
수렁에 빠지다(bog는 수렁. 어려운 상황에 빠질 경우 한국어도 수렁에 빠지거나 늪에 빠졌다고 합니다)

They were bogged down with the swamp.
그들은 늪에 빠져서 꼼짝 못했다.

The project get bogged down by complicated bureaucratic procedures.
그 일은 복잡한 행정 절차로 인해 수렁에 빠졌다.

boil [bɔ́il]

boil down
요약하다(summary. 음식도 너무 많이 끓이다 보면 물이 바짝 줄어듭니다. 방만한 내용을 줄이는 것은 요약)

Can't you boil it down a little?
그것을 좀 더 요약할 수 없니?

boilerplate [bɔ́ilərplèit]
보일러판, 반복 사용 어구

cliche

▌어느 집이나 보일러 들이 있어요. 그래서 흔한 것과 연관이 됩니다.

Describing peer review as "standard boiler plate" is mere obscurantism.
친구들의 생각을 진부한 것으로 기술하는 것은 애매모호한 것이다.

---

bolster [bóulstər]
지탱하다

support

▌bolt. 볼트로 물체를 꽉 죄는 것을 연상.

The high interest rates helped to control inflation and bolster the economy.
고금리가 인플레이션을 억제하고 경제를 북돋우는 데 도움이 되었다.

---

bombastic [bɑmbǽstik]
과장한

using inflated language

▌bomb은 폭탄입니다. 한국어에도 '폭탄 발언' 이란 표현이 있어요. 어떤 국면이나 상태를 갑작스럽게 전환시키는 작용이나 반향을 일으키는 결정적인 선언이나 이야기를 말하는데요, 예를 들어, "정계를 은퇴한다는 그의 폭탄선언 때문에 정가가 떠들썩하다."를 들 수 있겠습니다. 원래 우리가 알았던 단어의 길이가 길어지면 내용은 부정적입니다. 폭탄선언에는 때로 과장된 어구가 들어가요.

Apparently, Socrates had started his lectures with some fairly bombastic words.
소크라테스는 약간 과장된 어구를 이용해 그의 강연을 시작했다.

---

bona fide [bóunə-fɑ́id]
진실한, 성실한

genuine
true

▌bona < bone. 최치원이란 신라 시대 최고의 석학이 있었습니다. 우리가 잘 알고 있듯이 신라는 골품제도라는 현재 인도의 카스트 제도처럼 엄격한 계급 사회였습니다. 최치원은 골품이 낮아 당나라에서 신라에 돌아 온 후 세상을 비관하다 서거했습니다. 계급사회에서 진실된 것은 능력이 아니라 계급 이었습니다. fid < friend. fidelity는 믿음입니다. 이성간에 바람을 피우지 않고 성실하고 진실되게 살아가는 것을 암시하는 어구예요.

Because I tried continually bona fide I was able to get on in life.
나는 계속해서 성실히 노력했기 때문에 출세할 수 있었다.

A few Chinese herbs are bona fide drugs, and so their effects are well understood.
몇몇 중국의 약초는 믿을 만한 약품이어서 그 약들의 효과 또한 익히 알려진 바 있다.

---

bonanza [bənǽnzə]
대성공

great success

▌공부도 안하고 놀던 A씨. 돈 많은 여자 만나니 인생의 '봉' 을 잡음.

The dividend was an unexpected bonanza.
그 배당금은 기대하지 않았던 횡재였다.

A rise in real-estate stroke a bonanza for house owners.
집주인은 부동산의 가격 상승으로 큰 행운을 얻었다.

---

bond [bɑ́nd]
채권

▌bind < bond. 빌려주는 돈에 의해 기관과 개인이 묶여 있습니다. 지방 공공단체나 중앙정부 그리고 사기업이 필요한 자금을 빌릴 경우 발행하는 유가증권을 말합니다. 한국어에 채권은 이것이외에 개인이 빌리는 것도 채권인데 이 경우 영어는 bond가 아니라 obligation이예요.

The bond will reach maturity in ten years
그 채권은 10년 후에 만기가 된다.

That bond is convertible into common stock.
그 채권은 보통주로 전환할 수 있다.

---

boon [bú:n]
혜택

blessing

▌boom = boon. 영어에서 bon-이 들어간 철자는 부정적이 아니라 긍정적 입니다. 한국어 에서도 A라는 여자는 선을 볼 때 그냥 나가면 좋은 남자 만날지 못할 수도 있지만 '분' 바르고 나가면 화장발이 먹힐 수도 있습니다.

Parks are a great boon to/for people in big cities.
대도시에 사는 사람들에게는 공원이 큰 혜택이다.

A thick coat is a real boon in cold weather.
추운 겨울에는 두꺼운 외투가 크게 도움이 된다.

---

boorish [búəriʃ]
촌사람의, 촌티 나는

rude

▌한국어 중에 '간덩이 부었다' 라는 표현이 있습니다. 겁이 없음을 나타내는데, 겁이 없는 사람은 무례하기 짝이 없어요. 이를 나타내는 영어 표현이 boorish입니다.
nude < rude.
뱀도 이전에는 걸어 다녔어요. 그러나 인간을 유혹하여 에덴의 동산(성경학자들은 이집트에 있는 것으로 추정)에서 떠나게 만든 죄로 뱀도 기어 다니고 우리 인간은 그때부터 옷을 벗고 다니는 nude를 무례하고 건방진 행위로 간주하게 됩니다.

His boorish behavior annoys everyone.
그의 야비한 행동은 모든 사람을 화나게 한다

Edward de Raaf needs someone who can withstand his bad temper and boorish behavior.
그는 그의 나쁜 성질과 무례한 행동에 참을 수 있는 사람을 필요로 한다.

---

boost [bú:st]
증대하다

increase

▌boot(ing). 컴퓨터를 부팅하는 모습을 연상 해보세요. 계속해서 update가 되면서 용량이 증가합니다.

A creamy sauce will boost the calorie count.
크림이 든 소스는 칼로리 총수를 증대시킬 것이다.

The unexpected win helped to boost the team's morale.
예상 밖의 우승이 팀의 사기를 높이는 데 도움이 되었다.

---

boot [but]

잘리다

fire/lay off

숙어

get the boot
(… 때문에) 잘리다.

get the boot
해고[절교]당하다

to boot
게다가, 덤으로

▌한국어도 두 연인이 사귀다 헤어지면 발로 체이다, 라고 말합니다. 그리고 해고를 당하면 공장 사장이 발로 종업원을 공장 밖으로 뻥 차는 모습 연상

He got the boot for sloppy work.
그는 근무태만으로 잘렸다.

She's beyond reproach beautiful, intelligent and with an attractive figure to boot.
그녀는 나무랄 데가 없이 아름답고 지성적이고 게다가 몸매도 매력적이다.

booty [búːti]

전리품

a collection of valuable things stolen from a place, especially by soldiers after a battle

▌한국어 '부티'. 잘 산다고 부티가 나요. 양상군자 = 도둑 = 조폭인 A씨. 훔친 물건을 팔고 삥 뜯어 벤츠 타고 다니면서 폼생 폼사로 살면서 '부티' 가 납니다.

The gangsters who played booty were arrested by the police.
아바위 친 깡패들이 경찰에 체포되었다.

botch [bátʃ]

망쳐 놓다

bungle

▌boss = botch. 사장이 계속 지켜보고 있어 스트레스 받아 일을 망쳐버리는 신입 사원 연상.

The actor botched his lines.
그 배우는 자기 대사를 제대로 외우지 못했다.

Instead of mending my car properly, he really botched it up.
그는 내 차를 수리한 게 아니라 완전히 망쳐 놓았다.

bottle [bátl]

▌bottle와 관련된 두 가지 주요한 영어 표현을 공부 합시다.

bottleneck : 체증(코카콜라 병의 목 부분을 연상 해보세요. 폭이 좁아 지고 있습니다. 도로에 교통의 흐림이 막힌 현상을 병목이라고 합니다. 비유적으로는 (사물의) 진행이 방해된 상태를 말해요)

The Government is trying to break the bottleneck of production.
정부는 생산의 애로를 타개하고자 하고 있다

There are a series of bottlenecks in the way of this program.
이 계획에는 많은 애로점이 있다

▌bottle up : ~을 병에 밀봉하다, 억누르다, 정체시키다로 press/jam과 동의어. 병 안에 어떤 것을 넣고 꽉 = 완전히 = up하면 꼼짝 달싹도 못함.

Bottle it up so that no air can get out.
공기가 빠져나오지 못하도록 밀봉하여라.

bottom [bátəm]
밑바닥

▌(race to the) bottom: 생산 원가를 낮추려는 경쟁

Video games today are a race to the bottom.
비디오 게임 시장에서는 현재 생산 원가를 낮추려는 경쟁이 있다.

▌bottom line : 맨 밑줄, 순익, 결말로 result와 동의어(수입 중에 들어간 경비 빼고 바닥에 남은 것이 원금.)

The management stood firm with its own bottom line - 2.5 percent wage increase and 50 percent bonus raise.
하지만 사측은 기본급 2.5% 인상과 상여금 50% 인상안을 고집했다.

---

boulevard [búləvὰ:rd]
도로

way

▌도로는 street이외에 road가 있지만 도로 양쪽에 나무들이 있는 경우는 boulevard. 한국에 가로수 길에 해당됩니다.

The police closed down the four-lane boulevard.
경찰은 그 4차선 대로를 폐쇄했다.

---

bountiful [báuntifəl]
관대한, 풍부한

abundant

▌bound. 책을 제본하여 한꺼번에 묶으면 낱장으로 있을 때보다 양이 더 많아져 보입니다.

Dishes is offered to one's ancestors as a way of thanking them for a bountiful harvest.
풍년이 들게 도와주신 조상에게 감사의 표시로 음식을 만들어 제사를 지낸다.

---

bourgeois [buərʒwá:]
중산 계급의 시민

middle class

▌세상사의 모든 일은 예측 할 수 없고, 어떤 한 사건에 대해 서는 장점과 단점이 모두 있습니다. 십자군 전쟁의 단점은 여러 가지가 있지만 가장 대표적으로 동로마 제국의 멸망이라고 생각해요. 같은 천주교에 의해 동로마는 무너집니다. 장점으로는 이 전쟁 이전에 국가 권력의 실세였던 교황이나 천주교의 고위 관리들이 힘이 없어지는 대신 전쟁을 통해 돈을 벌었던 신흥 세력인 자본가의 탄생입니다. 이들은 돈이 많아 좋은 음식을 먹은 탓에 얼굴이 bour = 부어(붓게) 됩니다.

Bourgeois voters.
중산층 투표자들

They've become very bourgeois since they got married.
그들은 결혼 후에 완전히 속물이 되었다.

---

bovine [bóuvain]
소 같은

cowlike

▌bov = cow. 소는 다른 동물에 비해 움직임이 느리다고 합니다. 특히 암소는 천천히 이동을 해요.

He was a gentle to the letter bovine man.
그는 점잖은 더 정확히 말하면 둔한 사람이었다.

---

boycott [bɔ́ikɑt]
보이콧하다

refrain

▌소비자가 어떤 상품을 사지 않는 행위를 말하는 것으로 불매운동 이라고 보면 됩니다. 'boycott'는 '포커를 치느라 밥을 먹을 시간이 없었던 귀족을 위해 빵을 만들었던 것에 유래한 샌드위치' 처럼 사람의 이름 으로 부터 나온 말입니다. 산업혁명 후 아일랜드에 대한 영국의 지배가 노골화되던 시기, 보이콧(Boycott)이란 영국인이 아일랜드 한 경작지 지배인으로 부임했습니다. 그런데 그 해 큰 흉년이 들자 소작인들은 소작료를 내려줄 것을 요구했습니다. 그러나 주인은 이를 거부하고 반드시 징수하도록 했고, 분개한 소작인들은 일치단결하여 보이콧을 '왕따' 시키는 작전으로 나갔고 우편물을 중도에서 가로채고 음식도 주지 않았습니다. 결국 그는 어려운 상태에 있다가 출동한 영국군대에 의해 구출되었는데, '보이콧'은 바로 이 사건 이후 자연스럽게 생긴 말입니다.

They imposed a boycott on all imports.
그들은 모든 수입품에 대해 불매운동을 벌였다.

Athletes from several countries boycotted the Olympic Games.
몇 개 국가에서 온 선수들이 올림픽경기를 보이콧했다.

bracing [bréisiŋ]
긴장시키는

invigoration

▌bra. bra는 여성들의 가슴을 꽉 죄는 것과 연관.

Britain is bracing itself for another week of strikes.
영국은 파업이 벌어질 또 다른 한 주를 대비해서 긴장하고 있다.

He braced himself against the seat of the car as it hit a tree.
차가 나무를 들이받을 때 그는 의자를 꽉 붙잡았다.

brag [brǽg]
자랑하다

boast

▌bravo. 외칠 때 '브라보' 라고 합니다. 자랑하고 싶을 때 이런 어구를 사용. bravo = brag.

He brags of his rich father.
그는 돈 많은 아버지를 자랑한다.

He's been bragging about his new car.
그는 자기 새 차를 자랑하고 있다.

brainchild [breintʃàild]
창작물, 발명품

invention

▌대덕 연구 단지는 두뇌 집단이 있다고 합니다. brain은 머리 이외에 지적이라는 뜻이 있어 머리가 좋은 아이 혹은 사람이 만든 물건.

The artificial lake is a brainchild of the city planner.
그 인공 호수는 그 도시계획 입안자가 생각해낸 것이다.

The secret talks that produced the "Understanding," as it came to be called, were the brainchild of Yossi Beilin.
이해를 만들어낸 은밀한 협상은 요시 베일린의 창안이었다.

branch out [brǽntʃ]
확장하다

extend

▌나무에서 나뭇가지가 파생되듯이 여러 지점이나 분점을 개설하는 가게나 공장과 연관하기.

The group branched out to pursue individual projects.
그 그룹은 개별적인 프로젝트를 수행하기 위해 새로운 작업에 들어갔습니다.

The company branched out into computers.
그 회사는 컴퓨터업계로 나갔다

B

brandish [brǽndiʃ]
휘두르다

wave

▌brand. 명품은 maker가 아니라 brand입니다. 한국은 명품을 사야겠다는 명품 족들이 문화의 흐름 = wave를 주도 하고 있어요.

Jubilant mobs roamed through the streets of Belgrade, brandishing weapons seized from police stations.
환희에 찬 군중은 경찰에서 빼앗은 무기를 휘두르며 베오그라드의 거리를 거닐었다.

bravado [brəvάːdou]
허세 부리다

false show

▌bravo = bra. 다른 사람보다 큰 가슴을 가지고 싶은 A라는 아가씨. 가게에서 '뽕'을 사서 옷 안에 넣은 다음 허세를 부리는 장면 연상.

Take no notice of his threats - they're sheer bravado.
그의 협박에 신경 쓰지 마, 그건 순전히 허세야.

brawn [brɔ́ːn]
근육, 완력

big muscle

▌brown. 백지장처럼 하얀 얼굴이나 피부는 허약한 인상을 줍니다. 하지만 햇볕에 그을린 brown의 피부색을 가진 사람을 보면 근육질의 강한 체력을 가진 튼튼한 사람이란 인상을 줍니다.

Use your brain before brawn if you want to win.
이기고 싶다면 힘보다 머리를 써라.

She is an excellent brawn as well as brain.
그녀는 머리도 체력도 훌륭하다.

brazen [bréizn]
뻔뻔스러운

bold

▌bronze. 한국어에서 뻔뻔한 사람들을 가리켜, "얼굴에 철판 깔았다"고 합니다. 철판 = steel의 일종으로 구리 = bronze와 연상.

A country brazen enough to kidnap its own people is unlikely to be a real partner for any new world order.
자국 국민을 납치할 정도로 철면피한 국가는 어떤 새로운 세계 질서의 진정한 동반자도 될 가능성이 없다.

breach [briːtʃ]
위반

breaking of contract

▌ch-철자를 떼어내어 보세요. 무슨 단어와 비슷하나요? break입니다. break의 기본 의미에 법률등을 위반하는 의미가 있어 breach도 break와 동일한 문맥에 사용됩니다.

The huge waves made a breach in the sea wall.
거대한 파도로 방파제에 균열이 생겼다.

He was taken to court over an alleged breach of contract.
그는 계약 위반 혐의로 소송이 걸렸다.

bread [bred]
빵

▌bread와 관련된 복합어를 알아두세요.
breadwinner : 가장

Who is the breadwinner in your family?
집안에서 돈벌이를 하는 사람이 누구입니까?

He is the breadwinner but his mom still does his laundry and cooks for him.
돈을 벌어오는 것은 그이지만 여전히 어머니가 빨래와 요리를 해 준다.

▌on the breadline: 매우 가난한(breadline은 식료품의 무료 배급을 받는 실업자)

He is on the breadline.
그 사람은 아주 가난해요

Many people without jobs are living on the breadline.
직업이 없는 많은 사람들이 아주 가난하다.

breakthrough [breikθrù:]
돌파, 큰 발전, 약진

progress

▌이전까지 신기록을 깨거나 비행기가 음속을 깨는 것처럼 특정한 부분에서 큰 발전을 하는 경우.

They look poised to make a significant breakthrough.
그들은 획기적인 돌파구를 마련할 것으로 보인다.

Nobody is predicting a breakthrough in stalled six-party negotiations on the issue.
현재 교착상태에 빠져있는 6자 회담의 돌파구가 마련될 것으로 예측하는 사람은 아무도 없습니다.

▌break가 들어간 표현 중 아래의 구절동사의 의미는 반드시 알아 두어야 합니다.
break up: 헤어지다(남녀가 사귀다가 헤어지는 경우로 한국어는 '찢어지다'에 해당되는 표현).

You didn't break up the marriage?
결혼을 깨뜨린 건 아닌가요?

He is going to break up with me.
그녀가 나와 헤어지려고 해

brevity [brévəti]
짧음

short

▌brief. 특히 brevity는 길이가 짧은 것과 길이가 긴 것은 지루함을 주지만 짧은 것은 명료함을 빗대어요.

He is famous for the brevity of his speeches.
그는 연설이 간결하기로 유명하다.

In her writing clarity is sometimes sacrificed to brevity.
그녀의 글에서는 간혹 간결성 때문에 명료성이 떨어지는 경우가 있다.

brick [brick]
기초, 토대

foundation

▌집을 지을 때 기초가 되는 것이 철근과 벽돌. brick은 비유적으로는 '기초' 입니다.

Our new technology will be the brick for a series of products to be released in the fall.
이러한 신기술은 가을에 출시될 예정인 제품군의 기반이 될 것입니다.

---

bring [bríŋ]
가져오다

▌bring out : 야기하다(cause. 안에 그대로 두어야 하는데 밖으로 끄집어 냄)

The company will bring out a new model in July.
그 회사는 7월에 새 모델을 발표할 것이다.

---

brink [bríŋk]
가장자리

edge

▌bring. brink = slope. 절벽의 가장자리로 A가 B를 데리고 가는 모습 연상.

He stood shivering on the brink, waiting to dive in.
그는 다이빙해 들어가기를 기다리며 가장자리에 떨면서 서 있었다.

His incompetence has brought us to the brink of ruin.
그의 무능이 우리를 파멸 직전까지 몰고 왔다.

---

bristle [brísl]
화가 난

stiffen with anger

▌brush. 영어는 goose pimple이 있어요. 한국어에서는 닭살이 돋고 영어는 거위 살이 돋습니다. 공통점은 음식이고 차이점은 닭이냐 거위냐의 차이에 있네요. 독특한 성적 성향이 있는 분들은 붓의 털로 상대 이성을 자극하는 방법을 사용한다고도 해요.

The dog's fur bristling as it sensed danger.
위험을 감지했는지 개가 털을 세웠다.

She was bristling with anger.
그녀는 잔뜩 화내고 있었다.

---

brittle [brítl]
부서지기 쉬운

fragile

▌little. 부정적인 맥락에 사용되어요. 그 이유는 small은 단순히 '작다' 만을 나타내지만 little은 냉소적인 분위기를 반영합니다. 한국어에서도 '작은 아이' 와 '조그만 꼬맹이' 가 있을 때 전자에는 small을, 후자에는 little이 사용될 수 있어요.

The paint on the windows was brittle with age.
창문의 페인트가 세월이 지나 파삭파삭하다.

She was always nervous and mentally brittle.
그녀는 항상 신경질적이고 정신적으로 허약했다.

---

broach [bróutʃ]
제안하다

come up with

▌브로치. 이전의 한국 여자들은 윗옷에 브로치를 달았습니다. 남성들이 여성들의 옷을 벗길 때 먼저 브로치를 옷에서 떼어내야만 했습니다. 그래서 어떤 일을 시작하거나 제안하는 것과 연관 지어 보세요.

I didn't want to broach the matter with her.
나는 그 문제를 그녀와 이야기하고 싶지 않았다.

He broached the subject of a loan with his bank manager.
그는 은행 매니저에게 융자 문제를 끄집어냈다.

---

brochure [brouʃúər]
팸플릿

pamphlet

▌한국어 전단지에 해당되는 영어 어구 카탈로그(catalog)는 물품이나 책 등의 목록을 말하는 것으로 어떤 항목에 대해서 순차적으로 나열한 목록집이 되겠죠... 팜플렛(pamphlet)은 소위 '호치케스'라고 부르는 스테이플러로 찍은 소책자를 입니다. 리플렛(leaflet)의 경우는 배포를 목적으로 한 낱장으로 된 인쇄물로 전단 광고용 삐라 같은 것을 주로 말합니다. 브로셔(brochure)는 역시 팜플렛이나 소책자와 비슷하게 쓰여서 말 그대로 홍보책자라고 보시면 됩니다. 참조로 찌라시는 순수 한국어가 아니라 일본어에서 파생이 되었다고 하네요.

The travel brochure said we were free to cancel at any time.
여행안내 책자에는 우리가 언제든지 자유로이 취소할 수 있다고 쓰여 있었다.

Don't be misled by the brochure - it's not a very nice place.
광고 책자 보고 현혹되지 마. 그곳은 별로 좋은 곳이 아냐.

bromide [bróumaid]
진부한 생각, 흔해빠진 일

cliche

▌브로마이드. 커다란 스타의 사진을 말하는 것으로 원래 '브로마인'은 라틴어로 악취를 의미하는 'bromos'에서 파생된 말이었고 후에 사진 인화지, 또는 그 인화지로 현상한 색이 변하지 않는 사진을 가리키는 말이 됩니다. 지금은 브로마이드 기법으로 만든 청소년들의 우상인 영화배우나 운동선수 등의 대형 사진을 가리키는 말로 누구나 청소년이라면 브로마이드를 가지고 있기 때문에 '진부한'이란 의미를 가지게 되었어요.

I know it's so bromide, but you forget sometimes.
누구나 다 아는 흔한 말이지만 가끔씩 잊어버리잖아요.

brook [brúk]
견디다, 참다

endure

▌불룩 < 불혹. 사람들은 젊은 시절 화를 불쑥 불쑥 내더라도 '불혹'의 나이가 되면 참을 줄 알아야 합니다.

The brook murmured under the ice.
얼음 밑에서 냇물이 졸졸 흐르고 있었다.

I cannot brook interference.
나는 간섭을 받으면 못 참는다.

brusque [brʌ́sk]
퉁명스러운, 무뚝뚝한

blunt

▌원래는 정육점의 주인들이 사용했던 나뭇가지로 만든 작은 빗자루였습니다. short하다는 것과 말수가 적은 것은 무뚝뚝함을 암시해요.

His reply was typically brusque.
그의 대답은 으레 그렇듯 무뚝뚝하다.

He can be rather brusque at times.
그는 때때로 상당히 무뚝뚝해진다.

buck [bʌ́k]
돈

숙어
pass the buck to a person
…에게 책임을 전가하다

▌서로 이용하려고 할 때는 돈을 주고받고 하다가 검찰에 걸리면 서로 돈을 주었다는 둥, 받지 않았다는 둥 자신이 책임 지지 않고 다른 사람에게 책임을 전가하는 행동.

He tries to pass the buck to his secretary.
그는 자기 비서를 탓하려고 한다.

B

bucolic [bju:kɑ́lik]
시골풍의, 전원생활의

rustic

▌bov = cow = buc. 소가 들판에서 한가로이 풀을 뜯어 먹으면서 노니는 모습.

At the same time, wealthy men bought land and built houses in the bucolic countryside.
동시에 졸부는 땅을 사서 시골에 집들을 지었다.

buffoon [bəfú:n]
어릿광대

a joker

▌puff. puff는 담배 연기를 밖으로 내 뿜거나 입 안에 공기를 밖으로 "푸"하고 부는 행동입니다. 이런 모습은 과장된 연기를 아이들 앞에서 하는 어릿광대에 비교가 되어요.

The clown played the buffoon before the spectators.
관객 앞에서 광대는 익살부렸다.

bulk [bʌlk]
큰

big

▌hulk. 이전에 미국 TV프로 중에 체구가 큰 헐크라는 등장인물이 있었어요.

She heaved her huge bulk out of the chair.
그녀는 거대한 몸을 의자에서 들어 움직였다.

The sheer bulk of Mozart's output is extraordinary.
모차르트의 작품은 그 양만 봐도 엄청나다.

bull [bul]
황소

cow

▌소는 눈동자가 커요. 그래서 과녁에 있는 둥글둥글한 복판을 황소의 눈에 비유
과녁의 한복판 = the bull's eye

The bull's eye counts 5.
한복판에 맞으면 5점으로 친다.

Then you're bull in our china shop.
우리 가게에 있는 황소잖아

bulwark [búlwərk]
성채, 요새

fort

▌bull + work. 황소를 동원하여 공사를 하였다면 어느 정도의 큰 공사를 했다는 것을 알 수 있어요. 이전에 창과 칼로 싸우던 시기에는 요새를 어디에다 지어야 할까요? 먼저 성을 짓고 그 주변에 깊고 넓은 웅덩이를 팠다고 합니다. 그래서 평상시에는 다리를 놓아 사람들이 왕래를 하고 유사시에는 다라 발판을 위로 올려 적이 들어오지 못하도록 했다고 해요. 그래서 ford = 강 < fort 요새가 파생이 되었어요.

Democracy is a bulwark of freedom.
민주주의는 자유의 보루이다.

bungle [bʌ́ŋgl]
실수하다, 서투른 솜씨

mistake

▌한국어의 '방글 방글'. 실수하고도 '방글 방글' 웃는 모습 연상.

John was drunk and made a bungle of it.
존이 취해서 엉망으로 만들었습니다.

They bungled the job badly.
그들은 그 일을 크게 망쳤다.

burlesque [bəːrlésk]
익살

lewd imitation

▌한국어의 다리를 '벌려'. 원초적 본능이란 미국 영화가 있습니다. 이 영화에서 여자 주인공은 다리를 벌리는 야한 포즈를 취해 유명해졌어요.

He is a burlesque actor.
익살극 배우이다.

burner [bə́ːrnər]

숙어
put - on the back burner
…을 당분간 유보하다

▌캠핑을 갈 때 썼던 '버너'를 당분간 사용하지 않기 때문에 싱크대에 보관하는 모습 연상.

The government put the redenomination issue on the back burner as it had failed to build a consensus on the issue.
정부는 화폐단위 변경 문제에 있어서는 합의점을 찾지 못 해 보류했다..

bustle [bʌ́sl]
부산하게 움직이다

rush

▌bus. 늦게 일어난 학생이나 회사원. 직장이나 학교에 늦지 않기 위하여 버스에 급하게 올라타는 모습을 연상.

I love all the hustle and bustle of the market.
나는 시장의 그 활기찬 북적거림이 좋다.

The cottage was beautifully quiet after all the noise and bustle in the town.
도회의 그 모든 소음과 분주함을 겪은 뒤에 찾은 그 오두막은 황홀할 만큼 고요했다.

busybody [bízibɑ̀di]
참견하기 좋아 하는 사람

interfere in other people's affairs

▌남의 일에 간섭하기 좋아하는 사람은 끼어 들이게 바빠요 = busy

He makes a busybody out of himself to the neighbors.
그는 이웃의 일에 참견한다.

buoyant [bɔ́iənt]
쾌활한

cheerful

▌buy. 자기가 그동안 사고 싶었던 물건을 사면 하늘을 날아갈듯이 기분이 좋습니다. 원래 이 단어는 바다의 길 안내를 해주는 부표입니다. 바다 위에 떠 있어요. 그런데 비유적으로 의미가 확대되어 cheer의 뜻도 가지게 되었어요.

The raft would be more buoyant if it was less heavy.
뗏목이 덜 무거우면 더 잘 뜰 것이다.

Despite all the set-backs, she remained buoyant.
그 모든 좌절에도 불구하고 그녀는 여전히 명랑했다.

bureaucracy [bjuərɑ́krəsi]
관료주의

red tape

▌office. 영어는 office가 사무실입니다. 불어에서 파생이 된 단어는 bureau입니다. table을 뜻하는 말인데요. 사무실에는 모두 책상이 있기 때문입니다. 미국에서 한국의 경찰서에 해당되는 기관으로 FBI가 있는데 B가 바로 이 단어의 줄임말입니다. cracy = politic. 이전에 영국 여왕 엘리자베스가 있었는데 대신들이 여왕에게 올리는 공문서를 빨간(신성함을 상징)색 리본을 감았습니다. 이 빨간 테이프를 감았다 다시 풀고 본 다음 다시 감아야 하는 불편함 때문에 red tape도 불편한 행정 절차를 상징하게 되었어요.

They framed a plan to eliminate unnecessary bureaucracy.
그들은 불필요한 관료주의를 없앨 계획을 짰다.

We need to reduce paperwork and bureaucracy in the company.
회사 내에서 서류 처리와 관료주의를 줄일 필요가 있다.

burgeon [bə́:rdʒən]
싹트다, 갑자기 출현하다

grow forth

version. 컴퓨터의 버전이 좋을수록 성능이 더 좋아집니다.

The town burgeoned into a city.
그 읍은 급격히 발전해서 시가 되었다

The burgeoning industry is creating millions of zombified addicts.
단시간에 고도성장한 이 산업이 수백만의 좀비형 중독자들을 양산하고 있다.

B

---

burgeoning [bə́:rdʒən]
싹트는, 신생의

grows or develops rapidly

싹이 트는 모습은 비유적으로 어떤 발전 상태가 초기라는 것 암시.

A burgeoning middle class is pushing sales of cars'
중국에서 급속히 출현하고 있는 중산층이 자동차의 판매를 큰 폭으로 증가시키고 있다.

---

buttress [bʌ́tris]
지지

support

권투선수들이 자주 하는 반칙 중에 머리로 상대방을 받는 행동이 있어요. 이를 butt라고 합니다. 체력이 딸려 반칙에 의존해야 하는 상황을 연상해보세요.

You need more facts to buttress your argument.
당신의 주장을 뒷받침하려면 더 많은 사실이 필요하다.

The government's tight fiscal policy acts as a buttress against inflation.
정부의 긴축재정이 인플레의 버팀벽이 되고 있다.

---

buzzword [bʌ́zwə́:rd]
유행어, 전문 용어

terminology

buzz는 '벌'이 이곳저곳을 날아다니면 윙윙하며 내는 소리. 비유적으로는 사람들이 자주 사용하는 유행어 혹은 전문적인 어구.

There is no "unified budget" for "unified action" the buzzword for synergistic policy implementation.
시너지효과를 발휘하는 정책 이행을 의미하는 전문용어인 '통합된 행동'을 위한 '통합된 예산'이 존재하지 않는다.

---

by [bai]

숙어

by no means
결코 – 이 아니다

어떤 수단 = means을 사용해도 되지 않는다는 것을 암시.

Life is by no means a smooth[plain] sailing.
인생은 순풍에 돛을 단 듯이 언제나 순조로운 것은 아니다.

---

byzantine [bízəntì:n]
비잔티움, 복잡한

complex

비잔틴. 터키. 지금은 그리 잘사는 나라는 아니지만 이전에는 비잔틴 제국의 중심으로 초 강대국이었어요. 서로마 제국의 황제들은 암살을 많이 당했습니다. 그 이유는 도로가 신작로이기 때문이었어요. 그래서 이를 두려워 한 동로마 제국의 수도가 있던 비잔틴제국은 왕이 암살을 피하기 위하여 도로를 구불구불한 미로형 골목길이 되어 이런 연유 때문에 이 단어는 '복잡한'이란 뜻을 가지게 됩니다.

The church dominated Byzantine and Gothic art of the Middle Ages.
교회는 중세의 비잔틴과 고딕 예술이 지배하고 있었다.

Storytelling provides an easy path into any byzantine complex issue.
이야기를 하다 보면 복잡한 문제를 쉽게 풀어갈 수 있는 길이 생기기 마련이다.

[ACTUAL TEST]

밑줄 친 낱말과 동의어를 고르세요.

1. Hans Island is a barren chunk of rock measuring less than 1.5 square kilometers.

   (A) puny (B) infertile (C) legendary (D) precious

2. Progressive relaxation refers to a method in which people learn to relax systematically, completely, and by choice.

   (A) vigorously (B) voluntarily (C) unwittingly (D) prudently

3. One man who has been disobedient about discussing the question looks at Cecilia with a somewhat bemused look on his face.

   (A) amused (B) conceited (C) bewildered (D) dubious

4. He once owned a beat-up taxi that he and a friend named Baxter.

   (A) a rundown (B) an unpredictable (C) an annoying (D) a low-end

5. One town's rise from bamboo-forested backwater to manufacturing power shows why China is so formidable.

   (A) cultivator (B) negotiator (C) nonentity (D) authority

6. A good laboratory, like a good bank or a corporation or government, has to run like a computer. Almost everything is done by the book, and all numbers add up to the predicted sums.

   (A) incessantly (B) flawlessly (C) carelessly (D) randomly

7. One of the chief aims of American foreign policy in the period following World War II was to balk Soviet attempts to export communism to the Third World.

   (A) block (B) reverse (C) monitor (D) emulate

8. It has not yet risen to an organized consumer movement, but there are unmistakable signs of a backlash against the 75 million handheld communications devices now on the American scene.

   (A) negative reaction (B) physical violence
   (C) political controversy (D) religious discrimination

9. His critics have generally attempted to show that the Bible is best interpreted as advocating an attitude of benign stewardship on the part of humans toward the nonhuman world.

(A) ubiquitous (B) malignant (C) obliging
(D) provocative (E) uneducated

B

[FILL THE PROPER WORD IN THE BLANK]

빈칸에 들어갈 적당한 단어를 고르세요.

10. It's a pity you can't use a dictionary in your German exam, but at least everyone ________.

(A) pushes the boat out (B) rocks the boat (C) misses the boat
(D) burns their boats (E) is in the same boat

11. "TV has a value. If you ban it entirely from your child's life, it's like ________," says the author of TV-Proof Your Kids.

(A) throwing out the baby with the bath water
(B) sending a person on a fool's errand
(C) being a cat on a hot tin roof
(D) betting one's bottom dollar
(E) playing the fox

[EXPLANATION]

1. [VOCA]

barren 불모의 chunk 덩어리 measure ~의 치수를 재다 puny 아주 작은 infertile 불임의 legendary 전설적인 precious 소중한

[TRANSLATION]

Hans섬은 1.5평방킬로미터도 안 되는 농사를 지을 수 없는 바위 덩어리이다.

[ROPES]

bar는 금지 = stop. 농사를 지을 수가 없어요.

[ANSWER] B

2. [VOCA]

by choice 스스로 선택하여 relax 이완되다 vigorously 원기왕성하게 unwittingly 무의식적으로 prudently 신중하게

[TRANSLATION]

점진적인 휴식은 사람들이 체계적, 완전히, 그리고 무의식적 으로 휴식을 배우는 방법을 말합니다.

[ROPES]

휴식을 의식적 으로 하면 피로가 풀리지 않음. 그래서 머릿속에 아무것도 생각하지 않아야만 완전한 휴식이 됨.

[ANSWER] B

3. [VOCA]

disobedient 순종하지않는 bemused 어리둥절한 conceited 자만심이 강한

[TRANSLATION]

그 문제를 토론하는 것에 동의하지 않는 사람은 얼굴에 약간은 어리둥절한 표정을 하는 Cecilia 를 보았다.

[ROPES]

bemuse 〈 muse. 음악을 들으면서 깊은 생각에 잠겨 있는 모습과 이해가 되지 않아 황당해서 이리 저리 생각하는 것 연관시키기.

[ANSWER] C

4. [VOCA]

beat-up 똥차 rundown 몹시 황폐한, 피곤한 unpredictable 예언할 수 없는 annoying 성가신, 귀찮은 low-end 저속한

[TRANSLATION]

그는 그와 한 친구가 한때 Baxter 라고 이름을 붙인 오래된 차 한 대를 가지고 있었다.

[ROPES]

up은 위 뿐만 아니라 아래로 이동에도 사용. 폐차장에서 차를 찌부려 뜨리는 것을 연상

[ANSWER] A

5. [VOCA]

backwater 침체 지역 cultivator 경작자 negotiator 협상자 nonentity 존재하지 않음 authority 권위, 당국 formidable 무서운

[TRANSLATION]

대나무 숲만 있는 산간 벽지인 한 마을이 제조업의 중심지로 발전하는 것을 보면 왜 중국이 그렇게 무서운지를 알게 된다.

[ROPES]

[[One town's rise from bamboo-forested backwater to manufacturing power] [shows] [why China is so formidable.]]

from A to B에서 A와 B는 서로 대조적인 내용이 옴. manufacturing power를 통해 번창한 도시라는 것을 함축하지만 앞에 나온 backwater은 이와는 대조적인 의미라는 것을 암시.

[ANSWER] C

6. [VOCA]

by the book 정확하게 incessantly 끊임없이 flawlessly 결점 없음 randomly 임의로 laboratory 실험실 corporation 기업

[TRANSLATION]

좋은 은행, 기업, 정부 처럼 훌륭한 실험실은 컴퓨터 처럼 운영되어야 한다. 거의 모든 일이 정확 하게 행해지고 모든 수치들은 예측된 총계에 도달하도록 합해진다.

[ROPES]

like a computer이란 어구가 도우미 낱말. 컴퓨터 처럼 정확 해야겠죠.

[ANSWER] B

7. [VOCA]

balk 방해하다 emulate 다투다, 겨루다

[TRANSLATION]

미국 외교정책의 주요 목표 중에 하나는 2차 세계대전 이후 제 3세계에 공산주의를 전파하려는 소련의 시도를 막는 것이었다.

[ROPES]

민주주의인 미국은 소련이 공산주의를 다른 나라에 퍼뜨리는 것을 허용 하겠다? 아니면 저지하겠다?. 물론 전자가 아니라 후자 겠죠.

[ANSWER] A

8. [VOCA]

unmistakable 실수 없는, 명백한 backlash 반발, 반격 handheld 손에 든

[TRANSLATION]

아직 체계적인 소비자 운동으로까지 발전하지는 않았을 지라도 현재 미국에는 7,500만대나 되는 휴대용 통신 장비에 대한 반대의 징조가 있다는 것에는 의심의 여지가 없다.

[ROPES]

backlash = back + lash. 뒤 = back는 부정적인 의미.

[ANSWER] A

9. [VOCA]

critic 비평가 interpret 해석하다 advocate 옹호하다 benign 친절한 stewardship 집사 on the part of ~쪽(편)에서 ubiquitous 모든 곳에 존재하는 malignant 유해한 obliging 친절한

[TRANSLATION]

그의 비평가들은 성경은 일반적으로 인간 편에서 비인간 세계에 관해 친절한 안내자의 태도를 가지는 것을 지지하고 있는 것으로 해석하는 것이 가장 타당함을 보여 주려고 했다.

[ROPES]

benign stewardship = 형용사 + 명사. 형용사는 명사 앞에 위치하고 있으면서 의미의 유사성이 있습니다. 수위 아저씨가 오만하다??? 그러면 회사에서 해고됩니다. 수위 아저씨는 친절이 생명입니다.

[ANSWER] C

10. [VOCA]

it's a pity that ~하다니 안됐다 at least 최소한 push the boat out 돈을 물 쓰듯이 쓰다 rock the boat 배를 흔들다, 위험하게 하다 miss the boat 배를 놓치다, 기회를 놓치다 burn one's boat 배수의 진을 치다 be in the same boat 같은 입장이다

[TRANSLATION]

독일어 시험을 볼때 사전을 사용할 수 없는 것은 유감이긴 하지만 최소한 모두 같은 입장이다.

[ROPES]

시험장에서 사전을 이용해도 된다? 말도 안 되는 소리이죠. 이것은 모든 수험생들이 같은 입장 입니다.

[ANSWER] E

11. [VOCA]

ban 금지하다 throw out the baby with the bath water 사소한 것과 함께 중요한 것을 버리다 send a person on a fool's errand 헛걸음 시키다 be a cat on a hot tin roof 안절부절 못하다 bet one's bottom dollar 전 재산을 걸다, 확신하다 play the fox 교활하게 행동하다

[TRANSLATION]

"TV는 가치가 있다. 만일 자녀의 인생에서 텔레비전을 완전히 배제한다면 그것은 사소한 것 때문에 중요한 것 까지 버리는 것과 같다"고 자녀를 TV로부터 보호하라고 저자가 주장한다.

[ROPES]

보통 TV는 '바보상자'로 불리며 특히 청소년들에게 유해 한 것으로 지적되고 있습니다. 하지만 이 지문의 저자는 'TV가 가치 있다'는 입장이므로 TV의 중요성을 인정하는 어구를 보기에서 찾아야만 해요.

[ANSWER] A

C

C로 시작하는 철자들 이것만은 꼭 알자

1. co-로 시작하는 단어는 '함께 = with의' 의미로 함께 어떤 행동을 한다는 것을 나타냅니다.

함께

WITH CO

예) company / collaborate / concrete

갈이 일을 하는 회사는company, 여러 명이서 함께 일을 하는 '협동'은 collaborate, 그리고 물과 시멘트가 함께 섞이는 콘크리트 concrete등은 모두 co-라는 철자가 있어요.

2. cap-로 시작하면 모자를 머리에 쓰기 때문에 head와 연관. 신체 중에 가장 중요한 부분 중에 하나인 머리는 boss나 money와 관련 있어요.

머리 ······▸ 가장 중요

HEAD CAP
↓
돈

예) captivate / capitulate / capital / cardinal

잘 생긴 이성의 얼굴 = 머리를 보고 반하기 때문에 captivate는 매혹하다를, 병자호란 때 조선의 왕은 청나라 사신에게 머리를 숙였기 때문에 capitulate는 항복을 의미합니다. 머리라는 신체 중 가장 중요하기 때문에 세상 사람들이 가장 중요하게 생각하는 것은 여러 가지가 있지만 그 중에서도 주요한 cardinal 것은 돈 capital이죠.

3. '안티 팬' 이란 말을 모르는 사람은 없습니다. 안티의 영어는 anti. 반대를 한다는 의미예요. anti와 같은 뜻을 가지는 접두사로는 contra가 있어요. 이들 단어가 들어가면 부정적인 의미들입니다.

반대

AGAINST　CONTRA　ANTI

↓ 부정적인 의미

예) contraband

마약과 같은 물건은 한국에 들어오는 것을 검찰에서는 막고 반대하기 때문에 contraband 는 밀수품입니다.

4. can은 깡통. 깡통의 원산지는 정확하게 표시 되어야 합니다. 그래서 영어 can-은 honesty와 연관이 되어요.

정직

CAN　HONEST

예) candor / candidate / candid

대통령과 같은 공직에 출마하는 후보자 candidate들은 정직하고 청렴결백해야 합니다. 그래서 고대 그리스 사람들은 자신의 정직함 candor = candid를 시민들에게 보여주기 위하여 하얀 옷을 입고 아테네 거리를 돌아다녔다고 합니다.

5. 길을 가다 외벽에 붙어 있던 간판 등이 떨어져 사고가 나는 경우도 있어요. 사고는 영어로 accident와

incident가 있어요. 이들 철자에서 보이는 cid-는 '떨어지다'라는 fall입니다. 학원을 다니면서 성적이 올라가면 좋지만 떨어지면 기분이 좋지 않아 이들 철자가 나오면 보통은 부정적인 의미라고 파악하면 됩니다.

C

떨어지다

FALL CID CAD CIS

예) accident / casual / decay / decadent / deciduous / occidental

사고 등을 accident나 incident라고 해요. 이런 사건이나 사고들은 보통 우연하게 casual 일어납니다. 가을에 낙엽이 떨어지는 것은 deciduous라고 해요. 낙엽이 아래로 de- 떨어진다 = cid이기 때문입니다. 해가 떨어지는 것은 서쪽. 그래서 서양은 occidental이고 이와 반대말은 동양 oriental입니다. 요즘 유럽과 같은 서양은 국운들이 기울고 있는 것에 반하여 해가 뜬다는 의미라는 동양에서는 여러 나라들의 경제력이 무서운 속도로 발전을 하고 있는 것을 보면 세상에 영원한 강자는 없다는 것을 우리는 알 수 있어요. CID-는 '떨어지다' 와 더불어 다음처럼 '자르다 =cut' 의 의미가 있어요.

예) decision / concise / circumcise / incision / homicide

결정을 내릴 때는 여러 가지 것들 중 하나를 제외하고 다른 것들은 단호하게 잘라내기 때문에 de + cis = cut입니다.

6. 자동차로 사람이나 물건을 일정한 장소로 데려(가져)오거나 데려(가져) 옵니다. 그래서 car-를 포함하여 cap, cep, cip, cup와 같은 철자로 시작하면 carry의 의미가 있어요.

가져오다(가져가다)

CARRY CAR CAP CEP CIP CUP

예) captive / capture / captivate

전쟁이 끝나게 되면 전쟁 포로들을 승리한 나라로 데려오는 모습에서 나온 단어가 captive입니다.

7. 둥근 원은 circle입니다. '주위' 에 해당되는 가장 대표적인 철자는 cir이예요.

주위

(A)ROUND CIR

예) circus / circular / circuit / circulate

서커스는 보통 공연을 둥근 mat위에서 공연을 합니다. 전기의 회로 circuit는 전선을 따라 전기가 돌기 때문에 cir-이란 철자가 들어가 있습니다.

주위

CIR AMBI PERI

예) ambient / ambiguity / peripheral / perimeter

주변의 '환경' 은 둘러싸여 있기 때문에 ambient는 ambi-로 시작을 합니다.

8. -clud-라는 철자가 있으면 '닫다' 와 관련이 있어요.

닫다

CLOSE CLUD

예) include / conclude / exclude / seclude

A라는 사람이 어떤 모임에 가입하고 싶었고 그 모임의 멤버들은 A를 회원으로 가입 한 후 문을 닫았다면 A는 그 모임에 가입되어 포함이 된 것입니다.

C

cabal [kəbǽl]
파벌

clique

▌다른 나라에 비해 한국은 과거나 지금이나 파벌을 많이 형성 하고 있는 것 같습니다. '파벌'이 clique = cabal.

Will this obviously rigged election result be enough to keep an unelected cabal of 12 clerics intact?
명백히 조작된 이번 선거의 결과가 비선출직인 성직자들의 12명 위원회를 온전하게 유지하는 데 충분할 것인가.

---

cache [kǽʃ]
은닉처

hiding place

▌cash. 지금은 돈을 은행에 저축합니다. 하지만 이전에 한국이든 서양이든 모두 은밀한 곳, 예들 들어 땅속에 돈을 파묻기도 했어요.

A big cache of weapons, explosives and munitions was also seized with the gunmen, a ministry statement said.
"무장단원과 함께 무기와 폭발물, 탄약 등을 숨겨둔 대규모 저장고도 발각되었다"고 내무부가 발표했다.

---

cacophonous [kəkɑ́fənəs]
불협화음의, 귀에 거슬리는

inharmonious

▌phone. 소리가 '캑캑' caco. 그리 좋게 들리는 소리는 아니네요.

the real challenge is to get the diverse groups to echo the new leader's call, instead of continuing their cacophonous pronouncements.
대표의 진정한 도전 과제는 당내 불협화음을 중단시키고 다양한 당내 그룹을 새로운 지도자의 요구에 따르도록 만드는 일이다.

---

cadence [kéidəns]
운율

rhythm

▌accidence = incidence. cid =fall+ent = 떨어진(cid)+것(ent)". 오선지에 악보가 위 아래로 움직이는 것이 리듬.

Jeong says people tend to keep her at arm's length if they find out she is North Korean.
정씨는 사람들은 그가 탈북자인 것을 알면 일정한 거리를 두는 경향이 있다고 말합니다.

---

cadge [kǽdʒ]
구걸하다

beg

▌carriage < carry. 마차에 올라타는 귀족들에게 거지들이 가서 한 푼 달라고 하는 장면 연상.

Could I cadge a lift with you?
절 좀 태워 주시겠습니까?

He's always cadging meals from his friends.
그는 항상 친구들에게 먹을 걸 구걸한다.

---

cajole [kədʒóul]
감언이설로 속이다

coax

▌cajo = 거저. 거저 준다는 말을 믿습니까? 상인들이 '거저 준다'는 말을 믿지 마세요. 장사 술책에 불과합니다.

She cajoled some money from him.
그녀는 그를 구슬려서 돈을 뜯어내었다.

The confession had to be cajoled out of him.
그를 구워삶아서 자백을 받아 내어야 했다.

---

calamity [kəlǽməti]
큰 재난

disaster

▌재해 또는 재난(disaster)의 dis는 불일치의 뜻. aster는 라틴어로 astrum 또는 star 라는 의미이므로 재해는 별의 배열이 맞지 않아 생기는 재앙(calamity)이라는 뜻입니다.

The earthquake was the worst calamity in the country's history.
그 지진은 그 나라 역사상 최악의 참화였다.

The report contains numerous portentous references to a future environmental calamity.
그 보고서에는 미래의 환경 재난에 대한 수 많은 징조의 언급을 담겨있다.

---

caliber [kǽləbər]
능력

ability

▌(총 · 포의) 구경이 caliber.
a pistol of small caliber 소구경의 권총
a 50-caliber machine gun 50구경의 기관총
A gun of 14-inch caliber 구경 14인치 포.
구경이 큰 총이 작은 총보다 총의 위력이 뛰어 납니다. 그래서 이 어구는 비유적으로 '능력' 이란 의미가 있어요.

There are few workers left of her caliber.
그녀만큼 역량 있는 일꾼은 거의 남아 있지 않다.

The firm needs more people of your calibre.
그 회사는 당신 같은 재능을 지닌 사람들을 더 많이 필요로 한다.

---

callous [kǽləs]
냉담한

unfeeling

▌call. 처음 남녀가 사귀게 되어 100일 정도까지 상대방의 전화는 감미롭습니다. 하지만 원래 알고 있던 단어보다 길이가 길어지면 부정적인 뜻이 됩니다. 그래서 사귀는 날이 점점 길어지면 상대 이성이 전화가 와도 무감각해지고 무관심해집니다. 그러다가 바람이 나죠. 바람이 영어로 itch라고 합니다. 원래의 뜻은 '가려움' 이죠. 비유적으로 한국어도 몸이 근질근질하다는 실제로 가려움일 수도 있지만 무엇을 하고 싶은 즉, 바람이 나려고 하는 상황에 쓰입니다. 이전에 미국의 성 심리학자인 킨제이에 의하면 미국인들은 7년째 되면 바람이 날 가능성이 많다는 연구 결과가 있었습니다. 지금은 속도가 빨라 100일도 가지 못하지만요...

A callous person/attitude/act.
냉담한 사람/태도/행동

It was callous of him to say that.
그런 말을 하다니 그는 냉담한 사람이었다.

---

callow [kǽlou]
미숙한

immature

▌call. 결혼도 하였지만 스스로 해결하지 못하고 전화를 많이 걸어 부모들에게 물어오는 자녀들 모습 연상.

I thought he was callow but effective in that.
내 생각에 그는 성숙하지 못했지만 그 점에서는 잘해.

---

calumny [kǽləmni]
비난하다

slander

▌call. A는 B를 지속적으로 비방을 합니다.

A victim of vicious calumnies.
악랄한 중상의 희생자

---

camouflage [kǽməflɑ̀:ʒ]
위장

disguise

▌camp. 야산이나 평원에 텐트를 치고 야영 camp을 하는 군인들. 그대로 있으면 적군의 눈에 띄게 되기 때문에 위장을 해야 하죠.

The soldiers camouflaged themselves with leaves and branches.
병사들은 나뭇잎과 나뭇가지들로 위장했다.

The minister's reply was described as pure camouflage.
그 장관의 응답은 순전한 기만으로 묘사되었다.

cancel [kǽnsəl]
취소하다, 중지하다

call off

▌cancer. 암에 걸리면 하던 일을 그만 취소할 수 밖에 없어요. 세계적인 과학자 퀴리 부인은 자신이 방사성에 많이 노출되어 암에 걸린 줄도 모르고 열심히 자신의 연구에 몰두 하였어요.

It dismayed us that the project had been canceled.
그 계획이 취소되어 우리는 낙심천만이었다.

It's a pity that the meeting was canceled.
모임이 취소되어 안됐다.

candor [kǽndər]
정직한

frankness

▌can. 깡통. 중국산 식품으로 통조림을 만들어 놓고 깡통 상표에는 국산으로 둔갑하면 안 되겠죠. 정직하게 사업해야 합니다. 그래서 can이 들어가면 정직을 나타냅니다. 지금도 한국의 정치인들은 출마를 하면서 자신의 경력은 정직하고 국민을 위해 살겠다는 말을 하고 자신의 말을 지키지 못하는 분들이 많이 있어요. 이전 그리스 시대에도 후보들은 하얀 옷을 입고 아테네 시내를 돌아다니면 자신의 깨끗함을 보여주었습니다. 그래서 후보를 영어로 candidate라고 합니다.

She had enough candor to tell them the truth.
그녀는 솔직해서 그들에게 사실을 말했다.

He spoke with unwonted candour.
그는 드물게 솔직히 말했다.

cannibalism [kǽnəbəlìzm]
식인, 사람 고기를 먹는 풍습

man - eater

▌피라미드는 이집트에만 있었던 것은 아닙니다. 파키스탄이나 잉카 제국에도 있었어요. 잉카 제국의 피라미드는 이집트와는 다르게 계단식이었고 제사를 지내는 목적이 컸다고 합니다. 이전 이들 제국에서는 제일 위 계단에는 제사장이 사람을 잡아 가장 맛 있는 부위를 먹은 후 다음 아래 계단에 있는 서열의 사람들에게 넘기고 이들은 다시 아래로 시신을 굴려 차례로 사람의 시체를 먹었다고 해요.

Cannibalism would interfere with another's right to life, now wouldn't it?
식인 풍습은 다른 사람의 삶에 대한 권리를 방해하지 않나요?

canon [kǽnən]
규칙, 규범

rule

▌cant/cent =sing. 규범을 따르라고 노래부르듯이 하다.

This play offends against all the canons of good taste.
이 연극은 고상한 취향의 모든 규범을 거스른다.

cant [kǽnt]
위선적인 말투

insincere speech

▌can = song = speech. 노래를 통해서 생각을 전달하기 때문에 말하는 것과 연관. 관련된 어구로는 accent, cant, cantata, chanty, recant

The report was surprisingly free of cant.
그 보고서에는 놀라울 만치 위선적인 어구가 없었다.

Shelley's friendship with Byron was rooted in their shared contempt for cant and hypocrisy.
셸리가 바이론과 나눈 우정은 빈말과 위선에 대해 그들이 함께 느꼈던 경멸에 뿌리를 두고 있었다.

---

canvas [kǽnvəs]
선거유세

to seek votes(=campaign)

▌캔버스. 그림을 그릴 때 두꺼운 천이 캔버스. 이전에 두꺼운 천으로 두른 마차를 타고 다니면서 미국의 정치가들은 선거 유세를 했어요.

I was canvassing for the Democrats.
나는 민주당을 위해 유세를 했다

---

capacious [kəpéiʃəs]
널찍한

spacious

▌cap. 모자가 크고 넓은 연상.

The car has a capacious boot.
그 차는 트렁크가 널찍하다.

I've never seen such a capacious, strongly-built, and user-friendly container.
이렇게 공간이 넓고, 튼튼하고, 사용하기 편한 컨테이너는 처음 본다.

---

capitulate [kəpítʃulèit]
항복하다

surrender

▌cap = head. 선장이나 주장은 captain. 사람들은 자신이 잘 나가면 목에 기브스를 하듯이 거만해집니다. 하지만 자신의 처지가 별 볼일 없게 되면 어깨도 처지고 남에게 굽신거립니다. 목을 길게 빼고요.

I will never capitulate!
나는 결코 항복하지 않을 것이다.

We had no choice but to capitulate to their demands.
우리는 그들의 요구에 항복할 수밖에 없었다.

---

capricious [kəpríʃəs]
변덕스러운

fickle

▌cap. 이전에 필리핀의 독재자 마르코스의 부인의 이름. 이멜다. 멋쟁이에 변덕꾼이었던 이 여자는 옷이나 모자 그리고 구두의 숫자가 엄청났다고 합니다. 이전에 동양의 최대 강국이었던 필리핀은 이들 부부 때문에 세계 최대 빈민국으로 전락했습니다. 검소하게 삽시다.

It was capricious of you to act in that manner.
그렇게 행동하다니 네가 변덕스러웠다.

The novelist characterizes his heroine as capricious and passionate.
그 소설가는 자기 여주인공의 성격을 변덕스럽고 정열적인 것으로 규정짓고 있다.

C

capsize [kǽpsaiz]

뒤집다, 뒤집히다

overturn

▌cap. 동화나 만화를 보면 작은 동물이나 아이가 큰 모자를 쓰고 헤매는 모습을 연상.

The yacht/We capsized in heavy seas.
거친 파도에 요트/우리가 전복되었다.

A strong wind capsized the boat.
강풍으로 보트가 뒤집혔다.

captivate [kǽptivèit]

…의 마음을 사로잡다

charm

▌cap. capture, recapture, captive, captivate, captivity등은 cap가 들어가고 있습니다. cap = head. 사람은 처음 만날 때 상대방의 얼굴을 먼저 봅니다. 특히 이성 간에는 상대방의 얼굴에 먼저 반하게 됩니다. 외모의 중요성은 미국의 경우 판사들이 같은 범죄에 대해 형을 내릴 때 추녀보다는 미녀의 형량이 적었다고 합니다. 그리고 사진만 보여주면서 전화하는 시간을 측정해보니 미국 남자들은 실제로 미인이었지만 사진상으로는 추녀보다는 실제로는 추녀이지만 사진 상으로 미녀라고 말을 해주었던 여자들에게 더 오랜 시간동안 통화를 했다고 하네요.

She was captivated by his undoubted wealth.
그녀는 확실한 그의 부에 마음을 뺏겼다.

He was captivated by her beauty.
그는 그녀의 아름다움에 매료되었다.

carbon [kά:rbən]

▌carbon 14 : 탄소 - 14(시간이 지남에 따라서 질소-14로 베타 붕괴를 통하여 비교적 짧은 시간이 지난 개체의 연대를 측정하는 방사성 탄소 연대 측정)

By carbon 14 dating, they determined that the city was first settled about 800 B.C.
탄소 14의 방사성 동위원소에 의한 연대 고증에 의하여 그들은 그 도시가 기원전 8백 년경에 세워진 것으로 보았다

carbon dioxide
이산화탄소

Atmospheric carbon dioxide warms things up a bit.
첫째, 대기의 이산화탄소는 사물의 온도를 약간 높인다.

carcinogenic

[kὰ:rsənóudʒénik]
발암의

causing cancer

▌carcino = cancer + gen = birth = make.

Do not make foods or drinks known to contain carcinogenic compounds.
암을 유발한다고 알려진 음식이나 술을 만들지 마라.

card [kά:rd]

숙어

be in the cards
예정되어 있다

▌타짜들은 포커를 하면서 그들이 앞으로 낼 카드를 예정합니다.

The reorganization of the bank is in the cards.
아마 은행 개편이 있을 것이다.

cardinal [kάːrdənl]
기본적인, 진홍색의, 추기경

chief

cap = car. 원래 진홍색입니다. 빨간색은 예수님의 피를 상징합니다. 동양의 주역에서는 남자 = 양을 상징합니다. 그래서 빨간색 옷은 중국이나 한국의 왕이나 황제 혹은 서양에서는 교황이나 추기경들이 입었습니다. 이런 분들은 중요한 분들이죠. 그래서 비유적으로 '중요한' 이란 의미를 담게 됩니다.

Cardinals in scarlet robes.
진홍색의 예복을 입은 추기경들

This is a matter of cardinal importance.
이건 아주 중요한 문제야.

caricature [kǽrikətʃə́r]
풍자 만화

picture

carry + capture. 어떤 사람의 얼굴 중 가장 특징적인 부분을 담아 전하는 그림.

Draw a caricature of a politician.
정치가의 캐리커처를 그리다.

He does very funny caricatures of all his friends.
그는 모든 친구들을 아주 우스꽝스럽게 묘사한다.

careen [kəríːn]
기울다

to swerve

car. 자동차를 잘 몰아야 하는데 단어의 길이가 길어졌어요. 부정적인 의미입니다.

The driver lost control and the car careened down the hill.
그 운전자가 제어력을 잃었고 차는 언덕 아래로 기울어지며 질주했다.

carnage [kάːrnidʒ]
대량 살인, 대학살

kill

carnival. 남미의 브라질 등에서는 사육제가 열리면 삼바 춤을 춥니다. car = body의 의미가 있어요. carnival은 기독교도가 육식을 금지당하는 사순절의 1주일간 축제에 carnivale에서 나온 말로 라틴어의 carnem levare (고기를 제거한다).

A scene of carnage.
살육의 현장

He was dazed at the sight of the carnage.
대학살 광경을 보고 망연해진 그 사람.

care for [kέər]
돌보다

nurse

원래 기본 의미는 좋아하다. 싫어하는 사람은 도망가겠죠. 좋아해야만 그 사람이 어려운 상황에 있더라도 돌보게 됩니다.

Would you care for a cup of coffee?
커피 한 잔 드시겠어요?

I have some extra fruit though, would you care for an apple?
과일이 좀 있는데, 사과 먹을래요?

carrot [kǽrət]
당근

숙어

carrot-and-stick
당근과 채찍의/회유와 위협의

말을 빨리 달리게 하기 위해서 당근을 주면서 달래기도 하고 막대기나 채찍으로 때리는 모습과 관련

The so-called "carrots and sticks" package would provide Iran a set of financial and technology incentives.
이 이른바 당근과 채찍 안은 이란에게 일련의 경제적, 기술적 보상책을 제공한다는 것입니다.

cartography [kɑːrtάgrəfi]

지도 제작

the art of making maps

card. card = map. 카드는 종이이고 이 종이 위에 붓글씨나 글씨 쓰기.
paper = card, carton, chart, charter, discard

Geographers study not only cartography.
지리학자는 지도 제작술만 연구하는 것은 아니다.

---

cascade [kæskéid]

작은 폭포

waterfall

cascade(작은 폭포)의 cas는 '떨어지다'의 ci =de.

Water cascaded down the mountainside.
산허리 아래로 폭포가 떨어져 내렸다.

Her golden hair cascaded down her back.
그녀의 금발머리가 등에서 물결쳤다.

---

case [keis]

숙어

a case in point
적절한 사례

point는 요점. 요점을 팍팍 집어 줄 수 있는 경우.

January sales performance for discounters and department stores are a case in point.
1월중 할인점과 백화점 매출 통계가 대표적 예이다.

---

cash [kǽʃ]

cash와 관련된 아래의 표현을 알아두세요.
cash in on …을 이용하다, …으로 돈을 벌다
사람을 이용하는 이유는? 여러 가지 이유가 있겠지만 돈 때문에 일어나는 경우가 많죠.

He tries to cash in on this situation.
그 사람은 이 상황을 이용해 득을 보려한다.

This is a good year for farming, and you can cash in on it.
금년은 농사에 좋은 해이므로 잘하면 큰돈을 벌 수 있겠다.

cash-strapped
자금이 딸리는

Cash-strapped small firms have had a hard time getting fresh loans.
자금난에 시달리는 중소기업들은 신규 대출에 어려움을 겪고 있다.

---

castigate [kǽstəgèit]

비평하다, 처벌하다

criticize

cast. 성적이 떨어졌다고 자녀의 물건을 집어 던지면서 화를 내는 부모 연상.

The government has been widely castigated in the press for its handling of the economy.
정부는 경제운영과 관련해서 대대적으로 언론의 혹평을 받았다.

casualties [kǽʒuəlti]

사상자

dead man

▌세상은 우연과 필연이 있습니다. 과학에서도 아인슈타인은 필연, 즉 확정성 이론을 주장합니다. 가장 쉬운 일례를 들면 지구는 규칙적으로 태양 주위를 돕니다. 하지만 물질 이하의 단계인 원자 < 쿼크 < 스트링 string에서는 물질의 이동 방향을 예측하기 어렵다는 파인만등의 불확정성 이론이 있어요. casual은 '우연' 입니다. 우연한 사건과 사고에 의하여 죽어가는 사람들. 이것이 casualties입니다. 아인슈타인이 죽기 전에는 불확정성 이론이 더 우세하다가 현재는 대통합 이론(확정성 이론도 맞기도 하고 틀리기도 하고, 불확정성 이론도 맞기도 하고 틀리기도 하다)으로 전환되고 있습니다.

Heavy casualties were reported in the fighting.

그 전투에서 사망자가 많이 났다는 보도가 있었다.

Public opinion may revolt against such heavy casualties.

여론은 그런 어마어마한 사상자수에 대하여 반감을 품을 수도 있다.

---

cataclysm [kǽtəklìzm]

격변하는

violent upheaval

▌cata = fall + clysm = flood. 하늘이 마치 구멍이 난 것처럼 엄청난 양의 물이 내리는 장면 연상. 노아의 홍수와 관련이 된 어구.

Our bellicose foreign policy threatens worldwide cataclysm.

미국의 호전적인 외교정책이 세계적인 정치의 격변을 촉발할 위험이 있다.

Earth-centered-universe dogmas have been replaced by a far more intolerant Church of Gaia catechism of cataclysm.

지구 중심의 독단적 우주론이 지구 대격변의 교리문답을 가르치는 훨씬 편협한 교회에 의해 대체되었다.

---

catastrophe [kətǽstrəfi]

대참사

disaster

▌astro =star. cat =down. 별이 떨어졌다는 하늘에 있는 별이 실제로 떨어지는 경우도 있지만 비유적으로는 재난 혹은 큰 인물이 죽은 경우를 나타냅니다.

The earthquake was the country's worst catastrophe.

그 지진은 그 나라 최악의 재난이었다.

Their other problems paled into insignificance beside this latest catastrophe.

이 최근의 대파국 앞에서는 다른 문제들은 무색해진다.

---

catalyst [kǽtəlist]

촉매, 촉진제

a person or thing that causes a change or event to happen as a catalyst.

▌cata = fall = case =down. 촉매는 아래로 가라앉아요. 반응속도만 빠르게 때로는 느리게 변화시키는 물질을 말하며 이러한 작용을 촉매작용이라고 하는데 어원은 그리스어로 '놓아주다' 의 뜻인 kata와 '풀다' 의 뜻인 lusis를 합쳐서 만들어졌습니다.

The protests became the catalyst for political change.

그 항의들이 정치적 변화의 기폭제가 되었다.

Not only he is a big star, but Rain can also be a catalyst in promoting cultural exchanges among different Asian nations.

비는 대 스타일뿐 아니라 아시아 국가간의 문화적 교류를 촉진하는 촉매제이기도 하다.

catch-22 [kǽtʃ]
어려운 상태

dilemma

▌관료주의적 행정에 대한 비판이 담긴 소설 제목 "Catch-22(캐치-22)". 영어에서는 진퇴양난의 상황을 가리키는 말로 소설에서 "캐치-22"는 군사적 규칙으로서, 병사들이 전투 임무로부터 빠져나가는 것 등을 원칙적으로 금지합니다.

Therein lies your catch-22.
거기에 바로 어려움이 있다.

catchy [kǽtʃi]
사람의 마음을 끄는

attract

▌catch. king car와 queen car는 왕이나 여왕이 타는 자동차가 아니라 이전에 한국에서 멋진 남자와 여자를 나타내었습니다. 잘못된 영어죠. MR(MISS) RIGHT. 이 옳은 표현 left는 부정적이기 때문에 오른쪽 right예요. 이 어구는 결혼 전 연애 대상으로의 멋진 이상적 이성입니다. 결혼을 하려고 하는데 좋은 이성이 나타나면 꽉 잡아야 하죠. 그래서 catch는 결혼 대상으로서의 멋진 사람입니다.

You have to have a catchy headline with a good lead in simple words.
눈길을 끌 수 있는 표제가 필요하고 쉬운 말로 잘 풀어가야 한다.

catch up with : ~를 따라 잡다

I quickened my steps to catch up with her.
나는 그녀를 따라잡기 위해 발걸음을 서둘렀다.

Walk slow, and I will catch up with you.
천천히 걸어라, 그러면 너를 따라잡겠다.

categorical [kæ̀təgɔ́:rikəl]
절대적인

absolute

▌category. category는 범주 혹은 유형입니다. 여러 대상들이 섞여져 있는데 어떤 기준에 의해 구분을 하죠. 그런데 기준이 흔들리면 안 되겠죠. 절대적이면서 확고한 기준 있어야 합니다. 예를 들어 어느 대학의 입시 기준이 있는데 흐리멍텅 하면 안 되죠. categorical해야 합니다.

He stated categorically that employees who were found drunk at work would be dismissed .
그는 근무 중에 음주한 것으로 밝혀진 종업원들은 해고될 것이라고 분명히 말했다.

He said he cannot be categorically sure who was responsible until all forensic reports come in.
그는 모든 확실한 증거를 찾을 때까지는 누구의 소행인 지 단정할 수 없다고 덧붙였습니다.

catharsis [kəθɑ́:rsis]
카타르시스, 통쾌

joy

▌배가 아픈데 화장실에 가서 시원하게 '설사' 하고 나면 배가 한결 시원해집니다. 카타르시스는 그리스어에서 온 말로 시원함이나 즐거움을 나타냅니다. 이전에 한글이 만들어 졌을 때 조정의 한 신하는 중국의 한자만을 써야 한다고 우겨 설전을 벌였다고 합니다. 한국은 양반의 나라이니까 이 정도였어요. 그리스는 1950년대 중반 그리스 표준어 설정을 하는데 반대시위로 시내에 탱크가 동원되어야 할 정도로 시끄러웠다고 합니다.

She feels everything, and the only catharsis for her is the music.
모든 것을 그 여자는 느낀다, 그리고 음악을 통해 카타르시스를 느낀다.

catholic [kǽθəlik]
보편적인, 일반적인

liberal

▌가톨릭. 성당에 가면 주님의 말씀인 모든 인간을 사랑하라는 보편적인 사상을 신부님들을 통해 들을 수 있습니다. 설악산의 이단 종교들과는 다르게 가톨릭은 보편적인 사상을 전합니다.

Iraq is going to turn out to be one of the strongest affirmations of the catholic values of freedom and liberty.

이라크 국민들은 결국 '자유와 해방' 이라는 전 인류의 보편적인 가치를 가장 강력하게 확신하는 사람들이다.

---

caucus [kɔ́:kəs]
간부회의

meeting

▌'코커스(caucus)' 라는 낱말은 보스턴에 있는 한 술집 이름에서 유래 되었다고 하고, 혹은 '술잔' 을 의미하는 희랍어에서 유래 되었다는 설도 있습니다. 어찌 되었든 이 두 가지 배경은 모두 술잔을 놓고 정치 토론을 하는 곳에서 비롯되었기 때문에 술과 정치가 깊은 관련이 있어요.
복잡한 미국의 선거제도를 간단 명료하게 설명 해드리겠습니다. 코커스 당원들이 모여 대통령 후보를 지명하는 것이라면, '프라이머리(primary)' 는 일반 유권자들이 참여하여 후보를 결정하는 예비 선거입니다. 미국의 50개 주 중에 40여개 주는 프라이머리 방식으로, 10여개 주는 코커스 형식을 통하여 결정하고 있어요. 한국과 비교하여 보면 각 당의 의원들과 당 간부들로 개최되는 전당대회는 코커스에 해당되고, 당원들은 물론 유권자인 주민들까지 선거에 참여하여 후보를 뽑는 평당원 전당대회는 '프라이머리(primary)' 와 같습니다. 그리고 미국의 대통령 선출은 한국의 찬성투표를 모두 합산하는 방식이 아니라 주마다 선거인단 수를 미리 인구수에 따라 배정해놓고 후보들 중 한 표라도 더 많이 투표를 받는 후보가 그 주의 선거인단을 모두 독식하는 방식이 큰 차이입니다.

The overhaul plan will be finalized in a caucus of party lawmakers today.

혁신안은 오는 당 소속 의원들의 전당대회에서 최종 확정된다.

A new leader is to be chosen sometime next month at the national caucus.

새 의장은 다음 달 중에 전당대회에서 선출될 예정이다.

---

caustic [kɔ́:stik]
통렬한, 신랄한

critic

▌cause. 일상 생활 에서는 큰일도 아닌 사소한 것 가지고 서로를 비난하고 헐뜯게 되는 경우가 많아요.

The more caustic of Mr. Putin's rhetoric may well be for domestic consumption.

더욱 신랄해진 푸틴의 발언은 국내 소비용일 가능성이 농후하다.

---

cavalier [kæ̀vəlíər]
거만한

arrogant

▌한국어의 '까발려'.

He displays a cavalier attitude towards the feelings of others.

다른 사람들의 감정을 등한시 하는 태도를 보이다.

She treated him in a cavalier manner.

누구를 대수롭잖다는 듯한 태도로 대하다

---

cave [kéiv]
동굴

숙어

cave in
굴복하다, 항복하다

▌전투에서 진 쪽은 동굴로 숨어들어 갑니다.

They finally caved in to our demands.
마침내 그들은 우리의 요구에 굴복했다.

cavil [kǽvəl]
트집을 잡다

quibble

▌까발려. 다 지나간 일 까발려 있지도 않은 일로 트집을 잡는 장면.

You can hardly cavil about the odd cutlery when the meal was so delicious.
식사가 그렇게 맛있을 때는 수저류가 이상하다고 트집 잡기는 어렵다.

I have not the small-est intention of caviling about it.
나는 그 일에 트집을 잡으려는 생각은 조금도 없다.

celebrated [séləbrèitid]
유명한

famous

▌공을 멋지게 넣고 축구 선수들의 일부는 온갖 폼을 다 잡습니다. 이것이 ceremony입니다. 공도 넣고 멋진 '세레머니'까지 잘 하면 유명인사가 됩니다.

Catania's biggest claim to fame is as the home and workplace of their most celebrated composer Bellini.
카타니아는 유명한 작곡가인 벨리니의 고향이자 그가 작곡을 한 곳으로서 이름 높습니다.

celibacy [séləbəsi]
독신, 금욕

abstinence from sex

▌cell = 독방 + libacy = liberty. '독신'을 말하는 'celibacy'는 '결혼하지 않은', '혼자'라는 뜻의 라틴어 'Caelebs'에서 유래합니다. 이전에는 동정 혹은 배우자를 잃은 남자나 여자를 가리켰으나 후대에는 종교적 확신에 의해 결혼을 하지 않는 상태에 있는 사람들에게만 적용됩니다.

Catholic priests take a vow of celibacy.
가톨릭 신부는 독신 생활을 서약한다.

censor [sénsər]
검열관

overseer of morals

▌sense. '세콤'과 같은 회사는 각 회사의 사무실에 도둑이 들어오는 것을 감지하기 위하여 센서기를 부착합니다.

The censor has made several minor cuts in the film.
검열관이 그 영화에 몇 군데 사소한 가위질을 했다.

It is unconstitutional to censor the press.
언론을 검열하는 것은 위헌이다.

censure [sénʃər]
비난

blame

▌censor기로 도둑의 인상착의를 확인 후 경찰은 도둑을 붙잡아 혼내야 합니다.

It is a controversial policy which has attracted international censure.
그것은 국제적인 비난을 야기한 논쟁의 여지가 있는 정책이다.

The senator was censured for income tax evasion.
그 상원의원은 소득세 탈세로 비난 받았다.

cerebral [səri:brəl]

대뇌의

brainy

▌cere = brain.

She suffered a cerebral hemorrhage in 1999.

그녀는 1999년에 뇌출혈을 겪었다.

She is also known to have been treated for a cerebral disease during her visit to Paris earlier this year.

그녀는 올해 초 파리 방문 기간 중 뇌질환 치료도 받은 것으로 알려지고 있다.

chaff [tʃæf]

쓸모없는 것

worthless stuff

▌왕겨. 벼의 겉껍질이 왕겨입니다. 이것을 우리가 먹는 것은 아니기 때문에 불필요한 것입니다.

My bicycle is chaff and dust.

나의 자전거는 쓸모없는 것이다.

Don't forget to save your report or it is a grain of wheat in a bushel of chaff.

리포트를 저장하는 것을 잊지 마라. 그렇지 않으면 모든 것이 도로아미타불이다.

chagrin [ʃəgrín]

억울함, 원통함

vexation

▌grin. 다른 사람이 와서 이를 드러내면서 비웃으면 grin 분하고 억울합니다.

She expressed her chagrin that the bill had been voted down.

그녀는 의안이 부결되어서 유감이라고 말했다.

To my great chagrin, the plan did not work.

대단히 유감스럽게도 그 계획은 제대로 되지 않았다.

champion [tʃæmpiən]

지지하다

support

▌chair. 챔피언. 스포츠 정신에는 패자도 지지 한다고 하지만 실제로는 그렇지 않죠. 오직 승리한 챔피언 근처에만 팬들이 몰립니다. 그래서 챔피언은 지지 하다란 뜻이 있어요. 의자는 권위의 상징으로 아래의 영어 단어들도 의자가 의장을 나타내며 챔피언은 의자에 앉은 챔피언을 연상할 수 있습니다.
chairman 의장, 회장 < champion 우승자 < chairman 의장, 회장 → 최고/제일

Money managers champion the approach as far better way to invest than trying to time a market's movements.

펀드매니저들은 이 방식이 개인투자자의 직접 투자 방식보다 훨씬 나은 방식이라고 주장한다.

Even abroad, Han continued to champion his ministry's measures to stabilize property prices.

한 장관은 외국에 나가서조차 부동산가격 안정을 위한 재경부의 대책을 옹호했다.

change [tʃéindʒ]

▌for a change : 기분 전환(기분 전환을 위해 방의 도배를 새로이 하거나 야외로 드라이브를 가는 것과 같은 변화를 해 봅니다)

We went on a trip for a change of air.

우리는 기분전환으로 여행을 떠났다.

Let's go to the movies for a change.

기분 전환을 위해 영화나 보러 가자.

channel [tʃǽnl]
(돈등을) 쏟다

arrange for money or resource to be used for that thing, rather than for a wider range of things

channel에는 물의 '수로' 등의 의미가 있어요. 이런 기본적인 의미가 추상적인 힘이나 돈을 쏟는 것으로 확대가 됩니다.

We had to channel their energy into useful activities.
우리는 그들의 정력을 유익한 활동으로 돌려야 했다.

We must channel our efforts towards worthy goals.
우리의 노력을 가치 있는 목표 쪽으로 돌려야 한다.

chaotic [keiátik]
혼돈된

disorder

chaos. 태초의 우주. 칠흑 같은 어두운 우주 공간에 수많은 물질들이 있었고 혼동이 있습니다. 그런데 그중에 하나의 점. 강력한 중력을 가지고 있는 single point. 이곳의 강력한 힘 때문에 물질을 잡아 당겨 지금의 태양계 및 우주계가 형성이 되었어요. 하늘을 보면 파랗습니다. 그 이유는 무엇일까요? 대기권에 파란색만 반사가 되기 때문이죠. 실제로 지구 밖으로 나가게 되면 끈적거리는 암흑 물질로 우주는 채워져 있다고 하네요.

He found himself in a chaotic situation.
그는 자신이 혼돈된 상태에 있다는 것을 알았다.

Traffic usually becomes less chaotic after 7:30 in the evenings.
저녁 7시 30분 이후에는 대개 교통이 덜 혼잡하다.

charisma [kərízmə]
카리스마

appeal of a political leader

한국어 '가르다'. 현재 한국은 부모의 재산 유무와 학식의 정도에 따라 자녀들의 운명이 갈라지고 있습니다. karma. 저희들이 잘 아는 "charisma"는 고대 희랍어 "χαρισμα"가 어원으로 신으로부터 받은 특별한 재능을 의미합니다. 인간 스스로의 노력이나 의지와 상관없이 신의 주권적 선택에 의하여 인간에게 주어진 선물로 특히 한국에서는 정치인들에게 카리스마가 넘친다는 말을 자주 합니다.

Mr. Sharon is a man of great personal bravery and charisma.
샤론은 개인적으로 카리스마를 지닌 매우 용감한 인물이다.

The general image is very strong, with charisma.
"카리스마가 넘쳐 일반적인 이미지가 너무 강하다.

charitable [tʃǽrətəbl]
자비로운

open mined

charity. 자선 사업. 기부 문화. 어려운 이웃에게 자선을 하는 분들은 kind한 사람들입니다.

A charitable venture
자선 사업

It was charitable of her to say that.
그녀는 너그럽게도 그렇게 말했다.

You should try to be more charitable to your neighbours.
당신 이웃에 좀 더 친절해지도록 해야 한다.

C

charlatan [tá:rlətn]
사기꾼

fraud

▌이전 이탈리아의 도시 cerreto에는 사기꾼들이 많아서 이 지역 주민을 가리키는 말 있어요. quack은 돌팔이 의사입니다. 오리의 소리가 quack. 오리의 걸음걸이는 불안전하기 때문에 붙여진 이름입니다.

The incident showed him up as a charlatan.
그 사건이 일어나자 그가 사기꾼이라는 것이 폭로되었다.

chary [tʃέəri]
조심스러운, 신중한

wary

▌cherish. cary = care = chary =신중한. 신중함은 주의 깊은 행동.

She had been chary of telling the whole truth.
그 여자는 진리를 이야기하는 것에 신중했었다.

chasten [tʃeisn]
벌하여 바로잡다

discipline

▌chair. 조선시대 반란을 꾀했던 사람들은 의자에 앉힌체 주리를 틀었고, 현재 미국에서는 사형을 시킬 때 죄수를 전기의자에 앉게 합니다. caste, chaste, chastity, chasten, castle, castigate. chair(의자, 전기의자)에 앉다 < chasten (신이 사람을) 징벌하다 < chastity 정숙 그리스 로마 신화에서 저승의 왕 하데스는 자기의 아내에게 구혼하겠다고 찾아온 건방진 손님들을 식탁에 앉히고 식사를 대접하고 망각의 의자에 앉은 손님들은 두 번 다시 일어날 수가 없게 됩니다. 이들은 전기의자에 앉은 것처럼 영원히 의자에 앉아 있을 수 밖에 없었습니다.

He was greatly chastened by his failure.
그는 실패에 의해 크게 단련되었다.

chatterbox [tʃǽtərbɑ̀ks]
수다쟁이, 수다스러운 아이

big mouth

▌chat. 사람의 말은 구강에서 나옵니다. 구강도 하나의 box이고요. 말을 많이 하는 사람들은 입이 큰 것으로 비유되어 집니다.

She's too much of a chatterbox.
그 여자는 여간 수다스러운 게 아니다.

chauvinist [ʃóuvinist]
광신적 애국주의자

patriot

▌소비에트. 이전 소련을 소비에트 라고 했습니다. 맹목적으로 공산주의의 이론을 좇았던 시절이 있었어요.

He is a bit of a male chauvinist.
그는 광신적 애국주의자이다.

check [tʃék]
저지하다, 억누르다

curb

▌수표. 수표가 check입니다. 편의점에서 아르바이트 하시는 분들은 지불을 할 때 내는 손님들의 수표를 확인 해보아야 합니다.

You'd better check out the engine thoroughly.
엔진을 철저히 점검해 보시는 게 좋을 겁니다

▌checkmate는 (장기) 장군, 좌절, 실패입니다. 아래의 예를 읽으면서 이 단어의 쓰임새를 공부해보세요.

While we played a chess together he gave checkmate twice.
우리가 같이 체스게임을 하는 동안 그는 두 번이나 장군을 불렀다.

The man played checkmate with me coldheartedly.
비정하게도 그는 나를 궁지에 몰아넣었다.

cherub [tʃérəb]
천사

angel, baby

▌등에 날개를 단 귀여운 아기 천사의 모습을 연상

What a little cherub!
정말 귀여운 아이야!

---

chestnut [tʃésnʌ̀t]
오래된 이야기

old story

▌nut. 나이가 지긋한 할아버지 들은 손에 호도 nut를 가지고 지압을 합니다. 호도하면 천안의 명물 호두과자가 연상되는 것과 더불어 old를 연상하게 하네요. chest는 우리의 가슴. 인간의 가슴도 하나의 box이고요. 호도를 넣어 두는 박스라는 뜻에서 비유적으로 오래된 이야기를 말 합니다.

The grand mother told a lot of chestnut to her grand daughter.
할머니가 손녀에게 옛날이야기를 말했다.

---

chicanery [ʃikéinəri]
속임수

trickery

▌chicken = chick = hen. 수 닭의 멋있는 모습을 생각해보세요. 잘 생긴 모습은 암탉을 유혹하는 속임수입니다. 인간과는 다르게 보통 동물은 수컷이 암컷보다 치장을 더하고 아름답습니다.

Political chicanery.
정치적 책략

He leads a life of deceit and chicanery.
기만과 속임수로 점철된 삶을 살다

---

chic [ʃi(:)k]
멋진

fashionable

▌chic = chicken 수닭의 멋진 벼슬과 연상.

It's very chic to give up smoking.
담배를 끊는 것은 정말 멋진 일이다.

She always looks so chic.
그녀는 항상 아주 세련되어 보인다.

---

chicken [tʃíkən]
닭, 겁쟁이

▌겁쟁이란 낱말로 황소의 부인인 coward를 많이 쓰지만 chicken도 미국 구어체 표현에서 겁쟁이란 의미로 쓰여요.

He is not such a chicken but he can do that.
그는 그것을 못할 만큼 겁쟁이는 아니다.

---

chide [tʃáid]
꾸짖다

scold

▌child. 너무 자녀가 예쁘다고 귀여워만 해서는 안 된다고 합니다. 그럼 성장을 해서 잘못된 행동을 할 수 도 있다고 해요. 때로 자녀가 잘못했을 때 따끔하게 혼을 낼 필요성도 있다고 합니다.

She chided him for not telling the truth.
그녀는 그에게 사실을 말하지 않는다고 잔소리를 했다.

She often chided her son for his idleness.
그녀는 종종 자기 아들을 게으름 피운다고 꾸짖었다.

C

chimerical [kimérikəl]
공상적인, 상상의

imaginative

▌키메라. 이전에 석유 많이 나는 나라인 중동의 한 부자와 결혼을 해서 화제가 되었던 얼굴에 환상적인 화장을 했던 성악가 '키메라' 라는 여자가 있었어요.

It all sounds quite chimerical, if you ask me.
만일 당신이 나에게 물어 본다면 그것은 완전히 환상적인 것처럼 들린다.

---

chilling [tʃíliŋ]
냉담한, 쌀쌀한

cold

▌chill. 날씨가 쌀쌀함을 나타내기도 하지만 비유적으로 사람간의 관계가 냉랭할 때 우리는 쌀쌀 맞게 사람에게 대한다고 합니다.

a chill in the country's relations with Britain
그 나라와 영국간의 냉랭한 관계

They were chilled at the prospect of a long and bitter war.
그들은 길고 쓰라린 전쟁에 대한 절망에 오싹 두려움을 느꼈다.

---

choleric [kálərik]
화를 잘 내는

hot tempered

▌콜레라. 사람이 콜레라에 걸리면 몸에 열이 많이 나면서 성질이 급해진다고 합니다.

He is a choleric old man.
그는 툭하면 성을 내는 노인이다.

---

chortle [tʃɔ́:rtl]
깔깔 웃다

chuckle with glee

▌chord = cord. 음악 코드. cord는 heard입니다. 서로 싫은 사람이 만나면 인상만 쓰지만 서로 좋아하는 사람이 만나면 함박웃음.

He chortled with delight at a joke.
농담에 즐거워서 깔깔대고 웃다

---

chronic [kránik]
장기간에 걸친, 만성의

persistent

▌chron. chron = time. 이미 알고 있는 단어보다 단어의 길이가 길어졌어요. 지속적이고 만성적입니다. 이전 과학이나 의학이 발전하지 않았을 때는 40일이 급성과 만성을 구분하는 기준이었다고 합니다. 그 이유는 예수님이 광야에서 40일 동안 돌아다니신 것에 기초하고 있다고 해요. 그래서 지금도 이런 것이 남아 있어 우주에 나간 우주인들은 우주에 있을 혹시나 우리 인간에게 치명적일 수 있는 바이러스를 막기 위해 40일 동안 방역을 한다고 합니다.

An a chronic disease.
만성 질환

His disease passed into a chronic state.
그의 병은 만성이 되었다.

---

chronicle [kránikl]
연대기, 이야기

report

▌조선 왕조 실록처럼 시간 순서대로 쓴 기록물 입니다.

He visited his family's native village in Italy, studied local chronicles.
그는 이탈리아에 있는 자기 가족의 고향 마을을 찾아가 그 지역 연대기를 조사했다.

---

chronology [krənάlədʒi]
연대기

story

▌시간 별로 쓴 이야기.

That history book gives a chronology of battles in World War I.
저 역사책에는 1차 세계 대전의 연대표가 실려 있다.

A chronology of major civil engineering works and indices of places and names concludes the book.
마지막 부분에는 주요 도시 공학의 연대기와 지명과 명칭의 색인이 자리하고 있다.

churl/churlish [tʃə:rl]
시골뜨기

a boor

▌carl = churl = low man.

It seems churlish to complain.
불평하는 것은 무례한 것 같다.

cipher [sáifər]
암호

secret code

▌공(空)의 어원은 영(zero; cipher) = 무(naught, nothing) = 빈 것(emptiness, vacancy) 등이 있어요. 제로의 상태로 만드는 것.

Ciphering has always been considered vital for diplomatic and military secrecy
암호 법은 오랫동안 외교와 군사 기밀을 위해 필수적인 것으로 간주되어왔다.

The Bible is replete with examples of ciphering.
성경도 암호로 가득 차 있다.

circumference [sərkʌ́mfərəns]
둘레, 원 둘레

round

▌circus. 서커스 공연장은 보통 둥근 = circle 공연장 안에서 이루어집니다.

The circumference of the earth is almost 25000 miles.
지구의 원주는 거의 25000마일이다.

This lake is about three miles in circumference.
이 호수는 둘레가 약 3마일이다.

circumvent [sə̀:rkəmvént]
우회하다, 회피하다

escape

▌좋아하는 사람이 오면 그 사람을 향하여 직선 으로 달려갑니다. 하지만 싫어하는 사람이 오면 그 사람을 피하기 위하여 돌아 circum = round하여 가게 = ven = go 됩니다.

Large retailers can find ways to circumvent the restrictions.
거대 소매업자들은 이 규제 조치들을 피할 방도를 찾을 수 있습니다.

The patches circumvent or alleviate the problem and its effects.
이 패치들은 그 문제와 그 영향을 회피하거나 완화시킨다.

citadel [sítədl]
성

fortress

▌city. 현대의 도시들은 개방적이지만 이전에 도시들은 모두 성으로 된 요새들이었어요.

Every group was based in its own citadel.
모든 그룹은 각자의 요새를 기초로 하고 있었다.

cite [sάit]

인용하다

quote

▌site. 다음이나 네이버와 같은 사이트에서 자료를 인용해요.

It is misleading to cite only certain sources.
특정한 자료만을 인용하는 것은 오해를 불러일으킨다.

It's irrelevant to cite such outdated evidence.
그렇게 시대에 뒤진 증거를 인용하는 것은 부적절하다.

civil [sívəl]

시민의, 문명의, 민간의

courteous

▌city. 시골보다는 도시 사람들이 더 세련되었고 예의 바르다고 일반적으로 생각합니다. 반드시 그런 것은 아닌데요. 또 다른 단어로는 urban이 있어요. "도시"를 뜻하는 라틴어 우르브스(urbs)와 키비타스(civitas)에 어원적으로 연결돼 있습니다. urban = ur = up. 도시는 높은 고층 아파트들이 치솟아 오르고 있어요. civ-와 관련된 단어로 "시민으로 만들다"라는 의미를 지닌 civilize와 명사형인 civilization이 "개화, 문명(화)"를 뜻하게 된 것도 서양 사람들이 "도시"에 대한 긍정적 · 근대적 가치를 드러내고 있습니다.

The country was being propelled towards civil war.
그 나라는 내전으로 치닫고 있었다.

As an act of civil disobedience, protesters blocked traffic to the capital.
시민 불복종의 행위로, 항의자들은 수도로 들어가는 교통을 차단했다.

▌civil이 들어간 복합어 중 아래의 표현을 알아두세요.
CIVIL WAR: 남북전쟁(미국이 이전에 북부와 남부로 나뉘어 전쟁을 했던 것을 말함. 소문자인 civil war는 미국의 남북 전쟁이 아니라 다른 나라의 내전을 지칭)

During his presidency, he guided his country in the American Civil War and ended slavery.
그는 대통령 임기동안 남북전쟁에서 나라를 이끌었고, 노예제도를 종식시켰다.

clamp [klǽmp]

죄는 기구

숙어

clamp down
(폭도 등을) 압박[탄압]하다, 강력히 단속하다

▌탄압과 단속을 하는것은 꽉 죄는 것과 의미 연관.

South Korea's Ministry of Maritime Affairs and Fisheries will clamp down on illegal fishing activities.
한국의 해양수산부는 불법조업행위를 엄중 단속할 것이라고 발표했다.

To clamp down on foreigners working without a proper visa, the number doesn't seem to decline.
불법체류 외국인 노동자에 대한 집중 단속 노력에도 불구하고 좀처럼 그 수가 감소하지 않는 듯 보인다.

clandestine [klændéstin]
은밀한, 남몰래 하는

secret

▌clan. 씨족은 외부인들에게 배타적이기 때문에 은밀함을 추구해요. destine = fate. 예수님이 살아 계실 때에는 남자와 여자 모두 제자들 이었어요. 하지만 예수님이 부활 하신 후 막달라 마리아파 들은 베드로파들에 의해 축출당해 프랑스나 이집트등으로 숨게 됩니다. 하지만 오랜 세월이 흐른 후 마리아 복음서나 유다 복음서 등을 통해 진실 여부는 아직 최종적으로 결정이 되지 않아 논란이 많지만 예를 들어 우리들이 알고 있는 것과는 반대의 내용, 예수님이 직접 유다에게 로마의 군인들이게 예수님의 위치를 알려 주라고 하는 새로운 내용들도 밝혀지고 있어요.

The article says that he authorized a clandestine unit to use 'rough tactics' including physical coercion.
기사는 비밀 부대가 신체적 압박을 포함하는 '잔혹한 방식'을 쓸 수 있도록 그가 승인했다고 보도한 바 있습니다.

classy [klǽsi]
고급의

high- profile

▌한국에서 자주 말하는 classic은 '고전 음악'과 같은 '고전'이라고 알고 있지만 영어로는 standard = 기준이며, 고전음악과 같은 고전은 classic이 아니라 classical입니다. 고전 음악은 대중음악보다는 고급스럽죠. 그래서 classy는 '고급의' 입니다.

The hotel is recently opened and it's classy, comfortable, and modern.
최근에 문을 연 이 호텔은 고급스럽고 안락하며, 최신 시설을 갖추어 놓았습니다.

classified [klǽsəfàid]
분류된, 기밀의

categorized

▌전체 한 학교의 학생을 학급 class로 나누는 것은 분류. 비밀문서는 일반 대중들이 볼 수 없도록 따로 분류함.

These can be classified roughly into three types.
이들은 세 가지 유형으로 대별될 수 있다

Their tasks are to retrieve classified information from them.
그들의 임무는 기밀을 수집하는 것이다.

clear [kliər]

숙어

clear of
제거하다

▌청소를 하면 먼지 등이 제거 of = off 되면서 방이 깨끗해져요 = clear

You should keep clear of that fellow.
저 녀석과는 어울리지 마라.

Make sure that children remain clear of cigarettes.
아이들이 담배를 가까이 하지 못하도록 해라.

cleave [klíːv]
쪼개다

split

▌leave. 같이 좋아 하다가 A가 떠나면 leave 두 사람 사이는 찢어지는 관계

The ship's bows cleaved through the waves.
뱃머리가 물살을 가르며 나아갔다.

clemency [klémənsi]
관용

grace

▌clemency(클레먼시)는 명사로서 '관용' 또는 '아량'. 유사 단어로는 leniency가 있으며, 그 형용사형은 lenient(관대한)입니다.

He appealed to the judge for clemency.
그는 판사에게 관대한 조처를 간청했다.

The prisoner was granted clemency after serving five years killing his wife.
그 죄수는 자신의 아내를 죽인 혐의로 5년을 복역한 후 관용을 입어 석방되었다.

cliche [kli(:)ʃéi]
판에 박은 문구, 상투어구

phrase dulled in meaning by repetition

▌빈번한 사용으로 인하여 최초의 신선함이나 호소력이 없어진 표현들로 "hard as a nail," 같은 어구를 말합니다. 클리셰는 19세기의 인쇄용어에서 출발했습니다. 클리셰는 당시 인쇄공들이 활자판에 쉽게 끼워 넣을 수 있도록 미리 만들어놓은 조판이었는데, 이게 19세기 말부터 비유적인 의미인 별로 노력하지 않고 집어넣은 진부한 문구나 생각, 개념을 나타내기 시작했습니다. 예전에는 독창적 이었고 나름대로 진지한 의미를 지녔으나 지금은 생각 없이 반복되고 있는 생각이나 문구등입니다.

Cliched scripts
진부한 대사

He used cliches to escape from the police.
경찰에게서 도망치기 위해 그는 낡은 수법을 사용했다.

client [kláiənt]
의뢰인, 고객

customer

▌가게와 같은 비용이 저렴한 가게의 손님은 customer이지만 병원이나 변호사 사무실처럼 수임료가 비싼 곳은 client입니다. cli = like. 이와 관련된 어구는 아래에 정리.
decline / incline / ladder / link / recline

Whenever he entertains clients, he charges it to his expense account.
고객을 접대할 때는 언제든지 그는 그것을 접대비로 처리한다.

clique [kli:k]
파벌

exclusive group

▌click. 클릭 하면 컴퓨터 공간 안으로 들어가는 것을 말합니다. 한국어의 찰칵. 영어는 '찰칵' 이 아니라 클릭입니다. 자물쇠를 거는 소리(click)에서 유래한 어휘로 close하는 것은 외부와의 교류를 차단하고 문을 걸어 잠근 행위는 비유적으로 소수의 집단 group을 의미

He pointed out the evils of an academic clique in Korea.
학벌의 폐해를 그는 지적했다.

clock [klɑk]

숙어

around-the-clock
항상, 24시간 꼬박의

▌시계의 시침 한 바퀴 모두 돌았다면 24시간. 어떤 일이나 행동을 항상 하는 것과 관련.

We'll watch the boy around the clock and check all his phone calls.
그 소년을 24시간 감시할 겁니다. 전화도 모두 확인할 거고요.

clog [klǽg]
막히다

block

▌blog. 네티즌이 자신의 관심사에 따라 자유롭게 칼럼, 일기, 취재 기사 따위를 올리는 웹 사이트. 웹 로그를 보통 '블로그(blog)' 라 불리는 것인데, 이를 통해 사람들은 논평이나 명상록 등을 게시할 수 있어 자신만의 공간을 인터넷 공간에서 가지고 차단 할 수 있어요.

The pipes are clogging up.
배관이 막히고 있다.

That heavy oil will clog up the machinery.
그 걸쭉한 기름이 기계의 작동을 막을 것이다.

cloister [klɔ́istər]

수도원

a convent

close. 종교적인 명상이나 수행을 하시는 분들은 세상의 속세와 차단 close을 해야 합니다.

The opening of the capital market has transformed the nation's once cloistered banking sector.

자본시장 개방은 한국의 폐쇄적이었던 은행업종을 변모시켰다.

close [klouz]

숙어

close call

위기일발, 구사일생

권투 경기에서 얻어맞던 선수가 한 회가 끝나는 close 종 call이 울려 구사일생으로 자기 벤치에 돌아오는 모습 연상.

Investors remained cautious while the U.S. race was too close to call.

미 대선이 박빙의 승부를 펼치면서 투자자들이 관망세를 보였다.

clout [kláut]

영향력

influence

cloud = clout. 하늘에 먹구름이 끼는 것은 한국어에 '어둠의 그림자가 드리운다'는 비유적 것과 연관이 됩니다.

He has a great deal of political clout.

그는 상당한 정치적 영향력을 갖고 있다.

This union hasn't much clout with the government.

이 노조는 정부에 별로 영향력이 없다.

cloy [klɔ́i]

싫증나다

feel dull

sick은 몸이 아픈 것이지만 sick of처럼 of가 첨가되면 '지겹다'로 전환이 됩니다.

Sweets served too often cloy the palate.

단것도 너무 자주 먹으면 질린다.

coagulate [kouǽgjəlèit]

굳어지다

harden

아교 = glue. 아교나 풀을 이용해 우리는 두 물체를 접착하고 붙이고 응고시킵니다.

Blood coagulates in air.

혈액은 대기 중에서는 응고한다.

Air coagulates blood.

공기는 혈액을 응고시킨다.

coalesce [kòuəlés]

모으다

fuse

co = with

That's what we have to coalesce back off of in order to elect a president of the future.

이제 앞으로 대통령을 당선시키기 위해서는 한 발 물러서서 재충전을 한 후 다시 힘을 모아야 합니다.

coalition [kòuəlíʃən]

연합

union

co = with

The nation does not need coalition parties, but a new start with a new government after elections."

"우리나라는 정당간 연합이 아니라 선거를 통한 새 정부를 필요로 한다.

This would make South Korea the third largest coalition partner after the United States and Britain.

추가파병을 하게 되면 한국은 미국과 영국에 이어 세번째로 큰 연합군이 된다.

C

coda [kóudə]
끝, 끝을 맺다

conclude

coda = tail. 꼬리는 end에 해당.

The book ends with a coda, describing the fate of the characters.
그 책은 주인공들의 운명을 기술하면서 끝을 맺고 있다.

coddle [kádl]
버릇없이 기르다

to baby

'총애' 의 가장 대표적인 어구로는 the apple of one's eye가 있어요. 한국어에도 '눈에 넣어도 아프지 않을 내 자식' 이란 표현이 있죠. 왜 하필 사과인가요? 사과는 빨간색으로 서양에서는 신성함을 상징합니다.

He'll need to be coddled after his illness.
병을 앓고 난 그를 소중히 보살펴야 할 것이다.

International sportsmen are coddled as never before.
국제 스포츠 선수들이 전례 없이 보살핌을 받고 있다.

coerce [kouə́:rs]
강제하다

force

두운만 제외하고 force와 운이 비슷하고 뜻은 거의 동일합니다.

He was coerced to sign.
그는 서명을 강요당했다.

We were coerced into signing the contract.
우리는 강제로 그 계약서에 서명해야 했다.

cogent [kóudʒənt]
사람을 설득시키는, 납득시키는

convincing

gen = birth

He produced cogent reasons for the change of policy.
그는 정책 변화에 대해 설득력 있는 이유를 내놓았다.

cogitate [kádʒətèit]
생각하다

ponder

cog = know = think

He sat cogitating for several minutes before replying.
그는 대답하기 전에 몇 분간 생각에 잠겨 앉아 있었다.

cognitive [kágnətiv]
인지의

know

gn = know. can도 '알다' 이고 이와 관련된 낱말로는 canny cunning know

A child's cognitive development.
한 아동의 인지 발달

The accident has significantly impaired several of her cognitive functions.
그 사고는 그녀의 몇몇 인지 기능을 중대하게 손상했다.

coherent [kouhíərənt]
논리적인

logical

here = go. 말을 하고자 하는 논지에 맞게, 동일하게 co 진행이 되어 논리적.

He has a coherent plan.
그는 일관된 계획을 갖고 있다.

The government lacks a coherent economic policy.
정부는 일관된 정책이 부족하다.

cohort [kóuhɔːrt]
집단, 무리

group

▌시저의 Gallic War의 책을 보면 군대의 조직 단위(300-600명인 부대 단위)가 cohort 였습니다. 이런 군대라는 강한 이미지 때문인지 cohort는 부정적인 맥락에 사용됩니다.

The Mayor and his cohorts have abused their positions of power.
시장과 그의 무리는 직권을 남용했다.

---

coincide [kòuinsáid]
동시에 일어나다

occur

▌cid = fall. 함께 = co 어떤 일이 발생한다.

Your interests coincide with mine.
너와 나는 이해관계가 일치한다.

I timed my holiday to coincide with the children's school holiday.
내 휴가와 아이들 학교의 방학이 일치하도록 시간을 맞추었다.

---

cold [kould]

▌cold-blooded: 냉혈의, 냉담한
'악어' 등은 냉혈 동물입니다. 악어의 얼굴을 보세요. 무섭게 생겼죠.

Snakes and insects are cold-blooded animals.
뱀과 곤충은 냉혈동물이다.

He is a cold-blooded fellow.
그는 피도 눈물도 없는 작자이다

▌cold turkey: 솔직한 이야기, 새침데기, (담배 · 마약 · 술 등) 나쁜 습관을 갑자기 완전히 끊다
cold가 냉정하다는 말이 있습니다. 한국말에도 담배를 끊는 사람과는 상종하지 말라는 말이 있는데 이는 중독성이 강한 담배를 끊기가 어려움을 나타내죠. 그런데 갑자기 담배 피우는 것을 끊었어요. 이와 같은 행동이 cold turkey입니다.

The first thing you need to do is go cold turkey.
네가 가장 먼저 해야 할 건 숨김없이 솔직하게 말하는 거야.

I smoked cigarettes for 10 years; then one day quit cold turkey.
나는 10년 동안 피워왔던 담배를 어느 날 갑자기 끊어버렸다.

---

collaborate [kəlǽbərèit]
공동으로 일하다

work together

▌naver < labor. 네이버에서 같이 = co 일 labor하는 사람들.

He collaborated with Oppenheimer on the atomic bomb.
그는 원자 폭탄 만들 때에 오펜하이머와 공동으로 일했다.

He was suspected of collaborating with the enemy.
그는 적에게 협력했다는 의심을 받았다.

---

collapse [kəlǽps]
무너지다

breakdown

▌lapse. lapse는 '실수' 입니다. 사회에서는 실수를 보아주지 않아요.

The miners were buried alive when the tunnel collapsed.
그 광부들은 갱도가 붕괴했을 때 생매장되었다.

Lots of people lost their jobs when the property market collapsed.
자산 시장이 붕괴하면서 많은 사람들이 직장을 잃었다.

---

colleague [kɑ́liːg]
동료

co-worker

▮ league. 경기에서 리그전과 토너먼트 전이 있어요. 리그전에 함께 = co- 출전을 한 동료.

I'd like to take this opportunity to thank my colleagues.
이 기회를 통해 제 동료들께 감사를 드리고 싶습니다.

His personal life is a mystery to his colleagues.
그의 사생활은 그의 동료들에게 미스터리였다.

colloquial [kəlóukwiəl]
구어의, 일상 회화의

common speech

▮ loq=log. 대화는 dialogue입니다. 둘이 말을 한 다는 것이죠. loq가 들어가면 말과 관련이 있습니다.

It was a colloquial expression.
그것은 구어체 표현이었다.

colony [kɑ́ləni]
식민지

territory which is ruled by another country

▮ 고대 로마는 본국의 직할 부대를 식민지에 파견하여 식민지를 직접 통치하였는데, 파견된 부대의 식량을 공급하기 위해 경작지를 마련하여 이를 colonia (농민을 뜻하는 라틴어 colonus에서 파생된 말)라 불렀습니다. 산업혁명이후 유럽의 강대국들은 세계 전체를 대상으로 식민지 쟁탈전을 벌였고, 이 시기 식민지 쟁탈전의 선두 주자는 영국과 프랑스였습니다. 이슬람 제국들은 그들의 식민지에 공포 정치를 했다고 서구의 역사는 기술합니다. 하지만 이는 서구인들이 이슬람교도들을 왜곡하기 위한 수단이었어요. 실제로는 이슬람교들은 유화적인 식민지 정책을 벌였다고 합니다.

Barbados was once a British colony, but now it's independent.
바베이도스는 한 때 영국의 식민지였지만 지금은 독립국이다.

The ancient Greeks founded colonies in Sicily.
고대 그리스인들은 시실리에 식민지를 건설했다.

colossal [kəlɑ́səl]
거대한

gigantic

▮ colo = great.

Some of the tall buildings in New York are colossal.
뉴욕의 일부 고층빌딩들은 정말 어마어마하다.

To help you celebrate the new year, Sporting Goods Store is having a colossal New Year's sale!
스포츠 용품점에서는 새해맞이 행사로 대 할인 판매를 실시합니다!

coma [kóumə]
무의식

unconsciousness

▮ sleep. 잠과 관련된 철자로는 coma = dorm(기숙사 dormitory) = somb등이 있어요. 우리는 잠을 잘 때 REM과 NON-REM이 있습니다. 전자는 눈동자가 돌아가면서 잠을 자더라도 기억이 생생하지만 후자는 눈알이 그대로 있으면서 기억을 할 수 없는 수면상태입니다.

He was in a coma for several weeks.
그는 몇 주 동안 혼수상태에 있었다.

He was in a coma for days, but now he's conscious again.
그는 며칠 동안 혼수 상태였지만 지금은 의식을 되찾았다.

combustible [kəmbʌ́stəbl]
타기 쉬운, 가연성의, 흥분하기 쉬운

hot tempered

▌bus. 두 대의 com 버스 bus가 더 빨리 달리는 모습 연상.

Petrol is highly combustible.
석유는 연소성이 높다.

come [kʌ́m]

▌come과 관련된 네 개의 중요 어구를 연습해 보겠습니다.

come down to
요약되다(라면을 너무 많이 끓이면 물이 완전히 아래로 줄어드는 모습을 비유적으로 연상해보세요)

The question comes down to this.
그 문제는 결국 이런 결론이 된다.

come down with
아프다(사람은 앉아 있거나 서있습니다, 그런데 몸이 아퍼서 침대에 누워있는 모습 연상)

The old man has come down with a bad cold.
그 할아버지는 독감에 걸렸다.

Suzi has come down with a cholera.
Suzi는 콜레라에 감염되었다.

come to grips with
(…와) 맞붙다, (문제 등에) 정면 대처하다

We came to grips with the problem of nuclear waste.
우리는 핵 폐기물 문제를 잘 수습하였다

come to term with
…와 타협이 이루어지다, 타협하다

We could easily come to terms with them.
우리가 그들과 쉽게 타협할 수 도 있겠어요.

come up with
제안하다(학교에서 회의를 할 때 어떤 제안을 하기 위해 손을 들거나 책상에서 일어 나 자신의 생각을 말하는 모습을 연상)

Our analysts have not yet come up with a plausible explanation for the trend.
우리 측 분석가들은 아직 그러한 추세에 대한 적절한 답변을 내놓지 못하고 있다.

The supervisor was unable to come up with an effective remedy for declining employee morale.
관리자는 종업원들의 사기 저하를 막을 묘책을 찾을 수가 없었다.

comely [kʌ́mli]
얼굴이 예쁜

attractive

▌comb. 머리빗으로 단정하게 머리를 매만진 잘생긴 남자를 연상.

She might be rather called comely than beautiful.
그녀는 아름답다기보다 잘생겼다고 해야 할 것 같다.

C

comic strips [kámik strips]
(신문등의) 연재만화

cartoon

▌strip은 한 조각. 신문의 만화는 한 컷도 있고 보통 네 컷으로 연속적으로 구성되어 있는 것에서 파생.

Through animation, the newspaper comic strip became a popular cartoon on television.
신문의 연재만화는 애니매이션을 통해 텔레비전에서 인기있는 만화가 되었다.

commemorate
[kəméməréit]
기념하다

honor the memory

▌co = with + memorate = memory . '함께 기억하다' 에서 '기념하다' 의 뜻이 되었어요.

We commemorate the founding of our nation with a public holiday.
우리는 국가의 건립을 공휴일로 기념하고 있다.

This memorial commemorates those who died in the war.
이 기념비는 전쟁 중에 죽은 이들을 기념한다.

commence [kəméns]
시작하다

begin

▌man = men. 인간이 최초로 '불' 과 '활자' 등을 발명해 사용하기 시작했어요.

We'll commence by reading the minutes of the last meeting.
지난 번 회의록을 낭독하는 것으로 시작하겠습니다.

The new trains will commence running next month.
새 열차는 다음 달부터 운행을 시작한다.

commensurate
[kəménsərət]
같은 정도의

proportionate

▌com < con(=with) + mens(=measure). 적절하게 배분이 되었는지를 알아보기 위하여 조사 measure가 이루어 져야 합니다.

Her low salary is not commensurate with her abilities.
그녀의 낮은 봉급은 그녀의 능력에 상응하지 않는다.

commiserate [kəmízərèit]
동정하다

to express sorrow

▌miserable, 불행한 사람과 함께 = co하는 것은 그를 동정하는 행동.

I commiserate with you on your misfortune.
불행한 일을 당하신 점 위로 드립니다.

I commiserated with her on the death of her pet dog.
나는 그녀의 애완견이 죽은 데 대해 그녀에게 조의를 표했다.

commodious [kəmóudiəs]
넓은

spacious

▌motor = mod =move. 두 = com 사람이 함께 움직여도 = mod 충분히 넓은 공간.

This is a commodious house.
편리하게 만든 집이다.

commodity [kəmádəti]
상품

goods

▌두 사람이 서로 남는 물건을 움직여 mod 다른 사람에게 전달.

Trading in commodities was brisk.
일용품의 거래는 활발했다.

The prices of commodities have gone down.
물가가 떨어졌다

commotion [kəmóuʃən]
동요, 폭동

riot

mot. 차분한 마음은 잔잔한 호수에 비유되어집니다. 하지만 소란이나 반란은 움직임에 비교됩니다.

In all the commotion I forgot to tell her the news.
온통 흥분해 있던 터라 내가 그녀에게 그 소식을 말하는 것을 잊어버렸다.

Suddenly, there was a great commotion next door.
갑자기 옆집에서 엄청난 소동이 벌어졌다.

compact [kəmpǽkt]
계약

agreement

pact = press. 서로(com=together) + 눌러서(compact pact=press). 빽빽하게 채운, 아담한 것에도 모두 compact가 쓰입니다.

He made an important compact.
그는 중요한 계약을 맺었다.

company [kʌ́mpəni]
동료, 교제

friend

빵 = pany = brend을 함께 하는 사람들

keep company with
사귀다

Will you keep company with me?
저와 같이 가 줄 수 있어요?

compartment
[kəmpá:rtmənt]
칸, 구분된

section

part. 전체가 아니라 부분이에요.

Instead of occupying the entire box, she gets into the front compartment.
그녀는 상자 전체를 차지하는 것이 아니라 앞쪽 칸으로 들어갑니다.

The second compartment in occupied by the woman who was hiding under the table.
두 번째 칸에는 테이블 아래에 숨어 있던 여자가 차지하는 겁니다.

compatible [kəmpǽtəbl]
양립할 수 있는

get along with

pat <pet. 사랑하는 감정을 드러내기 위하여 상대의 등을 토닥 거려줍니다. pet는 애완동물이란 단어를 통해 사랑의 암시를 받아요. 둘이 com 사랑하는 pat 감정.

This printer is compatible with most microcomputers.
이 프린터는 대부분의 소형 컴퓨터에 사용 가능하다.

His interests are not compatible with mine.
그의 이해는 나의 이해와 양립하지 않는다.

compel [kəmpél]
강요하다

force

pel = pul. pel이 들어가는 단어 중 하나를 먼저 생각해보라고 하면 propeller를 먼저 연상하는 분들이 많습니다. 헬기의 프로펠러를 통해 앞으로 이동을 합니다. 그래서 pel = push.

They compelled him to talk with threats.
그들은 협박을 하여 그로 하여금 말하게 했다.

Hunger compelled him to surrender.
그는 배가 고파서 마지못해 항복했다.

compelling [kəmpéliŋ]
강제적인, 매혹적인

charming

▌pel = pul. 이상적인 이성을 만난 경우, 마음이 자꾸 그 상대방을 향하여 다가갑니다.

They compelled obedience from us.
그들은 우리에게 복종을 강요했다.

Hunger compelled him to surrender.
그는 배고픈 나머지 어쩔 수 없이 항복했다.

---

compendium [kəmpéndiəm]
요약

summary

▌pend = hang. com(완전히, 함께) + pend(걸어놓은 것). 모든 내용을 함께 걸어놓은 것이 비유적으로 요약이나 개요를 말합니다.

The book is an invaluable compendium of ideas, facts and figures.
그 책은 생각과 사실, 수치들을 담은 매우 귀중한 요약서이다.

---

compensatory [kəmpénsətɔ̀:ri]
보상의

make up for

▌pen/sat. 형벌 pen(penalty kick)을 받아야 하는데 보상을 하여 두 사람 com사이가 만족 sat(토요일이 가장 즐거운 날이기 때문에 Saturday)합니다.

He explained the discussions will pivot around how to manage the detailed compensatory measures.
그는 구체적인 보상 방안에 논의의 초점이 맞춰질 거라고 설명했다.

---

competent [kɑ́mpətənt]
유능한

capable

▌pet = pot. 정력적인 남자를 변강쇠 라고 합니다. 그런 사람들은 potent해요. 밤에 힘 못 쓰는 남자는 impotent라고 합니다. pot는 power. 쉽게 pot는 그릇이고 이전의 사람들은 은행에 가지 않고 그릇에 돈을 넣고 '땅' 등에 파묻었어요. '돈'은 '힘' 입니다. 힘이 있는 남자가 능력이 있는 남자이고요.

He is competent to do the task.
그는 그 일의 적임자다.

I'd call it a competent piece of work rather than an outstanding one.
나는 그것을 뛰어난 작품이라기보다는 상당한 작품이라고 부르고 싶다.

---

compile [kəmpáil]
편집하다, 수집하다

gather

▌file = pile. 파일에 자료를 모읍니다.

They compiled a complete catalogue of Rembrandt's paintings.
그들은 렘브란트 그림의 총목록을 편집했다.

---

complacency [kəmpléisənsi]
자기만족

satisfaction

▌place. 집이 가장 편안한 곳입니다. 그래서 place = home. 그래서 만족이란 의미를 쉽게 찾을 수 있어요.

Their campaign shocked us out of our complacency.
우리는 그들의 선거 유세를 보고 충격을 받아 자신감이 흔들렸다.

There's an air of complacency in his behaviour which I dislike.
그의 태도에는 내가 싫어하는 자기만족적인 분위기가 있다.

---

complexity [kəmpléksəti]
복잡성

complication

▌함께 com 종이를 여러 번 접어 plex = fold 복잡한 종이학을 만들어요.

Our nervous system determines the complexity of activities that we are able to perform.
우리의 신경계는 우리가 수행할 수 있는 활동의 복잡성 정도를 결정한다.

He became ensnared in the complexities of the legal system.
그는 법률제도의 복잡한 일들에 걸려들었다.

compliant [kəmpláiənt]
유순한

obedient

▌부모님의 말에 자녀도 공감하여 부모님과 자녀 둘 다 com 동의함.

The government, compliant as ever, gave in to their demands.
예나 다름없이 굴종적인 정부는 그들의 요구에 굴복하고 말았다.

complicity [kəmplísəti]
공모, 공범

accomplice

▌com = with. 물건을 훔쳐 함께 접는 ply = fold 것을 했기 때문에 공범.

He admitted to his complicity in the crime.
그가 그 범죄에 공모했음을 인정했다.

He was suspected of complicity in her murder.
그는 그녀의 살인에 공모 혐의를 받았다.

comply [kəmplái]
응하다, 따르다

to act in accordance

▌com + ply = fold.

She must be made to comply with the rules.
그녀를 규칙에 따르게 해야 한다.

It is very stupid of you to comply with his request.
네가 그의 요구에 응한다는 것은 참으로 어리석은 짓이다.

compose(d) [kəmpóuz]
구성, 차분한

calm down

▌pose = put. 학원에 수강생 들이 함께 있어 학원을 구성하고, 오선지에 악보가 함께 있어 작곡하다 입니다. 사진을 찍을 때 포즈 pose를 취합니다. 움직임이 없어야 하기 때문에 차분하다는 의미가 있어요. 한국은 kimchi, 미국인인은 cheese. 두 나라 모두 음식이지만 어느 음식을 먹는지에 따라 표현이 달라지고 있습니다.

Water is composed of the elements hydrogen and oxygen.
물은 수소와 산소 분자들로 구성되어 있다.

The universe is composed of matter.
우주는 물질로 구성되어 있다.

comprehensive
[kàmprihénsiv]
이해력이 있는, 포괄적인

extensive

▌hend = hens = hand. 미리 = pre 가서 선생님이랑 학생이랑 함께 수업을 하면서 선생님이 말하는 수업 내용을 귀로 잡기= hend. 손으로 물건을 잡는 동작이 귀로 사람의 말을 잡아 뇌가 이것을 이해하는 과정. 선생님의 수업 내용을 일부만 이해하면 안 되겠죠. 모두 comprehensive알아야 시험을 잘 볼 수 있어요.

She took out a comprehensive insurance policy.
그녀는 포괄적인 보험 증서를 한 장 끄집어내었다.

Come and see our comprehensive selection of furnishing fabrics.
오셔서 저희들의 광범위한 복식 소재들을 보십시오.

compromise [kάmprəmàiz]
타협하다

agree

▌promise. 함께 어떤 일을 하겠다고 약속하는 행위가 타협.

Out of pique they refused to accept the compromise offered.
홧김에 그들은 제의된 협상안을 수락하기를 거부했다.

They compromised on certain items with us.
그들은 우리와 특정 항목에 대해 타협했다.

compulsively [kəmpʌ́lsiv]
강제적인

force

▌pul = pel = push. 헬기는 프로펠러에 의해 앞으로 이동을 합니다. 공부에 흥미가 없는 자녀들을 강요적인 아버지와 어머니가 push하는 모습 연상.

They are considered compulsive spenders.
그들은 소비강박증 사람들로 여겨진다.

She has a compulsive need to talk a lot.
그녀는 많이 말해야한다는 강박관념에 사로잡혀 있다.

compunction [kəmpʌ́ŋkʃən]
양심의 가책

remorse

▌펑크 = punct는 '구멍을 뚫기' · pungent. 얼얼한, 신랄한. 이전에 과거 시험을 준비하는 사람들은 졸음이 오는 것을 막기 위해 송곳이나 뾰족한 못으로 허벅지를 찍었습니다. 과거를 준비하는 사람만 이런 행동을 한 것은 아니죠. 엉큼한 생각이 떠오르는 이전의 양반집 부인들은 허벅지를 콕콕 찍었습니다.

I have no compunction for what I have done.
내가 한 일을 조금도 후회하지 않는다.

He violated the law without the slightest compunction.
그는 일말의 가책도 느끼지 않고 법을 위반했다.

concave [kankéiv]
오목한

curved inward

▌cave. 동굴 안은 안으로 비어있는 모습 연상.

a concave(convex) lens
오목(볼록) 렌즈

The inside of these eyeglasses is concave.
이 안경의 안쪽은 오목하다.

concede [kənsí:d]
인정하다

admit

▌cede = cess = go. 서로 싸우면 함께 공동의 목표를 향해 가지 못하죠.

Nancy finally conceded that Betty was right.
낸시는 마침내 베티가 옳다는 것을 인정했다.

This painting is conceded to be her best work.
이 그림은 그녀의 가장 훌륭한 작품이라고 인정되고 있다.

conceited [kənsí:tid]
자부심이 강한

proud

▌ceit = think. 첫 아이를 낳은 부부는 함께 자신들의 아이에 대해 자랑스럽게 이웃 사람들에게 자랑하는 이미지.

He's so conceited. His egotism turns everybody off.
그는 너무 자만심이 강해요. 그의 이기주의 때문에 사람들이 등을 돌려요.

He is so conceited that he acts like he's a movie star.
그는 자만심이 너무 강해 자신이 마치 영화배우인 것처럼 행동한다.

concerted [kənsə́:rtid]
합의된

agree

▌유명 가수들의 콘서트에는 가수와 구경을 온 청중들이 한 마음으로 노래를 같이 부르는 모습을 자주 볼 수 있어요.

They agreed on the need for concerted U.N. Security Council action on the Iran's nuclear issue.
그들은 이란 핵 문제와 관련해 유엔안전보장이사회의 단합된 행동이 필요하다는 점에 의견을 같이 했다고 덧붙였습니다.

---

conciliatory [kənsíliətɔ̀:ri]
달래는, 회유적인

making peace

▌council. con = with. 사람과 사람이 만나 서로 회의를 할 때 서로 자기 주장만 내세우면 결국 회사는 파산을 신청 할 수밖에 없게 됩니다.

We took a conciliatory attitude.
양보적인 태도를 취했다

It took a conciliatory gesture and agreed to raise the asset criterion to 6 trillion won.
공정위는 출자총액제한제도 적용 기업집단 자산기준을 현행 5조원에서 6조원으로 상향하며 화해의 제스처를 보냈다.

---

concise [kənsáis]
간결한

brief

▌cise = sect = cut. 어떤 물체를 자르면 줄어드립니다.

His observations were concise and to the point.
그의 관찰은 간결하고 적절했다.

What you need to keep in mind is to be clear and concise when you write the monthly reports.
당신이 월례 보고서를 쓸 때 명심할 필요가 있는 것은 명확하고 간결해야 한다는 것입니다.

---

concoct [kɑnkɑ́kt]
섞어서 만들다, 날조하다

devise

▌cocktail < cock < cook. 여러 가지 술을 섞어 바텐더 아저씨는 칵테일 술을 만들어요. 칵테일은 남북 전쟁 당시 쫓기던 한 병사가 헛간에 있던 이런 저런 술병에 있던 약간의 술을 섞었던 것에서 유래를 하였다고 합니다.

He concocted a surprisingly tasty supper of pasta and vegetables.
그는 파스타와 야채로 놀랍도록 맛있는 저녁 식사를 조합해 내었다.

She concocted a scheme to get publicity.
그녀는 세상의 주목을 받기 위해 계략을 꾸몄다.

---

concomitant [kɑnkɑ́mətənt]
부수물

going along with

▌con = with + com = come. 함께 같이 가는 것.

Loss of memory is a natural concomitant of the sear and yellow leaf.
기억의 상실은 노년에 자연스럽게 따라오는 부수물이다.

---

concord [kɑ́nkɔ:rd]
일치

harmony

▌cord =heart. 마음이 맞는 사람들 = 의견 일치

Two countries can solve the problem in concord with each other.
두 나라는 그 문제를 서로와 화합하여 풀 수 있다.

---

condense [kəndéns]
요약하다

summary

▎dense. 전체를 요약하는 것은 내용을 압축하는 것입니다.

You must condense your paper into a few paragraphs.
당신의 논문을 몇 단락으로 요약해야만 합니다.

Soup condenses when boiled.
수프는 끓이면 걸쭉해진다.

condescend [kὰndisénd]
자기를 낮추다

partonize

▎descend = stoop. 위에서 아래를 내려다보는 것은 비유적으로 지위가 더 높은 사람이 아래의 사람들을 내려다보는 것과 연관.

He condescended to their intellectual level in order to be understood.
그는 그들이 이해하기 좋도록 그들의 지적 수준에 맞추었다.

He always condescends to his colleagues.
그는 언제나 동료들에게 내려다보는 태도를 취한다.

condone [kəndóun]
용서하다

pardon

▎done. 서로 반목만 하던 로미오와 줄리엣의 두 가문은 이제 더 이상 싸우지 않고 화해를 하기 done = do

Foul play can never be condoned.
반칙은 결코 용납할 수 없다.

Not punishing them amounts to condoning their crime.
그들을 벌하지 않는 것은 그들의 범죄를 용납하는 것이 된다.

conduct [kándʌkt]
행동하다

act

▎duct = pull = do. 지휘자의 지휘에 맞추어 연주하는 악단의 멤버들이나 스튜어디스(차장)의 안내에 따라 탑승하는 승객의 모습을 연상.

It is hard to view his conduct in a favourable light.
그의 행동을 호의적으로 봐주기가 어렵다.

He disgraced himself by his conduct.
그는 품행이 좋지 못하여 면목을 잃었다.

confederation
[kənfèdəréiʃən]
연합

union

▎fed = fid = belief. 사람과 사람사이의 믿음은 보통 believe입니다. 하지만 남녀간의 믿음은 이 단어보다 fidelity가 더 좋아요. fid는 믿음입니다. 중세 봉건제도를 feudalism이라고 하는 이유는 왕은 신하에게 땅을 주고 그 대가로 신하는 왕을 위하여 충성을 하는 믿음의 관계이기 때문입니다. 미국의 연방과 주는 각각 지방 자치적은 국가이지만 서로 믿음을 가지고 하나의 나라로 존재하고 있어요.

The nation-wide strike was called by the Korean Confederation of Trade Unions.
민주노총이 전국적인 파업을 주도했다.

confer [kənfə́ːr]
수여하다, 협의하다

exchange ideas

▎fer = go.

That vaccine will confer lifelong immunity.
이 백신 주사로 평생동안 면역이 될 것이다.

We will confer with them about this matter.
이 문제에 대해 그들과 협의할 생각이다.

confidant [kɑ̀nfidǽnt]
절친한 친구

one who confide

▌fid = believe

Betts steers clear of policy battles, but he remains Bush's trusted confidant.
벳츠는 정책대결은 피했지만, 여전히 부시의 믿음직한 친구였다.

configuration
[kənfìgjuréiʃən]
배치

arrangement

▌figure. 함께(con)+이룬 것(figuration). fig = fic = make.

In a charter configuration with all economy seats on both decks, the A380 could pack in around 840 passengers.
양쪽 이코노미석의 좌석배치에 따라 최대 840명까지도 탑승이 가능하다.

confined [kənfáind]
갇힌

restricted

▌fin = end = money. 끝이 있어 제한적입니다. 세상의 모든 일은 죽음을 제외하고 돈으로 해결될 수 있다고 생각하는 분들이 많습니다. 그래서 벌금을 fine이라고 해요. 악행을 하고 끝 마무리를 돈으로 해결한다는 내용이에요.

It was difficult to work efficiently in such a confined space.
그렇게 좁은 공간에서 효율적으로 일하기는 어려웠다.

Please confine your remarks to the fact.
그 사실에만 국한해서 발언해 주시오.

confirm [kənfə́:rm]
확고히 하다, 확인하다

verify

▌firm. 회사가 망하면 안 됩니다. 회사가 튼튼해야 한 가정 그리고 한 나라가 번영합니다. firm은 튼튼하고 확고한 이미지.

With your concurrence, I will confirm the arrangement.
당신이 동의하시면 그 계획을 확정하겠습니다.

Events confirmed our perception that she had been treated unfairly.
여러 가지 사건들로 미루어 그녀가 부당한 대우를 받아왔다는 우리의 인식이 확인되었다.

conflagration
[kɑ̀nfləgréiʃən]
큰 화재

a large fire

▌flare = fire. con(with)+flagr(burn)로 '함께 불타버림.' nonflammable, flamboyant, flamingo 등도 같은 어원에서 유래 했습니다.

The conflagration destroyed the entire town.
대화재로 도시 전체가 완전히 파괴되었다.

confluence [kánfluəns]
합류한 하천, 군중

flowing together

▌flow = flu. 지금 전 세계는 유행성 '플루'가 이곳 저곳을 가고 있어요.

It was a day that featured a rare confluence of parade, perfect spring weather and peak bloom.
이 날처럼 퍼레이드와 화창한 봄 날씨, 만개한 벚꽃이 모두 갖춰지는 날은 드물다.

confound [kənfáund]
혼동하다

amaze

▌found = fund = bottom = pour. 한번 펀드 투자를 하면 비록 손해가 있더라도 다시 큰 돈을 벌 것이라는 환상 때문에 돈을 솟아 붓는 환상에 잠깁니다.

She confounded her critics by breaking the record.
그녀는 기록을 깸으로써 자신을 비판하는 사람들의 콧대를 꺾어 주었다.

confront [kənfrʌ́nt]
직면하다

face

▌front = face. 사람과 사람이 만날 때 보통 얼굴을 먼저 봅니다. 뒤 꼭지나 신체의 다른 부위를 먼저 보는 사람은 드물어요. 또한 눈보라가 몰아치는 벌판에서 얼굴이 가장 먼저 눈이나 비에 부딪 치는 장면 연상.

Many difficulties confronted her.
그녀는 많은 난관에 봉착했다.

The unsettled case confronted the new president.
그 미결의 문제는 신임 대통령 앞에 직면으로 나타났다.

---

congenial [kəndʒíːnjəl]
같은 성질의

same

▌gen = nat =birth = bear. 태어날 때부터 같은 사람들. 이런 사람들은 성격이나 호흡이 잘 맞아 찰떡궁합. 사람의 성격은 선천적이냐? 후천적이냐?는 학자들에 따라 의견이 분분 하다고 합니다. 후천적인 사람들의 견해에 따르면 어떤 환경에서 성장을 하는지에 따라 일란성 쌍둥이도 성격이 달라진다고 합니다.

He was congenial to company.
그는 일행과 마음이 맞았다.

I find this aspect of my job particularly congenial.
나는 내 직업의 이런 측면이 특히 마음에 든다.

---

congregate [káŋgrigèit]
모이다

gather

▌greg = meet. 사람들이 교회, 회의장 등으로 가서 모이는 장면 연상.

A crowd quickly congregated round the speaker.
연설자 주위로 관중이 재빨리 모여들었다.

---

congruent [káŋgruənt]
일치하는

corresponding

▌grue = glue. 풀이나 아교로 물체를 붙이는 장면 연상.

Her actions are not congruent with her words.
그녀는 언행이 일치하지 않는다.

Cor-responding parts of congruent figures are equal.
합동형의 대응하는 부분은 같다.

---

conjecture [kəndʒéktʃər]
추측하다

guess

▌ject = throw. 생각을 어느 쪽으로 몰아감.

That is a mere conjecture.
그것은 억설에 지나지 않는다.

Various conjectures about the matter were flying about.
그 문제에 대해서는 여러 가지 추측이 분분했다.

---

conjugal [kándʒəgəl]
부부의, 혼인의

marriage

▌con(함께) + jugal(결합하는) = join. 함께 결합하는. 이전에 한국 사회는 부부 일심 동체였어요. 그러나 지금은 이런 말을 하면 좀 이상하게 들리네요.

The Roman Catholic Church's reasoning is that in-vitro fertilization replaces the natural conjugal love between husband and wife.
시험관 수정은 남편과 아내사이의 자연스런 부부간의 사랑을 대신하기 때문이라는 것이 로마 카톨릭교회의 이유입니다.

---

conjure [kάndʒər]
요술로 …하다, 생각하다

imagine / think

jur = judge. 중세시대의 천주교의 타락상. 천주교는 이를 극복하기 위하여 마녀 재판과 같은 무시무시한 마녀 사냥에 들어갑니다.

His imagination conjured up a scene of horror.
그는 무서운 광경을 상상했다.

He's the boy wizard who's conjured up enough spells to make his creator richer than the Queen.
그는 자신을 창조한 사람을 영국 여왕보다 더 큰 부자로 만들 만큼 굉장한 마법을 부린 소년 마법사입니다.

C

connive [kənáiv]
못 본 체하다, 묵인하다

conspire

한국어에서도 눈을 감다는 실제로 눈을 감는 경우와 비유적으로 상대방의 잘못된 행동을 지적하지 않고 넘어간다는 내용입니다. 그래서 영어도 nive = eye로 눈을 감아 준다는 표현이 되어요.

They had connived with the mayor to get funds secretly allocated to the project.
그들은 시장과 공모하여 은밀히 그 계획에 자금이 할당되도록 했다.

connoisseur [kὰnəsə́:r]
감정가, 감식가

critical

noise = critical. 상대방의 행동이나 작품들을 비판하는 사람들은 조용한 사람들이 아니라 시끄러운 사람들입니다. 보통 이런 사람들을 critics라고 해요. 그런데 음식이 맛이 있고 없고에 대해 시끄러운 사람에게는 connoisseur를 사용해요. 세계가 물바다가 된 노아의 홍수가 끝나자 노아는 배에서 내려와 제일 먼저 포도나무를 심고 이 나무에서 포도를 따 포도주를 마셨다고 해요. 포도주를 감별하는 사람들이 connoisseur.

One critic compares her approach to singing lyrics to the way a connoisseur savors wine.
한 비평가는 노래 가사를 읊어내는 노라 씨를 와인을 음미하는 와인 감정가에 비유합니다.

consecrate [kάnsəkrèit]
신성하게 하다

holy

secrate = secrete. 세속적인 곳에서는 사람이 많이 몰립니다. 하지만 신성한 곳은 적막이 깃들이고 은밀합니다.

She consecrated her life to helping the poor.
그녀는 생애를 빈민들을 돕는데 바쳤다.

He was consecrated Archbishop last year.
그는 작년에 대주교로 임명되었다.

consensus [kənsénsəs]
일치

unanimity

sense = mind 마음이 같다 = co.

The two parties have reached a consensus.
그 두 정당은 합의에 이르렀다.

There is a broad consensus of opinion in the country on this issue.
이 쟁점에 대해서는 국가적으로 광범위한 합의가 형성되어 있다.

conservatory
[kənsə́ːrvətɔ̀ːri]
온실

greenhouse

▌serve = keep

They refer to their front porch rather grandly as the conservatory.
그들은 앞 현관을 거창하게 온실이라고 부른다.

consequence [kɑ́nsəkwèns]
결과, 중요성

result

▌함께 con 계속 이어지는 seguence연상.

We must answer for the consequences.
그 결과는 우리가 책임져야 한다.

Lowering interest rates could have disastrous consequences for the economy.
금리 인하가 경제에 비참한 결과가 올 것이다.

considerate [kənsídərət]
사려 깊은, 이해심이 있는

think

▌consider의 형용사는 두 종류가 있어요. considerate는 생각을 많이 해서 사고가 깊다이지만 considerable은 '많다' 입니다.

She is considerate of others.
그녀는 남들에 대해 이해심이 많다.

She's always very considerate towards her employees.
그녀는 직원들에게 항상 매우 사려 깊게 대한다.

consign [kənsáin]
건네주다

assign

▌sign. 원룸 계약을 하고 난 후에 열쇠를 건물주가 집을 얻는 학생에게 주게 됩니다.

They consigned the shipment to us.
그들은 선적 화물을 우리에게 넘겨주었다.

The paintings were consigned to our care.
그 그림들은 우리에게 넘겨졌다.

console [kənsóul]
위로하다

appease

▌sol = solo = one. 혼자 사는 사람보다는 부부로 살아가는 인생이 더 아름답다고 합니다. 혼자 사는 sol사람은 함께 con있어 위로 해줄 사람이 필요해요.

Nothing could console him when his pet dog died.
그의 애완용 개가 죽었을 때 그 무엇도 그를 위로하지 못했다.

I tried to console the grief-stricken relatives.
나는 비탄에 잠긴 친척들을 위로하려 애썼다.

consolidate [kənsɑ́lədèit]
통합하다, 합병 정리하다

combine

▌sol = single + con = two. 솔로로 살겠다고 주장하는 두 청춘 남녀가 드디어 합하는 장면 연상.

The two companies consolidated for greater efficiency.
더 큰 효율성을 위해 그 두 회사는 통합되었다.

The time has come for the firm to consolidate after several years of rapid expansion.
몇 년간의 급속한 확장 이후 이제 회사가 내실을 다질 때가 되었다.

consonant [kάnsənənt]
자음

sound

▌son = sound

The word ends in a consonant.
그 단어는 자음으로 끝난다.

---

conspicuous [kənspíkjuəs]
눈에 띄는

noticeable

▌spic = spec =see. 눈에 두드러진 사람이나 개체는 사람들 눈에 먼저 띄게 됩니다.

There was no conspicuous road sign in that highway.
그 도로에는 눈에 들어오는 도로 표지가 없었다.

The young lady cut a conspicuous figure in her dress.
드레스를 입은 젊은 아가씨 모습이 두각을 나타내는군.

---

conspiracy [kənspírəsi]
음모

plot

▌con = with + spir = spirit. 호흡을 같이 하고 정신을 같이 하는 것은 좋지 않은 일을 같이 하는 공범이나 공모와 연결.

The generals joined in a conspiracy to overthrow their country's dictator.
초급 장군들이 독재자를 타도하기 위한 음모에 가담했다.

---

consternation
[kὰnstərnéiʃən]
깜짝 놀람

sudden confusion

▌stella = aster = star. 별이 하나로 합하여 지면 이 세계는 별들의 대 충돌에 의해 암흑세계가 되면서 대 혼동에 빠지게 됩니다. 우리의 지구의 운명은 어떻게 될까요? 결론부터 말하면 종말이 찾아옵니다. 1. 우주는 확장을 하고 있지만 우리 은하와 안드로메다 성운은 계속 접근을 하여 결국 충돌 후 하나의 점으로 변하는 빅뱅 현상이 찾아 옴. 2. 대륙간 판들이 점점 근접을 하여 아프리카 대륙과 미주 대륙 등이 붙게 되어 후에 남극이나 북극등지만 인간이 살만한 공간이 되고 지역적인 한계로 인한 인종간 혹은 국가간의 격렬한 전쟁. 3. 달이 점점 지구의 궤도에서 멀어져 가고 있어 이 결과로 밀물과 썰물이 없어지고 지구는 황량해짐. 여기에 들고 있지 않은 여러 가지 다른 이유도 결국 지구는 이 세상에 없어지고 빅뱅 후 다시 태어나겠죠. 인생이란 돌고 도는 것입니다. 우주의 삼라만상 중 변하지 않는 것은 단 하나도 없습니다.

To our consternation, the current was turned off.
경악스럽게도 전류가 끊겨 있었다.

To her consternation, she was then asked to make a speech.
소스라칠 만큼 놀랍게도 그녀는 뒤이어 연설을 해 달라는 부탁을 받았다.

---

construe [kənstrú:]
해석하다

interpret

▌stru = structure. 영어 독해를 잘 하려면 영어 구조 structure를 잘 파악해야 합니다. 그래야 해석이 잘 되어요.

He construed the statement as a threat.
그는 그 말을 위협으로 받아들였다.

I construed his speech to be a warning.
나는 그의 연설을 경고로 해석했다.

C

consummate [kάnsəmèit]
완성하다

perfect

sum = total

He shows consummate tact in dealing with people.
그는 사람을 응대하는 솜씨가 능란하다.

If consummated, it would be by far the largest Chinese direct investment in a foreign corporation.
성사될 경우 이 거래는 현재까지 중국이 해외 기업에 직접 투자하는 최대의 사례가 될 것이다..

---

contain [kəntéin]
참다, 억제하다

tolerate

어구
contain a fire 화재가 번지는 것을 막다
contain an epidemic 전염병을 억제하다
contain emotion 감정을 억제하다

인간의 몸도 하나의 공간입니다. 마치 그릇 안에 물을 담았는데 끓이면 부글부글 끓어오르듯이 화가 나면 화가 치밀어 오른다고 합니다. 하지만 화를 참으면 마음 속에 담아 둔다고 하죠.

When the subtle diplomat realized how seriously his idea of containment was being taken, he could scarcely contain himself.
민감한 외교관이었던 캐넌은 자신의 봉쇄정책 발상이 매우 진지하게 받아들여지고 있는 사실을 깨달았을 때 자신을 억제하기가 어려웠다.

---

contagious [kəntéidʒəs]
전염성의

disease

tag = tangent = touch. 중학교 수학 시간에 '탄젠트' 라는 것을 배웁니다. 두 선분이 만나는 것인데... 사람과 사람이 서로 접촉하여 생기는 '질병' 이예요.

Yawning is contagious.
하품은 전염성이 있다.

Scarlet fever is highly contagious.
성홍열은 대단히 전염성이 강하다.

---

contemn [kəntém]
경멸하다

scorn

codemn = contemn. 철자 하나만 교체하면 이미 알고 있는 단어입니다.

The South African government has refused to contemn Mr. Mugabe.
남아프리카공화국 정부는 무가베를 비난하기를 거부했다.

---

contemporary
[kəntémpərèri]
같은 시대의, 현대의

present

tempo =time. 음악을 들으면서 가락 tempo에 맞추어 발을 움직입니다. 시간이 같다 com.

They were contemporaries at college.
그들은 대학 동기였다.

Dickens was in a different class from most of his contemporaries.
디킨스는 동시대 대부분의 사람들과는 부류가 달랐다.

---

contempt [kəntémpt]
경멸

scorn

tempt = temptation. 예수님이나 부처님이나 사탄의 유혹 contempt를 물리쳤습니다. 우리는 본인이 해야 할 일이 아닌 다른 것의 유혹을 비웃으면서 물리쳐야 합니다.

His remarks betray a staggering contempt for the truth.
그의 발언은 진실에 대한 놀라운 경멸을 드러내고 있다.

Her expression was one of haughty contempt.
그녀의 표정은 오만한 경멸의 그것이었다.

---

contentious [kənténʃəs]
다투기 좋아하는, 논쟁하기 좋아하는

fight

tent = draw. 여행지에 가서 미리 준비한 접어진 텐트를 친구와 함께 = con 잡아 당겨 tent = draw 행복한(만족한) 시간을 보냅니다. 그러나 원래 알고 있던 단어보다 길이가 길어지면 부정적입니다. 그래서 contentious는 텐트에서 함께 시간을 많이 보내면서 서로 '트러블'이 있어 싸우는 모습 연상.

It's currently a very contentious issue.
그것은 현재 굉장히 논쟁을 일으키는 안건이다.

---

contiguity [kὰntəgjúːəti]
접근

near

tig = tag = tangent = touch. 서로 접촉하고 있으면 가까움. 가까이 있는 것은 친밀함이 있지만 멀리 떨어져 있는 것은 원수지간.

The man was in contiguity with the woman.
남자는 그 여자와 인접했다.

---

contingent [kəntíndʒənt]
부수적인, 불확정의

possible

tig/tag/ting/tang =touch. 용기 있는 자만이 미녀를 만날 수 있습니다. 미녀에게 자꾸 접근과 접촉을 해야 그 사람을 자기 사람으로 만드는 것이 가능합니다. 성경 구절에도 두드리라 그러면 열린다는 말씀을 떠오르게 해요.

A.I.G. and Ace both say they will no longer pay contingent commissions to brokers.
A.I.G.와 Ace 모두 중개사에 더 이상 이익 수수료를 제공하지 않겠다고 밝혔습니다.

---

contraband [kάntrəbæ̀nd]
밀수품

smuggled goods

band = law. 법에 위배 = contra되는 것을 하는 것과 연관.

Smiths Detection offers advanced security solutions to detect and identify contraband.
스미스디텍션사는 밀수품을 탐지 식별하는 최첨단 보안 솔루션을 공급하고 있다.

---

contract [kάntrækt]
계약, 줄어들다

agreement
decrease
catch(병에 걸리다)

tract = pull. 서로 마음이 맞는 사람은 당겨지는 비유. 공기에 있는 바이러스가 몸 안에 잡아당겨지면 몸이 아픈것과 연상.

That player is under contract with our team.
저 선수는 우리 팀과 계약을 맺고 있다.

The loss of this contract would be very serious.
이 계약 건을 잃으면 매우 심각한 일이 될 것이다.

---

contradict [kὰntrədíkt]
부정하다, 모순되다

deny

반대 = contra의 말 = dict을 하다.

The report contradicts what we heard yesterday.
그 보고서는 우리가 어제 들은 것과 모순된다.

Recent evidence has tended to contradict established theories on this subject.
최근의 증거는 이 주제에 관해 이미 확립된 이론과 모순되는 경향이 있다.

---

contretemps [kάntrətὰːŋ]
공교롭게 일어난 사건

mishap

contra = against.

There was a minor contretemps with one of the passengers.
승객들 중 한 명과 작은 언쟁이 있었다.

---

contrite [kəntráit]

죄를 깊이 뉘우치는

sorry

▌trite = tribe. 패전국들은 승전국에게 공물을 바치면서 물질적 피해 보상과 더불어 유감을 뜻도 표현해야 합니다. 하지만 너무 많은 돈을 패전국에 부가하면 안 되겠죠. 1차 세계대전이 끝난 후 영국이나 프랑스 등은 독일에 너무 많은 돈을 요구하여 독일의 물가는 하루 밤 사이에 빵 하나를 사기 위하여 트럭 한 대분의 화폐가 있어야 했기 때문에 결국 히틀러에 의한 독일의 2차 세계 대전이 발발하는 원인이 되었어요. 2차 세계대전의 승전국인 미국은 패전국인 일본이나 독일에 영국이나 프랑스와는 다르게 마셜 정책에 의해 돈을 요구하는 것이 아니라 패전국의 발전을 위해 돈을 투자한 것은 올바른 행동이었습니다(물론 이면에는 소련의 공산주의 팽창을 막기 위한 것이기는 했지만).

Gloria looked contrite, even distressed.

Gloria는 회개하는 듯, 심지어 비통해 하는 듯 보였다.

controversial

[kàntrəvə́:rʃəl]

논쟁의

debate

▌적수의 말이나 행동에 대해 반대로 = contro 돌아가기 = ver.

Her controversial article is bound to raise a few hackles.

그녀의 논쟁의 여지가 있는 글은 몇 사람을 핏대 세우게 만들게 되어 있다.

It is a controversial policy which has attracted international censure.

그것은 국제적인 비난을 야기한 논쟁의 여지가 있는 정책이다.

conundrum [kənʌ́ndrəm]

수수께끼

puzzle

▌코난 도일. 영국의 의사 · 소설가로 셜록 홈스가 활약하는 탐정 소설을 발표하여 본격적 추리 소설의 장르를 확립하였습니다.

An issue that is a real conundrum for the experts.

전문가들에게 있어 정말 수수께끼인 문제점

convention [kənvénʃən]

집회, 협정

tradition

▌ven = go. 지금까지 있었던 방식과 함께 con 가기.

He was absent from the convention.

그는 그 집회에 참석하지 않았다.

The proposal breaches article 10 of the European Convention which guarantees free speech.

그 제안은 언론의 자유를 보장하는 유럽 협약 10조를 위배한다.

conversant [kənvə́:rsənt]

정통한

familiar

▌con모든 분야에 관심을 vers = 돌릴 수 있다. 한국어의 팔방미인을 연상해보세요.

You need to be fully conversant with the rules of the game.

당신은 게임의 규칙에 대해서 완전히 정통할 필요가 있다.

convert [kənvə́:rt]

변하게 하다, 개종시키다

change

▌vert = change. 돌아가는 것은 변화를 암시.

Japan has converted manufacturing muscle into financial might.

일본은 막강한 제조력을 금융력으로 전환시켰다.

She was converted to Christianity.

그녀는 기독교로 개종했다.

convey [kənvéi]
나르다

transport

▌컨베이어 벨트. 이 벨트를 이용해 물건이 이동,

Pipes convey hot water from the boiler to the radiators.
파이프가 보일러로부터 난방기로 뜨거운 물을 실어 나른다.

Please convey my best wishes to your mother.
당신 어머니께 제 안부를 전해주세요.

conviction [kənvíkʃən]
확신

belief

▌vic = victory = triumph. 함께 con 승리에 대한 확신의 믿음을 가지다.

His story carries conviction.
그의 이야기는 신념을 담고 있다.

She expressed her firm conviction that television was harmful to children.
그녀는 TV가 어린이들에게 유해하다는 강한 신념을 표명했다.

convince [kənvíns]
확신시키다

persuade

▌con = 완전히 + vince =정복하다는 완전히 정복하다로 사람들의 마음을 완전히 정복하기 위해서는 설득이 필요.

We utterly failed to convince them.
우리는 그들을 납득시키는 데 완전히 실패했다.

The government must still convince the sceptics that its policy will work.
정부는 아직도 자기들의 정책이 성공할 수 있으리라는 것을 회의론자들에게 납득시켜야만 한다.

convivial [kənvíviəl]
연회의, 즐거운

festive

▌con(모두, 함께) + vivial(생기 있는) = 여러 사람이 모두 생기 있는곳은 party를 하는 곳이겠죠. viv-철자가 들어간 낱말로 convivial 친목적인, vivacious 쾌활한, vivify 활기 띠게 만들다, revivify 소생시키다 등이 있어요.

convivial atmosphere
우호적인 분위기

He is a personable individual, convivial with a highly developed sense of humour.
그는 유머 감각이 있는 생기 있으면서 개성이 있는 사람이다.

cook up [kuk]
조작하다

fabricate

▌up은 give up = 포기하다에서 보듯이 부정적인 문맥에 사용되는 경우가 있어요. cook up의 cook은 요리가 기본적인 의미가 있지만 비유적으로는 요리하다는 힘이나 속여서라도 어떤 사람을 잘 다루라는 의미가 있어 trick의 의미와 연관.

He cooks up a story.
이야기를 날조하다.

copycat [kapikæ̀t]
모방자

숙어
a copycat murder 모방 살인
a copycat killer 모방 살인범
a copycat crime 모방 범죄

▌copy라는 철자를 통해 복사 < 모방이란 의미를 유추 할 수 있어요.

The girl was trying to be a copycat of the teacher.
그 소녀는 선생님을 흉내 내고 있었다.

The Japanese are excellent copycats.
일본인들은 모방을 아주 잘해요.

C

copious [kóupiəs]
풍부한

abundant

▌cop = many = opirus(가격이 있는 자동차 이름).
copy, copious, cornucopia, opulent, opulence 복사 copy를 하면 한 장으로 많은 종이들이 복사가 됩니다. cone은 원뿔. 이전의 원시인들은 원뿔 모양의 '뿔' horn에 음식들을 담아 저장했어요. 넘쳐나는 곡물들을 연상해보세요. horn은 음식을 담기도 하고 나팔을 불기도 했어요. 그래서 horn다음에 금속으로 만들어진 trumpet와 더불어 이들 단어들은 한국어에서도 볼 수 있듯이 '동네방네 나팔을 불다' 처럼 자랑을 하다는 의미가 있게 됩니다.

A copious harvest.
풍작.

She supports her theory with copious evidence.
그녀는 자기의 이론을 풍부한 증거로 뒷받침했다.

---

corner [kɔ́ːrnər]

▌corner과 관련된 표현 두 가지를 알아 두세요.

around the corner
아주 가까운 곳에, 다가온

I am writing to remind everyone that this year's Family Day is just around the corner.
금년도 "가족의 날"이 다가왔음을 모두에게 알리기 위해서 이 이메일을 띄웁니다.

cut corners
지름길로 가다

We've had to cut corners to make a film on such a small budget.
이렇게 적은 예산으로 영화를 만들려면 싸고 쉬운 방법으로 찍을 수밖에 없다.

---

cordially [kɔ́ːrdʒəli]
진심으로

friendly

▌cord = heart. 마음이 통하는 친구들.

They cordially detest each other.
그들은 서로를 철저히 미워한다.

Everyone is cordially invited.
여러분이 와줄 것을 진심으로 바랍니다.

---

corollary [kɔ́ːrəlèri]
결과

result

▌co + roll. 화장지 두루마리가 굴러 roll가요. 인생의 수레바퀴는 다람쥐 수레바퀴처럼 움직이는 모습. 인생은 결과물이 있어야 합니다. 호랑이는 가죽을 남기고 사람은 이름을 남기고..

Good health is a corollary of having good habits.
건강은 좋은 습관을 가진 데서 오는 당연한 결과이다.

The substance is not specifically banned, and the corollary of that is that the police cannot take any action.
그 물질은 특별히 금지되지는 않는다. 그러므로 그에 따르는 추론은 경찰이 어떤 조치를 취할 수는 없다는 것이다.

---

corporeal [kɔːrpɔ́ːriəl]
육체적인, 물질적인

material

▌corp = body.

They believed that all being is corporeal.
그들은 모든 것은 물리적인 것이라고 믿었다.

---

correspond [kɔ̀:rəspάnd]
일치하다

agree with

▌respond. 다른 사람이 보낸 메일에 반응하는 것은 마음이 일치함. 만일 싫어하면 응답을 하지 않아요.

Your account and hers correspond.
당신의 설명과 그녀의 설명이 일치한다.

He wishes to correspond with her.
그는 그녀와의 편지 왕래를 바란다.

(in)corrigible [inkɔ́:ridʒəbl]
(성격등을)고칠 수 없는

correctable

▌correct.

He is an incorrigible child.
제멋대로 구는 아이이다.

---

corroborate [kərάbərèit]
확실하게 하다

confirm

▌co + rob. 같이 공범을 한 사람이 범행을 확인해주었습니다.

Independent witnesses have corroborated her account.
독립적인 증인들이 그녀의 이야기를 확인해 주었다.

---

corrode [kəróud]
부식하다, 침식하다, …의 마음을 좀먹다

destroy by chemical action

▌co + rode. rode는 road와 발음이 유사. 비가 많이 와서 도로의 일부가 떠 내려가는 모습 연상.

The axle was badly corroded by rust.
도끼가 녹이 심하게 슬어 있었다.

A bitter envy had corroded their friendship.
쓰라린 질투가 그들의 우정을 갉아먹었다.

---

corrugated [kɔ́:rəgèitid]
물결 모양의, 주름 잡힌

shaped with waves

▌골판지가 corrugated cardboard입니다. 주름이 있는 것은 물결과 연상이 됨.

A roof made of sheets of corrugated iron
골진 강철판으로 만든 지붕

Boxes made of corrugated cardboard are stronger than other boxes.
골판지 상자는 다른 것들보다 튼튼하다.

---

cosmic [kάzmikəl]
우주의

universe

▌코스모스(cosmos)는 그리스어 kosmos에서 그대로 나온 이름으로 kosmos에는 뜻이 많습니다. 질서 (order), 세상 (universe), 장식 (ornament)등의 뜻이 있어요. 우주는 질서 있게 움직이기 때문에 뜻이 서로 연관이 되어요. 이전 한국에는 도로에 코스모스가 도로를 장식했어요. 또한 영어에서 cosmos는 세상이나 우주를 가리키는 말이기도 합니다. cosmic (우주의), cosmopolitan (세계시민의)등이 같은 어원의 단어입니다.

Physics is governed by cosmic laws.
물리학은 우주의 법칙의 지배를 받는다.

---

cosmopolitan
[kὰzməpάlətn]
세계주의의

internationally sophisticated

▌cosmos = universe. 우주는 크기가 엄청납니다. 도시 중에서도 세계적으로 큰 도시와 관련.

New York is a cosmopolitan city.
뉴욕은 국제도시이다.

Music is one of the most cosmopolitan arts.
음악은 가장 세계적인 예술의 하나다.

cough [kɔːf]
[돈]을 마지못해 주다, 고백하다

confess

▌기침을 하면 침이 밖으로 튀어나가듯이 숨겨두었던 생각들을 밖으로 말하는 것으로 의미 확대.

She coughed up her husband that she had sold her wedding ring.
그녀는 남편에게 결혼반지를 팔았다고 고백했다.

council [kάunsəl]
회의, 평의회

forum

▌counsel. 상담을 받는 것과 council은 사람과 사람이 만나 이야기 한다는 것 때문에 서로 연관이 있네요. 철자도 비슷하고요.

In the latest elections our party has got control of the council.
가장 최근에 있은 선거에서 우리 당이 지방 의회의 지배권을 장악했다.

Twenty councils are to be capped this year.
올해에는 20개 지방의회의 경비가 제한 될 것이다.

count [kάunt]
중요하다

matter

▌counter. 슈퍼나 마트의 카운터를 보면서 돈을 잘 받아야 합니다. 회계를 잘 하는 것은 아주 중요해요.

Size isn't important; it's the quality that counts.
크기는 중요하지 않아요. 중요한 건 품질이죠.

counterfeit [káuntərfìt]
위조하다

fake

▌counter = against. 좋지 않은 목적으로 만들어 지는 것을 말합니다. 예를 들어 복사기로 화폐를 위조하는 행위와 같은 것을 말해요.

On closer inspection the money turned out to be counterfeit.
보다 정밀한 검사로 그 돈이 위조지폐라는 것이 드러났다.

This note is good, but that one's counterfeit.
이 지폐는 진짜이지만 저것은 위조이다.

countenance [káuntənəns]
얼굴

face

▌count = 중요하다 = importance. 사람을 처음 볼 때 보통 사람들은 상대방의 얼굴을 먼저 봅니다. 얼굴은 중요한 신체입니다.

Her countenance fell.
그녀의 안색이 침울해졌다.

counter [káuntənəns]

▌counter가 들어간 합성어들을 연습해두세요.

counterpart

상대물, 상대방, 대응물

Our counterpart establishes connection with the government.

우리의 경쟁 회사는 정부와 긴밀한 관계를 맺고 있단 말이야.

counterweight

대항세력, 균형을 이루는 힘

He indicates that associations will be formed to act as a counterweight to the United States.

미국에 대항하는 역할을 맡을 연대가 형성될 가능성은 없을 것이라고 그는 지적합니다.

---

coup [ku:]

쿠데타

rebellion

▌쿱 = 쿡. 옆구리를 쿡 하고 때리는 모습 연상. cop = cope = coup = strike. cop 철자가 들어가면 hit와 관련이 있어요. 경찰은 경찰봉으로 범인을 때려잡아 범인의 난동에 대처합니다. 정권에 눈이 먼 군인들은 본분인 국방의 의미를 하지 않고 민간 대통령을 strike합니다.

The coup brought an end to his corrupt regime.

쿠데타가 그의 부패한 정권을 종식시켰다.

The coup failed but the government fell shortly afterwards.

쿠데타는 실패했지만 정부는 그 후 곧 무너졌다.

---

courier [kə́:riər]

안내원, 특사

messenger

▌'꾸려'. 메신저(전달자)들은 짐을 자주 꾸려 이곳저곳에 메시지를 전달합니다. 해외여행 가이드가 짐을 자주 꾸리면서 이곳저곳을 다니는 모습을 연상.

The courier asked me to sign for the package.

그 급사는 나에게 소포를 받았다는 서명을 해달라고 했다.

We sent the documents by courier.

우리는 특사를 통해 서류를 보냈다.

---

covenant [kʌ́vənənt]

계약

agreement

▌ven = go. 함께 가는 것은 싸움이 아니라 동의하는 행위입니다.

He covenanted to pay the interest.

그는 이자를 지불하겠다고 약속했다.

He covenanted to do it.

그는 그것을 하기로 서약했다.

---

covert [kóurərt]

은밀한

secret

▌cover. 진실을 은폐하는 것은 그릇의 뚜껑을 덮는 행동에 비유됩니다. 덮는 것은 공개적인 것이 아니라 비밀스럽게 비 공개적인 것과 관련이 되어요.

Their relationship became more and more covert.

그들의 관계는 점점 더 은밀해져 갔다.

---

covet [kʌ́vit]
몹시 탐내다

wish

▌cover = pandora. 그리스 신화에서 판도라는 욕심이 많은 = wish사람이 절대로 뚜껑을 열어보지 말라는 말을 어기고 뚜껑을 열어 그 안에 있던 모든 것이 나가게 되는 것 연상.

He had long coveted the chance to work with a famous musician.
그는 유명한 음악가와 함께 일할 수 있는 기회를 오랫동안 열망했었다.

cower [káuər]
웅크리다

shrink in fear

▌cow. 암소의 눈은 커요. 일반적으로 눈이 큰 동물은 겁이 많죠.

He cowered in the corner, gibbering with terror.
그는 두려움에 횡설수설하며 구석에 웅크리고 있었다.

The dog was cowering in a corner of the room.
그 개는 방 한 구석에 웅크리고 있었다.

cozen [kʌ́zn]
속이다

deceive

▌cozy. cozy는 아늑함과 편안함. 사기를 치는 사람들은 속기 쉬운 사람들을 골라 아주 달콤한 말로 상대를 편안하게 한 다음 사기 행각을 벌임.

The swindler sold the house with intent to cozen her.
사기꾼은 그녀를 속일 목적으로 그 집을 팔았다.

The plain fact is, he has been cozening us.
분명한 사실은 그가 우리를 속이고 있었다는 것이다.

crack [krǽk]

▌crackdown (위법 행위 등의) 단속
갈라진 금으로 비유적으로는 경찰들이 불법 행위를 단속하는 것을 말함.

Human rights groups say the crackdown was an indiscriminate slaughter by the Uzbek military.
인권단체들은 그 같은 무력 진압은 우즈벡 군에 의한 일종의 무차별 살육행위었다고 주장하고 있습니다.

crafty [krǽfti]
교활한

cunning

▌craft. 비행기 aircraft를 만들려면 고도의 기술이 필요 합니다. 우리가 알고 있는 craft에서 단어의 길이가 있어졌어요. 그래서 부정적인 의미인 '교활한' 이란 의미가 있습니다.

A crafty politician.
간교한 정치꾼

John's a crafty old fox.
존은 교활한 늙은 여우다.

crank [krǽŋk]
시작하다, 늘리다, 높이다

begin

▌크랭크축은 자동차에서 피스톤의 운동을 전달하는 회전축이 기본 의미이지만 비유적으로 이런 자동차의 움직임이 어떤 행동을 '시작하다' 라는 뜻으로 확대.

The heavy rain cranked up fall.
폭우가 쏟아지기 시작했다.

He's got the heat cranked for me.
그는 나를 위해서 보일러를 켰다.

crash [krǽʃ]
충돌

break

cra = car. 유리잔이 부서지거나 자동차가 부서지는 모습 연상.

The dishes crashed to the floor.
접시들이 요란한 소리를 내며 바닥에 떨어져 깨졌다.

An American airliner has crashed killing all 157 people aboard.
미국의 한 여객기가 추락해서 탑승자 157 명 전원이 사망했다.

crass [krǽs]
어리석은

stupid

class. class보다는 crass에서 r이 l다음에 옵니다. 고위층은 위에 하층민은 아래에 있고 일반적으로 고위층은 머리를 잘 굴리고 하층민은 stupid합니다.

It was crass of him to ask how much you earn.
그가 너에게 얼마나 버느냐고 묻다니 참 황당한 짓이었다.

crave [kréiv]
열망하다

long

rave. 지나치게 원합니다 = crave. 이것이 지나치면 미친 듯이 광란에 빠지게 되어요 rave.

Some people worship the past, others crave for change and novelty.
어떤 사람들은 과거를 숭배하고 어떤 사람들은 변화와 새로운 것을 갈망한다.

His craving for publicity has become almost a perversion.
그의 인기에 대한 갈망은 거의 도착증이 되었다.

craven [kréivən]
겁 많은, 겁쟁이

Someone who is craven is very cowardly.

craven = break. 용기가 많은 사람들은 강철에 비유합니다. 하지만 연약한 사람들은 깨지기 쉬운 유리에 비교 할 수 있어요.

The enemy finally had cried craven.
마침내 적군은 항복했다.

credulity [krədjúːləti]
믿기 쉬움

gullibility

credit. 신용. 하지만 credulity는 우리가 알고 있는 '크레디트' 보다 단어의 길이가 길어요. 부정적인 의미. 사람을 적당히 믿어야지 너무 믿으면 안 되어요.

The story certainly strains one's credulity.
그 이야기는 정말 믿기 힘들다.

credibility [krèdəbíləti]
신용

belief

credit = belief

The biggest asset you have is your credibility.
우리가 가진 가장 소중한 자산은 신용입니다.

When you have credibility, you have customers.
신용이 있을 때만이 고객을 얻게 됩니다.

credulous [krédʒələs]
잘 믿는

gullible

credit = belief

He is credulous because he has faith without any knowledge, wisdom or intelligence.
그가 어떠한 지식도, 지혜도, 지능도 없이 확신을 가지기 때문에, 그는 속기 쉽다.

crescendo [kriʃéndou]
점점 세게

gradual increase

▌cres/cret = grow.
concrete, accure, crescent, decrease, increase

Voices rose in a crescendo and drowned him out.
목소리들이 점점 더 커져서 그의 목소리가 들리지 않게 되었다.

The advertising campaign reached a crescendo the week before Christmas.
광고 캠페인은 크리스마스 전주에 최고조에 달했다.

---

crestfallen [kréstfɔ̀:lən]
풀이 죽은, 맥빠진

dejected

▌crest는 닭 벼슬입니다. 수탉의 벼슬은 마치 사람이 목에 기브스를 한 것처럼 거만한 모습을 보여줍니다. 그런데 이것이 fall. 한국어에서도 하던 일이 잘 안 되는 경우 어깨가 축 쳐져 있다는 어구가 있습니다.

He returned empty-handed and crestfallen.
그는 빈손으로 풀이 죽어 돌아왔다.

---

crevice [krévis]
갈라진 틈

crack

▌crack = crevice

There was a crevice in the rock.
바위에 갈라진 틈이 있었다.

---

cringe [kríndʒ]
굽실거리다

cower

▌cower는 겁쟁이. 용기 있는 사람은 비굴하게 굴지 않지만 겁쟁이는 굽신거림.

She's always cringing to the boss.
그녀는 항상 사장에게 굽실거린다.

The dog cringed at the sight of the whip.
그 개는 채찍을 보고 몸을 움츠렸다.

---

criterion [kraitíəriən]
표준, 기준

standard

▌critic. criterion(판정의 기준)도 critic과 같은 어원으로 그리스어 krites(재판관)에서 생긴 말입니다. 비판을 할 때 일정한 기준을 가지고 해야 합니다. 일관성 없는 비판은 문제의 발생 요지가 있어요.

What are the criteria for deciding who gets the prize?
누가 상을 탈것인지 결정하는 기준은 무엇입니까?

Success in making money is not always a good criterion of success in life.
돈벌이에 있어서의 성공이 항상 성공한 삶의 좋은 기준이 되는 것은 아니다.

---

critical [krítikəl]

중요한

crucial
important

▌critic. 달콤한 말을 하는 사람의 말을 믿을 수 없어요. 이들은 언제 가는 비난의 화살을 퍼붓지만 객관적인 비판을 하는 사람들은 이성적으로 행동합니다. 기준에 의한 비판은 아주 중요해요.

The growing undercurrent of public protest proved a critical factor.
점차 커져 가는 대중적 저항의 저류는 중대한 요인을 보여주었다.

The depth of the foundations is critical.
기초의 깊이가 중요하다.

▌critical이 들어간 복합어 중에 알아야 할 표현으로는 critical mass가 있는데 이 어구는 물리에서 임계 질량에 도달한 것이 기본 의미이미지만 비유적으로는 '바라는 결과를 낳다' 입니다.

critical mass
바라는 결과[효과]

I'm glad we hit the critical mass.
우리가 바라는 결과를 낳아서 기쁘다.

crop [krap]

애호

숙어

crop up
(문제 · 사건 따위가) 돌발하다, 갑자기 발생하다

▌봄에 씨를 뿌린 것이 가을이 되면 곡물 crop로 수확을 합니다. 특히 옥수수를 수확한 후 pop corn을 만들기 위하여 튀기는 행동이 pop. 이는 비유적으로 어떤 사건이 생기는 것과 비교됨.

The fire was crop up.
그 화재는 갑자기 발생했다.

cross [krɔ́:s]

십자가

▌cross가 들어간 철자중에서 시험에 자주 출제되는 단어.
cross current, cross fire, cross one's mind, cross road, crusade, crucial, crude, crux

▌cross current : 역류, 반대. 물은 앞으로 흘러가야 하는데 cross는 가로 질러가는 것이기 때문에 물이 뒤로 흘러가게 됩니다.
Cross-current. 역류

A cross-current of opinion against the prevailing view.
주도적인 견해에 반대하는 의견의 역류

▌cross-fire : 군사 십자 포화, 집중 공격. (질문의) 일제 공세

His description of cross-fire between chauvinists and the nihilists was the perfect metaphor for that decade.
광신적 애국주의자들과 허무주의자들 사이에 맹렬한 설전이 벌어지고 있다고 지적한 그의 묘사는 그 10년에 대한 완벽한 비유였다.

▌cross one's mind : 생각나다(cross는 동사로 생각이 마음속을 스치고 지나가기 때문에 occur to = think와 연관)

An idea crossed my mind.
어떤 생각이 순간 내 머리를 스쳤어요.

C

The thought never crossed my mind to tell anyone about your secret.
네 비밀을 다른 사람에게 말해야겠다는 생각은 추호도 해 본 적 없어.

▌stand[be] at the crossroads: 기로에 서다

You must not cross the road if there is not a crossroad.
횡단보도가 없으면 길을 건너지 마라.

Our health care system stands at the crossroads between fulfilling its promise and falling apart.
우리의 의료보험 시스템은 약속을 이행하느냐 아니면 해체되느냐의 기로에 서 있습니다

▌crusade: 강력한 개혁(숙청) 운동

He has been snatching cigarettes and replacing them with antismoking articles in an antismoking crusade.
그는 그들의 담배를 낚아채고 대신 그들에게 흡연 반대 기사를 나눠주는 금연운동을 벌여 왔습니다.

---

crow [króu]
까마귀

bird

▌상징은 나라마다 같을 수도 있고 다를 수도 있어요. '까마귀'는 한국에서는 새의 검정색과 울음소리 때문에 부정적이지만 서양에서는 노아의 홍수 때 노아가 물이 빠졌는지를 알기 위하여 날려 보낸 첫 번째 새라는 상징 때문에 긍정적인 새입니다.

The lamb had been pecked by crows.
그 양은 까마귀들이 쪼아 먹었다.

---

crucial [krúːʃəl]
결정적인, 중대한

critical

▌cross. 십자군 전쟁에서 예루살렘은 기독교인들에게는 예수님의 부활의 장소라는 점에서, 이슬람교도에게는 종교의 창시자의 무덤이 있는 곳이라는 점에서 중요한 장소 였어요.

Negotiations were at a crucial stage.
교섭은 중대한 단계에 와 있었다.

These negotiations are crucial for the future of our firm.
이러한 교섭들은 우리 회사의 장래에 매우 중요하다.

---

crude [krúːd]
조잡한

raw
rough

▌cross. 십자군 전쟁의 표면상의 목적은 의로운 것이었지만 내면의 모습은 추악한 점도 많았어요. 특히 창도 제대로 들을 수 없는 10대 초반의 어린이들을 전쟁터로 몰았거나 혹은 이들을 배에 싣고 전쟁터가 아닌 노예로 팔기도 한 추악한 전쟁이기도 했습니다.

That country exports crude oil.
그 나라는 원유를 수출한다.

Detectives described the burglary as 'crude and amateurish'.
형사들은 그 절도 행위를 '서툴고 아마추어적'이라고 묘사했다.

---

crumble [krʌ́mbl]
부스러지다

break

▌rumble = run. rumble은 기차(지하철)등이 플랫 홈에 들어올 때 내는 요란한 소리입니다. 부서질 듯 한 소리나 굉음을 연상.

He crumbled the bread in his fingers.
그는 손가락으로 빵을 부스러뜨렸다.

His power was crumbling away.
그의 권력은 허무하게 사라졌다.

crux [krʌ́ks]
요점, 핵심

essence

▌cross. 19세기 이전까지는 신이 중심이었고 이 세상의 본질이었어요.

Therein lies the crux of the matter.
거기에 그 문제의 난점이 있다.

Now we come to the crux of the matter.
이제 우린 문제의 핵심에 도달했다.

cryptic [kríptikəl]
수수께기 같은

mysterious

▌secret = crypt. 비밀은 은밀함 그리고 신비와 관련이 됩니다.

I can't understand the problem because the message is too vague or cryptic.
메시지가 너무 모호하거나 복잡하여 문제를 이해할 수 없습니다.

He will settle for understanding basics like street signs or a cryptic restaurant menu.
도로 표지판 또는 수수께끼같은 음식점 메뉴 등 기본적인 것만이라도 이해할 수 있으면 그는 만족할 것이다.

cuff [kʌ́f]

▌off the cuff : 즉석에서(cuff는 팔소매. 마음에 드는 옷을 골랐지만 소매 부분이 긴 경우 수선 집에 가면 즉석에서 소매 부분을 일부 잘라 = off 팔 길이에 맞게 고쳐줌)

We will make decisions off the cuff.
우리는 바로 결정할래요.

He gave an off-the-cuff speech.
즉석연설을 했다.

cuisine [kwizí:n]
요리

cooking

▌cuisin = cook

French/Italian cuisine.
프랑스/이태리 요리

A restaurant where the cuisine is excellent.
요리가 훌륭한 식당

Each village has its own traditional dress, cuisine, folklore and handicrafts.
마을마다 각자의 전통적 의상과 음식, 민속, 수공예품이 있다.

C

culinary [kjúːlənéri]
부엌의, 요리의

cooking

▌cul = kitchen.

I wanted to go to culinary school for a while, but I never did.
한동안 요리 학원에 다니고 싶기도 했지만 한번도 실행에 옮긴 적은 없습니다.

It's been a Korean culinary tradition for hundreds of years; dog meat, roasted, steamed, or boiled in soup.
개고기는 수 백년 동안 내려온 한국의 전통 요리입니다. 구이, 찜, 아니면 탕으로 먹습니다.

culminate [kʌ́lmənèit]
절정

climax

▌cul = top = collect. 이런 저런 경력이 모아지면 정상에 오를 수가 있어요.

Her career culminated in her appointment as director.
그녀의 경력은 이사 임명으로 절정에 달했다.

cull [kʌ́l]
고르다

collect

▌cul = top = collect

The herd must be culled.
그 무리는 솎아 내기를 해야 한다.

Deer are culled by hunters.
사슴은 사냥꾼들이 솎아 준다.

culpable [kʌ́lpəbl]
죄 있는, 실수

guilty

▌cul = fault. culpable은 형용사로서 '책임이 있는' 또는 '비난 받아 마땅한' 이란 의미.

The man felt culpable when his mistake cost his company considerable damages.
자신의 실수로 자기 회사에 상당한 손해가 발생했을 때 그는 책임감을 느꼈다.

culprit [kʌ́lprit]
범죄자

offender

▌cul = fault. 잘못이 있는 사람은 죄인.

To find the culprit we need look no further afield than our own department.
범인을 찾으려면 우리 부서 밖을 나갈 필요도 없다.

The judge released the youthful culprit to his parents.
판사는 어린 범법자를 부모에게 인도했다.

cumbersome [kʌ́mbərsəm]
방해가 되는

burden

▌incubator. cub = cumb = cup. 컵 안에는 물이 담아져 있습니다. 인큐베이터 안에는 일부 신생아들이 있어요. 백악관에는 미국 대통령이 앉아 있어요. 대통령이란 현직 자리는 겉보기에는 좋지만 임기를 마치게 될 때쯤에는 너무 힘이 들어 폭삭 늙어 버리는 자리라고 합니다.

In general, larger organizations tend to grow complex, with cumbersome structures.
일반적으로, 대기업들은 거추장스러운 조직 구조 탓에 점점 더 복잡해지는 경향이 있습니다.

Chinese officials say indirect flights make the trip too cumbersome and expensive.
직항로가 없기 때문에, 여행이 번거롭고, 비용도 더욱 많이 드는 실정이라고, 중국정부 관리들은 말하고 있습니다.

cupidity [kju:pidəti]
탐욕, 욕심

greed

▌cupid. 아버지가 제우스인 비너스. 자신보다 더 예쁜 여자가 있는 여자가 있는 것을 용서 할 수 없었던 그녀는 자신의 아들인 cupid에게 "지상에 내려가 인간의 여자 중 가장 예쁜 사이키(프쉬케. 이 여자의 이름이 후에 사이코 < 심리학)"에게 남자를 혐오증에 걸리기 위하여 납 화살을 쏘라고 명하지만 사이키의 아름다움에 반한 큐피드는 사랑에 빠지게 하는 금 화살이란 오발탄을 쏘게 됩니다. 그래서 큐피드와 사이키는 결혼하였고 비너스의 마음은... 괴롭기 이를 때가 없었겠죠.

All the other passions, apart from vanity and cupidity, play a minor role.
허영이나 탐욕을 제외하고 다른 모든 열정들은 별로 중요하지 않다.

---

curb [kə:rb]
통제하다

control

▌curb. 커브 길을 운전할 때 운전을 조심해야 하기 때문에 운전대를 잘 통제해야 합니다.

Our primary economic challenge is to curb inflation.
우리가 직면한 제1의 경제적 과제는 인플레 억제이다.

---

cure [kjuər]
치료하다

heal

▌manicure. 화장의 목적은 여러 가지였습니다. 건강을 위하여, 부족의 단합을 위하여. 아름다움을 위하여... 손에 바라는 매니큐어 등은 아름다움 보다는 뜨거운 태양이 내리쬐는 이집트등에서 건강의 목적을 위해 시작되었다고 합니다.

Speech impediments like stuttering or stammering can usually be cured.
말을 더듬는 것 같은 언어장애는 대개 치유될 수 있다.

There is still a faint hope that she may be cured.
아직도 그녀가 치유될지도 모른다는 실낱같은 희망이 있다.

---

current [kə́:rənt]
돈, 조류, 전류, 현재

money
wave
present

▌cur = car. 자동차는 움직입니다. 움직이는 것은 바닷물이나 전류가 이동합니다. 돈을 유통이 되어요. 그리고 눈에 보이지 않은 시간도 흘러갑니다.

The drift of the current.
조류의 흐름.

Interrupt an electric current.
전류를 끊다

Modulate a current signal.
전류신호를 조절하다

An eagle is flying with the current of air.
독수리 한 마리가 기류를 타고 날고 있다.

Bill switched off the electric current.
빌은 전기 스위치를 껐다.

The harbor is sanded up by the current.
그 항구는 조류에 실려 온 모래로 얕아져 있다.

She gave an oral presentation on her current research.
그녀는 현재 진행 중인 연구에 대해 구두 발표를 했다.

---

curry [kə́:ri]

숙어

curry favor with a person = curry a person's favor
…의 비위를 맞추다, …에게 아첨하다

▌상사에게 잘 보이려는 A양. 늘 머리 빗질하면서 예쁘게 한 후 상사 앞에 가서 아랑 거리는 모습 연상.

The government has promised lower taxes in an attempt to curry favour with the voters.
투표자들의 비위를 맞추려고 정부는 낮은 세금을 약속했다.

curse [kə:rs]

저주하다

four letter words/bane

▌curve. 정직은 대쪽(대나무)에 비교되고 엉큼이나 부정은 곡선에 비교되어 집니다. 남을 미워하는 마음은 선에 비유하자면 직선이 아니라 곡선입니다. 영어나 한국어나 남자에 관한 욕보다 여자에 관한 욕이 많고 흉악합니다. 이런 원인은 이전에 남자가 여자보다 사회에서 우월한 신분 때문이었어요. 영어의 욕설은 보통 철자가 네 철자이기 때문에 four letter words라고 합니다.

She spat out curses at me.
그녀가 내게 저주의 말을 내뱉었다.

The witch-doctor has cursed our cattle.
주술사가 우리 소들에게 저주를 내렸다.

cursory [kə́:rsəri]

대충

causal

▌cur = run. 한자 성어에 "주마간산(走馬看山)"이 있어요. 이 어구는 '말을 타고 달리면서 산천을 구경 한다'는 뜻으로 천천히 살펴볼 여가가 없이 '바쁘게 대강대강 보고 지남'을 비유하는 말입니다.

The book is cursory in its treatment of his early life.
그 책은 그의 유년시절을 대충 다루고 있다.

curtail [kə:rtéil]

짧게 줄이다

cut

▌cut을 연상하세요.

We must try to curtail our spending.
우리는 지출을 줄이도록 해야 한다.

Operations to process visas were sharply curtailed.
비자 발급 업무는 상당 부분 축소되었습니다.

cutting - edge [kʌ́tiŋ èdʒ]

▌knife. 칼의 뒷면보다 물건을 자르는 앞면의 칼날은 날카롭습니다. 우리는 영리한 사람을 날카로움에 비유하지요. 또한 최첨단처럼 최신식도 칼날의 자르는 면에 비교됩니다.

Working at the cutting edge of computer technology.
컴퓨터 기술의 최첨단에서 일하는

We're relying on him to give the team a cutting edge.
우리는 그가 팀을 유리하게 해 줄 것을 믿고 있다.

▌cut이 들어간 표현 중 '-에 영향을 주지 않다'에 해당되는 것은 cut no ice with 입니다.
cut no ice with : -에 영향을 주지 않다

I've heard her excuses and they cut no ice with me.
그녀의 변명들은 나에게 아무런 효과도 없었다.

cynic [sínik]
냉소적인 사람

pessimism

cyni = dog. 견유학파의 견은 dog을 말합니다. 사유체계보다는 일상관습에서 벗어난 생활방식으로 더 유명한 이 학파는 소크라테스 제자 안티스테네스가 창시자로 알려져 있지만 대표적 인물은 디오게네스로 디오게네스는 '자연 그대로' 의 생활로 돌아가기 위해 가족생활을 포함한 사회관습들을 파괴하려고 애썼고, 이를 위해 공공건물에서 자고 음식을 구걸하면서 거지 방랑자로 살았습니다. 또 상황에 따라 일상관습에서 벗어난 행위를 할 때 아무에게도 해롭지 않다면 부끄러워할 필요가 없으며, 자신의 대의명분을 솔직히 내세우고 스스로를 엄격히 훈련할 것을 주장했어요. 한마디로 개 같은 인생을 살았어요. 그래서 견유학파라고 합니다.

'What does he want from you in return?' 'Don't be such a cynic!'
"그가 그 보상으로 네게 바라는 게 뭐니?" "너무 그렇게 빈정대지 마!"

Already one can hear the cynics saying 'Who cares, anyway?'.
벌써 냉소적인 사람들이 이렇게 말하는 게 들린다. "어쨌건 알 바 아니야?"

C

[ACTUAL TEST]

밑줄 친 낱말과 동의어를 고르세요.

1. The corollary is that classic psychoanalysis does not work as well as behavioral therapy in restoring confidence.

(A) catch (B) axiom (C) result (D) perception

2. The title comes from the hoary sci-fi chestnut that modifying a tiny aspect of the past will create seismic changes in the present.

(A) farm produce (B) old story (C) moral lesson (D) epic sequel

3. Our ranking is a strong indication of the caliber of our student body, the dedication of our faculty, and the strength of our academic programs and reflects our continuing commitment to provide our students with a superior education.

(A) quantity (B) quality (C) motivation (D) background

4. The most compelling market for voice-recognition software might be Asia, because typing ideograms on a cellular phone is more laborious than using a Western alphabet.

(A) stable (B) illiterate (C) immobile (D) noteworthy

5. Global criminal activities are transforming the international system, capsizing the rules, creating new players, and reconfiguring power in international politics and economics.

(A) formulating (B) overturning (C) extending (D) complicating

6. We will get nowhere by calling one another names.

(A) cursing each other (B) respecting one another
(C) helping together (D) shouting loudly

7. They are still dazed by the tsunami and have not come to terms with the tragedy yet.

(A) had a relationship with (B) reached an agreement with
(C) talked about (D) accepted

8. In the field of communications the laser, used in conjunction with fiber optic networks, is capable of carrying much more information than conventional wires.

(A) inconsistently with (B) in comparison with (C) contiguously with (D) together with

9. Nutritionists categorize food into seven basic groups.

(A) clarify (B) classify (C) grind (D) channel

10. The government had hoped that its concession would draw desperately needed foreign aid and investment.

(A) conclusion (B) permission (C) compromise (D) endorsement

11. In every culture it seems that one or two animals are considered crafty while others are looked upon as lacking in intelligence.

(A) artistic (B) humanistic (C) capable (D) cunning

C

12. A gentleman strolled casually past the carriage, staring at Emily with bold eyes much to her father' s mixture of chagrin and pride.

(A) exaltation (B) irritation (C) prudence (D) amorousness

13. The new lifestyle magazine, focusing on fashion and travel, will cater to "modern, multitasking" men aged 25 to 45.

(A) deject (B) humiliate (C) castigate (D) gratify

14. Tom accepted the task with celerity. Before the request was completed, he was clearing the table.

(A) determination
(B) an independent spirit
(C) being very quick and swift in action
(D) courage
(E) reluctance

15. In spite of his fame, the pianist never became complacent. He continued to practice playing the piano throughout his brilliant career.

(A) quiet and stubborn
(B) self-satisfied and unconcerned
(C) not listening to what other people say
(D) easy to work with
(E) too proud to listen to others

16. The machines that contribute so much to the flood of information do little to help most of us cope with it.

(A) deal with (B) live with (C) break with (D) keep up with

17. Tree-ring chronology provides scientists with important information.

(A) the study of clocks
(B) the study of chromosome
(C) the study of tree-ring patterns
(D) the study of when events occurred

18. Mistakes are a fact of life. It is the response to an error that counts.

(A) is unavoidable (B) is expensive (C) is important (D) is interesting
(E) is impeccable

19. Sookmyung Women's University is preparing to celebrate its centennial anniversary.

(A) perennial
(B) one hundred twentieth
(C) fiftieth
(D) one hundredth
(E) one hundred fiftieth

20. He's been suffering from chronic arthritis for years now.

(A) fatal (B) persistent (C) malignant (D) innocuous
(E) mysterious

21. Witnesses gave conflicting accounts of how he escaped.

(A) highly convincing (B) mutually disagreeing
(C) crucially informative (D) intensively hostile

22. The meeting between them coincided with the committee's appeals to the president to resume cooperation with their allies.

(A) ran into accidentally (B) provided a solid basis for
(C) occurred at the same time as (D) conveyed in a succinct manner

23. Inside Ford Motor Co.'s cavernous wind tunnel, a thin stream of smoke glides gracefully over the new Lincoln Zephyr.

(A) toxic and unhealthy (B) flesh-eating and healthy
(C) flammable and dangerous (D) large and hollow

24. The idea has been fascinating astronomers since the late 18th century, suggesting images of unimaginably strong cosmic whirlpools sucking up space matter and consigning it to oblivion.

(A) comparing (B) committing (C) compiling (D) conserving

25. If you want to run a kindergarten, you must comply with the conditions laid down by the authorities.

(A) obey (B) presume (C) improve with (D) agree with

26. Officials were keen to discern how much public support there was.

(A) disagree (B) know (C) assume (D) cover

27. She is coming down with the cold.

(A) spreading (B) catching (C) fighting (D) getting over

28. He and Mr. Dalton had a famously contentious working relationship, sometimes likened to a cat trying to live in harmony with a dog.

(A) affectionate (B) deceitful (C) argumentive (D) cooperative

[FILL THE PROPER WORD IN THE BLANK]

C

빈칸에 들어갈 적당한 단어를 고르세요.

29. In the Silverman Library in New York City ________ of medieval and Renaissance manuscripts.

(A) a collection is (B) in a collection (C) is a collection (D) which is a collection

30. A system of education should be ________ by the ________ of the students it turns out, for quality is preferred to quantity.

(A) controlled; intelligence (B) justified; number
(C) examined; wealth (D) judged; caliber

31. The mob won total ________ of the city. The general will take ________ of the Army in May. His confidence showed me that he was in full ________ of the situation.

(A) number (B) power (C) control (D) capacity

32. As a massive star begins to shrink, its gravitational field remains just as powerful because there is still the same amount of matter. However, because the matter has been so ________, the gravitational field becomes more and more intensely focused.

(A) condensed (B) bestowed (C) promulgated
(D) tempered (E) stiffened

33. The World Wildlife Fund is currently supporting more than 30 important ________ projects in various rain forest areas alone.

(A) exploitation (B) manpower (C) cultivation
(D) conservation (E) risk

34. Shelly refused to ________ to the traditional woman' s role.

(A) conform (B) catch (C) cause (D) confuse

35. Ted didn' t want to go to the dance, but he got ________ into it by his girlfriend.

(A) convinced (B) cajoled (C) lopsided (D) shambled

[EXPLANATION]

1. [VOCA]
corollary 결과(=result) axiom 원리 격언 perception 지각 behavioral 행동의 therapy 치료 restore 원래 상태로 돌리다 confidence 신뢰
[TRANSLATION]
자신감을 회복 하는데 고전적인 정신분석이 행동요법만큼 도움이 되지 않는다는 것은 당연한 결과이다.
[ROPES]
corollary는 result와 유사어.
[ANSWER] C

2. [VOCA]
chestnut 오래된 이야기(=old story) epic sequel 대작 서사시 hoary 백발의, 진부한 sci-fi 공상과학 소설(=science fiction) seismic 지진에 의한, 정도가 큰
[TRANSLATION]
그 제목은 과거의 작은 면만을 변화시켜 현재에 큰 변화를 일으키는 낡아빠진 공상과학 소설의 오래된 이야기에서 유래한다.
[ROPES]
hoary + chestnut = 형용사 + 명사. hoary가 chestnut의 의미를 파악해주는 도우미 단어
[ANSWER] B

3. [VOCA]
caliber (총의) 구경, (인물의) 능력 quality 품질 motivation 자극, 동기 dedication 헌신 faculty 능력, 교수단 reflect 반사하다, 숙고하다 commitment 실행
[TRANSLATION]
우리의 이번 등급은 모든학생들의 능력과 교직원들의 헌신, 그리고 우리의 교육 프로그램의 장점을 확고히 나타내는 것이며, 우리 학생들에게 보다 좋은 교육을 제공하려는 우리의 지속적인 헌신을 보여 주는 것이다.
[ROPES]
dedication – strength과 연관하여 답을 고르기
[ANSWER] B

4. [VOCA]
compelling 강제적인, 흥미를 주는 stable 안정적인 illiterate 문맹의 immobile 고정적인 noteworthy 주목할 만한 ideogram 표의문자 a cellular phone 휴대 전화 laborious 힘든, 고된
[TRANSLATION]
음성 인식 소프트웨어의 가장 주목할 만한 시장은 아시아 일것이다. 그 이유는 표의 문자를 휴대전화에 입력 하는 것이 서양의 알파벳문자를 사용하는 것보다 더 어렵기 때문이다.
[ROPES]
표의 문자를 핸드폰에 입력하는 것이 더 힘들다는 것을 통해 아시아 에서 음성 인식이 더 관심을 받을 수 있다는 것을 함축
[ANSWER] D

C

5. [VOCA]

capsize 뒤엎다 overturn 뒤집어엎다 formulate 공식화하다 extend 뻗다 complicate 복잡하게 하다 transform 변형시키다 reconfigure 재구성하다

[TRANSLATION]

국제적인 범죄 활동들은 국제 제도를 변화시키고, 규칙을 뒤엎고, 새롭게 활약하는 자들을 만들어 내며, 국제 정치 및 경제에서 권력의 판도를 변화시키고있다.

[ROPES]

transforming – ??? – creating의 순서를 생각해보세요. 변형 한 다음 뒤집어 엎다가 가장 적당한 말.

[ANSWER] B

6. [VOCA]

call ~ names ~를 욕하다 get nowhere 아무런 효과가 없다 curse 저주

[TRANSLATION]

서로에게 욕을 하면 우리는 아무런 성과도 얻지 못할 것이다.

[ROPES]

미국의 문화는 이름보다는 애칭을 불러주는 문화. 몇 번 만났음에도 불구하고 이름을 불러주면 미국인들은 화를 냄.

[ANSWER] A

7. [VOCA]

come to terms with ~와 타협하다 daze 현혹시키다 tsunami (지진) 해일

[TRANSLATION]

그들은 쓰나미(tsunami)에 아직도 정신을 차릴 수 없는 지경 이어서, 그 비극을 아직도 받아 들이지 못하고 있다.

[ROPES]

terms는 condition의 의미. 조건이 되면 받아들이고 인정 해야겠죠.

[ANSWER] D

8. [VOCA]

in conjunction with ~와 관련하여 fiber 섬유조직 optic 눈의 conventional 전통적인, 관습적인 inconsistent 일치 하지 않는 in comparison with ~와비교하여 contiguous 접촉하는, 인접한

[TRANSLATION]

광섬유 망과 함께 사용되는 레이저는 통신 부분에서 이전의 전선보다 훨씬 더 많은 정보를 전달 할 수 있다.

[ROPES]

con = 함께

[ANSWER] D

9. [VOCA]

categorize 분류하다(=classify) grind 갈다 channel 수로를 열다, (길을) 열다 nutritionist 영양사

[TRANSLATION]

영양학자 들은 음식을 일곱 개의 기초군으로 분류한다.

[ROPES]

categoy + ize. ize는 동사형 어미

[ANSWER] B

10. [VOCA]

concession 양보, 허가 permission 허가 compromise 타협, 양보 endorsement 보증, 승인

[TRANSLATION]

그 양보로 인해 정부 측에서는 절실히 필요 했던 외국의 원조와 투자를 끌어 들이기를 바라고 있다.

[ROPES]

con + with + cess = go.

[ANSWER] C

11. [VOCA]

crafty 교활한 cunning 교활한 look upon A as B A를 B로 간주하다

[TRANSLATION]

모든 문화에서 하나 혹은 두 종류의 동물이 꾀가 많은 동물로 여겨지지만, 다른 동물들은 지능이 떨어지는 것으로 간주된다.

[ROPES]

while은 역접의 접속사. crafty는 lacking in intelligence와 반대말이라는 것을 알 수 있음.

[ANSWER] D

12. [VOCA]

stroll 산책하다 casually 우연히 carriage 차 stare at ~을 노려보다 bold 대담한 much to one's 감정명사 ~하게도 chagrin 분함, 유감 exaltation 고양, 흥분 irritation 안절, 초조 prudence 신중 amorousness 호색

[TRANSLATION]

어떤 신사가 마차 옆을 지나가면서 우연히 Emily를 대담한 눈길로 노려보았다. 이것은 그녀의 아버지를 매우 화나게 하기도 하고 자랑스럽게 생각이 들기도 하였다.

[ROPES]

chagrin은 sorry와 비슷한 말.

[ANSWER] B

13. [VOCA]

cater to ~의 요구에 응하다, 음식물을 조달하다 gratify 만족시키다 multitasking 동시에 여러 일을 하는 aged A to B 나이가 A에서 B에 이르는 deject 기가 죽다 humiliate 창피를 주다 castigate 징계하다

[TRANSLATION]

패션과 여행을 주로 다루는 그 새로운 라이프스타일 잡지는 25세에서 40세에 이르는 남성들에게 "현대적이면서 여러 가지 일을 하는" 남성들에게 만족을 줄 것이다.

[ROPES]

cater는 원래 음식을 제공하다 give의 의미이지만 비유적으로 그 음식을 먹으면 행복하기 때문에 gratify를 답으로 고르면 됨. grat = happy의 뜻.

[ANSWER] D

14. [VOCA]

celerity 신속 request 요청 complete 완성하다 determination 결심 reluctance 마음이 내키지 않음

[TRANSLATION]

톰은 그 일을 빠르게 하겠다고 했다. 그는 요청이 채 끝나 기 전에 이미 식탁을 치우고 있었다.

[ROPES]

요청이 채 끝나 기 전에 그는 이미 식탁을 치우고 있었다는 표현을 통해 빠르게 일을 진행하고 있음을 알 수 있음.

[ANSWER] C

15. [VOCA]

fame 명성 complacent 자기만족의 brilliant 뛰어난, 탁월한 stubborn 완고한 unconcerned 무사태평한

[TRANSLATION]

그 피아니스트는 명성에도 불구하고 결코 만족하지 않고 활동 기간 내내 쉬지 않고 피아노 연습을 계속하였다.

[ROPES]

continued to practice playing을 통해 연습을 지속적으로 했다는 것을 함축.

[ANSWER] B

16. [VOCA]

cope with ~에 대처하다 keep up with 따라가다

[TRANSLATION]

많은 정보를 가져가 주는 데 기여하는 기계들은 우리들 대부분이 그것을 처리 하는데는 특별한 도움이 되지 않는다.

[ROPES]

cop. 경찰은 범죄와 관련하여 이런 저런 일을 대처 하게 합니다.

[ANSWER] A

C

17. [VOCA]
tree-ring 나이테 chronology 연대기 chromosome 염색체 occur 발생하다
[TRANSLATION]
과학자들에게 나이테를 이용한 연도 측정은 중요한 정보를 제공한다.
[ROPES]
chron = time
[ANSWER] D

18. [VOCA]
count 중요하다 unavoidable 피할 수없는 impeccable 비난의 여지가 없는
[TRANSLATION]
살다보면 실수를 하게 된다. 중요한 것은 실수에 대한 대응이다.
[ROPES]
counter. 카운터에서 돈 관리를 잘 해야 합니다. 중요한 일이죠.
[ANSWER] C

19. [VOCA]
centennial 100주년의 anniversary 기념일 celebrate perennial (식물 등) 다년생의, 연중 계속되는
[TRANSLATION]
숙명 여자 대학교는 개교 100주년 기념행사를 준비 하고 있다.
[ROPES]
cent = 100
[ANSWER] D

20. [VOCA]
chronic 만성적인 arthritis 관절염 persistent 지속성의 malignant 악성의 innocuous 악의가 없는
[TRANSLATION]
지금 그는 오랫동안 만성 관절염을 앓고 있다.
[ROPES]
chron = time
[ANSWER] B

21. [VOCA]
conflicting 상반되는 account 설명 crucially 결정적으로 hostile 적의를 가진
[TRANSLATION]
증인들은 어떻게 그 사람이 도망갔는지에 대하여 서로 다른 설명을 했다.
[ROPES]
conflict는 fight의 개념. 싸우는 것은 서로 의견이 다르기 때문이죠.
[ANSWER] B

C

22. [VOCA]

coincide with ~와 일치하다 run into ~을 만나다 succinct 간결한

[TRANSLATION]

대통령에게 동맹국가와 협력을 다시 시작해야 한다고 촉구했던 그 위원회의 호소와 동시에 그들의 만남은 이루어졌다.

[ROPES]

co = with = 함께

[ANSWER] C

23. [VOCA]

cavernous 동굴 같은 toxic 유해한 flesh-eating 육식성의 flammable 타기 쉬운

[TRANSLATION]

Ford 자동차 사의 동굴 같은 팬 풍동 안에서 엷은 연기의 흐름이 신형 Lincoln Zephyr 자동차 위로 우아하게 지나간다.

[ROPES]

cave와 연관.

[ANSWER] D

24. [VOCA]

astronomer 천문학자 whirlpool 소용돌이 suck 흡입하다 consign 건네주다

[TRANSLATION]

18세기 후반 이래로 그 아이디어는 상상할 수 없을 정도로 강한 우주의 소용돌이가 우주의 물질들을 빨아들여 아무런 흔적도 없이 없애 버리는 모습을 연상 시키기 때문에 천문학자 들을 매료시키고 있다.

[ROPES]

sign을 하고 어떤 일을 할당 받는 것과 연관하기

[ANSWER] B

25. [VOCA]

comply with 따르다 presume 추정하다, 가정하다

[TRANSLATION]

만일 당신이 유치원을 운영해 보고 싶다면, 정부가 당국이 정해놓은 규정을 따라야만 합니다.

[ROPES]

com = with

[ANSWER] A

26. [VOCA]

discern 알다 assume 떠맡다

[TRANSLATION]

관리들은 대중들을 떠 받치는 것이 어떤 것이지 알고 싶어 한다.

[ROPES]

sc = science = 과학 = know

[ANSWER] B

27. [VOCA]

come down with 병에 걸리다 catch cold 감기 들다 spread 퍼지다 get over ~을 극복하다다 get over a cold 감기가 낫다

[TRANSLATION]

그 여자는 감기에 걸렸다.

[ROPES]

사람은 보통 서서 활동. 하지만 아래 down로 누우면 몸이 아픈 것 함축

[ANSWER] B

28. [VOCA]

contentious 싸우기 좋아하는 likened to ~에 비유되는 affectionate 애정 깊은 deceitful 속이는 argumentive 논쟁하는 cooperative 협력하는

[TRANSLATION]

그와 달톤씨는 일때문에 싸우는 관계로 유명해서 때로는 사이좋게 지내고자 애쓰는 고양이와 개에 비유된다.

[ROPES]

content는 만족이지만 단어의 길이가 contentious처럼 길어지면 부정적인 의미로 전락됨.

[ANSWER] C

29. [VOCA]

medieval 중세 manuscript 원고, 문서 collection 소장

[TRANSLATION]

뉴욕시의 실버맨 도서관에는 중세와 르네상스 시대의 원고 소장품들이 있다.

[ROPES]

부사구인 In the Silverman Library in New York City가 문두에 있어 '동사+주어'로 도치된 문장을 답으로 골라야 한다.

[ANSWER] C

30. [VOCA]

caliber 능력 turn out ~임이 밝혀지다 intelligence 지능 justified 정당화된

[TRANSLATION]

교육제도는 그 제도에 의해 배출된 학생들의 우수성에 의해 결정 되어야 한다. 그 이유는 교육의 양보다 질이 중요하기 때문이다.

[ROPES]

두 번째 밑줄에 quality와 관련된 어구가 와야 됨.

[ANSWER] D

31. [VOCA]

win 얻다 mob 폭도 confidence 확신, 신용 capacity 수용력

[TRANSLATION]

그 도시를 폭도들이 완전히 장악했다. 그 장군이 5월에는 그 군대를 장악할 것이다. 내게 그의 확신은 그가 그 상황을 완전히 장악하고 있음을 보여줬다.

[ROPES]

'장악'과 관련된 어구를 고르면 됨

[ANSWER] C

32. [VOCA]
massive star 거대 항성 shrink 줄다 gravitational field 중력장 intensively 집중적으로 condense 압축하다 bestow 주다 promulgate 공포하다 temper 진정시키다, 경감하다 stiffen 뻣뻣하게 하다
[TRANSLATION]
거대 항성이 줄어들기 시작할 때, 중력장은 여전히 강력하다. 그 이유는 똑같은 양의 물질이 있기 때문이다. 하지만 그 물질이 너무나 응축되어지면 중력장은 점점 더 강해진다.
[ROPES]
focus와 관련된 어구를 고르기. 초점 화 되는 것은 '응축'과 의미 연관.
[ANSWER] A

C

33. [VOCA]
fund 기금 rain forest 우림 exploitation 착취 manpower 인력 cultivation 경작 conservation 보존 risk 위험
[TRANSLATION]
세계 야생 동물 기금은 여러 우림 지역에서만 현재 30개 이상의 중요한 보존 프로젝트를 후원하고 있다.
[ROPES]
야생동물 기금은 무엇을 하는 곳일까요? 야생동물 이나 자연을 보호 혹은 보존하는 곳이라는 것 함축.
[ANSWER] D

34. [VOCA]
conform 따르다
[TRANSLATION]
Shelly는 전통적인 여성의 역할을 따르는 것에 반대하다.
[ROPES]
Shelly는 전통적인 여성의 역할을 ________ 것에 반대하다. 보기에서 밑줄에 들어갈 적당한 한국어는 "따르다"밖에 없습니다.
[ANSWER] A

35. [VOCA]
convince 확신시키다 cajole 속이다 lopsided 한 쪽으로 기운 shamble 비틀거리다
[TRANSLATION]
테드(Ted)는 댄스파티에 가고 싶지 않았지만, 여자 친구에게 속아 가고 말았다.
[ROPES]
가고 싶지 않았는데 결국 간 것은 누구 간의 설득 혹은 속임수에 넘어 간 것으로 보아야 함.
[ANSWER] B

D

D로 시작하는 철자들 이것만은 꼭 알자

1. de = down과 같은 지니고 있어 어떤 개체가 실제로 아래로 이동을 하는 경우가 가장 기본적인 의미입니다. 가장 대표적으로 건물이 무너진다면 destroy이죠. 이런 뜻에서 비유적인 용법으로 확대가 되는데 예로 announce는 '발표하다' 이지만 이와 비슷한 철자를 가진 denounce는 de-때문에 '비난하다' 예요. de-가 들어가면 전반적으로 부정적인 의미라는 것을 알아야 하겠습니다.

아래

DOWN	DE

예) demise / decadence / defective

demise는 어떤 의미일까요? 사람의 시신은 땅 아래 de로 들어가게 mis = go 되기 때문에 죽음이란 의미입니다. 인간의 문명이 발달 할수록 정신은 점점 퇴폐적 decadence으로 향하고 있습니다. 결점은 물건이나 어떤 사람이 가지고 있는 부정적인 모습이기 때문에 defective예요. '아래' 는 de-철자로 시작하는 단어들이 가장 많이 있지만 CATA-, CUMB- 등도 시험에서 출제가 됩니다.

아래

DE CUMB CATA

CUMB : succumb / cumbersome
CATA : catastrophe / cataclysm / catalyst

승자는 위에 있지만 패자는 아래에 있기 때문에 '굴복하다' 는 succumb이고, 하늘에서 유성이 떨어지면 이 지구는 재난이 발생하기 때문에 catastrophe는 disaster처럼 '재난'.

D

2. 영어에는 부정을 의미하는 단어가 많이 있습니다. 가장 대표적인 단어인 not은 누구나 알고 있어요. 그리고 단어에 접두사가 붙은 경우 부정이 되는데 이 경우 많이 첨가되는 철자는 dis-가 있습니다.

부정

NOT DIS

예) discard / discord / dismay

타짜가 더 이상 화토 card를 들고 있지 않고 버리는 것이 discard, 마음 cord이 맞지 않으면 discord, 그리고 일년중 가장 좋은 계절인 5월 may가 되었지만 좋지 않다면 실망 dismay을 하겠죠.

3. 대학교에서는 박사들이 학생들을 가르치고 있어요. doctor는 doc-에 '가르치다'는 의미가 있어 박사입니다. 가르치다와 관련된 어구들을 간략이 알아보겠어요.

가르치다

TEACH DOC DIS

예) doctor / doctrine / document / disciple

'-주의' 는 국민들을 알려주고 가르치는 것과 연관이 되어 doctrine이고, 예수님은 제자들을 가르쳤는데 보통 학생들은 pupil이지만 예수님의 제자들은 disciple이라고 합니다.

4. 기숙사는 dormitory입니다. 기숙사는 잠을 자는 곳이기 때문에 철자중에 dorm-이 있습니다. dorm 그리고 somn-이 단어 안에 들어 있으면 잠과 관련 되어 있다고 생각하면 됩니다.

잠

SLEEP DORM SOMN

예) dormitory / domicile / predominate / domination / domain / insomnia / somnlent

D

dally [dǽli]
희롱하다, 갖고 놀다

waste

dolly 아기공룡 둘리 - 둘리와 재미있게 노는 모습을 연상 그리고 1996년 영국의 과학자 두 명은 양의 체세포에서 채취한 유전자를 핵이 제거된 다른 암양의 난자와 결합시켜 이를 대리모 자궁에 이식, 새끼 양 돌리를 낳게 하여 세계 최초로 포유동물을 복제하는 데 성공했다고 발표했지만 사실 이면에는 조작이 되었다는 것도 제기되고 있어요.

She was merely dallying with his affections.
그녀는 단지 그의 애정을 가지고 놀았다.

Stop dilly-dallying and make up your mind!
꾸물거리지 말고 마음을 정해요!

damp [dǽmp]
축축한, 습기

wet

dam. 소양감 댐을 연상해보세요. 댐에는 물이 담아져 있어 wet.

Damp air rusts iron.
습한 공기는 쇠를 녹슬게 한다.

Wipe a damp sponge across one's face.
얼굴을 젖은 스펀지로 문지르다.

dank [dǽŋk]
축축한, 습기찬

damp

tank. 물 탱크 안은 습기 때문에 축축합니다.

A dark dank cellar/cave.
어둡고 축축한 지하실/동굴

They went downstairs into the dank cellar.
그 사람들은 습한 지하실로 내려갔다.

dart [dɑ́:rt]
돌진하다

rush

다트. 게임인 다트의 화살은 속도가 빠릅니다.

He made a sudden dart for the door.
그가 갑자기 문 쪽으로 돌진했다.

She made a dart for the exit.
그녀가 출구 쪽으로 총알같이 내달렸다.

daunt [dɔ́:nt]
겁이 나다

intimidate

don't. 자녀가 잘되는 것을 모든 부모들은 바랍니다. 그럼 어떤 교육 방법이 있을까요? 무조건 하지 말라 don't는 좋은 교육방법이 아닙니다. 그러면 자녀들은 어떤 일을 하기 전부터 겁을 먹게 됩니다. 잘하지 못하더라도 앞으로 '더 잘할 수 있다' 라고 격려하는 부모님. 이런 부모 아래에서 성장한 자녀들이 성공을 거두게 됩니다.

I was rather daunted by the thought of addressing such an audience.
나는 그런 청중들에게 연설을 할 생각을 하니 상당히 겁이 났다.

The prospect of meeting the President is quite daunting.
대통령을 만난다는 예상을 하니 정말 위축된다.

dawn [dɔ́:n]

▌dawn이 들어간 아래의 두 가지 표현을 공부 합시다.
at the dawn of: 초기에(새벽은 하루 일정 중 처음 부분에 해당)

The cock crowed at the crack of dawn.
닭은 새벽에 울었다.

At the dawn of a new era, most people are at a loss for what to do.
새로운 시대의 여명에는, 대부분의 사람들이 무엇을 해야 할지 모른다.

▌dawn on : 생각하다(어렴풋하게 떠오르는 생각을 해가 막 솟아오르려는 모습에 비유)

It finally dawned on us what must be done.
어떤 조치를 취해야 할지 깨달았다.

It dawned on me that the following day would be her birthday.
다음 날이 그녀의 생일이라는 것이 떠올랐다.

dead [ded]

▌dead - headed : 무임승차, 헛수고(머리가 좋지 않은 dead head가 아니라 pumpkin skin입니다. 추수 감사절 등에 호박의 속을 파 낸 후 양초 등을 꼽았기 때문에 '텅 빈 머리'라는 뜻이예요. stone head는 세종로에 있는 이순신 장군 동상처럼 실제로 돌로 된 머리를 지칭.

He picked up a hitchhiker/ a dead - headed.
그는 자동차 편승 여행자를 태워 주었다.

▌deadlock : 막다른 골목, 교착 상태로 standstill과 동의어(lock. 자물쇠는 물건을 안에 넣고 가두게 됩니다. 이동이 없는 개체. 물도 흐르지 않으면 썩게 됩니다)

The negotiations have reached deadlock.
협상이 교착상태에 빠졌다.

We can only make minor concessions, but it might break the deadlock.
우리가 비록 사소한 양보만 할 수 있을 뿐이지만 그래도 교착상태를 타개할 수 있을지도 모른다.

dearth [də́:rθ]

부족

scarcity

▌death. 음식과 깨끗한 물이 부족하여 아프리카의 많은 사람들이 죽어가고 있어요.

A dearth of workers.
노동자 부족.

There seems to be a dearth of good young players at the moment.
지금은 훌륭한 젊은 선수가 부족한 것 같다.

debacle [deibá:kl]

붕괴

disaster

▌de = down + bacle = buckle. 대중 앞에 선 한 남자의 혁대에 찬 버클이 아래로 내려가면 바지도 내려가는 모습 연상. 이런 것을 경험한다면 황당해지겠죠.

A political/a bureaucratic/an economic debacle.
정치적/관료 정치의/경제적 붕괴

Observers cited a lack of coordination as the key reason for the debacle.
관측자들은 실패의 주요 원인으로 협조 부족을 들었다.

debase [dibéis]
(품위를) 떨어뜨리다

lower

▌base. base는 아래. 아래는 부정적입니다.

You debase yourself by telling such lies.
너는 그런 거짓말을 해서 너의 격을 떨어뜨리고 있어.

Sport is being debased by commercialism.
스포츠가 상업주의로 천박해지고 있다.

debauchery [dibɔ́:tʃəri]
방탕, 환락

wild living

▌de = down으로 부정적인 의미 암시.

In Egypt, a court has convicted and sentenced 23 men on charges of debauchery.
이집트의 한 법원이 남성 23명에 대해 '방탕' 혐의로 유죄판결을 내렸습니다.

Tourists see the festival as a great excuse for dancing, drinking and general debauchery.
관광객들은 축제를 춤추고 술 마시며 흥청망청 놀자는 그럴싸한 핑계로 봅니다.

debilitate [dibílətèit]
쇠약하게 하다

cripple

▌ability. 능력이나 힘이 있는 것이 아니라 아래로 내려감.

Overindulgence debilitates character as well as physical stamina.
지나친 방종은 육체적 정력뿐 아니라 인격도 약화시킨다.

Patients can suffer chronic relapses and the disease can be progressively debilitating them.
환자들은 만성적인 재발로 고통을 겪을 수도 있고 그 질병은 점차적으로 환자를 쇠약하게 할 수도 있다.

debris [dəbrí:]
파편

piece

▌de = down. 물체가 아래로 떨어져 부서지는 모습 연상.

After the crash, debris from the plane was spread over a large area.
사고 후 그 비행기 파편은 넓은 지역에 걸쳐 흩어졌다.

The basement was crammed with debris.
지하실에는 허접 쓰레기들이 가득 쟁여져 있었다.

debunk [di:bʌ́ŋk]
정체를 폭로하다

reveal

▌bunker 아래 혹은 안에 수류탄을 넣어 벙커가 파괴 break되는 모습 연상. 숨기려는 것이 대중들에게 폭로되는 것.

He gets his kicks debunking them.
그것들 정체를 폭로하는 걸 즐겼지.

decade [dékeid]
10년간

ten years

▌deca = 10. 1데시리터 deciliter는 1liter의 1/10입니다.

Many trees were uprooted in the worst storm of the decade.
10년만의 최악의 태풍으로 많은 나무들이 뿌리가 뽑혔다.

D

decadence [dékədəns(i)]
타락, 퇴폐

decay

▌de = down. 성장은 위로 올라가지만 타락은 아래로 떨어지는 이미지.

Decadence among the leadership was rampant.
지도층의 타락이 만연했다.

Their immoral behavior led to the decadence of the Empire itself.
그 사람들의 부도덕한 행태 때문에 제국은 몰락했다.

deceased [disí:st]
사망한

the late

▌de + cease(=stop). 사람의 숨이 멈추면 = cease 땅속에 = de 묻히게 됩니다.

Both her parents are deceased.
그녀의 부모님은 두 분 다 돌아가셨다.

Upon your decease, your son will inherit everything.
당신이 사망하면 당신의 아들이 모든 것을 상속받을 것입니다.

decent [dí:snt]
예의 바른

polite

▌de + cent = go. 조선시대 왕에게 상소를 올리는 신하들은 왕 아래 무릎을 꿇고 예의바르게 읍소를 하는 모습 연상. 영국 왕 앞에 무릎을 꿇고 기사 작위를 받는 모습. de -가 들어가면 의미가 부정적이지만 이 단어는 예외적으로 긍정적 의미.

His conduct offended against the rules of decent behaviour.
그의 행동은 품위 있는 행동 규칙을 위배하는 것이었다.

It's disgraceful that a town of this size should not have a single decent hotel.
이런 규모의 도시에 단 한 곳도 버젓한 호텔이 없다는 것은 수치스러운 일이다.

deception [disépʃən]
속임, 사기

fraud

▌cep = ceive = think = freud . 아래는 부정이기 때문에 남을 속이는 행위. 세계적인 석학인 프로이트 freud는 세계의 모든 여자들은 남자가 되기를 소망한다고 주장했어요(남근 선호사상). 하지만 1960년대 중반 네덜란드에서 미군 흑인 남자 병사가 여자로 성전환 이후 지금까지 여자가 남자로 전환된 것보다는 남자가 여자로 성 전환 수술을 한 것이 훨씬 많은 통계를 보면 프로이트가 거짓말을 했다는 것을 알 수 있어요.

An artful deception
교묘한 사기

Secrecy and deception had become second nature to her.
은밀함과 속임수가 그녀의 제2의 천성이 되었다.

deciduous [disídʒu:əs]
낙엽성의, 덧없는

fallen leaves

▌de = down. 가을에 떨어지는 나뭇잎 연상.

The inside of the church is covered with fresh branches of green deciduous trees.
교회 안은 녹색 낙엽 성 나무들로 덮여 있었다.

decimate [désəmèit]
대량 학살, 열 명에 한 명씩 제비 뽑아 죽이다

kill

▌deci + mate. 짝 = 사람 = mate. 한 줄로 10사람을 세워놓고 총 또는 화살로 한 꺼번에 죽이는 모습 연상.

Disease has decimated the population.
질병이 수많은 생명을 앗아갔다.

Student numbers have been decimated by cuts in grants.
보조금 삭감으로 학생 수가 격감했다.

decipher [disáifər]
해독하다

interpret secret code

▌cipher 암호 + de. de는 아래로 부서지는 것이 기본 이미지. 그래서 암호등을 해독하는 것에도 적용.

I can't decipher the inscription on the pillar.
나는 기둥에 새겨진 글자를 해독하지 못하겠다.

He was deciphering Egyptian hieroglyphics.
그는 이집트의 상형문자를 해독하는 중이었다.

D

declare [dikléər]
선언하다

state

▌de + clare = claim. 높은 단상이나 연단에 있는 사람이 아래에 있는 사람들을 향해 말하는 = claim 모습 연상.

The accused was declared to be guilty.
피고는 유죄 선고를 받았다.

The leader of the American delegation declared that "other countries have no right to point the finger at us."
미국 대표단장은 "다른 나라들이 우리를 비난할 권리는 없다"고 선언했다.

decline [dikláin]
거절하다, 기울다

refuse

▌de + cline = bend. 아래로 내려가는 것은 부정적인 것과 연관.

The scale of commercial activity has declined.
상업 활동의 규모가 축소되었다.

She was invited to a party, but declined.
그녀는 파티에 초대되었으나 사절했다.

decorum [dikɔ́:rəm]
예의 바름

manners

▌decorum = decoration. 건물을 장식하는 것이나 야만인인 사람이 매너에 의해 교화되는 것은 같은 이치.

Park's rise to opposition leadership earlier this year was due largely to her personal charm and decorum.
올 초에 어떤 의원이 야당의 대표로 부상한 것은 그녀의 개인적인 매력과 단아함 때문이었다.

decree [dikríː]
명령

official order

▌decide. 결정된 것을 백성이나 국민에게 포고

The governor decreed a day of mourning.
정부는 추모일을 포고했다.

Congress has decreed that the present law continue to be operated.
의회는 현행 법률이 계속 효력이 있다고 선언했다.

decry [dikrái]
비난하다

disparage

▌cry = shout = weep. 선생님이 속 썩이는 학생을 향해 눈을 내리 깔면서 외치는 모습 연상.

She decried their gambling and drinking.
그녀는 그들의 도박과 음주를 매도했다.

He decried her efforts as a waste of time.
그는 그녀의 노력을 시간 낭비라고 폄하했다.

---

deductible [didʌ́ktəbl]
공제할 수 있는

derived by reasoning

▌duct = pull 아래로 잡아당기는 모습은 감소가 되는 모습과 연관.

Is this contribution tax deductible?
이 기부금은 세금이 공제되나요?

The employees will never go for this plan. Their deductibles will increase by 15%.
직원들은 보험료 공제액이 15%나 증가할 것이기 때문에, 결코 이것을 지지하지 않을 거야.

---

deem [di:m]
생각하다

think

▌doom. 다가올 운명 doom에 대해 생각하다.

We deem that he is honest.
우리는 그가 정직하다고 생각한다.

I deem it a great honour to be invited to address you.
여러분들 앞에서 연설을 하도록 초대받은 것을 큰 영광으로 여깁니다.

---

deep rooted [dip rut]
뿌리 깊은

fixed

▌땅에 뿌리 박혀 있는 모습이 가슴 속에 앙금으로 남아 있는 감정 등으로 확대 되어 쓰임.

He contends the lack of government interference between the management and labor has led to deep-rooted corruption.
그는 노사관계에 정부가 개입하지 않았기 때문에 뿌리 깊은 부정이 성행하게 되었다고 주장하고 있다.

---

de facto [di: -fǽktou]
사실상

virtual

어구

de facto recognition
사실상의 승인

a de facto government
사실상의 정부

▌de facto의 의미를 알 수 있는 중심 철자는 어디에 있나요? fact.

This would mean a de facto recognition of Nicosia, something Turkish Prime Minister is reluctant to do.
이는 사실상 니코시아를 인정하는 것을 의미하는데, 터키 총리가 꺼리는 조치다.

---

deface [diféis]
손상시키다

mar

▌de + face. 목성과 화성 사이에는 수 많은 우주의 쓰레기인 돌이나 철들이 있어요. 이런 물질이 화성의 표면에 충돌하여 화성은 마치 사람에 비유하면 곰보와 같은 모습입니다. 많이 표면이 손상 되었어요. 한국어에서 스타일 구기거나 체면이 손상이 되면 얼굴을 깎아 내린다는 것과 연관 시킵니다. 그 이유는 신체 중 얼굴이 가장 중요한 부분이기 때문입니다.

It is an offence to deface library books.
도서관 책을 손상시키는 것은 위반이다.

The wall had been defaced with slogans.
그 벽은 슬로건들로 흉하게 변해 있었다.

defame [diféim]
중상하다, …의 명예를 훼손하다

slander

▌fame. 명예를 아래로 내리는 행동. 명예 훼손입니다.

The article is an attempt to defame an honest man.
그 기사는 정직한 사람을 중상하려는 시도이다.

default [difɔ́:lt]
불이행

failure to act

▌fault. 잘못이 없는 상태.

He was acquitted in default of strong evidence of his guilt.
그는 그가 유죄라는 강력한 증거가 없어서 석방되었다.

defective [diféktiv]
결점이 있는

fault

▌de = down + fec = make. 나쁘게 만들어 진 것은 결점.

I exchanged the defective tire for a good one.
나는 결함이 있는 타이어를 좋은 것과 교환했다.

They were unloading defective merchandise on unsuspecting customers.
그들은 순진한 고객들에게 불량품을 떠안기고 있었다.

defer [difə́:r]
연기하다

delay

▌fer = go. 앞으로가 아니라 아래(부정적 암시)로 내려가는 모습 연상.

On technical matters, I defer to the experts.
기술적 문제는 전문가에게 맡깁니다.

I couldn't help but defer departure.
나는 출발을 연기하지 않을 수 없었다.

deference [défərəns]
존경

respect

▌fer. 보통 동상에 위인들의 조각이 있어요. 세종로의 이순신 장군을 우리는 아래에서 위로 시선을 이동시키며 바라봅니다.

He displays a deference to his superiors which never becomes servility.
그는 결코 비굴하지 않게 상관들에 대해 존경을 표했다.

He treats his mother with as much deference as if she were the Queen.
그는 자기 어머니를 마치 여왕인 것처럼 최대의 존경을 다해 대했다.

D

defiance [difáiəns]
도전

resistance

fi = belief = 믿음
confidant, confide, confident, defiance
서로의 믿음이 없어지면 상대방에게 저항과 싸움이 일어납니다.

Her eyes flashed anger and defiance
그녀의 두 눈에는 분노와 반항이 번쩍였다.

The decision to strike was taken in defiance of (ie despite) the union's recommendation.
파업결정은 노조의 권고를 무시하고 취해졌다.

---

deficit [défəsit]
부족

shortage

아래 de = down로 만들어짐 = fic. 위로 올라가는 것은 증가이면서 흑자이지만 아래로 가는 것은 적자.

There was a crisis over the budget deficit
예산 적자의 위기에 직면했다.

It's fine to reduce taxes, but the deficit will be increased.
세금을 줄이는 것은 좋지만, 적자가 증가할 것이다.

---

defile [difáil]
모독하다

foul

file. defile의 fil-은 filth 와 마찬가지로 '더럽히다' 라는 의미. 간통을 당하든 모욕을 당하든 좋지 않은 일이 발생하면 서류를 파일 file로 만들어 고소해야 함.

They defiled the marriage bed.
그들은 간통했다.

The altar had been defiled by vandals.
제단은 반달들에 의해 모독을 당했다.

---

definitive [difínətiv]
한정적인, 최종적인

final

fin = end. final과 연관지어 보세요.

There was no definitive word on the nationality of the victims.
사상자에 관한 상세한 사항은 알려지지 않고 있습니다.

If you want to see the definitive catalog of classes, go to the Registrar's Office.
최종 수업일정표를 보려면 학적과에 가세요.

---

deflect [diflékt]
빗나가다

deviate

de = away + fl = go. 총알이나 화살이 목표한 과녁을 벗어나는 연상.

The bullet deflected from the wall.
총알이 벽에 빗맞았다.

One of the defenders accidentally deflected the ball into the net.
수비 선수들 중 한 명이 우연히 공이 빗맞고 네트 안으로 들어가게 했다.

deftly [déftli]
능숙하게, 교묘히

skillfully

▌dextrous = dext = deft = right. 오른 손은 노련.

It is the far right that exploits this most deftly
이러한 사태를 가장 기민하게 이용하는 사람들은 극우세력이다."

A North Korean woman dealt deftly with tourists.
한 북한 여성은 관광객들을 능숙한 솜씨로 다뤘다.

---

defunct [difʌ́ŋkt]
죽은, 폐지된

no longer in effect

▌fic = fuc. 만들어 지지 않음 = de.

A defunct tribe of Indians.
멸망한 인디언 부족.

A largely defunct railway network.
대부분이 현재는 운행되지 않는 철도 네트워크

They have already received shares in Samsung Life as collateral for debt owed by now-defunct Samsung Motor.
이들은 지금은 없어진 삼성자동차의 채무에 대한 담보로 삼성생명의 주식을 이미 받았다.

---

defuse [di:fjú:z]
신관을 제거하다, …의 위기를 해제하다

lessen

▌fuse. 전기의 흐름을 통제하는 두꺼비 집(배전판)안에 있는 퓨즈(fuse)는 강한 전류가 흐르면 퓨즈를 차단하여 전기의 흐름을 완화 시킵니다.

Police cordoned off the area until the bomb was defused.
폭탄이 해체될 때까지 경찰이 그 지역에 저지선을 쳤다.

Defuse public hostility towards the government.
정부에 대한 대중의 적개심을 완화시키다.

---

degenerate [didʒénərèit]
퇴보하다

become worse

▌gen = birth. 나쁘게 태어난.

Degenerate art/behaviour.
타락한 예술/행위

The march degenerated into a riot.
그 행진은 폭동으로 변질되었다.

The meeting rapidly degenerated into a farce.
그 회의는 급속히 어릿 광대극 같이 변질되어 갔다.

---

degradation [dègrədéiʃən]
타락

humiliation

▌grade. 시험 점수가 아래 = de로 내려가면 창피하다고 생각하는 학생들이 많아요.

Live in degradation.
영락한 삶을 살다.

Being sent to prison was the final degradation.
교도소로 보내지는 것은 최후의 타락이었다.

D

deign [déin]
황송하옵게도 …하여 주시다

submit

▌dignity = 위엄 = deign

He would not deign to listen to you.
그는 네 말 따위는 들으려 하지 않을 것이다.

He walked past me without even deigning to look at me.
그는 나를 거들떠도 안 보고 나를 스쳐지나 갔다.

---

deity [dí:əti]
신

god

▌the = dei = god.

Roman deities.
로마의 신들

A world in which money is the deity.
돈이 만능인 세상.

---

dejected [didʒéktid]
낙심한

depressed

▌좋지 않은 일이 있어 어깨가 아래 de로 축 늘어짐 ject = throw

He was dejected to learn that he had failed the examination.
그는 시험에 떨어졌다는 것을 알고 낙담했다.

Repeated failure had left them feeling very dejected.
거듭된 실패로 그들은 매우 낙담했다.

---

delectable [diléktəbl]
즐거운, 기쁜

delight

▌delight = delect

The delectable food put lead in my pencil.
그 맛난 음식이 내게 힘을 돋웠다.

The cafe is most appreciated for her delectable pasta sauces.
그 식당은 그녀의 맛있는 파스타 소스로 가장 높이 평가 받고 있다.

---

delegate [déligeit]
대표, 사절

assign

▌leg = send = go. 사람은 다리 leg을 사용하여 여러 장소들을 돌아다닙니다.

Delegates expressed strong opposition to the scheme.
대표자들은 그 계획안에 강한 반대를 표명했다.

The delegates refused to come to order.
대의원들은 의사진행 규칙을 지키려 하지 않았다.

---

delete [dilí:t]
삭제하다

erase

▌de = down. 아래로 내려가는 것은 부정적. 있던 것을 없애는 행동.

The offending paragraph was deleted.
문제가 된 그 단락은 삭제되었다.

The editor deleted the last paragraph from my article.
편집자가 내 글에서 마지막 단락을 삭제했다.

---

deleterious [dèlitíəriəs]
해로운, 유독한

noxious

▌성적이 하위권에 있는 수험생을 부모로부터 돈을 받고 상위권에 있는 다른 학생을 아래로 보내고 순위를 조작 하는 것은 부정적인 방법.

It has particularly deleterious effects on children.
그것은 아이에게 특히 부정적이다.

deliberately [dilíbərətli]
신중히

intentionally

▌liberate = free. 그러나 de = not. 자유롭지 않고 의도적인 상황.
원래 저울을 의미하는 라틴어인 libra에서 나온 말로 '저울에 달다' 는 뜻에서 비유적으로 신중한 검토 끝에 결정을 내린다는 뜻으로 deliberately가 사용되었어요.

He's being deliberately obtuse.
그는 일부러 둔하게 군다.

The government is deliberately escalating the war for political reasons.
정부가 정치적 이유로 전쟁을 의도적으로 확대시키고 있다.

D

delicate [délikət]
섬세한, 예민한

fine/minute

▌delicious. 맛있는 음식은 고급 요리를 할 줄 아는 요리사의 섬세한 손놀림에 의해 만들어 집니다.

The delicate threads of a spider's web.
거미줄의 미세한 줄

The matter requires delicate handling.
그 문제는 신중하게 취급해야 한다.

delineate [dilínièit]
그리다, 묘사하다

portray

▌line. 군대를 와 사랑하는 사람을 보지 못하는 김 일병은 종이에 사랑하는 사람의 얼굴을 선으로 그림을 그리는 모습.

You must delineate exactly what you want in a contract.
계약서에 네가 원하는 바를 정확히 써야 해.

The foundation introduces the everlasting beauty and tradition delineated on Korean wooden crafts through a noteworthy exhibition.
그 재단은 주목할만한 전시회를 통해 한국의 목 공예품에서 찾을 수 있는 영원한 아름다움과 전통을 소개하고 있다.

delinquent [dilíŋkwənt]
직무 태만의

neglecting a duty

▌일을 아래로 놓고 = 하지 않고 de 떠나가는 것 ling = leave.

He was labeled as a delinquent.
그는 불량배라는 딱지가 붙어 있었다.

A delinquent person is one who fails to do what law or obligation requires.
직무 태만한 사람이란 법이나 의무가 요구하는 바를 이행하지 못하는 사람이다.

delve [délv]
탐구하다, 찾다

search intensively

▌valve. 안전 요원이 비행기의 '밸브' 등을 철저히 조사하는 모습 연상.

She delved in her bag for a pen.
그녀는 펜을 찾아 가방을 뒤졌다.

The inquiry will delve very deeply into security arrangements at the airport.
그 조사는 공항의 안전 조치를 매우 깊이 파고들 것이다.

---

delivery [dilívəri]
배달, 인도

bestowal

▌live. 살아가는 데 중요한 음식을 중국집 아저씨가 배달 와서 현관 바닥 아래에 내려놓거나, 아이를 가진 산모의 아이가 배 밖으로 나오는 출산의 모습, 그리고 연설자가 말을 입 밖으로 내 뱉는 것이 모두 이 단어와 연관됩니다. 우리 몸의 기관 중 해로운 물질을 분해하는 '간'은 삶과 직결이 되기 때문에 liver라고 합니다.

When can you take delivery of the car?
그 자동차를 언제 인도해 드릴까요?

Her poor delivery spoilt an otherwise excellent speech.
그녀의 서투른 연설 태도가 훌륭했을 연설을 망쳐 놓았다.

---

delude [dilú:d]
속이다

deceive

▌타짜들의 화토 판. lud/lus=to play(놀다, 연주하다)입니다. 화토 판 de(아래로) + lude(도박 게임을 하다)것으로 화토 판 아래에서 조작이 일어나요.

Don't be deluded into believing such nonsense.
속아 넘어가서 그런 헛된 말을 믿지 말아라.

You're deluding yourself if you think things will get better.
사정이 나아질 것이라고 생각한다면 당신은 스스로를 기만하는 것이다.

---

deluge [délju:dʒ]
대홍수

flood

▌de. 물이 엄청나게 하늘에서 아래로 떨어지는 이미지. 한국에서는 소와 돼지가 홍수에 불어난 물 때문에 떠내려가지만 이전에 미국의 뉴욕등은 하수도 시설이 안 좋아 집에서 기르던 개와 고양이가 떠내려갔기 때문에 억수같은 비를 rain cats and dogs라고 해요.

Few people survived the deluge.
그 대홍수에서 살아남은 사람은 거의 없었다.

We were deluged with offers.
제안이 쇄도했다.

---

demagogue [déməgɑ́g]
선동 정치가

leader

▌demo에 모인 사람들을 선동하는 리더의 모습.

Mr. Kim was a demagogue who appealed to the multitude.
대중에게 호소하는 선동자

---

demeanor [dimí:nər]
처신, 태도
act

mean = 의도.

She disliked his haughty demeanor.
그녀는 그의 거만한 태도가 싫었다.

The twinkle in his eye belied the gravity of his demeanour.
그의 반짝이는 눈이 그의 근엄한 태도가 본심이 아님을 보여주었다.

---

demented [diméntid]
미친
crazy

ment = 말. 정신이 이상한 분들은 말 = 멘트 = ment가 되지 않는 이상한 = de 것을 중얼 중얼 혼자 이야기 합니다.

Her poor demented sister had killed herself by jumping off a bridge.
그녀의 가엾은 언니는 정신이 나가서 다리에서 뛰어내려 자살했다.

Don't listen to her advice because she's talking like a demented person.
그 여자는 미친 사람처럼 말하고 있으니 하는 말 귀담아듣지 마라.

---

demise [dimáiz]
죽음, 서거
death

mis = send = go. 사람이 죽으면 땅 아래에 묻힙니다.

The show also demonstrates how some life forms met their demise.
이 쇼는 생명체가 어떻게 죽음을 맞이하는지도 보여줍니다.

The tradition of Korea's tea ceremony died out abruptly with the demise of the Joseon Kingdom.
한국 다례 의식의 전통은 조선왕조가 망하면서 단절됐다.

---

demolish [dimάliʃ]
파괴하다
destroy

de = down. 오래된 고층 건물이 다이너마이트 폭발에 의해 아래로 주저앉는 모습 연상.

They've demolished the slum district.
그들은 빈민굴 지역을 철거했다.

The fire demolished seven shops.
그 화재로 7채의 가게가 파괴되었다.

---

demur [dimə́:r]
반대하다
object

말을 하는 것에 대해 반대 = de.

They accepted without demur
그들은 이의 없이 수락했다.

They accepted my proposal without demur
그들은 내 제안을 이의 없이 받아들였다.

D

demure [dimjúər]
얌전한

shy

▌수줍어 하는 사람들은 자기가 좋아하는 이성 앞에서 고개를 숙이는 = de 모습

A demure smile/reply.
조용한 미소/대답

She was demure and reserved.
그녀는 예의 바르고 내성적이었다.

The demure young man waited to be asked to dance.
그 수줍은 청년은 누가 춤추자고 하기를 기다렸다.

denigrate [dénigrèit]
모욕하다, 훼손하다

defame

▌nig = no. 상대방에게 청을 했는데 No라는 대답을 듣게 되면 기분이 꿀꿀해져요.

The advertisement denigrated Aboriginal spirituality in its juxtaposition alongside a Western product.
그 광고는 서양의 상품과 원주민의 영성을 대등한 위치에 놓음으로써 영성을 더럽혔다.

denizen [dénəzən]
주민

citizen

▌denizen - citizen. 초성만 소리가 다릅니다.

Honky-tonk denizens would call it lack of team play.
야한 싸구려 술집의 취객들은 팀 플레이 부족이라고 말할 것이다.

denounce [dináuns]
비난하다

condemn

▌noun. pronounce. 명사는 우리언어의 의사소통과 연관이 있어요. de는 부정이기 때문에 비난하다와 의미가 연관이 됩니다.

She denounced the government's handling of the crisis.
그녀는 정부의 위기관리 처리를 비난했다.

Union officials have denounced the action as a breach of the agreement.
노조 임원들은 그 조치를 합의 불이행이라고 비난했다.

densely [déns]
밀집한

compatl

▌사람들이 혼잡한 상태를 나타냄.

The country is densely populated.
그 나라는 인구 밀도가 높다.

Mexico City is one of the most densely populated cities in the world.
멕시코시티는 세계에서 가장 인구 밀도가 높은 도시 중 하나이다.

depict [dipíkt]
그리다, 묘사하다

portray

▌picture. 그림 = 영화. 이들 낱말은 상상하거나 어떤 상태를 묘사하는 것과 관련 있습니다.

He was depicted as a traitor.
그는 배신자로 묘사되었다.

They depicted the situation to us in great detail.
그들은 우리에게 상황을 매우 상세하게 설명했다.

deplete [diplíːt]
감소하다, 소모하다

decrease

▍de = down. 증가 가 아니라 감소.

Stocks of vaccines are seriously depleted.
백신 비축량이 고갈되었다.

The election has severely depleted the party's funds.
선거로 그 당의 자금이 극심하게 소모되었다.

deplore [diplɔ́ːr]
한탄하다

regret

▍de + floor. 자신이 좋아하는 연예인들이 갑자기 죽었을 때 놀라 바닥에 앉아 통곡하는 팬들을 연상.

We deplore their taking drugs.
그들이 마약을 하다니 유감이다.

I deplore the fact that there are so few women in top jobs.
최고의 일자리에 여자들이 그처럼 적다는 사실을 나는 개탄한다.

D

deploy [diplɔ́i]
전개하다, 배치하다

spread troops

▍ploy = fill. 군대를 작전 지역에 배치하는 것이 가장 기본적인 뜻.

The infantry began to deploy at dawn.
그 보병대는 새벽에 배치를 시작했다.

Tanks are being deployed all along the front line.
최전선을 죽 따라서 탱크들이 배치되어 있다.

deport [dipɔ́ːrt]
국외로 추방하다

exile

▍port. 지금이야 추방을 당하면 얼른 비행기 타고 출국 시키지만 이전에는 비행기 없던 시절이라 항구에 있는 배에 태워 다른 나라로 추방 해버렸습니다.

He was convicted of drug offences and was deported.
그는 마약 범죄로 기소되어 국외로 추방되었다.

depose [dipóuz]
(권좌에서)물러나게 하다

remove from office

▍pose = position. 기관이나 회사의 직책을 맡고 있는 사람을 밖으로 de = down = off 보내는 행동.

The president was deposed in a military coup.
대통령은 군사 쿠데타로 폐해졌다

This is what the United States and coalition allies "broke" when they deposed Saddam and hunted down his regime.
미국과 연합국들이 후세인을 몰아내고 그의 정권을 타도했을 때 '파괴한' 것은 그런 나라였다.

depravity [diprǽvəti]
타락, 부패

corruption

▍deprive. 타락한 관리들은 백성들의 얼마 있지 않은 재산을 약탈하고 빼앗아가요.

People ask why we tolerate a popular culture that celebrates violence and depravity.
왜 우리는 폭력과 타락을 찬양하는 대중문화를 용인하는 거냐고 사람들이 묻지만.

deprecate [déprikèit]

비난하다

blame

price =prec . 지금의 한국의 사회는 가게에서 정찰제가 주로 이루어지지만 이전에는 부르는 것이 값인 시절이 있었습니다. 물건 가격 = prec 내린 = 할인 해달라는 고객의 요구에 상점 주인이 응하지 않자 이를 비난하는 고객 연상.

The article deprecates their negative attitude.

그 기사는 그들의 부정적인 태도를 비난한다.

---

deprivation [dèprəvéiʃən]

자격 박탈, 상실

dispossession

privacy. 개인의 재산이나 권리를 빼앗아 가는 모습 = de.

Loss of hearing is a great deprivation.

청각 상실은 엄청난 상실이다.

The report has spotlighted real deprivation in the inner cities.

도심 빈민 지역의 진정한 박탈감을 그 보도는 조명하고 있다.

---

derelict [dérəlikt]

황폐한

deserted

relic. 유적은 잘 보존 된 곳도 있고 황폐화 된 것도 있습니다.

Homeless people squatting in a derelict house.

버려진 주택에 무단 거주하는 노숙자들

---

deride [diráid]

비웃다

ridicule

ride. 미국 고속도로 에서 히치 하이커 = hitch hiker들은 무료로 차를 타려고 합니다. 하지만 태우지 않고 그냥 가거나 탔더라도 바로 내려야 하는 상황이 되면 가운데 손가락을 위로 올리며 지나가는 차들을 비웃습니다.

They derided his efforts as childish.

그들은 그의 노력을 유치하다고 비웃었다.

---

derivative [dirívətiv]

파생의

unoriginal

river. 강의 큰 물줄기에 다른 지류로 퍼져 = de 가는 모습 연상

Derivatives products are a means of hedging against fluctuations in interest rates and exchange rates.

파생상품은 금리와 환율 등의 변동에 대비해 리스크를 회피하는 수단이다.

---

derogatory [dirágətɔ̀:ri]

경멸적인

disapproving

rog = king. 로마 시대 원형 경기장에서 왕의 손가락이 아래로 향하는 것은 죽음을 상징하고 위로는 살려주는 것을 나타냄. 보통 원형 경기장은 로마인의 힘을 상징하지만 사실은 365일 중 300일 이상 놀고먹는 로마 시민들이 혹시라도 있을 반란을 없애기 위하여 오락 거리를 제공 해주었던 뒤 배경이 있습니다. 점점 강도를 높여야 흥분하는 로마 시민을 위해 여성 검투사 와 남성 검투사를 경기 시켜 여성 검투사를 죽게 하는 비열한 역사의 한 장면들이었어요.

I resent your derogatory remarks.

당신이 내뱉은 욕 때문에 불쾌하다.

Some lawmakers make derogatory remarks.

일부 국회의원들이 폭언을 일삼다.

---

descent [disént]
하강, 후손

lineage

▌scent = climb. 한국의 족보. 나무처럼 위에서 아래로 퍼져가는 후손의 흐름을 파악.

The plane began its descent towards the Airport.
비행기가 공항을 향해 하강을 시작했다.

He traces his descent back to the Pilgrim Fathers.
그는 자신이 Pilgrim Fathers의 후예인 것으로 알고 있다.

---

desert [dézə:rt]
사막, 버리다

abandon

▌desert. 사막은 버려져 있습니다.

The captain reprimanded the sentry for deserting his post.
대장은 보초가 정위치를 이탈한 것을 질책했다.

His popularity declined and even his friends started deserting him.
그의 인기가 떨어졌고 심지어 그의 친구들까지도 그를 버리기 시작했다.

---

desiccate [désikèit]
건조시키다

dry out

▌물기가 있는 물건이 태양 빛에 말리면 아래로 쪼아 들게 됩니다. 포도가 건포도가 되는 것 연상.

He bought a lot of desiccated milks.
많은 분유를 샀다.

---

designate [dézignèit]
가리키다

appoint

▌sign. sign을 하고 대통령이나 회사의 사장은 장관이나 종업원을 임명이나 지명을 합니다.

The area was designated a national park.
그 지역은 국립공원으로 지정되었다.

The President designated him as the Secretary of State.
대통령은 그를 국무 장관으로 지명했다.

---

desist [dizíst]
그만두다, 단념하다

stop doing

▌de = down + sis = sit.

I wish he'd desist from entertaining his friends at all hours of the day and night.
나는 그가 밤낮 내내 친구들을 즐겁게 하는 것을 그만두었으면 좋겠다.

---

desolate [désələt]
황량한, 쓸쓸한

forsake

▌sol. solo는 외롭습니다. 쓸쓸하고 버려진 장면 연상.

The house looked out over a bleak and desolate landscape.
그 집은 황량하고 쓸쓸한 풍경에 면해 있었다.

---

despise [dispáiz]
경멸하다

look on with scorn

▌spis = spec. look down은 아래를 내려보다는 의미 외에 윗사람이 아래 사람 혹은 별로 좋아하지 않은 사람을 비웃는 행동.

I despise his refusing to accept responsibility.
나는 책임을 지지 않으려는 그의 태도를 경멸한다.

I despise moochers and their likes.
나는 등쳐먹는 사람이나 그와 같은 부류의 사람을 싫어한다.

D

despondent [dispándənt]
의기소침한, 낙담한

depressed

▌de = away = down+ spouse = sponser = spond = promise. 희망이 없으면 사람은 우울 해집니다. 연인이나 부부 spouse가 헤어지면 away = de 불행 해집니다.

She's despondent about losing her bracelet.
그녀는 팔찌를 잃어버린 데 대해 낙담했다.

despoil [dispɔ́il]
약탈하다, 파괴하다

rob

▌spoil. 너무 자녀를 예뻐하여 잘못을 하였는데 혼내지 않으면 자녀를 spoil하는 것입니다. 기본적인 약탈을 하다에서 '망치다' 의 비유적인 의미로 확대가 됩니다.

Foreigners have despoiled the country of many priceless treasures.
외국인들이 그 나라의 귀중한 보물들을 약탈했다.

despotic [dispátik]
전제적인

tyrannical

▌독재자는 위의 높은 제단 혹은 연단에 앉아 있고 신하들과 국민들은 아래 = de에 있는 장소 spot의 모습.

The honorific reference suggested a turnaround from Bush's often severe criticism of Kim as a despotic leader.
이러한 호칭은 김정일을 폭군이라 자주 비난했던 자세에서 전환했음을 보여 주었다.

destitute [déstətjù:t]
빈곤한

poor

▌위는 긍정적 아래는 부정적. de = down + stitute = setup

When he died, his family was left completely destitute.
그가 죽자 그의 가족은 완전히 빈곤에 처하게 되었다.

desultory [désəltɔ̀:ri]
산만한, 주제를 벗어난

not systematic

▌sal = sul = jump. 백말 띠 여자들은 차분하지 못하고 촐싹 댄다는 말이 있어요. 얌전히 있지 않고 이리 저리 뛰는 모습은 비체계적인 모습과 연관.

A few desultory sentences told us nothing.
약간의 산만한 문장들은 우리에게 아무것도 말하지 않는다.

detached [ditǽtʃt]
분리된

physically unconnected

▌tach. tact, tag, tach, tack, tang은 'to touch(잡다)' 의 의미를 지니고 있습니다. attach = at(go)+tach(touch) →"강하게 잡다". detach는 de = down + tach = touch. 공간적으로 떨어지는 것은 심리적으로 멀어져 가는 것.

The officer was detached temporarily from her unit.
그 장교는 일시적으로 자신의 부대와 격리되었다.

A number of men were detached to guard the right flank.
다수의 병사들이 우익을 수호하도록 분견되었다.

detect [ditékt]
발견하다

find

▌손을 아래로 하여 물건과 접촉 tact = touch하여 찾음.

I detect an undercurrent of resentment towards the new proposals.
나는 새 제안들에 대해 분개하는 저의를 감지하고 있다.

deter [ditə́:r]
그만두게 하다, 단념시키다

stop

▌terror. 무서워서 = ter 어떤 일을 하지 못하게 하는 것. 하지 못하는 것은 위가 아니라 아래로 내려감.

Nothing can deter him from doing his duty.
어떤 일도 그의 의무 수행을 단념시킬 수는 없다.

It is an illusion that appeasement will deter an aggressor.
유화책이 침략자를 제지할 수 있을 거라는 생각은 착각이다.

deteriorate [ditíəriərèit]
나쁘게 하다

worse

▌deter. 스스로 그만 하던 일을 멈추어야 하지 만일 부모들의 강제적인 힘에 의해 그만 두는 경우 상황은 더 악화 될 수 있어요.

We should not deteriorate the quality of education.
우리는 교육의 질을 악화시키면 안 된다.

The eyes often deteriorate as one gets older.
사람이 나이가 들면 흔히 시력이 나빠진다.

determine [ditə́:rmin]
결심하다

decide

▌terminal = end. 마음의 갈피를 잡지 못하는 경우는 아래가 아니라 허공에 떠 있다고 합니다. 하지만 결정이 되면 마음은 차분해집니다. 차분하다는 것은 아래로 내려가는 이미지입니다. 그리고 끝이 나요. 여행을 하면서 종착 지점은 터미널입니다.

We must determine where the conference will take place.
어디서 회의를 열 것인지 결정해야만 한다.

This may determine the outcome of the match.
이것이 그 시합의 결과를 결정지을 수도 있다.

detest [ditést]
혐오하다

dislike

▌test. 시험을 좋아할 사람은 거의 없습니다.

He always detested false modesty.
그는 항상 거짓 겸손을 혐오했다.

It was galling to have to apologize to a man she detested.
그녀가 혐오하는 남자에게 사과를 해야 한다는 게 짜증나는 일이었다.

detriment [détrəmənt]
상해, 손해

damage

▌de = down. 아래로 내려오는 것은 부정적.

This tax cannot be introduced without detriment to the economy.
경제를 손상시키지 않고는 이 세금이 도입되지 못할 것이다.

He works long hours, to the detriment of his health.
그는 장시간 일을 하여 건강을 손상시킨다.

devastating [dévəstèitiŋ]
파괴적인, 황폐시키는

disaster

▌de + vast = giant. 어느 정도 무너지는 것이 아니라 vast = giant 엄청나게 아래로 무너지는 경우.

The enemy left the countryside devastated.
적은 그 지방을 황폐화시켰다.

The king's dominion was devastated by the invading army.
왕의 영지는 침략군에게 짓밟혔다.

D

deviate [dí:vièit]
빗나가다

depart

▌de = away = via = road. 가고자 했던 길에서 벗어남.

The plane was forced to deviate from its usual route.
그 비행기는 정상 루트를 이탈해야만 했다.

Her behavior deviates from the rules.
그녀의 행동은 규칙에서 벗어나고 있다.

---

devoid [divɔ́id]
결여된, -이 없는

lack

▌va/vo = '빈' empty. 같은 어원을 가진 단어들 evade/avoid(피하다), vacuum cleaner(진공청소기), devoid : '결핍된' 이 있어요. 비어 있는 것은 부정적인 인상을 주어요. 그래서 한국어에도 '속이 빈 놈' 등 비어있다는 부정적인 내용과 연관.

He is devoid of musical sense.
그는 음치이다.

Their apartment is devoid of all comforts.
그들의 아파트는 설비가 전혀 없다.

---

devour [diváuər]
게걸스레 먹다

eat

▌de = down + vour = eat. 밥을 입 아래 묻혀 가면서 먹을 정도의 상태.

She hungrily devoured two of the cakes.
그녀는 걸신들린 듯 케이크 두 개를 먹어 치웠다.

In his enthusiasm he devoured everything she had ever written.
그는 열성적으로 그녀가 쓴 것은 무엇이든지 탐독했다.

---

devout [diváut]
믿음이 깊은

sincere

▌de + vout. vout의 발음을 해보세요. vote입니다. 투표를 할 때의 진지한 모습을 연상해보세요.

Was also a devout "occultist?"
열렬한 오컬트 신봉자라는 걸 아셨나요?

As a devout Catholic, Sohn declared that he would not receive wages for the whole four years to serve the Catholic university.
독실한 가톨릭 신자인 손 총장은 4년간 가톨릭대학을 운영하며 임금을 받지 않겠다고 선언했다.

---

dexterity [dekstérəti]
재주, 수완

skilled

▌right hand. 오른손이 왼손보다는 노련하게 작업을 할 수 있어요.

She showed great political dexterity in handling the problem.
그녀는 그 문제를 다루는데 있어서 대단한 정치적 수완을 보여주었다.

A juggler needs great dexterity.
마술사는 굉장한 손재주를 필요로 한다.

diagnosis [dàiəgnóusis]
진단

analysis

▌dia- = apart + gnosis = know. 왜 그런 일이 일어 났는지를 알기 위하여 분석을 하는 과정.

We need a more calm and accurate diagnosis of today`s construction industry.
"건설산업 현황을 보다 냉정하고 정확하게 진단할 필요가 있다.

Further studies confirmed the diagnosis that the tumor was benign.
여러 추가 검사 결과 그 종양이 양성이라는 진단이 확인되었다.

dialectical [dàiəléktikəl]
변증법

describe theories which depend on resolving opposing factors

▌dialect + di = two + lect = gather. 두 사람이 이상이 모인 곳에서의 말. 방언이나 사투리를 말합니다. 변증법은 '대화술' 이라는 뜻의 그리스어에서 유래하였습니다. 소크라테스는 아테네에 나가 많은 사람들을 상대로 철학적인 문답을 나누었는데, 그것은 어떤 질문을 하여 상대방이 대답하면 그 대답을 찬찬히 짚어보면서 상대에게 모순이 있음을 자각시킴으로써 상대로 하여금 진리를 알고 싶어 하는 의욕이 생기게 하려는 것이었다.

The relationship is complex and contradictory, in other words dialectical.
그 관계는 복잡하고 대조적이어서 즉, 변증법적이다.

diaphanous [daiǽfənəs]
거의 투명한

transparent

▌dia+phan(show)으로 유명한 소설 '오페라 하우스의 유령' 에서 유령이 phantom입니다. phan은 보여 지는 것으로 투명한 것이예요.

When relaxing, they prefer silver, diaphanous gowns.
쉴 때 그들은 은색이면서 투명한 가운을 선호한다.

diatribe [dáiətràib]
통렬한 비난

bitter

▌dia =~를 가로질러, 완전히 + tribe = trite =비비다, 뭉개버리다. 완전히 지워버리는 것은 비난과 연관이 있어요.

He waltzed into a long diatribe against the government's policies.
그는 정부 정책에 대해 길고 통렬한 비난을 하였다.

They launched into a long diatribe against the government's policies without preliminaries.
그들은 단도직입적으로 정부 정책에 대해 길고 통렬한 비난을 시작했다.

dichotomy [daikɑ́təmi]
이분법

division

▌di = two. di(two)+cho(into)+tomy = 둘로 자름.

The dichotomy between good and evil.
선과 악의 이분법

They set up a false dichotomy between working and raising a family .
그들은 일과 가족 부양을 잘못 양분했다.

D

dictum [díktəm]
격언

adage

▌dict = word. 속담은 유명한 경구.

The famous dictum of Descartes : 'I think, therefore I am.'
그 유명한 데카르트의 금언 : '나는 생각한다, 고로 나는 존재한다.'

---

didactic [daidǽktik]
교훈적인

teach

▌did = teach.

I don't like her didactic way of explaining everything.
나는 그녀가 모든 것을 어린아이 가르치듯이 설명하는 방식이 싫다.

---

die-hard [dáihὰ:rd]
끝까지 버티는, 완고한

obstinacy

▌죽기가 어렵다. 실제로 미국 여자 죄수중 에서는 세 번이나 줄로 사형을 시키려고 했지만 죽지를 않아 결국 전기 의자에 앉혀 죽였다고 합니다.

Old habits die hard I guess.
오래된 습관은 버리기 힘든가 봐

Like die-hard sports fans, the students had waited since the previous evening.
마치 열렬 스포츠팬처럼 학생들은 전날 저녁부터 기다리고 있었다.

---

differentiate [dìfərénʃièit]
구별 짓다

tell

▌di = duet = two + fer = go. 부부 일심동체로 살다가 갑자기 배우자 중에 한 사람이 바람이 나면 이들 둘은 이제 일심동체가 아니라 각각 다른 방향으로 가게 됩니다.

Can you differentiate one variety from the other?
한 가지 종류를 다른 것과 구별할 수 있겠습니까?

You have to differentiate between those who can't pay and those who won't.
지불을 할 수 없는 사람과 하지 않으려는 사람을 구별해야 한다.

---

diffident [dífədənt]
자신 없는, 소심한

timid

▌fid = belief. confident, confidently, confidential, confidence, diffident
dif = dis 부정, 떨어져서 + fid 믿음. 믿음이 없는 것은 자신감 없는 겁쟁이와 연관.

An able but diffident young student.
능력은 있지만 내성적인 학생

---

diffuse [difjú:z]
흐트러뜨리다

spread

▌dif = dis = away. 퍼져 나가는 이미지.

The milk diffused in the water, making it cloudy.
우유가 물 속에서 퍼져 물이 부옇게 되었다.

Television is a powerful means of diffusing knowledge.
텔레비전은 지식을 퍼뜨리는 강력한 도구이다.

---

digressive [digrésiv]
본론을 떠난, 지엽적인

not connected with the main point of what you are saying

▌gress. de = di = away 벗어나 가는 것

it's still entirely irrelevant and digressive.
그것은 완전히 관련이 없고 지엽적이다.

---

dilapidated [dilǽpədèitid]
황폐한, 초라한

run down

▌laps(=fall). collapse, lapse, lapsed, relapse, elapse
위로 올라가는 것은 건설되는 이미지 이지만 아래로 내려가는 것은 무너지는 것을 연상.

A dilapidated-looking car.
다 찌그러져 보이는 자동차

Luxury hotel was a complete misnomer for the dilapidated building we stayed in.
우리가 머문 그 허물어져 가는 건물을 호화 호텔이라니 완전히 잘못된 호칭이었다.

---

dilate [dailéit]
넓어지다, 팽창하다

wider

▌di = du = two + late = large.

The pupils of your eyes dilate when you enter a dark room.
어두운 방에 들어가면 눈동자가 팽창한다.

My heart dilated with inexpressible joy.
나의 가슴은 말할 수 없는 기쁨으로 뿌듯했다.

D

---

dilatory [dílətɔ̀:ri]
느린, 시간을 끄는

delay

▌late, late에서 파생된 단어.

They were dilatory in acting on your complaint.
그들은 당신의 불만사항을 처리하는 데 늦장을 부렸습니다.

The government has been dilatory in condemning the outrage.
정부가 불법행위를 처벌하는데 늦장을 부려 왔다.

---

dilemma [dilémə]
진퇴양난

problem

▌di = two. 딜레마는 원래 그리스어로 '둘'을 뜻하는 디(di)와 '명제'를 뜻하는 레마(lemma)가 합쳐져서 만들어진 단어입니다.

A moral dilemma.
도덕적 딜레마

I make up my mind easily. I'm not on the horns of a dilemma very often.
나는 쉽게 결정한다. 진퇴양난에 빠져 고민하는 일은 별로 없다.

---

dilettante [dìlətɑ́:nt]
애호가

amateur

▌딜레탕트(dilettante)는 즐기는 사람으로, 원래 딜레탕트란 예술이나 학문, 특히 음악중에 하나 또는 모두에 대한 열렬한 애호자를 의미하는 말이었습니다.

A musical dilettante.
아마추어 음악 애호가

He's a bit of a dilettante as far as wine is concerned.
포도주에 관한 한 그는 애호가인 셈이다.

---

diligence [dílədʒəns]
근면

effort

▌di = two. 한 가지 일을 하는 것도 힘이 드는데 두 가지 일 = two job 을 동시해야만 먹고 살 수 있는 현대인들. 살아가는데 많은 노력이 필요합니다.

Does she have enough diligence to finish the job on time?
그녀가 그 일을 시간 내에 끝낼 수 있을 만큼 근면합니까?

She shows great diligence in her school work.
그녀는 학교 공부에 아주 열심이다.

---

dilute [dailúːt]
묽게 하다

weaken

▌di = two. 간혹 룸살롱 같은 곳에서는 손님에게 가져가기 전에 양주 한 병을 미리 따서 물을 섞어 양주를 2병으로 만든다고 합니다.

Dilute whisky with water.
위스키에 물을 타다.

Parents are worried that standards in our schools are being diluted
우리의 학교에서 수준이 떨어지고 있다고 부모들이 걱정한다.

dime [daim]
10센트, 싸구려의

cheap

▌dime이 10센트이니 이 돈으로 어떤 물건을 산 것은 아주 허름한 가격.

Bananas used to be very expensive in Korea, but nowadays they are a dime a dozen.
바나나가 전에는 한국에서 매우 비쌌지만 요즘은 매우 싸다.

diminish [dimíniʃ]
줄이다

lessen

▌mini = small. 긴 치마를 가위로 잘라 무릎 위가 다 보이도록 초 미니스커트를 만들어 입는 모습 연상.

The opposition is trying to diminish our achievements.
반대파들은 우리의 업적을 축소시키려고 애쓰고 있다.

We'd got to the stage where our efforts were producing diminishing returns.
우리는 우리의 노력에 대한 보상이 점점 줄어드는 단계에 이르렀다.

diminutive [dimínjutiv]
소형의

small

▌mini = small.

'Jo' is a diminutive of 'Joanna'.
Jo는 Joanna의 애칭이다.

She was a diminutive figure beside her tall husband.
그녀는 키 큰 남편 옆에서 아주 작아 보이는 몸매였다.

din [dín]
소음

noisy

▌dean. 교수님들의 연구 업적이 형편 없다고 호통을 치시는 학장 dean의 모습을 연상.

The din of machinery.
기계의 소음.

They're making so much din that I can't hear you.
그들이 너무 시끄럽게 굴어서 당신 말이 안 들려요.

dire [dáiər]
무서운

terror

▌dirty = dire. 더러운 세상이라고 생각하는 사람들은 생활이 힘들 수 가 있어요.

Such action may have dire consequences.
그런 행동은 심각한 결과를 초래할 수도 있다.

The firm is in dire straits.
회사가 긴박한 상황에 있고 도산할지도 모른다.

dirge [dɔ́:rdʒ]
만가, 장송가

lament with music

▌dirt. 죽은 자는 먼지와 흙이 됩니다. 이를 슬퍼하는 노래가 만가 dirge예요.

The memorial event began with a dirge, and parents approached the rubble in pairs or alone.
식은 만가로 시작되었고 부모들은 짝으로 혹은 홀로 그 잡석들에 다가갔다.

disaffect [dìsəfékt]
…에게 불만을 품게 하다

estrange

▌affection = love. dis = not. 사랑이 없는 사람은 사람이나 집단에 불만을 품은 사람들.

Some disaffected members left to form a new party.
불만을 품은 일부 당원들이 새 정당을 결성하러 떠났다.

disarray [dìsəréi]
혼란, 난잡

disorder

▌정돈 = array이 되어 있지 않은 = dis- 것은 무질서.

They seem in total disarray.
그들은 완전히 혼란에 빠져 있는 것으로 보인다.

They still had trouble scoring by failing to capitalize on their numerous opportunities and were often in disarray on defense.
한국 팀은 많은 찬스에도 불구하고 여전히 골 결정력이 부족했고 종종 수비 허점을 드러냈다.

discard [diskɑ́:rd]
버리다

throw away

▌card. 화토를 치는 '타짜'를 연상하세요. 가지고 있는 화토 card를 손에서 벗어나 =dis 집어 던지는 모습.

He discarded money for name.
그는 돈을 버리고 명예를 취했다.

The grass was littered with discarded cans and cardboard boxes.
풀밭에는 버려진 깡통들과 판지 상자들이 흩어져 있었다.

discern [disə́:rn]
식별하다

know

▌science. sc = know. 과학자들은 진리를 알아 = sci 내기 위하여 열심히 연구를 하고 있어요.

It's hard to discern what the market will do.
시장이 어떻게 될 지를 깨닫기는 어렵다.

In the gloom I could just discern the outline of a building.
어둠 속에서 나는 건물의 윤곽만 식별할 수 있었다.

discharge [distʃɑ́:rdʒ]
배출하다

put out
release

▌charge. charge는 트럭 뒤 물건을 싣는 곳에 담는 행동 load이 가장 기본적인 뜻입니다. 충전지에 충전을 하거나, 고소를 하거나, 적이 점령하고 있는 땅을 빼앗는 행동 모두 charge입니다. 공통점은 무엇일까요? 비어있는 것을 채우는 행위 fill = full입니다. dis는 not이기 때문에 다시 비우는 과정이예요.

Lightning is caused by clouds discharging electricity.
번개는 방전을 하는 구름에 의해 야기된다.

The accused man was found not guilty and discharged.
그 피고는 무죄로 판결 받고 석방되었다.

D

discipline [dísəplin]

훈련, 규율

the practice of making people obey rules or standards of behaviour, and punishing them when they do not.

sci = science. 라틴어 'disco' 에서 찾을 수 있는데, 'disco' 는 '나는 배운다(I learn)' 을 의미합니다. 많은 사람들이 훈육과 '벌 주는 것' 을 동일시 합니다. 훈육(discipline)의 어원은 '배우는 것' 을 의미하는 라틴어 '디스크리(discere)' 로 자녀를 너무 귀여한 나머지 훈육을 하지 않으면 그 자녀는 잘못 배워 어른이 되어 옳지 못한 길로 갈 수도 있어요.

Discipline is still enforced by the cane in some schools.
일부 학교들에서는 아직도 회초리로 규율을 잡는다.

Discipline in the classroom is very slack.
교실 내 기강이 매우 해이해져 있다.

disclaim [diskléim]

…의 권리를 포기하다

renounce

주장 claim 할 것이 없다 = dis.

They disclaimed all responsibility for the explosion.
그들은 그 폭파사건에 대한 모든 책임을 부인했다.

The manufacturers disclaim all responsibility for damage caused by misuse.
잘못된 사용으로 인한 손상에 대해서는 회사가 아무런 책임도 없습니다.

disclose [disklóuz]

폭로하다

reveal

close. 솥뚜껑을 열면 = open 진실이 드러나고 덮으면 = close 은폐가 됩니다. 우리 눈에 보이면 사실에 드러나는 것이고 닫으면 감추어지는 것이죠.

He disclosed the secret to his friend.
그는 친구에게 비밀을 털어놓았다.

The authorities finally disclosed the facts to the press.
당국은 결국 사실을 언론에 밝혔다.

discomfit [diskʌ́mfit]

당황케 하다

upset

comfort. 불편하기 때문에 짜증이 나고 화가 납니다.

She was not in the least discomfited by the large number of press photographers.
그녀는 많은 신문기자들 앞에서도 전혀 당황하지 않았다.

disconcert [dìskənsə́:rt]

당황하게하다

upset

concert. 홍대의 클럽 이라면 모르지만 정숙을 요하는 클래식 콘서트 장에서 핸드폰으로 통화를 하면 몰 상식적인 사람들. 그런 사람들을 보면 짜증이 납니다.

It disconcerted us that they had refused our offer.
그들이 우리 제의를 거절했다는 것을 알고 우리는 당황스러웠다.

It is disconcerting that so many pupils have dropped out of school.
그렇게 많은 학생들이 중퇴하다니 당황스럽다.

discord [dískɔ:rd]

불일치

disharmony

cord = heart. 마음이 서로 다릅니다. 그래서 불행해요.

International discord.
국제적 불화.

A note of discord crept into their relationship.
그들 관계에 불화의 분위기가 스며들었다.

discount [dískaunt]

할인하다

dismiss

▌count = 중요하다. 그러나 dis가 있어 이를 부정하니 무시하다.

We offer/give a 10% discount for cash.
현금지불 시에는 10%를 할인해 드립니다.

In that case, you can get a trade discount.
그 경우라면 도매할인 받을 수 있어요.

discourse [dískɔːrs]

대화, 담화

conversation

▌course. 공부의 과정이나 강물이 흘러가는 과정이 course입니다. di = two. 두 사람이 물이 흘러가듯이 대화를 나누는 과정.

Resume the thread of your discourse and tell me the main point.
이야기의 원줄기로 돌아가서 내게 요점을 말해줘라.

The phrase has been many times noticed in discourses on the nature of culture.
이 표현은 문화의 본질에 대한 논의에서 여러 차례 언급되어 왔다.

discredit [diskrédit]

불신

disbelieve

▌credit. 믿음이 없다 dis.

Violent football fans bring discredit on the teams they support.
폭력적인 축구 팬들이 그들이 지지할 팀에 불명예를 안겨 준다.

The story was a smear to discredit the prime minister.
그 기사는 수상의 신임을 떨어뜨리려는 중상이었다.

discreet [diskríːt]

신중한, 사려있는

considerate

▌secret. 비밀스런 사람은 경솔한 성격보다는 신중한 성품이 많아요.

We must be extremely discreet - my husband suspects something.
우린 매우 신중해야 해요. 제 남편이 뭔가 의심하고 있어요.

You'll have to be more discreet if you don't want to get yourself talked about.
구설수에 오르지 않으려면 넌 좀 더 신중해야 해.

discrepancy [diskrépənsi]

모순, 불일치

difference

▌crep=to crack =금이 가다. 금이 가는 것은 서로의 차이가 생겨나기 때문에 일어납니다.

There were many serious discrepancies between the witnesses accounts.
증인들의 진술 사이에서 심각한 괴리가 많이 있다.

discrete [diskríːt]

분리된, 따로따로의

unconnected

▌crete = crack. 사람 관계에서 금이 간 것은 다시 회복 할 수 없어요.
dis = 떨어져서 = away + crete 분별해서 말하다. 분별 있게 말할 수 있는 것은 통합이 아니라 분리된 것.

A series of discrete events.
일련의 별개 사건들

It was a discrete event and represented great progress for mankind.
그것은 별개의 사건이고 인류에게는 큰 진보였다.

D

discretion [diskréʃən]
분별, 신중

judge

crete = judge.

He acted with discretion.
그는 신중하게 행동했다.

She acted with considerable discretion.
그녀는 상당히 신중하게 행동했다.

discrimination [diskrìmənéiʃən]
구별, 차별

distinguish

criminal. 전과가 있는 사람들은 회사를 취직할 때와 사회 생활을 하는데 차별을 받게 됩니다.

Most racial discrimination is based on ignorance.
대부분의 인종 차별은 무지에 의거한다.

There should be no discrimination on the grounds of sex, race or religion.
성별, 인종 또는 종교를 이유로 한 차별은 없어야 한다.

discursive [diskə́:rsiv]
산만한

digressing

curve. 직선이 아니라 곡선은 돌려 이야기하는 것을 암시.

The play is discursive in style.
그 연극은 스타일이 산만하다.

disdain [disdéin]
경멸하다

dislike

dain = dignity. 다른 사람의 위엄이나 명예를 떨어드리는 행동.

My suggestion was received with disdain.
내 제안은 경멸을 받았다.

He looked at me with a sneer of disdain.
그는 업신여기는 듯한 냉소를 띠고 나를 쳐다보았다.

disgruntle [disgrʌ́ntl]
기분 상하게 하다

discontent

grudge = 불평불만.

She's still feeling a little disgruntled about missing the party.
그녀는 아직도 그 파티를 놓친 데 대해 뚱해 있다.

disinterested [disíntəristid]
사심 없는

unbiased

interest = 흥미가 없다 = dis.

He is focused on results, disinterested in process.
그는 결과에 초점을 맞추며 과정에는 별 관심을 두지 않는다.

I am confident that you will give me a disinterested opinion.
너라면 사심 없는 의견을 말해줄 것이라고 나는 확신한다.

disfigure [disfígjər]
외관을 손상하다

spoil

figure. 아름다운 모습을 한 사람 = figure. 그런데 너무 아름다워 지고 싶어 이런 저런 성형 수술을 하였는데 dis = not 되면 얼굴이 흉칙해져요.

The accident disfigured her for life.
그 사고로 그 사람은 평생 불구가 되었다.

A beautiful landscape disfigured by a power station.
발전소가 미관을 해치는 아름다운 경치

disguise [disgáiz]
변장, 숨기다

hide

guide. 잘 이끌어야 하는데 그러지 못함. guide와 guise는 철자 하나만 다르게 변화가 되었어요.

I couldn't disguise my terror.
나는 두려움을 감출 수가 없었다.

We soon penetrated his disguise.
우리는 곧 그의 위장을 간파했다.

dismal [dízməl]
우울한

sad

mal. 모기에 의해 물리는 질병이 '말라리아'. malaria. mal은 bad입니다. 슬픈 일.

The news was as dismal as ever.
뉴스는 예나 다름없이 우울했다.

The team gave a dismal performance.
그 팀은 부진한 경기를 했다.

dismay [disméi]
당황, 놀람

disappointment

may. may는 5월입니다. 꽃이 만발한 5월에 눈 보라가 치면 실망을 하죠.

To my great dismay, she was absent again.
실망스럽게도 그녀가 또 결석이었다.

To his utter dismay, she told him that she had lost her job.
그가 완전히 경악하게, 그녀가 그에게 직장을 잃었다고 말했다.

dismember [dismémbər]
…의 팔다리를 절단하다

cut ito small parts

member. 축구팀은 11명의 멤버를 구성합니다. 여러 명이 모여 단체정신으로 하나처럼 행동을 해야 해요. 마찬가지로 우리의 몸도 여러 기관이 하나로 움직이기에 체계적입니다. 그런데 dis-는 not이니 우리 몸을 여러 개로 cut하는 행동.

The victim's dismembered body was found in a trunk.
피해자의 훼손된 시신은 트렁크에서 발견되었다.

dismiss [dismís]
해고하다

fire/rid

miss. 막차를 놓치면 다른 시간대의 차를 놓치는 것보다 아쉬움이 큽니다. 자신에게 잘해주었던 이성이 떠나가면 그리워합니다. 회사에서는 유능한 인재는 붙잡으려고 해요. 하지만 회사에서 miss하지 않으면 그 사람은 짐 싸들고 회사를 그만두어야 해요.

It is inaccurate to say that she was dismissed.
그녀가 해고당했다고 말하는 것은 부정확하다.

She shed crocodile tears when she dismissed him from his job.
그녀는 그를 해고하면서 거짓 눈물을 흘렸다.

disparaging [dispǽridʒiŋ]
비난하는

look down

par = equal. 서로 대등한 사회적인 환경일 때 존중을 한다고 해요. 만일 이런 균형이 무너지면 좀 더 배운 사람이 그렇지 않은 사람보다 혹은 좀 더 가지고 있는 사람이 그렇지 않은 사람을 무시하게 됩니다.

She kept making disparaging remarks about Karen.
그 여자는 카렌을 못마땅하게 여기며 계속 헐뜯었다.

She is too polite to ever make disparaging remarks about another person.
그 사람은 매우 예의바른 사람이라 다른 사람을 깔보는 듯한 말은 절대 하지 않는다.

D

disparate [díspərət]

다른, 이질적인

different

▍par= equal. 평등은 정의롭지만 차별을 두면 차이가 생겨납니다.

He is trying to bring together the disparate elements of three cultural viewpoints.

그는 세 가지 문화적 견해의 이질적인 요소들을 규합하기 위해 애쓰고 있다.

disparity [dispǽrəti]

차이

difference

▍par = equal.그리고 dis = not이기 때문에 이 단어는 '차이'

The disparity in telecommunications development is becoming increasingly evident in the region.

그러나 지역 내 통신 발전 수준의 차이는 점점 더 분명해 지고 있다.

The disparity appears to come largely from the complicated network connection format.

이러한 차이는 복잡한 네트워크 연결 방식에 주로 기인한 것으로 보인다.

dispatch [dispǽtʃ]

급파하다

send a troop
kill

▍patch. 선을 보러 나간 김양. 스타킹이 갑자기 올이 나가는 황당한 사건이 발생. 근처에 스타킹을 파는 가게도 없다면 긴급하게 수선 = patch을 해야 할 상황입니다. patch는 급하게 어떤 행동을 해야 하는 상황을 묘사.

He was dispatched to carry the message.

그는 그 메시지를 전하기 위해 파견되었다.

American warships have been dispatched to the area.

미국 전함들이 그 지역으로 파견되었다.

dispel [dispél]

쫓아버리다

scatter

▍pel = push. dis = away. 보통 dis는 not의 의미이외에 퍼져나가는 spread 이미지가 있음. 씨앗이 바람에 날려 멀리 퍼져가는 것을 연상.

The company is trying to dispel rumours about a take-over.

회사는 인수합병 소문을 불식시키기 위해 애쓰고 있다.

The government has moved swiftly to dispel the rumours.

정부는 그 소문을 불식시키기 위해 신속히 움직였다.

dispensary [dispénsəri]

약국, 진료소

hospital

▍동사 dispense는 약을 주다는 give의 의미로. '베풀다'란 뜻이 있어요. 병원은 의료 시술을 통해 사랑을 베푸는 곳입니다.

The dispensary staff were anxious to begin their rounds.

병원 의료진들은 회진이 시작되기를 몹시 기다렸다.

The injured firefighters were rushed by ambulance to the dispensary.

부상당한 소방관들은 구급차에 실려 급히 병원으로 호송되었습니다.

disperse [dispə́:rs]

흩어지게 하다

scatter

▍spray. 경찰이 최루가스 들을 뿌려 군중들을 해산시키는 모습.

The strong wind dispersed the clouds.

강한 바람이 구름을 흩어지게 했다.

Security forces tried to disperse the crowds with tear-gas.

보안 병력이 최루탄으로 군중을 해산시키려고 했다.

dispirit [dispírit]
낙담시키다

discourage

spirit = 정신 + dis = down. 낙담 시키는 것은 기분이 위로 가는 것이 아니라 아래로 가는 것.

He was always dispirited on Sunday night.
그는 일요일 밤이면 의기소침해 했다.

She refused to be dispirited by her long illness.
그녀는 오랜 병환에도 의기소침하지 않았다.

---

dispose [dispóuz]
…할 마음이 내키게 하다, 처리하다

get rid of / sell

dis-(떨어져) + pose(놓다, 두다). 떨어뜨려 놓다 < 배열하다, 처리하다

Broken bottles should be safely disposed of.
깨진 유리병들은 안전하게 처리해야 한다.

You're most welcome to join us if you feel so disposed.
당신이 의향이 있으시면 우리와 합류하는 것을 대환영합니다.

---

disposition [dìspəzíʃən]
배열, 성질

character

소질disposition은 pose = put하지 않고, 즉 원래 있는 것을 그대로 두지 않고 교육자의 노력으로 끄집어내고 dis - 이끌어 주는 것으로 불완전한 상태에 있던 것을 완전한 상태로 발달시키는 것을 말합니다.

The compliment failed to sweeten her disposition.
그 칭찬이 그녀의 성질을 누그러뜨리지 못했다.

The film is not recommended to people of a nervous disposition.
그 영화는 신경과민한 성격의 사람들에게는 권할 만한 게 아니다.

---

disproportionate
[dìsprəpɔ́:rʃənət]
불균형의

out of proportion

dis = not + proper

You spend a disproportionate amount of your time on sport.
당신은 운동에 어울리지 않게 많은 시간을 보낸다.

---

disquiet [diskwáiət]
동요, 불안

uneasy

easy는 편안함. 편안함은 소동이 아니라 고요함입니다.

His face was pinched with disquiet.
그의 얼굴은 불안 때문에 일그러졌다.

There is considerable public disquiet about the safety of the new trains.
새 기차의 안전성에 대해 대중들의 상당한 우려가 있다.

---

dissect [disékt]
해부하다, 분석하다

analyze

sect = cut. 분석적인 사람들은 자료나 상황을 하나하나 낱낱이 쪼개어 = cut 세밀히 분석합니다.

The researchers are dissecting a frog's gut.
개구리 내장을 해부하고 있다

The film has been minutely dissected by the critics.
그 영화는 비평가들에 의해 세세히 분석되었다.

D

disseminate [diséməneìt]
흩뿌리다, 퍼뜨리다

spread

▌seminar. 대학교 선생들이나 의사 선생님들은 연구 한 것을 세미나에서 모여 과학적으로 옳은지를 검증 한 후 널리 세상에 알려 과학적 진리를 퍼뜨립니다. sem = seed가 멀리 퍼져가는 dis = away 이미지.

The mass media are used to disseminate information.
대중 전달 매체가 정보를 유포시키는데 이용된다.

dissenting [diséntiŋ]
반대 의견의

disagree

▌sent. 서로 마음이 맞는 연인들은 상대방 이성에게 늘 물건을 보냅니다. 선물을 해요. 하지만 이런 것을 하지 않는 사람들. 서로 좋아하지 않는 사이예요.

There were many dissenting voices among the students.
학생들 사이에 많은 반대의 목소리가 있었다.

The committee dissented from the report's conclusions.
그 위원회는 그 보고서 결론에 이의를 제기했다.

dissident [dísədənt]
반체제의

rebellious

▌sit = sit. 반대하면서 앉아 있는 사람들. 파업을 하고 있는 노동자들, 국회 안에 모여 농성하는 국회의원들을 연상.

She was imprisoned for her dissident beliefs.
그녀는 반체제적 신념 때문에 투옥되었다.

All dissidents were purged from the party.
모든 반대자들은 당에서 축출되었다.

dissipate [dísəpèit]
흩뜨리다

disappear

▌sip = sit. 어떤 장소에 있는 것이 아니라 dis =not. 낭비하거나 사라져 가는 것을 암시.

Her son's letter dissipated all her fears and anxiety.
아들의 편지가 그녀의 모든 두려움과 걱정을 일소시켰다.

dissolution [dìsəlúːʃən]
해산, 분해

disintegration

▌solve. 미국의 링컨 대통령은 대통령이 되기 전이나 되고 나서도 흑인 노예 해방을 옹호하지 않았습니다. 하지만 남북 전쟁이 여러 가지 원인이 있었지만 대표적으로 경제적인 문제로 발발이 되었고 처음에 북군의 백인 군사의 수가 열세에 놓이자 흑인으로 대체하기 위하여 노예 해방을 비로서 선언합니다. dis = not

The academics said the election was scheduled too soon after the dissolution of parliament in February.
학자들은 말하길 이번 선거가 2월에 국회가 해산한 후 너무 금방 계획되었다고 말했다.

The key to peace is the dissolution of the Israeli-Palestinian dispute.
평화에 대한 열쇠(해결)는 이스라엘과 팔레스타인간의 갈등 해소이다.

dissuade [diswéid]
단념시키다

stop

▌persuade. 촉구와는 다르게 그만 두는 경우.

He tried to dissuade me from going to live abroad.
그는 내가 해외로 살러 가는 것을 단념시키려고 애를 썼다.

None of their warnings could dissuade her.
그들의 어떠한 경고도 그녀를 단념시키지 못했다.

distend [distέnd]
넓어지다, 팽창시키다

swell

▌tend = tent = pull + dis = apart(퍼져나감)

The starving children had distended stomachs.
굶주린 아이들은 배가 부풀어 있었다.

distinction [distíŋkʃən]
구별, 차이

contrast

▌dis =apart +tinct =prick(찌르다). 따로 따로 (분명히) 찔러진 것은 구별이 됩니다. tinct가 들어간 같은 계열의 단어로는 stingy, distinct, distinctive, distinction, extinct, sting, distinguish, distinguished등이 있어요.

That is indeed an important distinction.
그것은 정말로 중요한 특징이다.

She tends to blur the distinction between family and friends.
그녀는 가족과 친구 사이의 구별을 모호하게 하는 경향이 있다.

distinguished [distíŋgwiʃt]
저명한, 뛰어난

imminent

▌안에 섞여 있는 것은 구별이 안 됩니다. 하지만 밖 = away으로 나오면 사람들의 눈에 두드러집니다.

He was decorated with a medal for his distinguished services.
그는 현저한 공적으로 훈장을 받았다.

He rendered distinguished services in the Korean War.
그는 한국 전쟁에서 두드러진 공적을 세웠다

distort [distɔ́:rt]
왜곡하다

twist

▌torture. torment. tort란 철자가 들어가면 고문과 관련이 있어요. 조선시대에도 죄수들에게 '주리'를 틀 때 몸을 비틀어 고통을 주었고, 중세 유럽에서 천주교는 자신들에 반대하는 사람들을 탄압하기 위한 방법 중에 하나로 순진한 사람들을 마녀로 몰아 고문을 했습니다. 그럼 torch는 무슨 뜻인가요? 밤새 내내 고문을 할 때 실내를 밝히던 '횃불'이 torture입니다. 그런데 X carry a torch for Y하면 X가 Y를 위하여 횃불을 들고 있다는 의미처럼 보이지만 영어에서는 이런 뜻 이외에 다른 여성 이성을 위하여 이 사람이 가는 길에 불을 밝혀준다는 내용이 있어 짝사랑한다는 love의 비유적인 의미도 담고 있어요.

I realized how my words had been distorted.
나는 내 말이 얼마나 곡해되었는지 알게 되었다.

Foreigners are often given a distorted view of this country.
외국인들은 흔히 이 나라에 대해서 왜곡된 견해를 듣게 된다.

distraction [distrǽkʃən]
산만함, 기분전환

entertainment

▌tract = pull. 공부 하나만 열심히 집중하여야 하는데 산만하게 dis = away 여러 가지 것에 관심 = 잡아 당겨지면 공부보다는 오락을 좋아하는 사람들입니다.

TV can be a welcome distraction after a hard day's work.
하루 종일 힘들게 일한 뒤에는 TV가 반가운 기분전환 거리가 될 수 있다.

I find it hard to work at home because there are too many distractions.
집에서는 주의를 산만하게 하는 것이 너무 많아서 일하기가 힘들다고 나는 알고 있다.

distrait [distréi]
멍한, 넋 나간

absent-minded

▌stress = strait. 스트레스 때문에 정신이 나감 dis = away.

It is important to take into consideration distrait or poor eyesight before believing that a friend is actually disregarding you.
한 친구가 실제로 당신을 무시한다고 믿기 전에 그 사람이 정신이 멍한 상태이거나 나쁜 시력을 가졌다고 고려해 보는 것이 중요하다.

---

diurnal [daiə́:rnl]
낮의

daily

▌journal. 매일 매일 공부의 목표를 세우고 저널지를 작성.

Sunlight affects the diurnal rhythms of life.
햇빛은 주간의 생활리듬에 영향을 미친다.

---

divergently [divə́:rdʒənt]
갈라지는

differently

▌di = two + ver = turn. 한참 사랑에 불이 붙어 있을 때는 한 사람처럼 행동했던 A와 B. 이제는 각각 다르게 돌아가고 있어요.

She and I hold divergent opinions.
그 여자와 나는 서로 다른 의견을 주장했다.

---

diverse [divə́:rs]
다른 종류의

various

▌마술사가 곤봉을 여러개 가지고 돌리는 영상. 다양한 쇼를 선사하는 마술 쇼와 관련.

Her interests are very diverse.
그녀의 관심사는 매우 다양하다.

This candidate has an impressively diverse range of interests and experience.
이 후보는 인상 깊게도 다양한 범위의 관심과 경험을 가지고 있다.

---

dividend [dívidènd]
몫, 배당금

share

▌dividend는 나누다 = divide에서 파생이 된 단어.

A steep rise in dividend payments to overseas investors also ate into overall national income in the first quarter.
해외 투자자에 대한 배당금의 급격한 증가도 1분기의 전체 국민소득을 잠식했다.

---

divine [diváin]
신의, 신성한

holy

▌god = div = the. 신은 성스러운 분입니다.

To err is human, to forgive divine.
잘못은 인지상사요, 용서는 신의 본성이다.

Astrologers claim to be able to divine what the stars hold in store for us.
점성가들은 별들이 우리를 위해 예비하고 있는 것을 점칠 수 있다고 주장한다.

---

divulge [divʌ́ldʒ]
누설하다, 폭로하다

disclose

▌vulge = 한국어의 '벌려'. 닫으면 은폐이지만 벌리는 것은 open으로 사실을 알리는 것과 연관.

He refused to divulge the secret to me.
그는 나에게 비밀을 누설하기를 거절했다.

I cannot divulge how much it cost.
그것이 얼마가 들었는지는 누설할 수 없다.

---

docile [dάsəl]
온순한

obedient

▌doc = dog. 개는 충직한 동물의 상징입니다. 충직하다는 것은 순종적인 것을 암시합니다.

He was an intelligent and docile pupil.
그는 총명하고 유순한 학생이었다.

---

doctrine [dάktrin]
교의, 주의

teaching

▌doctor = teach. 박사들은 학교에서 학생들을 가르칩니다. -주의도 일반 대중에게 생각을 전달.

An irreformable doctrine.
결정적인 학설.

He explained the basis for the doctrine of the Trinity.
그는 삼위일체론의 기본 원리를 설명했다.

D

---

dog [dɔ:g]
미행하다

follow

▌개들이 주인을 뒤에서 졸졸 따라오는 모습 연상.

I dogged the heels of him.
나는 그의 뒤를 바싹 따라갔다.

---

dogmatic [dɔ:gmǽtik]
독단적인

arbitrary

▌dog. 한 단어에는 늘 상반되는 내용을 담고 있어요. shut the mouth가 떠들지 말고 말을 하지마라는 부정적인 내용도 있지만 최근에 만들어진 새로운 뜻에는 '멋있다' 는 cool이란 대조적인 의미가 있습니다. dog이 순종적인 의미이외에 '불독' 을 한번 생각해보세요. '불독' 은 한번 문 것은 좀처럼 놓지 않습니다. 그래서 끈질기게 독단적인 사람을 생각하면 되어요.

You can't be dogmatic in matters of taste.
취향 문제를 두고 독단적으로 할 수는 없지.

Foreigners who have talked to Kim Jongil describe him as a more dogmatic Marxist than his father.
김정일과 이야기해본 외국인들은 그를 그의 아버지보다 더 독단적인 마르크스주의자로 평한다.

---

doldrums [dóuldrəmz]
답답함, 정체 상태

low spirit

▌한국어의 '돌' = stone = dol. 돌같이 무뚝뚝한 사람. 활기차게 인생을 살아가는 사람이 아니라 꿀꿀하게 살아가는 모습 연상.

He's been in the doldrums ever since she left him.
그녀가 그를 떠난 후 그는 계속 침체 되어 있다.

Despite these measures, the economy remains in the doldrums.
이러한 조치들에도 불구하고 경제는 여전히 침체 상태이다.

---

doleful [dóulfəl]
서글픈

sad

▌dole = dote. 손자와 손녀가 너무 귀여워 애지중지 하는 할아버지와 할머니들. 그러나 너무 버릇없이 키우면 이 손자가 커서 올바른 인격을 가진 사람으로 성장 할 수 없어요. 좋지 않은 것은 버려야 합니다. 만일 그렇지 않으면 슬프네요.
슬픔을 나타내는 어원에는 dol이 있다. 대표적인 예로 doleful(슬픈 듯한), condolence(애도), dolorous(비통한) 등을 들 수 있습니다.

A doleful face/manner/expression/prospect.
구슬픈 얼굴/태도/표정/절망

She has a doleful expression on her face.
그 여자는 슬픈 표정을 짓고 있다

---

dolt [dóult]
멍청이

stupid

▌한국어에서는 멍청한 사람을 '돌대가리'라 하여 hard에 비교합니다. 영어도 철자상으로는 dol = 돌입니다. 영어에서 돌대가리는 stone head가 아니라 pumpkin head라고 해요.

Never did I see such a dolt.
일찍이 저런 바보를 본 적이 없다.

I consider him to be a dolt.
그를 바보라고 생각한다.

---

domesticate [doméstəkèit]
길들이다

tame

▌dome. 건축 양식 중에 '돔'이 있어요. 집이 연상되는 dome은 가축 등을 야생이 아닌 인간의 유용성을 위하여 사육화 하는 것을 의미.

He's become more domesticated since getting married.
그는 결혼 후 더 가정적이 되었다.

---

dominion [dəmínjən]
지배권

rule

▌dom = rule. 동물의 왕국의 왕국은 kingdom. dom-이 왜 '지배하다'는 의미가 있을 까요? 세상은 평등한 것이 아닙니다. 그것은 단지 구호에 불과합니다. 하늘나라 천사들도 평등한 것이 아니라 계급장이 있었어요. 모두 9등급. 수능도 9등급인데요. 왜 9인가요? 성부와 성자와 성신의 이름으로 아멘. 3입니다. 3의 제곱은 9이고요. 주 천사 = Dominion영어로 통치, 지배를 의미하며 주권이라는 별명으로도 부릅니다. 이들의 역할은 신에 의한 진실한 통치를 끊임없이 열망하는 즉, 신의 뜻을 우주에 널리 알리기 위해 다양한 활동을 하는 것.

The vast dominions of the Chinese Empire.
중국제국의 광대한 영토

The king's dominion was devastated by the invading army.
왕의 영지는 침략군에게 짓밟혔다.

---

dormant [dɔ́:rmənt]
잠자는

inactive

▌dorm = sleep. 기숙사가 dormitory입니다. 잠을 자는 장소. 그리고 이런 뜻 이외에 활동하지 않는 inactive의 의미도 담고 있어요.

A dormant volcano.
휴화산.

Many plants lie dormant throughout the winter.
많은 식물들이 겨울동안에는 동면을 한다.

---

double [dʌ́bl]

숙어

double cross
속이다

▌져 주겠다고 약속해 놓고 이기는 속임수 = trick

Giving him the double cross cannot be forgiven.
그를 배신하는 것은 용서될 수 없다.

---

dose [dóus]

약, 복용량

pill

dose = dote = doze. 감기약을 dose 먹으면 잠이 = doze 스르르 오면서 몽롱해져 약간의 황홀감 dote 같은 것을 가지게 됩니다.

Do not exceed the prescribed dose.
처방된 복용량을 초과하지 마시오.

He dosed himself up with aspirin and went to bed.
그는 아스피린을 먹고 잠자리에 들었다.

dotage [dóutidʒ]

노망, 맹목적 애정

senility

dot = give. 나이가 들면 뇌 세포가 점점 파괴되어 사라져 갑니다 give away = dot. 그래서 알츠하이머 질병 = 치매 현상이 옵니다. 왜 우리 인간은 태어날 때 완전한 뇌 구조를 가지고 태어나지 않을까요? 아이와 엄마를 살리기 위해서입니다. 인간만이 네발에서 두발로 서게 되었습니다. 그 결과 다른 동물과는 다르게 산도(아이가 나오는 길)가 좁아져 만일 다른 동물처럼 완전히 성숙하게 태어나면 좁은 산도로 신생아가 나와야 하고 그러면 산모의 생명이 위태로워 미성숙하게 아이가 태어납니다. 18세 전후정도까지 뇌 세포가 연결이 된 후 그 이후부터는 매일 하루에 몇 만개의 뉴런 = neuron이 사라져 간다고 합니다.

The man was in his dotage.
그는 노망했다.

The senile woman is in her dotage.
그 늙은 여자는 노망기가 있어.

dote [dóut]

맹목적으로 사랑하다, 노망

much fondness

dote는 silly와 연관되어요. 맹목적인 사랑은 어리석은 행동입니다.

She dotes on her grandchildren.
그녀는 손자들을 덮어놓고 귀여워한다.

She dotes on her grandchildren.
그녀는 손자들을 애지중지한다.

dour [dúər]

엄한

sullen

sour. 이솝 우화에서 다리가 짧은 여우가 맛있는 포도가 달린 나무에 올라가지 못하자 그냥 가면 될 것을 가지고 괜히 저 포도는 시어서 맛이 없어 먹지 않을 뿐이라는 핑계를 댑니다. 이런 핑계를 sour grape라고 해요. sour - dour.

A dour look shaded his face.
시무룩한 표정이 그의 얼굴을 어둡게 했다.

Dow [dau]

어구

the Dow Jones Industrial Average
다우존스 공업지수

미국의 주가. 1884년부터 미국의 다우존스 회사가 발표하는 주가 평균.

The Dow Jones Industrial Average fell 1.6 percent to end at 10,603.96 points Friday.
금요일 다우존스 공업지수는 1.6% 내린 10,603.96포인트로 장을 마감했다.

downcast [dáunkæst]

낙심, 우울

dejected

subject = downcast. 아래로 sub = down 던져진 ject = cast. 기분이 좋지 않은 것은 feel down. 'Mr. Kim feels down' 이라고 하죠.

He seemed very downcast at the news.
그는 그 소식에 아주 풀이 죽은 것 같았다.

downplay [daunplèi]
최소화하다, 줄이다

minimize

▌down은 아래로 내려가는 것. 아래로 내려가면 커지는 것이 아니라 작아집니다.

In a meeting they described as friendly, both leaders downplayed their differences.
그들은 회담이 우호적이었다며 견해차를 좁힌 것으로 전해집니다.

To keep us from worrying, he downplayed the dangers of his job.
우리를 걱정시키지 않으려고, 그는 자기 일의 위험을 줄여서 이야기했다.

downpouring [daunpɔ̀:r]
폭우

rainy

▌여름 철 홍수 기간 동안 마치 하늘에 구멍이 뚫린 것처럼 많은 비가 쏟아져 내리는 경우.

The latest downpour comes on the heels of an unprecedented drought.
최근의 폭우는 사상 최악의 가뭄 끝에 내린 것입니다.

53 people killed due to monsoon downpours, flooding and winds.
인도의 몬순 기후로 인한 폭우와 강풍, 홍수로 인해 인도 53명이 사망했다.

doze [dóuz]
꾸벅꾸벅 졸다

sleep

▌dose = dote = doze. 감기약을 dose 먹으면 잠이 doze 스스르 옵니다.

I had a little doze on the train.
나는 기차에서 좀 졸았다.

I dozed off during the film.
나는 영화를 보는 중에 졸았다.

downsizing [daunsàiziŋ]
인원 감축

cutback

▌size를 줄이다 = down. 여러 가지 방법이 있겠지만 인적 자원을 먼저 줄여야 겠네요.

This is the age of downsizing.
요새는 대량 감원의 시대야.

I hope this downsizing trend doesn't hit us, the way it's hitting other companies.
우리는 다른 회사들처럼 인력감축 바람에 영향을 받는 일이 없었으면 좋겠네요.

down to earth [dauntuә́:rθ]
현실적인, 실제적인

worldly

▌하늘에 사는 처녀가 지상에 목욕을 하러 왔는데, 산에 사는 총각이 옷을 감추어 하늘나라에 올라가지 못하고 결국 선녀는 총각과 결혼하여 아이 낳고 살아가는 현실적이면서 세속적인 삶을 살아가는 옛 이야기가 있어요.

His down-to-earth, natural look and manner of speaking have grabbed the attention of TV audiences.
그의 솔직하고 자연스런 외양과 독특한 언변은 TV 시청자의 관심을 끌었다.

dowry [dáuәri]
지참금

money

▌현대 이전에는 여아 보다는 남아를 선호했고, 또한 여자들은 아이를 난 후 산욕열(당시는 바이러스라는 개념이 없어 출산 후 자궁이 감염되어 고열이 남) 때문에 25세 전 후로 죽어가 여자들이 드물었음. 그래서 시집을 갈 때 신랑이 장인과 장모에 돈을 주어야 신부를 데려감.

They married off their daughter with a dowry.
그들은 지참금을 붙여서 딸을 시집보냈다

drab [drǽb]
단조로움

monotonous

▌dry. dry는 이성적. 그래서 감성적인 사람보다는 단조롭고 획일적인 사고와 행동 방식.

A drab existence.
재미없는 생활

He lives in a drab city neighborhood.
그는 음침한 도시 지역에 산다.

---

draconian [dreikóuniən]
엄격한, 가혹한

very severe

▌dragon. 동양의 전설적인 동물은 무섭고 엄격한 이미지. 고대 그리스에서는 살인을 개인의 문제로 여겼으며 따라서 국가가 개입할 문제가 아니라고 보았습니다. 복수는 희생자의 유가족이 해야 할 일이었는데, 기원전 621년 아테네의 입법 관 '드라콘' 에게 국법을 제정하라는 임무가 떨어지게 되고, 드라콘이 가장 역점을 둔 것은 정의의 집행을 민간인의 통념에 맡겨두지 않고 공적 기구에 위임하는 것이었습니다. 법을 위배한 자는 무조건 법정에서 재판을 받게 하여 조금 죄가 무겁다 싶으면 무조건 사형에 처했습니다. 현실적으로 너무 가혹한 법이었기 때문에 기원전 6세기에 솔론에게 드라콘 법을 새로 개정토록 합니다. 18세기 초반부터 draconic이라는 단어가 등장하는데 이 단어는 가혹한 법을 가리키는 단어로 쓰이게 됩니다.

The draconian law bans unauthorized visits to North Korea.
이 엄격한 법은 불법 방북을 금하고 있다.

---

draft [drǽft]
초안, 틈새 바람

blue print/troop/manuscript

▌raft. 배가 난파를 당하여 일시적으로 의존하는 것이 뗏목 draft입니다. 높은 파도에 이리 저리 떠밀리는 뗏목의 이미지는 바람이 살상 살랑 부는 것과 연관되고 일시성이란 공통점 때문에 완성되기 이전의 원고나 잠시 군대 생활 하러 가는 것들과 관련됩니다. drive < drift < draft 위 단어는 운전하는 것과 관련이 있고 운전은 움직임을 나타냅니다.

Seal up the window to prevent draughts.
외풍이 들어오지 않도록 창문을 완전히 봉하라.

I'll draft the letter for you.
제가 당신을 위해 초안을 잡겠습니다.

Draft young people into the army.
젊은이들을 육군으로 징병하다.

---

drastic [drǽstik]
격렬한

dramatic

▌dragon = draconian = drastic. 용은 실제 존재하는 것이 아니라 전설상의 무서운 동물입니다.

Their policies are currently undergoing radical/drastic revision.
그들이 제시한 정책은 지금 대대적으로 수정되고 있다.

They've suggested a few changes, but nothing too drastic.
그들이 몇 가지 변화를 제의했지만 과장된 것은 하나도 없었다.

---

drawback [drɔ́:bæ̀k]
약점, 장애

handicap

▌draw = pull. 앞은 긍정이지만 뒤는 부정. 뒤로 잡아당기는 것은 숨기고 싶은 약점.

The main drawback to such a holiday is the cost.
그러한 휴가의 주된 결점은 비용이다.

D

dread [dréd]
무서워하다, 공포

intimidate

▌tread = walk. 물레방아를 계속 밟아야 하는 것이 tread입니다. 이전의 노예들은 전쟁 포로 등으로 붙잡혀 평생 동안을 이런 일을 해야 하는 끔직한 인생을 보냈어요.

I dread my parents finding out.
나는 부모님이 아실까 봐 두렵다.

They dread that the volcano may erupt again.
그들은 화산이 다시 폭발하지 않을까 걱정하고 있다.

---

drench [dréntʃ]
흠뻑 물에 적시다

wet

▌trench. 전쟁은 과학의 발전을 선도 했습니다. 예를 들어 2차 세계 대전 때 독일 잠수함에 의한 연합군의 배들에 대한 무차별 적인 공격으로 영국은 Turing이 팀장이 된 독일 암호 해독 전문 팀을 구성합니다. 후에 2차 세계대전이 끝난 후 이 팀은 해체 되지만 컴퓨터 발전의 초석이 됩니다. 그리고 엄청난 크기의 컴퓨터는 미국의 사단 끼리의 연락을 위해 사용되다가 Surf란 사람에 의해 지금처럼 상용화가 됩니다. 그럼 우리가 입는 바바리코트는 어디서 유래했을 까요? 1차 세계대전으로 타임머신을 타고 이동합시다. 군인들은 참호에 들어가 있습니다. 맑은 날을 참을 수 있지만 비가 오는 경우 어떻게 해야 할 까요? 무턱대고 비만 맞을 수 없고요. 그래서 판초우(우비)를 몸에 뒤집어 썼습니다. 후에 전쟁이 끝나고 바바리 라는 회사가 코트를 만들었는데 이를 우리는 바바리코트 라고 합니다. 마치 조미료하면 미원이고, 간장 하면 샘표 간장 하듯이 유명한 회사 이름이 상표를 대표하고 있습니다. 바바리코트는 틀린 영어입니다. 옳은 표현은 trench coat입니다. trench는 참호. drench는 참호에서 비에 젖은 군인들을 연상하세요.

They were drenched in perspiration.
그들은 땀에 흠뻑 젖어 있었다.

Their faces were drenched with sweat.
그들의 얼굴은 땀에 젖어 있었다.

---

droll [dróul]
우스꽝스러운, 익살

humorous

▌그리스에서 건강과 평안한 정신 상태를 위하여 마시던 향기 나는 Humor(유머)라는 식물의 수액이 그 같은 조절능력이 있다고 믿어 humor란 어구가 파생이 됩니다. 유머에는 여러 가지가 있는데 대표적으로 Caustic humor(빈정대는), Droll humor(익살), Parody(풍자, 모방, 어리광대식), Wit(지적인 짤막한 재치, 농담), Pun(동음이의어식 익살, 신소리), Burlesque(서툴게, 혹은 과도하게 혼자서 흉내내며 웃기는 것)등이 있습니다.

So he thinks I'm going to apologize - How very droll!
그래서 그는 내가 사과를 할 거라고 생각한단 말이지? 참 웃기고 있군!

---

drone [dróun]
(벌의)윙윙거리는 소리, 단조로운

monotonous

▌drone = bee. 사람도 일만 하거나 공부만 하는 사람들은 단조로운 사람이라 재미가 없다고 합니다. 마찬가지로 벌 중에서도 '수펄(벌)'은 일만 하는 벌이기 때문에 단조롭고 재미없는 생활을 합니다.

An aircraft droned overhead.
비행기 한 대가 머리 위에서 윙윙거렸다.

The drone of the lecturer sent us all to sleep.
강사의 단조로운 이야기에 우린 모두 잠이 들었다.

---

drop [drάp]

▌drop과 관련된 아래의 두 가지 뜻을 알아두세요.
drop : 말하다(drop = say. 말을 함부로 하는 사람에게 한국 사람들은 "너 왜 말을 함부로 내 뱉느냐?"라고 합니다. 입 밖으로 나와 아래로 떨어지는 침을 연상 해보세요.

She let drop that she planned to retire.
그녀는 은퇴할 계획이라는 것을 무심코 말해 버렸다.

▌drop a line : 몇 줄 적다(write. 편지지등에 잉크로 편지를 쓰다 잉크가 종이에 떨어지는 drop 모습 연관)

When I get to New York. I'll drop you a line.
뉴욕에 도착하면 편지 할게요.

---

dross [drɔ́:s]
찌꺼기, 쓸모없는 것

worthless stuff

▌가장 쉬운 단어인 waste와 유사어입니다.

The best players go off to the big clubs, leaving us the dross.
우리 같은 찌꺼기들은 남고 최고 선수들은 큰 클럽들로 떠났다.

---

drudgery [drʌ́dʒəri]
고역

toil

▌grudge = complain. 일이 힘이 들어 = toil 사람들은 불평불만을 하게 됩니다. toilet은 toil = hard work + let = small. 변비에 걸린 사람은 화장실에서 고생을 많이 해요. 그래서 toilet이란 단어가 생겨났습니다.

Women were rebelling against domestic drudgery.
여자들이 단조로운 집안일에 대해 반기를 들고 있었다.

---

drum up [drʌ́m]
(북을 쳐) 불러 모으다, (선전 등으로) 활기를 불어 넣다

encourage

▌군대들이 이동할 때 제일 선두에는 사병들의 사기를 진작하기 위하여 북을 치는 병사들이 있었습니다. 그래서 적군은 이 북치는 병사를 먼저 쏘아 죽였다고 해요.

The young boy drummed up citizen at the plaza.
그 작은 소년은 광장에서 북을 쳐서 사람들을 모았다.

Some advocates have drummed up a common voice in defense.
일부 옹호자들은 변명을 위한 일관된 목소리를 높였다.

---

dual [djú:əl]

▌dual - income households : 맞벌이 가구(income은 안으로 들어오는 것이기 때문에 '소득'. 두 사람이 벌기 때문에 맞벌이)

People have used their increased wealth to buy homes, making them less likely to move, and that for households with dual incomes, relocating is even more disruptive.
소득 증대에 따른 내 집 마련으로 이사할 가능성이 더 낮아졌고 이중 수입이 있는 가정의 경우 이사하는 것이 훨씬 더 번거롭기 때문이다.

---

dub [dʌ́b]
녹음하다, 부르다

record/name/call

▌다른 나라의 영화를 한국인이 한국어로 녹음 하는 과정을 '더빙' 한다고 합니다. dubbing. 한국어가 아니라 영어입니다.

A dubbed version.
다른 나라말로 더빙한 판

He sawed a German film dubbed into English.
영어로 더빙한 독일 영화를 그는 보았다.

---

dubious [djú:biəs]
수상쩍은, 의심스런

doubtful

▌du = two + bi = two. 단체 미팅 장에 나간 숙녀 A. 남자 한 사람만 찍어야 하는데 여러 사람에게 만나자고 하면, A녀의 의도를 의심해야 겠어요.

It's dubious if they'll come.
그들이 올지 의심스럽다.

He holds the dubious distinction of being the first person to break the new speed limit.
그는 새로운 제한 속도를 어긴 최초의 사람이라는 의심 스러운 명성을 지니고 있다.

ductile [dʌ́ktəl]
탄력성 있는

flexible

▌duct = pull. 고무줄을 연상해보세요. 잡아당기면 늘어나는 유연성이 있어요.

Rubber and plastic are ductile materials.
고무와 플라스틱은 탄력 있는 물질이다.

due [dju:]

▌due to : - 때문에(owing to의 동의어. 이들 어구는 전치사. 그래서 다음에 절이 아니라 구가 옴)

Social changes often do not happen due to governmental inertia.
정부의 타성 때문에 사회 변혁이 이뤄지지 않는 경우가 종종 있다.

The ebb and flow of the tide are due to the gravitation of the moon
조수의 간만은 달의 인력 때문이다.

dumb [dʌ́m]
말 못하는

stupid

▌dump. 덤프 트럭을 연상해보세요. 실고 간 것들을 버립니다. 이전에 동 서양을 막론하고 가끔 말을 못하고 들을 수 없는 분들을 심지어 부모들에 의해 버려지는 경우들이 있었어요.

It was dumb of you to say that.
그런 말을 하다니 너 참 멍청하다.

She has been dumb from birth.
그녀는 날 때부터 벙어리였다.

dupe [dju:p]
잘 속는 사람, 속이다

one that is deceived

▌한국어에는 어수룩하여 이용해 먹기 좋은 사람을 비유적으로 이르는 말로 '봉(=새= 새의 봉황)' 이 있어요. 영어도 새의 얼굴이 어수룩함에 비유하는 말이 dupe 입니다.

They realized they had been duped.
그들은 속았다는 것을 깨달았다.

duplicate [djú:pləkət]
중복의, 복제

du = two.

▌du = two.

Is this a duplicate or the original?
이것은 사본입니까 원본입니까?

Prepare a contract in duplicate.
계약서를 두 통 준비하다

duplicity [dju:plísəti]
일구이언, 표리부동, 속임수

doctor

▌du = di. 하나를 하나라고 해야 하는데 상술에 능한 사람들은 고객을 속이기 위하여 하나를 둘이라고 합니다.

I suspect him of duplicity.
그가 이심을 품고 있지 않은지 의심스럽다

Given North Korea's record of duplicity, it is essential to be able to verify any agreement.
북한의 표리부동한 전력을 감안할 때 모든 합의를 검증할 수 있는 것이 필수적이다.

---

durable [djúərəbəl]
영속성 있는

sturdy

▌during. during은 '-하는 동안' 입니다. 꾸준하게 어떤 일이 진행되는 경우.

The fabric is exceptionally durable.
이 천은 아주 질기다.

The parts of the machine which experience a lot of friction have to be made from durable materials.
많은 마찰을 겪는 기계 부품은 내구성 있는 소재로 만들어야 한다.

---

duress [djuərés]
구속, 강요

coercion

▌endure = 지속하다. dure = force. 부모님이 자녀에게 공부하라고 강요를 해야만 공부가 지속이 됩니다. 아무런 간섭을 하지 않으면 놀려고 해요.

You smiled at me even in duress.
너는 감금당했을 때 조차 날 보고 미소 지었어.

He claimed that he signed the confession under duress.
그는 감금 상태에서 자백에 서명을 했다고 주장했다.

---

dwarf [dwɔ́:rf]
난쟁이, 왜소해지다, 무색하다

dwindle

▌난장이에서 비유적으로 크기나 경기등이 작아지는 것을 말함.

Seven dwarves glazed in Snow White to protected her from harmful things.
일곱 난쟁이는 해로운 것으로부터 백설 공주를 보호하기 위하여 유리로 둘러쌌다.

The World Trade Center dwarfs even the tall buildings around it.
세계무역센터 때문에 주변의 높은 빌딩들까지 작아 보인다.

---

dwindle [dwíndl]
점차 감소하다

reduce

▌w철자가 들어가면 대체적으로 부정적인 뜻. w의 곡선 모양. 곡선은 부정적인 이미지. 늘어나는 것이 아니라 줄어듭니다.

Our savings dwindled away.
우리들의 저축이 점점 줄었다

The failure dwindled his reputation to nothing.
그 실패로 그의 명성은 무로 돌아 가버렸다.

---

dystopia [distóupiə]
반 유토피아, 우울한 사회

depressig

▌utopia. u + topia. u는 no이고 topia는 place이니 더 이상 갈 곳이 없는 곳. 최고의 좋은 장소로 arcadia = 무릉도원입니다. 한국에서는 X pia란 것으로 gamepia, moviepia처럼 틀린 영어를 사용하고 있는데 X topia라고 해야 합니다. 그 이유는 utopipia가 라틴어와 그리스어의 혼성어이기 때문입니다. dys = dis. 이상향이 아니라 우울한 장소입니다.

Socially the book presents a dystopic view of the future.
그 책은 미래의 암울한 모습을 보여주고 있다.

D

[ACTUAL TEST]

밑줄 친 낱말과 동의어를 고르세요.

1. In the days before the conclave, almost every Cardinal who deigned to speak to the press declared that he was praying for guidance in choosing the successor to John Paul II.

(A) decline (B) refused (C) dared (D) submitted

2. George Orwell's 1984 proved to be an abiding prophecy of a dystopic future for many impressionable readers.

(A) a hopeful (B) a depressing (C) an idealistic (D) a satirical

3. On their safari, the hunters stalked lions, tigers, and other ferocious denizens of the jungle.

(A) dwellers (B) scavengers (C) hosts (D) conservators

4. As refugees flee the remains of their communities, it has been difficult in some cases to find people to help dispose of bodies rotting in the tropical heat.

(A) deal with (B) pile up (C) get rid of (D) care for

5. The horrific tale of the 2004 deluge will be told for many generations to come.

(A) a large flood (B) a false belief (C) a long drought (D) a violent storm

6. Instructing an actor how to play the part, Hamlet advises, "Let your own discretion be your tutor."

(A) courage (B) foresight (C) judgment (D) conscience

7. The pupil of the human eye dilates when the level of light is low.

(A) reacts (B) focuses (C) expands (D) numbs

8. To carry our supplies, I'd bought a docile brown mule whose sad eyes and strong legs told me he was born to suffer the trials ahead of us.

(A) obedient (B) strong (C) expensive
(D) repulsive (E) mandatory

9. A powerful orator, Jim is, in fact, less dour than he's made out to be.

(A) strong (B) faithful (C) sullen
(D) calm (E) accessible

10. Method of disposing of the dead varied among the tribes. Burial in the ground was most

commonly practiced, but on the northern plains a common practice was to place the dead on scaffolds.

(A) resurrecting (B) cremating (C) worshipping
(D) commemorating (E) dealing with

11. Combination treatment for brain cancer would not be detrimental to patient's quality of life.

(A) decisive (B) important (C) influential
(D) not effective (E) harmful

12. Deforestation is a negative aspect of golf course building.

(A) Using lots of water for irrigation
(B) The action of clearing an area of trees
(C) Producing a large percentage of carbon dioxide
(D) Having the roots of grasses grow deep into the soil

13. There have been instances in which children have grown to adolescence in complete linguistic deprivation.

(A) dispossession (B) difficulty (C) hardship (D) expertise

14. The World Wide Web has become one of the most popular methods of disseminating distance learning programs.

(A) eliminating (B) developing (C) designing (D) distributing

15. The first massive electronic computers were soon dubbed "electronic brains."

(A) replaced (B) named (C) preceded by (D) created as

16. If we want to keep a child from choosing wrong, love and understanding are the best deterrents we have.

(A) alternatives (B) preventive measures
(C) problem-solving skills (D) solutions

17. Until a few years ago, downtown Los Angeles' s mix of bustling ethnic enclaves, towering high rises and derelict Deco hotels mostly seemed ancillary to the city.

(A) dandy (B) deserted (C) debunked (D) demonic

18. I don't yet need a cane, but I have a feeling that my table manners have deteriorated.

(A) become worse (B) been respected (C) made easy (D) made uncontrollable

19. The artist's talent for painting was dormant until his teacher discovered it.

(A) docile (B) inactive (C) prevalent (D) permanent

20. All staff have a responsibility to disseminate their knowledge to any interested person.

(A) spread (B) explain (C) express
(D) exhibit (E) report

21. It is debatable whether reduction in family size is a precondition for female employment, or female employment is a precondition of reduced family size.

(A) certain (B) controversial (C) inadvertant
(D) believable (E) unequivocal

22. The Christian right has been steadily gaining ground in state politics.

(A) becoming more accepted (B) becoming more restricted
(C) exercising firm leadership (D) exercising firm landownership.

23. Having discovered that he had invented the details of his past, Frank's friends were appalled by his duplicity.

(A) creativity (B) congruence (C) deceit (D) ingenuity

24. Mary wore a red, low-cut dress to the party, but her sister was dressed more decorously.

(A) fashionably (B) fancifully (C) warmly (D) modestly

25. Extinction is a process that can depend on a variety of ecological, geographical, and physiological variables. These variables affect different species of organisms in different ways, and should, therefore, yield a random pattern of extinctions. However, the fossil record shows that extinction occurs in a surprisingly _______ pattern, with many species vanishing at the same time.

(A) definite (B) manifold (C) archaic (D) banal

[FILL THE PROPER WORD IN THE BLANK]

빈칸에 들어갈 적당한 단어를 고르세요.

26. On the island, lions, wolves, and other wild animals roamed, but contrary to what you would expect, they were as _______ as pet cats or dogs.

(A) furious (B) docile (C) adverse
(D) pesticidal (E) fragrant

27. Williamsburg was no longer a center for new ideas and legislation; the famous statesmen moved away, businesses declined or died out, and the population of the town _______.

(A) germinated (B) bounced (C) dwindled
(D) procrastinated (E) compromised

28. Good office manners in Indonesia require the visitor to present a business card immediately. If no card is offered, long _______ may result.

(A) resentments (B) actions (C) considerations
(D) delays (E) visits

D

29. West Africa has lived for decades with the threat of crop _______ by locusts.

(A) denunciation (B) detonation (C) devastation (D) delusion

30. This TV program contains adult materials and viewers' _______ is advised.

(A) deception (B) discretion (C) detention (D) discrimination

31. After twenty minutes in the dryer, my socks were still _______.

(A) arid (B) starched (C) damp (D) parched

[EXPLANATION]

1. [VOCA]

deign (황송하게도) ~하시다 submit 복종하다 conclave 비밀회의 declare 선언하다 pray 기도하다

[TRANSLATION]

교황 선출 회의가 있기 며칠 전 언론에 말을 했던 거의 모든 추기경은 돌아가신 요한 바오로 2세의 후임자를 선출하는 것에 대한 안내를 기원하고 있다고 말했다.

[ROPES]

deign은 do와 거의 비슷한 의미

[ANSWER] D

2. [VOCA]

dystopic 우울한 abiding 영원한 prophecy 예언 impressionable 감수성이 예민한 idealistic 이상주의적인 satirical 풍자적인

[TRANSLATION]

조지 오웰의 1984년이란 작품은 감수성이 예민한 많은 독자들에게는 우울한 미래를 기술하는 영원한 예언서인 것으로 입증 되었다.

[ROPES]

dystopic은 utopia의 반대말. dy = de = down = 부정

[ANSWER] B

3. [VOCA]

denizen 주민 dweller 주민 scavenger (썩은 고기를 먹는) 동물 host (파티의) 주인 conservator 보호자 safari 사냥 stalk (사냥감에) 살그머니 접근하다

[TRANSLATION]

사냥을 할때 사냥꾼들은 사자나 호랑이, 그리고 다른 정글의 맹수들 에게 몰래 접근했다.

[ROPES]

citizen을 연상

[ANSWER] A

4. [VOCA]

dispose of 처분하다, 처리하다 get rid of 제거하다 refugee 피난자 flee 도망치다 rot 썩다 pile up 쌓다, 축적하다

[TRANSLATION]

피난민들이 그들이 살았던 고장의 유해를 버리고 떠났기 때문에 몇몇 경우에는 열대의 뜨거움 때문에 썩어 가고 있는 시체 처리를 도와 줄 사람을 찾는 일이 어려워지고 있다.

[ROPES]

pose = put + dis는 안이 아니라 밖.

[ANSWER] C

5. [VOCA]

deluge 대홍수 horrific 무서운 drought 가뭄 violent 격렬한 storm폭풍

[TRANSLATION]

끔찍했던 2004년 홍수이야기는 앞으로 다가올 여러 세대에 걸쳐 두고두고 언급 될 것이다.

[ROPES]

deluge는 flood와 동의어

[ANSWER] A

6. [VOCA]

instruct (아무를) 가르치다 discretion 신중, 분별 tutor 가정교사 foresight 선견 지명

[TRANSLATION]

어떤 배우에게 그 역할을 어떻게 연기할 것인지를 가르치면서 "자신의 판단을 자신의 가정 교사가 되게 하라" 고 햄릿(Hamlet)은 조언했다.

[ROPES]

"자신의 판단을 자신의 가정교사가 되게 하라"는 다른 사람의 조언이 아니라 자신이 내린 판단력을 근거로 연기 하라를 함축.

[ANSWER] C

D

7. [VOCA]

pupil 학생, 눈동자 dilate 팽창시키다 numb 감각을 잃은

[TRANSLATION]

사람의 눈동자는 빛의 정도가 희미해질 때 확대된다.

[ROPES]

빛이 희미 해질 때 사람의 눈동자는 '_____ 한다' 에 들어갈 표현은 '확장 한다' 가 가장 좋은 말.

[ANSWER] C

8. [VOCA]

supply 공급 docile 유순한 mule 노새 trial 시련 obedient 유순한 repulsive 반발하는 mandatory 강제적인, 의무적인

[TRANSLATION]

우리의 물건들을 실어 나르기 위해 나는 유순한 갈색 노새를 한 마리 샀는데, 그 노새의 슬픈 눈과 강한 다리는 우리 앞에 놓여 진 시련을 겪기 위해 그 노새가 태어 났음을 말해 주었다.

[ROPES]

dog 〈 docile. 개는 복종을 잘 하기 때문에 '순한'에 해당되는 단어를 보기에서 고르면 됨.

[ANSWER] A

9. [VOCA]

orator 연설자 dour 시무룩한 make out 말하다 sullen 시무룩한 accessible 접근하기 쉬운

[TRANSLATION]

영향력 있는 연설자인 Jim은 사람들이 그 사람에 대해 하는 말에 비해 덜 시무룩하다.

[ROPES]

sour 〈 dour.

[ANSWER] C

10. [VOCA]

scaffold 교수대 resurrect 부활시키다 cremate (시체를) 화장하다 worship 숭배하다 commemorate 추모하다 deal with 다루다, 처리하다

[TRANSLATION]

죽은 사람을 처리하는 방식은 부족마다 달랐다. 매장이 가장 보편적 이지만 북쪽의 평원 지대에서는 가장 흔한 관행이 죽은자를 높은 받침대 위에 올려놓는 것이었다.

[ROPES]

죽은 사람을 매장할지 아니면 받침대 위에 올려놓을지에 대한 이야기이기 때문에 밑줄의 뜻은 '처리 방법'이다.

[ANSWER] E

11. [VOCA]

combination 결합 treatment 치료 detrimental 해로운, 유해한 decisive 결정적인, 중요한 influential 영향력있는

[TRANSLATION]

뇌 암의 복합적인 치료는 환자의 삶의 질에는 해롭지 않을 것이다.

[ROPES]

de = down. 부정적인 의미와 연관.

[ANSWER] E

12. [VOCA]

deforestation 산림벌채 negative 부정적인 aspect 측면, 양상 irrigation 관개사업 clear 개간하다, 간척하다 carbon dioxide 이산화탄소 soil 땅

[TRANSLATION]

산림벌채는 골프장 건설의 부정적 측면이다.

[ROPES]

de = down. 나무들이 잘려 아래로 내려가는 모습 연상.

[ANSWER] B

13. [VOCA]

adolescence 청춘 deprivation 박탈 hardship 고난, 곤란 expertise (전문적) 기술

[TRANSLATION]

어린이 들이 언어를 배우지 못하고 사춘기에 이르는 경우도 있다.

[ROPES]

de = down. 부족이나 결핍을 암시.

[ANSWER] A

14. [VOCA]

disseminate 퍼뜨리다 eliminate 제거하다

[TRANSLATION]

월드 와이드 웹(www: world wide web)은 원거리 학습 프로그램을 전파하는데 인기가 가장 좋은 방법 중의 하나가 되었다.

[ROPES]

dis-는 not의 의미도 있지만 추가적으로 away. 즉, 퍼트리다 = spread와 연관이 됨.

[ANSWER] D

15. [VOCA]
massive 거대한 dub -라고 부르다 replace 대신하다 name 부르다(=call) precede 선행하다
[TRANSLATION]
최초의 대형 컴퓨터들은 곧 '전자두뇌' 라고 이름이 붙여졌다.
[ROPES]
외국 영화의 대사를 한국어로 성우들이 녹음하는 것을 더빙 = dubbing이라고 함.
[ANSWER] B

16. [VOCA]
keep 막다 deterrent 억지력
[TRANSLATION]
우리가 아이들이 옳지 않은 것을 선택하는 것을 막으려면 사랑과 이해가 우리가 할 수 있는 최고의 억지력이다.
[ROPES]
keep = stop = deterrent
[ANSWER] B

17. [VOCA]
bustling 부산한 ethnic 인종의 enclave 고립 derelict 버려진 ancillary 보조적인 debunk 정체를 폭로하다 demonic 악마의
[TRANSLATION]
몇 년 전까지 로스앤젤레스 중심가에 분주한 소수민족 거주 지역들과 높은 고층 건물들 그리고 버려진 데코 호텔들이 뒤섞여 있는 모습이 이 도시의 부속물 처럼 생각되었다.
[ROPES]
de가 들어가면 아래로 내려가는 것과 관련. destroy를 생각해보세요.
[ANSWER] B

18. [VOCA]
cane 매, 지팡이 deteriorate 악화되다
[TRANSLATION]
나는 매를 맞을 정도는 아니지만, 나의 식사 예절은 나빠진 것 같다.
[ROPES]
de = down = 부정적
[ANSWER] A

19. [VOCA]
dormant 잠자는 inactive 활동하지 않는 prevalent 널리 퍼진, 유행하는 permanent 영원한
[TRANSLATION]
그의 선생님이 발견해 주기 까지는 그 화가의 그림에 대한 재능은 발휘 되고 있지 않았다.
[ROPES]
dorm = sleeping. 비 활동적인 것을 의미.
[ANSWER] B

D

20. [VOCA]
disseminate (주장 · 의견을) 퍼뜨리다
[TRANSLATION]
모든 직원들은 흥미를 가진 사람 누구 에게 라도 자신들의 지식을 전달할 책임이 있다.
[ROPES]
dis = away. 퍼지게 하다
[ANSWER] A

21. [VOCA]
debatable 논쟁의 여지가 있는 reduction 축소, 감소 precondition 필수조건 controversial 논란, 우연한 unequivocal 명백한
[TRANSLATION]
가족 규모의 축소가 여성 고용의 전제 조건 인지, 아니면 여성들 고용이 가족 규모 축소의 전제 조건 인지는 논란의 여지가 있다.
[ROPES]
bat. 방망이. 방망이는 싸움을 연상.
[ANSWER] B

22. [VOCA]
gain ground 지지를 얻다 restricted 제한
[TRANSLATION]
기독교도의 권리가 꾸준히 정치에 있어서 지지기반을 얻고 있다.
[ROPES]
ground는 땅 이외에 기초 및 기반이란 의미가 있다. 우리는 땅을 밟고 활동을 하고 있다.
[ANSWER] A

23. [VOCA]
duplicity 이중성 appall 공포 congruence 일치 deceit 속임 ingenuity 정교
[TRANSLATION]
그 남자가 자신의 과거를 세부적인 사항들을 조작했다는 것을 안 Frank의 친구들은 그의 속임수에 깜짝 놀랐다.
[ROPES]
invent가 도우미 어구. invent = make up = deceive = doctor는 모두 속이다라는 의미.
[ANSWER] C

24. [VOCA]
low-cut 깊이 파인 decorously 단정하게 modestly 겸손하게
[TRANSLATION]
메리는 붉은색의 목둘레가 페인 옷을 입고 파티에 갔지만 그녀의 자매는 메리보다 더 단정한 옷을 입었다.
[ROPES]
low-cut dress가 힌트어. but이란 연결사 때문에 이 낱말의 반대말을 보기에서 찾으면 됨.
[ANSWER] D

25. [VOCA]

extinction 멸종 ecological 생태학의 geographical 지리학의 physiological 생리학의 variable 변수 yield 산출하다, 양보하다 manifold 다양한 archaic 고풍의, 낡은 banal 평범한, 진부한

[TRANSLATION]

멸종은 다양한 생태학 적인, 지리학 적인, 그리고 생리적인 변수들에 의존할 수 있는 과정이다. 이 변수들은 유기체의 종에 따라 서로 다른 방법으로 영향을 주며, 그래서 무작위 적인 유형의 멸종을 낳는다. 하지만 화석을 통해 보면 놀랍게도 분명한 유형으로 멸종이 발생하며 많은 종이 동시에 사라진다는 것을 보여 주었다.

[ROPES]

'닥치는 대로'(random)의 반대의미를 보기에서 고르면 되기 때문에 '확실한'(definite).

[ANSWER] A

D

26. [VOCA]

contrary to ~에 반대하여 furious 화가 난 adverse 반대의 pesticidal 살충제의 fragrant 향기로운

[TRANSLATION]

그 섬에는 사자, 늑대들과 다른 야생동물들이 돌아 다녔다. 하지만 당신이 기대했을 것과는 다르게, 그들은 애완용 고양이나 강아지만큼 온순하였다.

[ROPES]

wild – contrary – □□□. 빈칸에 야생의 반대말을 고르면 됨.

[ANSWER] B

27. [VOCA]

legislation 법 geminate 2배로 하다 bounce (공 따위가) 바운드하다, 되튀다 dwindle 작아지다 procrastinate 지연하다 compromise 타협하다

[TRANSLATION]

윌리엄스버그란 도시는 지금은 더 이상 새로운 사상과 입법의 중심지가 아니었다. 유명한 정치인들은 떠났고, 기업들도 쇠퇴하거나 사라졌고, 또한 마을의 인구도 줄어들었다.

[ROPES]

moved away와 declined or died out와 연관이 된 어구를 찾으면 됨.

[ANSWER] C

28. [VOCA]

business card 명함 resentment 불만 delay 연기, 지연

[TRANSLATION]

인도네시아에서의 좋은 관공서 예절은 방문객이 명함을 곧 바로 건네는 것이다. 만약 명함이 제시되지 않으면 업무처리가 오래 지체될 수 있다.

[ROPES]

immediately의 반대말이 빈칸에 요구됨.

[ANSWER] D

29. [VOCA]

decade 십 년 threat 위협 locust 메뚜기 denunciation 탄핵, 고발 detonation 폭발 devastation 파괴 delusion 기만

[TRANSLATION]

서아프리카는 수십 년간 메뚜기에 의한 농작물 파괴의 위협 속에 살아왔다.

[ROPES]

A of B는 의미가 서로 관련성이 있음. the threat of crop ______에서 밑줄에 들어갈 정답은 threat와 연관이 있다.

[ANSWER] C

30. [VOCA]

deception 사기 discretion 신중함, 분별력 detention 구류, 구금 discrimination 차별

[TRANSLATION]

이 TV 프로그램은 성인물을 포함하고 있어 시청자들의 분별력이 요구되고 있다.

[ROPES]

성인물이 있다면 시청자들은 어린 자녀들이 보지 못하도록 해야 하는 분별력이 필요할 것이다.

[ANSWER] B

31. [VOCA]

arid 건조한 starch 풀을 먹이다, 딱딱한 damp 축축한 parched 바짝 마른

[TRANSLATION]

건조기로 20여분 말렸지만 양말은 여전히 축축했다.

[ROPES]

still은 역접의 부사. dry와 반대어구가 밑줄에 들어가야 함.

[ANSWER] C

E

E로 시작하는 철자들 이것만은 꼭 알자

E

1. e = ex = out로 안에서 밖으로 나가는 공간적 의미와 더불어 비유적인 의미에서는 대체적으로 부정적인 의미.

밖

OUT	E	EX

예) export / eject / eccentric / enormous

항구 port 밖인 국외로 물건들이 나가기 때문에 export는 수출, ject-는 '던지다' = throw와 같고 어떤 사람이나 물건이 밖으로 가기 때문에 eject는 쫓아내다 혹은 방출하다입니다. 보통 '안'은 긍정이지만 '밖'은 부정이기 때문에 중앙 center에서 밖으로 간 eccentric은 '비정상' 보통에서 외부로 나간 enormous는 '거대한' 입니다.

2. [en(m) + 단어]는 en다음에 오는 단어의 의미에 en의 뜻인 '-안에' 란 의미만 추가하면 됩니다. en = em = in으로 영어의 in이 불어에서 파생이 된 em = en과 같아요.

안

IN EM EN

예) embark / empathy

embark에서 bark는 나무껍질. 예전에는 나무로 배를 만들었고 선원이나 사람들이 배 안으로 들어간 후 배가 출항을 했기 때문에 '시작하다' 입니다. 마음이나 생각 = pathy-가 마음 속 en에 생기는 empathy는 '감정 이입' 이나 '공감' 이예요.

earmark [íərmɑ̀:rk]
소유주의 표시, 책정하다

reserved for a particular purpose

▌돼지고기 같은 것들을 먹다보면 껍질에 도장 같은 것을 볼 수 있어요. 소유자를 표시하는 것인데 외국에서도 소유자를 표시하기 위하여 동물에 인두로 지져 도장을 만들었거나 귀에 표시를 했습니다.

Money has been earmarked to go to the new library.
새 도서관 건립을 위한 자금이 책정되었다.

Peter has already been earmarked for the job.
피터가 그 일에 벌써 책정되었다.

---

earthly [ə́:rθli]
지구의, 속세의

down to earth

▌나무꾼과 선녀. 한국의 학생들은 나무꾼과 선녀 이야기를 모두 알고 있습니다. 위는 긍정, 아래는 부정이란 이미지 때문에 하늘나라는 숭고하지만 우리가 사는 지상은 세속적 이면서 타락한 세상입니다. 선녀가 하늘에서 목욕을 하러 내려왔다가 날개가 없어 그만 나무꾼과 결혼하여 세속적인 삶을 살아가다 다시 옷을 되찾고 하늘로 올라가게 되는 것 연상.

Earthly joys/possessions.
세속적인 즐거움/재산

Earthly joys soon pass.
속세의 환락은 금방 지나간다.

---

eavesdropper [í:vzdrɑ̀p]
엿듣다, 도청하다

overhear

▌ear + drop = say = 말. 지금은 도청이 첨단화 되어 사람이 이전처럼 굳이 상대방의 대화를 듣기 위해 문이나 물이 떨어지는 홈통에 올라가 창문에 귀를 댈 필요는 없습니다. 미국 역사상 도청 사건으로 물러난 닉슨 대통령이란 사람이 있었고 민주당 당사의 건물 이름인 watergate는 유명한 사건이었어요. 좀 더 이 단어의 배경을 알아보면 지붕의 홈통이 있기 전에는 중세 영국이나 유럽의 집은 처마를 넓게 하여 지붕에서 떨어지는 물이 집의 기초에 스며들지 않도록 했고 문(창문)에 바짝 다가가 대화를 엿들으려고 했던 사람들은 이 처마 밑으로 들어서지 않으면 안 되었습니다. 이때부터 남의 말을 엿듣는 사람을 eavesdropper라고 했어요.

I don't want to be an eavesdropper on anyone else's debates.
나는 다른 사람들의 토론을 도청하고 싶지 않다.

---

ebb [éb]
썰물, 줄어들다

lessen

▌ebb. 달과 지구의 상호적인 힘은 밀물과 썰물이 일어납니다. 만일 달이 없었다면 밀물과 썰물은 없었을 것이고 우리 인간은 존재하지 않았을 것입니다. 왜냐고요? 썰물때 물이 빠져 바다에 사는 동물이 육지로 올라 와서 후에 우리 인간이 되었기 때문입니다. 점점 달과 지구의 거리가 멀어지고 있다고 하니 오랜 세월이 지난 후에는 이런 밀물과 썰물도 없어지게 되겠네요.

The tide was on the ebb.
조수는 썰물이 되어 있었다.

Our enthusiasm soon began to ebb.
우리의 열의는 곧 식기 시작했다.

---

ebullient [ibʌ́ljənt]
끓어 넘치는, 넘쳐흐르는

dynamic

▌bull/bully. 황소의 모습은 힘이 넘쳐 나는 역동적인 모습입니다.

His CEO was the ebullient cheerleader.
그의 CEO(최고 경영자)는 사기를 높이는 원기 왕성한 리더였다.

---

eccentric [ikséntrik]
별난, 괴벽스러운

abnormal

▌center. 중심은 긍정 이지만 변두리는 부정적. ec = ex. 중심에서 벗어난 사람은 정상적인 사람이 아닙니다.

She had an eccentric habit of collecting stray cats.
그녀는 집 없는 고양이들을 모으는 유별난 취미를 갖고 있었다.

She thought it was eccentric to go swimming at night.
그녀는 밤에 수영하러 가는 것을 별나다고 생각했다.

E-commerce [i:kάmərs]
전자 상거래

the same as e-business

▌인터넷을 통해 물건을 사고파는 것을 말함.

With the advent of the Internet has come an explosion of e-commerce, content development and self-publishing.
인터넷의 등장으로 전자 상거래, 컨텐츠 개발 및 소규모 자영 출판이 폭발적으로 증가해 왔다.

---

eclectic [ekléktik]
취사선택하는

choose

▌한국어 '이끌려'

He has an eclectic taste in music.
그는 음악에 대해 복합적인 취향을 갖고 있다.

The Chicago showings reflect an eclectic mix of cinema.
시카고 출품작들은 다양하게 잘 정선된 영화들이라는 걸 알 수 있습니다.

---

eclipse [iklíps]
일식, 빛을 보지 못하다

darken

▌lip = lipse = leave(떠나다). 입에서 나오는 말을 조심해야 합니다. 말을 잘못하면 사람들이 떠나가게 됩니다. '빛을 잃다' 란 말에서 나온 일식이나 월식.

A total eclipse of the sun is a rare phenomenon.
전체 일식은 드문 현상이다.

He remained in eclipse for many years after his death.
그는 사후 수년 동안 빛을 보지 못했다.

---

ecological [ikάlədʒi]
생태

involved with or concerning ecology

▌echo. 산 정상에 올라간 후 소리를 지르면 되돌아오는 메아리. 에코입니다. eco-는 자연과 관련된 표현들이예요. log = study.

The oil spill was an ecological disaster for thousands of birds.
그 기름 유출사고는 수천 마리의 새들에게 생태계 재앙이었다.

---

ecstasy [ékstəsi]
황홀

joy

▌강남이나 홍대의 클럽에서 마약의 한 종류인 엑스타시를 하면서 enjoy를 즐기는 청춘 남녀.

A tablet of ecstasy.
엑스터시 알약

It was a sort of religious ecstasy.
그것은 일종의 종교적 환희였다.

---

edge [édʒ]
가장자리, 우월

side / advantage

▌edge 가 들어간 중요한 표현을 공부하겠습니다.

have the edge over
–보다 우월하다

Analysts predict that Citibank will likely have an edge over local banks, especially in the fast-growing private banking sector.
분석가 들은 씨티 은행이 특히 빠르게 성장하고 있는 프라이빗 뱅킹 분야에서 국내 은행 들을 앞지를 것으로 보고 있다.

sharpen the competitive edge
경쟁력을 더 튼튼히 하다

The bank has been keen on sharpening their competitive edge.
그 은행이 경쟁 우위를 강화하는 데 몰두하고 있다.

E

edible [édəbəl]
먹을 수 있는

eat

▌eat의 형용사.

Edible frogs.
식용 개구리

This food is scarcely edible.
이 음식은 거의 먹을 수가 없다.

edict [íːdikt]
포고, 명령

decree

▌dict = word. 정부의 명령을 밖으로 공표하는 것.

The government issued an edict that all prisoners should be released.
정부는 모든 죄수를 석방하겠다는 포고령을 발표했다.

The Pope issued an edict annulling the marriage.
교황이 그 결혼을 무효화하는 칙령을 공포했다.

edifice [édəfis]
건물

big building

▌edi 신전 + fice 만들다. 동양이나 서양이나 절 혹은 신전은 큰 건물들이었습니다.

They have bought some dreadful turreted edifice near Derby.
그들은 더비 근방에 약간 으스스하게 작은 탑이 있는 건물을 샀다.

edify [édəfài]
교훈, 계발하다

teach

▌edi = temple = 신전. 옛날에는 대학교가 있지 않았습니다. 그래서 교육을 신전에서 담당했습니다.

The President's appearance on a TV talk show was not an edifying spectacle.
대통령의 TV 대담 출연은 교훈적인 볼거리가 아니었다.

eerie [íəri]
기분 나쁜

weird
strange

▌ear. 귀가 너무 크고 당나귀처럼 생겼으면 이상하죠. 사람들의 놀림을 받기 쉬어요.

An eerie yellow light.
섬뜩한 노란 불빛

I had an eerie feeling that I had been there before.
나는 이전에 그곳에 가봤었던 것 같은 섬뜩한 기분이 들었다.

effface [iféis]
지우다

erase

▌face + ef = ex = out. 얼굴에서 화장을 지우는 모습 연상.

Time alone will efface those unpleasant memories.
오직 시간만이 그 불쾌한 기억들을 지워 줄 것이다.

Time and weather had long since effaced the inscription on the monument.
그 비석의 비문은 오래 전에 세월과 풍우에 지워졌다.

---

effectual [iféktʃuəl]
효과적인

effective

▌ef = ex = out + fec = fic = make. 안에 가지고 있으면 다른 사람이 알지 못합니다. 밖에다 홍보 P.R.을 해야 효과적입니다.

These steps will enable us to deal with the Libyans more effectually.
이번의 조치는 미국이 리비아 인들로 하여금 효과적으로 대처해 나갈 수 있도록 해줄 것입니다.

---

efficacy [éfəkəsi]
효과, 효능

effectiveness

▌ef = out + fic = make.

He was a firm believer in the efficacy of prayer.
그는 기도의 효능을 굳게 믿는 사람이었다.

---

effigy [éfədʒi]
초상, 인형

dummy, image, mannequin

▌figure = image = 형상. fic = fig = make.

Everyone was shocked at his action of burning his family in effigy.
모두 그가 가족상을 만들어서 불태운 행동에 충격을 받았다.

The anger citizens hung the corrupt politician in effigy.
화난 시민들은 부패한 정치인의 형상을 만들어 교수형에 처했다.

---

effrontery [efrʌ́ntəri]
뻔뻔스러움

extreme boldness

▌앞에 front와서 이것 저것 따지는 사람 연상.

He had the effrontery to demand more money.
그는 뻔뻔스럽게도 돈을 더 요구했다.

He had the effrontery to accuse me of lying.
그는 뻔뻔하게도 나를 거짓말 한다고 비난했다.

---

effusion [efjúːʒən]
유출, 분출, 토로한 말

pour

▌fuse = pour = mix.

His effusions of second-rate verse embarrassed his family.
그가 보잘것없는 시를 쏟아 내놓자 가족들은 황당했다.

---

egalitarian [igæ̀lətɛ̀əriən]
평등주의

equal

▌equal = egal.

American plays were focusing on egalitarian values.
미국 연극은 평등주의적인 가치에 초점을 맞추고 있었다.

---

egocentric [ìːgouséntrik]
이기적인

selfish

▌ego = self. 자기만 아는 사람.

A woman was portrayed as egocentric and self-indulgent.
이기적이고 제멋대로 한다고 묘사된 여자

egoism [íːgouizm]
이기주의

excessively self - centered

▌ego = self.

His egoism was nourished by his mother.
그의 이기주의는 그의 어머니가 길러준 것이다.

His childish egotism.
그의 어린애 같은 자기중심주의

egregious [igríːdʒəs]
악명 높은

terrible

▌gregious = meet. 모임 등에도 나가 사람들과 어울리는 사람들은 활달한 성격이며 원만합니다. 하지만 e = out 이런 모임들에 가지 않고 혼자 있는 것을 좋아하는 사람들은 일반적으로 외롭고 힘든 생활을 하는 경우가 많습니다.

The lies can be far more egregious than hair color.
머리색에 대한 것 보다 훨씬 더 나쁜 거짓말도 있을 수 있다.

The regulation of various chemicals applied to agriculture is among its most egregious failures.
농업에 사용되는 다양한 화학제품 규제는 가장 어처구니 없는 것이다.

eject [idʒékt]
쫓아내다, 축출하다, 배출하다

expel

▌ject = throw. 밖 e-으로 빠져 나간 것을 연상.

The pilot had to eject.
조종사는 긴급 탈출해야 했다.

They were ejected from the room for disorderly conduct.
그들은 소란스런 행동 때문에 방에서 쫓겨났다.

elapse [ilǽps]
경과하다

pass

▌lip = lap = leave. 밖 e-으로 빠져 나가는 것 lap은 공간을 나오는 것도 해당이 되지만 시간이 흘러가는 것에도 적용.

Hours elapsed while he slept like a log.
그가 세상 모르고 자는 동안에 몇 시간이 지나갔다.

Three years elapsed before they met again.
3년이 지나서야 그들은 다시 만났다.

elastic [ilǽstik]
탄력 있는

flexible

▌last. last도 야누스 단어. 마지막 이별을 고하는 연인들. 이제 그들은 얼굴을 더 이상 볼 수 가 없어요. 하지만 일부 연인들은 늘 마지막 혹은 끝장을 낸다고 하고 계속 지속적인 만남을 가져요. continue. 밖 e-으로 지속적 = last 으로 늘어나는 고무줄을 연상해보세요.

A bra with elastic straps.
끈이 신축성 있는 브라

My old radio is held together with elastic bands.
나의 고물 라디오는 고무줄로 묶여져 있다.

E

elated [iléitid]
의기양양한

overjoyed

▌엘리베이터. 백화점을 올라갈 때 엘리베이터를 탑니다. 아부를 받으면 기분이 좋고 이럴 경우 비행기 태운다고 한국어는 표현합니다. 의기양양 하고 기분이 좋은 경우, 엘리베이터를 연상 해보세요.

They were elated to hear the news.
그들은 그 소식을 듣고 의기양양했다.

She was elated by the news.
그 소식을 듣고 그녀는 우쭐했다.

elective [iléktiv]
선거의

optional

▌elect. 선거를 하는 것은 의무라고 주장하는 사람이 있는가하면 선택적이라고 생각하는 분들도 있습니다.

You can take either French, Spanish or Japanese as an elective.
선택 과목으로 프랑스 어든 스페인 어든 일본 어든 어느 것을 택해도 된다.

Women hold only 6% of the nation's highest elective offices.
여성은 선거로 뽑는 고위직 중 불과 6퍼센트를 차지하고 있을 뿐입니다.

electorial college
[iléktərəl kálidʒ]
선거인단

▌college는 대학교를 일반적으로 지칭하지만 여기서는 group의 의미.

The states are represented by electors in the College.
각주들은 선거인단의 선거인들에 의해서 대표된다.

elegy [élədʒi]
애가

mournful of poem

▌서정시 에는 소네트(sonnet), 발라드(ballad), 오우드(ode)및 죽음에 대한 비탄의 감정을 표현하는 추도 시인 엘러지(elegy)가 있습니다.

The novel evolves as an elegy for a lost way of life.
그 소설은 잃어버린 생활양식에 대한 비가로 전개된다.

A song or poem expressing sorrow or lamentation is called an elegy.
슬픔이나 애도를 표현하는 노래 또는 시를 비가라고 한다.

elevate [éləvèit]
올리다

escalate

▌에스컬레이터를 타던 엘리+베이터를 타던 위로 올라가는 것에 비유.

The platform was elevated by means of hydraulic legs.
연단은 유압 버팀대에 의해 들어 올려 져 있었다.

She's been elevated to the post of trade minister.
그녀는 통상장관 자리로 승진했다.

elicit [ilísit]
도출하다, 이끌어 내다

draw

▌e(out)+lic+it < 밖으로 허용하다 = 끌어내다 = 유도하다

Her performance elicited wild applause.
그녀의 연기는 요란한 박수갈채를 끌어냈다.

At last we've elicited the truth from him.
마침내 우리는 그에게서 진실을 이끌어 내었다.

eligible [élidʒəbl]
적합의, 적격의

entitled

leg = 뽑다, 모으다, 읽다. 뽑아 lig = leg 밖으로 나옴. 그래서 어떤 자격이 있다.

She is not eligible for an award.
그녀는 상을 받을 자격이 없다.

He is eligible to vote.
그는 투표할 자격이 있다.

---

eliminate [ilímənèit]
제거하다

remove

limit. 한계를 두는 것은 확장이 아니라 제거하는 것과 연관.

She eliminated all errors from the typescript.
그녀는 타이프 원고에서 틀린 것을 모조리 없앴다.

They framed a plan to eliminate unnecessary bureaucracy.
그들은 불필요한 관료주의를 없앨 계획을 짰다.

---

ellipsis [ilípsis]
생략

omission

lip = leave. leave는 떠나가는 의미이기 때문에 없애다 rid와 연관.

The sentence 'He is dead and I alive' contains an ellipsis.
"He is dead and I alive."라는 문장 속에는 생략이 있다.

---

eloquent [éləkwənt]
웅변의

well expressed

loq = log. 말을 밖 e-으로 유창하게 하기.

Her face was eloquent of pleasure.
그녀의 얼굴에 기쁨이 역력히 드러났다.

Czech President presented an eloquent defense of freedom.
체코의 대통령은 자유를 웅변적으로 옹호했다.

---

elucidate [ilú:sədèit]
밝히다, 설명하다

explain

luc = light. lucifer는 현재는 악마 이지만 이전에는 천사 였어요. 천사 이면서 하느님에게 도전을 했기 때문에 악마로 지위가 격하 되었습니다. 천사는 빛 light입니다. 빛은 밝음이며 진실이고 밝혀주는 것은 설명과 연관이 됩니다.

The notes help to elucidate the difficult parts of the text.
그 노트들은 교재의 어려운 부분들을 설명하는 데 도움이 된다.

You have not understood; allow me to elucidate.
당신이 이해를 못하셨군요. 설명을 해 드릴게요.

---

elusive [ilú:siv]
피하는

evasive

lus = light. 빛은 진리를 밝힙니다. 그런데 e = out . 진실을 규명 할 수 없는 경우입니다.

The cause has been elusive.
그 원인은 파악되지 않고 있습니다.

There are six types of poisonous spiders, and the most deadly is the most elusive.
6종의 독거미가 발견되는데, 가장 치명적인 놈이 가장 눈에 띄지 않습니다.

E

emaciate [iméiʃièit]
마르다

skinny

▌e = out + muscle. 몸짱인 사람이 몸을 함부로 놀려 근육이 몸 밖으로 빠져 나갔어요.

He was thin and emaciated, with sunken eyes.
그는 퀭한 두 눈에 여위고 허약했다.

He looks very emaciated after his long illness.
그는 오래 아프고 나서 아직 쇠약해 보인다.

---

emancipate [imǽnsəpèit]
해방하다, 석방하다

liberate

▌man = hand. 손에 수갑을 차고 있는 노예. 손에 채워져 있는 수갑을 e = out = off하는 것은 해방.

They do not belong to a generation that is "fighting to emancipate itself from the past".
이 젊은이들은 자기네 세대를 과거로부터 해방시키기 위해 투쟁을 하던 세대에 속하지 않는다.

---

embark [embá:rk]
탑승하다, 착수하다, 시작하다

launch

▌bark. bark는 나무껍질. 개들은 돌아 다니다가 나무에 짖어 대곤 합니다. 이전에 배를 타기 위해서는 부두에서 갑판까지 올라 가도록 되어 있는 나무판자를 이용해 안 em = in으로 들어갔습니다.

Passengers with cars must embark first.
차가 있는 승객들부터 먼저 승선해야 한다.

He embarked on a new career.
그는 새 직업에 착수했다.

---

embargo [embá:rgou]
출항금지

stop

▌bar = stop + go. 안 em = im = in 으로 들어가는 것을 막다.

The government will put an embargo on European cattle.
정부는 유럽산 가축에 대한 입출항 금지령을 내릴 것이다.

The Government lifted the embargo on the export of gold.
정부는 금의 수출을 해금했다.

---

embellish [imbéliʃ]
미화하다, 장식하다

decorate

▌bell. 크리스마스 트리에는 사람의 목을 상징하는 종이 매달려 있어요. 북유럽 신화의 Rockie신이 사람을 죽인 후 목을 전나무에 매달아 놓은 것에 유래. 종은 장식입니다. 각종 시험에 bell이 나오면 두 가지 의미. 장식과 싸움.

Embellish the room with new rugs.
방을 새 융단으로 아름답게 꾸미다.

She embellished her story with a few lurid details.
그녀는 몇 가지 충격적인 세부내용들로 자기 소설을 윤색했다.

---

emblem [émbləm]
상징

symbol

▍em+bl(throw)+em. 저울은 정확하게 물건의 무게를 달아야 하기 때문에 정의의 상징입니다.

A dove is the emblem of peace.
비둘기는 평화의 상징이다.

An eagle is the American emblem
독수리는 미국의 상징이다.

embody [embádi]
구체화하다

make concrete

▍body. 예수님은 십자가에 못 박히신 후 사흘 만에 부활 하시어 제자 분들에게 body로 나타나십니다. 그럼 예수님은 몇 일만에 다시 부활 하셨나요? 힌트. 숫자에서 가장 신성한 수. 3일입니다. 그래서 3일 만에 부활 하셨어요.

The latest computer model embodies many new features.
최신 컴퓨터 모델은 많은 새로운 특징들을 담고 있다.

To me he embodies all the best qualities of a teacher.
내가 볼 때는 그는 교사로서 가장 우수한 자질들을 구현하고 있다.

embolden [embóuldən]
대담하게 하다

bold

▍bold.

His success emboldened him to expand the business.
그는 성공으로 대담 해져서 사업을 확장했다.

She felt emboldened by the wine and a new feeling of intimacy.
그녀는 포도주와 새로운 친밀감 때문에 대담해졌다.

embroil [embrɔ́il]
혼란시키다, 뒤얽히게 하다

confuse

▍confuse와 동의어로 어떤 사건 등에 관련되어 상황이 복잡하게 전개되어 나가는 경우에 쓰임.

She was embroiled in an infamous sex scandal.
2000년에 그녀는 유명한 성추문에 휩싸인 바 있다.

How often do you find yourself embroiled in a fight with your friends or family?
당신은 얼마나 자주 친구나 가족들과의 싸움에 휘말리는가?

embryo [émbrióu]
태아

baby

▍em+bryo(swell). 엄마의 배 안에서 점점 커가는 태아.

My plans are still very much in embryo at this stage.
내 계획은 현 단계에서는 아직도 지극히 초기 단계이다.

Many people object to experimentation on embryos.
많은 사람들이 태아에 대한 실험을 반대한다.

emerge [imə́:rdʒ]
나오다, 나타나다

appear

▍emerge = ex + mer 바다 =sea. 바다 수면 밖으로 부상하는 잠수함의 모습을 연상.

The full moon will soon emerge from behind the clouds.
보름달이 구름 뒤편에서 곧 나타날 것이다.

He emerged as the leading contender.
그가 유력한 경쟁자로 부각했다.

E

emigrant [émәgrәnt]
이민, 이주하는

one that leaves one country

▌e = out + mig = mis = go

The ministry said it had no long-term policies to deal with the illegal emigrant issue.
외교부는 불법체류자 문제를 다룰 장기적인 정책이 없다고 말했다.

The government must prepare measures for illegal emigrants as soon as possible.
정부는 가능한 빨리 불법체류자에 대한 대책을 마련해야 한다.

---

eminent [émәnәnt]
저명한, 유명한

famous

▌min = mount = big = famous. 동양에서는 큰 산을 큰 인물에 비유합니다. 미국의 어느 산에는 전직 대통령들의 초상이 조각되어 있습니다.

He produced eminent achievements.
그는 탁월한 업적을 쌓았다.

She was eminent as a painter.
그녀는 화가로서 명망이 있었다.

---

emissary [émәsèri]
사절, 사자

messenger

▌mis = go + te = out. 다른 나라에 파견되는 사절.

Europe is overrun with U.S. emissaries.
최근 미국 특사들이 유럽을 잇달아 방문했다.

The allies facing Mr. Kim's emissaries include the United States
김 위원장이 외교사절들과 만나는 동맹국들 가운데는 미국도 포함된다.

---

emission [imíʃәn]
방출

waste

▌e = out + mis = go.

How does the emission of light and heat take place?
빛과 열의 방출은 어떻게 일어나는가?

We conduct emission tests to detect whether the products we use emit harmful gasses.
우리는 우리가 사용하는 제품들이 유해 가스가 방출하는지 여부를 조사하기 위해 방출 검사를 실시한다.

---

emit [imít]
방출하다

give off

▌태양에서 빛이 발산 되는 모습 연상.

The cheese was emitting a strong smell.
그 치즈는 강한 냄새를 풍기다.

Most of the lava was emitted during the first few hours of the eruption.
대부분의 용암은 화산 폭발 첫 몇 시간 동안에 분출되었다.

---

emollient [imáljənt]
부드럽게 하는, 완화하는

soothing

▌mol = mel = soft.

An emollient stance/statement/tone.
유화적인 자세/진술/어조

Mr Major himself could not have been more emollient.
Major씨 자신도 더 이상 유화적일 수가 없었을 것이다.

empathy [émpəθi]
감정 이입, 공감

identification with the feelings

▌em = en = in + pathy = feel = though = emotion

The writer's imaginative empathy with his subject is clear.
그 작가가 상상력 속에서 대상에게 감정이입을 하고 있음이 분명하다.

There is a natural love and empathy between them.
그들 사이에는 자연스런 사랑과 감정이입이 있다.

empower [impáuər]
…에게 권한을 부여하다

title

▌power. 힘을 가지게 되다.

Science empowers men to control natural forces.
과학은 인간에게 자연의 힘을 제어할 능력을 준다.

The lawyer was empowered to pay all her client's bills.
그 변호사가 의뢰인의 청구서를 모두 지불 하도록 권한을 받았다.

emulate [émjəlèit]
…와 경쟁하다, 흉내내다

ape / imitate

▌emulate = ex(밖) + simulate(닮으려 하다)

She is keen to emulate her sister's sporting achievements.
그녀는 언니의 스포츠 업적에 필적하려고 열심이다.

Our new model emulates several common laser printers.
저희 새 제품으로 몇몇 일반적인 레이저 프린터를 대행합니다.

enamored [inǽmərd]
매혹된, 홀딱 반한

love

▌amore = love. 이성과 사랑에 빠지면 홀딱 반함.

She's enamoured with the boy next door.
그녀는 옆집에 사는 소년에게 반했다.

He was less than enamoured of the music.
그는 그 음악에 반하지는 않았다.

encomium [enkóumiəm]
칭찬하는 말, 찬사

eulogy

▌en = in + come. 축하를 하기 위하여 방이나 교실 안으로 축하객이 오는 모습 연상.

All the people encomium him.
뭇사람이 다 그를 칭찬 한다.

I cannot encomium him too much.
그는 아무리 칭찬해도 지나치지 않다.

E

encompass [inkʌ́mpəs]
둘러싸다, 포위하다

surround

▌compass. 컴퍼스를 이용하여 둥근 원을 그립니다.

Her knowledge encompasses all aspects of the business.
그녀의 지식은 그 사업의 모든 측면을 마무른다.

The general arts course encompasses a wide range of subjects.
일반 교양과목 과정은 광범위한 과목들을 포함한다.

encounter [enkáuntər]
만나다

meet

▌counter. 마트나 백화점에서 물건을 구입한 뒤에 우리는 카운터에서 일을 하는 사람을 반드시 만나게 됩니다.

I encountered an old friend on the street.
나는 길에서 옛 친구를 우연히 만났다.

I encountered many problems when I first started this job.
내가 이 직업을 처음 시작했을 때는 많은 문제들에 부닥쳤다.

encroach [enkróutʃ]
침해하다, 침식하다

violate

▌cross. 자기 구역 밖으로 나와 다른 지역으로 cross하는 이미지.
croch/croach/crook = bend. crooked, crouch, crutch, crotch, crotchety, encroach

The ocean has encroached on the shore at many points.
그 해안의 많은 지점이 바다에 침식되어 있다.

Islamists continue to gripe about Western infidels encroaching on Muslim lands.
이슬람교도들은 서방의 불신자들이 여러 무슬림의 땅에 침범하고 있다고 계속 불평한다.

endemic [endémik]
풍토병

native

▌어떤 지역 안에 en 사는 사람들이 dem - =people 걸리는 풍토병. 역사는 승리자 입장 에서 씌여 집니다. 용감하고 잘 나가던 의자왕. 신라의 수도 경주까지 말을 타고 가서 용맹한 모습을 보여 신라인의 간담을 서늘하게 합니다. 하지만 외국군대가 동원된 전쟁에서 패한 뒤 결국 의자왕은 3,000궁녀를 끼고 놀다가 죽는 이상한 사람이 됩니다. 미 대륙에 살던 많은 인디언, 특히 찬란한 문명을 지닌 잉카나 마야 등이 왜 스페인 사람들에 의해 무너졌나요? 역사책 에서는 사실을 감추고 있지만 풍토병 때문입니다. 유럽 사람의 풍토병인 천연두가 면역 체계를 갖추진 못한 인디언들에 치명적이어서 이 병 때문에 멸망을 하게 됩니다. 그러나 세상은 반전이 있는 법. give and take가 확실한 것이 세상의 법칙. 인디언 여인들을 마구 강간 했던 유럽인은 매독이란 성병들에 걸리고. 이 성병은 1940년 중반에 페니실린이란 항생제가 나오기 전까지 유럽 인구의 상당수를 죽이는 무서운 질병이 됩니다.

Malaria is endemic in/to many hot countries.
말라리아는 많은 더운 국가에서 발생하는 풍토병이다.

Violence is endemic to American society
폭력은 미국 사회의 체질적인 것이다.

endorse [endɔ́:rs]
수표에 사인하다

sign

▌dorse = back. 수표를 받으면 뒤에 서명을 해야 합니다.

The proposal was endorsed by the committee.
그 제안은 위원회의 승인을 받았다.

He's had his licence endorsed for dangerous driving.
그는 위험한 운전으로 면허증 뒤에 위반 사항이 기록되었다.

enervate [énərvèit]
…의 약화시키다

weaken

▌energy. 우리가 알고 있는 단어가 길어지면 부정적인 뜻. 힘이 빠져나가다.

A hot climate enervates people.
더위는 사람을 무기력하게 한다.

enforce [enfɔ́:rs]
강요하다

carry out

▌force. 힘으로 밀어내기.

Discipline is still enforced by the cane in some schools.
일부 학교들에서는 아직도 회초리로 규율을 잡는다.

The police were lax in enforcing the law.
경찰은 법 집행에 느슨했다.

E

engaging [engéidʒiŋ]
남의 마음을 끄는

attractive

▌engage = work = marry = fight. 아름다운 여자를 보면 남자들은 작업 work을 하고 결혼을 합니다.

She is not so engaging.
그녀는 그다지 매력적이지 않다.

There is something engaging about him.
그는 어딘지 사람을 끌어당기는 매력이 있다.

▌engage의 명사형인 engagement는 유화 정책, 포용 정책 등을 의미합니다.

The strategic flexibility means expanding the scope of the alliance in terms of military engagement beyond the peninsula.
전략적 유연성은 한반도를 넘어선 군사협력 면에서도 해당 된다

engender [indʒéndər]
생기게 하다, 일어나다

cause it to occur

▌gender = make = birth

Pity often engenders love.
동정에서 흔히 사랑이 싹튼다.

Some people believe that poverty engenders crime.
어떤 사람들은 가난이 범죄를 불러온다고 믿는다.

engross [ingróus]
집중시키다, 몰두시키다

occupy

▌gross = total. 부분이 아니라 전체. 공부 대신 이성에 완전히 빠져 공부를 소홀히 하는 사람을 연상.

The subject continues to engross her.
그 주제가 계속해서 그녀의 마음을 빼앗았다.

This business engrosses my whole time and attention.
이 일에 나는 시간과 주의력을 모조리 쏟고 있다.

enhance [inhǽns]
높이다

improve

▌사람의 이름처럼 자동차의 이름에도 사연이 있어요. 중국에서는 '로헨스'로 출시되는데, 영어 '왕족(royal)'에 '높이다(enhance)'를 조합한 말이라고 합니다. 한국의 자동차 이름 중 현대차의 에쿠스(개선장군의 말, 멋진 마차), 기아차의 카니발(사육제)과 오피러스(황금의 땅), GM대우의 라세티(젊음과 힘이 넘친다)의 어원은 모두 라틴어 입니다. 아반떼는 '전진, 발전, 앞으로'라는 뜻을 지닌 스페인어입니다. 좋은 이름을 사용하여 차의 품격을 높임.

Those clothes do nothing to enhance her appearance.
그 옷들은 그의 외모를 향상시키는 데 아무런 도움이 못된다.

The effect of this forceful poem is enhanced by contrast.
이 힘찬 시의 효과는 대조법에 의해 강화된다.

---

enigma [ənígmə]
수수께끼

mystery

▌sigma. Sigma는 18번째 그리스 문자로, 그리스 숫자로는 200을 뜻합니다. 그리스는 신비의 나라입니다.

China is a great enigma.
중국은 커다란 수수께끼다.

One experienced diplomat told us, "He is an enigma."
한 노련한 외교관은 우리에게 "그는 수수께끼의 인물이다."

---

enkindle [inkíndl]
불러일으키다, 자극하다

stir up

▌candle. 양초의 타오르는 불빛은 생명을 비유합니다. 그리고 이전 서양의 중세에서는 비밀 집회를 할 때 양초를 밝히고 하였기 때문에 은밀함을 상징 하기도 합니다. 한국어에서도 '불난 집에 부채질하다'란 표현에서 보듯이 '자극하다'란 의미도 영어에는 있어요.

An internet writer was charged with enkindling subversion.
어떤 인터넷 작가가 국가전복을 선동했다며 기소됐다.

---

enmesh [inméʃ]
그물로 잡다, 곤란에 빠지다

involved

▌mess. mess는 난장판. 관련이 되었기 때문에 혼란이 일어나는 것입니다. 가능하면 혼자 초연의 세계에서 살아가는 것이 좋습니다.

He soon became enmeshed in a world of crime.
그는 곧 범죄의 세계로 빠져들었다.

---

enmity [énməti]
적의, 원한

deep hatred

▌am(i) = love (사랑, 사랑하다). 사랑하지 않으면 상대방을 증오할 필요도 없습니다. 사랑하기 때문에 미움의 감정도 생기는 법입니다. 사랑 = amore

I don't understand his enmity towards his parents.
나는 부모님에 대한 그의 증오를 이해할 수가 없다.

---

ennui [ɑiŋwíː]
권태, 따분함

boredom

▌annoy. 철자가 비슷하면 의미도 같아요.

A sad play about middle-aged ennui.
중년의 권태에 대한 슬픈 연극

---

enormity [inɔ́:rməti]
극악무도

evil

▌norm = normal = 정상. 우리가 알고 있는 단어에서 길이가 길어지면 부정적인 의미입니다.

The enormities of the Hitler regime.
히틀러 정권의 극악무도한 만행들

The enormity of the crime has shocked the whole country.
그 범죄의 극악함이 나라 전체를 충격으로 몰아넣었다.

enormous [inɔ́:rməs]
거대한

big

▌norm = common + e = ex = out = 증가

The bomb exploded with an enormous bang.
폭탄이 엄청나게 큰 소리와 함께 폭발했다.

The recession has had an enormous impact on tourism.
경기후퇴는 관광업에 엄청난 영향을 미쳤다.

en route [ɑ:nrù:t]
도중에

on the way

▌en = on = in + route = road. route는 지도상에 있는 일정한 도로입니다. street는 양쪽 도로에 건물이 있는 시내 도로 이지만 road는 시골 길과 같은 길을 나타내어 두 단어는 어감 차이가 있습니다.

We stopped at Paris en route from Rome to London.
우리는 로마에서 런던으로 가는 도중에 파리에 머물렀다.

They passed through Paris en route for Rome.
우리는 로마로 가는 도중에 파리를 경유했다.

ensue [insú:]
결과

result in

▌suit = sue. 남자와 여자는 적합하게 서로 원만 하게 살아가야 합니다. 만일 그렇지 않으면 결국 소송 suit = sue를 하여 각각 남남의 길을 걸어가는 결과를 가져옵니다.

The U.S. would get blamed for whatever ensued.
미국은 그에 따르는 모든 사태에 책임지게 될 것이다.

If war ensues, South Korea's capital could be severely damaged.
만약 전쟁이 일어날 경우 한국의 수도는 심각한 손상을 입을 수 있다.

entail [intéil]
수반하다

need

▌en + tail. 우리 인간도 이전에는 꼬리가 있었어요. 원숭이 종에서 분기 되었기 때문에요. 하지만 현대 인간의 엉덩이 사이에 있는 꼬리뼈는 흔적 기관입니다. 다른 동물들에게 꼬리는 필수적으로 있어야 합니다.

That will entail an early start tomorrow morning.
그것은 내일 아침 일찍 출발해야 함을 의미한다.

This job entails a lot of hard work.
이 직업은 수많은 힘든 일을 수반한다.

E

enthrall [inθrɔ́:l]
…의 마음을 사로잡다, 매혹하다

charming

▌throw. 매혹적인 상대방 이성을 만나면 필 feel을 받아요.

The children sat enthralled, following every word intently.
아이들은 한마디 한마디를 몰두해서 들으면서 마음을 빼앗긴 채 앉아 있었다.

His thrillers make enthralling reading.
그의 스릴러 소설은 읽기에 매혹적이다.

---

enticing [intáisiŋ]
유혹적인, 매력적인

attractive

▌entire. 자기가 할 일은 내 팽개치고 좋지 않은 것에 완전히 매달려 있는 사람 모습 연상.

The offer was too enticing to refuse.
그 제의는 너무 유혹적이어서 거절할 수가 없었다.

They enticed the children with candy.
그들은 아이들을 사탕으로 꼬셨다.

---

entity [éntiti]
실재, 존재

real being

▌ent(to be)+ity. 라틴어의 ens-에서 나왔으며, 사물의 존재와 그것의 품질 사이에 구별을 짓는다는 것을 말합니다. 동사 be는 존재하다 입니다. 그래서 인간은 human being = being이예요. human과 human being의 차이는 전자는 과학적인 면을 후자는 인간적인 면을 부각한다는 차이점이 있어요. 예를 들어 어려운 사람을 돕는 경우는 전자보다 후자가 더 좋은 어법입니다.

He regarded the north of the country as a separate cultural entity.
그는 그 나라의 북부를 하나의 별개의 문화적 통일체로 간주했다.

---

entreat [intrí:t]
간청하다

plead

▌treat. 잘 대접 해달라고 간청하는 것과 연관. 상대방이 음식 값을 내는 것은 treat me. 상대방을 사주는 경우에는 The beer is on me처럼 A is on me로 표현이 됩니다.

He entreated the king to grant him one wish.
그는 왕에게 한 가지 소원을 들어 달라고 간원했다.

He entreated the king for mercy.
그는 왕에게 간절히 자비를 구했다

---

entrepreneur
[ὰ:ŋtrəprənə́:r]
기업가

boss

▌entrepreneur 의 어원은 위험을 감수 하거나 모험을 하는 사람을 뜻하는 프랑스어로 새로운 아이디어나 발명을 성공적인 혁신으로 바꾸는 사람을 의미합니다.

The role of theatrical entrepreneur excited him.
극장 흥행 주 역할은 그를 흥분시켰다.

---

ephemeral [ifémərəl]
하루살이 목숨의, 덧없는 존재

fleeting/transient

▌ep + hemeral. hemera. 이 철자들을 발음 해보세요. 헤메라. 버벅대는 것. 일시적입니다.

Journalism is important but ephemeral.
저널리즘은 중요하긴 하지만 단명 한다.

How are we to distinguish the important from the ephemeral?
덧없는 것과 중요한 것을 구별할 것인가?

---

enumerate [injú:mərèit]
열거하다, 낱낱이 세다

list

number. 열거된 숫자 하나하나를 셈. number와 관련된 단어들 : enumerate, innumerable, numerous, numerable, numerate

She enumerated her objections to the proposals.
그녀는 그 제안들에 대한 자신의 반대 이유를 열거했다.

Such examples are too many to enumerate.
이러한 예는 셀 수 없을 만큼 많다.

---

epic [épik]
서사시

long heroric poem

말이 우세한 서사시(epic의 어원인 epos는 말이란 뜻)의 양식과 음악적인 소리가 우세한 서정시(lyric)은 (lyre)라는 악기로 연주되는 것이 동반됩니다.

Homer's Iliad is a famous epic.
호머의 '일리아드'는 유명한 서사시이다.

Their four-hour match on the centre court was an epic.
중앙 코트에서 벌어진 4시간에 걸친 그들의 시합은 장중한 것이었다.

E

---

epicure [épikjùər]
식도락가, 미식가

a person with refined taste in food

care. 음식에 신경을 쓰는 사람들. epi+cure(care) = 미식가, 식도락가, 쾌락주의자 epi = on. epitaph(묘비명), epicure(미식가), epitome(요약), epic(서사시라고 하는데 그 이유는 역사를 시로 표현하기 때문에 아주 짧은 글) epidemic(=널리 대중에게 퍼진, demo=people), episode(짧은 이야기)

A cookery book for real epicures.
진정한 식도락가들을 위한 요리책

He is an epicure.
저 사람은 식도락가이다.

---

epilogue [épilɔ̀:g]
끝맺는 말

afterword

log = word.

Fortinbras speaks the epilogue in Shakespeare's 'Hamlet'.
Fortinbras가 셰익스피어의 햄릿에 나오는 에필로그를 말한다.

---

epitome [ipítəmi]
요약

summary

tome = book. epi = on. 책 한권을 종이 한 장 위에 요약.

She's the epitome of kindness.
그녀는 친절의 전형이다.

The divisions are the epitome of those occurring throughout the whole country.
분열은 국가 전체에서 일어나고 있는 분열을 전형적으로 보여주는 것이다.

---

epoch [épək]
신기원, 중요한 사건

period

ep+och(hold). 기(period) 다음 단위인 세(epoch). 예를 들어 5,000 만년 전의 신생대 제3기 에오세(Eocene epoch)는 period 가 아니라 epoch.

The emancipation of slaves marks an epoch in American history.
노예 해방은 미국사에서 한 시대의 획을 긋는다.

Einstein's theories marked a new epoch in mathematics.
아인슈타인의 이론은 수학에서 신기원을 이룩했다.

---

equanimity [ì:kwənímәti]
침착

calm

▌equal = par. 이전에 여성의 지위가 열등할 때는 여성들의 불만이 많았습니다. 지금은 남녀평등이 있기 때문에 calm입니다.

The girl never sits with equanimity.
그 소녀는 차분하게 앉아 있지 못한다.

equilibrium [ì:kwəlíbriəm]
평형 상태, 평형

balance

▌equal. 우리 몸은 양과 음이 균형을 이루어야 합니다.

Yoga is said to restore one's inner equilibrium.
요가는 사람의 내적 균형을 회복시켜 준다고 한다.

He sat down for a while to recover his equilibrium.
그는 마음의 평정을 되찾기 위해 한동안 앉아 있었다.

equity [ékwəti]
공평

fair

▌equal = just = right

Soaring crude prices dealt a severe blow to the Korean equity market.
유가폭등은 한국증시에 큰 타격을 미쳤다.

The law also calls for maintaining the present restriction on equity investment.
새로운 공정거래법은 현행 출자총액제한제도도 그대로 유지한다.

equivocally [ikwívəkəl]
애매모호한

ambiguous

▌equi = equal + voc = say. 미팅 장에 나간 숙녀 A. 자신에게 after를 신청한 남자 두 명에게 모두 만나 겠다고 하면 과연 이 여자는 누구를 좋아하는 것인지 애매모호 해집니다.

I received an equivocal reply from her.
나는 그 여자로부터 애매한 대답을 받았다.

His speech about political reform was equivocal.
정치 개혁에 대한 그의 설교는 애매모호했다.

eradicate [irǽdəkèit]
뿌리째 뽑다

rid

▌e + radical = root. radical 의 어원인 'radix' 는 라틴어로 '뿌리(root)' 란 뜻입니다. 급진적(radical)이라는 것은 사물을 그 근본부터 고려한다는 것이고, 처음으로 돌아간다는 것이며, 상황을 원만하게 해결하지 않고 뿌리까지 뽑으려고 하는 사람들로 한 집단에 지나친 과격파들은 제거 되어야 합니다.

Their goal was to eradicate malaria.
그들의 목표는 말라리아 퇴치였다.

Smallpox has now been eradicated.
천연두는 이제 근절되었다.

erode [iróud]
침식하다

wash away

e + road. 비가 많이 와서 도로의 흙더미가 물에 떠내려 가는 것 연상.

The sea has eroded the cliff face over the years.
수년에 걸쳐 바다가 절벽 표면을 침식시켰다.

The sides of the volcano are eroding away year by year.
화산의 측면들이 해마다 침식되어 나가고 있다.

---

erotic [irátik]
에로

sexual desire

에로. ero는 한국식 영어입니다. ero가 아니라 erotic이라고 해야 해요. pornograph는 porno = 포르노가 아니라 porn입니다. 한국어는 2음절로 축약이 되지만 영어는 economy를 econ으로 줄이는 예외적인 경우를 제외하고 1음절로 줄여야 합니다.

There were a lot of erotic scenes in the film.
그 영화에는 에로틱한 장면이 많았다.

---

errant [érənt]
돌아다니는, 방랑

traveling

ran. er = ex = out. 집에 있는 것이 아니라 밖을 이곳저곳 돌아다니는 모습.

They cannot remove errant lawmakers.
그들은 비행을 저지른 국회의원을 제명할 수 없다.

---

erratic [irǽtik]
산만한, 변덕스러운

without consistency

err = error. 전자는 동사이고 후자는 명사입니다. 실수를 한 것은 말이나 행동이 일관성이 있는 것이 아니라 이탈된 것과 연관.

The company's somewhat erratic performance on the stock market.
그 회사의 주식 시장에서의 약간 불규칙한 성과

The production is ill served by its erratic use of lighting.
그 작품은 조명의 불규칙한 사용 때문에 효과가 떨어졌다.

---

erroneous [iróuniəs]
잘못된

incorrect

error. 잘못하여 실수가 일어남.

They fed us with erroneous information.
그들은 우리들에게 틀린 정보를 제공했다.

They created an erroneous impression of their capabilities.
그들은 자신들의 능력에 관한 그릇된 인상을 심어주었다.

---

erudite [érjudàit]
학식 있는, 박학한

scholary

rude < nude. 만일 서울 시내 한 복판에 옷을 입지 않고 다닌다면 무례한 행동입니다. 무례 rude한 행동에서 e = out한 것은 유식입니다.

He is erudite.
그는 박학하다.

---

eschew [istʃúː]
피하다

escape

▌chew = chewing gum. 한국어에서 싫어하는 사람을 '씹어 댑니다'. 자신을 씹어 대는 것을 듣기 싫어 A씨는 밖 = out으로 나가 자신에 대한 좋지 않은 말을 듣는 것을 피합니다.

Many eschew the old notions of race.
많은 이들이 케케묵은 인종편견에서 탈피하고 있다.

Its members eschew modern technologies like synthesizers.
이 멤버들은 신시사이저와 같은 현대 기술을 멀리하고 있다.

esoteric [èsətérik]
비법을 이어받은

hard to understand

▌terr = ter = place. 영어 'esoteric' 의 어원으로 본래는 '안에서 interior' 란 말의 형용사 eso- teros에서 유래한 것입니다. 어떤 공간 안에만 있는 것은 개방적인 것이 아니라 은밀함.

His tastes in music are somewhat esoteric.
그의 음악적 취향은 약간 비교적이다.

Esperanto [èspərǽntou]
에스페란토, 국제어

an artificial language

▌영어를 배우기 위하여 한국 학생들은 평생 동안 고생을 하고 있습니다. 만일 몇 개의 단어만으로 전 세계의 사람들이 의사소통을 할 수 있다면... 이런 생각으로 시도된 언어가 자멘호프 박사가 제안한 에스페란토 국제어입니다. 비록 성공은 하지 못했지만 생각만큼은 이전 바빌론 탑을 만들기 이전(현재 이라크에 있었다고 추정되는 성경에서 언급되는 탑으로 이전에 모든 사람들은 공통된 언어. 하지만 겁을 상실한 인간이 탑을 통해 하늘나라로 올라 가려고 했기 때문에 하느님이 무너뜨림)의 세상으로 돌아가고 싶어 했던 인간의 소망을 담고 있습니다(겸손하게 삽시다).

She is author of many books, and is also a well known writer in Esperanto.
그 여자는 국제어의 유명한 저자이다.

espouse [ispáuz]
지지하다

support

▌spouse = sponsor = support. 배우자 spouse는 서로 좋을 때나 힘이 들 때나 의지하고 도와주어야 합니다.

The government spawned by the Reign of Terror espoused a radical egalitarianism.
공포정치에 의해 탄생한 프랑스 정부는 급진적인 평등주의를 지지했다.

essential [isénʃəl]
본질적인

necessary

▌essence < sense. 사람이 센스가 있는 것은 기본적으로 필수적인 사항입니다.

It would be an essential tool for any girl planning on getting in a serious catfight.
그건 심각한 싸움을 계획하고 있는 소녀의 필수 도구가 될 법하다.

These devices are deemed essential to leading the future IT market.
이러한 장치들은 미래 IT 시장을 선도하는 데 필수적인 것으로 간주되고 있다.

establish [istǽbliʃ]
설립하다, 제정하다

found

▌es = table. 엘리트층은 책상에 앉아 자신들이 생각했던 것을 실행으로 옮깁니다.

What the rival parties will have to do is to establish their policies.
여야 정당들이 해야 할 일은 당론을 정하는 것이다.

The company will also seek to establish firmly its brand name.
팬택계열은 브랜드 네임을 공고히 할 계획이다.

▌명사형인 establishment는 '기관' 이란 의미도 쓰인다.
a political establishment 정치 기구.
a financial establishment 재정 기구
an educational establishment 교육 시설
fight the Eestablishment 기성세대에 저항하다

The government will encourage the establishment of private credit bureaus.
정부는 민간 신용정보기관 설립을 권장할 계획이다.

estate [istéit]
소유지, 재산

land

▌state. 밖으로(e)+세워둔 것(state). 미국은 현재 방대한 영토를 가진 나라 이지만 처음 영국에서 May Flower를 타고 도착한 청교도 들의 정착지는 아주 좁은 땅이었습니다. 그 후 영국, 프랑스, 스페인, 그리고 네덜란드등 당시 강대국과 정치적인 교섭 state를 통해 땅 estate를 넓혀 갔습니다. 부동사는 real estate라고 합니다. sta- = stand입니다. 움직임이 없이 단지 서있는 것.

The estate passed to the daughter.
그 토지는 딸에게 상속되었다.

The estate is the birthright of the eldest son.
그 토지는 장자의 생득권이다.

esteem [istíːm]
존경하다

respect

▌es + teem = team. 축구와 같은 팀 경기는 각각의 구성원들 간에 존경과 팀 웍(teamwork)이 중시되어 집니다.

I esteem real ability more than academic titles.
나는 학력보다는 실력을 중시한다.

He was held in high esteem by his men.
그는 부하의 앙모를 한 몸에 받고 있었다.

estimate [éstəmət]
평가하다

appraisal

▌esteem < estimate. 한 사람이 위인으로 존경받기 위해서는 면밀한 평가가 이루어져야 합니다.

I estimate that we'll arrive at about two o'clock.
나는 우리가 2시쯤에 도착 하리 라고 추정한다.

They estimate the journey will take a week.
그들은 그 여행이 1주일쯤 걸릴 거라고 추정한다.

E

ethereal [iθiəriəl]
공기 같은, 하늘의

heavenly

▌Ether란 에테르 즉 빛의 전달 매체로 상정된 존재. 우주의 있는 우주 물질입니다.

He saw her ethereal beauty.
그는 아름다운 여자의 얼굴을 보았다.

---

estrange [istréindʒ]
사이를 멀어지게 하다, 적대적인

hostile

▌strange. 가까이 있어야 친밀감이 있고 멀어지면 서로 낯선 사람이 됩니다.

He was estranged from his wife.
그는 아내와 소원해졌다.

She felt estranged from her sister.
그녀는 언니에게서 멀어지는 느낌이 들었다.

---

ethics [éθiks]
윤리학

moral standard

▌그리스어의 에토스(εθos)는 custom, habit 등의 뜻입니다. 특정한 시대에 바람직한 것으로 받아들여지는 지배적인 정서와 문화, 풍습

Medical ethics
의료 윤리

The ethics of his decision are doubtful.
그의 결정에 대한 윤리성이 의심스럽다.

---

etymologist [ètəmálədʒist]
어원학자

linguistics

▌log = word. 단어를 연구하는 사람들.

Michael Quinion is a British etymologist and writer.
마이클은 영국의 어원학자 겸 작가이다.

---

eulogy [júːlədʒi]
칭찬, 찬사

praise

▌위(up) + log = word

A graveside eulogy on his dead friend.
죽은 친구에게 바치는 무덤가의 송덕문

Fellow actors delivered gushing eulogies at her memorial service.
동료 연기자들이 그녀의 추도식에서 복받치는 찬사를 쏟아 놓았다.

---

euro [júərou]
유로화

money

▌유로화는 16개국의 유럽 연합 가입국과 유럽 연합에 가입하지 않은 9개국에서 사용되며, 이들 국가를 통틀어 유로 존이라고 합니다. 2002년부터 정식으로 동전과 지폐가 발행되기 시작하였습니다.

The yen gained by 4.27 percent against the dollar while the euro rose 8.41 percent.
엔화는 달러화에 대해 4.27퍼센트가 올랐고 유로화는 8.41퍼센트가 올랐다.

---

euthanasia [jùːθənéiʒə]
안락사

sympathy

미국은 안락사 때문에 사회적인 문제가 되고 있어요. 더 이상 치료를 할 수 없어 인간을 안락하게 죽이는 것은 윤리적으로 옳은 행동인가요? 찬성하는 분들이 있기도 하고 반대하는 사람들이 있기도 합니다.

Netherlands is the first nation that legalized euthanasia
네덜란드는 안락사를 합법화한 첫 번 째 나라이다.

Euthanasia for the seriously disabled becomes embedded in the American way of death.
중증 불구자들의 안락사가 미국인들의 죽는 방식으로 정착되었다.

evacuate [ivǽkjuèit]
비우다, 철수시키다

refugee

e= out + vac = empty

Families in the area were urged to evacuate their homes immediately.
그 지역에 사는 가족들은 집에서 즉시 대피하도록 재촉 받았다.

That was the island where they' d evacuate to.
그 섬이 그들이 피난할 섬이었다.

evanescent [èvənésnt]
순간의, 덧없는

fleeting

ven = van = go

Life is as evanescent as morning dew.
인생은 초로와 같이 덧없이 가 버린다.

evaporate [ivǽpərèit]
증발시키다

changes from a liquid state to a gas

e + vap = vac = empty. vapor = 수증기

The water soon evaporated in the sunshine.
그 물은 햇빛에 곧 증발해 버렸다.

Their 70% majority evaporated overnight.
그들의 70% 과반수가 하룻밤 새에 날아가 버렸다.

evince [ivíns]
나타내다, 보여주다

show clearly

e + vin = vic = victory. vic과 관련된 어근을 가지는 단어는 아래에 있어요.
evict, eviction, evince, province, provincial

He evinced a strong desire to be reconciled with his family.
그는 가족과 화해할 강한 바람을 피력했다.

evoke [ivóuk]
불러일으키다

revoke

e + voc = vok = call

The music evoked memories of her youth.
그 음악은 그녀에게 젊은 시절의 기억을 불러일으켰다.

Her letter in the newspaper evoked a storm of protest.
신문에 실린 그녀의 서한은 빗발치는 항의를 불러일으켰다.

E

evolve [iválv]
진화하다

gradually change and develop into different forms

e + vol = turn. 말은 이전에 고양이 만한 동물 이었다고 합니다. 진화는 발전적인 모습으로 발달 했다고 합니다. 예를 들어 원숭이 족에서 사람으로. 하지만 반드시 긍정적인 방향으로만 바뀌어 가는 것은 아닙니다. 공룡이 살아있던 시절의 바퀴벌레는 현재도 그 모습 그대로입니다.

The three species evolved from a single ancestor.
그 3종족은 단일 조상에서 진화했다.

He has evolved a new theory after many years of research.
그는 수년간에 걸친 연구 후에 새로운 학설을 발달시켰다.

---

exacerbate [igzǽsərbèit]
더욱 심하게 하다

aggravate

ex = out. 실제보다 더 과장되게 밖으로 늘려가는 모습.

Scratching exacerbates a skin rash.
피부발진은 긁으면 악화된다.

Her mother's interference only exacerbated the difficulties in their marriage.
그녀 어머니의 개입은 그들 결혼생활의 어려움을 악화시켰을 뿐이다.

---

exacting [igzǽktiŋ]
힘든

demanding

exact = 정확한. 매사에 정확한 남, 녀는 다른 사람에게 힘들고 어려운 사람입니다. 미국의 명문대 출신들을 조사한 결과 학창시절 매사에 정확한 사람들보다 원만한 성품을 가진 사람들이 사회에 나와 출세 들을 많이 했다고 합니다.

His work schedule is exacting.
그의 작업 일정이 힘들다.

---

exalt [igzɔ́:lt]
높이다

raise high/glorify

altar. 제단에 올려 진 제물. 제사장들은 신들을 칭송합니다.

He was exalted as a pillar of the community.
그는 지역사회의 기둥이라고 칭송받았다.

The poor will be exalted.
가난한 사람들은 신분이 높아질 것이다.

---

exasperate [igzǽspərèit]
성나게 하다

anger

spray = sper = 뿌리다. 화가 나면 계란을 투척하고 오물을 상대방에게 뿌립니다.

The constant noise exasperated him.
그 끊임없는 소음이 그를 노하게 했다.

She was thoroughly exasperated at her mother's attitude.
그녀는 어머니의 태도에 화가 잔뜩 났다.

---

exceed [iksí:d]
초과하다

more than

ex + ceed = go

Drivers must not exceed a maximum of 55 miles an hour.
운전자들은 시속 55마일의 최고 속도를 초과하지 말아야 한다.

The price will not exceed $100.
가격이 100달러를 넘지는 않을 것이다.

excel [iksél]
능가하다, 좋은

good

ex + ceed. 뛰어난 축구선수 들은 해외로 나가 활동함.

Throughout her life she felt the need to excel.
평생에 걸쳐서 그녀는 뛰어나야 한다는 욕구를 느꼈다.

The firm excels at producing cheap radios.
그 회사는 값싼 라디오 생산에 있어서 탁월하다.

---

excerpt [éksə:rpt]
발췌록

selected passage

ex = out. 책이나 영화의 긴 부분의 일부를 밖으로 빼내는 것.

I've seen a short excerpt from the movie on television.
나는 텔레비전에서 그 영화의 인용 부분을 봤다.

---

excise [iksaiz]
삭제하다, 제거하다

cut

cis = cut. tex = out. 불필요한 내용은 잘라 삭제함.

Messages reside in a computer's delete folder until it's excised as well.
메시지의 흔적이 삭제 폴더안에 남아 있기 때문에 그걸 다시 삭제시키지 않으면 계속 존재하는 것이다.

The commission's proposals call for minimum excise duties on auto taxes to be increased.
위원회가 요청하는 바는 자동차세에 대한 최저 소비세가 늘어나도록 하는 것이다

---

exclaim [ikskléim]
외치다

cry out

claim. 밖으로 자기의 주장을 외치기.

He exclaimed that he was innocent.
그는 자신이 결백하다고 외쳤다.

She exclaimed at his appearance in shorts.
그녀는 그가 반바지를 입고 나타나자 소리를 질렀다.

---

exclusively [iksklú:sivli]
배타적으로, 독점적으로

just
only

clude = clusive = shut. 조선 말 흥선 대원군은 서구의 세력이 조선 안으로 들어오는 것을 막고 모두 밖으로 밀어냈어요.

Her latest documentary is exclusively concerned with youth unemployment.
그녀의 최신 다큐멘터리는 주로 청년 실업에 관한 것이다.

This special offer has been exclusively designed for readers of Home magazine.
이 특별 제의는 오직 홈 잡지 독자들만을 위해 고안된 것이다.

---

excretion [ikskrí:ʃən]
배설, 배설물

dung

secretary. excretion= ex-(=out) + cernere(=divide)로 '배설'. cretion이 있는 단어로 secretion(분비) 라틴어의 se-(따로 따로)+cernere(나눈다)로 되어 있는 secernere에서 유래. Secrenere는 '분리한다' 에서 '감춘다', '비밀로 한다' 의 뜻으로 바뀌었고 여기서 나온 말로 secret(비밀)가 있다. 그리고 secret에서 나온 말로 secretary는 '비밀을 맡은 사람' 에서 '비서' 의 뜻으로 되었다.

The patient's excretions have been regular.
그 환자는 대소변을 정기적으로 본다.

E

exculpate [ékskʌlpèit]
무죄로 하다

to clear of blame

▌ex(out)+culp(fault)+ate. 뱀이 허물을 벗듯이 잘못한 것으로 누명을 쓰고 교도소에 있다가 허물을 벗겨내고 = 죄가 없는 것이 밝혀진 후 다시 사회로 나가는 모습. 미국의 유명한 영화 '쇼생크 탈출' 이 있어요. 자기 부인을 살해했다는 누명을 받고 교도소 안에서 나온다는 것을 줄거리로 하는 이 작품의 백미는 영화의 마지막 장면에서 비를 맞으며 두 손을 위로 벌리는 주인공의 모습. 비는 마른 땅을 적시기도 하지만 화해를 상징하기도 합니다. 물론 세상사는 공평하지마는 않아요. 미국은 사형을 많이 시키는 나라 중에 하나입니다. 특히 흑인들이 죄를 뒤집어쓰고 사형을 당한 후 이 죄수가 죽은 후 아무런 죄가 없는 황당한 일이 많이 발생한다고 하는데요... 이런 것을 예방하기위해서는 철저한 과학적 수사가 더 요구되고 있어요.

He exculpates me from a charge.
나에게서 혐의를 벗겨주다.

---

execute [éksikjù:t]
실행하다, 집행하다, 사형에 처하다

put into effect

▌회사의 책임자. CEO = chief executive officer (the person with the highest rank in a business company). 회사의 책임자가 사업을 이행하고 추진합니다. 감옥에서 죄수들은 간수에 의해 사형이 집행 됩니다.

She was executed for murder.
그녀는 살인죄로 사형에 처해졌다.

Now that we have approval, we execute the scheme as previously agreed.
이제 승인을 받았으므로 우리는 예전에 합의한 대로 계획을 실행에 옮긴다.

---

exempt [igzémpt]
면제하다

not subject to a obligation

▌ex(out)+empt(take) < '밖으로 피하다' < 면제하다

In the UK children under 16 are exempt from prescription charges.
영국에서는 16세 이하의 아동은 약값의 환자 부담분이 면제된다.

His bad eyesight exempted him from military service.
그는 나쁜 시력 때문에 군복무가 면제되었다.

---

exhaustive [igzɔ́:stiv]
철저한

thorough

▌ex + haust = pull. 밖으로 완전히 잡아당김.

The actions are the result of an exhaustive government investigation into securities fraud.
이번 조치는 증권 관련 사기에 관한 철저한 수사 결과 이루어진 것이다.

---

exhilarating [igzílərèitiŋ]
상쾌한, 유쾌한

cheering

▌hill = hillary = joy. 산 상정에 오르면 탁 트인 공간과 정상에 올랐다는 것 때문에 기쁨이 넘쳐흐릅니다. 또한 전 미국 대통령의 부인이면서 미국 대통령 다음의 실력자인 국무부 장관인 힐러리 여사님 연상.

It's exhilarating to climb mountains.
산에 오르면 신이 난다.

We felt exhilarated by our walk along the beach.
해변을 따라 산책하고 나니 기분이 상쾌했다.

---

exhort [igzɔ́:rt]
촉구하다

urge

ex = thorough = 철저하게 + hort = encourage

The chairman exhorted the party workers to action.
의장이 당 노동자들에게 행동하도록 촉구했다.

The teacher kept exhorted us to work harder.
선생님은 우리들에게 더 열심히 공부하라고 계속 타일렀다.

---

exhume [igzjú:m]
발굴하다

dig

ex + human. 고고학자들이 땅속에 있는 인간의 시체나 유물들을 밖으로 꺼내는 것 연상.

After exhuming the corpse the police discovered traces of poison in it.
시체 발굴 이후 경찰이 시체에서 독약의 흔적을 발견했다.

---

exigency [éksədʒənsi]
위급

emergency

exit. 집안에 있으면 안전합니다. 하지만 집 밖의 사회는 냉정한 정글의 세계입니다. 안은 긍정이요 밖은 부정입니다.

Economic exigency obliged the government to act.
경제적 위기는 정부가 행동하게 강요했다.

Researchers gave to him a report of economic exigency and solution way.
연구원들은 그에게 경제위기와 해결방안에 대하여 보고하였다.

---

exodus [éksədəs]
탈출, 출국

departure

수백만의 이스라엘 사람들이 이집트에서 나왔다는 관점에서 본다면 그것은 대이동이요, 대탈출 이라고 할 수 있습니다. 현재에도 팔레스타인과 이스라엘의 싸움은 계속되고 있습니다. 팔레스타인 지역의 원래 주인은 누구입니까? 이스라엘 사람이 아니라 팔레스타인입니다. exodus ex와 hodos는 "길" = way. 만일 exodus만 없었다면 팔레스타인은 자기 땅에서 행복하게 살았을 것입니다. 돈이 없는 팔레스타인은 돈이 많은 유태인에 눌려 마음 평안한 날이 없어요.

The first verse of the second chapter of Exodus.
출애굽기 2장 1절.

There is a mass exodus from Paris every August.
매년 8월에는 많은 사람들이 파리를 떠난다.

---

exonerate [igzánərèit]
해방시키다, 무죄가 되게 하다

acquit

ex(밖으로) + onerate(일거리, 짐). 짐에서 벗어나게 하다, 일거리에서 밖으로 벗어나게 하다. 감옥에서 나오다.

A commission of inquiry exonerated him.
조사위원회가 그의 혐의를 벗겨 주었다.

He was exonerated from payment.
그는 지불을 면제받았다.

E

exorbitant [igzɔ́:rbətənt]
엄청난, 터무니없는
excessive

▌orbit. 달은 지구 괘도 안에서 일정하게 돌아가야 하는데 ex = out 밖으로 벗어난 경우를 생각.

Exorbitant rents.
터무니없이 비싼 집세

The price of food here is exorbitant.
여기 식품 값은 터무니없다.

exotic [igzátik]
이국적인
strange

▌ex = out. 한국인은 한국의 풍물을 보면 새롭고 낯설 이유가 없어요. 하지만 처음 가보는 낯선 이국땅에 가면 exotic을 느끼게 됩니다.

She was attracted by his exotic features.
그녀는 그의 이국적인 용모에 끌렸다.

The film captures/retains much of the book's exotic flavour.
그 영화는 그 책의 이국적인 풍취를 많이 담고 있다.

expatriate [ekspéitrièit]
국외로 추방하다
emigrate

▌mot = mother. pat = father. 아버지 땅을 떠나가는 것. 다른 나라로 이주 하는 것입니다.

He met a group of American and English expatriate writers there.
그는 미국인과 영국인 망명 작가 그룹을 그곳에서 만났다.

expedient [ikspí:diənt]
쓸모 있는
practical

▌ped = pedal = foot. 책상에 앉아 입으로만 일을 하겠다는 탁상공론은 뜬 구름 잡기입니다. 직접 나가 발로 돌아 다니면서 발품을 팔아 가며 현장을 뛰어 다녀야 합니다.

Sometimes it is expedient to make concessions.
때로는 양보하는 것이 편리하다.

We must devise some expedient method.
우리는 편법을 강구해야 한다.

expeditiously [èkspədíʃəs]
급속한, 신속한
rapidly

▌ped = foot. 특수 부대들이 발에 군화를 신고 신속하게 밖 ex = out으로 나가는 모습 연상.

The work will be carried out as expeditiously as possible.
그 일은 가능한 한 신속하게 실행될 것이다.

expiate [ékspièit]
갚다, 속죄하다
amend

▌ex = out + pious = holy = 경건한 = piate

He had expiated himself before God.
그는 하나님 앞에 속죄하였다.

expire [ikspáiər]
만기가 되다, 끝나다

cease to be effective

pire = spirit. 인간은 심장이 멈추는지, 아니면 뇌가 활동을 하지 않는 뇌사 상태가 죽음인지, 윤리학자나 철학자들 사이에 논란이 많습니다. 그리고 숨이 끊어 진 것은 호흡이 멈춘 것을 의미합니다.

When does your driving licence expire?
당신의 운전 면허증은 언제 만기가 되는가?

Copyright expires fifty years after the death of the author.
저작권은 저작자의 사후 50년이 되면 소멸된다.

---

explicate [ékspləkèit]
자세히 설명하다

explain

explicate = ex (out)+plicare로 접혀 있는 것을 밖으로 펴내다는 비유적으로 밝히다, 설명하다. implicate 와 explicate 구별해보면 전자는 함축하다(imply)와 뒤엉키게 하다(with)입니다. 하지만 후자는 "주름살 있는" 에다가 ex -를 붙이면, 밖으로 풀어내다 입니다.

I'll explicate everything if you want me to,
당신이 원한다면 다 설명할게.

The instructor explicated the theory of relativity.
그 강사는 상대성 이론에 대해 설명했다.

---

explicit [iksplísit]
명백한

clear

explain. 설명을 하면 모르는 사실도 명백해짐.

Pictures of explicit sex were cut from the film.
그 영화에서 노골적인 성행위 장면은 삭제되었다.

She was quite explicit about why she had left.
그녀는 왜 자신이 떠났는지에 대해 아주 분명했다.

---

exploit [iksplɔ́it]
개척하다, 개발하다

advantage

ex(out)+ploit(fill) = 밖에서(=ex)+채우다(=ploit)

Child labour exploited in factories.
공장들에서 착취되고 있는 아동 노동

The crystals are relatively soft, with a brilliance that may be exploited by cutting.
수정은 잘라내어 개발함에 따라 광채를 발하는 비교적 부드러운 보석이다.

---

explosive [iksplóusiv]
폭발의, 폭발물

a substance or device that can cause an explosion.

ex(out)+plode =plaud(applaud). 큰 소리 나다(=plode)는 폭발하다(=make burst).

They removed the explosive substances.
그들은 폭발물을 제거했다.

Hydrogen is highly explosive.
수소는 매우 폭발성이 높다.

E

exponent [ikspóunənt]
지지자

supporter

▌pose와 연관된 단어들 : exponent, component, opponent, proponent
ex (out)+ponere. 속에 있는 것을 밖으로 드러내 놓을 만한 사람으로 설명자나 해설자 혹은 지지자들을 가리킵니다.

A leading exponent of free trade.
자유 무역의 주도적인 옹호자

Huxley was an exponent of Darwin's theory of evolution.
헉슬리는 다윈의 진화론 옹호자였다.

exposition [èkspəzíʃən]
박람회

fair

▌pose. 그동안 생산 한 것을 많은 사람들이 보도록 밖에 놓아 = put 두었어요.

Artists and dealers from across the state will take part in the exposition.
주 전역의 예술가들과 매매자들이 이번 전시회에 참여할 것이다.

The Exposition will be held through 31st at the Peru Mall.
전시회가 31일까지 페루 몰에서 개최될 예정이다.

expostulate [ikspástʃulèit]
타이르다, 충고하다

express strong disagreement with someone

▌ex = out + post = put = place. 자녀가 공부를 안 하더라도 꾹 참는 부모가 있지만 일부 부모님들은 입 밖으로 불만을 터뜨리며 훈계를 합니다.

They expostulated about the financial risks involved in his plan.
그들은 그의 계획과 관련된 재정적 위험성에 대해 훈계했다.

exposure [ikspóuʒər]
노출, 폭로

revelation

▌pose. 밖에 노출.

Skin damage resulting from prolonged exposure to the sun.
햇빛에 장기간 노출된 결과로 인한 피부 손상

Her new film has had a lot of exposure in the media.
그녀의 새 영화는 언론 매체를 많이 탔다.

expound [ikspáund]
상세히 설명하다

explain

▌pose = put. ex(out)+pound = 밖으로(ex)+두다(pound). 생각을 속에 담아두지 않고 상세히 말하다.

She expounded her theory to her colleagues.
그녀는 동료들에게 자신의 이론을 상세히 설명했다.

He expounded his views on education to me at great length.
그는 교육에 대한 자신의 견해를 내게 장황하게 설명했다.

expunge [ikspʌ́ndʒ]
지우다, 삭제하다

erase

▌ex(밖으로) + punge(점). sponge. 이전에 한국에서는 잉크와 같은 얼룩이 옷에 묻으면 스펀지로 없앴습니다. 가전제품에 있는 '얼룩' 이나 '점' 들을 밖으로 빼냅니다. 이런 얼룩을 없애는 것 이외에 마음에 상처를 기억에서 지우는 비유적인 의미도 있어요.

He found it hard to expunge the memory of those dreadful times.
그는 끔찍했던 시절의 기억을 지우는 것이 힘들었다.

Her name was permanently expunged from the records.
그녀의 이름은 기록에서 영원히 삭제되었다.

expurgate [ékspərgèit]
삭제하다

remove

▍pur = point + ex = out. 불필요한 것은 '밖'으로 없앰.

An expurgated edition of a novel.
소설의 삭제 판

The author complained because the editor expurgated certain words from her manuscript.
그 작가는 편집자가 원고의 일부를 삭제한 것이 불만스러웠다.

---

exquisite [ikskwízit]
절묘한, 정교한

very beautiful

▍inquire. exquisite = ex(밖) + quisite(추구하는). 추구하는 것을 벗어난 것은 더할 나위 없이 좋은 것입니다. 플라톤은 동굴 안에 벽면에 비춘 그림자만을 바라보던 사람 중에 한명이 동굴 밖으로 나가 실제 세계를 보고 돌아 온 후 벽면의 그림자만을 보았던 사람들에게 밖의 세계가 exquisite하다고 이야기 하는 동굴 우화와 연관. 물론 벽면을 바라보는 사람들을 우리 평범한 인간들이고 밖에 나가는 분이 철학자입니다.

Exquisite embroidery.
정교한 자수.

The detail on the watch face is exquisite.
시계 표면의 세부 장식은 아주 정교하게 되어 있다.

---

extempore [ikstémpəri]
준비 없이, 즉석에서

without preparation

▍tempo = time. 시간이 없이 = 밖으로 빠져나감.

His general style of preaching was extempore.
그의 설교는 일반적으로 즉흥적이었다.

---

extent [ikstént]
범위, 정도

degree

▍tent. 야영장에 가서 tent를 pull = 잡아당깁니다. 어느 정도것 잡아 당겨야죠.

To what degree was he involved in the affair?
그가 그 일에 어느 정도 연루되었나요?

I was amazed at the extent of his knowledge.
나는 그의 지식의 범위에 놀랐다.

---

extensive [iksténsiv]
넓은, 광대한

broad

▍tent. 잡아당기면 늘어나고 줄어드는 것이 아닙니다.

There was extensive literature on the topic.
그 주제에 관해서는 방대한 문헌이 있었다.

They made extensive use of computers.
그들은 컴퓨터를 여러 용도로 사용했다.

---

extol [ikstóul]
칭찬하다

praise

▍tall. ex + tol은 '높이 올리다' 의뜻. 한국어는 '비행기를 태우다' 이고 영어는 A is on the nine cloud처럼 비행기가 아니라 구름을 탑니다. 그럼 왜 nine일가요? 성부와 성자와 성신입니다. 3의 제곱은 9입니다. 9는 신성한 수입니다. 그래서 수능 등급도 9등급이고, 헌법 재판소의 판사도 9명이예요.

He was extolled as a hero.
그는 영웅으로 칭송을 받았다.

He was extolling the virtues of private education.
그는 사교육의 이점을 찬양하고 있었다.

E

exterminator

[ikstə́:rmnèitər]
근절자, 해충 구제업자

a person whose job is to kill animals such as rats or mice

▌terminal. 부산에 사는 총각이 서울 강남 고속버스 터미널 에서 하차합니다. 터미널은 종착 지점이예요. 끝내기.

OK, I'll call the exterminator next week.
좋아요. 다음 주에 해충 구제업자를 부르도록 할게요.

extinct [ikstíŋkt]

멸종된

no longer has any living members

▌extinguished와 동의어로 동물들이 멸종되었을 때 사용.

These animals are virtually extinct.
이들 동물은 사실상 멸종된 상태다.

Many tribes became extinct when they came into contact with Western illnesses.
많은 종족들이 서양의 질병과 접촉하게 되면서 전멸하게 되었다.

extirpate [ékstərpèit]

근절하다

eradicate

▌ex = tir = root. 뿌리 채 뽑아버리다.

The workers extirpates weeds.
잡초를 뿌리째 뽑다.

The mayor extirpates a social evil.
사회악을 근절하다.

extort [ikstɔ́:rt]

강요하다

obtain

▌tort = torture. 연산군은 고문을 해서 자신에 대한 반란자 들로부터 정보를 얻어 냅니다.

The man extorted a large sum of money from the company.
그 남자는 회사로부터 큰 돈을 갈취했다.

He had been extorting money from two major corporations.
그는 대기업 두 곳으로부터 자금을 강제로 탈취했다.

extract [ikstrǽkt]

뽑다, 추출하다

remove

▌ex = out + tract= track = pull. 엑기스를 추출함.

They devised a method to extract the ore.
그들은 광석을 추출해내는 방법을 고안했다.

It took me days to extract a confession from her.
그녀에게서 자백을 얻어내는 데 며칠이 걸렸다.

extradite [ékstrədàit]

범인을 송환하다

officially sent back to their own or another country to be tried for a crime

▌extra = out. 외국으로 도망간 범인을 본국으로 잡아 다시옴.

The government attempted to extradite the terrorist suspect.
정부는 테러 용의자를 추방하려고 했다.

extrapolate [ikstrǽpəlèit]
추정하다

infer

extra = out + polish = shine = polate.

You must extrapolate from other literature on similar injuries suffered by tennis and golf players.
당신은 테니스나 골프 선수가 앓고 있는 것들과 비슷한 부상에 대한 자료를 참고해야만 한다.

One can confidently extrapolate continuance of unsustainable growth in U.S. net indebtedness to the rest of the world.
세계에 대한 미국의 순 부채가 감당할 수 없을 만큼 계속 늘어나리라는 것은 불 보듯 뻔한 일이다.

---

extravagance [ikstrǽvəgəns]
사치, 낭비

lavish

extra = ex + vag = vac = empty. 돈을 낭비하면 금고의 돈이 텅텅 비게 됩니다.

He never permitted himself in extravagance.
그는 결코 사치에 흐르는 법이 없었다.

The government slashed public spending to make up for its past extravagance.
정부가 과거의 낭비를 보상하기 위해 공공지출을 대폭 삭감했다.

---

extremity [ikstréməti]
극단적(인)

grave danger

벗어나(=ext)+있는(=eme) 절벽 앞에 있는 A라는 사람은 점점 지금 있는 곳에서 밖으로 가면 가파른 절벽 아래로 ... 위험 상황입니다.

Observe how people react in extremity or under pressure.
사람들이 극한 상황이나 압박감에 시달릴 때 어떤 반응을 보이는지 관찰하다.

---

extrinsic [ikstrínsik]
외부의

not essential

ex = out.

Extrinsic evidence.
외부 증거

What he says is extrinsic to the main idea.
그가 말하는 것은 주제에서 벗어난다

---

extrovert [ékstrouvə̀:rt]
외향적인

person interested mostly in external actions

vert = turn. 외성 적인 사람들은 밖으로만 돌아다니고 집에 붙어 있지 않아요.

She's a good person to invite to a party because she's such an extrovert.
그녀는 정말 외향적인 사람이어서 파티에 초대하기 좋은 사람이다.

---

exuberant [igzú:bərənt]
열광적인

joyous

ex = out. 그릇에 물을 채웠을 때 너무 많으면 밖으로 넘쳐흐릅니다. 기쁨에 충만하다는 한국표현이 있어요. 넘쳐흐르는 것과 연관.

an exuberant welcome
열광적인 환영

She is exuberant about her new job offer.
그녀는 금번 채용 제의에 아주 적극적인 태도를 보인다.

E

exult [igzʌ́lt]
크게 기뻐하다

rejoice

ultra. ultra man. ex(밖으로) + sult(말을 타고 달려 나가다). 너무 기뻐서 말을 타고 밖으로 '뛰어 오르다' 로 아주 기뻐하다.

Crowds exulted when victory was announced.
승리가 발표 되자 군중이 크게 기뻐했다.

The nation exulted at the team's success.
그 팀의 성공에 전 국민이 크게 기뻐했다.

[ACTUAL TEST]

밑줄 친 낱말과 동의어를 고르세요.

1. The government encourages the public to report polluters, and to use the legal system to take the most egregious offenders to court.

(A) biased (B) neglected (C) terrible (D) disturbed

2. Please adjust this matter as expeditiously as possible as it is delaying important work.

(A) precisely (B) lucidly (C) actively (D) rapidly

E

3. Parents at one elementary school make earmarked gifts so that extra staffing and supplies can boost their local science curriculum.

(A) unprecedented (B) enormous (C) generous (D) designated

4. As deeply as I felt my mission to exhume the past, I never conceived of it as a sentimental journey.

(A) conceal (B) inter (C) follow (D) unbury

5. My former teacher was known as a leading exponent of Freudian psychology.

(A) critic (B) dissident (C) supporter (D) deserter

6. Albert Schweitzer remains something of an enigma.

(A) a genius (B) a saint (C) a puzzle (D) a debate

7. Jazz is one of the few truly endemic American genres of music.

(A) undeveloped (B) indigenous (C) aboriginal (D) innovative

8. Since the speaker had not prepared his speech, he had to extemporize one.

(A) provide (B) duplicate (C) improvise (D) visualize

9. Discoveries just as exciting, though perhaps not quite as eerie, are bringing to light extraordinary new aspects of the people who lived in Italy long ago.

(A) interesting (B) valuable (C) weird
(D) romantic (E) everlasting

10. The waste ground next to the theater has been earmarked for office development.

(A) embarked (B) pinpointed (C) allocated

(D) purchased (E) replaced

11. The old man eschewed the company of anyone who knew about his past.

(A) protested against (B) shunned
(C) sought out (D) discharged

12. There are five steps involved in creating a piece of software: enumerating the requirement; designing the programing; actually writing the code; testing it; and then deploying it.

(A) giving a list of
(B) understanding thoroughly
(C) making a pattern of something
(D) causing something new to exist

[FILL THE PROPER WORD IN THE BLANK]

빈칸에 들어갈 적당한 단어를 고르세요.

13. Landlords often try to make more money by ________ high rents from tenants.

(A) extorting (B) exasperating (C) expatriating (D) exonerating

14. Congress is worried about becoming ________ in a foreign war.

(A) enmeshed (B) enlisted (C) enlightened (D) encountered

15. On the other hand, in France for instance, all the evidence is written down before the trial. This ________ pre-trial investigation is said to lessen the risk of sending an innocent person for trial.

(A) piecemeal (B) prejudiced (C) successive
(D) exhaustive (E) indigenous

16. Archaeologists made an exciting discovery in Egypt in 1954. During an ________ near the base of the Great Pyramid, they uncovered an ancient tomb for a dead Egyptian pharaoh, or king.

(A) exposition (B) excavation (C) execution
(D) excursion (E) expatriation

17. This new machine will ________ us from all the hard work we once had to do.

(A) subjugate (B) enthrall (C) emancipate (D) launder

18. The words "effortless exercise" are a contradiction in terms. Muscles grow in strength only when subjected to overload. Flexibility is developed only by extending the normal range of body motion. Endurance is developed only through exercise that raises the pulse rate enough to achieve a training effect on the heart, lungs, and circulatory system. In all cases, the benefits from exercise come from extending the body beyond its normal activity range. What this requires is, precisely, _______.

(A) consistency (B) regularity (C) effort (D) sportsmanship

E

[EXPLANATION]

1. [VOCA]

egregious 나쁜 biased 편견을 가진 neglected 무시된 disturbed 동요한 offender 범죄자 polluter 오염원

[TRANSLATION]

정부는 사람들에게 오염을 방출하는 사람들을 신고하고 법률을 이용하여 가장 저질적인 위법자 들을 법정에 세우라고 촉구한다.

[ROPES]

egregious = e + gregious. greg는 gather. 인간은 사회적 동물. 모여 살아가야 하는데 죄를 지어 이런 무리의 밖 ex = out에 있는 모습 연상.

[ANSWER] C

2. [VOCA]

expeditiously 신속히 precisely 정확히 lucidly 투명하게 adjust 맞추다, 조정하다 delay 지연시키다

[TRANSLATION]

이 문제가 중요한 일을 연기 시키고 있기 때문에 가능 하다면 빨리 처리 해주세요.

[ROPES]

delay와 연관.

[ANSWER] D

3. [VOCA]

earmarked 지정된 unprecedented 전례가 없는 enormous 거대한 boost 육성하다

[TRANSLATION]

한 초등학교의 학부모 들은 할당된 돈을 내어서 추가의 인원과 물자가 지역 사회 과학교육의 교과 과정을 강화시킬 수 있도록 한다.

[ROPES]

earmark란 단어에는 mark란 철자가 있음

[ANSWER] D

4. [VOCA]

exhume 파내다 conceal 숨기다 inter 매장하다 mission 임무 conceive 생각하다 sentimental 감상적인

[TRANSLATION]

과거를 발굴해야 하는 나의 임무를 깊이 느끼고 있었으므로 나는 결코 그것을 감상적인 여행으로 생각하지는 않았다.

[ROPES]

ex = out, 어떤 개체를 안에서 밖으로 꺼내는 것과 연관

[ANSWER] D

5. [VOCA]

exponent 옹호자 Freudian psychology 프로이드 심리학 critic 비평가 dissident 반대자 supporter 옹호자 deserter 도망자

[TRANSLATION]

전에 나를 가르친 선생님은 프로이드 심리학의 열렬한 옹호자로 알려져 있었다.

[ROPES]

ex = 밖 + pon = pose = put. 지지자들은 자신이 좋아하는 사람들을 입 밖으로 표현함

[ANSWER] C

6. [VOCA]

enigma 수수께끼 genius 천재 saint 성인 debate 토론 something 뛰어난 사람

[TRANSLATION]

슈바이처는 수수께끼와 같은 사람으로 남아있다.

[ROPES]

고대 그리스 철자 sigma 연상 해보기.

[ANSWER] C

7. [VOCA]

endemic 고유한, 풍토성의 indigenous 고유한, 토착의 aboriginal 고유한 innovative 혁신적인

[TRANSLATION]

재즈는 소수의 미국에 고유한 음악 장르 중의 하나이다.

[ROPES]

재즈는 미국에서 발생한 토착 음악. 그래서 '토착'과 관련된 어구를 보기에서 고르면 됨. indigenous와 aboriginal의 공통점과 차이점은 '고유한'이란 의미가 동일. 하지만 aboriginal은 사람이나 동물에 대해서만 쓰이기 때문에 음악 장르에 관해서는 쓸 수 없음.

[ANSWER] B

8. [VOCA]

extemporize 즉흥적으로 하다 duplicate 이중으로 하다

[TRANSLATION]

그 연사는 연설을 준비하지 않았기 때문에, 즉흥적으로 연설해야 했다.

[ROPES]

since는 – 때문으로 원인과 결과를 나타내는 접속사. 밑줄에 도우미 어구는 not prepared에 있음. 준비를 하지 않았다면 즉흥적으로 해야겠죠.

[ANSWER] C

9. [VOCA]

eerie 기분 나쁜 bring to light 폭로하다, 밝혀내다 weird 이상한 everlasting 영원한

[TRANSLATION]

비록 덜 무시 했더라도, 흥미 진진한 발견들이 오래 전 이태리에 살았던 사람들의 특별한 새로운 면들을 보여주고 있다.

[ROPES]

exciting과 반대되는 말을 찾으면 됨. 기분 좋은 것에 흥미를 느끼지 기분 좋지 않은 것에 관심을 갖지 않음

[ANSWER] C

E

10. [VOCA]
earmark 할당하다 embark 승선하다, 시작하다 pinpoint 정확히 겨누다 allocate 할당하다 purchase 구매하다 replace 대체하다
[TRANSLATION]
극장에 인접한 황무지가 사무실 개발 부지로 설정 되었다.
[ROPES]
mark = 표시되다와 연관시키기.
[ANSWER] C

11. [VOCA]
eschew 피하다 shun 피하다 seek out 찾아내다 discharge 짐을 내리다
[TRANSLATION]
그 노인은 자기 과거를 알고 있는 어느 누구 와도 알고 지내려는 것을 피했다.
[ROPES]
일반적으로 사람들은 과거를 숨기려고 합니다. 그래서 '피하다'에 해당되는 낱말을 찾으면 됩니다.
[ANSWER] B

12. [VOCA]
enumerate 하나하나 나열하다 deploy 배치하다
[TRANSLATION]
하나의 소프트웨어를 만들어 내는 데는 5단계가 필수적으로 포함된다. 필요한 것들을 세부적 으로 열거하기, 프로그래밍을 디자인하기, 실제로 코드 부여하기, 소프트웨어를 테스트하기, 소프트웨어를 배치하기.
[ROPES]
number 〈 numerous 〈 e +numerate. 숫자를 하나하나 세는 모습 연관시키기.
[ANSWER] A

13. [VOCA]
landlord 집주인 rent 집세 tenant 세입자 extort 강탈하다 exasperate 분노 expatriate 추방 exonerate 혐의를 벗기다
[TRANSLATION]
집주인들은 종종 세입자 들로부터 높은 임대료를 강탈하여 돈을 더 많이 벌려고 한다.
[ROPES]
높은 임대료 high rents로 돈을 많이 번다는 의미 make more money는 '강탈'.
[ANSWER] A

14. [VOCA]
enmesh 그물로 잡다, (곤란 따위에) 빠뜨리다 enlighten 계몽하다 congress 의회
[TRANSLATION]
국회는 외국에서 벌어지고 있는 전쟁에 연관되는 것에 대해 걱정하고 있다.
[ROPES]
연루가 되지 않았다면 걱정을 하지 않지만 전쟁과 같은 좋지 않은 일에 연관이 되면 걱정.
[ANSWER] A

15. [VOCA]

write down 기록해두다 trial 재판 pre-trial 재판 전의 investigation 조사 piecemeal 단편적인 prejudiced 편견 successive 연속적인 exhaustive 철저한 indigenous 토착의

[TRANSLATION]

예를 들어, 프랑스에서는 재판이 있기 전에 모든 증거들을 기록해 둔다. 이러한 재판 전의 철저한 조사는 죄 없는 사람을 재판으로 불러 들이는 위험을 줄인다고들 한다.

[ROPES]

all the evidence is written down before the trial 이 힌트 어구로 모든 것을 기록해 놓으면 철저하다는 것을 함축.

[ANSWER] D

16. [VOCA]

archaeologist 고고학자 uncover 발견하다 tomb 무덤 exposition 박람회, 상세한 설명 excavation 발굴 execution 처형, 실행 excursion 소풍 expatriation 추방

[TRANSLATION]

고고학자들이 이집트에서 1954년 흥미로운 발견을 했다. 그들은 대 피라미드의 지반 근처에서 발굴을 하던 중 죽은 이집트의 파라오(왕)의 무덤을 발견했다.

[ROPES]

고고학들 archaeologist하면 떠오르는 말은 발굴 = excavation.

[ANSWER] B

17. [VOCA]

subjugate 정복하다 enthrall 매혹하다 emancipate (노예 등을) 해방하다 launder 세탁하다

[TRANSLATION]

이 새로운 기계는 이전에 우리가 해야 했던 모든 힘든 일로부터 우리를 해방시켜 줄 것이다.

[ROPES]

'이전에 사람이 했던 일을 기계가 ________한다' 에 들어갈 적당한 말은 해방하다가 가장 적당.

[ANSWER] C

18. [VOCA]

contradiction 모순 term 기간, 말, 용어 조건, 관계 overload 많이 실음 flexibility 유연성 extend 연장하다 endurance 인내 circulatory 순환상의 consistency 일관성 regularity 규칙성

[TRANSLATION]

'노력이 없는 운동' 이란, 것은 모순이 되는 말이다. 근육은 무리하게 사용 했을 때만 더욱 강해진다. 유연성은 몸을 정상 이상으로 움직였을 때 발달된다. 지구력은 심장, 폐 그리고 순환계에 단련 효과를 성취하도록 충분히 맥박 수를 증가시키는 운동을 했을 때만 발달된다. 이런 모든 경우에 운동의 혜택은 몸을 정상적인 활동 범위 이상으로까지 확대되는 것에서 생겨난다. 이것이 요구하는 것은 정확히 말해 노력이다.

[ROPES]

effortless —— contradiction —— effort. contradiction은 역접이기 때문에 effortless와 반대 어구가 괄호 안에 들어가면 됨.

[ANSWER] C

E

F

F로 시작하는 철자들 이것만은 꼭 알자

1. 우리 인간이 자신의 미래를 미리 알 수 있는 예측력이 있다면 행복 일까요? 아니면 불행 일까요? 보는 사람마다 다르겠죠. 선견지명은 영어로 foresight입니다. fore-는 pre-처럼 '앞'을 나타냅니다. 비유적인 의미에서도 성적이 좋은 사람은 성적 목록에 가장 앞에 있는 것처럼 긍정적인 의미를 나타냅니다.

앞

FRONT FORE

예) foresee / foresight / forerunner

앞을 볼 수 있기 때문에 foresight는 선견지명이고, 앞에서 뛰는 사람인 forerunner는 선두 주자입니다. 이와 더불어 아래처럼 뒤에 서 있으면 행운이나 기회는 돌아오지 않습니다. 앞에 서서 열심히 하는 사람에게만 기회는 돌아오죠. 그래서 for-철자가 들어가면 기회 = chance.

fortune/fortunate(행운) / fortuitous(행운의)

2. 자동차 회사 중에 Ford가 있고, 인천 앞 바다에 가면 'OO 페리 호'라고 써 있는 여객선을 우리는 자주 볼 수 있어요. 자동차나 배가 움직입니다. 그래서 영어 단어에 far/fer가 같은 철자가 있으면 가다 = go예요.

가다

GO	FER/FAR

예) ferry / ford / fare / fertile

수입 산 Ford자동차를 타고 주말에 여행을 떠난 A씨. 도로를 사용한 대가로 요금을 fare내야하고, 난자에 단 하나의 정자가 들어가 fer 생명이 잉태됩니다. 그래서 fertile의 기본적인 의미는 논이나 밭이 비옥해서 쌀이나 채소들을 많이 산출하는 것이지만 비유적으로는 여자가 아이를 많이 낳거나 작가가 책을 많이 출간 한 경우로 의미가 확대 됩니다

3. 이솝 이야기는 우리가 인생을 살면서 알아야 할 값진 이야기를 해주기 때문에 fable이라고 해요. 이야기는 말 say하는 것이기 때문에 story = fable입니다.

F

말하다

SAY	FA

예) fable / affable / confess / fairy / fame / fate / ineffable / infant / nefarious / profess / fabulous

위 단어 모두 말하는 것과 관련이 있어요. 왜 그런지를 위의 예에서 몇 가지만 제가 설명 하겠습니다. 가서 af = go 말을 거는 사람 fab-는 사교성이 있고 친절한 성격이죠. 성당에 가 신부님에게 자신이 저지른 과오를 말 = fes하기 때문에 confess는 고백하다 이고, 사람의 명성 fame도 사람들 입에서 말이 되는 것입니다. 신생아는 아직 말 =fa을 하지 못하기 in = not 때문에 infant라고 해요.

4. 사람들은 돈을 더 벌기 위해 펀드 투자를 합니다. 적은 돈으로 큰돈을 벌겠다는 꿈에 부풀어 있죠. fund. 기본이 되는 돈이란 뜻이죠. 기본은 바닥 = bottom입니다.

바닥

BOTTOM	FUN/FON

예) foundation / fund / fundamental / fuse / futile

사람들은 땅의 밑바닥 까지 파서 물이 콸콸 나오는 우물을 만들었어요. 그래서 fun이나 fon은 먼저 foundation이란 단어부터 '밑바닥' 이란 의미를 담고 있는 fund나 fundamental이 파생 되었습니다. 이와 더불어 우물의 물에는 광 물질이 녹아 있기 때문에 '녹다' 란 뜻도 있어 fuse(혼합되다)와 futile(부질없는, 효과 없는)이란 의미도 있습니다.

5. 군대는 force입니다. 군대하면 가장 먼저 또 오르는 것은 대 부분의 사람들에게 강한 힘일 것입니다. 그래서 for = fort = rap = rav이란 철자가 나오면 힘 < 강제적인 이란 뜻으로 의미가 확대 됩니다. 어떤 일, 예를 들어 공부를 하는 것도 누가 강요하는 것이 아니라 자발적 으로 해야 하기 때문에 force계열의 단어들은 보통 부정적인 뉘앙스가 있습니다.

힘

POWER FOR

예) force / forte / fort / fortify / enforce

튼튼히 지어진 요새 fort를 외적의 침입에 대비해 늘 철저히 성의 약한 부분은 없는지 확인 하여 튼튼히 fortify하여야겠죠.

힘

FOR DYN POT RAP VAL

예) dynamic / dynasty / potent / potential / impotent / omnipotent / power / rape / ravish / ravenous / rapacious / rapid / rapture / ravage / surreptitious / valid / valor / valence / prevalent / evaluate

이들 단어들 중 몇 가지를 가지고 설명을 하겠습니다. omni = all + potent. 모든 것을 할 수 있는 힘이라 '전지전능한' 이란 의미입니다. 속도의 빠름은 rapid입니다. 이 단어의 rap통해 빠름이 연상이 되는데 빠름은 힘과 연관이 됩니다. 그래서 힘으로 상대 이성을 성적 폭행인 강간을 하는 것이 rape 예요. evaluate는 '평가하다' 인데 면접을 보는 심사 위원들은 힘이 있죠.

6. 공장은 factory. 공장의 주 기능은 만드는 것. 그래서 fac/fic/fab/fec등의 철자가 단어에 있다면 그것은 만드는 것 = make와 관련이 됩니다.

만들다

MAKE	FAC	FIC	FAB	FEC

예) / factory / fashion / fiction / infection

공장만 어떤 개체를 만드는 것은 아닙니다. 서울 강남 등에서 유행이 일어나면 전국적 으로 이런 유행이 붐을 형성하고 만들어져서 fashion은 유행입니다. 삼성이 오랜 세월동안 번 소득보다 일 년동안 책을 출간한 인세가 더 많다는 해리 포터의 작가. 그 사람은 자신의 머리에서 이야기를 만들어 내기 때문에 소설은 fiction입니다.

7. 이 세상의 삼라만상은 눈에 보이든 눈에 보이지 않든 움직 이면서 흘러가고 있어요. 대표적으로 fly는 새들이 하늘을 날아가는 모습을 나타내는 단어입니다. 그래서 fl = flow = 움직이다 = 흐르다와 연관이 됩니다.

F

움직이다

MOVE	FL

예) fly / flow / float / flip / fleeting

새가 하늘을 날듯이 물이 강물을 따라 흘러 가거나 둥둥 떠 있으면 flow나 float이고, 축구시합을 하기 전 진영을 결정하기 위하여 심판이 동전을 허공에 던지는 모습도 flip입니다.
그리고 순풍을 맞으며 쾌속 질주하는 함대의 모습이 fleet이기 때문에 fleeting은 순간적 이란 의미가 있어요.

8. 막대기를 이용하여 사람을 때리는 경우에 hit = flict = plag란 철자가 사용됩니다. 그리고 때리는 행동은 육체적인 경우 이외에 정신적 으로 충격을 주거나 괴롭히는 것도 추상적 으로 어떤 사람을 때리는 것에 비교될 수 있어요. 육체적 으로든 정신적 으로든 다른 사람을 때리는 행위를 해서는 안 되죠. 그래서 flic란 철자들이 있는 단어들은 모두 부정적인 의미를 담게 됩니다.

때리다

HIT	FLIC

예) afflict / inflict / conflict

afflict/inflict나 flic-란 철자가 있어 정신적 으로 괴롭힘과 연관이 있다는 것을 알 수 있고, 두 사람 con이 서로 때리는 이미지를 통해 conflict는 '분쟁' 이라는 뜻입니다.

9. 컵과 같이 부서지기 쉬운 박스에는 fragile이란 영어 글귀가 쓰여 있습니다. 라틴어에서 파생이 된 영어 단어의 f는 순수 영어의 b로 시작하는 단어와 같아요.

부서지는

BREAK FRAG

예) frail / fracture / fragment / fraction

부서지면 조각이 나기 때문에 fragment는 piece와 동의어입니다.

fable [féibl]
우화

story

▌fac = make. 이야기는 만들어 냅니다. 그래서 make up = cook up은 조작하다 입니다.

I enjoy reading fables.
나는 우화 읽는 것을 좋아해.

Little is known about Aesop, the author of many fables.
많은 우화의 작가인 이솝에 대해서는 알려진 것이 거의 없다.

fabrication [fæ̀brikéiʃən]
제작, 위조

make up

▌fac = make.

The newspaper story turned out to be a complete fabrication.
그 신문기사는 순전히 날조된 것으로 밝혀졌다.

facade [fəsɑ́:d]
정면

the front of a building

▌face. 사람도 정면에 얼굴이 있듯이 건물도 정면이 있어요.

A classical facade.
고전적인 건물 정면

Squalor and poverty lay behind the city's glittering facade.
그 도시의 번쩍이는 외관 뒤에는 비참함과 빈곤이 놓여 있었다.

F

face [féis]
직면하다

confront

▌face. 눈보라가 치고 폭풍우가 몰아칠 때 가장 얼굴이 이런 것에 노출이 되면 대처를 해야 합니다.

We face innumerable problems.
당면한 과제가 산적해 있다.

▌face와 관련된 어구 중에 필수적으로 알아얄 할 표현은 face - off로 시합, 대결입니다.

Taegukgi portrays bond between two brothers who later wind up facing off on opposite sides of the war.
"태극기 휘날리며"는 영화 뒷부분에 서로 적군으로 대면하게 되는 두 형제의 유대감을 잘 묘사하고 있다.

facet [fǽsit]
한 면(단면)

aspect

▌face. 맞선을 보러 나간 A 노총각. 맨 처음 보는 맞선녀의 얼굴의 이면 저면을 쳐다봅니다. 사람의 얼굴은 여러 가지 면을 가지고 있어요. 이전에 유명한 영화중에 face off라는 영화에서는 우리 인간의 이중적인 모습을 그렸습니다. 세계 명작인 지킬과 하이드 박사에서도 우리 인간의 다중적인 면을 나타내고자 했습니다.

Photographers have recorded every facet of our society.
사진작가들은 우리 사회의 모든 일면들을 기록해 왔다.

Now let's look at another facet of the problem.
자 이제 그 문제의 또 다른 일면을 살펴보기로 합시다.

facility [fəsíləti]
쉬움, 시설

easy

fac. 부모님은 자녀의 재능을 발견하고 이를 잘 발전시키도록 자녀를 만들어 갑니다. 그럼 자녀가 성인이 되었을 때 인생을 살아 가기가 쉽겠죠.

Nancy has a facility for play the piano.
낸시는 피아노 연주에 재능이 있다.

They afforded every facility for the students.
그들은 학생들에게 온갖 편의를 제공했다.

---

facetious [fəsí:ʃəs]
우스운, 익살맞은

humorous

face. 우리가 알고 있는 단어에서 길어지면 부정적이거나 우습다는 것을 암시합니다. 단어의 길이를 보세요. 얼굴이 길어요. 특히 턱이 길어 유머스럽게 보이는 얼굴 연상.

She kept making facetious remarks.
그녀는 계속 익살스런 발언을 했다.

We grew tired of his frequent facetious remarks.
우리는 그가 빈번하게 늘어놓는 소리에 싫증이 났다.

---

facile [fǽsil]
손쉬운

fluent

fac = make. 만들 수 있는 사람은 재능이 있어요. 그리고 유능함을 가지고 있습니다.

facile movement.
경박한 움직임

It is facile of reviewers to point out every misprint in a book.
검열자가 책의 모든 오식을 지적하는 것은 쉬운 일이다.

He is facile in device.
그는 책략이 뛰어나다.

---

faction [fǽkʃən]
당파, 당쟁

group

fac = make. 조선조. 가장 당파 싸움이 심했던 왕조. 그룹을 만들어 서로 싸우는데만 급급 했어요.

They split into several factions.
그들은 여러 당파로 갈라졌다.

The rebel factions made common cause with each other to overthrow the regime.
반역 당파들은 그 정권을 무너뜨리기 위해 공동 전선을 폈다.

---

faculty [fǽkəlti]
능력, 재능, 교수 집단

teaching staff

fac. 공부를 가르쳐 학생들을 좋은 인간으로 만들어 가는 선생님과 연관.

하나	그룹
teacher	faculty
fish	group
wolf	pack
ship	fleet

She is on the faculty.
그녀는 교수 중 한 사람이다.

The number of women faculty members has increased by 250% since 1975.
여자 교수의 수가 1975년 이후로 250% 증가했다.

---

faint [féint]
희미한, 졸도하다

very little strength or intensity

▌paint. 원시인들은 사냥을 하러 가기 전 혹은 다른 부족과의 싸움에 앞서 얼굴에 화장을 했어요. '꾸민' 이란 뜻이 먼저 있었어요. 그러다가 '가짜' 라는 뜻을 가졌고 영어의 다른 단어 feign과 같은 어원을 가지게 됩니다.

We saw the faint outline of the mountain through the mist.
우리는 안개 속에서 흐릿한 산의 윤곽을 보았다.

She suddenly felt faint.
그녀는 갑자기 어지러웠다.

fair [fέər]
공정한

right

▌fac. 시장이란 단어가 기본입니다. 시장에서는 가격이 정확하게 이루어져 하기 때문에 '공정한' 이란 의미도 있습니다.

The commission set a fair value of five million dollars on the property.
위원회는 그 자산에 대해 5백만 달러 라는 공정한 가치를 매겼다.

All her children are fair.
그녀의 아이들은 모두 금발이다.

fallacious [fəléiʃəs]
그릇된, 논리적 오류가 있는

error

▌fall. 시험장에서 실수를 하면 성적이 떨어집니다. fall은 넘어지다가 기본 의미에서 비유적으로 속이다와 실패와 관련이 됩니다.
fail / fallacy / fallible / false

It's fallacious to assume that they will agree.
그들이 동의할 것이라고 추정하는 것은 잘못된 생각이다.

▌fall이 들어간 구절동사 중 다음의 두 가지를 잘 기억해두세요.

fall back on
의존하다(푹신한 의자 깊숙이 뒤로 back 앉아 '소파' 에 의지하여 쉬는 모습 연상)

He had no saving to fall back on.
그에게는 의지할 만한 저축이 없었다.

fall out
논쟁하다(길을 가다 돈이 떨어졌는데 서로 내 돈이라고 싸우는 모습 연상)

Didn't those two have a falling-out with each other?
그 두 사람은 서로 다투지 않았습니까?

They fell out over some trifling matter.
사소한 일로 그 친구들은 의가 상했다.

fallout [fɔ́:làut]
부산물

byproduct

▌fall. 한국어에 "떡 고물"이란 말이 있어요. 어떤 것을 만들다가 옆에 떨어진 떡고물.

Radioactive fallout/waste.
방사성 낙진/폐기물

A North Korean test would cause a lot of insecurity fallout
북한의 실험은 많은 안보불안의 여파를 초래할 것이다.

F

fallow [fǽlou]
(논이나 밭등을)경작하지 않는

inactive

▌fall. 떨어지는 것은 부정적인 이미지. 더 이상 활동하지 않는 것과 연관.

The field lay fallow.
그 밭은 휴경지였다.

They left the fields fallow.
그들은 밭을 놀렸다.

falter [fɔ́:ltər]
비틀거리다, 말을 더듬다

loses power or strength in an uneven way

▌fall. 비틀거리다가 넘어지는 것 연상.

The success of these reforms faltered in the late 1980s.
이들 계획의 성공이 1980년대 후반에 비틀거렸다.

She tried to explain in her faltering English.
그녀는 더듬거리는 영어로 설명을 하려했다.

fanatical [fənǽtikəl]
광신적인

zealous

▌fan. 단어의 길이가 우리가 알고 있던 것보다 길어지면 부정적. 그래서 fanatic은 fan의 단계를 넘어 광적인 상황.

A fanatical Catholic.
광신적인 가톨릭교도

She's fanatical about keeping fit.
그녀는 몸매 유지에 광적이다.

far [fɑ́:r]

▌go too far : 과장하다(거리상으로 너무 멀리 갔다는 것은 비유적으로 '허풍' 을 의미)

He sure did go it a little bit too far.
그가 확실히 좀 지나쳤다.

farcical [fɑ́:rsikəl]
익살극의

absurd

▌far. 어느정도 웃겨야 하는데 너무 지나친 경우.

So it's just completely farcical.
그것은 완전히 웃긴다.

It is a completely farcical situation.
그것은 완전히 웃기는 상황이다.

far-fetched [farfétʃt]
(말이나 주장이)억지

improbable

▌너무 멀리 간것. 지금 우리가 서 있는 곳에 너무 멀리 있는 것은 현실적 이지 않아 억지와 연관.

The film's plot is interesting but rather far-fetched.
그 영화의 플롯은 재미있지만 좀 억지스럽다.

far-reaching [fάːríːtʃiŋ]
광범위한

extensive

reach. 가까이 있지 않고 멀리 잡아 당겨 있는 것. 비유적으로 광범위한 것을 나타냅니다.

A far-reaching inquiry.
광범위한 수사

Cuts in educational spending will have far-reaching implications for the future.
교육비 삭감은 미래에 대해 원대한 영향을 미치게 될 것이다.

far가 들어간 어구 중 알아야 할 표현 한 가지를 더 공부 해보도록 하겠습니다.
far from : - 이 아닌(=not. 서로 좋아하면 자주 연락도 하지만 가까이 있으려고 합니다. 하지만 싫은 사람들 = 아닌 사람들은 멀리 far 있어요)

Cuts in Far from studying hard, he did not even open the book.
그는 열심히 공부하기는커녕 책도 펴 보지 않았다.

The syndrome is far from being fully understood.
이런 증상이 완전히 이해되려면 아직도 멀었다.

---

fascinating [fǽsənèitiŋ]
매혹적인

attractive

fac = fas. 매혹적인 여성을 보면 남성들은 뿅 가게 됩니다.

She was a fascinating young lady.
그녀는 매혹적인 젊은 숙녀였다.

It's fascinating that migratory birds never get lost.
철새가 결코 길을 잃지 않는 것은 놀라운 일이다.

---

fastidious [fæstídiəs]
까다로운

ridicule

fast. fast는 빠르다는 뜻 이외에 '꽉' 이란 표현이 있어요. 한국어도 부모가 자녀들의 자유 의사를 존중하지 않고 꽉 쥔다 = 빡세다 란 표현에서 보듯이 까다롭다는 의미가 있어요.

She is fastidious to a fault.
그녀는 지나치게 까다롭다.

Her odd table manners embarrassed some of her more fastidious friends.
그녀의 이상한 식사예절은 그녀의 보다 까다로운 친구들을 당황케 했다.

---

fatal [féitl]
치명적인, 운명의

mortal

fat. 지방. fatal은 지방이 너무 많아 목숨을 잃을 정도로 비만인 사람 연상.

The drunk driver caused a fatal accident.
그 음주 운전자는 치명적인 사고를 일으켰다.

As late as the 1950s, tuberculosis was still a fatal illness.
바로 1950년대까지만 해도 결핵은 아직 치명적인 병이었다.

F

fathom [fǽðəm]
이해하다

see
understand

▎thumb. 엄지손가락을 연상하세요. 길이 단위의 유래를 간단히 설명하겠습니다. 이전에는 측정시 인체의 일부분을 사용하였는데 엄지손가락 끝마디의 길이(인치 =inch), 손바닥을 핀 상태에서 가운데 손가락 끝에서 팔꿈치 까지의 길이 (큐비트 = cubit), 양발을 벌린 상태에서 왼손 가운데 손가락 끝에서 오른손 가운데 손가락 끝까지의 길이(패덤 = fathom), 발의 길이(푸트 = foot)

I'm trying to fathom out the motives behind his proposal.
나는 그의 제안 이면에 있는 동기를 헤아리려고 노력하는 중이다.

For reasons that I have never been able to fathom, the jury found him guilty.
내가 결코 헤아릴 수 없는 이유들 때문에 배심원단이 그에게 유죄를 선고했다.

---

fatigue [fətí:g]
피로

tired

▎fat. 지방이 많아 살이 찌면 거동 하기가 불편하고 몸이 피곤함.

His fatigue indisposed him from speaking.
그는 피곤해서 말할 기분이 나지 않았다.

He was suffering from fatigue.
그는 피로에 지쳐 있었다.

---

fatuous [fǽtʃuəs]
바보의

stupid

▎fat. 몸이 마르고 눈이 초롱초롱한 사람은 똑똑하게 보입니다. 하지만 몸이 뚱뚱한 사람은 보통 stupid = fool하게 보여요.

A fatuous grin/remark.
얼빠진 미소/발언

The boy, who wears a dark blue uniform and boots, has a fatuous smile.
푸른 제복을 입고 있는 그 소년은 얼빠진 미소를 하였다.

---

fault [fɔ́:lt]
단층

a large crack in the surface of the earth

▎fault는 일처리를 잘못한 '실수' 이지만 지층끼리 층이 제대로 있지 못하고 서로 어긋난 것인 '단층' 이란 의미도 있습니다.

The southern part of the San Andreas fault seems to have been building up a considerable amount of strain.
산 안데라아스 단층 남부에 상당한 정도의 긴장상태가 축적돼 있는 것으로 보인다고 밝혔습니다.

---

faux [fóu]
인조의, 가짜의

false

▎발음이 '호후'. 원수인 foe와 유사합니다. 'faux' 는 뒤 틀렸다는 뜻에서 나와 실수등으로 풀이 하면 됩니다. hoax = faux

He committed one or two faux pas when it came to Japanese protocol.
일본 의정서에 관해서는 그가 한두 가지의 실책을 범했다.

---

favorite [féivərit]
좋아하는 사람

gem / darling

▎형용사 favorite은 좋아하는 이지만 명사는 사람을 지칭.

Who's your favorite actor?
네가 좋아하는 배우는 누구니?

She's not really my favorite
정말 가장 사랑한다는 건 아냐.

---

fawn [fɔ́:n]
아첨하다

seek favor

fawn은 새끼 사슴으로 엄마 사슴 앞에서 재롱을 떠는 모습 연상.

A rich but insecure person likes to be fawned upon.
아첨 받기를 좋아하는 부유하지만 불안정한 사람.

---

feasible [fí:zəbəl]
실행할 수 있는

practicable

fac. 말로만 lip service하는 것은 아무런 소용이 없습니다. 직접 실행에 옮겨 야죠.

It was not feasible to build a bridge at that point.
그곳에 다리를 놓는 것은 가능할 것 같지 않았다.

It is no longer feasible for one country to dominate the world.
한 국가가 세계를 지배하는 것은 이제 더 이상 실행가능하지 않다.

---

feast [fi:st]
축하연

festival

feast는 festival과 철자와 발음이 유사합니다.

The wedding was followed by a big feast.
결혼식에 이어 먹자판이 벌어졌다

Christmas is an immovable feast.
크리스마스는 매년 날짜가 같은 축제이다.

---

feat [fit]
공적

accomplishment

노력을 하여 어떤 일을 달성한 것을 의미하는 것으로 accomplishment와 동의어.

He accomplished the splendid feat of winning all the major titles.
그는 모든 메이저 대회에서 선수권을 획득하는 쾌거를 이룩했다.

---

feckless [féklis]
무책임한

irresponsible

effect = fec. 별로 효과가 없는 사람들. 무책임 한 인간들.

Feckless parents with more children than they can support.
부양할 수 있는 수 보다 더 많은 아이들을 둔 무책임한 부모

---

fecund [fí:kənd]
다산의, 풍부한

fertile

fec = make. 만들었는데 철자의 길이가 길어요. 그래서 많이 만들다.

He is fecund of originality.
그는 독창력이 풍부하다.

The Provence region of France used to be a fecund/fertile place.
프랑스의 프로방스 지역은 비옥한 땅이었다.

(the)feds [fed]
연방기구

federal agents

federation의 약자로 영어는 줄일 때 일음절로 줄인다. 예를 들어 laboratory의 약자는 lab이다. 하지만 예외적으로 economic의 약자는 2음절인 econ으로 그 이유는 con으로 줄이는 경우 전과자가 con이라 의미적으로 혼동을 주기 때문이다.

The Feds had hoped to charge him with the lesser offense of mishandling classified information.
FBI요원들은 그에게 그보다 더 가벼운 죄인 기밀을 잘못 조처한 혐의로 고발하려했다.

F

fed up with [fed]
지겨운

tired

신물이 넘어 온다는 한국어 표현이 있습니다. 먹은 것이 위로 넘어 오는 것으로 지겹거나 어떤 사람이나 상황에 지쳐 있을 때 사용됩니다.

We're quite fed up with those news.
우리는 그런 뉴스에 아주 질렸습니다.

Now I give up because I am fed up
난 너무 싫증나서 관둔다.

feeble [fí:bəl]
연약한

weak

fee. 의사, 변호사 등에 대한 사례를 fee라고 합니다. 몸과 정신이 허약해지면 우리 인간은 어디를 가야 하나요? 당연히 병원이죠. 지불한 요금이 고가인 병원 들에 낼 돈은 fee. fee는 원래 고대 영어에서는 cow와 같은 가축이었어요. 돈을 사용하기 전에는 물물 교환 시대였기 때문에 만일 돈이 아니라 이전처럼 fee = cattle로 물건에 대한 지불을 했더라면 많이 불편하였겠죠.

A feeble old man.
연약한 노인

Superstition is the religion of feeble minds.
미신은 연약한 마음들이 믿는 종교이다.

feet [fi:t]

feet과 관련된 아래의 두 개 어구를 공부해 두세요.

drag one's feet
발을 질질 끌며 걷다, 일부러 꾸물거리다

The planning department hadn't dragged their feet.
기획부에서 꾸물거리지 않았다.

get back on one's feet

on one's feet
일어서서, (경제적으로) 독립하여

I will stand on my feet starting tomorrow.
내일부터는 경제적으로 독립하겠다.

felicity [filísəti]
행복

happy

fel = feel = happy

He has many felicities.
그는 여러 가지로 복이 많은 사람이다.

fend [fend]

fend off
피하다(fend off는 avoid의 동사와 동의어)

fence.담장을 쳐서 사람들 왕래를 차단함.

The president fended off a second coup attempt earlier this month.
대통령은 이달 초 두 번째 쿠데타 기도를 저지했다.

ferocious [fəróuʃəs]
사나운

brutal

▌fierce = fier = fire = fero. 활활 타오르는 불길을 보세요. 맹수와 비유가 됩니다.

A ferocious animal.
맹수.

That dog's a ferocious creature!
저 개는 사나운 동물이야!

fertile [fə́ːrtl]
비옥한, 다산의, 풍요로운

rich

▌fer = ferry = go. 비옥한 땅이나 아이를 많이 낳은 여자들이나 글을 많이 쓰는 작가 모두 많이 만들어 내는 공통점이 있습니다.

fertile ground.
비옥한 땅

The building of the canal has transformed the area from desert into fertile farmland.
운하 건설로 그 지역은 사막에서 비옥한 농토로 바뀌었다.

fervent [fə́ːrvənt]
열렬한

hot

▌fever = hot. 몸에 열이 높은 경우 몸이 뜨거워요.

A fervent desire.
열망.

As a Methodist, he was a fervent advocate of temperance.
감리교신자로서 그는 절제의 열렬한 옹호자였다.

fester [féstər]
곪다, 부패하다

decay

▌pester = pest = fester. pest는 무서운 중세의 페스트입니다. 이 전염병 때문에 유럽의 나라들이 황폐화 되었습니다.

The issues raised by the controversy continue to fester.
그 논쟁으로 제기된 쟁점들이 계속 곪고 있다.

fetid [fétid]
악취가 나는, 구린

bad smell

▌fet = feet = foot. 발에서 무슨 냄새가 나나요. 악취가 나요.

Dragons also can emit a fetid odor, which can rot away anything it touches.
용은 지독하게 더러운 냄새를 내뿜을 수 있어요.

fetish [fétiʃ]
맹목적 숭배물, 성 도착증

an object of attention

▌transvestism은 이성의 복장을 fetish로 선택하여 그것을 착용한 자신의 겉모습으로부터 오는 만족을 얻는 행위를 말합니다. 더 쉽게 말하면 남자가 여자의 옷이나 물건을, 여자가 남자의 옷이나 물건을 착용 하거나 좋아하는 것을 말해요.

She has a fetish about cleanliness.
그녀는 청결에 맹목적으로 집착한다.

He makes a fetish of his work.
그는 자신의 작품을 맹목적으로 숭배한다.

F

fetter [fétər]
속박하다

restrain

▌fet = feet = foot. 족쇄. 손과 발을 묶여 노예들은 도망을 갈 수 없었어요.

He was kept in fetters.
그는 족쇄가 채워져 있었다.

I hate being fettered by petty rules and regulations.
나는 사소한 법칙과 규정들에 구속받는 것이 싫다.

fiasco [fiǽskou]
큰 실수, 대실패

failure

▌flask = bottle. 15세기 베니스의 유리공예업자 들은 귀중한 작품을 만들기 위해 완전무결한 재료를 사용했는데, 만일 만든 물건이 약간의 흠이라도 발견되면 꺼내어 조그만 플라스크 = fiasco를 만들었어요.

The party turned into/was a complete fiasco.
그 파티는 완전히 대실패가 되었다.

Who do we have to thank for this fiasco?
우리가 이런 대 실패를 맞게 된 게 도대체 누구 탓이니?

fiat [fíːɑːt]
명령

order

▌fit · oder보다는 권위에 의한 명령이란 뜻을 함축. 강제적인 명령이 사람을 적합 = fit하게 함.

Prices have been fixed by government fiat.
정부의 명령에 의해 물가가 고정되었다.

fiber [fáibər]
섬유, 기질

character

▌비슷한 의미를 가지는 것으로 disposition이 있어요.

You found a fiber?
섬유 조직을 찾았소?

Does she have the moral fiber, moral fibre to adhere to principle?
그녀에게는 원칙을 지킬 만한 도의심이 있습니까?

fickle [fíkl]
변하기 쉬운

capricious

▌pick = pickle. 오이 장아찌를 연상해보세요. 오이를 소금에 담궈 놓으면 바로 변화가 있어 오이김치가 됩니다.

A fickle friend.
변덕이 심한 친구

The weather here is notoriously fickle.
이곳의 날씨는 변덕스럽기로 악명 높다.

fictitious [fiktíʃəs]
가공의, 거짓의

fake

▌fic = make. 만들기 만들었는데 단어의 길이가 길어지면 부정적인 내용이 되어 사기 치는 것이죠.

All the places and characters in my novel are entirely fictitious.
내 소설 속의 모든 장소와 인물은 전적으로 허구이다.

The account he gives of his childhood is quite fictitious.
그가 자신의 어린 시절에 대해 하는 이야기는 상당히 허구적이다.

fiddle [fídl]
…을 만지작거리다

keep touching or moving with your hands

▌바이올린을 만지작 거리는 모습에서 물건을 만지는 것으로 의미가 확대.

I keep fiddling with my phone even when there is no phone call.
전화 통화를 하지 않는 데도 휴대폰을 계속 갖고 놀게 된다.

fidget [fídʒit]
안달하다, 만지작거리다

nervous

▌불안해서 몸이나 신체의 일부를 움직이는 모습.

She fidgeted with her necklace.
그녀는 목걸이를 만지작거리고 있었다.

field [fíld]

▌field trip : 현장 학습 (교실이라는 답답한 공간을 떠나 들판 등에서 현장 학습을 하는 것. field trip의 가장 대표적인 사례는 수학여행)

Miss Susan told the children to take a field trip to the zoo.
수잔 선생님은 아이들에게 동물원 견학을 가자고 말했어요.

Remember our high school field trip?
고등학교 때 수학여행 기억나니?

fig leaf [fig líf]
무화과 잎, 은폐

hide

▌아담과 이브가 에덴동산에서는 옷을 입고 살지 않았다가 뱀의 유혹에 빠져 과일의 먹은 후 창피를 느끼면서 성기를 무화과 잎으로 가리게 됩니다. 이는 비유적으로 은폐.

There will be no geopolitical fig leaf.
지정학적인 평화는 존재하지 못할 것이다.

figment [fígmənt]
꾸며낸 것, 허구

invent

▌figure = fic = fig = make. 만드는 것은 발견하는 것과 연관.

I don't know whether it's just a figment of her imagination.
나는 그냥 그녀의 상상의 산물인지 모르겠다.

figurative [fígjərətiv]
비유적인

a style of art in which people and things are shown in a realistic way.

▌fic. 만드는 것. 비유적이란, 추상적인 것은 이해하기 어렵기 때문에 쉬운 내용으로 설명하는 것을 말합니다. 예를 들어 사랑은 눈물의 씨앗이란, 표현에서 씨앗에서 새로운 식물이 나오듯이 사랑을 씨앗에 비교해서 사랑을 하면 눈물과 같은 슬픔도 생겨난다는 것을 표현하고 있어요.

'He exploded with rage' shows a figurative use of the verb 'explode'.
"그는 분노로 폭발했다"는 '폭발하다'는 동사의 비유적인 쓰임을 보여준다.

▌figure와 관련된 표현으로 figurehead는 명목상(표면상)의 대표를 말합니다.

The parties want a new constitution that would make the king a ceremonial figurehead.
그 당은 왕을 명목상의 국가원수로 하는 새로운 헌법이 마련되기를 원한다.

F

filibuster [fíləbʌ̀stər]
의사 방해 연설자

stop/obstruction

▌어원은 해적 또는 약탈자를 의미하는 스페인어 '피리브스테로'에서 유래됐으며, 800년대 중반에 들어 정치적인 의미로 사용되어, 국회에서 소수파 의원들이 다수파의 독주를 막거나 기타 필요에 따라 합법적인 수단과 방법을 이용해 의사 진행을 고의로 방해하는 행위를 말합니다. 방해를 하는 행동 중 국회 등에서 긴 연설 등으로 법안의 통과를 방해하는 경우로 국한됩니다.

He added legislators should stop fighting and filibustering.
그는 국회의원들은 싸움과 의사진행 방해를 중단해야 한다고 말했다.

filthy [fílθi]
불결한

dirty

▌dirty. 억만장자(billionaire)들인 tycoon, magnate, 또는 mogul. 세속적인 표현으로는 'filthy rich' '더러운', 또는 '불결한'을 뜻하는 'filthy'는 'filthy rich'에서 보듯이 '부정 소득'을 의미합니다. 깨끗이 돈을 번 사람들도 있지만 일부는 아주 더러운 방법으로 돈을 번 사람들도 있어요.

She was repelled by his filthy appearance.
그 여자는 그의 지저분한 모습에 혐오감을 느꼈다.

Holiday-makers complained bitterly that the resort was filthy.
휴가객들은 그 휴양지가 지저분하다고 몹시 불평했다.

finesse [finés]
기교, 술책, 책략

craftiness

▌fine. 섬세한 것을 만들려면 기술이 있어야 합니다.

He lacked his father's tact and finesse.
그에게는 아버지의 요령과 솜씨가 부족하다.

▌fine과 관련된 표현으로 fine print는 작은 활자(의 인쇄물)로 좀 더 풀어 단어의 뜻을 설명하자면 작은 글자 부분(계약서나 예금, 보험 약관에서 본문보다 작은 글자로 숨겨진 듯이 인쇄된, 소비자에게 불리할 수 있는 조건)

It's definitely wise to read the fine print on those policies.
보험 약관에 나온 주의 사항을 꼭 읽어 봐야겠네요.

finger print [fíŋgərprint]
지문

a mark made by the pattern of lines on the tip of a person's finger, often used by the police to identify criminals

▌잉크로 프린트 하는 것이 아니라 손으로 프린트하는 경우. 주민등록증 만들 때 지문.

The police got a clean set of fingerprints.
경찰은 선명한 지문 한 조를 입수했다.

finite [fáinait]
한정된

limited

▌fin = end. 끝이 있는 것은 한계가 있죠.

I think it will extend the life of those finite fuels.
나는 그것이 한정된 연료의 수명을 더 연장시킬 수 있다고 생각합니다.

firebrand [fáiərbræ̀nd]
횃불, 선동자

a person who is always encouraging other people to take strong political action, often causing trouble

▌데모를 할 때 횃불 이나 촛불을 들고 대중을 선동하는 사람 모습 연상.

Venezuelan socialist firebrand Chavez has accused President Bush of exporting imperialism.
베네수엘라의 사회주의 선동가 차베스 부시 대통령이 제국주의를 수출한다고 비난하였다.

▌fire가 들어간 표현 중 under fire는 비판이란 의미.

under fire
비판

Newspaper reported correction article under fire.
신문은 비난을 받고 정정기사를 개재했다.

firsthand [fə́ːrsthǽnd]
직접의

direct

▌hand. second - hand는 어떤 물건에 손이 처음 간 것이 아니기 때문에 중고 제품을 말합니다. first hand는 직접과 관련이 있어요.

This is on opportunity for you to learn at firsthand about the world.
이것은 세상을 직접 경험할 수 있는 기회이다.

I have got the news at firsthand.
직접 본인으로부터 들었다.

fiscal [fískəl]
재정상의

monetary

▌fis = fin = mon = money.

The government's tight fiscal policy acts as a buttress against inflation.
정부의 긴축재정이 인플레의 버팀벽이 되고 있다.

There would be no backsliding from their strong fiscal policies.
강력한 재정 정책에서 후퇴하는 일이 없다.

fit [fit]
적당한, 꼭 맞는

proper

▌fix. 몸을 신장에 적합하게 체중을 조절. 건강한 생활의 기본.

A barn is not fit for human habitation.
헛간은 사람의 주거지로는 적당하지 않다.

The skirt doesn't fit - it's too big.
그 스커트 맞지 않다. 너무 크다.

fix [fiks]
고정하다/정보

information

▌적합하게 고정하거나 적합한 정보를 인터넷에서 검색하는 것과 연관.

You can't prescribe fixed standards for art.
예술에 대해서는 일정한 기준을 정할 수가 없다.

The king came up with several fix for franchisees.
제왕께서 친히 프랜차이즈 운영자들에게 몇 가지 조언을 제공해 주셨습니다.

F

fizzle out [fízl]

실패하다, 용두사미로 끝나다

fail

▌불이 꺼지는 기본 의미에서 비유적으로 어떤 일이 특별한 결과 없이 끝나는 경우에도 사용.

Opposition forces would crumble and that street protests would fizzle out.

야당 세력이 무너질 것이라거나, 거리농성이 실패로 끝났다.

flag [flǽg]

쇠약해지다, 시들해지다

decline

▌flag. 비에 흠뻑 젖어 있는 국기를 보세요.

From first to last his interest never flagged.

그의 관심은 시종 시들해지지 않았다.

Flagging consumer spending have weighed down Korea's economy.

지난 내수 침체가 우리 경제를 짓눌러 왔다.

flagrant [fléigrənt]

명백한, 악명 높은

bad

▌flame이 들어간 단어들 : nonflammable, flambeau, flagrant, conflagration b발음이 때로는 f로 변하기도 합니다. 그래서 불꽃을 flame, blaze라고 하고, 불처럼 명확한 것을 flagrant라고 합니다. 모두 다 같은 어원에서 유래한 것입니다. 악의에 차서 눈을 불을 켜고 있는 악당의 모습을 연상해보세요. flame = flagrant 불타고 있는 < 높은 < 극악한

He was flagrant as a liar.

그는 거짓말쟁이라는 평판이 자자했다.

He was flagrant as an outlaw.

그는 무법자로서 악명 높았다.

flank [flæŋk]

옆구리

side

▌옆구리는 보통 side. 이와 유사어로 flank가 있어요.

Our orders are to attack their left flank.

우리의 명령은 그들의 좌익을 공격하라는 것이다.

The rider dug his spurs into the horse's flank.

그 기수는 말의 옆구리에 박차를 가했다.

flat [flǽt]

평평한

lowland

▌platform = plat = flat. 기차나 버스 그리고 전철의 플랫 홈은 울퉁불퉁하지 않고 여행객의 보행에 불편을 주지 않기 위하여 편편합니다.

We had a flat tire during our trip.

우리 여행 중에 타이어가 펑크 났다.

A vast flat plain interrupted only by a few trees.

단지 몇 그루의 나무에 의해 가로막힌 광대하고 평평한 평야

flatter [flǽtər]

아첨하다

butter/praise

▌flat. 다른 사람에게 불편한 심기가 있을 때는 내부가 앙갈지게 굽어 있어요. 하지만 아부를 받으면 마음이 곡선이 아니라 직선으로 이미지화 됩니다.

You flatter your mother a bit she might invite us all to dinner.

네가 너희 엄마의 비위를 조금만 맞춰 드리면 우리 모두를 식사에 초대하실 거야.

We must not flatter ourselves.

우리는 자만해서는 안 된다.

flaunt [flɔ́:nt]
과시하다

show off

▎flow = flower. 활짝 핀 장미를 연상해보세요. 아름다움을 뽐내고 있습니다.

They openly flaunted their relationship.
그들은 자신들의 관계를 공공연히 과시했다.

He's always flaunting his wealth.
그는 항상 자신의 부를 과시한다.

flaw [flɔ́:]
결점

handicap

▎law. 잘못이 있고 문제점이 있으면 법에 접촉되는 행동이 될 수도 있어요. flaw와 유사어는 handicap.

There's a flaw in your reasoning.
너의 추리에는 잘못이 있다.

There was a fatal flaw in the plan.
그 계획에는 치명적인 결함이 있었다.

fledgling [flédʒliŋ]
풋내기의, 미숙한

young

▎fly. 그동안 새 둥지에서 어미 새가 물어오는 먹이만 먹던 어린 새끼 새들이 이제 둥지를 박차고 하늘을 나는 비행 연습을 해야 하는 털이 보송보송한 어린 새 연상.

The fleeing rebels found sanctuary in the cathedral.
도망친 반역자들이 성당을 은신처로 삼았다.

Fleeing villagers were hunted down by army helicopters.
달아나는 마을 사람들을 군의 헬기가 뒤쫓고 있었다.

flee [fli:]
달아나다

run away

▎free. 도망하는 모습 연상.

The fleeing rebels found sanctuary in the cathedral.
도망친 반역자들이 성당을 은신처로 삼았다.

Fleeing villagers were hunted down by army helicopters.
달아나는 마을 사람들을 군의 헬기가 뒤쫓고 있었다

fleeting [flí:tiŋ]
일시적인

temporaly

▎fleet = fly. 새가 날아가는 모습을 보세요. 순식간에 허공을 지나갑니다.

Time flies fleetingly before we know it.
세월이 덧없이 지나 간다.

flip [flip]
(동전등을)튀기다

throw

▎flip. 축구 심판이 허공에 던진 동전은 빠르게 땅에 떨어집니다. 빠르게 움직임은 사람이 세치 혀를 빠르게 움직여 상대방을 비난하는 모습과 연관.

The plane crashed and flipped over.
그 비행기는 추락하여 뒤집혔다.

My mother really flipped when I told her I was getting married.
내가 결혼하겠다고 말하자 우리 어머니는 그야말로 뒤집어지셨다.

F

flippant [flípənt]
경박한, 경솔한

flip

▌flip. 말을 잘하면 천 냥 빚도 갚을 수 있는데 혀를 함부로 놀리는 건방진 모습 연상.

Flippant remarks are part of his stock-in-trade.
건방진 발언은 그의 상투적인 수법의 일부이다.

Don't be so flippant -- this is an important matter.
그렇게 까불지 마. 이건 중요한 문제야.

flimsy [flímzi]
얇은, 약한

weak

▌slim. 핸드폰의 옆 두께가 slim한 것은 왠지 약해 보여요 flimsy.

A flimsy construction.
약한 건물.

The evidence against him is pretty flimsy.
그에 반대되는 증거는 상당히 박약하다.

florid [flɔ́:rid]
화려한

flushed

▌flower. 활짝 핀 꽃을 보세요. 얼굴에 혈색이 좋은 것은 피가 원활 하게 몸 안에서 돌기 때문이예요.

a florid style
화려한 문체

He is a florid speaker.
미사여구를 많이 쓰는 연설가

float [flóut]
떠 있는

drift

▌flow. fl -이 들어간 단어들은 움직임과 연관.

The raft was floating gently down the river.
뗏목은 강 아래로 둥둥 떠내려가고 있었다.

A balloon floated across the sky.
풍선이 하늘을 둥둥 떠갔다.

flounder [fláundər]
휘청거리다

to struggle to know what to say

▌걸음걸이가 휘청거리는 기본 뜻에서 비유적으로 경제 등이 좋지 않을 때 사용.

The U.S. economy is floundering as the mortgage crisis.
모기지 대출 위기때문에 미국 경제가 휘청거리고 있다.

flout [fláut]
모욕하다, 경멸

disregard

▌flow. 플루트. flute. 이솝 우화에서 다른 동물인 개미는 열심히 일을 하는데 베짱이는 악기를 연주하면서 노는 모습 연상. 다른 사람들이 하는 모습을 풍악 flute이나 하면서 무시하는 것이 flout입니다.

Malaysia's leader flouted the IMF's advice to do much what Korea did do.
말레이시아 지도자는 한국이 취한 행동을 그대로 따르라는 IMF의 충고를 외면했다.

flourish [flə́:riʃ]
번창하다

prosper

▌flower. 꽃이 만발한 것은 비유적으로 번영과 연관.

Socrates flourished about 400 b.c.
소크라테스는 기원전 400년경에 활약했었다.

Few businesses are flourishing in the present economic climate.
현재의 경제 환경에서는 번창하는 사업이 거의 없다.

fluctuate [flʌ́ktʃuèit]
변동하다

wave/vary

▌fly. fluid = water = wave. 해안의 파도를 연상 해보세요. 썰물과 밀물의 반복을 이루면서 파도가 요동을 치네요.

His mood seems to fluctuate between happiness and despair.
그의 기분은 행복감과 우울함 사이를 오가는 것 같다.

Prices fluctuated between $10 and $15.
가격이 10달러에서 15달러까지 오르내렸다.

fluency [flú:ənsi]
유창

smoothness of speech

▌flow. 입놀림이 빠른 달변가 연상.

He speaks Arabic and English with equal fluency.
그는 아랍어와 영어를 거의 같은 수준으로 유창하게 한다.

He speaks English and French with equal fluency.
그는 영어와 프랑스어를 똑같이 유창하게 말한다.

fluke [fluk]
요행수, 요행

lucky

▌luck도 행운이지만 fluke는 더 운이 좋았다는 것을 암시.

It is a mere fluke.
그것은 요행에 불과하다.

flunk [flʌŋk]
낙제

fail

▌공부를 잘 하는 것은 do well 혹은 ace. 하지만 이와는 반대로 공부를 못하면 fail 혹은 flunk.

He flunked out of school.
그는 성적 불량으로 퇴학당했다.

He was flunked, to the surprise of everyone.
그가 낙제하자 모두 의외로 생각했다

fluorescent [flùərésnt]
형광성의

light/luminously

▌flow. 전기가 흘러 빛이 발산하고 있는 이미지. fluor(flourine)+esc(begin)+ent.

True, the fluorescent bulb costs more.
맞습니다, 형광등이 더 비쌉니다.

What is said about compact fluorescent bulbs?
소형 형광등에 대해서 뭐라고 하는가?

flush [flʌʃ]
확 붉어지다

red

▌flow. 조선의 여인들은 부끄러움을 타면 얼굴에 홍조를 띠었습니다.

Her cheeks flushed crimson.
그녀의 두 뺨이 발개지다

Her face flushed a rosy red.
그녀의 얼굴은 장밋빛으로 물들었다.

fodder [fάdər]
가축의 먹이

food

▌food. 먹이로는 feed(가축의 먹이), prey(육식 동물의 먹이), 사료는 보통 우리가 여물이라고 하는 fodder. 비유적으로는 '소재' 입니다.

This story will be more fodder for the gossip columnists.
이 이야기는 가십란 집필자에게 더 좋은 소재가 될 것이다.

F

foggy [fogi]
흐린
unclear

▌안개가 자욱하면 시야를 가리는 것처럼 비유적으로는 상황이 불투명할 때 사용.

Prospects remain foggy since they have been insisting that the discussions should be now left for the politicians.
그들은 이 문제를 정치인들에게 맡겨야 한다고 주장하고 있어 전망은 불투명하다.

foliage [fóuliidʒ]
잎
leaves

▌foli(leaf)+age. "나뭇잎"을 뜻합니다. turn the new leaf의 의미는 무엇일까요? leaf는 life를, turn은 change. 나무 잎 앞면은 벌레가 갉아 먹었어요. 세상을 살면서 막 살은 A씨의 인생. 그러나 잎의 뒷면으로 돌리면 벌레가 먹지 않은 새 잎이 돋아나요. 새로운 인생을 살겠다고 다짐하는 것을 잎에 비유하여 표현 됩니다.

My flower arrangement needs more foliage.
내 꽃꽂이에는 잎 장식이 좀 더 필요하다.

follow suit [falou suit]
남이 하는 대로 따라 하다, 선례에 따르다
follow

▌follow는 다른 사람을 따라가는 것 의미.

Americans choose to follow suit by driving more fuel-efficient vehicles.
미국인들이 보다 연비가 높은 차량을 운행함으로써 그 같은 모범을 따르는 것을 선택한다.

folly [fáli]
어리석음, 어리석은 행동
stupid

▌fool = foll. 바보의 어리석음을 연상.

His folly reaches to madness.
그의 어리석음은 광기라고 하여도 좋을 정도다.

It's utter folly to go swimming in this weather.
이런 날씨에 수영을 하러 가는 것은 완전히 바보 같은 행위다.

foment [foumént]
촉진하다
stir up

▌form = fom. 형성하기는 하는데 긍정적 보다는 불화 등을 만들어 내는 것.

Damascus has provided safe passage to some militants in an effort to foment terror there.
다마스쿠스는 테러를 조장하기 위해 이동하는 일부 민병대들에게 안전한 이동통로를 제공 해왔다.

foolproof [fú:lprù:f]
확실한
certain

▌fool + prove= proof. 바보도 입증 할 수 있는 것은 확실.

Most Americans are accustomed to thinking of lie detectors as foolproof – as machines.
대부분의 미국인들은 거짓말 탐지기를 어떠한 오류도 없는 기계라고 생각하는데 익숙하다.

▌fool이 들어간 낱말로 알아야 할 것 중에 foolhardy는 '무모한' 이란 뜻.

You took a foolhardy step.
터무니없는 짓을 했군.

foothold [fúthòuld]
거점, 기반, 발판
base

▌버스등을 올라 탈 때 발을 지탱 할 수 있는 곳이 발판.

The company was trying to gain a foothold in the U.S.A.
그 회사는 미국에 기반을 얻으려고 애썼다

Korea should gain a firmer foothold in the rest of South America.
한국은 남미시장에서의 입지를 더욱 굳혀야만 한다.

for [fɔ́:r]

▮ for nothing : 공짜로(아무것도 받지 않은 것이기 때문에 공짜 = free)

She teaches English free[=for nothing] to children.
그녀는 아이들에게 무보수로 영어를 가르치고 있다.

---

foray [fɔ́:rei]
급습하다

raid

▮ ray. for = 향하여 + ray = 광선. 우주 과학 영화들, 대표적으로 star wars와 같은 영화에서는 광선총에서 빛 ray가 나가며 공격이나 침입을 해요.

Sony touted its foray into the handheld market with Play Station Portable.
소니는 자사의 휴대용 플레이 스테이션 으로 휴대용 게임기 시장으로의 진출을 선전했습니다.

---

forage [fɔ́:ridʒ]
찾아다니다

search

▮ forest. 사냥감을 찾아 정글이나 숲을 찾아 헤매는 사냥꾼의 모습과 연결.

One group left the camp to forage for firewood.
한 그룹이 땔나무를 찾아서 캠프를 나섰다.

She foraged about in her handbag, but couldn't find her keys.
그녀는 핸드백을 뒤졌지만 열쇠를 찾을 수가 없었다.

---

forbidden [fərbídn]
금지된

stop

▮ for = fore = pre + bid. 경매는 공정하게 이루어져야 합니다. 그래서 미리 입찰하는 것은 금지됩니다.

She has forbidden him to smoke in her presence.
그녀는 자기가 있는 곳에서는 그가 담배를 피우지 못하게 했다.

Smoking is forbidden until the plane is airborne.
비행기가 이륙할 때까지 흡연은 금지된다.

---

ford [fɔ́:rd]
(강)건너다

wade across

▮ ford. 미국인들의 성에는 살았던 장소를 나타내는 경우들이 있어요. 예를 들어 이전 대통령들인 Bush부자는 '숲' 이란 뜻이 있고 숲속에서 살았던 사람들의 후손입니다. 미국 자동차 왕인 Henry Ford는 강 river에 살았던 후손들이예요.

The enemy would have to ford the stream.
적은 강을 건너야만 했었다.

---

foreboding [fɔ:rbóudiŋ]
예언, 예감

hunch

▮ fore + body. 지금은 함정에 sonar음파 탐지기가 있어 바다 밑에서 일어나는 지진을 미리 알 수 있어요. 하지만 이전에 이런 기계가 없을 때는 어떻게 어부들이 미리 알 수 있었나요? 동물을 배에 태웠다고 해요. 일부 동물은 몸으로 이런 재해를 감지 할 수 있고, 만일 동물들이 배 안을 미친 것처럼 돌아다니면 바다에서 지진 등이 일어난 전조였습니다.

I have a foreboding that there will be a bad storm.
거센 폭풍이 올 듯한 예감이 든다.

The letter filled him with foreboding.
그 편지를 읽고 그는 불길한 예감에 가득 찼다.

F

foreclose [fɔːrklóuz]
제외하다

exclude

▌fore = pre = ex = 미리.

The bank foreclosed on the mortgage.
은행이 그 대부금에 대해 저당권을 가져갔다.

forensic [fərénsik]
법정의

related to law

▌forum = meeting. 어떤 것들을 결정하기 위하여 전문가들이 모임을 가져요.

Forensic scientists are examining the wreckage for clues.
법의학자들이 실마리를 찾기 위해 잔해를 검사하는 중이다.

Forensic scientists can deduce a great deal from the victim's remains.
법의학자들은 피해자의 유해에서 많은 것을 추론해낼 수 있다.

forerunner [fɔ́ːrrʌ̀nər]
선구자

ancestor

▌fore + runner. 우리 이전에 앞서 간 분들. 선조입니다.

Snowdrops are the forerunner of spring.
아네모네는 봄의 전조이다.

foresee [fɔːrsíː]
예견하다

predict

▌fore + see. 미리 앞을 보는 것은 예측.

Nobody could foresee his running away.
누구도 그가 달아날 것을 예견하지 못했다.

He foresaw that prices would drop.
그는 물가가 떨어질 것이라고 내다보았다.

foresight [fɔ́ːrsàit]
선견지명

prudence

▌sight. 미리 앞을 보는 것은 선견지명.

He had the foresight to provide for the education of his children.
그는 자식들의 교육에 대비하는 선견지명이 있었다.

She had the foresight to buy land in an area scheduled for development.
그녀는 선견지명이 있어서 개발이 계획된 지역에 땅을 샀다.

forestall [fɔːrstɔ́ːl]
방해하다

prevent

▌stall = place = put. 미리 가서 경찰은 데모가 일어 날 것에 대비하여 있음.

His plans to retire were forestalled by events.
그가 은퇴를 하려던 계획은 여러 가지 사건들이 앞질러 방해했다.

I started to object, but she forestalled me.
내가 반대의 말을 시작하려고 했지만 그녀가 나를 앞질렀다.

forge [fɔ́:rdʒ]
위조하다

counterfeit

▌fac. 포지(forge)가 실은 용광로, 제철 · 제련소라는 뜻이 있으며 동사로는 '만들다, 위조하다'. 한국어 낱말에 '모루'가 있어요. 이전 사람들은 이곳에 물건을 올려놓고 망치로 두들겨서 물건을 만들었습니다.

His supposed confession was forged by the police.
그의 자백서라고 알려진 것은 경찰이 날조한 것이었다.

Police say a number of forged banknotes are in circulation.
경찰에 의하면 위조지폐가 유통되고 있다고 한다.

---

formal [fɔ́:rməl]
형식적인

ceremony

▌form. 폼 잡는 것은 격식을 차려요.

His formal style of speaking was appropriate to the occasion.
격식을 차리는 그의 화법이 그 행사에 어울렸다.

Formal gardens were very much in fashion in the sixteenth century.
좌우 대칭적인 정원 16세기에 크게 유행했다.

---

formerly [fɔ́:rmərli]
전에

previously

▌form. 공부를 잘하기 위해서는 열심히 책만 보면 되는데 폼만 잡는 사람들. 먼저 공부 보다는 다른 것에 신경을 써요.

The company formerly belonged to an international banking group.
그 회사가 전에는 국제적인 금융그룹에 속해 있었다.

Namibia was formerly South West Africa.
나미비아가 전에는 서남아프리카였다.

---

formidable [fɔ́:rmidəbəl]
무서운

powerful

▌form. 우리가 알고 있는 form보다 단어의 길이가 formidable은 길어요. 단어의 길어지면 부정적. 피노키오의 코가 커지고, 프랑켄슈타인의 거대한 괴물의 몸은 커지고. 안정적인 느낌보다는 불안하면서 오싹하는 느낌이 들죠.

A formidable task lies ahead of us.
우리 앞에 만만찮은 일이 놓여 있다.

She was a formidable woman; no one dared to disagree with her.
그녀는 무시무시한 여자여서 아무도 감히 그녀를 반대하지 못했다.

---

forsake [fərséik]
포기하다

abandon

▌for + sake (논쟁하다).

He was cold-hearted enough to forsake a friend in need.
그는 곤경에 빠진 친구를 무자비하게도 버렸다.

God will never forsake you in times of tribulation.
고난의 시기에 하나님은 당신을 절대 저버리지 않을 것이다.

---

forswear [fɔ:rswέər]
(맹세코) 그만두다

retract

▌fore = pre + swear = vow. 미리 혼나기 전에 맹세하는 모습 연관. 앞으로는 두 번 다시 하지 않겠다는 장면 떠올리세요.

He appears to have forsworn the wild behaviour of his younger days.
그는 젊은 날의 방종했던 행위를 맹세코 그만둔 것으로 보인다.

F

forte [fɔ́rtei]
강하게
strong point

▌fort. 요새는 적의 공격에 견딜 수 있도록 강하게 지어져 있어요.

Languages were never my forte.
언어는 나의 장기인적이 한 번도 없었다.

forthright [fɔ́:rθràit]
솔직한
frank

▌right. 앞에 서서 올바름을 주장하는 사람들은 솔직하고 정직해야겠죠.

He has a reputation for being a forthright critic.
그는 직설적인 비판가로 유명하다.

fortify [fɔ́:rtəfài]
강화하다
strength

▌fort. 요새는 튼튼해야 합니다.

South Korea stepped up security after holes were found in a fence along the heavily fortified border with North Korea.
최전방 철책선이 절단된 것으로 밝혀진 뒤 남한 정부는 보안을 강화했다.

He fortified himself against the cold with a large glass of brandy.
그는 큰 잔으로 브랜디 한잔을 마시고 감기에 대비했다.

fortitude [fɔ́:rtətjù:d]
인내(심)
brave

▌force = fort. 지금의 전쟁은 항공기에 의한 전자전 이지만 이전의 싸움은 성에서 한쪽은 공격을 하고 한편은 방어를 하면서 오랜 세월동안 방어와 공략의 반복이 었어요. 대표적으로 트로이 전쟁은 10년이 걸린 전쟁이었어요.

They underwent their ordeal with great fortitude.
그들은 의연히 시련을 견뎠다.

He is a miracle of fortitude.
그는 놀라울 정도로 인내심이 강하다

forum [fɔ́:rəm]
공개 토론
meeting

▌광장. '포로(foro)'는 고대 로마시대의 도시 광장을 뜻하는 영어 '포럼(forum)'의 어원이기도 해요. 광장은 plaza가 많이 사용되지만 인터넷에는 아고라 라는 말을 자주 사용해요. 아고라는 "프닉스"언덕에서 민회를 열기 전까지는 "아고라"(="아고라조" =모이다)라고 하는 시장바닥에서 민회가 열린 것에 기원합니다.

Television is now an important forum for political debate.
텔레비전은 이제 정치 토론의 중요한 장이 되었다.

fortuitously [fɔ:rtjú:ətəs]
우연한
accidental

▌fortune. 부와 행운이 필연적 일 수도 있지만 보통은 우연하게 생깁니다.

The Americans fortuitously suggested the same names.
미국인들은 우연하게도 같은 이름이 있기도 하다.

foster [fɔ́(:)stər]
육성하다, 기르다
promote

▌poster. 길거리에 있는 각종 포스터는 상품 판매를 촉진해요.

Dedicated and enthusiastic teachers are essential to foster a love of learning in children.
아이들의 학습 의욕을 길러주는 데는 헌신적이고 열정적인 교사가 필수적이다.

All that freedom was perfect for fostering the chameleon-like skills of an actor.
자유롭게 살았던 경험들은 그가 배우로서 카멜레온적인 끼를 갖는 데 손색이 없는 밑거름이 되었다.

found [fáund]
기초를 세우다, 만들다

make

foundation/fundamental = bottom. 건물을 지을 때 가장 먼저 해야 할 일 중에 하나는 땅을 파내는 기초공사입니다. foun = fun = bottom. 바닥을 파내면서 하나의 집을 세우기 때문에 '~을 설립하는 과정' 이예요.

Our school was founded in 1950.
우리 학교는 1950년에 설립되었다.

I didn't know his grandfather had founded the company.
그 분 할아버지가 회사 창립자인 줄 몰랐어요.

founder [fáundər]
창설자 , 침수하여 침몰시키다

sink/fail/maker

foun = fun = bottom. 위는 긍정이지만 아래는 부정입니다. 그래서 배가 침몰하거나 실패하는 것은 아래로 가는 것에 비유적으로 빗댑니다.

Kim, North Korea's founder died in 1994 at the age of 82.
북한의 창설자인 김일성 전 주석은 1994년 82세를 일기로 사망했다.

Shin, the first son of Lotte founder has a Japanese mother and Japanese wife.
롯데 창업자 신 회장의 장남인 신 부회장은 일본인 어머니에 아내도 일본인이다.

four [fɔːr]

숙어

four letter words
욕(fuck, cunt, shit)

미국의 욕설은 보통 4개의 철자로 구성 되어 있어요. fuck, cunt, shit

He used a lot of four-letter words.
그는 입에 담을 수 없는 상소리를 많이 했다.

fowl [fául]
새

bird

owl. owl이 속한 동물 집단은? 조류.

It has led to the culling of millions of fowl.
수백만 마리의 가금류가 폐사됐습니다.

Millions of fowl in various parts of the world continues to pose a major threat,
전 세계 지역에서 수 백만 마리의 가금류가 여전히 중대한 위협이다.

fracas [fréikəs]
소동, 싸움

fight

fra = brother. 세계 최초의 살인 사건은 언제 일어났나요? 카인과 아벨 형제 사이에 일어났습니다. 형인 카인은 동생인 아벨만이 하느님의 사랑을 받았기 때문에 동생을 살해하게 됩니다.

The police were called in to break up the fracas.
그 소동을 말리기 위해 경찰을 불렀다.

fragile [frǽdʒəl]
부서지기 쉬운

breakable

fry. 계란 프라이. 프라이 판에서 계란은 깨지기 쉬어요.

Human happiness is so fragile.
인간의 행복은 너무도 깨어지기 쉽다.

Nurse a fragile vase in one's arms.
두 팔로 부서지기 쉬운 화병을 감싸 안다.

fragment [frǽgmənt]
부서진 조각, 파편

piece

fry. 계란 프라이를 할 때 계란 껍질이 부서진 것 연상.

I heard only a fragment of their conversation.
나는 그들 대화의 일부분밖에 못 들었다.

I slept badly and had a strange, fragmented dream.
나는 잠을 잘못 자고 이상한 단편적인 꿈들을 꾸었다.

frail [fréil]
약한

weak

frail = break. 부서지기 쉬운것은 약함.

The frail vessel was pounded to pieces on the rocks.
약한 그 배는 암초에 부딪혀 산산조각 나 버렸다.

She's nearly 90, and very frail.
그녀는 거의 90세여서 매우 허약하다.

franchise [frǽntʃaiz]
참정권, (가게)체인점

business

french. 프랜차이즈(franchise)의 어원은 권리 또는 자유를 뜻하는 불어단어로 중세기경 그 지역의 군주 또는 성주가 장이 서도록 허락하거나 나루터 운영 및 자신들의 땅에서 장이 서도록 허락한 것에 유래.

Women were not given the franchise in Switzerland until quite recently.
스위스에서는 여성들이 극히 최근까지 참정권이 주어지지 않았다.

The original creator of it has to impose total conformity on the franchises.
이 사업의 창안자는 가맹점들이 똑같은 형태를 취하도록 했다.

frank [frǽŋk]
솔직한

honest

france. 지금의 프랑스는 세계에서 가장 세련된 민족이지만 이전에는 gall지방에 사는 프랑크 민족이었던 프랑스인은 가장 원시적 이면서 후진 문화였습니다. 많이 배운 사람들은 교활하지만 일반적으로 배움이 적은 원시적인 사람들이 정직하다고 하죠. 그래서 프랑크 민족 < 프랑스 < 정직 이란 단어의 뜻이 나왔어요.

To be frank with you, I don't like him.
솔직히 말하면 나는 그를 좋아하지 않아.

Your answer is not frank.
너의 대답은 솔직하지 못하다.

fratricide [frǽtrəsàid]
형제 살해, 동족 살해

killing one's brother

frat = brother + cid = kill

The history includes fratricide, a long battle between brothers.
역사에는 형제들 간의 긴 전쟁인 형제 살육을 포함한다.

fraud [frɔ́:d]
사기

cheat

freud. 프로이드 박사는 이 세상의 여자들은 모두 남자가 되기를 소망한다고 주장했어요. 그 이유는 남성 성기가 없기 때문이라고 하면서. 하지만 미국의 흑인 병사가 네덜란드에서 최초로 성전환 수술을 해서 남자에서 여자로 변화한 이후 지금까지 여자가 성 전환한 것보다 남자가 여자로 성 전환 한 것이 훨씬 많아 결국 프로이드의 주장은 사기.

Telemarketing fraud has been on the increase in recent months.
최근 몇 개월 동안 텔레마케팅 사기 건수가 늘고 있습니다.

Allegations of fraud were made against him.
그에 대해 사기혐의가 제기되었다.

fraught [frɔ́:t]
충만한

filled
full

▌freight = load = burden. 백화점이나 마트에서 쇼핑카트에 물건이 가득 실린 모습 연상.

The situation was fraught with danger.
상황은 위험투성이였다.

Shopping in London seems to become more fraught every year.
런던에서 쇼핑을 하는 것이 해마다 더 힘들어지는 것 같다.

freak(ed) [fri:k]
충격을 받은, 마약에 취한

shock

▌free. franc = frenz =free. 스스로 통제 할 줄 아는 자유는 좋은 것이지만 자유가 지나쳐 흥분의 상태가 되어서는 안 되겠습니다. 자유분방한 정도를 넘어서 일부의 강남이나 홍대의 클럽을 연상. fan < fanastic. frantic, frenetic

My parents really freaked out when they saw my purple hair.
내 자주색 머리를 보시자 우리 부모님은 그야말로 길길이 뛰었다.

This ordinary quiet guy just freaked out and shot ten people.
이 보통 때는 조용하던 남자가 정신이 이상해져서 10명의 사람을 사살했다.

free [fri]

▌free가 들어간 다음의 두 가지 복합어와 숙어 하나를 알아두세요.

free ride
무임승차, 불로 소득

Look here. You can't treat me that way, I'm not getting a free ride.
이것 봐요, 나는 무임승차한 사람이 아니라 그렇게 대하시면 안돼죠.

Wu stressed that foreign investors should be aware that a freer market does not mean a free ride.
우 교수는 시장이 자유롭다고 해서 무임승차를 뜻하는 것은 아니라는 점을 지적했다.

freewheeling
자유분방한

Freewheeling in France *Starting at just $745 per person.
원하는 대로 돌아볼 수 있는 프랑스 여행을 *1인당 단돈 745달러에서 시작합니다.

free from
– 없는(= not. 부모의 간섭이 없는 자유로운 곳 = free)

He is free from faults.
그에게는 결점이 없다.

No man is free from faults.
결점없는 사람은 없다.

frenzied [frénzid]
열광적인, 광포한

wild, excited, and uncontrolled

▌free. 자유롭게 미쳐 날뛰는 사람 모습 연상.

The news threw him into a frenzy.
그 소식을 듣자 그는 광분했다.

The crowd was whipped up into a frenzy by the speaker.
군중들은 연사에게 자극 받아 격분했다.

F

frequent [frí:kwənt]
자주 가다

drop by

free. 억 메이지 않고 자유롭게 나타남.

It is widely known that Anapji was frequented by Silla`s upper class.
안압지는 신라의 상류층이 자주 찾던 곳이라고 널리 알려져 있다.

fresco [fréskou]
프레스코 화법

painting

fresh. 이탈리아어의 '신선하다(fresco = fresh)'는 어원과 연관된 '프레스코화' = 갓 칠한 회 벽토에 수채로 그리는 벽화 법.

The church is famous for its frescos.
그 교회는 프레스코화로 유명하다.

fret [frét]
초조하게 하다

worry

free. 너무 많은 자유를 주면 사람들은 한계를 이탈하여 좋지 않은 일이 생기기 때문에 너무 많은 자유는 걱정과 근심.

Don't fret yourself, we'll get there on time.
안달하지 마. 우리가 제시간에 거기 도착할거야.

Her baby starts to fret as soon as she goes out of the room.
그녀의 아기는 그녀가 방을 나서자 마자 보채기 시작한다.

friction [fríkʃən]
마찰

the force that makes it difficult for things to move freely

free. restriction. 자유스럽게 위에서 아래로 내려오는 물체도 마찰이 있습니다.

There has been some friction between the union and management.
조합 측과 경영자 측 사이에 다소 마찰이 있었다.

The force of friction slows the spacecraft down as it re-enters the earth's atmosphere.
마찰 저항력이 지구 대기로 재 진입하는 우주선의 속도를 늦춰 준다.

frigid [frídʒid]
몹시 추운

freeze

rigid. 엄격함이나 날씨의 강 추위나 느낌이 동일하네요.

The recent frigid weather will continue till tomorrow.
최근의 추운 날씨는 내일까지 계속될 것이다.

It has been unprofitable to harvest the vast quantities of krill, the tiny shrimp-like creatures.
작은 새우 모양의 크릴을 대량으로 어획하는 것은 지 수익성이 없었다.

fringe [fríndʒ]
술 장식, 주변

side

▌테이블보, 치마 등의 주변이 fringe입니다. 이것은 비유적으로 팀이나 그룹을 이끄는 주류가 아닌 비주류를 의미.

on the fringe of the art world
예술계 주변에서

She was relegated to a post at the fringes of the sales department.
그녀는 판매부의 가장자리로 밀려 났다

▌fringe가 들어간 fringe benefit(부가 수당)도 같이 알아두세요.

fringe benefit
부가 수당

The final version does not include Page 3 and there's a new clause on fringe benefits.
최종계약서는 3페이지를 포함하지 않습니다. 그리고 부가급부에 대한 새로운 조항이 추가되었습니다.

---

frivolous [frívələs]
천박한

careless

▌free + vol = will(의지) = turn. 다른 사람의 생각은 전혀 고려하지 않고 지 멋대로 놀아남.

It was frivolous of him to make such an accusation.
그런 비난을 하다니 그가 경박했다.

When we were young, we were so frivolous and carefree.
우리는 젊었을 때 너무도 경솔하고 태평했다.

---

frolic [frɑ́lik]
장난, 흥겨워 떠들며 놀기

play

▌한국어 '후려'. 때리다 는 의미도 있지만 속임수 라는 뜻도 있어요.

It was just a harmless frolic.
그것은 그냥 악의 없는 장난 이었다.

---

frown [fráun]
눈살을 찌푸리다, 찌푸린 얼굴

wrinkle

▌brow. draw one's brows together는 '눈썹을 찡그리다' 입니다. brow --- frown

'Don't frown, Henry,' his mother said mildly.
'얼굴 찡그리지 마, 헨리야.' 엄마가 상냥하게 말했다.

She looked up with a worried frown.
그녀가 걱정스레 찌푸린 얼굴로 올려다보았다.

---

frugality [fru:gǽləti]
절약, 검소

economy

▌fruit. 일년 동안 고생을 한 후 과일을 따는 농부의 모습을 연상. 과일을 따면 돈을 벌어 들여요. 돈은 경제와 관련.

Frugality is a virtue that everyone should practice.
검소는 모든 사람이 실천해야 하는 하나의 미덕이다.

The chairman, well known for his frugality, shocked his employees by giving them a $ 1.000 Christmas bonus.
검소하기로 소문난 회장은 크리스마스 보너스로 1,000달러씩을 지급해 직원들을 놀라게 했다.

F

fruitless [frú:tlis]
열매를 맺지 않는, 헛수고

in vain

▌fruit. 과일을 따는 것은 결실입니다. 그런데 부정의 접미사 less는 부정인 not. 그래서 fruitless는 결실이 없으니 헛된 것.

Our efforts to persuade her proved fruitless.
그녀를 설득 하려는 우리의 노력은 결실을 맺지 못했다.

It is a sin to waste your money on such a fruitless work.
그런 헛된 일에 돈을 낭비하는 것은 바보 짓이다

---

frustration [frʌstréiʃən]
좌절, 실망

dismay

▌trust < frust. 속임을 당해 좌절한 사람을 연상.

Around the globe, failures, frustrations, and dangers abound.
지상에는 실패와 좌절 그리고 위험이 도처에 도사리고 있다.

Every job has its frustrations.
모든 직업에는 실망스러운 구석이 있는 법이다.

---

fugitive [fjú:dʒətiv]
도망자

run away

▌fur = flee. 동물 털을 뒤집어쓰고 위장하여 도망가는 사람 연상.

The police were gaining on the fugitive.
경찰은 도망자에게 점점 다가가고 있었다.

The fugitives travelled by night and rested by day.
탈주자들은 밤에 이동하고 낮에는 쉬었다.

---

full-fledged [fúlflédʒd]
깃털이 다 난, 완전히 성장한

completely developed

▌애송이 에서 털이 완전히 난 기본적인 의미에서 비유적으로는 상황 등이 호전되는 것을 가르킴,

a full-fledged professor
교수다운 교수

Anticipating a full-fledged economic recovery next year, family restaurant chains are drawing up aggressive expansion plans.
내년 본격적인 경기 회복을 예상하고 있는 패밀리 레스토랑 체인들이 공격적인 확장 계획을 마련중이다.

---

fulsome [fúlsəm]
역겨운

disgust

▌full. 적당하게 가져야지 다른 사람보다 너무 많이 가져 곡간을 가득 채우려는 사람을 보면 보통 사람은 그 사람이 역겹다고 해요.

Prime Minister Blair was no less fulsome.
블레어 영국총리도 이에 못지않게 많은 찬사를 보냈습니다.

---

fundamental [fʌndəméntl]
기본적인, 중요한

basic

fund = 아래 = bottom

There are fundamental differences between these two government departments.
이 두 정부 부처 사이에는 근본적인 차이가 있다.

Hard work is fundamental to success.
성실한 노력은 성공에 필수적이다.

fundamentalists는 근본주의로 특히 교리 등에 충실하여 과격한 행동을 하는 사람들을 가르킴.

The Israeli government considers fundamentalist-Islamic Iran the highest risk to its long-term existence.
이스라엘 정부는 근본주의 이슬람 국가 이란을 자국의 장기적 생존에 가장 큰 위협으로 간주한다.

fulminate [fʌ́lmənèit]
비난하다

denounce

한국어도 자녀들이 잘못을 하면 부모님이 혼을 냅니다. 벼락같은 부모님의 호령. 영어도 '벼락이 치다' 란 기본 뜻에서 상대방을 비난하다는 의미로 fulminate는 변화.

Newspapers fulminating against the government's incompetence.
정부의 무능을 질타하는 신문들

funnel [fʌ́nl]
집중하다

focus

깔때기를 이용하여 다른 그릇에 액체를 옮기는 것이 기본적인 의미, 비유적으로는 정력, 자금, 정보등을 집중하거나 쏟는 것을 말 합니다.

They funneled their profits into research projects.
그들은 수입의 전부를 연구 계획에 쏟아 부었다..

furious [fjúəriəs]
화가 난

angry

fury. 남자가 원한이 지면 여름철에 서릿발이 내리지 않아요. 여자의 원한이죠. 그리스 신화에서 분노의 신이 fury.

He was furious to learn that his pay check had been lost.
그는 자신의 봉급 수표가 없어진 것을 알고 펄펄 뛰었다.

She was furious that the information had been leaked.
그녀는 그 정보가 누설된 것에 몹시 화를 냈다.

furtive [fə́:rtiv]
몰래 하는, 남의 눈을 속이는

secretly

fur. 털을 뒤집어 쓴 것은 위장. 위장은 공개적인 것이 아니라 은밀.

He cast a furtive glance at her.
그는 그녀에게 은밀한 눈길을 보냈다.

fusion [fjú:ʒən]
융합

union

fusc. 한꺼번에 많은 전기가 흐르면 두꺼비 집의 퓨즈가 녹아 혼합이 됩니다.

China expect to finish construction of a nuclear fusion reactor.
중국은 핵융합 원자로 건설을 완성할 것으로 기대하고 있다.

China will be scheduled for completion ahead of an international effort to build a giant experimental fusion reactor in France.
중국의 원자로는 국제사회가 프랑스에 대형 실험용 핵융합 원자로를 건설하기에 앞서 완성될 것이다.

fussy [fʌ́si]
야단법석인

fastidious

fuse. 아이들이 방 안에 온통 이 물건 저 물건을 늘어 놓아 엉망인 상태.

Our teacher is very fussy about punctuation.
우리 선생님은 시간 엄수에 대해 무척 까다롭다.

Don't be so fussy about your food.
음식에 대해 그렇게 야단스럽게 굴지 마라.

futile [fjú:tl]
헛된, 효과 없는

inefficient

future. 실제 일어나지 않은 미래의 일에 대해 이런 저런 말을 하는 것은 아무런 도움이 되지 않아요.

He kept making futile remarks.
그는 계속해서 쓸데없는 말을 했다.

Their efforts to revive him were futile.
그를 회복시키려는 그들의 노력은 허사였다.

[ACTUAL TEST]

밑줄 친 낱말과 동의어를 고르세요.

1. Young people experience many stresses. In this day and age, the stress of exams alone can be enough to cause some young people to have difficulty in coping. Add to this, in addition, other personal causes of stress and the young person can become very distressed indeed. If you then factor in the lack of someone to confide in, they can easily become desperate.

(A) exclude (B) consider (C) ignore (D) seek

2. Life would be a wearing process if we had to start from scratch in learning eachand every thing.

(A) from the very beginning (B) with a wound
(C) by scratching each other (D) piling up scratches

3. A fortuitous discovery opened the door for DNA fingerprinting and disease diagnostics.

(A) An undercover (B) A dishonest
(C) A groundbreaking (D) An unexpected

4. Life is merely a fracas on an unmapped terrain, and the universe a geometry stricken with disease.

(A) quarrel (B) party (C) meeting (D) journey

5. Meanwhile, global warming will produce rising sea levels and climatic changes, and carbon dioxide emissions from the burning of fossil fuels are contributing to the greenhouse effects. In addition, population growth exerts severe pressure on finite resources, and the ecological balance may be upset by uncontrolled deforestation.

(A) limited (B) unspoilt (C) abundant (D) exhausted

6. Although the Carbon 14 method of dating old objects is not foolproof, it is the best method available at present.

(A) wholly operational (B) entirely serviceable
(C) fully reliable (D) completely safe

7. There can be no denying that certain people, endowed with a natural genius, arecapable of acquiring new languages and of speaking them within a few days with a facility which borders on the miraculous.

(A) benefit (B) convenience (C) feasibility (D) fluency

F

8. Every year in November, the Queen of England makes <u>a formal</u> speech to members of both houses of Parliament, outlining her government's plans and policies for the coming year.

(A) entertaining (B) ceremonial (C) sincere (D) trenchant

9. The political incorporation of communities that feel they have a distinct cultural identity provides <u>fertile</u> ground for the emergence of nationalist reaction.

(A) flamboyant (B) productive (C) imminent
(D) problematic (E) hostile

10. The house was constructed in the <u>flimsiest</u> way imaginable.

(a) weakest (b) stoutest (c) oddest
(d) cheapest (e) easiest

11. Modernism had always cultivated its <u>fascination</u> with what it saw in the primitive.

(a) formation (b) attraction (c) possibility
(d) production (e) element

[FILL THE PROPER WORD IN THE BLANK]

빈칸에 들어갈 적당한 단어를 고르세요.

12. One of the most comprehensive systems of sign language _______ among the Native Americans of the Great Plains. It enabled the tribes with different languages to communicate, especially in trade and war.

(A) deflected (B) maneuvered (C) intrigued
(D) expatiated (E) flourished

13. I'm getting my final exam results tomorrow. _______ for me!

(A) Give a free hand
(B) Keep your fingers crossed
(C) Have a soft spot
(D) Find out how the land lies
(E) Come down to earth with a bang

14. Women make eye contact more and maintain it longer (both in speaking and in listening) than do men. This holds true whether the woman is interacting with other women or with men. This difference in eye behavior may result from women's tendency to display their

emotions more than men; eye contact is one of the most effective ways of communicating emotions. Another possible explanation is that women have been conditioned more than men to seek positive feedback from others. Women may thus _______.

(A) show more emotional responses in their way of thinking

(B) behave rationally in displaying their intellectual ability

(C) use eye contact in seeking this visual feedback

(D) communicate effectively with men by using eye contact

[EXPLANATION]

F

1. [VOCA]

factor in 계산에 넣다, 포함하다 confide in 신뢰하다, ~에게 비밀을 털어놓다 distressed 가난한, 괴로운 exclude 배제하다

[TRANSLATION]

젊은이 들은 많은 스트레스를 경험한다. 요즘은 시험의 스트레스 하나만 으로도 일부 젊은이 들은 스트레스를 극복하는데 어려움을 일으킬 수 도 있다. 추가적 으로 여기에 다른 개인적인 스트레스의 원인이 더해 지면 젊은이들은 정말로 아주 힘들어지게 된다. 만일 누군가에게 털어놓고 이야기 할 사람이 없다는 것을 포함한다면 그들은 쉽게 절망에 빠질 수 있다.

[ROPES]

안 in으로 만들어진 fac = make경우

[ANSWER] B

2. [VOCA]

from scratch 처음부터 wearing 피곤하게 하는 each and every 어느 것이나 모두

[TRANSLATION]

만일 우리가 처음부터 어느 것이나 모든 것을 배우기 시작한다면 삶은 지겨운 과정이 될 것이다.

[ROPES]

from scratch는 beginning과 의미가 동일한 '처음부터'.

[ANSWER] A

3. [VOCA]

fortuitous 우연한 unexpected 뜻밖의 undercover 비밀로 한 fingerprinting 지문 diagnostics 진단

[TRANSLATION]

어떤 우연한 발견 때문에 DNA 지문 감식과 질병 진단을 위한 기회가 열렸다.

[ROPES]

fortune(운)에서 파생이 된 단어, 운은 필연보다는 우연과 가까운 낱말.

[ANSWER] D

4. [VOCA]

fracas 싸움 unmapped 지도에 없는 terrain 지형 geometry 기하학 stricken with disease 병으로 괴로워하는

[TRANSLATION]

인생은 단지 지도에 없는 땅에서의 싸움에 불과하고 우주는 병든 구조체 일 뿐이다.

[ROPES]

stricken with disease. 질병과 싸우는 모습과 연관.

[ANSWER] A

5. [VOCA]

finite 한정되어 있는 dioxide(화학) 이산화물 emission 배기 fossil 화석 exert (영향력등을) 지속적으로 행사하다 ecologic deforestation 벌목

[TRANSLATION]

한편, 지구 온난화는 바다 물의 수면 상승과 기후 변화를 일으키며, 화석연료의 연소로부터 나오는 이산화탄소 방출 물은 온실 효과를 일으키고 있다. 추가적 으로 인구증가는 한정된 자원에 심각한 영향력을 행사하고 생태학적 균형은 무분별한 벌목에 의해 무너질지 모른다.

[ROPES]

finite에서 fin이란 철자는 '끝'을 의미.

[ANSWER] A

6. [VOCA]

carbon 탄소 carbon 14 탄소(14) : 동위 원소를 통한 연대측정법 foolproof 절대 안전한

[TRANSLATION]

비록 오래된 물건들의 연대를 측정하는 탄소 14를 이용한 연대 측정법이 완전하지는 않을지라도, 그것은 현재 이용 가능한 최고의 방법이다.

[ROPES]

although – not foolproof – best method. although와 not은 모두 부정적인 의미이기 때문에 foolproof와 best method를 연결하면 의미를 찾을 수 있음.

[ANSWER] C

7. [VOCA]

there is no ~ing ~하는 것은 불가능하다 deny 부인하다 endowed with ~을 부여받은, 타고난 facility 능력 borders 경계 benefit 혜택 convenience 편리함 feasibility 실행가능성 fluency 유창함

[TRANSLATION]

선천적 으로 천재성을 가진 특정한 사람들이 새로운 언어를 습득하고 몇 일 안으로 거의 기적에 가까운 유창함으로 그 언어를 말할 수 있는 능력이 있다는 사실은 불가능 한 것은 아니다.

[ROPES]

fac = make와 연관

[ANSWER] D

8. [VOCA]

formal 공식적인 house of Parliament 의회, 국회 outline 요약하다 policy 정책 entertaining 오락을 제공하는 ceremonial 공식석상의, 의례적인 sincere 진지한 trenchant 신랄한

[TRANSLATION]

매년 11월에 영국의 여왕은 양원(상원과 하원)의 국회의원들 에게 공식 연설을 하고 새해 정부의 계획과 정책들을 개괄 합니다.

[ROPES]

form = 서식, 형식. 일상적인 것은 형식이 없기 때문에 informal.

[ANSWER] B

9. [VOCA]

fertile (땅이) 비옥한, 다산의, 풍부한 incorporation 혼합 distinct 별개의, 독특한 identity 동일 emergence 출현, 발생 reaction 반응 flamboyant 현란한, 화려한 imminent 절박한 problematic 문제가 되는

[TRANSLATION]

각자 독특한 문화적 주체성을 갖고 있다고 생각하는 공동체들의 정치적 통합은 민족주의자들의 반발이 생길 충분한 근거를 제공한다.

[ROPES]

fer = go. 땅이 비옥한 곳에 많은 쌀이 산출 되듯이 비유적으로는 '풍부한'이란 의미.

[ANSWER] B

10. [VOCA]

construct 건설하다 flimsy 얇은 stout 튼튼한 odd 이상한

[TRANSLATION]

그 집은 상상할 수 있는 가장 허술한 방법으로 만들어졌다.

[ROPES]

slim 〈 flim. 핸드폰의 두께가 얇은 폰을 slim이라고 합니다. 아무래도 얇으면 약하고 허술해요.

[ANSWER] A

11. [VOCA]

cultivate …을 경작하다 fascination 매력 primitive 원시 formation 형성 element 원소, 구성요소

[TRANSLATION]

모더니즘은 원시에서 보았던 매력을 발전시켰다.

[ROPES]

fas = fac = make = fashion. 매력적인 것이 유행 fashion.

[ANSWER] B

F

12. [VOCA]

comprehensive 포괄적인, 이해가 빠른 sign language 수화 the Great Plains 대초원 지대 deflect 빗나가게 하다 maneuver 연습하다, (군대를) 훈련하다 intrigue 음모를 꾸미다 expatiate 설명하다 flourish 번영하다

[TRANSLATION]

가장 포괄적인 수화 체계들 중에 하나는 북미 대초원 지대의 인디언들 사이에 번창했다. 그것은 특히 교역과 전쟁에서 각각 다른 언어를 가진 그 부족들에게 의사소통을 가능하게 하였다.

[ROPES]

의사소통이 가능하게 했다는 어구를 통해 수화가 번성했다는 것을 암시.

[ANSWER] E

13. [VOCA]

final exam 기말고사 give a free hand 돕다 keep one's fingers crossed 행운을 빌다 have a soft spot for ~를 귀여워하다 ~에게 약하다 find out how the land lies 형세를 파악하다 come down to earth 현실로 돌아오다

[TRANSLATION]

기말고사 결과 발표가 내일 있을 거야. 행운을 빌어줘!

[ROPES]

'시험결과 발표가 있다'고 하면 보통 점수가 좋기를 바라기 때문에 행운을 빌어달라는 표현이 적합.

[ANSWER] B

14. [VOCA]

interact 상호작용하다 positive 명확한, 적극적인 feedback 반응, 피드백

[TRANSLATION]

여성들이 남성보다 말할 때와 들을 때 모두 더 많이 시선을 마주치고 더 오래 유지한다. 이것은 여성이 다른 여성과 대화하든 남성과 대화하든 모두 사실이다. 이런 눈 행동의 차이는 여성이 남성보다 감정들을 더 많이 표현하는 경향에서 생겨난것 일지도 모른다. 시선을 마주치는 것이 감정을 전달하는 가장 효과적인 방법 중의 하나이기 때문이다. 또 다른 가능한 설명은 여성이 남성보다 더 다른 사람으로 부터 긍정적인 반응을 찾도록 되어 있다는 것이다. 그래서 여성은 이런 시각적인 반응을 찾는데 시선 맞춰지는 것을 이용하는 것일지도 모른다.

[ROPES]

Another possible explanation is that women have been conditioned more than men to seek positive feedback from others. Women may thus ______. 앞에 굵은 표시된 단어를 통해 빈칸에 들어갈 단어도 feedback과 연관이 된 단어.

[ANSWER] C

G

G로 시작하는 철자들 이것만은 꼭 알자

G

1. 진보는 progress. grad = gress등의 철자가 있으면 go = walk와 의미가 연관 됩니다.

가다

GO GRA GRE

예) aggression / congress / degrade / degress / ingredient progress / grade / gradual / graduate

위의 단어 중 몇 개만 설명을 하겠습니다. 한국의 국회는 일년 내내 의원들이 서로 싸움을 하느라 보내지만 미국은 국가 발전을 위해 함께 협력을 모색하고 국익을 위해 함께 가고 있어요. 그래서 미국 국회는 congress입니다. 학교를 졸업하는 것은 graduate. 공부만 했던 학교를 나와 이제 사회로 가서 돈을 벌어야 하기 때문에 '가다' 는 grad가 철자가 있습니다.

2. 이전 한국만 씨족 단위로 모여 살았던 것은 아닙니다. 고대 로마사람 들도 씨족 단위로 살았는데 이것을 GEN이라고 해요. 그래서 gen은 birth와 관련되어 탄생 혹은 선천적인 것과 연관이 됩니다.

탄생

BIRTH GEN

예) gentleman / genealogy / genesis

인간 본성에 대해 성선설이나 성악설등이 있어요. 이래저래 '세살 버릇 여든까지 간다' 는 속담에서 볼 수 있듯이 어떤 사람이 '신사' 인 것은 태어 날 때부터 정해져 있어 신사는 gentleman이고, 선조가 누구 인지를 알 게 해주는 족보는 genealogy입니다.

gaffe [gǽf]
과실, 실수

mistake

▌hook. 다른 생선들은 낚시 바늘에 걸리지 않았는데 실수로 낚시꾼의 바늘에 걸린 불쌍한 생선 연상.

He didn't realize what a gaffe he'd made.
그는 자신이 어떤 실언을 했는지 깨닫지 못했다.

---

gainsay [gèinséi]
반박하다

repute

▌자기에게 이득 gain이 되기 위하여 다른 사람 말에 반박하기 say.

I will not gainsay him.
그에게 반대할 생각은 없다.

There is no gainsaying his integrity.
그가 성실하다는 것은 부정할 수 없다.

---

galaxy [gǽləksi]
은하, 은하수

stars

▌gala = milk. 세계에서 바람둥이 넘버 원. 제우스. 제우스의 부인 헤라는 계속 바람만 피우는 제우스의 바람기에 질려 있던차에 아이 젖을 먹이다가 또 남편이 바람이 피우 다는 말에 화가 나서 순간적으로 아이를 자신의 젖에서 떼어내자 젖이 우주에 퍼졌고 이로 인해 우주가 생성되었다는 그리스 신화에서 유래.

The galaxy is much larger than was previously thought.
그 은하계는 이전에 생각되던 것보다 훨씬 크다.

Each galaxy contains myriads of stars.
각 은하계에는 무수한 별들이 있다.

---

gallant [gǽlənt]
용감한

brave

▌gall = song. 최 전선에 피리를 부는 군인들. 전진하는 군인들의 사기를 북돋아 주었습니다.

We offer our congratulations to the winner and commiserations to the gallant losers.
우리는 승자에게는 축하를, 그리고 당당한 패자들에게는 조의를 표합니다.

---

galvanize [gǽlvənàiz]
(전기로) 자극하다, 힘이 나다

boom

▌galvanize. 이탈리아 과학자로 개구리 뒷 다리에 전기 충격을 가하니 개구리 뒷다리가 움직이고 개구리 뒷 다리에서 전기가 나온다는 것을 발견한 과학자.

She has galvanized into activity an industry notoriously bad at working together.
함께 일하기 힘들다고 악명 높던 산업체에 그녀가 활기를 불어넣었다.

---

gambit [gǽmbit]
계략, 책략

a ploy

▌한국어 '게임 빚'. 게임 =화토 =도박 을 하면서 빚을 지면 계속 더 큰 판돈을 걸어 돈을 따려고 하기 때문에 더 위험한 상황에 이르는 계기가 되기도 해요.

His opening gambit at the debate was a direct attack on government policy.
그가 토론의 서두를 여는 작전은 곧장 정부의 정책을 공격하는 것이었다.

G

gambol [gǽmbəl]
깡충깡충 뛰어다님

frolic

▌game + ball. 공을 가지고 게임을 하는 모습 연상.

The young start to gambol, chase each other, and pretend to fight.
아이들은 장난을 치고 서로를 쫓으면서 싸우는 척 했다.

---

gamut [gǽmət]
전 범위

full range

▌gamma. 그리스 철자의 3번째 철자.

Her performance ran the whole gamut from outstanding to terrible.
그녀의 공연은 멋진 것에서 형편없는 것까지 전반에 걸쳐 있었다.

In his short life he had run the entire gamut of crime, from petty theft to murder.
그는 짧은 생애동안 좀도둑질부터 살인에 이르기까지 온갖 범죄를 저질렀다.

---

garner [gáːrnər]
모으다

gather

▌gardener. 가을에 정원사들이 낙엽을 모으는 장면 연상.

They said that job stability was found most important, garnering 20.8 percent of votes.
20.8%가 직업의 안정성이 가장 중요하다고 말했다.

It garnered only 121 seats in the 299-member Assembly.
국회의 총 299개 의석 중 겨우 121석을 차지하였다.

---

garrulous [gǽrələs]
말 많은

big mouth

▌게릴라(guerrilla). 체 게바라와 같은 게릴라에 대해 그가 죽은 다음에서 많은 지구촌 사람들은 그에 대해 말을 많이 하고 있습니다. latin어의 garrulus에서 변형된 단어로 chatter의 의미를 가지고 있습니다. garrulous와 loquacious 그리고 prolix 모두 '말이 많다' 입니다.

The crowd grew garrulous before the speaker arrived.
청중은 연설자가 도착하기 전 시끌벅적해졌다.

---

gastronomy [gæstrɑ́nəmi]
요리법

cuisine/recipe

▌배에 가스 = gas가 차다. gastro = stomach +nomy = rule

It also boasts famous gastronomy, very rich cuisine.
모로코는 또 매우 다채로운 음식을 자랑하는 나라이다.

---

gateway [géitwèi]
문

door

▌gate = door = chance. 등용문 이란 말이 있어요. 문은 사람이 들어가고 나오는 기능이외에 비유적으로 기회를 의미합니다.

Dover is England's gateway to Europe.
도버는 유럽으로 가는 영국의 관문이다.

A good education can be the gateway to success.
좋은 교육은 성공으로 가는 길이다.

---

gauche [góuʃ]
서투른

clumsy

▌gauche = left. 왼쪽은 사람들이 별로 쓰지 않아 노련하지 못하고 세련되지 못하다는 의미 함축.

I find him terribly gauche.
그는 아주 세련되지 못했더군.

---

gauge [géidʒ]
계량기준, 표준 치수

measure

▌자동차 계기판.

I ran out of gas. The gauge is broken.
기름 떨어지고, 게이지도 고장 났다.

It's difficult to gauge how he is going to respond.
그가 어떤 반응을 보일지 요량하기 어렵다.

gauntlet [gɔ́:ntlit]
긴 장갑, 도전

challenge

숙어

take up the gauntlet
도전에 응하다

throw down the gauntlet
도전하다

▌중세 때 상대방 에게 도전을 할 때 펜싱을 잡은 손에 긴 장갑을 끼고 결투에 나섬. 그래서 이런 배경 때문에 현재는 도전하다는 의미

Mr. Bush now faces the supreme test of his policy, as Russia throws down the gauntlet.
러시아가 도전함에 따라 부시 대통령은 지금 자신의 정책에 최대의 도전을 받고 있다.

gear up [giər]
시작하다

start

▌기본적 으로 자동차의 기어를 넣고 출발. 비유적으로는 …에 대해 마음의 준비를 하다.

Labor groups are gearing up for a big fight and plan their first action today.
노동계는 일전을 벌일 태세를 벌이면서 오늘 그 첫 행동을 계획하고 있다.

gelatinous [dʒəlǽtənəs]
아교질의

glue

▌gel. 머리에 끈적끈적한 무스와 젤을 바른 멋쟁이.

Gelatinous animals are only recently discovered at such depths.
끈적끈적한 동물들이 최근에서야 심해에서 사는 사실이 밝혀졌다.

gelid [dʒélid]
얼음 같은, 냉담한

ice

▌gel. 아교질. 얼음과 같은. 아교나 얼음이나 같은 물질입니다.

You murdered him in gelid blood.
그이를 냉혹하게 살해 했어.

gem [dʒém]
보석

jewel

▌gen = gem = birth. gem vs germ. jam은 아이들이 좋아하는 '잼' 이예요. 발음이 거의 비슷한 gem은 여자들이 좋아하는 '보석' 이예요. 그리고 비유적으로는 사랑하는 사람입니다. 보석이나 사랑하는 사람이나 소중하고 귀중하다는 점에서 공통점이 있어요. gem보다 단어의 길이가 길어지는 germ은 부정적인 뜻입니다. 그래서 virus.

Her necklace was beset with gems.
그녀의 목걸이에는 보석이 박혀 있었다.

The crown was set with gems.
그 왕관에는 보석이 박혀 있었다.

G

genealogy [dʒìːniάlədʒi]
족보

lineage

gen = birth. 족보는 탄생과 관련이 있습니다.

You can also track the genealogy of their parents.
당신은 부모의 족보를 추적 할 수 있다.

---

generic [dʒənérik]
일반적인, 포괄적인

universal

gen = birth. 우리 인간은 보편적 이면서 공통적 으로 DNA 23쌍의 염색체(46개 염색체로 동일).

The generic term for wine, spirits and beer is 'alcoholic beverages.
포도주, 증류주, 맥주를 총칭하는 용어는 '알코올음료' 이다.

---

generous [dʒénərəs]
아끼지 않는, 관대한

broad mind

gen = birth. 마음이 관대하고 인심이 후한 사람은 보통 선천적 입니다.

They backed us up with a generous contribution.
그들은 후하게 기부함으로써 우리들을 지원했다.

It seems churlish to refuse such a generous offer.
그렇게 관대한 제의를 거절하는 것은 무례한 것 같다.

---

genesis [dʒénəsis]
기원, 발생

origin

gen = birth. 탄생과 관련된 창세기나 기원을 타나냄.

The genesis of civilization.
문명의 발생

The genesis of the play was the author's experiences as a dock labourer.
그 연극의 기원은 저자의 부두 노동자 경험이었다.

---

genial [dʒíːnjəl]
친절한

kind

gen = birth. 다정하고 친절한 성격은 선천적.

Our neighbor has a genial personality.
우리 이웃은 다정한 인품을 지녔다.

---

genocidal [dʒènəsάidl]
대량 학살

kill

gen = birth + cid = kill

a genocidal weapon
대량 학살 무기.

Only substantive solutions will end the genocidal crisis and bring peace to Sudan.
실질적인 해결만이 대량학살 위기를 끝내고 수단에 평화를 실현할 수 있다.

---

genre [ʒάːnrə]
문학 장르

variety of literature

gen = birth. 소설, 희곡, 시와 같은 문학의 분야를 가리키는 말.

The novel and short story belong to different literary genres.
장편 소설과 단편소설은 다른 문학 장르에 속한다.

---

genuine [dʒénjuin]
진짜의

real

gen = birth. 나중에 만들어 진 것이 아니라 처음부터 = 원래부터 있었기에 진짜.

This is a genuine leather.
이것은 진짜 가죽이다.

If it is a genuine Michelangelo's drawing, it will sell for millions.
만약 이것이 진짜 미켈란젤로의 그림이면 수 백만 불에 팔릴 것이다.

---

germane [dʒəːrméin]
적합한, 밀접한 관계가 있는

proper

german. gen = birth = ger. + man = people. 같은 부모님을 가지는 사람들. 형제 이죠. 두 형제는 약간의 모습이나 성격이 다르지만 공통점이 더 많아요. 독일이란 단어는 german입니다. 게르만 민족이란 같은 부모를 가졌다는 뜻이예요.

This must mean something to you, but it does not seem germane to the discussion.
이것은 당신에게 의미가 있겠지만 토론에는 적합하지 않다.

---

germinate [dʒə́ːrmənèit]
싹이 트다

sprout

gen = birth. 같은 부모님에서 태어났다는 의미가 더 확대되어 sprout의 의미.

The seeds need warmth to germinate.
씨앗은 싹이 틀려면 온기가 필요하다.

The seeds germinated within a week.
그 씨앗들은 1주일 이내에 싹이 텄다.

---

get [get]

get과 관련된 아래의 두 개 영어 숙어를 공부합시다.

get around
피하다

One popular way to get around the regulations has been for property to be purchased by single family members living in the same household.
규제를 피하는 데 널리 쓰이는 방법은 같은 집에 살고 있는 가족이 개별적으로 부동산을 구입하는 것이었다.

get away with : (나쁜 짓을 하고도) 벌(비난)을 피하다

I hate to see them get away with this abuse.
그들이 이런 학대를 하고도 빠져 나가는 것을 두고 볼 수 만 없습니다.

---

ghastly [gǽstli]
무섭게

ghostlike

ghost = ghast. 철자 모음 o - a차이 밖에 없어요.

It was ghastly of him to say that.
그가 그런 말을 했다니 끔찍하다.

She had a ghastly pallor.
그녀는 얼굴이 송장같이 창백했다.

G

gimmick [gímik]
속임수

trick

▎마술사의 속임수나 광고 등에서 주의를 끌기 위한 수법 등을 말할 때 사용.

They are just tapping into a lucrative marketing gimmick?
그들이 이윤을 최대화 하려는 상술에 불과한 걸까요?

gingerly [dʒíndʒərli]
몹시 조심스러운, 아주 신중한

cautiously

▎ginger. gingerly(조심스럽게) = 생강(ginger). 한국인 에게 생강 맛은 향긋 하지만 미국인들에게 생강 맛은 그 음식 재료의 자극적인 맛에 미국인들은 놀라기 때문에 그들을 만나기 전에 한국인 들은 조심해야 합니다.

She gingerly tested the water with her toe.
그녀는 조심스럽게 발가락 끝으로 물을 살펴보았다.

They had to explore this possibility very gingerly.
그들은 이러한 가능성을 매우 신중하게 조사해야만 했다.

gist [dʒist]
요점

point

▎글을 쓸 때 혹은 말을 할 때 가장 중요한 부분인 요점

He tried to persuade the gist of the Declaration of Independence
독립 선언의 취지를 설복시키려고 하다.

given [gívn]
~을 고려한다면

considering

▎give는 물건을 주다는 의미이지만 n이 더 붙게 되는 given은 -을 생각하다로 think와 관련된 어구.

Exam centers were considered to be sacred places which should not be interrupted by outside forces, given the importance of the exam.
수능 시험의 중요성을 감안할 때 고사장은 외부 세력이 방해해서는 안 될 신성한 장소로 간주되고 있다.

glamorize [glǽməràiz]
매력적으로 만들다

attract

▎glamour = glow. 풍만한 몸매로 남자들을 매료 시키는 여자 모습 연상.

Don' t glamorize war.
전쟁을 미화하지 마라.

Television tends to glamorize acts of violence.
텔레비전은 폭력적인 행동을 미화하는 경향이 있다.

glaring [gléəriŋ]
(번쩍번쩍) 빛나는

conspicuous

▎glare = glory = light.

The sun was glaring down mercilessly from a clear sky.
맑은 하늘에서는 태양이 무자비하게 내리쬐고 있었다.

She glares at me if I go near her desk.
그녀는 내가 자기 책상 가까이에 가면 나를 노려본다.

glass ceiling [glǽssí:liŋ]
장벽

barrier

▌여성이나 소수민족의 승진을 막는 보이지 않는 장벽을 말합니다. 보통 건물의 천장은 시멘트. 하지만 만일 천장이 유리로 되어 있다고 상상 해보세요. 그리고 이 유리로 된 천장을 걸으면 천장이 무너지면서 그 사람은 아래로 추락을 합니다. 여성들이 성 차별을 받아 높은 직위에 올라가지 못하는 사람을 빗대는 어구.

Many Chinese immigrants complain of a glass ceiling preventing them from advancing to higher level positions.
많은 중국인들은 높은 직위에 올라가지 못하는 직장 내 차별에 대해 불평합니다.

glimmer [glímər]
(희미한) 빛

glow

▌glow = glimmer. 희미한 불빛

The heavens glimmered with stars.
하늘에는 별들이 깜빡거렸다.

There is still a ray/glimmer of hope.
아직 실낱같은 희망은 있다.

glitch [glitʃ]
사소한 결함

problem

▌중대한 일이 아니라 사소한 일로 문제가 발생 할 때 쓰는 표현.

The nation's bullet train service is faced with rising criticism, with technical glitches hampering some smooth trips between Seoul and Busan.
고속철이 잦은 고장으로 비난을 받고 있다.

gloomy [glú:mi]
어두운, 음침한

dark

▌gloom = groom. 신랑은 신부의 머슴인가요? bridegroom vs bride. 신랑은 bridegroom, 신부는 bride라고 해요. 일반적으로 여성을 나타내는 명사는 남성 명사보다 더 길어요. 예를 들어 host(주인) - hostess(여주인)등. 그러나 유별나게 신랑, 신부 관계에서는 남자인 신랑 쪽이 철자가 긴 이유는 무엇일까요? 이전에 여자들의 평균 수명(특히 해산을 한 후 바이러스 라는 것을 몰랐기 때문에 산욕열(자궁이 바이러스에 감염되어 몸에 고열이 발생)이 20대 중반까지 밖에 안 되었고 남자 아이를 더 선호했기 때문에 여자들이 귀했습니다. 그래서 남자들은 신부 집에 지참금을 주고 부인을 모셔 와야 했어요. 그래서 여자들이 귀하고 남자들은 흔해서 신랑과 신부 단어에서는 신부 단어 길이가 짧아요. 신랑인 groom이라는 단어에는 머슴이나 하인이라는 지체가 낮은 의미를 지니고 있어요. 신랑은 말을 타고 신부는 가마를 타고 가는데 신랑의 말의 고삐를 잡고 가는 마부는 돈도 없고 신분도 천해 장가를 못가 얼굴이 우울합니다.

Being alone in that gloomy house gave me the willies.
그 어두운 집에 홀로 있을 때 겁이 났다.

His gloomy news sobered us a little.
그의 우울한 소식은 우리의 기분을 약간 가라앉게 했다.

G

glut [glʌt]
과잉 공급

surplus

▌glue. glut(실컷 먹이다), glutton(대식가)과 어원이 같아요. 음식이 남아돌아 실컷 먹은 모습 연상. 진수성찬이 차려진 밥상에 마치 아교나 풀처럼 달라붙어 있는 모습.

An oil glut.
원유 공급 과잉.

The market is glutted with cheap apples from abroad.
시장이 외국산의 값싼 사과들로 공급과잉이다.

gluttony [glʌ́təni]
많이 먹음, 폭음

greed

▌glue. 우리 인간은 탐욕에 끊임없이 매달리게 됩니다. 아교(풀)처럼. 자부심(pride), 시기심(envy), 분노(anger), 과식(gluttony), 색정(lust), 그리고 게으름(sloth)이 인간의 부정적인 면.

Gluttony is just as much a vice as drunkenness.
과식은 만취 못지않은 악습이다.

go [gou]

▌go와 관련되어 시험에 자주 출제되는 표현들을 공부합시다.

go broke
무일푼이 되다, 파산하다

That kid isn't dry behind the ears. He'll go broke in a month.
그 아이는 아직 풋내기야. 그는 한 달만 있으면 파산할 것이다.

go out
데이트하다(단순히 밖으로 나가다는 의미이외에 date하다는 의미)

You wanna go out with me?
나랑 데이트 할래요?

I feel nervous. I really want to ask Dana to go out with me, but what if she says no.
아, 떨려. 데이나하고 데이트하고 싶은데 만약 'NO' 하면 어쩌지?

go under
(배 따위가) 침몰하다(=sink), (사업 따위가) 파산하다

No, they went under last month, so he's looking for work.
아니요. 지난달에 회사가 망해서 지금 일자리를 찾고 있어요.

go up in smoke
다 타버리다

What a shame for all that to go up in smoke.
모두 연기로 사라져 버리다니 얼마나 안타까운 일인가.

go-ahead
(사람 · 회사 등이) 진취적인(enterprising), 적극적인

Delegates gave the go-ahead to start examining various proposals.
각국 외교사절들은 다양한 안건에 대한 검토 작업에 착수할 것을 지시했습니다.

goad [góud]
자극, 격려

urge

goat = goad. 염소들은 한마리 염소가 앞으로 나아가면 우르르 몰려가는 속성이 있어요. 염소를 일정한 방향으로 몰아가는 모습 연상. 사해의 문서는 기독교 역사에서 아주 중요합니다. 이스라엘의 한 소년이 양을 돌보는데 한 마리 양이 보이지 않아 찾아다니던 중 동굴에서 잃어버린 양과 함께 고문서들을 발견합니다. 이 문서들이 후에 기독교에 관해 많은 진실을 밝혀주게 했던 사해의 문서.

I keep trying to goad these lazy fellows into action.
나는 계속 이 게으른 녀석들을 움직이도록 자극을 주고 있다.

He kept goading me to fight.
그가 계속해서 내게 싸움을 걸어왔다.

good [gud]

good과 관련된 다음의 표현을 알아 두세요.

good Samaritan
사마리아 사람의, 동정심이 많은. 성경에서 도둑의 습격을 당한 행인을 구해 준 사람들에서 파생이 된 단어.

To prevent people from knocking out the wedges it will be useful to introduce the good Samaritan law.
남을 곤경에 빠뜨리고 방관하는 것을 방지하기 위해 착한 사마리아인의 법이 도입되는 것이 유용할 것이다.

gorge [gɔ́:rdʒ]
골짜기, 게걸스럽게 먹다

eat

gorgeous. gorge는 라틴어의 gurges(구르게스 = 소용돌이)라는 말에서 gorge(throat)가 되었습니다. 맛있는 음식을 보면 침이 넘어가고 아주 멋진 여자를 보면서 넋을 잃고 침을 흘리는 남자들을 연상.

The Rhine gorge.
라인 강 골짜기

The water funnelled through the gorge and out onto the plain.
그 물은 골짜기를 흘러 평야로 나온다.

gossamer [gάsəmər]
섬세한 거미줄, 섬세한 것, 덧없는 것

delicate

gauze = gossamer. 병원에서 사용하는 '거즈'가 gauze. 원래는 거미가 뽑은 실처럼 가는 실.

the gossamer of youth' s dreams
청춘의 덧없는 꿈

The metal is as light as gossamer.
그 금속은 굉장히 가볍다.

gourmet [guərméi]
미식가

connoisseur of food and drink

한국어 '고기 구워 먹어'

Enjoy spacious cabins with panoramic windows and elegant gourmet dining.
경치를 볼 수 있는 창문이 달린 넓은 선실과 미식가를 위한 고급 저녁식사도 즐기실 수 있습니다.

Grocery stores are heeding the call of time-starved Americans by offering gourmet takeout.
식품점들은 시간에 쫓기는 미국인들의 요구에 부응하여 미식가를 위한 휴대용 요리를 내놓고 있다.

G

grandeur [grǽndʒər]
웅장

majesty

▌grand = big

They are also seized by delusions and ambitions of power and grandeur that can only lead to violence against others.
그와 그들은 타인들에 대한 폭력을 유도할 수밖에 없는 권력과 권위에 대한 환상과 야망에 사로잡혀 있다.

Don't be getting delusions of grandeur, my boy.
과대망상증이 되지 말거라, 아가야

grandiose [grǽndiòus]
광대한, 과장된

exaggerated

▌grandeur. 허풍쟁이들은 있는 그대로 말 하지 않고 부풀려 이야기를 합니다.

She had some grandiose plan to start up her own company.
그녀는 자신의 회사를 설립해 보려는 좀 과대한 계획을 갖고 있었다.

They were forging ahead with their grandiose plans.
그들은 광대한 계획을 차근차근 추진해 나가고 있었다.

granted [grӕntid]

▌take for granted : 당연하게 여기다(자녀들은 부모가 돈을 주는 = granted 것을 당연하게 생각해요)

One reason is we've become so accustomed to prosperity that we take it for granted.
미국인들이 번영에 너무 익숙해져 당연시하는 것이 그 한 가지 이유다.

grapple [grǽpl]
잡다, 싸우다

struggle

▌grape = grasp = grapple. 포도나무의 덩굴을 연상해보세요. 덩굴이 담을 따라 기어 오르는 그림.

The two wrestlers grappled together.
두 레슬러는 서로 맞붙었다.

She grappled with her assailant but he got away.
그녀가 자신을 공격한 자를 움켜잡았지만, 그가 달아나 버렸다.

grasp [grǽsp]
붙잡다

catch

▌grape = grasp. 포도 덩굴이 담을 타고 올라감.

He was ready to grasp at any means to defeat his opponents.
그는 적수들을 쳐부술 어떤 방법도 붙잡으려고 했다.

He can't grasp the basic concepts of mathematics.
그는 수학의 기본 개념을 파악하지 못한다.

grass roots [grǽs ruts]
평민

commoner

어구

the roots of grass 풀뿌리
grassroots democracy 풀뿌리 민주주의
grassroots politics 풀뿌리 정치

▌한국어에도 '풀뿌리 민중'이란 어구가 있지만 영어 grass root에서 온 말입니다. 이전 조선이나 고려 백성들은 먹을 것이 없어서 산야에 있는 풀뿌리를 먹고 살았대요.

Kelly stresses that exchange students are in fact grass-roots diplomats.
자신도 켈리 부총재는 교환학생은 사실상의 민간 외교관임을 강조하고 있다.

gratifying [grǽtəfàiiŋ]
만족한

happy

congratulation. grat = happy. grat-란 철자만 있으면 만족이나 행복.

His reaction was gratifying.
그의 반응은 만족스러웠다.

It gratified me to hear of your success.
당신의 성공 소식을 듣고 기뻤어요.

gratis [grǽitis]
무료로

free

grat = happy. 가게에 갔는데 무료로 커피와 음식을 제공 하겠다고 하면 행복.

Entrance is gratis.
입장 무료.

The sample is sent gratis on application.
견본은 신청하시는 대로 무료로 보내드립니다.

gratuitous [grətjúːətəs]
무료의

free

grat = happy. 돈을 받지 않는 자원 봉사를 하면서 가지는 즐거움.

Gratuitous service.
무료 봉사.

Gratuitous violence repels most people.
이유 없는 폭력은 대부분의 사람들에게 혐오감을 준다.

gravity [grǽvəti]
중력, 진지함

seriousness

grave. 무덤에 가서 웃고 있을 사람은 아무도 없습니다. 진지해져요.

I don't think you realize the gravity of the situation.
당신이 상황의 심각성을 깨닫지 못하고 있는 것 같다.

They stand accused of crimes of the utmost gravity.
그들은 극도로 중대한 범죄로 기소 중에 있다.

grease [gris]
윤활유

oil

grease와 관련된 표현들을 알아두세요.

grease a person' s palm
…에게 뇌물을 쓰다

Since Jack greased her palm, he could buy a house very cheaply.
그는 그녀를 매수해서 집을 매우 싸게 살 수 있었다.

grease the wheels
일이 원활이 진행되다(바퀴에 기름을 발라야만 자동차가 잘 운행 되 듯는 것은 비유적으로 어떤 일이 잘 진행되는 경우로 의미 확대)

Greasing the skids wouldn't work.
뇌물을 주는 일은 먹히지 않을 것이다.

G

Great [greit]

▌great가 들어간 아래의 두 표현을 기억해두세요.
Great Depression : 대공황
1930년대의 경제 공황(1차 세계대전 때 영국이나 프랑스 등에 물자를 대주어 큰 돈을 벌었던 미국. 하지만 전쟁이 끝난 후 이들 나라에서 물건을 사지 않자 미국의 공장들은 문을 닫으며 과소비, 특히 증권 등에 빚을 내어 투자를 했던 미국 서민들은 빚더미에 앉게 되자 미국을 시발로 세계 경제 공황에 들어갔던 사건을 말함)

Even in the depth of the Great Depression, the U.S. unemployment rate never exceeded 17 percent.
공황이 한창일 때일지라도 미국의 실업률은 17%를 넘은 적이 없다.

▌Great Leap : 대 약진 운동
1950년대 중국의 대약진 정책(중국이 잘 살아보자는 구호를 건 대 약진이라 말은 그럴듯 하지만 사실은 당시 정권을 잡고 있었던 모택동이 자신의 정권에 도전을 하는 지식이나 부유층을 말살 하고자 했던 운동. 고대 중국의 진시황의 분서갱유 사건과 비슷한 상황. 하지만 후에 등소평이라는 인물이 있어 자본주의 경제 체제로 바꾼 중국은 이제 세계 최대 강국으로 부상 하는 중, 역사상에 대 약진 운동과 비슷한 사건이 또 있으니 이전에 캄보디아의 폴 포트 정권이 저지른 사건들, 동양의 부자 나라 중에 하나였던 캄보디아는 폴 포트라는 악당 때문에 가장 열악한 국가로 전락하는 상황을 맞게 됩니다)

The Great Leap Forward had failed to meet its objectives and resulted in millions of deaths.
대 약진 운동은 목적을 달성하지 못하고 결과적으로 많은 사람만 죽었다.

green light [grinait]
허가

permit

▌traffic light(신호등). 신호등에서 빨간 불이 켜지면 멈추지만 녹색불이 켜지면 통과하는 장면 연상. 그래서 green light는 비유적으로 '허락' 하다는 의미.

The driver waited for the green light, his engine racing.
그 운전자는 엔진을 최고속도에 맞춰 놓고 파란 불을 기다렸다.

The government has given a/the green light to the scheme.
정부가 그 기획에 공식허가를 해주었다.

▌green이 들어간 복합어 중에 중요한 표현으로는 green card가 있어요. 이는 외국인 노동자에게 발부하는 입국 허가증을 말합니다.

Immigrants who possess green cards can join the armed forces.
미 시민권을 가진 이민자는 미군에 입대할 수 있다.

greet [grit]
인사

bow

▌greet = great. 이전에는 이웃끼리 서로 인사를 하고 살았지만 지금 한국 사회는 이웃끼리 인사도 없죠. 서로 인사하고 살면 좋은 great 세상.

The little girl was too bashful to greet us.
그 어린 소녀는 너무 부끄러워 우리에게 인사를 하지 못했다.

He came rushing down the stairs to greet her.
그는 그녀를 맞이하러 계단을 달려 내려 왔다.

gregarious [grigɛ́əriəs]
사교적인

sociable

▌greg = meet = go. 독불장군이 아니라 사람들이 있는 곳에 가서 사교적으로 활동.

Man is a gregarious animal.
인간은 떼 지어 사는 동물이다.

She's very outgoing and gregarious.
그녀는 대단히 외향적이고 사교적이다.

gridlock [grídlɑ̀k]
정체

stop

▌자동차가 도로에서 정체된 것이 기본적인 의미 이지만 비유적으로 어떤 상황이 막혀 있는 정체상태를 가르킴.

Congress is in gridlock.
국회는 정체 상태에 있다.

grievance [grí:vəns]
불평

complaint

▌grave = 무덤 = sad. 무거운 것 = gravis 과 가벼운 것 = levare. 라틴어원 gravis는 'heavy(무거운)' 또는 'serious(심각한)' 것을 의미합니다. 그래서 보통 grav나 griev 의 형태이기 때문에 grave, gravitate, gravitation, aggravate, gravitas, gravity, grief, grieve, grievous, aggrieved, grievance 같은 단어들이 거의 비슷한 의미. grief는 sad보다는 더 강한 감정을 드러내어 '깊은 슬픔'

He had the temerity to file a grievance.
그는 무모하게도 불평을 제기했다.

He'd been harboring/nursing a grievance against his boss for months.
그는 몇 달 동안 사장에게 불만을 품어 오고 있었다.

grim [grim]
엄한, 엄격한

severe

▌Grim형제. 우리가 어린 시절에 읽어 던 동화의 대부분은 그림 형제가 쓴 것이 많았고 원래 이 동화들은 아동용이 아닌 성인용 포르노물과 같은 엽기적 내용이었습니다. 그래서 grim은 냉혹하고 심하다는 뜻이 있어요.

She looked grim - I could tell something was wrong.
그녀의 얼굴이 험상궂었다. 뭔가가 잘못됐다는 것을 알 수 있었다.

We face the grim prospect of still higher unemployment.
우리는 훨씬 더 높은 실업률이라는 냉혹한 전망에 직면해 있다.

grimace [gríməs]
얼굴을 찌푸림

facial distortion

▌Grim형제. Grim형제의 원판 신데렐라와 같은 무섭고 공포 소설을 읽으면 얼굴이 일그러지는 모습 연상.

She reacted with a grimace.
그녀는 얼굴을 찌푸리는 반응을 보였다.

She grimaced when she realized there was no sugar in her coffee.
커피에 설탕이 안든 것을 알아차린 그녀는 우거지상을 했다.

grip [grip]

▌grip이 들어간 어구 중 take a grip on oneself는 '잘 하다' 입니다.

take a grip on oneself
잘 하다

Now that the president is back in his seat, I hope he will take a firm grip and work his way out of the last two months' confusion."
이제 대통령이 복권이 되었으니 2개월 동안의 혼란에서 벗어나 잘 해 주시기를 바란다"고 말했다.

G

groom [grum]
훈련시키다

train

▌신랑은 길들이기 나름 입니다. groom은 신랑 혹은 말을 모는 마부. 그래서 동사로는 훈련시킨다는 train입니다.

The mayor is being groomed for the presidency.
그 시장은 대통령 출마를 준비하고 있다.

He is credited with grooming of Summers.
그는 서머스를 후보자로 훈련시키는데 성공하였다.

gross [gróus]
(이익을)올리다

total

▌grow < gross. 점점 증가해 총 이득이 올라가는 모습.

The figure accounted for more than 26 percent of gross domestic product.
이 수치는 국내총생산의 26퍼센트가 넘는다.

ground [graund]
근본, 이유

reason

▌ground. 하늘은 허공 이지만 우리 인간은 땅을 밟고 생활을 해요. 그래서 기초, 이유, 근본이란 뜻이 있어요.

Desertion is a ground for divorce.
유기는 이혼 사유이다.

▌ground가 들어간 숙어중 시험에서 출제 빈도가 높은 것은 다음의 세 가지가 있어요.

gain ground
확실한 지반을 얻다, 우세해지다. 좋아지다

He cautioned against an overly sanguine outlook as the U.S. dollar does not appear to be gaining much ground.
그는 미 달러화가 크게 발판을 마련한 것 같지는 않으므로 지나치게 낙관적인 전망은 금물이라고 말했다.

lose ground
인기, 세력을 잃다

Since the dollar started losing ground last year, the won has been hovering around 1,050 won against the greenback.
작년부터 달러가 약세로 접어들자 원화는 달러당 1,050원대를 지속하고 있다.

stand[hold] one's ground
~권리를 위해 일어서다

She stood her ground that women should have the rights to vote.
그녀는 여성도 투표권이 주어져야 한다는 자기주장을 고수했다.

ground zero
폭탄 투하 지점, 가장 피해를 많이 본 곳

At ground zero Kofi Annan can see the sounds of instability around him.
사건의 현장을 방문한 코피 아난은 그의 주변에 맴도는 불안의 소리들을 감지합니다.

grouse [gráus]
불평

complain

▌grumble = grudge = rumble. 사람이 화가 나고 짜증내는 모습은, 지하철이 역 안으로 들어오면서 내는 소리 '우르릉 쾅쾅'. 미국인 귀에는 이 소리가 아니라 rumble로 들림. 소란스러움. 이것은 불평불만과 연관.

He's always grousing about the workload.
그는 항상 작업량에 대해 불평한다.

If you've got any grouses, you'd better tell me about them.
불평이 있으면 나에게 말하는 게 좋다.

---

grotesque [groutésk]
그로테스크풍의, 괴상한

bizarre

▌grow = grotesque. 성장이 정상적으로 이루어져야 하는데 피노키오의 코처럼 너무 많이 성장한다면... 그로테스크의 어원은 15세기 후반에 유행했던 프레스코 장식문양. 이 문양들은 대개 동물과 식물, 인간의 모습이 혼합되어 나타났으며 이는 이탈리아어로 grotteschi라고 합니다.

It was grotesque of him to come dressed like that.
그런 복장을 하고 오다니 그는 괴이해 보였다.

It's grotesque to expect a person of her experience to work for so little money.
그녀 같은 경력이 있는 이가 그처럼 적은 돈을 받고 일하기를 바라는 것은 기이하다.

---

grown up [gróunʌ́p]
어른, 성숙한

adult

▌grow. 점점 키가 위로 up 성장한 모습. 성인.

She has two grown-up sons.
그녀는 장성한 아들이 둘 있다.

Try to behave in a more grown-up way.
더 성숙하게 행동하도록 해라.

---

grudge [grʌ́dʒ]
인색하게 굴다, 원한

hate

▌grudge = rumble.

I grudge paying so much for such inferior goods.
나는 그렇게 열악한 물건 값으로 그처럼 많은 돈을 내야 하는 것을 아까워했다.

She bears them a grudge.
그녀는 그들에게 원한을 품고 있다.

---

grueling [grú:əliŋ]
녹초로 만드는, 엄한

hard

▌glue = gruel = 죽. 아교나 죽이나 끈적 끈적 합니다. 한국어에 몸이 아주 피곤할 때 파김치가 되었다고 합니다.

A gruelling climb/race/trial/ordeal.
녹초가 되게 만드는 등산/경주/재판/시련

I've had a gruelling day.
오늘은 녹초가 될 만큼 힘든 날이었다.

G

gruesome [grúːsəm]
소름 끼치는, 섬뜩한

horrible

▌gruel. 즐거움은 힘든 것이 아니지만 힘든 것은 끔직한 일.

a gruesome spectacle/scene
참담한 광경

The police are in a gruesome murder scene.
경찰들이 끔찍한 살인 현장에 있다.

▌우리는 끔직한 모습 등을 보면 닭살이 돋아요. 하지만 미국인 들은 닭살이 아니라 거위 살이 돋는다고 합니다.

goose pimple
닭살.

The newspapers reported the gruesome details.
신문들에서 역겨울 정도로 상세한 보도를 실었다.

Please spare me the gruesome details.
으스스한 내용은 내게 말하지 말아 줘.

---

guile [gáil]
교활

deceit

▌guide < guile. 잘 가이드를 해야 하는데 잘못 한 경우. 철자 하나 d이냐 l이냐의 차이점.

He achieved by craft and guile what he could not manage by honest means.
그는 정직한 방법으로 해낼 수 없는 것을 술책과 간지로 이뤘다.

---

guinea pig [gia pig]
돼지 쥐, 실험 재료

material for experiment

▌심리학에서 실험 대상자는 subject이고, 특히 의학적으로 실험 대상자는 guinea pig입니다. pig가 있다고 해서 돼지가 아닙니다. '쥐' 입니다.

Jane agreed to serve as a guinea pig and try out the new flavor of ice cream.
제인은 피 실험자가 되어 새로운 맛의 아이스크림을 시식하기로 동의했다.

Practice on someone else! I don't want to serve as a guinea pig!
누군가 다른 사람으로 해 보세요! 나는 모르모트가 되고 싶지 않으니까!

---

guise [gáiz]
가장, 위장

feint

▌guide = guise.

In the guise of a shepherd.
양치기의 옷차림으로.

Racialist sentiments expressed under the guise of nationalism.
민족주의를 가장하고 표현하는 인종주의적 정서

---

gullible [gʌ́ləbəl]
잘 속는

easily deceived

▌gulliver 여행기. 어린아이 들은 걸리버가 상상속의 여러 나라를 여행한 것을 마치 사실인 것처럼 받아들입니다.

He must have been pretty gullible to fall for that old trick.
그가 그렇게 낡은 수법에 넘어간걸 보면 그가 호인이었음이 분명하다.

---

guts [gʌ́t]
창자, 용기

sympathy

▌get < gut. 가지기 get위해서는 배짱이나 용기가 있어야 합니다. 한국어에도 용기 있는 자만이 미인을 만날 수 있다는 표현이 있어요.

Climbing the cliff takes a lot of guts.
암벽 등반은 많은 용기가 필요하다

I don't have the guts to ask her to marry me.
나는 감히 그녀에게 결혼해 달라고 하지 못한다.

---

gypsy [dʒípsi]
집시

a member of a race of people who travel from place to place

▌일부 어원 학자들은 gypsy라는 단어는 Egypt에서 E가 빠진 것으로 보고 있어요.

The gypsy had foretold that she would never marry.
그 집시는 그녀가 생전 결혼을 하지 않으리라고 예언했다.

G

[ACTUAL TEST]

밑줄 친 낱말과 동의어를 고르세요.

1. That is an interesting point, but it is not <u>germane</u> to our discussion.

(A) incompatible (B) extraneous (C) incongruous (D) pertinent

2. Jerry wants to <u>get even with</u> Bill.

(A) assist (B) imitate (C) humiliate (D) retaliate

3. I think he will be seen, in a way, like Robert McNamara, as somebody whose theory <u>got in the way</u> of doing a practical good job.

(A) facilitated (B) prevented (C) validated (D) enhanced

4. The <u>gruesome</u> details of Edgar Allen Poe°Øs stories often stick in people's minds.

(A) exhilarating (B) fiery (C) horrible (D) wistful

5. Mary was always trying to <u>get the edge</u> on John.

(A) find damning evidence against
(B) gain favor with
(C) be irritated with
(D) get along with
(E) have a slight advantage over

[FILL THE PROPER WORD IN THE BLANK]

밑줄 친 낱말과 동의어를 고르세요.

6. I prefer the _______ who knows what he wants: imported cheeses, exotic spices, a whole leg of lamb, or early asparagus.

(A) gourmet (B) vegetarian (C) mystic
(D) hedonist (E) glutton

7. Although governments can control and manipulate what is in the papers and television, the net is just too big and too global for anyone to ________ it.

(A) get a grip on
(B) come to grips with
(C) let go his or her grip
(D) have a good grasp of
(E) take in his or her grasp of

[EXPLANATION]

1. [VOCA]

germane 밀접한 incompatible 양립할 수 없는 extraneous 이질적인 incongruous 일치하지 않는

[TRANSLATION]

그것은 흥미 있는 요점 이지만, 우리 토론 에는 적합 하지 않다.

[ROPES]

interesting point가 도우미 어구. 역접 but는 it is not의 not과 연결. germane은 흥미로운 것은 적합하고 싫어하는 것은 적합하지 않음과 연관해보세요.

[ANSWER] D

2. [VOCA]

get even with ~에게 보복하다 humiliate 굴욕감을 주다

[TRANSLATION]

Jerry는 Bill에게 보복 하기를 원한다.

[ROPES]

even은 평평하게 하다이기 때문에 비유적으로 남에게 당해 가슴에 맺힌 것을 보복하여 평평하게 하는 이미지와 연관

[ANSWER] D

3. [VOCA]

in a way 어느 정도 like ~와 같은 theory 이론 get in the way of 방해하다 facilitate 촉진하다, 조장하다 prevent 막다 validate 확인 하다, 비준하다

[TRANSLATION]

나는 그가 실용적인 작업을 방해하는 이론을 펼쳤던 Robert McNamara와 어느 정도 비슷하게 여겨질 것이라 생각한다.

[ROPES]

자동차들이 움직이는 도로 way 안 in에 어떤 물체가 있다면 방해하는 행동.

[ANSWER] B

4. [VOCA]

gruesome 무시무시한 stick in 고정하다 exhilarating 유쾌한 wistful 동경하는 듯한

[TRANSLATION]

Edgar Allen Poe 소설의 끔직한 세부묘사 들은 종종 사람들의 마음에 남아 있다

[ROPES]

glue = 풀 〈 grue

[ANSWER] C

G

5. [VOCA]

get the edges on …보다 조금 우세하다 a?damning 꼼짝 못할

[TRANSLATION]

Mary는 항상 존보다 좀 우세 해지려고 애쓰고 있었다.

[ROPES]

[ANSWER] E

6. [VOCA]

exotic 이국적인 gourmet 미식가 vegetarian 채식주의자 mystic 신비주의자 hedonist 쾌락주의자 glutton 폭식가

[TRANSLATION]

나는 그가 원하는 것을 아는 미식가를 더 좋아한다. 수입산 치즈, 외국산 향신료, 새끼 양의 다리, 아스파라거스.

[ROPES]

이런 저런 음식들을 '즐긴다'에 해당되는 낱말을 보기에서 고르면 됨

[ANSWER] A

7. [VOCA]

manipulate 조작하다 global 세계적인 get a grip on 통제하다 let go one's grip 놔주다 have a good grasp of 이해하다

[TRANSLATION]

정부가 신문과 텔레비전에 있는 것을 통제하고 조작할 수는 있을지라도, 인터넷은 너무 방대하고 포괄적이어서 누군가가 그것을 통제할 수 없다.

[ROPES]

control and manipulate의 유사어가 빈칸에 들어가면 된다.

[ANSWER] A

H

H로 시작하는 철자들 이것만은 꼭 알자

H

1. 한국에서는 남자들이 술집에서 술시중 하는 남자들을 host라고 하지만 이는 한국에서 잘못 쓰이고 있는 가장 대표적인 사례입니다. 영어에서 host는 한 집안의 남자 주인입니다.

주인

MASTE	RHOST

예) hospice / hospitable / host / hotel / hostile / hostage

hospice/hospital/hotel에서는 주인이 host 손님들에게 친절을 hospitable 베풀어야 하는 것입니다. 그러나 너무 지나친 친절은 화를 불러와 때로는 반감이 생기기도 하죠. 이와 관련된 단어들이 hostile(적대적)과 hostage(인질)가 있어요.

2. 우리 인간은 모두 자기가 잘났다고 합니다. 하지만 영어 단어 human은 hum-로 시작하고 있고 water와 관련 있어요. 우리 인간은 몸의 대부분이 수분인 존재.

물

WATER	HUM

예) human / humiliate / humble

한국말에서도 강하지 못한 경우를 가르켜 '물렁물렁' 혹은 '물컹물컹'하다고 합니다. 이렇게 물 같은 사람은 사회 생활하면서 다른 사람에게 우습게 보여 창피를 당하거나 humiliate = 비천한 humble 모습을 당하게 됩니다. 그럼 hum-이외에 물을 의미하는 단어 철자들을 몇 가지 공부하도록 하겠습니다. aqua-로 시작하는 철자들은 '물'을 나타내어요. 63빌딩 수족관. 상수도관은 물이 흘러가기 때문에 aqueduct.

물

HUM AQUA HYDR UND

예) aqueduct / aquarium / dehydrate / inundate / rebound / redundancy / undulate

habitat [hæbitæt]
서식지

environment

habit. 동물들이 습관적 으로 가는 그들의 서식지. 환경.

The jungle is the habitat of monkeys.
정글은 원숭이들의 서식지이다.

A lot of wildlife is losing its natural habitat.
많은 야생 동물들이 천연 서식지를 잃고 있다.

---

hackle [hǽkl]
화나다

anger

곤추선 목의 털 이란, 의미가 있는 hackle는 raise one's hackles이란 숙어에서는 '…를 화나게 하다' 라는 뜻이 있어요.

Her remarks certainly raised hackles.
그 여자의 말은 확실히 화를 나게 한다.

---

hackneyed [hǽknid]
낡은, 진부한

overused

hacker = hack = cut. 너무 많이 들어 지겨운 것은 더 이상 듣지 않고 잘라버립니다 cut.

"Whiter than snow" is an expression that sounds rather hackneyed.
'눈보다 희다' 는 다소 케케묵은 표현이다

This hackneyed pattern of smear campaigns is now underway again at the top level of our political community.
이러한 케케묵은 흑색선전이 현재 또 다시 정계 지도부 사이에서 벌어지고 있다.

---

haggard [hǽgərd]
여윈

gaunt/skinny

hag = devil. 귀신이 들려 밥도 못 먹고 수척한 모습 연상.

He looks haggard.
그는 모습이 초췌하다

---

high - end [hai end]
고급의, 고급 고객

expensive

신분이 높은 사람은 위에, 신분이 낮은 사람들은 아래에 있습니다. end는 목적 = target = goal. high의 여러 의미 중 '황홀' 이란 의미도 잘 알아두세요. 기분이 좋으면 마치 구름을 탄 것처럼 위로 올라가는 느낌.

Sales of high-end models have driven up revenue and enhanced profitability, Samsung officials said.
고급 모델이 매출과 이익 증가의 원동력이 되었다고 삼성전자 관계자는 말했다.

---

hail [héil]
환호하며 맞이하다

greet

hail < 하이 = hi 히틀러

He hailed me with a wave.
그가 내게 손을 흔들며 인사했다.

They hailed him as hero.
그들은 그를 영웅이라 부르며 환영했다.

H

halcyon [hǽlsiən]
평화로운

peaceful

▌'할시온' 은 겨울철 동지 무렵에 바다 위에 보금자리를 만들어 풍파를 가라앉히고 알을 깐다고 상상된 전설상의 새.

Those halcyon days for the oil industry are over.
평화로운 시절은 모두 지나갔다.

This period is known as the Halcyon Days.
이 기간은 평화시기로 알려져 있다.

---

half [hǽf]

half-measure : 미봉책, 임시변통

A half measure is always a failure.
어설프게 하는 일이 잘 될리 없다.

half way : 중간의(meet someone halfway는 타협하다)

If we limit our studies to just one of the subjects, we could only go half-way, Lee said.
"우리가 연구를 단 하나의 주제에 국한시킨다면 우리는 절반밖에 얻지 못할 것이다"라고 이 선생은 말했다.

---

hallmark [hɔ́:lmɑ̀:rk]
특징

character

▌mark. 복합어는 일반적 으로 오른쪽이 의미의 중심.

Attention to detail is the hallmark of a fine craftsman.
세부적인 데 신경을 쓰는 것이 훌륭한 장인의 특질이다.

Police said the explosion bore all the hallmarks of a terrorist attack.
경찰은 그 폭발이 테러범 공격의 모든 특징을 갖고 있다고 말했다.

---

hallow [hǽlou]
신성

holy

▌halloween =할로윈 데이. 이 단어의 어원 할로윈은 원래 hollow + eve가 합성된 단어로, 켈트족을 포함한 유럽인들은 11월1일을 '모든 성인들의 날(All Hallow Day)' 로 지켜왔어요.

One of the theatre's most hallowed traditions.
연극계의 가장 성스러운 전통 중 하나

He has gone to a hallowed ground.
그는 성지를 갔다 왔다.

---

halting [hɔ́:ltiŋ]
더듬거리는

hesitant

▌holt = 홀트 아동 복지회. 미혼모로 아이를 낳은 A씨. 홀트 아동복지에 자신의 아이를 맡겨야 하는지 망설이는 모습 연상.

He halts in his speech.
그는 더듬거리며 말한다.

He halted at the corner.
그는 거리 모퉁이에서 걸음을 멈추었다.

---

hamlet [hǽmlit]
작은 마을

village

햄릿. 셰익스피어의 햄릿이란 희곡은 이전 네덜란드라는 조그만 나라에서 일어난 사건을 작품화 하였습니다.

There are almost 70 villages and hamlets in the area
이 지역에는 70여 개의 크고 작은 마을이 있습니다.

Victims and survivors of the South Korean hamlet No Gun Ri were painstakingly preparing their own rebuttal.
한국의 외딴 마을인 노근리의 피해자들과 생존자들은 그들 나름대로 힘겨운 항변을 준비하고 있습니다.

---

hammer out [hǽmər]
해결하다

solve

집에 불이 났고 소방수들이 집 안으로 들어 가기 위해 망치로 문을 부수고 들어가 불을 진압하는 과정을 연상. 그래서 어떤 상황들을 해결하다는 것과 연관.

Many others believe an agreement can be hammered out this year
여러 사람들은 자유무역협정이 올해 해결 될 수 있을 것으로 생각하고 있다.

---

hamper [hǽmpər]
방해하다

hinder

한국어의 '헤퍼'는 모든 사람들에게 미소를 지으며 실실 웃는 사람은 상대방이 이 사람을 헤프게 알아 우습게 보기 때문에 이 사람은 인생 살아가는데 여러 가지 곤란한 점이 있을 수 있어요.

Our progress was hampered by the bad weather.
우리의 진행은 나쁜 날씨로 방해를 받았다.

---

hamstring [hǽmstrìŋ]
무력화 시키다

stop

이 단어는 원래 뒷다리 관절 뒤의 건(=힘줄)으로 이 힘줄을 자르면 걸을 수가 없기 때문에 비유적으로 '무력화 시키다'는 의미가 됨.

Vietnam's costly entanglement in Cambodia threatens to hamstring any dramatic attempts to revive the economy.
베트남의 값비싼 캄보디아 개입으로 경제를 소생시키려는 극적 시도들이 좌절 위기에 있다.

---

hand [hænd]

hand가 들어간 구절 동사와 숙어 중 아래의 시험에 자주 출제되는 어구를 알아 두세요.

handout : 유인물, 인쇄물

hand + out : 손으로 나누어 주기

To help the indigent, Mr. Blair wants to move beyond cash handouts
블레어 총리는 빈민들을 돕기 위해 현금 보조금을 능가하는 조치를 하기 원한다.

hand in : 제출하다

The students were required to hand in their papers by the end of the semester.
학생들은 학기말까지 보고서를 제출해야만 했다.

Are you going to hand in resignation?
당신은 사표를 내려고 하나요?

hand off : 무간섭

Hands off my car!
내 차에 손대지 마!

H

Take your hands off my father!
우리 아빠한테서 손 떼요!

change hands : 소유주가 바뀌다.

Up to 100 billion won changed hands in a single night through various forms of the sex trade.
하루 밤 사이에 다양한 성매매 형태를 통해 1천억 원이 지출되고 있다.

get out of hand : 과도해지다, 걷잡을 수 없게 되다.

Things really got out of hand.
일이 아주 엉망이 되었다

hand down : (판결을) 내리다, (관습 · 전통 등을) 후세에 전하다

It said it handed down a light penalty because he pleaded guilty.
중국 법원은 그가 유죄를 인정했기 때문에 경미한 형을 선고한다고 말했다.

on hand : 참석하여 (on은 접촉. 모임들에 참석하여 손들이 서로 닿거나 악수하는 모습 연상)

The event is open to the public and a Santa Claus will be on hand take pictures with the kids.
이번 행사는 일반에 공개되며 산타클로스가 등장해 어린이들과 함께 기념사진 촬영도 한다.

go hand in hand : 관련 있다

Theory and practice do not always go hand in hand.
이론과 실제는 반드시 일치 하지 않는다.

---

handy [hǽndi]
바로 곁에 있는, 편리한

near

hand/ at hand. 손 가까이에 놓아 두어 쓰기 편해요.

A handy shelf.
편리한 선반.

She's handy with tools.
그녀는 연장을 능숙하게 다룬다.

---

hangar [hǽŋər]
격납고

garage

hang glider. 비행기를 넣어 두는 격납고.

Has the hangar been cleared?
격납고는 깨끗한가?

---

hangover [hǽŋòuvər]
숙취

drink

전날 먹은 술이 다음 날 일어났는데도 머리에 빙글빙글 남아 있어요.

He's sleeping off a bad hangover.
그는 숙취를 깨려고 잠을 자고 있다.

hang이 들어간 구절 동사 중 hang out이란 어구를 연습해 보겠습니다.

hang out : 살다
I'm going to find incredible musicians and hang out with them as much as you can.
대단한 음악인들을 찾아내서 그들과 될 수 있는 한 많이 지내려고 해요.
A lot of laid-off dot-commers hang out here till they find their next job.
일자리를 잃은 많은 닷컴 사원들이 다음 일자리를 찾을 때까지 이곳을 드나들고 있어요.

haphazard [hæphæzərd]
우연한

random

▌hap(fall)+hazard(danger). 태풍이 불던 날. 갑자기 길거리의 상가 앞에 붙어 있던 간판이 떨어져 사고가 일어나요. 우연적인 일.

Books piled on shelves in a haphazard fashion.
책장에 아무렇게나 쌓여 있는 책들

The government's approach to the problem was haphazard.
그 물체에 대한 정부의 접근법은 되는 대로였다.

hapless [hǽplis]
운이 나쁜, 불운한

unlucky

▌happen = hap = fall

Hapless passengers stranded because of the rail strike.
철도 파업으로 꼼짝 못하게 된 운 나쁜 승객들

harangue [hərǽŋ]
긴 연설

long speech

▌한국어의 '아리랑.' 아리랑에서는 사랑하는 '님'이 자신을 버리고 떠나가는 경우 십리도 못가서 발병 난다고 간결하게 말하고 있습니다. H + 아리랑=arangue. 약간 긴 연설이나 말.

She always harangues the children about their untidy rooms.
그녀는 항상 아이들에게 방이 지저분하다고 잔소리를 늘어놓는다.

'Shades of Hitler!' I thought, as I listened to him haranguing the crowd.
"히틀러의 망령이군!" 나는 그가 대중에게 하는 긴 연설을 들었을 때 그렇게 생각했다.

harass [hərǽs]
괴롭히다

bother

▌백년해로. 이전에 주례들은 검은 머리가 파 뿌리 되도록 잘 살라고 신랑과 신부에게 이야기합니다. 하지만 지금은 100살까지 평균 수명이 곧 연장 되는 상황에서 결혼하는 부부들에게 백년 '해로' 하라고 하면 무척 힘든 일일 것 같습니다. 원래 이 낱말은 'harass(괴롭히다)'는 토끼 사냥에서 나왔어요. 'hare(헤어 = 토끼)'와 'ass(엉덩이)'를 합친 말로 토끼의 엉덩이를 쫓는 사냥개의 모습에서 '괴롭히다'는 뜻의 낱말이 유래했습니다.

She was sexually harassed.
성희롱을 당하다.

He complained of being harassed by the police.
그는 경찰에게 괴롭힘을 당하고 있노라고 불평했다.

harbinger [há:rbindʒər]
선구자

forerunner

▌harbor = 항구 + messenger = 메신저. 항구에 가서 배가 출항을 하는지 알아보고 오는 사람에서 비유적으로 선구자. 예고.

The robin is the harbinger of spring.
지빠귀는 봄이 옴을 알려준다.

The event was seen as a harbinger of things to come.
그 사건은 다가올 일들의 전조로 보여졌다.

H

harbor [hɑ́:rbər]
항구, 숨겨 주다

hide

▌harbor. 폭풍우가 불어 바다에 풍랑이 심하게 일면 근처의 배들은 항구로 피신을 하여 숨게 됩니다.

He'd been harboring a grievance against his boss for months.
그는 몇 달 동안 사장에게 불만을 품어 오고 있었다.

He has harbored a grudge against me for years.
그는 몇 년째 내게 원한을 품어 왔다.

hardship [hɑ́:rdʃip]
곤란

adversity

▌hard. 단단함은 '어려움'이에요. 대표적으로 이가 없는 할아버지들이 의치 없이 단단한 것을 먹는다는 것은 힘들죠.

Further hardship will be the inevitable outcome of these spending cuts.
이러한 지출 감소의 결과로 더 많은 역경이 불가피할 것이다.

It was a real hardship for her to get to work on time.
그녀가 직장에 정시에 도착하는 것은 극히 어려운 일이었다.

hardy [hɑ́:rdi]
강인한

robust

▌hard. 단단한 근육은 건강함을 나타냅니다.

Hardy mountain folk.
강인한 산악 민족

A village peopled by hardy seafolk.
강인한 뱃사람들이 사는 마을

▌hard가 들어간 아래의 표현들을 숙지하세요.

hard - and - fast : 엄중한, 변경을 허락하지 않는

It's a hard-and-fast rule that you must be home by midnight.
자정까지 귀가해야 하는 것은 절대로 지켜야 할 규칙이다.

hard ball/play hard ball : (사업 · 정치 등에서) 공격적[강경한] 태도를 취하다, 엄격한 조치를 취하다

The White House intends to play hardball on the nuclear issue.
백악관은 핵 문제에 강경 자세를 취하려 한다.

hard-core : 핵심의, 철저한, 만성적인

the hard core : 열성 핵심 요원들

a hard-core fan : 고정 팬

the hard-core unemployed : 만성 실업자

explicit pornography : (성묘사가) 노골적인 포르노

Studies show that perhaps as many as 24 million Americans can be classified as "hard-core shoppers."
연구에 따르면, 2,400만 명 정도나 되는 미국인이 "극성 쇼핑 계층"으로 분류될 수 있다고 한다.

hard currency : 경화(금속으로 만든 화폐로 언제든지 금이나 다른 화폐로 바꿀 수 있는 화폐입니다. 경화의 대표적인 통화는 미국의 달러)

The export of raw materials, the region's principal source of hard currency, has increased to meet a growing world demand.
이 지역의 주된 경화 소득원인 각종 원자재 수출이 늘어나는 세계의 수요를 충족시키기 위해 증가했다.

hardened : 상습적인

It's intolerable to allow hardened criminals to roam our streets.
흉악범이 거리를 활보 하도록 허용 하는 것은 참을 수 없다.

hard-line : 강경론의

The carmakers' group urges the government to help in making peace with the hard-line auto trade union.
자동차 공업 협회는 정부에 강경 노조와의 화해를 지원해 줄 것을 요구하고 있다.

hard-nosed : 콧대 센, 고집 센

Mr. Sarkozy built a reputation as a hard-nosed crime fighter.
범죄에 대한 강경한 대처로 사르코지는 명성을 얻었다.

hard-pressed : 시달리는, 곤경에 빠진, 곤궁한

The manufacturers would be hard pressed to lower export prices in the face of cheap competition from China and other developing nations.
중국 등 개발 도상국의 싼 가격과의 경쟁에 직면해 있는 제조업체 들은 수출 가격의 인하 압력을 심하게 받고 있다.

hard wire : 뿌리 깊게

They say teens' brains aren't hard-wired to fully understand the consequences of their actions.
10대들은 그들의 행동의 결과를 이해 할 만큼 고정화 되지 않았다고 그들은 말했다.

H

harness [hɑ́:rnis]

이용하다

use
employ

원래는 마구(마차나 말에 얹던 안장). 마부는 말을 통제할 때 마구를 이용.

The parachutist was buckled into his harness.
그 낙하산병은 그의 멜빵에 몸이 매였다.

The power of the wind can be harnessed to produce electricity.
전기 생산에 풍력을 이용할 수 있다.

harp [hɑ:rp]

반복하다

repeat

harp. 현대인들은 시간이 될 때 반복적으로 피아노나 기타를 연주하듯이 고대인들은 하프를 반복적으로 연주했어요.

Play the harp
하프를 연주하다

She's always harping on how badly paid she is.
그녀는 항상 보수가 박하다고 귀찮을 정도로 되뇐다.

harry [hǽri]
약탈하다, 괴롭히다

exploit

▌har = hard = hurt

That was the year that Shapur began to harry the region once again.
그해 다시 그 지역을 괴롭히기 시작했다.

harsh [hɑːrʃ]
가혹한, 잔인한

cruel

▌hard < harsh

He's too harsh with the children.
그는 아이들에게 지나치게 가혹하다.

She was harsh to her servants.
그녀는 하인들에게 엄했다.

harvest [hɑ́ːrvist]
수확

pick

▌vest. 가을철 수확을 하면 농부의 조끼에 돈이 들어오는 모습 연상. 투자는 영어로 in + vest.

This year's wheat harvest was poor.
올해의 밀 수확은 흉년 이었다.

haughtiness [hɔ́ːti]
오만한

arrogance

▌haught(=high)+y. 사람이 아래에 있다가 위로 진급을 해도 겸손해야 하는데… 보통의 사람들은 위로 승진된다고 올챙이 시절 기억 못하고 거만하게 굴게 됩니다.

They blamed Israel for haughtiness in its Gaza offensive aimed at freeing a captured soldier.
그들은 납치된 이스라엘 병사를 석방시키기 위해 가자 지구를 공격한 이스라엘의 오만함에 대해 비난했습니다.

have [hǽv]

▌have no choice but to do : -할 수 밖에 없었다(but은 '그러나' 가 아니라 '제외하고' 이므로 하는 것을 제외하고 선택 할 것이 없다는 must의 의미)=can't help -ing

I had no choice but to do so. or I had to do so out of necessity.
나는 불가불 그렇게 했다

havoc [hǽvək]
파괴

destroy

▌have. 단어의 길이가 길어지면 부정적. 어느 정도 가지고 있어야 행복. 너무 많이 가지면 물질적으로나 정신적으로 황폐.

The storm wrought havoc throughout southern Britain.
그 폭풍은 영국 남부 전역을 황폐화시켰다.

The floods created havoc throughout the area.
홍수로 그 지역 전역이 엉망이 되었다.

hazard [hǽzərd]
위험

danger

▌haz = fall. 위에서 물체가 떨어지면 위험.

Drink-drivers hazard other people's lives as well as their own.
음주 운전자들은 자기 자신들의 목숨뿐 아니라 다른 사람들의 목숨도 위태롭게 한다.

Wet roads are a hazard to drivers.
젖은 도로는 운전자들에게는 위험요소이다.

headstrong [hédstrɔ́:ŋ]
완고한, 고집센,

stubborn

▌head + strong. 머리가 단단한 것은 실제로 어떤 사람이 두개골이 단단하다는 것이 아니라 비유적으로 고집이 세다는 것을 강조하고 있어요.

He was inspired and headstrong
그는 계시를 받았고 완고했다.

▌head와 관련되어 추가로 아래의 표현들을 알아두세요.

bury one's head in the sand

=bury one's head in the sand like an ostrich : 외면

My friends tried to bury his head in the sand.
나의 친구는 사실을 외면하려고 하였다.

head off : 가로막다, 저지하다

Your laziness heads off our work.
당신의 게으름은 우리의 일을 가로막고 있습니다.

headlong : 몹시 서두르는, 성급한

A dozen drug manufacturers are rushing headlong into research and development.
다수의 제약사들은 무조건 연구 개발에 몰두하고 있다.

Domestic financial institutions, in particular, are charging headlong into China.
국내 금융기관들은 중국 진출을 추진하고 있다고 소식통은 말했다.

head start : 타인보다 유리한 스타트

Chinese expect to finish construction of a nuclear fusion reactor, giving them a head-start on the technology.
중국은 그 기술에 대해 다른 나라보다 우리한 고지에서 핵융합 원자로 건설을 완성할 것으로 기대하고 있다.

headway : 전진, 진행, 진보

The two sides failed to make any headway.
양측은 진전을 이루지 못 했다.

heavy-handed : 고압적인, 엄한

His attitude is very heavy-handed.
그의 태도는 매우 강압적이다

---

hedonist [hí:dənist]
쾌락주의, 향락주의

one that believes that pleasure ins the sole aim in life.

▌'해돋이' 정동진에 서서 동해의 일출을 바라보면 행복하다. hedonism은 '쾌락'이라는 뜻의 그리스어 hedone에서 유래하였는데, 쾌락을 인간 행위의 궁극적 목적이자 도덕적 기준으로 삼는 윤리학설 이예요. 쾌락은 본질적으로 선이며 고통은 악이라는 믿음에 기초하고 있어 행복을 증진하는 것은 모두 선이라고 주장하는 행복주의의 한 형태입니다.

It's a transcending, hedonist debate in capitals all over the world.
전 세계 중심 도시에서 상상을 초월하는 미식가들의 논쟁이 벌어지고 있습니다.

H

heed [hí:d]
주의

pay attention

▌heel. high heel을 신을 때 주의 해야 합니다. 그럼 왜 여성들은 하이힐을 신나요? 자신의 다리의 각선미를 자랑하고 싶어서 입니다. 이런 하이힐을 신으면 척추에 이상이 오기 때문에 여성들은 신경을 써야 합니다. 이전 중국에는 전족이란 관습이 있었어요. 여성들이 도망가는 것을 막기 위하여 한 풍습이었지만 발이 작으면 히프 부분에 받는 힘이 증가되어 방중술에 좋다는 이유도 있었다고 합니다.

She paid no heed to our warning.
그녀는 우리의 경고를 유념하지 않았다.

He gave heed to our advice, hence came his success.
그는 우리의 충고에 귀를 기울였기 때문에 성공했다.

---

heel [hil]

▌heel과 관련된 아래의 표현을 공부해 놓으세요.

dig[stick] one's heels[feet, toes] in : 자기의 의견/입장을 고집하다

The student dug his heels in and refused to take the exam.
그 학생은 시험 보는 것을 완강히 거부했다.

---

hegemony [hidʒéməni]
지배권

leadership

▌Hegemony는 고대 그리스의 '이끌다'는 뜻의 "hegeisthai"란 단어의 어원에서 출발을 하여, 지금은 한 집단, 국가, 문화를 지배하는 것을 이르는 말입니다.

Cultural hegemony has a theory that a diverse culture can be controlled by one class.
문화 헤게모니는 다양한 문화가 하나의 계급에 의해 통제될 수 있다는 이론을 가지고 이다.

---

heinous [héinəs]
가증스러운, 극악한

terrible

▌hied. 지킬과 하이드로 연관지으세요. 인간의 이중적인 면을 가장 잘 드러낸 소설로 한 사람 안에는 신사적인 면인 지킬 = 끔직한 인간의 추한 모습인 하이드가 공존합니다.

Proponents say the death penalty deters other from committing the same crimes, especially heinous ones.
반면 찬성측은 사형제도가 다른 이들이 동일한 범죄, 특히 "극악무도한" 범죄를 저지르지 못하게 하는 효과가 있다고 주장하고 있다.

They often committed more heinous acts against fellow Koreans than did low-level military officers.
그들이 동포들에게 저지른 행위는 하급 군장교보다 더 가혹했던 경우가 많았다.

---

heir apparent
[ɛ̀ər əpǽrənt]
법정 추정 상속인
확실한 후계자

successor

▌heir는 재산을 물려주는 유산 상속자 에서 권력 등을 물려 주는 의미로도 사용됨.

The company owner's son-in-law is his heir apparent
회사 사장의 사위는 사장 후임자이다.

---

hellenistic [helenistic]
헬레니즘

connected with the Greek culture of the 4th-1st centuries BC

기원전 334년 알렉산더 대왕의 동방 원정 에서부터 기원전 30년 로마의 이집트 병합 때까지 그리스와 오리엔트가 서로 영향을 주고 받음으로써 생긴 역사적 현상으로 기본 정신은 세계 시민주의와 개인주의적 성향입니다. 헬레니즘과 함께 서양사상의 2대 조류중의 하나인 헤브라이즘(Hebraism)은 유대교적 · 그리스도교적 세계관으로 헤브라이의 종교인 구약성서에 바탕을 둔 사상, 문화, 생활 등을 가리키는 말

They imitated the Hellenistic cultures they conquered.
그들은 그들이 정복한 헬레니즘 문화를 모방했다.

helm [hélm]
지배, 지도

power

항해의 키. 자동차의 운전대. 키를 이용하여 배를 조종했습니다. 선장이 키를 잡았어요. 그래서 배에서는 선장이 최고의 힘을 가진 사람이죠.

A stern taskmaster was at the helm of the company.
엄격한 공사 감독이 그 회사의 사장이었다.

He is at the helm of the banking business of Korea.
그는 한국 금융계에서 우이를 잡고 있다

henceforth [hènsfɔ́:rθ]
앞으로

from now on

forth = for = go

I expect you to be punctual for meetings.
당신이 회의 시간을 엄수하기를 기대한다.

herald [hérəld]
전령

pioneer

herald라는 단어의 어원은 '헤르메스'에서 유래. 그리스 신화에 나오는 신으로 신들의 사자(=전달자)입니다. 또한 죽은 사람의 망령을 저승으로 인도하는데 로마 신화에서는 메르쿠리우스 = 머큐리 = mercury에 해당

The winning runner was heralded by a burst of cheering.
터지는 환호가 우승주자가 들어옴을 알렸다.

The announcement has been heralded as a breakthrough in the disar mament talks.
그 발표는 군축회담의 타결을 예고했다.

herbivorous
[hə:rbívərəs]
초식성의

grass -eating

herb = grass + vor = eat

Many small, herbivorous species are native to New Guinea.
많은 작은 채식성 동물은 뉴 기니아가 원산지이다.

Herculean
[hə́:rkjulí:ən]
헤라클레스의, 매우 어려운

difficult

헤라클레스는 제우스와 같은 장사 족 = taitan. 헤라클레스는 다른 사람들이 하지 못하는 어려운 일을 척척 해 냅니다.

He always felt a close affinity with the These examples show restru cturing the service sector is a Herculean project.
이런 사례들을 보면 서비스 부문의 구조조정이 얼마나 어려운 일인지를 알 수 있다.

H

hereditary [hərédətèri]
유전성의

genetically

▌here = go. adhere. 유전 인자가 여러 세대로 전달이 되어 감.

hope she finds the courage to stop the cycle of hereditary weight problems.
그녀가 용기를 내어 비만이 대대로 계속되는 것을 중단시키기를 바랍니다.

---

heresy [hérəsi]
이교

a belief most people think is wrong

▌이단(heresy)이란 그리스어의 하이레시스(hairesis)가 그 어원인데, 원래 '고집' 또는 '선택'을 의미하나 이것이 나중에 '당파' '종파'의 뜻으로 확대 되었습니다.

It was heresy to talk like that.
그런 식으로 이야기하는 것은 이단적이었다.

---

heretical [hərétikəl]
이교의, 이단의

unorthodox

▌here = go. 정통 교회인 천주교나 기독교를 다니다가 이 종교들을 그만 다니고 다른 종교를 믿는 모습 연상. 설악산등에 있는 이상한 종교에 심취.

Officials in the early Church rejected the original as heretical and excluded it from the so-called canonical Gospels.
초기 교회의 관리들은 원서를 이단이고 정전에서 제외된다는 이유로 배척했다.

---

hermetic [həːrmétik(əl)]
밀봉한

airtight

어구

hermetic seal : 용접 밀폐
the hermetic art(philosophy, science) : 연금술

Canned foods have a hermetic seal.
통조림 음식은 밀봉된다.

▌그리스 로마신화 에는 수많은 신들이 등장하고 있는데 그리스 신화는 서구 문명에 깊숙이 자리 잡고 있을 뿐만 아니라 시험에 자주 출제되는 단어들과 관련되기 때문에 아래의 단어를 공부해봅시다.

Zeus = Jupiter = Jupiter 목성 = jovial 유쾌한

Mars = 전쟁의 신 = 화성 = martial = 호전적인

Mercury = 수성 = mercurial 변덕스러운

Mnemosyne = 므네 모쉬네 = 기억의 여신 = mnemonics 기억술, amnesia 기억상실

---

hesitant [hézətənt]
주저하는, 망설이는

reluctant

▌한국어 '해지'. hes(stick)+it(go)+ate(make) = 달라붙어 가다 < 주저하다, 망설이다. 계속 한 회사의 핸드폰 번호만을 사용했던 A양. 핸드폰 해지를 하는데 많이 망설이는 모습 연상.

They are hesitant about signing a contract.
그들은 계약서에 서명하기를 주저하고 있다.

They are hesitant to sign a contract.
그들은 계약서에 서명하는 것을 망설이고 있다.

---

heterodox [hétərədɑ̀ks]
이교도의

unconventional

▌hetero = different + dox = teach. 천주교나 교회에서 가르치는 것과는 다른, 예를 들어 예수님이 결혼을 하셨다, 마리아 막달라가 베드로 보다 예수님 살아생전에 수제자였다, 유다가 예수님을 로마 군인에게 장소를 알려준 것이 아니라 예수님이 유다에게 그렇게 행동을 하도록 지시 하셨다 와 같은 이야기들은 이단의 이야기일까요? 아니면 진실일까요?

He is one of the primary figures of heterodox economics.
그는 경제학의 이단적인 주된 인물이다.

---

heterogeneous
[hètərədʒíːniəs]
이종의, 이질적인

diverse

▌hetero = different + gen = birth

You can enable heterogeneous Subscribers after you complete this wizard.
이 마법사를 마치고 나면 유형이 다른 구독자를 선택할 수 있습니다.

heyday [héidèi]
한창, 전성기

golden days

▌high = hey = high.

Steam railways had their heyday in the 19th century.
증기 기차는 19세기에 전성기였다.

She was a great singer in her heyday.
그녀는 전성기 때 위대한 가수였다.

hiatus [haiéitəs]
틈

opening

▌하품하면서 입이 벌어짐.

There will be a two-week hiatus before the talks can be resumed.
그 회담들이 재개되기 전에 2주간의 휴지가 있을 것이다.

hibernate [háibərnèit]
동면, 겨울잠

sleep through the winter

▌hibern(winter)+ate(make) = 겨울잠을 자다

The turtle hibernates in a shallow burrow.
거북이는 얕은 굴에서 동면한다.

hideous [hídiəs]
끔찍한

dreadful

▌hide. 과거에 끔직한 과거가 있는 A양. 좋은 남자 만나 결혼을 할 때 과거의 사건을 모두 감추고 싶어 합니다.

It was hideous to watch.
그것은 보기에 소름끼쳤다.

I think the colour scheme they've chosen is hideous.
나는 그들이 선택한 색채 배합 설계가 끔찍하다고 생각한다.

hierarchy [háiərὰːrki]
계층

orders

▌high = higher = lucky. 운이 좋아 높은 자리로 승진 이동.

There's a very rigid social hierarchy in their society.
그들의 사회에는 매우 엄격한 사회 계급 제도가 있다.

The caste system categorized Hindus into a social hierarchy.
카스트 제도는 힌두교의 사회계급제도로 분류된다.

high-profile [hai proufáil]
고위직

receiving or involving a lot of attention

▌high는 높은 직위에 있는 사람이나 고 소득자.

Among those with high-profile jobs, lawyers are to be the government's main target.
고소득 직종 중에서 변호사가 정부의 주된 타깃이 될 예정이다.

H

hijack [háidʒæ̀k]
공중 납치하다

to use violence or threats to take c ontrol of a plane

▌hi = high + jack = Jack. Jack는 미국 남자들 중 가장 흔한 이름. 하늘 높은 high 곳에서 비행기를 납치하는 모습 연상.

They were able to hijack four airplanes, kill nearly 3,000 people and strike fear in every American.
빈 라덴 일당은 4대의 비행기를 공중 납치하여 근 3000명을 살해하고 모든 미국인이 공포를 느끼도록 만들었다.

---

hilarious [hilέəriəs]
즐거운

hill

▌hillary 여사. 미국 국무부 장관으로 2인자. 또한 남편은 전 미국 대통령. 행복한 여자.

Her book is a hilarious send-up of a conventional spy story.
그녀의 책은 전통적인 스파이 소설을 재미있게 조롱한 이야기이다.

The film is a hilarious tale of a family picnic that goes badly wrong.
그 영화는 심하게 잘 못 돼 가는 가족 소풍에 대한 떠들썩한 이야기이다.

---

hind [háind]
뒤쪽의

rear

▌behind. behind에서 be-제거하면 같은 뜻.

The horse reared up on its hind legs.
그 말이 뒷다리로 몸을 받치고 고개를 쳐들었다.

▌hind에서 파생이 된 hindsight는 늦게 깨달음.

He needed a care of his mother with the wisdom of hindsight.
뒤늦게 깨달은 것이지만 그는 그의 엄마의 보호가 필요했다.

---

hinder [híndər]
방해하다

stop

▌behind. 일이 앞으로 진행이 되어야지 뒤로 가게 되면 후퇴와 퇴보.

Don't hinder her work.
그녀의 일을 방해하지 마라.

These new laws will hinder rather than promote prison reform.
이 새 법률들은 교도소 개혁을 촉진하기보다는 방해할 것이다.

---

hippie [hipi]
히피

young people who rejected conve ntional ways of living

▌한국어의 '헤퍼'. 기존 사회에 반발하여 일상적인 일에 무관심하며 세상은 사랑이 지배한다고 믿는 젊은 세대, yippie라고도 함. '헤퍼'를 연상하면 기억하는데 도움.

She used to have a deep antipathy to hippies.
그녀는 히피에게 강한 반감을 가졌었다.

---

histrionic [hìstriάnik]
배우의, 연기의

over dramatic

▌history. 역사는 속임수가 많고 연기적인 경우가 많았습니다. 예를 들어 역사상의 인물들은 배우보다 더 연기력이 풍부했다고 하는데요. 로마의 네로. 로마 시내를 불을 지르고 나서 너무 자기 신명에 넘쳐 악기를 연주하며 기쁨의 눈물을 흐렸다고 하는데요(세계사 책에서는 이렇게 기술하고 있지만 실제로 네로가 로마 대 화재의 주범인지는 아직 잘 모름).

He was noted more for his histrionic skills than for his voice.
그는 목소리보다는 연기로 더 유명하다.

---

hit [hit]

▍hit 단어나 철자가 들어간 표현을 공부합시다.

hit or miss : 운에 맡기고, 되는대로

I want to do it hit or miss.
나는 되든 안 되든 그것을 해보고 싶다.

Park rangers like Larry Johnson are moving away from their hit-or-miss patrols.
래리 존슨씨와 같은 공원 감시원들은 멀리까지 쫓아다니면서 흔히 산삼 도둑들을 놓치곤하였다.

hitch [hítʃ]
연기, 장애

delay

▍without a hitch: 아무 지장없이, 순조롭게.

The two parties managed to agree to hold daily discussions until Monday but more hitches loomed.
양당은 월요일까지 매일 논의하자는 합의는 이루어냈으나 장애물이 계속해서 모습을 드러내고 있다.

hoard [hɔ́:rd]
축적

stock

▍board. 널판지 가져와 못질 한 다음 그곳에 물건을 넣음.

The farmer dug up a hoard of Roman coins.
그 농부는 로마시대의 동전이 비장 되어 있는 것을 파내었다.

People found hoarding food during the war were punished.
전쟁 중에 사재기를 한 것으로 드러난 사람들은 처벌을 받았다.

hoarse [hɔ́:rs]
목쉰

rough

▍horse. 말의 울음소리를 들어보셨나요? 거칠고 쉰 목소리와 같아요.

She screamed herself hoarse.
그녀는 소리를 질러서 목이 쉬었다.

They cheered themselves hoarse.
그들은 목이 쉴 정도로 응원을 했다.

hoary [hɔ́:ri]
흰, 백발의, 고색창연한

ancient

▍한국어의 '호리병'. 호리병을 아시나요? 옛날 조선시대에 물병으로 사용 되었어요. 그래서 hoary는 고대 혹은 이전과 연관이 되어요.

This temple looks hoary in everything.
이 절은 모든 것이 고색창연하다

hoax [hóuks]
속이다

trick

▍coax = hoax. '혹' 하다. 미남, 미녀에 잠시 '혹' 할 수 있어요. 물론 마음씨 까지 서로 찰떡궁합 이라면 좋겠지만 너무 외모만 보고 좋아하다 상대방이 온통 얼굴 전체를 성형했다는 것을 알면...

Her story was labeled a hoax.
그녀의 이야기에는 거짓말이라는 딱지가 붙었다.

The fire brigade answered the emergency call -- it was all a hoax.
소방대가 비상전화를 받았지만 장난전화였다.

H

hold [hould]

hold가 들어간 구절 동사 중 가장 중요한 세 개를 아래에 정리 했습니다.

hold back : 취소하다, 자제하다(back는 '뒤'. 그래서 어떤 상황이 앞으로 진행되지 못함)

Overwhelmed by the violence and pain of war, he couldn't hold back his tears.

전쟁의 폭력과 고통에 압도된 그는 흐르는 눈물을 억제하지 못했다.

hold on : 계속하다, 지속하다(on은 계속 = continue)

Mainstream news organizations look for ways to hold on to readers,

주류 뉴스회사가 독자를 유지할 방안을 모색하고 있다.

hold the line : (전화를) 끊지 않고 기다리다, 물러서지 않다

She asked me to hold the line.

나에게 전화를 끊지 말라고 했다.

hold up : 강탈하다, 빼앗다(권총을 든 노상강도를 만나면 손을 위로 up 들어야 함)

Hold up your hands!

손들어!

homage [hάmidʒ]

존경, 경의

honor

home. 한국 영화를 빛낸 분들. 충무로에 가면 명예의 전당이 있어요. 집은 가장 편안하면서 가문이 좋은 집이면 명예롭게 오랫동안 보존이 됩니다.

Pilgrims did their homage to the tomb.

순례자들은 그 무덤에 참배하였다

Many pay homage to the dead man.

많은 사람들이 고인에게 경의를 표하기 위해 왔다.

homily [hάməli]

설교, 훈계

sermon

home. 성당이나 기독교는 구역 예배를 각 가정의 집에서 예배를 합니다.

In his homily, the pontiff recognized what he termed 'a great shared spiritual heritage with Jews'

교황은 취임미사 강론을 통해 소위 '(가톨릭 교인들이) 유대인들과 공유하는 위대한 영적 유산'의 중요성을 인정하였다.

homogeneous

[hòumədʒíːniəs]

동종의

same

homo = same

Traditional attitudes of keeping a homogeneous race are still prevalent.

내국인간 결혼을 고집하는 전통적 태도는 여전히 강하게 남아 있다.

Breaking away from the traditional homogeneous wedlock, Shin said he is more than happy with his Vietnamese wife.

국제결혼을 한 신씨는 베트남 출신 아내와 더 없이 행복한 생활을 하고 있다고 말했다.

homogenized
[həmάdʒənàiz]
같은

identical

▌homo = same

I suggest that a mosaic culture is preferable to a homogenized mass.
나는 혼성 문화는 동질 된 대중보다 선호된다고 생각한다.

hone [hóun]
숫돌로 갈다, 연마하다

sharpen

▌hone. 동물의 뿔. 고대인들은 이 뿔을 날카롭게 갈아 무기나 연장으로 사용했어요.

Long practice over many years had honed his skill to perfection.
오랜 세월에 걸친 연습은 그의 기술을 완벽하게 연마했다.

hook [huk]

▌hook이 들어간 중요 숙어를 공부 합시다.

off the hook : 책임을 벗어나(고리에서 벗어났기 때문)

A single rejection would get Mr. Blair off the hook entirely.
회원국들 가운데서 한 나라만 거부해도 블레어 총리는 곤경에서 완전히 벗어나게 된다.

on the hook : 궁지에 몰려(고리에 걸려있기 때문)

Joanne and Amanda are being left on the hook.
두 사람은 궁지에 몰려 있다.

hoop [hup]
시련을 겪다, 고생하다

suffering

▌서커스단의 사람들이나 동물들은 불이 붙은 고리 = hoop 안으로 뛰어 들어가는 묘기를 벌입니다. 이를 위해 이들은 많은 훈련 때문에 고생을 해요.

He went through the hoop while he was young.
그는 어릴 때 고생하며 컸다.

horrid [hɔ́:rid]
무시무시한

horrible

▌horrible.

Don't be so horrid to your little sister.
여동생한테 그렇게 못되게 굴지 마라.

The medicine was so horrid I couldn't keep it down.
그 약이 너무나 역겨워서 나는 토하지 않을 수 없었다.

horse

▌말과 관련된 표현 중 가장 중요한 어구를 공부 합시다.

beat a dead horse : 헛수고하다

You have beaten a dead horse.
너는 헛수고한 격이다.

H

hospitable [háspitəbl]
친절한, 대접이 좋은

kind

▌host. host는 남자들이 술 따라주는 남자 접대부가 아닙니다. 이는 잘못된 영어 이고 우리 가정의 아버지들, 가장입니다. 파티를 주최하는 한 집의 가장들은 손님들에게 친절 해야겠죠. 그래서 hospitable은 친절하다는 뜻과 함께 병원도 환자에게 친절해야 하기 때문에 병원이라 의미도 있어요.

She is always hospitable to visitors from abroad.
그녀는 해외에서 온 방문객을 항상 환대한다.

The countryside to the north is less hospitable.
북쪽의 시골지역은 덜 쾌적하다.

---

host [hóust]
많은

many

▌host. 한 집안의 가장(아버지 = 바깥주인)이 host이기 때문에 host(가장)은 짐이 많다로 연관.

A host of other problems.
많은 다른 문제들

He saw a host of cars on the street.
그는 도로에서 수많은 차들을 보았다.

---

hostile [hástl]
적의 있는

enemy
anti

▌host. 이전에 머슴에게 돈을 안주는 주인이 있으면 주인에게 대들기도 했어요. 그래서 host란 단어에서 길어진 이 단어는 부정적인 의미.

She came across as hostile.
그녀는 적의를 품고 있는 것 같은 인상을 주었다.

The villagers are hostile to strangers.
마을 사람들은 이방인에게 적대적이다.

▌hostile이 들어간 표현 중 hostile takeover는 (회사의) 적대적 인수로 takeover는 인수하다는 뜻.

Some of the listed companies spent a substantial amount of funds to buy back their stocks to fend off possible hostile takeover bids from foreign capital.
일부 상장기업들은 외국계 자본의 적대적 인수합병 가능성으로부터 자신을 보호하기 위한 자사주 매입에 많은 돈을 지출하고 있다.

---

hot [hat]

어구

a hotbed of crime : 범죄의 온상
a hotbed of intrigue : 음모의 온상

▌hot이 들어간 표현 중 중요한 복합어

hotbed : 온실, 온상, 소굴

Korea is a hotbed of spam email, a company that tracks the online plague said.
인터넷 상에서의 골치거리를 추적하는 한 업체에 따르면 한국은 스팸메일의 온상이라고 한다.

hot headed : 다혈질의, 성급한

The word “populist” is a strange choice -- an indefinable expression used by irrational hot-heads of all sorts.
"포퓰리스트"란 단어는 이상한 선택이며 온갖 유형의 비합리적이고 성급한 사람들이 사용한 정의하기 어려운 표현이다.

hot money : 핫머니, 부정한 돈

Thailand's economy developed into a bubble fueled by "hot money".
태국의 경제는 핫 머니에 의해 거품이 되었다.

hot potato : 구운 감자, 곤란한 입장

He dropped his hands of the business like a hot potato.
그는 그 일을 갑자기 버렸다.

hot spot : 분쟁지역

In the 1960's, Vietnam became a hot spot.
베트남은 1960년대의 분쟁 지역이 되었다.

hot water : 뜨거운 물, 곤경

The president finds himself in hot water over his planned reshuffle of the Cabinet this week
대통령은 이번 주로 계획하고 있는 개각과 관련하여 궁지에 몰리고 있다.

---

hover [hʌ́vər]
공중을 맴돌다

hang about/wait nearby

over. 위에서 뱅뱅 맴도는 상황.

We hovered around our guide.
우리는 안내원 주위만 맴돌았다.

He hovered about outside, too afraid to go in.
그는 너무 무서워 들어가지 못하고 밖에서 뱅뱅 돌았다.

---

howling [háuliŋ]
짖는, 울부짖는

cry

howl = owl. 늑대들은 올빼미처럼 야생에 사는 동물. 늑대들이 울음소리.

She was howling inconsolably.
그녀는 슬픔에 잠겨 울부짖었다.

The wind was howling round the chimneys.
바람이 굴뚝 주위에서 윙윙거리고 있었다.

---

hub [hʌ́b]
중심

center

hub. 허브(Hub)의 어원은 서부시대의 마차바퀴 에서 유래 되었습니다. 컴퓨터들과 연결된 모습이 마치 서부시대 마차바퀴 와 비슷하게 생겼다고 해서 Hub라고 이름이 지어지게 되었습니다.

To transform the country into a financial hub of Northeast Asia also stem from this logic.
우리나라를 동북아 금융 중심지로 만들겠다는 것은 이러한 논리에서 출발하고 있다.

Shanghai is the commercial hub that prides itself with a well-develo ped infrastructure.
잘 구축된 인프라를 자랑하는 상업 중심지가 상하이이다.

H

hubris [hjú:bris]
오만, 자기 과신

pride

▌hub. 무대 중앙에 있는 사람들은 실권자 들입니다. 가장 자리에 있으면 힘이 없는 사람들 입니다. 실권자들의 기고만장 함은 하늘을 찌를 것 같아요. lucifer = hubris건방짐' 을 의미하는 영어 '휴브리스(hubris)' 는 신의 영역에 도전함으로써 신의 분노를 불러일으키는 인간의 주제넘은 행동과, 때로는 날조된 신화에 접근하려는 자에게 가해지는 국가권력의 폭력을 의미합니다.

The hubris of the defeated.
패자의 오만이지.

Russia's new hubris and military activity is funded by recent oil wealth.
러시아의 새로운 자만과 군사행동은 최근 석유로 벌어들인 부에서 자금이 공급된다.

---

hue [hjú:]
색깔

color

▌얼굴 안색 complexion을 나타내다가 전반적인 색을 나타내는 것으로 의미 확대.

His face took on an unhealthy whitish hue.
그의 얼굴은 건강하지 못한 희끄무레한 색조를 띠고 있었다.

---

humdrum [hʌ́mdrʌ̀m]
평범한, 보통의

common

▌hum = water = man. 이 세상에 아주 많은 사람들이 살아가고 있고 이들은 평범합니다.

He lived a humdrum life.
그는 평범하게 살았다

---

humid [hjú:mid]
습기 있는

wet

▌hum = water.

I can't stand this humid weather. Our air conditioner broke.
정말 끈끈해서 못 참겠어요. 우리 집 에어컨이 망가졌어요.

---

humiliate [hju:mílièit]
굴욕

embarrass

▌hum = water. 강하지 못하고 순한 사람들을 물컹물컹 하다고 합니다. 물 먹었다는 창피를 당하다. 또는 어디에 지원을 했다가 떨어졌다는 표현.

It is humiliating to take orders from him.
그에게 명령받는 것은 굴욕적이다.

He faced the humiliating possibility of his own forces disobeying his orders.
그는 자기 자신의 군대가 자기 명령을 듣지 않는 굴욕적인 가능성에 직면했다.

---

hunger [hʌ́ŋgər]
열망

desire

▌배가 고프면 밥을 먹고 싶어 합니다.

He hungered for knowledge.
그는 지식에 대한 갈망했다.

---

husbandry [hʌ́zbəndri]
농업

work

▌husband. 집의 노동일은 남편이 하는 일.

The table cloth, mended many times, showed the family's good husbandry.
여러 번 수선된 바 있는 테이블 포는 그 집안의 알뜰한 살림살이를 보여 주었다.

---

hush [hʌ́ʃ]
침묵

quiet

▌hush. 사람들은 자신들의 입을 손으로 가리면서 한국인들은 '쉬' 라고 하고 미국인들은 hush라고 해요.

People spoke in hushed tones.
사람들이 숨죽인 어조로 이야기를 했다.

The government hushed the affair up to avoid a public outcry.
정부는 대중의 항의를 피하기 위해 그 사건을 쉬쉬했다.

---

hyperbole [haipə́ːrbəli]
과장

exaggeration

▌hyper = over +bol = ball = throw +e = 위쪽으로(hyper)+던져진 것. 비굴하게 구는 사람은 아래로, 허풍을 떠는 사람들은 어떤 내용들을 과장하기 때문에 위로 가는 이미지.

She's not usually given to hyperbole.
그녀는 보통 과장에는 빠지지 않는다.

---

hybrid [háibrid]
잡종, 혼혈아

mixed breed

▌breed = blood. 피를 섞었어요.

A mule is a hybrid of a male donkey and a female horse.
노새는 숫 당나귀와 암말의 잡종이다.

---

hypocrite [hípəkrit]
위선자

liar

▌hypo = under +crit = discern +e = 아래에서 비평하는 사람. 비판을 하려면 당당히 상대방 앞에 가서 해야 하는데 그 사람이 보이지 않는 아래에서 입을 놀리는 사람들. 희랍어 'hypokrites' 로 현재 영어 '위선자' (hypocrite)의 어원이 되었는데 원래 ' 연극을 하는 사람 '을 가리키는 이 단어가 왜 위선자가 되었냐고요? 연극은 실제가 아닌 상황을 설정해 꾸며진 대본대로 관객에게 자신을 드러내는 작업 입니다. 즉 자신의 현실은 뒤로 한 채 꾸며진 모습을 남에게 선보이는 일이기 때문입니다.

I called her a hypocrite and that really made her sit up.
내가 그녀에게 위선자라고 하자 그제야 그녀는 정신을 차렸다.

You're just a bunch of hypocrites!
당신들은 그냥 한 떼의 위선자들일 뿐이요!

---

hypodermic
[hàipədə́ːrmik]
피부 아래

under skin

▌hypo = under +derm = skin +ic : 피부 아래에 있는

It can be given hypodermically or by mouth.
그것은 피하 주사를 해도 좋고 내복을 해도 좋다.

H

[ACTUAL TEST]

밑줄 친 낱말과 동의어를 고르세요.

1. Hubris and vanity are all human vices and, despite occasional propaganda to the contrary, scientists are, indeed, only human.

(A) greed (B) arrogance (C) selfishness
(D) inaccuracy (E) distress

2. Many people believe that alcoholism is hereditary.

(A) basically incurable (B) chronic in nature (C) nurtured by habit (D) genetically passed

3. The man living next door to Jessica is the most hideous looking person I have ever seen.

(A) suspicious (B) repulsive (C) hilarious (D) exultant

4. More than 400 international hospitality industry leaders from around the world attended the conference in Seoul.

(A) hostility (B) healthcare (C) hotel and dinning
(D) arms manufacturer (E) hospital and drugstore

5. Do you think the newspaper is still hindering the police investigation?

(A) supporting (B) following (C) blocking (D) attacking

6. He was born in a hamlet, many miles from the nearest city.

(A) cottage (B) small village (C) rural area (D) downtown

7. The speech was given at the awards dinner in honor of all the employees.

(A) to praise (B) to encourage (C) to help (D) to guide

[FILL THE PROPER WORD IN THE BLANK]

빈칸에 들어갈 적당한 단어를 고르세요.

8. With the benefit of ________ it's easy to criticise Lyndon Johnson's fateful decision.

(A) coherence (B) denomination (C) hindsight (D) presumption

9. Jennifer is in ______ with her boss because she didn't finish an important project by the deadline.

(A) a nutshell (B) the dark (C) the same boat
(D) the long run (E) hot water

H

[EXPLANATION]

1. [VOCA]

hubris 오만 vanity 허영 vice 악 occasional 때때로 propaganda (정치)선전 to the contrary 반대하는 arrogance 거만 distress 고통

[TRANSLATION]

오만과 허영심은 모두 인간의 좋지 않은 점이다. 과학자는 인간이 아니라는 선전이 가끔 있을 지라도, 과학자들도 사실 인간일 뿐이다.

[ROPES]

A and B의 단어들은 서로 의미상 관련이 있어요. vanity가 도우미 어구입니다. 허영과 오만함은 서로 연관이 되는 단어.

[ANSWER] B

2. [VOCA]

hereditary 유전하는 incurable 치료할 수 없는 chronic 만성적인 nurture 양육하다
genetically 유전학적으로

[TRANSLATION]

많은 사람들은 알코올 중독이 유전 된다고 믿는다.

[ROPES]

her = go. 유전도 후손에게 전달이 됨.

[ANSWER] D

3. [VOCA]

hideous 끔찍한, 소름끼치는 suspicious 의심스러운 repulsive 불쾌한 hilarious 명랑한, 즐거운
exultant 기뻐하는 의기양양한

[TRANSLATION]

Jessica 옆집에 사는 그 사람은 내가 봤던 사람 중에서 가장 끔찍 하게 생긴 사람이다.

[ROPES]

hide란 철자가 들어가 있어요. 숨기거나 숨어야 할 정도는 terrible한 것이겠죠.

[ANSWER] B

4. [VOCA]

hospitality 환영 hostility 적대감 arms 무기

[TRANSLATION]

서울에서 열리는 회의에 전 세계로부터 400명도 넘는 세계 접객 업소 지도자들이 참석했다.

[ROPES]

hopitable = 병원과 연관 해보기. 병원 사람들이 친절해야 그곳에 가지 그렇지 않으면 사람들이 가지 않아요.

[ANSWER] C

5. [VOCA]
hinder 방해하다 block (통로를) 막다
[TRANSLATION]
당신은 신문이 경찰 수사를 막고 있다고 생각하느냐?
[ROPES]
hind는 behind = 뒤. 앞은 진보와 발전과 연관이 있지만 뒤는 후퇴와 방해와 연관.
[ANSWER] C

6. [VOCA]
hamlet 작은 마을 cottage 오두막 rural 시골 downtown 도심지
[TRANSLATION]
그는 가까운 도시로 부터 수 마일 떨어진 작은 마을에서 태어났다.
[ROPES]
many miles from the nearest city가 힌트 어구. 도시에서 떨어진 곳은 한적한 시골을 함축
[ANSWER] B

7. [VOCA]
in honor of ~에게 경의를 표하여 encourage 격려하다
[TRANSLATION]
그 연설은 모든 종업원들에 대한 존경을 나타내기 위해 시상식 만찬에서 행해졌다.
[ROPES]
honor는 명예. in honor of는 respect = 존경과 연관.
[ANSWER] A

8. [VOCA]
coherence 응집 denomination 이름 hindsight 때 늦은 지혜 presumption 추정, 추측
fateful 결정적인, 중대한
[TRANSLATION]
뒤 늦게 알게 된 사실로 Lyndon Johnson 대통령의 치명적인 결정을 비판 하기란 쉽다.
[ROPES]
foresight는 미리 어떤 상황에 대해 알고 있는 것이지만 뒤 늦게 알게 되는 경우는 hindsight
[ANSWER] C

9. [VOCA]
deadline 마감 시간 in a nutshell 아주 간결(한)하게 in the dark 어둠 속에서 비밀로 in the same boat 같은 처지에 있는 in the long run 결국에는 in hot water 난처하여, 곤란하여
[TRANSLATION]
Jennifer는 마감시간까지 중요한 프로젝트를 끝내지 못했기 때문에 그녀는 어려움에 빠졌다.
[ROPES]
목욕탕 물이 너무 뜨겁다면 황당하죠. 일을 끝내야 하는데 만일 끝내지 못했다면 직원 으로서 문제점에 봉착.
[ANSWER] E

H

I

I로 시작하는 철자들 이것만은 꼭 알자

I- 로 시작하는 철자 중 가장 대표적인 단어가 impossible입니다. 이 낱말을 나누어 보면 im- +possible. 보통 im-은 in이 떠오르기 때문에 공간 안에 있는 것과 관련되는 것이 먼저 떠오르지만 시험장에 가서는 부정 = not과 연관을 우선적으로 해야 합니다. in = im- = il = ir-은 아래와 같은 3가지 뜻이 있습니다.

부정

NOT IN IL IF IM

–부정: impossible –안에: incubator / ingenious

신생아가 태어나 incubator안에 들어가 있고, 엄마 뱃속 in에 있을 때부터 영리하게 genious 태어났기 때문에 영리한 = wise입니다. 다음으로 아래처럼 in이 강한 긍정을 나타내어 아주 = very의 의미도 있습니다.

–강한긍정: invaluable

icon [áikɑn]
상, 우상

religious image

▌emoticon. 그리스어 이콘에서 기원했으며 처음에는 그림 = picture의 뜻이었습니다. 이것은 곧 성상(성화)을 의미 했으며, 영어의 icon등으로 발전 하는데, 이콘은 '신의 모습을 닮은 인간이 창조자의 본질을 인식 하려고 하는 지성적 정신의 활동의 결과' 로 볼 수 있어요. 사도 바오로는 '그리스도는 하나님의 형상' 이라고 말하고, '그리스도는 볼 수 없는 하나님의 모상' 이라고 했다. 이는 곧 '그리스도는 하나님의 이콘' 이라고 보는 것이다. 예수님의 모습을 그려야 하는지 아니면 그릴 수 없는지에 대해 중세 초반 성직자들의 격렬한 토론이 있었고 이때 예수님 초상화를 그리는 것을 인정하는 것이 우세여서 지금 성당이나 교회에 가면 예수님의 얼굴 그림을 볼 수 있어요. 하지만 회교도는 사원 안에 창시자나 알라신의 어떤 형상도 인정하지 않아 너무 사원 안이 썰렁 할 것 같아 우리가 잘 아는 모자이크 예술 방식이 이들에 의해 소개 됩니다.

Elvis Presley was the pop icon of the Fifties.
엘비스 프레슬리는 50년대의 팝 우상이었다.

Use the mouse to drag the icon to a new position.
아이콘을 새 위치에 가져갈 때는 마우스를 써라.

id [id]
본능적 충동

instinct

▌프로이드의 정신 분석학 에서는 성격 구조를 세 가지 체계로 나누어져 있다고 봅니다. 원초적 본능(id = 이드: 본능적으로 쾌락을 추구), 자아(ego = 에고: 사회현실의 요구들을 고려하여 현실 세계에 알맞게 행동), 초자아(superego = 슈퍼에고: 판사와 같은 부분으로 어떤 행위가 나쁜가 하는 선악을 구분. 이드는 본능적이며, 자아는 심리적 구성요소로 현실 지향적이고 합리적인 체계를 지닙니다. 그리고 초자아는 자아로부터 발달하는 사회적 구성요소이다. 이들은 서로 상이한 역할과 기능을 가지며 때론 협조하고 때로는 반목한다. 필자가 쉬운 예를 하나 들어 보겠습니다. 공부를 하고 있는데 친구들이 강남의 클럽에 가서 저녁에 놀자는 전화가 왔습니다. 이날 밤 술을 먹으면서 실컷 취해보고 싶은 생각이 드는 것은 원초적 본능인 id때문입니다. 하지만 곧 다가 온 올 시험 때문에 가야 할지 망설인다면 그것은 에고의 힘이 생각에 작용했네요. 만일 이 친구가 클럽에 갔다면 에고가 이드에게 진 것이고, 도서관에서 공부를 했다면 이드가 에고에게 진 것입니다. 만일 결혼 할 애인이 있음에도 불구하고 클럽에서 만난 사람과 one night stand를 했다면 슈퍼에고가 이드에게 진 것 입니다.

The main concept is the repression of the ego by the superego.
주된 개념은 초자아에 의한 자아의 억압이다.

identical [aidéntikəl]
동일한

same

▌I.D. 학생증이나 주민등록증을 아이디카드라고 하죠.

The spirit is identical with the soul.
영과 혼은 동일하다.

They are identical in every way.
이 두 가지 우유는 모든 면에서 동일하다.

ideology [àidiɑ́lədʒi]
이데올로기, 이념

system of ideas of a group

▌idea. 이전에는 민주주의 이념이 좋은지 공산주의 이념이 더 좋은지 논란이 있었습니다. 하지만 결국 돈이 최고, 공산주의는 이론상으로 좋은 개념이지만 민주주의 체제보다 먹고 살기 힘들기 때문에 결국 민주주의 승리로 끝이 났어요.

Our ideologies differ widely.
우리의 이데올로기는 아주 다르다.

I

idiom [ídiəm]
관용구, 숙어

fixed expression

idi =self = alone. 단어와 단어의 뜻을 결합 한 것만으로는 어구의 의미를 찾기 어려운 경우로 대표적으로 kick the bucket는 양동이를 발로 차다는 뜻과 더불어 돼지를 죽인 후 양동이 안에 있던 죽은 돼지를 손으로 잡아 위로 올린 후 사람이 발로 양동이를 차죠. 그래서 kill이란 표현이 있습니다.

Idioms usually cannot be translated literally in another language.
숙어는 보통 글자 그대로는 다른 언어로 옮길 수가 없다.

---

idiosyncrasy
[ìdiəsíŋkrəsi]
특질, 특징

peculiarity

idio = self

His work reveals his idiosyncrasy.
그의 작품에는 그의 체취가 풍긴다.

The secret to her success is extracting all the little idiosyncrasies abo ut the person.
그녀의 성공비밀은 그 사람만의 개성을 이끌어 내는 것이다.

---

idolize [áidəlàiz]
우상화하다

worship

idol. 십대 아이들은 감수성이 예민한 시기이기 때문에 자신들의 우상을 만들어 그들을 닮아가려고 합니다.

She was idolized as a movie star.
그녀는 영화 스타로서 우상화되었다.

---

idyllic [aidílik]
전원시의, 목가적인

rural life

idle. 아이들은 한창 성장할 시기이기 때문에 공부보다는 여가 활동과 같은 것을 하면서 놀아야 할 시기입니다. 하지만 현실은 좋은 대학교 진학을 위해 그러지 못하는 것이 아쉽습니다.

This idyllic pastoral scene is only part of the picture.
소박하고 아름다운 목장의 풍경은 단지 이런 그림의 일부에 불과하다.

---

ignite [ignàit]
불을 붙이다, 발화시키다

light

nite = night 밤에 불을 밝혀야 합니다.

He lit a match to ignite the fuse.
그는 퓨즈에 불을 붙이기 위해 성냥을 켰다.

A spark ignites the mixture of air and petrol in a car engine.
불꽃 하나가 자동차 엔진 속의 공기와 혼합된 석유에 불을 붙인다.

---

ignominious [ìgnəmíniəs]
불명예스러운, 경멸할 만한

disgraceful

ig = not + nom = name. 다른 사람이 자신의 이름을 잘 알지 못하는 경우. 무시 당하고 무척 기분이 좋지 않겠죠.

A person cannot be discriminated against just because another famil y member has committed a criminal or other ignominious act.
가족 구성원이 범죄나 기타 극악무도한 행위를 저질렀다는 이유 만로 다른 가족 구성원이 차별받아서는 안 된다.

---

ignore [ignɔ́:r]
무시하다

pay no attention

▌ig =not + gno =know + re. gn-은 know입니다. 사람을 "아는 체 하지(know) 않다(not)"는 것은 무시하는 것. 대표적으로 diagnosis = dia =through + gno = know + sis로 의사가 환자를 통해서(through) 알아보는 것(know)이 "진단"입니다.

We ignore these warnings at our peril.
우리가 이 경고를 무시하면 아주 위태롭게 될 것이다.

You'll have to ignore their talking so loud.
그들이 큰 소리로 이야기해도 모르는 체해야 할 것이다.

illegible [iléd ʒəbl]
읽기 어려운

cannot read

▌leg = read + il = not

Her signature is almost illegible.
그녀의 서명은 거의 알아볼 수가 없다.

There is an illegible inscription carved on the gravestone.
묘지에는 알아볼 수 없는 비문이 새겨져 있다.

illicit [ilísit]
불법의

illegal

▌lic = leg = law + il = not

Those found guilty of illicit funding would be given prison sentences.
부정하게 자금을 제공한 것으로 판명된 사람들은 징역형을 선고 받을 것이다.

illiterate [ilítərət]
글자를 모르는, 무식한

unable to write

▌lit = write+il=not

He is an illiterate.
그는 눈뜬장님이다

He is illiterate, but a man of strong mother wit.
그는 교육은 받지 못했으나 상식은 풍부한 사람이다

illuminate [ilú:mənèit]
조명하다, 계몽하다

explain

▌lum = luc = light + il = in = -안에. 어두운 공간 안에 불을 밝히는 것은 어떤 것을 설명하는 비유적인 의미와 연결.

The exit signs in hospitals are usually illuminated.
병원에서 출구 표시는 보통 조명등이 밝혀져 있다.

It was illuminating to read the candidate's earlier speeches.
그 후보자의 이전 연설문들을 읽고 나니 분명히 이해가 된다.

illusion [ilú:ʒən]
환각

misleading vision

▌lus = light + il = not. 빛을 잘 비추어야 하는데 잘못 비추는 것은 환상.

He cherished the illusion that she loved him, but he was wrong.
그는 그녀가 자신을 사랑한다는 환상을 품고 있었지만, 사실은 그렇지 않았다.

He cherishes the illusion that she's in love with him.
그는 그녀가 자기와 사랑에 빠지는 환상을 품고 있다.

I

illustration [ìləstréiʃən]
삽화, 사례

example

lus = light

This illustration shows a section through a leaf.
이 삽화는 잎의 단면을 보여주고 있다.

This is a good illustration of how prejudiced we can all be.
이것은 우리 모두가 얼마나 편견적일 수 있는지를 보여주는 좋은 실례이다.

imbibe [imbáib]
흡수하다, 마시다

drink

im = in = -안에 + bib = drink.

Plants imbibes moisture from the soil.
식물은 토양으로부터 수분을 흡수한다.

imbue [imbjú:]
…에 듬뿍 스며들게 하다

inspire

imbue를 발음 해보세요. in + view와 거의 발음이 동일합니다. 안에 어떤 관점 view를 불어 넣기.

There are not a few women who are imbued with these thoughts.
여자들 가운데는 왕왕 이러한 사상을 가진 사람이 있다

imitation [ìmətéiʃən]
모방

copy

imitate. 짝퉁이란 말은 값비싼 명품을 모방한 가짜, 모조품, 유사품, 이미테이션 등에 해당하는 말입니다. 짝퉁에 해당하는 일반적인 영어 단어는 fake와 imitation 등이 있고, 저작권을 위반했다는 뜻을 강조하려면 forgery 또는 counterfeit를 사용하는 것이 좋습니다. 그 외에도 bogus, phony, duffer 등도 동의어

The house was built in imitation of a Roman villa.
그 집은 로마식 빌라를 모방하여 지어졌다.

He swindled her into buying an imitation diamond.
그는 그녀를 속여 가짜 다이아몬드를 사게 했다.

immaculate [imǽjulət]
오점 없는, 깨끗한

clean

macu = stained. 매니큐어를 없애면 im = not 손톱이나 발톱이 깨끗해져요.

She always looks immaculate.
그녀는 항상 티 한 점 안 묻힌 것 같아 보인다.

immaterial [ìmətíəriəl]
실체 없는, 무형의, 중요하지 않은

unreal

material = 물질. 물질은 실재하는 것이지만 im = not.

The cost is immaterial.
비용은 중요하지 않다.

It is immaterial whether she attends or not.
그녀의 참석여부는 중요하지 않다.

immediate [imí:diət]
즉각의, 직접의

direct

med = mid. 중간이 아닌 것은 바로.

Immediate action must be taken to stop the fire spreading.
화재가 번지는 것을 막기 위해서는 즉각적인 조처가 취해져야 한다.

The immediate future is clear, but it's hard to tell what lies beyond.
바로 앞의 미래는 분명하다. 그러나 그 이후에 어떤 일이 있을지는 알기 어렵다.

imminent [ímənənt]
절박한, 긴박한

impending

▌min = big. 안에 = im-큰 산이 있는 모습 연상. 혹은 백사장에 서 있는데 큰 파도가 밀려드는 모습.

The building is in imminent danger of collapsing.
그 건물은 당장이라도 붕괴될 위험이 있다.

The system is in imminent danger of collapse.
그 제도는 임박한 붕괴 위험에 처해 있다.

---

immobility [ìmoubíləti]
부동, 고정

state of being unable to move

▌mob = mot = move + im = not

It mainly affects the hands and feet and, in its chronic stages, even to total immobility.
주로 손발에 영향을 미치며 만성 단계에서는 아예 활동을 못하게 됩니다.

---

immune [imjúːn]
면역의

resistant

▌im =no + munity = tax, duty. 라틴어 'immunis' 에서 유래한 immunis는 'except' 라는 뜻으로 free of burden, free of taxes의 혜택을 받는 특권 계급을 칭하는 말에서 유래하였는데 면역이란 질병에 걸리지 않는 것을 의미합니다.

Most adults are immune to smallpox.
대부분의 성인은 천연두에 대한 면역이 되어 있다.

Her prestige made her immune from criticism.
그녀는 명성 덕택에 비난을 면했다.

---

immutable [imjúːtəbl]
불변의, 변경되지 않는

unchangable

▌mot = move < mut = change

To be certain, it must be known that the law of nature is immutable.
확실히 자연의 법칙은 불변으로 알려져 있다.

---

impact [ímpækt]
충돌, 충격

effect

▌pact = push. 상자 pack = box에 물건을 넣는 것을 연상. 어떤 사람 안에 어떤 사실이 강하게 밀려오는 것 연상.

It's difficult to assess the impact of the President's speech.
대통령의 연설 효과를 평가하는 것은 어렵다.

Her speech made a tremendous impact on everyone.
그녀의 연설은 모든 사람들에게 엄청난 영향을 미쳤다.

---

impair [impέər]
손상하다

undermine

▌pair. 동물이나 사람이나 남자와 여자 혹은 암컷과 수컷이 결혼하여 살아야 하는데 im = not 그렇지 않고 혼자 살아가는 것은 정신상 으로도 그렇고 건강상 으로도 좋지 않다고 합니다.

The accident has significantly impaired several of her cognitive functions.
그 사고는 그녀의 몇몇 인지 기능을 중대하게 손상했다.

Too much alcohol impairs your ability to drive.
지나친 알코올은 운전 능력을 저해한다.

I

impart [impá:rt]
주다

grant

▌part = separate = give + im = -안에. 공부를 열심히 하여 학교에서 선물을 주는 모습 연상.

Teachers impart a great deal of knowledge to their pupils.
교사들은 학생들에 엄청난 지식을 전한다.

Her presence imparted an air of gaiety to the occasion.
그녀의 참석은 그 행사에 명랑한 기운을 불어넣었다.

---

impartial [impá:rʃəl]
공평한

fair

▌partial. 부분은 불공정 하고 평등하지 않음. 그러나 im = not.

As an impartial observer my analysis is supposed to be objective.
공정한 관찰자로서 나의 분석은 객관적이어야 할 의무가 있다.

The people are the impartial observers of the current political scene.
국민이 정치 현장의 사심 없는 관찰자들이다.

---

impasse [ímpæs]
막다른 골목, 난국

deadlock

▌pass + im = not. 통과 할 수 없어요.

Negotiations were at an impasse.
교섭은 교착상태에 처해 있었다.

The negotiations had reached an impasse, with both sides refusing to compromise.
그 협상은 양측 모두 타협을 거부하는 가운데 난국에 부딪쳤다.

---

impassioned [impǽʃən]
크게 감동시키다, 자극하다

passionate

▌passion + im =very. 아주 열정이 있음.

He has been making impassioned advances to her. = He is chasing her like mad.
그는 그녀에게 열렬히 구애하고 있다

---

impassive [impǽsiv]
냉정한

stoical

▌passive + im = very. 아주 비관적.

His face was impassive as the judge sentenced him to death.
그에게 사형을 선고할 때, 그의 얼굴은 무표정했다.

---

impatient [impéiʃənt]
성급한, 조급한

eager

▌patient. 환자는 병이 나을 때까지 술이나 담배를 하지 않으면서 참을성이 있어야 하는데 그렇지 않음 = im = not.

I was impatient for the trip to start.
나는 여행이 빨리 시작되기를 조바심하며 기다렸다.

We were impatient to leave.
떠나고 싶어서 안달이 났다.

---

impeach [impí:tʃ]
탄핵하다

indict

▌pea = ped. 발에 도망을 가지 못하도록 쇠사슬을 한 죄수에서 나온 단어.

How could parliament impeach a president directly elected by the public for a trivial law breach?"
법을 약간 위반한 것을 가지고 어떻게 국민이 직접 뽑은 대통령을 국회가 탄핵할 수 있나?"라고 말했다.

---

impeccable [impékəbl]
죄를 범하지 않는, 결점 없는

faultless

▌pen = pec.

His written English is impeccable.
그가 쓴 영어는 나무랄 데 없다.

This airline's safety record is impeccable.
이 항공사의 안전 비행 성적은 흠잡을 데가 없다.

---

impede [impí:d]
방해하다

hinder

▌ped = foot. 발을 묶어 가기 못하게 im = not.

The muddy roads impeded our progress.
진창길 때문에 우리는 앞으로 나아갈 수가 없었다.

Completion of the building was impeded by severe weather conditions.
혹독한 기상 조건으로 그 건물의 완공이 방해를 받았다.

---

impelling [impél]
추진력

force

▌pel = propella

She felt impelled to intercede.
그녀는 중재를 해야겠다는 압박감을 느꼈다.

She is impelled by a desire to change the social system.
그녀는 사회제도를 바꿔야 한다는 희망에서 추진력을 얻는다.

---

impenetrable
[impénətrəbl]
뚫고 들어갈 수 없는

not able to be pierced

▌per = pen = through

Computer jargon is completely impenetrable to me.
컴퓨터 전문 용어들은 내게 완전히 불가해하다.

---

impending [impéndiŋ]
임박한, 절박한

imminent

▌pend = hang. 머리 위에 칼 같은 것이 매달려 있다고 상상 해보세요. 위험이 임박.

Let's discuss the impending matter first.
우선 시급한 문제부터 협의합시다.

The economists are warning of an impending slump.
경제학자들은 경기침체가 임박했다고 경고하고 있다.

---

impenitent [impénətənt]
뉘우치지 않는 사람

not repentant

▌pen = punish

He is an impenitent sinner.
그는 개전의 정이 없는 죄인이다.

---

imperative [impérətiv]
피할 수 없는, 긴급한

order

▌per = through + im = very. 평범한 말이 아니라 사람의 마음을 꽤 뚫는 명령.

It is imperative that you be present.
당신이 꼭 출석하지 않으면 안 된다.

It is a moral imperative that a concessions be made.
양보하는 것이 도덕적 의무이다.

I

imperceptible
[ìmpərséptəbl]
지각할 수 없는 것

unnoticeable

per = through + cep = think+im=not

imperceptible changes in temperature.
감지할 수 없는 기온 변화

The difference between their opinions is imperceptible.
그들의 견해상의 차이는 아주 미미하다

imperial [impíəriəl]
제국의

emperor

per = throught + im= in. 다른 나라 영토로 군대를 동원해 침범해 들어가는 것 연상.

South Korea says Japan has not distanced itself from its imperial past, and even glorifies it.
한국 정부는 일본은 제국주의 과거를 잊어서도, 또 미화해서도 안 된다고 말하고 있습니다.

imperil [impérəl]
위험하게 하다

endanger

per = peril. 총탄이 몸을 지나가면 생명이 위험.

We must never imperil the safety or lives of our passengers.
우리는 절대 승객의 생명을 위태롭게 해서는 안 된다.

impertinent
[impə́:rtənənt]
건방진

rude

per = through+im=~안에. 친구와 이야기를 하고 있는데 갑자기 잘 모르는 사람이 지나가는 행동은 매너 없는 짓.

It was impertinent of him to behave like that.
그가 그렇게 행동한 것은 무례했다.

It would be grossly impertinent to tell her how the job should be done.
그녀에게 일을 어떻게 해야 한다고 말하면 대단히 무례한 일이 될 것이다.

impervious [impə́:rviəs]
통과시키지 않는

impenetrable

per = through + im = not. 뚫고 지나 갈수가 없음.

Clayey soils are impervious to water.
점토질 토양은 물이 스며들지 않는다.

impetus [ímpətəs]
힘

hasty

pet = pot = power + im = very. 힘이 아주 강함. 힘이 넘쳐흐르면 여유 있게 처리하는 것이 아니라 성급하게 행동.

There was no impetus to work harder.
더 열심히 일하게 만드는 자극제가 없었다.

What the economy needs is a new impetus.
경제에 필요한 것은 새로운 기동력이다.

impiety [impáiəti]
신앙심이 없음, 불경

irreverence

piety = pius (pious). piare: 신을 기쁘게 하는 것, 경건, 공경

Back in Rome, he was tried for impiety and heavily fined.
로마로 돌아온 그 사람은 신에 대한 불손한 행동 때문에 많은 벌금형을 받았다.

implacable [implǽkəbl]
달래기 어려운, 화해할 수 없는

unyielding

place = home = comfortable. 집은 편안 하지만 집을 떠나면 불편합니다.

An implacable enemy.
화해할 수 없는 적

Our implacable foes ignore all attempts at communication.
우리의 화해할 수 없는 적은 대화를 하려는 모든 시도를 거부했다.

---

implausible [implɔ́:zəbl]
믿기 어려운

unbelievable

plause = praise. 믿을 만한 것은 칭찬 하지만 믿지 못하는 것은 불신.

This fact makes implausible the claim that human activity is the driver of climate change.
이런 사실은 인간의 활동이 기후변화의 원인이라는 주장에 개연성이 없다는 것을 의미한다.

---

implement [ímpləmənt]
도구

execute

ple = full/fill + im = in. 새로이 회사를 만드는 사장은 빈 사무실에 신입 사원을 충원 해야 합니다. 어떤 행동을 하는 것 = do을 암시.

Any changes in the rule would be very difficult to implement so it's better to leave well alone.
규칙 변경은 실행하기가 너무 어려우니 현 상태 그대로 내버려두는 게 낫겠다.

---

implode [implóud]
안쪽으로 파열하다

bomb

explode = plode = 폭발 + im = in. 원자탄이나 수소탄 등은 내부에서 우라늄이 내부 폭발을 하면서 엄청난 파괴력을 지니게 됩니다.

The windows on both sides of the room had imploded.
그 방의 양쪽 창문이 내파되었다.

---

implore [implɔ́:r]
간청하다

beg

im = in + plore + floor. 조선시대 사극을 보면 신하는 바닥에 엎드려 왕에게 읍소를 하면서 간청을 합니다.

They implored her to help.
그들은 그녀에게 도움을 간청했다.

They implored her to stay.
그들은 그녀에게 머물러 달라고 애원했다.

---

imply [implái]
암시하다

suggest

ply = fold. 직선은 펴지기 때문에 직선적 말투입니다. 하지만 접은 것은 곡선. 간접적이면서 말을 돌리는 것.

His silence seemed to imply agreement.
그의 침묵은 동의를 암시하는 것 같았다.

Increases in salaries usually imply an increase in the number of forei gn holidays taken.
봉급 인상은 보통 가질 수 있는 해외 휴가 수가 증가함을 의미한다.

I

imponderable
[impάndərəbl]
헤아릴 수 없는

not able to be determined precis
ely

pond. 사람들은 보통 호수나 바닷가에 앉아 많은 생각에 잠깁니다. 그리고 많은 생각을 한 후에 어떤 일을 최종 결정합니다. im-은 부정 not.

The environmental impact is imponderable at present.
환경적인 영향은 현재로서는 헤아릴 수가 없다.

Whether the plan will succeed depends on a number of imponderabl
es.
그 계획이 성공할지는 많은 가늠할 수 없는 것들에 달려 있다.

importune [ìmpɔ:rtjú:n]
귀찮게 조르다

urge

opportune = 좋은 기회 = fortune 운 / 돈 = importune. port항구. 항구에 서서 배가 들어오는 것을 보고 멀리서 많은 생선 혹은 좋은 물건을 가져오면 돈을 많이 벌어요. 돈을 가지게 되면 그동안 가지고 싶었던 물건을 사고 싶은 충동이 생깁니다.

He importuned me to give him more money.
그는 돈을 더 달라고 성가시게 졸라댔다.

impose [impóuz]
부과하다

put

pose = put + im = in.

She'd never think of imposing herself on us.
그녀는 결코 우리를 이용해 먹을 생각은 하지 않을 것이다.

The government decreed that a new tax be imposed.
정부는 새로운 세금을 부과 하겠다고 포고 했다.

impostor [impάstər]
사기꾼

cheater

poster = wanted(현상 수배) + im = in = 안에. 고속버스 터미널 등에는 범인들이나 용의자 현상 수배 포스터가 붙어 있어요.

She was exposed as an impostor.
그녀는 사기꾼으로 드러났다.

She was exposed as an impostor.
그녀는 사기꾼임이 폭로되었다.

impotent [ímpətənt]
무력한, 성교 불능

powerless

pot = power + im = not. 잠자리에서 힘이 넘쳐 나야 하는데 힘이 없는 남자를 임포 = impo라고 해요.

Without the chairman's support, the committee is impotent.
회장의 후원이 없이는 그 위원회는 무력하다.

impoverish [impάvəriʃ]
가난

poor

poor = poverty + im = very. 아주 가난함.

Crop rotation has not impoverished the soil.
윤작으로 토양이 황폐화 되지 않았다.

impregnable
[imprègnəbíləti]
난공불락

unconquerable

pregnant = preg = take = conquer 여성의 몸은 점령을 하는 것인가? '임신한(pregnant)' 이라는 영어 단어는, '정복할 수 있는(pregnable),' '정복할 수 없는(impregnable)' 과 같은 어원을 갖는다. 한국어에도 '남자는 씨, 여자는 밭' 처럼 여성의 몸을 공간화 하는 개념은, 아이를 임신하는 과정 중에서 남성 중심의 사고를 반영하고 있어요. 여성의 몸을 점령해야 할 땅으로 보고 임신하다도 여성을 점령한 것으로 개념화 됩니다.

an impregnable fort.
난공불락의 요새.

He had an impregnable belief.
그는 굳은 신념을 가졌다.

---

impromptu
[imprámptju:]
즉흥

extemporaneous

prompt + im = very. 시간이 없어 아주 빠르게 어떤 일을 하는 경우.

We were treated to an impromptu dance display by local schoolchildren.
우리는 지역 어린 학생들의 즉흥 춤 솜씨를 구경했다.

---

improvise [ímprəvàiz]
즉석

act on the spot

im = not + pro = before + vis = see. 미리 볼 수가 없어 즉석에서 연주 등을 하는 경우.

She's great at improvising.
그녀는 즉흥적으로 지어내는 것에 능숙하다.

---

imprudent [imprú:dnt]
경솔한

unwise

pru-= forth = before + dent(= see). portent는 전조, 조짐이고 purpose는 목적으로 pur-= before + pose = put

It would be imprudent to invest all one's money in the same company.
돈을 몽땅 한 회사에 투자 하는 것은 경솔한 일일 것이다.

She was imprudent to go out at midnight.
그녀는 분별없이 한밤중에 외출했다.

---

impudent [ímpjudnt]
뻔뻔스러운

rude

im = not + pud = shame

He is an impudent visitor.
그는 건방진 손님이다.

---

impugn [ìmpjú:n]
이의를 제기하다, 비난하다

contradict

pug = pun. im =안으로 + pugn =찌르다. 다른 사람의 마음을 찌르는 것은 비유적으로 비난하다를 암시. 문학 용어 중 언어유희(pun)은 다른 의미를 암시하기 위한 말이나 동음 이의어를 해학적 으로 사용하는 표현방법 으로, 펀은 단순한 말장난으로 끝나는 것이 아니라 기지가 풍부하고 어조가 날카로우며 인생을 풍자하기도 합니다. pun = fun

The lawyer impugned the witness's story.
변호사는 증인의 이야기에 이의를 제기했다.

No, I gotta give it back. I'd feel ethically impugned if I didn't.
아니요. 갚아야 돼요. 아니면 도덕적으로 비난받는 기분 들어서 안돼요.

I

impulse [ímpʌls]
충격

urge

pul = pel = push. 헬리콥터는 프로펠러에 의해 앞으로 이동을 합니다. 추진하는 것은 촉구입니다.

He felt an irresistible impulse to buy a new TV set.
그는 새 TV를 사고 싶은 참을 수 없는 충동을 느꼈다.

I felt an impulse to cry out.
나는 큰 소리로 외치고 싶은 충동을 느꼈다.

---

impute [impjú:t]
–탓으로 하다

ascribe

put = say. put이 '놓다' 라는 의미에서 비유적으로 표현하다 = express의 뜻이 있어요.

The police impute the accident to the bus driver' s carelessness.
경찰은 사고의 원인을 버스 운전사의 부주의로 돌리고 있다.

They imputed magical powers to the old woman.
그들은 그 노파에게 마법의 힘이 있다고 믿었다

---

inaccessible [ìnəksèsəbl]
접근 할 수 없는

unreachable

cess = go + in = not

The temple is now inaccessible to the public.
그 절은 이제 대중은 접근할 수 없다.

---

in [in]

in과 관련하여 두 가지 표현을 잘 알아 둡시다.

in case : 만일 = if

In case you should need any help, here's my number.
만일 당신이 도움이 필요하면 여기 내 전화번호 있어요.

in regard to : –에 관하여

In regard to your request, no decision has been made.bi
당신의 요청에 관해서는 아무런 결정이 나지 않았습니다.

---

inactive [inǽktiv]
활동하지 않는

dormant

active + in = not

Some animals are inactive during the daytime.
일부 동물들은 낮 시간에는 활동을 하지 않는다.

---

inadequate [inǽdikwət]
부적당한, 불충분한

inappropriate

eqaute = equal

The supply is inadequate to meet the demand.
공급이 수요를 맞추기에 불충분하다.

The preparations were woefully inadequate.
준비가 심히 부족했다.

---

inadvertent

[ìnədvə́:rtnt]
우연의, 부주의한, 소홀한

unintentional

▌vert = turn + in = not. 집을 나오기 전에 문단속을 하지 않았다면 부주의한 행동

In his rush, the man inadvertently left his keys at the office.
서두르다가, 그 남자는 무심코 자기 열쇠를 사무실에 놓고 왔다.

The company inadvertently mailed out 3,800 of the older forms contained outdated information.
그 회사는 낡은 정보가 들어있는 옛날 서식을 실수로 3천 800매나 발송했다.

inalienable [inéiljənəbl]

양도할 수 없는, 빼앗을 수 없는

not to be taken away

▌alien = 외계인 = 낯선. 시험장에서 낯선 문제는 풀지 못할 수도 있지만 그동안 많이 본 친숙한 문제는 반드시 풀어야죠.

Thomas Jefferson expressed the idea that people are given by the Creator with an inalienable right to liberty.
토마스 제퍼슨은 사람들은 조물주로부터 자유에 대한 양도할 수 없는 권리를 부여 받았다고 천명했습니다.

inane [inéin]

어리석은

silly

▌in = not + animal = mind = soul. 정신이 없는 것은 멍청한 = 바보 = 실없는

She broke in with an inane remark.
그녀는 실없는 소리를 하며 말참견을 했다.

inanimate [inǽnəmət]

생명이 없는

lifeless

▌anim = soul

A rock is an inanimate object.
바위는 생명이 없는 물체이다.

They see the whole world, animate and inanimate, as God's creation.
그들은 생물이든 무생물이든 전 세계를 신의 창조물로 본다.

inappropriate

[ìnəpróupriət]
부적당한

not useful or suitable

▌proper + in = not

It is inappropriate that she (should) be present.
그녀가 참석하는 것은 적절하지 않다.

It is inappropriate for you to wear shorts at a formal reception.
격식을 갖춘 환영회에 반바지를 입고 가는 것은 적절치 못한 일이다.

inaugurate [inɔ́:gjurèit]

-의 취임식을 거행하다, 시작하다

start

▌aug = bird. 대통령 취임식 때는 하늘을 향해 대포도 쏘고 비둘기도 날려 보내요.

He will be inaugurated as President in January.
그는 1월에 대통령으로 취임한다.

The moon landing inaugurated a new era in space exploration.
달 착륙은 우주 탐험에 새 시대를 열었다.

incalculable [inkǽlkjuləbl]

헤아릴 수 없는, 무수한

immeasurable

▌cal = cap = take. calcul = pebble. 조약돌을 세다.

The consequences of a nuclear war are incalculable.
핵전쟁의 결과는 헤아릴 수 없을 만큼 엄청나다.

I

incandescent
[ìnkəndésnt]
빛나는

brilliant

▌candle + in = 안에. 어두운 공간을 촛불을 밝혀 환하게 비추었어요.

Incandescent lights.
백열등

She was incandescent with rage.
그녀는 성이 나서 달아올라 있었다.

incantation [ìnkæntéiʃən]
주문, 마법

chant

▌cant = chant = song.

An incantation to ward off the evil eye.
불운을 막기 위한 주문

Chant incantations to ward off evil spirits.
악령을 쫓아 버리기 위한 주문을 외우다.

incapacitate
[ìnkəpǽsətèit]
무능력하게 하다

disable

▌cap = take. 능력은 capable입니다. in = not. 능력이 없음.

Persistent pain is incapacitating.
끊임없는 통증은 사람을 무력하게 만든다.

incendiary [inséndièri]
방화의, 불을 내는, 선동적인

inflammatory

▌candle = cend. in(into)+cense(candle = light). 안에서 불이 나거나 안을 환하게 밝힘.

The fire was incendiary.
그 불은 방화에 의한 것이다

The fire was not accidental, but incendiary.
실화가 아니라 방화였다

incense [ínsens]
분노, 격분

enrage

▌향수, 향료란 뜻인 perfume은 per = through + fumum =smoke. 향이란 뜻의 incense는 태운다는 뜻의 incendo에서 유래하였어요. 기분 좋은 냄새나 향 또는 이러한 좋은 냄새를 내는 물질을 말합니다. 때로는 향을 피울 때 나는 매운 냄새 때문에 화를 내는 사람들도 있어요.

She was highly incensed that they failed to invite her.
그들의 초대를 받지 못하자 그녀는 크게 격분했다.

The decision to reduce pay levels has incensed the workforce.
임금 수준을 낮추려는 결정은 노동자들을 격앙시켰다.

inception [insépʃən]
시초, 발단

start

▌cep = think . 생각을 하고 시작을 하죠. 한국은 성격이 급해 go and stop. 미국은 반대로 생각한 다음 출발인 stop and go.

He has been director of the project since its inception.
그는 그 사업이 개시될 때부터 그 관리자였다.

incessant [insésnt]
끊임없는
unceasing

▌cess = go + in = very. 가긴 가는데 끊임없이 감.

The jukebox ground out an incessant stream of pop music.
자동전축이 돌아가면서 끊임없이 유행가 가락을 쏟아 놓았다.

She finally lost patience with his incessant peremptory demands.
그의 끊임없는 강제적인 요구에 마침내 그녀는 인내심을 상실했다.

---

inch

▌inch가 들어간 아래의 표현을 공부 해두세요.

give(budge) an inch : 양보하다

So far, neither labor nor management has given an inch.
지금껏 노동자 측에서도 경영자 측에서도 한 발짝도 양보를 하지 않았다

---

inchoate [inkóuət]
방금 시작한, 불완전한
beginning

▌choate = yoke. yoke는 말의 멍에 혹은 건축의 이음목입니다. 일을 시작하려면 말에 멍에를 놓거나 건축에서 이음 목을 넣는 것을 먼저 하기 때문에 '시작하다'란 의미가 생겨났습니다.

Inchoate means not quite perfectly formed.
Inchoate라는 단어의 의미는 완전히 형성이 되어 있지 않은 것을 말한다.

---

incidence [ínsədəns]
발생
occurrence

▌cid = fall

Our data shows that monkeys kept on calorie restricted diets have fewer incidences of common chronic diseases.
우리가 조사한 자료에 따르면 칼로리를 제한한 식사를 한 원숭이는 흔히 볼 수 있는 만성병의 발병률이 더 낮은 것으로 나타났다.

---

incidental [ìnsədéntl]
우연한, 부수적으로
minor

▌cid = fall. 사고는 보통 우연한 일 때문에 일어납니다.

My incidental remark made her angry. = The remark I casually let sl ip made her upset.
우연히 한 말이 그녀를 화나게 했다

---

incipient [insípiənt]
시작의, 초기의
beginning

▌in = into + cip = cap = take.

Dairy farming is in the incipient stage in Formosa and mechanical milking is still rare.
낙농업은 초기 단계였기 때문에 기계적으로 젖을 짜는 것은 드물었다.

---

incisive [insáisiv]
날카로운
sharp

▌cid = cis = cut

His novels are somehow incisive.
그의 소설은 어딘가 심각한 데가 있다

I

incite [insáit]
자극하다

arouse

▌site. 안티 팬들이 사이트에 써 놓은 댓글들은 사람들을 흥분하게 합니다.

She incited her son to make greater efforts.
그녀는 아들을 격려하여 한층 더 노력하게 했다.

He was accused of inciting other officers to mutiny.
그는 다른 장교들이 폭동을 일으키도록 선동했다는 혐의로 고소되었다.

inclined [inkláind]
- 싶어하는

like

▌cline = climb. 산의 기울어진 경사 길을 오르거나 내려오는 모습 연상. 안으로 기우는 것은 좋아함을 의미.

I am inclined to fall asleep soon after study.
공부만 끝나면 곧 잠이 든다.

I felt inclined to go for a walk.
나는 산책하고 싶은 생각이 들었다.

incoherence
[ìnkouhíərəns(i)]
논리적이지 않은

lack of logic

▌here = go. 함께 가는 것은 논리적이지만 in = not이 추가되면 비논리적.

Incoherence in writing is a symptom of lack of coherence in thought.
글을 쓰는데 논리가 없는 것은 생각이 논리적이지 않은 것이다.

incoming [ínkʌ̀miŋ]
들어오는, 후임의

successor

▌물러나는 대통령은 청와대를 떠나고 그 뒤를 이어 청와대 안으로 들어오는 사람은 후임자.

The incoming prime minister vowed to promptly pull out Spanish troops from Iraq.
후임 총리는 이라크 주둔 스페인군을 즉각 철수하겠다고 약속했다.

incompatible
[ìnkəmpǽtəbl]
양립할 수 없는

opposed

▌in = not + com = with

I've never seen such an incompatible couple.
나는 그렇게 마음이 맞지 않는 부부는 처음 본다.

The author's central thesis is that freedom is incompatible with equality.
저자의 중심 논지는 자유와 평등은 양립할 수 없다는 것이다.

incompetent
[inkámpətənt]
무능한

incapable

▌pet = powe+in=not

He was dismissed as incompetent.
그는 무능하다고 해고당했다.

The judge ruled him incompetent to stand trial.
판사는 그가 재판을 받을 능력이 없다고 판결했다.

inconceivable

[ìnkənsí:vəbl]
상상할 수도 없는

unlikely to happen or be true.

▌ceiv = think+in=not

It seems inconceivable to me that the accident could have happened so quickly.
그 사건이 그렇게 빨리 일어났다는 것을 믿기 힘들다.

We are surrounded by the inconceivable vastness of space.
우리는 상상하기 힘들 정도로 광대한 우주공간에 둘러싸여 있다.

inconspicuous

[ìnkənspíkjuəs]
눈에 띄지 않는, 주의를 끌지 않는

unnoticeable

▌spic = spec = see+in=not

She tried to make herself as inconspicuous as possible.
그녀는 가능한 한 눈에 띄지 않으려고 노력했다 =남의 시선을 피하려고 노력했다.

incontrovertible

[ìnkɑntrəvə́:rtəbl]
논쟁의 여지가 없는

indisputable

▌contr = contra = anti + vert = turn+in=not

One lesson is incontrovertible.
한 가지 교훈은 이론의 여지가 없다.

incorporate

[inkɔ́:rpərèit]
통합시키다

combine

▌corp = body + in = -안에

The company incorporated with another.
그 회사는 다른 회사와 합병했다.

The new car design incorporates all the latest safety features.
그 새로운 차의 설계는 모든 최근의 안전장치의 특징을 포함한다.

incorrigible

[inkɔ́:ridʒəbl]
교정할 수 없는, 구제불능

faults which will never change.

▌in = not + corri = correct.

He's an incorrigible liar.
그 애는 고질적인 거짓말쟁이다.

Because he was an incorrigible criminal, he was sentenced to life imprisonment.
그는 구제할 수 없는 범죄자였기 때문에 종신형을 언도 받았다.

incredible [inkrédəbl]

믿을 수 없는

unbelievalbe

▌cred = believe + in = not

It was incredible that nobody paid attention to the new invention.
아무도 그 새로운 발명품에 주의를 기울이지 않았다는 것을 믿을 수 없었다.

Have you read that incredible story about her in the papers?
신문에 난 그녀에 관한 그 믿을 수 없는 기사 봤어요?

incredulous [inkrédʒuləs]

의심 많은

skeptical

▌cred = faith + in = not

The decision was announced to an incredulous audience.
그 결론은 의심 많은 청중들에게 발표되었다.

I

increment [ínkrəmənt]

증가

increase

increase = incre. incerase에서 파생된 단어.

An increment in salary.

급여 인상.

Your salary will be $15,000 a year, with annual increments of $1,000.

당신의 연봉은 연간 1,000 달러의 증액을 포함하여 15,000 달러가 될 것이다.

incubate [ínkjubèit]

배양하다

hatch

incubator. 미숙한 신생아가 인큐베이터에서 크는 모습 연상.

Some viruses incubate in the body very rapidly.

몇몇 세균들은 몸 안에서 매우 빠르게 증식한다.

Plans for revolution had long been incubating in their minds.

혁명을 위한 계획들이 그들의 생각 속에 오랫동안 숙고되었다.

incumbent [inkʌ́mbənt]

현직의, 의무적인

obligatory

cum = cub = lie = sit + in=~안. 청와대 안에 앉아있는 현직 대통령 연상.

The present incumbent at the White House.

백악관에서 현재 재직하고 있는 사람, 즉 미국 대통령

It is incumbent upon all users of this equipment to familiarize thems elves with the safety procedure.

이 설비를 사용하는 모든 사용자들이 안전 조치에 익숙해지는 것은 의무적으로 필요하다.

incur [inkə́:r]

발생하다

bring

cur = car = go + in=~안

Any expenses you may incur will be chargeable to the company.

당신이 물게 될 어떤 경비도 회사에 청구할 수 있다.

incursion [inkə́:rʒən]

침입, 습격

raid

cur = car = move = go. 다른 나라 영토 안을 들어가는 행동.

This incursion is seen as a rehearsal for a full-scale invasion.

이 습격은 전면적인 침입을 위한 전초전 으로 보인다.

I resent these incursions into my leisure time.

나는 나의 여가시간을 방해하는 이러한 것들을 분개한다.

indecent [indí:snt]

추잡한, 음란한

porno

decent = dignity = honor. 벼도 익으면 고개를 숙입니다. 권력에 오르더라도 백성에게 고개를 숙이는 행동은 예의 바른 행동입니다. 하지만 고개를 숙이지 않는다면… 싸가지 없는 행동. 그래서 저속하거나 외설과 연관.

It was indecent of him to do that.

그가 그렇게 한 것은 점잖지 못한 일이었다.

That short skirt of hers is positively indecent.

그녀의 짧은 치마는 정말 꼴사납다.

indefinitely [indéfənitli]
불명확하게

endless

fin = end + in = not. 끊고 맺음이 있어야 확실합니다.

Rail services are suspended indefinitely because of the strike.
파업 때문에 철도 운행이 무기한 중단되었다.

A decision has been postponed indefinitely.
결정은 무기한 연기되었다.

indelible [indéləbl]
지울 수 없는

permanent

deli = delete

An indelible pencil.
지워지지 않는 연필

She made an indelible impression on me.
그녀는 나에게 지워지지 않는 인상을 주었다.

indicative [indíkətiv]
가르키는

suggestive

dic = word + in= ~안

His answer was indicative of his disapproval.
그의 대답은 불찬성의 뜻을 나타낸 것이었다.

Their failure to act is indicative of their lack of interest.
그들이 행동하지 않았다는 것은 그들의 관심부족을 표시한다.

indict [indáit]
기소하다

charge

dict = word + in = -안에. 고소장에 글을 써서 법원 안의 민원실에 접수함.

They indicted people they knew to be innocent.
그들은 그들이 무죄라고 알았던 사람들을 기소했다.

He was indicted for corruption.
그는 매수혐의로 기소되었다.

indifferent [indífərənt]
무관심한

uninterested

fer = go di=two + in =not. 차이가 없으면 관심도 없음.

Dangers are indifferent to us.
우리는 위험 따위는 안중에도 없다.

She is indifferent to politics.
그녀는 정치에 대해 무관심하다.

indigenous [indídʒənəs]
토착의, 지역 고유의

native

gen = birth + in = -안에. 미국 안에서 태어난 사람.

The indigenous population was virtually exterminated by settlers.
토착 주민들은 정착인 들에 의해 사실상 몰살되었다.

The kangaroo is indigenous to Australia.
캥거루는 오스트레일리아가 원산지이다.

indigent [índidʒənt]
가난한

poor

diligent + in = not. 부지런하지 않으면 가난하게 삽니다.

We help the indigent. We provide food and shelter.
저희는 빈곤한 사람들을 돕습니다. 저희는 그들에게 음식과 잠자리를 제공하죠.

I

indignation [ìndignéiʃn]
분노

anger

▌dignity = honor + in = not. 국정을 책임지고 있는 대통령이 잠시 위엄을 지키기 못하고 화를 버럭 버럭 내는 모습.

Much to my indignation, he sat down in my seat.
아주 화나게도 그가 내 자리에 앉았다.

indiscriminate
[ìndiskrímənət]
무차별의

random

▌criminal. 전과자 들은 다시는 못된 짓을 하지 못하도록 그들을 차별 혹은 구별을 해야 합니다.

His indiscriminate spending on the cars left him with no money.
자동차에 무분별하게 돈을 들인 나머지 그에게 돈이 한 푼도 남아있지 않았다.

indispensable
[ìndispénsəbl]
필수

essential

▌pen = pend = hang = 필요. in이나 dis 모두 부정이기 때문에 이중부정은 긍정. 그래서 pensable만 이 단어 의미와 연관. 학생들은 공부에 매달리고 직장인들은 돈에 매달리고. 그들에게 공부와 돈은 필수 요건.

Health is indispensable to everyone.
건강은 누구에게나 절대 필요하다.

This dictionary is indispensable for students.
이 사전은 학생들에게 꼭 필요한 것이다.

indolence [índələns]
게으름

sloth

▌몸 안에 in 돌 = stone = dol이 있는 '결석' 과 같은 질병이 있으면 이전 처럼 몸이 활동적이지 못하고 slow해집니다.

His failure was due to indolence and lack of motivation.
그의 실패는 게으름과 동기의 부족이 원인이었다.

induce [indjúːs]
야기하다

cause

▌duce = pull + in=~안에

We could not induce her to come.
우리는 그녀를 오도록 유도할 수 없었다.

We'll have to induce her.
우리는 그녀를 유도 분만시켜야 할 것이다.

indulge [indʌ́ldʒ]
몰두, 탐닉하다

enjoy

▌deluge = flood. 홍수로 집이 물에 잠깁니다. 물에 흠뻑 젖어 있는 모습은 사람이 술등에 젖어 사는 것과 연관.

He indulges in heavy drinking.
그는 술을 너무 마신다.

She indulges herself with drugs.
그녀는 마약에 중독되어 있다.

industrious [indʌ́striəs]
근면한

diligent

industry = work = factory. 공장에서 열심히 일을 하는 노동자의 모습.

If he was not industrious in his youth, he now works very hard.
그는 젊었을 때에는 근면하지 않았지만 지금은 아주 열심히 일한다.

Eat regularly, be industrious, and be positive if you want to enjoy a long life.
장수하고 싶으면 규칙적으로 식사하고 부지런 하며 낙천적인 사고를 가져라.

inebriated [ini:brieitid]
취한

drunk

in = very + ebri = drink. drunk와 drunken의 차이점은 전자 보다는 후자가 술을 더 먹은 사람. 즉, 술고래는 전자가 아니라 후자.

I love this drink because it is the cup that cheers but not inebriates.
이 술은 기분은 좋아지지만 취하지는 않기 때문에 내가 좋아하는 술이다.

ineffable [inéfəbl]
말로 표현할 수 없는

cannot describe in words

fable = fab = make. 우화 = 이야기를 밖 e = out로 표현 할 수 없어요 in = not. 말로 표현 할 수 없어요.

It is ineffable for two main reasons.
두 가지 이유 때문에 말로 표현 할 수 없다.

ineluctable [ìnilʌ́ktəbl]
피할 수 없는

inescapable

lud/lus/luc =play, laugh. in = e = not. 공부를 열심히 하고 있는데 친한 친구가 놀자고 하는 경우 공부를 계속 할 수 없거나 친구가 재미있는 이야기로 배꼽을 잡을 정도로 웃음을 피할 수 없는 상황 연상.

They are just as rigid, just ineluctable as the law of gravity.
그들은 중력의 법칙처럼 엄격하고 피할 수 없다.

inept [inépt]
부적당한, 부적절한

incompetent

apt = ability. in다음에 오는 모음이 e가 아니라 a로 전환.

I've never heard anyone so inept at making speeches.
연설을 그렇게 못하는 사람은 들어본 적이 없다.

ineradicable [ìnirǽdikəbl]
근절할 수 없는, 뿌리 깊은

incapable of being eradicated

eradicate. radical = root. 종교에 충실한 사람은 기회주의 적인 사람이 아니라 교리와 원리에 충실한 근본주의자 입니다. 그래서 뿌리와 연관. 뿌리는 식물의 근본입니다. 이란 등의 회교도들 중에는 그들 종교에 맹신적 이어서 온건하기 보다는 과격합니다. e = out 할 수가 없어요 in = not.

He wrote in the New York Post that Europe's identity is stained by "ineradicable viciousness."
그는 유럽의 정체성이 "지울 수 없는 사악함"으로 오염돼 있다고 뉴욕 포스트에 썼다.

inert [inə́:rt]
불활성, 활동성이 없는

inactive

in + art = ert. 재능이나 기술이 없음. 그래서 활발하게 움직이지 못하는 모습 연상.

She saw Laura's inert and bleeding body by the side of the road.
그녀는 Laura가 움직일 수 없었으며 피를 흘린 채 길가에 있는 것을 보았다.

Cynicism is soulless and inert - it changes nothing.
냉소주의는 비열하며 행동력도 없다. 그것은 아무것도 바꾸지 못한다.

I

inevitable [inévətəbl]
피할 수 없는

unavoidable

vit = vid = see + in = e = not. 보는 것을 피하지 못하는 상황. 즉, 볼 수 밖에 없는 필연적인 상황.

Her doom was inevitable.
그녀의 운명은 피할 수 없었다.

It was inevitable that she would find out.
그녀가 알아내는 것은 피할 수 없는 일이었다.

---

inexorable [inéksərəbl]
냉혹한, 무자비한

relentless

oral = mouth = tell. in = ex = not. 말로 할 수 없을 정도로 잔인함.

Inexorable logic.
냉혹한 논리

Face inexorable pressure from the media.
언론의 끊임없는 압력에 직면하다.

---

infallible [infǽləbl]
절대 오류가 없는

unerring

fall = err. 시험을 보았는데 성적이 떨어지는 주요한 요소는 실수를 많이 한 결과. in = not이기 때문에 infallible은 실수를 하지 않음.

Unfortunately this guidebook is not infallible.
불행히도 이 안내서는 잘못이 없는 것이 아니다.

---

infamous [ínfəməs]
불명예

notorious

fame. 명성과 영예가 없음. 관대한 사람은 칭찬과 명성이 자자 하지만 악하게 놀면 명성이 없습니다.

The way he treated his wife was infamous.
그가 그의 아내를 다루는 태도는 악평이 자자했다.

---

infatuated [infǽtʃuèitid]
얼빠진, 열중한

foolish

fat. 보통의 체중이나 마른 사람보다는 뚱뚱한 사람이 일반적으로 어리석게 보인다고 합니다. 그래서 어리석음은 어떤 것에 빠져 있는 상황과 연결이 되어요.

She's clearly infatuated with the boy.
그녀는 확실히 그 소년에게 빠져 있다.

You can see he's infatuated by her - he was all over her at the party.
그가 그녀에게 완전히 홀렸단 걸 알 수 있을 거야. 그는 파티에서 그녀에게 반했어.

---

infectious [infékʃəs]
전염성의

contagious

fec = make. 몸 안에 바이러스가 들어와 병균이 만들어져 감염이라는 뜻.

Cholera is an infectious disease.
콜레라는 전염병이다.

She has an infectious ebullience that inspires all who work with her.
그녀는 함께 일하는 모든 사람들을 감동시키는 전염성 있는 활기를 지니고 있다.

---

infer [infə́:r]
추론하다

deduce

fer = go. 머리 속 = in에서 생각이 돌아다니고 있음. 즉, 계속 생각을 하는 행위.

We had to infer what she meant.
우리는 그녀가 무슨 말을 하려고 했는지 곰곰히 따져봐야만 했다.

How dare you infer that she is dishonest!
어떻게 네가 감히 그녀가 부정직하다고 추정할 수 있니?

---

infest [infést]
들끓다

swarm

▌in + festival. 대학교 축제 때 많은 대학생 들이 있는 모습 연상.

Their clothing was infested with lice.
그들의 옷에는 이가 들끓었다.

infidelity [ìnfədéləti]
신앙이 없음

two times

▌fid = faith. 서로 연인이나 부부 사이에 믿음을 가지지 못한 상황.

She tolerated her husband's frequent infidelities.
그녀는 그녀 남편이 종종 바람피우는 것을 참았다.

She closed her eyes to her husband's infidelities.
그녀는 남편의 부정을 못 본 체 했다.

infinitesimal
[ìnfinətésəməl]
아주 작은

minute

▌fin = end. in = very. 아주 세밀하게 끝까지 자른 모습 연상. 우리 인간의 몸은 원자 < 쿼크 < 끈 = string. 현재 과학이론 으로 우리 인간의 몸을 구성하는 단위는 눈에 보이지 않는 아주 미세한 끈입니다.

The amounts of radioactivity were infinitesimal and seemed to present no danger.
방사능의 양이 극미해서 위험성이 없을 것 같았다

infirmity [infə́:rməti]
허약

weakness

▌firm = 회사 = 튼튼한. 회사는 직원들이 밥을 먹고 살아 가야 하니 튼튼 해야 합니다. 그런데 in = not. 몸이 약함.

Deafness and failing eyesight are among the infirmities of old age.
귀먹음과 시력을 잃음은 나이를 먹어 약해지는 것들이다.

inflated [infléitid]
부푼, 과장된

enlarged

▌flow. in = very. 생활 필수품과 같은 물건 값이 아주 = very 오른 것을 경제학 용어로 인플레이션이라고 합니다. 인플레이션은 과장이나 허풍과 연관이 되어요.

He has an inflated sense of his own importance.
그는 자기 자신의 중요성에 대하여 과장된 느낌을 가지고 있다.

Reports of hooliganism were grossly inflated by the press.
폭력에 대한 보고서는 언론에 의해 지나치게 과장되어 졌다.

inflexible [infléksəbl]
완고한, 유연성이 없는

headstrong

▌flex = flow. 흐르는 것은 유동적이고 흐르지 않고 고정적인 것은 유연하지 못합니다. 사고방식이 유연하지 못함을 inflexible은 가리킵니다.

She's obstinate and inflexible.
그녀는 고집이 세고 완고하다.

Workers insisted the new system was too inflexible.
노동자들은 그 새로운 제도가 너무나 경직되어 있다고 주장하였다.

influx [ínflʌ̀ks]
유입, 쇄도

flowing into

▌flow. 안으로 흘러들어오는 것은 유입.

The influx of immigrants has slowed to a trickle.
이민자의 유입 속도가 점점 떨어져 그 규모가 급격하게 줄어들었다.

I

infraction [infrǽkʃən]
위반, 반칙

breach

fract = break. 조각은 fraction. 경기를 하는 동안 규칙을 지키지 않음 = fract=break

Those are the main infractions.
그것이 주된 고발 사항입니다

The number did not count minor traffic infractions such as parking fines.
이 건수에는 주차위반 등의 경미한 교통규칙 위반은 포함되지 않았다.

---

infringe [infríndʒ]
위반

trepass

fringe = break. 안으로 부수고 들어오는 것은 다른 사람의 권리 등을 침해.

The presence of ex-policemen in schools may infringe upon the rights of students and teachers.
전직 경찰관이 학교에 상주하게 되면 학생이나 교사의 권리를 침해할 수도 있다.

---

infuriate [infjúərièit]
격노하게 하다, 격분시키다

enrage

fury + in = very. 그리스 신화에서 분노의 여신이 fury

He was infuriated to find his seat occupied.
그는 자기 자리를 다른 사람이 차지한 것을 알고 격노했다.

It's infuriating that these items are so expensive.
이 물건들이 그렇게 비싸다니 화가 치밀어 오른다.

---

ingenious [indʒíːnjəs]
영리한

wise

gen = birth + in = -안에. 엄마 뱃속에 있는 때부터 영리.

It was ingenious of her to solve the problem so quickly.
문제를 그렇게 빨리 해결하다니 그녀가 참 재간이 있다.

She's very ingenious when it comes to finding excuses.
변명하는 것에 관해서라면 그녀는 매우 재간이 있다.

---

ingenuous [indʒénjuːəs]
순진한

simple

gen = birth + in = -안에. 엄마 뱃속에 있을 때 그리고 태어나서 어린 시절은 철학에서 말하는 것처럼 성선설 = 선하게 태어나고 simple합니다. 하지만 인생을 살아가면서 이런 저런 험난한 것을 겪으면서 우리의 인생은 간단하지 않고 복잡해져갑니다.

An ingenuous smile.
천진난만한 웃음.

Straightforward people tend to be very honest and sincere and ingenuous, but they don't tend to make good presidents.
직설적인 사람은 대개 아주 정직하고, 신실하며 순수하지만 훌륭한 대통령이 되지 못하는 경향이 있습니다.

---

ingrate [íngreit]
은혜를 모르는

ungrateful person

grat = satisfaction. 좋은 축하를 해줄 때 congratulation. in = not이 있어 고맙게 생각 할 줄 모르는 사람.

Only ingrate people couldn't see such simple view.
싸가지 없는 사람은 그렇게 단순한 결해를 볼 수 없다.

---

ingratiating
[ingréiʃièitiŋ]
알랑거리는

flattering

▌grat = happy. 어떤 사람에게 아부를 하는 사람들은 진심이 아닙니다. 그래서 자신의 목적이 달성이 되면 상대방 에게 싸가지 없게 행동해요.

She ingratiated herself with the boss.
그녀는 사장의 환심을 사도록 행동했다.

She tried to ingratiate herself with the director, in the hope of getting promotion.
그녀는 승진되리라는 기대를 품고 그 관리자의 비위를 맞추려고 노력했다.

ingredient [ingríːdiənt]
성분

component

▌grad/gred/gress=to go. 김치를 담그는데 마늘이나 파와 같은 재료가 들어가서 맛있는 음식이 됩니다.

Trust is the magic ingredient in our relationship.
신뢰가 우리 관계의 마술과 같은 요소이다.

Mix the ingredients and season to taste.
재료를 섞은 다음, 간을 맞춰 맛을 내세요.

inherent [inhíərənt]
고유의, 본래부터의

essential

▌here =go. 기본적인 요소는 안으로 반드시 들어가야 합니다.

Love is inherent in a good marriage.
사랑은 행복한 결혼 생활에 내재해 있다.

Despite the high risks inherent in the film business, CJ Corp. is optimistic overall.
영화 산업에 내재한 높은 위험성에도 불구하고 CJ는 전반적으로 낙관하는 모습을 보이고 있다.

inherited [inhérit]
상속하다

hereditary

▌here = go. in = -안에, 유산이나 성격들이 후손에게 갑니다.

She inherited a little money from her grandfather.
그녀는 그녀의 할아버지로부터 돈을 조금 상속받았다.

She inherited her mother's good looks and her father's bad temper.
그녀는 어머니의 아름다운 외모와 아버지의 좋지 않은 성격을 물려받았다.

inhibit [inhíbit]
금지하다

hinder

▌hibit = put/ habit = have. in = not. 가지지 못하도록 하기 위하여 방해를 합니다.

Cost is not an inhibiting factor in the company's plans for developm ent.
비용이 그 회사의 발전을 위한 계획에 방해가 되는 요소는 아니다.

She's too inhibited to laugh at jokes about sex.
그녀는 성적인 농담을 듣고 웃기에는 너무나 내성적이다.

inimical [inímikəl]
해로운, 적대적인

hostile

▌inimi = enemy

Their policies are inimical to national unity.
그들의 정책은 국가 통합에 유해하다.

I

initial [iníʃəl]
처음의, 머리글자

first

▌in + it = go. issue의 어원은 라틴어 ire(가다)인데, 이것이 ir, is, it등 여러 가지로 변형하여 issue(나타나다, 발행하다)로 initial과 어원이 동일합니다.

The initial estimate was way out.
처음의 추정은 완전히 틀렸다.

My initial reaction was to refuse.
나의 최초의 반응은 거절하는 것이었다.

injunction [indʒʌ́ŋkʃən]
명령

order

▌in = 안 + junction =연결, 묶다 = tie. 법이나 명령의 테두리 안에 묶여 살도록 합니다. 만일 법 밖으로 나가면 처벌을 받아야 하죠.

The court issued an injunction that picketing not take place.
법원은 피켓 금지령을 내렸다.

The court has issued an injunction to prevent the airline from increasing its prices.
법원은 그 항공 회사에게 요금 인상 금지 명령을 내렸다.

injurious [indʒúəriəs]
해로운

harmful

▌injury = 부상. 부상은 좋지 않은 것.

Smoking is injurious to health.
흡연은 건강에 해롭다.

inkling [íŋkliŋ]
어렴풋이 알고 있음

know

▌ink는 명사로는 잉크이지만 이 잉크를 이용해 종이에 적으면서 공부하면 알게 되어 동사로는 know의 의미. inkling은 ink에서 파생이 된 단어.

He hadn't given me an inkling of what was going to happen.
그는 내게 일어날 일에 대해 조금도 암시를 주지 않았다

innate [inèit]
타고난, 선천적인

inborn

▌nat = birth + in = -안에. 엄마 뱃속에 있을 때부터 가지고 태어 났어요.

So there was an innate violence in these objects, she said.
그러니 그런 물체에는 폭력이 내재되어 있는 셈이다"라고 그녀는 말했다.

inner city [inər citi]
도심, 저소득층 거주 지역

slum

▌돈이 많은 사람들은 대도시 중심부에 사는 것이 아니라 경치 좋고 건강에 좋은 도시 변두리에 살아갑니다. 도심지에는 저소득층 거주 지역이 형성이 되죠.

We have taken clothing and food to a day care center in the inner city.
도심에 있는 탁아소에 의류와 식품을 가져 다 주었습니다.

innocuous [inákjuəs]
해가 없는, 악의 없는

harmless

▌noc = night + in = not

Some mushrooms look innocuous but are in fact poisonous.
어떤 버섯들은 해가 없어 보이지만 실제로는 독성이 있다.

innovation [ìnəvéiʃən]
개혁, 혁신

reform

▌nov = new + in = very. 아주 새롭게 하는 것은 개혁.

My sentence is against innovation.
내 의견은 개혁에 반대이다.

There have been many recent innovations in printing methods.
최근에 인쇄술에 있어서 많은 혁신이 있었다.

innuendo [ìnjuéndou]
풍자, 빈정대는 말

hint

▌in = to + nuen = nod. 한동안 서로 원수 같았던 사람들이 이제 인사라도 하네요. 이것은 무엇을 암시하나요? 더 이상 적대 관계를 청산 혹은 청산하지는 않더라도 외부적으로 더 이상 싸움을 하지 않겠다는 것을 암시.

The play is full of sexual innuendo.
그 연극은 성적인 풍자로 가득 찼다.

She made an innuendo that he had a prison record.
그녀는 그에게 전과가 있다는 것을 빈정거렸다.

innumerable
[injú:mərəbl]
셀 수 없이 많은

many

▌number + in = very

He has invented innumerable excuses.
그는 무수한 변명들을 만들어냈다.

inopportune
[inὰpərtjú:n]
시기가 나쁜, 형편이 나쁜

untimely

▌opportunity = chance = timely + in = not

You arrived at an inopportune moment.
당신은 부적절한 시기에 도착했다.

inordinate [inɔ́:rdənət]
지나친

excessive

▌ordinate = common + in = not

U.S. President Carter was still bemoaning our "inordinate fear of communism."
미국의 카터 대통령은 우리의 '공산주의에 대한 지나친 두려움'을 여전히 유감스럽게 생각하고 있었다.

inquisitive [inkwízətiv]
캐묻기를 좋아하는, 호기심

curious

▌question. in+quisit(ask)+ion. 엄중한 조사를 요구하는 것으로 중세에는 종교재판소.

Some people are very inquisitive.
어떤 사람들은 매우 캐묻기를 좋아한다.

What's that you're reading? 'Don't be so inquisitive!'
네가 읽고 있는 책이 뭐니? 꼬치꼬치 캐묻지 말아라!

I

insatiable [inséiʃəbl]
만족할 줄 모르는

satisfaction

sat = happy + in = very. 요일 중 가장 즐거운 날은 토요일. 그래서 토요일은 sat-철자로 시작합니다. saturn은 토성.

The demand for increasingly powerful computers appears to be insatiable.
점점 강력한 컴퓨터에 대한 수요는 만족을 모르는 것 같다.

inscribe [inskráib]
쓰다, 새기다

write

scrib = write + in = -안에

She inscribed the book with her name.
그녀는 책에 자기 이름을 새겼다.

The author inscribed a copy of her book for him.
저자는 그에게 자신의 책을 헌정했다.

insert [insə́:rt]
끼워 넣다, 삽입하다

implant

sert = series = join

I inserted the key into the lock.
나는 자물쇠에 열쇠를 끼웠다.

Stainless steel pins were inserted into his spine to strengthen it.
그의 척추를 강화시키기 위해 스테인리스 강 핀이 삽입되었다.

insidious [insídiəs]
교활한, 음흉한

sly

sidious를 발음하면 seduce와 비슷. 유혹은 은밀하게 이루어집니다.

Jealousy is insidious.
질투는 모르는 사이에 진행된다.

Organized crime has an insidious influence on all.
조직범죄는 모든 사람에게 음험한 영향을 끼친다.

insight [ínsàit]
통찰, 통찰력

understand

sight = see. 사람 내부 in를 들여다 볼 수 있는 통찰력.

She had the insight to predict what would happen.
그녀에게는 앞으로 일어날 일을 예견하는 통찰력이 있었다.

She has a keen insight into human character.
그녀는 사람의 성격을 꿰뚫어 보는 날카로운 통찰력을 지니고 있다.

insinuate [insínjuèit]
암시

imply

sine / cosine / tangent. sine = curve. 커브는 직선이 아니라 곡선이라 한국어에서도 암시하는 경우는 '말을 돌리다' 라고 합니다. Insinuate는 '돌려서 말하다' 라는 뜻으로 imply의 유사어입니다. sinuare는 '꺾다, 돌리다' 이며, Imply에 비해 '교묘하다' 는 어감 차이가 있습니다.

The newspaper article insinuated that the President was lying.
그 신문 기사는 대통령이 거짓말을 하고 있다는 것을 넌지시 비쳤다.

He insinuated himself into my confidence.
그는 교묘히 나의 신임을 얻으려고 했다.

insipid [insípid]
무미건조한, 재미없는

dull

sip = taste + in = not.

This liquor tastes insipid.
이 술은 김이 빠졌다

---

insolent [ínsələnt]
건방진

arrogant

sol = only = alone + in = very. 독불장군.

It was insolent of them to demand special treatment.
특별대우를 요구하다니 그들이 건방졌다.

At school he was the sort of child that teachers would describe as insolent.
학교에서 그는 교사들이 건방지다고 묘사하는 종류의 아이였다.

---

insolvency [insálvensi]
지불 불능, 파산

bankrupt

solve + in = not. 은행에서 돈을 빌렸는데 되돌려줄 능력이 없어 파산 신청.

That revelation has brought the dairy multi-national into insolvency.
이 사실이 발각되면서 다국적 낙농업체인 파마라트 사는 파산에 이르렀습니다.

It works as the insurance measure against possible financial insolv ency of the builder, to ensure that the planned housing is sup plied.
건설업체의 부도에도 주택이 계획대로 공급될 수 있도록 하는 보험수단의 역할을 한다.

---

insomnia [insámniə]
불면

inability to sleep

som = sleep + in = not.

I've had these bouts of insomnia for several months now.
이런 불면증이 벌써 몇 달은 됐어.

My father's insomnia went away when he stopped drinking coffee.
커피를 끊으시면서 아버지의 불면증은 사라졌다.

---

insouciant [insú:siənt]
태평한, 걱정 없는

carefree

in = not + souci = solicit = vex. vex = 한국어의 '백수'. 백수로 살다가 어려운 취직 관문을 통과하여 이제 백수가 아니니 근심 걱정 없음. 수시 souci로 들어가지 못하더라도 in = not 수능 끝나고 원서를 집어 넣어도 되니 근심 없음.

They then talk to the insouciant stars, who refuse to stop what they are doing.
그들은 자신들이 무엇을 하는지 말하고 싶지 않은 무관심한 배우들과 말하였다.

---

instigate [ínstəgèit]
유발시키다, 부추기다

provoke

stick. in+stig = prick +ate = 안으로 찌르다. 사람을 막대기로 푹푹 찔러대면 열 받음.

The police have instigated an official inquiry into the incident.
경찰은 그 사건에 대한 공식적인 조사를 시작했다.

I

institution [ìnstətjúːʃən]

'기관' = institution이 들어간 다음의 표현을 익혀 두세요.

institutional investor :(경제) 기관 투자가

Institutional investors ordered 20 times the number of Stern Electric shares set aside for them last year.
기관 투자가들은 지난해 그들에게 할당된 Stern 전자 주식의 20배를 주문했습니다.

insubordination [ìnsəbɔ̀ːrdənéiʃən]

반항

rebel

sub = under + ordinate = common. 굽신 거리며 머리를 아래로 숙이면서 해야 하는데 그렇지 않겠다 in = not은 반항하는 이미지.

Insubordination isn't so hard to handle.
불복종은 다루기 힘든 것은 아니다.

inspiring [inspáiəriŋ]

영감을 주는, 고무하는

encourage

spirit + in = -안에. 몸 안에서 공부를 하거나 돈을 벌어야 겠다는 마음으로 가득 참.

The view from the summit is awe-inspiring.
정상에서 본 경치는 장엄했다.

The result is hardly inspiring.
결과는 좀처럼 고무적이지 않았다.

installment [instɔ́ːlmənt]

할부

a way of buying goods gradually

stall = place + in = -안에.

The book came out in installments.
그 책은 몇 번으로 나누어서 출판되었다.

You have only to pay the six hundred dollars over the next twelve months in monthly installments.
당신은 그 600달러를 앞으로 12개월에 걸쳐 월부로 지불하면 됩니다.

instantaneous [ìnstəntéiniəs]

즉시의

immediate

instant. 인스턴트 햄버거나 라면 연상.

The maximum instantaneous wind velocity reached 30 meters.
순간 최대 풍속이 30미터에 달했다.

I instantaneously thought of making some important decision.
나는 그 순간, 무슨 중요한 결심을 해야겠다고 생각했다.

instill [instíl]

스며들게 하다

seep

still 그러나 =drip = drop. 나는 너를 좋아한다. 그러나 만나고 싶지 않다.라고 하면 '그러나' 에 해당되는 표현이 still. 이런 말을 들으면 기분이 꿀꿀. 꿀꿀한 것은 아래로 내려가는 이미지.

Wanda has begun trying to instill guilt and shame in her father.
완다는 아버지에게 죄책감과 수치를 주려고 노력하길 시작했어요.

institute [ínstətjù:t]
기관, 시작하다

start

▌stit = sit. 연구소 같은 곳에 들어가 앉은 다음 작업이나 프로젝트에 착수함.

It's also the highest total recorded since the Cyber Crime Institute began its surveys, eight years ago.
사이버범죄 연구소가 8년 전에 조사를 시작한 이후로 기록된 최고 수치이다.

The institute has made a concerted effort to attract some of the worl d's best-known economists.
그 연구소는 세계적인 경제 석학들을 유치하기 위한 노력에 힘을 모았다.

---

instrument [ínstrəmənt]
악기, 기구

tool

▌instruct. 가르치는 것은 생업의 한 방편이나 수단입니다. 마찬가지로 악기를 연주하는 것이 생활을 하는 하나의 방법 입니다.

The independent institute became an international organization the following year .
IVI는 그 이듬해 독립적인 국제기구가 되었다.

The police will send them to The National Institute of Scientific Inv estigation for the close examination today.
그리고 경찰은 정밀검사를 위해 오늘 이들을 국립과학수사연구소로 보낼 계획이다.

---

insular [ínsələr]
섬사람의, 편협한

narrow - minded

▌solo = sol = alone. 도시 사람과는 다르게 섬에 사는 사람들은 홀로 고립되어 생활을 합니다. 당뇨병은 여러 가지가 있지만 근본적으로는 insulin이라는 물질이 부족하거나 해서 생기는 병인데 insulin은 섬이라는 뜻의 insula에서 파생된 말입니다. 즉 섬에서 만들어진 물질이라는 뜻. 섬은 사면이 물이기 때문에 고립되어 있는 땅이므로 단절하다는 뜻의 insulate도 섬과 어원을 같이 하고 있어요. 혈당을 낮추는 insulin은 사람 몸의 췌장에 있는 Langerhans island라는 섬처럼 생긴 특수세포군에서 만들어지는 것으로 이 세포군을 발견한 사람 Langerhan.

Japan is an insular country.
일본은 섬나라입니다.

---

insulated [ínsəlèitid]
격리된, 절연된

isolate

▌sol = sul = lonely + in = -안에

Several villages were insulated by placing obstacles.
여러 마을들이 장애물을 설치함으로써 고립되었다.

I think the staff tends to get a little insulated inside Washington.
저는 참모들이 워싱턴에만 다소 격리돼 있는 경향이 있다고 생각해요.

---

insuperable [insú:pərəbl]
극복할 수 없는

unable to be overcome

▌superman. 슈퍼맨은 어떤 것도 할 수 있습니다. 그런데 이런 슈퍼맨도 할 수 없는 일이 있다면?

The Earl of Cariston is faced with insuperable problems as he has completely run out of money.
그는 돈이 없어 극복할 수 없는 어려움에 봉착했다.

I

insurgent [insə́ːrdʒənt]
폭도

rebellion

▌surge. 파도. 파도는 물결칩니다. 물결은 안정이 되어 있지 않고 동요를 하는데 동요는 반란과 연관이 되어요.

Last week alone three Polish soldiers were killed by insurgents.
지난주에만 해도 세 명의 폴란드 병사가 반군에 의해 살해됐다.

The Web site posted a false report that three Korean soldiers were killed by insurgents.
이 웹사이트는 저항세력에 의해 한국군 3명이 살해되었다는 허위 보도를 실었다.

---

insurrection [ìnsərékʃən]
폭동

rebel

▌sur = over + correction = election = erectio in = not. 선거를 한 후 집권당 정부가 들어섭니다. 민주정부가 발전하지 못하도록 폭동 발생. resurrection은 예수님이 부활하시기 위하여 몸을 다시 일으켜 세우다는 '부활' 입니다. 그런데 다시 일으켜 세울 수 없는 in = not은 압도적이란 의미를 가지게 됩니다.

Disturbances soon turned into full-scale insurrection.
동요는 곧 전면적인 봉기로 이어졌다.

---

intact [intǽkt]
손상되지 않은

untouched

▌tact = touch + in = not. 만지지 않으면 손상되지 않아요

Few buildings survived the bombing raids intact.
그 폭격에서 손상되지 않고 잔존한 건물은 거의 없었다.

He can scarcely survive this scandal with his reputation intact.
그는 그의 명성을 해치지 않고 이 추문에서 거의 버틸 수 없을 것이다.

---

integral [íntigrəl]
완전한

complete

▌조각이 난 꽃병들을 접착제를 이용해 완전히 하나로 붙이는 것은 비유적으로 통합을 의미.

The moulded ceiling is integral to the design.
장식된 천장은 그 디자인에 있어서 필수적이다.

---

inter [intə́ːr]
매장하다

bury

▌inter. 사람이 죽으면 땅속 inter에 매장됩니다.

His remains will be buried[interred] here.
그의 유해는 여기에 매장된다.

---

interact [ìntərǽkt]
상호 작용하다

mingle

▌act +inter = in. 하나로 행동을 하는 것은 통합.

Perfume interacts with the skin's natural chemicals.
향수는 피부의 자연 화학물질과 상호 작용한다.

---

intercede [ìntərsíːd]
중재하다, 조정하다

mediate

▌cede = cess = go + inter = between. 다툼이 있는 두 사람 사이를 지나가는 것은 중재하는 이미지.

She felt impelled to intercede.
그녀는 중재를 해야겠다는 압박감을 느꼈다.

We have interceded with the authorities.
우리는 당국과 중재를 했다.

---

interdict [ìntərdíkt]

막다, 방해하다

ban

dict = word. 사람이 대화를 하는데 그 사이 = inter를 비집고 들어가는 것은 방해를 하는 행동.

It is imperative we interdict the shipment of nuclear weapons and components to those who would do us harm.

핵무기나 혹은 부품들이 우리를 해치려는 세력에게 수송되는 것을 저지하는 것이 우리의 급선무다.

interim [íntərəm]

당분간, 잠정

temporary

inter = between. 시간은 계속 해서 흘러 가는데 중간 사이 사이 inter = between.

My new job starts in May. What are you doing in the interim?

나의 새로운 일은 5월에 시작한다. 그동안 너는 뭘 할 건데?

interject [ìntərdʒékt]

끼어들다

insert

ject = throw + inter = between. 중간 사이사이로 들어가기.

'Oh, don't worry about the cost', he interjected.

'오! 비용은 걱정하지 말아요' 라고 그가 불쑥 끼어들었다.

interlude [íntərlù:d]

사이, 막간

pause

lud = play. luc/lud/lum등은 light입니다. 빛이 있는 낮에 '놀다'를 연상해보세요. 놀다가 사이사이 = inter에 쉬어요.

There will now be a 15-minute interlude.

15 분간의 막간이 있을 것이다.

Her time in Paris was a happy interlude in a difficult career.

그녀가 파리에서 보낸 시간은 힘든 경력 중간에 있은 행복한 기간이었다.

intermittently

[ìntərmítnt]

때때로 중단되는

periodically

mit = go = send + inter = between. 시간이 흘러가는데 사이사이에 어떤 사건 등이 발생하는 이미지.

We've discussed this problem intermittently, but so far we've failed to come up with a solution.

우리는 이 문제를 간헐적으로 논의해 왔지만, 이제까지 해결책을 제시하지 못했다.

interrupt [ìntərʌ́pt]

가로막다, 중단하다

stop

rupt = break. 터지면 어떤 일을 진행되지 못하고 중단이 됩니다.

We interrupt this programme to bring you a news flash.

뉴스 속보를 전해 드리기 위해서 이 방송을 잠시 중단합니다.

It is impolite to interrupt someone who is speaking.

남의 말을 가로막는 것은 실례다.

intersperse

[intərspə́:rs]

흩뜨리다

scatter

sperse = spray. 중간 중간에 스프레이를 뿌려요.

A day of sunshine interspersed with occasional showers.

간간이 소나기가 내리는 맑은 날

Haunting songs interspersed between stories from the island's history.

그 섬의 역사로부터 기인한 이야기 속에 산재된 뇌리를 떠나지 않는 노래

I

intervene [ìntərví:n]
방해하다, 개입하다

come between

ven- = go. 사이사이로 간다. 끼어들기.

It seems inappropriate for us to intervene at this stage.
우리가 이 단계에 끼어드는 것은 부적절한 것 같다.

When rioting broke out, the police were obliged to intervene.
폭동이 일어났을 때 경찰은 폭동을 진압해야만 했다.

---

intimacy [íntəməsi]
친밀

affectionate

macy = mate. 방을 같이 쓰는 룸메이트는 친숙합니다.

The poem encapsulates a moment of intimacy between the lovers.
그 시는 연인들 간의 친밀한 순간을 형상화하고 있다.

She felt emboldened by the wine and a new feeling of intimacy.
그녀는 포도주와 새로운 친밀감 때문에 대담해졌다.

---

intimate [íntəmət]
친밀한

familiar / close

mate = 룸메이트 연상. intimation은 '넌지시 비춤(hint)' 을 뜻하는데, intimate(친한) 사람들 사이에 오가는 '귀띔' 을 연상.

She is on intimate terms with him.
그녀는 그와 친밀한 사이이다.

We had been on intimate terms for some time.
우리는 잠시 동안 절친한 관계였었다.

---

intimidate [intímədèit]
겁주다, 협박하다

terror

timid = fear. 무서워서 속으로 = in 겁이 남 timid.

She was intimidated by his physical presence.
그가 직접 나타나자 그녀는 위협을 느꼈다.

The glen is a deep cutting between intimidating mountains.
그 협곡은 위협적인 산맥들 사이에서 깊은 골짜기를 이룬다.

---

intractable [intrǽktəbl]
완고한, 고치기 어려운

unruly

tract = pull. 고집이 센 사람은 아무리 이야기를 해도 내가 이야기 한 방향으로 끌고 갈 수 없음.

Stem cells can be grown into healthy tissue to help cure intractable illnesses such as Alzhemier's and Parkinson's.
줄기세포는 건강한 인체 조직으로 성장할 수 있기 때문에 알츠하이머병, 파킨스씨병 등과 같은 난치병 치료에 이용될 수 있을 것으로 큰 기대를 모았다.

---

intransigent
[intrǽnsədʒənt]
고집이 센, 비타협적인

stubborn

in = not + trans = between. 융통성이 있는 사람은 A에서 B로도 생각이 전환되지만 고집이 센 사람은 이동을 하지 않음.

Owing to their intransigent attitude we were unable to reach an agreement.
그들의 비합리적인 태도 때문에 우리는 협정에 도달할 수 없었다.

---

intrepid [intrépid]
용맹한

brave

▌rapid = fast = brave. 빠른 사람들은 무모합니다. 인생을 살아가면서 생각을 하면서 여유롭게 지내야죠.

Barron was more than an intrepid journalist.
배런은 용기 있는 언론인 그 이상이었다.

---

intricate [íntrikət]
복잡

complex

▌In + tri. 한 여자만 만나야 하는데 마음속에 한 여자를 포함하여 세 명의 여자가 머릿속에 있다면 누구를 먼저 만나야 할지 복잡 하여짐.

The plot of this story is very intricate.
이 소설의 줄거리는 복잡하다

Your sweater has an intricate pattern.
당신 스웨터는 무늬가 정교 하군요.

---

intrigue [intríːg]
호기심, 음모

interest

▌trig = trick. 술책 = 트릭을 쓰면 사건은 단순해지는 것이 아니라 복잡하게 얽혀 들어갑니다.

I was intrigued to learn that she had resigned.
나는 그녀가 사임했다는 것을 알고는 호기심이 동했다.

The children were intrigued by the new toy.
아이들은 새로운 장난감에 관심이 있었다.

---

intrinsic [intrínsik(əl)]
본질적인

inherent

▌in. 안은 내재적이고 out는 외부이기 때문에 외래적.

The concept of liberty is intrinsic to Western civilization.
자유의 개념은 서양 문명에 내재되어 있다.

The face value of the coin is 1 pound, but it's intrinsic value is only a few pence.
그 동전의 액면가는 1파운드이지만 실질가치는 몇 펜스에 지나지 않는다.

---

introspective
[ìntrəspéktiv]
내성적인

looking within oneself

▌spect = see. intro = in. 안을 들여다보는 것은 자기 내부를 성찰.

Kim's family claimed in the lawsuit that the young man was excessively introspective and mentally unstable.
유족들은 김모 사병이 내성적인 성격에 정신적으로 매우 불안정한 상태였다고 주장했다.

---

intrude [intrúːd]
끼어들다

trepass

▌In +thrust =밀어넣다. 요청 받지도 않고 제 멋대로 어떤 일을 하는 사람들이 있어요.

Don't intrude yourself on her privacy.
그녀의 사 생활에 끼어들지 마시오.

Newspapers should not intrude on people's private grief.
신문 보도가 사람들의 사적인 슬픔을 침해해서는 안 된다.

I

intuition [ìntju:íʃən]
직관

power of knowing without reasoning

▌tuition = teach. 배우지 않거나 이성적으로 생각되지 않고 자연적으로 어떤 영감 등에 의해 우리 몸이 알려주는 본능.

I had an intuition that something was wrong.
나는 무엇인가 잘못되었다는 직감이 들었다.

I had an intuition that something awful was about to happen.
무언가 무시무시한 일이 막 일어나려 한다는 것을 직감적으로 알았다.

---

inundate [ínəndèit]
범람, 물에 잠기다

flood

▌und = and. 집안으로 물이 계속 밀려들어 옴. 영어에서 and는 추가의 개념. 추가하면 불어납니다.

The flood inundated several cities.
홍수로 여러 도시가 침수되었다.

We were inundated with inquiries.
우리에게 질문이 쇄도했다.

---

inure [injúər]
익숙하다

accustom

▌ure = use. 사용을 하게 되면 익숙하게 됩니다. in = very.

Sadly, the world has grown inured to this kind of outrage.
애석하게도, 세계는 이런 폭력에 익숙해져 있다.

After living here for years I've become inured to the damp climate.
몇 년 동안 이곳에 살고 난 이후로 나는 습한 기후에 익숙해졌다.

---

invalid [ínvəlid]
병약한, 약한

sick person

▌val = power = value. 현대 세계에서 가치가 있는 것은 힘입니다. 그런데 in = not. 힘이 없음.

Your claim for unemployment benefit is invalid because you have a part-time job.
당신은 파트타임으로 일을 하기 때문에 당신의 실업 수당 지급 요구는 무효이다.

The disease changed him from an athlete into an invalid.
병 때문에 그는 운동선수에서 병약자로 바뀌고 말았다.

---

invaluable [invǽljuəbl]
아주 귀중한

priceless

▌valuable + in = very. in은 강한 긍정의 의미

Computers have proved invaluable in the fight against crime.
컴퓨터는 범죄와의 전쟁에서 매우 귀중하다고 증명되었다.

Her knowledge and experience were invaluable, to say nothing of her kindness and courtesy.
너의 친절함과 예의는 말할 것도 없었고, 그녀의 지식과 경험도 대단히 소중했다.

---

invariant [invɛ̀əriənt]
변화하지 않는, 불변

uniform

▌vary + in = not. 다양하지 않다는 것은 획일적.

This fact is one of the foundations of invariant theory.
이 사실은 획일적인 이론의 기초들 중에 하나이다.

---

invective [invéktiv]
비난, 독설

insulting speech

▌ven = vec = go. 안으로 말이 가는 것은 험한 말을 하는 것과 연관.

The United States and North Korea, meanwhile, hurl invective at ea ch other.
미국과 북한은 서로 독설을 주고받았다.

inveigle [invéigl]
꾀다, 유인하다

to obtain by deception

▌in + vei = vehicle = carry. in + veil. 베일을 쓴 것은 자신을 감추는 행동. 베일을 쓰고 속임수 를 하는 행동.

He inveigled his way into the house.
그는 그를 그 집에 유인했다.

She inveigled him into buying a new car.
그는 그가 새로운 차를 사도록 유도했다.

inveterate [invétərət]
뿌리 깊은, 만성의

deep rooted

▌veteran. Veteri-라는 어간은 라틴어 형용사 vetus "old"에서 나온 것입니다. 베테랑은 퇴역 군인일 수 도 있고 노련한 사람일 수 있어요. 어떤 분야의 전문가들은 다른 사람들이 좋은 생각이 있다 하더라도 자신의 생각을 쉽게 변화 시키지 않는 사고가 뿌리 박혀 있는 사람입니다.

an inveterate smoker
상습적 흡연가

an inveterate drinker
상습적인 음주자

an inveterate gambler
상습적 도박꾼

The inveterate talker sprouted wings.
그 상습적인 수다쟁이는 얌전해졌다.

He's an inveterate liar.
그는 만성적인 거짓말쟁이다.

invidious [invídiəs]
불쾌한

dislike

▌in(부정) + vid(보다). 보고 싶지 않은 것은 '꼴 보기 싫다' 입니다. 그래서 거슬리거나 보기 싫은 것에 사용됩니다.

It is invidious to deprive workers of health insurance.
직원들의 의료 보험 혜택을 없애는 것은 불쾌한 일이다.

It would be invidious to single out any particular person.
어떤 특정한 사람을 선발하는 것은 불공정하다.

I

invigorating
[invígərèitiŋ]
기운 나게 하는, 상쾌한

refreshing

▌viagra = vigor(강력한) + Niagara 폭포. 조용필이란, 가수의 노래 한 구절에 '님 주신 밤에 씨를 뿌렸네. 사랑의 물로 꽃을 피웠네' 라는 가사가 있어요. 이때 사랑의 물은 sperm입니다. 정액도 물이고 폭포도 물입니다. 강력한 물은 정력적인 남자와 비교가 되어요. 왜 밤에 정력이 넘치게 하는 약 이름이 세계에서 가장 웅장한 폭포 이름에서 따 왔는지 이해가 되시죠.

It's invigorating to swim in the sea.
바다에서 수영하는 것은 상쾌하다.

I feel invigorated by all this fresh air!
이 상쾌한 바람을 쐬니 기운이 솟는다.

---

invincible [invínzəbl]
정복할 수 없는

unconquerable

▌vin = vic. 승리를 할 수 없는 것은 정복 할 수 없어요.

She has an invincible will.
그녀는 꺾을 수 없는 의지를 가지고 있다.

We dispelled the myth that their army was invincible.
우리는 그들의 군대가 무적이라는 신화를 깼다.

---

invoke [invóuk]
호소하다

ask for

▌vok = call + in = -안에.

The government has invoked the Official Secrets Act in having the book banned.
정부는 그 책을 출판금지 시킬 때 공직자 비밀 엄수 법에 호소했다.

The new President invoked the name of John F. Kennedy in his speech to the nation.
신임 대통령은 나라를 위한 그의 연설에서 JFK의 이름 연상시켰다.

---

involuntary [inválәntèri]
무의식중의

unintentional

▌vol = will = 의지 + in = not.

Involuntary exposure to cigarette smoke.
담배 연기에 대한 본의 아닌 노출

The involuntary repatriation of immigrants.
본의 아닌 이민자들의 본국 송환

Breathing is usually an involuntary action.
호흡은 보통 자동으로 이루어진다.

---

involved [inválvd]
복잡, 관련된

complex

▌vol = turn + in = -안에. 부부 싸움이 나면 집 안에 있는 그릇 등이 부인 혹은 남편을 향해 날아다닙니다. 그 집 상당히 복잡한 집안이네요.

They issued a denial that their firm had been involved.
그들은 자신들의 회사가 관련되어 왔다는 것을 부인했다.

The freeway was closed for hours after nine cars were involved in an accident.
자동차 9대가 충돌한 사고로 고속도로가 몇 시간 동안이나 폐쇄되었다.

---

iota [aióutə]
아주 조금

small

나 = I. 이오타(iota)는 그리스어로 '나'를 뜻하는 영어 'I'의 어원입니다. 갈수록 이기주의가 팽배한 현대에서 '나'만이 중요하기 때문에 나는 큰 big존재로 착각들을 합니다. 하지만 나 = I는 이 세상을 살아가는 수많은 사람들의 아주 작은 일부에 불과해요.

There is not one iota of evidence.
증거라고 할 만한 것이 전혀 없다.

There is not an/one iota of truth in the story.
그 이야기에는 티끌만큼의 진실도 없다.

irascible [iræ´səbl]
화를 잘 내는

irritable

rascal = 깡패 = radical = 과격한. 깡패는 보통 과격합니다. 그리고 아무리 의리를 강조하는 깡패라 하더라도 이전의 협객들과는 다르게 지금의 깡패들은 평소에 의리가 있는 척 하다가 돈 문제 즉, 이권 문제가 생기면 지저분한 모습을 드러낸다는 어느 강력계 형사의 글을 필자는 읽은 적이 있어요. 돈에 초초해 하는 조폭의 모습.

Have another cup of coffee, you are not awake yet and are being irascible.
커피 한 잔 마시고 나서 당신은 아직 차분하지 못하다.

iridescent [ìrədésnt]
무지개와 같이 색이 변화하는

changing colors

iris = irid = rainbow.

The males have iridescent green feathers on its body and a black tail.
숫컷은 무지개 빛이 나는 녹색 깃털을 몸에 가지고 있고 암컷은 하얀 꼬리를 가지고 있다.

irksome [ə́:rksəm]
지루한

tedious

ink. 좋은 볼펜이 많은데 지금도 잉크로 글을 쓰는 작업은 지겨운 일.

It is irksome to listen to his constant complaints.
그의 끊임없는 불평을 듣는 것에 진력이 난다.

It is irksome that she refuses to resign.
그녀가 사임을 거부하다니 성가신 일이다.

iron

iron out : 의견을 조율하다(주름진 곳을 다림질로 펴서 없애듯이 서로 충돌하고 있는 내용을 조절한다는 비유적인 의미)

The meeting kicked off at 10 a.m., followed by talks between working level officers to iron out differences.
회담은 오전 10시에 시작하여 이어서 양측의 견해 차이를 조율하기 위한 실무자급 회담이 뒤따랐다.

다음의 숙어를 통해 iron을 더 연습해 두세요.

iron out wrinkles : 다림질을 해서 주름을 펴다.

iron out the wrinkles : 남은 문제들을 해결하다

iron out the bugs : 잘못을 바로잡다.

손이 부드러워야 하는데 쇠로 만들어 진 손. iron-handed는 '압제적인, 가혹한'이란 뜻이 있어요.

I

ironic [àiərəni]
빈정댐, 풍자

resulting in an contrary outcome

▌irony. 그리스에 Eiron이란 사람은 키가 아주 작았지만 '꾀돌이' 었습니다. 항상 자기를 낮추는 척 했지만 즉, 자기를 낮추는 척 하면서 아주 영리한 사람이었어요. 조선시대는 사화의 연속으로 숙청을 많이 당했습니다. 그래서 이것을 피하기 위하여 몸을 낮추어야만 했어요. 또한 흥선 대원군은 견제 세력을 따돌리기 위하여 바보처럼 굴다가 자신의 어린 아들을 왕위에 올리고 나서야 비로소 바보 행세를 그만두고 뒤에서 고종을 조종하기 시작하죠. 고대 서양의 플라톤의 대화에 나오는 '소크라테스적 아이러니'는 필자가 위에서 말한 희극적 기원에서 비롯되었는데, 소크라테스는 무지와 겸손을 가장하여 특히 똑똑하다고 잘난 척 하는 상대방에게 어리석고 명백한 질문을 함으로써 그들이 자기보다 더 무지하다는 것을 드러내게 했어요. 즉, 비꼬는 말과 반어적인 말이 아이러니 입니다.

He gave an ironic comment on my work.
그는 내 작품에 대해 빈정대는 듯한 평을 했다.

It's ironic that the weakest student in mathematics should have been elected class treasurer.
수학을 제일 못하는 학생이 학급 총무로 담당자로 선출된 것은 역설적이다.

---

irrational [iræʃənl]
이성을 잃은, 불합리한

illogical

▌rational + ir = in = not.

It was irrational to react in that manner.
그런 식으로 반응하다니 무분별했다.

She was prey to irrational fears.
그녀는 분별없는 공포로 괴로워했다.

---

irregularity [irèjulærəti]
부정행위

cheat

▌부인이나 남편 이외에 바람이 난 아줌마 혹은 아저씨. 집에는 규칙적으로 들어가면서도 바람난 상대인 애인집을 불규칙적으로 가는 모습 연상.

An international journalism group has reproached a Chinese court of abuses and irregularities.
국제 언론감시단체인 국경 없는 기자회'는 중국 법원을 권력 남용이자 부정행위라고 비판했습니다.

---

irrelevant [iréləvənt]
관계없음, 엉뚱한

inappropriate

▌relate + ir = in = not.

It's irrelevant to cite such outdated evidence.
그렇게 시대에 뒤진 증거를 인용하는 것은 부적절하다.

It's irrelevant that she was out of town.
그녀가 출타 중이었다는 것은 관계없는 일이다.

---

irrevocable [irévəkəbl]
돌이킬 수 없는, 취소할 수 없는

cannot be changed or reversed

▌revoke+ re = again + vok = voc = call. 다시 부를 수 없는 것은 다시 되돌릴 수 없는 상황.

What I feared is that I had hurt Hillary and Chelsea irrevocably.
두려운 것이 있다면 힐러리와 첼시에게 돌이킬 수 없는 상처를 남겼다는 것이다.

---

irritable [írətəbl]
화를 잘 내는

grouchy

▌irritate에서 파생이 되었고 가장 기본적인 단어인 nervous와 유사어이다.

Everyone was tired and irritable.
모든 사람들이 지치고 짜증이 났다.

He was nervous and irritable from lack of sleep.
그는 수면 부족으로 말미암아 신경질적이 되어 있었다.

---

iterate [ítərèit]
되풀이하다, 반복하다

repeat

▌it = go. 단어의 길이가 길어졌어요. 계속해서 가고 있으니 반복.

Iterate through all worksheets of the workbook.
workbook의 문제들을 반복해서 풀어라.

---

itinerary [aitínərèri]
여행 스케줄, 여정

travel plan

▌it = go. 여행 일정은 go에 관한 plan.

The itinerary for tomorrow is set.
내일 여행 일정이 정해졌습니다.

The professor has not fully outlined the trip's itinerary.
교수들이 여행 스케줄을 완벽하게 윤곽을 잡지 않았다.

I

[ACTUAL TEST]

밑줄 친 낱말과 동의어를 고르세요.

1. It is not widely known that flu medication impairs the ability to operate machinery including motor vehicles.

(A) undermines (B) enhances (C) influences
(D) effects (E) restores

2. The discussion reached an impasse when the question of dividing the property came up.

(A) an argument (B) a deadlock (C) an agreement (D) a dispute

3. His invidious proposal set one faction against the other and made everybody detest him.

(A) arousing dislike (B) placating (C) flattering (D) tiring

4. A boy who is careless and indifferent in a game of ball will not be likely to accomplish much anywhere.

(A) undetached (B) uninterested (C) inappropriate D) unskillful

5. After all, he himself acknowledged that "dangerous" information is sometimes composed of many pieces of information that are in themselves innocuous.

(A) harmless (B) complicated (C) offensive (D) detrimental

6. Peter was in deep water for using his mother's car without her permission.

(A) excused (B) in trouble (C) pardoned (D) in anguish

7. From a moral standpoint, there's a difference between people who go out and seek a high and get addicted and the millions of people dealing with pain who inadvertently get addicted.

(A) unintentionally (B) deliberately (C) psychologically (D) compulsively

8. He found working on the assembly line irksome because of the monotony of the operation he had to perform.

(A) baffling (B) tedious (C) invigorating (D) clumsy

9. Elegant as a Bach partita, string theory promises to unify quantum physics with Einstein's relativity, shedding light on the origin of the universe in the bargain.

(A) as well (B) as is (C) as stated (D) as usual

10. Again and again, the army unsuccessfully attacked the fortress, only to conclude that it is impregnable.

(A) inconceivable (B) unconquerable (C) implausible (D) improbable

11. My grandmother related in her own inimitable way the story of her trip to Tibet.

(A) matchless (B) incumbent (C) ubiquitous (D) remunerative

12. Somehow, as his speech became more impassioned, the audience's reception grew chiller.

(A) florid (B) passionate (C) tedious (D) bombastic

13. On bumping into a stranger, you are supposed to say "Excuse me" or "Sorry," for you, though inadvertently, impinged on his or her personal space.

(A) immediately (B) understandably (C) unspeakably (D) unwittingly

14. The view below is not inspiring: dreary streets, concrete buildings, uncollected trash everywhere.

(A) encouraging (B) expiring (C) disgusting (D) stifling

15. Imminent danger does not seem to diminish his enthusiasm to climb mountains even in inclement weather.

(A) unforeseen (B) increasing (C) impending (D) incipient

I

16. Washington Post reported that Ko Young Hee, idolized in North Korea as the nation's revered mother, apparently succumbed to her illness.

(A) admired (B) made fun of (C) prohibited
(D) fossilized (E) hated

17. In the degenerating relationship between Russia and America, the bomb was at first only a minor irritant —a symbol of distrust.

(A) annoyance (B) attack (C) reluctance (D) significance

18. Mary will appear on the stage in no time.

(A)Á later (B) gradually (C) very soon
(D) never (E) not at all

19. Writers of color and women increasingly responded to the imperative to speak for themselves and for others like themselves who had been silenced in history.

(a) purpose (b) impact (c) comment
(d) impending (e) demand

20. In a government election, the incumbent generally has a strong advantage over a newcomer. History has shown a strong proclivity in elections at all levels of government to return the incumbent to the post.

(A) a political party (B) a positive propaganda
(C) a current office-holder (D) a special kind of election

[FILL THE PROPER WORD IN THE BLANK]

빈칸에 들어갈 적당한 단어를 고르세요.

21. I felt hostility flowing from the woman standing behind me in the supermarket check-out line. She rocked back and forth on her heels ______ and drummed on her handbag.

(A) composedly (B) cheerfully (C) generously
(D) impatiently (E) resignedly

22. After the broadcast, we were ______ with requests for more information.

(A) overhauled (B) diluted (C) proliferated (D) inundated

23. Though it lasted only half an hour, the ponderous lecture seemed ______ to most of the students.

(A) interminable (B) waggish (C) expressive (D) vendible

24. Your business card should have your contact ______.

(A) information (B) report (C) announcement (D) figures

25. She preferred ______ objects to people, a bed or a chair to a man or a woman.

(A) scared (B) expensive (C) inanimate (D) impractical

26. In a panic I ______ pushed the accelerator instead of the brake.

(A) deliberately (B) inadvertently (C) prudently (D) obviously

27. As they helped the community recover from the storm's devastation, the apparently ______ relief workers worked around the clock with an energy that never seemed to wane.

(A) eloquent (B) obsequious (C) indefatigable (D) transcendent

[EXPLANATION]

1. [VOCA]

flu 독감 medication 약 impair 손상시키다 machinery 기계 motor vehicle 자동차 undermine 해치다

[TRANSLATION]

독감약 때문에 자동차를 포함 한 여러 기계류 를 작동하는 능력을 손상시킨다는 사실은 널리 알려져 있지 않다.

[ROPES]

짝으로 pair 인생을 살아가야 하는데 im = not 그렇지 않고 홀로 살아가면 여러 가지 좋지 않은 점이 발생합니다.

[ANSWER] A

2. [VOCA]

impasse 곤란 property 재산 argument 논쟁

[TRANSLATION]

재산 분할 문제가 제안 되었을 때 토론은 어려움에 빠졌다.

[ROPES(힌트, 도우미 어구 찾기)]

im = not + passe = pass. 통과 할 수 없음. 비유적으로는 어려움에 봉착했음을 암시.

[ANSWER] B

3. [VOCA]

invidious 불쾌한 faction 당파 detest 싫어하다 arouse 일으키다 placating 달래는, 회유하는 flattering 아부하는

[TRANSLATION]

그의 기분 나쁜 제안으로 서로 반목 하게 했기 때문에 모든 사람들은 그를 혐오하였다.

[ROPES]

in= not + vid = see. 보고 싶지 않은 이유는?. 기분 나쁘기 때문이겠죠.

[ANSWER] A

4. [VOCA]

indifferent 무관심한 undetached 초연하지 않은 inappropriate –에게 부적당한

[TRANSLATION]

공놀이 에서 부주의 하고 관심이 없는 아이는 어느곳 에서도 많은 것을 달성하지 못할 것이다.

[ROPES]

careless 가 힌트 어구. 주의를 하지 않는 것은 무관심과 연관. A and B구조

[ANSWER] B

I

5. [VOCA]

be composed of ~으로 구성되다 innocuous 무해한 offensive 불쾌한 detrimental 유해한

[TRANSLATION]

결국 그는 나쁜 정보도 해롭지 않은 많은 정보들로 구성되어 있다는 것을 인정했다.

[ROPES]

noc = night. 낮은 긍정적이고 밤은 부정적. in = not이기 때문에 해롭지 않다는 뜻.

[ANSWER] A

6. [VOCA]

in deep water(s) 곤란(=in trouble) anguish 괴로워 permission 허락

[TRANSLATION]

피터는 어머니의 차를 허락 없이 사용한 것 때문에 아주 입장이 곤란하다.

[ROPES]

엄마의 허락을 받지 않고 엄마의 차를 몰았다면 혼이 나겠죠. 또한 수심이 깊은 바다에 들어가면 위험한 상태에 빠지게 됩니다.

[ANSWER] B

7. [VOCA]

inadvertently 우연히 high 황홀감 deliberately 신중히 compulsively 강제적으로
addict 몰두케 하다

[TRANSLATION]

도덕적 견지에서 본다면 , 돌아다니며 황홀감을 찾다가 마약에 중독되는 사람과 우연하게 마약에 중독되어 고통에 대처하는 수많은 사람과는 차이가 있다.

[ROPES]

inadvertently는 우연인 by chance와 동의어

[ANSWER] A

8. [VOCA]

irksome 싫증나는 tedious 싫증나는 baffling 당황하게 하는 invigorating 기운나게 하는, 상쾌한
clumsy 서투른 monotony 단조로움

[TRANSLATION]

그는 자신이 하는 일의 단조로움 때문에 생산라인에서 일하는 것을 지겹게 생각했다.

[ROPES]

monotony가 힌트 어구. mono = one + tone = sound. 학원에 가서 수업을 듣는데 강사 목소리가 하나의 음조로만 말한다면 지루하겠죠.

[ANSWER] B

9. [VOCA]

in the bargain 게다가 stated 정해진, 일정한 as usual 평소처럼 elegant 우아한 partita 파르티타 (음악의 모음곡 일종) string theory 끈 이론 unify 통합하다 quantum physics 양자 물리학 relativity 상대성 이론 shed light on ~을 설명하다 origin 기원

[TRANSLATION]

바하의 파르티타 만큼이나 우아한 끈 이론은 양자 물리학을 아인슈타인의 상대성 이론과 통합함 으로써 우주의 기원에 관한 설명을 줄 수 있을 것이다.

[ROPES]

시장에서 물건을 샀는데 덤으로 주는 물건이 bargain입니다. 추가의 개념이죠.

[ANSWER] A

10. [VOCA]

fortress 요새 impregnable 난공불락의, 견고한 inconceivable 상상할 수 없는 implausible 믿기 어려운 improbable 있을 법하지 않은

[TRANSLATION]

그 군대는 계속해서 그 요새를 공격 했지만 성공을 하지 못해, 결국 그 요새는 난공불락 이라는 결론을 내렸다.

[ROPES]

im + pregnable. 임신 pregnancy를 시킬 수 없다는 뜻에서 나와 여자가 도도하고 깐깐하여 자기 것으로 만들 수 없는 남자의 관점에서 만들어진 단어

[ANSWER] B

11. [VOCA]

inimitable 흉내 낼 수 없는, 독특한 matchless 비교할 데가 없는 incumbent 재직중인 ubiquitous 어디에나 있는 remunerative 수지타산이 맞는

[TRANSLATION]

나의 할머니는 자신의 티벳 여행 이야기를 독특한 방법으로 이야기 해주었다.

[ROPES]

inimitable = in +imitate. '흉내(모방)할 수 없다' 로 단어를 분석 할 수 있어요.

[ANSWER] A

12. [VOCA]

impassioned 열정적인 florid 불그스름한 passionate 열정적인 tedious 지루한 bombastic 허풍떠는

[TRANSLATION]

그의 연설이 약간 더 열정적이 되면 될수록, 청중의 반응은 점점 더 차가워졌다.

[ROPES]

보통 im은 not이지만 몇 몇 단어들에서는 강한 긍정 very의 의미가 있어요. impassion은 passion보다 더 강한 열정적임을 나타내는 단어.

[ANSWER] B

I

13. [VOCA]

bump into ~와 부딪히다 inadvertently 우연하게 impinge 침해하다 immediately 즉시 unspeakably 말할 수 없을 정도로 unwittingly 우연히

[TRANSLATION]

낯선 사람과 부딪히자마자 당신은 "죄송 합니다" 또는 "미안 합니다"라고 말할 것이다. 그 이유는 비록 고의는 아닐지라도 당신은 다른 사람의 개인적인 영역을 침범했기 때문이다.

[ROPES]

unwit. wit는 알고 하는 것이고 unwit는 모르고 하는 것임. 그래서 unwit는 '우연히'라는 의미가 있어요.

[ANSWER] D

14. [VOCA]

inspiring 고무하는, 촉구 시키는 encouraging 격려하는 expiring 만료의 disgusting 구역질나는, 지겨운 stifling 질식할 것 같은, 답답한 dreary 황량한 trash

[TRANSLATION]

아래쪽 풍경은 좋아 보이지 않아요. 황량한 거리와 콘크리트 건물들, 그리고 이곳저곳에 가져가지 않은 쓰레기들이 있다.

[ROPES]

in = 안에 + spir = spirit. 안에서 정신이나 기분을 북돋는 것과 연관

[ANSWER] A

15. [VOCA]

imminent 임박한 impending 임박한 diminish 줄이다 enthusiasm 열정 inclement 냉혹한 unforeseen 예상 밖의, 우연한 incipient 초기의

[TRANSLATION]

절박한 위험과 혹독한 날씨임에도 불구하고 산을 등정하려는 그의 열정은 감소 식힐수 없는 듯 했다.

[ROPES]

im = – 안으로 + min = mountain. 안으로 산과 같은 큰 개체가 밀려오는 것은 위험하고 절박한 상황을 연상시킴.

[ANSWER] C

16. [VOCA]

idolize 우상화하다 revere 존경하다 apparently 명백히 succumb 굴복하다 make fun of 놀리다, 조롱하다 fossilize 화석으로 만들다, 고정화하다

[TRANSLATION]

워싱턴 포스트 신문은 북한에서 국모로 우상화 되고 있는 고영희가 확실히 병 때문에 죽은 것 같다고 보도했다.

[ROPES]

idol = 아이들. 청소년들의 우상적인 존재가 기본적인 의미에서 절대적인 존재로 떠 받들어지는 사람에게로 확대됨.

[ANSWER] A

17. [VOCA]

degenerating 악화되는 irritant 자극제 reluctance 마지못해함 significance 중요성

[TRANSLATION]

러시아와 미국 간의 관계가 악화 될 때, 폭탄은 처음에는 사소한 자극제 즉, 불신의 상징이다.

[ROPES]

하이픈 – 는 'a symbol of distrust'와 irritant가 서로 연관이 있다는 것을 보여줍니다. 불신은 서로의 관계를 자극하는 원인이 됩니다.

[ANSWER] A

18. [VOCA]

in no time 곧 later 나중에 not at all 조금도 …이 아니다

[TRANSLATION]

Mary가 곧 무대에 나타날 것이다.

[ROPES]

in time은 정각, in no time은 정각은 아니지만 곧.

[ANSWER] C

19. [VOCA]

color 흑인 respond 대답하다 imperative 명령 silence …을 침묵시키다 impact 충돌 impending (불길한일이) 일어 날 것 같은, 절박한

[TRANSLATION]

흑인과 여성에 대해 글을 쓰는 작가들은 자신들과 역사 속에서 침묵했던 자신과 같은 사람들을 위해 말을 하기 위한 요구에 계속적으로 대응하게 되었다.

[ROPES]

im = –안 + per = through = 뚫고 지나가는. 비유적으로 사람들을 행동하게 하기 위해서는 설득보다는 강한 명령. 이런 명령은 사람 마음속을 뚫고 지나가는 것으로 이미지화.

[ANSWER] E

20. [VOCA]

incumbent 현직의 newcomer 새로이 선거에 나오는 후보 proclivity 성향, 경향 party 정당 propaganda 선전 current office-holder 현직 재임자

[TRANSLATION]

공직 선거에 있어서 일반적으로 현직에 재임 중인 후보가 새로운 후보 보다 장점이 있다. 역사적 으로 현직후보가 그 공직에 다시 복귀하게 되는 경향이 모든 직책의 공무원 선거에 있어서 강하게 있어왔다.

[ROPES]

incumbent는 쉬운 단어 now나 current = 지금, 현재와 연관하여 기억하세요.

[ANSWER] C

I

21. [VOCA]

hostility 적의 flowing 흐르는 check-out 계산대 rock 흔들리다 drum 두드리다 composedly 조용하게 impatiently 성급하게 resignedly 체념하여

[TRANSLATION]

나는 슈퍼마켓 계산대에서 내 뒤에 서있는 여자에 관해 생기는 적대감을 느꼈다. 그녀는 하이힐을 신은 체 불안하게 이리 저리로 흔들었다. 그리고 그녀의 핸드백을 탕탕 쳤다.

[ROPES]

rocked back and forth가 힌트 어구. rock은 바위로 고정되어 있다는 의미이외에 상반된 뜻을 가지고 있어요. 흔들리다 = swing의 의미. 앞과 뒤로 흔들리고 있다는 것은 불 안정이다는 것을 함축.

[ANSWER] D

22. [VOCA]

broadcast 방송 request 요청 overhaul 철저히 조사하다 proliferate 증식 · 확산시키다 inundate 범람시키다, 쇄도하게 하다

[TRANSLATION]

방송 후에 우리에게 더 많은 정보에 관한 요청이 쇄도했다.

[ROPES]

방송 후에 더 많은 정보를 알고자 하는 시청자의 요구가 있을 것이라는 것을 알수 있어요. more information이 밑줄의 힌트 어구.

[ANSWER] D

23. [VOCA]

last 계속하다 ponderous 지루한 interminable 끝없는 waggish 우스운 expressive 의미있는 vendible 팔리는

[TRANSLATION]

지루한 강의가 단지 30분만 계속 되었지만 그 강의를 듣는 대부분의 수강생들 에게는 끝이 없는 것 같았다.

[ROPES]

Though it lasted only half an hour가 빈칸에 들어갈 힌트어구. 30분은 길지 않은 시간이지만 though 는 역접의 접속사이기 때문에 '길다'란 표현이 밑줄에 들어가야 함.

[ANSWER] A

24. [VOCA]

contact (전화로) 연락 announcement 발표 figure 숫자

[TRANSLATION]

명함에는 연락 번호가 있어야 합니다.

[ROPES]

밑줄에 들어갈 말은 명함에는 그 사람의 정보가 담겨야 하기 때문에 여기에 해당되는 어구를 보기에 고르면 됨.

[ANSWER] A

25. [VOCA]

object 사물, 물건, 대상 inanimate 죽은 impractical 실용적이 아닌 prefer A to B B보다 A를 더 좋아하다

[TRANSLATION]

그 여자는 사람들보다 침대나 의자와 같은 물건을 더 좋아합니다.

[ROPES]

_____ objects = 형용사 + 명사. 물체는 생명이 없기 때문에 생명이 없다는 말이 밑줄에 오면 됨

[ANSWER] C

26. [VOCA]

deliberately 신중히 inadvertently 우연히 prudently 신중하게 obviously 명백하게 in a panic 당황하여

[TRANSLATION]

당황하여 나도 모르게 브레이크 대신에 악셀 레이터를 밟았다.

[ROPES]

In a panic이 힌트 어구. 놀라면 미리 생각 하지 않은 것을 하기 때문에 밑줄에 우연히라는 말이 오면 됨.

[ANSWER] B

27. [VOCA]

devastation 황폐 apparently 분명히 relief 구조, 교체 around the clock 쉬지 않고 wane 약해지다 eloquent 웅변의 obsequious 아첨하는 indefatigable 지치지 않는 transcendent 초월적인

[TRANSLATION]

그 지역 사회가 폭풍의 황폐 로부터 재건되는 것을 도우면서 많이 지치지 않는 구조 요원들은 결코 약해질 것 같지 않은 정열로 24시간 쉬지 않고 일을 했다.

[ROPES]

worked around the clock. 시계의 바늘이 한 바퀴를 완전히 돌았지만 일을 한다는 것은 24시간 내내 일. 이 어구가 힌트어.

[ANSWER] C

J

J로 시작하는 철자들 이것만은 꼭 알자

1. 축구 심판은 경기 규칙 jur = law 에 맞게 시합을 진행해야 하기 때문에 judge라고 해요.

법

LAW　　　　JUD

예) jury / judge / judicial / objurgate / perjury

축구의 심판뿐만 아니라 법원의 배심원, 판사들도 법을 집행하기 때문에 jud-와 관련된 철자들이 있어요.

2. 어떤 일을 하더라도 즐거움 joy을 가지고 해야 일의 효율성이 있습니다. 그리고 즐거움이 있어야 그 일을 참여 join를 하게 되죠. 그래서 joi-나 ju-라는 철자들이 있으면 '함께'라는 뜻을 지니게 되어요.

함께

WITH　　　　JOI / JU

예) juxtapose / adjust / conjugal / junta / subjugate

위의 예의 단어들 중 juxtapose는 서로 떨어져 있던 개체를 함께 = jux = with 놓기 pose 때문에 '겹치다' 혹은 '중복하다' 라는 의미가 됩니다.

3. 계획은 project입니다. 이 단어를 구분하면 pro는 앞이고 ject의 의미는 무엇인가요? '던지다' 입니다. 실제로 물건을 던질 수 도 있고 추상적으로 어떤 일이 전개되는 것을 나타내기도 해요.

던지다

THROW	JECT

예) reject / object / dejected / conjecture / adjacent

위 단어 중 reject를 가지고 ject의 의미를 더 알아 보도록 하겠습니다. 다른 사람이 초대장 혹은 선물을 주었는데 받거나 가기 싫어하는 경우 그 사람이 보지 않을 때 뒤에 있는 쓰레기통에 던져 버리겠죠. re = back + ject = throw.

J

jackpot [dʒǽkpɑ̀t]
행운, 성공

luck

▌계속해서 포커에 거는 돈(jack)이 기본적인 뜻이고, 포커를 하여 때로는 큰돈을 벌기 때문에 미국 구어체 표현에는 (뜻밖의) 큰 성공, 횡재를 가르킵니다.

I hit the jackpot in a public lottery.
복권으로 대박을 만났다

Many gamblers try to hit the jackpot in Las Vegas.
많은 도박사들은 라스베가스 에서 일확천금을 잡으려 한다.

---

jargon [dʒɑ́ːrgən]
은어

language used by a special group

▌'이해할 수 없는 새들의 지저귐' 을 나타내는 말이었어요. 그래서 특별한 집단만 이 알 수 있는 단어를 지칭합니다.

Computer jargon is completely impenetrable to me.
컴퓨터 전문 용어들은 내게 완전히 불가해하다.

This article's so full of jargon it's just : double Dutch to me.
이 글에는 전문 용어가 너무 많다. 무슨 뜻인지 그냥 전혀 이해를 못하겠다.

---

jaundiced [dʒɔ́ːndist]
황달/편견을 가진

see only the bad aspects

▌jaundice = yellow. 황달에 걸리면 소변색이 노란색, 밝고 투명하게 인생을 바라보아야 하는데 부정적으로 생각하면 누렇게 보임.

A jaundiced view of life
편견을 가진 인생관

One shouldn' t be jaundiced before the start of a book.
책을 읽기도 전에 편견을 가져서는 안 된다.

Maria take a jaundiced view of the religion.
마리아는 그 종교에 대해 비뚤어진 견해를 가지고 있다.

---

jaunt [dʒɔ́ːnt]
소풍

picnic

▌pincnic과 동의어. pick → picnic. 소풍가서 도시락안에 있는 김밥 등을 손으로 집는 모습 연관.

She's gone on a jaunt to town.
그녀는 마을로 산책 갔다.

---

javelin [dʒǽvəlin]
던지는 창

spear

▌창과 방패에서 spear < speed + shield. shield는 stop의 의미.

She came second in the javelin.
그녀는 투창에서 2등을 했다.

He poised the javelin in his hand before throwing it.
그가 창을 던지기 전에 손에 잡고 균형을 잡았다.

---

jeopardy [dʒépərdi]
위험

danger

▌part = pard = divide. part는 동사는 분리되다. 통합은 안정적 이지만 분리는 위험.

Thousands of jobs are now in jeopardy.
수천 개의 직장들이 이제 위태롭게 된다.

He laughed off the suggestion that his job was in jeopardy.
그는 그의 직장이 위태롭다는 암시를 웃어넘겨 버렸다.

---

jetlag [dʒét læ̀g]
시차로 인한 피로

tired

▌비행기 jet를 타면 피곤함이 생기는 것을 나타내는 표현.

Travelers who cross many time zones in a short period of time invariably suffer from jetlag.
짧은 시간 동안 여러 시간대를 지나는 여행자들은 시차 때문에 고생을 한다.

---

jingoism [dʒíŋgouìzm]
싸우는

belligerent

▌한국어 에서 '징' 이나 '종' 을 치면 싸움을 하러 가는 것 연상.

The people were gradually coming round to jingoism.
국민들의 생각은 차차 주전론으로 기울어졌다.

---

jitter [dʒítər]
안달하다, 안절부절못하다

impatient

▌신경과민이 되어 안절부절 못하는 상황에 쓰이는 단어.

He had the jitters when he saw the ghost.
그는 유령을 볼 때 안절부절 못했다.

He has the jitters about going to a job interview.
그는 취업면접을 본다는 생각에 초조해하고 있다.

---

jocular [dʒákjulər]
익살맞은, 우스꽝스러운

humorous

▌Zeus = Jupiter = joke = joy = joc. 세계에서 가장 바람을 많이 피운 남자는? 그리스 신화에서 제우스 신입니다. 바람피우는 일은 즐겁나요? 그래서 제우스는 즐겁다란 단어와 관련이 있어요.

Jocular remarks.
우스운 말

A jocular fellow.
재미있는 친구

I found him quite a jovial fellow.
사귀고 보니 그는 참 재미있는 친구였다.

---

jostle [dʒásl]
밀다

push

▌join = jo = next to. 지하철 안이 혼잡 할 때 옆에 있는 사람을 밀치는 장면 연상.

I jostled through the crowd.
나는 군중을 밀어제치고 나아갔다.

He jostled his way out of the bus.
그는 남을 밀어제치며 버스에서 내렸다.

---

jot [dʒát]
숙어
jot down: 쓰다 = write

I always keep paper and pen nearby so I can jot down something that strikes me.
좋은 아이디어가 떠오르면 언제라도 적을 수 있도록 항상 펜과 종이를 가지고 다니죠.

---

jovial [dʒóuviəl]
명랑한, 즐거운

merry

▌Zeus = joy.

I found him quite a jovial fellow.
사귀고 보니 그는 참 재미있는 친구였다

Gadhafi's European venture seemed like a jovial conclusion to a nightmare for regional security.
카다피의 유럽 방문으로 이 지역 안보의 최대 불안 요인이 해소된 듯 보인다.

J

jubilation [dʒù:bəléiʃən]
즐거움

joy

▌ju = joy.

The crowds threw palm branches in his path in jubilation, and even the children shouted praises to Him.
군중들은 기쁨에 넘쳐 예수님 가시는 길에 야자수 가지를 던졌고 아이들 조차도 주님을 칭송 하였다.

judicious [dʒu:díʃəs]
영리한

wise

▌jud = judge. 경기의 심판이나 법을 집행하는 법관들은 일반적으로 현명합니다.

It would be judicious to remain silent.
잠자코 있는 것이 현명할 것이다.

A little judicious prodding may be necessary at this stage.
이 단계에서는 약간의 현명한 자극이 필요할 수 있다.

juice [dʒú:s]
역동적

dynamic

▌juice. 더운 여름 철 피로할 때 시원한 주스를 마시고 다시 힘차게 일을 합니다.

Simply put, no juice — no jobs.
간단히 말해 활력이 없으면 일자리도 없다.

jump-start
[dʒʌ́mp stɑ̀:rt]
실행

carry out

▌원래는 다른 차의 배터리와 연결하여 시동 걸기를 나타내는 말이었지만 지금은 어떤 일이나 계획을 수행 = 실행한다는 의미.

It is doubtful that the President's policies will do much to jump-start the sluggish economy.
대통령의 정책이 침체된 경기를 끌어올리는 데 효과가 있을지는 의문이다.

America's Marshall Plan jump-started the efforts by France and Ger many to create the European Common Market.
미국의 마셜 계획은 프랑스와 독일이 유럽공동시장 결성에 착수하는 계기가 되었다.

juncture [dʒʌ́ŋktʃər]
접합

joining point

▌junc = joint = combine.

We were at a critical juncture.
우리는 중대한 시기에 있었다.

It is very difficult at this juncture to predict the company's future.
이 시점에서 회사의 미래를 예상한다는 것은 매우 어려운 일이다.

junk [dʒʌ́ŋk]
쓰레기

waste

▌punk - junk. 거의 다 떨어진 옷을 일부러 입고 이상한 복장을 하면서 돌아다니는 사람들을 펑크족이라고 합니다. 이런 복장을 하고 돌아 다니면 사람들은 이상하게 쳐다봅니다. 마찬가지로 영양분이 많은 엄마들이 해주는 밥이 아니라 패스트푸드에서 먹는 햄버거 같은 것은 맛은 있을 수 있지만 건강에 좋지 않아 쓰레기 처럼 취급해야 합니다. 그래서 영어권에서는 햄버거와 같은 패스트푸드를 junk food라고 합니다.

We must get rid of all this junk.
우리는 이 모든 쓰레기를 치워야 한다.

The average household receives 5 items of junk mail a month.
한 달에 한 가구당 평균 5통의 정크 메일을 받는다.

junta [dʒʌ́ntə]

군사 정권, 임시 정부

a small group ruling a country after a coup

▌jungle. 한국에는 빨치산이 있었어요. 한국 전쟁 때 인천상륙 작전 후 북으로 올라가지 못한 남노당원 혹은 북한 정규군이 설악산 등에 숨었습니다. 마찬가지로 jungle을 근거지로 활동을 하면서 미국을 무찔렀던 베트남의 북부 베트콩을 연상해보세요.

The coup brought a military junta to power.
쿠데타는 군사 정권이 힘을 얻도록 했다.

The president was asked if he would continue to support the junta even if it sought to abolish the constitution.
대통령은 군사 정부가 헌법을 폐지시키려고 해도 계속 군사정부를 지지할 것이냐는 질문을 받았다.

juxtapose [dʒʌ́kstəpòuz]

병렬하다, 병치하다

to place side by side

▌juxta = 옆, 연결 + pose놓다, 두다.

Modern architecture juxtaposed with a Gothic cathedral.
고딕 양식의 성당과 나란히 놓인 현대 건축물

She juxtaposed two dresses to decide which one she liked better.
그녀는 더 맘에 드는 것을 고르기 위해 두 벌의 드레스를 나란히 놓았다.

J

[ACTUAL TEST]

밑줄 친 낱말과 동의어를 고르세요.

1. An increasing number of photography breaks are helping amateur photographerstap their creative juices.

(A) inspirations (B) agencies (C) illusions (D) actualities

2. Mike jumped on the bandwagon since he was not sufficiently informed about the meeting beforehand.

(A) followed the majority (B) voiced his perspective
(C) asserted his opinion (D) dissented from the boss

[EXPLANATION]

1. [VOCA]

juice 기운, 활력 inspiration 영감 agency 대리, 기관 illusion 환상 actuality 현실 tap 분출하다 break 휴식, 좋은 기회

[TRANSLATION]

증가하고 있는 사진 촬영의 많은 기회는 아마추어 사진사 들이 창조력을 발휘 하도록 도와주고 있다.

[ROPES]

juice를 마시면 기운이 나는 것과 연관.

[ANSWER] A

2. [VOCA]

jump on the bandwagon 시류에 편승하다 perspective 원근법 assert 주장하다 dissent 의견을 달리하다

[TRANSLATION]

Mike는 미리 그 회의에 대해 충분히 알지 못했기 때문에 다수의 의견에 따랐다.

[ROPES]

회의 내용에 대해 알지 못했기 때문에 다른 사람들의 견해를 그대로 따랐다는 것을 암시.

[ANSWER] A

K

K로 시작하는 철자들 이것만은 꼭 알자

K로 시작하는 단어들은 다른 철자로 시작하는 단어들보다 숫자가 적고 또한 시험에 출제되는 개수도 적습니다. 여기에 있는 k로 시작하는 단어들만 공부 하면 됩니다.

keen [kíːn]

날카로운, 예민한

sharp

▌kin. 킨 사이다를 먹으면 톡 쏘면서 입안이 얼얼합니다.

A keen edge of a razor.
예리한 면도날.

The dog is keen of scent.
개는 후각이 예민하다.

He is keen to go to Paris.
그는 파리에 무척 가고 싶어 한다.

keep

▌keep가 들어간 표현 중에 가장 중요한 아래의 표현을 반드시 알아두세요.

keep A from - ing : A가 B하지 못하다 (keep는 유지하다가 아니라 막다)

He keeps the pipe from leaking.
파이프가 새어나지 않도록 막다

keystone [kistoun]

요점, 요지

point

▌key는 집을 들어가는 가장 중요한 열쇠. 이 낱말이 비유적으로 쓰이면 중요함 = critical. 그리고 keystone은 요점이란 뜻으로 확대.

The keystone to success is hard work.
성공의 근본 원리는 열심히 일하는 데에 있다.

kickback :뇌물

They received millions of dollars in kickbacks.
그들은 수백만 불을 수뢰하였다.

kick-off : 킥오프, 시작(월드컵과 같은 축구 경기에서 대통령이 먼저 시축하는 모습)

The team captain kicked-off to the opposing team.
주장이 상대 팀에 공을 차면서 경기가 시작되었다.

Most major airlines have just kicked off a fare sale!
대부분의 주요 항공사들이 가격 할인을 시작했습니다!

▌kick off가 어떤 일을 시작하는 의미입니다. 그리고 kick in은 돈을 기부하다는 뜻이예요.

kick-start : 출발시키다, 출발하다(오토바이를 발로 밟아 출발하는 모습 연상)

The government already spent more than 87 trillion won during the first half but failed to kick-start domestic demand.
정부가 상반기 중에 이미 87조원을 추가로 지출했음에도 내수를 움직이는 데는 실패하였다.

kidnap [kídnæ̀p]

유괴하다

abduct

▌nap = sleep. 아이를 유괴 하려고 아이의 코에 마취제 수건을 대고 그 아이가 잠들게 한 후 유괴를 합니다.

The kidnapping occurred in broad daylight.
유괴 사건이 백주 대낮에 발생했다.

Two businessmen have been kidnapped by terrorists.
두 명의 사업가가 테러리스트들 에게 납치당했다.

kindle [kíndl]
불붙다

fire

candle. 양초에서 빛이 발산합니다.

The sparks kindled the dry grass.
그 불티들이 마른 풀에 불을 붙였다.

Happiness kindled his eyes.
그의 눈은 행복으로 빛났다.

---

kinetic [kinétik]
운동의

producing motion

kinetic은 우리가 알고 있는 gesture와 동일한 어구로 생각하면 됩니다. 움직임을 통해 상대방의 의도를 파악하세요. 한국 에서는 손가락을 앞으로 하면 오라는 소리이고 반대로 하면 가라는 의사 표시이지만 일부 문화권에서는 반대로 손을 앞으로 하면 가라는 표시입니다. 또한 고개를 좌우로 흔들면 no이지만 일부 문화권에서는 yes입니다.

According to the kinetic theory of gases, the temperature of a gas is just a measure of the average velocity of the particles in that gas.
가스의 운동 이론에 따르면 가스의 온도는 그 가스 내에 있는 평균 속도의 측정에 있다.

---

kitschy [kítʃi]
저속한, 저질의

cheap

kitchen. 천박하고 저속한 문화의 상징이 kitschy로 명사로 ' 싸구려 작품, 대중을 노린 졸작' 이라는 의미. 형용사로는 ' 대중에 부합하는, 천박한' 입니다. 19세기 유럽에서는 다양한 장르의 미술 작품들이 쏟아져 나왔는데, 오리지널은 그 자체가 아주 비싸 일반인들이 진품을 소장하기는 힘들었어요. 그래서 일부 작가들은 더 저렴하면서 일반 대중적인 예술품을 만들어 팔기 시작했는데, 대부분 진품을 모방하면서 원본을 베낀 소위 ' 짝퉁' 작품들이었어요. 무거운 주제의 작품 보다는 산뜻하고 가벼운 주제의 작품들을 모방한 이런 작품들을 키치(kitschy)라고 부르게 되었는데, 부엌에서 대충 만든 음식 연상.

Miniature plant scenes are supplemented with fanciful or kitschy art.
소형 장면은 환상적인 천박한 예술로 보충되었다.

---

kleptomaniac
[kléptəméiniæ̀k]
절도

thief

mania. 한국에서는 '-광' 으로 사용되는 경향이 있지만 실제로 영어에서는 crazy 입니다. 습관적으로 절도하는 사람도 maniac임

A kleptomaniac is a person who can't help stealing things.
물건을 훔쳐야만 하는 사람.

---

knave/knavery [néiv]
깡패

outlaw

knife. 칼을 들고 설쳐대는 악당 연상.

They took strong measures against outlaws.
그들은 무법자들에 반한 강력한 조치를 취하였다.

It is exciting to watch the U.S. marshal run after the outlaws though the hills.
미국 연방 보안관이 언덕을 가로 질러서 무법자를 추격하는 것을 보는 것은 흥미진진하다.

K

knotty [noti]
옹이가 있는, 분규 중인

strike

▌knot는 나무 가지에 있는 옹이입니다. 이 기본적인 뜻에서 울퉁 불퉁한 모습은 어려움 그리고 싸움이 있다는 것을 나타내어요.

That cabin is made of knotty pine.
저 오두막의 소재는 마디가 많은 소나무이다.

The key to solving the knotty issue of non-regular workers lay in lessening the excessive protection enjoyed by regular workers.
쟁점이 되고 있는 비정규직 근로자 문제를 푸는 열쇠는 정규직 근로자들이 누리고 있는 과도한 혜택을 줄이는 데 있다.

---

kudos [kudos]
명성, 칭찬

praise

▌kudos는 proud와 동의어인 낱말.

Kudos, son. I'm proud of you.
자랑스럽단다, 아들아

The manager received kudos for his outstanding work.
부장은 탁월한 업무처리로 칭찬을 받았다

[ACTUAL TEST]

1. You are <u>one of a kind</u>.

(A) identical (B) unique (C) diligent (D) eccentric

2. The profession is modernizing slowly to <u>keep up with</u> changing times.

(A) cope with (B) get used to C) continue (D) preserve

[EXPLANATION]

1. [VOCA]

one of a kind 독특한 identical 동일한 eccentric 괴짜인

[TRANSLATION]

당신은 독특한 사람 입니다.

[ROPES]

어떤 a 부류 kin 중에 of 한 사람 one. 두 사람도 아니고 한 사람만 있으면 특별한 사람이죠.

[ANSWER] B

2. [VOCA]

profession 직업 keep up with ~에 뒤떨어지지 않다 get used to ~에 익숙하다

[TRANSLATION]

그 직종은 변화하는 시대에 뒤떨어 지지 않기 위해 서서히 현대화 되고 있다.

[ROPES]

up은 수직 이동뿐만 아니라 수평이동에도 사용. 앞서 있는 것의 간격을 좁히기 때문에 '~을 따라 잡다'는 의미가 됨.

[ANSWER] A

K

L

L로 시작하는 철자들 이것만은 꼭 알자

1. 우리는 앞에서 hum-이 들어간 철자는 '물'이 라는 것을 보았어요. L로 시작하는 단어 중에 lav = und 역시 물 = water와 의미가 동일합니다.

물

WATER LAU / LAV

예) lotion / lavish / lavatory / deluge / laundry / lava / dilute

화장품에 액체 성분의 lotion, 생리적인 현상을 해결한 후 화장실은 물을 내려야 하기 때문에 비행기 화장실등은 lavatory, 여름철 비가 억수 같이 많이 내리는 경우 deluge, 세탁소는 물을 이용해 찌든 떼를 빼내기 때문에 laundry. 지금 우리가 본 단어들에서는 lau 혹은 이 철자들의 변이형이 사용되고 있습니다. 화산이 폭발한 후 흘러내리는 용암도 lava. 이런 물의 이미지는 비유적으로는 한국어에서 돈을 낭비하는 경우 '돈을 물 쓰듯이 한다'는 표현에서 보듯이 lavish는 돈을 흥청망청 쓰는 경우입니다. dilute는 물을 타 연하게 하다는 의미이죠.

2. 근대에 들어와 서구의 사상 중에는 계몽주의가 있었습니다. 국민을 무지에서 벗어나 빛을 밝

혀 준다는 것은 좀 더 나은 생활로 이끈다는 것이죠. '계몽하다'는 nlighten입니다. 순수 영어가 light라면 이에 해당되는 라틴어 파생 영어 단어에는 lud = lum = lus등의 철자가 들어갑니다.

빛

LIGHT	LUC / LUD

예) lucifer / lucid / lucrative

하느님이 총애하던 천사 lucifer. 빛을 환하게 밝혀 주었습니다. 하지만 lucifer가 건방을 떨어 하느님에게 밉게 보여 천사에서 악마로 좌천이 되어요. 하지만 여전히 영어 단어에는 빛이란 luc가 들어가 있어요. lucid는 clear입니다. 왜 그럴까요? 진실을 덮으면 어둡고 불명료 합니다. 하지만 빛을 밝혀주면 투명하고 명료해지죠. 사업을 시작해서 장사가 잘 되는 집은 밤늦게 까지 회사나 가게에 불이 밝혀져 있어요. 그래서 돈을 많이 벌어 수지 타산 lucrative가 좋습니다. 하지만 만일 장사가 안 되면 그곳은 불이 일찍 꺼지거나 아예 불이 켜지지 않겠죠. 일반적으로 luc-철자들이 들어가면 긍정적인 의미가 많습니다.

3. 현대 이전에 왕 royal에서 충성을 보이는 loyal은 loy/leg = law에서 파생이 된 단어입니다.

법

LAW	LEG

예) legal / loyal

legal이나 loyal은 법적이고 법을 충실히 지킨다는 의미가 있어요. leg는 이 의미이외에 다음과 같은 추가의 뜻도 있습니다.

collect / colleague / delegate / legacy / elect / elegant / legion / intelligent

위 단어 중 대표적으로 collect는 '모으다'로 lec 혹은 그 변이형 철자들도 모으는 것과 연관이 있어요. 또 다른 의미로는 아래처럼 '읽다' = read입니다.

L

lecture	legend

이전에는 영웅들에 대해 어른들이 아이들에게 읽어주었기 때문에 전설은 legend이고, 중세의 의과대학 에서는 대학생 에게 글을 읽어 주었기 때문에 강의는 lecture입니다.

4. 우리 몸의 '인대'는 ligament로 li = tie입니다. 이전 로마 초기에는 천주교가 이단이었기 때문에 사람들은 로마 당국의 눈을 피해 지하 공동묘지 에서 만나 하느님의 말씀을 서로 이야기 하면서 종교적인 유대를 형성했기 때문에 종교 religion에는 li-라는 철자를 볼 수 있습니다.

묶다

TIE	LI

예) rely / ally / liaison / ligament / oblige / religion / liable

위 단어들 중 대표적으로 rely를 보면 ly는 li-의 변이형입니다. 학생들의 뒤에는 든든히 정신적이면서 재정적으로 도와주는 부모들이 있어요. 부모와 자녀들은 서로 혈연이라는 것에 의해 묶여 있습니다. 그래서 rely는 의존하다는 의미.

5. leave = lic/liq = her

가다

LEAVE / GO	LIC / LIQ

예) lend / loan / delinquent / relinquish / ellipse

위 단어들 중 대표적으로 lend와 relinquish를 가지고 설명 하겠어요. 다른 사람에게 빌려주는 것은 그 개체가 이동하고 다른 사람에게 물건이나 권리를 양도 하는 것은 lend처럼 주는 사람에서 받는 사람으로 이동을 하기 때문에 lic의 철자 혹은 그 변이형이 오게 됩니다.

6. 문학 작품을 우리는 영어로 literature라고 해요. lit-는 write입니다.

쓰다

WRITE	LITER

예) literature / literal / illiterate / literary / obliterate

쓰다와 관련하여 아래의 철자들도 알아 두어야 합니다. 아래의 철자들 중 대표적으로 편지를 다 쓴후 미처 하지 못했던 이야기를 하기 위하여 우리는 P.S.라고 적은 후 글을 더 써요. P.S.는 post script의 약자로 script는 write입니다.

쓰다

LITER	GRAPH	SCRIP	CODI	SIGN

예) GRAPH: diagram / telegram / telegraph
SCRIP: prescribe / inscribe / subscribe / script / scribe
CODI: code / encode / decode / codify
SIGN: design / designate / resign

7. 논리는 logic입니다. 말이 체계가 있어야 하는 것이 논리. 그래서 log-는 말과 관련이 있습니다.

말하다

SAY	LOGLOQ

예) logo / prologue / dialogue / analogy / eulogy logic / colloquial / geneology

회사의 로고는 그 회사를 대표하는 문구입니다. logo가 말과 관련 있어요. log-이외에 아래의 철자들도 말하다 와 연관이 됩니다.

말하다

LOG	DIC	FA	PHA	VERB

L

아래의 예들 중 가장 대표적으로 dictionary를 보면, 사전에서는 영어 단어들이 들어가 있어요. 그래서 dict = word입니다.

예) DIC: dictionary / interdict / dictate

FA: fame preface / ineffable / fate / infant
PHA: aphasia / euphemism / emphasis
VERB: proverb / verb / verbose

labyrinth [lǽbərìnθ]
미로

maze

▌라비린토스는 쌍 도끼(double - headed axe)라는 의미의 그리스어인 Labrys에서 유래된 말로, 나중에 영어의 미궁(Labyrinth)의 어원. 미로에 들어간 왕자는 실을 풀어 들어가고 나올 때 그 실을 따라 미로를 빠져 나오는데 성공합니다.

A labyrinth of corridors.
미로같은 복도.

She disappeared into the labyrinth of corridors.
그녀는 회랑의 미궁 속으로 사라졌다.

---

lackluster [lǽklʌ̀stər]
광택이 없는, 흐리멍덩한

dull

▌lus = luc = light + lack = not. 빛은 총명과 관련 있지만 어둠은 무지와 연관이 됩니다.

Lacklustre eyes.
흐리멍덩한 눈

They gave a lacklustre performance.
그들은 활기 없이 공연했다.

---

laconic [ləkάnik]
간결한

short

▌한국에서는 경상도 남자들이 말수가 적고 무뚝뚝 하다고 합니다. laconic의 어원을 살펴보면 spartan처럼 스파르타 사람의 말이 간결하고 curt하다는 것을 뜻함. 그리스의 라코니아라는 지방인들은 말이 없기로 유명 했다고 해요.

George was laconic in those days.
조지는 그 시절에 말수가 적은 편이었다.

---

laggard [lǽgərd]
느린 사람

slow

▌lay =lag. 다른 사람들은 앞으로 쭉쭉 뻗어 나가고 있는데 A만 lay = 고정되어 있는 것은 다른 사람보다 느린 상황. 그래서 lag는 '처지다, 뒤떨어지다' 이고, jet lag는 시차로 인한 피로예요.

Japan is a laggard in its political involvement, in its economic involvement.
정치적 개입에 있어서나 경제적 개입에 있어서나 일본은 많이 뒤쳐져 있습니다.

---

laissez-faire [léseifɛ̀ər]
불간섭주의, 방임주의

free

▌영어의 free에 해당되는 표현이 laissez faire.

Laissez faire is not the way to bring up children.
아이들의 양육은 자유방임주의여서는 안 된다

---

lame duck [leim dʌ́k]
집권 말기의 권력 누수 현상

little real power because their period of office is coming to an end

▌오리의 걸음은 불안정. 그래서 이 복합어의 비유적인 의미는 대통령이 임기가 거의 다 된 시점에서 발생하는 권력 누수 현상을 지칭.

Mr. Putin is simply engaging in a feint to avoid lame-duck status.
푸틴은 레임덕 지위를 피하기 위해 단지 호도책을 쓰고 있다.

L

lamentable [lǽməntəbl]
슬퍼함

sad

lame = 절름발이. 신체장애자가 되는 것은 sad한 일.

He is lamentably incompetent.
그는 안타까울 정도로 무능하다.

lampoon [læmpúːn]
풍자문/시

mock

rum = lam. 악의적으로 비꼬는 것을 램푼(lampoon)이라고 하는데 기원은 17세기 프랑스 에서 술을 마시며 부르던 풍자적인 노래에서 후렴으로 그럼 한잔 마시자 라는 뜻으로 썼던 lampons이라는 말에서 파생. 한국말의 '건배' 혹은 '위하여'. 영어의 'to X= X를 위하여' 에 해당되는 표현

His cartoons mercilessly lampooned the leading politicians of the day.
그의 만화들은 그 시대의 정치 지도자들을 가차 없이 풍자했다.

landslide [læɑnd slaid]
대승리

원래는 폭설이나 폭우로 인하여 산이 무너져 내리는 것을 말하였으니 지금은 비유적으로 엄청난 흙이 내려오는 모습이 큰 승리와 연관되어 사용.

The president experienced a landslide win in the election, getting 129 from 170 effective votes.
회장은 유효표 170표 중 129표를 얻어 선거에서 압도적인 승리를 거두었다.

languid [lǽŋgwid]
활기/기력 없는

listless

lang = long. 길어지면 사람들은 짜증을 내고 싫증을 냅니다.

A languid wave of the hand.
기력 없이 손을 흔듦

Her appearance hinted at the languid sensuality that lay beneath the surface.
그녀의 외모에서는 외면에 가려진 나른한 관능성이 느껴졌다.

languor [lǽŋgəːr]
권태

depression

lang = long. 이성간에도 만나는 기간이 길어지면 권태가 와요.

The kind of music that induces a delightful languor.
기분 좋은 나른함을 가져다주는 종류의 음악

I found it difficult to shake off my languor.
나는 무기력을 떨쳐 버리기가 힘들었다.

lapse [lǽps]
실수

mistake

기억이나 말 등의 사소한 실수를 의미합니다. 그리고 이와 더불어 시간의 흐름을 나타내기도 해요.

The public blamed the politician for the lapse of the tongue.
대중은 정치가가 실언했기 때문에 그를 비난하였다.

Such lapses cause more than 18,000 deaths a year, according to the National Highway Traffic Safety Administration.
도로교통안전국에 따르면 이러한 작은 실수로 인해 발생하는 한 해 사망자 수는 1만 8천명이 넘는다고 한다.

large

▌large와 관련된 아래의 표현을 알아두세요.

at large : 상세히, 충분히, (범인 등이)잡히지 않고, 도주 중인, 널리 일반에

The murderer is still at large.
살인범은 아직도 체포되지 않았다.

The average wage still shows a wide gap between workers at smaller firms and those at large companies, labor authorities said yesterday.
대기업과 중소기업간 임금격차로 인한 양극화는 여전한 것으로 나타났다

largess [lɑːrdʒés]

(많은) 증여, 손이 큼

generous gift

▌large. 한국어의 'A는 손이 크다'에서 A는 실제로 손이 클 수도 있지만 다른 사람에게 인심을 많이 베푼다는 의미로 사용되는 것처럼 영어도 관대한 사람을 지칭합니다.

She is not noted for her largesse.
그녀는 기부는 별로 안 하는 것으로 알려져 있다.

lark [lάːrk]

on the lark : 걱정 없는 = carefree(나무 위에 앉아 있는 종달새 = lark가 한가히 지저귀는 모습 연상)

She's not in a bad mood. On the contrary, she's as happy as a lark.
그녀의 기분은 나쁘지 않습니다. 오히려 기분이 좋습니다.

lash [lǽʃ]

▌lash = 채찍으로 누가 때리면 가만히 있을 사람 없죠. 격렬하게 덤벼들겠죠.

lash out : 격렬하게 덤벼들다, 맹렬히 공격하다

The prisoner lashed out at the guard.
그 죄수는 간수를 후려쳤다.

She lashes out at anyone who criticizes her.
그 애는 자신을 헐뜯는 사람에게는 누구든 폭언을 퍼붓는다.

lassitude [lǽsitjùːd]

(정신 · 육체적)권태, 피로

tired

▌less = lass. 기운이 없어지고 흥미가 없어지는 것.

I felt a sudden lassitude descend on me.
나는 갑작스러운 피로가 엄습함을 느꼈다.

last

▌last가 들어간 아래의 복합어들을 공부 합시다.

last-ditch : 최후까지 버티는(ditch는 '도랑'. 전투에서 참호나 도랑에 몸을 숨기고 최후까지 저항하는 군인들의 모습 연상)

He died in the last ditch for his country.
그는 조국을 위해 최후까지 분투하다가 죽었다.

He made his last-ditch attempt to win her love.
그는 그녀의 사랑을 얻기 위해 할 수 있는 노력을 다 했다.

last minute : 최종 순간의

The candidates will then be given five minutes each for a last-minute speech.

L

후보자들이 5분간 최종 연설을 할 것이다.

last straw : (마지막의 얼마 안 되는) 부가물(사막에서 이동 수단은 낙타입니다. 힘이 좋은 낙타라도 지쳐있을 때 지푸라기 = straw하나를 놓으면 낙타는 쓰러집니다)

It's the last straw that breaks the camel's back.
작은 짐이라도 한도를 넘으면 낙타 등을 부러뜨린다.

---

latent [léit-ənt]
숨어 있는, 잠재적인

hidden

▌late. 출근시간이나 학교의 수업 시간보다 늦게 오는 사원이나 학생들은 사장이나 선생님에게 보이지 않도록 몰래 숨어들어오는 장면 연상.

I think that it's pretty clear that they at least want the latent capabilit y to break out into a weapons program.
내 생각엔 핵무기 개발 계획으로 진입할 수 있는 잠재적 능력 확보를 원하는 것만은 상당히 분명하다고 봅니다.

---

lateral [lǽtərəl]
옆의

side

▌lat = side.

Western governments have offered pledges to begin multi-lateral talks with Tehran if it suspends enrichment.
서방국들은 이란에 대해 농축활동 중단을 전제로 다자회담도 약속하고 있습니다.

---

latin [latin]
라틴어

the language which the ancient Romans used to speak

▌고대 로마인들이 쓰던 언어. 지금은 사용되지 않은 죽은 언어입니다. 라틴어는 프랑스어등의 원조예요. 영어 시험을 위해 알아야 할 다른 언어 이름으로 Hebrew(고대 이스라엘 언어)와 Sanskrit(고대 인도 언어). 산스크리트어는 우리가 사용하는 한글을 만드는데 도움이 된 언어입니다. 그래서 미국 학자들은 한글은 한국에서 말하는 것처럼 독창적인 언어로 한글을 바라보지 않아요.

He translated the Latin poem into English prose.
그는 라틴어 시를 영어의 산문으로 번역했다.

---

latitude [lǽtətjù:d]
위도, 자유

freedom from narrow limitations

▌lat = side = broad. 좁은 것은 탄압에 넓은 것은 자유로운 것에 비유.

The temperature never drops below freezing at that latitude.
그 위도에서 온도는 결코 영하로 떨어지지는 않는다.

You were out of your latitudes at the gathering.
그 모임에서 너는 네 본분을 벗어났다.

---

laud [lɔ:d]
칭찬하다

praise

▌Lord 하나님 = lord 왕 = laud. laud를 발음하면 lord와 비슷. 하나님을 교인들이 칭송함.

Our teacher lauded our efforts to solve the difficult problem.
우리 선생님은 그 어려운 문제를 풀려는 우리의 노력을 칭찬하셨다.

She is a trustful person that everybody lauds her to the skies.
그녀는 신망이 두터운 사람이라 모든 사람이 그녀를 몹시 칭찬한다.

---

laudatory [lɔ́:dətɔ̀:ri]
칭찬의

praise

▌laud = praise

Critical reviews were far from laudatory.
비판적인 글은 칭찬은 하지 않는다.

launching [lɔ́:ntʃiŋ]
(새 배의) 진수(식), (로켓 등의) 발진

start

▌launch. 배를 진수하는 것은 로켓이 이륙하는 것과 연관. 그리고 비유적 으로는 사업등을 시작하는 것.

Starbucks launches their Hear Music debut CD series which is intended to spotlight new artists.
스타벅스는 신인 아티스트들을 집중 조명할 목적으로 히어 뮤직의 데뷔CD 시리즈를 발매하기 시작했습니다.

lavish [lǽviʃ]
낭비하는, 아낌없는

profuse

▌lav = water. 한국어에서 '돈을 물 쓰듯이 쓰다' 란 표현에서 돈을 낭비하는 것을 지칭. 영어도 낭비를 물 쓰는 것에 비교.

Disneyland has marked its 50th birthday with a lavish celebration in California.
디즈니랜드가 50주년 생일을 기념하여 캘리포니아에서 화려한 축하 행사를 가졌습니다.

The kings and nobles did themselves proud, constructing small but lavish palaces inside their citadels.
그 왕들과 귀족들은 스스로를 자랑스럽게 생각했고 그들의 요새에 작지만 호화로운 궁전을 지었다.

law abiding [lɔ́:əbáidiŋ]
법률을 지키는, 준법의

obeys the law

▌bi = next. 법 옆에 있는 것은 법을 준수하는 것.

Law-abiding citizens are the backbone of a community.
법을 준수하는 시민들은 공동 사회의 중추적인 역할을 한다.

lay

lay down : (계획 등을)입안하다, 세우다

The government has laid down guidelines on the new tax legislation.
정부가 새 세법에 대한 지침을 작성했다.

layoff [léiɔ̀f]
해고

fire

▌공장 밖 off에서 있는 것 lay. 공장 안에 있는 것은 일을 하기 때문에 재직 중이지만 밖에 있는 것은 해고당한 것. 이 경우는 단체로 해직된 것을 말하며 혼자 그만둔 경우는 fire.

Layoffs from the tool factory brought the town's economy to a halt.
공구 공장의 일시 해고로 그 마을의 경제는 마비되었다.

Weakening demand has caused layoffs throughout the industry.
수요 감소로 업계 전반에 걸쳐 감원 바람이 불었다.

leading [lí:diŋ]
일류

top

▌lead. 대학교의 일류 대학과 영화배우 중 주연은 leading. 선두에서 이끄는 점 때문에 lead사용.

The leading role is played by a complete unknown.
주역은 완전한 무명의 인물이 맡고 있다.

The leading horse stumbled, unseating its rider.
선두마가 비틀거려 기수가 말에서 떨어졌다.

legacy [légəsi]
유산

a gift made by a will

▌leg = law. 유산은 법적으로 글로 써놓은 유서를 통해 받는 재산

Disease and famine are often legacies of war.
질병과 기근은 흔히 전쟁이 남기는 유산이다.

You can hear them whisper a valuable legacy to you.
너는 그들이 너에게 줄 상당한 유산에 대해 속삭이는 것을 들을 수 있을 거야.

legend [lédʒənd]
전설

explanatory list of symbols on a map

▌leg = write. 전설은 후대 사람들이 볼 수 있도록 글로 씌여짐.

The legend of King Arthur has persisted for nearly fifteen centuries.
아서 왕의 전설은 거의 15세기 동안이나 지속되어 왔다.

She is writing a thesis on Irish legend and mythology.
그녀는 아일랜드의 전설과 신화에 관한 논문을 쓰고 있다.

legitimate [lidʒítəmit]
합법의

law

▌leg = law.

His claim to be promoted to the post was quite legitimate.
그 자리로 진급시켜 달라는 그의 요구는 아주 정당한 것이었다.

Parliament legitimated his accession to the throne.
의회는 그가 왕위에 오르는 것을 합법으로 인정했다.

lenient [líːniənt]
관대한

generous

▌len = light.

He is very lenient about female employees showing up late for wo rk.
그는 여자 사원들의 지각에는 관대하다관대하다

lethal [líːθəl]
치명적인

deadly

▌망각의 강인 레테(lethe). 근심과 망각과 기억을 잊어버리는데 이것은 치명적이며 죽음을 유발합니다. 한국의 작가 중에 어떤 분이 쓴 '레테의 연가' 라는 제목의 소설도 있었습니다. 저승의 강은 5개로 나눠지는데 이중 망각의 강 레테와 증오의 강은 스틱스. 스틱스(Styx)는 혐오스럽다는 뜻을 가지고 있는데 어느 여신이 자신의 아들 아킬레우스를 불사의 몸으로 만들려고 스틱스 강에 담궜는데 손으로 잡고 있던 발 뒷꿈치가 약점이 되어 죽게 된 사건이 있습니다. 그래서 아킬레스건이라는 말이 생겨났어요. 스틱스를 건너고 나면, 죽은 망령은 지상에서의 기억을 모조리 지워 버리도록 레테의 물을 마시도록 강요 당합니다. '완벽한 망각은 죽음과 같은 것' 이라고 생각.

a lethal attack
필살의 공격

The disclosures were lethal to his reputation.
그 폭로는 그의 명성에 치명상을 입혔다.

lethargic [leθɑ́:rdʒik]
무기력

nap

▌치명적인(lethal)과 무기력한(lethargic)이 서로 연관. 식물인간 = vegetable도 무기력하게 잠만 자며 수명을 연장.

Being depressed makes him lethargic and unable to get out of bed in the mornings.
우울한 상태가 되면 그는 무기력감에 빠져 아침에 일어날 수가 없다.

---

letter [létr]

letter of credit : 신용장

I'll mail the letter of credit to you by next weekend.
다음 주말까지 신용장을 우편으로 보내겠습니다.

---

let

let up : 줄어들다, 경감하다

When will the workload ever let up?
언제쯤이면 업무량이 줄게 될까?

Will the rain ever let up?
과연 비가 수그러질까?

---

level [lévəl]
같은, 동등한

equal

▌level = lever = balance. level의 어원은 저울인 balance입니다. 저울로 균형을 이루어 물건을 달았기 때문에 똑 같다는 의미가 생겨났어요. 그래서 지렛대는 lever입니다. 같은 점수대의 학생들은 level이 같다고 하죠.

The president tries to level out all social distinctions.
대통령은 모든 사회적 차별을 없애려고 노력하다.

▌level과 관련된 구절동사(동사 + 부사(전치사)) 하나를 공부해보세요.

level off : 평평하게 하다, 증가 속도가 완화되다

The jet levelled off[out] at ten thousand feet.
제트기는 만 피트에서 수평을 잡았다

Prices in the global steel market will level off with a fall in raw material costs.
"글로벌 철강시장의 가격은 원자재 가격이 하락하여 한 단계 더 내리기를 바란다.

---

level headed [lév:əlhédid]
온건한, 분별 있는

mild

▌level = equal. 늘 같은 생각을 가지고 균형 있는 사고를 하는 사람. 원만한 성격입니다.

He keeps a level head.
침착성을 유지하다.

---

levity [lévəti]
경솔, 경박

lightness

▌len = lev= light

I was trying to add some levity to the situation.
나는 그 상황을 약간 들뜬 분위기로 하려고 했다.

L

levy [lévi]
돈을 거두어들이다, 부과하다

impose

▌lever = lev. 세금을 부과하는 것이나 세금을 올리는 것 raise는 동일한 의미. lift, levy, aloft, elevate, leaven, lofty, loft, level

High taxes are levied on expensive imported goods.
고가의 수입품에는 높은 세금이 부과된다.

lewd [lu:d]
음란, 외설의

obscene

▌low = lew. 고상한 것은 인지적으로 위 up이지만 포르노 적인 것은 아래 down.

A lewd gesture.
음란한 몸짓

The men sang lewd songs.
그 남자는 외설적인 노래를 불렀다.

lexicon [léksəkən]
사전

dictionary

▌말 = word = lex = dict.

He looked up the lexicon of technical scientific terms.
그는 과학 기술 용어 어휘 목록을 찾아보다.

liabilitie(s) [lάiəbíləti]
~의 경향이 있음, 빚, 채무

debts

▌lia = lie + ability. 빚더미에 앉아 있는 사람들. 다른 사람들 에게 자신의 능력에 대해 뻥 = 거짓말을 늘어놓는 허풍.

Unfortunately, our loan portfolio has become a major liability.
불행히도 대출금이 주요 부채가 되고 있다.

They accepted liability for their client and made me a settlement offer.
그들은 고객에 대한 책임을 인정해서 합의금을 제안하더라고요.

liaison [li:éizɔ]
연락, 접촉

go - between

▌불어의 bind에 해당되는 단어.

A liaison office was opened at the truce village of Panmunjom for the first time in four years.
4년 만에 첫 번째로 교섭사무소가 판문점에 열렸다.

libel [láibəl]
명예훼손

slander

▌liberty. 남의 명예를 훼손하는 것은 자유입니다. 하지만 거기에 대한 법적인 책임을 져야 겠죠. 그럼 자유를 나타내는 영어 표현의 유래를 설명하겠습니다. 자유를 뜻하는 'Liberty' 의 어원은 라틴어로 '음란'. 음란은 사랑과 연결됩니다. 사랑은 내버려두는 것. 자유와 동의어. Love와 liberal(liberty)의 어원이 같아요. 이들 단어들을 파생시킨 낱말은 리베르(LIBER)로 책과 전원의 신을 의미합니다. 또한 liberty(자유), library(도서관)의 어원이 되는데 책을 많이 읽은 사람들이 자유를 찾아 목소리를 내는 경향이 더 강합니다. 또 자유인 freedom free는 고대 영어의 freon(사랑하는 것)에서 유래 하며friend(친구 = 도움이 되는 사람) 연관성을 갖고 있다. freedom과 liberty는 같은 뜻이지만 자유의 여신상은「Statue of Freedom」이 아니라 「Statue of Liberty」라고 한다. liberty는 어원은 라틴어 단어 libertas(자유)이다.

He will bring an action of libel against his boss.
그는 그의 보스에 대하여 명예 훼손으로 고소할 것이다.

licensed [láis-ənst]
허가[인가]된

permit

▌license = liberty. 자유에는 그에 따른 책임이 뒤따라야 합니다.

That company was licensed to sell the new drug.
그 회사는 신약 판매 허가를 받았다.

Our licensed, experienced guides are certified in first aid.
면허를 소지한 경험 많은 저희 가이드들은 응급 처치 자격증을 소지하고 있습니다.

---

licentious [laisénʃəs]
방종[방자]한

wanton

▌lib = lic = liberty. 자유는 방탕과 음란을 낳게 됩니다. 1960년대 이전까지, 즉 월남전 이전까지 미국은 엄격한 청교도 국가로 성 윤리가 엄격했습니다. 하지만 월남 전 반대 데모로 더 많은 자유를 외쳤던 미국 대학생들 때문에 이때부터 미국의 성 윤리는 개방되고 문란하게 됩니다.

He followed a licentious lifestyle.
방탕한 인생을 살았다.

---

life [laif]

▌life가 들어간 복합어중 가장 중요한 아래의 표현을 공부합시다.

life expectancy : 평균 수명

As the Earth warmed in the last 100 years, life expectancy in devel oped nations doubled.
지난 100년 동안 지구 기온이 상승하는 동안 여러 선진국의 평균수명은 2배로 늘었다.

---

limbo [limbou]
불안

danger

▌limbo는 원래는 지옥의 변방이었지만 지금은 비유적으로 '불안' 등을 나타냄. 그 이유는 천당도 아니고 지옥에 가면 불안한 마음 상태가 되기 때문입니다.

The economy may be in limbo but the wine market enjoyed a signifi cant growth spurt last year.
전체적인 경제가 불안한 가운데서도 지난 해 와인 시장은 가장 큰 폭의 성장세를 기록했다.

---

limp [limp]
절뚝거리다

stumble

▌lymph. 림프샘은 우리 몸의 파수꾼 이라서 병균이 많이 침입하는 곳에는 발달해요. 만일 우리 몸에 림프샘이 없다면 인간은 살아 갈 수 없어요. lame = limp.

He's been limping for two days.
그는 이틀 동안 절뚝거리고 있다.

---

line [lain]

line up with : 지지하다, 손잡다(한국어에서도 '줄을 잘 서다' 라는 말은 비유적으로 자신을 도와 줄 사람 쪽에 서는 것을 말합니다)

We lined up alongside the presidential candidate.
우리는 대통령 후보를 지지했다.

---

lineage [líniidʒ]
(보통 명문가의) 혈통

descent

▌line. 선조부터 지금세대까지 그리고 후손들에게 선을 따라 족보가 내려오는 비유적 이미지.

A man of good lineage.
가문이 좋은 사람.

The horse have a distinguished and ancient lineage.
유명하고 오래된 혈통을 지니고 있다.

L

linger [líŋgər]
(꾸물거려) 시간이 걸리다

loiter

▌링게르(링거). 병원에 가면 포도당 주사인 링게르(링거)를 맞습니다. 링게르는 서서히 주사액이 몸 안에 들어가게 됩니다.

Don't linger over your coffee.
미적거리지 말고 어서 커피 마셔.

There's no time to linger - it'll soon be dark.
꾸물거릴 시간 없어. 곧 어두워질 거야.

---

linguistic [liŋgwístik]
언어학의

pertaining to language

▌ling = lang - language

I became interested in linguistic studies.
나는 언어 연구에 관심을 갖기 시작했다.

I'm particularly interested in the linguistic development of young children.
나는 특히 어린 아이들의 언어 발달에 관심이 있다.

---

lionize [láiənàiz]
영웅시 하다

treat as a celebrity

▌lion. 밀림의 왕자는 사자.

They lionize the man.
그들은 그 남자를 영웅시했다.

▌lion이 들어간 어구 중 가장 중요한 아래의 표현을 공부 합시다.

lion's share: 제일 좋은 몫, 알짜(사냥하기 전에 똑 같이 몫을 나누겠다던 사자. 같이 사냥을 해 놓고 사냥이 끝난 후 다른 동물들에게 사자인 내가 가장 좋은 것 먹고 다 먹겠다는 이솝 우화에서 파생이 된 어구)

Jim was supposed to divide the cake into two equal pieces, but he took the lion's share.
짐은 그 케이크를 반쪽씩 나누어 가지기로 하였지만 그는 큰 쪽을 가졌다.

The elder boy always takes the lion's share of the food.
나이가 많은 남자 아이가 언제나 먹을 것의 큰 몫을 가진다.

---

liquidate [líkwidèit]
(빚을) 청산하다

clear up

▌liquid. 더러우면 물로 세정 = wash합니다.

They have proposed liquidating their assets.
그들은 자산을 처분하자고 제의했다.

These instruments will be liquidated at prices below their regular retail market value.
이 악기들은 일반 시중 소매가 보다 저렴하게 처분될 것입니다.

▌liquidity는 유동성이란 말 이외에 부동산과 같은 재산을 제외한 '현금'을 가르키는 말입니다.

Also by paying in cash, small companies can avoid liquidity shorta g es.
그리고 현금을 지불함으로써 중소기업은 유동성 부족을 피할 수 있다.

---

list [list]

기울다

tilt

▌list는 목록. 메뉴에 있는 목록 중에 마음이 쏠리는 = 기우는 음식이 있어요.

The desk is apt to list over.

That picture looks like it's listed slightly to the right.

저 그림은 약간 오른쪽으로 기울어진 것 같다

listless [lístlis]

기운이 없는, 마음이 내키지 않는

lacking in energy

▌list. 우리는 관심이 있으면 수첩 등에 그 목록을 적지만 흥미가 없으면 적지 않아요. 'listless(무관심한)'. 'to list' 가 전에는 '-에 성실하게 관심을 갖다' 라는 뜻을 가지고 있었는데, 이때 to list = 'lust(욕망)' 와 같습니다.

You seem listless lately.

요즘 기운이 없어 보인다.

Somehow I feel listless today.

오늘은 어쩐지 몸이 나른하다

litigation [lìtəgéiʃən]

소송, 기소

lawsuit

▌literature = lit = write. 소송을 하려면 어떻게 해야 하나요? 법원에 제기할 소장을 write하는 것이 필요합니다. litig =dispute. 다툼이 일어나 분쟁이 일어남 < 논쟁하고 < 소송을 제기.

This litigation can be embarrassing as well as expensive.

이러한 소송은 비용이 많이 들 뿐 아니라 기업의 입장도 난처하게 만듭니다.

He will decide a contest between Tom and Jane without recourse to litigation.

그는 소송에 기대지 않고 탐과 제인의 논쟁을 해결할 것이다.

live

▌live가 들어 있는 표현 중 가장 중요한 아래의 어구를 공부 합시다.

live up to : (주의 등에) 따라 행동을 하다

To live up to its responsibilities as an entertainment and media business, CJ Group needed to add the game sector, she noted.

엔터테인먼트와 미디어 산업에서의 위상을 공고히 하기 위해서 CJ그룹은 게임 부문을 필요로 한다고 그녀는 언급했다.

livid [lívid]

격노한

furious/pale

▌liver = live. 기관 중 '간' 은 붉은 색입니다. 우리 인체는 왜 red와 관련이 있을까요? 술을 먹을 때와 화가 날 때 얼굴이 빨개집니다. 그래서 livid는 angry와 연관이 되어요.

His face turned livid with anger.

그의 얼굴은 노여움으로 납빛이 되었다.

load [lóud]

짐을 싣다

put

▌road = load. 도로에는 짐을 가득 싫고 움직이는 트럭 들로 가득합니다.

He put a load of wood in the cart.

그는 마차에 나무 한 바리를 실었다.

L

loath [lóuθ]
싫어하다

dislike

load. 이솝 우화에서 당나귀는 자신에게 짐이 더 많이 실리는 것을 싫어해서 이리 저리 잔머리 굴리다가 결국 자기 꾀에 넘어감.

The boy was loath to be left alone.
그 소년은 혼자 떨어져 있는 것이 싫었다.

I am very loath to part from you.
떠나게 되어 애석한 마음 금할 길 없습니다.

lockstep [lakstep]
딱딱한, 융통성이 없는

fixed

lock은 자물쇠로 잠그니 고정되어 있고 이는 융통성이 없다는 의미로 확대.

Why should you march to any lockstep?
왜 판에 박힌 방식대로 살아가야만 합니까?

Our love of lockstep is our greatest curse, the source of all that bede vils us.
획일적인 것을 좋아하는 우리의 성향은 엄청난 저주이고, 우리를 괴롭히는 모든 것의 원천이 됩니다.

locomotion
[lòukəmóuʃən]
철도, 교통기관

train

장소를 =loco +움직임 =motion. 그래서 train

It was the first successful commercial railway to use steam locomot ion.
증기 기관차를 이용하는 것은 최초의 상업적인 철도의 성공이었다.

lofty [lɔ́:fti]
매우 높은, 고상한

very high

lift - loft = lofty. 위는 기분이 들떠 있거나 좋은 상태이지만 아래는 기분이 우울한 상태.

These issues are not just lofty goals.
이러한 문제들은 고상한 목표만이 아닙니다.

This combination of lofty goals and puny means will have to change to bring a decent end to our Balkan misadventure.
발칸의 재난을 잘 마무리 짓기 위해서 이런 원대한 목표와 미약한 수단은 수정되어야 할 것이다.

log [lɔ́:g]
기록하다, 통나무

record

log = word = wood. 종이가 없거나 흔하지 않은 시절에는 나무 판에 글씨를 섰습니다. 특히 배를 운전하는 항해사들은 종이 대신 나무 판에 항해 일지를 적었어요. 여기에서 유래하여 현재 컴퓨터에 접속하거나 그만 둘 때 log in이나 log out 이란 표현을 써요.

Don't worry. Using the computer's as easy as falling off a log.
걱정 마세요. 컴퓨터를 다루는 것은 너무 쉬워요.

log와 관련된 복합어 중 가장 중요한 logjam은 원래 통나무가 한 곳에서 몰림이지만 비유적인 의미인 '정체' 라는 뜻으로 많이 쓰여요.

logjam : 정체

Dozens of other contentious proposals are trapped in the legislative logjam.
십여개의 여타 쟁점 법안이 국회에서 통과되지 못한 채 발이 묶여 있다.

loiter [lɔ́itər]
빈둥거리다

hang around

▌로이터 = loiter = Reuter통신. 사건 현장마다 로이터 통신 기자들은 현장 주위를 돌아다닙니다.

Hong Kong police are charging some offenders with loitering.
홍콩 경찰은 일부 이런 범법자들을 '어슬렁 행위' 혐의로 기소하고 있습니다.

The thief loitered with intent before breaking into a house.
도둑은 어떤 집에 침입하기 전에 배회하고 있었다.

longevity [lɑndʒévəti]
장수

long life

▌long. DNA의 46번째 길이가 더 긴 사람이 그렇지 않은 사람보다 더 오래 산다는 흥미로운 연구 결과가 있어요.

He attributed his longevity to two factors.
그는 자신의 장수의 원인을 두 가지로 돌렸다.

Scientists have discovered some clues that suggest the key to longevity may be in a few genes on a single chromosome.
과학자들은 장수의 비결이 한 염색체에 있는 몇몇 유전자들에 있을거라는 근거를 발견 했습니다.

long shot [lɔ́:ŋʃɑ́t]
승산이 없는 시도

in vain

▌멀리서 화살을 쏘면 = shot 목표물에 맞을 가능성이 없죠. 또한 권총이나 소총을 가지고 아주 멀리서 쏘면 사람이 맞질 않아요. 그래서 비유적으로 이 복합어는 헛된 시도를 나타냅니다.

It's going to be a long shot.
그건 가능성이 희박한 일이다.

▌long이 들어간 단어와 관련하여 알아야 할 숙어로는 as long as가 있어요.

as long as : -하는 한 = if

I feel safe as long as you stay with me.
너와 같이 있으면 마음이 든든하다

look

▌look이 들어간 어구 중 자주 쓰이는 것으로는 look for = search가 있어요. 이와 더불어 아래의 표현도 공부 해 둡시다.

look the other way : 못 본 척 눈감아주다, 무시하다(다른쪽을 바라보다에서 파생)

Residents of the town looked the other way as the train, filled with misery and despair.
비참한 상황에서 절망에 빠진 사람들을 태운 열차가 주민들은 외면했다.

loom [lú:m]
(어렴풋이) 나타나다

appear

▌loom - room. 방에 A양이 나타났어요.

Through the fog a ship loomed on our port bow.
안개 속에서 한 척의 배가 좌현 전방에 어렴풋이 나타났다.

The peak loomed up in front of us.
우리들의 정면에 산봉우리가 불쑥 그 거대한 모습을 드러냈다.

L

loophole [lú:phòul]
허점, 빠져나갈 구멍

escape

hole. 단어와 단어가 결합하여 새로운 단어를 만들어 내는 경우 대부분의 사람이 오른손 잡이 이듯이 오른쪽에 그 단어의 의미를 결정하는 경우가 많아요. 이 단어에도 hole이 중심입니다. A양은 선을 보러가기 위해 열심히 치장을 했고 카드 긁어 비싼 옷도 샀는데 막상 선 보러 가서 스타킹에 구멍이 나는 돌발사건 발생. 이 경우에는 쥐구멍이라도 찾아 도망가고 싶은 심경.

Specifically he's talked about closing loopholes.
특히 대통령은 세제의 허점들을 메워 나가겠다고 언급한 바 있습니다.

When I thought of a loophole, the teacher said every leaf has to be a different kind.
빠져나갈 구멍을 생각해 냈을 때, 선생님께서 나뭇잎이 모두 다른 종류여야 한다고 말씀하시더라고.

---

loose [luz]

loose가 들어간 다음의 표현을 공부하세요.

on the loose : 제멋대로인(절도 있음은 '빡세고' 풀어짐은 자유분방함을 나타냄)

The suspect was on the loose.
그 용의자는 도망쳤다

---

loquacious [loukwéiʃəs]
말이 많은

talkative

log = loq = word. 철자가 길이가 길어져 말 많음

Eventually, he grew loquacious.
그는 말이 많아 졌다.

---

lousy [lauzi]
이가 들끓는, 형편없는, 저질의

poor

이전에 한국 사람들의 몸에는 '이' 나 '벼룩' 이 있었다고 합니다. 요즘 세상에 몸에 만일 벼룩이나 이가 있다면...

That's a lousy thing to say about a woman.
여자에 대해서 그렇게 말하면 아주 안 좋은 거지.

---

lower [lóuər]
낮추다, 떨어뜨리다

low

low. 위는 긍정이고 아래는 부정.

The report found that people who eat more fiber have a lower risk of heart disease.
그 보고서는 섬유질 식품을 보다 많이 섭취하는 사람들은 심장병 발생 위험이 낮다고 밝혔다.

---

lubricant [lú:brikənt]
윤활유

grease

rub - lub. 문지를 때 rub 마찰을 줄이려면 기름을 lubricant을 발라야 해요.

The loud "pop" of a cracked knuckle is caused by synovial fluid, the thick lubricant that surrounds every joint.
손가락을 꺾을 때 요란하게 '뚝' 하고 나는 소리는, 관절을 둘러싸고 있는 점성 높은 윤활제인 활액 때문이다.

---

lucid [lú:sid]
맑은, 번쩍이는

clear

luc = light. 밝음은 명료함이요 어두움은 불명료함.

His style is very lucid
그의 문체는 매우 명료하다.

She's delirious, but has lucid intervals.
그녀는 정신병자이지만 가끔씩 정상적으로 돌아온다.

---

lucrative [lú:krətiv]
유리한, 돈이 벌리는

profitable

▌luc = light. 장사가 잘되어 수지 타산이 맞으면 밝은 빛이 = 서광이 보이지만 만일 돈벌이가 시원치 않으면 어둠과 절망이 앞에 놓입니다.

A lucrative business.
유리한 사업.

Flynn had a lucrative contract.
플린은 수지 맞는 계약을 했다.

---

ludicrous [lú:dəkrəs]
웃기는

funny

▌lud = play. 노는 것은 모든 사람들이 재미있게 생각합니다.

That's unrealistic and - in my vocabulary - it's very ludicrous as we ll.
이건 비현실적이고 제 식대로 말하자면 웃기는 거죠.

---

lugubrious [lugjú:briəs]
우울한

mournful

▌sorrow와 동의어. 이전의 전쟁은 총이 아니라 화살. arrow을 맞아 고통에 젖어 있던 병사들과 연관.

Many people are very lugubrious because big accident killed so many innocent people.
무고한 생명을 수없이 빼앗아 간 대형 참사로 많은 사람들이 실의에 빠져 있습니다.

---

lukewarm [lú:kwɔ̀:rm]
미지근한, 마음이 내키지 않는

warm

▌warm = 미지근함. luke는 '루카스'로 빛나다는 light. 그래서 전구의 밝기를 '룩스'라는 단위 사용.

One was the prepackaged, tape-delayed show that many Americans watched with lukewarm enthusiasm.
하나는 많은 미국인들이 별로 큰 열의 없이 시청한 미리 포장되어 녹화된 쇼였다.

So far that team is receiving a lukewarm reception from the Indones ian markets.
이 경제 각료팀은 인도네시아 시장으로부터 현재 그다지 큰 환영을 받지 못하고 있습니다.

---

luminous [lú:mənəs]
빛을 내는

bright

▌luc = lud = lum = light.

Luminous paint.
형광페인트

A nebula may be either luminous or dark.
성운은 빛이 있을 수도 있고 없을 수도 있다.

---

lunatic [lú:nətik]
미치광이, 정신 이상의

crazy

▌moon의 형용사. 한국어에서 '달밤에 체조하다'는 말은 평소에 안하던 엉뚱한 짓을 하는 경우에 사용되는 표현입니다. 마찬가지로 영어권에서도 태양은 긍정(이집트의 왕인 파라오는 태양을 의미)이지만 달은 부정. 그래서 lunatic은 crazy.

The lunatic fell in on himself.
그 정신병자는 정신이상을 일으켰다.

Being diet-conscious is all very well, but there is a lunatic fringe who will hardly eat anything.
다이어트에 관심을 갖는 것 자체는 아무 문제가 없는데, 거의 아무것도 먹지 않는 극단적인 소수파가 있다.

L

lure [lúər]
유혹물, 유혹하다

attraction

▌allure. 한국어의 '얼러.' 누구를 유혹하기 위하여, 특히 사기꾼들은 사람들을 어르는 솜씨가 탁월합니다.

So many online merchants underestimate the difficulty in luring customers.
아주 많은 온라인 판매자들은 고객 유치의 어려움을 과소평가한다.

I was attracted by the lure of the sight.
난 그 장면의 매력에 끌렸다.

lurk [lə́:rk]
숨다

stealthily lie in waiting

▌luck = lurk. 행운은 준비된 사람에게 갑자기 찾아옵니다.

Tigers lurk there.
호랑이가 출몰한다.

The spy on the lurk was caught.
염탐질을 하던 스파이가 잡혔다.

luster [lʌ́stər]
빛나는, 광택

shine

▌lud = lus = light.

Princess Grace gave Monaco a new luster, and the rich and famous flocked to the Riviera paradise.
그레이스 왕비는 모나코 공국을 더욱 빛나게 만들었으며, 부유층과 유명 인사들은 이곳 리비에라의 낙원으로 구름처럼 몰려 들었습니다.

[ACTUAL TEST]

밑줄 친 낱말과 동의어를 고르세요.

1. He is an art critic who loathes modern art.

(A) adores (B) relishes (C) detests (D) craves

2. Some people choose jobs which are not lucrative and less-demanding.

(A) disadvantageous (B) challenging (C) profitable (D) time-restricting

3. We should stay level-headed over touchy political issues, for the debates over them often result in emotionally exasperating stalemates.

(A) partial (B) alert (C) calm (D) ruffled

4. Everything seemed in place. It had been a sweltering day but finally the heat had let up and a fresh breeze had begun to cool the land.

(A) lessened (B) increased (C) strengthened (D) flared

5. The politician' s voting record proved a great liability when he ran for re-election.

(A) advantage (B) improvement (C) factor (D) handicap

[FILL THE PROPER WORD IN THE BLANK]

빈칸에 들어갈 적당한 단어를 고르세요.

6. The baby could not even walk, ________ run.

(A) let alone (B) not to speak of (C) regardless of (D) not considering

[EXPLANATION]

1. [VOCA]

loathe 혐오하다 adore 숭배하다 relish 즐기다 crave 열망하다

[TRANSLATION]

그는 현대 예술을 싫어하는 예술 평론가이다.

[ROPES]

loathe는 dislike의 동의어

[ANSWER] C

2. [VOCA]

lucrative 수지 타산이 맞는 demanding 힘든

[TRANSLATION]

몇 몇 사람들은 수지가 맞지 않더라도 힘들지 않은 직종을 고른다.

[ROPES]

lud = lud = light. 사업을 시작했거나 취직을 했는데 빛이 난다는 것은 돈을 많이 번다는 것 암시.

[ANSWER] C

3. [VOCA]

level-headed 온건한, 냉정한 alert 방심 않는 ruffled 성난 touchy 힘든 debate 논쟁
exasperating 화나게 하는 stalemate 교착상태

[TRANSLATION]

힘든 정치 문제에 대해서 냉정함을 유지 해야만 한다. 그 이유는 그런 문제에 관한 논쟁은 종종 감정적으로 화나게 하는 교착상태를 야기하기 때문이다.

[ROPES]

화가 나면 눈을 치켜 올리고 머리를 위로 올립니다. 하지만 머리를 평평하게 level하는 것은 차분함을 암시.

[ANSWER] C

4. [VOCA]

in place 적소에 sweltering 더운 let up 그치다, 잠잠해지다 breeze 미풍 lessen 줄이다
flare 타오르다

[TRANSLATION]

모든 것이 적재적소에 있는 것처럼 보였다. 아주 더운 날이 있었지만 결국 그 더위는 수그러들고 신선한 바람이 대지를 식히고 있었다.

[ROPES]

sweltering day but heat had let up. sweltering이 but이란 역접 접속사에 의해 더운 날씨가 아래 up로 가는 것은 시원함을 암시. 한꺼번에 마시는 것을 one shot이라고 하는데 이는 엉터리 영어. bottom up이 정확한 영어. 이때 up은 '위'가 아니라 '아래'로를 의미.

[ANSWER] A

5. [VOCA]

liability ~하기 쉬움, 채무, 빚 handicap 신체장애, 어려움 advantage 이익 improvement 개선
factor 요인 run for (공직 등에) 출마하다

[TRANSLATION]

그 정치가의 투표 기록은 재선에 출마할 때 아주 좋지 않게 작용했다.

[ROPES]

lia = lie+ ability. 거짓말 능력이 처음에는 좋을지 모르지만 시간이 지나면 불리하게 작용함.

[ANSWER] D

6. [VOCA]

let alone ~은 말할 것도 없고 not to speak of ~은 말할 필요조차 없이
regardless of ~와는 관계없이

[TRANSLATION]

그 아이는 뛰는 것은 말할 것도 없고, 걸을 수조차 없었다.

[ROPES]

let alone '~은 말할 것도 없고'에 해당되는 표현.

[ANSWER] A

L

M

M로 시작하는 철자들 이것만은 꼭 알자

1. 북한에서는 가끔씩 미사일 missile를 쏘아 남북한의 관계를 긴장 시키곤 합니다. 미사일을 하늘은 향해 날아가요. 그래서 mis/mit/mot/mob등의 철자가 있으면 이동 move의 의미입니다.

움직이다

MOVE　　MIS　　MIT　　MOT　　MOB

예) missile / mobile / submit / motor

위 단어들 중 우리가 일상생활에서 가장 많이 쓰는 핸드폰도 이동을 하면서 송수신을 하는 전화이기 때문에 mobile이라고 하고 이 단어의 철자에는 mob-가 있습니다.

2. miss는 '-을 놓치다' 입니다. 물건을 가져야지 놓치면 좋은 상황이 아니죠. 마찬가지로 mis-로 시작하는 단어들은 bad 혹은 not의 의미가 있어 부정적인 의미를 담게 됩니다.

나쁜

BAD	MIS

예) misanthrope / mishap

위 단어 중 anth-는 인간 = man. 그래서 mis +anthrope로 인간이 인간과 더불어 살아가야 하는데 인간을 싫어한다는 의미이고, mishap은 mis +hap 〈 happen으로 좋지 않은 일이 생겼다는 것으로 단어를 풀어 이해 할 수 있습니다.

3. 여자는 18세 전후로 뇌의 3층이 최종 완성 되지만 남자는 28세 전후로 최종적인 뇌 완성이 되기 때문에 남자보다는 여자가 일찍 성숙합니다. 또한 아버지 의미보다는 어머니를 가르키는 단어에서 성숙함이란 의미를 찾을 수 있어요. mat-가 들어간 단어는 긍정적인 뜻을 보통 포함하고 있어요.

어머니 (긍정적인 의미)

MOTHER	MAT

예) matrix / mature / maternal

matrix는 '모체' 이기 때문에 비유적으로는 유래 = origin을, mature는 어머니와 관련된 mat가 있기 때문에 '성숙' 을 가르킵니다.

4. 한국어에도 '집안 말아 먹는다' 는 표현 중에 '말아'는 부정적인 내용입니다. 마찬가지로 영어 단어중 mal이 들어가면 위에서 본 mis-처럼 부정적인 의미입니다.

나쁜

BAD	MAL

예) malady / maladroit / malediction

모기에 물려 생기는 병이 말라리아 malady입니다. adroit는 우리 신체의 오른 손. 그래서 오른손을 인간은 잘 사용하기 때문에 노련하다는 의미이지만 이 단어에 부정적인 접두사 mal이 붙은 maladroit는 어설픈 동작을 나타냅니다. malediction은 말 dict가 악의 mal을 담고 있어요.

5. 손에 바른 화장품은 manicure이고 발에 바르면 pedicure입니다. man = hand으로 여기서는 개략적인 man-을 알아보겠습니다.

손

HAND MAN

예) manage / manual / manifest / manipulate

위 단어 중 대표적으로 mani = hand + fest = make이기 때문에 손으로 만든 것은 확실하여 clear입니다.

6. mono-와 uni-가 들어간 단어들은 하나 = one입니다. 그래서 군인들이나 학생들이 입는 교복이나 군복을 우리는 uniform이라고 합니다.

하나

ONE MONO

예) monotonous / monologue

다혈질인 사람의 말은 여러 가지 톤 = tone이 있어 지루하지 않지만 조용한 성격의 사람이 하나의 목소리 톤으로 말하면 잘못하면 지루하여 듣는 사람들이 싫증을 내거나 잠을 자게 됩니다. mono + tonous = tone. 그래서 지루하거나 단조로움을 나타내는 낱말입니다.

7. 사람들의 대화는 한 사람만이 이야기를 하기 보다는 서로 대화의 내용을 바꾸어 가면서 말이 전개 됩니다. 순수 영어의 change는 라틴어에서 파생이 된 영어 mun과 일치하여 대화를 영어로 communicate라고 합니다.

변화

CHANGE	MUN

예) communicate / mutate / mutual / remunerate / immune

위의 단어들은 모두 mun - 혹은 이 철자들의 변이형이 들어갔기 때문에 변화하다와 관련이 있어요. 두 번째 mutate등은 과학의 지문에서 사용되는 단어로 돌연변이를 말합니다.

8. A라는 회사가 B라는 회사를 합병하는 것을 merger라고 해요. mer은 위에서 보았던 ac-등처럼 go의 의미입니다.

가다

GO	MER

예) merge / emerge / immerse / submerge

위의 예들은 어떤 공간 안으로 들어가거나 나오는 것과 연관이 있습니다.

9. 측정 단위로 쓰이는 meter에는 me-등의 철자가 보입니다. 그래서 ma/me/mat는 measure와 관련된 단어들입니다.

측정

MEASURE	ME	MA

예) metre / measure / dimension / commensurate / mate / mediate / meet / mode moderate / modulate / mood / mould

같은 크기 정도를 나타내는 commensurate는 men이란 철자에 의해 '측정하다'는 뜻이 있습니다.

10. 여성들의 짧은 치마를 우리는 '미니스커트'라고합니다. min = small을 의미해요.

M

작은

SMALL MIN

예) minister / menu / mince / minor / minus minuscule

장관이나 목사는 minister. 대통령이나 하나님의 말씀을 전달하는 사람들에 불과하기 때문에 크다가 아니라 작다 = mini가 단어에 들어 있어요. 늘 인생은 반전이 있는 법. 우리 인간도 각각 두 가지 양면의 모습이 있듯이 한 단어에나 철자들에는 정 반대의 의미가 있어요. min-이 아래의 단어들에서는 '크다' 입니다.

큰

BIG MIN

예) prominent / eminent / imminent

앞에 큰 산과 같은 존재이니 prominent는 비유적으로 '유명한' 입니다.

11. 학원에 가면 공부를 잘하고 있는지 교실마다 감시용 모니터가 있어요. monitor를 통해 학원에서는 공부에 전념하지 않는 학생들을 찾아 경고하기도 합니다.

보여주다

SHOW MON

예) demonstrate / monitor / monument / summon

데모를 하는 것도 자신들의 불만사항을 국민들에게 보여주기 위함이고 기념탑 등도 사람들에게 보여주기 위함입니다.

12. 고대와 현대 사이에 끼어 있는 시기는 중세. 그래서 중세는 mediaeval이고 med-는 mid의 변이형 철자입니다.

중간

MIDDLE MESO MED

예) mediaeval / meddle / medial / mediate

13. 보통의 세상 사람들이 좋아하는 돈. 돈에 관한 철자들은 기본적으로 m으로 시작합니다.

돈

MONEY MON

예) money / monetary

돈은 mon-이외에 다음과 같은 철자들도 사용됩니다. 가장 대표적으로 fund는 적은 돈으로 더 많은 돈을 벌기 위한 쌈지 돈을 말합니다.

돈

MON FIS FIN PREC

예) fine / finance / fiscal / confiscate

14. 생각이란 단어 중 가장 기본적인 표현으로는 mental이 있어요. mental의 중심 철자는 men이고 우리 인간 men은 생각하는 동물입니다.

생각

THOUGHT MEN

예) mention / mental / comment

men이외에 생각과 관련된 철자들은 공부해 두세요.

생각

MEN	DOG	PUT	POND

예) compute / reputation / dispute / dogma / orthodox / conceive / conception

14. 신은 immortal입니다. 왜 신은 이 철자들로 구성이 되나요? im = not + ortal = dead. 우리 인간과는 다르게 신은 죽이 않아 immortal이고 인간은 mortal이라고 합니다.

죽다

DIE	MORT

예) mortal / immortal

mort이외에 leth-도 죽음과 관련이 있는 철자로 가장 대표적인 단어로는 lethe와 lethargic이 있습니다.

machination
[mæ̀kənéiʃən]
음모/권모술수

plot

▌machination의 동의어로 가장 많이 사용되는 것은 plot. plot는 소설의 줄거리라는 표현이외에 음모라는 뜻도 있어요.

His name has become a metaphor for the man in the street, the unwitting and innocent victim of political machination.
그의 이름은 정치적인 권모술수의 순진한 희생자인 보통 사람에 대한 은유가 되었다.

magic bullet
[mǽdʒik bulit]
마법의 탄환, 해결책

solve

▌magic bullet은 마법의 탄환이지만 비유적으로는 '해결책'.

Neither a single casual theory, a simple test, nor a "magic bullet" therapy is likely to help us master this enemy.
우리가 이 적을 이기도록 돕는 것은 하나의 평범한 이론이나 간단한 실험, 마법의 탄환 요법이 아니다.

maelstrom [méilstrəm]
큰 소용돌이, 대혼란

confused

▌storm. 폭풍우가 몰아치면 사방이 바람과 비에 휩싸여 혼동 속에 빠져 들어가요.
mael = mal = bad s+torm = strom.

The maelstrom of war.
전쟁의 대혼란.

She experienced a maelstrom of conflicting emotions.
그녀는 상충되는 감정의 대혼란을 겪었다.

magnitude [mǽgnətjù:d]
중요함

material

▌meg = mag. 입시 학원 중에 megastudy란 곳이 있고 한국의 입시 기관 중 중요한 역할을 하고 있어요.

Most businesses don't understand the magnitude of the impact that data quality problems can have.
대부분의 기업들은 자료의 질적인 문제로 초래되는 영향이 얼마나 중대한지를 이해하지 못하고 있습니다.

maim [méim]
불구로 만들다

injure

▌pantomaim. 팬터마임은 마치 손발이 없는 사람이 움직이는 것처럼 혼자서 하는 연극을 말합니다.

They was seriously maimed in the war.
그는 전쟁에서 심한 불구자가 되었다.

makeshift [méikʃift]
임시변통의

temporary

▌shift = change. 앞으로 변동 가능성이 있는 것은 영원히 쓰는 것이 아니라 임시변통.

I am thinking of using this as a makeshift.
이걸로 임시변통할까 한다.

That night, there was a makeshift party.
그날 밤에는 즉석 파티가 열렸다.

▌make가 들어간 표현 중 make up(구성하다, 화장하다, 속이다)와 더불어 가장 중요한 구절동사인 make for는 '…에 이바지하다, 도움이 되다' 입니다.

make for : …에 이바지하다, 도움이 되다

Willingness to compromise makes for success in negotiations.

M

기꺼이 타협하려는 의지가 협상을 성공으로 이끈다.

That cafe is an airy, colorful eatery that makes for an adventurous outing for a second date.
두 번째 데이트에서는 한 번 와볼 수 있는 화사한 색상의 식당이다.

make a difference : 중요하다

Why, does that make a difference when we rent a car?
왜요, 자동차 렌트할 때 차이가 있나요?

make it : 도착하다, 성공하다

I should be able to be there, but if I can't make it, I'll give you a call.
그 시간까지는 갈 수 있을 겁니다. 만약 못 맞춰 가게 되면 전화 할 것이다.

---

maladroit [mæ̀lədrɔ́it]
서투른, 솜씨 없는

clumsy

▌adroit = right. 오른 손은 노련 skilled. 하지만 mal=bad. 한국어도 '집안 말아 먹는 놈' 이란 표현에서 보듯이 mala = bad.

Maladroit management.
서투른 경영

The maladroit handling of the whole affair.
그 모든 일의 서투른 처리

---

malady [mǽlədi]
병, 질병

disease

▌mald = mal = bad. 질병은 부정적 이미지.

The malady occurs at all ages.
이 병은 연령에 관계없이 생긴다.

To be ignorant of one's ignorance is the malady of the ignorant.
자기의 무지를 모르는 것이 무지한 사람들의 폐단이다

---

malaise [mæléiz]
불쾌, 침체, 불안

depression

▌mal = bad + lai = lay = lie. 몸이 안 좋아 bad 침대에 누워 있는 모습 연상.

The jobless rate tempered signs of a long-awaited economic turnaround after a two years of malaise caused by high credit debt.
2년간 신용대란의 후유증을 겪은 후 실업률은 오래 기다려온 경기 회복 신호를 반영한 듯 감소세를 보여 왔다.

---

malediction [mæ̀lədíkʃən]
저주, 악담

curse

▌mal = bad + dic = word

The witch put a malediction on him.
마녀가 그에게 저주를 내렸다.

---

malevolent [məlévələnt]
악의 있는

wicked

▌mal = bad +vol = will = 의지

They were aware of the landlord's malevolent purpose.
그들은 집주인의 악의적인 의도를 알고 있었다.

---

malicious [məlíʃəs]
악의 있는

bad

mal = bad

Such malicious gossip could seriously injure her reputation.
그러한 악의적인 험담은 그녀의 명성을 매우 심하게 해칠 수 있다.

His malicious gossip caused much mischief until the truth became known.
진실이 알려지게 될 때까지 그의 악의적인 소문이 많은 위해를 끼쳤다.

malign [məláin]
해로운

slander

mal = bad

Previously maligned medieval romances began to affect literature.
과거에 평가 절하 되었던 중세 로맨스 문학 작품이 문학에 영향을 미치게 되었다.

malleable [mǽliəbl]
유연성

capable of being shaped by pounding

mall = hammer. 망치로 펴서 늘릴 수 있다는 기본 뜻에서 비유적으로 유연한 혹은 펴 늘릴 수 있음.

The young are more malleable than the old.
나이가 적은 사람들이 많은 사람들보다 더 순응성이 있다.

malnourished
[mælnə́:riʃt]
영양 부족의

underfed

mal = bad + nourish = nurse = 간호원 = 기르다.

Worldwide, how many children were malnourished in 1990?
세계적으로 1990년에는 어느 정도의 어린이들이 영양실조 상태였는가?

mammal [mǽməl]
포유동물

a vertebrate animal whose female suckles its young.

mam = mom = 엄마 = milk. 젖을 먹는 동물들.

Humans, dogs, and elephants are all mammals.
인간, 개 그리고 코끼리는 모두 포유류이다.

The park is home for more than ten species of birds, and twelve species of mammals.
그 공원에는 10여종의 조류와 12종의 포유류가 서식하고 있다.

mammoth [mǽməθ]
매머드, 아주 큰

gigantic

'매머드' 는 홍적세 중기부터 홍적세 말까지의 최후 빙하기에 살았던 동물로 유라시아 대륙에 많이 있었습니다. 원래는 물건이나 사람이 무겁다가 기본이지만 힘이 있는 뜻으로 확대 된 후 비유적으로는 영향력이 있다는 의미도 있어요.

The mammoth was the ancestor of modern-day elephants.
매머드는 현대판 코끼리의 조상이었다.

mandate [mǽndeit]
명령

order

man - hand. 손으로 주물럭거리는 것은 유연함 보다는 강제성 그리고 명령과 연관이 있어요.

In Imperial China, emperors needed the Mandate of Heaven to legitimize their rule.
중국 황실에서 황제는 자신들의 통치를 정당화하기 위해서 하늘의 천명을 필요로 했다.

mandatory [mǽndətɔ̀:ri]
명령의, 강제의

forced

▌man - hand.

Remember, this is a mandatory meeting.
명심하십시오. 이 회의는 모두가 참석해야 합니다.

The orientation session teaches about three hours and is mandatory for all new employees.
설명회는 세 시간 가량 계속되는데, 신입 사원은 전원 참석해야 한다.

manifest [mǽnəfèst]
명백한

clear

▌man = hand + fes = make. 가을 철 추석 때 손으로 잘 빚은 = 손으로 만든 송편의 모양은 예쁘고 확실한 모습.

The evidence manifests the guilt.
그 증거로 유죄가 명백해지다.

If you want to sue him, you need a manifest evidence.
그를 고소하고 싶으면 명백한 증거가 필요하다

manifesto [mæ̀nəféstou]
선언, 성명

declaration

▌매니페스토(manifesto)란, 정책, 정권공약, 선언, 선언서의 의미. '손(manus)' 과 '치다(fendere)' 가 합성되었다는 설이 유력.

A manifesto was published by him on the subject in 1913.
그는 이 주제에 대해 1913년 성명을 발표했다.

manipulate [mənípjulèit]
교묘하게 다루다, 조종하다

control

▌man = hand. 보통 우리 인간은 어떤 것을 통제할 때 발보다는 손을 이용합니다.

The structure of a polymer can be manipulated to give it new proper ties.
이것의 구조는 새로운 속성을 만들어 내기 위해 조작할 수 있다.

She declined to confirm reports that the central bank was considerin g manipulating the money supply.
그녀는 중앙은행에서 통화량을 임의로 조절하려고 한다는 보도에 대해 사실 여부를 밝히지 않았다.

mannered [mǽnərd]
매너리즘에 빠진, 타성적인

not natural

▌man = hand. 손을 이용하는 것은 인위적인 것을 함축하여 자연스러운 것은 아닙니다.

Her prose is far too mannered and self-conscious.
그녀의 산문은 너무 지나치게 작위적이고 자의식에 차 있다.

manuscript [mǽnjəskrìpt]
원고, 손으로 쓴

a handwritten or typed document

▌man = hand + scrib = scrip = write.

Unfortunately, your manuscript does not suit the needs of the magaz ine at this time.
유감스럽게도 귀하의 원고는 이번 호 잡지 내용으로 적합하지 않습니다.

We apologize again for having delivered the manuscript to you on s uch short notice.
기일에 촉박하게 원고를 송고하였던 점을 다시 한번 사과드립니다.

maritime [mǽrətàim]
바다의

nautical

▌marine = 돌고래 = sea.

Waters off the southern tip of the Korean peninsula were the site of first-of-their-kind multi-national maritime trainings.
부산 앞바다에서 사상 처음으로 다국적 선박으로 이루어진 합동 해상치안 훈련이 실시됐습니다.

marked [mά:rkt]
두드러진

noticeable

▌mark는 표시. 표시를 해두면 눈에 잘 띄게 되어요.

A marked difference/improvement/reluctance.
눈에 띄는 차이/향상/주저함

Our results have been excellent, in marked contrast to those of our competitors.
우리의 결과는 우수했고 우리의 경쟁자들이 거둔 결과와 뚜렷한 대조를 보였다.

marred [mά:r]
망쳐놓다

damaged

▌mar = 화성. 화성의 표면은 많이 손상이 되어 있어요. marriage와 비교할 때 mar는 결혼 생활이 얼마 가지 못하고 깨지고 있네요.

The Senate campaign was marred by violence.
상원의원 선거 유세는 폭력사태로 손상되었다.

marshal [mά:rʃəl]
정렬시키다

put in order

▌마셜 플랜. 보통 패전국들은 승전국들이 많은 전쟁 배상금을 요구하여 전쟁이 끝난 후 많은 경제적인 어려움이 발생 됩니다. 하지만 2차 세계대전이 끝난 후 우리가 상식으로 생각하는 이런 관점이 미국 국무장관인 마셜에 의해 깨졌습니다. 그는 일본이나 독일에 배상금을 요구하는 것이 아니라 이들 나라를 위해 달러를 주었습니다. 그 이유는 무엇일까요? 당시 소련이라는 공산주의를 막고 세계 질서를 바로 잡기 위한 것이었죠.

The children were marshalled into the playground by their teachers.
아이들은 선생님들의 지도를 받으며 운동장에 정렬했다.

martial [mά:rʃəl]
전쟁의

marriage

▌mars. 전쟁의 신 마르스(mars)에서 파생되어져 나왔다고 합니다. mars는 화성입니다. 화성은 표면이 붉은 색이고 붉은 색은 화염에 의한 전쟁을 연상하게 하네요.

The whole country is under martial law.
전국이 계엄령 아래에 있다

He combines both learning and the martial arts.
그는 문무를 겸비하고 있다

martyr [mά:rtər]
순교자

great sufferer

▌mother. 마더. 엄마의 자녀에 대한 사랑은 숭고합니다. 순교자들의 종교에 대한 사랑은 절대적입니다.

They died a martyr to their principles for their country.
그들은 국가를 위해 목숨을 바쳤다.

He made a martyr of himself to get the promotion.
그는 승진을 하기 위해 자신을 희생시켰다.

M

masochist [mǽsəkízm]
변태 성욕

persons who enjoys his own pain

▌오스트리아의 소설가인 마조흐(Masoch)는 '모피를 입은 비너스'에서 저자 겸 주인공인 마조흐는 실제로 모피를 입은 여인에게 채찍으로 얻어맞기를 즐겼다고 합니다. 이와는 반대로 상대를 성적으로 괴롭혀 즐거움을 얻는 경우는 sadism이라고 해요. 사드라는 프랑스의 귀족 겸 작가 이름에서 파생. 사디즘과 마조히즘이라는 용어로 발전시킨 사람은 에빙(Ebing)입니다. 그가 저술한 성에 관한 고전 '성적 사이코패스'에서 사디즘과 마조히즘이라는 용어를 처음 사용했고, 이후 심리학자 프로이트는 사디즘과 마조히즘을 성적 본능의 구성 요소라고 보았습니다. 히틀러의 사진을 보았나요? 얼굴이 무시무시하게 생겼는데 이 분이 의외로 밤만 되면 여자들에게 때려 달라고 호소하면서 여자들에게 맞고 군화 발에 얻어맞는 심한 마조히즘 중증 환자였다고 합니다. 이를 보면 사람은 알다가도 모르는 것이 사람인 것 같네요.

Are you a masochist that enjoys to be beaten to death?
당신은 죽음만큼 두들겨 맞는 것을 즐기는 마조히즘이냐?

---

masquerade
[mæ̀skəréid]
가면무도회

party/ ball

▌mask. 파티나 무도회에서 가면을 쓰고 남녀가 등장하는 모습.

We dressed up to go to a masquerade.
우리는 가면무도회에 가기 위해 치장을 하였다.

There are a whole host of companies on the Internet, masquerading as unbiased sources of tourism information.
인터넷상에는 여행정보를 편견 없이 제공한다고 속이는 회사들이 아주 많습니다.

---

mastermind
[mǽstəmaind]
지도자, 주모자

leader

▌master는 '대가' + mind는 정신. 그러나 사람은 영혼이나 정신을 가지고 있기 때문에 사람이란 의미도 있음.

Hirobumi Ito was one of the key figures who masterminded the colonization of Korea.
이토 히로부미 한국의 식민지화를 주도했던 주요인물 중 하나이다.

---

material [mətíəriəl]
중요한

significant

▌현대인은 정신이나 영혼은 완전히 무시하고 오직 물질만 중요하게 생각하고 있어요.

He's never set much store by material possessions.
그는 물질적인 재산을 크게 중시해 본 적이 없다.

---

maternal [mətə́:rnl]
어머니의

motherly

▌mat - mot. 남자는 28세 전후로 뇌의 3층인 뇌피질이 최종 완성됩니다. 하지만 여자들은 18세 전후로 남자보다 일찍 뇌피질이 완성되어 성숙합니다.

Those countries including China and Vietnam have implemented plans to improve child and maternal health.
중국과 베트남을 포함한 그런 나라들이 어린이와 임산부의 건강 개선을 위한 정책을 수행해왔습니다.

---

matriarch [méitriɑ̀:rk]
여자 가장, 리더격인 여성

a woman who rules in a society

▌mat - mother

The matriarchs do the talking.
이야기는 집안의 여자 어른들 끼리 오가죠.

---

matrix [méitriks]
(발생, 성장의) 모체, 기반, 발생지

point of origin

▌mat - mother. father는 invent이고 mother는 grow입니다. 이런 생각은 그리스 시대부터 수 천년동안 정자와 난자의 개념을 모르던 시절 때문에 father와 mother의 동사 뜻을 파생하게 했어요. 그런데 현대에 들어와 난자와 정자의 개념이 도입되면서 이전에 정자에 완전한 인간의 모습이 있다는 생각에 오류가 있다는 것을 알게 되었죠. 생명의 근원은 어머니입니다. 그래서 최초의 태아는 오직 여자이고 3개월 전후로 남아는 여아에서 변화된 것은 현재의 과학계의 정설인데 최근에는 남아에서 여아로 전환 된다는 주장이 이전 이론과 대립하고 있습니다.

A matrix of paths.
도로망

It grows within the European cultural matrix.
그것은 유럽의 문화적 모체 내에서 성장을 했다.

---

maul [mɔ́:l]
큰 나무망치, 때리다

hit

▌한국어의 '몰라' =maul. 모르면 선생님한테 한 대 맞아야죠. 지금은 학생들 모른다고 때리면 엽기 선생이지만 이전에 한국에서는 아주 훌륭한 선생이었습니다. 시대가 변화되었죠.

A Chinese man was mauled by a black bear.
중국 남자가 흑곰에 의해 상처를 입었다.

The best way to ward off a mauling in stocks is to invest for the long term and hang on.
주식에서 큰 손해를 보지 않는 최상의 방법은 장기 투자를 하고 기다리는 것이다.

---

maverick [mǽvərik]
독립, 독불 장군

rebel

▌move = maver. 낙인 없이 뛰쳐나간 송아지로 비유적 표현으로 무소속, 더 쉽게 말하면 독불장군.

A maverick film director.
독립 영화감독

Politically, she's a real maverick.
정치적으로 그녀는 진짜 독자적인 인물이다.

---

mawkishness [mɔ́:kiʃ]
몹시 감상적인, 잘 우는

sentimental

▌목이 쉬어. 감정에 복 바치면 목이 쉽니다.

She has kept those old photographs by mawkish reasons.
그녀는 감정적인 이유 때문에 그 오래된 사진들을 간직해왔다.

---

maxim [mǽksim]
격언

proverb

▌max = giant. 속담에는 선현들의 삶의 지혜가 들어 있어 가장 소중하게 생각해야 할 것입니다.

It is a valid maxim that competition increases productivity.
경쟁이 생산성을 높인다는 것은 타당한 금언이다.

M

Mayflower [méiflàuər]

▌메이플라워호. 1620년 Pilgrim Fathers(영국의 청교도들)를 태우고 영국에서 신대륙(미국)으로 건너간 배 이름.

The Mayflower ship left England in 1620 carrying 102 passengers.
메이플라워호는 1620년에 102명의 승객을 태우고 영국을 떠났다.

His ancestors came to America on the Mayflower.
그의 조상들은 메이플라워호를 타고 아메리카로 왔다.

mayhem [meihem]
소란, 신체 상해

confusion and fear

▌pantomaim < maim < injury = 부상

Sticking intently to the one business it knows best, McDonald's has been able to stay clear of Wall Street's merger-and-restructuring mayhem.
맥도널드사는 가장 잘 아는 한 가지 분야에만 전념함으로써 월스트리트의 합병개편 소동으로부터 벗어날 수 있었다.

meager [mí:gər]
빈약한

rare

▌mea = mid = med. 중간은 완전하지 않기 때문에 충분하지 않아요.

Journalist are sure to have a difficult time keeping up with their finances.
언론인 들은 소득을 가지고 생활을 유지하는 것은 분명 힘들 것이다.

Meager snowfall this winter has left the region vulnerable to drought as it enters what are usually its driest months.
올 겨울 불충분한 강설량으로 인해 그 지역은 통상 가장 건조한 달로 접어듦에 따라 가뭄에 취약하게 되었다.

mean [mí:n]
비열한

wicked

▌mid = mea = mid. 공자가 말하는 중용이 좋기는 하지만 늘 중용이 좋은 것은 아니죠. 노상에서 여자가 성 희롱을 당하고 있는데 중용의 입장을 취한다고 그대로 있다면 그 사람은 비열한 인간.

He's too mean to buy a present for his wife.
그는 아내 선물을 사는 데 너무 인색하다.

meander [miǽndər]
굽이쳐 흐르다

turn in its course

▌mid = mea = mid. 한번 한 일은 끝까지 해야 하는데 중간에 방향을 틀어 버리는 것. 소 아시아의 구불 구불한 강 이름에서 파생.

A river meanders through open field.
강이 평야를 굽이쳐 흐른다.

The river meanders along with many twists and turns.
강이 굽이 굽이 물굽이져 흘러간다.

meddlesome [médlsəm]
참견하는

interfering

▌mid = mea = mid. 자기 일이나 잘 해야 하지 남의 일에 중간 중간 끼어 들어가는 것은 옳지 않은 행동.

Would we be meddlesome in their marriage and the situation?
아니면 두 분의 결혼 생활과 이 상황을 참견해야 하나요?

I don't want others meddlesome.
남들이 내 일에 간섭하는 것을 원하지 않는다.

mediate [mí:dièit]
중재하다

settle a dispute through the service s of an outsider

▌mid = mea = mid.

A UN mission has been sent to mediate between the warring factions.
전쟁 중인 파당들을 중재하기 위해 유엔 사절단이 파견 되었다.

---

mediation [mì:diéiʃən]
중재

interfere

▌mid = mea = mid. 행동을 옮기기 전에 미리 중간에 생각을 많이 해보기.

Mandatory mediation is necessary for a season, but it would be a serious mistake to continue it permanently.
강제적인 중재도 잠시 동안은 필요하지만 영구적 으로 지속하는 것은 심각한 문제가 될 것이다.

---

mediocre [mì:dióukər]
보통의, 평범한

ordinary

▌mid = mea = mid. 양끝 선상은 과격, 중간(중앙)은 무사태평. 중간에 끼인 사람은 그렇고 그런 평범한 사람들.

Intense exam pressure is actually more likely to impair the performa nce of very good students than mediocre ones.
시험에 대한 강한 부담감이 보통 학생들보다는 우등생들의 수행능력을 더 크게 저해시킨다.

---

medium [mí:diəm]
수단, 매개물

means

▌mid = mea = mid. 좋은 대학교를 들어가려고 마음 먹으면 결과 = 끝은 좋은 대학교에 합격해야죠. 그럼 중간에 필요한 것은 무엇인가요? 본인이 열심히 공부하는 것도 필요하지만 또 다른 수단인 학교에서 수업 잘하는 것이 요구됨.

The air is a medium for sound.
공기는 소리의 매체이다

The fair trade law prohibits unfair or deceptive advertising in any medium.
공정거래법은 어떤 매체를 통해서든 부당하고 기만적인 광고를 금하고 있다.

---

meek [mik]
유순한

mild

▌mid = mea = meek. 중도파는 온건파. 매파나 독수리 파는 강경파.

Her dog is as meek as a lamb.
그녀의 개는 매우 온순하다.

---

meet [mit]
충족하다

satisfy

▌남자와 여자는 서로 만나야 정이 생겨납니다. 그러나 멀리 떨어져 있으면 서로에 만족을 못해 결국 헤어짐. 기러기 가족이 일반적 으로 사회 문제가 된다고 하네요.

We cannot meet the demands here fully with the current supply.
"지금의 공급만으로는 현지 수요를 모두 충족시킬 수 없다.

M

melancholy [mélənkɑ̀li]
우울

gloomy

▍melon. '우울melancholy' 이라는 단어는 '검은 담즙black bile' 을 의미하는 그리스어에 어원을 둔다. 남들은 다 연애 잘해서 시집, 장가 갔는데 일부 콧대 높은 사람들은 임자가 없어 혼자 TV를 보면서 melon을 먹으며 우울에 빠진 모습 연상. 옛날 그리스의 히포크라테스는 체액을 혈액 · 점액 · 담즙 · 흑담즙 으로 나누고 이 네 가지의 체액이 몸 안에서 적당한 비율로 섞여 있지 않거나 어느 하나만 많거나 혹은 적으면 불완전한 기질을 갖게 되어 건강이 좋지 않다는 이야기를 했어요. 이 중, 흑담즙이 많을 경우 우울해진다고 여겼죠. 흑담즙이 그리스어로 melancholia입니다. melan-은 검다는 뜻이고 chole는 쓸개란 뜻이죠. melancholy는 생각이 깊어 우울해 보이는 사람에게 쓰이지만 gloom은 어떠한 좋지 않은 일이 생겨서 우울한 경우.

She stared at him with a melancholy smile.
그녀는 우울한 미소를 띠면서 그를 응시했다.

Listening to the sad music on a rainy day made her feel melancholy.
비가 오는 날 슬픈 음악을 들으니 그녀의 마음은 침울해졌다.

---

melt [mélt]
녹다

disappear

▍belt. 밥을 많이 먹으면 소화를 더 잘 시키기 위하여 벨트를 풉니다. 원래 melt는 digest = 소화라는 뜻 이예요. 소화는 음식을 위에서 더 잘게 쪼개 없애는 역할. 그래서 belt - melt와 연상시켜보세요.

This metal melts with heat.
이 금속은 열에 녹는다.

The chocolate melted from the heat.
더위로 초콜릿이 녹았다.

▍melt가 들어간 복합어 중에 중요한 표현 하나를 공부 합시다.

meltdown : 폭락(원래 (주물 등을) 녹이다이지만 비유적으로는 증권이나 가격 등이 폭락하다는 의미가 있어요)

The bubble soon burst after the dotcom meltdown and a downturn in the U.S. IT industry.

닷컴 붕괴와 미국 IT산업의 불황 여파로 이러한 버블은 곧 꺼졌다.

---

membrane [mémbrein]
막

tissue

▍member. 신체는 하나의 통으로 되어 있는 것이 아니라 세포라는 수 많은 구성원으로 구성됨.

Viruses also do not have cell membranes.
바이러스는 또한 세포막을 가지고 있지 않다.

---

memento [məméntou]
기념물, 추억

token

▍memory = 기억

These postcards are mementos of our trip abroad.
이 그림엽서들은 우리 해외여행의 기념물이다.

Hundreds snatch ed a personal memento with their mobile phone camera.
수백 명이 카메라 폰으로 재빨리 자신만의 기념사진을 찍었습니다.

---

menagerie [mənǽdʒəri]
동물원

zoo

manage. 동물원에 있는 많은 동물들은 관리를 잘 해야 해요. 영국에는 세익스피어가 있다면 미국에는 유진 오닐이 있어요. 이 사람의 대표적인 희곡으로 유리동물원이 있습니다. 여주인공 로라. 그녀는 약간 절름발이 여서 많은 사람들이 자기를 쳐다본다고 생각합니다. 학교생활에 전혀 적응을 못하여 급기야 고 3 때 학교를 그만 둡니다. 그 이후 그녀는 아무런 일을 하지 않고 집안에서 투명으로 된 유리동물 장식품을 닦거나 고등학교 때 짝사랑한 남자(이미 결혼 했을거라고 생각하는)의 사진을 가끔 보곤 합니다. 엄마가 강압적으로 시집을 보내려고 하는데 선을 보러 온 남자가 고등학교 때 짝사랑한 남자임을 알고... 유진 오닐의 딸은 찰리 채플린이란 배우와 결혼을 하는데 나이 차이가 엄청나서 화제가 되기도 했습니다.

Christian Slater fronts the Glass Menagerie with Jessica Lange.
크리스천 슬레이터는 제시카 랭과 함께 '유리동물원' 에 출연하고 있습니다.

---

mendicant [méndikənt]
거지

beggar

mend = change. 어쩔 수 없어 거지가 된 경우도 있지만 게을러 거지가 된 분도 있죠. 이들은 생각의 구조를 먼저 바꾸어야 할 것 같네요. 청나라의 마지막 황제 '부의' 도 나라를 구하는데 신경 쓰지 않고 마약이나 하면서 놀다가 결국 팔자가 청소부 신세로 전락을 한 유명한 경우도 있어요.

Mendicant are dirty and avoid them
걸인들이 불결하다고 생각해 그들을 피한다.

---

menial [míːniəl]
천한, 노예근성의, 비굴한

low/small

men = private. 장군이나 장교는 사무실에서 근무하는데 졸병men인은 허접한 일이나 해야 해요. man = men = hand. 영어 mansion = house와 연관.

Menial chores like sweeping the floor.
바닥 쓸기와 같은 하찮은 잡일

Most dislikes menial job.
대부분의 사람들은 천한 직업을 싫어한다.

---

mentor [méntɔːr]
교사, 스승

teacher

ment = 말. 이것 해라 저것 해라 라고 좋은 조언의 멘트를 할 수 있는 분은 역시 선생님. 그리스신화 에서 멘토르는 odysseus가 아들의 교육을 맡긴 지도자 이름에서 파생.

You need mentors for various components of your life.
우리는 삶의 다양한 측면에서 조언자가 될 사람이 필요합니다.

Some needs and hurts are so deep they will only respond to a mento r's touch or a pastor's prayer.
어느 경우는 궁핍과 상처가 너무 커서 위대한 지도자의 어루만짐이나 목사의 기도로나 겨우 위로 받을 수 있습니다.

M

mercenary [mə́:rsənèri]
용병

interested in money

▌commercial. 장사는 돈을 벌기 위해 합니다. 인류 역사상 가장 오래된 직업 중에 하나는 창녀, 스파이, 그리고 용병. 병사(soldier)의 어원은 금속 화폐를 지칭하는 라틴어(soldes)에서 왔고, 용병(mercenary)역시 돈(money)의 의미와 관련되어 있습니다. 이전 고려 에서도 군인은 사병(=개인에 의해 고용된 군인)으로서 돈 있는 사람에게 고용된 직장인 이었고 한국보다 특히 서양은 용병이 많았습니다. 잘 나가가던 로마가 멸망한 원인이 많이 있지만 그중에서도 로마 후기로 들어서면서 군기 빠진 로마인들이 군대는 안가고 자신들이 점령한 지역의 사람들 혹은 야만인들을 장군으로 내세우고 자신들은 놀았으니 로마가 멸망할 수밖에 없었죠.

Cuban leader Fidel Castro has denounced them as "mercenaries" bankrolled by the United States.
쿠바의 지도자 피델 카스트로는 이들 반체제 인사들에 대해 미국에 의해 지원받고 있는 '고용인들'이라며 비난하고 있습니다.

---

mercurial [mərkjúəriəl]
변덕스러운

capricious

▌mercury = 수성. 수성은 태양에 가장 가까이 있는 행성. 그래서 공전이 가장 태양계 8개 행성 중에서 빠르기 때문에 사신 = messenger의 의미. 이 뜻에서 온도계에 사용되는 수은도 mercury. 온도의 변화에 따라 움직임이 심하기 때문. 그리고 수성은 축이 기울어진 지구와는 다르게 똑바르고 가장 태양에 가까이 있어 낮과 밤의 온도 변화가 가장 극심. 그래서 '변덕스럽다' 는 의미 파생.

Some have called North Korea's mercurial leader Kim Jong-il a lunatic or worse.
일부 사람들은 북한의 변덕스러운 지도자 김정일 국방 위원장을 가리켜 미치광이 혹은 그보다 더욱 심한 인간이라고 불렀다.

---

merge [mə́:rdʒ]
합병하다

combine

▌mer = go. A가 B에게 다가가 하나가 됨.

I understand your firm is looking at merging with Warner Shipping.
당신 회사가 워너십핑 회사와 합병을 고려하고 있다면서요.

If we merge with the New York firm, we'll be able to expand our client base.
만일 우리 회사가 뉴욕사 와 합병이 된다면, 우리의 고객 저변을 더욱 넓힐 수 있을 텐데 말이에요.

---

merit [mérit]
장점

strong point

▌merry. 즐거운 성격은 그 사람이 가지는 장점이 됩니다.

The plan has both merits and demerits.
그 계획은 장점도 있고 단점도 있다.

His fortunate circumstances attenuate the merit of his achievement.
행복한 환경이 오히려 그의 성공의 가치를 떨어뜨리고 있다.

mesmerize [mézməràiz]
…에게 최면술을 걸다

hypnotize

▌memory. 정신과의 진단은 무의식 적인 기억에 의존합니다. 데카르트 때까지만 해도. '나는 생각한다. 고로 존재 한다' 라는 말에서 알 수 있듯이 그때는 존재와 의식이 동일시 되었습니다. 하지만 시대가 흘러 사람들은 마음의 복잡한 구조에 대해 인식하기 시작했고, 기독교가 절대적 지배력을 상실하기 시작한 것도 정신의학의 탄생에 기여하게 됩니다. 우리는 '무의식' 이란 말을 너무 사용하는데 원조는 프로이트입니다. 18세기에 현대 정신의학의 원조라 할 수 있는 사람이 나타났습니다. 메스메르입니다. 그래서 메스메르의 이름은 'mesmerize(최면 걸다)' 의 어원이 되었습니다. 메스메르를 유명하게 만든 것은 심리적 효과가 신체의 증상을 개선 시킨다는 것입니다. 그러나 메스메르는 과학 아카데미에서 인정받지 못하고 프랑스로 추방, 결국 스위스에서 생을 마감했지만 메스메르의 연구는 제자에게 계승되었고, 이때부터 사람들은 자신의 의식에 지각되지 않은 또 하나의 정신세계가 있다는 것을 깨닫기 시작합니다.

The audience was mesmerized.
청중은 매료되었다.

He was mesmerized by her bewitching green eyes.
그는 그녀의 홀리는 듯 한 초록색 눈에 녹았다.

metamorphosis
[mètəmɔ́:rfəsis]
변형

change of form

▌meta = change = 바꾸다 + morph = form. 형태가 바뀜. 고대 로마의 문인 오비디우스의 작품 '변신 이야기(Metamorphosis)' 에 수록되어 있는 오르페우스라는 주인공이 등장하는 비극적인 사랑 이야기를 간단히 소개하겠습니다. 오르페우스는 현재 터키에 살고 있었는데, 어느 날 그의 부인이 뱀에 물려 죽습니다. 슬픔에 빠진 오르페우스는 죽은 아내를 구하기 위해 악기를 메고 지하세계로 떠나 지하세계를 다스리는 왕 하데스를 찾아간 오르페우스는 그 앞에서 노래를 불러 부인을 돌려 달라고 호소하고 그의 노래에 감동한 하데스는 부인을 돌려주지만 조건은 지상에 도달할 때까지 뒤돌아봐서는 안 된다는 조건(성경의 소돔과 고모라 이야기와 비슷). 오르페우스는 사랑을 다시 찾은 기쁨으로 기나긴 지옥문을 나오고 있었는데 부인은 남편 오르페우스가 왜 뒤를 돌아보지 않는지, 혹시 자기를 사랑하지 않는지 조금씩 의심스러워지기 시작했고 남편 또한 부인이 잘 뒤따라오고 있는지 너무나 궁금해서 결국 오르페우스는 지옥문을 나오기 직전 자신을 이기지 못하고 그만 뒤를 돌아보는 순간 곧바로 부인은 그 자리에서 연기처럼 사라져버리고……

In the transformation of a tadpole into a frog, metamorphosis happens gradually.
올챙이가 개구리로 변화하는 데에서, 변태는 점진적으로 일어난다.

metaphor [métəfɔ̀:r]
은유

implied comparison

▌'옮겨 바꾸다' 는 뜻에서 파생. 시간은 돈이라는 은유에서 시간이 돈처럼 중요하다는 것을 눈에 보이지 않는 시간을 눈에 보이는 돈에 빗대고 있습니다. 이렇게 추상적이고 어려운 개념을 쉽고 눈에 보이는 것에 비교하는 것을 은유라고 해요.

A game of football used as a metaphor for the competitive struggle of life.
인생의 경쟁 심한 투쟁의 은유로 사용되는 축구경기

M

metaphysical

[mètəfízikəl]
형이상학의

pertaining to speculative philosop hy

meta = over = after + physical. 눈에 보이는 physical을 넘어서. 이상적인 세계 = idea. 현상계 = real = physical을 초월해 있는 이상계는 원형의 세계이고, 정신적이고 형이상학 적인(metaphysical)세계입니다. 이곳은 미 그자체 혹은 미의 이데아(Idea)가 존재하는 세계이며, 이데아의 본성은 늘 변하지 않고 영원하며 순수하지만 현상계는 이데아의 세계의 그림자로, 감각적이고 일회적이고 변화무쌍하며 순수하지 않습니다. 그래서 물리적인(physical)세계인 현상계는 한마디로 허망한 세계라고 할 수 있습니다. 더 쉽게 풀어 이야기 하자면 순수한 정신세계가 중요하지 돈만 아는 이 현실은 꽝이라는 이야기이죠. 그래서 플라톤은 이런 이데아의 세계가 진정한(real) 세계라고 보았으며, 시시각각으로 변화하는 현상계는 중요하지 않다고 보았어요.

Most people probably do think that cause and effect is a basic meta physical principle.

대부분의 사람들은 원인과 결과는 기본적으로 형이상학의 원칙이라고 생각한다.

methodical [məθádikəl]

조직적

systematic

met = change +hod =way. 길을 바꿔봄 < 성적이 잘 오르지 않을 경우 공부 하는 방법을 바꿔 보세요.

We said never again, but on our watch today an entire people is met hodically being destroyed.

우리는 다시는 언급하지 않겠지만, 오늘 우리가 지켜본 대부분의 사람들은 규칙적으로 파괴되고 있다.

meticulous [mətíkjuləs]

꼼꼼한, 세심한, 정확한

careful

meter. 마치 미터를 재는 자처럼 매사에 꼼꼼함.

He is too meticulous in everything.

그는 무슨 일에나 너무 꼰질꼰질하다.

metropolis [mitrápəlis]

주요 도시

large city

mot = met = mother + polis = city. 어머니인 도시의 뜻에서 파생이 되었어요.

Green and white trams are seen as more in sync with the modern metropolis.

녹색과 흰색으로 장식된 시가 전차는 현대적인 대도시에 보다 잘 어울릴 것으로 보입니다

microcosm

[máikrəkàzm]
소우주

small world

micro = small + cosm = cosmos = universe. 하늘의 우주는 대 우주. 이에 반하여 인간이 대우주를 반영하는 하나의 작은 우주임을 가리키는 데 쓰는 서양철학 용어. 세계영혼이 우주에 생명을 불어넣는다는 고대 그리스 사상(플라톤)에 비추어볼 때 인간의 육체가, 자신의 영혼이 생명을 불어넣은 축소판 우주라는 생각은 매우 자연스러운 것임.

The worldwide problems we are facing are illustrated in microcosm by the situation in our own country.

우리가 직면하고 있는 전 세계적 문제는 작게는 우리나라의 상황을 통해서도 알 수 있다.

middle-of-the road
[mídləvðəróud]
중도의, 중용의

moderate

▌중간이 좋을 수 도 있고 나쁠 수 도 있어요. 성적이 중간이면 일등을 하지 못해 열 받으니 부정적 이지만 성격이 너무 급진적 이지 않고 온순하지도 않은 중용의 길을 걷는다면 사회생활 하면서 예쁨 받는 사람이겠죠. 공자의 중용 사상이 스며든 단어입니다.

Jane is very left-wing, but her husband is politically middle-of-the-road.
제인은 상당히 좌경인데 그녀의 남편은 정치적으로는 중도파다.

I prefer someone with more middle-of-the-road views.
좀 더 중도적인 견해의 후보자가 좋다.

migrate [máigreit]
이주하다

move

▌mig = mis = missile = go

The birds have migrated south for the winter.
새들이 겨울을 나러 남쪽으로 이동하고 있다.

The latter is said to migrate in large numbers, while the former, in small numbers or individually.
전자가 적은 숫자나 개별적으로 이동하는 것에 반해, 후자는 많은 숫자들이 떼 지어 이동한다고 전해진다.

milieu [míljú]
주위, 환경

environment

▌mi = mid + local = place = lieu.

The news of his replacement of Justice Minister caught everyone off-guard with questions hovering over the milieu of the unexpected switch.
법무장관의 교체 소식은 모든 이를 놀라게 하며 전격 경질의 배경에 대한 의문을 던졌다.

milestone [máilstòun]
이정표

landmark

▌고속도로를 달리다보면 서울까지 몇 km가 남아 있는지를 표시하는 이정표가 있어요. 이전에는 돌에 표시했지만 이제는 도로 표시판에 표시.

The old milestones along the railroad had fallen over.
철로를 따라 서 있는 낡은 이정표들이 쓰러졌다.

The man is reaching a milestone.
남자가 이정표에 다다르고 있다.

milk [mílk]
짜내다

extract

▌사람이 성전환 하여 성이 달라지듯이 단어도 명사에서 동사 혹은 그 역으로 품사 전환을 합니다. 농부는 소젖을 짜내요. 비슷한 의미로는 일본 사람들이 영어 발음이 엉망인 탓에 extract를 익스트랙트가 아니라 엑기스라고 발음해버렸어요.

And now the cow milking event.
이번 순서는 젖 짜기 입니다.

The ministry is currently pressed to milk a larger budget from the National Assembly.
재무부는 예산을 확대하라는 압력을 국회로부터 받고 있다.

M

militant [mílətənt]
교전 상태의, 전투의

bellicose

▌mili = solider. 군인들의 본 임무는 전투 fight.

US military action would spark revenge attacks from Hezbollah militants in Lebanon.
미국의 군사행동은 또 민병대들에 의한 보복 공격을 촉발할 것이다.

▌militant와 비슷한 철자인 militia는 민병대, 시민군으로 이전 한국의 광주 사태 때 전남 도청에 있었던 시민군을 가르키는 낱말.

The Islamic militias have besieged a major road junction during the clashes.
회교 민병대들은 교전 동안 주요 도로를 포위했습니다.

The United States has reproached Iran to interfere in Iraq's affairs by supporting sectarian militias.
미국은 이란이 민병대를 지원해 이라크 문제에 개입하고 있다고 비난하고 있습니다.

---

millennium [miléniəm]
천년간, 천년 왕국

a period of one thousand years

▌mill = thousand + anni = year = enni

Over millennia ice and water have rounded the stones.
여러 수천 년 동안에 얼음과 물이 침식하여 돌을 둥글게 했다.

The Christian Era is more than two millenniums old.
서력 기원은 2천년이 넘었다.

---

mincing [mínsiŋ]
점잔빼는, 짐짓 …인 체하는

affectedly dainty

▌mini = minci = small. 미니스커트의 길이는 짧아요. 엄한 부모님이 자녀에게 호통을 하면 자녀는 무서워 움추려 듭니다.

She hurried away with mincing steps.
그 여자는 총총걸음으로 사라졌다.

▌mince는 점잔빼며 말을 하기 때문에 mince one's words는 말을 완곡하게 하다 라는 의미입니다.

He told me not to mince matters.
그는 내게 단도직입적으로 말하라고 했다.

---

mind-boggling
[maind bágliŋ]
놀라운

surprised

▌자식이 놀랄 만한 일 mind-boggling을 하면 부모의 마음은 속이 부글부글 = boggle 끓어 오릅니다.

His speech boggled our mind.
그의 연설은 우리의 생각을 혼란스럽게 만들었다.

It really boggles my mind.
정말 날 깜짝 놀라게 하네요.

---

mint [mint]
만들다

make

▌단어를 만드는 것은 coin이지만 돈을 만들거나 단체를 만다는 것은 mint입니다.

A number of consortiums are minted by cable operators
다수의 컨소시엄들이 만들어졌다.

---

minuscule [mínəskjù:l]

아주 작은

minute

▌minu = small + scale = scule = size

Minuscule handwriting.
아주 작은 필체

It poses only a minuscule threat to our lives.
우리 삶에 극히 작은 위협밖에 되지 않는다.

minute [mainjú:t]

미소한, 상세한

tiny

▌mini = minu = small

The satellite can measure minute movements of the earth's surface from far away in space.
이 위성은 멀리 우주에서 지표면의 작은 움직임까지 측정할 수 있다.

mirage [mirɑ́:ʒ]

신기루, 망상

optical illusion

▌mirror. 거울을 보면서 백설 공주 어머니는 환상에 빠집니다. 세상에서 자신이 제일 예쁘다고. 하지만 의부 딸인 백설 공주가 더 예쁘다고 하니 열 받아 죽이려고 하죠. 우리가 읽은 이야기에서는 계모가 딸을 죽이려고 하지만 원작은 계모가 아니라 친엄마 라고 하네요.

A mirage is an optical illusion.
신기루는 착시현상이다.

The sweet mirage lured me on the way back.
돌아오는 길에 기분 좋은 신기루가 나를 유혹했다.

mire [mɑ́iər]

진창

entangle

▌mire = bog = 수렁.

He drags a student through the mire in public.
그는 사람들 앞에서 학생에게 창피를 준다.

The mouse in the corner was pretty in the mire when the cat stood before it.
구석에 있던 쥐는 고양이가 그 앞에 서 있을 때 꽤나 궁지 몰려 있었다.

mired [mɑ́iərd]

곤경에 빠진, 진창에 빠진

bogged

▌수렁에 빠진 A. 어려운 상황에 빠져 있는 것을 한국어도 '수렁'이라는 비유적인 표현을 동원.

The Party sank deeper into the mire of conflict.
그 당은 분쟁의 수렁에 더 깊이 빠져들었다.

misanthrope

[mísənθròup]

인간을 싫어하는 사람

one who hates mankind

▌anthro = man + mis=not=bad. 인간을 싫어함.

If you are a misanthrope, it is kind of hard to be part of America's cheering section.
만일 당신이 사람을 싫어한다면 즐거운 미국 사회의 일원이 되는 것은 어렵다.

M

misapprehension
[misæprihenʃn]
오해

error

mis = not + ap = go + pre = before = hens = hand. 미리 가서 체포를 못하거나 미리 이해를 하지 못하여 실수가 일어남.

We were laboring under the misapprehension that we would receive help.
우리는 도움을 받을 수 있을 것이라고 잘못 생각하고 있었다.

I thought you wanted to see me but I was clearly under a misapprehension.
난 당신이 나를 보고 싶어 한다고 생각했는데 내가 분명히 오해를 했던 것 같군요.

miscellany [mísəlèini]
잡다한 것

mixture of writings on various subjects

수필을 에세이와 미셀러니(miscellany)로 구분을 하는데, 전자는 지적 · 객관적 · 사회적 · 논리적 성격을 지니는 '소 평론'을 말합니다 하지만 후자는 감성적 · 주관적 · 개인적 · 정서적 특성을 가지는 신변잡기의 글로 보통 수필하면 에세이가 아니라 미셀러니를 말합니다.

A miscellany of poems by different authors.
여러 작가가 쓴 시문집

She's had a miscellany of jobs.
그녀는 잡다한 직업을 거쳤다.

mischance [mistʃǽns]
불행, 불운

ill luck

mis = not = bad + chance.

By pure mischance our secret was discovered.
순전히 운이 나빠서 우리의 비밀이 발각되었다.

He came back home without any mischance.
그는 무사히 집에 돌아왔다.

misdemeanor
[mìsdimí:nər]
경범죄

wrong doing

mis = not + de = not = mean = wrong. 단어에 부정 접두사가 두 개나 있어 mean이란 철자만 눈여겨 보세요.

Petty misdemeanors.
사소한 비행

Their past misdemeanors will tell against them.
그들의 과거 비행이 그들에게 불리하게 작용할 것이다.

miser [máizər]
구두쇠, 비열한 사람

mean man

mis = not = bar + er = man. 나쁜 사람.

A miser stood a person in buying a lunch.
한 구두쇠는 점심 사는 돈이 남에게 들게 하였다.

miserable [mízərəbl]
불쌍한, 비참한

poor

miser = bad man.

His mean words made life miserable for her.
그의 비열한 말들은 그녀를 계속 불쾌하게 했다.

He was in a miserable plight at that time.
당시에 그는 비참한 처지에 있었다.

mishap [míshæp]
사고

incident

▌mis = not = bad + hap = happen.

Poor communications were to blame for the mishap.
의사 전달이 잘 안 되어 불의의 사고가 발생했다.

There weren't any mishaps while I was away, were there?
내가 없는 동안 별 일 없죠?

---

misgivings [misgíviŋ]
불안

distrust

▌제대로 전달 giving을 했는지 걱정하는 모습과 연관.

The superintendent's outer confidence masks his inner misgivings.
감독관의 겉으로 보이는 자신만만함 뒤에는 근심이 감춰져 있다.

These Muslim intellectuals did play a significant role in dispelling some of these misgivings.
이들 회교 학자들이 이런 불안을 어느 정도 불식시키는 데 중요한 역할을 했다.

---

misnomer [misnóumər]
잘못된 호칭

wrong name

▌mis + nome = name.

Is it not a misnomer to dignify such works with the term Art?
그런 작품을 예술이란 이름으로 부르는 것은 잘못된 명명이 아닙니까?

Luxury hotel was a complete misnomer for the dilapidated building we stayed in.
우리가 머문 그 허물어져 가는 건물을 호화 호텔이라니 완전히 잘못된 호칭이었다.

---

mite [mait]
잔돈

change
small money

▌mice. 원래는 쥐처럼 작은 동물. 화폐가 나오기 전에 동물(가축)은 화폐 대용으로 사용됨.

Could you spare a little mite, sir?
잔돈 좀 빌려주시겠습니까?

---

mitigate [mítəgèit]
완화하다

appease

▌mit = go + it =go. 보내어 가게 하다. (고통, 슬픔 따위를) 완화하다. 서로 싸우기만 하는 부부. 같이 살아야 할 까요? 아니면 헤어져야 할까요? 서로 싸우지 말고 헤어져 고통스런 생활에서 벗어나야 할 것 같네요.

One can mitigate but not entirely stop terrorism.
우리는 테러를 완전히 중단시킬 수는 없으나 완화시킬 수 있다.

Congress could mitigate the problem by giving agencies an uncom mitted contingency operations budget.
의회는 용도가 확정되지 않은 비상예산을 각 부처에 제공함으로써 이 문제를 완화할 수 있다.

---

mnemonic [nimánik]
기억의, 기억을 돕는 것

memory

▌memory. 고대 그리스 부자 집에서 잔치가 벌어진 후 머리 좋은 사람이 먼저 그 집을 빠져 나온 후 지붕이 무너져 안에 있던 사람들이 형체를 알아보지 못할 정도로 몸이 토막이 났어요. 그래서 유족들은 미리 나온 현자에게 신체 부분들이 누구의 것인지 요청했고 이에 현자는 연회 당시 자신이 연상 했던 것을 떠올려 시신을 잘 수습 해주었던 것에 '연상 작용' 이란 단어가 파생.

Mnemonic is a memory tool that consists of techniques that can help you remember facts through association.
연상이란 연상을 통해 사실들을 기억하도록 돕는 기술을 가리킨다.

M

mobile [móubəl]
이동할 수 있는

movable

▌mob = mot = move.

The next frontier in mobile phones, not music, but ultrasound.
휴대폰의 차기 첨단 분야는 음악이 아니라 초음파입니다.

This series offers the ultimate mobile computing experience.
이 시리즈는 최상의 휴대용 컴퓨터 성능을 갖추고 있습니다.

---

mock [mák]
조롱하다, 흉내 내며 놀리다

ridicule

▌laugh at. laugh는 '웃다' 이지만 전치사 at가 첨부된 laugh at은 '비웃다'. fun은 '웃다' 이지만 funny는 비웃음. 즉, 전자는 긍정적인 문맥에 사용되지만 후자는 부정적인 상황에 쓰인다.

The champion made a mock of the amateurs work.
선수는 아마추어들의 작품을 비웃었다.

They made mock of his silly question.
그들은 그의 어리석은 질문을 비웃었다.

---

modest [mádist]
겸손한, 정숙한

humble

▌mod = mid. 성적이 중간이면 별 볼일 없어요.

Don't be so modest! I understand you also brought in six new client s. Well done, Jan.
그렇게 겸손하실 건 없어요! 6군데나 새 거래처를 만드신 거 알고 있어요. 잘 하셨어요, 잰.

He had saved enough money over the last four years that he was able to make a down-payment on a modest house.
그는 지난 4년 동안 많은 돈을 저축하여 괜찮은 집을 할부로 구입할 수 있게 되었다.

---

modify [mádəfài]
변경하다, 수정하다

change

▌mod = mid. 성격이 확고하지 않는 사람들은 이 말에도 귀가 쏠리고 저 말에도 귀가 쏠리는 변화가 심한 성격.

The landlady has modified the terms of lease.
집주인 여자는 임대 조건을 변경했다.

The system encourages offenders to modify their behavior.
그 제도는 범법자들이 자신들의 행동을 고치도록 용기를 북돋운다.

---

modulate [mádʒulèit]
조정하다, 변화시키다

change one key to another

▌mod = mid.

He could modulate his noble voice with great skill.
그는 자기의 고상한 목소리를 큰 기교로 조정할 수 있었다.

---

moist [mɔ́ist]
축축한

damp

▌여성 화장품을 선전하면서 moisture라는 문구를 자주 말합니다. 수분 성질이 많다는 것이죠.

The laundry is moist with dew.
빨래가 이슬에 축축하다.

A whale spouts hot, moist air when it breathes.
고래는 숨을 쉴 때 뜨겁고 축축한 공기를 뿜어낸다.

---

mold [móuld]
틀

form

▌명사는 곰팡이. 성전환(=품사 전환)되어 동사로 '만들다'는 의미가 있어요.

I molded on the prototype.
시제품을 본떠서 만들었다.

Sheets of battery might be molded to become part of a device.
배터리의 금속판은 장치에 맞게 만들어진다.

molecule [máləkjù:l]
분자

particle

▌melt = mol = soft. demolish에서 mol은 grind = 갈다. 갈아서 아래로 가는 것은 destroy의 유사어.

A molecule of water consists of two atoms of hydrogen and one atom of oxygen.
물의 분자는 수소 2 산소 1의 원자로 구성되어 있다.

Sodium and chloride, the elements that make a salt molecule, have a wide range of jobs inside our bodies.
소금 분자를 구성하는 성분인 나트륨과 염화물은 우리 체내에서 매우 다양한 일을 하고 있는데요,

mollify [málifài]
누그러뜨리다, 완화시키다

soothe

▌melt = mol = soft. 앙금이 진 두 사람의 관계도 한국어에서 '눈 녹듯'이라는 표현에 빗대어 말하듯이 영어도 mol-은 눈 녹듯이 진정 시키고 좋지 않은 것이 사라지는 것을 말합니다.

That won't be enough to mollify the public's ire.
그 정도로는 국민의 분노를 진정시키기에 충분치 않다.

molten [móultən]
녹은

melted

▌melt = molt.

The volcano spurted out molten lava.
화산이 녹은 용암을 뿜어냈다.

An immense volume of rocks and molten lava was erupted.
막대한 양의 바위와 용해된 용암이 분출됐다.

momentous [mouméntəs]
중대한, 중요한

important

▌moment. 인생을 살아가면서 순간적인 선택을 잘하여 평생 동안 장미빛 길을 걸을 수도 있지만 반대로 순간적인 판단을 잘 하지 못하여 평생 동안 고생을 하는 경우도 많아요. 그래서 순간은 아주 중요하다는 비유적인 의미로 확대.

One of those momentous events causes a sea change in public attit udes.
대중의 태도에 대대적인 변화를 가져온 획기적인 사건들 중의 하나.

momentum [mouméntəm]
탄력, 운동량

impetus

▌move = mob = mot = mon. 움직이다. 움직임은 힘 = power.

I should do it all when I gain momentum.
나는 탄력이 붙을 때 모든 것을 해야겠다.

Finish work before you lose momentum.
탄력을 잃기 전에 일을 끝내라.

M

monarchy [mάnərki]
군주 정치

government under a single ruler

mono = one + archy = politic. 혼자서 하는 정치.

The French Revolution changed France from a monarchy to a republic.
프랑스 혁명은 프랑스를 군주제로 부터 공화제로 변화시켰다.

Nepal's political parties opposed to the monarchy have also rejected the king's call for dialogue.
네팔의 야당들 대화를 촉구한 국왕의 제의를 거부했습니다.

monetary [mάnətèri]
돈의, 화폐의

money

mone = 돈. 돈 관리는 여자가 해야 하죠. 그래서 그리스 신화에서 제우스 부인을 모신 사당 이름이 moneta. 이곳에서 돈을 찍었기 때문에 money가 돈. 머니 머니 해도 머니 = 돈이 좋다고 하는 현대 세상.

At the same time, monetary policy looks like it's going to be kept loose.
동시에 통화정책도 계속 느슨하게 유지될 것으로 보입니다.

The head of the International Monetary Fund says high oil prices are likely to last,
국제 통화기금 IMF의 총재는 앞으로도 고유가가 지속될 것 같다고 말했습니다.

monotonous [mənάtənəs]
단조로운

simple

mone = one + ton = sound. 소리가 하나. 이렇게 수업을 하면 학생들이 지겨워 합니다. 다혈질 처럼 목소리 높 낮이에 변화무쌍 해야 명 강사라나요???.

Prices go up with monotonous regularity.
물가가 한결 같이 규칙적으로 상승한다.

Economic crises recur with monotonous regularity.
경제위기는 단조로울 정도로 규칙적으로 되풀이된다.

monosyllabic [mὰnəsilǽbik]
단음절의

having only one syllable

syllab = 음절. 음절이란 단어를 한꺼번에 발음하기 어렵기 때문에 나눠 발음 하는 단위를 말합니다. 예를 들어 mono는 2음절.

Chapter 348 consists a list of monosyllabic words.
chapter 346은 단음절 단어로 구성되어 있다.

monumental [mὰnjuméntl]
기념비의

massive

monument = tower. 기념탑은 위용을 자랑해야 하기 때문에 국력을 소진해서라도 거대하게 만듭니다.

Everything was planned on a monumental scale.
모든 것이 엄청나게 큰 규모로 계획되었다.

moody [mú:di]
침울한

depressed

mood는 기분. 우리가 알고 있는 단어에서 단어의 길이가 길어지면 부정적인 뜻. 기분이 우울.

It is difficult to predict his reaction because he is so moody.
그는 변덕스럽기 때문에 그의 반응을 예측하기가 힘들다.

moratorium

[mɔ̀:rətɔ́:riəm]
지불 정지

legal delay of payment

▌한국어 '몰아' · 한 나라에 돈이 바닥이 나 돈이 있는 나라에서 파산이 난 나라에게 돈을 몰아주어야 하는 상황.

The moratorium that was placed on hiring in April will be lifted at the end of the month.
4월에 내려졌던 고용 동결 조치는 이달 말로 해제될 것이다.

The moratorium is voluntary_ for the time being.
지급 유예는 당분간 임의로 적용된다.

---

more [mɔ́:r]

숙어
more than :– 이상 = over

▌more than은 비교급인 more --- than과는 다르게 more than처럼 두 단어가 붙어 사용될 때는 - 이상이란 over의 의미입니다.

He required more than could be anticipated.
그는 예상했던 것보다 많은 것을 요구했다.

---

mores [mɔ́:reiz]

사회적 관습

conventions

▌moral. 도덕과 사회적 관습은 유사어.

Regardless of cultural mores, women routinely face multiple forms of abuse.
문화적 관행을 불문하고 여성들은 다양한 형태의 학대에 일상적으로 직면하고 있다

---

moribund [mɔ́:rəbʌ̀nd]

죽어가는

dying

▌mor = dead. 인간은 mortal이요, 신은 immortal.

Central Europe's robust growth seemed to threaten the moribund "social model" in Western Europe.
중부 유럽의 견실한 경제성장은 서유럽의 침체된 '사회주의 모델'을 위협하는 듯 보였다.

The measures are part of the government's extensive support plan to revive the moribund venture sector.
이번 대책은 침체된 벤처 분야를 활성화하기 위한 정부의 대대적인 지원 계획의 일환이다.

---

morose [məróus]

우울한

melancholy

▌mor = dead + rose. 아끼던 장미가 시들어 버려 죽었음.

She just sat there looking morose.
그 여자는 거기에 우울한 표정을 한 체 앉아 있었다.

---

mortgage [mɔ́:rgidʒ]

저당

loan

▌아파트와 같은 집을 저당 설정하고 융자를 받는 것을 말합니다.

He took out a mortgage on his apartment.
그는 자기 아파트를 저당 잡혔다.

Low mortgage rates have been spurring home sales by giving buyers an incentive.
낮은 주택 담보 대출 금리에 힘입어 주택 판매가 활기를 띠고 있다.

M

mortify [mɔ́:rtəfài]
–에게 굴욕을 느끼다

humiliate

mor = dead. 시험을 잘 보지 못했다고 공개적으로 말하는 선생 때문에 A양은 창피했어요.

In reality, you're mortified that your marriage failed.
사실은 결혼에 실패한 걸 분해하고 있어요.

She spotted him for the suspect, he gave a spring cause he was mortified.
그녀는 그를 용의자로 지목했고 억울한 그는 팔짝 뛰었다.

---

motivation [mòutəvéiʃən]
자극

stimulation

mot = move.

Supervisors are always concerned about worker motivation and how to improve it.
상사들은 직원의 동기 유발 및 증진 방안에 항상 신경을 쓴다.

We need people with above average writing ability, creativity and a high degree of motivation.
뛰어난 작문 실력과 창의력과 왕성한 의욕을 지닌 분이면 됩니다.

---

mosaic [mouzéiik]
모자이크

picture made of colorful small inland tiles

모자이크. 이슬람교도들은 기독교와는 다르게 성자의 모습을 사원 안에 그릴 수 없어 대신에 그들은 모자이크로 사원 안을 장식.

A design in mosaic.
모자이크 무늬

I saw ancient Roman mosaics.
나는 고대 로마시대 모자이크를 보았다.

---

motif [moutí:f]
주제

theme

mot = move. 작가가 글을 쓰도록 해주는 주제.

Fire is a motif in Christian preaching that uses vivid descriptions of hell.
불은 기독교의 설교에서 지옥의 생생한 묘사에 사용된다.

---

motley [mátli]
잡색의

mixed

mot = dust. 중국에서 불어오는 황사에는 먼지 dust이외에 몸에 좋지 않은 여러 성분이 섞여 있다고 합니다.

A little boy was rigged out as a clown, then he wore the motley.
어린 소년은 광대 옷을 차려입고, 어릿광대 노릇을 했다.

---

mourn [mɔ́:rn]
울다, 슬퍼하다

weep

mount. 산의 묘지에 가서 자녀들은 부모들의 묘를 보면서 하염없는 눈물을 흘림.

Many people gathered to mourn Merry who went to heaven last week.
많은 사람이 지난주에 있었던 메리의 죽음을 슬퍼하기 위해 모였다.

People all over the world mourned over her death.
전 세계 사람들은 그녀의 죽음을 애도했다.

---

moving [múːviŋ]
감동적인

touching

mov = go. 감동적인 언행을 해야 상대방의 마음을 움직일 수 있어요.

His moving speech was enough to carry the audience.
그의 감동적인 연설은 청중을 매혹시키기에 충분했다.

---

muggy [mʌ́gi]
무더운

hot

mug. 컵 = mug에 따뜻한 커피가 담아져 있는 모습 연상.

In spite of the muggy weather, people look so happy.
날씨가 후덥지근해도 사람들은 아주 즐거워 보인다.

It gets a little muggy for a few weeks in the summer.
여름철에 몇 주 동안은 좀 후덥지근합니다.

---

mull [mul]

숙어
mull over :숙고하다

물어 = mull 본 것에 관하여 = over 숙고를 해보다.

We mulled over whether to accept the proposal.
우리는 그 제안을 받아들일 지에 관해 심사숙고했다.

I need a few days to mull things over.
나는 그 일들을 숙고할 테니 며칠 여유를 주세요.

---

multiplicity [mʌ̀ltəplísəti]
다양성

state of being numerous

multi = many. multivision. 원래는 음악도 였던 백남준. 그는 파리에 가서 얼떨결에 고물 흑백 TV 여러 개를 동시에 틀어 세계적인 예술가가 되었습니다.

This situation can be influenced by a multiplicity of different factors.
이 상황은 여러 가지 많은 요소들에 의해 영향을 받을 수 있다.

---

multiracial [mʌ̀ltiréiʃəl]
다민족의

consisting of or involving people of many different nationalities and cultures.

race = 인종.

The United States should return to its former ideal of a multiracial society.
미국은 과거 다인종사회의 이상으로 되돌아가야 한다.

M

mumble [mʌ́mbl]
중얼거리다

mutter

mom = mum. 어린 아이는 태어나서 처음으로 '엄마' 라고 해요. mom을 말하는 이유는 젖을 주면서 친근해진 이유도 있고, 또한 m은 양 입술을 이용하여 발음하기 때문에 발음의 용이성 때문입니다. 이런 이유 때문에 아이들은 구강 가장 뒤쪽에서 내는 k/g는 가장 나중에 발음한다고 해요.

Jeremy frowned but mumbled "Sure," and reached under the counter.
제레미는 인상을 찌푸렸지만 "물론이죠" 하고 중얼거리고는 카운터 아래로 손을 넣었습니다.

mumble처럼 중얼거리면 알아들을 수 없는 말입니다. 그래서 철자가 비슷한 mumbo는 mumbe-jumbo라는 복합어를 이루며 이는 미신적 숭배물 혹은 우상을 가르킵니다.

The five-point verbal understanding is mumbo jumbo defying clear-cut interpretation.
이번 5개항 구두 합의는 명확한 해석이 불가능한 애매모호한 내용으로 가득차 있다.

Global warming has passed from scientific hypothesis to the realm of pseudo-scientific mumbo-jumbo.
지구온난화는 과학적 가정을 지나 사이비과학의 헛소리 영역으로 넘어갔다.

mundane [mʌndéin]
현세의, 세속적인

worldly

man = mun. 인간이 사는 세상. 속세는 더럽고 추악합니다.

China's rising tide of nationalism has spread far beyond the mundane bounds of political quarrels.
중국의 고조되는 민족주의 물결은 정치 싸움의 세속적 범위를 훨씬 넘어섰다.

The threat of terrorism is a grave matter. What about life's more mundane details?
테러위협은 크나큰 문제입니다. 그렇다면 좀더 평범한 일상사는 어떨까요?

mural [mjúərəl]
벽의

wall painting

라틴어에서 mur = wall.

Mural artists use many things to draw.
벽화 예술가들은 그림을 그리기 위해 많은 물건들을 사용한다.

Famous European artist created some of the most beautiful mural paintings ever.
유명한 유럽의 예술가들은 역사적으로 가장 아름다운 벽화들을 만들었다.

muse [mjú:z]
생각하다, 명상하다

think

music. 보통 사람들은 음악을 들으며 생각에 잠깁니다.

He mused on the mystery of death.
그는 죽음의 신비를 깊이 생각했다.

No records today can prove without a doubt that she also was his muse.
그녀가 실제로 그의 그림에 영감을 주었는지를 명확히 밝혀주는 기록은 현재까지 없습니다.

mushroom [mʌ́ʃru:m]
빠르게 증가하다

grow rapidly

▌mush = 버섯. 버섯은 비가 온 후 아주 급속도록 많이 생겨납니다.

At a time of mushrooming budget surpluses the country can easily afford it.
예산 흑자가 대폭 증가한 이 때에 국가에서는 그 것을 쉽게 감당 할 능력이 있다.

Mr. Bush's political standing has declined as doubts about his Iraq p olicy have mushroomed.
부시 대통령의 이라크 정책에 대한 불신이 급속도로 확산되면서 그의 정치적 위상은 낮아지고 있습니다.

---

muster [mʌ́stər]
소집하다, 모이다

collect

▌monster. 괴물이 나타나면 이전 고대에서는 장사들을 불러 모아 퇴치를 하려고 했어요.

More than ever, they may need all the luck they can muster.
그들이 불러모을 수 있는 모든 행운은 그 어느 때보다도 지금 그들에게 필요할지 모른다.

Iran did but failed to muster the 96 vote majority necessary for elec tion.
이란은 입후보했으나, 선거에 반드시 필요한 과반수 96표의 지지를 얻는데 실패했습니다.

---

musty [mʌ́sti]
곰팡내 나는, 진부한

spoiled by age

▌moist = musty. 수분 = 습기가 많으면 철에 녹이 슬어요.

The musty smell of old books.
오래된 책에서 나는 곰팡내

The lady went to the musty attic.
그 여자는 곰팡내 나는 다락에 갔다.

---

mutable [mjú:təbl]
변하기 쉬운, 변덕스러운

changeable

▌mut = mot = go = change.

Don't listen to him as his opinions are always mutable as weather.
그의 생각에 줏대가 없으므로 그에게 귀를 기울이지 마라.

---

mutilate [mjú:təlèit]
절단하다

cut

▌물체를 자르는 기본적인 의미에서 비유적으로는 검열을 하다로 의미가 확장됩니다.

He blanched at the sight of the mutilated corpse.
토막 난 사체를 보고 그는 얼굴이 하얗게 질렸다.

The censor mutilated the film.
영화가 검열에 잘려서 병신이 돼 버렸다

---

mutiny [mjú:təni]
폭동

rebel

▌move. 선상에서 선장을 향해 반란이 일어나는 경우 선원들의 발걸음이 많아집니다. 이런 선상 반란에서 이제는 모든 반란으로 뜻이 확대.

The team manager nearly had a mutiny on his hands.
그 팀장은 거의 하극상을 당할 뻔했다.

He was accused of inciting other officers to mutiny.
그는 다른 장교들이 폭동을 일으키도록 선동했다는 혐의로 고소되었다.

---

muzzle [mʌ́zl]
제약

restriction

▌개와 같은 동물이 짖어 시끄러운 소리가 나는 것을 막기 위하여 동물들의 주둥이에 씌우는 망을 원래는 말했지만 비유적으로는 언론의 자유를 막는 행동을 의미하게 되었어요.

Iran's ruling elite have used religion as a guise for muzzling personal freedoms.
이란의 집권층은 개인적 자유를 제약하는 수단으로 종교를 활용해 왔다.

---

myopic [maiɑ́pik]
근시의, 근시안적인

nearsighted

▌me = my + op = see. 나만 보는 사람. 지금 당장은 성공 할 수 있을 것 같지만 결국에 근시안적인 시각 때문에 별 볼일 없게 됩니다.

Myopic people can usually read without corrective lenses.
근시안을 가진 사람들은 흔히 교정 렌즈가 없이도 글을 읽을 수 있다.

---

myriad [míriəd]
많은

large number

▌미로. 사랑의 미로라는 말이 있어요. 완전한 사랑을 하려면 많은 어려움을 이겨내야 합니다. 미로는 많은 어려움이 있어야만 그곳을 빠져 나올 수가 있어요.

The myriads of stars were twinkling in the night sky.
밤하늘에 무수한 별들이 반짝이고 있었다.

---

mystify [místəfài]
혼란

bewilder

▌myst = mist. 안개가 끼면 운전을 할때 황당 해집니다.

They completely mystify me. I'd like to learn more about them.
컴퓨터는 통 모르겠어요. 좀 더 배우고 싶어요.

Their edicts mystify Kabulis.
탈레반의 명령에 카불 시민들은 혼란스러워 합니다.

---

myth [míθ]
잘못된 생각

wrong thought

▌mist. 신화는 사실인지 아닌지 확실히 모르는 애매한 상황. 그래서 안개와 연관이 있어요. 한국어의 '안개 정국'을 생각 해보세요. 한국의 단군 신화는 지금도 사실이라고 생각하는 선생들도 있고 그렇지 않고 가짜인 신화라고 보는 분들도 있죠. 만일 신화라면 잘못된 생각을 우리에게 주입하는 것이죠.

Myth of racial superiority.
인종적 우월성이라고 하는 그릇된 통념.

The pervasive image of the empty-headed female consumer contributes to the myth of male superiority.
머리 빈 여자 소비자들에 대한 보편적인 이미지가 남성이 우수하다는 사회 통념을 만드는데 일조했다.

[ACTUAL TEST]

밑줄 친 낱말과 동의어를 고르세요.

1. This is a makeshift plan until we decided what to do.

(A) a temporary (B) an urgent (C) an ignoble (D) an outrageous

2. The democratic party took a middle-of-the-road stance on educational issues.

(A) a backward (B) an extreme (C) a futuristi (D) a moderate

3. He is good at subterfuge, at gaining entry to factories by masquerading as a laborer, a wholesaler, or an exporter.

(A) trespassing (B) sacrificing (C) enduring (D) faking

4. Holiday movies made for TV all try to preserve television' s traditional mawkishness while adding a touch of modern sarcasm.

(A) conservatism (B) seriousness (C) sentimentality (D) frivolity

5. While the government can mandate safety features within cars, they cannot always control the driving behaviour on the road.

(A) comply (B) require (C) outfit (D) change

6. The bald eagle is one of the sea eagles. Its name is a misnomer because the bird does not lack feathers. The name comes from an old word meaning "marked with white" which is appropriate because the mature bald eagle has a white head and tail.

(A) something described incorrectly (B) an embarrassing or offensive word
(C) something depicted imaginatively (D) a newly-coined word

7. "I've never measured up to the soldier my father was," the general told about 75 fellow West Point graduates and their spouses.

(A) emulated (B) conquered (C) appraised (D) respected

8. It has been decided by the governments of certain countries that a person found guilty of dealing in hard drugs should receive a mandatory sentence of life in prison.

(A) harsh (B) prescribed (C) dissuasive (D) penal

M

9. Manufacturers who carry out government orders have to be very careful to meet specificati ons.

(A) encounter (B) satisfy (C) prepare (D) anticipate

10. Jack made believe that he had nothing to do with the incident.

(A)acknowledged (B) confided (C) pretended
(D) was convinced (E) claimed

11. It would be mortifying to find myself ten francs short and be obliged to borrow from my guest.

(A) surprising (B) humiliating (C) disturbing
(D) complacen (E) ridiculous

12. The shift in the form and content of public discourse is not only manifested in what is on television but also in what is off television.

(A) delivered (B) displayed (C) deployed
(D) distributed (E) determined

13. He was concerned only with mundane matters, especially the daily stock market quotations.

(A) global (B) futile (C) spiritual (D) worldly

[FILL THE PROPER WORD IN THE BLANK]

빈칸에 들어갈 적당한 단어를 고르세요.

14. He took ________ pleasure in other people' s misfortunes.

(A) friendly (B) malicious (C) benign (D) swarming

15. Jane couldn' t get the job because she didn' t ________ the requirement.
He should ________ the deadline; otherwise, the teacher won' t accept his final paper.

(A) replace (B) show (C) get (D) meet

[EXPLANATION]

1. [VOCA]
makeshift 임시변통의 urgent 긴급한 ignoble 천한, 비열한 outrageous 포악한, 터무니없는
[TRANSLATION]
이것은 우리가 해야 할 것을 결정할 때 까지의 일시적인 계획이다.
[ROPES]
makeshift는 transient와 동의어
[ANSWER] A

2. [VOCA]
middle-of-the-road 중용 stance 자세, 입장
[TRANSLATION]
민주당은 교육 문제에 관해 중립적인 자세를 취했다.
[ROPES]
중간의 길을 가는 것은 양쪽의 극단적과는 대조적. 온건을 의미.
[ANSWER] D

3. [VOCA]
masquerade 변장하다 fake 위조하다 trespass 침입하다 sacrifice 희생하다 endure 견디다
subterfuge 구실, 핑계 wholesaler 도매업자
[TRANSLATION]
그는 속임수에 능하여, 노동자나 도매업자, 혹은 수출업자로 위장하여 공장에 들어가는 데에 능숙하다.
[ROPES]
masquerade 〈 mask. 마스크를 쓰는 것은 위장이나 변장을 위한 것.
[ANSWER] D

4. [VOCA]
mawkishness 감상적 conservatism 보수주의 seriousness 진지함 frivolity 경솔, 천박
touch 조금, 약간 sarcasm 풍자
[TRANSLATION]
TV방송용 휴일 영화들은 모두 현대적인 풍자를 조금 추가하면서도 TV의 전통적인 감수성을 보존 하려고 노력한다.
[ROPES]
'목이 쉬다' 는 한국어와 발음이 비슷. 이성적인 사람보다는 감성적인 사람이 잘 울어 목이 쉬는 것과 연관.
[ANSWER] C

M

5. [VOCA]

mandate 명령하다 comply 동의하다 outfit 공급하다 safety feature 안전 장비 behaviour 행동

[TRANSLATION]

정부가 자동차 내부에 안전 장비를 갖추도록 요구할 수는 있을지라도, 그 장비들이 도로 위에서의 운전 습성을 항상 통제할 수 는 없다.

[ROPES]

man = hand. 손으로 어떤 개체나 추상적인 상황을 통제하는 모습과 연관.

[ANSWER] B

6. [VOCA]

misnomer 틀린 이름 embarrassing 당혹하게 하다 offensive 불쾌한, depict 기술하다 newly-coined 신조어

[TRANSLATION]

흰머리 독수리는 바다 독수리 중의 하나이다. 그 동물의 이름은 잘못 불리어지고 있다. 그 이유는 그 부분에 깃털이 부족 하지 않기 때문이다. 그 이름은 '흰색으로 표시된'이라는 고어에서 유래했다. 그래서 그 고어가 적절한 표현이다. 왜냐하면 성숙한 대머리 독수리는 흰머리와 꼬리를 가졌기 때문이다.

[ROPES]

misnomer + mis = not + nom = name = 이름

[ANSWER] A

7. [VOCA]

measure up to ~에 일치하다 general 장군 fellow 동료의 West Point 미 육군 사관학교 graduate 졸업생 spouse 부부, 배우자 emulate ~에 필적하다 conquer 정복하다 appraise 평가하다 respect 존경하다

[TRANSLATION]

"나는 나의 아버지와 같은 군인 이었던 적이 결코 없습니다"라고 그 장군은 대략 75명의 동료 육군 사관학교 졸업생과 그들의 배우자 들에게 말했다.

[ROPES]

measure up to는 match = 일치와 동의어

[ANSWER] A

8. [VOCA]

certain 특정한, 어떤 deal in 거래하다 hard drug 습관성 마약 mandatory 의무적인, 필수적인 sentence (형의)선고 life in prison 종신형 harsh 가혹한 prescribed 미리 규정된 dissuasive 말리는 penal 형벌의, 형사상의

[TRANSLATION]

마약을 거래해서 유죄 판결을 받은 사람은 반드시 종신형 선고를 받아야 한다고 특정 국가의 정부 관리들은 판결해 왔다.

[ROPES]

필수적인 것은 보통 미리 규정하게 됨.

[ANSWER] B

9. [VOCA]

meet 만족시키다 specification 명세사항, 열거 encounter (우연히) 만나다
anticipate 예상하다, 기대하다

[TRANSLATION]

정부의 주문을 이행 해야하는 제조업체 들은 명세 사항을 만족 시키기 위해 아주 신중 해야 한다.

[ROPES]

meet는 만족하다. sat = happy. 토요일은 직장에 가지 않기 때문에 즐거운 날. 그래서 토요일은 Saturday입니다.

[ANSWER] B

10. [VOCA]

make believe …인 체 하다 have nothing to do with …와 아무 상관이 없다 incident 사건
acknowledge …을 인정하다 confide …을 이야기하다

[TRANSLATION]

Jack은 자신이 그 사건과 아무런 관련이 없는 척 했다.

[ROPES]

make believe는 믿는 것이 아니라 믿는 척 하는 것.

[ANSWER] C

11. [VOCA]

mortify 굴욕감을 주다 be obliged to – 하지 않을 수 없다 humiliating 굴욕적인
disturbing 불안하게 하는 complacent 자기만족의 ridiculous 우스운

[TRANSLATION]

10프랑이 없어서 내가 손님 에게 빌릴 수 밖에 없다면 창피한 일이다.

[ROPES]

mort = dead. 죽고 싶은 마음. 쪽 팔리는 일 때문에 생기죠.

[ANSWER] B

12. [VOCA]

discourse 대화 manifest 나타내다, 명백한 display 보여주다, 전시하다 deploy 배치하다, 사용하다

[TRANSLATION]

대화의 형식과 내용의 변화는 텔레비전 에서 뿐만 아니라 텔레비전 밖에서도 확실히 드러나고 있다.

[ROPES]

manifest = mani = man = hand +fest = fes = fas = fac = make.
손으로 직접 만들었기 때문에 확실함.

[ANSWER] B

M

13. [VOCA]

mundane 세속적인 stock 줄기, 주식, 재고 quotation 인용문 futile 쓸모없는

[TRANSLATION]

그 사람은 세속적인 일들, 특히 매일 주식시장 시세에만 관심을 가졌다.

[ROPES]

mundane 〈 man = 인간. 인간이 사는 곳은 세속적인 장소.

[ANSWER] D

14. [VOCA]

malicious 악의 benign 친절한 swarming 가득 찬

[TRANSLATION]

그 남자는 다른 사람들이 불행하면 심술궂은 기쁨을 느꼈다.

[ROPES]

다른 사람의 불행에 즐거워 한다면 ________ 사람에 빈칸에 들어 갈 말은 악의 적인 혹은 심술 궂다가 가장 적당.

[ANSWER] B

15. [VOCA]

meet 만족시키다 requirement 필요조건 deadline 마감시간

[TRANSLATION]

Jane은 그 자격 조건을 맞출 수 없기 때문에 취직을 하지 못했다. 그는 마감 기한에 맞춰야 한다. 만일 그렇지 않으면 그 선생님이 그의 학기말 리포트를 받아 들이지 않을 것이다.

[ROPES]

충족하다 혹은 만족하다에 해당되는 영어 단어가 들어가야 함.

[ANSWER] D

N

N로 시작하는 철자들 이것만은 꼭 알자

1. 어둠의 자식이란 한국어 표현이 있어요. 낮은 밝기 때문에 긍정적인 문맥에 사용되지만 밤은 어둡기 때문에 부정적인 맥락에 사용됩니다. nox = noc = night = harm.

밤

NIGHT NOC NOX

예) innocent / innocuous / noxious / nuisance / obnoxious / pernicious

위 단어들은 모두 밤에 해당되는 noc - 혹은 그 변이형 들이 들어가 있어요. 밤은 깡패들이 활동하기 때문에 좋지 않지만 innocent는 밤이 아니기 때문에 '순수함'이, pernicious등에서는 nic-가 있어 해롭다는 의미가 됩니다.

2. 영어의 no는 다른 철자들 ne = ni처럼 not을 의미해요. 보통 사람들은 흑인들을 별로 선호하지 않습니다. 흑인은 nigro예요.

부정

NO　　NI　　NE

예) nihilism negligence = careless negate = deny

허무주의자들 nihilism은 인생 전체를 부정적으로 바라봅니다. 부주의한 것도 부정적인 내용이기 때문에 negligence이고 다른 사람의 말 등에 거부 표시를 하는 것은 negate 입니다.

3. 태어나다와 관련된 철자로는 gen(=gentleman)이외에도 아래처럼 nat철자들이 있습니다.

태어나다

BEAR　　NAT

예) renaissance / pregnant / innate / cognate / naive / nascent / nature / pregnant puny

그리스 시대는 인간 중심의 사회였습니다. 하지만 천주교가 들어서면서 인간이 아니라 신 중심의 사회였기 때문에 십자군 전쟁의 와중에 돈을 벌었던 이탈리아를 중심으로 다시 그리스 시대로 되돌아 가자고 주장했던 시기가 renaissance입니다. re + naissance. pregnant 는 pre + g + nant는 태어나기 이전이기 때문에 임신을, innate는 in + nate로 엄마 배속부터 가지고 태어났다는 선천성이란 의미.

4. 우리가 모르고 있는 단어들은 이미 알고 있는 단어들과 철자들이 비슷합니다. 이름은 name이기 때문에 nom-이란 철자로 시작되어도 name과 같은 의미입니다.

이름

NAME　　NOMEN

예) nomination / acronym / synonym / homonym / antonym

5. 새로움은 new. new는 영어의 다른 철자들인 no-와 ne-로 시작하는 단어들과 같은 의미

들입니다.

새로움

NEW NOV NE

예) novice / novel / novelty / renovate / innovate / neologism

위 단어 중 가장 대표적으로 초보자는 어떤 일에 처음 그리고 새롭게 시작하기 때문에 단어가 no-로 시작을 합니다.

nadir [néidər]

밑바닥, 최하점

bottom

▌레이더. 구축함의 레이더 요원은 레이더를 이용해 바다 밑에 있는 숨어 있는 잠수함을 찾아냅니다.

Someone at the nadir of drugs can only think of obtaining drugs and nothing else.

마약의 구렁텅이에 빠진 사람은 마약을 손에 넣는 데에만 골몰한다.

nagging [nǽgiŋ]

잔소리가 심한

keep asking you to do something

▌nagga = 한국어의 '나가'. 바가지를 긁는 A아주머니. 결국 술 먹고 집에 아예 들어오지 않은 남편에게 '집에서 나가' 라고 소리 지르며 바가지를 엄청 긁고 있는 모습 연상. 세계 최고의 바가지 긁는 부인은 소크라테스 부인. 남편이 얼굴 못생긴 추남까지는 참겠는데 제자인 플라톤과 동성애에 빠져 집에 안 들어오니 부인으로서는 열 받을 수 밖에...

My mother's continual nagging drove me into running away from home.

엄마의 끊임없는 잔소리가 나로 하여금 가출하게 하였다.

nail [néil]

▌nail이 들어간 구절동사 중 nail down이 들어간 표현을 알아두세요.

nail down : 못을 쳐서 고정시키다 ,꼼짝 못하게 만들다 (못질하면 고정이 됨)

We did not nail down a specific date for him to report to court.

검찰 관계자는 "출석날짜를 못 박지는 않았다.

name [neim]

▌name가 들어간 표현 중에서는 call one's name = 욕하다, 무시하다 이외에 아래의 어구도 알아 두어야 합니다.

the name of the game : 가장 중요한 점

Making the most profit at the lowest cost, that's the name of the game.

최소의 비용을 들여 최대의 이익을 남기는 것, 그것이 문제의 핵심이다

In this era of economic wars, national interest is the name of the game.

오늘날과 같은 경제 전쟁 시대에는 국익이 문제의 핵심이다

narrative [nǽrətiv]

이야기

tell

▌방송국에서 준비해준 뉴스 대본만을 읽으면 아나운서입니다. 하지만 자기 견해도 말을 한다면 아나운서가 아니라 앵커맨이라고 해요. narrator는 '인간극장' 과 같은 TV프로에서 얼굴은 보이지 않고 이야기를 하면서 진행하는 사람을 지칭.

His trip through Asia made an interesting narrative.

그의 아시아 여행이 재미있는 이야기를 만들어냈다.

narcissist [ná:rsəìzm]

자아도취

conceited person

▌자기 얼굴 잘 났다고 연못에 풍덩 빠진 미소년의 이름에서 파생. 주책도 유분수. 연못에 비친 모습이 자기 얼굴 인줄도 모르고 다른 미소년의 얼굴로 알고 물에 풍덩. 그가 죽은 후 그 연못에서 수선화가 생겨났다나...

Bill Clinton often comes across as a narcissist.

빌 클린턴은 종종 자기도취주의자의 면모를 느닷없이 노출한다.

nascent [nǽsnt]
발생하려고 하는, 초기의

beginning

르네상스. nas = nat = birth.

The formation of Iraq's nascent government means a new beginning for Iraq.
이라크 새 정부 구성은 이라크의 새로운 시작을 의미하는 것입니다.

nauseated [nɔ́:zièit]
구역질나다, 싫어하다

fill with disgust

nau = 노= 노를 저어라. mar = marine = sea = nau. 차를 타면 차 멀미가 생기듯이 배를 타면 출렁거리는 파도 때문에 배 멀미를 합니다. 술을 마셔서 먹은 것이 위로 다 올라오는 것은 오바이트 overeat라고 하는 것은 잘못된 표현. 이는 음식을 배가 터지도록 많이 먹었다는 것이고 한국에서 말하는 오바이트는 vomit 혹은 throw up.

I am nauseated with his affectation.
그의 잘난 체하는 꼴만 보면 메스껍다.

The smell of food for humans can nauseate the horses.
말에게는 사람의 음식 냄새가 역겨울 수 있습니다.

nautical [nɔ́:tikəl]
항해의

navigation

nau = sea. 지금은 자동차로 여행. 하지만 자동차가 나오기 전에는 배를 이용하여 여행을 했어요. 노 = nau = row. 노를 저어가면 움직이는 배를 연상.

The deposits lie in a disputed area where the nautical borders of the two countries' economic zones overlap.
매장량은 분쟁지역에 놓여있습니다. 이곳은 두 나라의 경제 지역이 겹치는 해안경계입니다.

nearly [níərli]
거의, 하마터면

almost

near = next to. 공간상 으로 가까워진 것은 비유적 으로 추상적인 것이 거의 이루어져 가는 것을 암시.

It is nearly impossible to find a parking space anywhere near the off ice.
때때로 사무실 근처에 주차할 곳을 찾기가 거의 불가능하다.

Near the Indus River, a large civilization was born nearly 5,000 yea rs ago.
인더스 강 부근에서 약 5000년 전에 거대한 문명이 탄생했다.

nebulous [nébjuləs]
성운의, 흐린, 불명료한

cloudy

내 ne + 별 bul. 밤하늘에 떠 있는 무수한 별을 보면서 이별은 내 것이고 저 별은 너의 것이야 하면서 서로 사랑을 속삭이던 청춘 남녀들 연상. 별들이 많이 구름처럼 모여 있어요. 그래서 성운. 성운은 멀리 있어 우리 눈에는 희미하게 보이죠.

Nebulous ideas / plans / concepts.
애매한 생각/계획/개념

A nebulous recollection of the meeting.
그 회합에 관한 분명하지 않은 기억.

Social exclusion is a nebulous concept.
사회적 제외는 모호한 개념이다.

needle [ní:dl]
괴롭히다

hurt

▌조선의 아낙들은 남편이 오지 않아도 고려의 여자들 처럼 바람을 왕창 피운 것이 아니라 허벅지를 바늘로 콕콕 찌르면서 남편이 돌아오기를 기다림. 바늘로 찌르면 안 아프나요?

He needles his sister.
누이를 괴롭히다.

nefarious [niféəriəs]
극악한, 사악한

bad

▌nefa = ne 너 + fa = 패. 말로 해야지, 사람 패는 놈. 좋은 사람은 아니네요? ne = ni = no + far = fac = make. 나쁘게 만듬.

Nefarious deeds / activities
사악한 행위/행동

Tat doesn't mean I admit to a nefarious past.
그것이 내가 좋지 않은 과거가 있다는 것을 인정하는 것은 아니다.

negate [nigéit]
부정하다, 무효로 하다

deny

▌ne = no.

Sri Lanka's military negates involvement in the blast.
스리랑카 정부는 이 사건과 아무런 관련이 없다고 말했습니다.

Statistical trends alone negate that possibility.
통계의 흐름만 봐도 그럴 가능성은 없다.

negligence [néglidʒəns]
부주의

careless

▌neg = no + diligence = 근면 = care. 공장 일에 관심 없다고. 그럼 나가.

His colleagues censured him for the negligence of his duties.
그의 동료들은 그의 직무 태만을 지탄했다.

The ink was spilled on the rug through negligence.
부주의로 잉크가 융단 위에 쏟아졌다.

negotiation [nigòuʃiéiʃən]
협상

formal discussions between people

▌아니라고 no = ne 데모 하는 사람들에게 가서 go 타협을 보아야죠.

This negotiations were not complete
이 합의는 완전하지 않았다.

The Vietnamese negotiators were compelled during the negotiations to cancel the program.
베트남 협상대표들은 이 계획을 취소하도록 강요당했습니다.

nemesis [néməsis]
복수, 보복

revenge

▌한국어의 '니미'. 한국 사람들의 욕 중에 '니미 = 니 어미 -------' 이란 욕이 있죠. 욕 하지 말고 바른 말 사용하는 모범적인 사람이 됩시다.

I decided to play the nemesis one day.
언젠가는 복수하리라 나는 맘먹었다.

neologism [niálədʒìzm]
신조어

newly coined word

▌neo = new + log = word.

An up-to-date dictionary ought to include the latest neologisms.
최신 사전은 최근에 새로 나온 어구들을 수록해야 한다.

N

neophyte [níːəfàit]
초보자

beginner

▌new = new = 초짜.

I am just a neophyte and haven't learned much yet.
아직 초학이라 별로 배운 것이 없습니다.

The diving is very dangerous for a neophyte.
초보자에게 잠수는 매우 위험하다.

nepotism [népətìzəm]
친척 등용

favoritism

▌nephew. 실력도 없고 공부도 안하고 더욱이 능력도 없는 사촌을 친척 이라고 등용하는 것.

She considered taking an offer to work for the company to shed the appearance of nepotism.
그녀는 족벌주의의 모양새를 탈피하기 위해 그 회사의 스카우트 제의를 고려한 적도 있었다.

nerve [nəːrv]
신경, 용기

brave

▌nerve는 두 얼굴을 가진 단어. 한편 으로는 신경 이지만 다른 한편으로는 긍정적인 의미인 용기 brave.

It took me a week before I had the nerve to call him.
1주일이나 걸려서 용기를 내 그에게 전화를 한 거였어.

Her advice nerved him to go his own way.
그녀의 충고로 그는 자기의 길을 갈 용기를 얻었다.

net [net]
순 이익

gain

▌바다에 아무리 많은 생선이 있다 한들 다 무슨 소용이 있나요? 그물에 잡힌 생선만이 어부가 시장에 내다 팔아야 그 어부의 순수 이익입니다.

The net loss of 18,000 was the highest since October 1998.
일자리가 18,000개나 감소한 것은 1998년 이후 가장 많은 수다.

nettle [netl]
쐐기풀

▌nettle은 쐐기풀, 비유적으로 장미가시나 쐐기풀은 어려움을 상징.

grasp the nettle : 어려움을 잘 대처하다
자진해서 난국에 부닥치다

If you can't avoid the problem, grasp the nettle.
문제를 피할 수 없다면, 그에 맞서라.

neutral [njúːtrəl]
중립의

impartial

▌new = neu. 스위스처럼 중립국은 공정한 입장을 견지.

By declaring neutral, Switzerland was able to get out of trouble.
중립국을 선언함으로써 스위스는 분쟁에서 벗어날 수 있다.

The president Bush has been taken a neutral attitude.
대통령은 중립적인 자세를 취하고 있습니다.

New England
[njúːíŋglənd]
미국

melting pot

▌뉴잉글랜드. 미국 동북부의 Massachusetts를 포함한 6주의 총칭으로, 이 지방이 영국 해안과 비슷하다해서 탐험가가 명명.

Yankee' means an inhabitant of the northern American States, especi ally those of New England.
양키란 미국 북부 여러 주의 주민들, 그 중에서도 특히 뉴잉글랜드 주민들을 가리킨다.

New World [njúːwə́ːrld]
신세계

America

▌유럽은 구세계 = OLD WORLD입니다. 하지만 종교적인 목적과 경제적인 이득을 위해 영국을 비롯한 유럽인들이 향해 갔던 곳이 신세계(미국을 포함한 남미와 북미를 신세계라고 함)인 미국입니다.

Early European settlers used to refer to America as the New World.
유럽 정착민들은 아메리카를 신세계라 불렀다

---

nicety [náisəti]
정확, 정밀, 미세한 차이

subtlety

▌nice. tough한 것은 섬세하지 못하지만 fine = nice는 미묘하고 섬세.

You judged the distance to a nicety.
당신이 그 거리를 정확히 판단했다.

I won't go into all the legal niceties of the case.
제가 그 사건의 모든 미묘한 법률적 사항까지 파고 들어가지는 않겠습니다.

---

niche [nítʃ]

▌niche market: 틈새시장(niche market는 틈새시장으로 이 한국말의 의미를 잘 모르시면 가장 쉬운 사례로 설명하겠습니다. 핸드폰 시장에서 수익률이 가장 높은 것은 핸드폰 기계이죠. 그래서 삼성 전자와 같은 곳이 핸드폰 시장에서 큰 수익을 올리고 있습니다. 하지만 핸드폰의 줄과 같은 '악세사리' 도 소비자들이 원하는 품목이죠. 수익성은 적지만 수요가 있기 때문에 이런 것을 틈새시장이라고 합니다.

Anyone can succeed if he carves out a niche market.
틈새시장을 개척한다면 누구든지 성공할 수 있다

---

nick [nik]

▌nick는 '새김 눈' 으로 다음의 숙어는 알아 두어야 해요.

in the nick of time : 아슬아슬한 때에, 때마침

The doctor arrived in the nick of time. The patient's life was saved.
그 의사는 아슬아슬하게 때 맞춰 도착했다. 환자가 목숨을 구했다.

---

nip [nip]

▌nip은 '꼬집다, 물다' 로 아래의 숙어를 공부해 두세요.

nip in the bud : 봉오리일 때 따다, 미연에 방지하다

We must nip a crime in the bud.
범죄의 싹은 미리 잘라 버려야 한다.

---

niggardly [nígərdli]
인색한, 빈약한

stingy

▌nig = nigro. 못사는 흑인들. 돈이 없어 인색 할 수밖에 없어요.

He is not niggardly of money.
그는 돈에 인색하지 않다.

---

nihilist [naiilist]
허무주의

absolute skeptic

▌hill = hillary = 힐러리 여사 = happy. 하지만 ni = no. 즐겁지 않고 늘 공허한 생각만 함. 허무주의.

His description of cross-fire the nihilists was the perfect metaphor for that decade.
미국을 새로운 '사회주의' 모델로 건설하기 위해 허무주의자들에 대한 그의 묘사는 그 10년에 대한 완벽한 비유였다.

N

nimble [nímbl]
빠른

fast

▌한국어의 '님 = 임' = nim = take. 용기 있는 자만이 미인 = 님 = 임을 잡을 수 있어요.

They protect our nimble fingers.
손톱은 민첩하게 움직이는 손가락을 보호해 준다.

---

nirvana [niərvά:nə]
열반, 지극한 행복

ideal state

▌nir = ni = no = not + va = blow out. 불어서 없앤다. 모든 번뇌의 얽매임 에서 벗어나고, 진리를 깨달아 불생불멸의 법을 체득한 경지로 불교의 궁극적인 실천 목적입니다.

How does one reach Nirvana?
사람이 어떻게 하면 열반의 경지에 이를까?

When she listened to the beautiful music, she was in nirvana.
그녀는 아름다운 음악을 듣고 무아지경에 빠졌다.

---

nitty-gritty [niti griti]
핵심

core

▌백인들은 흑인들을 무시합니다. 그래서 그들의 흑인 영어도 우습게 압니다. 하지만 흑인 영어 단어 중 이제 백인들도 표준 영어로 받아들인 대표적인 낱말이 nitty-gritty로 처음부터 하나하나 해보자(시작해보자)는 뜻입니다. 흔히 Let's get down to business와 유사한 표현이라고 생각하시면 되요.

China's new generation of leaders will focus on the nitty-gritty pro blems at home.
중국의 새 세대 지도자들이 국내 핵심 과제 해결에 주력할 것이다.

---

no [nou]

▌no가 들어간 아래의 두 개 표현을 반드시 기억 하세요.

no matter what : -일지라도

No matter what the state of the economy, people must eat and drink.
경기 상황에 관계없이 사람은 먹고 마셔야 한다.

no longer : 더 이상 - 이 아니다

Low-inflation economic growth was no longer possible.
저인플레 경제성장은 이제 불가능했다.

Bad sewer pipes are a problem we can no longer ignore.
불량 하수관들은 우리가 더 이상 외면할 수 없는 문제다.

---

nocturnal [naktə́:rnl]
밤의

night

▌noc = night = nox.

A nocturnal animal is an animal that is active after dark.
야행성 동물은 해가 진 후 활동하는 동물이다.

---

noisome [nɔ́isəm]
해로운, 불쾌한

unwholesome

▌noisy. 시끄러운 소리에 늘 노출이 되면 건강에 좋지 않음.

A noisome sight/smell.
역겨운 광경/냄새

Let's go back into the 19th century for evidence of the noisome quality of a kitchen sink.
19세기의 부엌 싱크대의 악취가 나는 증거를 찾아보자.

---

nomadic [noumǽdik]
유목의, 방랑의

wandering

▌pasture = 초원이란 단어에서 파생. 초원에서 가축들을 방목함.

Nomadic herdsmen.
유목민 가축치기

The hunter led a nomadic life.
그 사냥꾼은 유목 생활을 했다.

---

nominal [námənl]
이름만의, 명목상

insignificant

▌nom = name. 이름뿐이 없다는 말은 별 볼일 없다는 함축.

The North's nominal head of state Kim Yong-nam may attend such an international event, rather than Chairman Kim.
김정일 위원장 대신에 북한의 명목상의 지도자인 김용남이 행사에 참여할 것이다.

---

nominate [námənèit]
임명하다

name/appoint

▌nom = name. 이름을 부르는 것은 지명을 해주는 것과 연관.

He always felt a close affinity with the underdog. Would you accept if I nominated you to the planning committee?
내가 당신을 기획위원회 위원으로 추천한다면 받아들이겠습니까?

Titanic is a huge hit, I've been nominated for two Academy Awards.
'타이타닉'은 엄청난 히트를 했고 제가 아카데미 2개 부문에 후보로도 올랐잖아요.

---

nonchalant [nànʃəlá:nt]
무관심한

unconcerned

▌challenge. 도전 의식은 관심을 가지는 것인데 도전 의식이 없다는 것은 무관심.

'It'll be fine,' she replied, with a nonchalant shrug.
그 여자는 무관심한 제스처를 보이면서 대답했다.

---

noncommittal
[nànkəmítl]
모호한

unclear/neutral

▌non = not + co = with + mit = go

She was very noncommittal about my suggestion.
그녀는 내 제안에 대해 내틴히 어물찍거렀나.

---

nonentity [nànéntəti]
실재하지 않음

nonexistence

▌ent = be + non = not

How could such a nonentity become chairman of the company?
어떻게 그런 하잘 것 없는 사람이 그 회사의 회장이 되었을까?

---

nonpartisan
[nánpá:rtizən]
초당파의, 객관적인, 공정한

just

▌part. 어머니가 떡을 전부 주지 않고 조금만 주면 자녀는 불평불만을 합니다. 전체는 완전함이요 공정하지만 부분은 조각이요 불공평해요.

Ken is an Iran analyst at the nonpartisan Congressional Research Service.
켄씨는 초당적 성격의 의회 연구소에서 이란 문제 분석가로 활동하고 있다.

N

Norman [nɔ́:rmən]

노르만족

the people who came from northern France and took control of England in 1066

▌2차 세계대전 때 연합군은 프랑스의 노르망디 상륙 작전을 감행합니다. 노르망디에 모여 살았던 바이킹 족들이 Norman. 이들은 1066년에 영국을 침공하여 오랜 기간 동안 영국을 지배합니다. 그러다가 '잔다르크'가 주인공이 되는 100년 전쟁을 기점으로 영국과 프랑스의 좋은 분위기는 끝나요.

The development of the English language was influenced by the Norman Conquest.

영국의 발전은 노르만인의 영국 정복에 의해 영향을 받았다.

nostalgia [nɑstǽldʒə]

향수

homesickness

▌향수(nostalgia)란 어원은 그리스어의 가정(home)과 고통(pain)이라는 단어의 합성어.

A wave of nostalgia has hit the village.

밀려오는 향수가 그 마을을 적셨다.

Poets also wrote lyric poems about nature and nostalgia.

많은 고상한 사랑 시인들은 또한 자연과 향수에 관한 서정시도 썼다.

nosy [nóuzi]

참견하는

inquisitive

▌관심이 있으면 가까운 공간으로 점점 이동하지만 싫어하면 멀어져감. 코를 들이대는 것은 남의 일에 시시콜콜 간섭하는 것과 연관.

Don't be so nosy!

그렇게 캐묻지 마라!

▌nose가 들어가는 표현 하나를 공부 해보겠어요.

take a noisedive : 대 폭락하다(=plummet : 다이빙을 할 때 사람 머리가 물속에 먼저 들어갑니다. 머리 중에서도 우뚝 솟은 코가 먼저 들어가니 이런 영상은 비유적으로 가격들이 급 하락 할 때 쓰여요)

Our profits took a nosedive last year.

우리의 이익은 작년에 급격히 감소되었다.

Stock prices took a nosedive last week.

지난주에 주가가 폭락했다.

notable [nóutəbl]

중요한, 주목할 만한

important

▌note. 공책에 꼭 알아야 할 것을 적음. 우리는 중요한 행사등은 공책에 적어 해야 할 일을 확인합니다.

Lee's place is definitely notable in the series.

드라마 내에서 Lee의 입지는 단연 돋보인다.

Included in program's notable events was a charity fund raiser.

프로그램 중 주목할 만한 행사로 자선기금 조성 모임이 있었다.

noted [nóutid]

유명한

famous

▌note. 공책에 적어 두어야 할 만큼 유명한 사람이나 사건.

Noted computer author Alfred has called the "collective consciousness".

저명한 컴퓨터 저자 Alfred가 "군중 의식(collective consciousness)"이라고 부르다.

nothing [nʌ́θiŋ]

nothing but : 단지 = only(but은 그러나가 아니라 제외 = except)

She did nothing but complain.
그녀는 불평만 할 뿐이었다.

That's nothing but a bluff.
그건 단순한 엄포에 지나지 않는다

anything but : 결코 = never

He is anything but a scholar.
그는 결코 학자가 아니다.

Your ground is anything but convincing.
너의 논거가 아주 빈약하다

---

notify [nóutəfài]
알리다, 통지하다

inform

note. 지금은 인터넷 게시판에 글을 남겨 다른 사람에게 알립니다. 이전에는 쪽지 note를 벽보판에 붙여 사람들에게 알렸어요.

A supervisor is to be notified immediately.
즉시 상사에게 알려야 한다.

Alert your supervisor, who will notify the supplier.
상사에게 알려서 납품업체에 연락하도록 하십시오.

---

notorious [noutɔ́:riəs]
유명한

infamous

note < note. 원래 notorious는 긍정적으로 유명한 사람을 가리킴. 하지만 지금은 좋지 않은 일을 해서 유명한 사람에게 쓰입니다.

He is notorious for his theft.
그는 도둑질로 악명 높다.

He is notorious for fouling other's name at work.
그는 직장 내에서 다른 이들의 험담을 하기로 악명 높다.

---

novelty [nάvəlti]
참신, 새로움

newness

nov = new.

The novelty of her poetry impressed me.
그녀의 시의 참신함은 내게 깊은 인상을 주었다.

Despite the novelty of the broadcast, the essence of the controversy gets at questions.
방송의 참신함에도 불구하고 본질적인 논쟁이 제기된다.

---

novice [nάvis]
초보자

beginner

nov = new.

Although she was a political novice, she entered the House.
그녀는 비록 정치에 초년생이었지만 의원이 되었다.

Some critics would argue that you might be leading novice investors on.
일부 비평가는 당신이 초보 투자자들을 부추길 수도 있다고 주장합니다.

noxious [nάkʃəs]
유해한, 불건전한

harmful

nox = night. 낮은 빛이 있어 세상을 밝혀주고 또한 영리함에 비유됩니다. 밤은 어둠이고 부정적이기 때문에 해롭다와 연관이 됩니다.

The rice-plant is infested with noxious insects.
벼에 벌레가 많다.

---

nuance [njú:ɑ:ns]
미묘한 차이

subtle distinct

like < love < admire < worship. 이들 단어들의 공통점은 '좋아하다' 입니다. 하지만 차이점은 점점 오른쪽으로 올수록 좋아하는 정도가 강해지는 어감 = nuance차이가 있어요.

The painter has managed to capture every nuance of the woman's ex pression.
그 화가는 그녀의 표정에 나타나는 온갖 미묘한 차이를 잡아낼 수 있었다.

---

nuke [njú:k]
핵무기

nuclear

nuclear를 더 간략히 말하면 nuke입니다.

The basic deal there is the exchanging of its nuke program for energ y assistance.
"6자회담의 기본적인 내용은 핵무기 계획과 에너지 지원을 맞바꾸는 것이다.

---

nullify [nʌ́ləfài]
무효

invalidate

한국어의 '널널 하다'. 널널하다는 '빡세다' 의 반대로 '꽝' = O입니다.

The Supreme Court of Judicature nullified the results of by elections.
최고 법원은 보궐 선거 결과를 무효화했다.

Thailand's top court has nullified the country's April second parliam entary elections .
태국의 헌법 재판소는 지난 4월 2일에 실시됐던 총선을 무효화했다.

---

nuptial [nʌ́pʃəl]
결혼의

marriage

평범한 사람들이 하는 결혼은 marry = tie the knot. 끈을 신부의 아버지가 딸의 웨딩드레스와 신랑의 턱시도의 끈 = knot을 묶어 주었기 때문에. 신분이 높은 사람들의 결혼은 nuptial.

He claims she was happy to agree to the pre-nuptial agreement.
그는 그 여자가 결혼 전 서약서에 동의하는 것에 만족한다고 말했다.

---

nurture [nə́:rtʃər]
양육하다

promote

nurse. 간호사들이 환자들을 돌보는 것과 연관.

We are directed, nurtured, and sustained by others.
남들이 우리를 지도하고, 양육하고, 부양한다.

The Smiths nurture their children in a loving environment.
스미스 부부는 자녀들을 사랑의 환경에서 양육한다.

---

nutrient [njú:triənt]
영양분

nourishing substance

▌nut. 견과류(호도, 밤등)를 먹으면 몸속에 영양분이 많이 생겨나요.

Plants draw minerals and other nutrients from the soil.
식물은 흙에서 무기질과 다른 영양소를 얻는다.

The plants are getting water and nutrients in precise amounts in an astroculture chamber.
이 식물은 우주 농업 실험실 에서 적정량의 물과 양분을 공급받고 있습니다.

▌nut라는 단어들 들어간 아래의 표현들을 공부 합시다.

nuts and bolts : 실제적인, 기본적인

The renovation was about nuts and bolts of improving a concert hall
개보수는 콘서트홀을 개선하기 위한 단순한 공사이다.

nutshell : 견과의 껍질로 비유적 으로는 '요약하다, 간결하게 말하다' 입니다.

in a nutshell : 아주 간결하게

In a nutshell, the West will acquiesce to the reality of Iran having nuclear weapons.
간단히 말해서, 이란은 서방이 이란이 핵무기를 보유하는 현실을 묵인하게 될 것을 바란다.

[ACTUAL TEST]

밑줄 친 낱말과 동의어를 고르세요.

1. How can he be so nonchalant in all this trouble?

(A) affected (B) anxious (C) agitated (D) unconcerned

2. There are nascent technologies that are widely predicted to play a major part in moving the world from a dependence on oil, nuclear energy and coal.

(A) fledgling (B) established (C) authoritative (D) high-end

3. When you violate judicial rules of ethics, it matters, even if you're not doing it for any nefarious reason.

(A) morbid (B) wicked (C) undefined (D) positive

4. After a long engagement, the two finally tied the knot.

(A) made peace (B) called it a day (C) got married (D) signed the treaty

5. For 30 years, I had next to nothing to do with Jane.

(A) besides (B) very little (C) almost (D) right beside

6. The cost was nominal in comparison with the value of what you received.

(A) ineffective (B) insignificant (C) integral (D) substantial

[FILL THE PROPER WORD IN THE BLANK]

빈칸에 들어갈 적당한 단어를 고르세요.

7. Breast feeding ________ a baby and provides natural immunity.

(A) notes (B) nourishes (C) neutralizes (D) notifies

8. I think you need to learn how to ________ your search with proper key words.

(A) calm down (B) narrow down (C) knock down
(D) put down (E) get down

[EXPLANATION]

1. [VOCA]

nonchalant 무관심한 affected 영향을 받은 anxious 걱정하는, 초조한 agitated 동요된, 흥분된 unconcerned 관심 없는

[TRANSLATION]

그는 이 모든 소동에 어떻게 그렇게 무관심 할 수 있는가?

[ROPES]

nonchalant는 indifferent와 동의어

[ANSWER] D

2. [VOCA]

nascent 초기의 fledgling 미숙한 established 기존의 authoritative 권위 있는 high-end 최고급의 predict 예언하다 play a part in ~에서 역할을 하다

[TRANSLATION]

석유, 원자력, 석탄에 대한 의존도를 줄여가는 세계를 만들어 가는데 중요한 역할을 할 것으로 널리 예측 된다.

[ROPES]

nas = gen = birth. 태어난 것은 아직 초보 혹은 초기와 연관됨.

[ANSWER] A

3. [VOCA]

nefarious 사악한 morbid 우울한 undefined 확정되지 않은, 막연한 violate 위반하다 judicial 법의 ethics 윤리학 matter 중요하다

[TRANSLATION]

만일 당신이 윤리학의 규칙을 어기면, 비록 그 어떤 나쁜 이유로 그렇게 한 게 아니라도 그것은 문제가 된다

[ROPES]

nef = neg = nig = bad. 흑인을 nigro라고 합니다. 단지 피부가 검은색이라는 것 때문에 백인에 의해 좋지 않은 사람들로 여겨지고 있습니다.

[ANSWER] B

4. [VOCA]

tie the knot 결혼하다 make peace 화해하다 call it a day 하루 일과를 마치다 sign the treaty 조약에 서명하다

[TRANSLATION]

오랜 약혼 후에, 그 두 사람은 마침내 결혼을 했다.

[ROPES]

끈을 묶어 주는 것이 기본 의미이지만 이전 미국에서 결혼을 할 때 신부 아버지가 자기 딸의 웨딩 드레스의 끈과 사위의 턱시도 끈을 묶어 준 것에서 유래한 관용어구.

[ANSWER] C

N

5. [VOCA]

next to 거의(=almost)

[TRANSLATION]

나는 제인과 30년 동안 아무런 관계도 거의 없었다.

[ROPES]

next to는 공간상으로 근접을 나타내지만 추상적인 비유적 의미로는 almost와 동의어

[ANSWER] C

6. [VOCA]

nominal 명목상의, 이름만 있는 ineffective 효과 없는, 무능한 insignificant 하찮은
integral 필수의, 완전한 substantial 상당한

[TRANSLATION]

그 비용은 네가 받은 것의 가치와 비교해보면 아주 적은 것이었다.

[ROPES]

nom = name. 실질적인 것이 아니라 이름 밖에 없는 것은 유명무실 혹은 아주 적음.

[ANSWER] B

7. [VOCA]

immunity 면역 note 주의하다 nourish 기르다 neutralize 중립화하다 notify 통지하다, 알리다

[TRANSLATION]

아기에게 모유를 먹여 키우면 아기에게 영양분을 줄 뿐 아니라 자연적인 면역성까지 주게 된다.

[ROPES]

nourish 〈 nurse라는 단어를 연상.

[ANSWER] B

8. [VOCA]

search 검색 proper 적절한 calm down 진정하다 narrow down 좁히다 knock down 쓰러뜨리다
put down 비난하다 get down 숙이다

[TRANSLATION]

나는 네가 적절한 핵심어구로 검색 범위를 좁혀 나가는 방법을 배워야 할 필요성이 있다고 생각합니다.

[ROPES]

proper key words가 힌트어구. 적절한 핵심어구로 어떤 것을 하는지 생각해보세요? 조사 범위를 광범위하게 하는 것이 아니라 좁혀 나가는 것이죠.

[ANSWER] B

O

O로 시작하는 철자들 이것만은 꼭 알자

1. 사무실이 office라는 것을 모르는 분은 없습니다. operate는 작동하다입니다. 그래서 우리는 of = oper이 일 = work과 관련 있다는 것을 알 수 있습니다.

일

WORK OPUS

예) opera / operate / officer / official / officious / copious / copy / manoeuvre / opulent

opulent의 뜻은 무엇일까요? opu가 일이기 때문에 일을 열심히 하면 부자가 됩니다. 그래서 부자라는 rich의 동의어예요. 위 단어들 모두 일과 관련된 단어들이니 일이라는 유형 속에서 단어를 공부 하면 쉽게 기억 할 수 있어요.

2. 좋아하는 이성이 있으면 가서 ad 말로 ora = ore 아부를 떨어야 합니다. 그래서 숭배하다는 단어는 adore입니다. ora = tell.

말하다

TELL	ORA

예) oral / oracle / oration / orator / adore / oratorio

oral은 글이 아닌 말로 전해지기 때문에 '구전'이란 의미예요. 입으로 이야기나 말이 전해지기 때문이죠. 위의 예들 모두 말하다와 연관이 되어 기억을 해두면 됩니다.

3. ob = op는 보다 = see입니다. 그래서 기본 동사 중 보다, 준수하다, 관찰하다에 해당되는 낱말이 observe입니다.

보다

WATCH	OP OB

예) optimistic / opportune

optimistic은 앞이 보이기 때문에 '희망'입니다. 만일 앞이 보이지 않는다면 절망이죠. 마찬 가지로 항구에 서서 바다의 파도가 잔잔해져 배가 출항하기 좋은 시기에서 파생이 된 opportune은 timely와 동의어로 '시기적절한'입니다. '보다'는 ob- 혹은 op- 이외에 spec-와 vid-철자를 사용한 단어들이 있습니다,

보다

OP	OB	SPEC	VID

예) video / vision / envision / visible / spectacle / speculate / conspicuous

사람은 보지 않고 알지 못하면 반대를 하지 않습니다. 예를 들어 부모 몰래 이성을 만나면 부모의 반대가 있을 수 없습니다. 하지만 이것을 부모에게 발각이 되면 부모의 반대가 심해지겠죠.

반대하다

AGAINST	OP	OB

예) object / obliterate

운전을 하는 도로 위에 물체 object가 있다면 운전을 하는데 방해가 됩니다. 작문을 했는데 선생이 좋지 않은 문법을 동원하여 싫어하는 = 반대하는 경우가 있다면 지시하는 부분을 지우고 obliterate = erase 다시 글을 써야 합니다.

4. 공부를 하는 학생들은 교실 안에 있습니다. 하지만 공부하기 싫다고 하는 학생들은 교실 혹은 학교 밖 out으로 나가 좋지 않은 행동을 하고 다닙니다. 그래서 보통은 out가 들어가면 부정적인 맥락에 사용됩니다.

밖

OUT	OUT

예) outlandish / outmoded / outright / clear

대한민국을 벗어난 곳이 outlandish. 그러면 이상한 strange 관습이나 풍물에 접하게 되어요. 최신식은 up to date이지만 outmoded는 유행이 한참 뒤진 '구식'이죠. 보통은 out가 들어가면 부정적이지만 드물게 outright는 입 밖으로 정확하게 right 말을 했기 때문에 clear입니다.

obdurate [ɑ́bdjurət]
완고한, 고집 센

stubborn

ob = resist = stop + during. 오랫동안 하지 못하도록 막는 고집불통.

He remained obdurate : he would press ahead regardless.
그는 여전히 완강했다. 그는 어쨌든 밀고 나가려 했다.

obediently [oubí:diəntli]
복종

dutifully

oboe = obey. 연주장에서 오보에 소리를 귀담아 들어 보세요. 귀 기울이는 것은 남의 말을 듣는 것이고 순종적인 것을 암시.

All things are obedient to money.
돈 앞에서는 모든 것이 복종한다.

The obedient dog came at his master's whistle.
그 말 잘 듣는 개는 자기 주인의 휘파람 소리를 듣고 왔다.

obese [oubí:s]
비만의, 뚱뚱한

fat

bee. 꿀벌의 몸집이 O한 모양. 사람만 비만이 있는 것이 아니라 꿀벌도 비만.

The dog became obese as an adult.
그 개는 어른 개처럼 몸이 비대해졌다고 합니다.

Children have shown this increase in the number there are overweig ht or obese.
아동에게 과체중이거나 비만의 수가 증가했는데요.

obfuscate [ɑ́bfəskéit]
흐리게 하다

unclear

fuse = fus. = mix. 완전히 섞여 구별하기가 힘듬.

He accused the government of obfuscating the issue.
그는 정부가 그 쟁점을 흐리게 했다고 비난했다.

object [ɑ́bdʒikt]
물건, 대상, 목적, 목적어, 반대하다

end
purpose

ob = against + ject = throw. 길에 물체가 있으면 운전을 하는데 어려움이 있어요.

Love isn't painful when the love object is the right person.
사랑은 사랑의 대상이 적절한 사람이면 그렇게 고통스러운 것은 아니랍니다.

obligation [ɑ̀bləgéiʃən]
의무

duty

ob = see + liga = bind.

Paying taxes is every citizen's obligation.
납세는 국민의 의무이다

I am under obligation to tell the truth.
나는 사실을 고할 의무가 있다.

obliquely [əblí:k]
비스듬한

indirectly

ob = against. 직접적으로 말하는 것은 막힘이 없지만 돌려 말하는 경우는 은밀하고 간접적.

She and the mayor had obliquely discussed perhaps "altering their relationship,"
그녀와 시장은 완곡하게 "별거"에 대해 의논했다.

obliterate [əblítəréit]
지우다

erase

▌lit = write. 쓴 것을 ob = against하는 것은 지워버리기.

She tried to obliterate the memory of her childhood.
그녀는 어린 시절의 기억을 지워 버리려고 애썼다.

The entire village was obliterated by the tornado.
그 마을 전체가 토네이도에 의해 흔적도 없이 날아가 버렸다.

---

oblivion [əblíviən]
망각

forgetfulness

▌live + ob = against. 인생을 막 살아 사람들의 기억에서 사라져 감.

That will doom him to oblivion.
그것으로 그는 망각 속으로 사라질 것이다.

His work sank into oblivion after his death.
그의 작품은 그가 죽고 나자 세간에서 잊혀졌다.

---

obnoxious [əbnάkʃəs]
불쾌한

dislike

▌not = night = 부정적.

It was obnoxious of them to do that.
그들이 그렇게 행동을 한 것은 몹시 불쾌한 일이었다.

---

obscurity [əbskjúərəti]
불분명

unknown

▌secure = sure = cleak = know + ob = not.

The reporter threw light on obscurities of the military situation in North Korea.
그 기자는 북한 군사정세의 애매한 점을 밝혔다.

---

obsequious [əbsíːkwiəs]
아첨하는

servile

▌seq = follow. 주인을 따라 다니는 머슴과 연관.

He is obsequious to men in power.
그는 권력자에게 아첨한다.

---

obsessive [əbsésiv]
강박 관념의, 망상의

preoccupying

▌ob = against + sit = ses. 마음에 안 드는 이성 친구 만나는 자녀를 반대하여 반대하는 것에만 몰두하는 부모 연상.

They can help relieve problems caused by obsessive compulsive disorder.
이 조정기가 강박 성 신경 질환을 완화시켜 줄 수 있다.

---

obsolete [ὰbsəlíːt]
쓸모없게 된, 안 쓰이는

out of date

▌혼자 = solo 사는 것에 반대 = ob하는 사람들은 이제 구시대 사람. 혼자 사는 독신을 주장하는 사람들이 많은 시대에 결혼 하라고 재촉 하는 부모가 있다면 구시대적인 발상.

Advanced technology has made many of yesterday's jobs obsolete
첨단 기술로 기존의 여러 일자리들이 쓸모없게 되었다.

Conventional fire and smoke detectors are becoming obsolete
재래식 화재와 연기 탐지기는 설 자리를 잃고 있습니다.

obstinacy [ábstənəsi]

완고함

stubbornness

ob = against + sit = sti.

His obstinacy is proverbial.

그의 완고함은 소문났다.

Sheer obstinacy prevented her from apologizing.

순전히 고집 때문에 그녀는 사과를 하지 못했다.

O

obtain [əbtéin]

얻다, 손에 넣다

have

tain = have

The methods used to obtain information vary.

정보를 얻는 수단은 다양하다.

Server statistics cannot be obtained.

서버 통계를 얻을 수 없습니다.

obtrude [əbtrú:d]

강요하다, 쑥 내밀다

emerge

trude = throw. ob = against. 반대하기.

You had better not obtrude your opinion on others.

자기 의견을 남에게 강요하지 않는 것이 좋다.

obviate [ábvièit]

불필요한

unnecessary

via = street + ob = against. 길을 막는 행위는 적절하지 않은 불필요한 행동입니다.

The new road obviates the need to drive through the town.

새 도로로 차가 도시를 관통할 필요가 없어졌다.

occult [əkʌ́lt]

신비, 초자연적인 힘

mysterical

cult = culture. 이 두 단어의 길이를 보세요. 후자가 전자보다 길어요. 그래서 많은 사람의 문화는 후자 이지만 소수는 전자입니다. 소수의 사람이 숭배하는 것은 마치 신비스러운 느낌

Practice the occult art of the alchemist.

연금술사의 비술을 익히다;

He's interested in the occult

그는 비학에 관심이 있다.

odds and ends

[ádz and endz]

잡동사니

a disorganized group of things of various kinds

miscellany와 유사어.

He's moved most of his stuff - there are just a few odds and ends left.

그의 물건 대부분을 옮겼다. 남은 것은 잡동사니뿐이다.

odds = 가능성, 유리한 조건이 들어간 표현 중 아래의 어구를 알아 두세요.

be at odds with : …와 사이가 나쁘다, …와 불화하다

against (all) the odds : 역경을 딛고

I believe that Islam is compatible with democracy.

나는 회교가 민주주의와 양립 할 수 있다고 믿습니다.

She fought for justice against the odds

그녀는 곤란을 무릅쓰고 정의를 위해 싸웠다.

odious [óudiəs]

증오할

hateful

▌odor - odious. 전자는 향긋한 냄새입니다. 단어의 길이가 길어지면 부정적. 발에서 나는 좋지 않은 냄새는 사람을 짜증나게 합니다. 이 경우 후자의 단어를 사용.

She odiouses him because he always gets out of the rain.

그는 말썽이 생길듯하면 항상 빠져나갔기 때문에 그녀는 그를 얄미워한다.

odor [óudər]

냄새, 향기

smell

▌odor-oris에서 유래된 'odor'는 한국에서도 제사를 지낼 때 향을 피우듯이 즐겁거나 슬픈 일이 있을 때 향을 사용하여 이를 나타내었다는 고대 그리스의 풍습에 근원. 유사어로 'perfume'은 per는 through(~을 통하여) + fumum = smoke(연기)라는 뜻으로 일반적으로 향수 지칭. 'scent'는 주로 동물이나 체취 등 흔적. 'fragrance'는 특히 향의 달콤함을 강조합니다. '아로마(aroma)'도 향을 의미.

A strong odor was emitted from faucets.

강한 냄새는 수도꼭지에서 나는 것이었다.

Any water that has no pronounced odor may be used as mixing water for concrete.

강한 냄새가 없는 물이라면 콘크리트에 섞는 물로 사용될 수 있다.

odyssey [ádəsi]

오디세이, 장기간의 방랑, 장기간의 모험

long journey

▌실제 사건인지 허구인지 논란이 많은 트로이 전쟁. 이 전쟁에 참가한 그리스 왕이면서 꾀돌이 장군 이름에서 파생. 10년 동안 지속이 된 트로이 전쟁이 끝나고 다시 터키에서 그리스로 돌아가는데 10년이 걸려 총 20년의 긴 여정. 트로이 전쟁은 그리스의 유부녀인 헬렌이 터키로 바람이 나서 갔다는 설과 터키의 항구를 이용하는 그리스 배에 많은 통행료를 받아 이에 열 받은 그리스가 터키를 쳐들어갔다는 설중에 어느 것이 더 옳은 지는 아직 밝혀지지 않았음.

In the course of his odyssey he visited his family's native village.

그는 이 여행을 하면서 자기 가족의 고향 마을을 찾아갔다.

offensive [əfénsiv]

불쾌한, 무례한

unpleasant

▌offense는 공격적. 공격을 받으면 기분이 좋지 않음.

Some people would find it offensive.

못마땅하게 여기는 분도 계신다.

One of the lions assumed the offensive against its rival.

사자들 중 한 마리가 경쟁자에 대해 공세를 취했다.

off hand [ofhǽnd]

즉석에서, 사전 준비 없이

on the spot

▌손을 대지 않고 즉석에서 만들거나 연주함.

The student made up a story off hand.

그 학생은 즉석에서 이야기를 만들어냈다.

officious [əfíʃəs]

참견하기 좋아하는

meddlesome

▌office. 사무실 근무를 하면 직장 상사 눈치를 보아가며 이런 저런 간섭을 받음.

I'm tired of being pushed around by officious civil servants.

나는 간섭하기 좋아하는 공무원들에게 둘러싸여 압박 받는 것에 질렸다.

O

off [ɔ́:f]

off가 들어간 표현을 설명하겠습니다.

off and on : 가끔(off는 분리 그리고 on은 접촉. 접촉과 분리가 일어나고 있어 이따끔이란 의미)

It rained off and on today.
오늘 비가 오락가락했다.

The boat stood off and on for a long time.
그 배는 오랫동안 육지에서 떨어졌다 가까워졌다 하면서 항해하였다.

off가 들어간 표현을 설명하겠습니다. offset는 '차감 계산하다' 로 관련표현을 공부 합시다.

offset a disadvantage : 불리한 점을 보충하다

make up a loss : 손해를 만회하다

Losses from declining sales have offset our gains from investments.
매출 하락으로 인한 손해는 투자 수익으로 상쇄되었다

offshoot : 옆가지, 파생물, 파생적 결과

The National Academy of Recording Arts and Sciences started this offshoot of its Grammys.
미국 음반 예술 · 과학 아카데미(NARAS)는 그래미상의 한 분과로 이 시상식을 마련하였다.

---

ogle [óugl]

추파를 던지다

look at armorously

op = og = see. 유혹하는 시선을 이성에게 보냄.

She dislikes being ogled at.
그녀는 추파를 받는 것을 싫어한다.

---

olive [ɑ́liv]

olive branch: 화해의 손길을 내밀다, 화해를 제의하다

Today I have come bearing an olive branch and a freedom fighter's gun, he said.
"오늘 나는 올리브 가지와 자유 투사의 총을 갖고 왔다.

---

ominous [ɑ́mənəs]

불길한

threatening

omen = bad. 구미호가 나타나 무서움.

Ominous clouds have begun to gather over Eastern Europe.
동유럽에 암운이 감돌기 시작했다.

Darkness and isolation make even trivial health problems seem ominous.
어둠 그리고 고립은 사소한 병마저 불길하게도 한다.

omnipotent [ɑmnípətənt]
전능한

mighty

▌omni = all + pot. 한 장의 CD에 여러 가수의 노래들이 섞여 있는 경우를 옴니버스 앨범이라고 합니다. 파리 박람회 이전까지 사람을 포함하여 돼지나 동물들이 몽땅 탔기 때문에 omnibus라고 했어요. 그런데 외국에서 온 사람에게 안 좋은 인상을 줄 것을 우려해 버스에 사람만이 탔기 때문에 omni는 달아나고 bus라고만 했어요. pot항아리에 이전 사람들은 돈을 넣어 두었습니다. 돈만이 힘 power이죠.

Kim denied the organization is a sub-group of the North Korean omnipotent ruling party.
김씨는 이 단체가 북한에서 절대권력을 가진 정당의 하위조직이라는 사실은 부인했다.

---

omnivorous [ɑmnívərəs]
아무거나 먹는, 잡식의

devouring everything

▌vor = eat. + ommi = all

He is an omnivorous glutton.
그는 입이 걸어서 무엇이든 잘 먹는다

---

onerous [ánərəs]
성가신, 귀찮은

burdensome

▌owner = oner. 직책에서 위로 올라갈수록 겉보기에는 편해 보이지만 정신적인 부담감은 많아집니다. 특히 창립자인 owner라면 부담감이 더 심하겠죠.

The U.S. government should begin by removing onerous taxes on saving.
미국 정부는 저축에 대한 부담스러운 세금을 폐지하는 것부터 시작해야 한다.

---

one [wʌ́n]

one - size - fit - all : 프리 사이즈 (모든 사람에게 all 하나의 사이즈가 적합하다에서 비유적으로 모든 경우에 적당한)

Jealousy is one-size-fits-all clothes worn by both men and women.
질투는 남녀를 불문하고 모든 사람에게 공통적으로 있는 것입니다

---

onset [ánsèt]
시작

beginning

▌set. set은 상을 차리는 것처럼 put의 의미도 있지만 출발하다는 start의 뜻도 있어요.

The student attempted to disrupt the study hall session to delay the onset of final exam week.
학생은 기말고사 주간의 시작을 늦추려고 자습 시간에 소란을 피웠다.

▌on이 들어 간 아래의 세 가지 표현을 익혀 두세요.

on hand : 바로 곁에, 출석해서

The company extended contracts to keep a stable stream on hand
그 회사는 안정적인 원재료 확보를 위해 계약을 연장했다.

on hold : 통화하기를 기다리고, 보류 상태에서, 연기되어

Things are on hold
모든 일이 보류되어 있는 상태이다

on-the-job training : (현직 직원들의) 연수 교육

You must learn all you can with on-the-job training
연수 교육에서 배울 수 있는 모든 것을 배워야만 한다.

O

ooze [ú:z]
스며나오다

secrete

▌한국어 '우주'. 우주에는 삼라만상이 만들어지고 생성이 됩니다.

Blood is still oozing from the wound.
아직도 상처에서 피가 스며 나오고 있었다.

Big bang, primordial ooze··· divine hand of a benevolent creator?
자비로운 신의 성스러운 손이 빚어낸 우주 생성 때의 대폭발에서 나온 창조물의 찌꺼기라 고나 할까?

---

opaque [oupéik]
불투명한

dark

▌op = against. 빛이 통과하지 못하고 막히기 때문에 어두움.

An opaque body.
불투명체.

The report was full of technical jargon that is opaque to me.
그 보고서는 내게는 불분명한 기술적 전문어들로 가득 차 있었다.

---

opportune [ὰpərtjú:n]
시기가 좋은, 적절한

timely

▌port. 지금처럼 레이더가 없던 시절 사람이 육안 = op으로 항구port에 서서 배가 출항을 할 수 있는 좋은 시기를 봄.

Opportune remark.
시의 적절한 논평.

Your arrival was most opportune
당신의 도착은 아주 시의 적절했다.

---

opt [ὰpt]
선택하다, 고르다

choose

▌op = see. 잘 보고 난 다음 물건을 골라야겠죠.

We opted in to the group.
우리는 그 그룹 가입을 결정했다.

More Korean women are opting to remain single.
무엇보다도 더 많은 한국 여성들이 독신으로 살길 원한다.

---

optician [ɑptíʃən]
안경 파는 사람

seller of eyeglasses

▌op = see. + cian = er = 사람

We have filled the position of optician for which you recently applied.
귀하가 최근에 지원하신 안경사 자리는 이미 충원되었습니다.

Why don't you call Dr. Brimmer and have him phone in your prescription to a local optician.
브리머 박사한테 전화해서 여기 안경점에 시력검사 처방전을 보내게 하지 그래.

---

optimistic [ὰptəmístik(əl)]
낙천주의의

hopeful

▌op = see. optimum(최적)과 연관된 단어.

You always take an overly optimistic view of things.
너는 언제나 사물을 지나치게 낙관적으로 생각한다.

Candidates are agitated, now being optimistic, now pessimistic.
후보자들은 일희일비의 상태이다.

---

optimum [ɑ́ptəməm]
최적의

the best

▌op = see.

The optimum conditions.
최적 조건.

A speed of 60 mph is about the optimum.
시속 60마일이 적정 속도이다.

opulent [ɑ́pjulənt]
부유한, 풍부한

rich

▌오피러스 승용차. 돈이 그래도 있는 사람이 타고 다니는 승용차.

The construction of an opulent Palace at Versailles put the country on the verge of economic disaster.
화려한 베르사이유 궁전 건설 프랑스는 경제적 재난에 직면했다.

orator [ɔ́:rətər]
연설자, 웅변가

speaker

▌oral = mouth. 입으로 말을 해요.

He has no equal as an orator.
웅변가로서 그에게 대항할 만한 사람이 없다.

She was an outstanding orator.
그녀는 탁월한 웅변가였다.

orbit [ɔ́:rbit]
궤도

the curved path in space

▌orbit의 유래는 ring. 반지의 모양도 둥글고 태양계의 행성들은 반지처럼 원, 혹은 타원형으로 태양 주위를 돌게 됩니다.

All of the planets in our solar system orbit the Sun.
태양계에 있는 행성들은 태양 주위를 돈다.

Today, many weather satellites orbit the earth.
오늘날의 많은 기상 위성들이 지구 주위를 돈다.

ordain [ɔ:rdéin]
임명하다, 정하다

command

▌order. 질서 order를 바르게 하기 위하여 명령을 내림.

All our fortunes are ordained by Providence.
모든 것은 천명이다.

A number of theological colleges keep educating both ordained and lay people.
사제 학교는 두 곳을 빼고 모두 문을 닫았다. 여러 신학대학에서는 사제와 일반인을 상대로 교육을 지속하고 있다.

ordeal [ɔ:rdí:l]
시련

severe trial

▌order. 엄격한 부모의 명령은 자녀에게는 혹독한 시련.

He dreaded the ordeal of a visit to the dentist.
그는 치과에 가는 시련을 두려워했다.

Everyone expected that the ordeal would soon be over.
모두들 시련이 곧 끝날 것이라고 예상했다.

O

orgy [ɔ́:rdʒi]
술 먹고 야단 법석

drunken revelry

▌광란의 파티 = work. orgy(혼음, 난교)의 어원은 그리스 인들이 새벽이 돼서 의식이 끝나면 그대로 쓰러져 죽은 듯이 잠을 잤다고 합니다. 술을 진탕 먹고 노는 것도 힘든 일이죠.

We watched the sex orgy.
우리는 난교를 보았다.

---

orient [ɔ́:riənt]
동양, 향하다, 이끌다

East/ direct

▌떠오르는 태양은 동쪽 east = orient. 동쪽에서 해가 뜨기 때문에 direct란 의미를 가져요. 서양은 the West 혹은 the Occident라고 해요. 해가 지는 쪽이란 의미.

Print-oriented novelists seem doomed to disappear.
인쇄 지향적인 소설가들은 사라져야 하는 운명에 처해 있는 것처럼 보인다.

---

originate [ərídʒənèit]
시작하다, 생기다

start

▌gen = gin = birth.

But not everyone agrees that language originated in gesture.
그러나 모든 사람들이 몸짓에서 언어가 기원했다고 동의하는 것은 아니다.

The theater originated in the cultures of dancing in primitive socie ties.
극장은 원시 사회의 춤추는 문화에서 유래되었다.

---

ornamental
[ɔ̀:rnəméntl]
장식적인

decorative

▌adorn = orn = decorate.

Sundials can still be found in various gardens, because of their orna mental.
해시계는 장식적인 아름다움 때문에 여전히 여러 정원에서 찾아볼 수 있다.

---

orthodox [ɔ́:rθədɑ̀ks]
정통의, 정교의(이단의 반대말)

traditional

▌orth = straight + dox = doc= doctor =teach. 똑바른 것은 긍정적이고 곡선은 부정적. 그래서 기독교의 정통파들을 주로 의미.

These orthodox followers do not eat pork or shellfish.
이 정통 교도들은 돼지고기나 조개류를 먹지 않는다.

Their disease cannot be cured by orthodox methods.
그들의 질병이 전통적인 방법으로 치료될 수 없다

---

ostensible [ɑsténsəbl]
표면상의, 허울만의

showy

▌op = os = see + tend = tens = pull. 허풍을 떠는 사람들은 별것도 아닌 것을 길게 늘려 빼서 자랑에 자랑을 합니다.

Ostensibly, it was to do with “degrading” Iraq's capacity to produce weapons.
표면상으로는 폭격이 이라크의 무기 생산 능력을 감소시키려는 시도와 유관한 것처럼 보였다.

---

ostracize [ɑ́strəsàiz]
추방하다

shun

▌투표의 효시. 고대 그리스 인들은 조개껍질을 항아리 안에 던져 추방할 사람을 선정. 10년 안에 다시 도시에 들어 올 수 없었어요.

He was ostracized by his colleagues for refusing to support the strike.
그는 파업지지를 거부하여 동료들의 배척을 받았다.

---

otherwise [ʌ́ðərwàiz]
만약 그렇지 않으면/다른

if not / in any other way

▌otherwise는 other + wise. wise는 다른 단어에 첨가되면 방향 = direct에 해당. 그래서 다른 방향은 다른 방식으로 번역이 됩니다.

He is tired, but otherwise he is fine.
그는 피곤하지만 다른 면에서는 좋다.

outcome [áutkʌ̀m]
결과

result

▌결과는 밖으로 드러나는 것.

Mr. Sing said he was pleased with the outcome.
싱 씨는 결과에 만족하다고 말했다.

He is placing a bet on the outcome.
그는 결과를 놓고 내기를 하고 있다.

outdistance [àutdístəns]
훨씬 앞서다, …보다 낫다

a lot better and more successful than they are

▌경주를 하는데 다른 선수를 멀리 하며 있는 경우.

She easily outdistanced the other runners.
그녀는 쉽게 다른 주자들을 앞섰다.

outlandish [àutlǽndiʃ]
이국풍의, 이상한

bizarre

▌land. 땅 = 한국 땅 밖 out는 외국의 이상한 풍물.

The story was too outlandish to be real.
그 이야기는 너무 이상해서 현실적이지 않다.

outlet [áutlèt]
출구

store

▌다량의 물건을 저가 판매하는 대중적 소매점.

MegaComp currently has 4,000 employees working in hundreds of retail outlets.
메가콤는 현재 수백 개 소매점에 4천 명의 직원을 두고 있다.

Success for mail order businesses is to offer products that are not readily available at retail outlets.
통신 판매 사업 성공은 소매점에서 즉시 구할 수 없는 물건을 제공하는 것이다.

outmoded [àutmóudid]
유행에 뒤진

old - fashioned

▌일반적으로 안은 긍정이요 밖은 부정적.

Outmoded ideas / beliefs / views.
구식 생각 / 믿음 / 견해

Elderly politicians still clinging to the outmoded shibboleths of party doctrine.
아직도 구시대적 구호인 정당 노선을 고집하는 원로 정치인들

output [áutpùt]
생산, 출력

production

▌공장 안에서 만든 생산품은 팔기 위하여 밖으로 출고됨.

In spite of the gloomy economic forecasts, manufacturing output has risen slightly.
침울한 경제 전망에도 불구하고 제조업의 생산량은 약간 증가했다.

outrage [áutrèidʒ]
분노

anger

age < rage. 나이가 들어 갈수록 화 만 쌓입니다.

She was so outraged at the poor service she received at the restaurant.
그녀는 그 식당의 서비스가 너무 형편없는 데 화가 났다.

The sadistic murder of a two-year-old boy provoked public outrage
두 살 난 사내아이를 가학적으로 살해한 사건은 대중의 격분을 불러 일으켰다.

---

outright [áutràit]
솔직한, 완전한

clear

right는 정의. 정의를 찾기 위하여서는 국민의 분명한 목소리가 주장 되어야 합니다.

The ambassador rejected the host country's claims outright
대사는 주최국의 요구를 일언지하에 거절했다.

Don't confuse that with outright aggression.
그걸 대놓고 성을 내는 것과 혼동하진 마세요.

---

outskirts [outskɜ:rts]
변두리

outer borders

skirt. 스커트가 바람이 불어 확 퍼지는 모습 연상. 그래서 변두리와 연관.

They live on the outskirts of Paris.
그들은 파리 외곽에 산다.

---

outspoken [àutspóukən]
솔직한, 노골적인

frank

외성적인 사람은 말을 밖으로 확실히 하지만 내성적인 사람은 속으로 꽁함.

Taiwan's outspoken president makes her first official trip abroad.
거침없이 자신의 주장을 펼쳐 온 타이완 총통이 공식적인 첫 번째 해외 여행을 한다.

---

outstanding
[àutstǽndiŋ]
눈에 띄는, 현저한

very remarkable and impressive.

집단 내에 있으면 구별이 안 되지만 밖에 단독으로 서 있으면 눈에 잘 띔.

He is an outstanding figure.
그는 출중한 인물이다.

She was an outstanding orator.
그녀는 탁월한 웅변가였다.

---

outstrip [autstrip]
앞서다

to become larger, more important than

strip. A가 B의 옷을 벗 길수 있다는 것은 B보다는 A가 더 뛰어난 것을 암시합니다.

I outstripped him near the goal.
결승점에서 그를 떨어뜨렸다

I soon outstripped the slower runners.
나는 곧 느린 주자들을 추월했다

---

outweigh [àutwéi]
…보다 무겁다, 능가하다, …보다 중대하다

exceed

무게가 더 많이 out = ex = 밖으로 늘어남

Even termites outweight humans on earth.
지구상에는 흰 개미 숫자가 사람보다 많다.

outwit [àutwít]
속이다

trick

▌공부 머리가 안 돌아 가는 사람들이 잔머리가 많음.

The robber outwitted the police and escaped.
그 강도는 경찰의 눈을 속이고 도망쳤다.

He outwitted his rivals.
그는 자신의 적수보다 약았다.

overdue [òuvərdjú:]
지불 기한이 넘은

have happened before now.

▌due. 지급 기한을 넘김. over는 수직 이동뿐만 아니라 수평 이동에도 사용. 마감 시한을 넘어가는 이미지 연상.

The cafe has an outstanding account with us that is 60 days overdue.
식당은 당사에 60일 넘게 지불되지 않고 있는 미불금이 있다.

What's the fine for overdue magazines?
반납기한이 넘은 잡지는 벌금이 얼마인가요?

overlook [òuvərlúk]
못 보고 지나치다

pass over

▌over는 수평으로 시선 등이 넘어가는 이미지. 그래서 자기부인과 같이 걸어가는 A씨. 자기 부인이 아니라 시선이 넘어가 반대편에서 걸어오는 예쁜 아가씨를 쳐다보는 장면 연상.

The last point is often overlooked.
마지막으로 언급한 사항은 종종 간과된다.

The man is overlooking a detail.
남자는 세부 사항을 간과하고 있다.

overt [ouvə́:rt]
명백한

open to view

▌over. 안에 숨기는 것은 보이지 않아 은폐 하는 것이지만 위, 즉 시선 위로 올라온 것은 보게 되어 공개적이면서 명백함 clear.

So far, there haven't been any overt changes.
지금까지는 표면화된 변화는 없다.

overweening
[òuvərwí:niŋ]
자부심이 강한, 지나치게 자신이 있는

proud

▌ween = win + over. 이긴 것 때문에 기분이 의기양양하면서 우쭐.

It's that deadly mix of overweening confidence and stupidity.
그것은 지나친 확신과 어리석음 때문이다.

[ACTUAL TEST]

밑줄 친 낱말과 동의어를 고르세요.

1. He is fascinated with an <u>obscure</u> 17th century poet.

(A) not vivid (B) little known (C) old-styled
(D) ill-famed (E) easy to forget

2. Mr. Justice Otton said: "I reject the argument that Greenpeace is a 'mere' or 'meddlesome' busybody, or even an <u>officious</u> bystander."

(A) beneficial (B) legitimate (C) impersonal (D) obtrusive

3. Mary is still <u>on the fence</u> about the red coat she saw in the store yesterday.

(A) undecided (B) irritated (C) excited (D) settled

4. <u>Overweening</u> personal ambition is no virtue; but while I had it, I could have danced on a bed of nails.

(A) Persuasive (B) Elegant (C) Categorical (D) Immoderate

5. His <u>ostensible</u> motives concealed his real one.

(A) false (B) expressive (C) pretended (D) immoral

6. Politicians are well known for being <u>obstinate</u>.

(A) corrupt (B) unrealistic (C) talkative (D) determined

7. I could hardly control my anger when, after having spent three hours explaining why I could not agree with the opinions of the other members of the committee, I was asked to <u>recapitulate</u> my main ideas in one minute.

(A) reiterate (B) perpetuate (C) disqualify (D) arbitrate

8. The snow was so heavy that it <u>obliterated</u> the highway.

(A) distorted (B) blocked (C) froze (D) effaced

9. Not surprisingly, those who are averse to surrendering their sovereignty have become increasingly <u>restive</u> of late.

(A) agitated (B) obedient (C) resolute (D) forcible

[FILL THE PROPER WORD IN THE BLANK]

빈칸에 들어갈 적당한 단어를 고르세요.

10. Surfing was once a sociable pastime, but now joining another surfer on a wave is ______ as heinous as cutting off another driver on the highway.

(A) a joy (B) an offense (C) an adage (D) a courtesy

11. Increased consumption of more energy-dense, nutrient-poor foods with high levels of sugar and saturated fats, combined with reduced physical activity, have led ______ rates that have risen three-fold or more since 1980.

(A) nourishment (B) dietician (C) obesity
(D) epidemic (E) insulation

[EXPLANATION]

1. [VOCA]

obscure 모호한 fascinated with ~에 의해 매료되다

[TRANSLATION]

그는 17세기의 한 무명 시인에게 매료 되었다.

[ROPES]

ob = 반대 = not + scure = secure. 확실 하지 않은 것은 알려지지 않거나 불확실함과 연관.

[ANSWER] B

2. [VOCA]

reject 거절하다 Greenpeace 그린피스(환경 보호를 주장하는 국제적인 단체) mere 단순한 meddlesome 간섭하기 좋아하는 busybody 참견하기 좋아하는 사람 officious 간섭하는 bystander 구경꾼 beneficial 이로운 legitimate 합법의 impersonal 비정한

[TRANSLATION]

Otton는 "나는 그린피스가 '단순한' 혹은 '남의 일에 간섭하기 좋아하는' 건방진 단체, 아니 심지어는 다른 사람 일에 참여하기 좋아하는 구경꾼 같은 단체라는 주장에 동의하지 않아요"라고 말했다.

[ROPES]

officious < office. 사무실에는 이런 저런 간섭이 있어요. 그리고 지문에도 meddlesome이란 낱말을 통해 officious의 의미를 간접 추론 해 볼 수가 있습니다.

[ANSWER] D

3. [VOCA]
on the fence 관망하고 있는, 결정하지 못한
[TRANSLATION]
메리는 가게에서 어제 보았던 코트를 사야 할지 아직도 망설이고 있어요.
[ROPES]
A라는 사람과 B라는 사람의 담장 위에 있다는 것은 이 두 사람 중 어디에도 속하지 않다는 의미에서 아직 결정을 하지 못한 상태를 암시함.
[ANSWER] A

4. [VOCA]
overweening 뽐내는, 자부하는 persuasive 설득력 있는 elegant 우아한
categorical 절대적인, 무조건의 virtue 덕, 장점 a bed of nails 바늘방석
[TRANSLATION]
자만심이 있는 개인적 야심은 미덕이 되지 못한다. 그러나 내가 그것을 가지고 있더라도 나는 바늘방석 위에서도 춤을 추었을 것이다.
[ROPES]
over는 공간상에서 위라는 단순한 위치를 나타내는 의미 이외에도 비유적 으로 넘쳐나는 뜻이 있는데 적당한 것이 좋지 너무 지나친 것은 부정적인 내용 함축.
[ANSWER] D

5. [VOCA]
ostensible 표면상의 immoral 부도덕한 conceal 숨기다, 감추다
[TRANSLATION]
그는 표면상의 동기로 자신의 진짜 동기를 감추었다.
[ROPES]
ostensible = superficial. 깊은 속의 의미가 아니가 겉의 피상적인 뜻
[ANSWER] C

6. [VOCA]
obstinate 완고한 corrupt (도덕적으로) 타락한 talkative 말이 많은 determined 단호한
[TRANSLATION]
정치가들은 고집이 센것으로 유명하다.
[ROPES]
ob = against = 반대 = 저항. 반대를 하는 사람들은 성격이 유순한 것이 아니라 고집이 센 사람들
[ANSWER] D

7. [VOCA]

anger 분노 committee 위원회 recapitulate 되풀이하다 reiterate 반복하다 perpetuate 영속화하다 disqualify (자격을) 박탈하다 arbitrate 중재하다

[TRANSLATION]

내가 위원회의 다른 위원들의 생각과 왜 다른 지를 3시간 동안이나 설명한 후에, 1분 안에 내 생각의 요점을 되풀이 하라는 요청을 받자 나는 격분을 억누를 수 가 없었다.

[ROPES]

re-는 반복을 나타내는 접두사.

[ANSWER] A

8. [VOCA]

obliterate (글자를) 지우다 efface 지우다 distort (얼굴을) 찡그리다, (사실을) 왜곡하다 block 막다 freeze 얼게 하다

[TRANSLATION]

폭설로 인해 도로의 흔적이 사라졌다.

[ROPES]

lit는 write이고 ob는 against이기 때문에 원래의 의미는 글씨를 지우다 이지만 이 지문처럼 도로의 흔적이 사라지는 비유적인 의미에도 사용.

[ANSWER] D

9. [VOCA]

restive 차분하지 못한, 고집이 센 agitated 흥분한 resolute 단호한 obedient 순종하는, 유순한 averse to ~을 싫어하다 surrender 항복하다 sovereignty 주권 of late 최근에

[TRANSLATION]

주권을 넘겨주는 것을 싫어 하는 사람들이 최근에 지속적 으로 동요되고 있는 것은 당연한 일이다.

[ROPES]

직장 다니기 싫어 잠시 쉬는 것 rest은 좋지만 기간이 길어지면 초조해져요. rest에서 restive로 단어의 길이가 길어졌어요. 우리가 알고 있는 단어에서 길이가 길어지면 부정적인 의미로 전환되는 것이 영단어의 기본 원리입니다.

[ANSWER] A

10. [VOCA]

surfing 파도타기 sociable 사교적인 pastime 오락 heinous 극악한, 흉악한 offense 위반 adage 속담 courtesy 예의

[TRANSLATION]

파도타기는 이전에 사교적인 오락 이었지만 지금은 파도 위에서 파도를 타는 다른 사람과 같이 파도를 타는 것은 고속도로 에서 다른 운전자의 차선을 가로 막는것 만큼이나 나쁜 위반 행위이다.

[ROPES]

_____ as heinous은 A as B구조로 as는 like = -처럼. 그래서 빈칸의 힌트어구는 heinous.

[ANSWER] B

11. [VOCA]

consumption 소비 dense 조밀한 nutrient 영양소 saturated fat 포화 지방 nourishment 영양분 dietician 영양 학자 obesity 비만 epidemic 유행병 insulation 절연, 고립

[TRANSLATION]

높은 함량의 설탕과 포화지방이 포함된 고열량과 영양분이 적은 음식의 섭취 증가와 운동 부족은 1980년 이후로 세 배 이상의 비만율 증가의 요인이 되었다.

[ROPES]

energy-dense sugar + saturated fats + reduced physical activity등이 원인이 되어 결과적 으로 생기는 것은 무엇일까요? 그것은 비만(obesity)입니다.

[ANSWER] C

0

P

P로 시작하는 철자들 이것만은 꼭 알자

1. pre-는 '이전' 으로 순수 영어 before에 해당되는 접두사입니다.

전

BEFORE	PRE

예) preview / preposterous / precipitous

preview는 미리 어떤 것을 보다는 의미에서 영화 시사회나 학교 수업을 미리 공부하는 예습에 해당되는 낱말 입니다.

2. 우리는 앞서 fore-시작되면 '앞' 이란 뜻이 있는 것을 보았어요. fore-와 같은 의미를 가지는 접두사로는 pro-가 있습니다.

앞

FRONT	PRO

예) progress / provide / proficient

progress는 앞서 pro 가는 것 gress-란 비유적 으로 진보나 발전입니다. proficient에서 fic-는 '만들다' 이기 때문에 남보다 앞서 만드는 사람은 유능한 = competent 사람이겠죠.

P

3. post는 순수 영어 after와 같은 뜻입니다.

후

AFTER	POST

예) postpone / preposterous / posthumously

postpone는 지금 하는 것이 아니라 나중에 post하기 때문에 '연기하다' 혹은 '지연하다' 입니다. hum은 물이고 인간은 물로 구성되어 있어 사람이 죽는다는 뜻이 posthumously에는 담겨져 있습니다.

4. 순수 영어 f는 라틴어에서 파생이 된 영어 단어 p와 일치를 보입니다. 그래서 발이 foot이기 때문에 라틴어에서 파생이 된 단어는 ped-로 시작합니다.

발

FOOT	PED

예) pedal / peddler / pedagogical

peddler는 이전에 자동차를 타지 않고 발로 걸어 전국을 돌려 물건을 파는 '보부상' 들입니다.

5. 캥거루는 엄마 캥거루 배 아래에 있는 주머니 혹은 엄마 캥거루에 매달려 있습니다. 이런 모습은 아직 엄마 캥거루에 의존하는 것을 연상시키는데요. 그래서 아래에 매달려 있는 모습이 영어에는 depend라는 철자에서 볼 수 있습니다. pend = hang.

매달리다

HANG PEND

예) depend / pension / suspense

pension의 의미는 무엇일까요? 퇴직을 하고 나서 일정한 수입이 없는 퇴직자는 연금에 매달려 생활을 해야 하기 때문에 '연금' 입니다.

6. 아주 어린 시절부터 누구나 알고 있는 단어로는 왕자 prince가 있어요. 왕자는 한 나라에 가장 중요하면서 앞으로 왕이 될 일인자 입니다. 그래서 prim-/prin- = first = chief의 연관 관계가 있습니다.

처음

FIRST PRIM PRIN

예) prime / minister / premier / prim / primary / primitive / prince / principle

장관은 minister. 장관들을 통솔하는 최고로 중요한 사람이란 prime minister는 그래서 '수상' 이란 뜻이 됩니다.

7. 위의 4에서 필자는 f-와 p-의 공통점에 대해 설명했습니다. 라틴어에서 파생이 된 plat 는 순수 영어의 flat가 같은 의미입니다.

평평한

FLAT PLAT

예) flat / place / plane / plateau / platform / platinum / platitude

지하철이나 기차가 들어오는 곳에 승객들이 기다리는 평평한 곳이 platform이고, platitude는 비유적으로 사람의 음성에 굴곡이 있어야 지루하지 않는데 지속적으로 일정한 톤으로 이야기하면 지루해집니다. 그래서 platitude는 단조로움을 나타냅니다.

8. 학교 운동장에 있는 평행봉이 parallel입니다. 두 개의 나란한 모습. par = equal입니다.

P

평등한/평행한

EQAUL	PAR

예) parody / parallelism / paradigm

한국에서 많이 사용되는 단어 중에 '패러디' 가 있습니다. 이는 원래의 것과 똑같이 = par모방한다는 의미가 있네요.

9. pandemic에서 pan은 all의 뜻입니다. 그래서 질병 등이 널리 퍼져 있다는 의미가 됩니다.

모든

ALL	PAN

예) panacea / pandemic

세상에 만병통치약이 어디에 있겠습니까? 하지만 의료기술이 발달되지 않았을 때 할머니가 손자에게 발라주는 된장은 손자의 아픈 곳을 없애주는 만병통치약 = panacea이었어요.

10. 사람은 누구나 한 두가지의 콤플렉스가 있다고 해요. 콤플렉스가 심한 사람은 머릿속이 간단한 것이 아니라 복잡하게 채워져 있습니다. ple- = fill

채우다

FILL	PLE

예) complement / implement / completesupplement

complement에서 com은 '함께' 입니다. A라는 물건을 사용하다 문제가 있거나 부족하면 다른 B로 대시 채우기 때문에 complement는 보충물이예요.

11. 영어 단어 중 가장 먼저 배우게 되는 낱말 중에 important가 있어요. im= 안으로 가져오다는 뜻으로 사소 한 것은 가져오지 않습니다. 중요한 것만 자기 영역 안으로 가져오죠. 항구는 필요한 물건들은 수입하는 곳이기 때문에 항구와 가져오다는 서로 의미상으로 연관이 됩니다. port = 항구 = bring.

가져오다

BRING PORT

예) report / importune / opportunity / deport / portfolio

portfolio는 들고 다니는 가방입니다. 이곳에는 이런 저런 서류들을 넣고 이동하기 때문에 port-는 철자들로 시작합니다.

12. perform은 어떤 일을 하는 것을 말하는데 이와 같은 의미를 가지는 단어들은 function 처럼 f로 시작됩니다. p와 f의 관련성은 이미 말을 했기 때문에 아래의 예에 있는 단어들을 알아 두세요.

기능하다

PERFORM FUNCT

예) function / defunct / perfunctory

13. pre는 주로 '앞' 이란 의미의 접두사로 많이 사용되지만 일부 단어들에서는 가격 = price의 의미가 있습니다.

가격

PRICE PRE

예) depreciated / appraise / appreciate / precious praise

price< precious. 어떤 물건의 단가가 높아지면 = 길어지면 가격이 비싸기 때문에 귀중한 것이 되겠죠.

14. 만족이나 행복이란 뜻을 담고 있는 단어들은 sat- 철자(토요일 = saturday)들이 들어갑니다. sat철자이외에 pla- = please가 있습니다.

만족하다

PLEASE	PLA	SAT	GRAT

예) placebo / complacent / implacable / placate / placid / plea / plead / pleasant / pleasure / gratitude / ingratitude / Saturday / saturation

P

배가 아픈 사람에게 소화제를 주어야겠지만 소화제가 없는 경우 설탕물을 주면서 이것은 설탕물이 아니라 소화제라고 하면 이것을 진짜 약으로 먹은 사람은 일반적으로 배가 아프지 않는다고 합니다. 이를 '위약 효과' 로, 가짜 약도 믿고 먹으면 효과가 있다는 것으로 위약을 타나내는 단어 placebo는 pla-를 통해 각자 본인이 만족을 하면 가짜 약도 효과를 낸다는 것을 암시 하고 있습니다.

15. pat- 시작되는 단어들은 순수 영어 father와 관련 있습니다.

아버지

FATHER	PAT

예) patriot / paternal / patrimony / pattern / complain / plaintiff / plaintive / plankton

현대에는 애국자가 남자 일수도 있고 여자 일 수 도 있습니다. 하지만 이전에 여자들은 주로 가정일과 육아만을 담당했기 때문에 애국자는 남자인 아버지와 관련되어 있어요. 그래서 patriot는 애국자입니다.

16. 애완동물을 좋아하는 사람들은 늘 애완동물을 끼고 살아갑니다. 혹시라도 그 애완동물이 길을 잃어버린 경우 찾아 다녀요. pet = seek

찾다/추구하다

SEEK	PET

예) appetite / petition / compete / impetus / competent / perpetual / repetition

appetite와 petition란 단어들에서는 pet란 철자가 보입니다. 그럼 어떤 뜻이 있나요? appetite

는 음식을 먹고 싶어 하는 식욕이고, petition은 자기의 권리를 다시 찾기 위하여 청원을 하는 것. 이들 단어들의 공통점은 search = seek입니다.

17. 생머리 보다는 파머를 한 머리가 오래 동안 지속이 됩니다. 파머의 영어 철자는permanent이고 per-는 기본적으로 자동차가 남산 터널 등을 '지나가다' 입니다. 지나가는 관통의 의미는 비유적으로 어떤 것을 경험하거나 시도, 특히 일시적인 것이 아니라 지속적으로 하는 것을 암시 합니다.

관통

THROUG	PER

예) permanent / expert / experience / peril / pirate / empiric / repertoire / perpetual

위 단어들 중 대표적으로 expert를 가지고 설명해보겠습니다. per-이 있어 예를 들어 경제에 대해 공부를 많이 한 사람은 그 분야의 여러 지식을 섭렵하면서 통과했던 것으로 보아 전문가라는 뜻이 됩니다.

18. pon/pen으로 시작되는 낱말들은 무게 =weigh와 관련이 있어요. 한국어도 무게를 잡는다는 것은 비유적으로는 '생각을 많이 한다' 와 관련됩니다. 그래서 pen이나 pon이 들어가면 생각하다는 의미가 담겨져 있습니다.

무게

WEIGH	PEN / PON

예) pensive / ponderous / compensate / spend / pension / expense / pound / pension

19. 축구에서 벌칙 중에 페널티 킥이 있습니다.

처벌하다

PUNISH	PEN

예) penalty / repentance

PEN-이외에도 다음과 같은 철자가 사용됩니다.

처벌하다

PEN PUN PEC CRIM CULP

예) punish / impunity / peccable / impeccable / crime / criminal / discriminate

P

pacifist [pǽsəfist]
평화주의자

one opposed to force

pacific = 태평양. pac = peace.

The war fashioned him into a pacifist
그 전쟁이 그로 하여금 평화주의자로 만들었다.

He refused to join the army because he is a pacifist
그는 평화주의자이므로 입대를 거부했다.

---

pacify [pǽsəfài]
평화. 달래다

soothe

pac = peace. 독재자를 달래어 평화로운 분위기를 조성함.

Alexander the Great achieved a success in pacifying the conquered.
알렉산더 대왕은 정복민들을 진정하는 데 성공했다.

---

package [pǽkidʒ]
소포, 일괄 거래

parcel

pack = box < package. 꾸러미, 소포 이지만 비유적으로는 일괄 거래를 나타냄.

The government faces an uphill battle to push ahead with its labor reform package.
"정부는 노동개혁 법안을 추진하면서 힘든 싸움을 앞두고 있다.

---

pact [pǽkt]
협정

treaty

pac = peace. 평화는 서로 동의하는 것. 그래서 더 이상 싸움을 하지 않기 위하여 협정을 국가 간에 체결합니다.

The peace pact brought the war to an end.
평화 협정으로 전쟁은 끝이 났다.

The Prisoners of War Exchange Pact was broken.
포로 교환 협정이 결렬되었다.

---

painstaking [péinztèikiŋ]
노고

showing hard work

pain. pain은 고통. pains는 고통이 여러 번 했다는 것은 노력 암시.

This is one of his latest works which cost him painstaking efforts.
이것이 그의 최근의 역작이다.

---

palliate [pǽlièit]
일시적으로 완화시키다

lessen

pall = cloak. 옷으로 덮어 버리는 이미지.

Many modern drugs palliate but do not cure illness.
많은 현대 약품은 병을 완화시키기는 하지만 치유하지는 못한다.

---

palpable [pǽlpəbl]
손으로 만질 수 있는

clear

pal = 팔 = hand = touch. 손을 대면 확실해져요. 단순히 머릿속으로 생각하는 것보다.

A palpable lie.
빤한 거짓말.

His statement is palpable nonsense.
그의 진술은 명백한 넌센스다.

---

paltry [pɔ́:ltri]
하찮은, 보잘것없는

worthless

paltry의 small이나 trivial과 유사어

The number of Koreans extradited has remained at a paltry.
강제송환 실적은 크게 나아지지 않아 지지부진한 실정이다.

P

pan [pǽn]
비난하다

criticize

▌프라이 팬. 전북 남원 골에 살았던 실존 인물일 수도 있고 아닐 수도 있는 놀부 부인은 시동생인 흥부 뺨을 밥 주걱으로 때리면서 비난합니다. 프라이팬으로 얻어 맞으며 혼나는 모습 연상.

The film was panned by the critics.
그 영화는 비평가들의 혹평을 받았다.

The critic panned the play.
그 비평가는 그 연극을 혹평했다.

panacea [pæ̀nəsíːə]
만병통치약

cure all

▌pan = all. 그리스 신화에 나오는 의술의 신인 아스클레피우스의 딸 이름 (Panacea)으로 "치료의 여신".

It can answer your prayers but it is not the panacea that everybody thinks.
복권이 구매자들의 절박한 문제를 해결해 주기도 하지만 생각하는 것처럼 만병통치약은 아닙니다.

pandemic [pæɑndémik]
전국적 유행병

widespread

▌pan = 모든 + demo = 사람, 대중. 모든 사람과 관계있기 때문에 전국적으로 유행하는 질병.

The virus could mutate and trigger a human pandemic.
이 바이러스가 돌연변이를 일으켜 인체에 전염되는 전 세계적인 유행병이 발생할 수 있다.

pandemonium
[pæ̀ndəmóuniəm]
대혼란

a wild roar

▌pan + demon = satan. 악마가 모두 총출동 했으니 개판 오분 전.

Pandemonium broke out when the news was announced.
그 소식이 발표되자 아수라장이 벌어졌다.

Pandemonium reigned in the classroom until the teacher arrived.
교사가 도착할 때까지 교실은 아수라장 판이었다.

pandora [pændɔ́ːrə]

▌pandora's box : 희망, 판도라에게 제우스는 상자를 하나 주면서 절대로 열어 보지 말라고 했습니다. 하지만 하지 말라고 하면 더욱더 하고 싶어지는 것이 사람의 마음. 판도라는 상자 속을 들여다보고 싶어 견딜 수가 없어 결국 상자 안을 열자마자 상자 안에 있던 것들이 밖으로 나가고, 상자 바닥에서 꿈틀거리고 있는 한 가지 것을 보았습니다. 그것은 '희망' 이었습니다.

You have opened Pandora's box after all.
결국 넌 판도라의 상자를 연 것이다.

panic [pǽnik]
공포, 공황

terror

▌그리스 신화에 따르면 pan은 반은 인간이고 반은 염소인 그의 머리에는 조그만 뿔이 나있고, 몸은 털로 덮여있어 흉측한 모습을 발견한 어머니는 두려움에 사로잡혀 아기를 숲에다 버리는데 한밤중에 소리를 꽥꽥 질러대는 그의 행동 때문에 공포라는 의미가 생겨남.

People are panic-stricken with the outbreak of war.
전쟁으로 인심이 흉흉하다.

At no time did the passengers panic, even when smoke began to fill the cabin.
연기가 객실에 차기 시작했는데도 승객들은 전혀 당황하지 않았다.

panoramic [pænərǽmik(əl)]
개관적인

comprehensive view

▌모든 전경을 봄.

The hill commands a panoramic view of the town.
언덕 위에서 그 도시의 전경을 볼 수 있다.

Enjoy spacious cabins with panoramic windows and elegant gourmet dining.
경치를 볼 수 있는 창문이 달린 넓은 선실과 미식가를 위한 고급 저녁식사도 즐기실 수 있습니다.

---

papyrus [pəpáiərəs]
파피루스, 종이

ancient paper

▌paper.

Papyrus is a type of paper used in ancient Egypt.
파피루스는 고대 이집트에서 사용되던 종이이다.

Athens was the center for selling of papyrus.
아테네는 그리스의 파피루스 판매의 중심지였다.

---

paradigm [pǽrədàim]
패러다임, 모범

example

▌par = para = 평행. 패러다임을 처음 제시한 사람은 토마스 쿤(Thomas Khun)으로 그의 저서 '과학혁명의 구조 The Structure of Scientific Revolution' (1962)에서 처음 paradigm을 제시하였습니다. example등을 뜻하는 그리스어에서 유래한 단어로, standard를 뜻하는데, 이 패러다임은 전혀 새롭게 구성되는 것이 아니라 기존의 자연과학 위에서 혁명적으로 생성되고 쇠퇴하며, 다시 새로운 패러다임으로 대체되는 이유는 하나의 패러다임이 영원히 지속될 수는 없고, 항상 생성 · 발전 · 쇠퇴 · 대체되는 과정을 되풀이 하기 때문입니다. 그 이유는 시대가 변하거나 전문가들의 합의가 변함에 따라 만들어지는 진리가 달라지기 때문입니다.

We need to see a paradigm shift from the $10,000 era to the $20,000 era.
국민소득 1만불 시대에서 2만불 시대로 가기 위해서는 패러다임의 전환이 필요하다

---

paradox [pǽrədàks]
역설, 패러독스

contradictory

▌'평행하다' 라는 뜻을 가진 'para' 와 '의견' 이라는 doc = dox = opinion. 어떤 주장이나 이론이 겉보기에는 모순되는 것 같으나 그 속에 중요한 진리가 함축되어 있는. 또는 그런 것.

It is a paradox that the French eat so much rich food and yet have a relatively low rate of heart disease.
프랑스인들이 기름진 음식을 그렇게 많이 먹으면서도 상대적으로 심장병 발병률이 낮다는 것은 역설이다 .

It's a paradox that in such a rich country there can be so much poverty.
그런 부유한 나라에 그렇게 많은 가난이 있다는 것은 역설이다.

---

paragon [pǽrəgàn]
모범

model of perfection

▌'본보기' 인 example과 동의어.

The author seems to view British system as a paragon of democracy.
저자는 영국 체제를 민주주의의 모범으로 보는 것 같다.

---

parallelism [pǽrəlelìzm]
평행

similarity

▍par = same

Friendship needs a certain parallelism of life, a community of thoug ht, a rivalry of aim.
우정은 어느 정도 인생이 비슷해야 하고, 생각을 공유해야 하고, 그리고 목표에 대한 경쟁의식이 있어야 한다.

---

paralysis [pərǽləsis]
마비

the loss of the ability to move and feel in all or part of your body.

▍para = beside + ly = lie. 측면이 약해져 자리에 '눕다'. 패럴림픽(paralympic)은 장애인들이 경기하는 국제 스포츠 대회. 'paraplegic' (하반신 마비의)과 'olympic' (올림픽)의 합성어.

His arm and leg were stricken with paralysis.
그의 손과 다리는 바람을 맞았다.

The war caused a paralysis of trade.
전쟁 때문에 무역이 정체되어 버렸다.

---

parameter [pərǽmətər]
파라미터, 매개 변수

boundary

▍meter = measure.

His actions fell well within the parameters outlined in the policy guide.
그의 조처는 정책 지침서가 설정한 범위에 잘 들어맞았다.

We operate within the parameters of time and a limited budget.
우리는 제한된 시간과 한정된 예산 안에서 작업을 해야만 한다.

---

paramount [pǽrəmàunt]
최고의

top

▍mount = 산 = 정상 = top

Jiang finds himself standing clear of the paramount leader's shadow.
장은 최고의 권위를 가진 지도자의 그늘의 영향력에서 벗어나 그 자신을 찾았다.

---

paranoia [pæ̀rənɔ́iə]
편집증, 망상증

psychosis marked by delusions of grandeur.

▍beside mind라는 뜻의 그리스어로서 광범위한 정신장애를 의미했으나 최근에 이르러 피해의식을 주로 지칭.

29 percent had addictive symptoms bordering on paranoia.
29%에 해당하는 학생들은 거의 편집증에 가까운 중독 증세를 갖고 있었다.

---

paranormal [pæ̀rənɔ́:rməl]
특별한

unusual

▍para = beside. 한국어에서 '넋 빠졌다'는 정신이 나간 것으로 비유적인 표현. 결국 crazy를 의미. 영어도 normal에서 옆으로 나갔으니 비정상.

How does the Church explain the appearance of other paranormal activities?
어떻게 교회는 다른 특별한 활동을 설명할 수 있나요?

---

paraphrase [pǽrəfrèiz]
바꾸어 쓰다

restate a passage

▍para = bedise + phrase = 글.

To paraphrase an old song, diamonds can be a terrorist's best friend, too.
옛 노래 가사를 다시 바꾸어 말하면, 다이아몬드는 테러분자들의 가장 친한 친구도 될 수 있다.

P

parasite [pǽrəsàit]
기생충

sycophant

▌장소 site에 늘 옆 para = beside에 있으면서 알랑거림.

The lazy man was a parasite on his family.
그 게으른 남자는 자기 가족에 얹혀사는 기생충이었다.

The parasite has infected almost 300 million people world wide.
이 기생충은 전 세계에 걸쳐 거의 3억 명의 사람들을 감염시켰다.

parched [pá:rtʃ]
바짝 마른

extremely dry

▌여름에 아주 가뭄이 들어 땅이 갈라진 상태와 같은 것.

The wheat is parched from lack of rain.
비가 오지 않아 밀이 탄다.

Rainstorms are unlikely to bring relief to the parched city.
가뭄에 바싹 마른 이 도시를 구원해 줄 것 같지는 않다.

pare [péər]

▌pare는 peel처럼 '껍질을 벗기다' 이지만 비유적인 아래의 숙어에서는 reduce = '줄이다' 이다.

pare down to : …까지 줄이다

Vice Finance Minister called for reforms to pare down the agricultural sector.
재정경제부 차관은 농업 비중을 줄이기 위한 구조조정을 촉구했다.

pariah [pəráiə]
최하층민, 천민

social outcast

▌한국어의 (똥) 파리야. 똥파리는 실제로 파리이기도 하지만 허접한 인간을 지칭하기도 합니다. 인도의 카스트제도는 종교를 주관하는 종교계급인 브라만계급(성직자, 학자 등), 무사계급인 크샤트리아(왕족, 귀족, 무사 등), 농상계급인 바이샤(농민, 상인, 공업 등)가 발생 했 고, 하층계급인 수드라(잡역, 하인, 노예, 정복당한 자 등)가 발생. 이 네 가지 계급 제도에도 속하지 않는 천민을 '아웃 카스트(out caster)' 또는 파리아(천민)이라고도 하며, 천민 중에 천민으로 이들은 주거지가 제한되며 직업 등이 엄격한 제한을 받습니다.

If you fail to enter a top university, you will be doomed to be a social pariah in a society.
당신이 일류대를 졸업하지 못했다면 당신은 학맥이 중요한 한국 사회에서 부랑아가 될 가능성이 매우 높을 것이다.

parochial [pəróukiəl]
교구의, 지방적인, 편협한

provincial

▌para = beside. 옆에 사는, 즉 동네에 사는 사람들만 잘 지내는 편협한 사람들.

Children go to public or parochial school, though some go to private schools.
몇몇은 사립학교에 간다 할지라도 아이들은 공립학교나 교구 학교에 갑니다.

parity [pǽrəti]
동가, 동등

equality

▌par = equal.

Hillary has climbed to parity or beyond in the polls.
힐러리는 여론조사에서 지지도가 비슷해지거나 추월된 상태이다.

parody [pǽrədi]
패러디

humorous imitation

▌par = equal + ode = ody = song.

He enjoyed a lot of local success with parodies.
패러디들로 홍콩 현지에서 엄청난 성공을 거두었다.

---

parole [pəróul]
가석방

permission that is given to a prisoner to leave prison

▌비록 일시적이기는 하지만 빠르게 = parole 감옥에서 나옴.

The most prolific serial killer has been sentenced to 48 consecutive life terms without the possibility of parole.
가장 많은 희생자를 낸 연쇄살인범에게 감형없이 48회에 걸쳐 종신형을 살도록 하는 선고가 내려졌습니다.

---

parry [pǽri]
피하다, 회피하다

deflect

▌'피하다' 는 ward off에서 파생이 됨.

I am good at thrust and parry.
나는 응수를 잘한다.

---

parsimonious [pὰːrsəmóuniəs]
아주 인색한

stingy

▌한국어의 '파시'. 파시 에서는 값싸게 살 수 있어요.

His wife is as parsimonious as himself.
부인도 그이만큼 인색하다.

She is so parsimonious that she begrudges her dog a bone.
그녀는 기르는 개에게 뼈다귀 주는 것을 아까워할 만큼 인색한 사람이다.

---

partiality [pὰːrʃiǽləti]
부분적임

preference

▌part = unjust. 불공정은 특정한 사람을 선호하는 것을 암시.

I have a partiality for sweets.
나는 단것을 특별히 좋아 한다.

She shows a partiality for expensive clothes.
그녀는 값비싼 옷을 아주 좋아한다.

---

passable [pǽsəbl]
많은

lot

▌pass. pass보다 단어의 길이가 길어 졌어요. 자녀에게 많은 유산을 물려주는 것과 연관 해보세요.

He has a passable knowledge of English.
그는 상당한 영어 지식이 있다.

---

partition [pɑːrtíʃən]
분할, 부분

divide into parts

▌part. part에서 파생이 된 단어.

The way she divides the interior with sliding fabric partitions is noteworthy.
건물 내부를 천 으로 만든 미닫이 식 칸막이로 나눈 것도 특기할 만합니다.

---

passive [pǽsiv]
수동적인

not active

▌pass. 집중하지 않고 그냥 지나쳐 보내는 것은 비 활동적.

The government took a passive action.
정부는 소극적인 조치를 취했다.

All of life is made up of the passive and the active.
모든 삶은 능동적인 것과 수동적인 것으로 구성되어 있다.

P

pastoral [pǽstərəl]
전원생활의

rural

▌shepherd. 양치기라는 의미에서 목사님 그리고 시골이란 뜻이 파생.

You can do without the few pastoral pleasures of the country.
여러분이 그 희소한 시골의 목가적인 즐거움이 없이도 살 수 있다.

This idyllic pastoral scene is only part of the picture.
소박하고 아름다운 목장의 풍경은 단지 이런 그림의 일부에 불과하다.

patch [pætʃ]
조각 천

▌patch와 관련된 아래의 두 개 표현을 알아 두세요.

patch up : 수선의, 미봉책의 (바지가 구멍이 나면 천을 댐)

They were fighting for a while, but I guess they managed to patch things up.
그들은 한동안 싸웠지만 결국은 의견 차이를 조정할 수 있었다고 생각해

patchwork : 조각 천을 이어 맞춘

The plans announced Monday suggest a incapable patchwork of a government.
월요일 발표된 계획들은 무능한 누더기 정부를 암시한다.

patent [pǽtənt]
특허, 명백한

obvious

▌라틴어에서는 open의 의미. close하면 사실을 몰라 불분명한지만 열면 보여 명백하게 됨.

New anti-snoring devices are being brought to the patent office.
갖가지 신종 코골이 방지 기구가 특허 국에 접수되고 있습니다.

He had more than 350 patents.
그는 350개 이상의 특허권을 가지고 있다.

pathetic [pəθétik]
감상적인, 애처로운

touching

▌path = feel.

The politician made a pathetic effort to deny the allegation.
그 정치인은 혐의를 부인하려고 추한 꼴을 보이며 애썼다.

I hate you for making me a sad, pathetic stereotype.
날 슬프고 처량한 전형적인 노처녀로 만들다니… 정말 네가 밉다.

pathos [péiθɑs]
슬픔

pity

▌path = feel.

The anthology by 15 Korean-American poets show the Korean immigrants' pathos and love.
15명의 한국계 미국인 시인이 쓴 이 시집은 이민 세대들의 슬픔과 사랑등을 보여준다.

paternity [pətə́:rnəti]
아버지임, 부성

father

▌fat = pat = father. 영어의 f는 라틴어 p와 동일. 그래서 아버지 father는 pat와 관련.

DNA evidence has been used in many high-profile trials, including murder cases.
살인사건을 비롯하여 세간의 주목을 끈 다수의 재판에 DNA 증거들이 이용되었다.

patriarch [péitriɑ̀:rk]
가장

father of a family or tribe

▌fat = pat = father.

The patriarch of each family unit has many responsibilities.
각 가족 단위의 가장들은 많은 책임 또한 지니고 있다.

---

patrimony [pǽtrəmòuni]
세습 재산, 재산

property

▌fat = pat = father + mony = money.

The building was also registered as national patrimony by Brazilian Institute for Historic and Artistic Heritage.
그 빌딩은 브라질 기관에 의해 국가 재산으로 등록되었다.

---

patron [péitrən]
보호자, 후원자

customer

▌fat = pat = father. 지금이야 어머니들도 돈을 벌지만 이전에는 아버지가 돈을 벌어 자녀들 후원 해주었기 때문에 아버지가 후원자 라는 의미 파생.

The cafe's patrons are seated at outdoor tables.
카페 손님들이 옥외 테이블에 앉아 있다.

The owner allows only patrons a sale on credit.
주인은 단골고객들에게만 외상판매를 허용한다.

---

paucity [pɔ́:səti]
소량, 부족, 결핍

scarcity

▌라틴어 pau = 영어 few.

One slight exception is noteworthy simply due to the paucity of oth er material.
한가지 예외는 다른 재료의 부족 때문에 기인한 것으로 유명하다.

---

pave [peiv]

▌pave는 길을 만들다로 아래와 같은 어구에서는 비유적으로 길을 터주다 = 용이하게 하다고 사용됩니다.

pave the way for : …의 길을 열다; …을 용이하게 하다

The wedding will pave the way for a wider acceptance of the gay community.
이번 결혼식을 계기로 동성애자 커뮤니티가 더 널리 인정받기를 원한다.

---

pay [pei]

▌pay off에서 off는 완전히 = complete. 그래서 pay off는 '돈을 완전히 갚다'는 의미 이외에 효과나 성과가 있다는 것을 암시.

pay off : 전액을 갚다, 성과를 거두다

He threatened me to pay off debts.
그는 빚을 갚으라고 나에게 협박하였다.

Years of hard work finally pay off.
드디어 여러 해 동안 노력한 결실을 얻었군요.

---

peccadillo [pèkədílou]
가벼운 죄, 작은 과오

slight offense

▌pen = pec = pun = punish = 처벌

One could be considered a minor peccadillo; the other a serious transgression.
경범죄로 고려되지만 다른 것은 중대한 범죄이다.

---

peculiar [pikjú:ljər]
기묘한, 특이한

special

▌라틴어 pecu = cattle. 가축은 개인 재산이었기 때문에 special.

She has the most peculiar ideas.
그녀는 가장 독특한 아이디어를 가지고 있다.

In a peculiar way, Willy had survived, Ed thought.
기묘한 방식이지만 윌리는 살아 있다고 에드는 생각했습니다.

pecuniary [pikjú:nièri]
금전의, 벌금의

monetary

▌pecuniary는 라틴어 페쿠스 = pecus. 페쿠스는 가축을 뜻하는데 원시 사회에서 가축은 금전의 용도로 널리 사용 되었습니다.

The pecuniary difficulties of the Institution had become very great.
그 기관의 재정적인 어려움이 아주 심하다.

pedagogy [pédəgòudʒi]
교육학, 교수법

educational

▌ped = child = foot. 아이들을 학교에 go.

American pedagogical methods are used and the primary language of instruction is English.
미국의 교육 방법이 사용되어지고 주된 언어는 영어이다.

pedant [pédənt]
학자티를 내는 사람

scholar

▌ped = child. 아이들 공부 가르치는 선생. 특히 공부 좀 했다고 잘난 척 하는 사람들. pedant는 pegagogue의 불어식 표현으로 부정적인 문맥으로만 사용.

You are being a pedant and pointless.
당신은 잘난 척은 하는데 요점이 없다.

pedestrian [pədéstriən]
보행자, 도보의

a person who is walking

▌ped = foot + street. 누구는 좋은 차 타고 가는데 누구는 돈이 없는 서민이라 걸어서 가고.

The pedestrians are waiting for the traffic light to change.
보행자들은 신호등 불이 바뀌기를 기다리고 있다.

The street signs are for motorists and pedestrians.
도로 표지판은 운전자와 보행자를 위한 것이다.

pediatrician
[pì:diətríʃən]
소아과 의사

doctors who treat children

▌ped = child = foot.

Testing a child for attention deficit hyperactivity disorder means working with a pediatrician.
주의력 결핍 과잉행동 장애를 보이는 아이들을 진단하려면 소아과 전문의 도움이 필요하다.

peer [píər]
동등한 사람

friend

▌par = peer. 나이가 똑같은 사람들.

It is necessary to be on even board with your peers.
동료들과 동등한 조건을 가지는 게 필요하다.

We will play on the same footing with our peers.
우리는 동료들과 대등한 자격으로 행동할 것이다.

pejorative [pidʒɔ́:rətiv]
경멸적인

negative in connotation

▌한국어 '할일 없으면 퍼져 자빠 뒤비지거라'. 경멸적인 말투.

Many of the pejorative stereotypes about her generation as ruthless jobhoppers are overblown.
그녀 세대가, 무정하게 직업만 이리저리 바꾸는 세대라고 하는 대부분의 경멸적인 판에 박힌 말들은 극단적인 것이다.

penchant [péntʃənt]
경향, 강한 기호

liking

▌pend = hang. 좋아하는 사람이 싫다고 해도 계속 매달리고 싶은 것이 인간의 마음.

She has a penchant for Mexican food.
그녀는 멕시코요리에 대한 기호가 있다.

He shows a penchant for jazz music.
그는 재즈 음악을 좋아한다.

pendant [péndənt]
펜던트

ornament

▌pend = hang. 목걸이 등이 목에 매달려 있음.

Neither is wearing the infamous pendants they once proudly sported.
자랑스럽게 뽐내고 다녔던 그 해괴한 펜던트를 이제는 두 사람 모두 목에 걸고 있지 않다.

penetrate [pénətrèit]
꿰뚫다, 통과하다

pierce

▌pen = per.

The bullet could not penetrate the wall.
총알은 벽을 관통하지 못했다.

When an X-ray beam penetrates the body, part is absorbed.
X-레이 광선이 인체를 관통할 때 일부는 흡수된다.

penitent [pénətənt]
회개하는

repentant

▌pen = punish.

The penitent boy promised not to cheat again.
뉘우치는 그 소년은 다시는 속이지 않겠다고 약속했다.

penny [peni]
미약/조금

little

▌penny는 영국의 화폐단위로 아주 적은 액수. 그래서 비유적으로 아주 싸거나 적음을 의미.

Some people buy a digital watch which is ten a penny, yet drive a BMW.
차는 BMW를 몰면서 시계는 싸구려 디지털 시계를 사는 사람들이 있다.

pensive [pénsiv]
생각에 잠긴

think

▌pend = hang. 생각에 매달려 있다는 한국어가 있어요. 영어도 한국어와 마찬가지로 '매달리다'는 '생각하다'.

She looked pensive when she heard the news.
그 소식을 듣자 그녀는 시름에 잠기는 것 같았다.

penury [pénjuri]
가난, 궁핍

poor

가난은 뼈에 사무치고 가슴에 피가 나는 고통. 피나리, 피가 나요. 하지만 돈이 있다고 행복이 찾아오는 것은 아니죠. 오히려 세계에서 가장 넉넉하지 않은 방글라데시 사람들이 가장 행복한 국민이라고 합니다.

The beggar died in eight years later, in penury.
거지는 8년 후에 아주 가난한 상태로 죽었다.

---

perceive [pərsí:v]
이해하다

understand

per = through + ceiv = feel = think.

They could not perceive what the problem was.
그들은 문제가 무엇인가를 파악할 수 없었다.

That is not the way I perceive the situation.
이것은 내가 그 상황에 대해 이해하는 바가 아니다.

---

perennially [pərénial]
항상

year round

per = through = 관통 = 완료 = 영속 + anni = enni = year.

The perennially bullish president predicted that the insurgency is on its last legs.
항상 낙관적인 대통령은 반군이 궤멸 단계에 들어갔다고 예측했다.

---

perforation [pə́:rfəréiʃən]
구멍 뚫기

hole

per = through = 관통 = 완료 = 영속.

A perforation is a hole made by puncturing a surface.
관통은 표면을 뚫어 만든 구멍이다.

---

perfunctory [pə:rfʌ́ŋktəri]
피상적인

superficial

직분만 잘 하면 되지 외모에만 신경을 쓰는 A양. 온몸을 뚫어 per 외모에만 신경 쓰네요. 겉만 번질번질하면 무엇 하겠다고...

She gave him no more than a perfunctory 'So glad you could come.'
그녀는 그에게 "그래 당신이 오게 돼서 반갑군."하는 형식적인 인사밖에 건네지 않았다.

---

pent [pent]

숙어
pentup : 갇힌, 억압된

pen은 '펜'이란 뜻 말고도 '동물 우리'라는 뜻이 있어요. 그래서 이런 동물 우리에 동물이 갇혀 있기 때문에 동물 입장에서는 갇힌 억압된 장소에서 살아가고 비유적으로 '스트레스 받는'이란 의미

He was pent up in the cellar.
그는 지하실에 갇혔다.

He gave vent to his pent-up feelings.
그는 억눌렸던 감정을 터뜨렸다.

---

peripheral [pərífərəl]
주위의, 주변의

outer

per = through = 관통 = 완료 = 영속

Fund-raising is peripheral to their main activities.
기금 모금은 그들의 주된 활동에 부차적인 것이다.

---

perish [périʃ]
죽다, 멸망하다

die

per = through + ire = go. 지구를 완전히 떠나감. pass away와 동일한 표현.

All his books perished in the fire.
그의 책은 모두 잿더미로 사라졌다.

Livestock perished, and the Peruvian government declared a state of emergency.
가축들이 죽었으며 페루 정부는 국가 비상사태를 선포했다.

perjury [pə́:rdʒəri]
위증

lie

per = through + jury = 배심원. 위증을 하는데도 배심원들의 마음을 움직여 = 뚫고 지나감. 즉, 거짓말을 함 = lie. 이스라엘 부족은 12부족, 그래서 예수님 살아생전에는 남녀 제자들이 있다가 부활 하신 후 12제자로 국한. 배심원은 12명. 부인을 살해한 OJ Simpson이란 사람의 죄를 미국 배심원이 무죄로 하여 이 사람은 감옥을 들어가지 않음.

She was sentenced to two years in jail for committing perjury.
그녀는 위증죄로 2년간 복역하라는 선고를 받았다.

permanent [pə́:rmənənt]
영속하는, 영구적인

lasting

per = through = 관통 = 완료 = 영속 + man = stay. 한국에서 말하는 '파마'. 영어는 파마라고 하지 않고 perm 혹은 permanent.

Regular exposure to loud music can inflict permanent hearing damage.
시끄러운 음악에 정기적으로 노출되면 영구적인 청각 손상을 입을 수 있다.

Khan's forceful ruling permanently changed the Russian state system.
칸의 철권통치는 러시아의 국가 제도와 영원히 변화시켰다.

permeate [pə́:rmièit]
퍼지다

spread

per = through = 관통 = 완료 = 영속 + mer = mea = go.

Water permeated into the soil.
물이 흙 속으로 스며들었다.

Smoke permeated the room.
연기가 방 안에 자욱했다.

pernicious [pəːrníʃəs]
유해한, 치명적인

deadly

per = through = 관통 = 완료 = 영속 + nic = nox = noc = night. 밤은 부정적. 계속 밤이 이어지면 대표적으로 식물이 광합성 작용을 하지 못하여 먹이 연쇄에 이상이 생겨 인류의 문명은 끝. 그래서 치명적.

Most doctors agree that smoking is a pernicious habit.
대부분의 의사는 흡연이 해로운 습관이라는 데 의견을 같이 한다.

perpetrate [pə́:rpətrèit]
저지르다

commit

per = through = 관통 = 완료 = 영속

Mobbing, activists say, can be perpetrated by bosses, peers or even subordinates.
행동주의자들은, 모빙이 상사, 동료, 심지어 부하들에 의해서도 저질러 질 수 있다고 말한다.

perpetual [pərpétʃuəl]
영속하는, 끊임없는

constant

per = through = 관통 = 완료 = 영속 + pet = pat = father = go.

There is a perpetual friction between the two factions.
두 파벌 사이에는 마찰이 끊이지 않는다.

---

perplex [pərpléks]
난처하게 하다, 당황케 하다

confuse

per = 완전히 + ple = fold. 실이 완전히 엉켜 있어 풀기가 어려운 상태.

It perplexed me to learn of his decision.
나는 그의 결정을 알고 당황했다.

It was perplexing to read so many contradictory accounts of the incident.
그 사건에 대해 서로 모순되는 여러 이야기를 읽으니 뭐가 뭔지 알 수 없었다.

---

perquisite [pə́:rkwəzit]
부수입, 특전

any gain

qui = ques = question = seek. 물어보는 것은 찾으려는 것과 연관.

Politics in Britain used to be the perquisite of the property-owning classes.
옛날에 영국에서 정치는 지주 계급의 특권이었다.

Perquisites include the use of the company car.
특전에는 회사차 이용이 포함된다.

---

persevere [pə̀:rsəvíər]
참다, 지속하다

persist

per = through = 관통 = 완료 = 영속

The reason that Susan persevered through the troubled marriage was Julia.
수잔의 삐걱거리는 결혼 생활을 지탱해 준 것은 줄리아 였다.

---

persistent [pərsístənt]
고집 센, 완고한

continuous

per = through = 관통 = 완료 = 영속 + sis = sit

There is a persistent rumor that there will be a war soon.
전쟁이 곧 일어나리라는 소문이 줄곧 돈다.

With persistent U.S. pressure, neither has yet done so.
미국의 지속적인 압력에도 불구하고 양국은 아직 그렇게 하지 않고 있다.

---

perspicuous [pərspíkjuəs]
명쾌한, 명료한

clear

per = through = 관통 = 완료 = 영속 + spic = spec = see

Maitland was a perspicuous lawyer.
그 사람은 명쾌한 변호사이었다.

---

persuasive [pərswéisiv]
설득력 있는

persuade a person to believe or do a particular thing

per = through = 관통 = 완료 = 영속

He's tough and persuasive.
그는 강인하고 설득력 있어.

The results of the cross-border project so far are persuasive.
이 남북간 사업의 결과가 지금까지는 설득력이 있다.

---

pertinent [pə́:rtənənt]
적절한, 관계있는

relevant

▎per = through = 관통 = 완료 = 영속 + ten = tin = hold

What he proposes is most pertinent to the matter in hand.
그의 제의는 이 사건에 가장 적절하다.

---

perturb [pərtə́:rb]
혼란, 불안하다

bother

▎turbo엔진. per = through = 관통 = 완료 = 영속 + turb. 강력한 터보 turbo엔진의 강력한 힘을 연상. 혹은 대형 선풍기 앞에 서류 봉투들이 날아가는 모습 연상.

We were perturbed that she was late again.
우리는 그녀가 또 늦어서 불안했다.

We were perturbed to learn of the bad news from the front.
우리는 전선에서의 나쁜 소식을 알고 동요되었다.

P

pervasive [pərvéisiv]
퍼지는, 스며드는

widespread

▎per = through = 관통 = 완료 = 영속 + vad = vas = go

The images were transmitted through the pervasive medium of televi sion.
그 장면이 널리 보급되고 있던 텔레비전이라는 매체를 통해 방송되었습니다.

Plagiarism is pervasive, but not enough is being done to stop it.
표절행위가 만연하지만 그것을 막기 위한 조처는 많이 취해지고 있다.

---

perverse [pərvə́:rs]
괴팍한

stubborn

▎per = through = 관통 = 완료 = 영속 + vert = turn

That perverse man has his mind in the gutter.
그 변태적인 남자는 음탕한 생각만 한다.

---

pessimism [pésəmìzm]
비관

gloominessy

▎past. 과거에 얽매이지 않아야 하는데 단어의 길이를 보세요. 무척 길어요. 과거에 집착을 하니 낙천적이지 못하고 비관적이죠. pessim(worst). 원래 극악무도한 세상을 의미하였는데 이제는 우울을 나타냄.

Pessimism seems to be the order of the day.
비관주의가 오늘날의 풍조일 것 같다.

There is general pessimism in the company about future job prospects.
미래의 취업 전망에 대해 회사 내에서는 비관론이 일반적이다.

---

pester [péstər]
괴롭히다

annoy

▎pest. pat = love < pet 사랑스런 동물 < pest. 우리가 알던 단어에서 길이가 길어지면 부정적인 뜻. 중세의 흑사병도 pest. 쥐벼룩에서 시작이 되었다는 페스트 질병.

He pestered her with requests for help.
그는 그녀에게 도와 달라고 졸랐다.

Beggars pestered him for money.
거지들이 돈을 달라고 그를 성가시게 했다.

---

petrified [pètrəfàid]
돌로 굳은

stone

▌peter = 베드로 = 돌 = stone = rock. 예수님의 제자중의 한사람으로 알려져 있는 Peter는 로마 가톨릭 교회에서 지금까지 계속되는 교황직을 최초로 받은 인물로 생각, 어부였던 베드로는 예수님 활동 초기에 제자로 부름 받았고, 뒤에 예수님에게서 '반석' 이란 뜻을 가진 라틴어 petra에서 베드로라는 이름을 받았어요. rock은 고정되어 반석이란 뜻이 있지만 야누스 단어로 설악산의 흔들바위처럼 swing의 의미도 있어 rock the boat란 표현은 danger의 의미가 있어요. 그 이유는 사람이 타고 있는 보트를 흔들어 버리는 것은 위험하기 때문입니다.

I get petrified of the silence that crowd shows at the theater.
저는 극장에서 관객들이 침묵하면 온몸이 굳 어버립니다.

petty [péti]
사소한

trivial

▌pretty. 세상은 예쁜 것 혹은 예쁜 사람을 존중하고 r이 빠져 완벽한 아름다움이 없는 경우인 petty는 별 볼일 없이 생각.

We looked at petty crimes such as shoplifting and vandalism.
가게에서 물건을 훔친다거나 기물파손 같은 사소한 범죄 행위를 말합니다.

phenomenal [finάmənl]
대단한, 굉장한

great

▌pheno = 그리스어의 show. 현대 세상은 PR시대 = 자기 자랑 시대. 자신을 다른 사람에게 보여주어야만 대단한 것을 알아주는 시대.

The rocket travels at a phenomenal speed.
로켓은 굉장한 속도로 난다.

The response to the appeal fund has been phenomenal.
구호 기금에 대한 반응은 놀라웠다.

philanderer [filǽndər]
난봉꾼

flirt

▌phil = love + anderer = man. Andromeda는 그리스 신화에 나오는 인물로 우리은하 에서 제일 가까이 있는 은하인 그 유명한 안드로메다 은하를 지칭합니다.

Roger's a terrible philanderer.
로저는 끔찍한 난봉꾼이다.

philanthropist
[filǽnθrəpist]
박애주의자

lover of mankind

▌phil = love + anderer = man.

Mr. Yu is the most generous among China's growing number of philanthropists.
유씨는 점점 늘어나고 있는 중국 박애주의자들 중 가장 관대한 자선가입니다.

He says most philanthropists support health and education projects.
그는 대부분의 자선가들은 보건과 교육 사업들을 지원하고 있다고 말합니다.

philistine [filəstìːn]
속물

uncultured

▌팔레스타인. 이스라엘 땅은 원래 팔레스타인 사람의 것. 이집트에서 이주를 해온 이스라엘 사람이 차지하고 있다가 이스라엘 사람은 전 세계로 흩어져 살아가야 하는 슬픈 세월을 보냅니다. 그 후 세계 각지에서 예수님을 판 유태인 유다 때문에 공직에서 오르지 못하고 고리 대금업 등을 해서 큰돈을 모은 유태인들은 1945년 다시 이스라엘로 돌아옵니다. 그런 행동을 하니 원래 땅 주인인 팔레스타인과 싸움을 할 수 밖에요. 하지만 돈 많은 사람이 장땡. 세계는 특히 미국은 이스라엘 사람 편만 들어요. 잘 살던 네덜란드를 씹어 대기위하여 이전에 못살던 영국 사람들이 dutch pay란 단어를 만들어 내듯이, 국가 간의 감정은 philistine이란 단어를 잉태하게 됩니다.

He dismissed critics of his work as philistines.
그는 자기 작품의 비평가들을 속물들이라고 일축했다.

philosopher [filάsəfər]

▌philosopher's stone : 현자의 돌, 실현 불가능(비금속을 황금으로 변화시키는 힘이 있다고 연금술사(alchemist)가 찾아 헤매던 돌로 비유적인 문맥에서는 실현 불가능한 이상을 말함)

He is said to have spent much time pursuing alchemy, the philosophers' stone.
많은 시간을 현자의 돌을 찾는데 보냈다고 한다.

phlegmatic [flegmǽtik(əl)]
냉담한

▌고대 그리스 초기의 철학자들은 만물을 형성하는 원자가 존재한다는 유물론적 경향의 사고를 바탕으로 정신현상을 설명하려고 하는 그리스 의학의 체액 설에 기초. 그들은 체액 설에 기초하여 인격을 격하기 쉬운 (choleric), 무기력한 (phlegmatic), 쾌활한 (sanguine), 우울한 (melancholic) 인격으로 나누어 기술. 이 4체액 중 점액질(Phlegmatic)은 점액의 속성이 끈끈하고 질량이 무겁기 때문에 calm과 연관.

Indeed, the Kims are very phlegmatic.
김씨 부부는 아주 싸가지가 없어.

phobia [fóubiə]
공포증

morbid fear

▌뭉크의 외침이란 명작을 모든 분들이 보셨을 것입니다. 정신 질환을 앓았던 그는 현대인의 두려움을 그린 명작. 이 그림과 관련된 어구가 phobia.

He must have a germ phobia.
세균 공포증이 있는 게 분명하다.

phoenix [fí:niks]
불사조

rebirth

▌한국에 봉황처럼 전설상의 새가 있듯이 서구에는 고대 이집트와 그리스 · 로마에서 태양숭배와 관련 있던 전설적인 새로 불사조 = phoenix가 있습니다. 세상에 한 마리밖에 없는 이 새는 500년 살다가 수명이 다하면 향기로운 가지들과 향료들로 둥지를 만들어, 거기에 불을 놓아 그 불 속에 스스로를 살랐다. 그러면 거기에서 새로운 불사조가 다시 생겨났어요. 특히 이집트인들은 불사조와 영생을 결부시켰고, 불사조가 지닌 이러한 상징성은 고대 말엽에도 큰 호소력을 지니게 되어 부활과 내세의 상징으로까지 폭넓게 해석되어, 새로이 등장한 그리스도교에도 흡수.

Legend tells of a mythical bird that emerged from the ashes as a new phoenix.
새로운 불사조가 되어 재에서 다시 살아나는 신비의 새에 관한 전설이 전해져 오고 있습니다.

The new poster of the 'Harry Potter and the Order of the Phoenix' rules OK.
새로 나온 '해리포터와 불사조 기사단' 의 포스터가 최고다.

phony [foni]
가짜

fake

숙어

phony diamonds: 가짜 다이아몬드
a phony excuse : 거짓 핑계
a phony accent : 꾸민 말씨

▌'보이스 피어싱' 이라는 전화를 이용한 사기 행각이 극성을 부리고 있다고 함. phone < phony.

His scheme is phony as a three-dollar bill.
그의 계획은 너무나 사기성이 짙다.

He's got a phony ID card.
그의 신분증은 가짜다.

physiological
[fìziəládʒikəl]
생리학의

the science of the function of living organisms

▌physical. physical과 연관된 단어.

Dr. Bonnet said he believed that insomnia had a physiological component.
보넷 박사는 불면증에는 생리학적 요인이 있다고 말했다.

pickpocket [píkpàkit]
소매치기 하다

theft

▌pick이 들어간 복합어와 구절 동사 중 가장 중요한 표현을 연습합시다. 호주머니의 돈이나 귀중품을 집어 들어 올리는 pick하는 모습 연상.

The pickpocket snatched the handbag from a lady's hand.
날치기가 부인의 손에서 핸드백을 차갔다

pick on : 괴롭히다(꼬집는 행동이 pick. 상대방을 계속 꼬집는 것은 괴롭히는 행동)

He used to pick on me all the time.
그는 한 때 나만 못살게 굴었다.

Pick on Phoebe to get her attention.
피비의 관심을 끌려면 트집을 잡아라.

pick up : 발견하다

Pick up a leaflet on local bus times.
지역 버스 운행시간에 관한 인쇄물을 집어 들다.

Pick up a prize at a sale.
세일에서 훌륭한 물건을 발견하다.

pierce [piərs]
꿰뚫다, 뚫다

puncture

per = through.

A long tunnel pierces the mountains.
긴 터널이 산맥을 관통하고 있다

---

piety [páiəti]
경건, 신앙심

godliness

미켈란젤로의 걸작 '피에타 Pieta'. 영어의 pity나 piety와 어원이 같아요. 성모 마리아가 숨을 거둔 예수를 안고 있는 모습을 조각한 페에타. 경건한 신앙심을 느끼게 합니다.

She is renowned for her piety.
그녀는 돈독한 신앙심으로 유명하다.

---

pigment [pígmənt]
색

color

pig. 돼지가 멍청하다? 우리가 알고 있는 것과는 다르게 돼지는 영리한 동물이라고 합니다. 그 이유는 돼지가 '돼지우리'에서 뒹굴뒹굴 하는 이유는 사람처럼 목욕을 하는 것이라고 해요. 땅에 있는 흙이 묻어 색깔이 변하지만 돼지도 목욕을 하고 살아요.

Genes order specific amounts of pigment to be manufactured.
유전자에 의해 색소의 생산량이 결정됩니다.

Some hairs, getting a tiny fraction of their coloring pigments, begin to look faded and grayish.
머리카락의 일부는 소량의 착색 색소를 공급 받게 되어 바래고 희끗 희끗해지기 시작하는 것입니다.

pig와 관련하여 또 알아야 할 어구는 다음과 같습니다.

buy a pig in a poke : 충동구매하다(돼지를 살 때 이리 저리 잘 살펴보고 사야 하는데 한번 푹 찔러보고 = 만져보고 = poke사는 것을 충동구매에 비유함)

I simply hope James didn't buy a pig in a poke.
나는 그가 충동구매 하지 않았으면 해요.

---

pillage [pílidʒ]
약탈

plunder

village. 점령 군대가 마을에 들어와 약탈. 혹은 pillar = post = 기둥. 점령군들은 기둥에 사람을 묶고 총살형을 시키는 모습 연상.

Pirates pillaged the towns along the coast.
해적들이 연안의 도시들을 노략질하였다.

Beijing winked at corrupt officials' rampant pillaging of their country's archeological heritage.
중국정부는 부정 관리가 국가의 고고학 유물을 마구잡이로 약탈하는 것을 눈감아 주었다.

---

pin [pin]

▌pin이란 단어가 들어간 단어 중에 알아 두어할 복합어와 숙어를 공부 하겠습니다.

pin down : 설명하다, 규정하다(머리를 핀으로 고정시켜 단정하게 하듯이 비유적으로는 설명하거나 규정하는 것을 말함)

The minister pinned down his intention during the speech.
연설 시 장관은 그의 의도를 분명히 했다.

penny pincher : 구두쇠(구두쇠는 바늘로 찔러 피 한 방울도 나오지 않을 만큼 냉정합니다. 그래서 단어 중에 pin이란 철자가 있어요)

Married to actor Matthew since 1997, Sarah remains a penny pincher at heart.
1997년에 배우 매튜와 결혼한 후에도 사라는 구두쇠나 다름없는 노릇을 하고 있다.

on pins and needles : 안절부절 못하는(이전에 죄수들은 뜨거운 불 위 혹은 바늘 등이 있는 판 위를 맨발로 걷게 했어요. 이곳을 자니가려면 아프고 그런 이유 때문에 발을 움직였는지 상상이 되나요)

He felt he was sitting on pins and needles.
그 사람은 마치 가시방석에 앉아 있는 기분이었다.

I've been on pins and needles, waiting for you to call with the news.
나는 당신에게서 그 소식을 알리는 전화가 오기를 안절부절 못하고 기다렸다.

---

pinch [píntʃ]

▌pinch는 pin에서 온 말로 기본적인 의미는 '꼬집다' 이지만 비유적으로는 아래와 같이 고통을 받는 stress의 의미도 있어요.

feel the pinch : 돈에 쪼들려 고통을 당하다

If the high energy prices persist, both consumers and the corporate sector are bound to feel the pinch.
만약 고유가가 지속된다면 소비자와 기업부문이 둘 다 부담을 느낄 수 밖 에 없다.

---

pine [páin]
원하다, 수척해지다

long for

▌pine = 소나무. 크리스마스 시즌이 되면 사람들은 소나무나 전나무를 찾아요. 크리스마스트리 를 장식하기 위해서요. 크리스마스트리 의 종은 bell이 아니라 원래는 사람 목. 북유럽의 Rockie신이 사람 목을 나무에 매달아 놓은 것에서 유래. 그래서 green은 장난 혹은 시기와 질투 상징. 그러나 긍정적인 의미도 green은 있음. green thumb는 미국인들이 정원 일을 잘하기 때문에 skilled란 의미. 황진이를 사모했던 옆집 총각. 상사병이 들어 몸이 수척해지고 결국은 병을 들어 죽습니다.

She secretly pined for his affections.
그녀는 남몰래 그를 애타게 사모했다.

Disappointed in love, she has pined away.
그녀는 실연한 뒤에 초췌해졌다.

---

pinnacle [pínəkl]
꼭대기

peak

▌pin. pin끝은 뾰족하면서 높음.

The pinnacles of the Himalayas were visible above the clouds.
히말라야 산맥의 최고봉들이 구름 위로 보였다.

---

pious [páiəs]
경건한

devout

▌pieta = pity.

She is a pious follower of the faith, never missing her prayers.
그녀는 경건한 신도 여서 기도를 거르는 적이 없다.

He's a extremely pious man and gave all he had to charity.
그 분은 신앙심이 아주 깊은 분이라 전 재산을 자선 사업에 쓰셨어.

---

pipe dream [paip drim]
공상

fantasy

▌아편 파이프를 빨아서 야기되는 망상이나 환각에서 나와 공상적인 생각으로 실행하는 것이 불가능한 희망이나 생각을 말합니다.

Going to the West Indies is a pipe dream. We'll never have enough money.
서인도제도에 가는 것은 허황된 생각이네. 그만한 돈은 도저히 마련할 수 없을 테니까.

---

pirate [páiərət]
표절자

an illegal copy

▌이전에 스칸디나비아의 바이킹이나 현대의 소말리아 해역의 해적만이 남의 물건을 도둑질 하는 것이 아니예요. 남이 열심히 써 놓은 글을 그대로 베끼는 표절 행위도 pirate입니다.

Beijing's Silk Street Market is well known for selling pirated purses.
중국 베이징의 비단시장은 복사품 지갑 등을 파는 것으로도 잘 알려져 있습니다.

---

pitch [pítʃ]

▌열심히 투구하는 투수의 모습을 연상해보세요. pitch in은 투수 이외에 어떤 일을 열심히 하는 것을 말합니다.

pitch in : 열심히 하기 시작하다

Private companies and individuals must pitch in to address the dire situation.
민간 기업들과 시민들이 절박한 상황을 해소하는 것을 도와야 한다.

---

pitfall [pítfɔ̀:l]
함정, 뜻하지 않은 위험

trap

▌fall. 덫 등이 있어 구멍에 빠짐. 세계 최강 미국의 군대가 월남에서 진 이유는 여러 가지가 있겠지만 땅굴 때문. 땅굴의 원조는 북한이 아니라 베트남.

We turned inside out suddenly, discovered big a pitfall.
큰 함정을 발견해서 우리는 갑자기 방향을 바꾸었다.

---

pithy [píθi]
간결한

concise

▌pith = center. 중심 내용을 장황하게 적으면 이해가 잘 되지 않습니다. 요점만 간단히 적으세요.

A pithy saying expresses a general truth or fundamental principle; an aphorism.
간결한 속담은 기본 원칙이나 진리를 표현한다.

---

pivotal [pívətl]
중추의

vital

▌스페인어 point에서 유래.

The dollar, of course, already plays a pivotal role in the world econ omy.
물론 달러는 세계경제에 있어서 중추적 역할을 한다.

O'Connor played a pivotal role in her 24 years there.
오코너 대법관은24년간 대법원에서 중추적인 역할을 수행해 왔습니다.

---

placate [pléikeit]
달래다, 위로하다

soothe

▌place = home. 학교나 직장에서 피곤해진 몸과 마음의 안식처는 역시 집.

Animism revolved around worshipping and placating nature.
정령숭배는 자연을 숭배하고 달래는 행위에서 발달했다.

▌place에서 파생된 숙어 중에 알아야 할 내용을 아래에 정리 했어요.

in the first place : (이유 등을 열거할 때) 첫째로, 우선

in place : 적소에

out of place : 제자리에 놓이지 않은

It includes setting the appliance in place.
가전제품을 지정된 위치까지 가져다주는 것을 포함하고 있다.

placebo [pləsí:bou]
플라시보, 가짜 약

dummy pill

▌place = home = satisfy. '만족시키다' 나 '즐겁게 하다' 는 뜻을 가진 라틴어에서 파생. 가짜 약인데 진짜 약 같은 효과를 내는 현상이지요. 플라시보의 유효율은 약 30%라고 해요.

The drug proved no more effective than a placebo.
그 약은 플라시보 효과 외에 별다른 효력이 없는 것으로 입증되었다.

placid [plǽsid]
평온한, 평화로운

peaceful

▌place = home = satisfy = peace. 집에서는 가족끼리 sweet home을 만들어야죠. 싸워서는 안됩니다. 평화로운 가정.

His father, normally a placid man, had become enraged at the sight of the damaged car.
그의 아버지는 평소에는 조용한 사람인데, 차가 부서진 광경을 보고는 몹시 화를 냈다.

plagiarism [pléidʒərìzm]
표절

theft of another's ideas

▌play. 원래는 부모에게 말도 없이 아이를 데려가는 kidnap = 유괴. 라틴어 plagiarius(납치하는 자)와 plagiare(훔치다)에서 파생. 남이 아이를 데려가는 것이나 남이 열심히 연구한 것을 슬쩍 훔쳐가는 사람이나 같은 것으로 봄. 1세기 로마의 어떤 사람이 유명한 시 몇 편이 자기가 쓴 것이라며 "내 자식을 납치한 것과 같다"고 비유한 데서 유래했다고 합니다.

Determined to stop publication, a lawsuit claiming plagiarism was filed.
출판을 저지시키겠다고 마음먹고 표절 소송을 냈다.

There was a plagiarism row about his most famous song,
그의 가장 유명한 노래는 표절 소동을 낳았습니다.

plainly [pléinli]
명백한

clear

▌plain = 평원. 산악지역보다는 평원 지역이 시야가 확 트여 잘 보임.

We should switch working dress into plain clothes.
우리는 작업복을 평상복으로 갈아입어야 한다.

To be plain with you, he is quite a good person.
솔직히 말해서, 그는 상당히 좋은 사람이다.

plaintive [pléintiv]
구슬픈

sad

plain. 1차 세계 대전 이전에는 평평한 평원에서 전투를 해서 병사들이 죽어 갔습니다. 죽음 = 슬픔. 그러나 1차 세계대전부터 이런 죽음을 피하기 위하여 병사들은 참호를 파고 땅속으로 숨어 들어갔어요. 원래 이 단어는 천주교 에서 가슴을 치면서 '내 탓이요 내 탓이요' 하는 어구에서 파생이 된 것입니다.

One imagines the plaintive song of a pastoral Nymph who has lost her lover.
사람은 연인이 죽은 한 요정의 슬픈 노래를 상상합니다.

plastic/plasticity
[plǽstik]
성형의

ability to be molded

plastic. 플라스틱은 불에 쉽게 변형이 됩니다. 수술은 수술인데 마치 엿장수가 엿가락 주무르듯이 얼굴을 변형시키기 때문에 성형.

Are you considering plastic surgery?
성형수술을 생각하고 계십니까?

She became another kettle of fish after the plastic surgery.
그녀는 성형수술 이후로 전혀 다른 사람이 되었다.

platform [plǽtfɔːrm]
강령

a political party is what they say they will do if they are elected

어구

an arrival platform : 열차 도착 플랫폼
a launching platform : (미사일 등의) 발사대
a political platform: 정치 강령
a party platform: 당의 강령

연단 = platform에 서서 대통령등에 입후보 하는 사람들은 만일 대통령에 당선되면 어떤 일을 펼쳐 나가겠다고 국민들에게 말을 했습니다. 여기에서 유래한 강령은 연단에서 파생이 된 단어.

The two parties should each establish committees to fix the party platform on the bills first.
여야 두 정당은 우선 각자 위원회를 구성해 개혁입법에 대한 당론을 정해야 할 것이다.

platitude [plǽtətjùːd]
진부함

trite remark

flat = plat. 맥주의 김이 빠진 것이 flat. 활력 없이 무미건조함을 김빠진 것에 한국어도 비유합니다.

He's always mouthing platitudes.
그는 항상 진부한 이야기만 한다.

We'll have to listen to more platitudes about the dangers of overspe nding.
우리는 과소비의 위험에 대한 보다 진부한 이야기에 귀를 기울여야 할 것이다.

plausible [plɔ́ːzəbl]
그럴듯한

believable

applaud = plaud = praise. 칭찬 하는 것은 믿을 만한 것이죠.

His explanation sounds fairly plausible to me.
그의 설명은 내게는 아주 그럴 듯하게 들린다.

She could find no plausible explanation for its disappearance.
그녀는 그것의 실종에 대해 그럴듯한 해명을 찾을 수가 없었다.

play [plie]

사람을 깔보면 눈을 내리 깔아요. 여기에서 유래한 표현이 play down

play down : 경시하다, 무시하다

Thai officials played down the threat, saying that the group was not significant.

태국 관리들은 그 단체가 태국에서 비중도 없다는 이유에서 위협을 무시했다.

---

plebeian [plibí:ən]

평민

commoner

제정 로마의 신분제도는 크게 4계층(원로원, 에퀴테스, 평민, 노예)입니다. 로마의 신분 제도와 인도의 신분제도와의 차이점은 인도와는 다르게 로마는 신분 변동 가능한 사회였습니다. 카스트제도와 같이 신분이 정해진 것이 아니라, 노력 여하나 운이 따르면 신분이 바뀌기도 하는 것이지요. 특히, 로마의 신분제 사회에서 중요한 것은 신분보다는 <시민권>의 개념입니다. 그래서 로마 후기에는 머슴이 로마 왕까지 오르는 상황도 있었다고 합니다.

Plebeian people and small and midsize companies may face difficulties.

일반 서민과 중소기업이 어려움에 처해있다.

---

pledge [plédʒ]

맹세

vow

일반적으로 정부나 정당의 '공약'을 의미합니다.

Calderon has pledged to implement broad political reforms.

칼데론 후보는 대대적인 정치 개혁을 실행할 것이라고 다짐하고 있습니다.

There has been no advance on how to implement these pledges.

그 이후 그 같은 약속을 이행하는 방법에 관해 아무런 진전도 이뤄지지 않고 있습니다.

---

plenary [plí:nəri]

전체의, 전원의

many / whole

어구

A plenary assembly. : 총회.

plenary powers. : 전권.

한국식 발음으로 하면 '풀리어리'에서 '풀' = full. 가득한것은 전체.

The House speaker organized the agenda in detail to avoid a free-for-all at the plenary session.

하원 의장은 본회의에서 난투극을 피하도록 의제를 세심하게 조정했다.

---

plenitude [plénətjù:d]

충분, 충만

abundance

plenty of = full = many

He is admired for his plenitude, and wisdom of contentment.

충만 그리고 지혜 때문에 그는 존경받았다.

---

plethora [pléθərə]

과다, 과도

excess

plenty of = full = many

The report contained a plethora of detail.

그 보고서는 과다한 세부 내용을 담고 있었다.

---

pliant [pláiənt]

유연한

flexible

pli = fold = bend. 접을 수 있는 것은 유연함.

They all seem to be controlling what Robbins portrays as a pliant press.

로빈슨의 연극에서 이들 모두는 꼭두각시 언론을 통제하고 있는 것으로 비춰지고 있습니다.

plight [pláit]
곤경

predicament

▌flight. 결혼한 부부 중에 한 사람이 바람이 나서 집을 나가 버렸을 경우 flight. 그러면 그 집안은 어려움에 봉착.

The plight of the famine victims commands everyone's sympathy.
기아 희생자들의 곤경은 모두의 동정심을 불러일으킨다.

The plight of the refugees arouses our compassion.
난민들의 곤경은 우리의 동정심을 불러일으킨다.

---

plumb [plʌ́m]
수직의

vertical

▌납 = lead으로 만든 '추'. 이전에 끈 끝에 추를 달고 수직으로 늘어뜨려 길이를 측정한 것에서 유래.

The plumber came to our house to plumb in the area.
배관공이 집에 와서 그곳에 배관을 해주었다.

He felt he plumbed the depths.
그는 밑바닥에 떨어진 기분이 들었다.

---

plummet [plʌ́mit]
곤두박질치다

fall sharply

▌물(바다)의 깊이를 재는 '추'가 바다 밑으로 떨어짐.

House prices have plummeted in this area.
이 지역은 집값이 곤두박질쳤다.

A single slip could send them plummeting down the mountainside.
한 발만 잘못 디뎌도 그들은 산등성이 아래로 곤두박질칠 수도 있었다.

---

plunge [plʌ́ndʒ]
뛰어들다

jump

▌plummet = plunge.

He plunged into the river and saved the boy.
그는 강물에 뛰어들어 소년을 구했다.

Millions of Americans plunged into the cybersea last year.
지난 해 수백만 명의 미국인들이 인터넷의 세계에 빠져 들었습니다.

---

plutocracy [plutákrəsi]
금권정치

government of the rich

▌플라톤 = pluto. 소크라테스의 제자들은 아테네에서 돈 좀 있는 집안의 자식들인데 플라톤도 명문집 아들.

It's time we put an end to plutocracy.
금권 정치를 끝내야 할 때이다.

---

ply [plái]
정기적으로 왕복하다

travel regulary

▌fly = ply. 정기적으로 비행기를 타고 해외로 여행을 다님.

The ship plies between Busan and Jeju Island.
그 배는 부산과 제주도 간을 항해한다.

Based onboard river boats plying the Ohio River, they are an unusual part of American history.
당시 선편으로 오하이오 강을 오르내리며 상업 활동을 한 상인들은 미 역사 중에서도 독특하고 다채로운 부분입니다.

---

poignant [pɔ́injənt]
신랄한

sharp

poison. 독이 든 사약을 먹는 신하들은 조용히 임금의 명령에 따라 마시기도 하지만 때로는 독설 = 저주를 퍼부으면 독약을 먹음.

The museum guard makes poignant remarks to a group of visitors.
박물관 경호원은 관람객들에게 독설을 퍼붓는다.

Here you can read the speeches of the most poignant speakers of the recorded age.
여기서 당신은 가장 신랄한 화자들의 연설문을 읽을 수 있습니다.

---

point - blank [pointblǽŋk]
정면으로

directly

빈칸 넣기 = blank를 채우는 요점 있는 = point 수업. 그러면 학생들은 자지 않고 정면에 있는 칠판을 응시.

She gave a point-blank refusal.
그녀는 차디찬 거절을 했다.

---

poisonous [pɔ́izənəs]
유독한

toxic

poison. '쥐약' 과 같은 독약은 해로움.

A gas leak is dangerous because it is poisonous.
가스 누출은 독성이 있기 때문에 위험하다.

Very few snakes are poisonous.
극소수의 뱀이 독을 갖고 있다.

---

polarize [póulərὰiz]
분열하다

split

pole = polar = 극지방. 남극과 북극으로 분할됨

Public opinion has polarized on this issue.
이 쟁점에 대해서는 여론이 양극화 되어 있다.

The issue has polarized public opinion.
그 쟁점이 여론을 양극화시켜 왔다.

---

polemic [pəlémik]
논쟁을 좋아하는

argument

'대화는 전쟁이다' 라는 비유가 있어요. 대화에도 전쟁처럼 남을 말로 공격하는 사람이 있어 다른 사람의 비난에 방어를 해야 하죠. pole = war.

Raceis a divisive tool of 'outdated institutions,' concluded the 18-year-old on page 12 of her polemic against race politics.
한 18세가 인종정치를 비판하는 논문 12페이지에서 인종은'시대에 뒤떨어진 관습'으로 인간사회의 분열 도구라고 결론지었다.

---

politic [pálətik]
현명한

well advised

politic. 정치 9단이란 말이 있습니다. 그만큼 정치를 하려면 다른 직종에 있는 사람들보다 현명하고 노련하게 해야 한다는 것을 암시.

It would not be politic to get involved in their affairs.
그들의 문제에 말려드는 것은 현명한 일이 아닐 것이다.

---

poll [póul]
투표, 여론 조사

vote

head = cap(capital) = poll. 투표를 하러 나선 사람들의 모습.

A recent public opinion poll found that more South Koreans now see the United States as a bigger threat than the North.
최근 여론조사에 따르면 더 많은 수의 한국인들이 북한보다 미국을 더 큰 위협으로 간주하고 있는 것으로 나타났다.

pollutant [pəlúːtnt]
오염 물질, 오염

substances that pollute the environment

▌pol = polish +lute = wash. 더럽히다는 오염시키다와 연관.

The latest poll has indicated the opposition party leader's popularity is improving.
가장 최근의 여론 조사에 따르면 야당 당수의 인기가 올라가고 있는 것으로 나타났다.

A straw poll showed that most did not want the new road to be built.
비공식 여론 조사에 따르면 대부분의 사람들이 새 도로의 건설을 원치 않는 것으로 드러났다.

P

---

polygamist [pəlígəmist]
일부다처

one who has more than one spouse at a time

▌poly = many + gamist = marry

He was a practicing polygamist, and all three of his wives outlived him.
그는 부인이 3명이었고 그들 모두 그 남자보다는 오래 살았다.

---

pompous [pámpəs]
거만한

self-important

▌Pompei. 서기 79년 로마시대 때 베수비오 화산의 폭발로 번영과 쾌락의 폼페이(거만한 도시 상징)는 한 순간에 화산재 속으로 파묻혔어요. 당시 폼페이는 농업, 상업의 중심지였을 뿐만 아니라 로마 귀족들의 피서, 피한지로서도 인기가 높았던 도시. 한 도시를 완전히 보존하는 가장 좋은 방법은 한 순간에 화산재로 덮어버리는 것'이라고 한 고고학자가 한 말처럼 그 당시의 생활모습이 그대로 보존되어 있어 로마의 생활을 엿 볼 수 있는 아주 중요한 도시.

He appears pompous but he is a good man underneath.
그는 오만하게 보이지만 속은 좋은 사람이다.

He demands in a pompous tone that you get him a glass of orange ju ice.
동생이 거만한 목소리로 오렌지 주스를 갖다 달란다.

---

ponder [pándər]
숙고하다, 곰곰이 생각하다

think

▌pond. 호수에 앉아 사람들은 명상을 합니다. 중국의 강태공은 강물에 심취되어 물속으로 풍덩했습니다.

Voters are advised to ponder deeply.
유권자들은 깊이 숙고하는 것이 현명할 것이다.

---

ponderous [pándərəs]
대단히 무거운, 지루한

dull

▌pont. 연못에서 어느 정도 생각을 해야지 너무 길어지면 지겨워집니다.

A fat man's ponderous movements.
뚱뚱한 남자의 둔중한 동작

The teacher always speaks in a ponderous manner.
그 선생님은 항상 지루하게 말씀하신다.

---

pony [poni]

▌phone = pony · 폰 뱅킹을 이용해 돈을 결제 하는 것을 연상해 보면 pony up의 의미를 쉽게 파악 할 수 있어요.

pony up : 결제하다

Provincial governments will be asked to pony up 33 billion won.
지방 정부는 330억원을 제공한다.

---

pool [pul]

▌여름철 pool장에 가면 사람들이 많이 있습니다. 많다는 의미가 비유적으로는 돈 등을 공동 출자하는 경우로 의미가 확대 됩니다.

We have available a growing pool of bilingual manpower with experience in international business.
우리나라는 해외 비즈니스에 경험을 갖고 있는 2개 국어에 능통한 인력을 많이 보유하고 있다.

어구

a stagnant pool : (물이 고여) 괴어 있는 웅덩이
a car pool : 카풀제(통근할 때 합승식으로 서로 차를 태워주는 것)
a gene pool : 유전자 풀(어떤 종족의 유전자 총체)
play pool : (내기) 당구를 하다

pop [pop]

pop up : 갑자기 나타나다(= appear suddenly: 옥수수의 팝콘이 기계에서 튀어 나오듯이 컴퓨터의 팝업 창 연상)

Some nasty surprises will inevitably pop up.
몇몇 난처한 놀랄만한 사건이 부득이하게 갑자기 일어난다

A study found that 30 percent of the top Internet sites in the US employ pop-up ads.
연구 조사는 미국의 대형 인터넷 사이트 중 30퍼센트가 팝업 광고를 띄우고 있다고 한다.

portal [pɔ́:rtl]
정문

gate

▌port. 인천 영종도 공항이나 부산을 한국의 관문 이라고 합니다.

Fifty steps lead to the cathedral's majestic portal.
50계단을 올라가면 대성당의 웅장한 정문에 이른다.

portend [pɔ:rténd]
…의 전조가 되다

foretell

▌for = por + tend = draw. 미리 앞을 말하는 것은 미리 앞으로 잡아당기는 것과 유사.

This could portend a change of government policy.
이것이 정부정책 변화의 전조가 될 수도 있다.

Black clouds portend a storm.
먹구름은 폭풍의 조짐이다.

portent [pɔ́:rtent]
전조

sign

▌for = por + tend = draw. 갑자기 일이 발생하는 경우도 있지만 징후가 미리 생기는 경우도 있어요.

The event proved to be a portent of the disaster that was to come.
그 사건은 다가올 재난의 전조였음이 증명되었다.

We shall try to reach an agreement, but the portents are not good.
우리는 합의에 이르기 위해 노력하겠지만 징조가 좋지 않다.

P

portfolio [pɔːrtfóuliòu]
손가방, 서류첩 속의 서류, 투자

invest

가방 안에 돈을 넣고 돌아 다니면서 투자하는 이미지를 연상하세요.

Unfortunately, our loan portfolio has become a major liability.
불행히도 대출금이 주요 부채가 되고 있다.

The portfolio behind the seat to store papers.
좌석 뒤에는 서류 보관함이 마련되어 있습니다.

She holds stocks in 17 companies in her portfolio.
그녀는 자산으로 17개 회사의 주식이 있다.

posterity [pastérəti]
자손

offspring

post = after.

Posterity will remember him as a truly great man.
후대는 그를 진정 위대한 인물로 기억할 것이다.

His fame will go down to posterity.
그의 명성은 후손 대대로 전해질 것이다.

posthumously [pástʃuməsli]
죽은 뒤에, 사후에

after one's death

post = after + human = man

The posthumous publication of the actor's memories aroused a lot of interest.
그 배우의 사후에 출판된 회고록은 많은 흥미를 불러 일으켰다.

postulate [pástʃulèit]
요구하다, 가정하다

suppose

post = 기둥. 컴퓨터가 나오기 전에는 기둥에 공고를 하고 자신이 말하고자 하는 사항을 주장하거나 요구했어요.

They postulated that the collision had been caused by fog.
그들은 그 충돌이 안개 때문이었다고 가정했다.

She postulates that a cure will be found by the year 2000.
그녀는 2000년이 되면 치료법이 발견될 것으로 가정하고 있다.

potable [póutəbl]
음료, 술

drinkable

pot = 항아리. 지금이야 수돗물에서 물이 콸콸 나오지만 이전에 항아리에 물을 담아 둔 모습 영상.

They are equipped with water purification machines capable of producing more than 100,000 gallons of potable water.
그들은 10만 갤런의 음용수를 생산할 수 있는 정수 장비를 갖추고 있다.

potent [póutnt]
강력한

powerful

pot = 항아리 = pow = power. 지금은 은행에 돈을 맡기지만 이전에는 '항아리' 등에 돈을 숨기는 분들이 많았죠. 돈이 힘입니다.

The most important thing I can tell you is, do not feed them--it makes bears bold and potentially dangerous.
우선 무엇보다도 먹을것을 주지 말라고 말씀드리고 싶습니다. 그러면 곰들이 대담해지면서 혹시 위험한 일이 발생할지도 모르거든요.

potentiality [pətènʃiǽləti]
가능성

possibility

pot = 항아리 = pow = power.

Socialism is the most equitable form of economic arrangement for the realization of human potentialities.
사회주의는 인간의 잠재적 가치 실현을 위한 가장 평등한 경제 제도이다.

---

practically [prǽktikəli]
실용적으로

almost

practical. 놀기만 하면 무엇 합니까? 원하는 학교에 갈 수 없죠. 연습을 해야만 학교에 들어갈 수 있어요.

She's very practically minded.
그녀는 매우 실용적인 사고방식을 지니고 있다.

His work is practically unknown here.
그의 작품은 여기서는 거의 알려져 있지 않다.

---

pragmatic [prægmǽtik]
실용적인

practical

프라하(Prague). 체코의 프라하에서는 이전 공산주의 체제 하에서도 민주주의의 실용 노선을 걷기 위한 민주주의 운동이 있었습니다.

The Chinese leader called the talks pragmatic.
중국 주석은 회담이 실용적이었다 말했습니다.

New leaders built their reputations on supporting pragmatic econo mic policies.
이들 베트남의 새로운 지도자들은 실용적인 경제 정책을 지지한다는 평판을 쌓아왔습니다.

---

precarious [prikέəriəs]
불확실한

danger

pre = before + care. = 걱정, 대학교를 졸업 후 요즘 취직이 어렵기 때문에 불확실한 직장 문제로 미래 걱정.

She makes a rather precarious living as a novelist.
그녀는 소설가로써 다소 불안정한 생활을 하고 있다.

He watched the game from his precarious perch on top of the wall.
그는 담 꼭대기의 불안정한 높은 자리에서 그 경기를 지켜봤다.

---

precaution [prikɔ́:ʃən]
조심, 예방

warning

pre = before + cause. 화재의 원인 = cause이 될것을 미리 조심.

As a safety precaution, all city cab drivers carry only enough money to make change for a ten-dollar bill.
안전 예방조치로서, 시내의 모든 택시 기사들은 10달러 지폐를 바꿔줄 만큼의 돈만 지니고 다닌다.

Campers and visitors to the park are urged to take precautions to avoid encounters with bears.
공원에 캠핑을 오거나 방문하는 사람들은 곰과 마주치지 않도록 각별한 주의가 요구된다.

---

precedent [présədənt]
전례, 이전의

something preceding in time

pre = before + cede = go

Imposing a lenient sentence for such a serious crime sets a dangero us precedent.
그런 심각한 범죄에 관대한 선고를 내리는 것은 위험한 선례를 남겼다.

---

precept [prí:sept]
교훈

practical rule guiding conduct

▌pre = before + cep = take.

We adhere to the precept that all criminals can be rehabilitated.
우리는 모든 범죄자가 갱생할 수 있다는 가르침을 따른다.

Children learn far more by example than by precept.
아이들은 훈계보다는 본을 보고 훨씬 더 많이 배운다.

---

precipice [présəpis]
절벽

cliff

▌pre = before +cap = cip = head. 절벽에서 사람이 떨어지면 보통 머리부터 아래로 추락을 합니다.

We stood at the edge of the precipice and looked down at the valley below.
우리는 절벽 가장자리에 서서 아래에 있는 계곡을 내려다보았다.

---

precipitate [prisípətèit]
촉진시키다

hasty

▌pre = before +cap = cip = head. 절벽에서 사람이 떨어지면 순식간에 아래로 떨어 지게 되죠.

An invasion would certainly precipitate a political crisis.
침략은 확실히 정치적 위기를 촉진시킬 것이다.

The assassination of the president precipitated the country into war.
대통령 암살이 그 국가를 전쟁으로 몰아넣었다.

---

precipitous [prisípətəs]
가파른, 험준한

steep

▌pre = before + cap = cip = head. 절벽은 경사도가 가파릅니다.

A range of precipitous mountains stretches away like a wall.
연산이 병풍을 두른 듯 절벽을 이루고 있다.

---

precise [prisáis]
정확한, 정밀한

exact

▌pre = before +cis = cut. 성격이 정확한 사람들은 미리부터 딱딱 잘라 이야기 합니다.

The bunker's precise location is a closely guarded secret.
벙커의 정확한 위치는 엄격히 비밀에 부쳐지고 있다.

The plants are getting water and nutrients in precise amounts in an astroculture chamber.
이 식물은 우주 농업 실험실에서 적정량의 물과 양분을 공급받고 있습니다 .

---

preclude [priklú:d]
방지하다, 제외하다

eliminate

▌pre = before +clud = close. 다른 사람들이 들어오는 것을 미리 막아요.

That precluded him from escaping.
그 때문에 그는 도망칠 수 없게 되었다

---

precursor [pri:kə́:rsər]
선구자

forerunner

▌cur = car = go. 자동차를 타고 미리 감. 다른 사람보다 먼저 가니 선두 주자.

Small disturbances were precursors of the revolution to come.
다가올 혁명의 선봉이 된 소규모 소동들

P

predator [prédətər]
약탈자

person who robs others

▌pre + date = fruit. 다른 사람보다 먼저 가서 과일을 먹는 것과 관련

Young birds are very vulnerable to predators.
어린 새는 포식동물의 공격을 받기가 매우 쉽다.

Young rabbits provide food for a variety of predators.
어린 토끼는 여러 육식동물들의 먹이가 된다.

predicament
[pridíkəmənt]
곤경

dilemma

▌dict = word. 수능이나 수능 모의고사 시험지를 미리 빼돌려 동영상으로 설명을 해 주면 학원이야 좋겠지만 다른 수험생들은 곤경에 빠져요.

I'm afraid we're in a bit of a predicament.
우리가 약간 곤경에 처한 것 같다.

predilection
[prì:dəlékʃən]
편애

liking

▌pre = before +dis = apart = 분리 + leg = choose = collect. 좋아하는 사람을 미리 선택함.

Ever since she was a child, she has had a predilection for spicy food.
어린 시절 이후 내내 그녀는 양념 맛이 강한 음식을 편식해 왔다.

predispose [prì:dispóuz]
~경향을 주다

susceptible

▌pose = put. 다른 사람보다 미리 어떤 상태에 빠짐.

What predisposed you to go?
무엇이 당신을 가게 만들었습니까?

Her natural tolerance predisposed her to forgive him.
그녀의 선천적인 관대함이 그녀로 하여금 그를 용서하게 했다.

preempt [priémpt]
대체하다

supplant

▌pre + em = buy. 미리 사 놓은 물건이나 부품으로 대체.

A special newscast preempted the game show.
게임쇼 대신 특별 뉴스 프로가 방송되었다.

preferment
[prifə́:rmənt]
승진

advancement

▌pre=먼저, 미리 fer = go. 다른 사람보다 먼저 가야만 출세.

This secular preferment, however, he absolutely refused.
그는 이 승진을 완전히 거부했다.

prelude [prélju:d]
전주곡

forerunner

▌lud = lus = play. 앞에서 노는 사람들이 선두 주자. 뒤 처지는 사람은 앞이 아니라 뒤에 있음.

The prelude to Act II.
2막 서곡

Rachmaninov's G major prelude.
라흐마니노프의 지 장조 서곡

Could the growing number of bankruptcies be the prelude to general economic collapse?
늘어나는 수의 파산이 전반적인 경제 붕괴의 서막이 될 수 있을까요?

premise [prémis]

전제
구내 (복수일 경우)

assumption

pre = 미리 + mis = go. 전제는 미리 감.

He rests his theory on three basic premises.
그의 이론은 세 가지의 기본적 전제에 기초를 두고 있다.

Customers who had one too many are not allowed to stay on the premises.
술이 취한 손님은 구내에 더 있을 수 없습니다.

premonition

[prí:məníʃən]
징후, 전조, 예감

forewarning

monitor = warn. 학원이나 공장에서는 모니터로 학생이나 근로자를 감독하고 일을 열심히 하지 않는 사람은 경고함.

She had a premonition that an accident would happen.
그녀는 사고가 일어날 것이라고 예감했다.

I had a premonition that my life was about to change.
나는 내 삶이 막 변할 참이라는 예감이 들었다.

preposterous

[pripástərəs]
앞뒤가 뒤바뀐, 터무니없는

absurd

앞과 뒤에 동시에 있는 것은 이상한 현상.

The more we learn about the love, the more preposterous and mysterious it is likely to appear.
우리가 사랑에 관해 알면 알수록 그것은 더 이치에 어긋나고 불가사의해질 가능성이 있다.

prerequisite

[pri:rékwəzit]
필수의

requirement

requisite = require

The unity of the country is the main prerequisite for the victory over terror.
테러와의 전쟁에서 승리하는 데 있어 국가의 결속이 주된 필수 요건이다.

Vocational school education is often a prerequisite for entry into an apprenticeship program.
도제 프로그램에 참가하려면 직업학교 교육이 선행요건인 경우가 많다.

prerogative [prirágətiv]

특권

privilege

rog = ask = royal. 왕과 같은 특권층에 먼저 물어보고 나서 다음으로 백성들의 의견이 개진됨. 학교나 동네에서 지나가는 학생들에게 돈을 달라고 하는 불량배들은 깡패 = rogue. 돈을 달라고 요청하기 때문입니다.

It's our prerogative to order an investigation.
조사를 명령하는 것은 우리의 특권이다.

A President has the prerogative of pardoning criminals.
대통령은 범죄자를 사면할 특권을 갖는다.

prescribe [priskráib]

규정하다

what medicine or treatment to have

scrib = write. 미리 국민들이 해야할 일과 하지 않을 일을 규정.

Police regulations prescribe that an officer's number must be clearly visible.
경찰 규칙은 경찰관의 번호가 분명히 보이게 되어 있어야 한다고 규정하고 있다.

You can't prescribe fixed standards for art.
예술에 대해서는 일정한 기준을 정할 수가 없다.

P

presently [prézntli]
곧

soon

▌present = 현재 = 선물. presently = 곧. 공짜 선물을 주면 곧 바로 가겠죠.

She'll be here presently.
그녀는 곧 여기 올 것이다.

I'll be with you presently.
곧 당신께 가겠습니다.

---

pressing [présiŋ]
긴급한

urgent

▌press = 누르다. 야밤에 병원의 응급실을 찾기 위해 병원의 초인종을 누르는 모습.

We have several pressing matters to attend to.
우리는 시급히 처리해야 할 여러 문제가 있다.

The pressing need is to solve the North Korean nuclear problem.
당면한 급선무는 북한 핵문제 해결이다.

---

prestige [prestí:dʒ]
위신, 명성

impression

▌press = prest + string = draw. 줄로 잡아 당기듯이 인상이 좋은 사람을 만나면 감명.

The appointment will bring a great deal of prestige.
그 지위는 대단한 명성을 안겨 줄 것이다.

The school has immense prestige.
그 학교는 엄청난 명성을 지니고 있다.

---

prestigious [prestídʒəs]
고급의, 일류의, 유명한

outstanding

▌pre = before +stige = bind, "미리+묶다". 조선 시대에 첩의 자식들은 아무리 아버지가 양반이라도 출세를 할 수 가 없었습니다. 아버지와 어머니 모두 양반인 자식들이 그들의 길을 막았기 때문이죠. 자신들의 이권들을 위해 미리 그들은 결속을 강화했어요.

A number of prestigious persons dined in hall.
많은 명성 있는 사람이 그 파티에 참석했다.

The dean of prestigious University medical school was fired after taking credit for someone else's research paper.
명문대학 의대 학장이 다른 사람이 쓴 연구 논문을 자신이 쓴 것으로 했다는 사실이 알려지자 해직당했습니다.

---

presumably [prizú:məbli]
아마

probably

▌sume = 잡다 = take. '잡다'는 선생님의 말을 학생들이 귀로 잡기 때문에 생각과 연관이 됩니다. 미리 생각하는 것은 추정.

Presumably the plane was late because of the fog.
아마 안개 때문에 비행기가 늦은 것 같다.

You came by car, presumably?
아마도 자동차로 오셨겠지요?

---

presume [prizúːm]
가정하다, 추정하다

suppose

▌sume = 잡다 = take. 미리 이럴 것이다, 저럴 것이다 생각.

It is presumed that the vessels functioned as ceremonial incense holders.
그 용기들은 의식용 향을 담았던 것으로 추정된다.

What was it like to be put into, you know, that sort of set and working with, I presume, largely Western crews?
서양인 스태프가 대부분이었을 것 같은데요, 그런 환경에서 함께 촬영하는 건 어땠나요?

P

presumptuous
[prizʌ́mptʃuəs]
주제넘은, 건방진

impudent

▌미리 생각하는 것은 건방진 행동.

It's presumptuous of you to make such claims.
그런 요구를 하는 것은 주제넘은 짓이다.

Would it be presumptuous of me to ask you to contribute?
당신께 기부를 요청하면 너무 무례한 일일까요?

pretentious [priténʃəs]
잘난 척 하는

showy

▌tent = pull. 겸손하고 순수하지 못한 사람들은 남에게 있지도 않은 자신의 능력을 크게 보이려고 합니다.

There were times during the presentation when it was too pretentious.
발표회 동안 너무 가식적이었지 않나 하는 부분도 있었다.

pretext [príːtekst]
구실, 핑계

excuse

▌text = book = 문자 메시지. 문자 메시지로 용서를 구합니다.

We'll have to find a pretext for not going to the party.
우리는 그 파티에 가지 않을 핑계를 찾아야 할 것이다.

He would call for help on the slightest pretext.
그는 조금만 구실이 생겨도 도움을 구하곤 했다.

prevail [privéil]
우세하다

dominate

▌value = val = power.

The epidemic prevailed quickly in the village.
그 전염병은 순식간에 마을에 퍼졌다.

Some old customs still prevail in this part of the country.
이 지방에는 아직 옛날 풍습이 행해지고 있다.

prevalent [prévələnt]
만연한

widespread

▌value = val = power.폭풍과 같은 강한 힘 때문에 피해가 속출(만연)

Cholera was quite prevalent in London during the nineteenth century.
콜레라가 19세기 런던에서는 아주 만연하였다.

Paid vacation is the most prevalent benefit available to workers in private industry.
유급 휴가가 민간 기업 근로자들에게 가장 보편적으로 주어지는 복리 후생이다.

prey [préi]
먹이, 희생자

victim

▌pray < prey. 원시인들이 사냥을 가기 전에 그린 라스코 벽화 등을 통해 우리는 그들이 사냥의 먹이 감과 그리고 사냥에서 그들이 무사 할 것을 기도했습니다.

A prey to circumstances.
환경의 희생자.

Lions are pursuing their prey.
사자들이 먹이를 쫓고 있다.

---

prime [prɑ̀im]
최고

top

▌수상은 prime minister. 영국이나 일본의 수상은 최고의 권력을 가짐.

Prime reason for our economic decline is lack of investment.
경기 하락의 제일의 이유는 투자 부족이다.

The prime minister has the power to dissolve parliament.
수상은 의회를 해산할 권한을 가지고 있다.

---

primarily [praimérəli]
첫째로, 주로

principally

▌prime = first = 가장 중요한 = chief = 근본적인 = fundamental

This course is primarily designed as an introduction to the subject.
이 과정은 기본적으로 그 주제에 대한 소개로 고안된 것이다.

The decision was primarily motivated by the desire to save money.
그 결정은 주로 돈을 아끼려는 욕심이 동기가 되었다.

---

prior [práiər]

prior to : 이전에(pre = pri = –이전에)

It happened prior to my arrival.
그것은 내가 도착하기 전에 일어났다.

In 1996, shortly prior to the Asian financial crisis, the figure had been 39 percent.
아시아 금융위기 직전이었던 1996년에 이 수치는 39퍼센트였다.

---

pristine [prístiːn]
초기의

primitive

▌prim = pris = first.

A pristine copy of the book's first edition.
그 책 초판 원래 그대로의 판본

The car was in pristine condition.
그 자동차는 새 것과 같은 상태였다.

---

privatize [práivətàiz]
민영화 하다

makes a private company.

▌국영 기업이 아니라 개인 기업화 하는 것.

Oman government is privatizing more of its economy.
오만 정부는 민영화를 확대하고 있습니다.

That is the reason why many of them have been privatized.
이러한 이유로 많은 공기업들이 사유화되고 있는 것이다.

privation [praivéiʃən]
박탈, 몰수, 결핍, 궁핍

lack

| private. 혼자서만 놀면 사회성은 부족합니다.

She didn't find the lack of a car a great privation.
그녀는 차가 없는 것이 큰 박탈감을 준다고 생각하지 않았다.

The survivors suffered many privations before they were rescued.
생존자들은 구출되기 전에 많은 고난을 겪었다.

prize [práiz]
상, 높이 평가하다

value

| prim = pris = priz = first. 대회에서 1등을 한 사람 에게는 상이 주어집니다. 그리고 1등은 놀고 있는 사람에게 가는 것이 아니라 열심히 평소에 공부에만 전념하는 사람에게 갑니다.

This wine is prized for its bouquet.
이 포도주는 그 향기 때문에 귀하게 여겨진다.

It once enjoyed a Golden Age, which prized rationality.
이슬람 사회는 과거에 황금시대를 누렸고, 그 사회는 합리성을 존중했다.

probe [próub]
탐사 로켓, 조사를 시작하다

explore

| prove. pro = 앞. 사실인지 아닌지를 알아보기 위해서는 탐구를 해야겠죠.

Russia will launch a series of increasingly sophisticated unmanned Mars probes.
러시아는 일련의 더욱 정교한 무인 화성 탐사선을 발사할 예정이다.

What will the new probe be able to do?
새로운 탐사기의 성능은?

| probe에서 파생이 된 단어 중 probation은 '보호 관찰' 입니다.

The punishment is heavy given that sex offenders have usually only been given probation or fined.
이 처벌은 성추행범의 경우 통상 집행유예나 벌금형에 처해졌다는 점에서 중한 처벌이다.

probity [próubəti]
정직

honesty

| prove. 외국이나 한국이나 장관과 같은 공직자 등을 임명할 때 그 사람의 정직도와 청렴도를 미리 알아보는 모임이 있게 됩니다.

He was known for his probity in public life.
그는 정직성 때문에 알려져 있다.

proceeds [próusi:dz]
결과/수익

result

| pro = 앞 + ceed = go.

Admission to the event is two dollars and all proceeds go to the Children's Hospital.
입장료는2달러이며, 수익금은 전액 아동 병원에 기증됩니다.

The organizers of the Tune Awards have agreed to donate all proceeds to children's charities.
조직 위원들은 이 행사 수익금 전액을 아동들을 위한 자선 단체에 기부하기로 합의했다.

proclivity [prouklívəti]
성향, 성질

inclination

pro = 앞. pro = forth +cliv = bend. 앞쪽으로 기우는 것은 경향.

He had a proclivity to steal.
그는 도벽이 있었다.

We noted her proclivity to form strong attachments.
우리들은 그녀에게서 강한 집착의 기질을 보았다.

---

procrastinate
[proukrǽstənèit]
미루다, 연기하다

postpone

pro = 앞 + cras = tomorrow. 오늘 해야 할 일을 내일 하는 것은 연기 하는 것.

Procrastinating that way, you will never get the job done.
그렇게 미루적거리다가는 그 일 할 날이 없겠다.

Her professor scolded her for procrastinating.
교수님은 그녀가 미적거린다고 야단을 치셨다.

---

procure [proukjúər]
획득하다, 조달하다

have

pro = 앞. 주지 않으려면 물건을 뒤로 숨기고 주려면 상대방 앞으로 보여줌.

The party failed to procure sufficient votes.
그 당은 충분한 표를 획득하지 못했다.

He was responsible for procuring spare parts.
예비 부품을 조달하는 것은 그의 책임이었다.

---

prodigal [prádigəl]
낭비하는, 방탕한

wasteful

pro- = forth + gall = drive. 엉덩이를 책상에 붙이고 공부를 하거나 근무를 해야 하는데 그렇지 않고 이곳 저곳 운전하면서 실컷 노는 한량들 모습

It takes wind that he has been prodigal with company funds.
그가 회사 자금을 낭비했다는 소문이 퍼졌다.

---

prodigious [prədídʒəs]
거대한

giant

pro = 앞 + dignity = 위엄.

Yo-Yo's prodigious talent gave him access to the best cello teachers in the world.
요요마는 천재적인 재능으로 인해 세계 유수의 첼로 선생님과 가까워질 수 있었습니다.

---

prodigy [prádədʒi]
천재

highly gifted child

pro + ig = go. 천재들은 머리가 좋아 다른 사람보다 공부 진도가 많이 나감.

At just 15 years old, the child prodigy enrolled as a freshman at the University of Denver.
그 천재 아이는 겨우 15세의 나이에 덴버 대학에 입학했습니다.

---

profane [prəféin]
신성모독

violate

pro + fan = temple의 어원은 profanum인데, 그것은 '성전 경내 앞'을 뜻하는 라틴어에서 나온 말로 경내(fanum)안에서 희생 제물을 바치는 관례를 따라야 하는데 밖에서 하는 것은 위반.

He uses too much profane language.
그는 불경스러운 말을 지나치게 많이 쓴다.

---

proficient [prəfíʃənt]
능숙한, 유능한

competent

▌fic = make. 다른 사람이나 회사보다 앞서 만드는 것은 유능.

It takes a couple of years of regular driving before you become proficient at it.
2년 정도 규칙적으로 운전을 해야 운전에 능숙해진다.

One state test says he's proficient in English.
한 주의 시험에서는 그의 영어 실력이 충분하다는 것을 의미합니다.

profile [próufail]
옆얼굴, 경력

career

▌프로필.

The Queen's head appears in profile on British stamps.
영국 우표에는 여왕 머리 부분의 옆모습이 나와 있다.

A Washington newspaper published comparative profiles of the candidates' wives.
워싱턴의 한 신문은 입후보자 부인들의 프로필을 비교해서 발행했다.

▌profile과 연관된 표현으로는 keep a low(high) profile이 있어요.

keep a low(high) profile : 저자세를 취하다

Keep a low profile if you don't want to be recognized by the mass.
대중이 당신을 알아차리는 것을 원하지 않는다면 두드러진 행동을 하지 마십시오.

He would keep a low profile for the present, staying at home.
그는 당분간 집에서 근신하며 지낼 것이다.

profound [prəfáund]
깊은, 심오한

deep

▌found = bottom. 바다 가장 아래 밑바닥 까지 가는 것은 심오와 관련.

Opera uses the profound power of music to communicate feelings.
오페라는 음악의 심오한 효과를 이용하여 감동을 전달합니다.

What they seek is not so much profound knowledge as quick information.
그들이 구하는 것은 주로 심오한 지식이라기보다는 빠른 정보이다.

profusion [prəfjú:ʒən]
풍부

excess

▌fuse = mix. 섞여 넘쳐흐르는 모습 연상.

A profusion of colours / flowers.
풍부한 색깔 / 꽃

Roses grew in profusion against the old wall.
낡은 담에 기대어 장미가 풍성하게 자라고 있었다.

progenitor [proudʒénətər]
선조, 조상

ancestor

▌pro = 미리 + gen = birth. 선조들은 미리 태어남.

He was the progenitor of a family of distinguished actors.
그는 유명한 배우들 집안의 조상이었다.

progeny [prάdʒəni]
자손

offspring

gen = birth.

His numerous progeny are scattered all over the country.
그의 수많은 자손들이 이 나라 방방 곡곡에 흩어져 산다.

He appeared, surrounded by his numerous progeny.
그는 수많은 아이들에게 둘러싸여 나타났다.

---

prognosticate [prαgnάstikèit]
예언하다

forecast

gn = know.

We do not have the ability to prognosticate the future.
우리는 미래를 예측할 능력이 없다.

---

prohibit [prouhíbit]
금지하다

stop

pro =before +hibit =hold = have. 앞에서 (못하게) 저지하다

You cannot prohibit their going out.
당신은 그들이 외출하는 것을 막을 수 없다.

Heavy rain prohibited him from going out.
폭우로 그는 외출하지 못했다.

---

project [prάdʒekt]
계획, 내밀다

protrude

ject = throw.

He dealt in the research project.
그는 그 연구 계획에 종사했다.

They funneled their profits into research projects.
그들은 수입의 전부를 연구 계획에 쏟아 부었다.

---

proletarian [pròulətɛ́əriən]
프롤레타리아의, 하층민

blue collar

로마에서 1계급은 원로원. 그 다음은 2계급인 평등equality의 어원이 된 equus. 즉 로마의 기사계급 이었던 에퀴테스. 전쟁에 필요한 말과 군장을 자신이 모두 자급할 수 있었던 자유인 계급에서 출발합니다. 제3계급인 프롤레타리아트는 하층민. 제4계급은 노예계급 · 검투사였던 스파르타쿠스Spartacus의 반란은 유명함.

Cultural hegemony slowed the advancement of the proletarian revolution in Europe.
문화 헤게모니가 유럽에서의 프롤레타리아 혁명의 확산을 늦추었다.

---

prolific [prəlífik]
다산의, 비옥한

productive

pro + life. 인생이 쭉쭉 앞으로 뻗어 나감.

Among other works during this prolific period, he composed St. Mathew Passion.
그가 이 기간 동안에 왕성한 창작활동을 하면서 작곡한 작품 가운데 "마태수난곡"이 포함되어 있다.

He will perform several works by Lassus, the most important and prolific musical figures of the 16th century.
그는 16세기 가장 중요한 작곡가인 라소의 작품을 연주할 예정이다.

prologue [próulɔ:g]
머리말

introduction to a play

log = word.

I read the Prologue to the 'Canterbury Tales'.
나는 '캔터베리 이야기'의 머리말을 읽었다.

The signing of the agreement was a prologue to better relations between the two countries.
합의서 서명은 그 양국간의 보다 나은 관계를 위한 서막이었다.

prolong [prəlɔ́:ŋ]
늘이다, 연장하다

lengthen

long. long과 연관하여 연상.

They prolonged their visit by a few days.
그들은 방문기간을 며칠 더 연장했다.

His prolonged absence worried his wife.
그는 오랫동안 돌아오지 않아서 아내를 걱정시켰다

prominent [prámənənt]
현저한, 두드러진, 유명한

material

min = mount = 산. 높은 산은 비유적으로 지위가 높은 사람을 지칭.

His father was a prominent lawyer.
그의 아버지는 뛰어난 변호사였다.

Works by known artists were prominently displayed.
저명한 예술가의 작품들이 멋있게 장식되어 있다.

promiscuous [prəmískjuəs]
난잡한

irregular particularly sexually

mix = mis. 일부 일처제 혹은 남녀 한명씩만 만나야 하는데 이사람 저사람 살을 섞는 바람둥이들.

She did not regard herself as promiscuous.
그녀는 자신을 성관계가 문란하다고 여기지 않았다.

promptly [prámptli]
신속한

fast

pro = 앞. 올림픽 100m 결승전에 출전한 선수들은 1등을 하려고 빨리 달리기 위하여 머리를 앞으로 합니다.

For the local people, however, the effects are more prompt.
그렇지만 현지주민들에게 파괴로 인한 여파는 당장 나타납니다.

German submarine attacks on U.S. shipping prompted Wilson to act.
독일 잠수함들의 미국 상선에 대한 공격이 윌슨의 참전 결정을 촉진시켰습니다.

promulgate [práməlgèit]
선포하다, 공표하다

declare

앞 = pro으로 포고함.

The new law was finally promulgated in the autumn of last year.
새 법이 작년 가을에 드디어 발포되었다.

The law took effect on the day it was promulgated.
그 법률은 즉일 시행되었다.

prone [próun]
-경향이 있는

disposed

▌앞으로 기운 것은 -을 하고 싶은 것입니다. 만일 하고 싶지 않다면 앞이 아니라 뒤로 이동을 하겠죠.

Elderly people are prone to pneumonia.
나이 지긋한 사람들은 폐렴에 걸리기 쉽다.

He is prone to act without thinking.
그는 생각하지 않고 행동하는 경향이 있다.

propensity [prəpénsəti]
경향, 성향

tendency

▌pro = forward + pend = pens = hang. 똑바로 매달린 것이 앞쪽으로 기우는 것은 '-의 경향.'

He has a propensity to exaggerate.
그는 과장해서 말하는 버릇이 있다.

He shows a marked propensity for getting into debt.
그는 빚을 지는 뚜렷한 성향을 보인다.

prophetic [prəfétik(əl)]
예언자의

foretell

▌pro = 미리. 미리 말하기.

The old monk teaches his young protege valuable lessons about life t hat will have prophetic significance in shaping the child`s existe nce.
노승은 동자승의 미래를 예견해 주는 인생에 관한 귀중한 교훈을 가르친다.

propitious [prəpíʃəs]
행운의

lucky

▌신 god이 돌보아 주기 때문에 행운.

If it were a stronger film with a more propitious release date he would be assured of an Oscar nomination a year from now.
만일 이 영화가 좀 더 유리한 시기에 개봉했다면 그는 분명 내년 오스카상 후보에 오를 수 있었을 것이다.

proponent [prəpóunənt]
지지자

backer

▌pon = put. 앞에 서서 A씨를 후원.

Some proponents like the fact that HSAs encourage saving for future health care expenses.
몇몇의 지지자들은 HSA가 미래의 건강관리 비용에 대비해 저축을 장려한다는 사실을 좋아한다.

propound [prəpáund]
제출하다, 제안하다

put forth for analysis

▌앞으로 = pro +두다 = pound = put. 앞에 두는 것은 비유적으로 제안하다.

The theory of natural selection, first propounded by Charles Darwin.
찰스 다윈에 의해 처음 제의된 자연도태설

propriety [prəpráiəti]
예의 바름, 매너

manner

▌proper. 매너는 적당한 행동을 말함.

Some questioned the propriety of all Hongdae area musicians.
일각에서는 홍대 부근 클럽에서 일하는 모든 뮤지션들의 정신 상태를 의심한다.

propulsive [prəpʌ́lsiv]
추진력 있는, 추진하는

driving forward

▌pell = pul = push. 헬기의 프로펠러 propeller와 연관.

When a propulsive force is present, Newton's laws still apply, but Kepler's laws are invalidated.
추진력이 있다면 뉴턴의 법칙은 여전히 적용된다. 하지만 케플러의 법칙은 효력이 없다.

prosaic [prouzéiik]
산문적인

monotone

▌prose는 산문. 산문을 읽다보면 지겹고 단조로움.

A prosaic job.
단조로운 직장

A prosaic novel.
재미없는 소설.

The European Southern Observatory is putting the finishing touches to its prosaically named Very Large Telescope
유럽 남부 천문대는 '아주 큰 망원경'이라는 평범한 이름이 붙여진 이것에 마지막 손질을 하고 있다.

proscribe [prouskráib]
금지하다

stop

▌scrib = write. 미리 선을 그어 통행을 금지하는 한국의 DMZ(휴전선)와 연관.

The banned books exhibition will feature 50 books proscribed in other countries.
금서 특별전은 외국 금서도 50여점 소개된다.

prosperity [prɑspérəti]
번영

good fortune

▌spray = sper. 미리 씨앗을 뿌리면 가을철에 풍작을 기대.

The new government ushered in a period of prosperity.
새 정부는 번영의 시절을 불러왔다.

Social planning has led to greater equality and a more diffused prosp erity.
사회계획은 보다 큰 평등과 보다 널리 보급된 유복함을 가져왔다.

prostrate [prɑ́streit]
엎드린

stretch

▌strate = stretch. 에어로빅 하면서 엎드려 몸을 stretch.

They found her prostreit on the floor.
그들은 바닥에 엎드려 있는 그녀를 발견했다.

She was prostrate with grief after his death.
그녀는 그가 사망한 후에 슬픔으로 탈진했다.

protean [próutiən]
변하는

versatile

▌그리스 신화에서 자유 자재로 변신하는 Proteus신에서 유래.

He is a protean character.
그는 변화무쌍한 성격이다

protocol [próutəkɔ́:l]
외교 의례, 의정

diplomatic etiquette

proto = first + col = collect. 풀로 붙이는 문서라는 뜻에서 외교 문서로 의미가 전환.

Protocol demands that formal dress be worn on such occasions.
외교의례에 따르면 그런 경우들에는 정장 차림이 요구된다.

He committed one or two faux pas when it came to Japanese protocol.
일본 의정서에 관해서는 그가 한두 가지의 실책을 범했다.

---

prototype [próutətàip]
원형

original work used as a model by others

proto = first +type

The Air Force is building a prototype for the next generation of fighter plane.
공군에서 차세대 전투기 모델을 제작중이다.

The crude craft in which the Wright brothers make the first successful flight was the prototype of the modern airplane.
라이트 형제가 첫 비행에 성공한 조잡한 비행기가 현대 항공기의 원형이다.

---

protract [proutrǽkt]
질질 끌다

delay

tract = pull. 지금 당장 해야 하는데 뒤로 미루는 경우.

A protracted slump in domestic spending has raised concerns that an economic recovery may take longer than expected.
내수 부진 장기화로 인해 경기 회복이 예상보다 늦어질 거라는 우려가 제기되고 있다.

---

protrude [proutrú:d]
내밀다, 튀어나오다

stick out

trude = throw. 앞으로 튀어나오다.

Protruding eyes.
퉁방울눈.

Several pens protruded from his top pocket.
그의 상의 호주머니 밖으로 펜 몇 자루가 튀어나와 있었다.

He managed to hang on to a piece of rock protruding from the cliff face.
그는 절벽 면에 튀어나온 바위 하나에 간신히 매달렸다.

---

provenance [právenəns]
기원, 유래

origin

Ven(벤) 은 '오다'(come)라는 뜻을 가지고 있는데, 이와 연관이 있는 어휘는 아래와 같습니다.

convention - 회의 advent - 나타남, 출현 adventure - 모험

convene - 함께 모이다 intervene - 개입하다 provenance - 출처

venue - 행사장소

The provenance of a word.
단어의 기원

He saw an antique furniture of doubtful provenance.
출처가 의심스러운 골동품 가구를 그는 보았다.

---

provided [prəváidid]
-을 조건으로 하여

if

provide는 동사이지만 -ed를 첨가하면 동사가 아니라 접속사로 전환 되면서 if와 동일한 의미.

You may do anything you like, provided (that) you do not give troub le to others.
무엇을 해도 좋아 단 남에게 폐를 끼치지 마라.

You may go wherever you like, provided (that) you come back by e vening.
어디에 가도 좋다 단 저녁때 까지는 돌아오너라.

P

provident [právədənt]
선견지명이 있는, 신중한

displaying foresight

vid = vis = see. video는 보는 기계. 미리 앞을 보는 것은 선견지명.

Some farmers had been provident in the good years.
어떤 농부들은 풍년에도 신중하게 대비를 해 왔다.

provisional [prəvíʒənl]
일시적인

transient

vid = vis = see. 보는 것은 순간적.

New drivers obtain a learner's permit followed by a provisional license for 18 months.
운전 수강 허가증을 먼저 받고 나서 18개월 동안의 임시면허 기간을 거쳐야한다.

provocation
[prὰvəkéiʃən]
화, 분노

incitement

voc = call. 사람 욕을 해서는 안 됩니다. 보지 않은데서 비방을 하는 것까지는 참을 수 있지만 앞에서 흉을 보면... 열 받지 않을 사람 없네요.

People under provocation can react in unexpected ways.
성이 나 있는 사람들은 예상치 못한 방식으로 반응할 수 있다.

The official called the testing a “provocation”.
이번 시험 발사는 매우 도발적이다.

provoke [prəvóuk]
화나게 하다

anger

voc = call + pro = 앞.

She was provoked by his behavior.
그녀는 그의 행동에 화가 났다.

The financial crisis in the Palestinian territories could provoke a humanitarian crisis.
팔레스타인의 재정 위기는 인도주의 위기 사태가 촉발될 수도 있다.

prowess [práuis]
용기

brave

pro = 앞. 전쟁터에서 겁쟁이들은 뒤로 도망가고 용감한 사람은 앞에 섬.

Chess is also advocated as a way of enhancing mental prowess.
체스는 또한 지적인 능력을 향상시키는 방법으로도 옹호되고 있다.

The man gets a beautiful younger woman who provides affirmation of sexual prowess.
남자는 성적 능력을 확인시켜 주는 아름답고 젊은 아내를 얻는다.

prowl [pràul]
찾아 헤매다

wander

| pro는 앞으로 움직임.

A tiger is prowling after its prey.
호랑이가 먹이를 찾아 어슬렁거리고 있다.

The lion was out on the prowl.
사자가 먹이를 찾으러 밖에서 배회하고 있었다.

---

proximity [prɑksíməti]
근접, 근거리

closeness

| 앞으로 pro 점점 다가가면 공간상 으로 혹은 비유적으로 근접성.

Korea's shipping industry has benefited from its proximity to China.
국내 해운업계는 중국과 가까운 지리적 특성으로 인해 수혜를 보고 있다.

It has a high proximity to major transportation hubs, such as Gyeong bu Expressway.
이곳은 경부고속도로 등 주요 교통중심지에 아주 가깝다

---

prudent [prú:dnt]
신중한

careful

| pro앞을 보는 사람은 덤벙대지 않고 신중합니다.

You must be more prudent in future about what you do.
앞으로는 좀더 행동을 신중히 해야 되겠다.

Now that you are out of your teens, you need to be more prudent
네가 10대를 지났으니 이젠 좀 신중해질 필요가 있다.

---

prune [prú:n]
(나무가지를)치다

trim

| pro + round = rune. 나뭇가지가 뾰쪽하지 않도록 둥글게 다듬어 주기.

You should prune roses at the end of the winter.
겨울이 끝나 갈 무렵에는 장미의 가지를 쳐주어야 한다.

Try to prune your essay of irrelevant detail.
에세이에서 관련 없는 세부 내용들은 제거하도록 하라.

---

prying [práiiŋ]
엿보는, 캐묻는

inquisitive

| pry < fry < fly. 알아보기 위하여 이곳저곳을 돌아 다니거나 날아다님.

I had to pry the information from them.
나는 사람들에게 꼬치꼬치 캐물었어야 했겠죠.

The girl poked and pried to get what she wanted to know.
그 소녀는 알고 싶은 걸 알기 위해 꼬치꼬치 캐물었다.

---

pseudonym [sú:dənim]
필명, 아호

pen name

| psyu = false + onym = name

She writes under a pseudonym.
그녀는 필명으로 글을 쓴다.

Mark Twain was the pseudonym of Samuel Langhorne Clemens.
마크 트웨인은 사무엘 랭혼 클레멘스의 필명이었다.

---

psychology [saikάlədʒi]
심리학, 심리

the scientific study of the human mind

▌psycho = 세계 최고의 예쁜이 = 사람 + logy = word = study. 신의 딸 중에는 venus가 인간 중에서는 psycho = 프쉬케 = 사이코가 제일 예쁨. 비너스가 자신보다 더 예쁜 여자가 있다는 것에 열이 받아 아들 cupid에게 지상에 내려가 모든 남자들을 혐오하도록 납 화살을 쏘라고 명령하지만 아들은 프쉬케의 미모에 반하여 금 화살(이 화살을 맞으면 이성을 좋아함)을 쏘아 두 사람이 결혼하게 됨.

He specialized in social psychology.
그는 사회 심리학을 전공했다.

He lectures in Psychology.
그는 심리학을 강의한다.

public [pΛ́blik]

▌public이 들어간 복합어.

public utility : 공익사업, 공익 기업

Cuts in electricity charges kept public utility rates lower than a year earlier.
전기료 인하로 공공서비스 요금도 전년동월대비 하락세를 지속했다.

puerile [pjú:əril]
철없는, 미숙한

childish, immature

▌pure = 순수함.

Some people think he's amusing, but in my opinion his jokes are puerile.
어떤 사람들은 그가 재미있다고 생각하지만 내 견해로는 그의 농담은 유치하다.

pull [pul]

▌pull이 들어간 구절 동사 2개 공부해 주세요.

pull off : 성공하다

Japan seems to be overreacting because Korean companies pulled off in less than a decade.
한국기업은 10년도 채 되지 않아 해냈으니 일본이 과민반응을 보이는 것 같다.

pull together : (마음을)차분히 하다

He managed to pull himself together.
그는 간신히 이성을 되찾았다.

I realize you're upset, but pull yourself together.
당신이 화난 건 알고 있지만 좀 진정해.

pun [pΛ́n]
말장난, 말장난하다

a clever and amusing use of a word with two meanings

▌fun < pun. f와 p 철자 하나만 다름.

She hung the meaning of her puns on the current political scene.
그녀는 농담의 의미를 현대의 정치 상황에 연결했다.

punctilious [pʌŋktíliəs]
꼼꼼한

meticulous

▎punc = 펑크. 지금은 자전거 타이어가 펑크(구멍이 나는 것)나면 버리지만 전에는 구멍난 타이어를 꼼꼼하게 때웠습니다.

He gained a reputation for punctilious service to the king.
그는 왕에 대한 꼼꼼한 서비스 때문에 명성을 얻었다.

---

punctual [pʌ́ŋktʃuəl]
시간 엄수

in time

▎펑크. 한국에서는 시간 약속을 지키지 못하면 '펑크'를 냈다고 하는데 이는 한국식 영어로 잘못된 표현. 펑크는 시간을 잘 지켰다는 의미.

He's always very punctual.
그는 언제나 시간을 아주 잘 지킨다.

He's very punctual - always arrives on the dot.
그는 시간을 아주 잘 지킨다. 항상 정확히 제시간에 도착한다.

---

pundit [pʌ́ndit]
석학, 현자

savant

▎'판디트 (Pandit)'란 산스크리트어(= 고대 인도어)로 '학식이 있다'로 학자라는 의미를 지닌 영어 'pundit의 어원이기도 함.

The pundits disagree on the best way of dealing with the problem.
그 문제를 다루는 가장 나은 방법에 대해 학자들의 의견이 다르다.

---

pungent [pʌ́ndʒənt]
신랄함

stinging

▎pun = punish. 신랄한 비판을 하면서 처벌함.

The pungent smell of garlic.
마늘의 자극적인 냄새

A pungent style of writing.
신랄한 문체

A pungent odor met his nostrils.
자극적인 냄새가 그의 코를 찔렀다.

---

punk [pʌŋk]
불량배

outlaw

▎'펑크'. 깡패들이 자동차의 타이어를 '펑크' 내는 모습 연상.

The punks in the streets always picked on little children.
거리의 불량배들이 항상 어린 아이들을 괴롭혔다.

---

punitive [pjú:nətiv]
벌의, 형벌의

punishing

▎pun = punish. pun-철자가 있으면 '처벌'과 연관.

The new draft pursues to balance their demands for punitive sanctions with a milder draft resolution.
새로운 수정안은 대북 제재 요구와 보다 완화된 결의안 초안을 절충한 것입니다.

---

purge [pə́:rdʒ]
제거하다, 숙청하다

remove

▎pun = pur = punish. 숙청은 처벌하는 행동.

The political purge.
정치적 숙청.

All dissidents were purged from the party.
모든 반대자들은 당에서 축출되었다.

---

puritanical [pjùərətǽnikəl]
청교도의

have very strict moral principles

pun = pur = punish. 헨리 8세라는 영국의 왕이 있었는데 타고난 바람둥이. 첫 번째 부인과 이혼을 하고 싶어 바티칸에 이야기를 했지만 왕비가 당시 강국인 스페인의 귀족. 그래서 이혼 허락을 받지 못하자 헨리 8세는 천주교에서 자기가 교주인 성공회 = 국교회를 새로이 만듬. 영국 국민들은 천주교의 허례 허식적인 면을 성공회에서 기대를 했지만 별다른 차이점이 없자 더 엄격한 종교인 청교도를 만들게 됩니다. 결국 이들은 May Flower를 타고 영국에서 미국으로 건너와 미국을 세우는 시조가 되죠.

A puritanical view / upbringing / society.
엄격한 견해 / 양육 / 사회

My grandparents were very puritanical.
우리 부모님은 매우 엄격하셨다.

---

purport [pə́ːrpɔːrt]
의미

meaning

support = purport. 말로 의미를 전달하여 자신의 생각을 지지함.

They are purported to be wealthy.
그들은 부유하다고 소문이 나있다.

The document purports to be an official statement.
그 서류는 공식 진술로 되어 있다.

---

purse [pə́ːrs]
오므리다

contract into wrinkles

지갑. 지갑의 입구는 주름지고 수축이 되는 모습.

Purse your lips into a tiny O shape, leaving a small opening for air.
공기가 들어오고 나오게 하기 위하여 당신의 입술을 작은 O모양으로 오무려라.

---

push [púʃ]

push와 관련하여 알아야 할 표현 두 가지를 공부 합시다.

pushy : 뻔뻔한, 설쳐대는(설쳐대는 유형의 사람은 이곳저곳을 돌아다니면서 어떤 일을 추진 = 밀어대는 모습)

I can't stand mobs of pushy people.
설쳐대는 사람들을 도저히 봐 줄 수가 없어요.

I just thought those men were pushy.
저 사람들이 강압적일거라는 생각이 들었어요

push the envelope : 한계에 도전하다

There should be a change in paradigm among employees to push the envelope.
직원들이 패러다임을 바꾸어 한계를 극복해야 한다.

---

put down [pútdàun]
무시하다

criticism

▌put = say + down은 무시하는 경우. 한국어도 칭찬하면 비행기를 태우고 무시하면 깎아 내린다는 표현을 합니다.

He's always putting his wife down in public.
그는 항상 남이 보는데서 아내를 깎아 내린다.

▌put이 들어간 숙어중 가장 중요한 것으로는 put up with = bear = 참다 가 있어요.

put up with : 참다(up은 이 숙어의 경우 아래 = down에 해당되어 한국어의 화를 삼키다처럼 화가 아래로 내려가는 것과 연관)

As long as he's on our team, we have to put up with his insults.
그가 우리 팀에 있는 한, 우리는 그의 무례한 행동을 참아야 한다.

put aside: 제쳐 놓다(옆 = aside에 놓는 것은 제쳐 놓은 경우)

Put aside part of your salary for a rainy day.
만일에 대비해서 봉급의 일부를 저축해 두어라.

Did you put aside some money for this summer vacation?
이번 여름휴가에 쓸 돈 좀 따로 모아놨니?

putative [pjú:tətiv]
추정의

assumed

▌put은 말하다 = say. 우리가 알고 있는 단어에서 길이가 길어졌어요. 자신이 있으면 단호하게 짧게 말을 하지만 자신이 없어 추정적인 말을 하는 경우는 보통 말을 길게 하면서 변명을 함.

A putative cause of death.
추정 사망 원인.

He's referred to in the document as the putative father.
그는 서류 속에서 추정상의 아버지로 언급되었다.

put on [putɔ́:n]
거짓

fake

▌on은 접촉의 개념. 있지도 않은 내용을 덧붙여 말을 하는 것은 사기 행각.

You don't need to put on the dog to win her heart.
그녀의 마음을 사로잡기 위해 네가 부자인체 할 필요는 없다.

puzzling [pʌ́zliŋ]
당황

perplexing

▌퍼즐을 맞추다가 잘 맞추지 못하면 짜증이 많이 남.

Her behavior was puzzling to everybody.
그녀의 태도는 모두를 어리둥절하게 했다.

It was puzzling to see her at that hour.
그런 시간에 그녀를 보게 되다니 당황스러웠다.

[ACTUAL TEST]

밑줄 친 낱말과 동의어를 고르세요.

1. He has a propensity to exaggerate.

(A) talent (B) personality (C) reluctance
(D) tendency (E) sanity

2. The 21st century has already been proclaimed the "Chinese century," and shock waves from China's frenzied entrepreneurialism, manufacturing prowess and low-cost labor are rocking industries throughout the world.

(A) affordability (B) diversity (C) skill (D) individuality

3. Her perspicuous comments eliminated all possibility of misinterpretation.

(A) muddied (B) twisted (C) clear (D) confusing

4. An anti-trans-fat movement led by public-interest groups is making waves in the $476 billion restaurant industry, pestering such fast-food giants as McDonald's and Taco Bell.

(A) advocating (B) downsizing (C) annoying (D) misleading

5. A wife was the last thing Walter Pater wanted, and he searched instead for academic preferment.

(A) reference (B) advancement (C) sensibility (D) consolation

6. Langston Hughes was a protean writer; although he is known mainly for his poetry, he also wrote plays, novels, short stories, children's books, songs, and essays.

(A) a versatile (B) a prolific (C) a distinguished (D) an idiosyncratic

7. Poverty had by no means been eliminated, but the extreme privation that had earlier characterized large sections of the country had disappeared.

(A) indulgence (B) insecurity (C) anxiety (D) destitution

8. It is perverse of Tim to insist on having the window seat, since looking down from great heights makes him airsick.

(A) kind (B) generous (C) obstinate (D) interesting

9. You feel for a female colleague at work who seems to have so many problems and hang-ups, but be careful; you could soon become more involved than you want to. She will have to pull herself together sooner or later; it's her life, not yours.

(A) become calm (B) feel happier (C) become worried (D) feel sorry

10. In 1987 the prestigious British journal Nature published an article linking manicdepression to a specific gene.

(A) extinct (B) outstanding (C) indecent (D) everlasting

11. A five-cup-a-day coffee drinker himself, the 51-year-old is a picture of intensity as he prowls his office and recalls how it all began.

(A) opens early (B) cleans up (C) feels proud of
(D) moves around (E) gives up

12. Pensively the woman reread the letter before locking it in the desk.

(A) hurriedly (B) secretly (C) thoughtfully
(D) suspiciously (E) passively

13. Punctuality is the art of guessing how late the other fellow is going to be.

(A) Making a pun (B) Making a prediction (C) Being honest
(D) Being critical (E) Being on time

14. I think it would be prudent if you talked with your mother first.

(A) sensible (B) profitable (C) foolish (D) dangerous

15. When you leave this school, we hope you will build on what you have learnt here. You must not expect to just walk into a highly-paid job, but most of you will, with hard work and self-discipline, succeed and achieve great things. Never be content to muddle through as so many people do. Hard work, dedication, and commitment will, in the end, pay off.

(A) be successful (B) cut down on one's gain
(C) survive with very little money (D) do not yield any expected results

16. We can play it by ear to clarify the truth in many circumstances and environments.

(A) contemplate (B) predicate (C) debilitate (D) improvise

17. The severe earthquake killed hundreds of persons and left thousands poor.

(A) crippled (B) indigent (C) frugal (D) valiant

[FILL THE PROPER WORD IN THE BLANK]

빈칸에 들어갈 적당한 단어를 고르세요.

18. The cells at the surface of the outer skin form a tough, waterproof shield which most germs cannot ________.

(A) penetrate　(B) inflect　(C) alienate
(D) violate　(E) transplant

19. Steven is allergic to tobacco smoke, so he can' t ________ smoking.

(A) put off　(B) catch up with　(C) put up with
(D) let up　(E) keep up with

P

20. The concept of race is based on observable ________ differences among people resulting from inherited biological traits. It divides people into groups based on skin color and ancestral origin.

(A) individual　(B) perceptual　(C) sociological
(D) locational　(E) physical

21. In former times people believed that thunder and lightning were signs of ________ forces.

(A) meticulous　(B) bombastic　(C) retentive　(D) preternatural

[EXPLANATION]

1. [VOCA]

propensity 경향 exaggerate 과장하다 talent 재능 reluctance 마지못해 함 tendency 경향, 성향 sanity 제정신

[TRANSLATION]

그는 과장해서 말하는 경향이 있다.

[ROPES]

propensity는 경향으로 tendency와 동의어

[ANSWER] D

2. [VOCA]

prowess 용감함 affordability 감당할 수 있는 능력 diversity 다양성 individuality 개성 proclaim 포고하다, 선언하다 frenzied 열광한, 격노한 entreprenerialism 기업 rock 흔들다

[TRANSLATION]

21세기는 이미 '중국의 시대'라고 선언되었다. 중국의 열광적인 기업, 대량 생산 그리고 저임금 노동에서 파생되는 충격은 세계 곳곳의 산업을 뒤 흔들어 놓고 있다.

[ROPES]

pro는 앞. 용감한 사람은 전쟁터에서 앞장서고 겁이 많은 사람은 뒤에 있는 모습 연상

[ANSWER] C

3. [VOCA]

perspicuous 명확한 muddied 진흙투성이가 된 eliminate 제거하다

[TRANSLATION]

그녀의 확실한 말은 모든 오해의 가능성을 없앴다.

[ROPES]

per = through + spic = see. 완전히 꿰뚫어 본다는 의미

[ANSWER] C

4. [VOCA]

pester 괴롭히다 annoy 괴롭히다 advocate 지지하다 mislead 잘못 이끌다

[TRANSLATION]

시민들이 주도하는 반전이 지방 운동이 4760억 달러 규모의 외식 산업을 흔들어 놓기 때문에 McDonald's와 Taco Bell과 같은 거대 패스트푸드 기업들을 자극하고 있다.

[ROPES]

pet 〈 pest. 애완동물 〈 해충. 방에 바퀴 벌레와 같은 해충이 돌아다닌다고 가정해보세요. 짜증이 나죠.

[ANSWER] C

5. [VOCA]

preferment 승진 advancement 진보, 출세 reference 조회, 참조 sensibility 지각
consolation 위로, 위안 the last 가장 ~할 것 같지 않은 = not academic 학문의

[TRANSLATION]

Walter Pater는 결코 아내를 원하지 않았다(결혼을 하고 싶지 않다를 함축). 그 대신 그는 학문적인 발전을 추구했다(공부만 하고 싶어 했다 함축).

[ROPES]

pre = 앞으로 fer = go. 승진이나 진보와 같은 것은 앞으로의 이동 함축.

[ANSWER] B

6. [VOCA]

protean 다방면의(=versatile) distinguished 유명한 idiosyncratic 특이한

[TRANSLATION]

Langston Hughes는 팔방미인 이다. 주로 시를 통해 알려져 있을지라도, 그는 희곡, 장편, 단편소설, 아동도서, 노래가사, 수필 등도 썼다.

[ROPES]

poetry이외에도 plays, novels, short stories, children's books, songs, and essays등의 다양한 장르의 문학을 썼기 때문에 밑줄의 단어는 팔방미인 혹은 다재다능한.

[ANSWER] B

7. [VOCA]

privation 결핍, 궁핍 indulgence 탐닉 by no means 결코 ~하지 않다 eliminate 제거하다
extreme 극도의

[TRANSLATION]

가난이 완전히 없어지지 않았지만, 이전에 그 나라 대부분 지역의 특징 이었던 절대 궁핍은 없어졌다.

[ROPES]

Poverty가 힌트 어구. poor에서 파생이 된 단어.

[ANSWER] D

8. [VOCA]

perverse 심술궂은 airsick 멀미가 난 contrary 반대의

[TRANSLATION]

Tim이 창가 좌석을 고집하는 것은 심술이다. 아주 높은 곳에서 아래를 내려다보면 비행기 멀미가 생기기 때문이다.

[ROPES]

per = through = 완전히 = 끝끝내 + verse = turn. 다른 사람과 어울려 살아가야 하는데 자기 혼자만 끝끝내 자기 중심 으로 돌아가면 고집에 강한 사람.

[ANSWER] C

9. [VOCA]

pull oneself together 침착해지다 feel for 동정하다 hang-up 곤란, 열중

[TRANSLATION]

아주 많은 문제와 고민이 있는 것처럼 보이는 직장 내 여성 동료를 당신은 동정하기는 하지만 조심해라. 곧 바로 당신이 원하는 것 이상으로 더 휘말려 들어 갈수가 있다. 그녀가 언젠가 냉정을 되찾아야 할 것이다. 고민들은 그녀의 인생이지 당신의 인생이 아니기 때문이다.

[ROPES]

pull oneself는 자신의 마음을 이전으로 잡아당기는 것을 의미해서 차분해지는 것 암시. 보통 우리가 싸움을 할 때 입고 있던 셔츠를 벗습니다. 하지만 다시 셔츠를 입는 keep shirt on은 차분해지다는 의미가 됩니다.

[ANSWER] A

10. [VOCA]

prestigious 유명한 link A to B A를 B에 연결시키다 manic-depression 조울증 specific 특정한 gene 유전인자 extinct 멸종한 indecent 예의바르지 못한 everlasting 불후의, 고상한

[TRANSLATION]

저명한 영국의 과학잡지 네이처는 1987년에 조울증을 특정한 유전자와의 관계를 보도하는 논문을 발표했다.

[ROPES]

prestigious에서 pre는 앞. 유명한 사람은 앞에 있고 별 볼일 없는 사람은 뒤에 있는 것.

[ANSWER] B

11. [VOCA]

intensity 격렬함, 긴장 prowl 배회하다 recall 생각해내다, 상기하다

[TRANSLATION]

하루에 커피를 다섯잔 마시는 51세의 그 남자는 사무실을 배회하며 모든 일이 어떻게 시작 되었는지 생각할 때 아주 긴장된 모습이다.

[ROPES]

prowl은 기초 단어인 wander와 동의어.

[ANSWER] D

12. [VOCA]

pensively 생각에 잠겨 lock 자물쇠를 채우다

[TRANSLATION]

여인은 책상 속에 그것을 넣고 잠그기 전에 생각에 잠긴 채 그 편지를 또 다시 읽었다.

[ROPES]

pensively의 중심 철자는 pen. pen으로 글을 쓰면서 생각에 잠겨 있는 작가 등을 연상 해보세요.

[ANSWER] C

13. [VOCA]

punctuality 시간 엄수　on time 정각

[TRANSLATION]

시간을 잘 지키는 것은 다른 사람이 얼마나 늦을 것인가를 추정 해보는 기술이다.

[ROPES]

한국에서 '펑크'는 시간을 지키지 못하는 것으로 쓰이고 있습니다. 하지만 이는 잘못된 영어. 영어에서 펑크는 punctuality는 시간 엄수를 의미하여 한국에서 쓰이는 것과는 완전 상반된 표현.

[ANSWER] E

P

14. [VOCA]

prudent 신중한　sensible 영리한

[TRANSLATION]

나는 당신이 먼저 어머니와 대화 해보는 것이 더 신중 한 것라고 생각됩니다.

[ROPES]

어머니와 먼저 상의하는 것이 ________는 빈칸에 들어갈 한국말이 무엇 일까요? 좋다 혹은 영리한 것이겠죠.

[ANSWER] A

15. [VOCA]

pay off (빚을) 전부 갚다　self-discipline 자기훈련, 자제　dedication 헌신　commitment 범행, 헌신　be content to ~에 만족하다　muddle through 그럭저럭 해내다

[TRANSLATION]

여러분들이 이 학교를 떠날 때, 우리는 여러분들이 이 학교에서 배웠던 것을 달성 하기를 희망한다. 여러분들이 단지 돈을 많이 버는 직업을 택하는 것을 기대하지 않는다. 열심히 일하고 자기 수양으로 여러분의 대다수는 큰 일을 이루고 성취할 것이다. 많은 사람들이 하는 것처럼 결코 대충대충 하는 것에 만족하지 마라. 성실, 헌신 그리고 어떤 일에 대한 전념은 결국 성공을 달성하게 될 것이다.

[ROPES]

성실, 헌신 그리고 전념해서 일을 하게 되면 결과는 어떨까요? 당연히 성공이 뒤따르죠.

[ANSWER] A

16. [VOCA]

play it by ear 임기응변으로 대처하다　clarify 분명하게 하다　circumstance 상황, 환경　environment 환경　contemplate 심사숙고하다　predicate 단언하다　debilitate 쇠약하게 하다　improvise 즉석에서 하다

[TRANSLATION]

우리는 많은 상황과 환경에서 진실을 분명하게 하기 위해 즉흥적으로 대처할 수 있다.

[ROPES]

귀로 들을 것을 가지고 연주한 것은 철저한 준비를 하지 못하고 임기웅변이라는 것과 통함. 한국어도 '풍월을 읊다'는 말이 있어요.

[ANSWER] D

17. [VOCA]

indigent 가난한 cripple 불구자 frugal 검소한 valiant 용감한 severe 엄격한, 가혹한

[TRANSLATION]

아주 강한 지진 때문에 수 백 명이 사망했고 수 천 명이 빈민이 되었다.

[ROPES]

지진은 주민들을 곤궁하게 만들고 in+digent〈diligent. 부지런하지 못하면 남들보다 가난하게 살겠죠.〉

[ANSWER] B

18. [VOCA]

outer skin 표피 waterproof 방수의 penetrate 침투하다 inflect 구부리다, 굴곡 시키다
alienate 멀리하다, 소원케 하다 violate 위반하다 transplant 옮겨 심다

[TRANSLATION]

피부 표면에 있는 세포들은 대부분의 세균들이 침투할 수 없는 질기고 물이 스며들지 않는 보호막을 형성한다.

[ROPES]

a tough, waterproof shield which most germs cannot ______.에서 a tough, waterproof shield가 선행사이고 which most germs cannot ______.는 선행사를 수식하는 형용사절. 형용사절의 빈칸을 모르면 선행사에 힌트 어구가 있어요. tough가 도우미 단어로 질기면 침투하기가 어려워요.

[ANSWER] A

19. [VOCA]

be allergic to ~을 몹시 싫어하다 put off 연기하다 catch up with ~를 따라 잡다
put up with ~을 참다 let up 멈추다 keep up with ~에 뒤떨어지지 않다

[TRANSLATION]

Steven은 담배 연기를 몹시 싫어하기 때문에 담배 피는 것을 참을 수 없다.

[ROPES]

allergic이 힌트 어구. so앞은 원인 절이고 뒤는 결과 절입니다. 원인이 allergic 이면 결과는 '참을 수 없다' 정도에 해당되는 숙어가 와야 합니다.

[ANSWER] C

20. [VOCA]

ace 인종 observable 관찰 가능한 inherited 상속받은 biological 생물학적인 trait 특징
ancestral 선조의, 조상의 perceptual 인식의 sociological 사회학적인 physical 물리 적인

[TRANSLATION]

인종의 개념은 유전된 생물학적 특징에 바탕을 둔 사람들 사이에서 관찰 가능한 신체적 차이에 기초를 둔 것이다. 인종은 사람들을 피부색과 선조의 기원을 바탕으로, 여러 집단으로 나눈 것이다.

[ROPES]

skin color and ancestral origin이 힌트 어구. 피부 색등은 육체적인 측면.

[ANSWER] E

21. [VOCA]

meticulous 신중한 bombastic 과장된 retentive 보유하는 preternatural 초자연적인

[TRANSLATION]

이전에 사람들은 천둥과 번개를 초 자연적인 힘의 표시라고 믿었다.

[ROPES]

천둥과 번개가 왜 생겼는지 고대의 사람들은 알았을까요? 현대인과는 다르게 그들은 초 자연적인 요소로 보았습니다.

[ANSWER] D

P

Q

Q로 시작하는 철자들 이것만은 꼭 알자

Q로 시작하는 단어 중 시험에 출제되는 개수가 그리 많지 않지만 꼭 알아야 할 것을 설명하겠습니다. 아래의 단어들은 모두 qua-정도의 철자가 있고 이 철자들이 단어에 있으면 '물어보다' 라는 뜻이 있어요.

물어 보다

ASK QUES

예) query / quest / acquire / conquer / enquire / exquisite / inquest / request / require

'요청하다' 에 해당되는 request와 require는 모두 qu-라는 철자들이 있는데 요청하는 것은 물어보다와 관련이 있습니다.

quack [kwǽk]
돌팔이 의사

imposter

▍꽥. 오리의 울음소리. 오리는 걸음걸이가 불안정. 그래서 안정이면 정상이지만 불안정이면 사기꾼과 연관. 그래서 돌팔이 의사.

A duck quacks.
집오리가 꽥꽥거린다.

He met quack doctors.
그는 돌팔이 의사를 보았다.

quail [kwéil]
겁주다

cower

▍메추라기. 이스라엘 백성의 건강식 이었으며, 불순종과 원망의 이스라엘 백성들에게 큰 순종을 가르쳐준 새였습니다. 어린아이가 잡아도 도망가지 않았던 새. 영어단어인 퀘일(quail)이라는 단어는 풀이 죽다, 겁내다, 움찔하다 등을 뜻하는 동사이기도 하는데, 이렇듯 메추라기가 뜻하는 어원이 '순종'이라는 이미지와 잘 어울립니다.

I've shot hundreds of quail with that gun.
나는 그 총으로 수백 마리의 메추라기를 쏘아 맞혔다.

I quailed before her angry looks.
그녀의 화난 얼굴을 보고 움찔했다.

quaint [kwéint]
이상한

strange

▍paint. 새로이 칠한 paint. 세월이 지나 구식이 되면 페인트 껍질도 벗겨짐.

Giant fairy-tale castle structures surround quaint European row houses and spotless streets.
동화에서나 나올법한 큰 성은 유럽식 건물과 깨끗한 거리에 둘러 쌓여있습니다.

The quaint use and wont still exist in this part of the country.
그 기묘한 풍습들은 이 지방에 아직도 남아 있다.

qualms [kwɑ́:m]
불안, 염려

concern

▍qualm = pain. 몸이 아프면 여러 가지 걱정이 앞서게 됩니다.

I have qualms about buying that house.
나는 저 집을 사는 것이 약간 꺼림칙하다.

The British put down the revolt "without mercy, without qualms."
영국은 그 반란을 "무자비하고 거리낌 없이" 진압했다.

quandary [kwɑ́ndəri]
당황, 곤경

plight

▍quarter = 4. 한국어의 사면초가. 사면이 벽으로 둘러진 어려움에 처해 이러지도 못하고 저러지도 못하는 상황이 사면초가 입니다.

I was really in a quandary.
나는 정말 당혹스러웠다.

Q

quarantine [kwɔ́:rəntì:n]
검역하다, 격리하다

isolation

quarter = 4 < quarantine = 40. 검역을 뜻하는 Quarantine은 라틴어 quarantigiomi에서 온 말로 '40일간' 이란 뜻이 포함되어 있습니다. 바로 이탈리아 한 도시에서 시작된 관행 이었던 검역은 14세기 중반을 휩쓸었던 역병으로부터 도시민을 구하기 위한 방법이었는데, 도시 내로 들어오는 모든 사람들과 배는 40일 동안 그 안전유무를 묻기 위한 격리되어 있어야 한다는 것이었죠. 그럼 왜 하필 40일인가요? 그 이유는 예수님이 광야에서 40일간 방황을 하셨기 때문입니다.

South Africa has been quarantined by the United Nations.
남아프리카는 유엔의 제재로 격리되어 있다

None of the people quarantined in the latest SARS scare are showing signs of the disease.
최근 사스 사태로 격리되었던 사람들 가운데 사스 증세를 보인 사람은 없다.

---

quarry [kwɔ́:ri]
채석장, 파다

dig into

"quarry"는 암벽을 부수어 터널을 만든다는 점에서 "채석장"이란 의미인데 채석장은 돌을 캐내는 곳.

This includes deep-sea diving, certain forms of domestic work and quarry mining.
깊은 바다 속에서 잠수하는 일이나 채석장에서의 노동 등이 이에 속합니다.

---

quarterly [kwɔ́:rtərli]
연 4회 발행의, 한 해 네 번의

happens four times a year

quarter = 1/4 · 3개월마다 한번.

If the interest is compounded quarterly, slightly fewer years will be required.
만약 이자를 4개월에 한 번 계산하면 필요한 햇수는 좀 더 작아진다.

It will emerge this fall as a quarterly magazine.
이번 가을부터는 계간지로 선보일 예정이다.

---

queasy [kwí:zi]
구역질

nauseated

quiz. 갑자기 퀴즈 시험 문제를 풀려면 힘이 들고 역겨워요.

I was feeling a little queasy today.
오늘은 약간 속이 역겨웠거든요.

Breastfeeding in public does make some folks queasy.
공공장소에서 모유를 수유하는 행동이 분명 몇몇 사람들에게 불쾌감을 주는 게 사실입니다.

---

quell [kwél]
진압하다, 억누르다

put down

kill. 반란군을 죽여야만 반란이 진압됨.

It has failed to quell the demonstrations.
그것은 시위를 진정시키지 못하고 있습니다.

---

quench [kwéntʃ]
(갈증)가시게 하다, 끄다

satisfy

put out = extinguish. '~를 없애다' 와 관련이 있는 어구입니다.

The thirst-quenching drink that tastes great.
맛이 그만이고 갈증이 싹 가시는 음료입니다.

He has quenched the smoking flax to everyone's surprise.
모두가 놀랍게도 그는 전도유망한 발전을 중단했다.

---

querulous [kwérjuləs]
투덜거리는, 불평이 많은

fretful

quarrel. 짜증이 나서 말다툼을 함.

Men become querulous with age.
나이를 먹으면 넋두리도 나오는 법

---

quick [kwik]

quick과 연관된 두가지 표현 공부해두세요.

to the quick : 골수까지, 핵심
cut him to the quick
그의 급소를 찌르다

a Tory to the quick
철저한 보수당원

He is painted to the quick.
그림은 그의 실물 그대로이다.

quick fix: 임시변통의, 즉효의

For the irritated others who sleep with snorers, there's the old-fashioned quick fix.
코고는 사람과 잠을 자는 사람은 괴롭기 마련인데, 이럴 때 오래된 비방이 있습니다.

---

quintessential
[kwìntəsénʃəl]
본질적인, 전형의

typical

es + sence. 사람이 센스 = sense가 있는 것은 기본적인 요소.

Quintessential beauty.
전형적인 아름다움

Another speedster is Chevrole's sixth-generation Corvette, perhaps the quintessential American sports car.
또 다른 스피드 카는 전형적인 미국 스포츠카라고 할 수 있는 쉬보레의 6세대 콜벳이다.

---

quirk [kwə́:rk]
변덕

caprice

quick. 현대는 빠르게 움직이고 있습니다. 그래서 변덕이 많아요. 이전의 시대는 정적으로 차분한 세상 이었습니다.

Everyone has their own little quirks and eccentricities.
누구나 조금은 자신만의 기벽과 엉뚱함이 있다.

---

quiver [kwívər]
진동하다

shake

quick. 빠르게 떨어대고 있는 모습 연상. 특히 궁수가 등에 매고 있는 화살통이 quiver인데 빠르게 화살을 하나 꺼내 목표물을 향해 쏘거나 과녁을 향해 쏜 후 그 화살이 과녁에 맞고 나서 빠르게 떠는 모습.

His voice quivered with emotion.
그의 목소리가 감정에 겨워 가늘게 떨렸다.

'I'm sorry', she said, her lip quivering.
"미안해요"라고 그녀가 입술을 파르르 떨며 말했다.

Q

quixotic [kwiksάtik(əl)]
비현실적인, 이상적인

idealistic

▌돈키호테. 기사 전설을 동경해 꿈과 현실을 착각하는 돈키호테와 현실적인 성격의 하인 산초 판사가 펼치는 갖가지 사건을 그린 풍자 소설의 주인공 돈키호테. 풍차에 도전하는 싸움 이야기며 농촌 부인에 대한 제멋대로의 사랑 이야기 등을 익살스럽게 전개.

Paul, mounting a quixotic campaign, stuck to his insistence that the war should end.

이상적인 캠페인을 시작하면서 Paul은 전쟁은 반드시 끝내야 한다는 자신의 고집에 매달렸다.

[ACTUAL TEST]

밑줄 친 낱말과 동의어를 고르세요.

It's ironic that so many people tore themselves apart over the death of Schiavo but had no qualms about sending thousands of able-bodied young men and women off to Iraq to kill and be killed in a needless war.

(A) certainties (B) wishes (C) misgivings (D) incentives

[EXPLANATION]

[VOCA]

qualm 양심의 가책 misgivings 걱정, 불안 incentive 격려, 자극 ironic 역설적인
tear apart 부수다, 헐뜯다 able-bodied 강건한, 숙련된

[TRANSLATION]

많은 사람들이 Schiavo의 죽음을 놓고 서로 다른 견해를 보였지만, 필요 없는 전쟁으로 인해 죽이고 죽임을 당하는 이라크 전선에 수천 명의 건장한 젊은이들을 보내는데 대해서는 조금의 주저함이 없었다는 것은 역설적이다.

[ROPES]

tore apart —— over —— no qualms이 중요 어구

[ANSWER] C

R

R로 시작하는 철자들 이것만은 꼭 알자

R

1. re-로 시작하는 단어들은 아래처럼 3가지 의미가 있는데 이중 가장 빈도수가 높은 뜻은 again입니다.

RE

다시 = AGAIN	뒤 = BACK	저항 = RESIST

예) rehabilitate / recede / remote / resist / reprisal

rehabilitate에서 re-는 '다시' 의 의미가 있어 능력 ability를 다시 갖기 때문에 recovery와 동의어이고, reconcile은 좋지 않았던 관계가 다시 '화해' 하는 것을 말합니다. re-에서 뒤의 의미도 있어 recede는 뒤로 철수하다 이고, remote는 멀리 떨어진 곳을 나타내어 distant와 동의어예요. 마지막으로 resist와 reprisal의 re-는 저항의 의미가 있어 각각 '저항하다' 와 '보복' 을 의미합니다.

2. reg나 rec등이 들어간 철자로 단어가 구성이 되면 통치하다 = rule입니다.

통치하다

RULE REG

예) correct / direct / dirge / erect / rector / regime / regimen / region / resurrect / regal royal / regular

3. rat는 계산하거나 세는 것과 연관이 있어 count를 연상하면서 단어를 공부해보세요.

계산하다

COUNT RAT

예) rate / ratio / ration / reason

rabid [rǽbid]
미친

fanastic

rapid < rabid. 한국어 에도 '미친 듯이 질주하다' 는 표현이 있듯이 '빠르다' 와 '미치다' 는 영어에도 연관.

You just like to run off at the mouth like some rabid dog.
너는 미친개처럼 입에서 침이 흐른다.

---

racism [réisizm]
인종적 차별

the belief that people of some races are inferior to others

race. 인생도 끊임없는 경주 이듯이 인종간의 경쟁이 있습니다. 대표적으로 찰스 다윈의 친척인 돌턴 박사는 백인종이 가장 우수한 인종이라는 헛튼소리를 한 것으로 유명했고, 이런 세상은 후에 히틀러의 독일 민족인 아리안 족이 최고로 우수하다는 생각을 가지게 만듭니다.

Jim fell a sacrifice of their racism.
짐은 그들의 인종차별주의의 희생이 되었다.

European officials are trying to do to combat racism during these co ncerns.
이런 우려 속에 유럽 당국이 인종 차별과 싸우기 위한 여러 가지 대처방안을 시도하고 있습니다.

---

rack [rǽk]

rack은 '선반' 으로 선반 위에 물건을 올려 = up 놓은 것을 마친 모습을 연상 해 보세요.

rack up: 달성하다= achieve, (이익 등을) 축적하다

To form a market-friendly economy will be racked up by protecting the underprivilaged.
시장친화적인 경제는 소외계층을 보호함으로써 달성될 수 있다.

---

radar [réidɑːr]

under the radar: 명백한(스텔스 비행기와 같은 레이더 망에 포착이 되지 않는 비행기 등이 있지만 일반적 으로 물체는 레이더 망에 걸림. 그래서 레이더 아래는 clear 를 함축)

People typically deposit slightly less than $50,000 on several occass ions to fly under the radar of the authorities.
사람들이 당국의 감시를 피하기 위해 5만불보다 약간 적은 금액으로 수차에 나누어 예금 한다.

---

rail [reil]
비난하다

scold

살아가는 것이 힘이 들더라도 악착같이 살아야겠죠. 그래서 보통 사람들은 지하철 레일로 뛰어 들어 자살하는 사람들을 비난합니다.

They railed against the government.
그들은 정부를 맹렬히 비난했다.

rail과 관련된 어구로는 railroad가 있는데 동사로 사용되면 빠르게 처리하다 입니다. 기차 여행을 어린 시절에 간다고 했을 때 마음이 급한 소년의 이미지를 떠 올려 보세요.

The president railroad a bill through a committee.
법안을 위원회에서 일사천리로 통과시키다.

R

rally [rǽli]
집회, 모으다

call up

roll. 서울 광장으로 데모를 하러 가는 사람들이 하나 둘씩 광장으로 가는 roll하는 모습.

Large crowd amassed for the rally.
궐기 대회에 많은 군중이 모였다.

The leader rallied his men round him.
그 지도자는 부하들을 불러 모았다.

---

ram [rǽm]
숫양/날치기 통과하다

(law)pass

lamb.고대에 남의집 양을 몰래 가져갔던 것에서 유래.

The ruling party turned it down, sending a clear signal it would try to ram through the bills if necessary.
여당은 그러한 제안을 거부하며 필요 시 법안을 강행 처리할 의사를 분명히 했다.

---

ramp [rǽmp]
경사로, 비탈길

slope

lamp = ramp. 계단에는 사람들이 넘어지지 않도록 손잡이와 더불어 램프lamp가 설치되어 있어요.

Take a look at route nine's entry ramp.
9번 고속 도로 진입로 한번 보세요. 차들로 완전히 막혀 있어요.

The man is waiting on the loading ramp.
남자가 화물용 이동 계단 위에서 기다리고 있다.

---

rampant [rǽmpənt]
유행하는, 만연하는

widespread

ramp. 화가 나거나 자살을 생각하는 사람들은 자동차를 급히 몰아 절벽 아래로 떨어집니다.

He grew up in a city where violence was rampant.
그는 폭력이 난무하는 도시에서 성장했다.

Beijing practically winked at corrupt officials' rampant pillaging of their country's archeological and artistic heritage.
중국정부는 부정 관리가 국가의 고고학, 예술적 유물을 마구잡이로 약탈하는 것을 눈감아 주었다.

---

ramification
[ræ̀məfikéiʃən]
(나무)가지, 부산물

byproduct

나무의 중심은 나무줄기. 줄기에서 가지가 파생되어 나오기 때문에 비유적으로 부산물이 됨.

The ramifications undermine personal choice, the growth of business and industry.
그 결과는 개인의 선택과 기업 및 산업의 성장을 무너뜨린다.

---

rancid [rǽnsid]
썩은 냄새가 나는

the odor of stale fat

ran < rotten. A씨의 발에서 나는 지독한 발 냄새 때문에 사람들이 그 사람 근처에 가지 않고 모두 도망을 갑니다.

There was a rancid smell in the kitchen.
부엌에서 썩는 냄새가 났다.

The butter has turned rancid.
그 버터는 상해서 고약한 냄새가 난다.

---

rancor [rǽŋkər]
적의, 증오

hatred

ran < dislike. 싫어지면 같이 못 있죠. 도망을 가야죠.

There was rancor in his voice.
그의 목소리에 적의가 담겨 있었다.

She accepted the decision without rancor.
그녀는 적의 없이 그 결정을 받아 들였다.

randomly [rǽndəm]
닥치는 대로의, 무작위로

indiscriminately

run. 주마간산 이란 말이 있습니다. 말을 타고 달리며 산천을 구경한다는 뜻으로, 자세히 살피지 아니하고 대충대충 보고 지나감을 이르는 말. 천천히 걸으면서 해야 하는데 달리면서 하는 것.

We did a random telephone survey.
무작위로 전화 조사를 했습니다.

The intercity trains are randomly patrolled by ticket inspectors.
이 도시 간 열차는 검표원이 무작위로 검열을 한다.

rank and file [rǽŋkənfáil]
일반 서민, 대중

grass roots

보통 사람을 commoner라고도 하지만 rank and file이라고 해요.

Many rank-and-file U.S. civil servants will discover they must prove themselves.
미국의 많은 하위직 공무원들은 더 자신들의 능력을 보여 주어야 한다.

rankle [rǽŋkl]
괴롭히다

hurt

ran + ankle. 100m을 달리다가 발목을 다친 것과 연관.

The bitter experience rankled in our hearts.
쓰라린 경험이 우리 가슴에 맺혔다.

The memory of the insult still rankles with him.
그는 모욕당한 기억으로 아직도 가슴이 아리다.

ransack [rǽnsæk]
샅샅이 뒤지다

damage things

달려가서 ran + 가방을 sack 뒤지는 모습 연상.

The house was ransacked of all its valuables.
집안의 귀중품이 전부 약탈당했다.

Demonstrators ransacked a number of stores.
폭도들은 시내 다수의 상점을 약탈했다.

rapport [ræpɔ́ːr]
관계, 친밀감

relationship

support. 후원을 해주어야 관계가 지속이 됩니다.

The personal rapport between the two men has been a key factor in Russian-American relations.
두 정상 간의 사적인 교감이 미국과 러시아 관계의 핵심 요인이 돼왔다.

rare [rɛ̀ər]
드문, 진기한

unusual

▌사람들은 성향이 각각 달라 먹는 기호에 따라 고기를 굽는 정도를 달리하는데, 겉만 누렇게 익혀 썰었을 때 피가 흐르게 익힌 정도를 rare라고 하고, 겉은 익었으나 속에 약간 붉은색이 남아 있는 정도를 미디엄(medium), 그리고 속까지 잘 익힌 것을 welldone이라 합니다. 어느 지역에만 없는 경우는 rare이지만 전 지역에 부족한 현상에는 scarcely로 표현합니다.

She is a rare beauty.
그녀는 보기 드문 미인이다.

I stumbled upon a rare book at a secondhand bookstore.
나는 헌책방에서 보기 드문 책을 우연히 발견했다.

---

ratify [rǽtəfài]
비준하다

approve

▌rate = 비율. 비율을 정할 때 승인을 받아야 하죠. 예를 들어 주식회사 에서 주식배당을 할 때는 일정한 비율을 할당하고 이것을 이사회에서 승인을 받아야 합니다.

The Senate ratified that treaty in September.
상원은 9월에 그 조약을 비준했습니다.

Nine have already ratified treaty like Germany or Spain or Italy.
독일과 스페인, 이탈리아 등 9개국은 이미 조약 비준을 마쳤습니다.

---

ration [rǽʃən]
일정한 배급량

allot

▌ration은 비례를 의미하는 그리스어원 에서 파생. 몫을 나눌 때 공정하게 나누기 위해서는 감정적인 것이 아니라 이성적 이어야 합니다. 그러나 lion's share처럼 사냥은 사자랑 다른 동물이랑 같이 했는데 사냥이 끝난 후 사자 라는 놈 하는 소리, 내가 '다 먹어 치우겠다' 처럼 하면 나쁜 놈이죠.

Rations are their primary source of food.
배급식량이 주 식량원이다.

---

rattled [rǽtld]
난처한, 당황한

perplexed

▌rat. 고양이 목에 누가 종을 다느냐는 문제로 쥐들이 모였을 때 목소리만 크게 낼 뿐 정작 목에 종을 달지는 못하는 상황. 참 황당하죠. 혹은 cattle. 전 세계적으로 광우병 때문에 소동(당황).

The old bus rattled along the stony road.
그 낡은 버스는 자갈길을 덜커덩거리며 달렸다.

She was clearly rattled by the question.
그녀는 그 질문에 분명히 당황하는 것 같았다.

---

ravage [rǽvidʒ]
파괴

ruin

▌wave < rave. rave는 춤입니다. 춤은 율동이고 율동은 wave입니다. 강남의 클럽 등에서 춤을 추다보면 엑스터시를 하는 사람들이 많다는 뉴스 보도가 있어요. 이 마약은 생 화학자인 알렉산더 슐진이 인체에 대한 엑스터시의 영향을 과학적으로 분석한 논문을 처음으로 내놓으면서 엑스터시는 만병 통치약과 같은 엑스터시의 효능으로 주목을 받았어요. 미국과 유럽에서 엑스터시가 인기를 끈 것은 1980년대로 엑스터시는 유럽에서 레이브(댄스음악의 일종) 문화를 전파하는 매개체로 각광을 크게 받았습니다. 인생이 모든 것은 적당한 것이 좋습니다. 춤만 추고 말지, 마약까지 손을 댄다고요. ravage는 rave보다 단어의 길이가 길어 졌어요. 결국 엑스터시 많이 하다보면 파멸의 구렁텅이로 빠져 들어갑니다.

The building was secure from ravage by fire.
그 건물은 불의 파괴로부터 안전했다.

An epidemic now ravaging Uganda has killed more than 150 people.
지금 우간다를 황폐화시키고 있는 전염병은 150명이 넘는 사람들을 죽게 했다.

rave [réiv]
헛소리하다, 칭찬하다

praised

▌wave < rave. 춤을 추면서 사람들은 환호를 합니다.

You can rant and rave all you like, but you'll still have to pay the fine.
마구 고함치고 불평하는 건 당신 맘대로지만 그래도 벌금을 내야할 겁니다.

The play got rave reviews in the papers.
신문들은 그 연극을 격찬했다.

ravenous [rǽvənəs]
게걸스럽게 먹는

hungry

▌raven = 까마귀. 한국어와 영어가 다르다고 말을 하는데 그렇지 않습니다. 유사한 점이 참 많습니다. 한국어에 '까마귀 밥이 되다' 에서 이 말은 '거두어 줄 사람이 없이 죽어 버려짐을 비유적으로 이르는 말' 입니다. 결국 시체의 살을 까마귀가 먹는다는 것인데 영어도 까마귀는 탐욕에 비유됩니다.

A ravenous appetite.
게걸스런 식욕

When's supper? I'm ravenous!
저녁밥 언제 되요? 배고파 죽겠어요!

raze [réiz]
파괴하다

destroy

▌laser = 레이저 = raze = 레이즈. 최첨단 무기인 레이저 총으로 이제 멀리 있는 사람도 죽일 = destroy시키기도 멀리 않았다고 합니다.

The city was razed to the ground.
그 도시는 완전히 파괴되었다.

During the war, whole villages were razed to the ground.
전쟁 중에 마을 전체가 쑥대밭이 되었다.

reaffirm [rìːəfə́ːrm]
다시 확인하다

say again

▌firm = strong. 확고하게 다시 말하기.

Russia and South Korea have reaffirmed efforts to rid the Korean Peninsula of nuclear weapons.
한국과 러시아는 한반도 내 비핵화 노력을 계속해 나갈것 임을 재확인 했습니다.

realm [rélm]
왕국, 범위

kingdom

▌rea = roy = royal.

Satellites opened up mind-blowing new realms of astronomy.
인공위성은 천문학 에서 충격적인 새로운 경지를 열었다.

reap [rip]

▌reap은 harvest와 동의어

reap benefits : 혜택을 누리다

The food service industries reap the benefits from the synergy.
식품업 종은 시너지 효과로 큰 이익을 거두고 있다고 한다.

rebuff [ribʌ́f]
거절, 퇴짜

snub, beat back

▌buff < puff. 코에서 나오는 바람을 puff라고 하고 한국어도 상대방이 말하는 것을 우습게 알 때 '코 방귀를 뀌다' 라고 합니다.

He rebuffed my attempts to help.
그는 내가 도우려고 한 것을 거절했다.

The minister asked to establish a military hot line with the North, but was quickly rebuffed.
국방장관은 북한과 군사 직통 전화선을 개설 하자고 요청 했으나, 즉각 거절 당했다.

rebuke [ribjú:k]
비난하다, 비난

criticize

▌뒤에서 =re +때리다 =buke. 뒤통수 때리는 것은 비난하기.

The teacher rebuked the boy for neglecting his duties.
선생은 자기의 할 일을 하지 않는다고 소년을 꾸짖었다.

His follower usurped the public money and he was given a rebuke.
그의 부하가 공금을 횡령해서 그는 견책을 당했다.

recalcitrant [rikǽlsitrənt]
고집 센

stubborn

▌calcium. 칼슘은 뼈를 만드는 재료로 인체 중에 가장 강합니다. re = 다시 + calc =뼈. 뼈처럼 강한 것을 다시 만드는 것은 비유적으로 다시 단단히 '마음먹었다' 이기 때문에 고집에 센.

Globalization has bypassed most of the recalcitrant Middle East.
세계화는 완고하여 다루기 어려운 중동의 대부분 지역을 비켜 갔다.

recant [rikǽnt]
취소하다

withdraw

▌re = back + can. 뒤

He recanted in another House of Commons speech, admitting he had lied about the affair.
그는 하원의 또 다른 발언에서 정사에 관해 거짓말을 한 사실을 시인했다.

recapitulate
[rì:kəpítʃulèit]
요약하다

summary

▌cap = head. 인체 중에서 중요하지 않은 곳이 없지만 그중에서도 머리가 가장 중요한 부분이겠죠. re =again +cap = head +it =go. 가장 중요한 머리 부분을 반복하여 가는 것은 요점 부분을 정리하는 비유적인 의미로 확대.

Let me just recapitulate on what we've agreed so far.
우리가 지금까지 합의한 내용을 그냥 요약해 보겠습니다.

recede [riːsíːd]
물러가다

withdraw

▌re = back = cede = go.

The lantern receded and disappeared in the dark at last.
등불은 점점 멀어 지더니 드디어 어둠 속으로 사라졌다.

As the tide receded, we were able to explore the rocky pools on the beach.
조수가 빠져나가 해변 가의 험한 물구덩이를 조사할 수 있었다.

receptive [riséptiv]
받아들이는

suggestion

▌re = again + cep = think.

He is receptive to[of] new ideas.
그는 새로운 생각을 잘 받아 들이는 힘이 있다.

recipient [risípiənt]
수령인

receiver

▌re = again + cip = take

Is charity demeaning to its recipients?
자선을 받는 것이 품위를 떨어뜨리는 일입니까?

reciprocal [risíprəkəl]
상호간의

mutual

▌re = back + pro = 앞. 앞과 뒤가 모두. 그래서 일방적인 것이 아니라 상호 보완적.

The two leaders also will discuss their reciprocal anxieties about Iran's nuclear program.
두 정상이 이밖에 이란의 핵 계획에 대해서도 논의할 것이라고 말했습니다.

Speaking through a translator Mr. Wen told reporters China's foreig n policy is based on reciprocal benefit.
원 총리는 연설에서 중국의 외교정책은 상호이익을 기초로 하고 있다고 말했습니다.

reckless [réklis]
무모한

not care about danger

▌neck. 목이 neck 부서져 없어질 정도로 급속하게 달리는 경우는 비유적으로 무모함.

You drive so recklessly it's unnerving just to ride with you.
너는 위험하게 운전해서 같이 타기가 겁난다.

He has, in a sense, courted disaster by his own reckless conduct.
그는 무모한 짓으로 스스로 화를 초래한 꼴이 되었다.

reckon [rékən]
세다, 계산하다

count

▌기본적으로 '세다' 이지만 비유적으로 처리하다 = deeal with

We'll have to reckon with him later.
우리가 나중에 그와 관련된 문제를 처리해야 할 것이다.

R

reclaim [rikléim]
(땅)개간, 간척하다

clearance

▌claim. 나무로 뒤덮인 숲을 밭으로 바꾸기 위해서는 개간을 하여야겠죠. 그리고 이 땅은 내 것이라고 주장해야 합니다.

The project reclaimed land that had been a large bay.
그 사업은 과거 커다란 만이었던 육지를 개간하는 것이었다.

Vehicles may not be reclaimed until all fines and costs have been pa id.
그리고 벌금 및 제반 비용이 정산되어야 차를 찾아 갈 수 있습니다.

recluse [réklu:s]
속세를 떠난, 은둔한, 외로운

hermit

▌re = back + cluse = close. 앞은 화려하지만 뒤는 후미진 곳. 그래서 은둔한 것과 연관.

He's become a virtual recluse since his wife died.
그는 아내가 죽은 후로 그야말로 은둔자가 되었다.

reconcile [rékənsàil]
화해시키다, 조정하다

become friendly
make up

▌council. re = back +concile =council. 노사 간에 대립이 있어 파업이 있을 경우 노사는 뒤에서 상담을 하여 다시 화해 하려고 합니다.

The two sides failed to reconcile their differences.
양측은 의견차를 해소하는 데는 실패했다.

The U.N. Commission tried, in vain, to reconcile the opposing par ties.
유엔 위원회는 적대적인 당사자들을 화해시키려고 노력했으나 허사였다.

recollect [rèkəlékt]
기억하다

memory

▌다시 생각을 모으다.

I recollect having heard the melody.
그 선율을 들어본 기억이 있다.

I recollect his saying so.
그가 그런 말을 한 것이 기억난다.

rectify [réktəfài]
교정하다, 수정하다

correct

▌correct < rect. 문제등을 똑바로 바로 잡음.

Academy technicians have been trained to identify and rectify the pr oblem.
아카데미 사의 기술자들은 이 문제를 밝혀내어 고칠 수 있도록 훈련받아왔다.

I am determined to take whatever action is necessary to rectify the si tuation.
나는 그 상황을 바로잡기 위해서 필요한 모든 조치를 취하기로 결정했다.

rectitude [réktətjù:d]
정직

honesty

▌correct < rect. 음흉한 사람들은 옳지 않은 방법을 추구합니다. 하지만 정직한 사람들은 이런 사회를 올 바르게 바로 잡으려고 합니다.

A person of exemplary moral rectitude.
모범적으로 도덕적 청렴함을 지닌 사람

He is a man of rectitude.
그는 청렴한 사람이다.

recurring [rikə́:riŋ]
되풀이하여 발생하는

repeated

re = again + cur = car = run.

Old memories unexpectedly recurred to his mind.
옛 추억이 문득 그에게 떠올랐다.

His former mistake recurred to his mind.
전번에 실패했던 일이 다시 그의 머리에 떠올랐다.

red herring [red hériŋ]
유인물, 관심을 돌리게 하는 것

distraction

과거에 사냥할때 훈제한 잉어를 미끼로 사용. 지금은 남의 관심을 딴 데로 돌리게 하는 것을 말합니다.

I soon found an infallible way to draw a red herring across the path.
나는 그의 주의를 딴 데로 돌릴 확실한 방법을 곧 발견했다.

redeem [ridí:m]
교환하다

exchange

쇼생크 탈출이란 영화를 아실 것입니다. 그 영화의 원래 제목이 Shawshank redemption인데 redemption이란 단어는 바로 redeem의 명사. 죄를 회복하다 = "(죄인을) 풀어주다"란 뜻을 가지고 있습니다.

Comforting others redeemed him from his own despair.
그는 남들을 위로함으로써 자신의 절망에서도 구출되었다.

The discounter said the accumulated points may be redeemed at any time.
누적된 포인트는 언제든지 사용이 가능하다고 이마트는 밝혔다.

redolent [rédələnt]
좋은 냄새가 나는

odorous

한국어의 '몸을 함부로 내둘러'. 몸을 함부로 내두르면 결과는 좋지 않은 일이 발생합니다. re = back + ole = odor.

The air was redolent with the smell of exotic spices.
공기 중에 이국적인 향신료 냄새가 진동했다.

The cottage was redolent of lavender and furniture polish.
그 전원주택에는 라벤더 향과 가구광택제 냄새가 진동을 했다.

redress [ri:drés]
바로잡다, 시정

remedy

dress. 전쟁터에서 다친 A군인. 급하게 옷을 찢어 피를 멈추게 한 후 후방 이동 병원에 가서 치료를 받아야 합니다.

Seek legal redress for unfair dismissal.
부당 해고에 대한 법적 보상을 구하다.

There is no redress for loss of honor.
명예를 잃으면 벌충할 길이 없다.

redundant [ridʌ́ndənt]
남아도는

superfluous

und = and. and는 추가로 더하여지는 의미. re = again.

I know that's redundant, but otherwise it doesn't spell anything.
그렇게 말할 필요 없지만 그래도 그렇게 하지 않으면 말이 안 되거든.

Workers are declared redundant and laid off.
직원들의 수가 너무 많다는 선언과 함께 해고가 시작된다.

R

referendum [rèfəréndəm]
국민 투표

vote

▌선거가 있을 때마다 다시 again 가서 fer = go 투표하기.

Their president denied the French a referendum on the new treaty be cause they might reject it.
프랑스 대통령은 프랑스 국민들이 거부할 가능성이 있기에 새 조약에 대한 국민투표를 거부했다.

---

refrain [rifréin]
그만두다

stop

▌re = back. 시험을 보면 점수가 향상이 되어야 하는데 항상 뒷 걸음질만 하면 학원을 다니고 싶은 생각이 없어지고 그만 다니겠죠.

Please refrain from smoking.
담배는 삼가 해 주십시오.

Refrain from making loud noise.
큰 소음을 삼가 해 주세요.

---

refuse [rifjú:z]
쓰레기

waste

▌fuse. 쓰레기는 더 이상 쓰지 않기 때문에 쓰레기 통에 버려요.

Honest as he was, he refused to bribe.
그는 정직했기 때문에 뇌물을 거절했다.

He was asked to leave the room, but he refused to do so.
그는 방에서 나가 달라고 요구를 받았으나 그러기를 거부했다.

---

refute [rifjú:t]
비난하다

refuse

▌refuse = refute. 철자가 하나만 달라요. s < t.

She refuted his argument.
그녀는 그의 주장을 공박했다.

Most of them have been refuted by modern analysis.
그 중 대부분은 현대적인 분석을 통해 오류가 밝혀졌다.

---

regal [rí:gl]
왕의

royal

▌king = reg = roy

Regal splendour/power.
국왕의 위엄/힘

She dismissed him with a regal gesture.
그녀는 여왕이라도 되는 듯한 자세로 그를 보내 주었다.

---

regard [rigá:rd]
간주하다, 관계, 고려

think

▌re + guard = gard. 대통령의 경호원들 bodyguard는 24시간 대통령의 신변에 대해서 생각합니다.

Mother's cooking has been regarded as a powerful symbol of family unity.
어머니의 요리는 가족의 유대의 중요한 상징으로 여겨져 왔습니다.

It's difficult to reduce individual transportation
개인의 교통사용량을 줄이기는 어렵다고 지적 합니다.

---

regime [reiʒíːm]

제도

prescribed diet / gover nment

▌reg = roy = king = rule. 앙시앵 레짐은 구체제 라고도 하는데 프랑스 혁명때 타도의 대상 이었던 이전의 체제를 말합니다.

The regime persists in the unwelcome education policy.
그 정권은 인기 없는 교육 정책을 고집하고 있다.

The regime will take steps to bring in more foreign investment.
그 정권이 더 많은 외국 자본 유치를 위한 조치를 취할 것이다.

regional [ríːdʒənl]

지역의

local

▌religion. 천주교는 지역regional이 같은 사람끼리 예배를 집에서 돌아가면서 보기도 합니다. 이전에 천주교가 로마시대에 이단이었을 때 지하 무덤 등에서 지역 교민들이 모여 같이 예배를 보던 역사적인 장면과 연관. 종교 religion은 라틴어 religare에서 파생 되었습니다. 그 말은 re + lig = link로 '다시 묶다'는 의미입니다. 무엇을 다시 묶을까요? 사람을 신앙과 혹은 사람과 신을 다시 묶는다는 의미입니다.

As the regional director covering the Asia Pacific region, you will report directly to the president in the U.S.
아시아 태평양 담당 지사장은 미국 본사 사장에게 직접 보고하는 자리입니다.

We need to create small sales and marketing teams, with each one focused exclusively on a regional market.
소규모의 영업 및 마케팅 팀들을 만들어서 각 팀이 한 군데 지역만 전담하도록 해야 할 것 같아요.

rehabilitate

[rìːhəbílətèit]

사회 복귀시키다, 원상으로 복귀시키다

recover

▌re = again + ability. 다시 능력을 갖추기.

Courts avoid punishing youthful offenders too severely, in an effort to rehabilitate them.
법원은 청소년 범법자 들을 교화하기 위한 노력의 일환으로 너무 가혹한 처벌은 내리지 않는다.

U.N. efforts to rehabilitate the economy would trickle down to the smallest villages.
경제부흥을 위한 유엔의 노력이 아주 작은 마을까지 확산될 것이다

reimburse [rìːimbə́ːrs]

변상하다, 갚다

repay

▌purse = 지갑 < burse. re = back. 다시 지갑 안에서 돈을 꺼내 돈을 갚기.

We cannot reimburse expenses for which no receipts are provided.
영수증을 첨부하지 않은 경비는 상환해 줄 수 없습니다.

What is the standard limit that airlines must reimburse for lost luggage?
분실한 짐에 대해 항공사가 배상해야 하는 최대 한도액 기준은?

rein [rein]

고삐, 통제

control

▌마부가 말의 고삐를 잡고 말이 달리는 속도를 통제 하는 모습 연상.

China's economy is also far from slowing despite central governme nt efforts to rein it in.
중국경제 또한 중앙정부의 긴축노력에도 불구하고 전혀 둔화할 것 같지 않다.

reiterate [riːítərèit]
되풀이하다

repeat

re = again + it = go.

It's reiterating its position that the country's nuclear program is solely for power generation.
자국의 핵 프로그램은 오로지 전력 생산을 위한 것이라는 기존의 입장을 고수하고 있습니다.

rejuvenate [ridʒúːvənèit]
다시 젊어지다, 원기를 회복하다

make young again

re + young = juv

That vacation has rejuvenated him.
그 휴가로 그는 원기를 회복했다.

I am writing to let you know how thrilled we are with your rejuvenating drink product.
귀사의 원기회복 음료에 대해 우리가 얼마나 기뻐하고 있는지 전하려고 이렇게 편지를 씁니다.

release [rilíːs]
석방하다

discharge

lease = borrow. 은행 등에 가면 '리스' 라는 문구가 붙어 있습니다. 돈을 빌려주는 것은 돈을 푼다는 것이죠.

He has released fifty albums.
앨범도 50장이나 냈습니다.

Once a line of credit was established, the company released employee paychecks.
은행에 신용 거래가 트이자 그 회사는 직원들에게 급료를 지급했다.

relegate [rélegèit]
격하시키다

delegate

re = back + leg. 다리 = leg로 걸어서 뒤 = re = back로 가게 함.

He relegated the task to his assistant.
그는 그 일을 조수에게 맡겼다.

She was relegated to a post at the fringes of the sales department.
그녀는 판매부의 가장자리로 밀려 났다.

relentless [riléntlis]
냉혹한

ruthless

lent. 빌려주는 사람은 착한 사람이고 다시 re = again 빌려주면 아주 착한 사람인데 아예 빌려주지 않으면 싸가지 없는 less = not 사람.

A relentless enemy.
가차 없는 적

The judge is relentless in punishing offenders.
범법자 처벌에 엄격하다

relevant [réləvənt]
관련된

pertinent

relate = 관계하다.

A college degree in a relevant subject area is a must.
관련 분야 학사 학위는 필수이다.

Please submit photocopies of all relevant documents to this office.
관계된 모든 서류의 사본을 이 사무실로 제출해 주십시오.

relic [rélik]
유물

memento

re = again. 기념물을 보면 회상에 잠깁니다. 라틴어 "relinquere" =남기다에서 유래하여 유골은 '뒤에 남은 것'이라는 의미를 함축.

Gyeongju is a huge historic site with many relics.
경주가 수많은 유물이 가득한 거대한 역사 지구이다.

It is a relic of a time when the gold standard was used.
이것은 금본위 시대의 유물인 것입니다.

---

relinquish [rilíŋkwiʃ]
양도하다, 그만두다

give up

re = back + linguish = leave. 뒤에 남겨 놓은 것은 포기하다를 암시.

South Korea's president is relinquishing his title as head of his ruling party.
한국 대통령이 여당 총재직에서 물러납니다.

Last year's queen relinquishes her title to Miss Suzi.
전년도 미의 여왕 미스 Suzi에게 왕관을 넘깁니다.

---

relish [réliʃ]
맛, 즐기다

enjoy

re = back + lish = leave. relinquish는 relish처럼 뒤에 남기다 이지만 relish는 단어의 길이가 짧아 긍정적 의미. 예를 들어 선조들이 유산으로 재산을 많이 남겨 놓으면 후손들은 부를 향유하죠.

The puppy ate his feed with relish.
그 강아지는 사료를 맛있게 먹었다.

Not all Koreans relish eating dog.
모든 한국인이 즐겨 먹는 것은 아닙니다.

---

reluctant [rilʌ́ktənt]
마음 내키지 않는

unwilling

re + luc = struggle. 부모가 공부를 하라고 성화를 하더라도 자녀는 공부를 할 의향이 전혀 없어 부모와 다시 싸움. 공부하기 싫은 사람 내버려 둡시다. 공부하라고 해서 하는 것이 아니기 때문입니다.

I will be reluctant to eat squid.
나는 오징어 먹는 것을 싫어하는 것 같아요.

Management has been reluctant to hire temporary employees.
경영진들은 임시직 채용을 꺼려 왔다.

---

remedial [rimíːdiəl]
치료하는, 교정하는

correct something that has been done wrong

re = again + medial = medical. 다시 약을 투여하여 병을 바로 잡음이란, 뜻에서 비유적으로 잘못된 것을 교정하는 것으로 확대.

He undergoes remedial treatment for a bad back.
그는 안 좋은 허리를 위한 치료를 받다.

---

reminisce [rèmənís]
추억에 잠기다

recollection

re = again + min = mind = think. 정신은 mind. 생각을 다시 하다라는 의미.

Alone I sit and reminisce sometimes.
난 가끔 홀로 앉아 추억에 잠기죠.

You may fall in reminisce when you see them again.
그것들을 다시 보면 추억에 빠질지도 모른다.

R

remiss [rimís]
게으른

negligent

다시 버스를 놓치는 miss것은 늦게 일어난 부주의한 탓.

He's terribly remiss in his work.
그는 자기 일에 지독하게 태만하다.

I have been remiss in writing to him.
게으른 탓으로 그이한테 편지도 못하고 있다.

---

remnant [remnant]
유물/자취

trace

remain. 명사의 의미로는 나머지.

The remnants of the enemy struck their colors.
패잔병들은 항복했다.

Remnants of the ousted Taleban regime pose no menace to his gove rnment.
축출된 탈레반은 아프가니스탄 정부에 위협이 되지 않는다.

---

remonstrate
[rimάnstreit]
충고하다, 항의하다

protest

demonstrate. 데모. 데모를 하기 위하여 모인 사람들은 데모를 한 안건에 대해 논쟁을 벌였습니다.

He remonstrated with the king about his foolish conduct.
그는 임금의 어리석은 행동에 대해 임금에게 직간했다.

---

remorse [rimɔ́:rs]
후회

regret

re + mor = bite. mort = dead. 쪽 팔려 죽고 싶다는 한국어가 있습니다. 영어도 지난날을 회고 할 때 창피해서 죽고 싶은 마음이 드는 경우가 remorse.

Our expert says showing remorse is key.
전문가 파커 씨는 반성의 빛을 보이는 것이 중요하다고 말합니다.

He had committed in remorse for the murders.
그는 자신이 저지른 살인에 대해 전혀 가책을 느끼지 않았다.

---

remote [rimóut]
먼, 먼 옛날의

distant

re = back + mot = move

He enticed his victim to a remote spot.
그는 피해자를 외딴 곳으로 유인했다.

They exploded the bomb by remote control.
그들은 원격 조정 장치로 폭탄을 터뜨렸다.

---

remuneration
[rimjú:nəréiʃən]
보수

reward

re + mun = give.

They demanded adequate remuneration for their work.
그들은 자신들의 일에 대한 적합한 보수를 요구했다.

---

rend [rénd]
찢다

split

▌rend는 cut과 유사어.

Lions rend meat with their teeth as they eat.
사자는 먹으면서 이빨로 고기를 찢는다.

renegade [rénigèid]
탈당자, 변절자

traitor

▌re + neg = ne = no. 베드로는 예수님이 십자가에 매달려 죽었을 때 자신이 그의 제자 라는 사실이 드러나 처벌 받을까봐 두려워 세 번이나 사실을 부인했고, 심지어 예수님을 저주 하기까지 했지만 닭이 우는 소리를 듣고 자신의 잘못을 깨닫습니다.

China considers the independently governed island a renegade province.
중국은 타이완을 변절한 독립 자치지역 으로 간주한다.

Sri Lanka's Tamil Tiger rebels overran three camps of a renegade breakaway group Sunday.
스리랑카의 타밀호랑이 반군은 일요일 반군 이탈단체의 캠프 세 곳을 공격했다.

R

renounce [rináuns]
포기하다

abandon

▌re = back + nounce = noun = 명사 = 말. 했던 말을 실천해야 하는데 뒤로 한다면…

Some countries, of course, have no intention of renouncing nuclear weapons.
그렇지만 핵무기를 포기할 의도를 갖고 있지 않은 나라들도 있습니다.

The United States froze all aid after Hamas rejected repeated calls to renounce violence.
미국은 하마스가 폭력을 중간할 것을 거절함에 따라 모든 원조를 동결시켰습니다.

renovate [rénəvèit]
…을 새롭게 하다

renew

▌re = again + nov = new.

I'd like to renovate my old house.
내 낡은 집을 개조하고 싶다.

The house has been completely renovated and modernized.
그 집은 완전히 새로 고치고 현대화했다.

renowned [rináund]
유명한, 명성 있는

celebrated

▌re + noun = nown = name. 사람들 사이에서 이름이 다시 거론 되어지는 것은 유명세를 타고 있다는 것.

Another good sign is the growing number of globally renowned companies that are landing in Korea.
또 다른 좋은 신호는 점차 많은 수의 세계적으로 유명한 기업들이 한국에 진출하고 있다는 점이다.

reparation [rèpəréiʃən]
배상

amends

▌다른 사람의 물건에 손해를 입히면 수선(보수)를 위해 변상해야 함.

The country paid reparations to the countries which suffered from its aggression.
그 나라는 자국의 침략으로 손해를 입은 나라들에게 배상금을 물었다.

Please have the reparations in kind ready by tomorrow.
내일까지 현물배상을 준비해 두십시오.

repeal [ripí:l]
무효로 하다

nullify, avoid

▌appeal < re + back + peal = pel = push. 뒤로 미는 것은 더 이상 일을 추진하지 않는 것 암시. 그래서 철회.

The law was repealed two years ago.
이 법률은 2년 전에 폐지되었다.

---

repellent [ripélənt]
불쾌한, 혐오감을 주는

disgust

▌re = back + pell = push. 스토커처럼 따라 다녔던 A군을 보는 순간 B양은 역겨워 뒷 걸음질 칩니다.

The idea is repellent to me.
난 그 생각이 불쾌하다.

I find his selfishness repellent.
나는 그의 이기주의가 역겹다.

---

repercussion
[rì:pərkʌ́ʃən]
영향, 반향

impact

▌re = again + percuss = strike. 한번 맞는 것도 억울한데 두 번 맞으면 더 억울하다고 경찰에 신고하는 학생들 모습 연상.

There are differing views on what the political repercussions of the law will be.
그 법안이 가져올 정치적 반향에 대해 의견이 엇갈린다.

Repercussions on the won and yen could be appreciable.
한국의 원화와 일본의 엔화에 대한 충격도 적지 않을 것이다.

---

repertoire [répərtwὰ:r]
레퍼토리, 상연 목록

list of works of music

▌list로 음악과 관련하여 사용됩니다.

That singer's repertoire is large.
저 가수는 레퍼토리가 풍부하다.

He had a large number of songs in his repertoire .
그 피아니스트는 다양한 레퍼터리를 가지고 있다.

---

replenish [ripléniʃ]
보충하다, 다시 채우다

refill

▌re = 다시 + ple = 채우다. 다시 채우다

Let me replenish your glass.
잔을 다시 채워 줄게요.

---

replete [riplí:t]
가득 찬

abundantly

▌잔에 물이 넘쳐나는 모습.

The Bible is replete with examples of ciphering.
성경도 암호로 가득차 있다.

The history of America is replete with the names of men and women who are remembered by posterity, for good or evil.
미국 역사에는 위인이나 악인으로 후세에 기억되는 인물들이 무척 많다.

---

replica [réplikə]
복사, 원작의 모사

copy

re = 다시 + pli = fold. 다시 접다는, 그대로 접어지기 때문에 복사.

This replica was sold to a gullible tourist as ancient relics.
이 모조품은 고대 유물이라고 속기 쉬운 여행객에게 팔렸다.

---

reprehensible
[rèprihénsəbl]
비난할 만한, 괘씸한

blameworthy

다시 + pre = 미리 + 손으로 잡음 hend = hand = take. 한번 잘못하여 풀어주었는데 다시 못된 짓을 하여 붙잡힌 것은 비난을 받을 만 한 것.

And I just find that reprehensible.
정말 괘씸한 싯거리죠

---

reprimand [réprəmæ̀nd]
비난

reproach

re + primand = press. 다시 = 눌러대는 것은 비난을 암시.

You should reprimand him.
쟤 좀 혼내야겠어

She never seems embarrassed about the reprimand.
그녀는 질책을 받아도 부끄럽지도 않은 것 같다.

---

reprisal [ripráizl]
보복

retaliation

re = again + prise = 희생. 일부 강도들은 한번 A에게 피해를 입힌 것만도 못된 짓을 한 것인데 다시 같은 행위를 반복하는 경우도 있음.

They shot 10 hostages in reprisal.
그들은 보복조치로 인질 10명을 사살했다.

After one of their aircraft was shot down they took reprisals.
그들의 항공기 중 한 대가 격추된 후 그들이 보복을 강행했다.

---

reprise [ripráiz]
반복

musical repetition/repetition

상 prize을 받아 다시 re 재창을 하는 모습 연상.

It's a reprise of the ancient attempt to understand the finest aspirations of human kind.
그것은 인류의 지고한 소망을 이해하려 했던 고대의 시도를 되풀이하는 것이다.

The committee session deteriorated into a reprise of Friday's meeti ng.
위원회는 요일 회의 때와 똑같은 양상으로 악화됐다.

---

reproach [ripróutʃ]
비난하다, 비난

disappointment

approach. 앞으로 가야하는데 re = back 뒤로 가니 실망.

They reproached him for cowardice.
그들은 그가 비겁하다고 비난했다.

I can't remember why my mom cast reproaches on me.
엄마가 왜 나를 호되게 꾸짖었는지 기억이 나지 않는다.

R

reprove [riprúːv]
꾸짖다, 혼내다

rebuke

▌prove. 다시 입증을 하라고 소리를 고래 고래 지르는 지도교수, 학생 시절에 혼이 나는 대학원생 모습 연상.

He reproved her for telling lies.
그는 그녀를 거짓말한다고 꾸짖었다.

She was reproved by her mother for disobedience.
그녀는 말을 듣지 않아서 어머니한테 야단맞았다.

---

repulsive [ripʌ́lsiv]
불쾌한, 혐오감

disgusting

▌re = back + pul = push, 한국어의 '먹은것' 이 다시 넘어 올것 같다는 역겨움을 표시.

He is a repulsive wretch.
그는 참 구역질나는 놈이다.

---

reputable [répjətəbl]
훌륭한, 존경할 만한

respectable

▌re = again + put = tell. 존경하는 사람들은 다시 사람들이 이야기를 많이 함. 예를 들어 마라톤 선수인 이봉주나 축구 선수 중에 이영표와 박지성 선수처럼 성실한 분들이 존경을 받게 됩니다.

The purpose of attending a competitive college is to learn from reputable professors.
좋은 대학에 가는 목적은 실력 있는 교수에게 배우고자 함이다.

---

requiem [rékwiəm]
진혼곡

dirge

▌quiet. 진혼곡은 천주교의 죽은 자를 위한 미사곡. 노래 첫머리가 라틴어의 레퀴엠(영원한 안식 = quiet을 주소서)으로 시작.

His Requiem was his most successful work.
그의 진혼곡은 가장 성공적인 작품이었다.

---

requisite [rékwəzit]
필수품

essential

▌request. 재난 지역은 주민들의 요청에 따라 필수품 공급됨.

Health is the first requisite to success in life.
건강은 성공의 제일 요건이다.

Food, clothing and shelter form the requisites of our life.
의식주 이 세 가지는 인간 생활에 없어서는 안 되는 것들이다.

---

requite [rikwáit]
…에게 보복하다, 복수하다

revenge

▌quite. 마키아벨리는 군주론에서 군주는 백성들에게 여우처럼 노련함을 가지고 통치 하지만 너무 잘해주면 기어 올라타기 때문에 때로는 사자 처럼 백성들 에게 무섭게 해야만 백성들이 조용 하다는 것을 역설합니다. 무섭게 = 보복을 해야만 상대방이 조용합니다. 다른 사람이 나쁘게 말하고 행동하는데 늘 호인처럼 잘만 해주면 그 사람들은 얕보고 이용당하고 괴롭힘을 당하게 됩니다.

I will requite like for like, and I will show no mercy.
이에는 이로 복수해 주겠어. 자비 따위 베풀 필요도 없어.

---

rescind [risínd]
무효로 하다, 폐지하다

repeal

scissor = 가위. re =back +scind = cut. 잘라 = scind. 아파트를 가계약을 했던 A씨. 하지만 그 집에 법적인 문제가 있다는 것을 알고 최종적인 계약을 하지 않기로 마음먹고 계약서를 가위로 모두 잘라 내어 휴지통에 버렸습니다. 그럼 이 계약 무효 되는 것이죠. 그럼 science와 scissor는 sci란 철자가 들어있어 어원이 같은 것처럼 보이지만 실제는 그렇지 않아요. science에서의 어근은 sci = 알다(to know)이며, scissor에서의 주 어근은 scis = '자르다(to cut)' 까지 입니다. 서로 다른 어원에서 파생이 되었습니다.

Seoul may rescind laws on some greenbelt areas north of the Han River.
서울시는 한강 이북 지역의 그린벨트를 일부 해제할 수도 있다.

---

resent [rizént]
분노

angry

re + sent. 선물을 보냈는데 다시 되돌아 왔다. 그럼 화가 나죠.

And in almost every case, the children have bitterly resented the bre akup.
거의 모든 경우, 아이들은 그 이별에 대해 극도로 분개했다.

And when you do let someone in you later regret it or resent them.
그리고 사람과 가까워져도 곧 후회하거나 그들을 미워하기까지 하죠.

---

reserve [rizə́:rv]
비축, 예비

save/store

serve. 다시 = re + 제공 = serve하기 위하여 비축.

We have available data on foreign exchange reserves.
우리는 외환 보유고에 대한 쓸 만한 자료를 가지고 있습니다.

Iran possesses 10% of the world's known oil reserves.
이란은 세계에서 알려진 석유 매장량의 10%를 소유하고 있다.

---

residual [rizídʒuəl]
남은, 잔여

remaining

re = again + sid = sit.

These residual grains are fed to livestock and poultry.
이런 잔여물은 가축 류와 가금류의 사료로 사용된다.

---

resigned [rizáind]
단념한, 체념한

submissive

re = back + sign. 처음 입사 할 때 입사 계약서에 sign하고 신입으로 들어왔는데 다시 뒤로 가서 쉬라고 계약서를 쓰고 퇴직 당하는 것. 굴욕적인 느낌을 들겠죠. 나이가 들어 그만두면 retired인데 특히 뉴스 시간에 돈을 먹어 불명예스럽게 그만 두거나 감옥에 가는 사람들이 그만 두는 경우가 resign입니다. 그래서 단순이 tired = 피곤해서 그만 두는 경우가 아니라 이런 경우는 나중에 문제가 될 수도 있기 때문에 계약서 쓰고 = sign 너 그만 두어 라고 말 합니다.

He resigned as president of the company.
그는 사장직을 사직했다

Some smokers at least appeared resigned to the change.
몇 몇 흡연자들은 최소한 그 변화에 단념한 것 같았다.

R

resilient [rizíljənt]
탄력성 있는

elastic

re + silent. 초등학교 혹은 중학교 교실 안은 학생들이 한참 떠들고 노는 공간이라 시끄러워요. 반복적으로 선생님이 조용히 하라고 해야만 교실이 조용해지는데 조용히 하고 떠들고 다시 조용히 하고 떠들고, 마치 고무줄의 탄력성이 있는 것처럼 반복됨. 원래 이 단어는 re + sil = sal = jump의 의미.

She is very resilient to change.
그녀는 변화에 대한 탄력성이 아주 좋다.

Temperate forests are more resilient than tropical ones.
온대 지방의 삼림이 열대 삼림보다 회복이 더 빠르다.

resolute [rézəlù:t]
굳게 결심한

firm

solo = 혼자. 남들 다 결혼 하여 둘이 사는데 혼자 살겠노라고 선언할 때 대단한 결심함.

He is resolute to fight.
그는 싸울 결심을 하고 있다.

We'll see whether or not that is the resolute position of their government.
우리는 그것이 이란정부의 확고한 입장인지 아닌지 지켜볼 것입니다.

resolve [rizálv]
결심하다

decide

solve. 해결하는 것은 이런 행동을 하기 전에 결심이 먼저 있겠죠.

Both countries have agreed to resolve the issue through negotiation.
양국은 협상을 통해 문제를 풀어나가기로 합의했다.

respiration [rèspəréiʃən]
호흡

breathing

spirit = breath. 인간에 혼을 불어 넣었습니다.

He brought her to by artificial respiration.
그는 인공호흡으로 그녀를 정신 들게 했다.

respite [réspit]
휴식

rest

rest = resp. 뒤 = back = re 가서 푹 쉼(영혼 = spirite의 안식)

We finally got a brief respite.
우리는 마침내 잠깐 한숨을 돌렸다.

responsive [rispánsiv]
대답하는

reacting to orders

sponsor = promise. 연예인들은 스폰서가 있다고 들었습니다. 대 스타를 꿈꾸는 사람들에게 이런저런 것을 해 주겠노라고 하는 스폰서는 미래 스타들에게 희망을 주죠. 그런데 간혹 이상한 스폰서들이 있고 이들은 사탕발림 이야기만 해주고 책임을 져주지 않기 때문에 경찰이 수사에 들어갑니다. 영어에서 배우자 spouse입니다. 남편은 부인에게 부인은 남편에게 책임 있게 행동을 해야 합니다.

He wasn't very responsive, so I asked her instead.
그가 대답이 없어서 대신 그녀에게 요청하였다.

restive [réstiv]
침착성이 없는, 들떠 있는

unyielding

▌rest. 차분히 있지 못하고 반항적인 모습. 우리가 알고 있는 단어 rest보다 길이가 길어져 부정적인 의미.

Iraqi authorities have barred vehicle traffic in restive areas.
이라크 당국은 주변 혼란지역에 차량통행을 금지했습니다.

---

restrain [ri:stréin]
억제하다, 구속하다

curb

▌stress. st= 철자가 들어가면 빡세고 통제하는 기분.

I had to restrain myself from saying something rude.
나는 무례하게 말하는 습관을 자제해야만 했다.

He was so angry he could hardly restrain himself.
그는 너무 화가 나서 거의 자제할 수가 없었다.

---

resume [rizú:m]
다시 시작하다

start again

▌sum = take. 회사를 그만 둔 후 다시 시작을 해야 하고 이를 위해서는 이력서를 다시 써야 겠지요.

We stand ready to resume the talks in January.
우리는 1월에 회담을 재개할 준비가 되어 있다.

---

resumption [rizʌ́mpʃən]
되찾음, 재개

recommencement

▌re = again + sum = take.

Economic reconstruction must begin with the resumption of agricultural production.
경제 재건은 농업 생산의 재개에서부터 시작해야 한다.

---

resurrection [rèzərékʃən]
그리스도의 부활

revival

▌rect < correct = elect < erect. surge = rise와 같음. 'resurrection' 은 예수님의 부활만을 나타날 때 쓰입니다. 하지만 간혹 죽은 줄 알았는데, 예를 들어 사람이 죽어 관속에 넣었는데 다시 살았다는 외신들도 간혹 있는데 이 경우는 'revival'입니다.

The First Lady spoke to reporters after touring the 12th-century Church of Resurrection.
영부인는 12세기 부활의 교회를 둘러본 후에 기자들에게 이같이 말했습니다.

---

retain [ritéin]
계속 유지하다

keep

▌tain = have = keep

"They will do everything possible to retain domination there.
"러시아인들은 양국에 대한 지배력을 유지하기 위해 가능한 모든 일을 할 것이다.

Whoever I quote, you retain your opinion.
어떤 사람의 말을 내가 인용해도 자네는 자기 견해를 바꾸지 않는군.

---

retaliation [ritæ̀liéiʃən]
보복

bad treatment

▌tali = punish + re = 다시. 상대방의 공격에 다시 보복.

The danger of retaliation against UN aid workers.
UN 원조 요원들에 대한 보복의 위험

The shooting may have been in retaliation for the recent sectarian murders.
그 사격은 최근에 있었던 종교적 파벌간의 살해에 대한 보복일 수도 있다.

▌retaliation이 들어간 복합어로 retaliatory tariffs는 보복 관세를 말합니다.

China's Ministry of Foreign Trade saying it will scrap retaliatory tariffs on Japanese cars and air conditioners.
중국의 대외무역부는 일본산 자동차와 에어컨에 부과한 보복관세를 철폐하겠다고 밝혔습니다.

---

retard [ritá:rd]
(발달의) 지연

stop

▌re = back. 남들은 성적이 앞으로 팍팍 오르는데 A는 계속 놀아 성적이 뒤로 갑니다. 성적이 뒤처지고 있어요.

He is in retard for his age.
그는 나이에 비해 성장이 늦어져 있다.

Lack of sun retards plant growth.
햇빛 부족은 식물의 성장을 지연시킨다.

---

reticent [rétəsənt]
과묵한, 침묵

silent

▌re = back + ticent = silent. 뒤로 가서 조용히 있음.

He is naturally reticent.
그는 천성이 말이 없다.

He seemed strangely reticent about his past.
그는 그의 과거에 대하여 이상하게도 말이 적어 보였다.

---

retirement [ritáiərmənt]
은퇴

resign

▌tired. 정년될 때쯤 되면 체력도 부족하여 쉬어야 겠네요. 직장을 그만둠.

Many people turn their retirement to good account and take up interesting hobbies.
많은 사람들은 은퇴하면 얻는 여가를 활용하여 흥미있는 취미에 착수한다.

---

retort [ritɔ́:rt]
반박하다, 말대꾸하다

reply

▌tort = torture = torch = twist. tort가 들어가면 조선시대 횃불을 밝히면서 고문을 하여 자백을 받아 내거나 중세 때 서양의 마녀 재판의 장면을 연상.

He retorted upon me for what I said.
그는 내가 한 말에 대해 반박했다.

---

retract [ritrǽkt]
취소, 철회

withdraw

▌tract = pull + re = back. 뒤로 잡아당기는 것은 철회와 연관.

Cats retract their claws.
고양이는 발톱을 오므린다.

He made a false confession which he later retracted.
그는 거짓 고백을 했는데, 나중에 그것을 철회했다.

---

retreat [ri:trí:t]
퇴각, 은둔

recede

▌re = back. 시골로 되돌아 = back 감.

They made retreat into a forest.
그들은 숲속으로 은둔하였다.

Our lord blew the retreat.
우리의 군주가 후퇴 신호를 울렸다.

---

retribution [rètrəbjú:ʃən]
보복, 천벌

avenge

▌tribe. 로마는 세 부족으로 출발. 늘 부족 간에 힘 있는 쪽이 힘없는 쪽에 공물을 요구하고 주면 조용하지만, 만일 안주면 가서 보복을 했죠.

200 machete-wielding villagers tried to seek retribution against the Indonesian Army.
큰 칼을 휘두르는 200명의 사람들이 인도네시아 군에 대항하는 보복을 시도했다.

---

retrieve [ritrí:v]
되찾다, 만회하다

salvage

▌re = again + try. 눈 속에 파 묻혀 있는 사람들을 911 = 119 대원들이 구조를 시작 하여 구조함.

Retrieves the document for resubmission.
다시 제출하기 위해 문서를 회수합니다.

Don't try to retrieve food or belongings that a bear might have taken.
곰이 물어 갔다고 해서 음식이나 소지품을 되찾으러 가지 마십시오.

---

retrospective
[rètrəspéktiv]
회고의

looking back on the past

▌retro = back +spect = see. 지나온 세월을 되돌아 봄.

The legislation was made retrospective.
이 법률은 소급 적용되도록 제정되었다.

---

rev [rev]
회전

▌rev는 자동차 엔진등의 회전. up은 점점 위로 올라감. 그래서 rev up는 원래 자동차의 속도가 증가함이나 비유적으로 '활기' 의미

rev up : 활기 띠다

The discussion revved up.
토론은 활기를 띠었다.

Sex may rev up the immune system and raise pain thresholds.
섹스는 면역 시스템을 활성화시키고 고통에 대한 역치를 높인다.

---

revamp [ri:vǽmp]
개조하다

revise

▌re = 다시 + vamp = 기워 대는 조각.

The president revamps the cabinet.
내각을 개편하다.

The revamped Communist Party, now called the Socialist Party.
지금은 사회당이라 불리는 개편한 공산당

---

reveal [riví:l]
드러내다, 보여주다

disclose

▌re + veil = veal. 베일을 얼굴 뒤로 넘겨 얼굴을 드러냄.

They began to reveal their true selves.
그들은 자기네 본성을 드러내기 시작했다.

The doctor did not reveal the truth to him.
의사는 그에게 진실을 알리지 않았다.

---

revelry [révəlri]
술 마시고 떠들어댐

boisterous merrymaking

▌rebel. 반란군이 모여 항전을 외치며 시끌시끌.

The revelries next door kept me awake all night.
옆집에서 흥청거리는 소리 때문에 나는 밤새 한잠도 못 잤다.

reverberate
[rivə́rbəreit]
울려 퍼지다

echo

▌re + vibrate. 산의 정상에 올라 메아리 치는 echo와 연관.

The room reverberated with the noise of the shot.
총성이 방안에 울려 퍼졌다.

The news reverberated around the world.
그 소식은 전 세계로 울려 퍼졌다.

revere [rivíər]
존경하다

respect

▌ver = ven = go. 좋아하는 사람을 가서 다시 보니 존경과 연관.

Ho Chi Minh was revered as a revolutionary patriot by the Vietna mese people, lived and worked here in this modest two-room house.
베트남 사람들에 의해 애국 혁명가로 존경받는 호치민은 이 소박한 방 두 칸짜리 집에서 일했고 살았습니다.

reverie [révəri]
몽상, 공상

daydream

▌re = ver = turn. 잠을 자면 아무것도 우리 인체는 하지 않는 것이 아닙니다. 꿈에는 두 종류가 있어요. 빠르게 눈알이 움직이면서 기억을 하는 REM이 있고 눈알도 움직이지 않고 자고 일어나 기억나지 않는 N-REM이 있다고 합니다.

She drifted into a reverie.
그녀는 공상에 잠겼다.

revert [rivə́:rt]
되돌아가다

return

▌vert = turn + re = back. 뒤로 되돌아 감.

People are reverting to a simpler view of nature.
사람들은 보다 소박한 자연 경관을 다시 찾고 있다.

The hair reverts to its natural white.
머리는 본래의 흰색으로 되돌아갑니다.

revoke [rivóuk]
취소하다, 폐지하다

cancel

▌vok = voc = call + re = back. 이전의 상태로 되돌아가지고 외침.

Our reservation is beyond revoke.
예약은 취소 못한다.

He had his license revoked for drunk driving.
그는 음주 운전으로 면허증을 취소당했다.

REVOLUTIONARY WAR
[rèvəlú∫əneri wɔ́:r]
독립전쟁

independent war

▌한국인 에게 혁명은 부정적인 이미지를 줍니다. 그 이유는 '5.16 군사혁명' 과 같은 군사 정권과 연결되기 때문이죠. 하지만 미국에서 혁명은 영국에서 벗어나기 위한 독립 전쟁이기때문에 긍정적인 암시를 줍니다.

The British forces submitted to American soldiers during the Rev olutionary War.
미국 독립전쟁에서 영국군은 미국군에게 항복했다.

rhapsodize [rǽpsədàiz]
광상곡, 과장하다

to speak in an exaggeratedly enth usiastic manner

▌랩소디(rhapsody). 주로 서사적 · 영웅적 · 민족적인 색채를 지니며, 형식과 내용이 비교적 자유로운 환상곡풍의 기악곡. '시를 이어 붙이다'는 뜻에서 파생.

He went into rhapsodies over his success.
그는 자신의 성공을 과장하여 말했다.

They rhapsodized about the glories of nature.
그들은 자연의 장관을 찬미했다.

---

rhetoric [rétərik]
수사학

insincere language

▌수사학 rhetoric이라는 말의 어원은 '웅변'이라는 뜻의 그리스어로, 곧 남을 잘 설득하는 기술을 가리켰습니다. 우리에 "아" 다르고 "어" 다르다는 말이 있는데, 이것은 같은 말을 하더라도 어떻게 표현하느냐, 에 따라 그 효과는 하늘과 땅처럼 많이 차이가 난다는 말입니다. 보통 그리스시대는 민주주의로 알고 있어요. 하지만 이것은 잘못 알고 있는 것입니다. 그리스는 독재주의 국가였습니다. 그러다가 소크라테스가 중년이 되면서 민주주의 바람이 불기 시작했고, 민주주의가 소개되면서 서로를 법정에 고소하는 일이 많아졌습니다. 그래서 법정이나 대중 집회의 변론이 주를 이루었으며, 현대에 이르러서는 다소 부정적인 의미로 상투적인 주제나 제목을 가지고 청중에게 연설하는 어조나 태도를 취하는 문학 작품을 가리켜 '수사적'이라는 표현을 쓰기도 합니다.

Rhetoric is the art of using language effectively and persuasively.
웅변술은 효과적으로 그리고 설득력 있게 말하는 기술이다.

---

riddle [rídl]
수수께끼

pierce with holes

▌rid. 손자가 배가 아파하면 할머니들은 손자의 손가락을 따서 피를 빼 주었습니다. 민간요법으로…

Can you guess the answer to this riddle?
이 수수께끼의 답을 알아 맞출 수 있겠니?

Police found the bullet-riddled bodies of 42 men in Baghdad.
경찰은 몸에 총알이 박힌 남자 시신 42구를 발견했습니다.

---

ridden [ridn]
많은

filled

▌ride < ridden. ride 탔는데 많이 탔어요. ridden.

Creditors saved the debt-ridden credit-card issuer by agreeing to a trillion won rescue package.
채권자들은 1조원을 지원하기로 합의하여 부채가 산적한 이 카드회사를 살려냈다.

---

ride [raid]

▌거센 파도가 불때 이를 헤치면서 나아가는 '배'를 연상.

The girl was strong enough to ride the problem out.
소녀는 문제를 혼자 이겨낼 수 있을 만큼 충분히 강했다.

숙어
ride out : 극복하다(overcome)
ride out a storm : (폭풍을) 이겨내다
ride out a crisis : 위기를 넘기다.

R

rife [ráif]
많은

abundant

▌life. 인생을 살다보면 이런 저런 일을 많이 겪게 됩니다.

The plague is rife in the slums.
질병은 빈민굴에 많다.

The house was rife with worms.
집에는 벌레가 많았다.

rift [ríft]
틈

break

▌lift. 들어 올리면 두 개체 사이에는 틈이 벌어집니다.

The broken mirror was a rift within the lute.
깨진 거울은 분열의 징조였다.

She has always had a rift with her sister-in-law.
그녀는 늘 시누이와 사이가 안 좋았어요.

rigid [rídʒid]
단단한, 엄격함

strict

▌rigor = strong

They are rigid in their views.
그들의 생각이 확고하다.

There's a very rigid social hierarchy in their society.
그들의 사회에는 매우 엄격한 사회 계급 제도가 있다.

rigorous [rígərəs]
엄한, 엄격한

strict

▌rigor = strong

The spray must still pass rigorous testing by the Food and Drug Ad ministration .
이 스프레이는 미 식품 의약국의 엄격한 실험을 통과해야 한다.

rip off [rípɔ́:f]
바가지(요금)

exploitation

▌rib = 갈비. 음식점 에서 소 갈비나 닭 갈비를 뜯어요. rip. 찢거나 뜯는 것이 rip이고요. 물건에 붙어 있는 제 가격을 받는 것이 아니라 봉 씌우기 = 바가지 씌우기를 할 때는 가격이 적혀있는 요금표를 없애고 손님에게 가격을 높게 부르기 때문에 rip off는 바가지.

I got ripped off by the cab driver.
나는 택시 운전기사에게 사기 당했다.

If I pay a full price for a big-ticket item, I feel like being ripped off.
값이 비싼 물건을 정가대로 다 주고 사면 바가지를 쓴 기분이 든다.

ripple [ripl]
물결

wave

▌기본적인 의미는 파도와 같은 물결 이지만 비유적으로 파도처럼 퍼져나가는 파급 효과를 의미함.

The bank crash has had a ripple effect on the whole community.
그 은행의 파산은 전 사회에 파급 효과를 가져왔다.

riveting [rívitiŋ]
매혹적인, 황홀하게 하는

interesting

▌rivet = 나사. 나사로 고정하는 것. 어떤 일에 흥미를 가지게 되면 꼼짝 달싹 하지 않고 일에 몰두.

Some defendants are so riveting you don't even notice what they're wearing.
몇몇 피고인의 경우는 그 사람 자체에 너무 많은 관심이 쏠려 사람들은 그들이 뭘 입었는지 조차 모릅니다.

roam [róum]
돌아다니다

wander

▌road. 길에서 방황하는 이미지.

He roamed from town to town.
그는 이 마을 저 마을을 돌아 다녔다.

Zoo should let their animals roam around as freely as possible.
동물원은 동물들 을 가능한 한 자유롭게 돌아 다니게 해야 한다.

robust [roubʌ́st]
강한

strong

▌robot. 로봇은 체코어의 work의 의미. 이전의 마징가 제트와 같은 로봇은 튼튼함.

A woman of robust health.
건강미가 넘치는 여성

The long illness made considerable inroads on her previously robust physique.
오랜 병마로 인해 그 여자의 이전의 강건한 체격은 상당히 위축되었다.

rock [rɑk]

▌rock은 단단한 바위 이외에 설악산의 흔들 바위처럼 '동요하다' 란 이중적 의미가 한 단어에 공존.

rock the boat : 위험하다, 평지풍파를 일으키다 (보트를 흔들어 대면 타고 있던 사람이 위험)

Everything is going fine here. Don't rock the boat!
여기는 만사가 다 잘 되어가고 있네. 평지풍파를 일으키지 않도록 해 주게.

rogue [róug]
악한

scoundrel

▌rog = ask. 학교나 골목길에서 등교하는 학생들에게 돈을 요구하면 악당 = 깡패.

He is a rogue in grain.
그는 바탕 부터 나쁜 놈이다.

He was arrested for having played the rogue.
사기 행각을 벌여서 그는 체포되었다.

▌rogue가 들어 간 표현 중에 미국이 북한을 가르키면서 자주 사용하는 복합어가 rogue state입니다.

rogue state : 깡패국가

The U.S. seeks to have a rogue state stop producing and deploying nuclear weapons.
미국은 불량국가의 핵무기 생산과 배치를 막을 방법을 모색해 왔다.

R

roll [roul]

roll(두루마리). 두루마리 화장지가 방바닥 위를 굴러가는 모습 연상.

roll back : 후퇴하다
(통제에 의해) 물가를 원래 수준으로 되돌리다

The wave rolled back.
파도가 후퇴했다.

The West refuses to roll back from the Middle East.
서방이 중동에서 물러가길 거부한다.

---

rookie [rúki]
신병

someone who has just started doin g a job.
someone who has just joined the a rmy.

recruit. 신입 사원이나 군대의 신병을 지칭.

His younger sister joins the same company as a rookie employee.
그의 여동생은 신입사원으로 같은 회사에 입사한다.

The board agreed to open a gate for the rookie.
신참에게 기회를 주기로 이사회는 합의했다.

---

root [rut]

뿌리가 대지에 뿌리내림. 그런데 이 뿌리가 밖 = out으로 나오면 없애다 = 근절하다란 비유적 의미

root out : 뿌리 뽑다

In a bid to root out corruption, APEC endorsed the a commitment to fight corruption.
부패를 발본색원하기 위해 APEC은 부패와의 싸움에 대한 약속을 지지했다.

---

rope [roup]

다이나마이트의 실 끝부분에 불이 붙어 곧 폭발되기 직전의 모습 연상.

be at the end of one's rope : 진퇴유곡에 빠지다

The board was at the end of its rope.
이사회는 속수무책이었다.

---

rote [róut]
암기

repetition

note. 노트에 적어 달달 암기하면서 반복적으로 공부하는 모습 연상.

Children learn things like grammar by rote.
아이들은 문법 같은 것들은 암기하여 배운다.

An unreasonable way to study is to do it by rote.
기계적으로 외우는 것은 비합리적인 공부 방법이다.

---

rotundity [routʌ́ndəti]
원형, 비만

roundness

round < rotund. 살이 많이 찐 사람을 한국어에서는 '굴러간다'는 표현과 연관.

He demonstrates that rotundity is no obstacle to agility.
그는 비만한 사람도 민첩할 수 있다는 것을 실지로 보여준다.

---

rough [rʌ́f]
거칠거칠한

tough

▌rough < tough 철자 r과 t의 차이만 있음

A car is bouncing along the rough road.
차가 울퉁불퉁한 길을 상하로 흔들리며 달리고 있다.

The bus jolted its passengers over the rough road.
버스는 울퉁불퉁한 길을 덜커덩 거리며 승객을 태우고 갔다.

▌rough가 들어간 표현 중 rough-and -ready는 졸속 으로 일을 처리하는 것을 말합니다.

rough-and -ready : 졸속으로 일을 처리

I wanted a neat report, but what he gave me was rough and ready.
나는 깔끔한 보고서를 원했지만 그가 나에게 준 것은 조잡했다.

---

round [raund]

▌둥근 = round는 날카로움이 아니라 원만함을 의미.

round off : …을 둥그스름하게 하다, 마무리하다

Young scientists will round off the Korean German Sci-Tech Foru m.
젊은 과학자들은 한–독 과학기술포럼은 막을 내릴 것이다.

roundabout : 간접적으로

She refused his proposal of marriage in a roundabout way.
그녀는 그의 결혼 신청을 완곡하게 거절했다.

---

rout [ráut]
패주, 떠들썩한 군중, 추진하다

drive out

▌out < rout. 안에 있다 쫓겨 밖으로 나감.

The dictator is still in power while his armies were in rout.
그 독재자의 군대는 대패했지만 그는 여전히 권력을 유지하고 있다.

---

routine [ruːtíːn]
일상적인 일, 판에 박힌 일

regular

▌root. 가지는 바람에 흔들리지만 나무뿌리는 흔들리지 않고 늘 그 자리에 고정적으로 있습니다.

Keeping a diary is an everyday routine of mine.
일기 쓰기는 나의 일상적인 일과이다.

She wants to escape from the same routine.
그녀는 똑같은 일상사에서 벗어나고 싶어 한다.

---

row [rou]

▌row = 줄 = line. 줄지어 서있는 사람 모습 연상.

in a row : 연속적으로

Fires broke out at three different places in a row.
화재가 세 군데서 연거푸 일어났다

R

rowdiness [ráudi]
난폭한, 떠들썩한

disorder

▌row. row는 노를 젓는 행동입니다. 각국 에서는 노를 저어 경기를 하는 조정 경기가 하나의 큰 축제입니다. 이런 날은 사람들이 자기가 응원하는 팀의 승리를 외치면서 야단법석이 나죠.

Their rowdiness provoked accusations of being dangerous.
난폭성 때문에 위험하다는 비난이 일고 있었다.

Rubicon [rubikn]

▌이탈리아 국경을 흐르는 강 이름, 비유적으로는 아래의 어구처럼 결정 = decide 의미.

cross the Rubicon : 중대결정을 하다(Caesar가 Rubicon 강을 건넜을 때 한 말)

Whether or not to move overseas was a cross the Rubicon for the family.
해외로 이주할 것인가 말 것인가가 그 가족에게는 매우 중대한 결정이었다.

ruddy [rʌ́di]
불그스레한

reddish

▌red - rud. 건강한 사람의 얼굴 연상

A ruddy sky.
놀이 진 하늘.

As he was very ruddy, I was sure he was healthy.
그의 혈색이 좋아서 그가 건강하다고 확신했다.

rudimentary
[rú:dəméntəri]
기본의, 초보의

elementary

▌elementary와 두 운을 제외하고 운율이 같습니다. rudi = unformed = rough.

I have only a rudimentary knowledge of Latin.
나를 라틴어에 대한 기초적인 지식만을 가지고 있다.

He received only a rudimentary education.
그는 단지 기초적인 교육만을 받았다.

rue [ru:]
후회하다

regret

▌다른 사람에게 '누'를 끼쳐 후회하고 유감스럽게 생각하다. 한국어의 '루 =누'. 누를 끼쳐 진심으로 사과 드립니다를 연상

You'll live to rue it.
언젠가는 그것을 후회할 것이다.

ruffle [rʌ́fl]

▌ruffle은 주름살. 화가 나면 이마에 생기는 주름살 연상.

ruffle (up) one's feathers : 화나게 하다

You ruffle your feathers too easily. It makes others feel uneasy.
너는 화를 너무 잘 내. 사람들이 불편해 해.

rug [rʌ́g]

▌rug는 양탄자. 아래의 있는 양탄자를 위로 잡아당겨 양탄자 위에 있는 사람이 넘어지는 모습 연상.

pull the rug from under a person : 남의 계획을 망치다

You pulled the rug from under your dad.
넌 네 아버지 계획을 망친 거야.

rugged [rʌ́gid]
울퉁불퉁한

rough

rug. 목욕탕 앞에 있는 깔판의 표면은 울퉁불퉁.

He climbed a rugged cliff.
울퉁불퉁한 절벽을 등정했다.

ruin [rú:in]
폐허, 파멸

destroy

rush. 천천히 생각하면서 일을 합시다. 급하게 서두른다고요??? rush하다보면 일을 망칠 수가 있어요.

An oil spill would ruin his fishing business.
석유 유출은 그의 어업을 망칠 것이었다.

If I let the cat out of the bag, that will ruin the fun.
비밀을 미리 알려주면 재미가 없어지잖아.

rule [rul]

자가 없어 엄지 손가락으로 대충 측정

a rule of thumb : 주먹구구, 손대중, 경험으로

As a rule of thumb, you can expect a new battery to last about a year.
경험으로 보아, 새 전지는 약 1년 간다고 생각하면 됩니다.

ruminate [rú:mənèit]
(곰곰이) 생각하다

ponder

소는 위가 여러 개로 구성되어 계속 소화를 시킴. 이런 모습은 비유적으로 숙고하는 것과 연관.

The cow is ruminating its cud.
소가 먹은 것을 되새기고 있다

She ruminated upon what her teacher had said.
그녀는 선생님의 말씀을 여러 차례 되새겼다

rummage [rʌ́midʒ]
샅샅이 찾다, 찾아내다

search

rum = run. 특별 수사대들이 집안을 급습하여 증거가 될 물건이나 범인들을 찾음.

I began to rummage for the ticket in my pockets.
차표를 찾기 위해 호주머니를 뒤지기 시작했다.

He was rummaging about among the documents.
그는 문서를 뒤적거리며 무언가를 찾고 있었다.

run [rʌ́n]
경영하다

manage

run은 기본적인 의미가 달리다 이지만 비유적으로는 운영하다.

The new leadership will run the party through the next two years.
새 지도부는 앞으로 2년간 당을 운영하게 된다.

run down [rʌ́ndáun]
피곤한

invalidated

한국어에서도 '힘이 쭉 빠지다' 에서 보듯이 down은 아래로 이동이니, 비유적으로는 힘이 없음을 나타냅니다.

I've been feeling really run down.
요즘 정말 많이 피곤했거든

R

run - of - the - mill

[rʌ́nəvðəmíl]
보통의, 평범한

common

mill = factory. 한국에 이전에는 물레방아를 이용하여 쌀을 가루로 만들었습니다. 로마등에서는 전쟁을 하고 잡혀 온 노예들은 잠자는 시간만을 제외하고 물레방아를 밟으며 = 돌리며 = run하며 짐승처럼 인생을 살았습니다. 그래서 이 어구는 귀족이 아니라 '평범한' 이란 뜻을 가지고 있습니다.

That was a run-of-the-mill performance.
그 공연은 보통이었다.

Your plan is just too run-of-the-mill.
너의 계획은 너무 평범하다.

run이란 철자가 들어가 있는 아래의 표현도 중요한 어구들입니다.

숙어

rung : (사다리의)가로대, 단계

the bottom rung : (사다리의) 제일 아랫단, ((비유)) 가장 낮은 지위

the highest rung : (사다리의) 제일 윗단, ((비유)) 가장 높은 지위

on the top rung of the ladder : 절정에, 최고 단계에

Africa still occupies the bottom rung of the world's economic ladder.
아프리카는 세계에서 가장 못사는 나라이다.

사다리는 ladder. 이 단어와 연관된 아주 중요한 어구를 공부합시다.

climb the ladder : 출세하다(한국에서 사다리 타는 것은 특히 군대에서 군인들의 오락으로 과자들을 사먹기 위한 놀이의 일종. 하지만 영어에서는 promote의 의미. 한국에서 출세는 영어와는 다르게 사다리가 아니라 고속도로에 비유. 'A라는 사람은 출세가도를 달렸다' 에 보듯이 도로에 빗대어 말함)

The captain has to serve 15 years to climb a step on the organizational ladder.
대위는 승진하기 위해 15년간 근속해야 한다.

run errand : 심부름하다

He ran an errand for his mother.
그는 자기 어머니의 심부름을 했다.

I've got to run some errands on my lunch break.
점심시간에 볼일을 끝내야만 해.

runoff : 결선 투표

The Socialist candidate lost his spot in a runoff against Mr. Chirac to far-right candidate Jean-Marie Le Pen.
사회당 후보는 시라크와 벌이는 결선투표에 진출할 기회를 극우파 후보인 장마리 르 펜에게 빼앗겼다.

run-up : 준비 기간, 급상승

Beijing is so vigilant in the run-up to Sydney.
중국이 시드니로 가는 준비단계에서 경계를 하고 있다.

ruse [rú:z]
책략, 계략

trick

rouge. 한국어에도 '화장발' 이나 '조명발' 이라는 말이 있어요. 은은한 조명 아래 때 배고 광낸 S양의 루즈 칠한 아름다운 입술에 반한 A씨. 첫눈에 뿅 갔는데 나중에 알고 보니 모두 성형미인, 속았다고 생각을 했지만 너무 늦었네요. 사랑에 푹 빠졌으니...

I have brought you here by a ruse.
너를 속여서 여기에 데리고 온 것이다.

---

rustic [rʌ́stik]
시골의

pertaining to country people

lust < rust. lust = light. 대 도시는 전등이 많아요. 하지만 일반적으로 점점 시골은 경제의 침체로 공장의 기계들도 녹슬어 가고 있어요. rust는 아무래도 도시보다는 시골과 연관이 있죠. 번쩍 번쩍 빛이 난 다음 녹이 슬기 때문에 철자도 l 다음에 r. 그래서 lust < rust

She was repelled by his rustic manners.
그녀는 그 남자의 촌스러움에 싫증이 났다.

The village has a certain rustic charm.
그 마을은 뭔가 시골 풍의 매력이 있다.

---

rustle [rʌ́sl]
살랑살랑 소리

makes soft sounds

bustle = 부산하게 움직이다. < bus < bustle < rustle. 버스가 부산하게 움직이는 소리와 연관해 보세요.

The wind rustles the leaves.
바람이 불어 나뭇잎이 바삭거린다.

Even you get a rustle on, you can't arrive there in time.
걸음을 재촉한다고 하여도, 제 시간에 도착할 수 없다.

---

ruthless [rú:θlis]
무자비한

merciless

ruth = sorrow + less = not

The country is ruled by a ruthless dictator.
그 나라는 무자비한 독재자에 의해 통치되었다.

Silmido Unit members were trained ruthlessly on a remote, deserted island.
실미도 부대원들은 서해에 위치한 한 섬에서 가혹한 훈련을 받았다.

R

[ACTUAL TEST]

밑줄 친 낱말과 동의어를 고르세요.

1. Traveling around Asia for most of the past month, I have been struck by the relentless focus on education.

(A) unyielding (B) unreliable (C) unrelated (D) hospitable

2. Rhode Island's refusal to ratify the necessary amendment stood in the way.

(A) rectify (B) rejection (C) change (D) absorb

3. Liberals tend to hold the bribe-giver as somehow more reprehensible, as in some way corrupting the taker. In that way they deny the free will and the responsibility of each individual for his own actions.

(A) redeemable (B) moronic (C) heinous (D) misleading

4. Staff morale among IT workers is at rock-bottom as companies have cut budgets and ditched staff in a bid to ride out the prolonged downturn in the industry.

(A) conserve (B) transform (C) overcome (D) force

5. It is our reprehensible nature to welcome flattery.

(A) amiable (B) ignoble (C) blameworthy (D) commonplace

6. Boy, have I been in a real rut lately! Same old run-of-the-mill stuff day after day.

(A) difficult (B) exciting (C) boring (D) humorous

7. She racked her brains, trying to remember exactly what she had said.

(A) thought very hard (B) combed her hair
(C) asked her assistance (D) took a deep breath

8. The column was decorated in high relief with scenes from Greek mythology.

(A) very pleasantly (B) bearing no relation
(C) for the purpose of religion (D) with designs that stick out a lot

9. The infamous Hatfield-McCoy feud began in earnest when, in 1882, the Hatfield requited the slaying of Ellison Hatfield by executing three McCoy brothers.

(A) avenged (B) compensated (C) reimbursed (D) accentuated

10. At some point the Babylonians began observing the 7th, 14th, 21st and 28th days of each month. These days, called the "sabattu", were considered unlucky days, and everyone

was supposed to refrain from certain activities. Eventually the "sabattu" became rest days.

(A) go about (B) assign to another person
(C) deliberately do not do (D) commence on

11. The foreign minister reiterated his view on the incident.

(A) changed (B) repeated (C) publicized (D) presented

12. Samuel L. Clemens, best known as Mark Twain, is as the same revered as a classic American writer and one of the most popular in the United States and abroad.

(A) recreated (B) renounced (C) respected
(D) remembered (E) recovered

13. Our telemarketing fundraising section would like to raise $3,000 by the end of the year.

(A) increase (B) call for (C) receive (D) collect

14. In the future, we predict that many companies will rely on the information highways.

(A) resort to (B) take off (C) get in (D) lie on

15. Especially, the last chapter of the book was riveting. I couldn' t help reading it.

(A) boring (B) enlightening (C) informative (D) very interesting

16. Fifty years later he knew, and they knew as well, that there was no way to rectify his betrayal.

(A) correct (B) qualify (C) integrate (D) disdain

[FILL THE PROPER WORD IN THE BLANK]

빈칸에 들어갈 적당한 단어를 고르세요.

17. My complaint against journalists is not that they behave badly in the course of duty, but their inability to ________ into a human being when it's over.

(A) recoil (B) transfigure (C) act
(D) succeed (E) remain

18. People in our neighborhood opposed a road-building program because they reckoned that its environmental ________ had not been fully considered.

(A) redemptions (B) ramifications (C) radiations (D) reactions

19. The country faces famine and ________ diseases.

(A) maudlin (B) equitable (C) dulcet (D) rampant

20. The parents of the abused child demanded her teacher' s resignation, saying his behaviour had been ________.

(A) nonaligned (B) juridical (C) reprehensible (D) forensic

21. a) There is a great deal of ________ tape involved in getting a work permit.
b) I can' t afford a holiday this year. I' m 1,000 dollars in the ________.
c) He was caught ________-handed stealing money from the cash register.

(A) black (B) white (C) green (D) red

22. As a ________ of the thumb, a cup of filtered coffee contains about 80 percent of caffeine.

(A) rule (B) fact (C) matter (D) principle

[EXPLANATION]

1. [VOCA]

relentless 끊임없는 unyielding 완고한, 단호한 unreliable 믿기 어려운, 신뢰할 수 없는 unrelated 관계없는 hospitable 친절한

[TRANSLATION]

지난 달 내내 아시아를 여행 하면서 교육에 관해 끊임 없는 관심에 나는 깊은 인상을 받았다.

[ROPES]

relentless는 '끊임없는'으로 endless와 동의어

[ANSWER] A

---

2. [VOCA]

ratify 비준하다, 승인하다 amendment 개정, 수정(안) rectify 고치다 approve 승인하다 absorb 흡수하다 stand in the way 방해되다

[TRANSLATION]

필수적인 수정안 비준에 관해 Rhode Island주의 거부는 방해가 되었다.

[ROPES]

re = back. 상대방의 선물이나 제안을 거부하는 것은 뒤에 놓는 것과 연관.

[ANSWER] B

---

3. [VOCA]

reprehensible 비난받을 만한, 나쁜 heinous 나쁜 redeemable 구제할 수 있는 oronic 저능의 misleading 오해케 하는, 현혹시키는 liberal 자유주의자, 진보주의자 bribe 뇌물 corrupt 타락시키다 responsibility 책임

[TRANSLATION]

자유주의자 들에게 뇌물을 주는 사람은 뇌물 받는 사람을 부패하게 만드는 것으로 보아 더 나쁜 것으로 생각하는 경향이 있다. 그런 방식으로 그들은 자기 자신의 행동에 대한 각 개인의 자유의지 와 책임을 부정한다.

[ROPES]

re = 다시 + pre = 미리 + hens = catch. 나쁜 사람들을 경찰이 붙잡는 모습 연상.

[ANSWER] C

---

4. [VOCA]

ride out (곤란을) 이겨내다(overcome) morale 사기 rock bottom 최저, 바닥 ditch 도랑을 파다; (동료를) 버리다 in a bid ~하기 위하여 downturn 하락, 침체 conserve 보존하다 transform 변형시키다

[TRANSLATION]

정보 기술 업계 에서는 회사들이 장기화된 불경기를 극복하기 위해 예산을 삭감하고 인원을 감축하기 때문에 직원들의 사기가 땅에 떨어 졌다.

[ROPES]

파도를 타고 ride 위험한 곳을 벗어나는 out 것처럼 비유적으로 어려움을 극복하는 과정이 ride out.

[ANSWER] C

5. [VOCA]

reprehensible 비난 받을만한 amiable 친절한 ignoble 천한 commonplace 평범한

[TRANSLATION]

아침을 좋아하는 것은 우리의 비난 받을만한 천성이다.

[ROPES]

reprehensible은 back. 앞은 긍정이지만 뒤는 부정적인 의미와 연관

[ANSWER] C

6. [VOCA]

rut 판에 박힌 생활 run-of-the-mill 평범한, 흔히 있는 stuff 일, 물건 day after day 매일매일

[TRANSLATION]

요즘 정말 다람쥐 체바퀴 도는 생활이야! 매일 매일 옛날과 똑같이 지루한 일들의 연속이야.

[ROPES]

mill은 이전의 공장들이고 run은 '운영하다' 혹은 '돌리다'는 의미. 고대 로마등 에서 포로로 잡아 온 사람들을 이용하여 하루 종일 이전 한국의 물레방아같은 것을 이용하여 곡식을 빻는 공장에 일을 시킨 것처럼, 이들도 노예로 일을 시킴. 그래서 평범한 일을 하는 것을 run-of-the-mill이라고 함.

[ANSWER] C

7. [VOCA]

rack one's brains 머리를 짜내다 comb one's hair ~를 몹시 꾸짖다 take a deep breath 한숨 돌리다, 심호흡하다 assistance 도움

[TRANSLATION]

그녀는 자기가 말했던 것을 정확하게 기억 해내려고 노력 하면서 머리를 쥐어짰다.

[ROPES]

rack은 선반. 키가 작아 선반에 물건을 올려 놓으려고 하는데 잘 되지 않아 힘들어 하는 사람을 연상 해보세요.

[ANSWER] A

8. [VOCA]

in high relief 아주 돋보이게, 눈에 띄게 relief 구원, column 기둥, [신문] 특별 기고란 decorate 장식하다 mythology 신화 bear no relation to ~와 전혀 어울리지 않다 stick out 두드러지다

[TRANSLATION]

그리스 신화에 나오는 사건들이 그 기둥에 아주 눈에 띄게 장식되어 있었다.

[ROPES]

relief는 미술과 관련되어 쓰이면 '부조'를 의미

[ANSWER] D

9. [VOCA]

requite 보상하다, 보복하다 avenge 복수하다 infamous 악명 높은 feud 싸움 earnest 진지하게 slay 살해하다 compensate 보상하다 reimburse (빚을) 갚다 accentuate 강조하다

[TRANSLATION]

악명 높은 Hatfield와 McCoy의 싸움은 Hatfield 가문에서 McCoy 가문의 세 명의 형제를 죽임 으로써 1882년 Ellison Hatfield의 학살에 앙갚음을 했을 때 본격적 으로 시작되었다.

[ROPES]

re + quite 〈 quiet. 다시 조용하게 했다. 보상을 해주거나 보복을 다시 하면 상황은 조용해집니다.

[ANSWER] A

10. [VOCA]

refrain 그만두다 sabattu 안식일(사바뚜) 〈 sabath. go about 돌아다니다 assign 재산을 양도하다 deliberately 신중히 commence 시작되다

[TRANSLATION]

어느 시점부터 바빌론 사람들은 매 달 7일, 14일, 21일 그리고 28일 을 준수하기 시작했다. '사바뚜(sabattu)' 라 불리어지는 이 날들은 불운한 날로 생각 되어졌고, 모든 사람들이 어떤 행동들을 하지 않기로 되어 있었다. 마침내 사바뚜는 안식일이 되었다.

[ROPES]

refrain은 '그만두다' 로 stop과 동의어

[ANSWER] C

11. [VOCA]

reiterate 반복하다 publicize 공표하다 present 선물로 주다, 제출하다

[TRANSLATION]

그 사건에 관해 외무부 장관은 자신의 생각을 반복하여 말 했다.

[ROPES]

re = 다시 = over and over = again

[ANSWER] B

12. [VOCA]

classic 모범의, 대표의 recreate 휴식하다 renounce …을 포기하다 recover 회복하다

[TRANSLATION]

Mark Twain으로 널리 알려져 있는 Clemens는 미국 작가로서 최고의 존경을 받고 있으며, 미국과 해외에서 가장 인기 있는 사람 가운데 하나이다.

[ROPES]

rever는 re = again + ver = turn. 존경하는 사람을 보기 위하여 반복적으로 돌아서 보게 되지만 싫어하는 사람은 쳐다보지 않음

[ANSWER] C

13. [VOCA]

telemarketing 전화판매 fundraising 자금 조달, 기금 마련 raise vt. 올리다 (돈을) 모으다 (=collect) call for 부르다 청하다

[TRANSLATION]

올해 말까지 우리의 전화 판매 기금 조달 부서는 3,000달러를 모으길 희망한다.

[ROPES]

raise는 개체를 위로 올리는 공간적 의미 이외에 '(돈등을) 모으다'는 비유적인 뜻으로 의미 확대

[ANSWER] D

14. [VOCA]

rely on 의존하다 information highway 정보고속통신망 take off 벗다, (비행기) 이륙하다 get in 들어가다 lie on 눕다

[TRANSLATION]

우리는 미래에 많은 회사들이 정보 고속통신망 에 의지하게 될 거라고 예측한다.

[ROPES]

rely on은 '의존하다'로 depend on, hinge on등과 동의어이다.

[ANSWER] A

15. [VOCA]

rivet 매혹적인 cannot help ~ing ~할 수 밖에 없다(help는 돕다가 아니라 피하다는 의미) enlightening 계몽적인 informative 정보를 주는, 유익한

[TRANSLATION]

그 책의 마지막 장은 특히 재미있다. 나는 그것을 읽을 수 밖에 없었다.

[ROPES]

관심을 가지는 것에는 시선을 고정시킵니다. rivet는 원래 물건을 고정하는 '나사'.

[ANSWER] D

16. [VOCA]

rectify 교정하다 betrayal 배반 correct 고치다, 옳은 qualify 자격을 주다, 제한하다 integrate 통합하다 disdain 무시하다

[TRANSLATION]

50년 후에 그와 그들은 그 남자가 배신을 할 것이라는 것을 알았다.

[ROPES]

correct < rectify (-ify는 동사형 어미)

[ANSWER] A

17. [VOCA]

complaint 불만 journalist 언론인 recoil 되돌아가다, transfigure 변형시키다

[TRANSLATION]

언론인들에 대한 나의 불만은 그들이 일 처리 과정 중에 잘못 되게 행동 하는 것이 아니라 일이 끝나고 나서 한 사람의 인간으로 되돌아가지 못한다는 것에 있다.

[ROPES]

recoil은 re = again + coil. 코일을 다시 원 상태로 감는 모습 연상

[ANSWER] A

18. [VOCA]
reckon 평가하다 redemption 되찾음, 상환 ramification 결과 radiation (빛 등의) 방사, 복사 reaction 반발
[TRANSLATION]
이웃 주민들은 도로건설을 할 경우 환경적 결과를 완전히 고려하지 안했다는 이유 때문에 그 프로그램에 반대했다.
[ROPES]
환경적인 문제를 고려하지 않았기 때문에 주민의 반대가 있었습니다. 그래서 밑줄에 들어 갈 것은 결과나 영향에 해당되는 표현을 고르세요.
[ANSWER] B

19. [VOCA]
maudlin 감상적인 equitable 공정한 dulcet 감미로운 rampant (병, 소문이) 만연하는
[TRANSLATION]
그 나라는 가난과 만연하는 질병에 직면해 있다.
[ROPES]
famine and ______는 A and B 구조. A와 B는 비슷한 의미가 오게 됩니다. 사람이 먹지 못하면 질병이 창궐하겠죠.
[ANSWER] D

20. [VOCA]
nonaligned 중립적인 juridical 법의 reprehensible 비난할 만한 forensic 법정에서 abused 학대받은 resignation 사임, 사표 behavior 행동
[TRANSLATION]
부모는 자신의 자녀가 학대를 당했기 때문에 그 선생님의 사직을 요구하면서 이런 행동은 비난받아 마땅하다고 말했다.
[ROPES]
abuse가 힌트어구. 자녀가 선생으로부터 학대 받았다면 당연이 그 행동은 비난을 받아야 해요.
[ANSWER] C

21. [VOCA]
red tape 관료적 형식주의 permit 허가 afford ~할 여유가 있다 in the red 적자 red-handed 현행범으로
[TRANSLATION]
a) 작업 허가를 받는 것에 관련된 아주 많은 관료적 형식주의가 있다.
b) 나는 올해 휴가를 갈 경제적 여유가 없다. 나는 올해 1,000달러의 적자상태다.
c) 그는 금전등록기에서 돈을 훔치다 현행범으로 체포되었다.
[ROPES]
red는 예수님의 피를 상징하기 때문에 긍정적인 의미가 우선입니다. 예를 들어 red carpet은 환영하다 = welcome의 뜻이죠. 하지만 세상은 항상 양면성이 있어요. 그래서 한 단어에도 이중적인 면이 있어 red는 적자(엘리자베스 1세 여왕이 적자를 빨간 잉크로 표시 한 것에 기원), 형식주의(red tape. 빨간 테이프라고 해서 포르노 테이프를 생각해서는 안 됩니다. 여왕이 읽어 볼 문서를 빨간 테이프로 감쌌고 이를 여왕이 읽어 본 후 다시 묶는 것처럼 철자가 복잡)처럼 부정적인 맥락에도 쓰이게 됩니다.
[ANSWER] D

R

22. [VOCA]

as a rule of thumb 대충, 경험으로 보아 filtered 여과한

[TRANSLATION]

대충 여과한 한 잔의 커피는 대략 80mg 의 카페인을 함유하고 있다.

[ROPES]

as a rule of thumb은 대략으로 [about, around + 숫자]와 유사어.

[ANSWER] A

S

S로 시작하는 철자들 이것만은 꼭 알자

S

1. 섹션 신문에서 section은 부분을 나타냅니다. 부분은 전체에서 분리된 것이죠. 그래서 철자 se-가 있으면 분리 = away입니다.

분리

AWAY	SE

예) seduction / separate / seclude

원래 우리 인간은 남녀로 분리된 것이 아니라 하나였지만 건방을 떨어 하느님의 미움을 사서 서로 분리가 되었다고 해요. 그래서 서로 분리된 사람들이 se-가 서로 잡아당기다 = duc. 그래서 seduction은 '유혹'이고, separate는 서로 분리되기 때문에 남녀가 같이 살다가 별거하는 것을 말하는 낱말입니다.

2. st-철자가 들어가면 어떤 느낌을 떠오르나요? 그리고 가장 먼저 생각하는 단어는 무엇인가요? 보통은 stick이란 단어가 생각이 날 것입니다. 요즘은 그런 부모도 거의 없겠지만 이전 자녀들이 말을 듣지 않으면 막대기를 들고 자녀를 혼내던 부모. 그래서 st-란 철자는 '유연함'이 아니라 '강함' =

strong과 관련이 되어요. 또한 string = 실/줄처럼 st-은 묶는 것 = tie와 연관 있습니다

강한

STRONG	ST STR

예) stress / stimulate / stricken / strict stocky / stack / string / strict / constrict / stringent

3. simulation은 말을 우리는 자주 듣게 됩니다. 현실과 똑 같은 상황을 컴퓨터를 통해 재현을 해준다는 것으로 sim-는 same과 같습니다.

같은

SAME	SIM

예) simile / simultaneous / simulation

4. sup = sur는 p와 r의 철자의 변이만 있을 뿐 모두 '위' 와 관련 있습니다.

위

UP	SUP

예) superficial / supervise / surrealism / superfluous

superficial에서 위로만 만들어졌다는 것은 안 혹은 속이 별 볼일 없는데 겉만 좋다는 말입니다. 그래서 피상적이란 부정적인 암시를 하는 단어입니다.

5. 지하철은 땅 아래로 다니기 때문에 subway에서 sub-는 '아래' 입니다.

아래

UNDER	SUB

예) subway / subversive / submit

6. 혼자 노래를 하거나 연주하는 것은 solo이지만 여러 사람이 공동으로 연주하는 경우는 concert 또는 symphony라고 해요. syn = sym은 '함께' =with.

함께

WITH	SYM

예) symptom / syndrome / synergy

7. 사회란 society에는 soci-란 철자들이 있어요. 사회는 혼자 살아가는 것이 아니라 여러 사람들이 관련을 맺으면서 더불어 살아가기 때문에 soci-는 연관 = relation의 의미가 있습니다.

S

모임/ 연관

COMPANY	SOCI

예) association / society / sue / social / sequel

위의 단어들 중 association은 사람들이 모여 만든 협회나 어떤 것을 다른 것에 비교해보는 연상이란 의미가 있어요. 나머지 단어들도 soci와 관련된 낱말들입니다.

8. 십자가는 예수님 때문에 신성함을 상징합니다. 그래서 crusade는 십자군이고 유럽에서 십자군들이 배를 타고 격전지인 이스라엘까지 항해를 했기 때문에 cruise는 '항해하다'입니다. 같은 천주교도로부터 공격을 받았던 동로마 인들에게는 십자군들은 가혹한 사람이었어요. 그래서 crucial은 '가혹한' 입니다. 십자가와 관련된 철자로는 sa-가 있어요. 그래서 sa-철자가 들어가면 holy와 연관이 됩니다.

십자가

CROSS	SA

예) saint / sacrifice / sanctuary / consecrate / execrate

성자들을 가르켜 saint라고 하고, 천주교가 이교도일 때 원형 경기장에서 사자의 밥이 되면서도 끝까지 주님을 찾았던 천주교인 때문에 sacrifice는 '희생' 입니다.

9. sign은 상대방에게 말 대신 몸짓으로 하는 제스처의 일종입니다. 물론 말을 하지 못하는 분들을 위한 sign language는 '수화' 예요. 또한 sign은 종이에 표시 = mark는 사인, 특히 공식 계약서들에 사인을 할 때는 신중을 기하고 중요하기 때문에 아래의 예들 중 significant는 중요함이란 의미가 됩니다.

서명

MARK	SIGN

예) sign / signal / signature / significant / assign / consign / design / resign / signify

10. 연예인들은 스타가 되기 위해서 많은 돈이 필요하다고 합니다. 그래서 돈을 대 줄 수 있는 스폰서가 필요하겠죠. vov/spon = promise

희망

PROMISE	SPON VOV

예) sponsor / spontaneous / spouse / respond / devote / vote / vow / despondent

위 단어들은 희망이나 약속과 관련된 어구들로 spouse는 무슨 뜻일까요? '배우자' 입니다. 그 이유는 무엇일까요? 결혼 전 배우자가 될 사람에게 비전을 제시 해주어야 남자는 여자와 여자는 남자와 결혼을 하겠죠.

11. stand는 '서 있고', 이와 뜻이 유사한 단어들은 stit-라는 철자가 있습니다. 서 있다는 동적이 아니라 정적인 모습을 나타냅니다.

서 있다

STAND	STIT

예) stage / stamina / static / stool / system / constitute / destitute / institute / statute / substitute / status / state / estate / station / static / stable / stem / constant / distant / instant / assist / consist / desist / exist insist / persist / resist

12. 눈치가 있는 사람들을 우리는 '센스' 가 있는 사람이라고 합니다. sen-라는 철자가 있는 단어들은 느끼다 = feel연관이 있습니다.

느끼다

FEEL	SEN

예) sense / sensible / sensitive / sensation / sentiment / sentence

sense에는 형용사가 둘 있는데 sensible은 긍정적인 문맥에 사용되는 '영리한' 이고, sensitive는 부정적인 의미로 '예민한' 입니다.

13. 높은 정상은 top이지만, 높은 것과 관련하여 사용되는 것으로 sum-이란 철자가 있습니다.

높은

HIGH	SUM

예) summit / summary / consummate

14. seq는 '뒤 따르다' 로 follow입니다.

따르다

FOLLOW	SEQ

예) consecute / obsequious / sequent / subsequent

15. 산에 '오르다' 에서 '오르다' 에 해당되는 표현은 climb입니다. 그럼 라틴어에서 파생이 된 영어 단어들에는 어떤 낱말들이 있는지 공부 합시다.

오르다

CLIMB	SCAND	SCEND

예) ascend / descend / condescend / transcend

sabotage [sǽbətɑ̀:ʒ]
파업

walk out

▌사보타주는 고의로 공장들의 물건을 파괴하는 파업.

Syria worked to sabotage the Clinton administration's efforts.
시리아는 클린턴 행정부의 각종 노력을 방해했다.

sack [sǽk]

▌sack관련어구.

get the sack : 해고당하다, 파면되다(이전에는 공장에 연장을 담은 자루를 보관. 쫓겨날때 sack을 받음)

hit the sack : 자다 (벼개 대신 sack을 베고 잠)

If you don't work harder you'll get the sack.
만일 당신이 열심히 일하지 않으면 해고당할 것이다.

sacred [séikrid]
신성한

holy

▌sacrificed = sacr - holy + fic = make.

Marriage is sacred.
결혼은 신성한 것이다.

The sun was held sacred in ancient times.
고대에는 태양이 신성시 됐다.

S

saddle [sǽdl]

▌말의 안장이 saddle. 말을 탄 기수는 안장에 앉기 때문에 말 입장 에서는 이 기수를 짊어지게 됩니다. 비유적으로 부과 = impose의 의미.

saddle with : …을 부과하다

Efforts mostly failed and left many farmers saddled with huge debts.
노력은 대부분 실패했고 수많은 농민들이 빚더미에 올라앉게 되었다.

sadistic [séidizm]
사디즘, 가학성 성애

inclined to cruelty

▌Sade. 성적 대상에게 육체적 · 정신적 고통을 주어 성적 만족을 얻는 변태 성욕. 프랑스의 소설가인 사드의 이름에서 파생된 단어. 특히 그는 '소돔의 120일' = 'Les 120 Journ?es de Sodome' 을 썼는데, 수없이 다양한 성적 도착 행위를 그림처럼 생생하게 묘사했습니다.

The sadistic murder of a two-year-old boy provoked public outrage.
두 살 난 사내아이를 가학적 으로 살해한 사건은 대중의 격분을 불러 일으켰다.

She subjected herself to Larry's sadistic mischief in “Dogville”.
그녀는 '도그빌' 에서는 래리 감독의 사디스트적인 연출을 잘 소화해냈다.

sag [sǽg]
처지다

droop

▌sack. 초등학교 학생들도 가방 sack에 많은 물건들을 담아 가기 때문에 어깨가 축 처지게 됩니다.

If you don't pull the rope taut, the tent will sag.
로프를 팽팽히 당기지 않으면 텐트가 처진다.

Productivity sags in an economic downturn.
생산성은 경기가 침체되면서 감소한다.

saga [sɑ́:gə]
전설, 모험담

scandinavian myth

▌'들은 것' 을 뜻하며, 북유럽 아이슬란드(Iceland)에 처음으로 정착한 가족과 그들의 이야기 및 신화들을 묶어 대화형 으로 집필된 '산문' 을 뜻합니다. 후에 어떤 주제를 놓고 입방아를 찧는 '가십' 이나 '루머' 등을 의미하기도 합니다.

The ongoing saga of boardroom intrigue.
중역 회의실에서 일어나는 음모에 관해 계속되는 이야기

Do you want to hear the latest episode in our house-hunting saga?
우리가 집을 구하면서 겪었던 여러 가지 이야기 중에서 최근의 일화를 듣고 싶니?

---

sagacious [səgéiʃəs]
현명한

wise

▌saga = 서가. 서가에는 많은 책들이 있고 서가는 '지혜의 보고' 입니다.

These words of the sagacious elder have come true.
현자의 말들은 사실이다.

---

salacious [səléiʃəs]
음란한, 음탕한

lustful

▌sala = jump . 외설적이고 음탕한 사람의 꾐에 넘어가 가슴이 설레 sala이는 모습. 가슴이 설레이면서 심장이 뛰어요.

He likes to tell salacious gossip.
음담패설 이야기 하는 것을 좋아한다.

---

salient [séiliənt]
현저한, 두드러진

noticeable

▌sal = jump. 정지되어 있는 것보다는 점프 하면서 움직이는 것이 눈에 두드러짐.

Salient features.
두드러진 특징.

She pointed out all the salient features of the new design.
그녀는 새 디자인 에서 두드러 지는 모든 특징들을 모두 지적하였다.

---

salutary [sǽljutèri]
건강에 좋은, 유익한

useful

▌라틴어 salut = health.

The accident is a salutary reminder of the dangers of climbing.
그 사고는 등산의 위험을 상기시켜 주는 유익한 사건이다.

Her calm manner had a salutary effect on the children.
그녀의 차분한 태도가 아이들에게 좋은 영향을 미쳤다.

---

salvage [sǽlvidʒ]
(해난)구조

rescue

▌salv = safe.

I had to salvage it from the trash.
고물 더미에서 찾아내야 했다니까요.

A Russian boat salvages simulated survivors.
러시아 선박이 가상 조난자들을 구조했습니다.

---

sanction [sǽŋkʃən]
재가, 제재, 인가

approve

▌sanc = holy. 동서양을 막론하고 신전에 들어가는 것은 아무나 들어 갈 수 도 그리고 허락 없이 들어가지 못했어요. 허락을 받아야만 했죠.

Both countries have been reluctant about imposing United Nations sanctions.
두 나라는 유엔 안전보장이사회가 제재를 가하는 안에 소극적인 입장을 보여 왔습니다.

---

sanctuary [sǽŋktʃuèri]
신성한 장소

shelter

▌sanc = holy. 성스러운 곳. 현대만 정치적인 망명을 하는 것이 아니라 정치적인 박해를 받을 때 고대에도 신전에 몸을 피했습니다.

How could you break sanctuary like that?
어떻게 그런 식으로 성역을 침범할 수가 있니?

The man of sin can not use a church as a sanctuary.
죄인은 교회를 성역으로 이용할 수 없다.

sanctum [sǽŋktəm]
성스러운 장소

private place

▌sanc = holy. 신전은 은밀한 장소.

I was allowed once into his inner sanctum.
나는 한번 그의 밀실 내부에 들어가 본 적이 있다.

sanguine [sǽŋgwin]
명랑한

buoyant

▌sang = 노래를 불러 신이 난 모습 연상. 히포크라테스의 혈액 질(Sanguine) 성향으로, 'San- guine' 의 어원이 피(blood)와 연관되어 다혈질 적이고 정열적(euthusiasm)을 의미합니다.

Sam is a man of sanguine temperament.
샘은 쾌활한 사람이다.

sanitary [sǽnətèri]
위생의, 위생적인

hygienic

▌라틴어 san = health.

Sanitary conditions should be improved to prevent malaria mosquitoes from breeding.
말라리아 모기가 피를 뽑는 것을 막기 위해 위생 여건이 개선 돼야 한다.

sap [sǽp]
수액

weaken

▌나무에서 송진처럼 흘러 나오는 물이 sap입니다. 나무처럼 몸에서 기운이 빠지면 사람은 약해집니다.

Spring has come and the sap of trees begin to rise.
봄이 되니 나무에 물이 오르기 시작한다.

The extreme heat sapped his strength and health.
극도의 더위로 그는 기력도 건강도 약해졌다.

sapient [séipiənt]
지혜로운

wise

▌sage = saga = sap = wise. 현대 인류의 조상을 호모 사피엔스라고 합니다. sapiens는 영리 wise하다는 의미.

Homo sapiens first arose in the Earth between 400 and 250 thousand years ago.
호모 사피엔스는 40만에서 25만년 사이에 지구상에 처음으로 등장했다.

sarcasm [sɑ́:rkæzm]
풍자

scornful remark

▌화가 나서 혀를 깨무는 모습과 연관.

The sarcasm is too pungent.
풍자가 지나쳤다.

Researcher have conceded that it will likely be "unable to perceive metaphor, sarcasm or irony".
연구자들은 그것이 은유나 풍자, 반어법을 인식할 수 없을 것이라고 인정했다.

sardonic [sɑ:rdɑ́nik]
냉소적인

sarcastic

▌sade. 사드에 대한 평가는 지금도 신랄 하지만 이전에는 아예 말을 꺼내지도 못할 정도로 심했습니다.

Both were praised for their sardonic wit.
사람들은 두 사람의 냉소 어린 재치를 높이 샀다.

SAT [sǽt]
미국 대학 입학 자격 시험

test

▌Scholastic Aptitude Test의 줄임말이 SAT. 미 학습 능력 적성 시험. 독일은 Arbitur. 영국은 A(advanced)-level이란 고등학교 졸업 자격시험이 있습니다.

He failed the College Scholastic Aptitude Test (CSAT) again.
그는 대학 수능시험에 또 떨어졌다.

sate [séit]
배부르게 하다

satisfy

▌sat = happy. 요일 중에 가장 기다려지는 요일은? 보통은 토요일이죠. 휴식은 모두들 행복한 시간. Saturday.

I want to sate myself with cheese cakes.
나는 치즈 케이크를 실컷 먹고 싶다.

satiate [séiʃièit]
(충분히) 만족시키다

satisfy fully

▌sat = happy. sat-철자가 들어가면 행복 = 만족과 연관.

He drank greedily until his thirst was satiated.
그는 갈증이 가실 때까지 탐욕스레 마셨다.

satire [sǽtaiər]
풍자

form of literature

▌sa(t) = enough +tire order. 충분히 순서 있게 하여 상대방을 말로 공격. 약자가 강자에 맞서기 위해 할 수 있는 것은 뒤에서 씹어대기. 이것이 풍자(satire)입니다. 그리고 풍자중 에서도 웃음 속에 가시가 돋아난 sarcasm(비꼬기, 빈정거림)이 특히 효과적인데, sarcasm의 어원인 그리스어 sarkasmos는 "개처럼 살을 물어뜯다"라는 뜻이니, 치열하고 악착 같음이 어느 정도인지 쉽게 상상할 수 있네요. 하지만 강자의 반격은 지적인 냉소주의(cynicism)를 통해서 이루어집니다. 원래 '견유주의'를 지칭하는 cynicism의 라틴어 어원 키니코스(cynicos)는 "개와 같은"이라는 뜻.

Her play was a cruel satire on life in the 80s.
그녀가 보여준 연극은 80년대의 삶에 관한 신랄한 풍자였다.

It's a satire where we've seen some audiences break down and cry
울음을 터뜨리고 흐느끼는 관객들도 있는 풍자극입니다.

saturate [sǽtʃərèit]
흠뻑 적시다

soak

▌sat = enough 부족하면 불행하고 충분하면 행복.

She saturated a handkerchief with water.
손수건을 물에 적시다.

In those days I saturated myself in English literature.
그 시절 나는 영문학 연구에 전념하고 있었다.

saturnine [sǽtərnàin]
우울한

gloomy

▌sat는 긍정적으로 happy입니다. 그러나 한 단어에는 아누스적인 반대의 의미도 있어요. 토성은 해왕성과 명왕성을 제외하고는 태양에서 가장 멀리 떨어져 있습니다. 정신 병원이 가장 먼저 생긴 곳도 영국. 남반부에 비해서 북반구가 춥기 때문에 정신병자가 많다고 합니다. 미국 과학자들의 연구에 의하면 계절적으로 겨울이 봄에서 가을까지 사이에 태어난 사람보다 정신적인 질병을 겪을 가능성이 많다고 합니다. 그럼 hot / love / cold 가 각각 써 있는 카드 중 2장만 뽑는다면 어느 카드를 뽑고 싶나요? 많은 미국 대학생들을 대상으로 한 심리학과의 실험에서 hot과 love카드를 뽑은 사람이 cold와 love를 고른 사람보다 정신 질환에 걸릴 가능성이 적었다고 합니다. 토성은 태양에서 멀리 있고 그래서 추운 곳에 있어 비유적으로 우울하다는 의미 파생. 토성을 둘러쌓고 있는 아름다운 띠는 망원경으로 보면 아름답지만 실제로는 우주의 쓰레기들 이라고 하죠.

He has a saturnine turn of mind.
그에게는 어두운 일면이 있다

There is something saturnine about him.
그는 어딘지 그늘진 데가 있다

---

saunter [sɔ́:ntər]
거닐다

stroll

▌산책을 의미하는 'saunter'는 집이 없다는 의미의 '상 테레(sans terre)'에서 유래됐습니다.

The bear sauntered by for some food.
곰은 먹을 것을 찾기 위해 어슬렁거리며 지나갔다.

The beggar sauntered through life.
그 거지는 빈둥거리며 일생을 보냈다.

---

savannah [səvǽnə]
사바나

vast meadow

▌사바나는 아프리카 동부와 미국 동남부등 (아)열대지방의 나무가 없는 대 초원을 말함.

He hunted a lot of animals in savannah.
사바나에서 그는 많은 동물을 사냥했다.

---

savant [sævɑ́:nt]
학자

scholar

▌saga = sava = wise.

He is a savant in his own estimation.
제 딴에는 큰 학자로 믿고 있다

---

save [séiv]
절약하다, ~을 제외하고는

except

▌저축 save을 하는 것은 매달 버는 돈의 일부를 제외 except하는 것

There was not a sound save that from time to time a bird called.
때로 새가 우는 일 이외는 아무 소리도 들리지 않았다.

S

savory [séivəri]
맛있는

enjoy

savory는 수프, 샐러드 등에 많이 사용되며 다른 향신료와 함께 섞어서 사용되기도 합니다. 향신료의 일종으로 spice = 향신료. 향신료하면 먼저 음식에 쓰이는 양념이라 생각하지만 고대에서는 주로 신전에서 신과 가까이 하기 위해 향을 피우는데 쓰이는 재료, 시체를 보존하는데 쓰이는 향유, 몸에 난 상처에 바르는 연고, 이성을 유혹하는 향수 등에 사용되다가 AD 1세기의 로마시대에 이르러야 향신료는 음식에 쓰이는 양념 으로의 사용이 증가하기 시작했고, 특히 중세의 유럽에서는 신선한 음식이 귀한 때여서, 조미의 역할과 더불어 음식의 부패를 막으며, 상한 음식을 먹어도 탈이 나지 않게 하고, 가장 중요한 부분으로는 상한 음식의 역한 냄새를 피하기 위해 스파이스를 이용했어요. 가장 대표적으로 지금 우리가 자주 먹는 카레는 인도의 가난한 사람들이 상한 음식을 먹기 위하여 냄새를 가리고 먹어도 탈이 나지 않게 쓰이던 것입니다. 향신료는 혀만을 즐겁게 해주는 역할만을 인간에게 제공한 것이 아니라 이 향기 나는 물건들을 구하기 위하여 탐험가들은 목숨을 걸고 바다를 건너 아메리카 대륙과 다른 미지의 땅을 발견 가능케 했어요.

A savory dish.
맛있는 요리.

He does not have a very savory reputation.
그의 평판은 그다지 좋지 않다.

savvy [sǽvi]
알다, 이해하다

knowing

save. 스페인어의 you know에서 파생. 911대원들은 사람들을 조난에서 구할 방법을 알고 있어요.

Vera inherited her savvy business sense from her father .
베라의 현실적인 사업 감각은 아버지로부터 물려받은 것입니다.

scale [skéil]
오르다

climb up

scale. 한국어 에도 저 사람은 스케일이 크다는 말을 합니다. 한 계단 한 계단 올라가는 것이 세상의 일.

They scaled the wall with a ladder.
사다리를 타고 성벽을 기어올랐다

The Organization decided to scale back output to its overall ceiling of 27 million barrels a day.
그 기구는 일일 2,700만 배럴로 총생산을 줄이기로 결정했다.

scanty [skǽnti]
부족한

rare

short = 부족이란 의미에서 파생.

The family lived on her scanty earnings.
얼마 안 되는 그녀의 수입으로 온 가족이 살아가고 있다.

We picked up a scanty livelihood until our parents gave us financial assistance.
우리는 부모님이 원조 해주시기 전까지는 겨우 가까스로 살아왔다.

scapegoat [skéipgòut]
희생양

someone that bears the blame for others

escape + goat. 인간은 양이나 염소를 재물로 바치고 자신의 책임에서 벗어나려고 했습니다.

Encouraging responsibility is not a search for scapegoats, it is a call to conscience.
책임을 강조하는 것은 희생양들을 찾자는 것이 아니라, 양심에 대한 호소입니다.

We had to make him the scapegoat for protecting our jobs.
우리는 우리의 일자를 지키기 위해 그를 희생양으로 삼아야만 했다.

scathing [skéiðiŋ]
냉혹한

ruthless

주로 상대방에게 비판이나 비난을 심하게 하는 경우 사용되는 단어.

No one can stand up to his scathing tongue.
그의 독설에는 당해낼 사람이 없다.

scepticism [sképtəsízm]
회의적

doubt

scep = skep = doubt. 냉소주의와 회의주의는 어떤 차이가 있나요? 냉소주의는 소크라테스의 가르침에서 나왔습니다. 소크라테스는 바라는 것이 없어야 어려운 역경에서 살아남을 수 있기 때문에 최고의 선은 아무 것도 원하지 않는 것이라고 했습니다. 반면에 회의주의자(Scepticism)는 Pyrrho의 가르침으로 사람마다 경험의 내용이 다르기 때문 여러 영역에서 주장하는 지식에 대해 의심을 품는 철학적 태도를 말합니다.

At first he is met with scepticism.
처음에 그는 회의적인 반응에 직면했다.

schematic [ski:mǽtik]
윤곽의, 도식적인

outline

도식(schema)은 어원 으로는 형태 form라는 의미이며, 일반적으로 사물이나 사건 또는 사실에 대한 전체적인 윤곽이나 개념을 말합니다.

A schematic diagram of the structure of the organization.
조직의 구조를 도식적으로 나타낸 표

I have an updated schematic.
최신 설계도가 있어요.

scoff [skɔ́:f]
비웃다, 비웃음

mock

cold < scold < scoff. 비웃고 경멸하기

Old people scoff at the recent fad.
나이 든 사람들은 최근의 유행을 조소한다.

score [skɔ́:r]

score는 숫자 20이외 에 공을 득점하다 입니다. 그리고 다음과 같은 표현을 알아두세요.

on that score : 그러한 이유로

On that score, make your mind quite easy.
그 점에 대해서는 마음 놓으십시오

S

scourge [skə:rdʒ]
천벌

severe punishment

▌curse = courge. 스쿠루지 할아버지 같은 수전노는 천벌을 받습니다. 하지만 스쿠루지 할아버지는 마지막에 자기의 잘못을 깨달아 죄를 받지는 않죠.

A scourge to the human race.
인류에의 재앙.

The scourge of war/disease/inflation.
전쟁/질병/인플레이션이라는 재앙

Pest was a scourge that was devastating medival society.
페스트는 중세 사회를 황폐화시키는 재앙이었다.

scrap [skrǽp]
조각, 오려낸 것

piece

▌스크랩. crap은 쓰레기

Piece together torn scraps of paper in order to read what was written.
뭐가 쓰였었는지를 읽어보기 위해 찢어진 종이 조각들을 이어 맞추다.

Be sure to put the scraps of paper in the wastepaper basket.
종이 조각들을 꼭 휴지통에 버려라.

screen [skrí:n]
막다, 가리다

choose

▌영화관의 화면은 일부 빛만 반사시켜 우리 눈에 보이게 하여 영화 화면이 screen에 비칩니다.

The trees screen his house from public view.
나무들이 남의 눈으로부터 그의 집을 가리고 있다.

scribe [skráib]
작가

writer

▌scrib = srip = write

A French scribe made further notes around 1400.
프랑스 필경사들은 대략 1400년에 추가적으로 적었다.

scrub [skrʌ́b]
씻다

wash

▌rub. 문지르다가 rub.

Scrub the toilets with abrasive cleanser.
변기는 연마 세척제로 빡빡 문질러라.

scrupulous [skrú:pjuləs]
양심적인, 꼼꼼한

careful

▌작은 돌을 의미하는 라틴어 scrupulus에서 유래했다. 따라서 양심적인 scrupu lous 사람은 작은 돌 하나에도 신경을 쓰는 쓰죠.

Scrupulous politician would not say without a word of her business interests.
양심적인 정치인은 자신의 사업적 이해관계에 대해 거짓없이 말할 것이다.

Zeena was a scrupulous student who never considered cheating.
Zeena는 부정행위할 생각을 전혀 안 하는 양심적인 학생이었다.

scrutinize [skrú:tənàiz]
(철저히) 조사하다

examine

▌밥에 아주 작은 돌이 있는지 없는지 확인하고 조사.

Vaillant scrutinized a group of Harvard University graduates at five-year intervals.
베일런트 씨가 주도한 이번 연구에서는 하버드대 생들을 5년 주기로 조사했다.

scurry [skə́:ri]
(황급히)달리다

move briskly

▌scud. 북한의 스커드 미사일이 빠르게 허공을 가르는 모습 혹은 hurry와 연관 짓기.

The rain pelted the commuters as they scurried from the bus.
비가 내리 퍼붓자 버스에서 내린 통근자 들은 황급히 달렸다.

---

scuttle [skʌ́tl]
급히 가다

hurry

▌북한에는 스커드 = scud 미사일이 있어요. 빠르게 날아가는 scud 미사일 연상.

They scuttled indoors to hide from the police.
그들은 경찰로부터 숨으려고 후닥닥 집안으로 도망갔다.

The boys scuttled away when they saw the teacher.
학생들은 선생님을 보자 허둥지둥 달아났다.

---

seal [sil]

▌seal은 '도장'. 극비 문서등은 '도장'을 찍고 다른 사람들이 보지 못하도록 밀봉함.

seal off : 밀봉하다, 봉쇄하다

The police sealed off the exit.
경찰은 출구를 봉쇄했다

---

seasoning [sí:zəniŋ]
조미료, 양념

condiment

▌season. 봄부터 겨울까지 변화가 있듯이 음식도 양념을 하면 맛이 변함.

There's not enough seasoning in this soup.
이 수프는 양념이 적다.

The woman is adding seasoning to the stir-fried food.
여자가 볶음 요리에 양념을 치고 있다.

---

seasoned [sí:znd]
양념한, 경험이 많은

experienced

▌season. 인생의 풍파를 겪으면 노련한 사람들이 됩니다.

Being a seasoned traveler, he was fully prepared for the dangers.
경험이 많은 여행자이기 때문에 그는 위험에 대한 대비를 충분히 했다.

---

secede [sisí:d]
탈퇴하다

withdraw

▌se = apart + cede = go. 분리되어 나가는 것은 탈퇴.

Latvia seceded from the Soviet Union in 1991.
라트비아는 1991년에 소비에트 연방에서 탈퇴하였다.

---

secluded [siklú:did]
외진, 은둔한

remote

▌se = apart + clude = close

The criminal secluded himself from the police.
범인은 경찰로부터 은둔했다.

The article reviewed the most secluded places for intimacy, inside your car.
그 기사는 몰래 정을 통할 수 있는 가장 은밀한 장소로 본인의 자가용 안을 꼽았습니다.

S

second [sékənd]

second와 관련된 아래의 표현을 알아두세요

second to none : 첫째(두 번째가 아니다는 것은 첫 번째 의미)

The wine is second to none.
이 포도주는 최고급품이다.

He is second to none in his field.
그는 그의 분야에서 둘째가라면 서러워할 사람이다

secrete [sikríːt]

분비하다

release

se = apart +create = crete = produce. 떨어져서+만들어내다. 몸에서 분비물 등이 나오는 경우에 사용.

The pituitary gland starts this process by secreting more hormones.
뇌하수체는 더 많은 호르몬을 분비하는 것에 의해 이 과정을 시작한다.

Many species of trees secrete toxic substances into the soil.
많은 종의 나무들은 유독 물질을 토양에 분비한다.

sect [sékt]

분파

faction

se = apart. 이조 시대의 동인, 서인, 노론, 소론 등 분파된 당파를 연상

Sectarian violence
종파간의 폭력

The religious group subdivided into a number of smaller sects.
그 종교집단은 수많은 소규모 교파로 다시 나뉘었다.

secular [sékjulər]

세속적

mundane

se = apart + cular = cult = culture. culture는 교양이란 의미와 더불어 문화/교양 =cul이 없어요= se. 그렇다면 순수한 사람이 아니라 세속적인 사람들.

It is accompanied by the rise of secular mandates
여기에는 점증하는 각종 세속적 요구가 따른다.

sedentary [sédntèri]

앉아 있는

sit

sed = sit.

He became increasingly sedentary in later life.
그는 말년에 계속 앉아 있었다.

sedition [sidíʃən]

선동, 난동

resistance

sed = sit. 파업을 한다고 공장에 앉아 사장에 저항하는 근로자들 연관.

We had much difficulty in putting down the sedition.
소동을 간신히 무마시켰다.

sedulous [sédʒuləs]

근면한

diligent

sed = sit. 계속 앉아 공부하거나 일하는 근면한 모습.

a sedulous student
열심히 공부하는 학생

He played the sedulous ape to the renowned writer.
그는 그 유명한 작가의 스타일을 흉내 냈다.

seemly [sí:mli]
적절한, 적당한

proper

▌seem = see. 겉보기만 그럴 듯한 것.

It would be more seemly to tell her after the funeral.
장례식 후에 그녀에게 얘기하는 것이 좀더 좋을 것 같다.

Try and behave in a more seemly manner.
더 예의 바르게 행동하도록 노력해라.

seep [sí:p]
스며 나오다

ooze

▌시프. 시프는 따듯한 천으로 마사지를 하는 것을 말합니다. 따듯한 물이 몸으로 스며들어요. sip. 커피를 마실 때 커피에 비스켓을 담가 먹는 것 등도 sip = eat입니다.

Water has seeped into the basement.
물이 지하실에 스며들었다.

The Rices did not want the mentality of the segregated South to seep into the psyche of their only child.
라이스 부부는 남부의 인종차별적 사고 방식이 외동딸 라이스에게 침범하는 것을 원치 않았습니다.

segment [ségmənt]
조각

piece

▌se = apart = cut.

She cleaned a small segment of the painting.
그녀는 그림의 작은 부분을 깨끗이 하였다.

seizure [sí:ʒər]
붙잡음

capture

▌see = seize. 경찰이 범인을 보고 달려가 붙잡음.

Iraqi troops seizured a "high-level" insurgent during a raid in Baghdad.
바그다드에서 급습 작전을 벌여 고위급 저항분자 한명을 생포했다.

sellout [selaout]
배반

betray

▌입장권이 매진된 것에 자주 사용하지만, 유다가 예수님을 로마 군인들에게 돈을 받고 배반한 것과 연관되어 일반적으로 배신이란 문맥에 사용.

She sold out to her partner.
그녀는 동료를 배반했다.

semblance [sémbləns]
외관, 유사

same

▌sem = sam = 같음.

She has the semblance of the famous actress.
그녀는 그 유명한 여배우와 비슷했다

seminary [sémənèri]
신학교

academy

▌세미나. 원래는 seed = 씨앗입니다. 씨앗이 발아하여 큰 식물이 되듯이 세미나를 하여 제안된 견해가 이론의 기초가 되죠.

He attended a seminary for a time.
그는 한동안 신학교에 다닌 적이 있다.

sensible [sénsəbl]
영리한, 현명한

wise

▌sense. '센스'가 있는 사람.

The sensible solution is to talk about the disagreements.
현명한 해결 방안은 의견의 불일치에 대해 토의하는 것이다.

If I had been more sensible, I would've majored in economics.
만약 제가 좀 더 판단력이 있었더라면, 경제학을 전공했을 거예요.

sensual [sénʃuəl]
관능적인

carnal

▌sense.

Why can't you look modern and sensual and yourself?
현대적이고 섹시하면서도 자신만의 개성을 드러낼 수는 없을까?

sentient [sénʃənt]
의식하는

conscious

▌sentiment = sense. 센스가 있는 사람은 생각과 의식이 있는 사람들.

Animal rights advocates define animals as sentient beings.
동물권리 옹호론자들은 동물을 지각력이 있는 존재라고 정의한다.

sequester [sikwéstər]
격리하다

isolate

▌se = apart.

He sequestered himself from the world.
그는 은둔했다.

serendipity [sèrəndípəti]
우연한 발견

accidental good fortune or luck

▌요즘은 스리랑카로 불리지만 이전에 아랍의 상인들은 그곳을 Serendib이라고 불렀어요. 또 이전에 월폴이 그곳을 다스리는 왕자 3명이 정말 우연히 멋진 것들을 만나는 환상적인 이야기를 만들어 내서 영어에 'serendipity(뜻밖의 발견)'라는 어휘가 생겨 나기도 했습니다. 우연히 기회로 평생 배필을 만나는 것과 같은 것이 serendipity이죠.

Serendipity. It's one of my favorite words.
우연한 발견. 제가 좋아하는 단어죠.

serenity [sərénəti]
고요함

calmness

▌하늘이나 날씨가 청명하고 맑음이란 뜻에서, 평정이란 뜻으로 확대.

Mankind has gazed at the stars for a sense of serenity.
인류는 별을 응시하며 평정 감을 찾았습니다.

Their violence instincts have been supplanted by an almost spiritual serenity.
그들의 본능적으로 나오는 폭력은 영적인 고요함으로 바뀌어졌다.

set [set]

▌set과 관련되어 시험에 자주 출제되는 표현들을 공부 해 봅시다.

setback : 방해, 좌절, 퇴보

Hit by depression, their movement had a setback.
불경기 때문에 그들의 운동은 좌절되었다

set up : 설치하다, 개업하다

You can set up the computer now or run the Set Up Computer Wizard later.
컴퓨터를 지금 설정하거나 나중에 컴퓨터 설정 마법사를 실행할 수 있습니다.

severed [sévər]
절단하다

disconnected

se = apart + ver = turn 절단하여 분리시킴

He helped sever the link between church and state.
그는 교회와 국가 사이의 연결 고리를 끊는 데 일조했다.

The world is severed into two blocks.
세계는 두 진영으로 갈라져 있다.

servile [sə́:rvil]
노예의

slavish

serve. 주인에게 봉사 serve 하는 종의 모습.

Servile flattery.
비굴한 아부

I don't like his servile manner.
나는 그의 노예 같은 태도가 싫어.

severity [səvérəti]
엄격

intensity

se = apart. 다정한 사람은 사람을 가까이 두지만 엄격한 사람은 다른 사람을 멀리함.

Protests came against the severity of the sentences.
가혹한 판결에 대한 항의가 있었다.

The severity of the recession surprised even the most pessimistic economists.
경기 후퇴의 정도가 너무나 심했으므로 대부분의 비관적인 경제학자들조차도 놀랐다.

sexual harrassment
[sekʃuəl hərǽsmənt]
성희롱

sexual abuse

성 희롱에서 희롱을 harrassment라고 합니다.

Female patients are portrayed as subject to continual sexual harrass ment.
여성 환자들은 지속적인 성 희롱의 대상자로 묘사되고 있다.

shabby [ʃǽbi]
초라한

worn out

scab = cap = 뚜껑. 맥주의 병뚜껑이 튕겨져 나가듯이, 몸에 난 상처의 딱지가 떨어져 나는 것. 건물의 외벽 페인트가 다 떨어져 그대로 있는 것은 초라한 집.

The family suffers the shame of its shabby house.
그 가족은 그들의 볼품없는 집을 수치로 여긴다.

Some valuable antique music instruments usually look old and sha bby.
몇몇의 가치 있는 고풍의 악기들은 보통 오래되고 낡아 보인다.

shackle [ʃǽkl]
수갑, 속박

chain

shed = 헛간 + ankle = 발목. 발목에 쇠사슬로 묶여 헛간에 있는 죄수 등의 모습.

The shackles of convention.
인습의 굴레

The prisoner was shackled to the bars.
그 죄수는 쇠창살에 수갑이 채워져 있었다.

S

shake [ʃéik]

▌shake가 들어간 아래의 표현들을 익혀 둡시다.

shake down : 사기 치다(사기를 치려면 다른 사람의 마음을 흔들어 놓아야 합니다)

He's shaken me down.
그는 나를 협박해서 돈을 사기 쳤어

shake off : (근심을) 없애다

Time to shake off bad habits.
악습을 버릴 때이다.

shakeup : 흔들림, 대 쇄신

The news about the military shakeup was came to the press.
군부 개편에 관한 뉴스가 인쇄에 돌려졌다.

shamble [ʃǽmbl]

▌shamble의 의미는 도살장. 도살장에 동물의 고기가 이곳저곳에 널려져 있는 모습 연상.

in shambles : 파괴된, 난장판이 된

Their economy is in shambles.
그들의 경제 상황은 대혼란에 빠져 있다.

share [ʃɛ̀ər]

몫/증권

stock

▌주식회사 등에서 일년 동안의 수익을 지주들에게 일정한 비율로 몫을 주기 때문에 증권.

Which trend is shown for Wholesome Foods share prices?
건강식품의 주가는 어떤 추세를 보여주고 있는가?

The shareholders received a low dividend of 4$ per share.
주주들은 주당 4달러의 낮은 배당금을 받았다.

sheen [ʃiːn]

광택, 윤

light

▌sheep < sheer < sheen. 양의 하얀 털을 보세요. 광택과 윤이 납니다. 하얀색은 순수함의 상징이예요.

The sheen of pearls.
진주의 광택.

A shampoo to give your hair a beautiful sheen.
당신의 머리에 아름다운 윤기를 주는 샴푸

sheer [ʃiər]

순수한

pure

▌sheep < sheer. 양은 순수함을 상징합니다. 그래서 sheer는 pure예요.

I admire the sheer audacity of the plan.
나는 그 계획의 순수한 대담성을 존경한다.

shelve [ʃélv]

어구

shelve a plan : 계획을 보류[무기 연기] 하다.
shelve books : 책을 서가에 꽂다
shelve a project : 작업을 보류하다.

shelf는 '선반'. 보지 않는 책은 '선반' 위에 꽂아둠 그래서 일이 진행되지 않음을 암시.

These were shelved in line with the current political situation.
이러한 대책들은 현재의 정치 상황과 맞물려 연기되었다.

shield [ʃi:ld]

보호물, 보호하다

protect/stop

한자 성어 '모순'. 중국의 어느 장사꾼이 방패로 어떤 창을 막을 수 있고 창으로 어떤 방패도 뚫을 수 있다는 고사 성어 연상.

The cutting edge are fully shielded for additional safety.
커팅 날 등은 확실한 안전을 위하여 완전히 감싸져 있습니다.

Ozone layer helps shield the Earth from ultraviolet radiation.
오존층이 자외선 방출로부터 지구를 방패처럼 막아준다.

shift [ʃift]

바뀌다

change

shift. 엘리베이터가 이동하는 통로가 shift의 가장 기본적인 의미. 엘리베이터를 타면 층이 바뀌어 change. 공장이나 병원 에서는 주간반과 오후반 그리고 야간반으로 구분이 됩니다.

The load shifted when the truck backfired.
트럭이 갑자기 흔들리자 짐이 움직였다.

The structure is manned by 25 workers, and spend up to two weeks working 12-hour shifts.
이 해양 구조물에는 25명이 일하고 있는데, 12시간 교대로 최고 2주간 일한다.

shore [ʃɔ́:rt]

해안가 라는 기본 의미에서 강화 하다로 의미확대 됨.

shore up : 강화하다(이차 세계대전이 노르망디나 한국 전쟁 때 인천 등에 적의 상륙을 방어하기 위하여 방어물을 쌓아 올려 방어를 강화한 모습 연상)

Cheney will seek to shore up support for a firm response to Pyon gyang.
체니 부통령은 북한에 대한 강경 입장에 대한 지지를 강화할 것이다.

short [ʃɔ́:rt]

short이 들어간 아래 표현 공부해둡시다.

run short : 부족하다

This still fell short of the annual need of 5 million tons.
연간 필요량인 500만 톤에는 여전히 부족한 실정이다.

shortcut : 지름길

I sometimes take a shortcut to save my time.
가끔 나는 시간을 아끼려고 지름길로 간다.

That's 'cause the shortcuts don't work anymore.
이젠 지름길도 소용이 없어요.

S

shotgun [ʃátgʌ̀n]

▌총신이 짧은 총이지만 비유적으로 결혼 전에 임신을 한 딸을 책임지라고 총으로 딸의 남자친구를 위협하는 딸의 아버지 연상.

shótgun márriage: (상대 처녀의 임신으로) 마지못해 하는 결혼

We should consider the intended spouse in Bush's shotgun marriage.
우리는 마지못해 하는 결혼에서 배우자들을 염두에 두어야 한다.

---

shoulder [ʃóuldər]

▌어깨에서 비유적으로는 동물 고기의 어깨부분의 살을 의미함. 차가운 어깨 부분의 고기를 주는 것은 냉대와 연관.

give the cold shoulder to : …에게 쌀쌀한(냉담한) 태도를 보이다

The office staff gave me the cold shoulder.
그 직원은 나한테 냉정하게 대한다.

---

show [ʃóu]

▌show와 관련해서 중요한 다음의 두 가지 표현을 공부 합시다.

showdown : (포커에서) 손에 든 패를 전부 '보여주다'는 기본 의미 에서 비유적 으로 최후의 결판

A court showdown between the two was inevitable.
두 사람간의 법정 대결은 피할 수 없었다.

This was not a showdown, but a team-up drill.
이것은 결전이 아니라 합동 훈련입니다.

show off : 자랑하다

He likes to show off.
그는 과시하는 걸 좋아해.

---

shrewd [ʃrú:d]

예민한, 빈틈없는

clever

▌쥐의 일종. 쥐 < 한국어의 '쥐새끼 같다' = 교활하다.

It was shrewd of her to do that.
그렇게 하다니 빈틈없는 그녀였다.

---

shrill [ʃril]

날카로운

sharp

▌shrew - 잔소리가 심한 여자. 이런 여자들의 목소리는 날카 로우면서 앙칼 집니다.

A shrill cry penetrated the silence.
침묵을 뚫고 날카로운 비명이 들려왔다.

Her voice was strident and shrill.
그녀의 목소리는 새되고 귀에 거슬렸다.

---

shrub [ʃrʌ̀b]

관목, 나무

bush

▌shrub은 bush처럼 작은 나무들이 있는 숲을 말합니다. woods는 인간이 인공적으로 만들어 놓은 숲이지만 forest는 태백산맥처럼 자연적인 숲을 지칭.

The man is pruning a shrub.
남자가 덤불을 가지치기하고 있다.

---

shudder [ʃʌ́dər]
떨다, 떨림

shake

▌공포나 추위 때문에 몸을 떠는 경우에 주로 사용.

He shuddered with dread.
그는 공포로 몸을 떨었다.

Scientists are measuring the volcano's every shudder.
과학자들은 매번 화산이 일으키는 진동을 측정하고 있다.

---

shrug [ʃrʌ́g]

▌shrug는 어깨를 으쓱하는 것. 비유적으로는 무시하다.

shrug off : 무시하다

India's Prime Minister initially attempted to shrug off the damning information.
인도의 총리는 당초 이 고약한 정보를 무시하려고 했다.

---

shun [ʃʌ́n]
피하다

avoid

▌sun - shun. 여름철 너무 강렬한 태양의 직사광선을 피하세요.

He is shunned by all.
그는 모든 사람에게 지탄받고 있다.

All my life I have shunned the depths.
평생 동안 전 심각하고 진지한 걸 피해 왔어요.

---

sibling [síbliŋ]
형제, 자매

brother or sister

▌한국어의 '씹어'. 씹는 것은 음식을 씹기도 하지만 hate의 상태가 되어 남을 비방하는 것도 의미. 최초의 살인 사건은? 카인이 동생 아벨을 살해한 일. 형제간 끼리 서로 씹어 대지 말고 서로 사랑합시다.

They ignore their siblings or the rest of the family
그들은 형제나 다른 식구들을 무시합니다.

---

side [said]

▌side와 관련되어 시험에 자주 출제되는 다음의 두 가지 표현을 공부 해두세요.

side effect : 역 효과

The side effects of real estate speculation have still not subsided.
"부동산 투기의 부작용은 지금도 가라 앉지 않다.

on the sidelines : 방관자로서

He acted on the sidelines on the issue.
그 문제에 있어서 그는 방관자로서 행동했다.

---

sidestep [sáidstèp]
피하다

evade

▌옆으로 피하다.

He sidestepped the issue by saying it was not his responsibility.
그는 그것은 자기 책임이 아니라고 말함으로써 그 문제를 회피했다.

S

sift through [síft]
…을 엄밀히 조사하다.

inspect

▌체로 = sift 거르면 불순물이 빠져 나갑니다. 그래서 비유적 으로는 조사하다 와 관련이 있어요. shift = change < sift.

We're sifting through all our intel now.
모든 정보를 선별하고 있습니다.

simile [síməlì]
직유

comparison

▌sim = sam = same.

She described her child's dirty face using the simile "as black as coal."
그녀는 자기 아이의 더러운 얼굴을 묘사하면서 "석탄처럼 까맣다" 라는 직유를 사용했다.

simultaneously
[sàiməltéiniəsli]
동시에

at the same time

▌sim = sam = same.

What two things should be done simultaneously?
동시에 두 가지가 행해져야 하는 것은 무엇인가?

Two children answered the teacher's question simultaneously.
두 어린이가 교사의 질문에 동시에 대답했다.

singular [síŋgjələr]
혼자의

unique

▌single. 보통은 남자와 여자가 부부를 이루어 사는 사람들이 원만한 성격. 혼자 사는 싱글들. 성격들이 특이한 경우들이 많다고 하네요. 개성이 강하고...

The country, though small, is unique, singular in culture and civilization.
모로코는 작지만 매우 독특한 문화와 문명을 갖고 있는 나라이다.

▌single과 관련된 어구로 single out은 선택하다 = choose의 의미로 독신으로 사는 노 처녀나 노 총각은 배우자를 많이 골랐던 것과 연상하여 보세요.

She was singled out as the leading candidate.
그녀는 가장 강력한 후보로 선발되었다.

sinister [sínəstər]
불길한

evil

▌sin. crime은 노상 강도를 하는 것과 같은 형법을 위반하는 죄입니다. 하지만 옆집의 아주머니를 좋아하는 것은 십계명의 간음하지 말라는 정신적인 죄에 위반되는 것입니다. 옆집 아주머니를 좋아 하는 것은 음흉???. 그래서 sinister는 음흉. 왼손이란 left란 의미가 기본적인 의미였습니다.

Ash clouds may look like normal weather clouds, but they are far more sinister.
화산재 구름은 보통 구름처럼 보일 수도 있지만, 훨씬 더 불길하다.

sink [siŋk]

▌싱크대 아래로 물이 흘러가듯이 선생님의 말이 귀에 잘 들어옴.

sink in : 서서히 이해되다

I sank in the truth.
나는 그 사실을 마음에 새겼다.

sip [sip]
(천천히) 마시다

drink slowly

▌drink보다는 천천히 마시는 것 의미.

The man is sipping on his drink.
남자가 음료수를 홀짝 홀짝 마시고 있다.

The man is taking a sip of coffee from the glass.
남자가 잔으로 커피를 홀짝홀짝 마시고 있다.

---

siphon [sáifən]

▌기본적으로 '흡수관' 이지만 비유적 으로 추상적인 개체를 빨아 들이는 것.

siphon off : …로 빨아들이다.

Heavy taxes siphon off the huge profits.
무거운 세금이 막대한 이익을 빨아들인다.

---

skid [skíd]
미끄러지다

slide

▌ski. 용평 스키장에 가서 스키 타면서 slide하는 모습 연상.

The car skidded on the slippery road.
길이 미끄러워 차가 미끄러져 나갔다.

The limousine skidded up right behind him.
리무진은 에드의 바로 뒤로 미끄러지듯 달려왔습니다.

▌skid가 들어간 어구 중 아래의 어구는 쇠망 = fall과 연관이 있어요.

on the skids : 파멸, 실패로 접어든(내리 막 길로 가는 것은 비유적으로 파멸)

The prestige of that country is on the skids.
저 나라의 국운도 기울고 있다.

---

skim [skím]
훑어보다

look at quickly

▌ski. 스키타고 가면서 빠르게 주변 경치를 보는 것과 연관.

Sure, I'm just skimming the headlines, anyway.
그러죠, 헤드라인만 훑어보고 있던 중이었거든요.

The man is skimming through a newspaper.
남자가 신문을 훑어보고 있다.

---

skimpy [skímpi]
인색한

miser

▌어떤 것이 충분하지 않을 때 사용되고 옷이 꽉 달라붙는 경우에도 쓰인다.

She was poured into the skimpy clothes.
그녀는 속이 보이는 몸에 착 달라붙는 옷을 입고 있었다.

---

skinny [skíni]
바싹 여윈

thin

▌skin. 한국어의 '피골이 상접'. skin에서 단어의 길이가 길어졌어요. 가죽만 남았으니 아주 마름.

He is tall and skinny.
그는 키가 크고 바짝 말랐다.

I used to be so cute to me, just a little bit skinny.
전엔 내가 꽤 예쁘다고 생각했었죠, 단지 조금 말랐을 뿐이죠.

S

skirmish [skə́:rmiʃ]

(작은) 전투

minor fight

▌skirt. 서울의 지하철 안 혹은 에스컬레이터 등에서 여자 스커트 안을 사진 찍은 것 때문에 가끔 실랑이들이 벌어지는 경우도 있음. 전투의 일종으로 영어는 전투의 크기에 따라 소대 이하의 숫자가 적은 병사들이 총 싸움을 하는 경우는 skirmish이고, 중대급 전투는 combat이고, 그 이상의 '작전'은 operation입니다. 대규모 전투는 battle입니다. combat나 battle이나 bat가 들어가 있죠, 지금이야 총으로 하지만 이전 사람들은 몽둥이 bat로 싸움을 했기 때문이죠.

In the skirmishes, the Indian was outnumbered and outgunned.

이후 벌어진 전쟁에서 인디언들은 수적으로나 화력 면에서나 열세를 면치 못했다.

skirt [skə́:rt]

▌이전에 나이 어린 꼬마 신랑이 부모에게 혼이 나는 경우에 나이가 더 많은 신부 치마 밑에 숨는 모습 연상.

skirt around[round] : (문제를) 회피하다

Do not skirt around this matter.

이 문제를 회피하지 마라.

skulk [skʌ́lk]

(살금살금) 걸어 다니다

move secretly

▌skunk. 스컹크가 몰래 방귀를 뀌면 모든 동물들은 스컹크 방구 냄새 맡기 싫어 도망갑니다.

He skulked about the hall, waiting for the police to leave.

그는 경찰이 떠나길 기다리며 홀 안을 서성였다.

I don't want reporters skulking around my house.

난 기자들이 내 집 주위에 숨어 있는 거 원하지 않아요.

slacken [slǽkən]

느슷한

loose

▌slack = 꾸물거리는.

The new leadership is not likely to slacken the rein the tradition of tight political control.

지도부는 전통적인 특징인 엄격한 정치적 통제의 고삐를 늦출 것으로는 보이지 않고 있습니다

slander [slǽndər]

비방, 중상

defamation

▌scandal. 스캔들이 있으면 얼굴에 먹칠을 하게 되죠.

The North has dropped slanderous verbal attacks on the Southern regime.

북한은 남한 정부에 대한 중상 비방을 중단했다.

slap [slǽp]

▌slap은 상대방의 뺨을 때리는 행동. 이는 상대방을 모욕하는 행동.

a slap in the face : 맞대놓고 하는 비난

Failing to get into a good college was a slap in the face to Tom.

좋은 대학에 들어갈 수 없게 되자, 톰은 하고자 하는 의욕을 상실할 만큼 큰 타격을 받았다.

Losing the election was a slap in the face for the club president.

그 클럽 회장은 선거에서 낙선하여 모욕을 당한 것처럼 느꼈다.

slate [sleit]
예정

schedule

▌평평한 판이 슬레이트, 이 판에 후보자 명부나 (시합 따위의) 예정표를 적었기 때문에 동사로는 예정 한다는 의미

The conference was slated for the next week.
회의는 다음 주로 예정되었다.

slight [sláit]
경멸

insult

▌light. 인생 살면서 다른 사람에게 가볍게 = light보이면 모욕당함.

I beg your pardon but the woman you're slighting happens to be my wife.
죄송합니다만 당신이 모욕을 주시는 여자가 제 아내 같습니다.

He showed considerable restraint in ignoring these slights.
그는 이러한 모욕들을 무시하는 상당한 자제력을 보였다.

slightly [sláitli]
약간, 조금

a little

▌가벼움은 많음이 아니라 약간.

What has her slightly befuddled these days is her lovelife.
요즘 그녀가 약간 불안해하고 있는 것은 연애 때문이다.

I had a slight accident in a parking lot.
주차장에서 가벼운 사고가 났다.

slim [slím]
날씬한

slender

▌sly = bad = crooked. 시대에 따라 약간씩 변화는 있었지만 전에는 통통한 얼굴과 뚱뚱한 몸매를 가진 사람이 미인이었습니다. 클레오파트라도 동양의 최고 미인이라고 했던 양귀비도 체구도 크고 얼굴 둥글고 뚱뚱한 여자들. 이런 시절에는 지금처럼 S라인 여성들은 불길한 사람들로 간주되었습니다. 그래서 slim은 부정적인 의미를 담았죠.

She is a good bit slimmer than me.
그녀는 나보다 훨씬 날씬하다.

sloppy [slápi]
대충, 적당히

messy

▌slow. 느리고 게으른 사람들은 방을 청소하지 않아 난장판.

He got the boot for sloppy work.
그는 근무태만으로 잘렸다.

They upbraided him for his sloppy work.
그들은 그가 일을 대충한다고 꾸짖었다.

slothful [slɔ́:uθfəl]
게으른, 느린

lazy

▌slow. 동물 중에 느린 동물은 sloth, turtle, snail. 이중 우편 배달부가 배달을 해주어 이메일보다 늦게 도착하는 우표를 붙인 편지는 snail = mail.

My slothful son is a source of worry to me.
게으른 내 아들이 골치거리다

He deprecated extending a helping hand to slothful people.
그는 게으른 사람들에게 원조의 손을 뻗쳐서는 안 된다고 강력히 반대했다.

S

slovenly [slʌ́vənli]
단정치 못한

untidy

▌slow. 게으른 사람은 옷도 털털하게 입음

She is slovenly in her dress.
그녀는 옷 매무새가 형편없다.

He is slovenly about his clothes.
그는 복장에 부주의하다.

---

slow [slou]

▌이동의 느림이 slow이지만 비유적으로는 추상적인 개체(예를 들어 '경제의 경기')등이 느려지는 상황.

slowdown : 감속, 경기 후퇴

The store went out of business because of the region's economic slowdown.
그 상점은 그 지역의 경기 불황 때문에 문을 닫았다.

---

sluggish [slʌ́giʃ]
느린

slow

▌slow

The players' movements have grown sluggish.
선수들의 활동이 둔해졌다.

I'm feeling a bit sluggish.
몸이 좀 처지는 것 같아서요.

---

smack [smǽk]
때리다

hit

▌마약 = smack의 맛 = smack을 하는 사람은 검찰이 때려잡음.

It's wrong to smack children.
아이들을 손바닥으로 때리는 것은 잘못된 일이다.

---

smoking [smouking]

▌총에서 연기가 나는 것은 그 사람이 살인을 했다는 결정적인 증거. 한국어의 '아니땐 굴뚝에 연기나랴' 와 연관.

smoking gun : 결정적 증거

That's not exactly a smoking gun.
그건 확실한 증거는 아니잖아

---

smudge [smʌ́dʒ]
더러움, 얼룩

smear

▌더러운 물이 스며 smear = smudge들어요.

Old, worn and smudged documents are also difficult.
오래되어 낡고 더럽혀진 문서도 분석하기가 어렵습니다.

---

snag [snǽg]
장애

barricade

▌기본적인 의미는 쓰러진 나무 이지만 아래와 같은 표현에서 쓰러진 나무에 걸리는 것은 장애물에 부딪치는 것을 의미.

hit a snag : 장애에 부딪치다.

We've hit a snag with the building project.
우리는 그 건설계획에서 큰 문제에 부딪혔다.

---

snappily [snǽpili]
빠르게

fast

▌상대방의 말도 들어 주어야 하는데 나무 가지 부러지듯이 다른 사람이 말을 할 때 말을 듣지 않고 빠르게 잘라 버리는 경우.

We have to look snappy as we are late.
우리는 늦었기 때문에 서둘러야 한다.

sneer [sníər]
비웃다

ridicule

▌funny = laugh at과 동의어.

You sneer that she's too fat for dessert anyway.
당신은 저 여자는 디저트를 먹기에는 너무 뚱뚱하다고 비아냥거린다.

They had a sneer at my report.
그들은 내 보고서를 보고 비웃었다.

snuff [snʌ́f]

▌sniff = 코로 냄새 맡음 = snuff. 철자 i와 u의 변화를 보이지만 동의어.

snuff out : 없애다(기본적으로 '코로 들이쉬다'가 기본적인 의미이지만 비유적으로는 없애는 get rid of의 뜻. 코로 냄새 맡는 것은 sniff).

His goal was to snuff out the regime.
그의 목표는 그 제국의 멸망이었다.

soak [sóuk]
빨아들이다, 스며들다

absorb

▌한국어 '쏙 = 쑥 빠져들다' = soak. 뒤 늦게 공부 맛을 안 A는 공부에 쑥 빠져 들어들었습니다. soak는 '적시다' 라는 뜻을 갖고 있으며, suck(빨아들이다)과 어원이 같아요. 차이점은 soak은 액체가 천천히 흡수되는 과정이지만 drench는 한 순간 흠뻑 젖는 모습.

You'd better soak those jeans first.
그 청바지는 먼저 물에 푹 담가 두어야 해.

Give the shirt a good soak.
셔츠를 물에 푹 담가 두어라.

sober [sóubər]
술 취하지 않은, 냉정한

not drink

▌술 취한 intoxicated의 반대말.

John's drunk? No, he's as sober as a judge.
존이 취했다구? 아냐 그는 말짱해.

She is a sober and intelligent student.
그녀는 침착하고 지적인 학생이다.

sobriety [səbráiəti]
금주

seriousness

▌sober의 명사형. 술을 먹고 이야기 하면 사람들은 진지하게 받아들이지 않음. 술 먹지 않고 맨 정신에 진지하게 이야기 합시다.

He was stopped at a sobriety checkpoint.
그는 음주 운전 단속에 걸려 혈중 알코올 농도 테스트를 받았다.

S

sojourn [sóudʒəːrn]
묵다, 체류하다

a brief stay

▌journey. 여행을 하는 동안 잠깐 민박집에 머무는 모습 연관.

We sojourned at the beach for a month.
우리는 한 달 동안 해변에 머물렀다.

---

solace [sáləs]
위안

comfort

▌sol = solo. 결혼 생활이 원만하지 않은 사람들은 혼자 살던 solo시절이 편안한 시기였다고 생각.

His sole solace was the company of books.
그의 유일한 위안은 책과 벗하는 것이었다.

The reason why he attends church is to find solace.
그가 교회에 다니는 이유는 위안을 찾기 위해서이다.

---

solidify [səlídəfài]
응고시키다, 단결하다

assure

▌solid = 고체 + ify = 동사형 어미.

The paint had solidified in the tin.
페인트가 통 안에서 굳어 있다.

Vague objections to the system solidified into firm opposition.
그 제도에 대한 막연한 반대 의사들이 확고한 반대로 응집되었다.

---

solemnity [səlémnəti]
장엄

gravity

▌sole. 혼자 살 것인지 아니면 결혼할 것인지 덤벙대지 말고 진지하게 생각해야 할 문제.

The ceremony was conducted with solemnity.
의식은 장중하게 거행되었다

---

solicit [səlísit]
간청하다

seek

▌sol = one + cite = cit. 여러 사람들이 마치 하나처럼 말하다. 그래서 간청.

No person shall solicit others for contributions in connection with elections.
어떤 사람도 선거에 관하여 기부를 권유해서는 안 된다.

---

solitude [sálitjùːd]
고독

seclusion

▌solo = one. 다른 사람과는 어울리지 않고 혼자 사는 고독감과 고립감.

Tranquil lakes offer solitude amid the swirl of urban life.
고요한 호수들은 도시 생활의 소용돌이에 여유를 마련해 줍니다.

Millions of singles for solitude are straining Europe's city housing markets.
혼자만 원하는 수백만명의 독신들은 유럽의 도시 주택 시장을 압박하고 있다.

---

soluble [sáljubl]
녹는

explained

▌solve = 해결하다. 문제를 해결하기 위하여 설명 필요.

This substance is soluble in water.
이 물질은 물에 풀린다.

Problems are not readily soluble.
쉽게 해결할 수 없는 문제들

---

solvent [sálvənt]
지불 능력이 있는

able to pay all debts

▌solve. 빚 진 것을 모두 해결.

Alcohol is sometimes employedused as a solvent.
알코올은 때로 용제로도 쓰인다.

The source of the Volatile Organic Compound emissions was solvents.
휘발성 유기 화합물 배기가스의 방출 원인이 용매이다.

---

somber [sámbər]
어두운, 우울한

gloomy

▌s + omber < sub = under + umbrella. 우산의 그늘 아래. 그늘은 한국어 에도 '어둠의 그림자' 라는 말이 있듯이 그림자는 우울. beam과 같은 빛은 미소 = smile과 연관.

These somber forecasts are shared by domestic economic research institutes.
이런 우울한 전망은 국내 경제 연구소의 견해와 보조를 같이 하고 있다.

---

somnolent [sámnələnt]
졸리는, 최면의

half sleep

▌som = sleep

The noise of the stream had a pleasantly somnolent effect.
시냇물 소리가 기분 좋은 최면 효과를 가져다 주었다.

---

sonorous [sənɔ́:rəs]
울리는

resonant

▌sonar =음파 탐지기. 구축함은 소나 = sonar에서 반사되어 오는 소리를 이용하여 바다 밑에 있는 잠수함을 파괴합니다.

His voice was sonorous, and his eyes flashed fire.
그의 목소리는 울려 퍼지고 눈에서는 불꽃이 튀었다.

---

soothe [sú:ð]
달래다

calm

▌smooth. m철자 없으면 soothe와 철자 유사.

The mother soothed her crying baby.
그 엄마는 자신의 우는 아기를 달랬다.

The background music had a soothing effect on the tense travelers.
배경 음악은 긴장한 여행객 들의 마음을 차분히 가라앉혔다.

---

sophisticated
[səfístəkèitid]
세련된

complex/refined

▌소피아 성당. 터키의 이스탄불에 있는 비잔틴 건축의 대표적 걸작인 성당을 연상해보세요.

Antitheft devices are becoming increasingly more sophisticated.
도난 방지 장치는 점점 더 정교해지고 있다.

Demand is greatest for sophisticated devices.
첨단 장비들이 수요가 가장 큰데요.

---

sophomoric
[sɑ̀fəmɔ́:rik]
2년생의, 미숙한

immature

▌sophomoric은 (대학 · 고교의) 2년생으로 괜히 아는 척 하는 학년이므로 '미숙한' 이란 의미가 있어요.

I couldn't be any more sophomoric than he was.
내가 그 사람보다 성숙하지 않다고 생각하지 않는다.

S

soporific [sὰpəríf ik]
잠이 오게 하는

sleeping

▌sop = sleep.

A soporific drug.
수면제

Soporific sounds.
졸음이 오는 소리

Howard called the debate "soporific".
그는 토론이 지루했다고 말했다.

sound [saund]

▌말 = 말소리 = sound을 입밖으로 꺼내 상대방의 의도 파악.

sound out : 의중을 떠보다

They tried to sound me out.
그들은 나의 속을 떠보려고 했다.

soup [sup]

▌실업자나 부랑민을 위한 무료 식당에서는 국물을 배급하여 줍니다.

soup kitchen : 무료 식당

Um… I'll be working in a soup kitchen.
음… 저 오늘 빈민 무료 급식소에 봉사하러 가기로 했거든요.

sovereign [sávərin]
주권자

self governing

▌reign = rule. sover(=super) + eign(=an - 접미사) < 초월하는, 최고 권력의

Who was the sovereign of Great Britain then?
당시 영국의 주권자가 누구였나?

It could be in breach of Japan's sovereign rights and international laws of the sea.
그것은 일본의 주권을 침해 하면서 국제 해양법을 위반하는 것이다.

spacious [spéiʃəs]
넓은

broad

▌spce. 우주 공간은 광활합니다.

My room had become spacious once I got rid of the piano.
피아노를 치웠더니 방이 한결 넓어진 것 같다

I need a more spacious living room.
나는 좀 더 넓은 거실이 필요하다

sparse [spά:rs]
희박한

not thick

▌scatter의 의미에서 파생. 농부가 밭에 씨를 뿌릴 때 씨를 흩뿌리기 때문에 not thick의 의미.

The hill is sparsely wooded.
그 언덕에는 나무가 듬성듬성 심어져 있다.

The valley is sparsely dotted with houses.
골짜기에 인가가 띄엄띄엄 있다.

spartan [spάːrtn]
스파르타의, 엄격의

sternly disciplined

▌자율 = 아테네와 통제 = 스파르타의 대결. 결국 아테네의 승리. 스파르타의 시민은 엄격한 생활을 했다면 여자의 인생은 어느 쪽이 더 좋았을까요? 언 듯 보기에 아테네의 여성이 더 행복한 생활을 했을 것 같지만... 사실은 스파르타의 여자가 더 행복. 그 이유는 아테네의 여자들은 남자에 예속 되었지만 스파르타는 여자도 자기 자신만의 재산권 등이 보장된 사회.

a spartan lunch
(과일 샐러드와 우유 정도의) 간소한 점심

The spartan life of a refugee camp.
난민촌의 엄격한 삶

Spartan youths were bred as warriors.
스파르타의 젊은이들은 병사로 길러졌다.

---

spatial [spéiʃəl]
공간의

spacial

▌space = 우주 = 공간.

The spatial arrangement of atoms within the molecule.
분자 내 원자들의 공간적 배치.

A universe has spatial and temporal dimensions.
우주는 공간적 차원과 시간적 차원을 가진다.

S

---

spawn [spɔ́ːn]
알을 낳다, 양산하다

lay eggs

▌동사 lay는 put이외에 '알을 까다'는 의미도 있음.

Frogs spawn hundreds of eggs at a time.
개구리는 한꺼번에 수 백 개의 알을 낳는다.

A new terrorist movement spawned by an alliance of extremist gro ups.
과격 집단들의 연합으로 양산된 새로운 테러 활동

---

spearhead [spíərhed]
선두에 서다

lead

▌원래는 창끝이지만 비유적으로 창끝은 창의 가장 앞에 있기 때문에 선두에 서다, 혹은 앞장서다는 의미.

The resolution was spearheaded by the United States and Russia.
이 결의는 미국과 러시아가 주도했습니다.

Conventional U.S. ground troops are spearheading a combat opera tion.
아프간 전쟁에서 재래식 미 지상군이 전투 작전의 전면에 나섰다.

---

specific [spisífik]
특정한

certain

▌spec = see. 백번 물어보는 것보다 직접 한번 보는 것이 더 확실한 방법.

He does not have specific nationality.
그는 특정한 국적이 없다.

What are your specific aims?
당신의 분명한 목적은 무엇인가요?

---

specimen [spésəmən]
견본

sample

▌spec = see. 보이는 것 < 견본

The station is a fine specimen of Renaissance structure.
그 역은 르네상스식의 훌륭한 건물이다.

---

specious [spíːʃəs]
그럴듯한

plausible

▌spec = see. 사람들 눈에 보여주어야 속일 수 있음.

Your specious claim only reveals how much you don't know.
당신의 그럴듯한 주장은 얼마나 당신이 모르는지를 드러낸다.

---

spectrum [spéktrəm]
스펙트럼, 범위

range

▌spec = see. 스펙트럼으로 빛이 통과하면 빨강에서 보라까지 색깔의 범위가 나타남.

At the other end of the age spectrum — 18 to 29 -- 38 percent approve and 59 percent disapprove.
연령대의 반대편 끝에 있는 18~29세 미국인들의 38%가 동의했고 59%가 반대했다.

---

spell [spell]

▌spell은 철자, 기간, 매력등의 3가지 뜻이 중요.

spell out : 한 자 한 자 읽어가다

They spelled out their demands to us.
그들은 자신들의 요구 사항을 우리에게 조목조목 설명했다.

---

spendthrift [spéndθrìft]
돈을 낭비하는

one that wastes money

▌spend + thrift = hold = have. 돈을 쓰지 않고 가지고만 있음.

You're too much of a spendthrift.
너는 돈 씀씀이가 너무 헤프다.

---

spinoff [spinɔ́ːf]
부산물, 파급 효과, 시리즈 프로

derivative

▌spin = 돌아서 = turn + off = 밖으로 나옴.

A spinoff television series was also produced.
TV의 속편이 제작되었다.

▌spin이 들어간 아래의 어구를 공부해 두세요.

in a spin : 혼란(빙글 빙글 돌아가는 = spin 회전목마에 있으면 머리가 혼란스러움)

I've been in a flat spin all morning.

나는 오전 내내 뛰어다니느라 정신이 없다.

---

spiral [spáiərəl]
나선형의

a shape which winds round and round

▌spin = 회전하다 = spiral = coil

Leaves spiralled down from the trees.
나뭇잎이 나무에서 회전하며 떨어졌다.

A snail's shell has a spiral shape.
달팽이 껍질은 나선형이다.

---

splendor [spléndər]
훌륭함, 빛남

magnificence

▌shine = splendor. 태양의 햇살은 비유적으로 호화로움이나 광채와 연관.

The splendor of the sun.
태양의 빛남

He lived in regal splendor.
왕 같은 호화로운 생활을 하였다.

---

splice [spláis]
결합하다

combine

▌결합을 하다는 join과 동의어.

It can be made in large quantities with gene-splicing techniques.
이 단백질은 유전자 분할 기술로 대량생산될 수 있다.

---

spoil [spɔ́il]
망치다, 성격을 버리다

prevent it from being successful

▌사람의 버릇이 없는 경우부터 음식이 상하는 것까지 사용되는 단어.

It will spoil if you don't put it in the fridge.
그것을 냉장고에 두지 않으면 상할 것이다.

Too many cooks spoil the broth.
요리사가 너무 많으면 국을 망쳐놓는다. =사공이 많으면 배가 산으로 올라간다.

---

spontaneity
[spɑ̀ntəníːəti]
자발적 행동

freedom

▌자신의 자유 의지인 of one's accord란 어구에서 파생.

Creativity and spontaneity are often not characteristic.
창조성이라든지 자발성은 결여되는 경우가 더 빈번하다.

---

spooky [spúːkì]
유령

ghost

▌ghost. 유령을 보고 깜짝 놀람. 미국인의 이름에 spooky가 있어요. 그래서 미국인들이 많이 사용하는 이름 중에서 몇 가지를 적어보았습니다.

Adolph : 늑대
Arnold : 독수리처럼 강한, 남자이름
Aster : 영국 별
Colin : 강하고 씩씩한
Darwin : 사랑하는 친구
Elizabeth : 신을 위해 봉헌하다는 의미, 여자이름
Eric : 강력한 통치자, 남자이름
Giovanni : 신의 영광
Linda : 예쁜 사람
Lucifer : 샛별, 금성
Madonna : 스페인어로 나의 소녀
Mary : 성모마리아, 여자이름
Nero : 강력한
Richard : 강력한, 남자이름
Robert : 밝은 명성
Rudolph : 유명한 늑대, 남자이름
Sam : 남자이름, 멋있는 사내
Sophie : 지혜
Stella : 밝은 별, 여자이름
Steven : 왕관, 남자이름
Vera : 이태리어로 진실

All those little noises become part of that sort of spooky story.
들리지도 않을 아주 작은 소리들이 이런 유령 이야기 거리가 된다.

S

sporadic [spərǽdik(əl)]
산발적

happen at irregular intervals

▌sperm = seed. 씨앗을 밭에 뿌리는 이미지.

Sporadic looting happened as residents searched for food.
주민들이 식량을 구하기 위해 동분서주 하는 가운데 산발적인 약탈 행위들도 발생했습니다.

Witnesses say sporadic gunfire can still be heard in Dili.
목격자들은 딜리에서는 여전히 산발적인 총성이 들리고 있다고 말했습니다.

---

spotless [spátlis]
결점 없는

flawless

▌spot = 점. 점이나 얼룩이 없는 상황

The Eco Washer guarantees a spotless wash!
에코 워셔는 완전무결한 세탁을 보증합니다!

It was smooth and spotless.
매끈하고 흠 하나 없었습니다.

---

spurious [spjúəriəs]
가짜의

false/fake

▌spurt = spurn = kick. 한마디로 사이비란 뜻이다. 사이비의 어원은 진짜같이 보이지만 사실은 가짜. 라틴어에서 spurious는 사생아 = illegitimate birth 라는 말. 발로 채인 A양은 남편도 없는 아이를 낳아요.

I suppose you won't provide us with any evidence to back up these spurious claims.
나는 당신이 우리에게 이 이상한 주장을 받혀 줄 수 있는 어떤 증거도 제공하지 않을 것으로 생각한다.

---

spurn [spə́:rn]
쫓아내다

refuse

▌kick = spurn. 거절하는 것은 발로 차버리는 것과 연관.

He spurned the beggar from his door.
그는 거지를 문간에서 쫓아버렸다.

I spurned his proposal.
그의 제안을 일축했다.

---

squalid [skwálid]
누추한, 황폐한

dirty

▌squalid의 유사어로는 filthy 더러운, despicable 비참한 등이 있어요.

They live in squalid conditions.
그들은 비참한 환경에서 살고 있다.

Many homeless people spend the night in squalid shelters in Washington, D.C.
많은 노숙자들이 워싱턴 시의 누추한 쉼터에서 밤을 지샌다.

---

squander [skwándər]
낭비하다

waste

▌돈이나 시간을 함부로 쓰는 의미. lavish와 동의어.

He squandered away almost all his fortune.
그는 대부분의 재산을 탕진했다

He went on squandering his money until at last he became penniless.
돈을 물 쓰듯 하더니 급기야 그는 빈털터리가 되었다

---

square [skwɛ̀ər]

▌정사각형이 기본 의미. 전투 경기장의 링을 연상.

square off : 공격 자세를 하다(권투에서 경기장은 사각의 링. 그래서 이 숙어는 공격 자세를 취하다는 의미)

A boxer squared off when his adversary shook his fist at him in ang er.
한 권투선수가 상대방이 성을 내며 그를 향해 주먹을 휘둘렀을 때 칠 자세를 취하였다.

---

squeamish [skwíːmiʃ]
충격을 받는

shock

▌squeeze. 갑자기 하는 스퀴즈 번트에 야구 투수는 깜작 놀라는 모습과 연관. 꾀까다로운, 신경질적인 어구는=queasy

I saw the tape and saw that it didn't make me squeamish.
테이프를 봤는데 거북하다는 느낌은 안 들었다.

---

squeeze [skwiːz]
압착하다

press it firmly

▌스퀴즈 번트. 3루에 주자를 홈으로 불러들이는 희생 번트를 스퀴즈라고 함.

As a acting, she squeezed out a tear.
그녀는 연기로 억지 눈물을 흘렸다.

He squeezed through the exam.
그는 시험에 간신히 합격하였다.

---

staccato [stəkáːtou]
스타카토

abrupt sharp

▌연주할 때 음과 음의 사이를 끊으라는 표시로 주로 그 음을 강조하여 날카로움을 더하기 위해 사용됩니다.

Staccato notes.
스타카토 음

In a rapid staccato, she's in control and running the billion-dollar business"
빠른 속도로, 그녀는 수십억 달러의 사업을 관리하며 경영하고 있다.

---

stack [stǽk]
더미

pile

▌stick - stack. 장작더미가 쌓아 올린 장면 연상.

She's taking a newspaper from a stack on the ground.
여자가 땅 위의 신문 더미에서 한 부를 꺼내고 있다.

Some boxes have been placed in a stack.
상자들이 가지런히 쌓여 있다.

---

stake [steik]

▌at stake: (목숨 · 돈 등이)위태로운.

Positions ranging from the U.S. Presidency to small-town council seats are at stake.
대통령직 에서 소도시 의원직에 이르는 많은 관직이 이번 선거로 판가름 나기 때문이지요.

S

stagger [stǽgər]
비틀거리다

stumble

stay. 물은 흘러가야 하는데 정체가 되면 물이 썩어요. 이것이 경제에 적용이 되면 stagflation처럼 경기침체하의 인플레이션이 일어납니다. 물에 빠진 후 빠르게 빠져 나와야 하는데 지속적으로 stay하는 것은 비틀거리고 있는 상황입니다.

He staggered towards the door.
그는 비틀거리며 문 쪽으로 걸어갔습니다.

---

staggering [stǽgəriŋ]
놀랄만한

amazing

사람은 너무 많이 놀라면 비틀거립니다.

The company is staggering under a ten-million debt.
회사는 천만 달러의 빚으로 넘어져 가고 있다

Some staggering numbers there in terms of loss of value around the world.
전 세계 주식시장이 엄청난 폭락을 겪었는데요.

---

stagnant [stǽgnənt]
침체, 흐르지 않는

stale

stay. 세상의 모든 것은 흘러가야만 하지 고여 stay=stag 있으면 썩게 됩니다.

The economy is stagnant.
미국 경제는 침체되었다.

The stagnant economy has been taking a toll on the department stores.
경기 침체로 백화점 업종은 큰 타격을 입고 있다.

---

stalemate [stéilmèit]
교착상태, 막다른 골목

deadlock

stale = put = fixed. 고정되어 움직이지 않는 것은 막다른 골목.

He spoke of a willingness to resolve the diplomatic stalemate.
외교적 교착 상태를 해결할 의사를 밝혔다.

---

stalwart [stɔ́:lwərt]
건장한

strong

stal = stand = place + wart = worth st-로 시작하는 단어들은 튼튼함을 함축. '토대' =foundation 가 보여주듯이 깊이 세워지거나 든든히 뿌리박힌 데에서 오는 힘으로 비유적으로 난공불락의 힘.

Among those singled out are prominent former Communist Party stalwarts.
박해 대상으로 뽑힌 사람들 가운데는 저명한 공산당 열성당원 출신들이 포함된다.

---

stand [stǽnd]

stand가 들어갈 아래의 두 가지 표현을 공부 해 둡시다.

standoff : 균형 상태, (경기의) 무승부

Negotiations have been standoff since November.
6자 회담은 지난 해 11월 이후 교착상태에 빠져 있습니다.

stand for : 상징하다, 의미하다(뉴욕 맨하탄 앞에 있는 자유의 여신상. 여신상이 들고 있는 횃불은 자유를 책은 진리를 상징 합니다)

The initials ROK stand for the Republic of Korea.
ROK는 대한민국을 나타낸다.

---

stanza [stǽnzə]
(시의)절

division of a poem

▌보통 어구는 phrase이지만 시에서는 stanza라고 함.

Would you open your hymnal to page 542 and read the first stanza of the poem?
찬송가 542쪽을 펴고 거기 있는 시의 첫 연을 읽어볼래?

staple [stéipl]
주식, 주요 산물

crucial goods

▌stapler = 호치키스. 복사한 다음 종이를 찍을 때 필수품은 stapler = 호치키스.

A stapler is being filled with staples.
스테이플러에 철침을 채워 넣고 있다.

The staple food of the Koreans is rice.
한국인은 쌀을 주식으로 한다.

starry - eyed [stá:riàid]
환상적인

fantasy

▌별을 보면서 낭만을 꿈꾸는 소녀들. 현실이 아니라 환상의 세계에 살아가고 있어요. quixotic. 우리가 어린 시절 읽은 돈키호테에서 나온 말.

Starry-eyed brides plan to release white doves to “freedom”.
꿈에 젖은 신부들이 흰 비둘기에게 "자유"를 줄 계획을 하고 있어요.

start [stá:rt]

▌자동차를 출발시키는 start에서 비유적으로 시작하다 = launch의 의미.

start-up : 시동, 창업

The manager's quitting and starting up a new company.
부장님은 회사를 그만두고 새 회사를 차린다.

starvation [sta:rvéiʃən]
기아, 아사

famine

▌star. 과거에 동서양의 나라나 국가들은 지금처럼 관개 수로나 댐이 많지 않아 비가 오지 않으면 별을 향해 기도를 하면서 하늘만을 바라 보았습니다. 경주의 첨성대도 이런 별을 관찰하는 장소였어요(일부 학자는 천문대가 아니라 제단이라고 보는 사람도 있음). 영국의 스톤헨지는 첨성대(일부 학자는 제단으로 봄).

Many thousands of people die from starvation every year.
매년 수많은 사람들이 기아로 죽어간다.

10 percent of the population had died from starvation in the past decade.
지난 10년 동안 인구의 10퍼센트가 기아로 사망했다.

state - of - the - art
[stéitəvðiá:rt]
최첨단 기술을 사용한

cutting edge

▌art. 기술. 기술의 상태가 최고.

Our accommodations are state-of-the-art.
저희 시설은 최신식입니다.

This is a state-of-the-art product just out of on the market.
이것은 가장 최근에 시장에 나온 최신 제품입니다

S

static [stǽtik]
정적인

unchanging

▌state = 상태. 상태는 동적이 아니라 변화가 없음.

House prices, which have been static, are now rising again.
정지 상태에 있던 집값이 이제 다시 오르기 시작하고 있다.

station [stéiʃən]
위치, 지위

position

▌stand = stat. '화장실'을 한국에서는 W.C. water closet에서 왔지만 잘못된 한국식 영어 표현. lavatory는 수세식 변소와 손을 씻을 수 있는 것까지 갖춤. 가정집의 화장실은 washroom(세수 실)이나 bathroom(욕실)이라고 합니다. 호텔과 역등의 (공공)시설은 rest room(휴게소). 그럼 공중화장실은 무엇이라고 해야 하나요? communal lavatory 또는 public comfort station(공공 해우소).

Our negotiation station will be lowered if we press hard with an issue which is not highly likely.
"우리가 가능성이 높지 않은 이슈를 강요할 경우 우리의 협상 지위가 낮아지게 된다.

stationary [stéiʃənèri]
움직이지 않는, 주둔한

motionless

▌stand. 부대 정문 등에 위병 근무 서는 군인들은 움직이지 않은 체 고정 자세를 취합니다.

I've got two visuals, but stationary.
카메라가 2개가 있는데 고정 되었어요.

It is stationary and not removable.
붙박이가 돼서 움직일 수 없다.

status [stéitəs]
지위

position

▌station = status = stand. 법 = statute와 혼동이 되니 구별을 잘하세요.

Those with social status have not been cooperating with the prose cution at all.
사회적 지위가 있는 사람들이 전혀 검찰에 협력하지 않고 있다.

Korea has joined despite its economic difficulties and its status as a developing country.
한국은 경제난과 개발도상국 지위에도 불구하고 교토의정서에 가입했다.

▌status가 들어 간 아래의 복합어를 함께 기억을 해 두십니다.

status quo : 현상 유지

The desirable birthrate to maintain a nation's population status quo is around 2.2.
한 나라의 현 인구 상태를 유지하기 위해 바람직한 출산율은 2.2명이라고 한다.

statute [stǽtʃu:t]
법

law

▌stand - stat. 나라의 기강을 바로 세우기 stand위하여 필요한 것은 법입니다.

It is laid down by statute.
그것은 법으로 규정되어 있다.

Under the statutes of the university, staff must retire at 65.
대학 법규에 따르면 직원은 65세에 은퇴해야 한다.

staunch [stɔ́ːntʃ]
충실한, 견고한

steadfast

st-로 시작하는 단어들은 strong과 연관해보면 staunch도 어떤 이론이나 사람을 강하게 후원하는 것과 연관.

I was your staunchest advocate.
난 자네의 충실한 옹호자였어.

stave [steiv]

stave = stick. 부모님이 막대기로 자녀를 때리려고 하면 자녀는 막대기를 피함.

stave off : 피하다

He staved off his hunger with a loaf of bread.
그는 빵 한 덩어리로 굶주림을 달랬다

stratum [stréitəm]
지층

layer

street. 도로에는 아스팔트가 깔려 있습니다.

Geological / limestone strata.
지질 층 / 석회암 층

People from all social strata entered the convention center.
사회의 모든 계층에서 온 사람들이 회의장 안으로 들어가고 있다.

steadfastly [stédfæ̀st]
확고한, 부동의

determinedly

stay = stead + fast = tight. Birmingham이나 · Hampstead의 지명의 어미인 ham, stead는 가족이 사는 곳 = place를 의미. 이동을 하지 않고 한 장소에 꾸준히 있는 것은 일시적인 아니라 지속적인 것 암시.

Imports also grew steadfastly, rising 25 percent last month to $18 bil lion.
9월 중 수입도 지속적으로 늘어나며 25% 증가한 180억 달러를 기록했다.

stealthy [stélθi]
비밀의, 은밀한

secret

steal. 레이다망에 걸리지 않는 미국의 스텔스 전투기 연상.

The terrorists operate by stealth.
테러분자들은 비밀리에 작전한다.

Tracking wild animals requires great stealth.
야생동물을 추적하는 일은 매우 교묘하게 해야 한다.

stellar [stélər]
별의

stars

별 = star = aster = stella. 별은 찬란하게 빛남.

A stellar night.
별빛이 밝은 밤.

Reflecting such stellar performances, the company's share price has nearly doubled this year.
그런 눈부신 실적을 반영하여 동사의 주가는 올해 두 배 가까이 올랐다.

S

stem [stém]
시작하다, 중단하다, 줄기

start/stop

▌나무줄기. 봄이 되면 줄기에서 가지가 나오기 때문에 '생겨나다' 입니다. 하지만 늦가을에는 겨울동안 수분 부족을 막기 위하여 가지에 있는 잎들이 땅 바닥으로 떨어집니다. 그래서 stem에는 start와 stop의 의미가 모두 있어요.

The stem of ivy is thick.
담쟁이 덩굴의 줄기는 굵다.

Her passion for India stems from the time she spent there as a child.
인도에 대한 그녀의 열정은 거기에서 보낸 어린 시절에서 유래한다.

An attempt to stem the tide of anti-government feeling.
반정부적인 감정의 물결을 저지하기 위한 시도

stereotype [stériətàip]
진부한, 판에 박힌

fixed representation

▌stereo = solid + type. 스테레오타입이란? 고정관념을 말함. 예를 들어, 경상도 사나이는 무뚝뚝하다는 스테레오타입. 경상도 사나이 중에도 다정다감한 사람이 많이 있기 때문.

We have to get rid of "the guy's first" stereotype.
우리는 '남자 우선' 이라 고정관념을 없애야 합니다.

Monkeys have not been gender stereotyped.
원숭이는 성별에 대한 고정 관념이 없습니다.

step [step]

▌step = walk. 걸어가는 것은 비유적으로 시작하거나 물러나는 것과 연관.

step into : 시작하다

You can step into other lives, experience the magic of times past or yet to come.
당신은 타인의 생활 속으로 들어가 볼 수 도 있고, 지나간 시간과 앞으로 올 시간의 마력을 경험할 수도 있다.

step down : 퇴진하다, 사임하다

The bold decision I will make includes the question of whether I wi ll step down or not, he said.
"총선결과를 존중한다는 말에는 진퇴결정까지도 포함돼 있다"고 그는 말했다.

sterile [stéril]
불임의, 불모의

barren

▌stern = hard. 엄격하고 혹독함 그리고 어려움.

The room felt cold and sterile.
그 방은 춥고 삭막했다.

Medical tests showed that he was sterile.
의료 검진 결과 그가 불임임이 드러났다.

steer [stíər]
피하다

avoid

▌배를 조종하는 것은 키. 키를 잡은 선장은 배가 암초와 충돌하지 않도록 해야 합니다. 그래서 steer는 비유적으로 '피하다' 라는 의미.

You should steer clear of demonstrations.
데모 행진에서 피해야 한다.

The film steered well clear of the political argument.
그 영화는 정치적 논쟁을 교묘히 회피하였다.

stick [stik]

▌stick과 관련된 표현 두 개를 공부 합시다.

stick one's neck out : 위험을 무릅쓰다

Rep. Smith stuck his neck out to make the law pass through.
의원은 그 법안이 통과하도록 하는데 위험을 무릅썼다.

carry a big stick : (외교 따위에서) 실력 행사를 하겠다고 위협하다.

The lion is carrying a big stick over other lions.
사자는 다른 사자들에게 힘을 과시하고 있다.

sticking point : 문제가 되는 것

The Vatican's recognition of Taiwan is a second sticking point.
바티칸이 대만을 승인하고 있는 것은 바티칸 · 중국 관계의 두 번째 걸림돌이다.

---

stifling [stáifliŋ]
숨 막힐 듯한, 답답한

airless

▌stiff. 사람이 질식을 당해 죽으면 얼마 되지 않아 몸이 경직이 됩니다.

It's stifling in here - let's open a window.
여긴 숨이 막혀. 창문 좀 열자.

We were stifling in that hot room with all the windows closed.
창문이 모두 닫힌 그 더운 방에서 우리는 질식할 것 같았다.

---

stigma [stígmə]
불명예, 오명

shame

▌stick = stig = mark = tatoo. 소나 말에 주인을 표시하기 위하여 불에 달구어진 쇠막대기를 이용하여 살을 불로 지짐. 이전의 조선시대나 유럽에는 불로 죄수들을 지짐. 찍히게 됨. 심리학 효과 중에 낙인(stigma)효과가 있는데 피그말리온 효과와는 반대로 나쁜 사람이라고 부정적인 낙인이 찍히면 그 낙인에 걸맞은 행동을 한다는 것. 피그말리온 효과는 그리스신화에 나오는 피그말리온 왕은 자신이 조각한 여인상이 너무 아름다워서 그 조각과 사랑에 빠진 것에 유해한 효과. 즉, 강한 바람이 기적을 일으킨다는 의미. "지성이면감천" "궁하면 통한다" "두드리면 열릴 것이다"라는 말도 알고 보면 "피그말리온효과"를 다른 말로 표현한 것입니다.

No stigma attaches to being poor.
가난은 전혀 수치가 아니다.

There is still a social stigma attached to being unemployed.
실업에는 아직도 사회적인 오명이 따라 붙는다.

---

still [stil]

▌still은 '그러나' 의미 이외에 아래의 표현도 공부 해야합니다.

still life : 정물화(정물화는 움직이지 않은 물건을 그리기 때문에 still = 고요한을 사용)

Here's a still life.
여기 정물화가 있네.

He is a still-life painter.
그는 정물화가이다.

S

stimulate [stímjulèit]
자극하다

urge

stick. 막대기로 친구 옆구리를 푹푹 찔러 자극을 주는 모습

Praise stimulates students to work hard.
칭찬을 하면 학생들은 자극을 받아 열심히 공부하게 된다.

It is intellectually stimulating to live in a large city.
대도시에 사는 것은 지적인 자극제가 된다.

stint [stint]
절약하다

thrifty

줄이다는 뜻 이외에 '절약하다' 의미도 있음

Don't stint on the food.
식량을 줄이지 마시오.

The Military Manpower Administration will slash 20 percent, from the number who do alternative service.
병무청은 공익근무요원의 수를 20퍼센트 줄일 계획이라고 발표했다.

stocky [stáki]
땅딸막한

short and heavy

stick = stock. 짧은 나무는 stick이지만 긴 장대는 pole. 그래서 stocky는 short과 관련 있습니다.

A stocky little man.
땅딸막하게 작은 남자

His stocky body didn't budge.
그의 단단한 몸은 꿈쩍도 하지 않았다.

stock과 관련된 표현을 알아봅시다.

take stock of : 자세히 보다

We must take stock of the situation.
상황을 자세히 보지 않으면 안 된다.

stockpile : (만일에 대비한) 사재기

Your family seems to have a stockpile of them.
선생님 가족은 그걸 쌓아놓으신 거 같네요

stoically [stóukəli]
금욕적으로, 냉정하게

not complain or show they are upset in bad situations

스토아학파의 철학. 윤리를 중심 문제로 하여 욕망을 억제하고 자연의 법도를 따를 것을 주장하였기 때문에 냉정하다는 cold와 관련.

He bore the toothache stoically.
그는 이가 아픈 것을 꽉 참았다

He stoically endured adversity.
그는 의연히 역경을 견디어 냈다

stonewall [stounwɔ̀:l]
방해

interrupt

▌기본적 으로는 돌담 이지만 다른 사람의 돌담을 넘는 것은 위법 행위 일뿐만 아니라 큰 장벽. 그래서 만일 다른 사람의 돌담을 넘어가면 방해하는 행위를 하는 것.

You continue to stonewall.

당신은 계속 방해하고 있다.

stopgap [stapgæ̀p]
미봉책

makeshift

어구

stopgap measures : 잠정적인 조치
a caretaker a stopgap cabinet : 과도내각
stopgap measures : 응급조치
a makeshift; a stopgap : 임시변통
a temporary work, a stopgap(makeshift) job : 임시방편으로 하는 일

▌구멍 마개. 만일 이 구멍 마개가 없으면 다른 것으로 구멍을 메우기 때문에 임시변통의, 혹은 미봉책 이란 의미가 된다.

Such stopgap measures will not contribute to a fundamental solution.

그런 임시 방편으로는 근본적인 해결책이 될 수 없다

strand [strǽnd]
좌초시키다, 오도 가도 못하게 하다

are prevented from leaving a place

▌strange. visa를 잃어버리면 낯선 나라에 가서 오도 가도 못하는 딱한 상황이 됩니다. strand line육지와 해면의 경계선 으로 조수가 차올랐을 때, 파도가 밀려오는 가장 윗부분을 해안선 또는 연안선.

Hapless passengers are stranded because of the rail strike.

철도 파업으로 꼼짝 못하게 된 운 나쁜 승객들이 있다.

He is utterly stranded from lack of funds.

그는 자금난으로 궁지에 몰려 있다.

stray [stréi]
길을 잃다

lost

▌strange. 낯선 곳에서 길을 잃어버림.

The puppy has strayed off from the kennel.

강아지가 개집을 나가 헤맸다.

Some of the sheep have strayed.

양 몇 마리가 길을 잃었다.

streamline [strí:mlàin]
유선형, 효율성

make it more efficient

▌유선형은 배의 항속 속도를 빠르게 합니다. 그래서 효율성이란 비유적인 의미가 생겨납니다.

Streamlined racing cars.

유선형의 경주용 자동차들

The new manager wants to cut out the dead wood and streamline production.

새 매니저는 불필요한 인력을 잘라 내고 생산을 능률화시키려 한다.

street [strit]

▌데모를 하는 사람은 도로를 점령하는 것과 연관.

take to the streets : 가두시위에 나서다

About 5000 people took to the streets

약 5천명의 사람들이 시위에 나섰다.

the man in[on] the street : 보통 사람

Politicians rarely care what the man in the street thinks.

정치가는 보통 사람이 무엇을 생각하는지는 거의 신경 쓰지 않는다.

strenuously [strénjuəs]

완강하게

violently

▌strong. 우리가 알고 있는 단어보다 길어져 부정적인 의미. 격렬하게 반항.

She strenuously denies all the charges.

그녀는 모든 혐의를 완강히 부인하고 있다.

strew [stru:]

뿌리다

spread

▌straw. 가을철 수확이 끝난 후 지푸라기 = straw를 논의 이곳 저곳에 뿌려놓은 모습 연상.

The field was strewn with bodies.

전쟁터는 온통 시체로 뒤덮여 있었다.

Their equipment was strewn across the floor.

그들의 장비는 바닥에 어수선하게 흩어져 있었다

stricken [stríkən]

(가난에)찌들린, 슬픈

sad

▌strike. 사람이 동물을 때리는 것은 슬픈 일처럼 태풍이 한반도를 휩쓸고 지나갈 때 우리는 태풍이 A라는 도시를 강타 했다고 합니다.

poverty-stricken families / areas.

가난에 시달리는 가족 / 지역

the flood-stricken area.

수해[수재] 지역.

She sounded panic-stricken on the phone.

전화상으로 그녀의 목소리는 겁에 질린 것 같았다.

strict [stríkt]

엄격한, 심한

severe

▌stick. 자녀를 막대기로 심하게 때리는 부모는 엄격한 사람들.

The teacher's insistence on strict discipline.

엄하게 교육해야 한다는 그 교사의 주장.

His attitude to sex is coloured by his strict upbringing.

섹스에 대한 그의 태도는 엄격한 양육 때문에 왜곡되었다.

stricture [stríktʃər]

비난, 협착

blame, restriction

▌stick. '매'를 든 부모의 엄격한 모습 연상.

Teacher passes strictures on the ineffective systems.

비효율적인 시스템을 선생님은 비난했다.

strident [stráidənt]
귀에 거슬리는, 소리가 불쾌한

loud

▌stride = walk. 걸을 때 쿵쿵 걷는 소리.

Strident pop music
귀에 거슬리는 팝 음악

They were strident in their demands.
그들의 요구는 귀에 거슬렸다.

strikingly [stráikiŋ]
현저한

remarkably

▌strike. 몽둥이로 얻어 맞으면 머리에서 별이 몇 개 보이듯이 좋아하는 이성을 만나면 눈에서 광채가 번쩍번쩍.

A strikingly handsome man.
대단히 잘 생긴 남자

Fine clothes added to his strikingly handsome appearance.
멋진 옷이 그의 놀랍도록 잘생긴 외모를 더 두드러져 보이게 했다.

string [stríŋ]

▌꼭두각시 인형을 사람이 끈으로 조종하는 모습 연상.

pull strings: (인형극에서) 줄을 조종하다, 배후에서 조종하다.

pull the strings: 연줄을 이용하다

with no strings attached: 부대조건 없음

Someone was pulling her strings.
누군가 지시를 내리고 있었어.

stroke [strouk]
뇌출혈

disease

▌stroke의 모음 하나만 바꿔 보세요. strike. 그래서 뇌출혈이예요. 만일 다음 예처럼 heat stroke는 일사병을 나타냅니다.

She is suffering from heat stroke.
더위를 먹은 것 같아요.

strong [strɔ́:ŋ]

▌strong과 관련된 복합어 두 개를 공부 해 둡시다.

stronghold : 요새(fortress), (사상, 신앙 등의)본거지, 거점

The area is China's last stronghold for rare and endangered plants.
이 지역이 중국에서 마지막 남은 희귀하고 멸종위기에 있는 동식물의 서식처이다.

strongman : 독재자, 실력자

The Strongman withdrew his forces.
독재자는 그의 군인들을 철수시켰다.

stringent [stríndʒənt]
엄격한, 긴박한

strict

▌string. 부모가 자녀가 말을 듣지 않는다고 string = 끈으로 묶는 행동을 하면 엄격한 성격.

The money market is stringent.
금융계가 핍박해 있다.

Airways plans to impose more stringent conditions on most of its nonrefundable tickets.
항공사는 자사의 거의 모든 환불불가 항공권에 대해 규정들을 강화할 계획이다.

S

strive [stráiv]
노력하다

efforts

strike < strife < strive. 노동자들을 자신들의 권익을 위해 스트라이크 = 파업을 합니다. 그래서 많은 노력 = 투쟁을 하여 근로 조건을 향상 하려고 해요.

We strive to please.
우리는 사람들을 즐겁게 하려고 노력하고 있다.

He strives hard to overcome his handicap.
그는 장애를 극복하기 위해 열심히 노력했다.

stroke [stróuk]
타격(때림), 쓰다듬다

caress

strike. 뇌졸중은 '갑자기 벼락 치듯 증상이 온다' 일 정도로 그 이름에서부터 '갑자기' 라는 의미를 품고 있어요. 뇌졸중은 갑자기 나타나며, 이런 뜻 이외에 머리 등을 만지는 것으로 확대됩니다.

The stroke left her partly paralysed.
뇌졸중으로 그 여자는 몸의 일부가 마비되었다.

He stroke down her hair.
머리칼을 쓰다듬어 내리다.

strut [strʌ́t]
(뽐내며)걷다

pompous walk

street. 도로는 뽐내며 걷는 모습 연상. ster- = stiff = 몸이 뻣뻣해짐. 이와 관련된 어구로는 stare, starch, stork, starve

She strutted past us, ignoring our greeting.
그녀는 우리의 인사를 무시하고 뽐내며 우리를 지나갔다.

They were strutting around the auditorium.
그들은 뽐내며 강당을 이리저리 걸어 다녔다.

stubby [stʌ́bi]
땅딸막한

short and big

그루터기. 나무를 잘라내고 남은 밑둥치인 stub은 짧고 통통한 모습. 이것이 사람이나 사람의 신체 일부에 적용.

Stubby fingers.
뭉툭한 손가락

He poked at the spider with a stubby finger.
그는 짤막한 손가락으로 거미를 콕콕 찔렀다.

stubbornly [stʌ́bərn]
고집이 센

hard

작은 고추가 메웁다는 말이 있어요. stub은 short and big. 그래서 고집이 세고 단단한 성격의 소유자를 지칭.

She can be as stubborn as a mule.
그녀는 황소같이 고집을 피울 때도 있다.

He's stubborn, and so is she.
그는 완고하고 그녀 또한 그렇다.

stuck up [stʌ́kʌ́p]
잘난 척

proud

stick. 막대기는 뻣뻣합니다. 아주 거만한 사람도 목에 기브스를 하듯이 뻣뻣합니다.

They're all snooty, stuck-up snobs.
그래 봐야 잘난 척하는 속물들이에요

He is stuck-up by his success.
그는 출세하더니 거만해졌어.

stultify [stʌ́ltəfài]
바보처럼 보이다

feel empty or dull in your mind

stool = chair. 수업 시간에 의자에 공부도 하지 않고 멍하니 앉아 있는 모습. 수업이 지겨운 모양.

The stultifying effect of work that never varies.
전혀 다양성이 없는 일이 주는 지겨운 결과

His carelessness stultified his desperate efforts.
그는 부주의 때문에 필사적인 노력이 허사가 되고 말았다.

stumble [stʌ́mbl]
넘어지다

trip

tumble = 텀블링. 체육 시간에 텀블링이란 종목을 하면 어떤 학생들은 넘어가지 못하고 넘어지는 경우가 많아요.

The child stumbled and fell.
아이는 걸려 넘어졌다.

The old man stumbled along.
그 노인은 비틀거리며 걸어갔다.

stumble이 들어간 복합어중 stumbling block은 방해물, 장애물을 말합니다.

stumbling block : 방해물, 장애물

One stumbling block is that the US does not enjoy China's so-called Approved Destination Status.
하나의 걸림돌은 미국이 소위 말하는 중국 여행 허가 지역 정책을 달가워하지 않는다는 것이다.

S

stump [stʌ́mp]

stump는 나무를 잘라내고 남은 그루터기.

on the stump : 선거 운동중의(이전에 미국에서는 나무 그루터기에 올라가 정치인들이 유권자들을 향해 연설을 했기 때문에 지금은 campaign이란 선거 운동의 뜻)

The candidate was on the stump in the town.
마을에서 그 후보는 선거 운동 중이었다.

stunt [stʌnt]
가로막다

stop

무술 영화에서 주인공인 배우 대신 무술 연기를 하는 사람을 스턴트 배우 라고 합니다. stunt는 (식물 등의) 성장을 방해하다는 의미에서 비유적으로 (증가 · 진보를)를 막다 = stop로 의미 확대 됩니다.

The higher taxes combined to stunt private spending that has been a drag on economic growth.
경제성장의 발목을 잡아온 민간의 소비지출에 세금까지 겹쳐졌던 것이다.

stupefy [stjú:pəfài]
마비시키다

stun

stupid. 바보들의 얼빠진 행동 때문에 깜짝 놀라는 것과 연관.

Her stupefying ignorance.
어안이 벙벙하게 만드는 그녀의 무식

I was stupefied by what I read.
나는 내가 읽은 내용에 아연실색했다.

stupendous [stju:péndəs]
큰, 엄청난

big

stupid. 어리석은 사람들은 장단점을 고려하지 않고 무조건 엄청하게 (아주) 좋다 고만 함.

A stupendous mistake / explosion / appetite / amount.
엄청난 실수 / 폭발 / 식욕/양

The opera was quite stupendous!
그 오페라는 정말 굉장했다.

---

stymie [stáimi]
그만두다, 방해하다

stop

steam. 목욕탕에 들어간 A군. 목욕탕 안에 있는 김 = 수증기 = steam 때문에 사람들을 알아 보기가 힘이 들었습니다.

Their plans to open a new shop have been stymied by lack of funds.
새 가게를 열려던 그들의 계획은 자금 부족으로 좌절되었다.

---

subdue [səbdjú:]
정복하다

conquer

sub = under + duc = draw. 반란이 있는 경우 진압을 하는 것. 진압은 위로 가는 것이 아니라 아래로 억압하는 이미지.

You're very subdued. What's wrong?
너 무척 가라앉아 있구나. 무슨 일이니?

The housing market is fairly subdued at the moment.
현재 주택 시장은 꽤 침체되어 있다.

---

subjugate [sʌ́bdʒugèit]
정복하다

conquer

sub = under +jug = join. 아래로(sub)+결합하다(jugate)

A subjugated race.
정복당한 인종

She was totally subjugated to the wishes of her husband.
그녀는 남편의 바람에 완전히 예속되어 있었다.

---

sublime [səbláim]
장엄한

noble

고양된 , 공기 중에 떠 있는을 뜻 하는 라틴어 sublimis에서 유래되었습니다. 위는 지위가 높은 사람이고 아래는 신분이 낮은 사람.

The sublime scene seemed to purify my spirit.
장엄한 광경에 마음이 정화되는 것 같았다.

---

submerge [səbmə́:rdʒ]
물에 잠그다

goes below the surface of some water

sub = under + merge = go. 바다(물) 아래로 들어감.

The flood submerged the village
홍수로 마을이 수몰되었다

---

submissive [səbmísiv]
복종하는, 순종하는

yield

sub = under + mis = go. 싸움에서 진 사람은 아래로 기어가고 이긴 사람은 의기양양. 그리고 겁쟁이들이 아래로 발발 기어감.

They are submissive where they used to be openly hostile.
그들은 이전에 공공연히 적대적이었는데 지금은 순종한다.

A 17 minute long video clip portrays the leaders of the APEC members as submissive to the United States.
17분짜리 동영상은 APEC 회원국 정상들을 미국에 굴종하는 사람들로 묘사했다.

subpoena [səbpíːnə]
소환장

a legal document telling someone that they must attend a court of law

▌sub = under + penalty = poena. 형벌 아래에 있다는 것은 법원에 출두를 해야 하는 것을 암시.

She received a subpoena to appear in court in two weeks.
그녀는 2주 내에 법정에 출두 하라는 소환장 을 받았다.

The court subpoenaed her as a witness.
법원이 그녀를 증인으로 소환했다.

subsequent [sʌ́bsikwənt]
다음의, 그 후의

later

▌sub = seek. 찾으면 seek 사람들은 앞으로도 계속 그것을 달성하기 위하여 노력합니다.

The soldiers developed leprosy subsequent to leaving the army.
군인들은 제대 후에 나병이 발병했다.

Subsequent events vindicated his innocence.
그 후에 일어난 일이 그의 무죄를 입증하였다.

subside [səbsáid]
가라앉다

die down

▌side + sub. 아래 면으로 내려가는 것.

People's interest in political revolution has subsided.
인민의 정치 혁명에 대한 관심이 식어 갔다.

There is no prospect of the rebellion subsiding.
내란이 가라앉을 것 같은 정세가 아니다.

subsidy [sʌ́bsədi]
보조금

money

▌아래에 = sub +앉아 있다 =sidy. 돼지 저금통에 돈을 넣으면 돈이 아래로 떨어지는 모습 연상.

Farm subsidies will fall for the next three years.
향후 3년 동안 농가 보조금은 줄어들 전망입니다.

The local price of gasoline depends subsidies and transport costs.
각국의 휘발유 가격은 보조금, 운송 비용과 연동되어 있다.

substantial [səbstǽnʃəl]
상당한, 실체의

sizable

▌stand. "아래에 서 있는"이라는 뜻으로, 어떤 사물의 밑바탕, 즉 실질이나 구성 물질 등을 의미해요. subject 백성은 신분 계층에서 아래로 던져졌지만 한 나라의 기본을 이루는 집단입니다.

Computers have been knocked down by substantial amounts.
컴퓨터 값이 상당히 많이 내렸다.

The company made a substantial concession to the labor union.
회사 측은 노조 측에 대해 대폭적인 양보를 했다.

substantive [sʌ́bstəntiv]
실질적인

the most important aspects of a subject

▌substance. 허공은 붕 떠 있는 것이라 허황됩니다. 생각이 정립 되면 차분히 마음이 가라 앉아요. 그래서 보통은 위가 긍정적 이지만 예외적으로 sub가 들어갔더라도 '중요한' 이란 긍정적인 내용에 쓰이는 단어입니다.

The speech was entertaining, but not at all substantive.
강연은 흥미로왔지만 내용은 거의 없었다.

The only details left to negotiate are procedural, not substantive.
마지막으로 협상해야 할 세부 사항은 실질적인 내용에 관한 것이 아니라 절차에 관한 문제이다.

---

subtle [sʌ́tl]
미묘한, 오묘한

minute/fine/obscure

▌말을 직선적으로 하는 사람들은 속으로 숨기지 않기 때문에 그 사람의 의도를 잘 알 수 있어요. 하지만 말을 돌려 하는 사람들은 자신의 생각을 겉으로 확실하게 드러내지 않고 아래= 속으로 숨기면 말의 의미는 미묘해집니다.

Her book displays many subtle felicities of language.
그녀의 책은 많은 오묘한 언어 표현을 보여준다.

The gradation in tempo in this piece of music is very subtle.
이 음악에서 템포의 단계적 변화는 매우 미묘하다.

---

subversive [səbvə́:rsiv]
파괴하는, 전복하는

rebellious

▌sub = under + ver = turn. 백성들의 민심이 돌아서면 혁명이나 반란이 일어나요.

The Chinese government watch the Internet closely looking for material considered subversive.
중국 정부는 국가 전복의 성격을 띈것으로 판단되는 내용을 적발하려고 인터넷을 감시하고 있다.

---

successive [səksésiv]
연속하는

happening or existing one after another without a break

▌cess = go + suc = sub = 아래. 계속해서 진행됨.

Our team has chalked up a fourth successive victory.
우리 팀은 올해 네 번째 연승을 확보했다.

---

succinct [sʌksíŋkt]
간결한

concise

▌cin = cid = cis = cut. 길게 이야기 하면 초점을 놓치게 됩니다. 짧게 잘라 이야기 하세요. 간결한 표현이 장황한 표현보다 좋아요.

Prime Minister Ehud Barak was succinct.
에후드 바락 수상은 간결하게 말했습니다

Dr. Michael put it succinctly: the future of our country is in small business.
마이클박사가 "우리나라의 미래는 중소기업에 달려있다."고 분명하게 말했습니다.

---

succulent [sʌ́kjulənt]
즙이 많은

juicy

▌suck. succ =juice = 즙 = 즙이 많은. 과일 즙을 빨아 먹어요 suck.

She said, turning over to give him a kiss on his succulent lips.
그 여자는 그 남자의 침이 많이 묻어 있는 입술에 키스를 하기 위하여 돌아서면서 말을 했다.

---

succumb [səkʌ́m]
굴복하다

surrender

suc = sub = under + cumb = sit = lie. '아래에 눕다' 의 뜻에서 권투 경기에서 진 사람은 링 바닥에 쓰러지고 병에 걸리는 사람은 침대에 눕기 때문에 '쓰러지다' 등의 의미가 파생.

We are not going to succumb to any pressure from any other country.
다른 나라들로부터의 압력에 굴복해서는 안될 것입니다.

suffocate [sʌ́fəkèit]
숨이 막히다

stifle

suffer. suf = sub + foc = throat. 목구멍 밑에 의 뜻에서란 뜻으로 질식사 의미.

The wind threatened his balance and the blowing snow suffocated him.
바람 때문에 몸의 균형을 잃었고 불어오는 눈 때문에 숨을 쉬기도 힘들었습니다.

suffrage [sʌ́fridʒ]
투표

vote

suf = sub + frame = frage = box. 투표 박스 아래 = 안으로 투표용지 집어넣음.

Tsang try to move toward universal suffrage in Hong Kong.
그는 홍콩시민에게 보통 선거권이 부여되도록 노력했다.

Calls for universal suffrage have weakened in recent years.
최근 들어 보통 선거권에 대한 요구가 약화되고 있다.

sugary [ʃúgəri]
아부의

flattery

다른 사람에게 아부의 말을 하는 것을 한국어에서도 '사탕발림' 이라고 합니다. 마찬가지로 영어에서도 아부는 달콤한 sugar에 비유해요.

No one has been caught by his sugary words.
그의 달콤한 말에 아무도 속지 않았다.

suit [sú:t]
적응하다

adapt

옷 = suit은 너무 크지도 않고 너무 달라 붙지도 않는 적당한 사이즈를 입어야 합니다.

Is he psychologically suited to be a police officer?
그가 심리적으로 경찰관이 되기에 적합합니까?

This machine is uniquely suited to our factory.
이 기계는 우리 회사에 비할 데 없을 만큼 적합한 물건입니다.

summit [sʌ́mit]
정상

top

sum = 합계. 합계를 하여 가장 위 부분. summit = top. 비유적으로는 대통령과 같은 '국가 정상' 을 지칭.

The view from the summit is awe-inspiring.
정상에서 본 경치는 장엄했다.

The outlook for a summit meeting between two Koreas is very dim.
남북한 정상회담 개최 전망은 매우 어둡다.

summon [sʌ́mən]
소환하다

call up

▌monitor. 모니터로 공장이나 학원에서 근로자들이 수강생을 감독하고 문제가 있으면 이들에게 경고나 훈계를 합니다. sum = sub. 아래로 (살짝) 상기 시키다의 뜻에서 소환장은 under는 아래이기 때문에 은밀함을, 위는 공개적인데요. 온 동네 그리고 온 나라 떠들썩하게 알리기보다는 당사자에게 은밀히 법원들에 나올 것을 요청.

He was summoned before the boss, and asked to explain his actions.
그는 사장 앞에 불려가 자신의 행동에 대해 해명해 보라는 요구를 받았다.

The murderer was summoned to appear in the court yesterday.
그는 어제 법정 출두 명령을 받았다.

sumptuous [sʌ́mptʃuəs]
값비싼

luxurious

▌sump = some + tuous = 한국어 '튀어'. 연예인들은 보통 사람들에 비해 약간 또는 많이 튀는 옷을 입어요. 튀는 옷은 비싼 옷입니다.

The King gave a rouse in the sumptuous banquet.
왕은 사치스러운 연회에서 건배를 했다.

supercilious
[sù:pərsíliəs]
거만한

pride

▌super + silly = cili. 내가 위라고 잘난 척 한다고요??? 가장 어리석은 행동입니다. 세상은 늘 돌고 돌아 잘나가다 가도 한없이 추락을 하고, 추락을 하다가도 위로 올라가기도 합니다.

A supercilious person / smile / attitude.
거만한 사람 / 미소 / 태도

He thought himself a genius and had a supercilious smile.
그는 자기가 천재라고 생각하면서 거만하게 웃었다.

superficial [sù:pərfíʃəl]
표면의, 피상적인

shallow

▌super = up = fic = make. 속은 텅텅 비었는데 겉만 번질 거리게 만들어 졌어요. 그래서 한국어도 속빈 강정 혹은 골 비었다는 말이 있습니다.

You take a superficial view of the matter.
너는 문제를 피상적으로 보고 있다.

His analysis of the situation is too superficial.
그의 상황 분석은 너무 피상적이다.

superfluous
[su:pə́rfluəs]
남아도는

unneccessary

▌super = up + flu = flow. 위로 넘쳐 흘러가고 있는 유리 잔등의 모습 연상. 넘쳐 흐르는 것은 불필요합니다.

It would be superfluous to add anything to their remarks.
그들의 말에 뭔가를 덧붙인다면 군더더기가 될 것이다.

I won't bother you with all the superfluous details.
불필요한 세부내용들로 귀찮게 하지 않겠어요.

superimpose

[sù:pərimpóuz]
첨가하다, 덧붙이다

place over something else

▌super = up + im = in = 안에 = pose = put.

He superimposes a new way of life on old customs.
그는 오래된 관습에 새로운 생활양식을 가미하다.

A diagram of the new road layout superimposed on a map of the ci ty.
도시 지도 위에 겹쳐 놓은 새 도로 설계도면

supersede [sù:pərsí:d]

대신하다

replace

▌cede = sede = go. 위는 더 좋은 개념. 그래서 더 좋은 것이 와서 대체가 됨.

The radio has been superseded by the TV.
라디오는 텔레비전으로 대체되었다.

The typewriter has been superseded entirely by the personal com puter.
타자기는 PC에 그 자리를 내주었다.

superstition

[sù:pərstíʃən]
미신

belief in things that are not real

▌super = up + stition = stand = be = 있다. 미신과 같은 것은 눈에 보이지 않은 위. 환상적인 것.

She doesn't believe superstitions.
그녀는 미신을 믿지 않는다.

There is a widespread superstition in a rural life.
시골에는 미신이 널리 퍼져 있다.

supervise [sú:pərvàiz]

감독하다

oversee

▌vis = see. 감독은 근로자를 위에서 보고 감시합니다.

Supervise children when they are using fireworks.
아이들이 불꽃놀이를 할 때는 잘 감시한다.

Supervising assembly lines is my friend's job.
조립 라인을 감독하는 것이 내 친구의 일이다.

supplant [səplǽnt]

대신하다

replace

▌plant. 동사로는 심다. 썩은 나무를 뽑아내고 그 위에 다시 다른 나무로 대신 심는 모습 연상.

Their violence instincts have been supplanted by an almost spiritual serenity.
그들의 본능적으로 나오는 폭력은 영적인 고요함으로 바뀌어졌다.

European firms are ready to supplant our own American firms as leaders there.
유럽의 기업들이 언제라도 우리 미국 기업들을 밀어내고 리더로서 부상할 준비가 되어 있어요.

suppress [səprés]

억압하다

prevent it from continuing, by using force

▌위에서 누름 = press.

Al Merrill of Georgia Tech says that soy is known to suppress can cer.
조지아 공대의 알 메릴 교수는 콩이 암을 억제하는 것으로 알려져 있다고 말한다.

Similar molecules in plants can also suppress cancer.
유사한 분자들도 항암 작용이 있다.

S

supremacy [səpréməsi]
최고, 주권

top

▌sup = up = top

Achieve military supremacy over neighbouring countries.
이웃 국가들에 대한 군사적 우위를 달성하다.

surfeit [sə́:rfit]
폭식

excess

▌sur = sup = up + feed = feit. 지나치게 먹거나 술을 마시는 것은 비유적으로 지나침으로 확대가 됩니다.

There will be a surfeit of other sports to keep fans going until the Games end
올림픽경기가 끝날 때까지 다른 스포츠가 계속 밀려있어 팬들의 열기는 계속될 것이다.

surge [sə́:rdʒ]
증가하다, 파도처럼 밀려오다

increase

▌urge. 공부를 하라고 촉구하고 성화를 하는 부모들. 성화 안하는 부모의 자녀보다는 성적이 오를 가능성이 있겠죠.

Higher import costs were triggered by the recent surge of international raw material prices.
최근 국제원자재 가격의 앙등으로 수입원가 인상을 들었다.

surly [sə́:rli]
심술궂은, 무례한

rude

▌sure. 적당한 확신은 그 사람의 긍정적인 모습입니다. 우리가 알고 있는 단어 sure에서 단어의 길이가 길어 졌어요. 단어의 길이가 길어지면 의미가 부정적이죠. 그래서 '무례한' 이란 뜻이 있어요.

A surly child / face / manner.
뚱한 아이 / 얼굴 / 태도

Surly young men gathered on the street corner, looking for trouble.
험상궂은 젊은이들이 거리 한 구석에 모여서 사고칠 궁리를 하고 있었다

surmise [sərmáiz]
추측하다

suspect

▌sur = up + mis = go. 안정화는 아래로 내려가지만 불안정과 의심은 위로 올라감.

His guilt was a matter of surmise.
그가 유죄라는 건 순전히 추측이었다.

I surmised that the situation would improve.
나는 형세가 호전될 것이라고 추측했다.

surmount [sərmáunt]
극복하다

overcome

▌sur = up + mount = 산 = climb. 산 위를 올라 넘어가는 모습은 비유적으로 어떤 상황을 극복하는 과정.

The peaks were surmounted with snow.
봉우리는 눈에 덮여 있었다.

With patience we can surmount every difficulty.
인내로써 우린 모든 어려움을 극복할 수 있다.

surpass [sərpǽs]
-보다 낫다

exceed

▌sur = up + pass. 위로 넘어가면서 지나감.

He is so talented that he'll soon surpass his teacher.
그는 비상한 재주가 있으므로 머지않아 스승을 능가할 것이다.

His success surpassed our expectations.
그의 성공은 우리 기대를 압도한 것이다.

---

surrender [səréndər]
항복하다, 굴복하다

yield

▌sur =over +render =give. 조선의 이완용은 일본에게 조선의 국새를 넘겨주도록 하는 매국적인 행위를 함으로써 조선은 일본에 굴복을 했어요.

The hijackers finally surrendered themselves to the police.
비행기 납치범들은 마침내 경찰에게 굴복했다.

Hunger compelled him to surrender.
그는 배가 고파서 마지못해 항복했다.

---

surreptitious
[sə̀:rəptíʃəs]
비밀의

secret

▌sur + rap = rep = see. 은밀하게 봄.

They are in an alley, surreptitiously watching two bodyguards.
그들은 경호원 두 명을 몰래 염탐하면서 뒷골목에 서있다.

The villain in this James Bond movie does a bit of surreptitious snapping.
이 제임스 본드 영화에서 악당은 아무도 모르게 스냅 사진을 몇 컷 촬영합니다.

---

surveillance [sərvéiləns]
감시

observation

▌veil. 아랍의 여인들은 지금도 이전 조선의 여인들처럼 눈을 가린 베일을 통해 세상을 바라봅니다. survey = 조사하다

The Security Office will keep up its present system of surveillance.
경비실은 현재의 감시 시스템을 유지할 것이다.

Video surveillance equipment will be installed in the lobby.
비디오 감시 장치가 로비에 설치될 것이다.

---

susceptible [səséptəbl]
-하기 쉬운

be subject to

▌cep = think. 아래를 생각하는 것. 예를 들면 성적이 아래로 떨어지는 것만을 생각하는 것은 성적에 영향을 받을 수 가 있습니다.

Those most susceptible to disease are often the weak and the elderly.
질병에 가장 쉽게 감염되는 사람들은 노약자들이다.

These Muslims are susceptible to foreign propaganda.
이런 회교도들은 외국의 선전에 쉽게 영향을 받게 됩니다.

---

suspend [səspénd]
매달다, 중지하다

cancel

▌pend = hang. 계속 앞으로 전진이 되어야 하는데 계속 매달려 있는 것은 발전이 있지 못하고 연기되거나 지연되는 상황.

U.S. beef imports had been suspended due to concerns about mad cow disease.
소의 광우병 발생문제 때문에 미국산 쇠고기 수입을 금지했다

S

sustain [səstéin]
떠받치다, 지속되다

support

▌tain = have. 아래 sus = sub = under에서 받들어 주는 이미지.

There are people who think that this is a perfectly sustainable state o f affairs.

어디까지나 감당할수 있는 상황이라고 생각하는 사람들이 있습니다.

We need to provide political stability to make this growth sustainab le.

우리는 지속 가능한 성장을 위해서는 정치적 안정을 제공할 필요가 있다고 강조했습니다.

---

swarm [swɔ́:rm]
무리, 떼

crowd

▌swim. 여름 철 수영장에 많은 인파가 있는 모습 연상.

The waters swarm with life.

바다와 강에는 생물이 많이 살고 있다.

The crowds swarmed over the baseball ground.

군중이 야구장에 가득찼다.

---

swarthy [swɔ́:rði]
검정의

black

▌swim = swam. 바다에서 수영을 한 후 백사장 에서 일광욕을 했는데 너무 많이 해서 얼굴이 검은 모습 연상.

Like his sister, Kohza, he has a fairly swarthy complexion.

누나처럼 그는 아주 거무잡잡한 피부이다.

---

sway [swéi]
흔들다

swing

▌swing. 그네는 움직임. 사람의 마음도 움직이며 동요를 함.

Her pendant is swaying.

그녀의 펜던트가 흔들리고 있다.

The speaker swayed the audience.

연사는 청중의 마음을 뒤흔들었다.

---

sweat [swet]

▌sweat는 '땀' 이지만 sweatshop은 노동자를 혹사 시키는 공장이란 의미.

sweatshop : 노동 착취 공장

A sweatshop is a working environment with very dangerous conditi ons.

노동자를 착취하는 공장은 없는 아주 위험한 조건을 가지고 있다.

---

swell [swél]
부풀게 하다, 증가시키다

increase

▌well = spring. 비가 오면 우물의 물이 많이 불어납니다.

He felt his heart swelling with indignation.

그는 가슴에 분노가 치미는 것을 느꼈다.

New notes and additions of all kinds swelled the book out to monstrous size.

갖가지 새로운 주석과 추가 등으로 책의 부피는 엄청나게 늘어났다.

---

swerve [swə́:rv]
빗나가다

turn away

swing. 그네를 밀면 방향이 변화하는 모습과 연관.

The bullet swerved from the mark.
총알이 표적을 빗나갔다.

swift [swift]
빠른

fast

swing. 투수가 던진 공을 보고 빠르게 스윙하는 타자의 모습을 연상.

Many issues remain in dispute and prospects for a swift resolution remain dim.
많은 쟁점들이 여전히 논의중이어서 조속한 타결의 전망은 불투명한 상태이다.

The Taliban took control of Kabul after a swift military campaign across southern Afghanistan.
탈레반은 아프가니스탄 남부 지역에 대한 신속한 군사 작전으로 카불시를 점령했습니다.

swindler [swíndlər]
사기꾼

cheat

swing. 그네 swing은 이리 저리 움직입니다. 그리고 사기꾼도 한 장소에서 장사를 하는 것이 아니라 이리 저리 사무실을 옮겨 사기를 칩니다.

The swindler used a series of aliases.
그 사기꾼은 일련의 가명을 썼다.

I was warned against a swindler.
나는 사기꾼을 조심하라는 주의를 받았다.

S

swoon [swú:n]
기절하다

faint

한국어 '수은'. 사람이 너무 많은 수은에 중독이 되면 기절을 하고 또한 건강에 치명적인 영향을 주기도 합니다.

The fright made her sink down in a swoon.
공포 때문에 그녀는 졸도했다.

swoop [swú:p]
공격하다, 내리 덮치다

attack

sweep. 청소하다 < 범죄 소탕하다. sweep와 swoop는 철자가 유사해요. 범죄를 소탕하는 것은 경찰이 조폭 등을 급습 attack하죠.

An eagle swooped down on its prey.
독수리가 먹이를 향해 내리 덮쳤다.

When the stock market crashed, many large fortunes were wiped out in one fell swoop.
주식시장이 폭락했을 때 막대한 재산이 일거에 소멸되고 말았다.

sycophant [síkəfənt]
아첨꾼

yes man

syco = 무화과 열매 + phant = show. sycophant는 원래 informer(고발, 밀고자), slanderer(중상, 비방하는 자)를 의미했어요. 고대 그리스에서 무화과나무를 밀반출하는 사람을 당국에 고발하는 사람을 지칭하다가 오늘날 아첨꾼(a servile flatterer)으로 변형.

You are becoming a sycophant.
당신은 아부 꾼이 되어가고 있다.

syllogism [síləd͡ʒìzm]
삼단논법

logic

▌syl = with + log = word. 논리학에서 2개의 전제와 1개의 결론을 가지고 논증을 하는 것으로 "모든 사람은 죽는다. 어떤 신도 죽지 않는다. 그러므로 어떤 사람도 신이 아니다"와 같은 예를 들 수 있다.

Now the Syllogism becomes more scientific.
이제 삼단 논법은 더 과학적이었다.

---

symbiosis [sìmbaióusis]
공생

interdependent relationship

▌sym = with + bio = life. 악어와 악어새처럼 서로 공생하며 살아가는 관계.

The symbiosis between a plant and the insect that fertilizes it.
식물과 그것을 수분시켜 주는 곤충과의 공생

They may be said to live in symbiosis with their environment.
그들은 공생 관계이다.

---

symmetrical [simétrik(əl)]
대칭적인

balanced

▌sym + metrical = meter = measure. 저울 양쪽에 같은 무게가 있어 균형을 이루는 모습.

The symmetrical arrangement of the gardens.
정원의 좌우 대칭적 배치

The plan of the ground floor is completely symmetrical.
1층의 설계도는 완전히 좌우 대칭으로 되어 있다.

---

symptom [símptəm]
징후

sign

▌sym = with + tomb = tom. 함께 떨어지다 = 함께 병에 걸려 무덤에 가는 것.

Quaking knees and paleness are symptoms of fear.
두 무릎을 덜덜 떨고 창백해지는 건 두려움의 징후이다.

A single dose of the new medicine is said to relieve symptoms for up to 72 hours.
신약은 한 번 복용으로 최고 72시간 동안 증상을 완화시킨다고 한다.

---

synergy [sínərd͡ʒi]
상승작용

more successful when they work together than when they work separately

▌syn + ergy = energy. 함께 힘을 더하는 것 연상.

There's a synergy that happens there that's different than with the computer graphics.
컴퓨터 그래픽을 이용하는 것과는 다른 시너지 효과가 발생하는 거죠.

---

synonymous [sinάnəməs]
동의어의, 같은 뜻의

the two things are very closely associated with each other

▌onym = dict = word + syn = with. 두 낱말의 의미가 같음.

Job eliminations and downsizing are no longer synonymous.
일자리 감축과 기업 규모 축소는 더 이상 같은 의미가 아닙니다.

---

synopsis [sinάpsis]
요약

outline

▌op = see. 요약은 전체 줄거리를 함께 본 후 줄이기 때문에 op = see란 접두사가 있어요.

That is a short synopsis of what is going on.
그것은 앞으로 일어 났것의 짧은 요약본이다.

---

synthetic [sinθétik]
종합의, 합성의

made from chemicals or artificial substances rather than from natural ones.

▌the = one. 여러 개를 하나로 묶음.

Dr. Richardson's method is a valuable tool for developing synthetic materials.
리처드슨 박사의 방법은 합성 물질을 개발하기 위한 귀중한 도구이다.

Our newly developed synthetic fibers are lighter and stronger than steel
우리가 새로 개발한 인조 섬유는 강철보다 더 가볍고 튼튼하다.

S

[ACTUAL TEST]

밑줄 친 낱말과 동의어를 고르세요.

1. One of the world's great wildlife <u>sanctuaries</u> is located near Chiang Mai.

(A) shelters (B) inhabitants (C) wastelands
(D) institutions (E) environments

2. The cause of the common cold has continuously <u>stymied</u> scientists.

(A) worried (B) amazed (C) thwarted (D) motivated

3. I can remember very vividly the first time I become aware of my existence; how for the first time I realized that I was a <u>sentient</u> human being in a perceptible world.

(A) senile (B) melancholy (C) vulnerable (D) conscious

4. No matter how many times the little ones <u>stumble</u> in their initial efforts, most keep on trying, determined to master their new skills.

(A) agonize (B) succeed (C) fail (D) revel

5. The police are taking all claims <u>with a grain of salt</u> – and turning their attention to the evidence at the center of the case.

(A) lightly (B) silently (C) cautiously (D) elaborately

6. It was almost as cold within the house as without. A small fire of wood chips was burning in the hearth and the smoke of it was <u>suffocating</u>.

(A) damp (B) dense (C) fragrant (D) stifling

7. When the man was finally rescued, he had been on the <u>sterile</u> island for almost three months.

(A) exotic (B) infertile (C) uninhabited (D) picturesque

8. Although people may find <u>solace</u> in the thought that their siblings are there if they need them, rarely do they call each other for help or offer each other instrumental support.

(A) comfort (B) aversion (C) courtesy (D) assertion

9. Freedom fighters are defined positively as idealistic people who <u>steadfastly</u> refuse to accept foreign invaders, while insurgents are seen as rebels against a government which claims legitimacy, but in fact the words refer to the same people from opposing perspectives.

(A) stealthily (B) capriciously (C) petulantly (D) tenaciously

10. As a student Tim Benson set up a small company hiring out bicycles to other students. He was very successful and claims that his profits ran into thousands of euros, a month, a lot of money for a student. As a spin-off he used to sell cycling clothes and equipment to the students and that also was a good earner for him.

(A) business arrangement
(B) profitable deal
(C) extra business
(D) act of gaining control of a company

11. The windchill factor, the combination of low temperature and wind speed, strikingly increases the degree of cold felt by a person who is outdoors.

(A) effectively
(B) remarkably
(C) certainly
(D) unquestionably

12. Poor planning led him to squander his entire fortune.

(A) evade
(B) compile
(C) manipulate
(D) waste

13. The flower bud of a water lily opens at sunset, since its opening is set off by the decreased light.

(A) regulated
(B) triggered
(C) endured
(D) curtailed

14. It is hard to understand how any educated person of the present age could have the temerity to declare that members of one ethnic group are invariably more intelligent than those of another.

(A) ignorance
(B) distress
(C) audacity
(D) affectivity

15. The existence of life in Mars is a treasure beyond assessing, and the preservation of that life must supersede any other possible use of Mars.

(A) replace
(B) supplement
(C) verify
(D) facilitate

16. A good teacher should be able to take in his stride the innumerable petty irritations any adult dealing with children has to endure.

(A) deal calmly with
(B) be upset by
(C) understand immediately
(D) take into consideration
(E) be patient with

17. Mary stood up for her friend in the argument.

(A) defended
(B)gave her seat to
(C) praised
(D) went out with
(E) criticized

18. The cultural developments primarily stimulated by the movements for social change of the 1960s and 1970s have continued during the two most recent decades.

(A) discouraged
(B) originated
(C) incited
(D) imagined
(E) announced

S

19. The movement for women's suffrage was a social, economic and political reform movement, aimed at extending the suffrage to women.

(A) voting right (B) freedom (C) monogamy
(D) divorce right (E) marriage right

20. To climb Mount Everest on a bicycle would be a stupendous accomplishment.

(A) unintelligent (B) strenuous (C) monumental (D) energetic

21. His mother stood up for him when he was questioned.

(A) awoke (B) believed (C) defended (D) opposed

22. Professor Kim always buys the latest, state-of-the-art digital camera.

(A) most modern (B) famous brand (C) very artful (D) absolutely genuine

[FILL THE PROPER WORD IN THE BLANK]

빈칸에 들어갈 적당한 단어를 고르세요.

23. If you are a passenger in a plane, you may be ________ thinking about someone or something that is far away and you wish to get in touch, according to some dream analysts. If you are the pilot it suggests that you have a sense of control and a(n) ________ confidence that you will succeed in your endeavors.

(A) indifferently obvious (B) randomly latent
(C) creatively mental (D) subconsciously underlying
(E) negatively interpretative

24. The fish must have been spoiled. After dinner, I was ________.

(A) as hard as nails (B) as red as a beet
(C) as sick as a dog (D) as cool as a cucumber
(E) as mad as a hatter

25. Just as the person who is kind brings happiness to others, so does he bring ________ to himself.

(A) wisdom (B) guidance (C) satisfaction (D) stinginess

26. In certain societies shame was the only ________ against wrongdoing.

(A) sanction (B) approbation (C) ramification (D) plethora

27. a) Some of the trees are already beginning to ________ their leaves.
b) They will ________ a few tears at their daughter' s wedding.
c) A new approach offers an answer, and may ________ light on an even bigger question.

(A) burst (B) fall (C) drop (D) shed

28. His troubles were not ________; they were more of the spirit.

(A) illusory (B) lay (C) somatic (D) personal

29. He should have worked on the article on a regular basis. Instead, he worked on it ________. When the deadline arrived, he wasn't ready.

(A) deliberately (B) sporadically (C) incessantly (D) indelibly

30. Many scientific discoveries are a matter of ________: Newton was not sitting on the ground thinking about gravity when the apple dropped on his head.

(A) serendipity (B) experimentation (C) technology (D) principle

S

31. Pearl isn't allowed to wear jeans to school, so she has gotten into the habit of leaving a pair of jeans in the bushes behind her house and changing into them in her best friend's garage. This little ________ is about to be discovered, however, because Pearl's mother is dropping in on the school unexpectedly today to bring her the lunchbox she left at home this morning.

(A) procrastination (B) proclivity (C) frenzy (D) subterfuge

32. Paul's grandmother is a ________ businesswoman; once she turned a small ice cream shop into a popular restaurant and sold it for a huge profit.

(A) sagacious (B) repellent (C) ludicrous (D) permeable

[EXPLANATION]

1. [VOCA]

sanctuary 피난처 shelter 피난처 inhabitant 거주자, 서식동물 wasteland 황무지 institution 제도, 기관

[TRANSLATION]

세계에서 가장 큰 야생 동물 보호구역 중 하나는 치앙마이 근처에 있다.

[ROPES]

sanctuary 피난처로 shelter와 동의어.

[ANSWER] A

2. [VOCA]

stymie 방해하다

[TRANSLATION]

감기의 원인은 과학자 들을 지속적 으로 좌절시켜 왔다.

[ROPES]

steam 〈 stymie. 증기가 가득한 목욕탕에 가면 시야가 가려 여러 가지 어려움이 있어요.

[ANSWER] C

3. [VOCA]

sentient 지각 있는 senile 나이가 많은 vulnerable 상처입기 쉬운 vividly 생생히 perceptible 인지할 수 있는

[TRANSLATION]

나는 나의 존재를 알게 된 처음 순간을 아주 잘 기억할 수 있다. 처음으로 인식할 수 있는 세계에 내가 지각할 수 있는 한 사람이라는 사실을 알았던 것이.

[ROPES]

sentient 〈 sen = sense. sense있는 사람은 인식력이 있는 사람.

[ANSWER] D

4. [VOCA]

stumble 넘어지다 fail 실패하다 agonize 괴로워하다 revel 즐기다

[TRANSLATION]

첫 번 째 시도 에서 꼬마들이 몇 번 실수 하더라도 대부분은 새로운 기술을 습득하려는 결심을 하며 계속해서 노력한다.

[ROPES]

stumble과 동의어로는 trip = 넘어지다 가 있어요. stumble 〈 tumble(구르다)를 연상.

[ANSWER] C

5. [VOCA]

take ~ with a grain of salt 가볍게 생각하다 elaborately 공들여, 정교하게 cautiously 신중히

[TRANSLATION]

경찰은 모든 주장들은 소홀히 하고 그들의 관심을 사건의 핵심적인 증거로 돌리고 있다.

[ROPES]

attention과 반대말이 take ~ with a grain of salt. 그리고 light는 (생각등)가볍게라는 의미

[ANSWER] A

6. [VOCA]

suffocating 숨 막히게 하는 damp 젖은 dense 짙은 fragrant 향기로운 stifling 숨이 막히는

[TRANSLATION]

집 안도 거의 외부만큼 추웠다. 작은 장작불이 화로에서 타고 있었으며 그 연기는 숨이 막힐 지경이었다.

[ROPES]

화로에서 나오는 연기 때문에 __________에서 밑줄에 들어갈 한국어 단어로는 숨이 막히다 정도가 가장 적당한 표현이예요.

[ANSWER] D

7. [VOCA]

sterile 불모의, 불임의 exotic 이국적인 infertile 불모의, 불임의 picturesque 그림과 같은, 아름다운

[TRANSLATION]

그 남자가 마침내 구조 되었을 때는 거의 3개월 동안을 불모의 섬에서 보내었다.

[ROPES]

fertile = fer = go. 난자에 정자가 들어가서 한 생명체가 탄생하듯이 fertile은 땅에서 곡식이 열리고, 여자가 아이를 다산하는 경우에 사용. 이 단어와 반대말이 sterile.

[ANSWER] B

8. [VOCA]

solace 위안, 위로 sibling 형제(의), 자매(의) instrumental 기계의 aversion 혐오, 반감
assertion 단언, 주장

[TRANSLATION]

사람들이 필요로 한다면 그곳에 형제 자매들이 있다는 생각 때문에 위안을 얻을 수 있을 지라도, 도움을 얻기 위해 서로 연락을 취하거나, 도움이 될 만한 지원을 주는 경우는 거의 없다.

[ROPES]

[[Although people may find solace in the thought that their siblings are there if they need them,] [rarely do they call each other for help or offer each other instrumental support]]. rarely와 같은 부정어구 및 부사로 문장이 시작되면 도치(동사 + 주어) 어순이다. solace는 위로로 보기의 단어중 comfort를 고르면 됨.

[ANSWER] A

S

9. [VOCA]

steadfastly 꾸준하게 tenaciously 고집 세게, 완강하게 idealistic 이상주의적인 refuse 거부하다 invader 침입자 insurgent 반정부 주의자 rebel 반역자 claim 주장하다 legitimacy 합법성 perspective 관점, 전망 stealthily 몰래 capriciously 변덕스럽게 petulantly 건방지게

[TRANSLATION]

자유의 투사는 외국 침입자 들을 계속해서 거부하는 이상주의적인 사람들 로서 긍정적 으로 정의된다. 그러나반정부주의 자는 정통성을 주장하는 정부에 대항하는 반란자로 간주된다. 그러나 사실상 이 두 낱말은 반대 편 입장에서 보면 똑같은 사람들을 지칭한다.

[ROPES]

fast는 빠르다는 의미외에 '꽉 = tight'이란 뜻도 있다. 그래서 steadfastly가 '확 고부동한, 불변의' 의 의미가 되어 fixed, constant, tenaciously등이 이 낱말의 동의어이다.

[ANSWER] D

10. [VOCA]

spin-off 부산물, 부작용 hire out 임대하다, 돈을 받고 빌려주다

[TRANSLATION]

학생으로서 Tim Benson 다른 학생들 에게 자전거를 빌려주는 작은 회사를 만들었다. 그는 크게 성공했고 그 사람의 수익은 학생에게는 거금인 한 달에 수천 유로에 이른다고 주장했다. 부업으로 그는 자전거 탈 때 입는 옷과 장비를 학생들에게 팔곤 했고 또한 그것이 그에게 좋은 수입원이 되었다.

[ROPES]

spin은 회전. 물체가 회전하여 밖으로 off 떨어져 나가는 것은 부산물. 이 지문에서는 부업 정도로 번역을 해야 하며 '부업'은 한국에서 말하는 알바 = arbeit가 아니라 moonlight라고 해야 합니다. 낮에는 자신의 본업에 종사하고 돈을 더 벌기 위하여 밤에 달빛을 받으며 일을 하기 때문이죠.

[ANSWER] C

11. [VOCA]

windchill 풍속냉각 factor 지수 strikingly 현저하게, 두드러지게

[TRANSLATION]

낮은 기온과 풍속의 결합인 풍속냉각 지수는 바깥에 있는 사람이 느끼는 추위의 정도를 아주 많이 증가시킨다.

[ROPES]

어떤 낱말에 -ly접사를 첨가하면 very의 의미. strikingly는 '현저하게'로 보기의 단어 중 remarkably를 고르면 됩니다.

[ANSWER] B

12. [VOCA]

squander (시간 · 돈을) 낭비하다 evade 피하다 compile 편집하다
manipulate 조작하다, 능숙하게 다루다 fortune 우연, 운, 큰 재산

[TRANSLATION]

그는 형편없는 계획 때문에 전 재산을 날렸다.

[ROPES]

재산을 관리하는 능력이 없으면 돈을 ________하다에 들어갈 한국어 표현은 낭비하다 정도가 적당합니다.

[ANSWER] D

13. [VOCA]

set off ~을 일으키다 trigger −의 방아쇠를 당기다, 시작하다 regulate 통제하다
endure 견디다, 인내하다 curtail 줄이다 bud (식물의) 눈, 꽃봉오리 water lily 수련 sunset 일몰

[TRANSLATION]

빛이 줄어 들어야 꽃 봉오리가 벌어지기 때문에 수련의 꽃 봉오리는 해가 질 때에 핀다.

[ROPES]

set은 놓았는데 off는 안에서 밖으로 나가기 때문에 출발하다 = start.

[ANSWER] B

14. [VOCA]

educated 교육받은, 교양 있는 present age 현대 temerity 무모함 declare 선언하다 ethnic 인종
invariably 항상, 변함없이 ignorance 무지 distress 괴로움 audacity 대담함, 뻔뻔함
affectivity 감정

[TRANSLATION]

교양 있는 현대인이 어떻게 한 인종 집단이 다른 인종 집단 보다 항상 지적으로 뛰어 나다고 뻔뻔하게 주장할 수 있는지 이해하기 어렵다.

[ROPES]

한 인종 집단이 다른 인종 집단 보다 항상 지적으로 뛰어나다고 주장하는 것은 시대 착오 적인 발언이기 때문에 대담하고 '뻔뻔하다'에 해당되는 영어 낱말을 보기에 고르면 됨(이런 한 인종이 다른 인종보다 더 뛰어나다고 보는 관점은 다윈의 사촌 동생인 돌턴이라는 과학자에 의해 제기됨).

[ANSWER] C

15. [VOCA]

existence 존재 Mars 화성 treasure 보물 beyond assessing 평가를 넘어서는, 헤아릴 수 없는
preservation 보존 supersede 대신하다 supplement 보충하다 verify 증명하다 facilitate 쉽게 하다

[TRANSLATION]

화성에 생명체가 존재하는 것은 헤아릴 수 없을 정도로 아주 귀중해서, 화성을 다른 가능한 이용보다는 그 생명체를 보존하는 것으로 대신하여야 한다.

[ROPES]

중요한 것은 위에 있고 허접한 것은 아래에 놓임. super는 '위'. 그래서 the preservation of that life를 더 중요하게 생각함.

[ANSWER] A

16. [VOCA]

take in one's stride (장애물을) 뛰어넘다 petty 사소한 innumerable 무수한, 셀 수 없는
irritation 짜증 나는것 take into consideration …을 고려하다

[TRANSLATION]

좋은 교사는 어린아이를 다루는 어른 이라면 참아야 하는 아주 많은 사소한 짜증은 극복할 수 있어야 한다.

[ROPES]

좋은 교사가 짜증을 ______해야 한다에서 밑줄에 들어갈 한국말은 넘어가야 한다, 정도이기 때문에 보기에서 A를 정답으로 고르면 됩니다.

[ANSWER] A

S

17. [VOCA]

stand up for …을 지지하다 argument 주장 praise …을 칭찬하다 criticize 비판하다

[TRANSLATION]

Mary는 논쟁에서 친구를 지지했다.

[ROPES]

for는 –를 향하여 가는 것입니다. 싫어하는 사람은 멀어지고 싶고 좋아하는 사람은 가까이 가고 싶기 때문에 stand up for는 '…을 지지하다 = support' 예요.

[ANSWER] A

18. [VOCA]

primarily 첫째로, 주로 stimulate …을 자극하다 recent 최근 discourage 낙담 시키다 originate …을 시작하다

[TRANSLATION]

1960년대와 1970년대의 사회 변화 운동에 의해 처음으로 활발해진 문화 발전은 최근 20년 동안에도 지속되었다.

[ROPES]

stimulate는 '…을 자극하다' 로 보기의 낱말 중에는 incite와 동의어

[ANSWER] C

19. [VOCA]

suffrage 투표권, 선거권 reform 개혁 aim 목적 extend 확장하다 monogamy 일부일처제

[TRANSLATION]

여성 참정권 운동은 여성에게까지 참정권을 확대하려는 사회적, 경제적, 정치적 개혁 운동 이었다.

[ROPES]

suffrage는 vote와 관련된 표현.

[ANSWER] A

20. [VOCA]

stupendous 엄청난, 굉장한 unintelligent 무지한 strenuous 분투적인, 활발한 monumental 기념비의, 엄청난 energetic 활기찬 찬 강력한

[TRANSLATION]

자전거를 타고 에베레스트 산을 오르는 것은 굉장한 업적이 될 것이다.

[ROPES]

그냥 발로 걸어 세계 최고봉인 에베레스트 산을 오르기도 어려운데, 자전거를 타고 올라간다면???. 대단한 일이죠.

[ANSWER] C

21. [VOCA]

stand up for ~을 지지하다 defend 방어하다 question 의심하다 awake 깨우다
oppose ~에 반대하다

[TRANSLATION]

그가 의심을 받고 있었을 때에도 그의 어머니는 아들을 지지했다.

[ROPES]

stand up for는 '~을 지지하다'이기 때문에 보기의 단어 중 '방어하다'에 해당되는 defend를 고르면 됨.

[ANSWER] C

---

22. [VOCA]

state-of-the-art 최첨단의 brand 상표 artful 교묘한, 교활한 genuine 진짜인

[TRANSLATION]

김 교수는 항상 최신식 최첨단 디지털 카메라를 산다.

[ROPES]

art는 예술. 어떤 상태가 예술의 상태라면 최고 경지에 올랐다는 말. 그래서 최 첨단을 나타내는 표현이 됨.

[ANSWER] A

S

---

23. [VOCA]

passenger 승객 get in touch 연락을 취하다 analyst 분석학자 endeavor 노력, 시도
indifferently 무관심하게 obvious 명백한 randomly 무분별하게 latent 잠재되어 있는
mental 정신적인 subconsciously 잠재의식으로 underlying 기초가 되는 negatively 부정적으로
interpretative 해석

[TRANSLATION]

만일 당신이 비행기를 탄 승객이라면, 꿈 분석학자 들에 따르면 당신은 멀리 있어서 연락을 취하고 싶은 누군가 또는 무엇인가에 대해 잠재 의식적 으로 생각하고 있을지도 모른다고 주장한다. 그리고 당신이 만일 비행기 조종사라면 이는 당신이 노력하여 성공할 것이라는 통제력과 근원적인 자신감을 갖고 있다는 것을 암시하는 것이다.

[ROPES]

밑줄 두 곳에 힌트 어구는 dream analyst. 프로이트와 같은 꿈 분석자들을 생각하면 의식, 그리고 무의식과 같은 낱말이 연상됨. 그래서 보기의 단어들 중 D를 정답으로 고르면 됨.

[ANSWER] D

---

24. [VOCA]

spoil 상하다 as hard as nails 완고한 as red as a beet 아주 빨간 as sick as a dog 많이 토하다
as cool as a cucumber 아주 냉정한 as mad as a hatter 몹시 미친, 화가 난

[TRANSLATION]

그 생선은 상한 것이 틀림없다. 나는 저녁 식사 후에 많이 토했다.

[ROPES]

spoil = 상했다면, 밑줄에 들어 갈 말은 '토하다' 혹은 배가 아프다와 같은 표현이 오면 됨. as sick as a dog은 vomit와 같은 표현. 한국에서 말하는 오바이트 = overeat는 음식을 토한 것이 아니라 많은 음식을 '먹었다' 입니다.

[ANSWER] C

25. [VOCA]

sting💡 인색함

[TRANSLATION]

Mary는 논쟁에서 친구를 지지했다.

[ROPES]

Just as는 '-처럼'으로 like. (Just) as A, so B는 A와 B가 '같다'이기 때문에 A에 있는 happiness와 의미적으로 동등한 내용이 밑줄에 들어가야 합니다.

[ANSWER] C

26. [VOCA]

sanction 허가, 인가 approbation 찬성, 승인 ramification 분파 plethora 과다, 과잉
shame 부끄럼, 치욕

[TRANSLATION]

어떤 사회에서는 수치심은 나쁜 짓을 한 것에 관해 단지 인정을 한 것입니다. .

[ROPES]

잘못(wrongdoing)을 했다면 당연히 그에 따르는 '처벌' = punish가 있어야 합니다. 이것이 보통의 사회의 모습이죠. 하지만 '어떤 사회에서(in certain societies)는 처벌이 아니라 단지 수치심(shame)만을 느끼면 그만이기 때문에 보기에서 A를 정답으로 택하면 됨.

[ANSWER] A

27. [VOCA]

shed 떨어뜨리다 shed 흘리다 shed light on ~을 밝히다 burst 파열하다, 폭발하여 터지다
burst open 활짝 피다.

[TRANSLATION]

a) 몇몇 나무들은 벌써 잎들이 떨어지고 있다.

b) 그들은 딸의 결혼식에서 눈물을 흘릴 것이다.

c) 새로운 접근방식은 대답을 제시할 뿐만 아니라 훨씬 더 큰 문제들을 밝힐 수 도 있을 것이다.

[ROPES]

shed는 나무에서 나무 잎이 떨어지거나 눈물이나 피를 흘리는 것이 기본적인 의미입니다. 이 의미에서 비유적으로는 설명 하다와 같이 어떤 사실을 설명하는 것과 같은 문맥으로 의미가 확대됩니다.

[ANSWER] D

28. [VOCA]

illusory 환영의, 착각의 lay 평범한 somatic 신체의

[TRANSLATION]

그의 어려움은 육체적인 것이 아니라 정신적인 것 그 이상이었다.

[ROPES]

spirit와 반대말을 고르면 되는데 somatic은 physical과 동의어

[ANSWER] C

29. [VOCA]

article 기사, 논설, 물건 regular 정기적인, 보통의 deadline 원고 마감시간 deliberately 신중히 sporadically 우발적으로, 때때로 incessantly 끊임없이 indelibly 지울 수 없는, 잊혀 지지 않는

[TRANSLATION]

그는 정기적으로 그 기사를 써야만 했었다. 그러나 그는 그렇게 하지 않고 산발적으로 일을 했다. 그래서 마감지어야 할 때, 그는 준비가 되어있지 않았다.

[ROPES]

regular = 규칙적어야 했어요. 하지만 should have worked는 -했어야만 했는데 실제로는 그렇지 못했기에 regular의 반대말을 보기에서 고르면 됨. sporadically이 옳은 단어

[ANSWER] B

30. [VOCA]

experimentation 실험 gravity 중력, 엄숙 serendipity (우연한) 발견

[TRANSLATION]

많은 과학적인 발견들은 우연히 발견하는 능력의 문제다. 뉴턴은 사과가 머리에 떨어 졌을 때 중력에 관해 생각 하면서 땅바닥에 그냥 앉아 있었던 것은 아니었다.

[ROPES]

not sitting on the ground thinking이 힌트어구. 생각을 하지 않다가 우연히 발견되었기 때문에 빈칸에는 우연성과 연관된 serendipity가 적당함.

[ANSWER] A

31. [VOCA]

procrastination 지연 proclivity 성향 frenzy 격분, 광란 subterfuge 핑계, 속임수

[TRANSLATION]

Pearl은 학교에 청바지를 입고 가는 것이 허용되지 않는다. 그래서 그녀는 집 뒤쪽 숲에 청바지 한 벌을 두었다가 가장 친한 친구 집 차고 에서 갈아 입는 습관을 갖게 되었다. 그러나 오늘 아침 집에 두고 간 점심 도시락을 그녀에게 갖다 주려고 어머니가 갑자기 학교에 갔기 때문에 이 사소한 속임수가 막 들통 날 것 같다.

[ROPES]

청바지를 입고 학교에 가는 것을 어머니가 허락하지 않아 딸은 어머니를 속이면서 친구 집에서 청바지를 갈아입고 학교에 등교했기 때문에 이런 행동은 어머니를 속인 trick = subterfuge.

[ANSWER] D

32. [VOCA]

sagacious 현명한 repellent 싫은 ludicrous 웃기는 permeable 삼투할 수 있는

[TRANSLATION]

폴의 할머니는 영리한 사업가다. 이전에 작은 아이스크림 가게를 인기 있는 식당으로 바꾸고 큰 이익을 남기고 팔았다.

[ROPES]

a small ice cream shop -> a popular restaurant -> a huge profit . 큰 이윤을 남기는 사람이라면 사업 수완이 좋고 이런 사람은 영리한 sagacious 사람이죠.

[ANSWER] A

S

T

T로 시작하는 철자들 이것만은 꼭 알자

1. 야영을 갈 때 텐트를 가지고 갑니다. 접어져 있던 것을 잡아당겨 = pull 텐트를 쳐요. tent = draw(pull)

당기다

DRAW	TENT	TEND

예) attention / temptation / tentative / attend

관심을 가지다는 attention을 살펴보면 at = go + tent = pull. 시선이나 마음이 어떤 상대방이나 물건에 가져가기 때문에 '관심'.

2. 시간은 time이란 철자 이외에 tem-으로도 시작을 합니다. 그리고 시간은 흘러가는 것이기 때문에 영원함보다는 일시적이면서 순간적인 것을 나타냅니다.

시간

TIME	TEM CHRON EV

예) temperamental / temporary / chronicle chronology / primeval / longevity / medieval

시간은 tem-이외에 위에서 보듯이 chron-이나 ev-가 있어요.

3. 경기장의 트랙 track 경기나 밭에서 땅을 가는 트랙터 tractor의 모습을 연상해보면 tract는 잡아당기는 draw와 관련이 있다는 것을 알 수 있습니다.

잡아당기다

DRAW	TRACT

예) tractable / trait / protract / retract

고집에 센 사람은 아무리 잡아 당겨도 오질 않습니다. 유순한 tractable사람들이 다른 사람이 잡아당겨도 오기 때문에 reflexible과 같은 뜻입니다.

4. 지방에 사는 사람이 서울에 와서 내리는 강남고속 버스 터미널. terminal은 종착점이기 때문에 term은 end를 의미 합니다.

끝

END	TERM

예) term / terminal / terminology

5. A라는 장소에서 B라는 장소로 이동을 하는 경우 우리는 보통 inter라는 단어를 사용하여 표현합니다. inter와 같은 의미인 trans-.

사이에

BETWEEN	TRANS INTER

예) transfer / transgress / transport / transient / interior / international / interfere / interject

다른 회사로 전근을 하거나 다른 학교로 전학을 가는 것은 trans-가 들어간 transfer를 사용합니다.

6. 문자 메시지를 보내는 것을 text라고 합니다. 원래 text는 '책' 이지만 책에는 '글자' 가 담아져 있어요. text = make

만들다

MAKE	TEXT

예) text / context / pretext / textile / texture / tissue / toilet / architect / technical

7. 접촉은 touch이지만 tact와 이 변이형인 tang등도 사용됩니다.

접촉하다

TOUCH	TACT	TAG	TANG

예) contact / intact / tactile / tangent / contingent / tangible

8. 지중해란 영어 단어는 mediterranean으로 철자는 많지만 단어를 분석하면 간단히 이해를 할 수 있어요. med = 중간 = mid + terra = 땅 = earth.

땅(장소)

EARTH	TERR	TOP

예) tropical / topology / extraterrestrial

우리가 E.T.라고 하는 외계인들과 관련된 단어가 extraterrestrial입니다.

땅

TERRA	LOC	AGR	GE

예) LOC: local /allocate AGR: agriculture / terra / cotta / territory
GE: geology

T

tab [tǽb]

▮ 옷 등에 붙어있는 가격표가 tab. 비유적 으로는 계산하다.

pick up the tab : 계산하다

I pick up the tab.
계산은 내가 하겠다.

---

table [téibl]
(법) 상정하다

set aside

▮ table. 안건 등을 책상 위에 올려놓음.

We will discuss again the problem when the new bill is tabled.
새 법안이 상정되면 그 때 다시 논의하기로 했다

---

tacit [tǽsit]
묵인, 말이 없는

unspoken

▮ silent와 동의어.

Its business elite is tacitly helping to build a “united front” against Taiwan independence.
이 사업의 중추가 암암리에 대만 독립에 반하여 통일전선을 수립하는 것을 돕는 다는 것은 근심스럽다.

---

tactful [tǽktfəl]
재치 있는

careful not to offend another person

▮ tag = tact = tang = touch. 술래잡기 에서 술래가 붙잡는 catch는 행동이 tag입니다. 한국어 에서도 손때는 행동은 더 이상 관여를 하지 않고 관심이 없는 것을 나타내지만 접촉은 관여나 관심. 그래서 재치 있어 skilled와 연관을 맺어요.

It was not tactful of you to mention that.
네가 그런 말을 한 것은 재치가 부족했다.

---

taint [téint]
오명, 더러움

impair

▮ paint. 한국어에 '손 탄다' 는 말은 만져서 오염이 되는 것을 말해요. 영어도 tag = tan = tain은 touch. 만지면 더러워지고 때를 타는데 이것이 비유적으로 타락 한 것과 연관이 됩니다.

The parties reached an out-of-court settlement , but the taint lingered.
사건 발생 양측은 법정 밖에서 합의를 봤지만 오명이 그를 따라다녔습니다.

---

take [teik]

▮ take와 관련 하여 시험에 출제되는 표현들을 공부 합시다.

take a back seat : 뒷좌석에 앉다

I decided to take a back seat to Mary.
나는 메리에게 자리를 양보했다.

It was time to take a back seat and let someone else run things.
제일선에서 물러나, 누군가 다른 사람에게 맡길 시기가 되었다.

take up : 시작하다

When did you take up painting?
언제부터 그림을 그리기 시작했어요?

They're beginning to tear up the road I take to work.
그 사람들은 내가 출근할 때 이용하는 도로의 분리작업을 시작하고 있다.

---

tall [tɔ́ːl]

▌tall은 키가 큰것 이기에 아래처럼 비유적인 의미에 쓰임. 주로 부정적인 문맥에 사용.

tall order : 어려운 주문, 무리한 요구

That is a tall order.
그건 너무 지나친 요구야.

I've heard just passing that class is a tall order.
그 수업은 F 학점 받지 않는 것만 해도 엄청나게 어렵다고 하더라.

tall story : 허풍

The scholars are the ones who have a tall story.
학자들은 허풍장이들이다.

---

tamper [tǽmpər]
변조하다

change

▌time = tam = tem = change. 시간은 흘러가는 물처럼 지나가기 때문에 tam-은 변화하다와 관련

The brakes of my car has been tampered with.
내 차의 브레이크가 손상을 입었다.

That the original document had been tampered with was one of the Prosecutor's theories.
검찰 측 주장은 서류 원본이 위조됐다는 것이었다.

---

tandem [tændəm]

▌한줄로 맨 두필 이상의 말(norse)에서 세로로 나란한 것을 의미 확대.

in tandem : 세로로 일렬이 되어, 협력하여

Using the concertina wire, in tandem with a possible cut in the stren gth of the ground forces, has arisen
지상군 병력 삭감안과 함께 철조망 사용 안이 제기되었다.

---

tangential [tændʒénʃəl]
접선의, 접선에 따라 작용하는

digressing

▌tangent. 수학 시간에 말하는 탄젠트가 tangent. tangent = touch. 우리가 알고 있는 단어인 tangent보다 tangential은 길이가 길어졌어요. 부정적인 내용. 접촉을 하지 않기 때문에 비유적으로는 일관된 주장이 아니라 본론에서 벗어났다는 의미.

A tangential argument.
옆길로 새는 주장

It's tangential to the problem under discussion.
지금 토의 중인 문제와는 별 관계가 없다.

---

tangible [tǽndʒəbl]
구체적인, 만져서 알 수 있는

concrete

▌tang = touch. 눈에 보이는 것은 추상적인 것과는 다르게 구체적입니다.

There are no tangible grounds for suspicion.
의심할 만한 확실한 근거는 하나도 없다.

The laboratory is performing tests to determine the tangible health benefits of laughter.
그 실험실은 웃음이 건강에 좋은 구체적 증거를 찾는 실험을 하고 있다.

T

tantalize [tǽntəlàiz]
애타게 하는, 감질나게 하다

tease

▌그리스에 탄탈루스라는 왕이 있었고 이 사람이 신들을 초대하여 아들을 죽인 후 아들의 시체로 삶은 국을 먹인 나쁜 짓 때문에 제우스에 찍혀 강물에 영원히 빠지게 됩니다. 탄탈루스가 배가 고파 먹을 것이 있는 물가로 올라 가면 다시 미끄러지는 것이 연속, 결국 눈앞에 맛있는 음식만 볼 뿐 먹을 수 없으니 애간장만 녹아요.

Give the dog the bone - don't tantalize him.
개한테 그 뼈다귀를 줘. 감질나게 만들지 말고.

He was tantalized by the possibility of visiting the places he had read about.
그는 글로 읽은 장소들을 방문할 가능성으로 안달이 나 있었다.

---

tantamount [tǽntəmàunt]
동등한, 같은

equal

▌tant = equal + amount = 양.

The North reacted angrily saying that the remarks were tantamount to a declaration of war.
북한은 그 발언이 선전포고나 다름없다며 거세게 항의하였다.

It declared that the Japanese claim to Dokdo was tantamount to invasion.
정부는 독도에 대한 일본의 영유권 주장이 침략과 대동소이한 것이라고 선언했다.

---

tap [tǽp]

▌tap은 '가볍게 두드리다' 이고 친구의 등을 두드리는 모습 연상

tap into : ~와 친구가 되다, 이용하다.

If you want to tap into someone, you must talk nicely.
누군가와 친구가 되고 싶다면 좋게 말해라.

---

taper [téipər]

▌초는 candle. 하지만 아주 작은 초는 taper. 초는 위로 갈수록 작아집니다. 그래서 작아지는 것은 없어지는 것과 연관

taper off : (술 먹는 습관을) 버리다.

Their investment is tapering off as the market is dull.
그들의 투자는 경기가 쇠퇴하면서 점점 축나고 있다.

---

tariff [terif]
관세

tax

▌일반적인 세금은 tax이지만 한 나라의 국경 안으로 들어오거나 나가는 물건에 대한 세금은 tariff라고 합니다.

China scrap punitive tariffs on Japanese cars, mobile phones.
중국은 일본산 자동차, 이동전화에 부과한 보복관세를 철폐하겠다고 밝혔다.

▌세금을 우대 하다는 tax break로 표시 합니다.

A Democratic Party lawmaker has called for the Republican-led Congress to repeal tax breaks for big oil companies.
민주당은 공화당이 지배하고 있는 하원에 대해 거대석유회사들에 대한 세제상의 우대조치를 폐지하라고 촉구했습니다.

---

tarnish [tá:rniʃ]
더러워지다

blemish

▌sun Tan = tan = 타다. 태양 빛에 타는 것은 검정색. 변색이 되거나 오염되는 것으로 의미가 확대.

The brasswork needs polishing - it's badly tarnished.
놋쇠제품은 광을 내주어야 한다. 변색이 아주 잘 되니까.

The new manager is determined to improve the club's somewhat tarnished image.
새 지배인은 약간 손상된 그 클럽의 이미지를 개선하기로 결심했다.

tart [tá:rt]
시큼한

sour

▌타르트는 비스킷류의 반죽을 크림이나 과일과 접합시켜 시원하고 바삭 한 맛을 내는 과자종류로 반죽한 크림이 시간이 지나면 시큼한 = sour해져요. tart = bread.

A tart reply/tone.
가시 돋친 대답/어조

The tart fruit gives the sauce a fresh edge.
시큼한 과일이 소스에 신선한 맛을 준다.

task force [tǽsk fɔ́:rs]
특별 팀

special team

▌본래는 (특수 임무를 띤) 특수 부대를 말하였지만 의미가 확대되어 지금은 특별 조사단이나 대책반등을 나타냅니다.

A task force was formed to determine the cause of the incident.
사고 원인을 조사할 전담반이 구성되었다.

tattered [tǽtərd]
해진, 누더기를 두른

ragged

▌mat. mat를 오랫동안 써서 다 떨어진 모습.

The beggars were in tatters.
거지들은 누더기를 걸치고 있었다.

Government policy is in tatters.
정부 정책은 무용지물이다.

taunt [tɔ́:nt]
조롱하다

insult

▌tempt = 유혹. 학생이 공부를 하지 않고 다른 유혹에 빠져 다른 길로 갈 때 부모로부터 혼이 나면서 비웃음을 당해요.

Their taunts stung him to action.
그들의 조소가 그를 행동하도록 부추겼다.

The other children taunted him with remarks about his size.
다른 아이들이 그의 체구에 대한 발언들로 그를 조롱했다.

tedious [tí:diəs]
지루한

boring

▌tedium = weary. weary는 wear에서 파생. 옷을 입다 wear. 입는 기간이 길어지니 weary 옷이 닳아 한 옷만 입다보면 지겨움.

We were bored stiff by his long tedious talk.
그의 지루한 이야기에 아주 질렸다.

He enjoyed the diversion from what was a normally tedious procedure.
그는 일상의 지루한 작업에서 잠시 벗어나는 것을 즐겼다.

teem [tí:m]
가득하다

full

▌team. 혼자서 경기를 하는 수영과는 다르게 축구는 팀을 이루어 경기를 하기 때문에 선수들 숫자가 많아요.

The pond teems with fish. or Fish teem in the pond.
못에 물고기가 우글거린다.

The book teems with blunders.
그 책은 오류투성이 이다.

---

teeth [tí:θ]

▌이빨이 기본적인 의미 이지만 비유적으로 다음처럼 강화하거나 어려움을 나타냅니다.

give teeth to : …을 탄탄하게 하다, (법 등을) 실시하다(인간의 신체 중에서 가장 튼튼한 것은 이빨. 그래서 이빨을 주다는 enforce와 연관됨)

The law authorities will put teeth in the new regulation on smoking.
사법 당국은 흡연에 관한 새 규범을 강화할 것이다.

teething trouble : 창업자의 고생, (계획이나 활동 등에서) 초기 단계에서 경험하는 어려움이나 괴로움(회사나 사업을 처음 할 때는 많은 어려움이 있기 때문에 이를 악물어야 함)

We have got over the teething troubles connected with the new building complex.
우리는 그 새로운 종합 빌딩에서 발생한 초기의 어려움 들을 극복하였다.

There have been a lot of teething troubles with the new computer system.
이 새로운 컴퓨터 시스템은 처음에는 말썽이 많았다.

---

temerity [təmérəti]
무모, 만용

brave

▌용기는 brave이지만 한국어의 '객기를 부리다' 에서 '객기' 에 해당되는 표현이 temerity.

He had the temerity to file a grievance.
그는 무모하게도 불평을 제기했다.

No one had the temerity to question his judgement.
아무도 그의 판단에 의문을 제기하는 만용을 부리지 못했다.

---

temperamental
[tèmpərəméntl]
기분의, 신경질적인

emotional

▌temper = time = season. 시간이 지나면서 생각이 바뀌고 감정에 변화가 옵니다.

She is hard to get along with because she is temperamental.
그녀는 변덕쟁이라서 사귀기 힘들다.

---

temperate [témpərət]
절제하는, 삼가는

mild

▌temper = time = season. 젊은 시절 불갔던 성격도 나이가 들어가면서 부드러워 져요.

But temperate climate is a moderate climate.
그러나 온화한 기후란 적당한 온도의 기후를 말한다.

People find it easier to live in a temperate climate.
사람들은 온화한 기후에서 사는 것이 쉽다는 것을 발견했다.

---

temporary [témpərèri]
일시적인, 임시의

transient

▌temper = time = season. 나이 40이 되면 학벌의 평등(아무리 학벌이 좋더라도 학벌이 좋지 않은 CEO의 회사에서 월급쟁이)이 오고 50이 되면 아름다움의 평등(50이 넘으면 피부가 쭈글쭈글)이 오고 60이 되면 돈의 평등(60이 넘으면 건강 때문에 돈도 필요 없어지게 됨)이 온다는 어느 신부님의 말을 필자는 우연히 들은 적이 있어요. 시간 앞에 모든 것은 일시적이고 덧없습니다.

Korean War was stopped by an armistice and meant to be tempo rary.
한국전쟁은 1953년 휴전협정에 의해 종식됐습니다.

This requires the temporary collection of some information about yo ur computer hardware.
사용자의 컴퓨터 하드웨어에 대한 정보를 임시로 수집합니다.

tenable [ténəbl]
유지할 수 있는, 방어 할 수 있는

defended against criticism

▌ten = hold = pull. 권투 경기에서 심판이 10을 세기 전에 링 바닥에 누운 선수는 몸을 다시 유지해야 합니다.

The lectureship is tenable for a period of three years.
강사직은 3년간 유지가능 하다.

The view that the earth is flat is no longer tenable.
지구가 납작하다는 견해는 더 이상 방어할 수 없는 주장이다.

tenacious [tinéiʃəs]
고집하는

stubborn

▌ten = pull. 자녀의 의견은 물어보지도 않고 항상 부모가 생각하는 방향으로 당겨 자녀를 피곤하게 하는 부모 연상.

She shows a tenacious loyalty to her friends.
그녀는 친구들에게 대단히 충실하다.

They were confronted with a tenacious foe.
그들은 완강한 적과 직면했다.

tenant [ténənt]
세 들어 사는 사람

sympathysomeone who pays rent for the place they live in

▌tent = house. 이 두 단어는(tenant/house) 사람이 잠을 잔다는 점에서 공통점이 있네요.

The previous tenants refurbished it.
전에 살았던 분이 그걸 고치셨어요.

You're not the only tenant in this building.
당신이 이집에서 살고 있는 유일한 사람은 아니거든요.

tenement [ténəmənt]
주택

slum

▌ten = tent = house

A tenement block.
다세대 주택 구획

He lived in a crumbling tenement.
허물어질 것 같은 공동주택에 살다

T

tendency [téndənsi]
경향

trend

▌tent = tend = pull. 사람들의 마음을 잡아당기는 것은 경향이나 유행. 여름철 야영을 위해 가져간 텐트는 잡아당겨 pull설치를 합니다.

The tendency of the world situation is toward war.
세계정세의 추세로 보아 전쟁이 일어날 것 같다.

Recently he has begun to show a tendency toward conservatism.
그는 최근에 보수주의적 편향을 보이기 시작했다.

---

tender [téndər]
부드러운, 다정한, 제출하다

offer

▌tend = pull. 손님의 마음을 잡아 당기기 위해서는 공짜와 같은 고객의 귀에 들어오게 하는 말을 해주어야 합니다.

Firms were invited to tender for the construction of the new motor way.
새 고속도로 건설을 위해 회사들의 입찰을 모집하다.

---

tenet [ténit]
주의

doctrine

▌ten = hold. 어떤 '주의 = 생각' 에 빠져 있는 사람들은 자신의 생각을 유지 hold하는 것이 강합니다.

Our basic tenet is that all people are equal.
우리의 기본 주의는 만인이 평등하다는 것이다.

This is one of the basic tenets of the Christian faith.
이것은 기독교 신앙의 기본 교의 중 한 가지이다.

---

tenor [ténər]
방침, 진로, (음악)테너

nature

▌테너. 성악가 중에 테너 가수는 목소리를 잡아 뺍니다 = pull. 인생을 살아가면서 A는 어느 방향으로 방향을 잡아 뺍니다.

I understand French enough to get the tenor of his speech.
나는 그의 말이 어떤 취지인지를 알 정도로 프랑스어를 안다.

At this point the whole tenor of the meeting changed.
이 시점에서 그 회의의 전반적인 행로가 바뀌었다.

---

tentative [téntətiv]
일시적인, 시험적인

temporary

▌tent. house와는 다르게 산에 쳐 놓은 tent는 영구적이지 않고 일시적입니다.

The tentative agreement requires pay increases totaling 9 percent.
잠정 협정에는 총 9%의 임금 인상이 명시돼 있다고 한다.

The man's plans are tentative.
남자의 계획은 시안이다.

---

tenuous [ténjuəs]
얇은, 가는

thin

▌ten = pull. 엿가락을 길게 잡아 빼면 가늘어져요.

The tenuous threads of a spider's web.
거미집의 아주 가는 거미줄

Preserve tenuous links with one's former friends.
이전의 친구들과 미약한 유대를 유지하다

---

tepid [tépid]

미지근한, 열의가 없는

warm

▌한국어의 '덮혀' = '데펴', 죽을 덮혀(데펴)먹음.

The water was tepid.

물이 미지근했다.

His campaign received only tepid support.

그의 캠페인은 시들한 지지를 받았을 뿐이다.

terminate [tə́:rmənèit]

끝내다

end

▌강남 고속버스 terminal. 시골에서 서울로 왔던 A군. 터미널은 버스에서 내려야 할 end지점.

This train will terminate at the next station.

이 기차는 다음 역이 종착역이다.

His efforts terminated in utter failure.

그의 노력은 수포로 돌아갔다.

terminology

[tə̀:rmənάlədʒi]

용어

terms

▌term = end + log = word.

It was a cliche terminology.

그러한 표현은 진부한 용어이다.

It could be cultural differences and misunderstanding in terminology.

용어상에 문화적인 차이와 오해가 있을 수 있다.

terrestrial [təréstriəl]

지구의

earthly

▌terra = earth = soil = 땅(흙)

LG Electronics Inc. has introduced a new high-definition television set-top box that can receive terrestrial programming.

LG전자는 어제 지상파를 수신할 수 있는 고화질 텔레비전 셋톱박스를 출시했다.

terrible [térəbl]

무서운

horrible

▌terror. 무서운 테러집단은 terrible해요.

That would be terrible. I've been looking forward to this opera for months.

무슨 끔찍한 소리. 내가 이 오페라를 몇 달간이나 얼마나 학수고대했는데.

The service was slow and the food was terrible.

서비스도 느리고 음식도 엉망이에요.

terse [tə́:rs]

간결한, 간명한

concise

▌원래는 polished. 링컨 대통령의 게티즈버그 연설은 아주 간략해서 처음에는 유명한 연설은 아니었지만 후에 간결한 표현들 때문에 가장 유명한 연설이 되었다고 합니다. 간결하게 갈고 닦은 표현.

The President issued a terse statement denying the charges.

대통령은 혐의를 부인하는 아주 짧은 성명서를 냈다.

testosterone
[téstəsteroun]
남성호르몬

테스토스테론은 남성 호르몬의 일종이지만 여성 호르몬은 estrogen이라고 합니다. 남자들이 어깨가 넓은 이유는 테스토스테론 때문이며, 여성들이 가슴이나 히프가 큰 이유는 여성 호르몬 때문입니다. 그럼 왜 여자들은 같은 여자들끼리 손을 잡고 돌아다닐까요? 그 이유는 여성 호르몬 때문으로, 이 호르몬은 서로 몸을 접촉하게 합니다. 그럼 왜 살인이나 폭력성은 여성보다 남성에게 더 많이 나타나나요? 그것은 테스토스테론이란 남성 호르몬 때문입니다.

Higher than normal levels of testosterone may cause increased risk of high blood pressure and high cholesterol.
테스토스테론이 평균 수치보다 높으면 고혈압과 고지혈증의 확률이 높다.

testify [téstəfài]
증명하다, 증언하다

give evidence

test. 각종 입학시험에서 실력이 있다는 것을 보여 주어야만 본인이 원하는 학교에 들어 갈 수 있습니다.

The results testify to the quality of their work.
그 결과가 그들이 한 일의 우수성을 입증한다.

They called her to testify.
그들은 그녀를 소환하여 증언토록 했다.

testy [tésti]
성미 급한

irritable

test. 모든 사람들은 시험 본다고 하면 짜증부터 납니다. 시험 본다고 하면 좋아 할 사람 아무도 없어요.

You have good reasons for being testye.
당신이 성미 급하게 행동하는 데는 다 이유가 있다.

thematic [θi:mǽtik]
주제의

relating to a unifying motif

theme = 주제.

Kim Ki-duk's 12 films have nothing in common except for provoca tive thematic messages.
김기덕 감독이 제작한 12편의 영화들은 도발적인 주제를 제외하곤 공통점이 없다.

With a thematic play on Greek tragedy, Old Boy follows a man.
그리스 비극을 주제로 한 '올드보이'는 15년간 감금되었다가 풀려난 한 남자를 그리고 있다.

theoretical [θì:ərétikəl]
이론의

hypothetical

theory = 이론. the = one. 이 세상에 하나뿐인 '하나님'. 이전의 연구는 '신학중심이었습니다. 그래서 신학은 theology. 신학 이론이란 의미에서 파생.

You've learned theoretical principles.
너는 이론 원칙은 다 배웠다.

Others will know him as the most brilliant theoretical physicist.
또 어떤 분들께서는 그분을 가장 뛰어난 이론 물리학의 대가로 알고 계실 거예요.

thermal [θə́:rməl]
열의

heat

ther = heat.

Sources such as flat-plate solar thermal collectors are suitable for on -site applications.
평판 식 태양열 집열기와 같은 것은 즉석 응용에 적당하다.

Third [θə́:rd]

어구

Third World country : 제3세계 국가

▌제2차 세계대전 이후 미 · 소 어느 진영에도 가담하지 않고 비동맹 노선을 취했던 개발도상국들의 총칭. 인도가 가장 대표적인 나라.

The only way this theory of Third World poverty would have any credibility is if every country were poor.
과거에 모든 국가가 가난 했어야만 이러한 제3세계 빈곤 이론이 조금이라도 신빙성을 가질 수 있다.

thorough [θə́:rou]

철저한, 완전한

complete

▌through는 자동차가 남산 터널 등을 빠져 나오는 관통의 의미가 기본적. 관통한다는 것은 finish한다는 것인데요. thorough는 through보다 철자가 o하나 더 있습니다. finish를 더 철저히 했다는 의미.

He is a thorough vegetarian.
그는 철저한 채식주의자이다.

The doctor did a thorough physical examination of the patient.
의사는 환자를 정밀 검사했다.

thoroughfare

[θə́:roufɛ̀ər]
도로, 통행

street

▌through = 통과 + fare = fer. 배를 ferry라고 해요. 이를 통해 fer-는 움직임인 go와 연관이 있어요. 도로도 통과하여 지나갑니다.

The thoroughfare is choked with vehicles.
도로가 차량들로 정체돼 있다.

those [ðóuz]

사람들

people

▌those는 보통 복수의 물건을 지칭하지만 영어 독해를 할때 사람 = people이란 뜻으로 많이 사용됨.

No admittance to those under 18 years of age.
18세 미만 입장 불가.

Those in their forties form the backbone of the nation.
40대들이 국가의 중견이라고 할 수 있다.

threadbare [θrédbɛ̀ər]

다 떨어진, 빈약한

worn

▌thread = 실 + bare. 옷이 헤어져 실이 드러난 상태.

He wears a threadbare coat.
그는 낡은 코트를 입었다.

threshold [θréʃhould]

문지방, 발단

entrance

▌문지방 threshold. hold는 동사로 유치 하다는 의미가 있어요. 파티 등을 개최할 때 초대하는 주인의 집 문턱은 넘어가야 합니다.

They met at the threshold of the theater.
그들은 극장의 입구에서 만났다.

If you are standing at a threshold, you should not shake hands.
문턱에 서 있을 때는 다른 쪽에 있는 사람과 악수를 해서는 안 된다.

T

thrifty [θrífti]
검소한

economical

▌thrive = boom = prosper. 가난이 방문으로 들어오면 사랑은 창문으로 '달아나다' 는 속담이 있어요. '검약(thrift)의 어원이 '번영하다(thrive)라는 것에 파생이 된 것은 돈 벌고 싶으면 낭비하지 않고 돈을 한푼 두푼 저축 해야만 가능 하다는 것을 알려주고 있습니다.

John Murray had made a lot of money by living a thrifty life.
John Murray는 검소한 생활로 돈을 많이 벌었다.

He made a lot of money by living a thrifty life.
그는 검소하게 살아 돈을 많이 벌었다.

---

thrive [θráiv]
번영하다

flourish

▌drive = thrive. drive는 운전하다는 뜻과 더불어 추진력 power가 있어요. 그래서 우물 쭈물 하다가는 어떤 것도 이루지 못합니다. 추진력을 가지고 밀어 부쳐야하죠. 그래야만 남보다 더 잘 먹고 잘 살 수 있습니다.

Birds thrived alongside the dinosaurs many millions of years ago.
수 백 만년전에는 새들이 공룡들과 함께 번성했음을 알 수 있다.

BHL continues to thrive, adding new clients and increasing staff.
BHL은 계속해서 성장 가도를 달리며 신규 고객을 유치하고 직원 수를 늘려가고 있다.

---

throes [θróu]
고통

agony

▌throw. 아이가 엄마의 산도 밖으로, 세상 밖으로 나오는 상황. 산고 때문에 엄마는 힘들어 합니다.

The country is now in the throes of revolution.
그 나라는 지금 혁명의 진통기 에 있다.

in the throes of : 한창 ~할 때에

In the throes of the speech the speaker walked off the stage.
연설이 한창인 때, 연사는 단상에서 내려왔다.

---

throng [θrɔ́:ŋ]
군중

crowd

▌throw. 군중들이 많이 몰리면 서로를 밀게 됩니다. press violently.

They all thronged round the speaker.
그들 모두가 연설자 주위에 모여들었다.

The beaches are thronged with people.
해변(해수욕장)은 사람들로 복잡하다.

---

thwart [θwɔ́:rt]
방해하다, 훼방 놓다

stop

▌SWAT (Special Weapons And Tactics). 경찰이나 군대의 특공대를 swat라고 합니다. 이들은 테러나 나쁜 집단의 음모를 차단하는 임무를 맡고 있어요.

He was thwarted in his plan.
그의 계획이 뒤틀렸다.

The way that they try to control boys is by thwarting their passion.
다른 학교에서는 남자 아이들을 통제하는 방식이 그 아이들의 열정을 좌절시킨다.

---

tidy [táidi]
단정한, 깔끔한

neat

▌tide. 해변 가에 널려져 있는 많은 쓰레기들이 조수 때문에 해안에서 바다로 떠내려가 해안가는 깨끗하게 됩니다.

I like a tidy dress.
나는 깔끔한 드레스를 좋아한다.

My brother always keeps his room tidy.
내 동생은 자기 방을 언제나 말끔히 정돈한다.

---

time [taim]

▌Time과 관련된 어구를 공부합시다.

Time Square : 뉴욕에 있는 광장이름

They wouldn't stand for Times Square.
그들은 타임스 광장을 용납할 수 없는 것입니다.

time warp : 시간왜곡, 시대착오(warp[wɔːrp]는 '휘다'로 twist입니다. 우리는 시간은 흘러간다고 합니다. 그런데 시간의 흐름이 중단되거나 휠 수가 있나요? 시간의 왜곡이란 무엇인가요?? 상대성이론에서 빛의 가까운 속도로 근접하게 되면 시공간이 왜곡된다고 하는데, 왜곡이란 시간과 공간이 변하는 휘어짐을 의미합니다. 시간의 휘어짐이란 무엇인가요? 그것은 시간의 지연 을 말합니다.

timeout : 중단 = stop

China was stuck in a time warp.
중국은 시대착오에 빠져있다.

in(on) time : 정각, 정각 전후로

If we don't leave now we won't get there in time.
지금 떠나지 않으면 우린 제 시간에 못 갈 거예요.

---

timid(ity) [tímidəti]
겁 많음

coward

▌mid. 용감한 사람들은 데모대의 앞에 서지만 겁이 많은 사람들은 군중의 중간에 서 있는 모습.

The timid child was afraid of the dark.
겁 많은 그 아이는 어둠을 두려워했다.

You're too timid - you must try to assert yourself more.
너는 너무 소심해 – 넌 좀더 너 자신을 내세워야 해.

---

timorous [tímərəs]
겁 많은

fearful

▌timid에서 파생된 단어

We are witnessing a great deal of timorous hesitation.
우리는 겁이 많아 주저거리는 모습을 많이 본다.

T

tip [típ]
끝, 첨단

pointltop

▌돈 = tip을 주고 현대인들은 인터넷 등에서 정보를 알게 되어요.

How much should I tip the waiter?
웨이터에게 팁을 얼마나 주면 되나요?

Here are some tips for doing so
구체적인 실천에 필요한 조언을 몇 가지 해드리겠습니다.

▌tip과 관련되어 알아야 할 구절 동사를 공부 해 보세요.

tip off : 비밀 정보, 비밀 정보를 누설하는 사람

A friend tipped them off that the police were coming.
한 친구가 그들에게 경찰이 오고 있다고 몰래 알려 주었다.

titanic [taitǽnik]
거대한

giant

▌제우스 형제들은 거인들 이었어요. 그래서 이들을 titan족이라고 했습니다. 영국에서 미국으로 승객을 처음 실어 나르다가 빙하와 부딪쳐 상당히 많은 인명 피해를 내면서 침몰한 타이타닉 배는 아주 큰 호화로운 배였습니다.

We understandably expected a titanic attacks.
우리가 거대한 공격을 예상했던 것은 이해할 만하다.

titter [títər]
킥킥 웃다

giggle

▌의성어. 한국인에게 '멍멍' 은 미국인에게 bow wow, 그리고 그리스인에게는 barbar처럼 다르게 들립니다. 한국 사람들은 '킥킥' 이지만 미국인에게는 titter라고 들려요.

The schoolchildren tittered when the teacher lost his glasses.
선생님이 안경을 잃어버리자 학생들은 킬킬거렸다.

token [tóukən]

▌mark와 같은 의미로 표시, 상징 이외에 지하철 등에서 쓰는 토큰이나 돈을 대신하는 주화를 지칭

by the same token : 같은 이유로, 똑같게

By the same token, the friend votes for the mayor's causes.
똑같이 그의 친구는 시장의 주장에 찬동하여 투표한다.

tolerant [túlərənt]
관대한

generous

▌tolerant = bear. 아이를 가진 임부는 10달 동안 참고 기다려야 합니다.

Men are slightly more tolerant of alcohol than women.
남성이 여성보다 알코올에 좀 더 강합니다.

I used to be more tolerant of oblique aspersions.
전엔 비 웃음쯤은 더 잘 참았지.

tolerate [tάlərèit]
참다

bear

▌tolerate - bear 이 두단어는 '참다' 이고 bear은 단군 할아버지의 엄마가 원래 곰. 마늘과 쑥만을 먹고 참음.

Good listeners are inclined to accept or tolerate.
열심히 듣는 사람은 잘 수용하고 참는 경향이 있다.

One of the most critical traits was a willingness to tolerate failure without giving up.
가장 결정적인 특징 중 하나는 포기하지 않고 실패를 극복하려는 의지였다.

toll [toul]
손해

damage

▌고속도로에서 통행료를 받는 곳이 toll gate입니다. 즉, toll은 돈 = 요금 = money = fee입니다. 이 의미에서 돈 때문에 좋지 않은 일이 일어나 비유적으로 …에 손해를 끼치거나 (인명 등을) 잃게 하다가 됩니다.

The death toll from the earthquake reached 18,000.
이번 지진으로 1천 800만 명의 사망자가 발생했다.

The future looks grim for the farmers as globalization takes its toll.
세계화의 타격으로 농민들의 미래는 어둡기만 합니다.

tome [tòum]
크고 묵직한 책

large volume

▌tom = cut. tome와 같은 어원을 가진 단어로는 anatomy로 '부분 apart' 라는 'ana' 와 '자르다 cut' 라는 말인 'tome' 에서 유래된 것으로 인체의 구조를 알아보기 위해서 사체를 절개 dissection한 것에서 파생.

The most important undertaking was the English version, a 759-page tome.
가장 중요한 작업으로는 759페이지 분량의 영어로 쓰인 책자이다.

tone [toun]
부드러워지다

mild

▌목소리 = tone이 부드러운 사람을 먼저 연상 해보세요. 그리고 나서 비유적으로는 어떤 상황에 대한 조처 등을 완화하거나 부드럽게 하다는 의미로 사용됩니다.

The United States may tone down unilateral measures on certain issues in pursuit of a multilateral approach.
미국이 다자간 접근방법을 쫓아 일부 사안에 있어서는 일방적인 조치를 누그러뜨릴 것이다.

tonic [tάnik]
강장제

refreshing

▌tone. 술 한잔 먹고 목소리의 tone도 달라지고 힘이 나다.

He mixed her a gin and tonic.
그가 그녀에게 진 토닉을 한 잔 타 주었다.

His cheerful greeting was a real tonic.
그의 상냥한 인사를 받고 기운이 났다.

tool [tú:l]
연장

instrument

▌악기처럼 정교한 도구는 instrument이지만 빼찌와 같은 도구는 tool이예요.

My tools were a manual typewriter and a pen.
제가 가진 도구라고는 수동식 타자기와 펜이 전부 였습니다.

T

tooth [tú:θ]

▌tooth와 관련된 복합어를 공부합시다.

tooth and nail : 전력을 다하여, 필사적 으로(사람들의 싸움, 특히 여자들이 필사적으로 싸울 때 머리채를 잡고 이빨로 물고 손톱으로 할퀴는 모습 연상)

She's prepared to fight tooth and nail to get the job.
그 여자는 직업을 가지기위하여 열심히 준비했다.

tooth fairy : (빠진) 이의 요정: 아이의 빠진 젖니를 베개 밑에 넣어두면 요정이 이를 가져가는 대신 돈[선물]을 놓고 간다고 함

During the night, the Tooth Fairy takes the tooth, leaving money in its place.
밤에 이의 요정이 찾아와 이를 가져가는 대신 그 자리에 돈을 놓고 간다.

topple [tápl]

넘어지다

overturn

▌top. 아래보다는 위에 많은 것을 올려놓아 뒤집어 지는 모습 연상.

The building has toppled to the ground.
건물이 무너져 내렸다.

The monument is being toppled.
기념관이 흔들거리고 있다.

top [tap]

▌top은 최고 이지만 시험에 나오는 또 다른 의미는 어떤 것이 있을지 알아봅시다.

top off : 마무리하다, 끝내다(최고까지 올라가거나 최고가 된 후 떠나가는 것 = off. 이런 행동은 finish하는 모습)

He went to the extent of committing murder to top off the varieties of crime.
그는 여러 가지 죄를 지은 끝에 살인까지 했다

top dog : 승자(보통 싸움이 끝난 후 승리자는 위, 패배자는 아래에 위치. 그래서 패배자는 underdog이라고 합니다)

He's top dog in television drama now.
그는 TV 드라마에서 최고의 연기자이다.

top priority : 최우선 사항

Our top priority for the remainder of the year is revenue growth.
올해 남은 기간 동안 우리의 최우선 목표는 수익 증대이다.

torrent [tɔ́:rənt]

급류, 억수

flood

▌current = wave = water = flood = 홍수.

The rain pours down in a torrent(=cats and dogs).
폭우가 내리다.

A torrent of lava pours out of the volcano.
화산에서 용암이 분출한다.

touchstone [tʌ́tʃstòun]
시금석

criterion

▌touch + stone. 금과 은의 순도를 조사하는데 사용되는 흑색의 규산질 암석이 시금석입니다. '접촉'에 의한 시금법은 귀금속의 품질을 평가하는 데 사용된 초기 방법 중의 하나였어요. 비유적으로는 '기준'이란 의미가 있어요.

This work is the touchstone of his ability.
이번 일은 그의 능력을 평가할 시금석이다.

This work was the touchstone of his ability for leadership.
이 일은 그의 지도력에 대한 시험대가 되었다

touchy [tʌ́tʃi]
성 잘 내는

sensitive

▌touch. 갑자기 사람들이 많은 틈을 이용해 지하철 안에서 성희롱을 당한 A양. 모르는 남자가 자신이 몸을 더듬는 다는 것을 안 순간 소름이 끼치면서 예민해집니다.

He's touchy about his appearance.
그는 자신의 외모에 까다롭다.

The programme dealt admirably with the touchy subject of incest.
그 프로는 근친상간 이라는 민감한 주제를 훌륭하게 다루었다.

tout [táut]
손님을 끌다, 강매하다

praise excessively

▌out. 밖을 보다 watch에서 의미 파생. 가게에 앉아 손님이 지나가는 것을 본 가게주인. 물건을 팔기 위해 가서 지나가는 행인에게 아주 칭찬(예를 들어 미남 혹은 미녀) = 알랑거리는 말을 늘어놓음.

Tout for orders.
성가시게 주문을 권유하다, 강매하다.

He was touted as the next middleweight champion.
그는 다음 미들급 챔피언으로 칭찬받고 있었다.

toxic [táksik]
유독한, 치명적인

poisonous

▌toxic은 arrow란 의미. 전 총이 나오기 전에는 고대와 중세 인들은 화살에 독을 묻혀 적을 향해 쏘았고 독화살을 맞은 사람은 그렇지 않은 사람보다 사망 확률이 높았어요. nox = night = tox. 부정적인 내용의 어구들.

Fumes from an automobile are toxic.
자동차 배기가스는 유독하다.

Your clothing become contaminated by a toxic chemical.
몸이나 옷이 유독성 화학약품이 묻었다.

towel [táuəl]

숙어

throw in the towel(sponge) : 타월을 던지다, 항복하다, 포기하다

▌고대에 경기를 할때 시합을 포기해야만 할 정도가 되면 코치가 해면이라는 생선을 링에 던졌습니다. 현대로 들어오면서 해면이 아니라 수건으로 바뀌었어요.

Don't give up now. It's too soon to throw in the sponge.
포기하지 마! 아직 패배를 인정하기엔 일러.

T

trace [tréis]
자취, 발자국

describe how it started

▌track = trace. 경기장 track에서 릴레이 경주가 있으면 선수들은 앞서 가는 선수들을 쫓아 갑니다.

The police were unable to trace the missing girl.
경찰은 행방불명이 된 소녀의 발자취를 추적하지 못했다.

All traces that have the Trace to File button checked will output to this file.
파일로 추적 확인란이 선택된 추적은 이 파일로 출력합니다.

track [trǽk]
(지나간)자취, 추적하다

follow

▌track = trace. 트렉(track) 경기에서 뒤에서 달리는 선수가 앞에서 뛰는 선수를 추격.

The woman and her son are running along the track.
여인과 아들이 트랙을 따라 뛰고 있다.

The woman is passing subway tracks.
여자가 지하철 선로를 지나가고 있다.

tractable [trǽktəbl]
다루기 쉬운, 순종하는

pliant

▌tract = pull. 고무줄 같은 것은 잡아 당기기가 쉬움. 그래서 탄력성이 강함.

The students in this school wouldn't be very tractable.
이 학교 학생들은 다루기 쉽지 않을겁니다.

trade [treid]

▌trade가 들어간 아래의 3가지 복합어를 알아두세요.

trade barriers : 무역 장벽

The government could do more to remove trade barriers.
정부가 무역 장벽을 없애기 위해 더 큰 노력을 기울일 수 있다.

trade-off : (타협을 위한) 거래, 교환

The two armies agreed to trade off their prisoners.
양군은 포로들을 교환하기로 합의했다.

Twenty mares were trade off.
스무 마리의 암말이 처분되었다.

trade union : 노동조합

Trade union leaders claimed that some of their members had been victimized.
노조 지도자들은 몇몇 노조원이 희생 됐다고 주장했다.

trafficking [trǽfik]
밀매, 마약밀매

an illegal trade

▌traffic = 교통 · 마약 등을 몰래 자동차 안에 싣고 다니면서 파는 모습 연상.

Together we infiltrated some of the leading sex trafficking groups in the world.
이들과 함께 전 세계 주요 성 매매 단체 일부에 침투했습니다.

Eradicating human trafficking is a great moral calling of our time.
인신 매매 근절 노력은 이시대의 중대한 도덕적 요구입니다.

trait [tréit]
특성

character

▌tra = pull = track. 자녀의 성격이나 특징은 부모의 특징들을 그대로 물려 받는 것 = 끌려 가는것.

Her fondness for hard work is a family trait.
그녀가 힘든 일을 좋아하는 것은 그 가문의 특성이다.

Traits that were important at college age were unimportant later in life.
대학 시절에 중요했던 성격이 나이들어 서는 중요하게 작용하지 않았다.

---

trample [trǽmpl]
밟아 뭉개다

crush

▌tramp = walk. tramp는 남자를 가리킬 때는 부랑자 이지만 여자를 가리키면 매춘부가 됩니다. 길거리를 걸어가다가 사람들은 본인도 모르게 개미를 밟을 수 가 있어요.

The hunter was trampled to death by the elephant.
그 사냥꾼은 코끼리한테 밟혀 죽었다.

He trampled down her feelings.
그는 그녀의 감정을 무시하였다.

---

tranquil [trǽŋkwil]
조용한

quiet

▌tranquil =bird. 원래는 신화에 나오는 새 이름으로 동지 무렵 바다의 풍파를 가라 앉힌다고 알려져 있어요.

Tranquil lakes offer solitude amid the swirl of urban life.
고요한 호수들은 현기증 나는 도시 생활의 소용돌이에 고즈넉한 여유를 마련해 줍니다.

---

transcendent [trænséndənt]
탁월한, 뛰어난, 초월적인

surpassing

▌trans = between + scend = go.

He has been praised for his transcendent and intellectual art style.
그는 초월적이고 지적인 예술 스타일로 칭송 받아 왔다.

---

transgress [trænsgrés]
위반하다

violate

▌tra = between + gress + go. 법 때로만 살다가 법을 위반하는 것.

Others survive and even thrive from their reported transgressions.
스캔들을 극복하고, 오히려 잘못이 드러난 후에 더 잘 된 스타들도 있습니다.

---

transient [trǽnʃənt]
일시적인, 덧없는

a situation that lasts only a short time or is constantly changing.

▌trans = between. 한 곳에 있지 않고 A에서 B로 이동. 그래서 일시적이란 의미.

Man's life is as transient as dew.
사람의 목숨은 이슬처럼 덧없는 것이다.

He enjoyed a mere mushroom[transient] popularity.
그의 인기도 한때에 지나지 않았다.

T

transparent
[trænspέərənt]
투명한

detected/permitting light

숙어

Transparent glass : 투명 유리.
A transparent lie. : 뻔한 거짓말

▌trans = between + par = show.

His straightforwardness and transparent honesty.
그의 솔직함과 공명한 정직성

transport [trænspɔ́:rt]
수송하다, 수송

carry

▌trans = between. 항구와 항구 사이로 배가 물건을 실어 날음.

The products were transported from the factory to the station.
제품은 공장에서 역까지 운반되었다.

The transport facilities are out of order.
교통 기관은 혼란 상태에 있다.

traumatic [trəmǽtik]
충격, 정신적 충격이 큰

shock

▌throw. 이 단어는 throw와 연관이 있어요. 원래 throw는 중세나 고대 때 고문을 당할 때 힘이 들어 피가 입 밖이나 몸 밖으로 '나오다' 에서 파생이 되었습니다.

A traumatic period in European history.
유럽 역사상 깊은 상흔을 남긴 시기

Our journey home was pretty traumatic.
우리의 귀향은 상당히 고통스런 일이었다.

travail [trəvéil]
산고(애기 낳을 때 힘듬)

toil

▌tra = tri. 막대기 3개를 이용하여 '주리' 를 틀던 고문에서 파생이 된 단어. 고문하면 무섭고 힘이 든 장면 연상 됨.

Stop it, the dog might be in travail.
그만해. 그 강아지는 산기가 있을지도 몰라.

traverse [trǽvə:rs]
가로지르다, 방해하다

cross

▌trans = tra = between = across

He traversed alone the whole continent of Africa.
그는 혼자서 아프리카 대륙을 횡단 여행했다.

Many cars traverse the bridge daily.
많은 차들이 매일 다리를 횡단한다.

travesty [trǽvəsti]
서투른 모방

parody

▌tra = between + vest = dress. 남자가 여자의 옷으로, 여자가 남자의 옷으로 갈아 입는다면 웃음이 나오는 것 연상.

The trial was a travesty of justice.
이 재판은 엉터리 정의이다.

His account of our meeting was a travesty of what actually happened.
우리 회의에 대한 그의 설명은 실제 있었던 일에 대한 엉터리이다.

treachery [trétʃəri]
배반

avenge

▌treat. treat는 상대방을 잘 대접하는 것인데 treachery는 단어의 길이가 길어졌어요. 길어지면 부정적인 내용이기 때문에 잘 해주는 것이 아니라 뒤통수 치기.

It was treachery to reveal such secrets to the enemy.
그런 비밀을 적에게 누설한 것은 배반 행위였다.

His act is next door to treachery.
그의 행위는 배신이나 다름없다.

---

treatise [trí:tis]
논문

essay

▌treat = 다루다. 석사 과정 혹은 박사 과정 학생 때 공부한 내용을 다룬 = treat 논문

A treatise on linguistics.
언어학 논문.

A grammatical treatise.
문법에 관한 논문

She wrote a treatise on Korean literature.
한국 문학에 관한 논문을 썼다.

---

trek [trék]
길고 힘드는 여행

travel

▌track = 길. 여행은 노정. 길을 가는 과정.

She has no way of getting out of the capital for the trek she planned in central Nepal.
그녀는 계획했던 네팔 중부 도보 여행을 위해서 카투만두를 빠져 나갈 방법을 찾지 못했습니다.

Andrew has spent 2004 trekking through South America.
앤드류는 남아메리카 대륙을 도보 여행 하면서 2004년을 보냈습니다.

---

trenchant [tréntʃənt]
신랄한

sharp

▌trench =참호. 한국 전쟁 에서 한국은 낙동강 전선에 최후의 보루를 설정하고 참호에 군인들이 들어가 북한군의 공격을 막았습니다. 그래서 그날 임관된 한국의 소대장들은 몇 시간되어 안 되어 참호 안에서 죽어갔어요. 전쟁의 통렬함과 비참함.

A trenchant comment.
신랄한 비평.

He has been writing a trenchant column in Business Standard.
그는 신랄한 논평을 썼다.

---

trepidation [trèpədéiʃən]
공포, 당황, 동요

terror

▌trep = trap. 덫에 걸린 쥐를 연상해보세요. 공포에 질려 있습니다.

I was full of trepidation when I faced my first class.
첫 수업에서 저는 너무 당황 했었어요.

T

tribe [tráib]
부족

a group of people of the same race, language, and customs

▌부족. 로마는 영토를 3등분 하였고 각 부족 별로 살았어요. (로마인의) 3구분의 하나. 마치 한국의 고대사에 가야가 여러 부족으로 나뉘어 살았듯이...

If the fire went out, they had to borrow some from a neighboring tribe.
불이 꺼지면 그들은 이웃 부족에서부터 불을 빌려와야 했다.

All tribes along the border are the same tribes in Sudan as well as in Chad.
국경지역에 거주하는 모든 부족들은 차드인과 마찬가지고 수단에서 모두 같은 부족이라고 할 수 있습니다.

▌tribe와 관련이 있는 두 개의 단어를 더 공부 해보도록 하겠습니다.

tribunal : 법정

the Hague Tribunal 헤이그 국제 사법 재판소

a military tribunal 군사 법정[재판소]

a war-crimes tribunal 전범 재판소

Her demand for compensation was vindicated by the tribunal.
그녀의 보상 요구는 법원에 의해 정당성을 인정받았다.

Industrial tribunals have been revealed as powerless and inadequate.
산업 재판소는 무능하고 부적절한 것으로 드러났다.

tribute: 선물, 공물(부족끼리 전쟁을 해서 진 부족은 이긴 부족에게 돈 = 세금을 바침)

A large portion of the tribute was paid in money.
공물의 상당 부분은 돈으로 지불됐다.

trigger [trígər]
방아쇠

set off

▌tri = try. 총알을 나가게 하려면 먼저 해야 할 것은 총의 방아쇠를 잡아 당겨야 하죠.

I pulled the trigger and the gun went off.
내가 방아쇠를 당기자 총이 발사되었다.

His resignation was the trigger that brought about the company's collapse.
그의 사직은 그 회사의 붕괴를 초래한 도화선이 되었다.

trite [tráit]
흔한, 평범한

common

▌하나에만 몰두를 해야 하는데 이것 저것 세 가지 일을 하다보면 어느 것에도 흥미를 가지지 못해 진부하게 끝남.

The chase results in a trite plot.
추격 장면은 결국 진부한 스토리로 끝난다.

triumph [tráiəmf]
승리, 이기다

victory

▌trumpet. 승리의 영어 트라이엄프(triumph)는 원래 술의 신 박카스에 보내는 찬송 이었다가 로마시대 때 적군을 대파시키고 로마에 돌아 온 장군을 기리는 의식(현재도 그렇지만 과거의 로마에도 트럼펫 = 악기를 불면서 의식 시작)으로 확대되었다가 지금은 전반적으로 승리를 가리킴. victory보다는 대승을 나타냄.

I want to feel the triumph
승리감을 느끼기를 원한다.

In the end, they triumphed over the enemy.
결국 그들은 적을 이겼다.

---

trivial [tríviəl]
하찮은

small

▌세 도로가 만나는 곳, 즉「흔히 있는 일」의 뜻에서, 또한 하나에만 몰두를 해야 하는데 이것저것 모든 것에 신경 쓰는 사소한 것에도 생각을 하는 소심한 사람 연상.

I have spent time in doing a trivial task.
하잘것없는 일로 시간을 낭비했다.

Try not to be distracted by trivial incidental details.
사소한 부수적 세부사항에 주의를 뺏기지 않도록 하시오.

---

trouble [trʌ́bl]

숙어
trouble shooter : 분쟁 조정자

▌고장 검사원이란 기본적인 의미에서 분쟁을 조정하는 사람이라 비유적인 의미로 사용.

I wondered why the Government hadn't appointed a trouble-shooter.
나는 왜 정부가 분쟁 조정자를 임명하지 않았는지 의아했다.

---

truculence [trʌ́kjələns(i)]
야만, 난폭

ferocity

▌truck = fierce. 고속도로에서 화물 트럭이 과속으로 난폭하게 달리고 있는 모습 연상.

We seem to be seeing a similar period of Iranian truculence.
우리는 이란의 난폭한(야만적인) 시대를 보고 있는 것 같아요.

---

trump [trʌ́mp]
성공, 으뜸패

victory

▌trump =triumph = trumpet에서 -et 철자만 뺀 단어가 trump.

He must be born to succeed as all his cards are trumps.
그는 무엇을 하든 척척 잘 되므로 성공하기 위해 태어났음이 틀림없다.

When we play card games, I always call for trumps.
카드놀이를 할 때면 나는 항상 상대방에게 으뜸 패를 내도록 만든다.

---

trump card
[trʌ́mp kɑ́:rd]
비장의 수를 쓰다

opportune moment

▌오늘날 놀이용 카드 패를 뜻하는 트럼프(Trump)는 이탈리아어 인 '트리온프(trionf)' 에서 유래된 말이며, 영어의 '트라이엄프(Triumph: 승리, 정복)' 라는 단어와 연관이 있음.

Finally she played her trump card and threatened to resign.
마침내 그녀는 비장의 수를 써서 사직 하겠다고 협박했다.

Our rivals seem to hold all the trump cards.
우리의 라이벌 들이 모든 으뜸 패를 다 쥐고 있는 것 같다.

T

trumpet [trʌ́mpit]
자랑하다

boast

▌한국어의 나팔을 불다. 한국 사람은 나팔을, 미국 사람들은 트럼펫을 붑니다. 나팔을 부는 이유는? 다른 사람에게 자랑하기 위해서이죠.

They trumpet their commitment to more transparent management.
이들은 투명경영에 대한 약속을 크게 외친다.

He blows his own horn about his success.
그는 자신의 출세에 대해 큰소리친다.

truncate [trʌ́ŋkeit]
(꼭대기를) 자르다, (일부를 생략하여) 줄이다

cut

▌trunk. 코끼리의 코가 trunk입니다. 원래 트렁크는 나무줄기이고 나무줄기는 cut 되어져요. 코끼리의 코를 상아라고 하는데 '도장'을 만드는데 사용되고 아주 비싼 가격 이라고 합니다. 그래서 trucated는 cut가 유사어.

They published my article in truncated form.
그들은 내 글을 잘라서 줄인 형태로 실었다.

try [trai]

▌try는 시도하다와 노력하다이고 명사로는 재판이란 뜻도 있어요.

try on : 입다(put on은 '입다'이고 put off는 '벗다'입니다. 그럼 put on과 try on의 뉘앙스 차이는 무엇인가요? try on은 상점에서 사기 전에 입거나 착용하는 상황에 쓰입니다)

How about trying on this frame?
이 안경테를 한번 써 보시죠?

tumult [tjú:məlt]
소란

riot

▌thumb은 '불룩한 손가락'이란 뜻으로 엄지. 라틴어 tumere는 '불룩하다'이기 때문에 tumult도 '부풀어 오른 = swell'에서 '대소동'.

The tumult of war.
전쟁의 소동

The demonstration broke up in tumult.
시위가 폭동으로 바뀌었다.

tundra [tʌ́ndrə]
동토대, 툰드라

plain in Siberia

▌러시아 어의 평평한 언덕 flat hill이란 낱말에서 파생.

Paleontologists discovered the three fossils in the frozen tundra near the North Pole.
고 생물학자 들은 북극 근처에 있는 동토 툰드라 에서 3개의 화석을 발견했습니다.

The soil in the tundra is permanently frozen.
툰드라 지역의 흙은 영구적 으로 얼어 있다.

turbulent [tə́:rbjulənt]
소용돌이치는, 사나운

wild

▌turbo = 터보 엔진. 사륜 구동 SUV자동차는 야생이나 산악지대 에서 다른 자동차보다 더 강력함이 있어요.

A turbulent mob rushed into the store.
소란스러운 군중이 가게 안으로 밀려들었다.

The sea was too turbulent for us to be able to take the boat out.
우리가 배를 타고 건널 수 있기에는 파도가 너무 거칠었다.

turf [tə́:rf]
영역

domain

▌개가 전신주에 오줌을 싸는 것은 이 지역은 내가 관리하니 다른 개는 오지 마라는 표시이죠. 다리 하나를 들고 전신주에 오줌을 싸는 모습을 지금은 볼 수 없지만 전에 한국에서 자주 볼 수 있었던 광경입니다. 조폭들은 자기 땅을 관리하는 것은 자기 세력의 표시인 것처럼 미국 사람의 집은 잔디로 되어 있고 이 잔디는 비유적으로 영역을 나타냅니다.

The prosecution and the police have been engaged in a fierce turf war over the issue.
검찰과 경찰은 이 문제를 놓고 격렬한 줄다리기를 벌여 왔다.

---

turmoil [tə́:rmɔil]
소란, 소동

confusion

▌turbo = 터보 엔진. 책상 앞에 있는 아주 커다란 선풍기에서 아주 강한 바람이 불어 책상에 놓여 있는 종이 서류들이 바람 때문에 날아가는 모습 연상.

He was so nervous that his stomach was in a turmoil.
그는 너무나 신경성이어서 위가 좋지 않은 상태에 있다.

Social unrest on the streets, political turmoil in Congress.
아르헨티나의 거리는 사회적 불안으로 술렁이고, 의회는 정치적 혼란에 빠져 있습니다.

---

turncoat [tə́:rnkòut]
변절자, 배반자

traitor

▌turn + coat. 이완용은 조선 대신의 옷에서 일본 대신의 옷 coat를 갈아 입었습니다.

He was also criticized being a political turncoat.
그는 변절자이기 때문에 비난 받았다.

▌turn과 관련하여 다음의 두 가지 표현을 더 알아 둡시다.

turnover : (일정 기간의) 거래액, 총 매상고

The turnover was about five million won yesterday.
어제의 거래액은 약 500만원이었다.

turn out (to be) : 입증되다, 판명되다

Current long-range weather predictions may turn out to be grossly inaccurate.
현재의 장기 일기예보가 완전히 틀린 것으로 밝혀질지도 모른다.

---

tutelage [tjú:təlidʒ]
후견

guardianship

▌tutor. tutor은 원래 guard = 보호하다는 의미. 이 단어에서 파생된 낱말이 tutelage

I have learned a lot under his tutelage.
나는 그의 후견(가르침을) 통해 많은 것을 배웠다.

---

twilight [twáilàit]
황혼, 여명

dusk

▌two = half = two + light. 밤에도 불 빛이 있어요. 그래서 군인들은 야밤에 빛을 모은 야간 투시경을 쓴 체 근무를 합니다. 낮에는 빛이 많지만 밤에는 빛이 적어요. 그래서 twilight는 황혼이라고 해요.

The sea was glittering in all the colors of the rainbow in the twilight.
바다는 황혼 속에서 온갖 빛깔로 반짝였다.

I could make out a dark figure in the twilight.
나는 황혼 속에서 어둠 컴컴한 사람 모습을 발견했다.

tycoon [taikúːn]
거물

wealthy leader

▌원래는 대장군 으로 17세기 보잘것없는 가문에서 태어나 일본 전국시대와 에도 시대를 이끈 도쿠가와 이에야스 장군에 대한 서양인들의 호칭이었으나 현재는 실업계 = business의 거물.

Property / publishing tycoons.
부동산/출판계 거물

A Las Vegas tycoon is betting millions on it.
라스베이거스의 한 거물이 여기에 수백만 달러를 걸었습니다.

---

typhoon [taifúːn]
태풍

hurricane

▌tycoon을 연상. 두 단어 (tycoon이나 typhoon 모두 큰것을 함축)

The typhoon hit several islands.
태풍이 몇몇 섬을 덮쳤다.

A typhoon is approaching at a velocity of 20km per hour.
태풍이 시속 20킬로미터의 속도로 접근하고 있다.

---

tyranny [tírəni]
독재정부

cruel government

▌한번쯤은 누구나 큰 덩치와 무시무시한 모습 때문에 관심을 가졌을 공룡 = 무서운 용. dinosaur = '공룡' Tyrannosaur = '티라노사우루스'는 아주 유명한 공룡 중의 하나로 스필버그의 '쥬라기 공원'에 등장하는 공룡들. Tyranno- (< tyrannos)는 'sovereign, tyrant' 라는 뜻이고 전제군주와도 같이 가장 무시무시한 육식공룡이라 붙여진 이름입니다. tyrant '폭군' 이나 tyranny '폭정' 등이 같은 어원의 단어입니다.

The tyrannies of Nazi rule.
나치 통치의 폭정

The hallmark of his tyranny was a complete disregard for the rule of law.
그의 전제 정치의 특징은 법의 지배라는 것을 완전히 무시했다는 것이다.

---

tyro [táiərou]
초보자

beginner

▌한국어의 '타일러'. 초보자들은 선생님들이 '타일러' 가면서 가르쳐야 할 신입 입니다.

A tyro movie producer.
초보 영화 제작자

The diving is very dangerous for a tyro.
초보자 에게 잠수는 매우 위험하다.

[ACTUAL TEST]

밑줄 친 낱말과 동의어를 고르세요.

1. Most human cases of the disease have been traced to contact with infected birds.

(A) found to originate from
(B) conjectured to cause
(C) proved to be effective for
(D) discovered to be prone to

2. If you are not sure that a person is guilty, don' t make suggestions you can't support without tangible proof.

(A) concrete (B) refutable (C) excusable (D) questionable

3. The last major tsunami to sweep across the Indian Ocean was touched off by the explosion of Krakatoa in 1883 and killed 36,000.

(A) averted (B) triggered (C) destroyed (D) impeded

4. According to Sartre, those with the temerity to shun convention and make free choices in their search for self are "authentic."

(A) timidity (B) brilliance (C) foresight (D) audacity

5. A university is a place to be stripped of your naÏvete,.. to have heated debates, to hear your core beliefs trampled on.

(A) weighed (B) vindicated (C) advocated (D) crushed

6. As the number of sensors grows and as the detection threshold declines, more and more people are being caught in the security check.

(A) a pathway to a building
(B) the point of beginning an important event
(C) a place at which an important decision must be taken
(D) the lowest level at which something begins to operate

7. As an avid Harry Potter fan, I take issue with a critic's view that the movie version of Harry Potter and the Goblet of Fire is better than the book.

(A) disagree with (B) concur with (C) stand by (D) brush off

8. For the chairman, it was a bold step to try to create value from a company whose stock price had been treading water, as well as a frank acknowledgment that his previous strategy had failed.

(A) marked (B) unchanged (C) rocketing (D) increasing

9. The tragic, accidental death of John Wilson has left the whole town in mourning. He had only been principal of the local school for two years, but he made a big impact on it almost as soon as he arrived. The large crowd at his recent funeral is a testament to the high regard in which the town held him.

(A) disagrees with (B) experiments (C) participates in (D) demonstrates

10. I don't understand how she tolerates her new roommate.

(A) puts on with (B) puts away with (C) puts in for
(D) puts up with (E) puts through to

11. My brother became more temperamental after he got a better job.

(A) understanding (B) emotional (C) confident (D) hardworking

12. I wish you wouldn' t talk shop all the time.

(A) talk about shopping (B) talk about your work
(C) invite others to shop together (D) invite others to the conversation

[FILL THE PROPER WORD IN THE BLANK]

빈칸에 들어갈 적당한 단어를 고르세요.

13. The ________ of the explorers was reflected in their refusal to give up.

(A) tenacity (B) greed (C) harassment (D) sociability

14. After the hurricane, the river was once again ________. It was hard to believe that only hours before it had been wild and dangerous.

(A) buoyant (B) turbulent (C) ebullient (D) tranquil

[EXPLANATION]

1. [VOCA]
trace 추적해서 알아내다 conjecture 추측하다 prone to ~의 경향이 있는, ~하기 쉬운
[TRANSLATION]
그 질병에 걸린 대부분의 환자들은 감염된 새와 접촉한 것으로 밝혀졌다.
[ROPES]
track < trace. 운동장의 track에서 계주를 하는 선수들 모습 연상.
[ANSWER] A

2. [VOCA]
tangible 구체적인 refutable 반박할 수 있는
[TRANSLATION]
만일 어떤 사람이 유죄라고 확신하지 않으면, 구체적인 증거 없이 입증할 수 없는 제안을 하지 마세요.
[ROPES]
tan = touch. 손으로 만져 접촉 할 수 있는 것은 추상적인 것이 아니라 구체적인 경우.
[ANSWER] A

3. [VOCA]
sweep 휩쓸다 touch off 시작하다 explosion 폭발
[TRANSLATION]
인도양을 휩쓸었던 마지막 대형 쓰나미가 1883년 Krakatoa의 폭발에 의해 시작되었고, 36,000명의 사망자가 생겼다.
[ROPES]
예를 들어 혼잡한 지하철 안에서 치한이 여성의 몸을 만졌고 touch 더듬었다면 싸움 = 분쟁의 시작.
[ANSWER] B

4. [VOCA]
temerity 만용, 용기 shun 피하다 authentic 진짜
[TRANSLATION]
샤르트르에 따르면, 전통을 피하고, 자아를 찾기 위하여 자유로운 선택을 하는 용기를 가진 사람이 진정한 사람들이다.
[ROPES]
어느 사회든 전통이라는 것이 있습니다. 그런데 이 전통을 지키지 않는다면... 이런 사람은 사회로부터 이상한 눈초리를 받겠죠. 하지만 Sartre는 이런 사람을 진정한 사람이기 때문에 temerity는 '용기 있다' 입니다.
[ANSWER] D

T

5. [VOCA]

trample 짓밟다(=crush) weigh 무게를 달다, 숙고하다 vindicate 입증하다 strip 벗기다
naiete 순진 core 핵심

[TRANSLATION]

대학은 당신의 순수함이 없어지고, 격렬한 토론을 하며, 마음 깊은 곳에 있는 당신의 믿음들이 짓밟혀 뭉개지는 소리를 듣는 곳이다.

[ROPES]

trample은 '짓밟다'로 crush와 동의어. strip —— heated —— tramp. strip과 heat가 부정적인 내용이기 때문에 tramp도 부정적인 의미라는 것을 암시.

[ANSWER] D

6. [VOCA]

threshold 문지방, 시발점, 역치(자극에 대해 반응이 시작되는 분계 점, 또는 어떤 것이 작용하기 시작하는 가장 낮은 수치) detection 탐지, 발견 detection threshold 감지 작용이 시작되는 가장 낮은 수치
sensor 감지장치 security check 보안 검색

[TRANSLATION]

감지기의 수가 증가하고 또한 감지 역치가 낮아짐에 따라 점점 더 많은 사람들이 보안 검색에 걸려들고 있다.

[ROPES]

방안으로 들어가려면 threshold = 문지방을 넘어가는 것. 그래서 시작하다 = begin이 있는 보기를 정답으로 고르면 됨.

[ANSWER] D

7. [VOCA]

take issue with ~을 문제 삼다 disagree with (의견이) ~와 다르다 concur with 일치하다
stand by ~에 의지하다 brush off ~을 털어내다, 무시 하다 avid 탐욕스런, 열렬한
critic 비평가 version 번역(문)

[TRANSLATION]

나는 해리포터의 열렬한 팬으로서, Harry Potter and the Goblet of Fire의 영화가 책보다 낫다는 어떤 비평가의 견해에 문제가 있다고 생각한다.

[ROPES]

issue = problem. 문제가 있으면 찬성이 아니라 반대를 합니다.

[ANSWER] A

8. [VOCA]

treading water 지지부진한 marked 표시가 있는, 현저한 저명한 rocketing 벼락출세하는
chairman 회장 bold 대담한 step 수단 frank 솔직한 acknowledgement 인정 previous 이전의
strategy 전략

[TRANSLATION]

회장에게, 자신의 이전 전략이 실패했다는 것을 정직하게 시인했을 뿐만 아니라, 주가 가 정체 상태에 있는 회사 로부터 가치를 창출하려고 노력하는 것은 과감한 조치였다.

[ROPES]

수심이 얕은 강을 첨벙 첨벙 걷는 것 tread은 지루하고 담담함. 그리고 이런 모습은 지지부진한 의미와 연관.

[ANSWER] B

9. [VOCA]

testament 유언, 증거 mourn 슬퍼하다 regard 존경

[TRANSLATION]

존 윌슨의 비극적인 사고사 는 온 동네를 슬픔에 빠뜨렸다. 그가 2년 동안만 그 지역의 학교 교장 이었으나, 거의 그가 도착 하자 마자 동네에 큰 영향을 주었다. 최근의 그의 장례식에 많은 군중들이 온 것은 그 마을 사람들이 그 사람에게 가진 많은 존경심을 보여주는 것이다.

[ROPES]

testament의 힌트 철자는 test. 왜 수능과 같은 시험을 치르나요? 각기 학생들의 공부 능력 정도를 보여주기 위함이죠. 그래서 증거 evidence의 의미가 있습니다.

[ANSWER] D

---

10. [VOCA]

tolerate 참다 =put up with put on …을 입다 put away 저축하다 put in for 신청하다

put through 성취하다, 꿰뚫다

[TRANSLATION]

나는 그 여자가 새로운 룸메이트에 대해 어떻게 참는지 이해 할수 없었다.

[ROPES]

tolerate는 '참다'로 put up with와 동의어

[ANSWER] D

---

11. [VOCA]

temperamental 기분의 confident 자신만만한 hardworking 근면한

[TRANSLATION]

내 동생은 좋은 직장에 들어간 후 점점 더 화를 잘 낸다.

[ROPES]

temperamental은 '기분의'로 emotional과 동의어

[ANSWER] B

---

12. [VOCA]

talk shop 일에 관해서만 이야기만 하다

[TRANSLATION]

네가 항상 일에 대해서만 말하지 않기 바란다.

[ROPES]

shop에서는 물건을 소비자 입장에서는 사지만 점원이나 직원 입장에서는 일을 하는 곳. 그래서 shop에 대해 이야기 하는 것은 일 = work에 대해 이야기 한다는 의미.

[ANSWER] B

T

13. [VOCA]

reflect 반영하다 tenacity 고집 greed 욕망 harassment 희롱, 괴롭히기 sociability 사교성

[TRANSLATION]

그 탐험가들의 고집스러움은 그들이 포기하지 않는 것에서 보여 진다.

[ROPES]

refusal to give up이 힌트어구. 포기 하는 것을 거부하는 것은 고집이 있다는 말과 연관.

[ANSWER] A

---

13. [VOCA]

buoyant 부력이 있는, 경쾌한 turbulent 격한, 난폭한 ebullient 끓어 넘치는 tranquil 고요한

[TRANSLATION]

허리케인이 휩쓸고 지나간 후 강은 다시 잔잔했다. 몇 시간 전에는 강물이 출렁이고 위험 했었다는 것을 믿기 어려웠다.

[ROPES]

hard to believe that only hours before it had been wild and dangerous가 힌트어구. wild하고 dangerous한 것이 믿기 어렵다는 것은. 즉 hard(=어렵다는)는 역접을 나타내는 어구이기 때문에 wild와 dangerous의 반대되는 내용이 빈칸에 들어가야 함.

[ANSWER] D

U

U로 시작하는 철자들 이것만은 꼭 알자

1. mis-나 dis-와 더불어 un은 이 접두사 다음에 오는 단어의 의미를 부정합니다.

U

부정

NOT	UN

예) unanimous / unanimated / unemployment

unanimous에서 anim-은 soul. 사람은 각자 자기 주관이 있어야 하는데 생각 없다는 것은 '만장일치' 하는 상황과 연관이 됩니다.

2. 군인들이나 학생들은 통일된 모습을 가지기 위하여 옷을 하나로 = uni입어요. uni ≒ ubi = one.

하나

ONE	UNI

예) uniform / unique / ubiquitous / unisex

ubiquitous는 '만연하는' 이란 뜻이 있어요. 이전에 한 미국의 컴퓨터 전문가가 다가올 미래는 가정 전체에 컴퓨터가 있을 것을 예상하면서 했던 말로 모든 곳에 있다는 것을 말합니다.

ubiquitous [ju:bíkwətəs]
어디에나 있는

pervasive

▌unique = ubique one = only. 군복이나 교복 처럼 많은 사람들이 오직 하나의 통일된 옷을 입음. 세상에 온통 하나이기 때문에 도처에 있다는 의미가 됩니다. 유비쿼터스(ubiquitous)는 라틴어'ubique'를 어원으로 1974년 한 세미나에서 MIT대 교수가 "우리는 유비쿼터스적이고 분산된 형태의 컴퓨터를 보게 될 것입니다. 아마 컴퓨터라는 것이 장난감, 자전거 등 가정 내 모든 물건과 공간에 존재하게 될 것입니다."라고 언급하면서 시작이 되었다고 합니다.

She is now both the ultimate hyphenate and all but ubiquitous.
지금은 다양한 수식어가 그녀를 따라다니며 도처에서 그녀를 찾아볼 수 있다.

Starting in the 1970s robotic workers became ubiquitous on assem bly lines.
1970년대부터 조립 라인에서 일하는 로봇을 어디서나 볼 수 있게 되었습니다.

---

ultimate [ʌ́ltəmət]
최후의

last

▌ultra = up. '마지막에 있는' 의 뜻에서 파생.

This is because their rulers were constantly fighting to gain power a nd become the ultimate ruler.
이것은 그 지배자가 끊임없이 권력을 위해 싸웠고 최악의 통치자가 되었기 때문이었다.

▌아래의 ultimatum도 ultimate와 연관된 단어입니다.

ultimatum : 최후의 말, 최후통첩

She negated that the international proposal constitutes an ultimatum to Tehran.
라이스 장관은 이번의 국제 제안이 이란에 대한 최후통첩이 된다는 사실은 부인 했습니다.

---

umbrella [ʌmbrélə]

어구
umbrella group : 단체

▌이전에는 비가 올때 우산을 가져온 학생의 우산으로 우산을 가져오지 않은 학생들이 들어가 함께 받는 모습 연상. 그래서 umbrella에 포괄적 = all이란 의미가 있습니다.

The two umbrella groups paid scant attention to the plight of irreg ular workers until recently.
양대 노조는 최근까지 비정규직이 겪고 있는 어려움에 별 관심을 보이지 않았다.

---

unabridged [ʌ̀nəbrídʒd]
생략하지 않은

not shortened

▌bridge. 강북과 강남은 다리를 놓아 통학이나 통근 시간이 짧아졌어요. 만일 다리를 놓지 않았다면 지금 처럼 시간대를 줄일 수 없었습니다.

All are complete and unabridged on standard-play cassettes.
책은 원본 그대로 표준용 카세트에 실었다.

---

unanimity [jù:nənímәti]
만장일치

all agree about something

▌un = not + anim = soul. 생각이 없는 사람들은 다른 사람의 말에 무조건 동의를 합니다. 북한이나 동물 농장에서나 만장일치가 있지 민주화된 세상에서 만장일치란 있을 수 없어요.

There was a remarkable unanimity at the meeting.
그 회의에서는 놀랍도록 만장일치가 이뤄졌다.

U

unassuming
[ʌnəsúːmiŋ]
겸손한

modest

미리 생각하지 않는 것. un = not + assume = think. 겸손한의 기본입니다.

His manner is quiet and unassuming
그는 침착하고 태없다.

---

unbridled [ʌnbráidld]
억제할 수 없는

uncontrolled

bride = 말의 고삐. 말의 고삐를 잡아 당겨 말을 통제해야 하는데 그렇지 않으면 말이 날뛰게 됨.

Unbridled hatred / enthusiasm / lust.
억제할 수 없는 증오 / 열정/색정

The nation's runaway credit delinquency was triggered by unbridled credit card issuances.
신용 연체 급증세는 무분별한 신용카드 발급 이용으로 인해 촉발되었다.

---

uncanny [ʌnkǽni]
이상한, 비정상적인

strange

can. 깡통의 원산지나 제조, 연, 월, 일, 표시는 정직하게 되어 있어만 합니다. 그런데 만일 un =not, 정직하지 않다면 어떤 것이 진짜인지 애매 모호 하고 미스테리 해요.

The despot's uncanny knack for self-preservation deserted him.
스스로를 지키기 위해 만든 폭군의 섬뜩한 잔 재주 들이 폭군을 버렸다.

These songs have the similarities which evoke uncanny and indescribable feeling.
이런 노래들은 사람들에게 무어라 말로 설명하기 힘든 벅찬 감정을 불러 일으킨다는 공통점을 가지고 있습니다

---

uncharted [ʌntʃáːrtid]
해저 지도에 없는, 미지의

unknown

chart. 차트 = 지도에 나타나 있다면 쉽게 알 수 있는데 차트에 없는 것은 잘 알 수가 없어요.

The workers were hacking their way through uncharted jungle.
그들은 미지의 정글을 헤쳐가고 있던 중이었다고 합니다.

---

uncongenial
[ʌ́nkəndʒíːnjəl]
마음에 맞지 않는

alien

gen = birth + con = with + un = not. 태어날 때 같이 태어나는 사람들은 그렇지 않은 경우보다 동일한 면이 많겠죠. 그런데 그렇지 않은 경우는 생소하고 낯선 모습입니다.

The religious climate at the time was uncongenial to new ideas.
그 당시의 종교적인 분위기는 새로운 개념과 어울리지 않았다.

---

uncouth [ʌnkúːθ]
천박한, 세련되지 않은

boorish

un = not + couth = know.

uncouth laughter.
천박한 웃음

I am pointing out your uncouth public behavior.
나는 당신의 천박한 행동을 지적한다.

---

undergo [ʌ̀ndərgóu]
경험하다

come through

▌under + go. 싸움에서 진 사람은 승리자의 발밑으로 기어 갑니다. 그리고 굴욕적인 행동을 하게 됩니다.

The country is undergoing many changes.
그 나라는 많은 변화를 겪고 있다.

The industry is currently undergoing rapid change.
그 산업은 현재 급속한 변화를 겪고 있는 중이다.

underlying [ʌ̀ndərláiiŋ]
기본적인, 근본적인

fundamental

▌under + lie = 있다. 중요한 부분은 시험을 보는데 가장 기본적 이기 때문에 학원 선생님이 밑줄을 그으라고 합니다.

Unemployment may be an underlying cause of the rising crime rate.
실업이 증가하는 범죄율의 근본적인 이유인지도 모른다.

A similar theme underlies much of his work.
비슷한 주제가 그의 많은 작품의 기초가 된다.

undermine [ʌ̀ndərmáin]
–의 밑을 파다, 해치다

weaken

▌mine = 광산. 광산에는 나무를 받치고 이 좁은 갱도 안으로 들어가 광부들은 석탄 등을 캐어냅니다. 그런데 나무 갱도의 아래 부분 under을 건들어 갱이 무너지는 경우... 이것을 대비하여 광부들 에게 회사는 이동을 할 때 조심 하라고 누누이 강조를 하겠죠.

Researchers stressed that the recent findings do not undermine the results of previous studies.
연구원들은 최근의 연구 결과가 이전 것과 다르지 않는다는 점을 강조했다.

Taiwan's ruling party accused Beijing of trying to undermine the government's power.
타이완 집권당은 중국을 타이완 정부의 힘을 약화시키려는 노력 이라며 비난 했습니다.

U

underscore
[ʌ̀ndərskɔ́ːr]
강조하다

stress

▌중요 부분 아래 under에 밑줄 그으라고 학교에 다니면서 선생들이 강조하는 것 연상.

Our recent experience with a computer virus has underscored the ne ed to back up the system.
최근의 컴퓨터 바이러스 감염은 우리에게 시스템을 백업할 필요성을 강조해 주었다.

The recent violence underscores the sensitivity of the issue of Jerus alem.
최근의 폭력사태는 예루살렘 문제가 얼마나 민감 한지를 잘 보여 주고 있습니다.

understatement
[ʌ̀ndərstéitmənt]
절제된 표현, 축소하여 말하기

the practice of suggesting that things have much less of a particular quality than they really have.

▌statement = 말. under는 축소하여 말하는 것을, 위로 올라가는 overstatement는 부풀려 말하는 과장이다.

The Foreign Secretary expressed the government view with typical understatement.
외무장관은 특유의 절제된 표현으로 정부의 견해를 피력했다.

To say that he was displeased is an understatement.
그가 좋아하지 않았다고 말하는 것은 아주 약하게 표현한 것이다.

under와 관련하여 더 알고 넘어가야 할 두 가지 표현을 공부 해보겠습니다.

undercut the competition : (경쟁 상대보다도) 싸게 팔다

The U.S. rate increases undercut consumption in Asia by increasing the cost of capital and debt-service.
미국의 이자율 인상은 원리금상환 비용을 증가시켜 아시아권에서의 소비를 줄이게 된다.

underdog : 싸움에 진 개, 패배자

He always felt a close affinity with the underdog.
그는 항상 약자에게 강한 친근감을 느꼈다

---

undo [ʌndúː]
되돌리다

return

한 = do 것을 부정하니 un = not 원상태로 돌리는 것을 의미 합니다.

It is difficult for them to undo all the mistakes and learn again the correct way.
올바른 영어로 다시 고치는 데 애를 먹죠.

---

undulating [ʌ́ndʒəlèit]
물결치다, 기복이 있는

moving with a wavelike motion

und = 물 = water = wave. 물결치는 파도를 연상.

They climbed undulating hills.
기복이 심한 산을 오르다.

---

unearth [ʌnə́ːrθ]
파내다, 발견하다

dig

earth = soil + un = not. 땅에 파묻는 것이 아니라 파내는 것은 dig.

Archaeologists have unearthed an enormous ancient city.
고고학자들은 거대한 고대 도시를 발굴했다.

Subway workers may have unearthed a previously unknown Aztec temple.
지하철 작업원 들은 지금까지 알려지지 않았던 아즈텍 사원을 발굴해낸 것으로 보입니다.

---

unfold [ʌnfóuld]
펴다, 열리다

open

fold = close + un = not. 그래서 unfold = open.

She unfolded the blankets and spread them on the mattress.
그녀는 담요를 펼쳐서 메트리스 위에 덮었다.

The grandest of these ideals is an unfolding American promise that everyone deserves a chance.
그 중 가장 원대한 이상은 모든 사람이 기회를 가질 자격이 있다는 미국의 공개적인 약속입니다.

---

ungainly [ʌngéinli]
볼품없는

clumsy

gain = direct + un = not. 술에 취해 똑바로 걷지 않고 갈지자(z)로 걷는 사람의 모습 연상.

He walked in long ungainly strides.
그는 길고 볼품없는 걸음으로 성큼성큼 걸었다.

On land the turtle is ungainly, but in the water it is very graceful.
거북이는 육지에서는 미련스럽지만 물에서는 굉장히 우아하다.

uniformity [jù:nəfɔ́:rməti]
같음, 통일

sameness

▌uni = one + form. 통일되게 옷을 입는 군인 모습 연상.

There is a broad uniformity in working hours throughout the industry.
산업계 전반적으로 근로시간이 대체로 균등하다.

Among teenagers the pressures for uniformity are strong.
십대들 간에는 동질성의 압력이 크다.

uninhabited [ʌ̀ninhǽbitid]
사람이 살지 않는

unoccupied

▌in = 안에 + habit = 습관. 우리 인간은 집에 습관적 으로 안에 거주합니다. 그래서 un = not. 이제 더 이상 살지 않네요.

It was thought that the island was uninhabited.
그 섬은 무인도인 줄 알았다.

This is the uninhabited 4 kilometers wide strip of land in Korea.
이곳은 사람이 살지 않는 4km 넓이의 작은 한국의 땅이다.

unimpeachable
[ʌ̀nimpí:tʃəbl]
비난의 여지가 없는

blameless

▌penalty kick = pen = punish = pea + un = not.

Evidence from an unimpeachable source.
뚜렷한 출처에서 나온 증거

She has an unimpeachable moral character.
그녀는 나무랄데 없는 도덕적 성격을 가지고 있다.

unique [ju:ní:k]
유일한

only

▌uni = mono = one. 하나는 유일한 것.

Language as we know it is a unique human property.
우리가 알고 있는 언어는 인간에게만 유일한 자질이다.

universal [jù:nəvə́:rsəl]
일반적인, 보편적인

general

▌우주에는 일반적 이면서 보편적인 진리가 담겨져 있어요. 예를 들어 지구는 태양 주위를 365일 동안 돌게 됩니다.

Music is a universal language.
음악이 보편적인 언어이다.

unkempt [ʌnkémpt]
단정치 못한

untidy

▌un +comb = komb = kemb. 머리를 빗지 않은 꾀죄죄한 모습.

long unkempt hair
텁수룩한 머리

He always looks unkempt, as if he's only just got out of bed.
그는 방금 침대에서 빠져나오기나 한 듯이 언제나 단정치 못한 모습이다.

U

unnerving [ʌnnə́ːrv]
…의 기운을 빼앗다

worried

▌nerve = brave = worry. nerve는 용감 하다와 걱정 하다는 두 가지 상반된 뜻을 모두 가지고 있어요. 그래서 un = not + nerve = brave. 용감하지 않은 것은 걱정이 많고 근심이 많음.

The presence of him unnerved me. or Just being with him put me on edge.
나는 그 사람 앞에서 안절부절못했다.

Most unnerving, the untreatable infection could easily spread by way of a bioterrorism attack.
자각증상이 가장 적고 치유가 불가능한 이 질병은 생물 무기 테러 공격등을 통해서 쉽게 퍼질 수 있을 것이다.

---

unpalatable [ʌnpǽlətəbl]
입에 맞지 않는, 유쾌하지 않은

unpleasant

▌앞 이빨 뒷 부분이 palate입니다. 이곳에서는 혀와 더불어 맛을 알아요. 맛이 있는 음식을 먹으면 기분이 좋지만 만일 맛이 없거나 상한 음식을 먹게 되면 불쾌하여짐.

Nothing is unpalatable to a hungry stomach.
배고픈 사람은 음식을 가리지 않는다.

They must be told the truth, however unpalatable it may be.
아무리 불유쾌 하더라도 진실을 이야기해 주어야 한다.

---

unparalleled
[ʌnpǽrəlèld]
비교할데가 없는, 전례가 없는

unprecedented

▌un + parallel = 비교. 비교 할 데가 없다는 것은 유일함을 함축.

Our university promises an unparalleled educational experience.
본 대학은 그 무엇과도 비교할 수 없는 학습 체험을 약속 드립니다.

This is absolutely unparalleled in the history of this country.
이것은 이 나라 역사상 미증유의 사건이다

---

unprecedented
[ʌnprésədèntid]
선례가 없는

unparalled

▌pre = 미리 + cede = go 가지 않은 것은 전례나 선례가 없음.

The eyesight of today's students is deteriorating at an unprecedented rate.
요즈음 학생들의 시력은 전례 없이 빠른 속도로 나빠지고 있다.

Rapid industrialization has also bring unprecedented environmental destruction to the province.
급속한 산업화로 그 지역은 유례없는 환경 파괴를 겪었다.

---

unravel [ʌnrǽvəl]
풀다, 해명하다

solve

▌lapel = 옷깃. 옷은 실로 만듭니다. ravel = thread = 실. 실타래를 푼 것은 해결을 하다는 비유적인 의미로 확대.

The mystery started to unravel.
미스테리가 풀리기 시작했다.

They tried to unravel the mystery of the missing cashbox.
그들은 없어진 금고의 수수께끼를 풀려고 애썼다.

---

unrelenting [ʌ̀nriléntiŋ]
무자비한

merciless

▌lent. 빌려주는 lent사람은 마음씨 좋은 사람. 하지만 un=하지 않지 않아 싸가지라는 의미.

Unrelenting criticism / pressure
무자비한 비판 / 압력

Her success came through unrelenting hard work.
그녀의 성공은 꾸준한 노력에서 왔다.

▌un-이란 접두사가 들어간 표현 두 개를 더 보면 un이 들어간 단어는 모두 공부하게 됩니다.

come unstuck : 실패하다, 망쳐지다

Though without specialist advice, you could still come seriously unstuck.
그래도 전문가의 조언이 없으면 크게 실패할 수도 있다.

untapped : 미개발 = unused(tap = 수도꼭지. 지금은 모두 가정에 수도가 있지만 이전, 특히 미국도 부국이 되기 전에 나무 통 등에 물을 담았습니다. 그런데 수도꼭지를 달아야 물을 먹기 편한데 달지 않은 상태는 비유적으로 아직 미개발되었다는 것 암시)

The source, wind energy remains largely untapped, providing less than one percent of U.S. electrical generation.
지금까지 거의 미개발되었던 자원으로 이로 인한 전력은 현재 미국 전체 생산의 채 1퍼센트도 되지 않는다.

---

upbringing [ʌ́pbrìŋiŋ]
교육

education

▌up + bring. 교육을 통하여 사람들은 인격 도야를 할 수 있어요.

His manners argue good upbringing.
그의 예의범절은 훌륭한 가정 교육을 받았음을 나타내고 있다.

His upbringing explains a lot about his attitude towards authority.
그가 자라 온 과정은 그의 권위에 대한 많은 것을 설명해 준다.

---

upheaval [ʌphíːvəl]
밀어 올림, 격변

commotion

▌up + heaven = 하늘 = sky = heaval. 허리케인이 하늘 위로 소용돌이 치면서 올라가고 있어요. 소용돌이는 소란을 의미.

Africa has been avoided by investors because of political upheaval and widespread corruption.
아프리카는 투자자들과 외면당하고 있는데, 그 이유는 정치 불안과 만연된 부패 탓입니다.

---

upright [ʌ́pràit]
똑바로

vertical

▌위로 똑바로 섰어요.

He set a post upright.
그는 말뚝을 똑바로 세웠다.

Be sure to hold the compressed air can upright at all times.
압축 공기를 뿜을 때는 항상 용기를 똑바로 세우십시오.

U

uproar [ʌ́prɔ̀:r]
소란

noisy

▌사자가 포효하는 소리가 roar. 소리가 시끄러워요.

There was an uproar over the tax increases.
세금 인상에 대한 소동이 있었다.

There was a brief silence, followed by uproar.
잠깐 잠잠하더니 뒤이어 대소동이 벌어졌다.

---

upshot [ʌ́pʃɑ̀t]
결과, 결말

outcome

▌shot. 양궁 대회에서 마지막에 쏘는 화살이 upshot입니다. 이 마지막 화살에 따라 우승이 결정되었기 때문에 '결과'란 비유적인 의미 파생.

The upshot of it all was that he resigned.
그 모든 일의 결과로 그가 사퇴했다.

▌up과 관련하여 추가적으로 더 알아야 할 두 가지 표현을 더 보겠습니다.

upbeat : 호경기, 낙관적인(경기가 호경기가 되면 돈을 많이 벌 것이라는 기대 때문에 가슴이 두근두근 = beat)

U.S. Secretary of State Colin Powell was also upbeat.
콜린 파월 미 국무부 장관도 낙관론을 피력했다.

upper hand : 우세, 우위(경기가 끝난 후 패배자가 아니라 우승자의 손을 위로 심판이 높이 치켜 올리는 모습 연상)

If you can ease the tension by getting the other party to share your feeling, you will have the upper hand.
만일 상대방으로 하여금 당신의 생각을 공유함 으로써 긴장을 완화할 수 있다면, 당신은 유리한 위치에 서게 될 것이다.

---

urban [ə́:rbən]
도시의

town

▌up = ur. 서울은 고층 아파트와 빌딩으로 건물이 위로 뻗어 올라가고 있습니다. 고대 로마에서 인구밀집 지역은 'urbs' 라고 표현했고(영어단어 urban의 어원) 'civitas(키비타스)' 라는 단어가 따로 있었는데, 이는 정치적 으로 독립적 이며 경제적으로 농촌 지주의 지배를 벗어난 인구 밀집 지역을 지칭 했습니다. civitas' 는 시.

The policy generally limits couples in urban areas to one child.
중국의 산아 제한 정책은 대체로 도시지역의 부부들 에게는 한 자녀로 제한하고 있습니다.

They are part of a movement that promotes the bicycle-friendly urban transport.
이는 자전거를 타기에 편리한 교통 환경을 조성 하자는 운동의 일환입니다.

---

urge [ə:rdʒ]
촉구하다

force

▌up = ur. 어떤 것을 하고 싶을 때 가슴 속에서 위로 올라옵니다. 하지만 하고 싶지 않을 때는 개가 꼬리를 내리듯이 아래로 가라앉아요.

He urged that we accept the offer.
우리가 그 제의를 받아들여야 한다고 그는 주장했다.

I urged him to an intensity like madness.
미칠 지경이 되도록 그를 흥분시켰다.

---

urgent [ə́:rdʒənt]
긴급한

it needs to be dealt with as soon as possible.

urge = urgent = up. 긴급 한 것은 위로 올라오고 그렇지 않은 경우에는 아래로 내려갑니다. 예를 들어 이전의 잠수함은 공기 부족을 느껴 산소를 공급하고자 할 때는 수면 위로 부상을 했어요. 만일 잠수함 내에 산소가 부족해지면 위급한 상황이 벌어지겠어요.

There is an urgent need of skilled workers.
숙련공이 급히 필요하다.

He represented that they were in urgent need of help.
그들은 원조가 절실하다고 그는 말했다.

---

urine [urin]
오줌

piss

'구린내' = (G)urine. 오줌 냄새는 구린내가 난다고 합니다. '똥' 은 dung. 한국어와 영어가 이 단어들에서 소리와 뜻이 비슷해요.

This lane has a smell of stale urine.
이 골목은 오줌 냄새가 난다

---

usage [jú:sidʒ]
(단어의)용례

use

use. 어떤 물건등을 사용하는 것은 use입니다. 하지만 어떤 단어를 사용하는 것이 더 좋은지를 판단하는 것을 용례라고 하는데요. 여기에 해당되는 단어가 usage.

This word is not in common usage.
이 단어는 흔하게 사용되지 않는다.

---

usher [ʌ́ʃər]
안내하다

guide

수위 =usher. 빌딩의 수위는 손님들을 안내합니다.

Automakers are ushering in a new era for automobiles.
자동차 제조업자들은 새로운 자동차의 시대를 예고하고 있다.

The usher conducted me into the seat.
안내인이 나를 자리로 안내해 주었다.

---

usurp [ju:sə́:rp]
빼앗다

seize another's power

use. 한국의 대통령 중에 박정희 라는 분이 있었습니다. 한국인을 여론조사 하면 인기 1위. 일부 부정적인 시각으로 이 대통령을 보는 분들은 민주주의를 빼앗은 분으로 보는 분들도 있죠. use < usurp.

Streets intended for pedestrians are being usurped by motorists.
보행자들을 위해 만들어진 거리가 운전자들에게 빼앗기고 있다.

---

utility [ju:tíləti]
공익사업, 공익 설비

a service provided for the public

설비 중 전기, 가스, 상하수도, 교통 기관 등과 같은 공익 사업체를 말합니다.

An environmental group keeps close tabs on developments in the utility industry,
환경 그룹이 공공사업분야의 개발을 면밀히 감시한다.

---

utopia [ju:tóupiə]
유토피아, 이상적인 사회

ideal place

u = up = not + topia = place. 더 이상 갈 곳이 없는 땅 혹은 더 이상 이런 곳이 없는 땅은 지상 낙원. 한국에서는 X pia라고 하는데 이는 잘못된 영어로 X topia라고 해야 합니다.

Who says I desire a socialist utopia?
내가 유토피아 사회를 꿈 군다고 누가 말하나?

U

utterly [ʌ́tərli]
아주

very

utter = say. 말을 해야만 완전히 very = utterly 그 사람의 생각을 알 수 있어요.

He is utterly ignorant of law.
그 사람은 법률에 대해서는 아주 까맣다.

[ACTUAL TEST]

밑줄 친 낱말과 동의어를 고르세요.

1. Snowflakes laced with fine, gray ash fell on communities south of Anchorage as a series of volcanic eruptions continued early Saturday on an uninhabited island dozens of miles away.

(A) prohibited (B) isolated (C) unoccupied (D) frequented

2. The children's uncooperative behaviors considerably undermined their teacher's efforts to teach new subjects.

(A) weakened (B) revealed (C) provoked (D) neglected

3. A growing number of educators believe it's possible to unearth creativity in students who don't seem to have much.

(A) discover (B) challenge (C) exploit (D) withhold

4. Her utterly ridiculous statements were cause for scorn among her political opponents.

(A) completely (B) assuredly (C) equivocally (D) plausibly

5. In an attempt to experience the unadulterated, they travel up obscure places.

(A) filthy (B) pure (C) unknown (D) unusual

6. Ushered into a waiting car, he was driven for two hours into the Bavarian countryside.

(A) Announced (B) Pushed (C) Guided (D) Forced

7. Despite his unassuming presence, the young composer was, in fact, a great musical genius.

(A) pretentious (B) unknown (C) incredible (D) modest

U

[FILL THE PROPER WORD IN THE BLANK]

빈칸에 들어갈 적당한 단어를 고르세요.

8. The villagers tried again to make life difficult for her, but she remained ________.

(A) unhappy (B) frustrated (C) undaunted

(D) complied (E) compelled

9. On July 4, 1776, after the committee had made some changes in a few phrases, the Declaration was read, voted upon, and accepted ________.

(A) inadvertently (B) ubiquitously (C) unanimously
(D) impromptu (E) contemporarily

10. The pamphlet argues that imagination is not a gift ________ to poets, but something everyone possesses.

(A) relevant (B) conducive (C) inimical (D) unique

[EXPLANATION]

1. [VOCA]

snowflake 눈송이 lace 섞다 volcanic 화산의 eruption 폭발 uninhabited 사람이 살지 않는 prohibited 금지된 isolated 고립된 unoccupied 사람이 살지 않는 frequent 빈번한

[TRANSLATION]

수십 마일 떨어진 무인도 에서 토요일 이른 아침부터 화산 폭발이 계속 이어지자, 미세한 회색 재가 섞인 눈송이가 앵커리지 남부 마을들에 떨어졌다.

[ROPES]

dozens of miles away = 수십 마일 떨어져 있다는 힌트 어구를 통해 사람이 살지 않을 곳이라는 추정해 볼 수 있어 보기의 단어 중 unoccupied를 고르면 됩니다.

[ANSWER] C

2. [VOCA]

uncooperative 비협조적인 considerably 상당히 undermine 훼손시키다 weaken reveal 드러내다 provoke 선동하다, (감정 따위를) 일으키다 neglect 무시하다

[TRANSLATION]

새로운 주제(과목)를 가르 치려는 선생님의 노력은 아이들이 협조적 이지 않아 손상되었다.

[ROPES]

[ANSWER] A

3. [VOCA]

unearth 발굴하다 challenge 도전하다 exploit 개발하다, 이용하다 withhold 억제하다

[TRANSLATION]

점점 많은 교육자들이 창조성이 많은 것 같지 않는 학생들도 창조성을 발견하는 것이 가능 하다고 믿는다.

[ROPES]

earth는 지구. 지구의 대부분을 구성하는 흙. 흙은 이 대지를 덮고 있는데 un = not. 그래서 땅을 파내는 것은 발굴이나 발견하는 과정.

[ANSWER] A

4. [VOCA]

utterly 아주, 완전히 assuredly 확실히 equivocally 애매모호하게 ridiculous 우스운 statement 성명, 진술 scorn 경멸 opponent 적

[TRANSLATION]

그 여자의 아주 우스꽝스러운 진술은 정적 들로부터 경멸의 원인이 되었다.

[ROPES]

단어에 –ly가 첨가되면 보통 아주 = very의 의미

[ANSWER] A

U

5. [VOCA]

unadulterated 순수한 filthy 더러운

[TRANSLATION]

그들은 순수한 것들을 경험하기 위해, 미지의 장소를 여행한다.

[ROPES]

adult는 어른. 비유적으로는 타락의 세계. 이것을 부정하는 un = not. 그래서 순수함이란 의미.

[ANSWER] B

6. [VOCA]

usher 안내하다 announce 발표하다

[TRANSLATION]

그는 기다리고 있는 차로 안내되어, 두 시간 동안 자동차를 타고 바이에른의 교외로 갔다.

[ROPES]

usher는 '수위'. 수위아저씨들은 회사에 찾아온 분들을 안내함.

[ANSWER] C

7. [VOCA]

unassuming 겸손한 presence 태도 pretentious 거만한

[TRANSLATION]

겸손한 태도에도 불구하고 그 젊은 작곡가는 사실은 위대한 음악 천재였다.

[ROPES]

assuming은 '추정'. 추정하는 것은 건방진 태도. 하지만 접두사 un에 의해 추정을 하지 않다가 되기 때문에 unassuming은 겸허한 태도.

[ANSWER] D

8. [VOCA]

frustrated 실망한 undaunted 불굴의 comply 동의하다 compel 강제하다

[TRANSLATION]

마을 사람들은 그녀의 삶을 또 다시 힘들게 하려 했지만, 그녀는 거기에 굴하지 않았다.

[ROPES]

difficult가 힌트 어구. 힘들게 하려고 했지만 but이 역접 접속사이기 때문에 빈칸에는 difficult의 반대말이 오면 됨.

[ANSWER] C

9. [VOCA]

vote 투표하다 inadvertently 부주의하게 ubiquitous 도처에 있는 unanimous 만장일치의 impromptu 즉석에서 contemporary 동시대의

[TRANSLATION]

위원회가 몇 개의 어구를 조금 변경한 후, 1776년 7월 4일, 독립 선언문이 낭독되고, 가결 되었고 그리고 만장일치로 받아 들여졌다.

[ROPES]

voted upon —— accepted를 통해, 반대가 없었다는 것을 미루어 짐작 할 수 있어 보기의 단어 중 unanimously가 가장 적절함.

[ANSWER] C

10. [VOCA]

pamphlet 소책자 gift 재능 possess (재산 등을)가지다 relevant 관련된
conducive 도움이 되는, 기여하는 inimical 해로운 unique 유일한, 유례없는

[TRANSLATION]

그 소 책자에서 상상력은 시인 에게만 있는 독특한 자질이 아니라 모든 사람이 가지는 것이라고 주장한다.

[ROPES]

not X ——but everyone. 모든 사람에게 속하는 것이 아니라면 독특함. 그래서 보기에서 유일 하다는 의미의 단어를 찾으면 됩니다.

[ANSWER] D

U

V

V로 시작하는 철자들 이것만은 꼭 알자

1. 방학 vacation이 되면 학교는 텅텅 비어있어요. vac = empty.

텅 빈

EMPTY VAC

예) vacation / vague / vacuum / vast / vanity

vague는 '애매모호 하다는' 뜻인데 실속이 있는 사람은 자기 소신대로 행동하고 말 하지만 속이 비어 있는 사람들은 이 사람도 좋고 저 사람도 좋다고 말합니다. 그래서 이 단어는 애매 모호 함을 말합니다. 우주는 광대한 vast 크기를 가지고 있습니다.

2. 위에서 vac는 '텅 빈' 이지만 철자가 하나만 다른 voc-는 '부르다' = call입니다.

부르다

CALL VOC

예) voice / vocation / vocal / equivocal

3. ver이란 철자는 사용 빈도수가 아주 높은 단어로 순수 영어 '돌다' = turn과 관련된 의미입니다.

돌다

TURN VER

예) universe / university / versatile / verdict

태양계의 행성은 태양을 중심으로 돌아가요. 또한 세상의 진리는 돌고 돌기 때문에 ver는 구체적인 공간 이동에서는 '돌다' 이지만 비유적으로는 '진리' 와 연상이 됩니다.

4. vag-는 wonder와 연관이 됩니다. 직선은 긍정적이지만 곡선은 부정적이어서 방랑과 관련된 vag-는 일반적으로 부정적인 문맥에 쓰이게 됩니다.

방랑하다

WONDER VAG

예) vagabond / vagary / vagrant / extravagance

5. val-은 강함 'strong' . power를 생각해보세요.

강한

STRONG VAL

예) valve / valor / invalid / valid

invalid의 뜻은 무엇일까요? in = not + valid = power. 힘이 없기 때문에 '환자' = impatient입니다.

6. 승리 win과 관련된 단어들은 vin/vic로 시작을 합니다.

이기다

WIN VIC VIN

예) convince / invincible / victory / vanquish

V

이길 수 없는 것은 in = not + vin = win.

7. 인간은 음식을 섭취하여 영양분을 만들어 내지만 일부 비타민은 사람이 목숨과 아주 밀접하더라도 음식을 통해 생성이 되지 않는다고 하죠. vit/viv = life

생명

LIFE VIT VIV BIO

예) convivial / revive / survive / vital / vitamin / vivacious / biology / biography

8. 먹는 것과 관련된 단어로 가장 기억을 해야 할 단어는 devour입니다. de-는 음식이 식도 아래로 내려가는 것과 관련된 철자인데 그럼 vour-의 의미는 무엇일까요? 그것은 eat입니다. 즉 eat = vour-입니다.

먹다

EAT VOR ED

예) carnivore / omnivore / voracious / edible / obese

vacant [véikənt]
텅 빈, 비어 있는

empty

▌vac = empty

He stared into the vacant space.
그는 빈 공간을 응시했다.

The hospital has no vacant beds.
그 병원에는 현재 빈 침상이 없다.

vacillate [vǽsəléit]
흔들흔들하다, 동요하다

swing

▌vca = empty =진공. 진공 속이라 하더라도 공기의 이동이 있어요. 움직이지 않은 정적인 상태는 차분함이지만 이동은 동요와 연관됩니다.

He vacillated for too long and the opportunity to accept was lost.
그는 너무 오랫동안 머뭇거렸고 받아들일 기회를 잃었다.

vacuous [vǽkjuəs]
텅 빈, 공허한

empty

▌vac = empty.

vacuous expression/smile.
얼빠진 표정/미소

She is charming but vacuous person.
매력적이긴 하지만 멍청해 보이는 사람이다.

vagabond [vǽgəbὰnd]
방랑자

wanderer

▌vac = vag. 일이 바쁘면 정신없이 바쁜데 속이 텅텅 빈 할일 없는 백수는 이곳저곳 돌아다니기만 함.

A vagabond tribe.
유목민.

They live a vagabond life, travelling around in a caravan.
그들은 이동 주택을 타고 여기저기 돌아다니는 방랑의 삶을 산다.

vagary [vəgɛ́əri]
변덕스런

unexpected and unpredictable changes

▌vac = vag = empty. 속이 알찬 사람은 말과 행동에 있어 신중합니다. 하지만 속이 텅 빈 사람은 마치 바람개비 처럼 앞으로 행동할 것을 예측하기가 어려워요.

the vagaries of the weather/the postal service.
날씨의/우편 제도의 예측 불가능함

She predicted the vagaries of women's fashion.
그녀는 변덕스러운 여성 패션을 예측했다.

vague [véig]
모호한, 흐릿한

equivocal

▌vac = vag = wander. 속이 텅 비어있는 사람들은 이것도 좋고 저것도 좋고 모든 것을 좋다고 하여 소신이 없습니다. 그래서 이런 사람들의 말은 애매모호 합니다.

Her vague fear crystallized into a reality.
그녀의 막연한 두려움이 현실이 되었다.

I hinted vaguely that they should begin hard training.
나는 그들에게 강 훈련을 시작할 필요가 있음을 막연히 암시해 줬다.

validate [vǽlədèit]
(정당성을) 입증하다

approve

▌value. val = power. 힘이 있는 자만이 승인을 할 수 있지 힘이 없는 사람은 허락을 할 수 없어요.

The following error occurred validating the name "%1".
"%1" 이름을 확인하는 동안 오류가 발생 했습니다.

---

valiant [vǽljənt]
용감한

brave

▌val = power. 힘이 있는 사람만이 용기가 있어요.

Hungarians made a valiant effort to shake off Soviet communist control.
헝가리 인들은 소련의 공산통치에 항거하기 위하여 용감한 노력을 했다.

---

vampire [vǽmpaiər]
흡혈귀

ghostly being

▌vac = vam = empty. 유령은 비어 있어 우리 눈에 보이지 않고 손으로 만질 수가 없습니다.

Byron wrote about a story based on folk tales about vampires.
바이런은 흡혈귀에 관한 민간 설화를 바탕으로 이야기를 썼다.

Two vampire bats wake up in the middle of the night, thirsty for blood.
피에 굶주린 두 마리의 흡혈 박쥐가 한밤중에 잠이 깼다.

---

vanish [vǽniʃ]
사라지다

disappear

▌vac = van = empty. 서울 광장을 메웠던 많은 인파들이 텅 빈 것은 사람들이 집으로 가서 광장에서 사라졌기 때문.

My money gets spent so fast. It seems to vanish into thin air.
나의 돈은 금세 없어져 버리고 만다. 마치 흔적도 없이 사라져 버리고 마는 것 같다.

---

vanquish [vǽŋkwiʃ]
정복하다

conquer

▌vac = empty. 승리자는 들떠 있고 패배자들의 마음은 공허 하게 됩니다.

Among this year's candidates, the mentors have vanquished their proteges.
올해 후보들 가운데서도 선배들이 후배를 눌렀다.

---

vantage [vǽntidʒ]
우세

position giving an advantage

▌advantage 이익 < vantage 이점 = 유리.

This vantage point has afforded me a take on Vietnam different from most.
이런 유리한 입장 덕분에 필자는 베트남 전쟁에 관해 대다수 사람들 보다 좀 더 많이 안다고 자부할 수 있다.

---

vapid [vǽpid]
김빠진, 활기 없는

dull

▌vac = vap = empty. 가득한 full 것은 긍정적 이지만 텅 빈 것 empty는 부정적. 그래서 재미있는 것이 아니라 지겨움.

A vapid novel.
따분한 소설.

The vapid conversation bored her.
맥 빠진 대화에 그녀는 지루했다.

---

vast [vǽst]
거대한

giant

▌vas = vac = empty. 푸른 하늘을 보면 하늘과 우주는 온통 파란색일 것 같아요. 하지만 대기권에 파란색만이 반사되기 때문에 파란색으로 우리 눈에 보입니다. 고대 그리스 시대부터 우주는 텅 비었다는 학자와 그렇지 않고 끈적끈적한 암흑 물질로 구성이 되었다는 관점이 있는데 현대도 두 부류로 생각이 나뉘어 있습니다. 텅 빈 하늘공간보다는 암흑 물질이 더 우세한 이론이라고 해요. 아무튼 텅 빈 우주 공간에 있는 수많은 행성들과 항성들 그리고 galaxy = 은하계들.

A vast tidal wave swept the whole Caribbean region.
거대한 해일이 카리브 지역 전역을 휩쓸었다.

The vast crowd fell silent.
그 많은 군중이 조용해졌다.

Vatican [vǽtikən]
로마 교황청

the centre of the Roman Catholic Church

▌세계에서 가장 작은 나라 중의 하나로 카톨릭을 총괄하는 곳

China and the Vatican were moving toward such an agreement.
지난 4월에 중국과 바티칸은 그러한 합의에 접근하는 것으로 보였다.

---

veer [viər]
(방향을) 바꾸다

change in direction

▌beer. 맥주를 너무 많이 마시고 자기 집이 아니라 엉뚱한 집으로 들어가는 사람의 모습 연상.

Chaba, the year's biggest typhoon, veered away from Korea.
올들어 발생한 태풍 가운데 가장 강력한 태풍 차바가 오늘 한국을 비껴갔다.

The United States has never veered from its pro-Israel position.
미국은 친이스라엘 성향에서 벗어나본 적이 없다.

---

vegetarian [vèdʒətέəriən]
채식주의의

Someone who is vegetarian never eats meat or fish

▌'vegetarian'의 어원은 'vegetus'. 'vegetus'는 완전한, 건강하다는 의미의 라틴어에서 유래하여 vigor = strong과 연관. 고기를 먹는 사람들보다 채소를 먹는 사람들이 더 건강하다고 합니다.

Arnold is coming over for dinner and he's vegetarian. What should I fix?
아놀드가 저녁 먹으러 올 텐데 그는 채식 주의자거든요. 뭘 준비해야 하죠?

I'm vegetarian; does the soup have any meat in it?
나는 채식을 하는데요, 수프에 고기가 들어 있지는 않나요?

---

vehement [víːəmənt]
격렬함

passionate

▌vehicle = car. 사람들이 참을 줄도 알아야 하는데 자동차를 타고 가서 성질나는 데로 다른 사람에게 다 감정을 퍼붓고 오는 상황.

Some international leaders, however, vehemently disagree.
하지만 일부 국가 지도자들은 거세게 반대하고 있습니다.

She became vehemently up a storm, but calm down soon.
그녀는 극도로 격분했지만 곧 진정했다.

V

velocity [vilάsəti]
속도

speed

ven = vel = go. 운행되는 자동차 등의 속도와 관련.

The wind attained a velocity of fifty miles an hour.
풍력은 한 시간에 50마일에 달했다.

A typhoon is approaching at a velocity of 20km per hour.
태풍이 시속 20km의 속도로 접근하고 있다.

venal [víːnl]
매수할 수 있는

bribable

vendor. ven = go = peddler. 장사꾼은 가만히 앉아 있으면 안됩니다. 이곳저곳 물건을 팔기 위하여 돌아 다녀야 합니다. 장사 = 돈 = money.

Venal practices/sins.
매수 행위/매수죄

I met venal politicians and lawyers.
매수될 수 있는 정치가와 변호사들을 나는 만났다.

vender [véndər]
자판기

seller

ven = go = sell. 이전 조선의 보부상들은 하나라도 팔기 위하여 팔도를 돌아다녔어요.

The first commercial coin operated vender was introduced in London.
최초의 동전을 집어넣는 자판기가 영국에 설치되었다.

venomous [vénəməs]
독이 있는

poison

venus. 인간으로 아름다운 사람은 phyche = 프쉬케. 하지만 신의 자녀 중에는 venus. venus는 사랑이 여신. 사랑은 긍정적인 면도 있지만 너무 사랑에 빠져 자기가 하는 일을 하지 못할 정도가 되면 안 되죠. 성병은 venereal disease입니다.

The young are fully capable of delivering a venomous bite.
새끼는 독을 가지고 있다.

vent [vént]
구멍, (감정)표현하다

express

ven = go. 속에 있던 생각을 밖으로 내 보냄.

He gave vent to his pent-up feelings.
그는 억눌렸던 감정을 터뜨렸다.

They found a vent for their emotions in song.
그들은 감정의 배출구를 노래에서 찾았다.

venue [vénjuː]
재판 장소

a place where people meet for an organized event

ven = go. 세상 살면서 억울한 일 있으면 법원에 가야죠.

Her lawyer requested a change of venue
그녀의 변호사는 재판장소의 변경을 요구했다.

verdant [vəːrdnt]
초록의, 신록의

green

vert = turn. 나무 잎들이 새싹 에서 녹색으로 푸릇 푸릇 하게 변함.

Verdant hills/meadows.
신록의 무성한 산/초원

He lie on verdant lawn.
초록빛 잔디에 그는 누웠다.

verdict [vəːrdikt]
판결

judgement

vert = truth = turn + dict = word. 진리는 아무리 누가 막으려고 해도 결국은 돌고 돌아 우리에게 밝혀집니다. 판단이나 판결은 거짓이 아니라 진실.

The jury brought in a verdict of guilty.
배심원은 유죄 평결을 내렸다.

The judge directed the jury to deliver a verdict of unlawful killing.
판사는 배심원단에게 불법적 도살에 대한 평결을 발표하라고 지시했다.

verge [vəːrdʒ]
가장자리

side

vert = turn. 책 page들이 한 면 한 면이 넘어가고 있는 모습.

All the plates have chipped verges.
모든 접시들의 가장자리는 이가 빠져 있다.

The company was on the verge of bankruptcy.
회사가 파산 직전이다.

verify [vérəfài]
증명하다

confirm

ver = truth. 진리(사실)을 입증하기.

A spokesman verified a handover would take place, but did not say when.
대변인은 이 같은 사실을 확인 하면서도 시기에 대해서는 밝히지 않았습니다.

The U.S. military verified the burial but declined to give more details.
미군당국은 이를 확인했으나, 구체적인 내용은 밝히지 않았습니다.

versatile [vəːrsətl]
다재다능한

skillful

vert = vers = turn. 팔방미인은 한 가지 것만 잘하는 것이 아니라 방향을 바꿔 여러 가지를 잘합니다.

That makes him versatile.
이런 역들은 그를 다양한 역할을 소화할 수 있게 만든다.

These make up for it in terms of compact size and versatile design.
이 제품들은 휴대하기 간편한 소형 크기와 다양한 디자인으로 이 단점을 보완하고 있습니다.

verbal [vɑ́ːəbl]
말의

oral

verb = 동사. 동사는 말과 관련 있어요.

Gestures are often used to supplement the verbal message.
제스처는 종종 말로 하는 메시지를 더 확실하게 하는데 사용됩니다.

The North has dropped slanderous verbal attacks on the Southern regime.
북한은 남한 정부에 대한 중상 비방을 중단했다.

V

verbatim [vəːrbéitim]
말의

word

verb = 동사 = word. verbal과 연관된 단어.

Report a speech verbatim.
연설 내용을 말 그대로 보도하다

Translate a book verbatim.
책을 축어적 으로 번역하다.

vertigo [və́ːrtigòu]
현기, 어지러움

dizziness

vert = turn. 현기증은 머리가 빙글빙글 돎.

Apple executives may well be succumbing to vertigo.
요즘 애플사의 임원들은 현기증으로 쓰러질 지경입니다.

vessel [vésəl]
그릇, 혈관

container

작은 병. 병은 액체를 담아요. 혈관은 피를 담고 있어요. 담고 있다는 점에서는 배가 사람을 싣고 있는 점에서 동일하네요.

It was the first time North Korea has opened its maritime border to a South Korean vessel.
북한이 남측 선박에 대해 영해를 개방한 것은 이번이 처음이었다.

vested [véstid]

어구

vested interest
(권리 등의) 소유가 확정된, 기득의

vested right
기득권

vested in possession
점유가 확정된 확립된

estabilshed(기득권층)과 동의어로 조끼를 입은 귀족층(상류층)이 조끼 주머니에 수표를 넣는 모습 연상.

Conservatives were the ones who controlled vested interests.
보수주의자들은 기득권층이었습니다.

vestige [véstidʒ]
자취, 흔적

trace

vest. 새벽에 들어온 남편의 양복 조끼 vest에서 여자의 향수 냄새는 남편이 바람이 피웠다는 흔적과 연관.

I found no vestiges of his presence.
그가 있었다는 흔적은 전혀 보이지 않았다.

vexing [véksiŋ]
성가신, 귀찮은

annoying

vex = 백수. 학교 졸업 하고 난 후 취업도 못하는 백수 신세. 괴로운 인생.

Her continuous chatter vexes me.
그녀가 연방 지껄여대는 데는 질색이다.

viable [váiəbl]
생존 가능한, 실행 가능한

feasible

vit = via = bio = life. 생명력 있는 것은 앞으로 가능성 possibility가 있음.

Viable organisms.
생명력 있는 유기체

There's no viable alternative.
실행 가능한 대안이 없다.

vicarious [vaikέəriəs]
대리직의, 대리의, 대행의

deputy

▌vice. vice가 제 2인자와 악 = bad가 있어요. 2인자는 일인자를 대신하여 일을 합니다.

He got a vicarious thrill out of watching his son score the winning goal.
그는 아들이 결승점을 넣는 것을 보고 대리 만족(흥분)을 느꼈다.

vicinity [visínəti]
근처, 근접

near

▌vic = by = near.

The suspect was last seen in the vicinity of the post office downtown.
용의자가 시내 우체국 근처에서 마지막으로 목격됐다.

There isn't a good school in the vicinity.
부근에는 좋은 학교가 없다.

vicious [víʃəs]
나쁜

bad

▌vice = bad = second. 권력 서열 2인자는 살아 남기위해 일 인자가 시키는 일 혹은 일 인자가 시키지 않더라도 일 인자로 부터 예쁨을 받기 위하여 악한 짓은 모두 다 함.

Scientists say that wolves are not naturally cruel or vicious.
과학자들은 늑대가 선천적으로 잔인하지 않다고 말한다.

A vicious enterpriser brings employees to his bow.
악덕기업주는 직원들을 마음대로 부린다.

vicissitude [visísətjù:d]
변화, 변천

change

▌vit = vic = life. 인생을 살다보면 이런 저런 것을 다 겪고 살아갑니다. 그러다 보면 인생의 많은 변화가 찾아옵니다.

She has had many vicissitudes.
그녀는 파란만장한 생을 살았다.

vie [vái]
경쟁하다

compete

▌vie = via = road. 인생의 여정 = 길을 가다보면, 즉 인생을 살다보면 경쟁의 연속입니다. 그리고 이 경쟁에서 우리 인간은 살아 남아야 합니다.

He vied with me for the first prize.
그는 나와 1등상을 놓고 경쟁했다.

vigilant [vídʒələnt]
경계하는

watchful

▌비지 = busy = vigi = vid = vis.

Mexican officials have also referred them as anti-immigrant vigilantes.
멕시코 정부 관리들 역시 민병대를 반 이민 경계병이라고 부릅니다.

vigor [vígər]
정력, 활기

active/strong

▌viagra = Vigor(힘) + Niagara(나이아가라 폭포)의 합성어.

He sprang to the telephone with unwonted vigor.
그는 보통 때와 달리 힘차게 전화로 뛰어갔다.

She returned to work with renewed vigour after a long holiday.
그녀는 장기 휴가 뒤에 원기를 되찾고 직장으로 돌아왔다.

vilify [víləfài]
비방하다

blame

vile = vili = blame. 한국어에도 '빌어먹어라' 는 아주 속된 욕.

How do you feel about actors today almost being vilified for stating their political views?

요즈음 연기자들이 자신의 정치적 견해를 밝혀 비난을 받고 있는데요, 이를 어떻게 생각하시나요?

villain [vílən]
악한

wicked man

villa + in. 대 저택인 빌라 안에는 머슴들이 살고 있습니다. 그런데 이 머슴 중에서 월급에 불만을 품은 사람들이 주인에게 험한 말과 행동을 하는 악당이 있었어요.

The villain in this James Bond movie does a bit of surreptitious snapping.

이 제임스 본드 영화에서 악당은 아무도 모르게 스냅 사진을 몇 컷 촬영합니다.

The OPEC cartel was the villain during the last three

석유 수출국 기구는 세 번에 걸쳐 악당의 역할을 했었다.

vindictive [vindíktiv]
복수심 있는, 보복적인

malicious

vin = force +dic = word. 힘으로 말을 하는 것은 강제적. 부드러움은 강함보다 더 이성적인 방법입니다.

A vindictive action.

보복적 행위.

She can be extremely vindictive.

그녀는 극도로 앙심을 품을 수 있는 사람이다.

virtuoso [və̀:rtʃuóusou]
거장, 명인

highly skilled artist

virtue = 미덕 = 장점

The young virtuoso possessed one of the greatest techniques of all time.

이 어린 명 연주가는 세기에 한 번 나올까 말까할 정도의 뛰어난 연주 솜씨를 소유하고 있다.

I lacked virtuoso talent and I hated to practice.

제게는 연주가로 대성할 자질도 없었고 연습하는 것도 싫었습니다.

virtually [və́:rtʃuəli]
사실상

fact

Virtual의 어원은 라틴어로 "힘" 또는 "덕"을 의미하는 virtus에서 기원하였으며, 실제 real이 힘입니다. 그러나 컴퓨터가 등장 하면서 가상공간이 많은 인터넷에 중독된 사람들에 의해 가상을 현실로 착각하는 사람들이 늘어났어요. 그래서 virtual에는 현실과 가상이라는 서로 상반된 의미가 동시에 담아지게 됩니다.

Rembrandt virtually reinvented the art of painting.

렘브란트는 사실 화법을 재창조했다.

This plane is virtually undetectable by radar.

이 비행기는 실제로 레이더에 추적되지 않는다.

virtue [vɔ́:rtʃu:]
덕, 미덕

good

vir = man. 인간의 본성은 착한 것일까요? 사악한 존재입니까? 이 문제는 동서양의 위대한 철학자들 사이에 논란이 과거에도 그리고 지금도 뜨겁습니다. 인간의 성선설. 그래서 virtue는 착하다는 표현이죠.

Virtue and vice are before you; the one leads to misery, the other to happiness.
미덕과 악덕이 눈앞에 있다, 후자는 비참함으로, 전자는 행복으로 이끈다.

---

virulent [vírjulənt]
유독한

hostile

virus. 바이러스는 치명적이면서 해로움.

Russia was bankrupt, a victim of its own incompetence and of the virulent global economic crisis.
러시아가 파산했다. 무능력한 데다가 치명적인 세계 경제 위기에 희생 되었기 때문이었다.

---

visionary [víʒənèri]
환영의

imagination

vis = see. 상상이나 환상으로 보는 것.

A visionary enthusiast.
공상에 잠기고만 있는 사람.

True visionaries are often misunderstood by their own generation.
진정한 선각자는 자신의 세대들 에게는 흔히 이해를 받지 못한다.

---

vital [váitl]
생명의, 아주 중요한

critical

vit = 비타민 약 = life. 비타민은 우리 몸에 아주 중요합니다.

The police perform/play a vital role in our society.
우리 사회 에서는 경찰이 중요한 역할을 한다.

He received several bullet wounds but was not hit in any of the vital organs.
그는 총알을 몇 방 맞았지만 생명의 중요기관 에는 맞지 않았다.

---

voice [vɔis]

have a voice in: (…의 결정)에 대하여 선택 [발언, 투표] 권이 있다. [없다]

Some advocates have drummed up a common voice in defense.
일부 옹호자들은 변명을 위한 일관된 목소리를 높였다.

---

vociferous [vosífərəs]
큰소리로 외치는

noisy

voc = call. 말을 하는데 vociferous는 철자가 무려 10개. 말을 길게 하니 시끄러워요.

A vociferous opponent of gay rights, he is well-known for his right-wing views.
동성애자 권리에 목청을 높여 반대하는 사람인 그는 우익적 견해로 잘 알려져 있다.

The resolution was adopted over the vociferous objections of the opposition.
그 결의안은 야당의 거센 반대를 누르고 채택되었다.

---

vogue [vóug]
유행

fashion

vehicle = vogue = go. 처음에는 배의 노를 젓다 < 노를 일정한 수로 혹은 강물을 따라 젓다 = course < 박사 과정이나 사법 고시원 연수를 한 후 선생 혹은 법관을 하면 명성 reputation < 사람들은 명성을 추구하기 때문에 '유행'이란 의미로 변함. vog = voc = empty로 쉽게 생각하세요. 유행이란 영원한 것이 아닌 일시적인 것입니다.

Entertainers' fashion is all the vogue.
연예인들의 패션은 최신유행의 것이다.

Short hair was all the vogue.
짧은 머리가 대유행 했다.

volatile [vɑlətl]
변하는

unstable

vol = turn

The price of oil is likely to remain volatile in the near future.
원유가격은 당분간 급격한 변동을 계속할 것으로 보인다.

The source of the Volatile Organic Compound emissions was solvents used for degreasing.
휘발성 유기 화합물 배기가스의 방출 원인이 기름 제거에 사용되는 용매이다.

voluminous [vəlú:mənəs]
아주 큰

large

volume = 볼륨. TV등의 소리를 줄이고 올릴 때 볼륨을 올리고 내린다고 합니다. voluminous는 우리가 아는 volume보다 단어의 길이가 길어 졌어요.

Voluminous reports.
방대한 보고서

He is a voluminous author.
다작의 작가이다.

volunteer [vɑ́ləntíər]
지원자

work without being paid for it

vol = will = 의지 + er + 사람

The early volunteers worked alone and did hard and unpleasant tasks.
초기의 자원 봉사자들은 혼자서 힘들고 불쾌한 작업을 해냈다.

Most foreign workers are being taught by Korean coworkers or volunteers.
많은 외국인 노동자들은 한국인 직장 동료나 자원 봉사자 들에게 배우고 있다.

voracious [vouréiʃəs]
게걸스레 먹는

devour

vor = eat. herbivorous, carnivorous, omnivorous. vor = vol = turn = move. 먹는 행동은 입을 움직이는 것과 연관.

Exports would increase more than 20 percent this year thanks to voracious demand.
올해 우리나라 수출이 많은 수요 때문에 20% 이상 증가했다.

vouch [váutʃ]
보증하다

vow

▌voc = call = voice = vouc. 말로 맹세하기. lip - service가 되어서는 안됩니다.

He's a close friend from way back, so I can vouch for his character.
그는 내가 옛날 부터 사귄 친구이기 때문에 그의 인격은 내가 보증할 수 있다.

vouchsafe [vautʃséif]
주다, 허락하다

grant

▌voc = call = voice. 허락은 말로 하는 행동.

She vouchsafed to help.
그녀는 도와주겠다고 허락했다.

She vouchsafed me thirty minutes' interview.
그분은 나한테 30분간의 인터뷰를 허용해 주었다.

vulnerability [vʌ̀lnərəbíləti]
상처받기 쉬움, 약점이 있음

weak

▌한국어의 '벌려'. 권투 선수가 팔을 너무 벌리면 상대방의 주먹을 맞아 KO되기가 쉬워요. 또한 사업가들도 너무 사업을 벌려 놓으면 파산 하기가 쉬어요.

If that vulnerability spurs them to build, it would do so with or without missile defense.
그 취약성이 그들의 핵 방어체제 구축을 부추기게 하면 그것은 미사일 방어가 있든 없든 그렇게 될 것이다.

Allowing dynamic updates is a significant security vulnerability.
동적 업데이트를 허용하면 심각한 보안상 위험이 생깁니다.

V

[ACTUAL TEST]

밑줄 친 낱말과 동의어를 고르세요.

1. But at a certain point, the physical stress of a long workout undermines the immune system and leaves the endurance athlete even more vulnerable to infection than before a workout.

(A) accessible (B) defendable (C) penetrable (D) susceptible

2. Winter has set in with a vengeance this week. So we're looking for comfort foods to stop us feeling gloomy.

(A) by and large
(B) in an unexpected way
(C) on and off
(D) in the fullest sense
(E) at high speed

3. I do not believe that I am a vindictive man.

(A) competent (B) weird (C) stubborn
(D) popular (E) vengeful

4. Our overactive brain stays busy, always making up stuff about everything around it, but the nose is no less versatile than its cultural stand-ins.

(A) contradictory (B) complicated (C) ubiquitous
(D) fragile (E) skilful

[FILL THE PROPER WORD IN THE BLANK]

빈칸에 들어갈 적당함 단어를 고르세요.

5. Canadian English spellings are sometimes the same as in American English, e.g., tire, program. In other cases Canadian spellings are the same as in British English, e.g., centre, colour. However, there is ________ among Canadians on such spellings.

(A) asymmetry (B) inference (C) standardization
(D) ignorance (E) variation

[EXPLANATION]

1. [VOCA]

athlete 운동선수 vulnerable to ~에 약점이 있는 infection (병의) 전염, 감염 accessible 접근하기 쉬운 penetrable 꿰뚫을 수 있는 susceptible 민감한, ~에 걸리기 쉬운 workout 운동

[TRANSLATION]

하지만 어느 면에서, 오랫동안 운동을 해서 생기는 신체적인 스트레스가 면역 체계를 해치고 지구력 종목 운동선수는 운동 전보다 훨씬 질병 감염에 걸리기 쉽다.

[ROPES]

undermines the immune system이 힌트 어구. 이를 통해 감염되기 쉽다는 것을 추론 해 볼 수 있어요.

[ANSWER] D

2. [VOCA]

set in 시작하다 vengeance 복수 with a vengeance 심하게, 격렬하게 by and large 일반적으로 on and off 가끔 in the fullest sense 완전히

[TRANSLATION]

겨울이 이번주 부터 본격적 으로 시작되었다. 그래서 우리는 우울한 기분이 들지 않게 해줄 간단한 음식을 찾고 있다.

[ROPES]

with a vengeance는 '완전히' 란 의미가 있어 보기에서 D를 답으로 고르면 됩니다.

[ANSWER] D

3. [VOCA]

vindictive 보복적인 weird 이상한, 기묘한 stubborn 완고한

[TRANSLATION]

나는 내가 복수를 마음 속에 담고 있는 사람 이라고는 믿지 않는다.

[ROPES]

vindictive는 revenge = avenge와 동의어.

[ANSWER] E

4. [VOCA]

versatile 다재다능한 overactive 지나치게 활동하는 stuff 재료, 자료 stand-in 대역. 대체물 contradictory 모순되는 complicated 복잡한 ubiquitous 도처에 있는 fragile 깨지기 쉬운, 약한

[TRANSLATION]

아주 활동적인 인간의 뇌는 그 주위에 있는 모든 것에 관련된 자료들을 모으느라 바쁘지만, 코도 그것의 문화적 대체물 못지않게 무엇이든 할 수 있다.

[ROPES]

versatile은 '다재다능한' 으로 보기의 단어들 중 '노련한' 이란 낱말을 정답으로 고르면 됩니다.

[ANSWER] E

V

5. [VOCA]

asymmetry 비대칭성 inference 유추 standardization 표준화 ignorance 무시 variation 변동

[TRANSLATION]

캐나다에서 사용되는 영어 철자는 간혹, 예를 들면 tire, program 등과 같이 미국 영어 철자와 같다. 그러나 다른 경우에, 캐나다 영어의 철자는 예를 들어 centre, colour등과 같이 영국 영어 철자와 같다. 이런 철자법 사용에는 캐나다인들마다 서로 차이가 있다.

[ROPES]

the sam-e however ________. 밑줄에 들어 갈 말은 same과 반대말이 들어가야 하기 때문에 보기에서 변이형에 해당되는 variation를 고른다. 즉 일반적 으로는 동일하게 철자를 쓰는데, 때로는 사람에 따라 다르게 쓰기도 한다는 것 암시.

[ANSWER] E

W

W로 시작하는 철자들 이것만은 꼭 알자

1. with는 지킬과 하이드 박사처럼 양면성을 지닌 단어입니다. 어떤 때는 A와 B가 서로 동반을 하는 개념을 나타내지만 때로는 저항을 나타내기도 합니다.

WITH

동반 저항

예) withdraw / withhold

원래 영어의 with에는 저항의 의미가 있다가 위의 단어들과 같은 몇 개의 낱말에만 저항의 의미를 남기고 지금은 오직 동반의 뜻으로만 사용이 됩니다. withdraw는 군대를 철수하거나 돈을 인출하기, 그리고 대학교 등에서 수강을 철회하는 것들을 나타내는 낱말입니다.

2. 보는 watch는 개체를 보는 것 이외에 주의하거나 감시하는 것들과 관련성이 있습니다. war-가 들어간 단어는 watch와 연관하여 기억을 해 두세요.

보다

WATCH WAR GU

W

영어는 w-로 시작 하지만 불어는 g로 시작

예) ware / warn / ward / aware / beware / wary / warrant / guard / garage

waft [wǽft]
둥둥 띄우다

move

wave. 파도의 움직이는 모습 연상.

An aroma wafted in from the kitchen.
부엌에서 향긋한 냄새가 풍겨왔다.

Delicious smells wafted up from the kitchen.
부엌에서 나는 맛있는 냄새가 위층으로 풍겨 올라왔다.

waive [wéiv]
포기하다

give up

wave. 엄청한 파도 앞에 무기력해지만 우리 인간의 나약한 모습 연상.

Enrollment fees can be waived in cases of economic hardship.
경제적으로 어려운 경우에는 입학금을 면제 받을 수 있다.

YT said it would waive up to five months of remaining lease payments to its current customers.
YT사는 자사의 자동차를 구매한 현재의 고객들에게 잔여 할부금 납부를 최장 5개월간 유예해줄 것이라고 말했다.

walk [wɔːk]

walk와 관련된 표현을 공부 합시다.

walkout
동맹 파업

Walkout is inflicting excessive damage on the national economy.
파업으로 인해 국가 경제에 미치는 손해가 과도하다.

walkout이 아니라 work out은 운동하다 = exercise입니다.

walk on air
행복

When Ann got the job, her parents walked on air.
그녀가 직장을 얻었을 때 그녀의 부모님들은 매우 기뻐하셨다.

wandering [wɑ́ndəriŋ]
방랑하는

stray

wander. 방랑하는 것은 길을 잃고 헤매는 모습.

This band of wandering hunters found the sign in 1325.
이 방랑하는 사냥꾼들의 무리는 1325년에 그러한 곳을 발견했다.

wane [wéin]
줄어들다

decline

wan = van = vac = empty. 서울 광장은 점점 사람이 빠져 나가 텅 비게 됩니다. 혹은 want와 연관 해보세요. 매일 성실하게 하루를 살아 가야지만 소망하는 바를 이룰 수 있어요. 단순히 원하기만 하면 일이 달성되지 않아요.

Life will wax and wane.
인생에는 성쇠가 있다.

The actor's star has set on the wane.
그 배우는 남들에게 잊혀지기 시작했다.

ward [wɔ́:rd]

ward off : 피하다(어떤 사람이라도 병원의 '병동' = ward에 있는 것을 좋아하는 사람은 없을 것입니다. 병동에 있는 것을 피하겠죠)

It produces an antibiotic chemical that is thought to help ward off SARS.
이 성분이 사스를 예방하는 데 효과가 있다고 여겨지는 항바이러스 물질을 생성한다는 점이다.

warily [wέərəli]
조심하여

carefully

war = watch. 횡단보도를 건널때 좌우를 보면서 조심하는 모습 연상.

Corporate sponsors are suddenly wary.
기업체 광고주들이 갑자기 신중한 태도를 취했다.

Corduroy may be the best solution for the mini-wary.
미니스커트가 불안한 여성들에게는 코듀로이 소재가 최상의 해결책인 것 같다.

warrant [wɔ́(:)rənt]
정당한 이유, 영장

cause

war. 싸움을 하면 교도소의 방 ward에서 간수의 보호 care속에 있어요. 영어로 영장의 워런트(warrant)란 뜻은 독일에서 유래한 말로 전해지고 있는데 werento가 어원으로 원래의 의미는 보호자란 뜻입니다.

You need a search warrant to search my house.
내 집을 수색하기 위해서는 당신에게 수색 영장이 필요하오.

You need a warrant of attachment if you want to take out anything.
그 어떤 것도 가지고 나가려고 할 때 압류 영장이 필요하다.

wary [wέəri]
조심성 있는

cautious

watch = war. 보는 행동은 경계. 휴전선을 지키는 군인들의 모습 연상.

She is wary of strangers.
그녀는 낯선 사람들을 경계한다.

You should be wary of trusting someone like that.
넌 그와 같이 사람을 믿는 것을 경계해야 해.

watchword [wɑ́tʃwə̀:rd]
슬로건

slogan

늘 보아야 할 말.

Safety is our watchword.
안전이 우리의 슬로건이다.

어구
a consumer watchdog
소비자 감시원
a watchdog committee
감시 위원회
a watchdog agency
감시기관

watch가 들어 간 표현을 더 하나 공부 합시다.

watchdog
지키는 개, 감시인

The clean bureaucracy watchdog limited the value of any individual gift to 30,000 won.
부패방지위원회는 선물의 경우 가격을 3만원으로 제한했다.

water [wɔ́:tər]

▌watershed : (강의) 유역, 분수령, 분기점, 중대한 시기

The Mecca summit should be viewed through the prism of history as a watershed moment.

메카 정상회의는 하나의 역사적 분수령으로 간주되어야 한다.

This sweeping political change marked a watershed.

이번 전면 정치개혁은 하나의 분수령이 되었다.

weather [wéðər]

극복하다

overcome

▌비와 바람을 이겨내는 나무들 처럼 인생의 험한 풍랑을 이겨내는 비유적인 모습 연관하기.

These rocks have been weathered for some centuries.

이 바위들은 수세기 동안 풍화 되어 왔다.

Shinsegae opened its first store in China in 1997 and weathered the crisis.

신세계는 1997년에 중국 1호 상점을 개설했고 위기를 이겨냈다.

wed [wed]

▌born out of wedlock : 사생아의(wedlock : 결혼 생활, 혼인이란 뜻. 그런데 out of는 안이 아니라 밖이기 때문에 결혼하지 않고 태어난 아이들을 말함)

He was born out of wedlock.

그는 사생아이다.

weed [wi:d]

▌weed out : …에서 제거하다(논이나 밭에 난 잡초를 그대로 두면 안 되죠. 모두 뽑아 제거를 해야 합니다)

The government will seek to reduce existing tax deductions by weeding out ineffective ones.

정부는 효과가 없는 감면 혜택은 폐지하여 기존 세금 감면 혜택을 축소할 예정이다.

well being [wélbí:iŋ]

행복

welfare

▌well은 형용사로 '건강한' 이란 뜻이 있어요. 그래서 건강은 복지나 행복과 연관이 되고요.

economic/psychological well-being.

경제적인/심리적인 행복

It makes for the well-being of the people.

그것은 국민의 복지를 증진시킨다.

W

well - to - do [wéltədú:]
유복한

rich

▌well. 명사는 우물, 형용사는 건강한, 부사로는 잘 = very입니다. 돈을 많이 = 잘 버는 사람. 부자.

The Jones family is quite well-to-do.
존스의 집은 아주 부유합니다.

▌well이 들어간 well - time이란 표현 하나를 더 공부 합시다.

well - time
시기가 좋은

His remark was well timed.
그의 발언은 타이밍이 좋았다

His visit was well(ill) timed.
그의 방문은 시기가 좋았다(나빴다).

wheedle [hwí:dl]
속이다

coax

▌한국어의 '휘둘려'. 사기꾼의 말에 '속아 = 휘들려' 좋지도 않은 물건을 산 것과 연관하기.

She wheedled round the old man till she got what she wanted.
그녀는 노인을 꾀어 갖고 싶은 것을 우려냈다.

Some people often wheedle their way into their boss.
일부 사람들은 종종 상사의 비위를 맞추어 출세한다.

where [hwέər]

▌whereabouts : 소재, 행방

The whereabouts of possibly several hundred others remained unknown.
수백명에 달할 것으로 추정되는 한국인 들의 소재가 확인되지 않고 있다.

whereas
그러나 = but

The won gained 27 percent in the past three years, whereas the Taiwan dollar appreciated 10 percent.
원화는 지난 3년 동안 27퍼센트가 오른 반면에 대만 달러는 10퍼센트가 올랐다.

whimsical [hwímzikəl]
변덕스러운

fanciful

▌whip = 말을 채찍질하기. 마부 혹은 기수가 가끔씩 때리는 말에 채찍을 때리면 말의 움직임이 빨라짐. 이런 갑작스런 움직임은 문득 마음에 떠오른 생각이나 변덕과 연관.

A whimsical sense of humor.
기발한 유머 감각

Much of his work has a whimsical quality.
그의 작품의 많은 부분은 기발한 특성을 가지고 있다.

He is so whimsical.
그는 변덕이 심하다.

whit [hwit]
조금

small amount

▌white. 하얀 물감이 있는데 모음 철자 e가 생략되어 있는 것으로 보아 적은 양의 물감이 있어요.

It won't make a whit of difference to the final outcome.
그것은 최종 결과에는 거의 영향이 없을 것이다.

He ignored their opinions every whit.
그는 그들의 의견을 완전히 무시했다.

whitewash [hwɑ́itwɔ́(:)ʃ]
수성도료, 속임수

camouflage

▌수성 백색(석회) 도료로 벽이나 천장 등에 바릅니다. 이 의미는 비유적으로 결백을 표시하는 수단으로 속임수. 까마귀가 하얀 색으로 칠을 한다고 해서 검은 것이 하얀 것이 되는 것이 아니죠. 사람도 잠깐 새로운 사람 된다고 영원히 새 사람이 되는 것은 거의 드문 것 같습니다. 바로 자신의 천성들이 나타나니까요.

The inn has eight whitewashed guest rooms.
이 여관에는 벽을 하얗게 칠한 객실이 8개 있다.

The Opposition dismissed the report as a whitewash.
야당은 그 보도를 속임수 라고 일축해 버렸다.

wholesome [hóulsəm]
건강한

healthy

▌whole = all. 의학의 아버지인 고대 그리스의 히포클라테스는 우리 인간의 몸은 4개의 액체로 구성되어 있고 이 네 개의 액체가 완벽 해야만 건강 하다고 주장 했습니다. 만일 하나라도 이상이 오면 인간은 몸이 아프다는 생각이었어요.

Jogging is a wholesome exercise.
조깅은 건강에 좋은 운동이다.

For roughage, eat plenty of fresh fruit and wholesome bread.
섬유질 식품으로는 신선한 과일과 건강에 좋은 빵을 많이 드십시오.

whopping [hwɑ́piŋ]
매질, 굉장한, 엄청난

awfully

▌whip < whop. 만일 경기에서 지면 청중들은 심한 야유와 더불어 엄청난 비난을 합니다.

Korea's GNI surged to a whopping 11.3% in 2002.
한국의 일 인당 국민소득은 2002년에 무려 11.3%나 껑충 뛰어올랐다

The number of the Internet users has grown from 3.1m to 52.2m, a whopping 1,500 percent increase.
이용자의 수가 310만 명에서 5,220만 명으로 1,500퍼센트나 껑충 뛰었습니다.

wield [wí:ld]
휘두르다

use

▌wild. 미국과 같은 선진국은 처음 건국을 할 때 황무지 = wild였어요. 하지만 이런 황무지를 일구어 현재는 세계 최고 강국이 되었습니다.

The man on the cart is wielding a hammer.
카트에 탄 남자가 망치를 휘두르고 있다.

He continued to wield his pen for his new novel.
그는 새로운 소설을 위해서 문필을 계속해서 휘둘렀다.

W

wild [wáild]
길들지 않은, 야생의

uncultivated

▌도심은 문명이 발달하고 야생은 비 문명적인 것으로 보통 구분을 합니다.

I want to see the wild animals.
나는 야생 동물들을 보고 싶어.

---

willful [wílfəl]
고집 센

intentional

▌will = 의지 = 의도 = 유언장.

He did not, allow them to continue willful sinful behavior.
그는 그들에게 의도적인 행동을 해서는 안 된다.

---

wily [wáili]
교활한

cunning

▌will = 의도.

A wily and potentially dangerous politician.
교활하고 잠재적으로 위험한 정치인

That was wily of him.
그는 교활한 녀석이었다.

---

windfall [wíndfɔ̀:l]
뜻밖의 횡재, 굴러 들어온 복

unexpected lucky

▌wind + fall. 바람이 불어 먹고 싶은 과일이 나무에서 떨어지는 모습 연상.

Windfall profits.
굴러 들어온 이익

The publicity the case has attracted may bring a windfall for the book's author.
그 사건이 끌게 된 명성 덕분에 그 책의 작가는 횡재를 할지도 모른다.

▌wind와 관련되어 시험에 자주 출제되는 구절 동사 하나를 공부 해 봅시다.

wind up
결국 …로 끝내다

The series, to wind up on Oct. 19, will be broadcast live throughout Europe
이 대회는 10월 19일에 폐막될 때까지 유럽 전역에 중계될 예정이다.

---

winnow [wínou]
고르다

choose

▌window = wind = 바람. 창문은 태양 빛을 모두 흡수하는 것은 아닙니다. 일부 빛은 선별 하여 반사도 합니다. 또한 창문은 바람을 막습니다. 하지만 일부 바람은 방 안으로 들어가기도 해요. 공부와 인생에서 승리 win하기 위해서 모든 것을 하는 것이 아닙니다. 가려서 해야 할 일만 해야 합니다.

The woman winnowed wheat.
밀을 까부르다.

The judge winnowed truth from falsehood.
판사는 진위를 가렸다.

---

wisdom [wízdəm]

wisdom teeth : 지혜(사랑니라는 기본적인 의미에서 18세 전후로 세상의 지혜를 알게 될 쯤 사랑니가 나기 때문에 비유적으로 지혜라는 뜻으로 의미 확장)

Smith didn't cut his wisdom teeth until his mother's passed away.
어머니가 돌아가시고 나서야 철들었다.

wings [wíŋ]

in the wings: 준비 = ready. 무대 양 옆쪽 공간에서 대기하는 연극배우들의 모습을 먼저 연상 해보세요. 이들의 모습은 비유적으로 눈에 안 띄게 준비하는 = ready것과 연관이 되어요.

Jane was waiting in the wings
제인은 준비를 하고 기다리고 있었다.

Mr. Smith retires as manager next year, and Mr. Jones is just waiting in the wings.
스미스씨가 내년에 지배인 직을 은퇴하므로 존스 씨가 그 뒤를 대기하고 있다.

wither [wíðər]
시들다, 시들게 하다

dry up

weather. with = against = 쭉쭉 뻗어 나가야 하는데 그렇지 못하고 쭈그러드는 상황. 우리가 알고 있는 단어보다 길어진 wither는 부정적인 의미라는 것을 단어의 길이에서 암시. 함께 = with 가지 못하고 있어요.

Plants wither from lack of water.
물이 부족하면 식물들이 고사한다.

Let's keep it alive. Don't let it wither on the vine.
실현시키자고. 꽃을 피우기 전에 시들게 하지 않도록 하세.

withdraw [wiðdrɔ́ː]
철회하다, 철수하다, (돈)인출하다

remove/ take it away

with = agaisnt + draw = pull. 함께 가는 것이 아니라 두 객체 사이가 맞장 뜨는 이미지. 그래서 군대를 투입하는 것이 아니라 철수, 수업을 듣는 것이 아니라 철회, 예금을 하는 것이 아니라 인출.

Autism is an abnormal withdrawal from the world around a person.
자폐증은 자기(사람) 주변의 세상 으로 부터의 비정상적인 위축이다.

I withdrew two hundred dollars last Friday.
지난 금요일에 200달러를 인출했다.

woe [wóu]
슬픔

grief

넋두리를 할 때 우리 인간은 '오' 혹은 '우'라고 합니다.

Adding to the woes are higher fares for subways and buses.
지하철과 버스 요금 인상은 또 다른 걱정 거리가 되고 있다.

As economic woes increased in Korea last year, so did smoking and drinking.
지난 해 경기 침체 탓에 국내 술과 담배 소비가 증가한 것으로 나타났다.

W

wolf [wulf]

▌wolf in sheep's clothing : 위선자(이솝 우화에서 외모는 양이지만 실제로는 양 가죽을 쓴 늑대 이야기가 있어요. 이 이야기에서 파생된 어구)

Beware of the police chief. He seems polite, but he's a wolf in sheep's clothing.
그 경찰서장을 조심하시오. 그는 예의 바르게 보이지만 양의 가죽을 쓴 이리입니다.

---

woods [wúd]
나무, 숲

forest

▌사람이 만든 인공적인 숲은 woods로 보통 표현하지만 forest는 자연적인 숲.

The men beat the woods in search of the lost child.
사람들은 길 잃은 아이를 찾으려고 숲을 헤치고 다녔다.

---

work [wə́:rk]

▌work out : ~을 성취하다, 가져오다

I work out regularly and never eat to excess.
나는 규칙적으로 운동을 하고 절대로 과식을 하지 않는다.

You can't work out with an obsessing notion.
콤플렉스를 가지고는 해낼 수가 없다.

---

worldly [wə́:rldli]
세속적인

down to earth

▌하늘 = 천상은 순수. 하지만 우리 인간이 사는 세상은 타락하고 세속적인 곳.

A disposition toward worldly pleasures.
세속적 쾌락을 추구하는 경향.

After ten years in London, she's much more worldly than she was.
그녀가 런던에 10년을 머무른 후 전보다 훨씬 세속적이 되었다.

---

would [wud]

▌would-be : 미래, 장래

She is a would - be daughter.
예비 며느리이다.

---

wrap up [rǽpʌ́p]
끝내다

finish

▌up은 수직이외에 수평으로의 이동에도 사용. 그래서 음식들을 수평으로 둘둘 말아도 up. 완전히 up 감싸는 = wrap은 끝나다 finish란 비유적인 의미로 확대.

This wraps up the interview.
이것으로 인터뷰를 끝내겠습니다.

---

wrath [rǽθ]
격노, 분노

anger

▌발음이 loss와 유사. 사람은 물건을 잃어 버리면 화가 남.

Dad is slow to wrath.
아버지는 좀처럼 화를 안 낸다.

His trembling lips showed me that he was bottling up his wrath.
그의 떠는 입술은 그가 분노를 억누르고 있다는 것을 보여줬다.

---

wreck [rék]

난파, 파괴

destroy

▌wreck 은 원래 난파선 이라는 뜻이지만 비유적으로 확대되어 몰락한 사람, 파괴, 파멸 등의 뜻.

I was lucky that I had missed the boat that was wrecked

조난당한 배를 놓쳐 안탔으니 운이 좋았다.

The searchlight struck the wreck

서치라이트가 난파선을 비추었다.

wrench [réntʃ]

비틀다

twist

▌빼찌. 물건을 비트는 도구를 벤찌라고 합니다. 이를 이용해 비틀기 때문에 비유적으로는 방해하다 = stop의 의미도 있어요.

If you'll hand me that wrench, I'll tighten it up.

그 렌치를 주면 내가 꽉 조일게요.

The opposition threw a monkey wrench into the government project.

야당은 정부의 계획을 방해했다.

wretched [rétʃid]

비참한

poor

▌추방 = exile이 기본 의미에서 살던곳 에서 추방되면 비참. wr-이란 철자가 들어가면 일반적으로 부정적.

I felt wretched about not being able to help her.

나는 그녀를 도울 수 없어 비참함을 느꼈다.

wriggle [rigl]

▌한국어의 지렁이(굼벵이)처럼 느리다. 느리게 움직이는 굼벵이나 지렁이도 밟으면 '꿈틀거리다' 는 표현이 있어요. 비유적 으로는 꾸무럭 거리는 상황을 기술 합니다.

Don't wriggle when you take an oral test.

면접시험 때 우물쭈물해서는 안 된다.

write [rait]

▌write off : 삭제, 취소(공책들에 써 있던 것을 없앰 = off)

The government unveiled rescue measures for credit delinquents, including writing off their interests.

정부는 이자 탕감 등이 포함된 신용불량자 구제 대책을 발표했다.

W

[ACTUAL TEST]

밑줄 친 낱말과 동의어를 고르세요.

1. This is the author's fourteenth book, and it is clear that his creative power has waned.

(A) suspended (B) dwindled (C) plunged
(D) kindled (E) blossomed

2. Some people love him and some people hate him, but my brother always lets you know how he feels because he wears his heart on his sleeve.

(A) shows his emotions B) is always in love
(C) hides his feelings (D) gets angry easily

3. The tide of history can sweep away many things, but it can't whitewash China's collective memory of the Japanese invasion in the 1930s.

(A) revive (B) memorialize (C) beautify (D) erase

[FILL THE PROPER WORD IN THE BLANK]

빈칸에 들어갈 적당한 단어를 고르세요.

4. I'm going to the gym to _____ on the exercise machine.

(A) work out (B) take up (C) size up
(D) pick out (E) get along

[EXPLANATION]

1. [VOCA]

wane 줄어들다 suspend 매달다 dwindle 줄다 plunge 급락하다 kindle (불을) 피우다 blossom 꽃이 만발하다, 번창하다

[TRANSLATION]

이 책이 그 작가의 열네 번째 책이다. 그리고 그의 창의력이 없어지고 있다는 것이 명백하다.

[ROPES]

wax는 '증가하다' 이지만 wane은 '줄어들다' 이다. 그래서 보기에서 B를 정답으로 고르면 됩니다.

[ANSWER] B

2. [VOCA]

wear one's heart on one's sleeve 생각을 그대로 들어 내다

[TRANSLATION]

어떤 사람들은 그를 좋아하지만 어떤 사람들은 그를 싫어한다. 하지만 자신의 생각을 그대로 드러내기 때문에 그가 무엇을 생각하는지 당신을 알게 된다.

[ROPES]

고대에서 데카르트 시대까지 뇌가 아닌 심장이 생각을 하는 곳으로 간주 했습니다. 그래서 겉으로 드러난 팔 소매에 심장이 있다 = 생각을 보여주는 것은 자신의 생각을 숨기지 않고 그대로 드러내는 것 암시.

[ANSWER] A

3. [VOCA]

tide 조수, 인생 sweep 쓸어버리다 whitewash 지워 버리다

[TRANSLATION]

역사의 흐름은 많은 것을 없앨 수 있다?. 그러나 1930년대 일본의 침략에 대한 중국인의 집단적인 기억은 지워 버릴 수 없다.

[ROPES]

이전에 꼬마들이 벽에 낙서를 하면 하얀 도료 = 하얀 페인트로 칠해 지워 버렸습니다. 그래서 whitewash는 벽에 낙서를 '지워 버리다' 에서 비유적 으로 마음속의 나쁜 기억들을 없애는 것으로 의미가 확대 되었기 때문에 보기의 단어 중 D를 정답으로 고르면 됩니다.

[ANSWER] D

4. [VOCA]

gym 체육관 = gymnasium work out 운동하다, (문제 등을) 해결하다 take up 집어 들다 size up 치수를 어림치다, 평가 하다 pick up 줍다, (차로) 마중 나가다 get along 사이좋게 지내다

[TRANSLATION]

나는 운동기구로 운동을 하기 위해 체육관 으로 갈 것이다.

[ROPES]

운동 기구로 = on the exercise machine와 체육관 =gym이 밑줄에 들어갈 힌트어. 그래서 운동에 해당되는 숙어 work out을 답으로 고르면 됩니다.

[ANSWER] A

W

X Y Z

X·Y·Z로 시작하는 단어는 아래의 단어들만 잘 공부하면됩니다.

X-rated [x-reitid]

성인용의

hard - core/porno

미국의 영화는 나이에 따라 허용 되는 여부를 표시하는 기준이 있는데 X-rated는 성인용 영화나 비디오 테이프를 말합니다.

After finding that X-rated garbage in his car, I have doubts that anything Lester ever said or did was true.

그이 차에서 성인용 쓰레기가 나타난 후로는 레스터의 언행이 사실이 아니었다는 생각이 듭니다.

yardstick [já:rdstìk]

기준

standard

stick. 서양이나 한국이나 이전에는 막대기를 이용하여 측정을 하곤 했어요. 그래서 yardstick이 비유적으로 어떤 기준 = standard이란 의미로 사용됩니다.

Wealth is not the yardstick of success.

부는 성공의 표준이 아니다.

To take the measurement of length by a yardstick is easy.

야드 자로 길이를 측정하는 것은 쉬운 일이다.

yen [jén]

원하다

long

일본의 돈 '엔' 화. 현재 세계 기축 통화 = 중심이 되는 화폐는 미국 달러이지만 일본의 엔화도 일본의 경제력 때문에 세상 사람들은 이 돈으로도 가지기를 원합니다.

The yen hit a record high in trading today.

오늘 거래에서 엔가가 기록적인 높은 시세에 달했다.

She had a yen to go bowling.

그녀는 몹시 볼링을 치러 가고 싶었다.

yield [jí:ld]

생산하다, 굴복하다

give in

field. field에서는 쌀이 생산됩니다. yield는 생산하다는 긍정적인 의미와 굴복하다는 부정적인 의미가 모두 담아져 있어요.

Nobody was willing to yield their seats to her.

아무도 할머니께 자리를 양보하려 하지 않았다.

After the seed fell on good soil, it yields plenty of fruit.

그 씨앗이 뿌려진 후 많은 열매를 맺었다.

yoke [jóuk]
멍에, 결합하다

unite

▌'멍에'는 마소가 달구지나 쟁기를 끌 때 목에 거는 막대로 달구지와 소를 하나로 합니다.

Put oxen to a yoke
(두 마리의) 황소를 멍에에 메우다.

The two were yoked in marriage.
두 사람은 결혼으로 결합되었다.

---

zeal [zí:l]
열심, 열정

eager

▌기본적인 뜻은 "광신도". 예수님의 제자들 중에서 열심당원 = zealot 출신이 많았다고 하는데요. 로마의 지배하에 신음하던 유대인들 중 로마를 향해 무력 항쟁을 시도했던 사람들이 시발점이 됩니다. 유태인들은 로마 군단의 마지막 유린을 피해 마사다 요새로 이동하여 로마군에 끝까지 저항하지만, 이 요새 안에 있던 960명의 유태인(여자와 어린이들 포함)은 로마군에 의해 죽음. 예루살렘을 무참히 짓밟고, 끝까지 항거하는 마사다 요새를 무너뜨린 로마군단은 유태인 들을 수천년 방랑의 길로 내몰아 갑니다.

Does she have enough zeal to finish the project?
그녀에게 그 계획을 끝낼 만한 열의가 있습니까?

They worked with great zeal.
그들은 대단한 열의를 가지고 일했다.

---

zealot [zélət]
열광자, 광신자

fanatic

▌zeal + lot = 많은. 너무 열정적인 사람들.

Zealots are creating difficulties from the winds.
광신도들은 사방에서 문제를 일으키죠.

Jewish zealots tried to march on Jerusalem's Al Aqsa Mosque.
유대교 광신자들이 예루살렘의 알아크사 회교 사원으로 행진하려 하였다.

---

zenith [zí:niθ]
최고

top

▌선 = zen = top. 선의 경지에 이르면 세상을 살아가는 것에 대해 통달을 합니다. 통달은 위가 아니라 가장 위로 오르는 것과 연관이 됩니다.

It was the emotional zenith of Oscar night.
그건 오스카 시상식에서 가장 감동적인 순간이었다.

As the valedictorian, Jenna is at her zenith
수석 졸업생으로, 제나는 최고의 위치에 자리 잡고 있다.

---

zero [zirou]

▌zero-sum game : 이득도 없고 손해도 없음. 경제에서 나온 용어 제로섬 게임은 이득도 없고 손실도 없는 상태를 나타냄.

Foreign investors earned profits nearly equal to what individuals lost since futures are a zero-sum game.
외국인투자자들은 선물거래가 zero sum 게임이라는 점에서 볼 때 개인들이 손해 본만큼의 이익을 챙겼다.

---

zoom [zum]

▌zoom out 화내다(원래는 화면을 축소하는 것을 말하는 것이었지만 한국어도 속이 밴댕이 속 같는 말이 있듯이 관대한 사람은 넓지만 옹졸한 사람은 속이 좁은 것으로 비유. 그리고 이런 사람들이 화를 잘 냄)

So don't zoom out that far!
그렇게 까지 화를 내지 마라.

X Y Z

[ACTUAL TEST]

밑줄 친 낱말과 동의어를 고르세요.

For instance, listeners with only basic language skills tend to zero in on words but miss the meaning of phrases or sentences.

(A) overlook (B) ignore (C) zoom out to (D) focus on

[EXPLANATION]

[VOCA]

zero in on ~에 겨냥을 정하다, 집중하다 focus on ~에 초점을 맞추다 overlook 감독하다 zoom out (카메라가)급격히 멀어지다

[TRANSLATION]

예를 들어 단지 기본적인 언어 능력만 있는 사람들은 단어 에만 초점을 맞추기 때문에 어구나 전체 문장의 의미를 놓치는 경향이 있다.

[ROPES]

영화의 처음이나 비디오 처음에 우리의 관심을 집중하기 위하여 숫자를 셉니다. 이때 0까지 세면 영화가 시작되는데 이처럼 zero는 동사로 전환되면 focus의 의미와 동의어입니다.

[ANSWER] D

PART 3

ESSENTIAL IDIOMS

tie the knot

위 표현의 의미는 무엇인가요?

knot는 '끈' = sting = knit = thread입니다. 그럼 tie the knot는 '끈을 묶다' 일까요? 이런 의미도 있지만 각종 시험에서는 이 뜻보다 결혼하다 = marry와 동의어로 출제가 많이 됩니다. 그럼 이 관용어를 외워야만 할까요? 암기를 해서 시험장에서 기억을 하면 좋겠지만 암기와 더불어 관용어를 이해 해야 할 필요가 있습니다.

이전에 신부의 아버지가 자기 딸 웨딩드레스의 끈과 사위의 턱시도 옷에 있는 끈을 결혼식장에서 묶어 주었습니다. 그래서 이 표현은 결혼 하다가 되었습니다.

무조건 외우려고만 하지 말고 먼저 연상을 한 다음 예문을 통해 암기를 하면 평생 동안 잊지 않고 기억을 할 수 있습니다.

have a crush on
위에서 짓 뭉개다 ⇒ 짝 사랑하다

▌사랑도 여러 가지가 있어요. 이 중 짝 사랑하는 것은 A라는 사람이 B라는 사람 위에 올라가 짓뭉개는 것으로 봅니다. 이외에 carry a torch(= 횃불) for가 있어요. 어두운 밤 골목을 걸어가는데 사랑하는 여인을 위해 횃불 = 전등을 비추어 주는 멋진 남자를 연상.

The boy had a crush on her and thought of her all day.
소년은 그녀에게 홀딱 반했고 그녀에 대해 하루 종일 생각했다.

swim against the tide
거슬러 헤엄치다 ⇒ 시류에 역행하다

▌tide는 파도 = wave. wave를 인생 = life로 생각하세요. 인생을 살다보면 바다에 가서 거친 파도를 맞으며 고기를 잡는 어부처럼 수 많은 인생 풍파를 맞으며 살아갑니다. 물결대로 살아가는 것은 for를 쓰지만 against는 반대 혹은 부정적인 의미.

It is easier to go with the tide than to try to force one's way against public opinion.
여론에 거슬러 나아가려 하기보다는 시류에 따르는 것이 편하다.

take the bull by the horns
소 뿔을 붙잡다 ⇒ 어려움에 용감하게 대처하다

▌뿔이 있는 황소가 달려오는 경우 대부분의 사람들은 무서워 도망을 갑니다. 하지만 황소의 뿔을 붙잡는다면 용감한 사람이겠죠. 한국사람 중에 달려드는 황소의 뿔을 뽑았다고 알려진 영화 '바람의 파이터' 의 실제 인물인 최배달.

If we are going to solve this problem, someone is going to have to take the bull by the horns.
우리들끼리 이 문제를 해결하려고 한다면, 누군가가 맞서지 않으면 안될 것이다.

tied up
완전히 묶였다 ⇒ 바쁘다

▌넥타이를 매면 목이 죄이는 느낌이 있듯이 비유적으로 시간에 쫓기는 경우. up은 위가 아니라 완전히 = complete라는 의미.

That was because I was too tied up to call you.
내가 전화를 할 수 없을 만큼 매우 바빴기 때문이야.

fit like a glove
장갑처럼 꼭 맞다 ⇒ 정확히 일치하다 (안성맞춤)

▌장갑은 보통 꽉 끼는 것을 착용하는 것에서 파생.

The music fits the sense of the words like a glove.
그 음악은 가사의 의미에 꼭 맞는다.

on thin ice
얇은 얼음 위에 있다 ⇒ 위험한 상황에 처해 있다

▌얼음이 두껍게 얼은 곳을 걸어 간다면 안전하지만 당장이라도 깨질 것 같은 곳을 걸어 가면 강물에 빠질 위험이 있어요. 이 관용어와 더불어 on the line이 있어요. 이영표 선수가 공을 몰고가다 선을 밟았다면 다른 편 선수에게 공을 넘겨주기 때문에 위험하다는 의미 파생.

If you don't want to find yourself on thin ice, you must be sure of your facts.
자신을 위험에 노출시키지 않으려면, 당신의 제의에 대해 확신을 가져야 합니다.

ups and downs
위와 아래 ⇒ 흥망성쇠, 좋은 때와 나쁜 때

▌up과 down이 전치사나 부사 이외에 명사가 있어요. 그리고 좋은 시절은 위로 나쁜 시절은 아래에 해당됨.

Famous people's personal life, too, have ups and downs.
유명한 사람들의 인생도 역시 우여곡절이 많다.

knock on wood
나무를 두드리다 ⇒ 행운을 빌다

▌나이가 지긋한 분들은 나무에 자신의 몸을 부딛쳐 혈액 순환을 돕게 하여 건강 해지려고 합니다. 이전의 한국에서 마을 입구에 오래된 고목나무 앞에서 특히 여인들은 아들을 낳게 해달라는 소원을 빌었습니다. 미국도 나무를 두드리며 행운을 빌었습니다. 이 뜻과 같은 의미로 break the leg가 있어요. 고대 로마 원형 경기장에서 상대방의 다리를 부러트리라는 관중들의 외침에서 파생.

Mom knocked on wood to make sure the ghost has left the house.
엄마는 유령이 집을 떠난 것을 확실히 하기 위해 나무막대기를 두드려 주문을 외웠다.

cook one's goose
(황금알 낳는) 거위를 요리하다 ⇒ 좌절하다

▌거위가 어떻게 황금알을 낳겠어요. 그런데 이솝 우화에서는 농부 부부가 황금 알을 낳은 거위만 있는 것으로 만족을 해야 하는데 한꺼번에 큰 목돈을 마련하기 위하여 거위를 통째로 잡는 미련한 짓을 했어요.

That accident has cooked his goose.
그 사고 때문에 그의 계획이 좌절되었다.

cut corners
모서리를 자르다 ⇒ 경비를 절감하다, 지름길로 가다

▌큰길을 따라 가면 먼길. 코너길로 가면 목적지에 도달하는 첩경이 됩니다.

We've had to cut corners to make a film on such a small budget.
이렇게 적은 예산으로 영화를 만들려면 싸고 쉬운 방법으로 찍을 수밖에 없다.

hold your horse
말을 붙잡아라 ⇒ 흥분하지 말고 진정해라

▌달리던 말을 기수는 고삐를 잡아 당겨 속도를 줄이는 모습이 비유적 으로는 진정시키다는 뜻.

Hold your horses.
잠깐만 기다려

at the eleventh hour
11시에 ⇒ 마지막 순간에 / 마감 직전에

▌수능이나 기타 중요 시험 지원에서 시간이 거의 다 되어 지원하는 모습 연상.

She always turned her term papers in at the eleventh hour.
그녀는 언제나 막판에 기말 리포트를 제출하였다.

turn the table
상을 돌리다 ⇒ 상황을 반전시키다

▌테이블에 앉아 화토나 포커를 하는데 이 테이블을 흔들어 = 돌려 버리는 상황 연상.

He turned the tables, in the end he won the race.
그는 형세를 역전시켰고 결국 경주에서 우승했다.

one's bark is worse than his bite
물기보다 짖기가 더 세다 ⇒ 입만 살았다

▌무는 개가 차라리 좋아요. 짖어만 대면 = 뒤에서 욕하는 사람들이 더 좋지 않은 경우.

One' s bark is worse than his bite.
말은 거칠지만 본성은 그렇게 나쁘지 않다.

be on cloud nine

9층 구름 위에 있다 ⇒ 기분이 뽕 가도록 좋다

▌상대방이 아부를 하면 비행기 태운다고 합니다. 한국어는 비행기를 타고 영어는 구름을 탑니다. 공통적인 것은 위에 있네요. 점수가 오르면 기분이 위로 가고 점수가 내리면 기분이 좋지 않아요, 기분이 축 처지면 어깨가 아래로 내려가게 됩니다. 왜 nine인가요? 3은 신성한 숫자이고 이를 제곱한 9는 더 신성한 수이기 때문입니다(과학적으로는 제일 상층부 구름이 아홉 층까지 있다고 하네요)

When I got my promotion, I was on cloud nine.

나는 승진하여 기분이 날아갈 듯했다.

put one's foot in one's mouth

입에 발을 집어넣다 ⇒ 말 실수로 망신당하다

▌입에 손을 빨기 위하여 손이 들어가면 모르지만 발이 들어가면???.

I forgive you since I know you didn't mean to put your foot in your mouth.

네가 일부러 실언한 게 아님을 알고 있으니 내가 용서한다.

twist one's arm

팔을 비틀다 ⇒ 억지로 하도록 강요하다

▌설득하여 손을 잡고 이끌어 가야지 자기 생각이나 방식대로 하기 위하여 상대방의 팔을 비튼다면... 비유적으로 강요 = force의 의미.

His mom twisted his arm.

그의 어머니는 자식에게 강요했다.

the rest is history

나머지는 역사다 ⇒ 그 다음 이야기는 다 아시죠?

▌새로이 사귄 여자와 걷고 있는데 맞은 편에서 이전에 사귀던 여자를 본 A씨. she is a history하면 history는 역사가 아니라 비유적으로 이전 애인 = ex - lover. 앞으로 다가 올 미래를 아는 사람은 단 한사람이 없겠지만 역사는 이미 흘러간 과거. 국사나 세계사 시간에 역사 공부해서 다 잘 알고 있어요.

The Beatles had their first record in 1962, the rest is history.

비틀즈는 1962년에 첫 앨범을 냈어, 나머지는 알고 있는 그대로야…

have a green thumb

푸른 엄지를 가지다 ⇒ 소질이 있다

▌중국에 사는 펜다 곰은 대나무 잎을 먹기 위하여 엄지 손가락과 다른 손가락 사이에 넣고 먹기 때문에 엄지 손가락을 능숙하게 사용합니다. 그래서 엄지 손가락도 다른 손가락 들처럼 따로 분리 되어 있어요. 하지만 인간의 손가락 중 잘 사용하지 않는 손가락은 엄지 손가락입니다. 그래서 펜다 곰과는 다르게 인간의 엄지는 뼈 구조가 X레이를 찍어 보면 두 번째 손가락에 붙어 있습니다. thumb는 unskilled의 의미. 하지만 미국인들은 시간 나면 정원일을 하면서 보내기 때문에 손에 풀물이 묻어 green. 그래서 green thumb은 skilled의 의미.

My mother has a green thumb when it comes to houseplants.

실내에서 키우는 분재는 나의 어머니가 재배의 명인입니다.

have a rain check

우천 취소경기 때 주는 표 ⇒ 다음 기회를 얻다

▌야구 경기장에 갔는데 비가 너무 많이 와서 경기를 못하는 경우. 표를 팔았다고 해서 손님에게 환불해 주지 않으면 난리가 날 것입니다. 다음에 올 표를 주거나 환불을 해 주어야 겠죠.

I'll have to give you a rain check, Frank.

프랭크, 다음에는 같이 가도록 할게.

drive - nuts
사람을 미치게 만들다 (괴롭히다)

▌nut는 호두가 대표적. 호두의 겉 껍질을 보세요. 쭈글쭈글 합니다. 사람의 마음이 편안하지 못하고 성적이 오르지 않거나 사업이 실패 한 경우등에는 괴로움 때문에 앞 이마에 깊은 주름살만 패입니다.

I didn't mean that. You know, you get me nuts sometimes.
그냥 해본 소리에요. 가끔 당신 때문에 미치겠어요, 정말.

hot potato
뜨거운 감자 ⇒ 다루기 어려운 것

▌한 겨울 철. 거리에서 파는 뜨거운 고구마를 먹으려고 봉지에서 한 개 꺼내었는데... 만일 너무 뜨거우면 손에 가지지 못하고 잘못하면 땅 바닥에 떨어 뜨릴 수가 있어요. 비유적으로 어려운 상황을 나타냅니다.

The thing is hot potato.
그것은 다루기 어려운 것이다.

once in a blue moon
푸른 달이 뜰때마다 한 번 ⇒ 가뭄에 콩 나듯, 가끔

▌달은 우리 눈에 하얀 색 혹은 노랑색으로 보입니다. 달이 파랗게 보일 때가 있나요? 이런 일이 생길 가능성은 거의 없네요. 아니... 아예 없죠.

I seldom go to a movie maybe once in a blue moon.
나는 거의 영화관에 가지 않는다. 매우 드물게 갈 정도니까.

straight from the horse's mouth
말의 입에서 바로 ⇒ 정확한 소식통으로부터

▌지금이야 인터넷이나 전화등이 최첨단으로 발달해서 최 전선의 소식을 현장과 동시에 알수 있어요. 이전에는 하지만 이런 것이 없어 뜬 소문이 많았습니다. 가장 대표적으로 한국 전쟁때 한국군이 휴전선을 돌파하여 북한으로 북진한다고 하고서 당시 대통령인 이승만은 대구로 줄행랑을 쳤습니다. 고대로 되돌아가 최 전선의 상황을 왕에게 알리기 위해 말을 타고 온 병사의 말이 정확한 소식통이었죠.

This comes straight from the horse's mouth, so it has to be believed.
이것은 믿을 만한 소식통에서 나온 것이다. 그러니까 믿어도 좋을 것이다.

like a sitting duck
앉아있는 오리처럼 ⇒ 손도 써 보지 못하고 당하다

▌오리가 물가에 앉아 있어요. 사냥 가서 날아다니는 새를 잡지 못한 사냥꾼은 빠르게 움직이지 못하는 호수의 오리를 향해 엽총을 쏘아 댑니다.

He was waiting there like a sitting duck-a perfect target for a mugger.
그는 무방비 상태인 채 그곳에서 기다리고 있었다. 강도에게는 절호의 표적이었다.

wear out one's welcome
환영을 닳아 없애다 ⇒ 너무 오래 머무르다

▌환대를 할 때 붉은 양탄자 = red carpet을 깔아 줍니다. 이런 모습은 TV의 뉴스 시간에 외국의 대통령을 환영하는 자리에서 볼 수 있어요. 그런데 wear는 입다는 뜻 이외에 너무 오래 입어 옷이 구멍이 나고 이는 비유적으로 싫증나거나 짜증이 날 때 사용되는데 왜 사람이 손님이 왔는데 짜증이 날까요? 여러 가지 이유가 있겠지만 그 손님이 너무 주책 맞게 오래 머무는 경우가 많겠네요.

The man is wearing out his welcome.
남자는 사람들의 눈총을 받고 있다.

it beats me
그게 나를 이기는군 ⇒ 모르겠어 / 금시초문인 걸 / 졌다

▌시험장에 가서 문제의 정답을 모두 풀어야 하는데 시험 문제 = it가 나를 이긴다면 즉, 시험지가 검은 것은 문제이고 하얀 것은 종이라는 아는 것이 없다는 것을 의미.

I hate algebra. It beats the hell out of me!
나는 대수학을 싫어해! 무슨 말인지 도무지 모르겠다!

stick around
붙어서 서성이다 ⇒ 포기하지 않고 기다리다

▌이전 한국에서 아이들은 컴퓨터가 각 가정에 도입되기 전 막대기를 땅에 박고 그것에 고무줄을 묶은 다음 고무줄 놀이를 하였습니다. 이처럼 막대기는 동사로 사용되면 고정하는 ⇒ fix의 의미가 있어요.

He stuck around the city hall.
그는 시청 주위를 어슬렁거렸다.

under the table
탁자 아래로 ⇒ (뇌물 등을 줄 때) 뒷구멍으로

▌청탁을 하기 위하여 돈을 상대방에게 건낼 때 책상 아래로 은밀히 주는 것과 관련.

The company paid Mr. K 50 million won under the table.
= The company paid Mr. K 50 million won from a slush fund.
그 회사는 K씨에게 5천만 원의 비자금을 건넸다

keep your fingers crossed
손가락을 X자로 하세요 ⇒ 행운을 빌어줘요

▌예수님이 십자가에서 돌아가셨을 때 현재의 신학자들은 과연 십자가의 모습이 어떤 모습이었을지에 대해 논란이 있어요. 어떤 학자들은 X이었다고 하고 어떤 학자들은 +이라고합니다. 아무튼 X는 예수님의 십자가와 연관이 되어 신성함을 상징해 lucky의 비유적인 의미. 또한 X는 미지의 세계 unknown world. 그래서 X - file이란 표현이 있어요. 영어와 한국어는 공통점과 차이점이 있는데 한국에서 X는 문제를 틀리거나 좋지 않은 사람을 가리키니 영어와 인지 체계가 다르네요.

Please keep your fingers crossed until about 12:30 tomorrow afternoon.
내일 12시 반까지 나한테 행운을 빌어줘.

slip out
실수로 튀어나오다 ⇒ 실언을 하다

▌slide는 눈에서 미끄러지는 모습. slip은 slide에서 파생 된 낱말로 특히 여자들이 밤에 잠을 잘 때 입는 미끈 거리는 얇은 옷이 slip입니다. 미끈 거리는 것은 말의 실수와 연관. 같은 의미를 가지는 관용어로는 slips of tongue(말을 할 때 가장 많이 사용하는 신체 기관이 혀이기 때문에 tongue는 혀라는 의미이외에 언어 = language가 있음)가 있어요.

She let slip a curse.
그녀는 무심코 욕설을 내뱉었다.

it's not my thing
내 것이 아냐 ⇒ 소질이 없어 / 난 거기에 약해

▌사람마다 타고난 소질은 각기 다르고 한 가지씩은 있는 법. 내것이 아니니 그것에 소질.

It's not in my nature to take things easy.
사태를 낙관하는 것은 내 천성에 맞지 않는다.

stand behind
뒤에 서 있다 ⇒ 후원하다

▌부모들은 자녀들이 훌륭하게 성장할 수 있도록 뒤에서 경제적인 면과 정신적인 면에서 후원을 합니다.

He stood behind the North Korea mission.
그는 북한 선교를 후원해주었다.

a wet blanket
물에 젖은 담요 ⇒ 분위기 망치는 사람

▌한국말 에도 분위기 깨는 것을 나타내는 표현으로 '찬물을 끼 얹는다' 혹은 '판을 깬다' 는 말이 있어요. 미국 말은 찬물 대신 젖은 담요, 즉 젖은 담요는 찬물이 있어 한국어와 미국어는 공통점.

Jack is fun at parties, but his brother is a wet blanket.
잭은 파티를 북돋우고, 그의 동생은 좌흥을 깨뜨린다.

have a big mouth
큰 입을 가지고 있다 ⇒ 말이 많다 / 수다장이

▌실제로 입이 큰 사람이 big mouth입니다. 하지만 비유적 으로 말이 많은 사람은 실제로 그 사람의 입이 크고 입이 작고를 떠나 big mouth라고 해요.

You shouldn't say things like that about people all the time. Everyone will say you have a big mouth.
남의 일을 언제나 그런 식으로 말하지 않는 게 좋을걸. 네가 수다쟁이라고 모두 말한다.

a shot in the arm
팔에 놓는 주사 한 방 ⇒ 큰 도움이 되는 일이나 행동

▌shot은 주사 = injection. 전염병이 돌 때 팔에 백신 주사를 맞으면 건강에 아주 도움이 되는 모습 연상.

I hope that concert was a shot in the arm.
그 공연이 활력소가 됐기를 바란다.

fat chance
뚱뚱한 기회 ⇒ 희박한 가능성

▌일반적으로 회사 면접장에 갔는데 체중이 너무 많이 나가는 사람은 부정적인 이미지를 심사 위원 에게 줄 수 있어요. 그렇게 되면 취직의 가망성이 적어 백수 = out of work이 될 가능성이 많죠.

You think she'll lend you the money? Fat chance!
그녀가 돈을 빌려줄 거라고 생각해? 그럴 리 없어.

Don't hold your breath
숨을 멈추지 마라 ⇒ 한참 더 기다려라

▌숨을 죽이지 말라는 말은, 예를 들어 너무 멋진 광경을 보고 흥분이 될 때 하는 표현입니다. 세상사가 재미로만 사는 것은 아니니, 설령 재미가 없더라도 기다리다 보면 좋은 세상 오게 됩니다.

I'll finish building the fence as soon as I have time, but don't hold your breath.
시간이 있으면 금세 담을 쌓겠지만, 그런 일은 없을 터이니 꿈도 꾸지 마시오.

make a scene
장면을 연출하다 ⇒ 추태를 보이다 (부정적 의미)

▌간혹 대중들이 많이 있는 곳, 예를 들어 지하철 안에서 젊은 청춘들이 진한 키스를 하는 경우들이 있는데 장면 = scene을 연출. 즉, 추태를 보인다는 어구.

She made a scene in front of everyone.
그녀는 모두가 보는 앞에서 추태를 부렸다.

on a roll
연속으로 ⇒ (도박 등에서) 연속으로 따다 / 잘 풀리다

roller skate. 화장지를 땅 바닥에 떨어뜨리면 연속으로 굴러 가는 모습 연상.

The gambler won all the money in the room on a roll.
그 도박꾼은 승운을 타서 방에 있던 돈 모두를 땄다.

on the house
비용을 (술)집이 부담하다 ⇒ 공짜 음식 또는 공짜술

on은 접촉을 나타내는 전치사나 부사. 계산이 그 집 = 가게에 접촉이 되어 있기 때문에 손님이 내는 것이 아니라 공짜 = free의 의미.

The drinks are on the house tonight, so enjoy yourself.
음료는 오늘 공짜이니 마음껏 즐겨라.

carte blanche
백지카드(불어에서온어구) ⇒ 무한 자유

carte = card + blanche = blank. 수표에는 금액이 적혀 있어야 하는데 백지 수표를 주면서 마음껏 쓰라고 하는 경우. 비유적으로 자유 = free를 의미.

Her husband has given her carte blanche to redecorate the living room.
그녀의 남편은 그녀에게 마음대로 거실을 다시 꾸밀 수 있도록 허용했다.

cut down on
(사용량을) 줄이다 ⇒ 절제하다 / 삭감하다

벌목꾼이 나무를 베는 행동이 cut down입니다. 이는 비유적으로 추상적인 돈 등이 줄어드는 경우를 말해요.

We must cut down on unnecessary expenses.
불필요한 지출은 절감해야 한다.

hit the road
길을 때리다 ⇒ 출발하다

여행들을 시작할 때 신발이 도로의 바닥에 부딪치게 됩니다. 그럼 hit the book은 무슨 말일까요? 시선이 눈에 가 부딪치기 때문에 공부하다는 의미.

I'll like to hit the road when I'm on vacation.
나는 방학 때 여행하고 싶다.

the sky is the limit
하늘이 한계다 ⇒ 끝이 없다 / 무한정이다

우주는 끝이 없이 드 넓은 공간입니다. 하늘만이 한계라는 것은 그 만큼 끝이 없다는 말이죠.

The new salespeople were told that the sky was the limit when it came to potential earnings.
새 영업사원들은 잠재적인 수입이 무제한이라는 이야기를 들었다.

paint the town red
마을을 붉은 페인트로 물들이다 ⇒술을 먹다

인체는 화가 나거나 술을 먹었을 때 얼굴이 빨개 집니다. 그래서 처음 모여 마시는 술자리가 아니라 얼굴이 빨개질 때까지 먹고 싶은 2차로 술을 먹다는 표현이죠.

Let's paint the town red tonight.
오늘밤에 진탕 마셔 보자.

face the music
음악을 직면하다 ⇒ 결과에 승복하다 / 순응하다

훈련소에 들어 가기 전까지 그렇게 친절했던 조교들. 하지만 군악대의 음악에 맞추어 훈련소 안으로 들어가자 마자 군기를 잡으려는 조교들의 혹독한 언행에 훈련병들은 순응을 해야만 합니다.

After failing a math test, Tom had to go home and face the music.
수학 시험에 떨어진 후, 톰은 집으로 돌아와 현실을 받아들이지 않으면 안 되었다.

icing on the cake
케이크위에 얹힌 크림 ⇒ 하이라이트, 알짜배기, 확실히 하다

▌케이크에는 과일을 비롯하여 맛과 시각적인 맛을 돗구기 위하여 icing을 합니다. 그렇게 하면 먹을 맛이 확실히 나죠.

The President put the icing on the cake in the town.
그 마을에서 대통령은 승리를 확고히 했다.

it's in shape
모양이 갖춰져있다 ⇒ 건강하다, 상태가 양호하다

▌한국에서 멋진 몸(매)을 가진 사람을 가르켜 폼 = form이 난다고 합니다. 하지만 영어는 이 경우 폼이 아니라 shape라고 해요. 그래서 몸짱을 in shape이니 건강하다는 말. 건강이 안 좋으면 할아버지나 할머니처럼 비가 오기전 몸이 쑤신다고 하니 under the weather라고 합니다.

Do you want to be in shape?
건강해지고 싶으세요?

have one's eyes on
눈을 어딘가에 박다 ⇒ 눈독을 들이다 / 찍다

▌누군가에 시선 고정 = eye. 관심이 있다는 말이죠.

The child had an eye on the cookies on the table.
그 아이는 테이블 위 쿠키에 눈독을 들였다.

Students watched the clock, because they wanted to go home early.
학생들은 집에 일찍 가고 싶어했기 때문에 끝날 때만을 기다렸다.

gray area
회색지역 ⇒ 소속(구분)이 불분명한 경계선 부분 / 회색분자

▌이것 아니면 저것처럼 극단적인 것을 취하는 사람들은 흑백론자. 하지만 흰색과 검은 색이 합하여진 회색은 이것도 저것도 아닌 불분명한 상태 = unclear

The responsibility for social studies in the college is a gray area. Several departments are involved.
그 대학에서는 사회학 연구를 담당하는 곳이 어딘지 분명하지 않다. 몇 개인가의 학부가 관련되어 있다.

a breeze
그거 산들바람이다 ⇒ 식은 죽 먹기다 / 아주 쉽다

▌아주 쉬운 것을 한국어 에서는 누워서 떡 먹기. 하지만 영어는 cake. 혹은 산들 바람이라고 합니다. 폭풍우나 태풍이 불면 앞으로 나아가는데 어려움이 있지만 시원한 산들 바람이 불면 일을 진행하는데 쉽죠.

It's a breeze
아주 쉽다.

gear up
(자동차) 기어를 넣다 ⇒ 준비를 갖추다

▌자동차에 탑승을 한 후 기어를 넣으면 차가 떠날 준비 완료.

More centers in the U.S. may gear up to perform angioplasty, which is now offered in only 18 percent of hospitals.
더 많은 미국 의료원들이 현재 미국 병원의 18%에서만 시술되고 있는 혈관 이식 시술에 박차를 가할 것이다.

hit home
한 복판 ⇒ 가슴에 와 닿다

▌home은 편안한 집을 house는 집의 외관인 구조. 그래서 집은 편안함 때문에 가슴에 와 닿다는 비유적인 의미 내포.

Another advise that seems to hit home is 'Don't talk about yourself.
많은 사람이 감명하고 있는 듯한 또 하나의 충고를 인용한다면, '자기 자신에 대해 얘기하지 마라

a drop in the bucket
양동이에 한 방울 추가 ⇒ 새발의 피

▌한국어는 피 한방울에 영어는 양동이에 있는 물 방울에 비교. 두 언어의 공통점은 액체라는 점이고 차이점은 물과 피라는 차이점.

It's a drop in the bucket compared to spending that gives kids the “green light” to shower together naked.

청소년들에게 알몸으로 함께 샤워를 하도록 “청신호”를 올리는 데 지출되는 돈에 비하면 이는 양동이의 물 한 방울이다.

odds and ends
이상한것들 ⇒ 잡동사니들

▌이런 저런 것이 혼합이 된 것.

I've got a few odds and ends to do before leaving.

떠나기 전에 나는 해야 할 이런 저런 일이 있다.

rule of thumb
손가락 규칙 ⇒ 어림짐작

▌이전에 사람들은 발의 길이로 측정을 했습니다. 보통 미국 사람들의 발이 300mm. 이런 전통은 지금도 1 feet이 30cm. 지금은 많이 사용하지 않은 측정중에 엄지 손가락을 이용해 대충 길이를 측정했어요. 이것이 rule of thumb(길이 잴 때 자 대신 손가락 사용).

A good rule of thumb is to assume that each person will eat five shrimp. If you are cooking for four people, you will need twenty shrimp.

어림잡아 말하면, 모두 5마리씩 새우를 먹을 것으로 생각됩니다. 4인분 요리라면 20마리가 필요하겠지요.

As a rule of thumb, you can expect a new battery to last about a year.

경험으로 보아, 새 전지는 약 1년 간다고 생각하면 됩니다.

pull - leg
다리를 잡아 당기다 ⇒ 농담하다 / 장난치다

▌아이들은 장난을 칠 때 다른 사람의 다리를 잡아 다녀요.

Stop pulling my leg.

나 좀 그만 놀려라.

play with fire
불장난 하다 ⇒ 위험한 모험을 하다

▌이전 한국에서는 쥐불놀이라 하여 헌 깡통에 태울 물건을 집어 넣은 후 철사줄에 매달아 돌리는 놀이가 있었어요. 잘못 하면 이 불꽃들이 집에 붙어 화재를 일으킬 수 있어 위험한 놀이 문화였죠.

Don't play with fire in solving this problem.

이 문제 해결에 있어서 가볍게 다루려 하지마.

get hooked on
낚시 바늘에 걸리다 ⇒ 코꿰이다 / 맛들이다 / 중독되다

▌hook은 낚시 고리와 같은 것. 직선은 긍정이요 곡선은 부정적인 이미지 때문에 우리는 비유적으로 중독이 되는 경우에 hook을 사용합니다.

He was hooked on drugs.

그는 마약에 중독되었다.

break the news
뉴스를 깨다 ⇒ (주로 나쁜 소식) 소식을 알려주다

▌break는 여러 가지가 있지만 소식을 전한다는 의미로 해석 해야 합니다.

The doctor had to break the news to Jane about her husband's cancer.

그 의사는 제인에게 그녀 남편의 암에 대해 얘기를 하지 않으면 안되었다.

die down
서서히 죽다 ⇒ 기세가 수그러 지다 / 꺾이다

▌사람이 죽는 것은 pass away(지구를 떠나 하늘나라로 가기 때문에 away사용) = die입니다. 비유적으로 태풍 등의 강도가 약해질때도 die를 사용해요.

When the applause had died down he started to speak.
박수 소리가 잠잠해 졌을 때 그는 연설하기 시작했다.

break the ice
얼음을 깨다 ⇒ 분위기를 부드럽게 하다

▌분위기가 좋지 않을 때 분위기 '썰렁하다' 고 합니다. 썰렁하다는 것은 따듯함이 아니라 차가움이죠. 영어는 ice입니다. ice를 깬다는 것은 분위기를 부드럽게 하는 것과 관련이 있습니다.

Tom is so outgoing. He's always the first one to break the ice at parties.
톰은 아주 사교적이다. 그는 언제나 파티가 시작할 무렵에 분위기를 만들어 주는 사람이다.

bombed
대실패하다/fail

▌폭탄이 터지면 난리가 납니다. 시험장에 가서 모르는 것이 많으면 수험생 입장에서는 폭탄을 맞은 것이죠.

I bombed my exam.
시험 망쳤어

carpe diem
라틴어로 Seize the day 라는 말 / 오늘을 잡아라 (기회는 한 번)

▌'놀고 노새 젊어서 노새' 라는 표현이 한국어에 있어요. 여기에 해당되는 라틴어가 carpe diem입니다.

Lola is a Spanish flamenco instructor with a seductive smile and a carpe diem attitude.
Lola는 매혹적인 미소와 놀아보자는 태도를 지닌 스페인 춤 선생이다.

dog eat dog
개가 개를 잡아먹다 (개판?) ⇒ 지독한 경쟁

▌이전에 사람이 사람을 잡아 먹었지만 개가 같은 종인 개를 잡아 먹다니... 경쟁이 치열한 사회를 비유적으로 일컫는 말.

Universities are not quiet, peaceful places. It's a case of dog eats dog for promotion.
대학은 조용하고 평화로운 장소가 아니다. 출세를 위해 아귀다툼하는 경쟁의 장이다.

cream of the crop
곡식의 최상품 ⇒ 제일 좋은 것 / 알짜배기

▌커피를 타 먹을 때 크림을 넣어야 최고죠.

This particular car is the cream of the crop.
이 특별 차는 최상의 것입니다.

get even
같게 되다 ⇒ 보복하다

▌even은 평평하게 하다 입니다. 다른 사람에게 복수를 하려고 하는데 보복을 하지 않았으면 마음속에 한으로 남아 굴곡이 지겠죠. 하지만 복수를 했다면 마음이 편해지기 때문에 평평하다는 even을 사용.

She wanted get even with her husband, but endured because of her teo children.
그녀는 그녀의 남편에게 앙갚음을 하고 싶었지만 그녀의 두 아이 때문에 참았다.

get on - nerves
신경을 건드리다 ⇒ 열받게 하다

▌nerve는 용감하다는 의미도 있지만 반대말이 같은 단어에 존재해요. 신경질 나다.

Don't try to get on the boss's nerve today.
오늘 상사의 신경을 건드리지 마라.

He didn't keep the deadline and he got on the editor's nerves.
그는 마감일을 지키지 않아 편집자를 초조하게 했다.

all thumbs
손가락이 다 엄지다 ⇒ 실력이 없다

▌엄지 손가락은 다른 손가락에 비해 사용을 별로 하지 않아 unskilled.

Poor Bob can't play the piano at all. He's all thumbs.
가엾게도 밥은 피아노를 전혀 못 친다. 그는 손재주가 없다.

keep / hold one's temper
화를 누르고 있다 ⇒ 화를 참다

▌temper는 angry. 화를 유지하고 담아 두기 = keep & hold 때문에 화를 내지 않는 것이지만, 만일 화가 난다면 go through the roof라고 해요. 한국말도 '뚜껑 열린다' 는 말이 있는데 지붕이나 뚜껑(=머리 정수리)이나 집과 머리 라는 차이점은 있지만 각각 가장 위라는 공통점이 있어요.

His red face and trembling lips showed that he was keeping his temper.
그의 붉어진 얼굴과 떨리는 입술이 그가 노여움을 참고 있다는 것을 보여주고 있었다.

be in the hole
구멍 속에 빠져 있다 ⇒ 빚을 지고 있다

▌길을 걷는 데 맨홀 뚜껑이 열린 것도 모르고 그 안에 빠졌다면...

I didn't know our government was that much in the hole.
우리 정부가 그렇게 많은 빚을 지고 있는 줄 몰랐다.

be in deep water
깊은 물속에 있다 ⇒ 어려움에 빠져있다

▌수영을 잘 하고 못하고를 떠나 사람이 깊은 바다속에 있다면 어려움에 빠진 상황이겠죠.

Some were found in deep water.
몇몇 사람들은 어려움에 있다는 것을 알았다.

an old trick
오래된 속임수 ⇒ 상투적인 숫법

▌old는 오래된. 오랜 된것은 반복적 이었고 상투적 이었다는 것을 암시.

That's an old trick.
그것은 낡은 수법이다.

lose - shirt
마지막 남은 셔츠까지 잃다 ⇒ (도박등에서) 쫄딱 망하다

▌도박에서 돈을 따는 사람은 거의 없다고 하죠. 한국말 중에 도박에 중독이 된 사람은 집은 물론이고 부인까지 판다는 유명한 말이 있는 것과 연관 해보세요.

He lost his shirt at the casino.
그는 카지노에서 무일푼이 됐다.

an apple of one's eye
눈의 사과 ⇒ 소중하게 아끼는 것

▌한국어에 '내 눈에 넣어도 아프지 않은 내 자식' 이란 표현이 있습니다. 구약 성서에서 나온 an apple of my eye란 표현은 소중함을 나타내는데, 그럼 왜 소중함인가요? 사과는 빨간 색. 사과는 신성함을 상징하기 때문입니다(서양에서 빨간색은 예수님의 피를 상징). 그래서 이전에 미국에서는 선생님에게 예쁨을 받고 싶은 학생들은 선생님 책상에 사과 바구니를 올려 놓았다고 해요.

You are an apple of my eye.
나는 당신을 소중하게 생각합니다.

bury the hatchet

도끼를 파묻다 ⇒ 서로의 싸움/논쟁을 중단하다

▌지금이야 총으로 전쟁을 하지만 이전에 인디언 들은 도끼를 가지고 백인과 싸움을 치루 었어요. 무기인 도끼를 땅에 파 묻는 것은 이제 전쟁을 하지 않겠다는 의사 표현이죠.

I wish Mr. and Mrs. Franklin would bury the hatchet. They argue all the time.

프랭클린 부부가 화해하면 좋은데 말이오. 그들은 언제나 싸움만 한다니까.

a wild goose chase

야생 오리 쫓기 ⇒ 헛수고 / 결과 없는 노력

▌야생에 가서 거위를 잡는 다고요. 쉽지 않은 일이기 때문에 헛수고를 하는 것입니다.

It's a wild goose chase to do this without a plan.

이것을 계획 없이 하는 것은 헛수고다.

pay through the nose

코를 통해 지불하다 ⇒ 거액을 치르다

▌임진왜란때 생겨난 만인의 총. 만명이나 되는 조선인이 묻힌 곳 이라고 하는데요. 그 당시 조선에는 코와 귀가 없었던 사람들이 많았다고 합니다. 왜냐고요? 일본 놈들이 와서 조선인의 코와 귀를 베었기 때문이죠. 마찬가지로 바이킹 족들이 영국 해안을 노략질 하면서 영국인이 돈을 주면 그냥 갔지만, 돈을 주지 않으면 영국 사람의 코를 베었다고 해요. 그래서 돈 대신 코를 주었으니 큰 희생을 치른 것이죠.

Yesterday I paid through the nose at a bar.

어제 나는 술집에서 바가지를 썼다.

get the hang of

사용방법을 배우다 / 익숙해지다

▌미국에서는 quilt라 하여 수공예 작업을 한 후 벽에 걸어 hang 놓았어요. 이런 작업을 하려면 기술이 좋아야 하죠.

As soon as I get the hang of this computer, I'll be able to work faster.

이 컴퓨터 사용법을 알기만 하면 나는 좀더 빨리 일을 해 치울 수 있다고.

mend one's fences

울타리를 고치다 ⇒ 인간관계를 회복하다/화해하다

▌인간을 혐오하게 되면 담에 여러 가지 장치도 하고 높은 담을 하게 됩니다. 그런데 이런 담을 고친다면 다른 사람과 어울리면서 살겠다는 것을 보여주는 것이죠.

Sally called up her uncle to apologize and try to mend fences.

샐리는 아저씨에게 전화로 잘못했다고 사과하여 화해하려고 하였다.

wet behind the ears

귀 뒤가 젖어있다 ⇒ 아직 애송이에 불과하다

▌신생아들은 태어나자 마자 목욕을 시키죠. 그래서 때로는 귀 뒤가 젖어 있는 경우가 많아요. 아직 세상을 모르는 애송이에 비유됩니다.

He may be wet behind the ears, but he's well trained and totally competent.

그는 경험이 적을지 모르지만 잘 단련되어 있고, 아주 유능합니다.

jump the gun

(육상에서) 총소리보다 먼저 나가다 ⇒ 한 발 앞서 시작하다

▌100m 달리는 출발선에서 총소리가 나면 다른 선수와 똑 같이 뛰어 나가야 하는데 먼저 간다. 그럼 너무 성질 급한 사람 이겠네요.

He jumped the gun.

그는 성급하게 굴었다.

start from scratch

한 줄부터 시작하다 ⇒ 처음부터 무에서 다시 시작하다

scratch는 트랙 경기 = 육상 경기에서 출발 지점을 표시한 선. 그런데 부정 출발자 가 있다면 비록 경기는 진행이 되었더 하더라도 다시 시작을 해야겠죠.

We lost everything in the flood and had to start from scratch.

우리는 홍수로 모든 것을 잃어, 맨 처음부터 다시 시도하지 않으면 안 되었다.

have worms for breakfast

아침으로 벌레를 먹다 ⇒ 기분이 꿀꿀하다 / 짜증나다

식사를 하는데 그곳에서 바퀴 벌레와 같은 나왔다면, 기분이 좋지 않겠죠. 한국말에서는 벌레 먹었다는 말보다는 똥 씹은 표정처럼 dung = 똥으로 표현.

She had worms for breakfast.

기분이 좋지 않다.

build castles in spain

스페인에 성을 짓다 ⇒ 과장되고 황당한 헛소리를 하다

스페인의 기후 좋은 나라에 성을 짓겠다. 꿈도 야무진 사람 이네요.

I really like to sit on the porch in the evening, just building castles in Spain.

나는 저녁때 베란다에 앉아 공상에 잠기는 것이 아주 좋다.

two-timing

양쪽을 속이고 있어 ⇒ 양다리 걸치고 있어

한국어도 '오다리' 와 같은 표현이 있어요. 이는 이성을 한 사람만 만나야 하는데 무려 다섯명이나 동시에 사귀고 있음을 나타내는 것 처럼 영어에서 two time은 바람 피우는 것을 나타냅니다.

He's two-timing them.

그는 바람 피우고 있다.

kick the bucket

(교수형 당할 때) 양동이를 걷어차다 ⇒ 죽다

돼지 목에 줄을 맨 후 칼이나 도끼를 이용해 치면 죽은 돼지의 몸이 바닥에 떨어지겠죠. 그러면 돼지가 더러워지기 때문에 이전 유럽 에서는 돼지 아래에 큰 양동이를 놓았어요. 돼지를 죽인 뒤 양동이 안에서 돼지를 손으로 들어 올린 다음 농부는 이제 양동이가 필요 없기 때문에 양동이를 발로 차버려요. 그래서 kick the bucket는 죽이다는 의미.

The soldier was shot and immediately kicked the bucket.

군인은 총을 맞았고 즉사하였다.

bite the bullet

(야전 수술시에) 총알을 물다 ⇒ 고통을 억지로 참고 견디다

마취제가 등장한 것은 의학계에 그리 오래된 것은 아니라고 합니다. 마취도 않고 사람을 수술하면 얼마나 아프겠어요. 그래서 이전에 수술을 할 때 입에 고통을 참도록 총알을 환자의 입에 물려 주었고, 환자는 이 총알을 물면서 수술의 고통을 참았다고 합니다.

The poor family bit the bullet.

가난한 가족은 이를 악물고 맞섰다.

chicken feed

닭 모이 ⇒ 쥐꼬리만한 월급

닭이 먹이를 먹는 모습을 본적이 있나요? 아주 조금씩 먹습니다. 그래서 닭 먹이는 아주 적은 월급에 비유됩니다.

Your salary is chicken-feed compared to what you could earn in America.

당신의 봉급은 당신이 미국에서 벌 수 있는 것에 비하면 새 발의 피다.

eat one's hat
모자를 먹겠다 ⇒ 내가 성을 갈겠다 (결코 아닐 것이다)

▌모자를 먹는 사람도 있나요? 찰리 채플린이 주연한 모던 타임(미국의 부는 금광이 발견 된 후 동부 사람들이 서부로 이주 한 뒤 이루어졌고 한 순간에 이런 부가 이루어 진 것이 아니라 이들의 고생에 의해 이루어졌다는 것을 암시하는 영화)에서 배가 고파 가죽 장화를 먹는 장면이 있기는 하지만 보통은 모자 먹는 일은 없기 때문에 절대 없을 것이다, 를 나타내는 표현.

I'll eat my hat.
성을 갈겠다.

get under - skin
살 속에 파고들다 ⇒ 짜증나게 괴롭히다

▌바퀴벌레와 같은 것이 바지 안 혹은 치마 안으로 기어 들어가 움직이고 있다면 짜증나는 일이죠.

Stop that right now! You are getting under my skin.
당장 그만해! 넌 날 짜증나게 하고 있어.

a millstone around - neck
목에 걸린 방앗돌 ⇒ 큰 장애물 / 약점

▌생선을 먹다 목에 가시가 걸리면... 마찬가지로 남원 골에서 과거 보러 한양 간 이 도령을 기다리다 군수 수청을 들지 않은 죄 때문에 목에 칼을 달고 있는 춘향이 처럼, 고대에 특히 죄수들은 목에 돌을 매달아 놓아 도망을 가지 못하게 했으니 큰 장애물.

He looks exhausted as if he had a millstone about his neck.
그는 마음의 짐이 있다는 듯이 지쳐 보인다.

rock the boat
배를 흔들다 ⇒ 평지 풍파를 일으키다

▌rock은 바위라 고정되어 있다는 뜻 이외에 설악산의 흔들바위처럼 '흔들리다' = swing는 의미도 있어요. 호수에서 애인이 다른 여자와 보트를 타고 있다면... 어떤 마음이 들가요? 가서 그 보트를 흔들어 버리고 싶은 마음이 드는 사람도 있을 거예요. 수심이 깊은 호수에서 보트를 흔들어 버리면 잘못하다가는 두 사람이 물에 익사하는 사고가 일어 날수도 있죠.

Look, Tom, everything is going fine here. Don't rock the boat!
자, 보라고 톰. 여기서는 만사가 다 잘 되어가고 있네. 평지 풍파를 일으키지 않도록 해 주게.

the birds and bees
새와 벌의 이야기 ⇒ 성교육

▌자녀에게 성 교육을 시키면서 남녀의 벌거벗은 몸을 보여 주면서 한다면 설명하는 부모도 그렇고 교육을 받는 자녀도 낯이 뜨겁겠죠. 하지만 벌거벗은 인체 대신 새와 벌을 이용해 설명하면 성 교육도 하면서 얼굴 뜨거워질 일도 없겠네요.

He's twenty years old and doesn't understand about the birds and the bees.
그는 나이 20이 다 되었는데, 성에 관해 아무것도 모른다.

skeleton in the closet
벽장속의 해골 ⇒ 치부 / 감춰진 구린 비밀

▌사람을 죽인 후 벽장에 그 해골을 놓고 다른 사람이 보지 못하게 한다면... 이처럼 다른 사람에게 알려지고 싶지 않은 일을 비유적으로 표현하는 어구.

My uncle was in jail for a day once. That's our family's skeleton in the closet.
나의 삼촌은 하루 유치장에 들어갔던 과거가 있다. 그것은 우리들 집안의 수치다.

Don't talk about the skeleton in the cupboard.
집안 비밀에 대해 이야기하지 마라.

sit on the fence

울타리위에 앉다 ⇒ 양다리 걸치다 / 어중간한 입장을 취하다

A라는 사람과 B라는 사람의 마당중에 한곳 에만 있는 것이 아니라 두 집 사이의 담장에 걸터 앉아 있다면 중립적인 자세를 취하면서 양다리 걸치는 것.

When Jane and Tom argue, it is best to sit on the fence.

제인과 톰이 논쟁할 때는 중립을 지키는 것이 좋다.

crocodile tears

악어의 눈물 ⇒ 가짜 눈물

나일강에 사는 악어가 눈물을 흘린다고 주장하는 사람들이 있는가 하면 어떻게 악어가 눈물을 흘릴 수 있냐고 보는 사람이 있어요. 아무튼 강물 안에 있어야 할 악어가 바람이 났든 길을 잃어 나일 강 백사장으로 나왔든 너무 뜨거운 태양 빛에 악어의 눈가에 물이 맺혀 있는 모습이 악어의 눈물로 보였다고 하는데요... 위선자는 속은 그렇지 않으면서 우는 척을 합니다.

The child wasn't hurt, but she shed crocodile tears anyway.

그 아이는 상처가 나지 않았으나, 거짓 눈물을 흘렸다.

He thought he could get his way if he shed crocodile tears.

그는 우는 시늉을 하면 자기 생각대로 된다고 생각했다.

pop the question

질문을 터트리다 ⇒ 프로포즈 하다

pop은 미국 음악이기도 하지만 원래는 팝콘을 만들 때 나는 '펑' 소리입니다. 한국말 '펑' = 'pop'. 갑자기 팝콘 튀기는 것처럼 사귀는 이성에게 결혼 하자고 하는 표현.

I've been waiting for years for someone to pop the question.

나는 누군가가 청혼해 주기를 몇 년 동안 쭉 기다리고 있단 말이야.

let sleeping dogs lie

자는 개는 그냥 두라 ⇒ 긁어 부스럼 일으키지 마라

불독이나 세퍼트와 같은 무서운 개가 잠을 자면 내버려 두어야 합니다. 혹시 발로 자는 개를 걷어차면 그 개가 가만히 있겠어요. 물어 버리기 위해 쫓아 오겠죠.

Don't mention that problem with Tom again. It's almost forgotten. Let sleeping dogs lie.

톰의 문제를 다시 이러쿵저러쿵 하지 말게. 이젠 거의 잊혀지지 않았는가. 잠자는 아이를 깨우는 짓은 그만두게.

You'll never be able to reform Bill. Leave him alone. Let sleeping dogs lie.

빌을 교정한다는 것은 불가능하니까, 그를 내버려 두시오. 쓸데없는 짓은 안 하는 것이 좋소.

out of this world

이 세상 것이 아닌 ⇒ 맛이 아주 좋은 / 뿅 가는

이 세상은 타락하고 추한 세계 이지만 우리가 살고 있는 이 지구를 벗어나면 아주 좋은 세상.

This pie is just out of this world.

이 파이는 이 세상 것이라고 생각되지 않을 만큼 맛있다.

smell a rat

쥐 냄새를 맡다 ⇒ 잘못된 낌새를 눈치채다

한국어에도 '쥐 새끼 같다'는 표현이 있습니다. 약으면서 눈치가 빠른 사람을 나타내는 표현 처럼 영어는 '눈치를 채다' 정도에 해당되는 어구.

The reports smelled a rat.

기자들이 낌새를 챘다.

call a spade a spade

(카드) 스페이드를 스페이드라고 하다 ⇒ 바른대로 말하다

spade는 화토의 20것. 포커에서 스페이드가 있으면 솔직하게 스페이드가 있다고 말을 해달라는 것은 정직하라는 비유적 표현.

Let's call a spade a spade. The man is a liar.

솔직히 말하지. 그 사나이는 거짓말쟁이일세.

get cold feet

발이 차가와지다 ⇒ 놀라다 / 겁을 집어먹다

사람이 놀라면 닭살이 돋거나 손발이 차가워집니다. 이런 생리적인 현상에 빗대어 관용어구가 만들어 졌어요.

I usually get cold feet when I have to speak in public.

사람들 앞에서 말하지 않으면 안될 때는 나는 다리가 덜덜 떨린다.

keep up with the Joneses

존즈씨네를 따라가다 ⇒ (경제적으로) 남들처럼 살다

미국 사람들도 다른 사람이 하는 생활 방식대로 살아 갈려고 합니다. 그래서 미국이나 영국이나 소비가 많다고 해요. 하지만 독일이나 일본은 소비 보다는 저축을 좋아하는 민족 이라고 하죠.

Fashions and hairstyles change so frequently that working people find it difficult to keep up with them.

패션과 헤어스타일이 너무 자주 바뀌어서 근로자들이 유행을 따라가기가 힘들다.

We found it is very difficult to keep up with the record sales of last year.

작년의 매출 기록을 계속 유지시키는 것이 매우 힘들다는 것을 알게 되었다.

in black and white

검정색과 흰색으로 ⇒ 서면으로 / 문서화해서 남기다

검은 것은 글씨이고 하얀 것은 종이. 그래서 서면 이라는 의미.

I want to get the information in black and white before I go to the meeting.

나는 모임에 가기 전에 서면의 정보를 받고 싶다.

a bull in a china shop

도자기 가게의 황소 ⇒ 막무가내로 날뛰는 사람

China는 중국. 소문자 china는 도자기. 고려 청자나 이조 백자도 좋겠지만 중국의 도자기는 더 유명합니다. 깨지기 쉬운 도자기 가게에 힘이 세고 성질 급해 이리 저리 날뛰는 황소가 들어 온다면... 난리가 나겠죠.

Get that big dog out of my garden. It's like a bull in a china shop.

저 커다란 개를 우리 마당에서 쫓아내요. 저놈은 무엇이든 엉망 진창 으로 만든단 말이에요.

see one's wheels turning

바퀴가 도는게 보여 ⇒ 잔머리 굴리는게 보여

잔머리는 머리 속에서 생각이 빙빙 돌아가는 모습이죠. 바퀴가 돌아가는 모습에 상대방이 어떤 생각을 하는지 보인다는 용법에 빗대어 사용.

I can see his wheels turning.

잔머리 굴리는 것이 보인다.

posted

계속 연락하자

지금은 핸드폰 으로 문자 남겨 서로 연락을 취하지만 이전에는 게시판 = post에 쪽지를 남겨 서로 연락을 취했어요.

Keep me posted.

계속 연락하자.

worth one's salt
소금 값을 하다 ⇒ 밥 값을 하다

▌지금은 소금이 아주 흔하고 가격도 가장 싸지만 고대 로마에는 소금이 귀했어요. 로마시대 에도 돈이 있었죠. 그런데 로마가 영토를 확장 하면서 속국들 에서 은이 많이 들어오면서 은화의 가치가 많이 떨어져(인플레이션은 현대만 있었다고 생각하는 것은 큰 착각. 고대에도 인플레이션은 있었어요) 시민들은 은화대신 소금을 가지려고 했습니다. 그래서 salt < salary로 파생.

Everybody wants a job worth one's salt.
모든 사람들은 급료에 상응하는 일을 하고 싶어한다.

win by a nose
코 하나 차이로 이기다 ⇒ 간신히 이기다

▌경기 중 특히 100m 올림픽 경우, 선수들이 모두 대단하기 때문에 코 길이 하나 정도 차이로 우승이 결정되어요. 아슬아슬한 승부.

Sally won the race, but she only won by a nose.
샐리는 경주에서 이겼는데, 아주 근소한 차의 승리였다.

to come(drop) by
지나가다 잠시 들르다

▌visit는 연락을 하고 방문을 하는 것이지만 come by는 잠깐 상대방의 집등을 예고 없이 찾아가는 경우에 사용.

We just put in a pool. If you'd like, why don't you and Frank come by for a swim tomorrow afternoon?
우리는 방금 풀장에 들어갔다 왔는데, 괜찮다면 프랭크하고 같이 내일 오후에 수영이나 하러 오세요.

load
오늘 잔뜩 실었어 ⇒ 오늘 주머니가 두둑해

▌트럭에 짐이 가득 한 경우와 더불어 주머니에 돈이 두둑한 경우도 load

I'm loaded today.
돈이 있다.

serve one's right
바로 대접했군 ⇒ 고거 쌤통이다 / 고소하다

▌어떤 사람에게 올바르게 대접을 했다는 것은 언듯 보기에 잘 대접을 했다는 것 같지만 실제로는 별로 좋지 않은 사람이 일이 잘 풀리지 않을 때 고소한 기분에서 하는 말이 serve one's right입니다.

It serves him right.
그놈 잘 되었다.

over the hill
언덕을 넘어서다 ⇒ 인생의 황혼에 접어들다

▌인생은 여러 가지로 비유합니다. 어떤 이들은 나그네 길에 비유 하기도 하고 어떤 이는 산에 비유 합니다. 처음 산 자락에 있다면 어린 시절이겠죠. 하지만 over는 포물선을 그으며 산 정상을 넘어간 경우로 산 정상은 청년시대를 비유합니다. 하지만 이를 넘어 갔으니 인생의 황혼기에 접어 들었습니다.

Most teenagers think that their parents are over the hill, no matter what their ages are.
거의 모든 10대들은 자신들의 부모가 몇 살이건, 늙은이라고 생각하는 법이다.

lose face
얼굴을 잃다 ⇒ 체면이 깎이다 (쪽 팔리다)

▌한국말도 체면이 손상된 것의 구어체 표현으로는 '쪽 팔렸다'는 말이 있어요. 영어도 창피를 당했을때 얼굴이 말이 아니기 때문에 lose face라는 표현 사용.

Things will go better if you can explain to him where he was wrong without making him lose face.
어디가 잘못되었는지 그의 체면이 깎이지 않게 설명해 줄 수 있다면 사태는 개선될 것이다.

let the cat out of the bag

고양이를 자루에서 꺼내다 ⇒ 비밀이 새다(누설되다)

▌중세 유럽의 농민들의 생활은 비참하기 이를데 없었다고 합니다. 그래서 암 시장에 농부들은 돼지를 잡아 팔아 약간의 수익을 올렸다고 하는데요... 일부 악덕 농부들은 자루에 고양이를 넣고 자루를 묶은 다음 자루 안에 돼지가 있다고 속여 팔았다고 하는데, 만일 끈이 풀려 고양이가 자루 밖으로 나온다면 속여 팔려고 하는 농부의 거짓말은 들통이 나겠지요.

We are planning a surprise party for Jane. Don't let the cat out of the bag.

우리는 제인을 위해 깜짝 파티를 계획하고 있단다. 깜빡하고 비밀이 새나가지 않도록 해.

have mixed feelings

뒤섞인 감정이다 ⇒ 만감이 교차한다/시원섭섭하다

▌하나의 감정이 아니라 복잡한 감정???

I have mixed feelings about Bob. Sometimes I think I like him; other times I don't.

나는 밥에 대해 확신이 없다. 가끔 그가 좋다고 생각하기도 하고, 그렇지 않다고 생각할 때도 있다.

Dutch courage

네덜란드식 용기 ⇒ 술취한 사람의 만용

▌현재 세계 최 강국은 미국. 하지만 역사상의 흐름을 보면 히타이트(지금의 이라크) < 로마 < 스페인 < ??? < 영국. 그럼 ???에 해당되는 나라가 어디인가요? 힌트는 튤립의 나라이고 한때 전 세계의 졸부들이 튜립에 투자를 해서 튜립 한 송이가 한국의 고가 아파트 보다 비쌌어요. 하지만 튤립 가격이 땅으로 곤두박질 처서 영국에 강대국의 자리를 넘겨준 나라... 네델란드입니다. 잘 사는 사촌이 논을 사면 배가 아프다는 한국의 속담처럼 당시 가난한 영국 사람이 잘 사는 네델란드를 비꼬기 위하여 영어에는 네델란드를 비하 하는 단어들이 많아요. 대표적인 단어가 dutch pay. 음식을 먹고 각각 돈을 내는 것을 지금은 당연하지만 이전에는 건방지고 무례한 것으로 보았습니다.

It will take a bit of Dutch courage for me to make an after-dinner speech.

내가 식후의 연설을 하기 위해서는 약간의 술기운을 이용한 용기가 필요합니다.

Every cloud has a silver lining

어떤 구름도 은테를 가진다 ⇒ 쥐구멍에도 볕 들날 있다.

▌검은 먹구름 가운에 은 빛 햇살이 내려 비추고 있습니다. 비유적으로 먹구름은 고통이나 힘듬을 나타내지만 은 빛은 희망 = promise.

Fixing my camera was really difficult and took a long time… but I learned a lot about cameras! Every cloud has a silver lining.

내 사진기를 고치는 일은 아주 어려웠고 시간도 많이 걸렸어. 하지만 덕분에 사진기에 대해 많이 알게 되었어! 힘든 일이 있으면 좋은 일도 있는 법이지.

like a bat out of hell

지옥에서 나온 박쥐처럼 ⇒ 미친 듯이 / 급박하게

▌지옥. 어떤 모습이 떠 오르시나요? 보통 소설 같은 데서는 지옥을 불 구덩이와 박쥐가 날아다니고 죄 지은자가 고통에 젖어 있는 모습들... 지옥 밖으로 혹은 동굴 밖으로 먹이를 찾아 나서는 박쥐는 아주 빠르게 움직이죠.

The car sped down the street like a bat out of hell.

그 차는 굉장한 속도로 길을 달려갔다.

in my blood

핏속에 흐른다 ⇒ 천성적으로 좋아한다 / 잘 한다

▌한국에도 핏줄은 못 속인다는 말이 있어요. 그리고 이것은 부모가 어떤 부분에서 잘 하면 그 자녀들도 같이 그 분야 에서 잘하는 것을 의미 합니다.

Honesty is in the blood in my case.

정직이 내 핏속에 흐르고 있어.

I'm proud that I have blue blood in my veins.

나는 명문 집안 출신이어서 자랑스럽다.

why the long face?

왜 긴 얼굴이니? ⇒ 왜 시무룩해 있니?

▌부모 에게 돈을 달라고 요청 했는데 돈을 주지 않은 경우 불만에 차서 입이 앞으로 나오죠. long face는 실제로 주걱턱처럼 얼굴이 긴 경우도 있지만 비유적으로는 우울 하다는 의미로 사용.

As the girl didn't get any present, she had a face as long as a fiddle.

그 소녀는 아무 선물을 받지 못하자 매우 침울해했다.

Why are you pulling the long face? What seems to be the problem?

왜 시무룩한 표정이야? 문제가 뭐야?

hit it off

그들은 첫 눈에 뿅 갔다 / 죽이 잘 맞다

▌이성을 보고 반한 경우. 영어는 서로 간의 시선이 가서 상대방에 부딪치기 때문에 동사 hit을 사용.

They really hit it off.

첫눈에 반하다

get to the point

요점으로 바로 가다 ⇒ 단도 직입 적으로 말하다

▌point는 요점.

He has been talking a long time. I wish he would get to the point.

그는 한참을 계속 이야기했다. 본론으로 들어갔으면 좋으련만.

shop around

이리저리 다니며 쇼핑하다 ⇒ 여러군데 값을 알아보다

▌around는 주위를 빙글 빙글 도는 것. 저렴한 가격에 물건을 사기 위하여 이곳저곳을 돌아다니는 쇼핑객.

She wanted to buy it cheaply, and went around all the shops.

그녀는 물건을 싸게 사고 싶어서 가게들을 기웃거리며 다녔다.

poetic justice

시적인 / 감동적인 정의 ⇒ 인과응보

▌어떤 잘못된 일을 하여 판사가 형량을 부과하고 이것에 대한 대가를 치르기 위하여 감옥에 간 것은 '정의' = justice입니다. 하지만 잘못된 일은 했는데 법적인 처벌을 받은 것이 아니라 인과응보를 당한 경우는 poetic justice라고 해요. 그럼 왜 poetic인가요? 소설이나 시에서는 착한자는 결국 복을 받고 악한자는 벌을 받는 것 때문이죠.

The car thieves tried to steal a car with no gas. That's poetic justice.

그 차 도둑들은 휘발유가 들어있지 않은 차를 훔치려고 하였다. 인과응보다.

rob the cradle
요람을 훔치다 ⇒ 나이차이가 많은 결혼을 하다

cradle은 아이들이 누워 있는 곳. cradle에 있는 아이를 훔쳤다는 것은 아주 어린 나이의 여자와 결혼 했다는 의미. 이런 경우로는 찰리 채플린이 가장 유명. 나이가 많지만 어린 여자들과 결혼을 한 것 때문에 세계적인 화제가 된 인물. 그럼 원조 교제하는 사람들은? 사탕을 사주겠다고 하고 꼬시는 상투적인 수법을 다 아시죠. 사탕은 설탕으로 만들기 때문에 원조 교제 하는 사람들은 sugar daddy라고 해요.

A famous movie star recently robbed the cradle.
한 유명 영화배우는 최근에 훨씬 나이 어린 상대와 데이트했다.

catch - red handed
(피묻은) 빨간 손인채로 잡다 ⇒ 현장에서 잡다

사람을 죽인 살인범의 손에는 빨간 피가 묻어 있어요. 그래서 이 관용어는 현행범이란 의미.

Thanks to the informer's report to the police they were able to catch the drug dealers red-handed.
제보 덕분에 경찰은 마약 밀매의 현장을 덮칠 수 있었다.

get the inside track
(육상에서) 안쪽 레인을 잡다 ⇒ 유리한 고지를 차지하다

경기장의 육상 경기를 할 때 안쪽과 바깥쪽 레인을 달릴 때 어느 쪽으로 달려야 유리 하나요? 안쪽이죠. 이런 공간상의 의미는 비유적으로 유리하다는 뜻이 됩니다.

The boss likes me. Since I have the inside track, I'll probably be the new office manager.
상사는 나를 마음에 들어 해. 그런 연줄이 있으니까 아마 내가 새 소장이 될 것 아니냐고.

참고자료

[기출문제와 실전 문제]

편입 영어 시험 기출 문제
공무원 영어 시험 기출 문제
SAT 기출 문제 및 실전 문제
GRE 기출 문제 및 실전 문제
TEPS 기출 문제 및 실전 문제
TOEFL 기출 문제 및 실전 문제
TOSEL 기출 문제 및 실전 문제

[영어 사전]

BBI Dictionary of English Word Combinations
COLLINS COBUILD LEARNER'S DICTIONARY
LONGMAN DICTIONARY OF CONTEMPORARY ENGLISH
LONGMAN WORDWISE DICTIONARY.
Macmillan English Dictionary for Advanced Learners - New Edition
OXFORD ADVANCED LEARNER'S DICTIONARY

[인터넷 사이트]

www. yahoo. co.kr
www. hanmail.net
www. naver. com
www. nate.com

SPEED VOCA 33,000

- 2009년 12월 10일 초판인쇄
- 2009년 12월 15일 초판발행
- 편저자 : 윤 재 성
- 발행인 : 김 상 일
- 발행처 : 혜성출판사
- 표지, 편집디자인 : 이 인 주 · 신 혜 민 · 김 민 수
- 출 력 : 도움의 돌
- 인 쇄 : 우리P&S
- 등록번호 : 제5-597호
- 주 소 : 서울시 동대문구 신설동 114-91호 삼우빌딩A동 205호
- 전 화 : (02)2233-4468 FAX : (02)2253-6316

- ISBN 978-89-9142-369-4

- 정 가 : 28,800원 (부록포함)

Speed Voca 33000

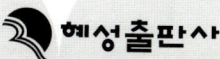

최우선 빈도수 포켓단어장

혜성출판사

A

· **abolish** [əbáliʃ]	폐지하다
· **abortion** [əbɔ́ːrʃən]	유산, 낙태
· **abound** [əbáund]	풍부
· **abruptly** [əbrʌ́ptli]	갑자기
· **absolute** [æbsəlùːt]	절대적인
· **abstract** [æbstrǽkt]	추상적인
· **abundant** [əbʌ́ndənt]	풍부한
· **accessible** [æksésəbl]	접근하기 쉬운
· **accord** [əkɔ́ːrd]	일치하다
· **take into account** [əkaunt]	고려하다, 참작하다
· **across** [əkrɔ́ːs] **the board**	전면적
· **acute** [əkjúːt]	격렬한, 예리한
· **addiction** [ədíkʃən]	중독
· **adept** [ədépt]	숙달한
· **adhere** [ædhíər]	들러붙다
· **adequate** [ǽdikwət]	충분한, 알맞은
· **adjust** [ədʒʌ́st]	조절하다, 조정하다

Vocabulary

- **adroit** [ədrɔ́it] 교묘한, 기민한
- **adversity** [ædvə́ːrsəti] 역경
- **advocate** [ǽdvəkéit] 지지자
- **African - American** [æfricən əmeriən] 흑인
- **agenda** [ədʒéndə] 의사일정
- **allege** [əlédʒ] 강력히 주장하다
- **altruistic** [ǽltruːístik] 이타적인
- **ambidextrous** [æ̀mbidékstrəs] 양손잡이의
- **ambiguous** [æmbígjuəs] 중의성, 두 가지 이상의 뜻으로 해석할 수 있는
- **amiable** [éimiəbl] 붙임성 있는
- **amoral** [eimɔ́ːrəl] 비도덕적인
- **amorous** [ǽmərəs] 사랑의
- **anachronistic** [ənæ̀krənístik] 시대착오의, 시대에 뒤진
- **analogy** [ənǽlədʒi] 유추
- **ancestry** [ǽnsestri] 조상
- **antagonism** [æntǽgənìzm] 반대
- **anthropologist** [æ̀nθrəpálədʒi] 인류학
- **antiquated** [ǽntikwèitid] 고풍스런, 시대에 뒤진
- **appreciate** [əpríʃieit] 평가하다

Vocabulary

· **apprehend** [æ̀prihénd]	체포하다, 파악하다
· **approximate** [əprɑ́ksəmèit]	대략의
· **apt** [ǽpt]	적절한, 하기 쉬운
· **arbitrary** [ɑ́ːrbətrèri]	임의의, 멋대로인
· **archaeology** [ɑ̀ːrkiɑ́lədʒi]	고고학
· **arms** [ɑ́ːrmz]	무기
to lay down one's arms	항복하다
rise (up) in arms= take(up)arms	무기를 들다, 반란을 일으키다
· **arrest** [ərést]	체포
· **artificial** [ɑ̀ːrtəfíʃəl]	인공적인
· **ask for** [ǽsk]	요청하다
· **assent** [əsént]	동의하다
· **assess** [əsés]	평가하다
· **assimilate** [əsíməlèit]	동화하다
· **asteroid** [ǽstərɔ̀id]	소행성
· **atheistic** [èiθiístik(əl)]	무신론의
· **attribute** [ətríbjuːt]	–탓이다, 속성
· **auspicious** [ɔːspíʃəs]	길조의
· **authoritative** [əθɔ́ːrətéitiv]	권위 있는
· **autonomous** [ɔːtɑ́nəməs]	자율적인
· **avail** [əvéil]	쓸모가 있다

· **avenge** [əvéndʒ]	복수를 하다
· **awkwardly** [ɔ́:kwərdli]	어색하게
· **awe** [ɔ́:]	두려움, 경외심

B

· **(go) banana** [bənǽnə]	미치다
· **barren** [bǽrən]	불모의 is up to: ~의 책임이다
· **beat** [bí:t] **around the bush**	돌려 이야기 하다
· **beat up** [bí:tʌ̀p]	오래 써서 낡은
· **behalf** [bihǽf]	이익
on the behalf of	~를 대신하여
· **belligerent** [bəlídʒərənt]	호전적인
· **benediction** [bènədíkʃən]	축복
· **betray** [bitréi]	배반하다
· **better off** [bétərɔ́:f]	(이전 보다)부유한
· **biased** [báiəst]	편견을 지닌
· **Big Bang** [big bǽŋ]	우주 폭발
· **bizarre** [bizɑ́:r]	기괴한, 이상야릇한
· **blue** [blú:]	우울한

· **board** [bɔ́ːrd]	타다
· **bond** [bɑ́nd]	채권
· **bottleneck** [bɑ́tlnek]	체증
· **breakthrough** [bɑ́eikθrùː]	돌파, 큰 발전, 약진
· **bring up**	헤어지다
· **bring out**	야기하다
· **brink** [briŋk]	가장자리
· **buck** [bʌ́k]	돈
pass the buck to a person	…에게 책임을 전가하다
· **bureaucracy** [bjuərɑ́krəsi]	관료주의
· **burgeon** [bə́ːrdʒən]	싹트다, 갑자기 출현하다
· **by no means**	결코 – 이 아니다

C

· **calamity** [kəlǽməti]	큰 재난
· **cancel** [kǽnsəl]	취소하다, 중지하다
· **candor** [kǽndər]	정직한
· **canon** [kǽnən]	규칙, 규범
· **capricious** [kəpríʃəs]	변덕스러운

Vocabulary

· **carbon** [kɑ́ːrbən]	탄소
carbon dioxide	이산화탄소
· **caricature** [kǽrikətʃùər]	풍자 만화
· **care for** [kὲər]	돌보다
· **carrot** [kǽrət]	당근
carrot-and-stick	당근과 채찍의/회유와 위협의
· **casualties** [kǽʒuəlti]	사상자
· **catastrophe** [kətǽstrəfi]	대참사
· **catalyst** [kǽtəlist]	촉매, 촉진제
catch up with	~를 따라 잡다
· **catharsis** [kəθɑ́ːrsis]	카타르시스, 통쾌
· **catholic** [kǽθəlik]	보편적인, 일반적인
· **celebrated** [séləbrèitid]	유명한
· **censure** [sénʃər]	비난
· **for a change**	기분 전환
· **chaotic** [keiɑ́tik]	혼돈된
· **charisma** [kərízmə]	카리스마
· **charitable** [tʃǽrətəbl]	자비로운
· **check** [tʃék]	저지하다, 억누르다
· **chronic** [krɑ́nik]	장기간에 걸친, 만성의
· **chronicle** [krɑ́nikl]	연대기, 이야기

· **civil** [sívəl]	시민의, 문명의, 민간의
CIVIL WAR	남북전쟁
· **classified** [klǽsəfàid]	분류된, 기밀의
· **cliche** [kliːʃéi]	판에 박은 문구, 상투어구
· **client** [kláiənt]	의뢰인, 고객
· **around-the-clock**	24시간 꼬박의
· **cognitive** [kágnətiv]	인지의
· **collaborate** [kəlǽbərèit]	공동으로 일하다
· **collapse** [kəlǽps]	무너지다
· **colleague** [káliːg]	동료
· **colloquial** [kəlóukwiəl]	구어의, 일상 회화의
· **colony** [káləni]	식민지
· **come down with**	아프다
· **come to term with**	…와 타협이 이루어지다, 타협하다
· **come up with**	제안하다
· **commodity** [kəmádəti]	상품
· **compact** [kámpækt]	계약
· **company** [kʌ́mpəni]	동료, 교제
keep company with	사귀다
· **competent** [kámpətənt]	유능한
· **complexity** [kəmpléksəti]	복잡성

Vocabulary

- **compliant** [kəmpláiənt] 유순한
- **comply** [kəmplái] 응하다, 따르다
- **compose(d)** [kəmpóuz] 구성, 차분한
- **comprehensive** [kàmprihénsiv] 이해력이 있는, 포괄적인
- **compromise** [kámprəmàiz] 타협하다
- **compulsively** [kəmpʌ́lsiv] 강제적인
- **concise** [kənsáis] 간결한
- **concord** [kánkɔːrd] 일치
- **conduct** [kándʌkt] 행동하다
- **confirm** [kənfə́ːrm] 확고히 하다, 확인하다
- **confront** [kənfrʌ́nt] 직면하다
- **congenial** [kəndʒíːnjəl] 같은 성질의
- **consensus** [kənsénsəs] 일치
- **consequence** [kánsəkwéns] 결과, 중요성
- **considerate** [kənsídərət] 사려 깊은, 이해심이 있는
- **consonant** [kánsənənt] 자음
- **conspicuous** [kənspíkjuəs] 눈에 띄는
- **conspiracy** [kənspírəsi] 음모
- **contain** [kəntéin] 참다, 억제하다
- **contagious** [kəntéidʒəs] 전염성의
- **contemporary** [kəntémpərèri] 같은 시대의, 현대의

Vocabulary

- contempt [kəntémpt] 경멸
- contentious [kənténʃəs] 다투기 좋아하는, 논쟁하기 좋아하는
- contract [kɑ́ntrækt] 계약, 줄어들다, 병에 걸리다
- contradict [kɑ̀ntrədíkt] 부정하다, 모순되다
- controversial [kɑ̀ntrəvə́ːrʃəl] 논쟁의
- convention [kənvénʃən] 집회, 협정
- convert [kənvə́ːrt] 변하게 하다, 개종시키다
- convey [kənvéi] 나르다
- conviction [kənvíkʃən] 확신
- cordially [kɔ́ːrdʒəli] 진심으로
- correspond [kɔ̀ːrəspɑ́nd] 일치하다
- cosmic [kɑ́zmik(əl)] 우주의
- cosmopolitan [kɑ̀zməpɑ́lətn] 세계주의의
- council [káunsəl] 회의, 평의회
- count [káunt] 중요하다
- counterfeit [káuntərfit] 위조하다
- counterpart [káuntəpart] 상대물, 상대방, 대응물
- counterweight [kautərweit] 대항세력, 균형을 이루는 힘
- coup [kúː] 쿠테타
- crackdown [krǽkdaun] (위법 행위 등의) 단속

· crafty [krǽfti]	교활한
· crash [krǽʃ]	충돌
· crave [kréiv]	열망하다
· credibility [kjuːpídəti]	신용
· credulous [krédʒuləs]	잘 믿는
· critical [krítikəl]	중요한
· crucial [krúːʃəl]	결정적인, 중대한
· crude [krúːd]	조잡한
· cupidity [kjupídəti]	탐욕, 욕심
· curb [kə́ːrb]	통제하다
· cure [kjúər]	치료하다
· current [kə́ːrənt]	돈, 조류, 전류, 현재
· curse [kə́ːrs]	저주하다
· curtail [kəːrtéil]	짧게 줄이다
· cutting - edge [kʌ́tiŋédʒ]	최첨단
· cynic [sínik]	냉소적인 사람

D

Vocabulary

- **deadlock** 막다른 골목, 교착 상태
- **decade** [dékeid] 10년간
- **decadence** [dékədəns(i)] 타락, 퇴폐
- **deceased** [disíːst] 사망한
- **decent** [díːsnt] 예의 바른
- **deception** [disépʃən] 속임, 사기
- **decipher** [disáifər] 해독하다
- **declare** [dikléər] 선언하다
- **decline** [dikláin] 거절하다, 기울다
- **deep rooted** [dip rut] 뿌리 깊은
- **defective** [diféktiv] 결점이 있는
- **deference** [défərəns] 존경
- **defiance** [difáiəns] 도전
- **deficit** [défəsit] 부족
- **definitive** [difínətiv] 한정적인, 최종적인
- **delete** [dilíːt] 삭제하다
- **delicate** [délikət] 섬세한, 예민한
- **delivery** [dilívəri] 배달, 인도
- **densely** [déns] 밀집한
- **depict** [dipíkt] 그리다, 묘사하다
- **depravity** [dıprǽvəti] 타락, 부패

· **derivative** [dirívətiv]	파생의
· **descent** [disént]	하강, 후손
· **despise** [dispáiz]	경멸하다
· **detect** [ditékt]	발견하다
· **determine** [ditə́ːrmin]	결심하다
· **devour** [diváuər]	게걸스레 먹다
· **devout** [diváut]	믿음이 깊은
· **dexterity** [dekstérəti]	재주, 수완
· **diagnosis** [dàiəgnóusis]	진단
· **die-hard** [dáihàːrd]	끝까지 버티는, 완고한
· **diligence** [dílədʒəns]	근면
· **diminish** [dimíniʃ]	줄이다
· **discipline** [dísəplin]	훈련, 규율
· **discount** [dískaunt]	할인하다
· **discourse** [dískɔːrs]	대화, 담화
· **discrete** [diskríːt]	분리된, 따로따로의
· **discretion** [diskréʃən]	분별, 신중
· **discrimination** [diskrìmənéiʃən]	구별, 차별
· **dismal** [dízməl]	우울한
· **dismay** [disméi]	당황, 놀람
· **dispatch** [dispǽtʃ]	급파하다

· **distinction** [distíŋkʃən]	구별, 차이
· **distinguished** [distíŋgwiʃt]	저명한, 뛰어난
· **distort** [distɔ́:rt]	왜곡하다
· **distraction** [distrǽkʃən]	산만함, 기분전환
· **divine** [diváin]	신의, 신성한
· **docile** [dɑ́səl]	온순한
· **doctrine** [dɑ́ktrin]	교의, 주의
· **dogmatic** [dɔ:gmǽtik]	독단적인
· **dormant** [dɔ́:rmənt]	잠자는
the Dow Jones Industrial Average	다우존스 공업지수
· **down to earth** [dauntu:ə́:rθ]	현실적인, 실제적인
· **drastic** [drǽstik]	격렬한
· **drawback** [drɔ́:bæ̀k]	약점, 장애
· **dread** [dréd]	무서워하다, 공포
· **dubious** [djú:biəs]	수상쩍은, 의심스런
· **dueto** [dju:]	–때문에

E

· **earthly** [ə́:rθli]	지구의, 속세의

· **ecological** [ikálədʒi]	생태
· **effectual** [iféktʃuəl]	효과적인
· **efficacy** [éfəkəsi]	효과, 효능
· **egocentric** [ìːgouséntrik]	이기적인
· **egoism** [íːgouìzm]	이기주의
· **eject** [idʒékt]	쫓아내다, 축출하다, 배출하다
· **elastic** [ilǽstik]	탄력 있는
· **elicit** [ilísit]	도출하다, 이끌어 내다
· **eligible** [élidʒəbl]	적합의, 적격의
· **eliminate** [ilímənèit]	제거하다
· **ellipsis** [ilípsis]	생략
· **eloquent** [éləkwənt]	웅변의
· **elucidate** [ilúːsədèit]	밝히다, 설명하다
· **embark** [embáːrk]	탑승하다, 착수하다, 시작하다
· **embody** [imbádi]	구체화하다
· **embryo** [émbriòu]	태아
· **emerge** [imə́ːrdʒ]	나오다, 나타나다
· **emigrant** [émigrənt]	이민, 이주하는
· **eminent** [émənənt]	저명한, 유명한
· **emit** [imít]	방출하다
· **empathy** [émpəθi]	감정 이입, 공감

Vocabulary

- **encounter** [inkáuntər] 만나다
- **endemic** [endémik] 풍토병
- **enforce** [infɔ́:rs] 강요하다
- **enormous** [inɔ́:rməs] 거대한
- **entail** [intéil] 수반하다
- **entity** [éntəti] 실재, 존재
- **epic** [épik] 서사시
- **epicure** [épikjùər] 식도락가, 미식가
- **epilogue** [épəlɔ̀:g] 끝맺는 말
- **equivocally** [ikwívəkəl] 애매모호한
- **eradicate** [irǽdəkèit] 뿌리째 뽑다
- **erotic** [irɑ́tik] 에로
- **erudite** [érjudàit] 학식 있는, 박학한
- **esoteric** [èsətérik] 비법을 이어받은
- **Esperanto** [èspərǽntou] 에스페란토, 국제어
- **essential** [isénʃəl] 본질적인
- **establish** [istǽbliʃ] 설립하다, 제정하다
- **estate** [istéit] 소유지, 재산
- **estimate** [éstəmèit] 평가하다
- **ethereal** [iθíriəl] 공기 같은, 하늘의
- **ethics** [éθiks] 윤리학

- **euro** [júərou] 유로화
- **euthanasia** [jù:θənéiʒiə] 안락사
- **evaporate** [ivǽpərèit] 증발시키다
- **evoke** [ivóuk] 불러일으키다
- **evolve** [iválv] 진화하다
- **exacting** [igzǽktiŋ] 힘든
- **exasperate** [igzǽspərèit] 성나게 하다
- **exceed** [iksí:d] 초과하다
- **excel** [iksél] 능가하다, 좋은
- **exclusively** [iksklú:sivli] 배타적으로, 독점적으로
- **execute** [éksikjù:t] 실행하다, 집행하다, 사형에 처하다
- **exhaustive** [igzɔ́:stiv] 철저한
- **exotic** [igzátik] 이국적인
- **expire** [ikspáiər] 만기가 되다, 끝나다
- **explicit** [iksplísit] 명백한
- **exploit** [iksplɔ́it] 개척하다, 개발하다
- **explosive** [iksplóusiv] 폭발의
- **exposure** [ikspóuʒər] 노출, 폭로
- **extempore** [ikstémpəri] 준비 없이, 즉석에서
- **extent** [ikstént] 범위, 정도
- **extensive** [iksténsiv] 넓은, 광대한

· **extinct** [ikstíŋkt] 멸종된

· **extract** [ikstrǽkt] 뽑다, 추출하다

· **extremity** [ikstréməti] 극단적(인)

· **extrinsic** [ikstrínsik] 외부의

· **extrovert** [ékstrəvə̀ːrt] 외향적인

F

· **fable** [féibl] 우화

· **face** [féis] 직면하다

· **facet** [fǽsit] 한 면(단면)

· **facility** [fəsíləti] 쉬움, 시설

· **faculty** [fǽkəlti] 능력, 재능, 교수 집단

· **faint** [féint] 희미한, 졸도하다

· **fair** [fɛ̀ər] 공정한

· **fallacious** [fəléiʃəs] 그릇된, 논리적 오류가 있는

· **far-fetched** [farfétʃt] (말이나 주장이)억지

· **far-reaching** [fáːriːtʃiŋ] 광범위한

· **far-from-ing** – 이 아닌

· **fascinating** [fǽsənèitiŋ] 매혹적인

· **fatal** [féitl]	치명적인, 운명의
· **fatigue** [fətí:g]	피로
· **fault** [fɔ́:lt]	단층
· **favorite** [féivərit]	좋아하는 사람
· **feast** [fi:st]	축하연
· **feat** [fit]	공적
· **fed up with** [fed ʌp wið]	지겨운
· **feeble** [fí:bl]	연약한
· **fertile** [fə́:rtl]	비옥한, 다산의, 풍요로운
· **fiber** [fáibər]	섬유, 기질
· **fickle** [fíkl]	변하기 쉬운
· **fictitious** [fiktíʃəs]	가공의, 거짓의
· **field** [fild] **trip**	현장 학습
· **figurative** [fígjurətiv]	비유적인
· **finger print** [fíŋgərprint]	지문
· **finite** [fáinait]	한정된
· **firsthand** [fə́:rsthǽnd]	직접의
· **fiscal** [fískəl]	재정상의
· **fit** [fit]	적당한, 꼭 맞는
· **fix** [fiks]	고정하다/정보
· **flat** [flǽt]	평평한

- **flatter** [flǽtər] 아첨하다
- **flaw** [flɔː] 결점
- **fledgling** [flédʒliŋ] 풋내기의, 미숙한
- **flee** [fliː] 달아나다
- **fleetingly** [flíːtiŋ] 일시적인
- **flip** [flip] (동전등을)튀기다
- **float** [flóut] 떠 있는
- **flourish** [fləːriʃ] 번창하다
- **fluency** [flúːənsi] 유창
- **foolproof** [fúːlprùːf] 확실한
- **for nothing** 공짜로
- **forbidden** [fərbidn] 금지된
- **forerunner** [fɔ́ːrrʌ̀nər] 선구자
- **foresee** [fɔːrsíː] 예견하다
- **foresight** [fɔ́ːrsàit] 선견지명
- **forge** [fɔ́ːrdʒ] 위조하다
- **formal** [fɔ́ːrməl] 형식적인
- **formerly** [fɔ́ːrmərli] 전에
- **formidable** [fɔ́ːrmidəbl] 무서운
- **forthright** [fɔ́ːrθràit] 솔직한
- **fortify** [fɔ́ːrtəfài] 강화하다

Vocabulary

· **forum** [fɔ́ːrəm]	공개 토론
· **found** [fáund]	기초를 세우다, 만들다
· **founder** [fáundər]	창설자 , 침수하여 침몰시키다
· **four letter words**	욕(fuck, cunt, shit) ·
· **fragile** [frǽdʒəl]	부서지기 쉬운
· **fragment** [frǽgmənt]	부서진 조각, 파편
· **frail** [fréil]	약한
· **franchise** [frǽntʃaiz]	참정권, (가게)체인점
· **frank** [frǽŋk]	솔직한
· **fraud** [frɔ́ːd]	사기
· **free from**	– 이 없는
· **fresco** [fréskou]	프레스코 화법
· **frigid** [frídʒid]	몹시 추운
· **frugality** [fruːgǽləti]	절약, 검소
· **fruitless** [frúːtlis]	열매를 맺지 않는, 헛수고
· **frustration** [frʌstréiʃən]	좌절, 실망
· **fugitive** [fjúːdʒətiv]	도망자
· **full-fledged** [fulflédʒd]	깃털이 다 난, 완전히 성장한
· **fundamental** [fʌ̀ndəméntl]	기본적인, 중요한
· **furious** [fjúəriəs]	화가 난
· **fusion** [fjúːʒən]	융합

· **futile** [fjúːtl] 헛된, 효과 없는

G

· **galaxy** [gǽləksi] 은하, 은하수

· **garrulous** [gǽrjələs] 말 많은

· **gauche** [góuʃ] 서투른

· **gauge** [géidʒ] 계량기준, 표준 치수

· **gem** [dʒém] 보석

· **genealogy** [dʒiːniɑ́lədʒi] 족보

· **generic** [dʒənérik] 일반적인, 포괄적인

· **generous** [dʒénərəs] 아끼지 않는, 관대한

· **genial** [dʒíːnjəl] 친절한

· **genre** [ʒɑ́ːnrə] 문학 장르

· **genuine** [dʒénjuin] 진짜의

· **given** [gívn] ~을 고려한다면

· **glamorize** [glǽməràiz] 매력적으로 만들다

· **glaring** [glέəriŋ] (번쩍번쩍) 빛나는

· **glass ceiling** [glǽs síːliŋ] 장벽

· **glimmer** [glímər] (희미한) 빛

Vocabulary

- **gloomy** [glúːmi] 어두운, 음침한
- **gluttony** [glʌ́təni] 많이 먹음, 폭음
- **go broke** 무일푼이 되다, 파산하다
- **gourmet** [guərméi] 미식가
- **grandeur** [grǽndʒər] 웅장
- **take for granted** [grӕntid] 당연하게 여기다
- **grasp** [grǽsp] 붙잡다
- **grass roots** [grǽs ruts] 평민
- **gravity** [grǽvəti] 중력, 진지함
- **Great Depression** 대공황
- **green light** [grinlait] 허가
- **greet** [grit] 인사
- **gregarious** [grigɛ́əriəs] 사교적인
- **grim** [grim] 엄한, 엄격한
- **ground** [graund] 근본, 이유
- **grotesque** [groutésk] 그로테스크풍의, 괴상한
- **grown up** [gróunʌ́p] 어른, 성숙한
- **gullible** [gʌ́ləbl] 잘 속는

H

Vocabulary

· **habitat** [hǽbitæ̀t]	서식지
· **half-measure**	미봉책, 임시변통
· **half way**	중간의
· **halting** [hɔ́:ltiŋ]	더듬거리는
· **handout** [hǽndàut]	유인물, 인쇄물
· **hand in**	제출하다
· **handy** [hǽndi]	바로 곁에 있는, 편리한
· **haphazard** [hǽphæ̀zərd]	우연한
· **harass** [hərǽs]	괴롭히다
· **harbor** [há:rbər]	항구, 숨겨 주다
· **hardship** [há:rdʃip]	곤란
· **hard-core**	핵심의, 철저한, 만성적인
· **hard currency**	경화
· **hard-line**	강경론의
· **harsh** [há:rʃ]	가혹한, 잔인한
· **harvest** [há:rvist]	수확
· **have no choice but to do**	–할 수 밖에 없었다
· **hazard** [hǽzərd]	위험
· **hellenistic** [hèlənístik]	헬레니즘
· **herald** [hérəld]	전령
· **herbivorous** [hərbívərəs]	초식성의

· **hereditary** [hirédətèri]	유전성의
· **hesitant** [hézətənt]	주저하는, 망설이는
· **heterodox** [hétərədɑ̀ks]	이교도의
· **hierarchy** [háiərɑ̀:rki]	계층
· **hold back**	취소하다, 자제하다
· **hold on**	계속하다, 지속하다
· **hold up**	강탈하다, 빼앗다
· **homage** [hɑ́midʒ]	존경, 경의
· **homogeneous** [hòumədʒí:niəs]	동종의
· **homogenized** [həmɑ́dʒənàiz]	같은
· **hospitable** [hɑ́spitəbl]	친절한, 대접이 좋은
· **hostile** [hɑ́stl]	적의 있는
· **hub** [hʌ́b]	중심
· **hubris** [hjú:bris]	오만, 자기 과신
· **humid** [hjú:mid]	습기 있는
· **humiliate** [hju:mílièit]	굴욕
· **hunger** [hʌ́ŋgər]	열망
· **hybrid** [háibrid]	잡종, 혼혈아
· **hypocrite** [hípəkrìt]	위선자

I

- **identical** [aidéntikəl] 동일한
- **ideology** [àidiálədʒi] 이데올로기, 이념
- **idiom** [ídiəm] 관용구, 숙어
- **idiosyncrasy** [ìdiəsíŋkrəsi] 특질, 특징
- **idolize** [áidəlàiz] 우상화하다
- **idyllic** [aidílik] 전원시의, 목가적인
- **ignominious** [ìgnəmíniəs] 불명예스러운, 경멸할 만한
- **ignore** [ignɔ́ːr] 무시하다
- **illegible** [ilédʒəbl] 읽기 어려운
- **illicit** [ilísit] 불법의
- **illiterate** [ilítərət] 글자를 모르는, 무식한
- **illuminate** [ilúːmənèit] 조명하다, 계몽하다
- **illusion** [ilúːʒən] 환각
- **illustration** [ìləstréiʃən] 삽화, 사례
- **imitation** [ìmitéiʃən] 모방
- **immediate** [imíːdiit] 즉각의, 직접의
- **imminent** [ímənənt] 절박한, 긴박한

· **immune** [imjúːn]	면역의
· **impact** [ímpækt]	충돌, 충격
· **impartial** [impáːrʃəl]	공평한
· **impatient** [impéiʃənt]	성급한, 조급한
· **impending** [impéndiŋ]	임박한, 절박한
· **imperative** [impérətiv]	피할 수 없는, 긴급한
· **imperial** [impíəriəl]	제국의
· **imperil** [impéril]	위험하게 하다
· **imply** [implái]	암시하다
· **impotent** [ímpətənt]	무력한, 무능한
· **improvise** [ímprəvàiz]	즉석
· **in case** [in keis]	만일 = if
· **in regard to** [in rigáːrd]	–에 관하여
· **inadequate** [inǽdikwət]	부적당한, 불충분한
· **inadvertent** [ìnədvə́ːrtnt]	우연의, 부주의한, 소홀한
· **inaugurate** [inɔ́ːgjərèit]	–의 취임식을 거행하다, 시작하다
· **incidental** [ìnsədéntl]	우연한, 부수적으로
· **inclined** [inkláind]	싫어하는
· **incorporate** [inkɔ́ːrpərèit]	통합시키다
· **incur** [inkə́ːr]	발생하다
· **indict** [indáit]	기소하다

Vocabulary

· **indifferent** [indífərənt]	무관심한
· **indigenous** [indídʒənəs]	토착의, 지역 고유의
· **industrious** [indʌ́striəs]	근면한
· **inept** [inépt]	부적당한, 부적절한
· **inevitable** [inévitəbl]	피할 수 없는
· **infectious** [infékʃəs]	전염성의
· **infer** [infə́ːr]	추론하다
· **ingenious** [indʒíːnjəs]	영리한
· **ingenuous** [indʒénjuːəs]	순진한
· **inherent** [inhíərənt]	고유의, 본래부터의
· **inherited** [inhérit]	상속하다
· **inhibit** [inhíbit]	금지하다
· **initial** [iníʃəl]	처음의, 머리글자
· **innate** [inéit]	타고난, 선천적인
· **innovation** [ìnouvéiʃən]	개혁, 혁신
· **insight** [ínsàit]	통찰, 통찰력
· **inspiring** [inspáiəriŋ]	영감을 주는, 고무하는
· **institute** [ínstətjùːt]	기관, 시작하다
· **instrument** [ínstrəmənt]	악기, 기구
· **intact** [intǽkt]	손상되지 않은
· **interrupt** [ìntərʌ́pt]	가로막다, 중단하다

- **intimate** [íntəmət] 친밀한
- **intimidate** [intímədèit] 겁주다, 협박하다
- **intrigue** [intríːg] 호기심, 음모
- **intrinsic** [intrínsik(əl)] 본질적인
- **intuition** [ìntjuíʃən] 직관
- **invaluable** [invǽljuəbl] 아주 귀중한
- **involved** [inválvd] 복잡, 관련된
- **ironic** [airánik] 빈정댐, 풍자
- **irritable** [írətəbl] 화를 잘 내는
- **iterate** [ítərèit] 되풀이하다, 반복하다

J/K

- **jeopardy** [dʒépərdi] 위험
- **junk** [dʒʌ́ŋk] 쓰레기
- **keen** [kiːn] 날카로운, 예민한
- **keep A from B- ing** A가 B하지 못하다
- **kidnap** [kídnæ̀p] 유괴하다

Vocabulary

L

· **lame duck** [leim dʌ́k]	집권 말기의 권력 누수 현상
· **at large**	상세히, (범인 등이)잡히지 않고, 널리 일반에
· **latent** [léit-ənt]	숨어 있는, 잠재적인
· **latin** [latin]	라틴어
· **launching** [lɔ́:ntʃiŋ]	(새 배의) 진수(식), (로켓 등의) 발진
· **lay down**	(계획 등을) 입안하다, 세우다
· **layoff** [léiɔ̀f]	해고
· **leading** [lí:diŋ]	일류
· **legend** [lédʒənd]	전설
· **legitimate** [lidʒítəmit]	합법의
· **lethal** [lí:θəl]	치명적인
· **liabilitie(s)** [làiəbiləti]	의 경향이 있음, 빚, 채무
· **life expectancy**	평균 수명
· **linguistic** [liŋgwístik]	언어학의
· **as long as**	-하는 한
· **lucrative** [lú:krətiv]	유리한, 돈이 벌리는

- lunatic [lú:nətik] 미치광이, 정신 이상의

M

- make it 도착하다, 성공하다
- malady [mǽlədi] 병, 질병
- mammal [mǽməl] 포유동물
- manifest [mǽnəfèst] 명백한
- manipulate [mənípjəlèit] 교묘하게 다루다, 조종하다
- manuscript [mǽnjəskrìpt] 원고, 손으로 쓴
- marked [mɑ:rkt] 두드러진
- martial [mɑ́:rʃəl] 전쟁의
- martyr [mɑ́:rtər] 순교자
- material [mətíəriəl] 중요한
- maternal [mətə́:rnl] 어머니의
- Mayflower [méiflàuər]
- mean [mi:n] 비열한
- mediate [mí:dièit] 중재하다
- medium [mí:diəm] 수단, 매개물
- meet [mi:t] 충족하다

Vocabulary

· **melancholy** [mélənkɑ̀li]	우울
· **melt** [melt]	녹다
· **merge** [məːrdʒ]	합병하다
· **merit** [mérit]	장점
· **metaphor** [métəfɔ̀ːr]	은유
· **methodical** [məθɑ́dikəl]	조직적
· **metropolis** [mitrɑ́pəlis]	주요 도시
· **middle of the road** [mídlɑvðəroud]	중도의, 중용의
· **migrate** [máigreit]	이주하다
· **minute** [mínit]	미소한, 상세한
· **miserable** [mízərəbl]	불쌍한, 비참한
· **mishap** [míshæp]	사고
· **modest** [mɑ́dist]	겸손한, 정숙한
· **modify** [mɑ́dəfài]	변경하다, 수정하다
· **moist** [mɔist]	축축한
· **monarchy** [mɑ́nərki]	군주 정치
· **monetary** [mɑ́nətəri]	돈의, 화폐의
· **monotonous** [mənɑ́tənəs]	단조로운
· **more than**	– 이상 = over
· **motivation** [mòutəvéiʃən]	자극
· **mourn** [mɔːrn]	울다, 슬퍼하다

· **moving** [múːviŋ]	감동적인
· **multiplicity** [mʌ̀ltəplísəti]	다양성
· **myth** [miθ]	잘못된 생각

N

· **narrative** [nǽrətiv]	이야기
· **narcissist** [nɑ́ːrsəsizm]	자아도취
· **nearly** [níərli]	거의, 하마터면
· **negligence** [néglidʒəns]	부주의
· **negotiation** [nigòuʃiéiʃən]	협상
· **nerve** [nəːrv]	신경, 용기
· **net** [net]	순 이익
· **neutral** [njúːtrəl]	중립의
· **New England** [njuː íŋglənd]	미국
· **New World** [njuːwəːrld]	신세계(미국)
· **niche** [nitʃ] **market**	틈새시장
· **nihilist** [naiilist]	허무주의
· **no matter what**	–일지라도
· **no longer**	더 이상 – 이 아니다

Vocabulary

· **Norman** [nɔ́ːrmən]	노르만족
· **noted** [nóutid]	유명한
· **nothing but**	단지 = only
· **anything but**	결코 = never
· **notify** [nóutəfái]	알리다, 통지하다
· **notorious** [noutɔ́ːriəs]	유명한
· **novelty** [nάvəlti]	참신, 새로움
· **novice** [nάvis]	초보자
· **noxious** [nάkʃəs]	유해한, 불건전한
· **nuance** [njúːɑːns]	미묘한 차이

O

· **obdurate** [άbdjurət]	완고한, 고집 센
· **obedient** [oubíːdiənt]	복종
· **object** [άbdʒikt]	물건, 대상, 목적, 목적어, 반대하다
· **obligation** [àbləgéiʃən]	의무
· **obsessive** [əbsésiv]	강박 관념의, 망상의
· **obsolete** [àbsəlíːt]	쓸모없게 된, 안 쓰이는
· **obstinacy** [άbstənəsi]	완고함

· **obtain** [əbtéin]	얻다, 손에 넣다
· **odds and ends** [adz and endz]	잡동사니
· **be at odds with**	…와 사이가 나쁘다, …와 불화하다
· **against (all) the odds**	역경을 딛고
· **odor** [óudər]	냄새, 향기
· **offensive** [əfénsiv]	불쾌한, 무례한
· **off and on**	가끔
· **omnipotent** [amnípətənt]	전능한
· **optimistic** [àptəmístik]	낙천주의의
· **orbit** [ɔ́ːrbit]	궤도
· **ornamental** [ɔ̀ːrnəméntl]	장식적인
· **orthodox** [ɔ́ːrθədàks]	정통의, 정교의(이단의 반대말)
· **otherwise** [ʌ́ðərwàiz]	만약 그렇지 않으면/다른
· **outcome** [áutkʌ̀m]	결과
· **outmoded** [àutmóudid]	유행에 뒤진
· **output** [áutpùt]	생산, 출력
· **outrage** [áutrèidʒ]	분노
· **outright** [áutráit]	솔직한, 완전한
· **outstanding** [austǽndiŋ]	눈에 띄는, 현저한
· **outstrip** [áutstríp]	앞서다
· **overt** [óuvəːrt]	명백한

P

- **pacifist** [pǽsəfist] 평화주의자
- **pacify** [pǽsəfài] 평화. 달래다
- **package** [pǽkidʒ] 소포, 일괄 거래
- **pact** [pækt] 협정
- **panacea** [pæ̀nəsíːə] 만병통치약
- **pandemic** [pæ̀ndémik] 전국적 유행병
- **panic** [pǽnik] 공포, 공황
- **papyrus** [pəpáiərəs] 파피루스, 종이
- **paradigm** [pǽrədim] 패러다임, 모범
- **paradox** [pǽrədɑ̀ks] 역설, 패러독스
- **parallelism** [pǽrəlelìzəm] 평행
- **paramount** [pǽrəmàunt] 최고의
- **paraphrase** [pǽrəfrèiz] 바꾸어 쓰다
- **parody** [pǽrədi] 패러디
- **partiality** [pɑ̀ːrʃiǽləti] 부분적임
- **passive** [pǽsiv] 수동적인
- **patent** [pǽtənt] 특허, 명백한

Vocabulary

· **paternity** [pətə́ːrnəti]	아버지임, 부성
· **pave the way for**	…의 길을 터주다; …을 용이하게 하다
· **pay off**	전액을 갚다, 성과를 거두다
· **pedestrian** [pədéstriən]	보행자, 도보의
· **pediatrician** [pìːdiətríʃən]	소아과 의사
· **peer** [piər]	동등한 사람
· **perceive** [pərsíːv]	이해하다
· **perish** [périʃ]	죽다, 멸망하다
· **permanent** [pə́ːrmənənt]	영속하는, 영구적인
· **perplex** [pərpléks]	난처하게 하다, 당황케 하다
· **persuasive** [pərswéisiv]	설득력 있는
· **pessimism** [pésəmìzəm]	비관
· **phenomenal** [finɑ́mənəl]	대단한, 굉장한
· **philanthropist** [filǽnθrəpist]	박애주의자
· **phobia** [fóubiə]	공포증
· **physiological** [fìziəlɑ́dʒikəl]	생리학의
· **pipe dream** [paip driːm]	공상
· **pirate** [páiərət]	표절자
· **plagiarism** [pléidʒiərìzəm]	표절
· **plastic/plasticity** [plǽstik]	성형의

Vocabulary

· **platform** [plǽtfɔ̀ːrm]	강령
· **pledge** [pledʒ]	맹세
· **poisonous** [pɔ́izənəs]	유독한
· **poll** [poul]	투표, 여론 조사
· **pollutant** [pəlúːtənt]	오염 물질, 오염
· **posterity** [pɑstérəti]	자손
· **potent** [póutənt]	강력한
· **potentiality** [poutènʃiǽləti]	가능성
· **practically** [prǽktikəli]	실용적으로
· **pragmatic** [prægmǽtik]	실용적인
· **precarious** [prikέəriəs]	불확실한
· **precaution** [prikɔ́ːʃən]	조심, 예방
· **precedent** [présədənt]	전례, 이전의
· **precise** [prisáis]	정확한, 정밀한
· **preclude** [priklúːd]	방지하다, 제외하다
· **predator** [prédətər]	약탈자
· **preposterous** [pripɑ́stərəs]	앞뒤가 뒤바뀐, 터무니없는
· **prescribe** [priskráib]	규정하다
· **presently** [prézəntli]	곧
· **prestige** [prestíːdʒ]	위신, 명성
· **presume** [prizúːm]	가정하다, 추정하다

Vocabulary

- **pretext** [prí:tekst] 구실, 핑계
- **prevalent** [prévələnt] 만연한
- **prey** [prei] 먹이, 희생자
- **prime** [praim] 준비하다/최고
- **primarily** [praimérəli] 첫째로, 주로
- **prior to** 이전에(pre = pri = -이전에)
- **proficient** [prəfíʃənt] 능숙한, 유능한
- **profound** [prəfáund] 깊은, 심오한
- **prohibit** [prouhíbit] 금지하다
- **project** [prədʒékt] 계획, 내밀다
- **proletarian** [pròulitέəriən] 프롤레타리아의, 하층민
- **prolific** [proulífik] 다산의, 비옥한
- **prologue** [próulɔ:g] 머리말
- **prolong** [proulɔ́:ŋ] 늘이다, 연장하다
- **prominent** [prámənənt] 현저한, 두드러진, 유명한
- **promptly** [prámptli] 신속한
- **prophetic** [prəfétik(əl)] 예언자의
- **prosaic** [prouzéiik(əl)] 산문적인
- **proscribe** [prouskráib] 금지하다
- **prosperity** [prospérəti] 번영
- **prototype** [próutoutàip] 원형

· **provided** [prəváidid] –을 조건으로 하여

· **provoke** [prəvóuk] 화나게 하다

· **psychology** [saikάlədʒi] 심리학, 심리

· **pun** [pʌn] 말장난, 말장난하다

· **punctual** [pʌ́ŋktʃuəl] 시간 엄수

· **purge** [pəːrdʒ] 제거하다, 숙청하다

· **puritanical** [pjùərətǽnikəl] 청교도의

· **put down** [putdàun] 무시하다

· **put up with** 참다

Q

· **quack** [kwǽk] 돌팔이 의사

· **quarterly** [kwɔ́ːrtərli] 연 4회 발행의, 한 해 네 번의

· **quixotic** [kwiksάtik] 비현실적인, 이상적인

R

· **rally** [rǽli]	집회, 모으다
· **randomly** [rǽndəm]	닥치는 대로의, 무작위로
· **rare** [rɛər]	드문, 진기한
· **reciprocal** [risíprəkəl]	상호간의
· **reckless** [réklis]	무모한
· **recurring** [rikə́ːriŋ]	되풀이하여 발생하는
· **redundant** [ridʌ́ndənt]	남아도는
· **regime** [reiʒíːm]	제도, 정권
· **regional** [ríːdʒənəl]	지역의
· **rehabilitate** [rìːhəbílətèit]	사회 복귀시키다, 원상으로 복귀시키다
· **release** [rilíːs]	석방하다
· **relentless** [riléntlis]	냉혹한
· **relevant** [réləvənt]	관련된
· **relic** [rélik]	유물
· **reluctant** [rilʌ́ktənt]	마음 내키지 않는
· **remedial** [rimíːdiəl]	치료하는, 교정하는
· **repertoire** [répərtwɑ̀ːr]	레퍼토리, 상연 목록
· **reproach** [ripróutʃ]	비난하다, 비난
· **reserve** [rizə́ːrv]	비축, 예비
· **resigned** [rizáind]	단념한, 체념한

Vocabulary

· **respiration** [rèspəréiʃən]	호흡
· **responsive** [rispánsiv]	대답하는
· **restive** [réstiv]	침착성이 없는, 들떠 있는
· **restrain** [ri:stréin]	억제하다, 구속하다
· **retirement** [ritáiərmənt]	은퇴
· **retort** [ritɔ́:rt]	반박하다, 말대꾸하다
· **retract** [ritrǽkt]	취소, 철회
· **retreat** [ri:trí:t]	퇴각, 은둔
· **reveal** [riví:l]	드러내다, 보여주다
· **revere** [rivíər]	존경하다
· **revoke** [rivóuk]	취소하다, 폐지하다
· **REVOLUTIONARY WAR** [rèvəlú:ʃənèriwɔ:r]	독립전쟁
· **rhetoric** [rétərik]	수사학
· **riddle** [rídl]	수수께끼
· **rigid** [rídʒid]	단단한, 엄격함
· **rigorous** [rígərəs]	엄한, 엄격한
· **rip off** [rípɔ́:f]	바가지(요금)
· **rock the boat**	위험하다, 평지풍파를 일으키다
· **root out**	뿌리 뽑다, 제거하다
· **rough** [rʌf]	거칠거칠한

- **routine** [ruːtíːn] 일상적인 일, 판에 박힌 일
- **in a row** 연속적으로
- **ruin** [rúːin] 폐허, 파멸
- **run** [rʌn] 경영하다
- **climb the ladder** 출제하다
- **ruthless** [rúːθlis] 무자비한

S

- **sadistic** [séidizm] 사디즘, 가학성 성애
- **sanitary** [sǽnətèri] 위생의, 위생적인
- **sarcasm** [sáːrkæzəm] 풍자
- **sardonic** [sɑːrdɑ́nik] 냉소적인
- **SAT** [sǽt] 미국 대학 입학 자격 시험
- **satire** [sǽtaiər] 풍자
- **save** [seiv] 절약하다, ~을 제외하고는
- **scapegoat** [skéipgòut] 희생양
- **scepticism** [sképtəsízm] 회의적
- **scrap** [skræp] 조각, 오려낸 것
- **seasoning** [síːzəniŋ] 조미료, 양념

Vocabulary

· **seasoned** [síːzənd]	양념한, 경험이 많은
· **secular** [sékjələr]	세속적
· **segment** [ségmənt]	조각
· **seizure** [síːʒər]	붙잡음
· **sensible** [sénsəbl]	영리한, 현명한
· **sensual** [sénʃuəl]	관능적인
· **severed** [sivíər]	절단하다
· **severity** [səvérəti]	엄격
· **sexual harrassment** [sékʃuəl hərǽsmənt]	성희롱
· **shift** [ʃift]	바뀌다
· **shore up** [ʃɔrʌp]	강화하다
· **shortcut** [ʃɔːrtkʌt]	지름길
· **give the cold shoulder to**	…에게 쌀쌀한(냉담한) 태도를 보이다
· **show off** [ʃouɔf]	자랑하다
· **side effect** [said ifekt]	역 효과
· **simile** [síməlìː]	직유
· **simultaneously** [sàiməltéiniəsli]	동시에
· **slander** [slǽndər]	비방, 중상
· **slightly** [sláitli]	약간, 조금

Vocabulary

· **slim** [slim]	날씬한
· **sojourn** [sóudʒəːrn]	묵다, 체류하다
· **solitude** [sálitjùːd]	고독
· **sophisticated** [səfístəkèitid]	세련된
· **sovereign** [sávərin]	주권자
· **sparse** [spaːrs]	희박한
· **spartan** [spáːrtən]	스파르타의, 엄격의
· **spatial** [spéiʃəl]	공간의
· **specific** [spisífik]	특정한
· **specimen** [spésəmən]	견본
· **spoil** [spɔil]	망치다, 성격을 버리다
· **spontaneity** [spàntəníːəti]	자발적 행동
· **spotless** [spátlis]	결점 없는
· **stagnant** [stǽgnənt]	침체, 흐르지 않는
· **starvation** [staːrvéiʃən]	기아, 아사
· **state - of - the - art** [steitavðəaːrt]	최첨단 기술을 사용한
· **static** [stǽtik]	정적인
· **station** [stéiʃən]	위치, 지위
· **status** [stéitəs]	지위
· **statute** [stǽtʃuːt]	법
· **steadfastly** [stédfæ̀stli]	확고한, 부동의

Vocabulary

· **stem** [stém]	시작하다, 중단하다, 줄기
· **stimulate** [stímjəlèit]	자극하다
· **stoically** [stóukəli]	금욕적으로, 냉정하게
· **the man in[on] the street**	보통 사람
· **stricken** [stríkən]	(가난에)찌들린, 슬픈
· **strict** [strikt]	엄격한, 심한
· **stroke** [strouk]	뇌출혈
· **stubbornly** [stʌ́bərnli]	고집이 센
· **subdue** [səbdjúː]	정복하다
· **sublime** [səbláim]	장엄한
· **submerge** [səbmə́ːrdʒ]	물에 잠그다
· **submissive** [səbmísiv]	복종하는, 순종하는
· **subpoena** [səbpíːnə]	소환장
· **subsequent** [sʌ́bsikwənt]	다음의, 그 후의
· **substantial** [səbstǽnʃəl]	상당한, 실체의
· **subtle** [sʌ́tl]	미묘한, 오묘한
· **successive** [səksésiv]	연속하는
· **succinct** [səksíŋkt]	간결한
· **succumb** [səkʌ́m]	굴복하다
· **summit** [sʌ́mit]	정상
· **superficial** [sùːpərfíʃəl]	표면의, 피상적인

- superfluous [su:pərfluəs] 남아도는
- superstition [sù:pərstíʃən] 미신
- supervise [sú:pərvàiz] 감독하다
- surrender [səréndər] 항복하다, 굴복하다
- susceptible [səséptəbl] –하기 쉬운
- suspend [səspénd] cancel 매달다, 중지하다 cancel
- symmetrical [simétrik(əl)] 대칭적인
- symptom [símptəm] 징후
- synonymous [sinánəməs] 동의어의, 같은 뜻의
- synopsis [sinápsis] 요약
- synthetic [sinθétik] 종합의, 합성의

T

- tactful [tǽktfəl] 재치 있는
- tangible [tǽndʒəbl] 구체적인, 만져서 알 수 있는
- tantalize [tǽntəlàiz] 애타게 하는, 감질나게 하다
- task force [tæsk fɔ:rs] 특별 팀
- temperamental [tèmpərəméntl] 기분의, 신경질적인
- temperate [témpərit] 절제하는, 삼가는

Vocabulary

· **temporary** [témpərèri]	일시적인, 임시의
· **tender** [téndər]	부드러운, 다정한, 제출하다
· **tentative** [téntətiv]	일시적인, 시험적인
· **terrestrial** [təréstriəl]	지구의
· **terrible** [térəbəl]	무서운
· **testosterone** [testástəròun]	남성 호르몬
· **testify** [téstəfài]	증명하다, 증언하다
· **thematic** [θiːmǽtik]	주제의
· **theoretical** [θìːərétikəl]	이론의
· **thorough** [θə́ːrou]	철저한, 완전한
· **those** [ðouz]	사람들
· **thrifty** [θrífti]	검소한
· **thrive** [θraiv]	번영하다
· **tidy** [táidi]	단정한, 깔끔한
· **in(on) time**	정각, 정각 전후로
· **timid(ity)** [tímidəti]	겁 많음
· **titanic** [taitǽnik]	거대한
· **tolerant** [tálərənt]	관대한
· **tolerate** [tálərèit]	참다
· **torrent** [tɔ́ːrənt]	급류, 억수
· **toxic** [táksik]	유독한, 치명적인

· **throw in the towel(sponge)**	항복하다, 포기하다
· **trace** [treis]	자취, 발자국
· **track** [træk]	(지나간)자취, 추적하다
· **tractable** [trǽktəbl]	다루기 쉬운, 순종하는
· **trait** [treit]	특성
· **tranquil** [trǽŋkwil]	조용한
· **transcendent** [trænséndənt]	탁월한, 뛰어난, 초월적인
· **transient** [trǽnʃənt]	일시적인, 덧없는
· **transparent** [trænspɛ́ərənt]	투명한
· **transport** [trænspɔ́ːrt]	수송하다, 수송
· **tribe** [traib]	부족
· **trigger** [trígər]	방아쇠
· **triumph** [tráiəmf]	승리, 이기다
· **trivial** [tríviəl]	하찮은
· **trumpet** [trʌ́mpit]	자랑하다
· **try on**	입다
· **turbulent** [tə́ːrbjələnt]	소용돌이치는, 사나운
· **turn out (to be)**	입증되다, 판명되다
· **typhoon** [taifúːn]	태풍
· **tyranny** [tírəni]	독재정부
· **tyro** [táirou]	초보자

U

- **ubiquitous** [juːbíkwətəs] 어디에나 있는
- **ultimate** [ʌ́ltəmit] 최후의
- **unanimity** [jùːnəníməti] 만장일치
- **underlying** [ʌ̀ndərláiiŋ] 기본적인, 근본적인
- **undermine** [ʌ̀ndərmáin] –의 밑을 파다, 해치다
- **uniformity** [jùːnəfɔ́ːrməti] 같음, 통일
- **unique** [juːníːk] 유일한
- **universal** [jùːnəvə́ːrsəl] 일반적인, 보편적인
- **upbringing** [ʌ́pbrìŋiŋ] 교육
- **upheaval** [ʌphíːvəl] 밀어 올림, 격변
- **upright** [ʌ́pràit] 똑바로
- **uproar** [ʌ́prɔ̀ːr] 소란
- **urban** [ə́ːrbən] 도시의
- **urge** [əːrdʒ] 촉구하다
- **urgent** [ə́ːrdʒənt] 긴급한
- **usurp** [juːsə́rp] 빼앗다
- **utility** [juːtíləti] 공익사업, 공익 설비

- **utopia** [juːtóupiə] 유토피아, 이상적인 사회
- **utterly** [ʌ́tərli] 아주

V

- **vacant** [véikənt] 텅 빈, 비어 있는
- **vague** [veig] 모호한, 흐릿한
- **vanish** [vǽniʃ] 사라지다
- **vast** [væst] 거대한
- **Vatican** [vǽtikən] 로마 교황청
- **vegetarian** [vèdʒətɛ́əriən] 채식주의의
- **vender** [véndər] 자판기
- **verdict** [və́ːrdikt] 판결
- **verify** [vérəfài] 증명하다
- **versatile** [və́ːrsətl] 다재다능한
- **verbal** [və́ːrbəl] 말의
- **viable** [váiəbəl] 생존 가능한, 실행 가능한
- **vigor** [vígər] 정력, 활기
- **villain** [vílən] 악한
- **virtuoso** [vəːrtʃuóusou] 거장, 명인

· **virtually** [vɔ́ːrtʃuəli]	사실상
· **virtue** [vɔ́ːrtʃuː]	덕, 미덕
· **vital** [váitl]	생명의, 아주 중요한
· **vogue** [voug]	유행
· **volunteer** [vɑ́ləntíər]	지원자
· **vulnerability** [vʌ̀lnərəbíləti]	상처받기 쉬움, 약점이 있음

W

· **wandering** [wɑ́ndəriŋ]	방랑하는
· **wary** [wɛ́əri]	조심성 있는
· **well being** [welbbíːiŋ]	행복
· **well - to - do** [weltuːduː]	유복한
· **whereas**	그러나 = but
· **wholesome** [hóulsəm]	건강한
· **wild** [waild]	길들지 않은, 야생의
· **wisdom teeth**	사랑니, 지혜
· **withdraw** [wízdəm]	철회하다, 철수하다, (돈)인출하다
· **woods** [wud]	나무, 숲
· **work out** [waːrkaut]	~을 성취하다, 가져오다

- **worldly** [wə́ːrldli] 세속적인
- **would-be** [wud-bi] 미래, 장래
- **wrap up** [ræpʌp] 끝내다
- **wrath** [ræθ] 격노, 분노
- **wreck** [rek] 난파, 파괴

X / Y / Z

- **X-rated** [X - reitid] 성인용의
- **yield** [jiːld] 생산하다, 굴복하다
- **zenith** [zíːniθ] 최고
- **zero-sum game** 이득도 없고 손해도 없음

Vocabulary

have a crush on	짝 사랑하다.
tied up	바쁘다.
be on cloud nine	기분이 좋다.
have a green thumb	재능이 있다.
hot potato	다루기 어려운 것.
keep your fingers crossed	행운을 빌어줘요.
have a big mouth	수다장이.
on the house	공짜.
paint the town red	술을 먹다.
cream of the crop	제일 좋은 것.
be in deep water	어려움에 빠져있다.
an apple of one's eye	소중한 사람.
get the hang of	익숙해지다.
two-timing	바람 피다.
kick the bucket	죽다.
rock the boat	평지풍파를 일으키다.
let sleeping dogs lie	긁어 부스럼 일으키지 마라.
call a spade a spade	솔직하게 말하다.
let the cat out of the bag	비밀이 새다.
Every cloud has a silver lining	쥐구멍에도 볕 들날 있다.
why the long face?	왜 우울 하느냐?.
hit it off	hit it off 첫 눈에 뿅 갔다.

Memo

Memo